张景 评注

你真能
读明白的

庄子

上

内篇

中华书局

图书在版编目（CIP）数据

你真能读明白的《庄子》/张景评注. —北京：中华书局，
2023.11
ISBN 978-7-101-16395-7

Ⅰ.你…　Ⅱ.张…　Ⅲ.《庄子》-研究　Ⅳ.B223.55

中国国家版本馆 CIP 数据核字（2023）第 200174 号

书　　　名	你真能读明白的《庄子》（全三册）	
评　　　注	张　景	
责任编辑	舒　琴	
责任印制	陈丽娜	
出版发行	中华书局	
	（北京市丰台区太平桥西里 38 号　100073）	
	http://www.zhbc.com.cn	
	E-mail：zhbc@zhbc.com.cn	
印　　　刷	三河市中晟雅豪印务有限公司	
版　　　次	2023 年 11 月第 1 版	
	2023 年 11 月第 1 次印刷	
规　　　格	开本/920×1250 毫米　1/32	
	印张 42⅞　插页 6　字数 750 千字	
印　　　数	1-10000 册	
国际书号	ISBN 978-7-101-16395-7	
定　　　价	108.00 元	

目　录

上　册

前　言…………………………………………………………………1

内　篇

逍遥游　逍遥处世的独门秘诀……………………………………3

齐物论　修养一颗平和的无分别心……………………… 41

养生主　一半是精神一半是肉体…………………………109

人间世　官场内外生存法则………………………………126

德充符　魅力逆袭之路……………………………………187

大宗师　大宗师是怎样炼成的……………………………223

应帝王　国家治理的艺术…………………………………291

中　册

外　篇

骈　拇　仁义在左，天性在右……………………………327

马　蹄　绕开那条通往悲惨的路…………………………352

胠　箧　工具本无好坏，分别只在人心…………………364

在　宥　宽容的力量………………………………………388

天　地　无为而治就是什么都不做吗……………………431

天　道　在理想与现实的双重世界怎么"静下来"……………………489

天　运　庄子版"天行健，君子以自强不息"…………………………528

刻　意　六种生活态度大比拼……………………………………………572

缮　性　世风日下，精神突围……………………………………………593

秋　水　河神与海神的高质量对话………………………………………604

至　乐　快乐离我们有多远………………………………………………657

达　生　人间清醒的养生术………………………………………………686

山　木　丛林社会生存法则………………………………………………726

田子方　善于忘却是一种生活艺术………………………………………767

知北游　洞悉"通透"的底层逻辑………………………………………811

下　册

杂　篇

庚桑楚　养生达人的秘诀…………………………………………………857

徐无鬼　不恰当的爱，本质是伤害………………………………………901

则　阳　风物长宜放眼量，何必蜗角相争………………………………967

外　物　心田自耕，求人不如求己……………………………………1012

寓　言　直面命运的不确定……………………………………………1044

让　王　欲戴王冠必承其重……………………………………………1063

盗　跖　"盗亦有道"之"道"………………………………………1109

说　剑　轻松玩转"三剑治国"………………………………………1164

渔　父　世外高人的大智慧……………………………………………1181

列御寇　活出高价值感的人生…………………………………………1207

天　下　中国传统哲学的群星闪耀时…………………………………1252

前　言

　　无论是在中国哲学史上，还是在文学史上，《庄子》都是一部极为难得的奇书，对其后的哲学思想、文学艺术、宗教信仰等各个方面都产生了广泛而深刻的影响。庄子思想博大精深，想象奇特，善于逆向思维，提出了许多出人意表而又发人深思的思想观点；《庄子》用词瑰异，文意跌宕跳跃，因此要想更好地理解《庄子》，首先要对庄子生平及其思想有一个大致的了解。

一　庄子生平及著作

　　庄子名周，唐陆德明考证说他字子休："太史公云：字子休。"（《经典释文·序录》）学界大多认为庄子是战国时期宋国蒙城（在今河南商丘一带）人，也有少数学者认为他是今山东东明人或安徽蒙城人。庄子的生卒年月不可详考，大约为公元前369—前286年，与孟子基本同时。

　　关于庄子的家世，学界大体上有两种意见。一种观点认为庄子是宋国贵族后裔。张松辉《庄子研究》认为庄子出身于宋国的没落贵族，应是宋庄公的后裔。庄氏一族在宋国先后受过两次政治打击，再加上庄族后裔与公室的血缘关系越来越远，到了庄子时代，庄氏族人只保留贵族名义，而不再担任国家重要职务，成为贵族与平民之间的边缘人物。这一边缘人物的身份使过着平民生活的庄子又能够与上层贵族人物有所交往。另一种观点认为庄子先祖为楚国人。崔大华《庄学研究》推断庄子应是楚庄王的后裔，后来庄氏一族因为各种原因离开楚国，逃亡到了宋国。这两种观点，我们认为第一种更为可信。

据《史记·老子韩非列传》记载，庄子早年曾在漆园当过一般官员，时间大概不会太久，他就辞去了这一职务，从此就再也没有踏入仕途。据《庄子》记载，庄子一生贫困，他觐见魏王的时候，披的是打满补丁的粗布衣服，穿的是用麻绳缠绕在脚上的破烂鞋子，有时还不得不靠向别人借粮度日。庄子也招收了一些弟子，但数量可能不会很多。

后来，庄子的名声传入楚国，楚威王很欣赏庄子的才华，于是便派使者带着重金前去看望他，并邀请他到楚国去当卿相，但庄子坚决予以谢绝，他笑着对使者说：

> 千金，重利；卿相，尊位也。子独不见郊祭之牺牛乎？养食之数岁，衣以文绣，以入大庙。当是之时，虽欲为孤豚，岂可得乎？子亟去，无污我。我宁游戏污渎之中自快，无为有国者所羁，终身不仕，以快吾志焉。(《史记·老子韩非列传》)

庄子拒绝出仕的理由是充分的，他为了保证精神自由与生命安全，坚决不进入危机四伏的官场。庄子虽然一生贫困，但也平平安安地享尽了自己的天年。

概言之，庄子是一位宋国的没落贵族，一生主要从事学术研究，也一生过着贫困的生活，但他又十分蔑视世俗社会的名利富贵，追求自由放任的精神生活。在他身上，表现出一种中国传统隐士特有的典型性格。

庄子思想主要保存在《庄子》一书中。《汉书·艺文志》记载："《庄子》五十二篇。"《庄子》原有五十二篇，到了魏晋时期，《庄子》受到士人的普遍喜爱，注家众多。郭象在前人注释的基础上，也写了一本《庄子注》，并对《庄子》五十二篇"以意去取"，删除了一些"或似《山海经》，或类《占梦书》"（《经典释文·序录》）的篇章，只保留了三十三篇。这就是我们现在看到的《庄子》。《庄子》分为《内篇》（七篇）、《外篇》（十五篇）、《杂篇》（十一篇）三个部分。传统意见认为，《内篇》为庄子本人所著，《外篇》和《杂篇》为庄子的后学所著。这一观点，为大多数学者所接受。但也有少数学者，如任继愈先生，则认为《外篇》《杂篇》为庄子本人所著，而《内篇》为庄子后学所著。我们认为，在没有确凿的证据之前，还应以传统的说法为准。

需要说明的是，我们在介绍、译注、研读《庄子》一书的时候，把它视为一个整体，为了行文方便，统称为"庄子思想"，但这并不代表我们就认为《庄子》一书皆为庄子本人所著。

二　庄子思想

庄子知识渊博，思维活跃，《秋水》形容他是"跐黄泉而登大皇，无南无北，奭然四解，沦于不测"，庄子思想几乎涉及万物生成、人类生活的方方面面，这里只能大略地介绍他的哲学思想、政治主张及其养生处世原则，要想更为全面地了解庄子思想的详细内容，则需阅读《庄子》原文。

（一）哲学思想

在哲学思想方面，我们主要介绍庄子涉及万物生成理论的最重要的三个概念：道、德、气，以及他的万物循环论。

我们首先谈道。庄子继承了老子思想，把道当作自己的最高哲学概念，这也是老庄被后人称为"道家"的原因。庄子描述大道

　　夫道有情有信，无为无形，可传而不可受，可得而不可见；自本自根，未有天地，自古以固存；神鬼神帝，生天生地；在太极之先而不为高，在六极之下而不为深，先天地生而不为久，长于上古而不为老。(《大宗师》)

庄子说："大道是真实的存在，它清静无为而没有形体；可以传授于人而人却无法用手去接过来，可以领悟它但无法看见它；大道自为根本，在没有出现天地之前，大道已经存在；它赋予鬼神和天帝以神灵，它产生了上天和大地；说它在太极之上不足以形容它的高峻，说它在六极之下不足以形容它的深邃，说它出现于天地之前不足以形容它的久远，说它年长于远古不足以形容它的长寿。"那么"道"究竟是什么呢？学界的意见有分歧，主要观点有：第一，道是宇宙间的所有规律、真理的总称。第二，道是精神性的、能够产生万物的根源。第三，道是细微物质性的、能够产生万物的根源。第四，道是产生万物的根源和宇宙间的总规律。

　　我们基本同意第一种说法。"道"的本义是道路，人们从某地到某地，必须通过某一条道路，否则，就无法到达自己的目的地。同样的道理，包括人在内的万物要想达到自己的目的，必须遵循某一种规律、原则，否则就无法成功。于是在词汇比较贫乏的先秦，老庄就把道路的"道"拿来作规律、真理、原则等含义来使用。至于文中说的"生"，不是直接生出的意思，其用法类似我们说的"和气生财"中的"生"，和气不能直接产生财富，但和气却是生财的必要条件。无形无象的规律不可能直接生出物质性的万物，却是万物产生的先决条件，没有规律，万物无法生存。

　　庄子与老子一样，也很重视"德"。所谓的"德"，就是具体事物的规律、本性。德大约有两层含义：一是指先天的德。万物一旦产生，就必定具备各自的天性与本能，而各自的天性与本能，老庄认为就是大道赋予的。二是指后天的德。道是客观存在，人们学习的目的就是得道，然而人们又不可能把所有的道全部掌握，那么已经被人掌握的这一部分道就叫"德"。

"道"是所有规律的总称，是整体，是客观存在；而"德"是指具体事物的规律、天性，属于个别。我们打一个比方："道"好比长江的水，浩浩荡荡；我们去喝长江的水，只能喝取其中很少一部分，而喝到我们肚子里的那些水就叫"德"。所以古人说：

> 德者，得也。……何以得德？由乎道也。（王弼《老子道德经注》）

从大道那里得到的、属于个人所有的那一部分就是"德"。简言之，"道"是整体，"德"是部分；"道"是客观的，"德"是个人的。因为"德"是从"道"那里得来的，因此二者的内容又是一致的。

"气"这一概念，在庄子万物生成的理论中，可以说几乎与道同样重要。所谓气，又叫阴阳二气，庄子对气的描述是：

> 人之生，气之聚也；聚则为生，散则为死。若死生为徒，吾又何患！故万物一也……故曰："通天下一气耳。"（《知北游》）

所谓的"通天下一气耳"，就是说天地万物都是由气构成的：当气以某种方式聚集在一起，某种事物就产生了；当这些气离散开去，这种事物也就不存在了。气不停地聚聚散散，人与万物也就不停地生生死死。那么道与气又是什么关系呢？庄子说：

> 至阴肃肃，至阳赫赫，肃肃出乎天，赫赫发乎地，两者交通成和而物生焉，或为之纪而莫见其形。（《田子方》）

是故天地者，形之大者也；阴阳者，气之大者也；道者为之公。(《则阳》)

第一段文字是说，最纯粹的阴气十分寒冷，最纯粹的阳气十分炎热，阴气上升至天空，阳气发散到大地，阴阳二气交汇融合，于是就产生了万物。在阴阳二气演化为万物的过程中，肯定有一种事物在其中起着主宰、调配作用，然而没有人能够看到它的模样。那么这个主宰万物生成的事物是什么，第二段文字做了明确的回答："道为之公。"先秦诸侯可通称"公"，所以"公"有主宰者的意思。大道是天地、阴阳产生万物的主宰者、支配者。简言之，在大道的支配下，由阴阳二气（又称"天地二气"）相互融合而产生万物。

庄子认为，万物在大道的支配下，其发展呈无限循环状态。在《庄子》中，阐述循环论的言论比比皆是：

年不可举，时不可止；消息盈虚，终则有始。是所以语大义之方，论万物之理也。(《秋水》)

万物皆种也，以不同形相禅，始卒若环。(《寓言》)

第一段引文是说，时间是无限的，有形的万物就在这一无限的时间里，不停地"消息盈虚，终则有始"，只有明白万物是在无限地循环，才能懂得"万物之理"。第二段引文是说，万物都是起源于道和气，是同"种"关系，只是万物的形状、功能不同而已，彼此之间可以相互转化，而这种转化始则有终，终则有始，呈环状循环。也就是说，某种具体事物从起点出发，经过一个发展过程，最后又回到起点，再开始新的一轮循环。类似的说法还很多，如《大宗师》篇说："特犯人之形而犹喜之。若人之形者，万化而未始有极也，其为乐可胜计邪！""假于异物，托于同体，忘其肝胆，遗其耳目。反复终始，不知端倪。"

除此，庄子还阐述了人性善、时空的无限性、人类认识能力的有限性等哲学问题。

（二）政治主张

在政治观方面，庄子同样继承了老子思想，其最显著特点就是反对当时的社会政治，向往质朴宁静的远古时代。他说："天下有道，圣人成焉；天下无道，圣人生焉；方今之时，仅免刑焉！"（《人间世》）庄子认为他所生活的"方今之时"，连无道的黑暗社会都不如。因此，庄子特别向往远古时代的生活：

> 故至德之世，其行填填，其视颠颠。当是时也，山无蹊隧，泽无舟梁，万物群生，连属其乡，禽兽成群，草木遂长。是故禽兽可系羁而游，鸟鹊之巢可攀援而窥。夫至德之世，同与禽兽居，族与万物并，恶乎知君子、小人哉！（《马蹄》）

> 其民愚而朴，少私而寡欲；知作而不知藏，与而不求其报；不知义之所适，不知礼之所将；猖狂妄行，乃蹈乎大方；其生可乐，其死可葬。（《山木》）

在理想的远古时代，人们纯朴憨厚，少私寡欲，不仅人与人之间是平等和谐的，就连人与禽兽之间也能做到亲密无间。在这样的社会里，没有等级区别，无需礼制法度，也没有人去提倡仁义忠孝，一切都是那样的自然质朴，就连大自然的山山水水也得到了最充分的保护。这实际上是一种经过美化的原始氏族社会生活。

庄子不仅有自己的政治理想，而且还为实现自己的政治理想提出了许多具体的政治措施，主要有以下几点：

第一，顺应自然，无为而治。这可以说是庄子实现自己政治理想的总纲领。所谓"无为"，就是反对人为干涉，一切顺应自然而为。《文子·自然》引用老子的话，对"无为"做了明确解释："老子曰：'所谓无为者，非谓其引之不来，推之不去，迫而不应，感而不动，坚滞而不流，卷握而不散。谓其私志不入公道，嗜欲不枉正术，循理而举事，因资而立功，推自然之势，曲故不得容，事成而身不伐，功立而名不有。……夏渎冬陂，因高为山，因下为池，非吾所为也。'"简言之，"无为"就是要求人们理政时顺应客观规律，不可掺进私心私意。《庄子·应帝王》也说："汝游心于淡，合气于漠，顺物自然而无容私焉，而天下治矣。"君主治国时不要掺进任何个人成见，一切顺应自然，一切顺应民意，国家就会安定祥和。

第二，反对独裁。既然主张顺应自然规律与民众意愿，自然反对君主独裁。《应帝王》篇明确反对"君人者以己出经式义度"的治国观念，认为如果一切法度都出自君主个人意愿，而想把国家治理好，就好比"涉海、凿河而使蚊负山"一样困难。庄子进一步指出，独裁不仅伤害百姓，同时也伤害了君主自己，因为"知有所困，神有所不及也。虽有至知，万人谋之"(《外物》)，如果君主自以为是，把自己置于民众的对立面，他在"万人谋之"的状况下，是无论如何也难有胜算的。

第三，正己，用人。《应帝王》篇说："夫圣人之治也，治外乎？正而后行，确乎能其事者而已矣。"庄子认为，作为君主，只需做好两件事情即可，一是正己，因为"人莫鉴于流水而鉴于止水，唯止能止众止。受命于地，唯松柏独也在冬夏青青；受命于天，唯舜独也正，幸能正生，以正众生。"(《德充符》)君主要想正人必先正己。二是善于用人，要选拔"能其事者"担任各级官员，为此，《列御寇》篇还专门为君主提供了"故君子远使之而观其忠"等九种考察属下的方法。

第四，君无为而臣有为。庄子认为，君主只要做好正己、用人两件事情，其他具体政务则交由臣下负责，而君主不必插手其间，这就是儒、道各家所津津乐道的君无为而臣有为的领导艺术。《天道》篇对此讲得十分明确："无为也，则用天下而有余；有为也，则为天下用而不足。故古之人贵夫无为也。上无为也，下亦无为也，是下与上同德，下与上同德则不臣；下有为也，上亦有为也，是上与下同道，上与下同道则不主。上必无为而用天下，下必有为为天下用，此不易之道也。"这一理政观念无疑是很有见地的。

第五，反对宣扬、奖励世人的仁义行为。世人提倡仁义，而庄子反对提倡仁义。庄子之所以反对世人提倡仁义，是因为世人在提倡仁义时带有一定的功利目的，而当时的一些统治者，更把仁义当作玩弄阴谋的工具。也就是说，统治者打着仁义的幌子，干着反仁义的勾当。《胠箧》中提到的田成子就是依靠"仁义"篡取了齐国政权，盗跖也是仰仗"仁义"横行天下，祸国殃民。由此可见，庄子反对的不是仁义本身，而是世人推行仁义的方式。所以庄子在反对提倡仁义的同时，又主张"至仁"。那么他的"至仁"具体内容又是什么呢？庄子说："至仁无亲。"（《庚桑楚》）"相爱而不知以为仁。"（《天地》）"泽及万世而不为仁。"（《天道》）总括起来，庄子所提倡的"至仁"有以下几个特点：第一，在施仁的对象上，打破儒家建立在"亲亲"（《孟子·告子下》）基础上的推恩法，主张对一切人、物都一视同仁，也即他说的"至仁无亲"。第二，在施仁的目的上，排除一切功利性，也即施恩而不求回报。第三，在施仁的自觉性方面，要求把行仁从有意识的行为变为无意识的行为，也就是说，自己做了仁义之事，并未意识到自己做了仁义之事。

庄子不仅主张"至仁",而且还从哲学的高度论证"至仁"存在的合理性,把"仁"植根于人的天性之中:"意仁义其非人情乎? 彼仁人何其多忧也?"(《骈拇》)只要所谓的圣贤不去提倡仁义,不去扰乱人的美好天性,人们自然会依照仁义的天性去做人做事。

第六,反对人为的礼仪制度。庄子认为世人制定繁文缛节,实际就是在诱导、鼓励人们相互作伪:"礼相伪也。"(《知北游》)与对待仁义的态度一样,他在反对人为礼仪的同时,又提出"至礼"这一概念。《庚桑楚》篇说:

> 蹍市人之足,则辞以放骜,兄则以妪,大亲则已矣。故曰:至礼有不人。

踩住了陌生人的脚,赶紧赔礼道歉;踩住了兄弟的脚,只需表示一下关心即可;踩住了父母的脚,什么表示也不需要。所谓的"至礼",就是境界最高的礼,而"至礼"不分人我,视人若己。既然如此,自己还用得着对自己讲究什么繁琐的礼节吗? 反过来,"礼"的出现正好是人与人关系疏远的标志。

除此以外,庄子的具体政治措施还有很多,比如他主张君主有功不居、立乎不测等等。另外需要特别说明的是,庄子的政治思想也是极为复杂、甚至相互矛盾的,这是因为他有时针对理想社会阐述自己的政治措施,有时又针对现实社会发表自己的治国见解,所以他在反对世俗政治的同时,有时又提出了一些与儒家思想一致的忠孝思想以及"以刑为体,以礼为翼,以知为时,以德为循"(《大宗师》)等行政措施。限于篇幅,这里就不再一一讨论。

庄子几乎是全面地否定了战国时期的政治制度和伦理规范,而恢复美好的远古社会和人类的纯朴天性也只能是一种很难实现的美好愿望，对此庄子有清醒的认识："而今也以天下惑，予虽有祈向，其庸可得邪？知其不可得也而强之，又一惑也，故莫若释之而不推。"（《天地》）政治理想的失落直接影响了庄子养生、处世思想的形成，如他提出的万物一齐、精神自由等，都是为安慰失落心境而服务的。

（三）重生、处世思想

第一，重生思想。总观《庄子》全书，庄子对生命是非常珍惜的，所以专门撰写了《养生主》篇，以阐述其形神兼养、以神为主的养生观念。《让王》篇更是说："两臂重于天下也，身亦重于两臂。……道之真以治身，其绪余以为国家，其土苴以治天下。"自己的两臂比整个天下都要贵重，因此圣人的主要任务是修身养性，而治理天下只不过圣人的业余之事而已。为了保护生命，他提出了远离官场、无用之用、"为善无近名，为恶无近刑"（《养生主》）等各种措施。虽然《庄子》也讲了许多生死一齐、甚至死比生好的话语，但这种美化死亡的言论，不过是为了减轻死亡对自己造成的心理压力而已，本质上依然是一种精神慰藉法。当然，我们并不否认，在某种特定状况下，庄子也可能会产生某种程度的厌生情绪。

第二，万物一齐。万物一齐就是取消事物的一切差别，庄子着重论述齐是非与齐生死两个命题。庄子认为，是与非并没有什么区别，他在《齐物论》篇论证说："民湿寝则腰疾偏死，鰍然乎哉？木处则惴慄恂惧，猿猴然乎哉？三者孰知正处？民食刍豢，麋鹿食荐，蝍蛆甘带，鸱鸦耆鼠，四者孰知正味？"人住在潮湿的地方就会生病，而泥鳅却整天生活在泥水之中；人住在树上就会胆战心惊，而猿猴却喜欢在树上戏耍。他们的住所选择谁是正确的？谁是错误的？人喜欢吃肉，鹿喜欢吃草，蜈蚣喜欢吃小蛇，猫头鹰喜欢吃老鼠，他们的食物选择谁是正确的？谁是错误的？由此可见，是非是没有一定标准的，因此，是就是非，非就是是，是非是一齐的。庄子还认为生死也没有什么区别，因为当一个事物死亡以后，它就会变化为另一种事物而再次生存，因此，此事物死亡之时，就是另一事物的出生之际，这就是《齐物论》中讲的"方生方死，方死方生"，"生"的同时是"死"，而"死"的同时又是"生"，于是生就是死，死就是生，生死一齐了。

学界基本上都把万物一齐思想视为庄子的认识论，而我们并不认同这一看法，因为庄子并非不知道万物的差异。《德充符》篇说："自其异者视之，肝胆楚越也；自其同者视之，万物皆一也。"庄子之所以置"异者"于不顾，只强调"同者"，既不是在探讨如何认识世界，更不是在做理论游戏，他是想通过万物齐同的理论来摆脱失败后的痛苦。既然万物一齐，贵贱同列，得失无异，那么成功和失败也就没有什么两样了。因此，成功者不必高兴，失败者也无须沮丧，如此则一切烦恼都会云消雾散。万物一齐同样是一种精神自慰方法。当然，这只是理论，一旦回到现实，庄子就认定"而今也以天下惑"（《天地》），"以天下为沈浊，不可与庄语"（《天下》）。从君主到奴仆，几乎都成为庄子的批判对象。

第三，精神自由。精神自由是庄子的重要思想之一，提倡顺应自然，主张万物一齐，目的之一就是为了摆脱外物的束缚，以达到精神自由。庄子达到精神自由的另一种方法就是要求人们远离这个罪恶的现实社会。庄子认为生活在战国时代，就好像游荡于"羿之彀中"（羿是古代的一位神箭手，彀中指射程之内）一样，随时都有被射杀的危险。再加上自己的政治理想无法实现，庄子的痛苦心情可想而知。怎么解除这些痛苦呢？庄子明白，人的肉体是无法离开这个苦海般的社会的，只能让精神脱离这个罪恶的人间，具体的做法就是"坐忘"：

> 仲尼蹴然曰："何谓坐忘？"颜回曰："堕肢体，黜聪明，离形去知，同于大通，此谓坐忘。"（《大宗师》）

所谓"坐忘"，即通过修养，使精神进入一种无思无虑、不知不觉的状态。既然无思无虑，自然也就无忧无愁。除了物我两忘这一生活艺术之外，还有一种办法就是让精神自由自在地游荡于人世之外。换言之，就是置世间万事于度外，这是一种不彻底的"坐忘"。庄子的精神自由论实际上也是一种精神安慰法，是为政治失败后减轻自我心理压力服务的。

第四，从"无用之用""处乎材与不材之间""一龙一蛇"到"其唯道德之乡"。在有用与无用的问题上，庄子的原则可分为三个层次，第一个层次：追求无用之用。《人间世》篇就反复强调："山木，自寇也；膏火，自煎也。桂可食，故伐之；漆可用，故割之。"并举出大量例子以证明无用的益处。第二个层次：处于有用与无用之间。在一些特定的情况下，无用之人、物确实能够获取益处。如《人间世》篇的社树、支离疏等。然而《山木》篇无用的鹅被杀这件事，对庄子无用就可以保命的主张提出了严峻挑战，使他不得不修正"无用之用"的命题，提出了"处乎材与不材之间"的新主张。第三个层次：一龙一蛇，与时俱化。当庄子提出"处乎材与不材之间"的主张之后，马上就意识到这是一种似是而非的处世方法，因为当有用之人遭殃时，"半有用"的人可能就会被划入有用人之列；反过来当无用之人倒霉时，"半无用"的人也可能会被划入无用人之列。非鸟非兽的蝙蝠很可能既被认作鸟又被认作兽。因此庄子又提出"一龙一蛇，与时俱化"的观点。

一切根据具体环境而定，需要有用时，自己就像飞龙那样当有用之人；需要无用时，自己就变作小蛇当无用之人。从理论上看，这一保命方法近于完美了。但在实际运用时，也难免会出问题，因为究竟什么时候该有用，什么时候该无用，要想把握准确，也并非一件易事。因此庄子指点给人们的最佳生存方式，就是离开人间，以"道德之乡"为归宿。

除了上述之外，庄子还提出了诸如人生如梦、得意忘言、圣人忘情等等其他许多理论，正如《天下》篇所说的那样："其理不竭，其来不蜕，芒乎昧乎，未之尽者。"一篇短短的"前言"根本无法囊括庄子的所有思想理论。这些理论都受到了后人不同程度的接受与推崇，成为中国传统文化的重要组成部分。

三　文学成就

《庄子》不仅是一部奇异的哲学著作，同时也是一部优秀的文学作品，对后世的文学发展起到了巨大的促进作用。《庄子》的主要文学成就表现在：

第一，想象奇特，意境开阔，富于浓郁的浪漫主义特色。比如《逍遥游》篇的大鹏鸟有数千里那么大，腾空一跃就有九万里那么高，不飞则已，一飞就飞了整整六个月之久。这种极度的夸张和丰富的想象，使大鹏鸟成为历代文人的讴歌对象。另外，我们再看他对任公子钓鱼的描写：

> 任公子为大钩巨缁，五十犗以为饵，蹲乎会稽，投竿东海，旦旦而钓。(《外物》)

任公子的鱼钩究竟有多大，他没有描述，但我们通过用五十头阉割过的公牛做成鱼饵这一细节，就可以想象出这次钓鱼的气派之大和庄子想象之丰富。另外，在《庄子》书中，蛙、鳖、蛇、云、风等等，都可以具有人的情感与语言，甚至具备了哲人的思维能力。这种极具想象力的浪漫气息在其他诸子书中，是非常罕见的。

第二，善于把各种寓言、故事、对话、比喻连缀起来阐述道理，化难以理解的抽象理论为生动可感的艺术形象。比如《逍遥游》，全篇几乎都是由各种故事连缀而成。再比如《应帝王》篇为混沌开凿七窍的故事，用短短的几行字，就把违背自然天性而行事的恶果揭示得明明白白。宣颖《南华经解》说："喻后出喻，喻中设喻，不啻峡云层起，海市幻生。"用故事、比喻去说明道理，不仅生动形象，而且简明易懂。

第三，语言生动活泼，刻画准确形象。庄子是一位造诣极高的语言大师，他在描写事物时，不仅生动，而且准确。我们看他对曾子贫困生活的描写：

> 曾子居卫，缊袍无表，颜色肿哙，手足胼胝，三日不举火，十年不制衣，正冠而缨绝，捉衿而肘见，纳屦而踵决，曳纚而歌《商颂》，声满天地，若出金石。（《让王》）

特别是文中的"正冠而缨绝，捉衿而肘见，纳屦而踵决"三句，把曾子的贫困形象描写得细致入微，生动形象，与下文的"声满天地，若出金石"形成鲜明对照，从而刻画出了一位物质生活贫乏而精神生活丰富的遗世独立的隐士形象。

第四，我们特别要强调的是庄子对中国小说的贡献。"小说"一词最早即出自《庄子·外物》："饰小说以干县令，其于大达亦远矣。"虽然庄子的"小说"与今天的"小说"概念并不完全相同，但也并非完全不同。庄子的"小说"概念大于今天的"小说"概念，它们是包含与被包含的关系。

庄子不仅创造了"小说"一词，而且庄子本人及其后学就是杰出的小说家。一般的文学史介绍小说时，大多从魏晋谈起，而事实上，无论是在故事的虚构方面，还是在情节的曲折生动方面，《庄子》的不少篇章已经是当之无愧的小说。《盗跖》中的故事就是如此。孔子、柳下季、盗跖三人并非同时代的人，把三人安排在一起，这本身就是虚构，而孔子去游说盗跖的情节更是子虚乌有。另外，细节描写也非常生动。比如用"目如明星，发上指冠""两展其足，案剑瞋目，声如乳虎"来形容盗跖的发怒模样，用"执辔三失，目芒然无见，色若死灰，据轼低头，不能出气"来描写孔子受到盗跖呵斥后的狼狈状态。我们可以说，这些细节描写的生动性甚至超过了《世说新语》《搜神记》一类的小说作品。除本篇外，其他许多故事，如《应帝王》中的季咸看相、《山木》中的庄周游雕陵、《说剑》《渔父》中的故事等，都可以视为此类优秀作品。

可以毫不夸张地说，庄子是中国小说史上的头一个大功臣：他不仅创造了中国人使用两千多年、并将继续使用的"小说"一词，更重要的是，他还创作了相当数量的小说作品，为小说发展奠定了坚实的基础。

第五，《庄子》所创造出来的一些词语，至今还活跃在人们的文学作品之中，如鲲鹏、大相径庭、朝三暮四、运斤成风、吐故纳新、邯郸学步、贻笑大方、每况愈下、望洋兴叹等等。这些词语的使用，无疑有助于增强文学作品的生动性与形象性。

可以说，《庄子》一书的文学成就，一点儿也不亚于其哲学成就。

刘熙载《艺概·文概》评《庄子》是："缥缈奇变，乃如风行水上，自然成文。"鲁迅先生在他的《汉文学史纲要》中评价《庄子》的文学成就说："其文则汪洋捭阖，仪态万方，晚周诸子之作，莫能先也。"

四　对后世的影响

《庄子》对后世的影响可以说是全方位的，这篇"前言"不可能对此进行全面阐述，所以只选取作为哲学代表的玄学、宗教和文学三个方面简单地进行介绍。

（一）玄学

深受庄子影响的魏晋玄学在中国哲学史上占有重要地位。我们可以把玄学发展分为四个时期。

第一个时期：以入世为目的的重老时期。这一时期的代表人物是何晏与王弼。正始年间，曹爽被诛之前的曹氏政权还较稳定，魏国又是三国之中势力最强的国家，何、王都想趁此在政治上一显身手。《老子》从某种意义上说是一部讲述帝王之术的书，西汉前期因推行道家无为政治而致盛世的历史在魏人心中留下了深刻印象，所以曹丕即位后，因仰慕汉文帝的无为政治而写了一篇《汉文帝论》。就是在这样一种大的政治背景下，何、王共同看中了《老子》，并试图把道家的"无为"同儒家的"名教"协调起来，提出了"名教出于自然"的主张。正是在这一思想的指导下，何晏既注《老子》(后改为《道德论》)，又注《论语》；王弼既写了《老子道德经注》《老子指略》，又写了《论语释疑》。可以说何晏、王弼所做的工作，实际上就是在为刚兴起不久的曹魏政权制定施政大纲，只是何、王重视老子无为而治的政治理论还没建立完备，这一理论所要服务的对象——曹魏政权就不复存在了，而何、王二人也紧接着相继去世，使这一主要为政治服务的理论被看作玄虚而没有多大实际意义的清谈，何、王二人也被错认为是"清谈之首"。

第二个时期：以出世为目的的重庄时期。这一时期的代表人物是阮籍和嵇康。何、王构建治国理论的工作半途而废，曹魏政权也进入一个非常时期。司马氏把持政权，同曹氏集团进行着一场殊死的政治决斗。司马氏宠树同己，诛杀名族，"天下多故，名士少有全者"（《晋书·阮籍列传》），士人们已经没有心思去研究什么无为政治，因为无为政治已不属于他们这个时代了。在魏晋易代、斗争异常残酷复杂的时候，文人把对国家命运、社会安危的关心转换为对个人命运、家庭安危的关心，考虑如何使自己的身心超越这个令人痛苦的现实社会，因此他们对包含着治国内容的《老子》兴趣锐减，转而爱上了以心灵安慰为主题的《庄子》。于是玄学进入第二个时期：以超越现实为目的的重庄时期。

第三个时期：以庄子"内圣外王"调和出世与入世矛盾的时期。这一时期的代表人物是郭象。晋朝建立以后，激烈的政治斗争有所缓解，文人们又纷纷拥向政坛。此时人们依然重视庄子思想，但重点已由从《庄子》中寻找精神寄托发展到了大谈庄子的"内圣外王"之道，并出现了对当时和其后都产生很大影响的郭象《庄子注》。何、王重老，意在入世；阮、嵇重庄，意在出世；郭象重庄，意在调和入世与出世的矛盾，要求士人内则养神，外则治国，这是对前两个时期玄学的一个综合，也是一个超越。

第四个时期，从东晋始，玄学真正进入了没有多少实际社会功利目的的学术清谈时期，而这一时期，又是参与人数最多的时期，从开国元勋王导到大名士如王羲之等，再到方外之人如支道林等，无不谈《庄》。他们以此为乐，废寝忘食。这个时期的玄学同前三个时期相比，真正地远离了社会现实，玄学完全属于一种没有多少实际功利目的的学术清谈。出现这种情况与当时的学术、政治状况也有关系。在学术上，从出世、入世的角度去讨论玄学，其方方面面几乎被前人说尽，留给后人讨论的空间狭窄，他们必须另辟蹊径。在政治上，东晋以后各朝偏安江南一隅，收复失地的愿望尚难实现，又遑论无为而治。再加上当时以遁世清谈为高、以入世务实为劣的时尚，士人们便把相当大的一部分精力投入到玄虚的清谈之中。《世说新语》对当时的谈玄盛况多有记载。

从玄学的发展来看，除了第一时期重老外，其他三个时期都是以庄学为主，人们由"老庄"并称慢慢改为"庄老"并称。玄学由于相对脱离现实生活而受到不少人的责难，但玄学缓解了士人的精神压力，锻炼了人们的思辨能力，对于人们的现实生活和学术发展还是有一定贡献的。

（二）宗教

中国古代宗教以道教和佛教为主，而《庄子》对这两大宗教都有影响。

《庄子》对道教的影响主要体现在五个方面：第一，道教中的许多神仙，都可以在《庄子》中找到踪迹，如老子、尹喜、黄帝、广成子、西王母等等，就连庄子本人，后来也成了道教中的南华真人。第二，道教的许多术语来自《庄子》。如"天师""仙""道人""真人""真君""全真""踵息""导引""吐故纳新"等等。第三，庄子重生思想及形神兼养的养生原则对道教影响很大。道教养生学的主要内容，不外乎形养和神养两大类，这就是道教所主张的性命（或形神）双修理论。除道教的外丹学很难在《庄子》中找到源头外，其他养生术几乎都可以在《庄子》中找到它们的雏形。第四，庄子最早把修道与长寿成仙联系在一起。如《庄子》中黄帝、西王母、傅说、广成子等等，都是修道成仙的典型代表。唐代著名道士吴筠在论证人可以成仙时，就曾引《庄子》为证（见《玄纲论》）。第五，庄子的其他许多理论，如对道的重视，对人生短暂的感叹，对人类认识局限性的论述等等，都被后来的道教所汲取。庄子的"坐忘"思想还被唐代道教代表人物司马承祯敷演为以修道成仙为主题的《坐忘论》。正因为《庄子》与道教有着如此密切的关系，所以后人尊庄子为南华真人，《庄子》为《南华真经》，不少道士为《庄子》作注作解。

　　佛教虽然在东汉初年即传入中国，但真正兴起是在魏晋时期。从佛教兴起之时起，《庄子》就对佛教的发展发挥着自己的"接引"作用。魏晋时较为著名的本无宗、心无宗和即色宗无不受庄子思想影响，其中即色宗的代表人物支道林更是《庄子》研究专家。其后的另一位高僧慧远"尤善《庄》《老》"（《高僧传》卷六），他用来论证"神不灭"的比喻直接来自庄子《养生主》中的薪火之喻。《庄子》对后来的禅宗影响尤大，禅宗所倡导的空空理论、顿悟境界、不道之道、效法自然、不执著、不分别、物我为一等等，无不可以在《庄子》中找到它们的思想源头。因此从某种程度上说，禅宗的精神实质与庄子思想是息息相通的。

　　（三）文学

　　《庄子》的文学成就在先秦诸子中最为突出，庄子的一些创作手法和一些理论主张为后人所普遍接受。

第一，从文学的角度看，《庄子》的浪漫主义是最引人瞩目的一大特色。庄子想象奇特瑰丽，文笔优美飘逸，而其最为醉人之处还在于他把奇特的想象与深刻的哲理巧妙地融为一体，这对后世的文人思想与文学创作产生了不可估量的影响。比如"鲲鹏"这一艺术形象，就成为后人的讴歌对象，有的甚至以鲲鹏自比，以彰显自己的情怀与志向。大诗人李白年轻时就撰有《大鹏赋》，自比为大鹏，然而终其一生，李白都只能徘徊于政坛边缘，这可以说是李白一生最大的遗憾。

第二，庄子重神轻形与重意轻言的主张为后来的文学理论所接受。从《文心雕龙》开始，就强调在创作时要重神韵。而庄子的重意轻言、言不尽意思想在文学中逐渐演化为"文有尽而意有余"（锺嵘《诗品序》）、"不着一字，尽得风流"（司空图《二十四诗品》）的文学创作原则。

第三，重自然。老子很早就提出"道法自然"（《道德经》二十五章）思想，庄子更是通篇主张无私无为、因任自然，以至于荀子批评他"蔽于天而不知人"（《荀子·解蔽》）。《史记·老子韩非列传》总结说："老子所贵道，虚无，因应变化于无为，故著书辞称微妙难识。庄子散道德，放论，要亦归之自然。"把庄子思想归结为因任自然，确为中的之论。在后来的文学创作中，如陆云、谢灵运、李白等等，无不把自然文风作为自己追求的最高目标。《南史·颜延之列传》记载："（颜）延之尝问鲍照己与灵运优劣，照曰：'谢五言如初发芙蓉，自然可爱；君诗若铺锦列绣，亦雕缋满眼。'"《诗品》记载："汤惠休曰：'谢（谢灵运）诗如芙蓉出水，颜（颜延之）如错采镂金。'颜终身病之。"李白提出"清水出芙蓉，天然去雕饰"（《赠江夏韦太守良宰》）的创作原则。司空图更把"自然"作为一格，写入自己的《诗品》，强调"真予不夺""妙造自然"。释皎然在他的《诗式》中也提倡"风流自然"的创作风格。

第四，贵真思想。《庄子·渔父》要求人们要敢于抒发真情实感，而这也是古人文学创作所强调的重要原则之一。没有真情的文学作品，犹如无病之呻吟、纸扎之花卉，毫无感人的力量。从刘勰的《文心雕龙》到李贽的《童心说》，都特别强调作者应抒发自己的真情，这一主张得到几乎所有人的认可。

庄子对后世文学的影响，除了思想理论方面之外，还有许多具体影响。如人生如梦、处乎材与不材之间、旷达的生死观、圣人忘情、濠梁之游等等，几乎都成了后人作品中的常用意象与主题，甚至在现实生活之中，许多人把庄子的主张作为自己为人处世的原则。

庄子的思想及其对后世的影响，绝非一篇短短的"前言"所能概括。要想真正体味庄子思想的精髓，必须认真研读《庄子》原文。

五 《庄子》的版本及注释

先秦时期，《庄子》应已成书，《汉书·艺文志》记载《庄子》共计五十二篇。到了魏晋时期，由于玄风大盛，为《庄子》作注的就有数十家，计有崔譔本、向秀本、司马彪本、李颐本等。郭象对《庄子》五十二篇进行了删减，保留三十三篇，并在前人注释的基础上，撰写了《庄子注》一书。由于郭象的删减与注释较为精当，慢慢为学界所接受，而其他版本也就逐渐散佚了。现在所能看到的一些不同的版本，如正统《道藏》本、郭庆藩本、王闿运本等，都是以郭象本为基础，除了个别字句外，没有太大的差异。

古人的《庄子》注释本已经很多了，如郭象的《庄子注》、陆德明的《经典释文·庄子音义》、成玄英的《庄子疏》、林希逸的《庄子口义》、褚伯秀《南华真经义海纂微》、焦竑的《庄子翼》、王夫之的《庄子解》、林云铭的《庄子因》等等。现代的注释本也有数十家。对于读者来说，不可能有精力与时间全面阅读这些注释本，而且也没有这个必要。我们仅推荐四种有关《庄子》的注释本以供读者参考。

第一种，郭庆藩《庄子集释》(中华书局出版)。这是清代考释《庄子》的优秀著作，其中包含了郭象的《庄子注》、成玄英的《庄子疏》、陆德明的《经典释文·庄子音义》以及其他一些学者对《庄子》原文的校证与解释。该书校订较为精确，汇集了数家注释，是阅读《庄子》的重要参考书。

第二种，王先谦《庄子集解》(中华书局出版)。该书精选前人的注释，简练明捷，近人刘武又撰写了《庄子集解内篇补正》，在广泛引证的基础上，对许多传统注释做了补正，颇具见地。中华书局把这两种合编为《庄子集解　庄子集解内篇补正》，也可资读者参考。

第三种，陈鼓应《庄子今注今译》(中华书局出版)。该书参考了古今中外各种校注本，择善而从，对《庄子》全书做了详细而全面的注释和翻译，是一部较好的《庄子》通俗读本。

第四种，曹础基《庄子浅注》(中华书局出版)。该书是一本通俗性的古籍读物，注释比较详细准确，而且浅显易懂，有助于一般读者理解《庄子》。对于初学者来说，该书的缺憾是没有译文。

以上四种书，前两种属于古人注释，后两种属于今人注释，前两种并不适合普通读者阅读，可以作为想进一步了解《庄子》的读者的参考书。除此，当代的《庄子》注释本还有很多，如杨柳桥的《庄子译诂》(上海古籍出版社出版)、张耿光的《庄子全译》(贵州人民出版社出版）、方勇译注的《庄子》（中华书局出版）、孙雍长注译的《庄子》（岳麓书社出版）、张松辉的《庄子译注与解析》（中华书局出版）等等。

我们奉献给读者的这本《你真能读明白的〈庄子〉》，以郭庆藩《庄子集释》为底本，除了订正极少数误字之外，尽量保持了原貌。《你真能读明白的〈庄子〉》与其他译注本最大的不同，就是在详细的注释与翻译之外，增加了"研读"部分。《庄子》一书想象奇特、行文似断实续，即使有了注释与译文，仍然不易理解。"研读"的主要任务就是梳理有关篇章的逻辑结构、解释寓言故事的确切含义、阐述庄子思想的深刻意蕴，以及某些故事、思想对后世的影响等。总之一句话，就是帮助读者进一步理解《庄子》，以便我们能够更准确地把握《庄子》思想原貌，从中汲取有益的思想营养。

《庄子》是中国古代的重要典籍之一，前人对《庄子》的研究做了大量工作，本书的译注与研读广泛吸收了前人与当今学者的研究成果，特别是张松辉教授对本书的写作提供了极大的帮助，在此一并表示真诚的感谢。

庄子的思想博大精深，庄子的行文跌宕跳跃，再加上《庄子》原文可能有少数讹误之处，更由于作者本身学识所限，本书的注释、译文和研读有许多不妥之处，真诚地盼望学术前辈及广大读者批评指教。

张　景

2023年6月30日

内 篇

逍遥游

古今学者一致认为《逍遥游》是庄子代表作，也是一篇较难理解的文章，魏晋人就感叹"庄子《逍遥游》旧是难处"（《世说新语·文学》）。关于本篇主旨，学界有两种解释。

第一，逍遥，自由自在的样子。游，游于人世间。本篇要求人们摆脱世俗名利和个人成见的牵累，从而获取一种无牵无挂、绝对自由的适意生活。

第二，逍遥，清静无为的样子。"逍遥"最早见于《诗经·郑风·清人》："河上乎逍遥。"原指在黄河边无事游荡，后引申为清静无为，因此本篇的主旨不是在讲精神自由（阐述精神自由的应是《德充符》），而是在讲无为以处世。

这两种解释虽然不同，但有着内在联系：清静无为就是自由自在的一种表现，自由自在也就体现在清静无为之中。全篇结构严密，一气呵成：先写小鸟与大鹏的飞翔差距，以此来比喻世人与圣人的思想差距，然后用形象的故事说明圣人如何做到无己、无功、无名。但由于篇幅较长，为了便于阅读，我们根据文意把本篇划分为几个段落。

一

北冥有鱼①，其名为鲲②。鲲之大，不知其几千里也；化而为鸟，其名为鹏③。鹏之背，不知其几千里也。怒而飞④，其翼若垂天之云⑤。是鸟也，海运则将徙于南冥⑥。南冥者，天池也。

《齐谐》者⑦，志怪者也⑧，《谐》之言曰："鹏之徙于南冥也，水击三千里，抟扶摇而上者九万里⑨，去以六月息者也⑩。"野马也⑪，尘埃也，生物之以息相吹也⑫。天之苍苍⑬，其正色邪⑭？其远而无所至极邪？其视下也⑮，亦若是则已矣⑯。

【注释】

①北冥（míng）：北海。冥，同"溟"。大海。

②鲲：传说中的鱼名。

③鹏：传说中的大鸟。一说即凤。

④怒：奋发，奋起。

⑤垂天：挂在天上。垂，挂。一说"垂天"即天边。垂，同"陲"。边际。

⑥海运：海水动荡。运，动。海水动荡则不得安宁，故大鹏要乘风而起迁往南海。一说"海运"是沿海运行。徙：迁徙。

⑦《齐谐》：书名。一说为人名。

⑧志怪：记载各种怪异之事。志，记录，记载。

⑨抟（tuán）扶摇：用翅膀拍击着旋风。抟，拍击。扶摇，自下而上的旋风。

⑩去以六月息者也：离开北海飞了六个月才停下来。去，离开。息，停下。一说本句的意思是"它凭借着六月的大风而飞离北海"。以，凭借。六月息，六月的大风。息，气息，大风。

⑪野马：指空中飞扬的尘土。尘土飞扬如野马奔腾，故名。这是描写大鹏飞上高空后俯视人间看到的景象。

⑫生物之以息相吹也：这些尘埃都是由生物的呼吸使它们在空中飘荡如野马奔腾一样。生物，泛指万物。古人认为万物有灵。息，气息。古人往往用推理的方法去理解万物，比如人有呼吸，呼吸的气息叫"鼻息"；大地也有呼吸，大地呼吸的气息叫"风"。

⑬苍苍：深蓝色。

⑭正色：本色。邪（yé）：疑问语气词，相当于现代汉语中的"吗""呢"。

⑮其：指飞上九万里高空的大鹏。

⑯若是：如此。是，代词，代指"苍苍"。大鹏俯视大地，大地也为深蓝色。

【译文】

北海有条鱼，它的名字叫鲲。鲲是那样巨大，无法知道它有几千里。它后来变成了一只鸟，名字叫鹏。鹏的脊背，也无法知道它有几千里大。它奋起飞翔，翅膀就像垂挂在天上的云彩。这只大鹏鸟，因为北海动荡不安，将要迁往南海。南海，是一个天然的大池塘。

《齐谐》这本书，是记载各种奇闻异事的书。《齐谐》说："当大鹏向南海迁徙时，击起方圆三千里的海水，它的翅膀拍击着旋风向上飞行了九万里，离开北海后飞了整整六个月才停下来。"大鹏俯视人间看到尘土飞扬就好像奔腾的野马，这些野马奔腾的景象是由细小的尘埃形成的，而这些细小的尘埃都是由生物的呼吸使它们在空中飞舞飘荡。天空看起来是深蓝色的，这是它的本来颜色呢？还是因为天空高远得没有边际才呈现出这种颜色呢？大鹏从高空俯视大地，也是这般颜色而已。

【研读】

"鲲鹏"是庄子塑造得最为成功、对后世影响最大的艺术形象之一。自从这一形象面世之后，无数人都以鲲鹏自比，以彰显自己的情怀与志向。大诗人李白年轻时就撰有《大鹏赋》，自比为大鹏，后来又有一首《上李邕》：

> 大鹏一日同风起，扶摇直上九万里。假令风歇时下来，犹能簸却沧溟水。时人见我恒殊调，闻余大言皆冷笑。宣父犹能畏后生，丈夫未可轻年少。

李白的最高理想不是做一位诗人，而是"待我尽节报明主，然后相携卧白云"（《驾去温泉后赠杨山人》），先立功立名，然后再修仙登天，入世建功第一，出世修仙被放在第二位。然而终其一生，李白都只能徘徊于政坛边缘，这可以说是李白一生最大遗憾，所以临终都未能忘怀其大鹏展翅的抱负：

> 大鹏飞兮振八裔，中天摧兮力不济。余风激兮万世，游扶桑兮挂石袂。后人得之传此，仲尼亡兮谁为出涕？（《临路歌》）

李白认为自己如同大鹏一样已经飞升天空（比喻自己曾进入皇宫），只因力量不济，最终没能成功。

在古籍中，描述大鹏内容的极多，给人留下较深刻印象的是袁枚《续子不语》中"鹏粪"和"鹏过"两条：

> 康熙壬子春，琼州近海人家，忽见黑云蔽天而至，腥秽异常。有老人云："此鹏鸟过也，虑其下粪伤人，须急避之。"一村尽逃。俄而天黑如夜，大雨盆倾。次早往视，则民间屋舍，尽为鹏粪压倒。从内掘出粪，皆作鱼虾腥。遗毛一根，可覆民间十数间屋，毛孔中可骑马穿走。毛色黑，如海燕状。（《续子不语》卷

四"鹏粪")

康熙六十年，余才七岁，初上学堂。七月三日，才吃午饭，忽然天黑如夜，未数刻而天渐明，红日照耀，空中无片云。或云："此大鹏鸟飞过也。"庄周所云"翼若垂天之云"，竟非虚语。(《续子不语》卷六"鹏过")

袁枚的这两段文字，值得注意的有两点：一是对大鹏细节的描写，如能在大鹏羽毛孔中骑马奔驰，可见鹏鸟之大；二是作者通过自己的经历和琼州（今海南海口一带）近海人家的所见，试图把大鹏证为实有。

庄子的这段描写还有两点使我们感到惊奇。一是庄子对天空颜色的发问。我们知道，空气与水都是无色透明的，然而由于空气与水的厚度及光线作用，看起来会是深蓝色的。而庄子能够对此提出"天之苍苍，其正色邪？其远而无所至极邪"的疑问，实在令人惊叹。二是庄子如何知道从高空俯视大地，大地也是深蓝色的？现代人可以从外层空间俯视地球，知道地球是一个蓝色球体，两千多年之前的庄子又是如何知道这一点的？我们不能不惊异于庄子想象力的丰富与正确。

本段为后人留下了"鲲鹏展翅""鹏程万里""鲲鹏之志""扶摇直上"等词语。

且夫水之积也不厚，则其负大舟也无力①。覆杯水于坳堂之上②，则芥为之舟③，置杯焉则胶④，水浅而舟大也。风之积也不厚，则其负大翼也无力，故九万里则风斯在下矣⑤。而后乃今培风⑥，背负青天而莫之夭阏者⑦，而后乃今将图南⑧。

【注释】

①负：载负，承载。

②覆：倒下，倒水。坳（ào）堂：厅堂地面上的凹处。坳，凹陷。

③芥：小草。

④胶：粘住。指杯子粘在地上。

⑤风斯在下：风就在大鹏的身下了。斯，就。

⑥而后乃今：此后，然后。培（píng）：通"凭"。凭借。

⑦背负：背对着。莫之夭阏（è）：即"莫夭阏之"。没有任何事物能够阻碍大
鹏。莫，没有任何事物。夭阏，阻拦，阻碍。之，代指大鹏。

⑧图南：准备向南飞翔。图，图谋，准备。

【译文】

再说如果水积累得不够深厚，那么它就没有力量去承载大船。把
一杯水倒在厅堂地面的小坑里，那么小草就可以当船漂行；如果放上
一只杯子就会粘连在地上，这是因为水太浅而船太大了。风如果积累
得不够深厚，它同样也没有力量载负起巨大的翅膀，所以大鹏要向上
飞升九万里，那么深厚的风就在它的身下了，然后凭借着深厚的风力，
背对着青天而不会有任何事物能够阻碍它，之后准备向南飞去。

【研读】

本段主要是解释大鹏高飞九万里的原因，同时对人生也具有普遍
的借鉴意义，那就是告诫人们，想要做的事情越重大，积累就越要深
厚，准备工作就越要充分。朱熹有一首诗，同样用水与船的关系说明
这一道理：

　　昨夜江边春水生，蒙冲巨舰一毛轻。向来枉费推移力，此日中流自在行。(《观书有感二首》其二)

　　蒙冲，又写作"艨艟"，是一种蒙上牛皮、可以用来冲撞敌船的大战船。蒙冲战船搁浅了，人们想把它推入深水区，但无论怎样努力它都纹丝不动。昨晚下了春雨，江水涨了起来，这艘大战船就像一根羽毛一样，在水面上轻飘飘地自由漂动。大鹏如此，战船如此，读书如此，我们无论做什么事情都是如此。有了深厚的积累与充分的准备，做任何事情都会举重若轻。

　　蜩与学鸠笑之曰①："我决起而飞②，抢榆枋③，时则不至，而控于地而已矣④，奚以之九万里而南为⑤？"适莽苍者⑥，三餐而反⑦，腹犹果然⑧；适百里者，宿舂粮⑨；适千里者，三月聚粮。之二虫又何知⑩！小知不及大知⑪，小年不及大年⑫。奚以知其然也⑬？朝菌不知晦朔⑭，蟪蛄不知春秋⑮，此小年也。楚之南有冥灵者⑯，以五百岁为春，五百岁为秋；上古有大椿者⑰，以八千岁为春，八千岁为秋，此大年也。而彭祖乃今以久特闻⑱，众人匹之⑲，不亦悲乎？

【注释】

①蜩（tiáo）：蝉，知了。学鸠：一种小鸟。

②决（xuè）起：快速而用力地起飞。决，快速的样子。

③抢（qiāng）：飞到，飞上。榆枋（fāng）：两种树名。榆树与枋树。

④控：落下，落在。

⑤奚以：即"以奚"。凭什么。以，凭。奚，什么。之：到。这里指飞到九万

里。为：句末语气词。蝉与学鸠以己度人，表示不相信大鹏的飞翔能力，甚至不相信大鹏的存在。

⑥适莽苍者：到城郊去旅行的人。适，到。莽苍，形容远望郊外时迷迷蒙蒙的景象。这里代指郊外。

⑦三餐：吃三顿饭。反：同"返"。返回。

⑧果然：肚子饱饱的样子。

⑨宿舂（xiǔ chōng）粮：需要一天的时间准备食物。宿，一整夜，代指一天。舂粮，准备粮食。舂，把谷类的壳子去掉。

⑩之二虫：那两只小虫子。指蜩与学鸠。之，那。

⑪小知：智慧少的。知，同"智"。

⑫小年：寿命短的。年，寿命。

⑬然：这样。

⑭朝（zhāo）菌：一种清晨出生、晚上死亡的菌类植物。晦朔：古人把每月第一天叫"朔"，最后一天叫"晦"。这里用来代指一个月。

⑮蟪蛄（huì gū）：寒蝉。寿命很短，春生者夏死，夏生者秋死。春秋：代指一年。

⑯楚：诸侯国名。在今河南南部、湖北、湖南一带。冥灵：大海龟。冥，大海。灵，古人称龙、凤、麒麟、龟为"四灵"。一说"冥灵"是一种大树名。

⑰大椿：大树名。

⑱彭祖：传说中的长寿之人，据说活了八百岁。据《史记·楚世家》等史书记载，彭祖是真实的历史人物，为颛顼帝的后裔，商代曾为诸侯，封于彭城（今江苏徐州），商代末年被灭。世称"彭祖氏"。乃今：至今。久：长寿。特闻：特别著名。一说"特"是独自的意思。

⑲匹：匹配，相比。

【译文】

知了与学鸠嘲笑大鹏说："我们快速而用力地起飞，本想飞到榆树和枋树上，有时还飞不上去，只好又落回地上罢了，它凭什么能够高飞九万里之后再向南迁徙呢？"到城郊去旅行的人，只需带三餐食物，返回时肚子还饱饱的；到百里之外去旅行的人，就需要用一天的时间准备粮食；到千里之外去旅行的人，就需要用三个月的时间准备粮食。那两只小虫子又怎能懂得这些道理呢！智慧少的比不上智慧多的，寿命短的比不上寿命长的。凭什么知道是这样呢？朝菌不知道什么是一个月，蟪蛄不知道什么是一年，这些都属于寿命短的。楚国南边有一只大海龟，它每过五百年仅仅相当于过了一个春天，再过五百年仅仅相当于过了一个秋天；上古时期有一种大椿树，它每过八千年仅仅等于过了一个春天，再过八千年仅仅等于过了一个秋天，这些都属于寿命长的。彭祖至今因长寿而特别著名，普通人想和他相比，不是太可悲了吗？

【研读】

从开篇至此为寓言。庄子说自己的书由"三言"——寓言、重言、卮言构成，寓言是指假借各种故事或别人的言论表达个人思想的文字，重言是指引用先哲的言论来印证自己所言不虚，卮言是指无心而自然讲出的抽象理论。"三言"的含义，详见《庄子·寓言》。

《逍遥游》有一个争论了上千年的学术问题，那就是大鹏和小鸟（包括蜩、学鸠与下文提到的斥鷃）究竟谁能够逍遥自由，谁不能逍遥自由。主要有三种相互对立的观点：

第一，晋代郭象《庄子注》认为大鹏和小鸟都是逍遥自由的。其理论依据就是庄子的"万物一齐"思想（参见下篇《齐物论》）。既然万物之间没有任何差别，那么大小也就没有差别。既然大小没有差别，那么大鹏和小鸟也就一样自由了。虽然大鹏可以高飞九万里，而小鸟只能飞几丈高，但它们都是顺应各自本性而活动，因而都是自由的。郭象这样讲的目的是要求人们各适其性，各安其分，既不必"以大欲小"，也不必"以小羡大"（《庄子注·逍遥游注》），于是天下就相安无事了。

　　第二，晋代僧人支道林认为大鹏和小鸟都是不自由的。其证据是大鹏要想飞翔，必须极大的空间与深厚的风力；小鸟要想飞翔，除了依赖翅膀外，还有矜夸之心。有所依赖的"游"，就不是一种绝对自由，因而大鹏和小鸟都是不自由的。支道林提出这一观点也有其现实目的。当时士大夫都认为，如果能够做到"任性而游"，就是庄子所倡导的圣人。而支道林认为，如果"任性"而为就是圣人的话，那么残暴之人顺应自己的残暴之性去祸害民众，这样的人难道也是圣人吗？因此支道林反对"任性而游"就是逍遥自由的观点。据说当时的群儒旧学，对支道林的看法莫不叹服（见《世说新语·文学》与《太平广记》卷八十七引《高僧传》）。

　　第三，大多数学者认为大鹏是自由的，而小鸟是不自由的。证据就是庄子在本文中明显是在赞美大鹏，贬斥小鸟。至于说大鹏飞翔必须有所依赖，那是因为无须任何凭借的"游"在现实生活中根本就不存在。

　　我们认为以上观点虽然都能言之成理，但也全都似是而非，不符合庄子原意。之所以出现这些理解偏差，主要原因是持这些观点的学者都把大鹏、小鸟这些艺术形象与下文割裂开来，在把它们独立出来之后，再根据自己的想象去诠释这些形象的意蕴。特别是郭象和支道林，虽然两人观点针锋相对，但同样都把大鹏与小鸟等同起来，这显然不符合本文原意。

如果能够联系整篇文脉去诠释大鹏、小鸟形象，特别是联系下文对世俗人与圣人的描写，就可以知道本文的用意不是在讨论大鹏和小鸟哪个逍遥自由的问题。在全篇行文逻辑中，大鹏与小鸟只是一个比喻，用小鸟无法理解、甚至不相信大鹏存在这一故事，去说明世俗人无法理解、甚至不相信圣人存在的事实，用小鸟与大鹏之间的巨大飞翔差距，去比喻世俗人与圣人之间的巨大思想境界差距。庄子赋予大鹏与小鸟形象的任务仅此而已。正因为庄子本人的目的不是在讨论大鹏与小鸟哪个更为自由的问题，所以后人在这个问题上进行讨论就只能纠缠不清了。

概言之，以上文字主要描写大鹏与小鸟在飞翔能力方面的巨大差别，以比喻下文提到的圣人与世俗人之间在思想境界方面的巨大差别。

二

汤之问棘也是已①：穷发之北②，有冥海者，天池也。有鱼焉，其广数千里③，未有知其修者④，其名为鲲。有鸟焉，其名为鹏，背若太山⑤，翼若垂天之云，抟扶摇、羊角而上者九万里⑥，绝云气⑦，负青天，然后图南，且适南冥也。斥鴳笑之曰⑧："彼且奚适也？我腾跃而上，不过数仞而下⑨，翱翔蓬蒿之间⑩，此亦飞之至也⑪，而彼且奚适也？"此小大之辩也⑫。

【注释】

①汤：商朝开国圣君商汤。棘（jí）：商汤的大臣，博学多才，商汤拜他为师。是已：就是这件事情。是，代词，代指上文提到的大鹏与小鸟之事。已，通"矣"。

②穷发：荒漠，不毛之地。穷，没有。发，指草木。古人认为人有毛发，大地也有毛发，大地的毛发即草木。

③广：宽度。

④修：长度。

⑤太山：即泰山。太，同"泰"。

⑥羊角：旋风名。类似龙卷风，因其盘旋如羊角状，故名。

⑦绝云气：穿过云层。绝，穿过。

⑧斥鷃（yàn）：生活在小沼泽里的一种小鸟。斥，通"尺"。言其小。鷃，小鸟名。

⑨仞（rèn）：长度单位。一说七尺为仞，一说八尺为仞。

⑩蓬蒿：两种野草名。这里泛指野草。李白《南陵别儿童入京》："仰天大笑出门去，我辈岂是蓬蒿人。"关于"蓬蒿人"的意思，古今都理解为"贫居之人，所居荒野之地多蓬蒿"（见"中国诗词大会"解释）。这种解释是不准确的。李白引用的典故即出自本段的"翱翔蓬蒿之间"，意思是说自己并非蜗居蓬蒿之间、才能低劣而又妄自尊大的斥鷃，而是一飞九万里的大鹏。

⑪飞之至：飞翔的最高度。至，最高。斥鷃平时就在几尺高的野草丛中飞来飞去，努力地跳起来飞翔，也不过只有几丈高，然而它却得意扬扬，自视极高，以为这是飞翔的最高度了，因此它不相信有能够飞翔九万里的大鹏存在。庄子以此来比喻整天为名利奔波的世俗官员自以为才华、境界最高，根本不相信淡泊名利、清静无为的圣人存在。

⑫辩：通"辨"。差别。

【译文】

商汤王向棘咨询的就是此事：在不毛之地的北边，有一片大海，那是个天然的大池。海里有一条鱼，它身子宽几千里，没有人知道它的长度，它的名字叫鲲。那里还有一只鸟，它的名字叫鹏，鹏的脊背大如泰山，翅膀就像天上垂挂的云彩，它拍击着旋风一直向上飞升九万里，穿过云层，背对着青天，然后向南飞去，将要迁徙到南海去。斥鷃嘲笑大鹏说："它将能飞到哪里去呢？我奋力跳起来向上飞，也不过飞到几丈高就得落下来，平时只能在野草丛中盘旋翱翔，这已经是飞翔的最高度了，而它将能飞到哪里去呢？"这就是大与小的差距啊。

【研读】

以上文字为重言——引用先哲的言论以证明自己所言不虚。

本段用历史故事再次证明大鹏与小鸟故事的真实存在以及他们之间的巨大差别。值得注意的是，斥鷃比蜩与学鸠的品性更为低劣，因为蜩与学鸠虽然不相信大鹏的能力与存在，但没有自我矜夸，而斥鷃则把自己飞翔的几丈高视为"飞之至"，一个才能低劣而自鸣得意的可悲可怜形象跃然纸上。

另外，《逍遥游》行文结构中有两个问题值得讨论，一是为什么要连讲两遍大鹏的故事，二是"圣人无名"后面的几个故事与前文的关系。对此冯友兰先生的《中国哲学史新编》质疑说：

> 其实在先秦，著作人观念是不明确的，当然更没有所谓著作权。不仅称为某子的书不是一人一时写的，其中的某些篇也不是

一人一时写的，其中有些部分是陆续添上去的。例如，《庄子·逍遥游》讲了两遍大鹏的故事，结之以"至人无己，神人无功，圣人无名"。以下的几段小故事，跟前面意义不联贯。这些可能都是随后加上去的。

冯先生这段话中的两个问题都可商榷。第一个关于讲两遍大鹏故事的问题，是与庄子的写作手法有关。《庄子·寓言》说《庄子》一书由寓言、重言、卮言构成，所谓"重言"就是借用前代名人的话来印证自己所言不虚。《逍遥游》开始用自己的话讲了大鹏故事，接着又引用商汤与棘的对话重复大鹏故事，目的是要用前代名人的话来证明大鹏故事并非自己虚构，以此来取信于读者。关于第二个问题——"至人无己，神人无功，圣人无名"以下的几段小故事与前文的关系，我们下文再讨论。

三

故夫知效一官①，行比一乡②，德合一君，而征一国者③，其自视也，亦若此矣④。

【注释】

①知效一官：才智能够胜任一个官职。知，同"智"。效，有成效，胜任。

②行比一乡：德行能够团结一乡人。比，亲近，团结。乡，先秦的一种居民组织，一万二千五百户为一乡。

③而（néng）征一国：才能可以取得一国人信任。而，通"能"。能力。征，信任。这里指取得信任。

④若此：像斥鷃一样。此，指斥鷃。斥鷃虽然只能飞几丈高，却自以为这是飞翔的最高度，故而趾高气扬。在庄子眼中，这些大大小小的官员唯名利是图，思想境界非常低劣，然而这些官员却自以为是最了不起的人，他们根本不相信还有视功名富贵如粪土的圣人存在。

【译文】

因此那些才智可以胜任一个官职的人，品行可以团结一乡百姓的人，德行能够符合一位君主心意的人，才华能够取得一国民众信任的人，他们评价自己，就像斥鷃那样自以为是最了不起的人。

【研读】

前面两段文字主要论述大鹏与小鸟的差距，是比喻。本段则紧承上文，进入比喻的本体，阐述了圣人与世俗官员之间的差别：圣人好像大鹏，世俗官员犹如小鸟，小鸟不相信大鹏的存在，就好像世俗官员不相信圣人的存在一样。更为可悲的是，思想境界如此卑劣的世俗官员却还妄自尊大，自以为才华最高，就像那只渺小而又妄自尊大的斥鷃一样。

本段很短，却是连接上下文的关键。在此之前，庄子由大鹏一步步推出无知而自傲的斥鷃，这是"由大及小"的写法。接着庄子就在斥鷃与世俗官员之间画了一个等号，同时也等于在圣人与大鹏之间画了一个等号：斥鷃不相信大鹏的存在，就好像世俗官员不相信圣人的存在一样。下文便以这些品性低劣而又狂妄自大的世俗官员为底线，一步步推理出庄子心目中的至人、神人、圣人。这是"由小及大"的写法。

而宋荣子犹然笑之①。且举世而誉之而不加劝②，举世而非之而不加沮③，定乎内外之分④，辩乎荣辱之境⑤，斯已矣⑥。彼其于世未数数然也⑦。虽然，犹有未树也⑧。

【注释】

①宋荣子：一说即战国时期思想家宋钘，一说指宋国一位叫荣子的人。犹然：嘲笑的样子。之：代指前文提到的世俗官员。

②举世：整个社会。举，全部，整个。加劝：更加努力。劝，努力。

③非：非议，批评。加沮（jǔ）：更加沮丧。

④定乎内外之分：确定内心与外界的区别。即内心不受外部毁誉的影响。定，确定，懂得。内，内心。外，指外界的是非荣辱。

⑤辩乎荣辱之境：明白荣耀与耻辱的标准。辩，通"辨"。明白。境，界线，标准。意思是，宋荣子有自己的荣辱标准，不为外界的毁誉所动。

⑥斯已：如此而已。斯，此。

⑦数数（shuò）然：众多的样子。指宋荣子这样的人在世上已经很罕见、很难得了。

⑧未树：还有更高的思想境界没有建树起来。庄子认为，宋荣子虽然比世俗官员强多了，但还没有达到圣人的思想境界。

【译文】

然而宋荣子却嘲笑这些大小官员。即使社会上的人们都去赞美宋荣子，他也不会因此而变得更加努力；即使社会上的人们都去批评宋荣子，他也不会因此而变得更加沮丧。他能够确定主观内心与客观事物的区别，懂得荣耀与耻辱的标准，但他也不过如此而已。像他这样的人，社会上已经不多见了。虽说如此，他还有许多更高的思想境界没有建树起来。

【研读】

宋荣子能够做到"举世而誉之而不加劝，举世而非之而不加沮"，不让自己的平和心境受到外界毁誉的干扰，用今天的话讲，就是能够做到"走自己的路，让别人说去"。这属于对精神自由的追求。

夫列子御风而行①，泠然善也②，旬有五日而后反③。彼于致福者④，未数数然也。此虽免乎行，犹有所待者也⑤。

【注释】

①列子：先秦道家代表人物之一。名御寇，郑国人。据说他能乘风飞行。御风：乘风。

②泠（líng）然：轻盈美妙的样子。

③旬有五日：十五天。十天为一旬。古人往往在整数与零数之间加"有"或"又"。反：同"返"。

④致福：获取幸福。致，获得。

⑤所待：有所依赖。待，依赖。列子飞行必须依赖风力，还没做到绝对自由。

【译文】

列子能够乘风飞行，是那样的轻盈美妙，一次可以飞行十五天然后返回。能够像他这样获得如此幸福的人，社会上已经不多见了。他虽然能够免于行走的劳苦，但是还要有所依赖才行。

【研读】

列子乘风飞行这段文字，说明庄子不仅追求精神自由，同时也追求肉体自由。但在现实世界中，由于自然与社会的种种限制，使人的肉体受到了极大的约束甚至伤害，追求肉体自由几乎成为不可企及的奢望，以至于他哀叹"方今之时，仅免刑焉"（《人间世》）。简言之，庄子既追求精神自由，也追求肉体自由，只是在肉体无法获得自由时，他才不得已强调精神自由的重要性。关于这一点，我们还会在《养生主》等篇章中详述。

若夫乘天地之正①，而御六气之辩②，以游无穷者③，彼且恶乎待哉④！故曰：至人无己⑤，神人无功⑥，圣人无名⑦。

【注释】

①乘：遵循，顺应。正：本，本性。

②御：遵循。六气之辩：大自然的变化。六气，指阴、阳、风、雨、晦（夜晚）、明（白天）六种自然现象。这里代指大自然。辩，通"变"。变化。

③无穷：指无穷无尽、自由自在的精神世界。一说指无穷无尽的空间和时间。

④彼：指圣人。恶（wū）乎待：即"待乎恶"。依赖什么呢？恶，什么。

⑤至人无己：至人没有个人成见。至人，庄子心目中思想境界最高的人。下文的"神人""圣人"与此同义。无己，《庄子》中的"无己"大致有两义，一指忘却自我，一指忘却个人成见以顺应自然。这两义既有联系又稍有差别，本文主要指后一义。所谓"成见"，庄子又称之为"成心"，指一个人因为生活环境和教育内容等原因而形成的固定见解，比如看到杯子，我们就想到要用它喝水；看到床铺，我们就想到要用它躺卧。庄子认为，要想事业

成功，必须打破这些固有的成见。

⑥神人无功：神人主观上不求立功，客观上立功之后也不居功。道家认为，思想境界最高的圣君主观上不追求立功，因为一旦追求建功立业，就一定会搅动社会，生出许多是非，所以神人能够做到清静无为；清静无为的实施，能够使社会安定，百姓幸福，因此主观上不求立功的神人客观上却立了大功，然而客观上立了大功的神人却从不居功。

⑦无名：不追求美名。

【译文】

至于那些能够顺应天地本性，遵循自然变化，遨游于无穷无尽之精神世界的人，他们还需要依赖什么呢！所以说：至人忘却个人成见，神人不去追求立功，圣人不去猎取名声。

【研读】

以上文字为卮言——自然而然讲出来的抽象理论。

冯友兰先生认为"至人无己，神人无功，圣人无名"是《逍遥游》的结束语，以下的几段小故事，跟前面意义不联贯，很可能是别人随后加上去的。现在不少教材在选录《逍遥游》时，也删去了后面的几个故事。冯友兰先生的这一论断值得商榷，以下几个小故事不仅与前文连贯，而且关系十分密切。"无己、无功、无名"是抽象理论，接着的文字是用几个故事形象地说明什么叫"无己、无功、无名"。按照行文顺序与常人逻辑，第一个故事应该说明摆在第一位的"至人无己"，第二、第三个故事应该依次说明"神人无功""圣人无名"，然而庄子思维反常，他颠之倒之，用第一个故事"尧让天下于许由"说明什么是"无名"，用第二、第三个故事说明什么是"无功""无己"。行文顺序这么一颠倒，后人便找不到这几个故事与前文的联系了。

四

　　尧让天下于许由①，曰："日月出矣②，而爝火不息③，其于光也④，不亦难乎！时雨降矣，而犹浸灌⑤，其于泽也⑥，不亦劳乎！夫子立而天下治⑦，而我犹尸之⑧，吾自视缺然⑨，请致天下⑩。"许由曰："子治天下⑪，天下既已治也，而我犹代子，吾将为名乎？名者，实之宾也⑫，吾将为宾乎？鹪鹩巢于深林⑬，不过一枝；偃鼠饮河⑭，不过满腹。归休乎君⑮，予无所用天下为⑯！庖人虽不治庖⑰，尸祝不越樽俎而代之矣⑱。"

【注释】

①尧：传说中的圣君。许由：传说中的隐士。

②日月：比喻许由。

③爝（jué）火：小火把。尧用来比喻自己。尧用小火把与日月的差距，比喻自己与许由的差距。

④其于光也：小火把在显示光明这件事上。

⑤浸灌：人力浇灌。尧把许由比作及时雨，把自己比作人力浇灌。

⑥泽：润泽庄稼。

⑦夫子：对许由的尊称。立：立为天子。治：安定，太平。

⑧尸之：白白占住天子位置。先秦祭祀时，代表死者接受祭祀的人叫"尸"，以臣下或死者晚辈充任。在祭祀过程中，尸端坐于主位，但不需要做任何

事情，因此后来形成"尸位素餐"一词。后世在祭祀时慢慢取消了"尸"，
改用神主（牌位）、画像等。之，指天子之位。

⑨缺然：有欠缺的样子。

⑩致：献出，交出。

⑪子：您。指尧。

⑫实之宾：实际或实物的从属品。宾，附属品，次要的事物。

⑬鹪鹩（jiāo liáo）：小鸟名。比喻许由自己。巢：筑巢。

⑭偃（yǎn）鼠：一种野鼠。比喻许由自己。河：黄河。在先秦，"河""江"一
般为专有名词，指黄河、长江。

⑮休：停下。一说指不让尧再谈禅位的事情，一说是让尧回去休息，别再讲此
事了。

⑯为：句末语气词。

⑰庖（páo）人：厨师。这里指做祭品的厨师。

⑱尸祝：祭祀时，坐在主位上代表死者接受祭祀的人叫"尸"，祭祀时向神灵
祷告的人叫"祝"。樽（zūn）：祭祀用的酒器。俎（zǔ）：祭祀时用来盛牛
羊等祭品的礼器。许由把尧比作厨师，把自己比作尸祝，意思是说，即使
尧不治理天下，自己也不会去代替他治理天下的。

【译文】

　　尧想把天下禅让给许由，说："日月已经升起来了，而我这支小火
把还不熄灭，它想要显示自己的光明，不是很困难的吗！及时雨已经
落下来了，而我还在进行人力浇灌，在润泽庄稼这件事上，不是太徒
劳了吗！您如果来当天子，天下就会太平安定，而我还白白地占住这
个位置，我反省自己，感到自己的缺点太多了，请允许我把天下让给

您吧!"许由回答说:"您治理天下,天下已经太平安定了,而我还去替代您当天子,我难道要追求名声吗? 名声是实际事物的从属品,我难道去追求次要的从属品吗? 鹪鹩在深林里筑巢,所需不过是一根树枝而已;偃鼠到黄河边喝水,不过只是喝饱一肚子而已。君主您回去吧,别再多说了! 我用不着这么大的一个天下! 厨师即使不在厨房里做祭祀用的食品,尸祝也不会越过樽俎这些祭器去代替他的。"

【研读】

本段用许由不接受天下的故事,说明上文的"圣人无名"。所谓"圣人无名",在《庄子》中包含两层意思,一是不追求名声,二是有了名声也要拒绝这些名声。许由讲得很清楚:"名者,实之宾也,吾将为宾乎?"许由就是一位坚决不要虚名的圣人。当然,真正得道之人一开始就回避名声,因而也不会获得名声。为了更好地理解这一点,我们看《高士传》的一段记载:

> 许由,字武仲。……尧让天下于许由……由于是遁耕于中岳颍水之阳,箕山之下,终身无轻天下色。尧又召为九州长,由不欲闻之,洗耳于颍水滨。时其友巢父牵犊欲饮之,见由洗耳,问其故,对曰:"尧欲召我为九州长,恶闻其声,是故洗耳。"巢父曰:"子若处高岸深谷,人道不通,谁能见子? 子故浮游欲闻,求其名誉,污吾犊口。"牵犊上流饮之。

许由隐居在颍水(淮河支流,发源于今河南)时,认为尧三番五次地邀请自己去当天子、九州长(管理一方诸侯者),是玷污了自己的耳朵,于是就在颍水边洗耳朵。此时另一位隐士巢父在许由的下游给小牛饮水,看见许由洗耳,便询问原因,当他听了许由的解释后,便批评许由不该在社会上四处招摇，结果混出名声，召来了麻烦。巢父批评许由之后，愤愤然把自己的小牛牵到许由的上游去饮水，因为他认为许由的洗耳水会玷污自己小牛的嘴。巢父居于深山老林之中，从不与外界交往，因而也就没有名声，他是真正的"无名"者。

　　庄子的这段文字为我们留下两个词语——尸位、越俎代庖。另外，本段中的"鹪鹩巢于深林，不过一枝；偃鼠饮河，不过满腹"逐步演变为"良田万顷，日食二升；大厦千间，夜卧八尺"（《宋稗类钞》卷五），成为世人的座右铭。

五

　　肩吾问于连叔曰①："吾闻言于接舆②，大而无当③，往而不返④。吾惊怖其言⑤，犹河汉而无极也⑥，大有径庭⑦，不近人情焉。"连叔曰："其言谓何哉？""曰：'藐姑射之山⑧，有神人居焉⑨，肌肤若冰雪，绰约若处子⑩，不食五谷，吸风饮露；乘云气，御飞龙，而游乎四海之外⑪；其神凝⑫，使物不疵疠而年谷熟⑬。'吾以是狂而不信也⑭。"

【注释】

①肩吾：假设人物。连叔：假设人物。

②接舆：春秋末期的楚国隐士。

③大而无当（dàng）：言语夸张而不切实际。大，夸大，夸张。当，恰当。

④往而不返：话说开去就收不回来。意思是讲话过分夸张，漫无边际，无法验证。

⑤惊怖：吃惊，惊讶。

⑥河汉：天河。无极：漫无边际。极，边际。

⑦大有径庭：很不一致。指与常人的观念很不一致。径庭，差别很大的样子。一说"径"指野外小路。"庭"指院子。"径"与"庭"相距较远，比喻接舆的话与常识相差很远。"大相径庭"一词即出于此。

⑧藐姑射（yè）：传说中的山名。一说"藐"为遥远义，"姑射"为山名。《山海经》说姑射山在寰海之外，一说在今山西临汾西。《庄子》中的人名、地名多为假托，不必落实。

⑨神人：思想境界最高的人。这里主要指庄子心目中的圣君。注意此处"神人"与上文"神人无功"的神人名称一致。

⑩绰约：身姿柔和优美的样子。处子：处女。

⑪四海之外：人间之外。古人认为中国四周有大海包围，所以"四海"指整个天下。

⑫神凝：精神专一。凝，专一。

⑬疵疠（cī lì）：疾病。年谷：庄稼。

⑭以是：认为这些话。以，以为，认为。是，代指接舆的话。狂而不信：虚假而不真实。狂，通"诳"，虚假。信，真实。理解为"相信"也可。

【译文】

　　肩吾问连叔："我听了接舆讲的一些话，觉得夸张虚诞而不切实际，他只管浮夸开去而无法验证。我对他的话感到吃惊，他的话犹如天河般不着边际，与常识大相径庭，不近人情。"连叔问："他讲了一些什么话啊？"肩吾回答："他说：'藐姑射山上，住着一些神人，他们的肌肤像冰雪一样洁白无瑕，身姿像处女一样柔和优美；他们不吃五

谷，吸清风，饮露水；他们乘坐着云气，驾驭着飞龙，而遨游于四海
之外；他们的精神专一，能够使万物不发生任何毛病，而粮食年年丰
收。'我认为他讲的这些话虚假而不真实。"

【研读】

　　本段主要用夸张的文学笔法说明"神人无功"的道理。这里说的
"神人"，指庄子心目中无为而治的圣君。藐姑射山上的神人整天遨游
于四海之外，对人间的事情从不过问，这就说明这些神人主观上不求
建功立业，因而也就不去搅动整个社会。虽然神人不求立功，但他们
清静无为的治国方略却使万物不会出现任何毛病，而且粮食年年丰收，
使民众能够过上祥和安定的好日子。这就说明主观上不求立功的神人，
客观上却立了大功。

　　本段为我们留下"大而无当""大相径庭""不近人情""绰约"四
个词语。另外，后来的方仙道在论证辟谷可以成仙时，也常常引用
"不食五谷，吸风饮露；乘云气，御飞龙，而游乎四海之外"这些话为
依据。

　　连叔曰："然，瞽者无以与乎文章之观①，聋者无以与乎钟鼓
之声。岂唯形骸有聋盲哉？夫知亦有之②。是其言也，犹时女也③。
之人也④，之德也，将旁礴万物以为一⑤，世蕲乎乱⑥，孰弊弊焉
以天下为事⑦！之人也，物莫之伤⑧，大浸稽天而不溺⑨，大旱金石
流、土山焦而不热⑩。是其尘垢秕糠⑪，将犹陶铸尧、舜者也⑫。孰
肯以物为事！"

【注释】

①瞽（gǔ）者：盲人。无以：没有办法。与：参与。指参与欣赏。文章：指华丽的颜色和图案。观：景象。

②夫知亦有之：智慧上也有盲聋现象。人们的智慧无法认识一些事物或道理，故称其为盲聋。如"文盲""科盲"等。知，同"智"。

③时女：妙龄少女。形容接舆的言语美好如少女。时，用如"时雨"的"时"，正是好时光的意思。一说"时"通"是"，"女"通"汝"，"时女"指肩吾，批评肩吾是智慧上的盲聋。

④之人：那些人。指藐姑射山上的神人。之，那些。

⑤旁礴万物：胸怀万物。旁礴，心胸广大的样子。一说"旁礴"为混同的意思。以为一：视为一体。

⑥世蕲（qí）乎乱：世人祈求天下安定。蕲，求。乱，安定。在古汉语中，"乱"兼有"混乱"和"安定"正反二义。如《论语·泰伯》："（周）武王曰：'予有乱臣十人。'"这里的"乱臣"不是指奸佞之臣，而是指善于治国的大臣。

⑦弊弊焉：辛苦劳累的样子。

⑧物莫之伤：即"物莫伤之"。没有任何事物能伤害他们。

⑨大浸稽天：大水涨到了天上。大浸，大水。稽，至，达到。

⑩金石流：金石因天热而熔化流动。

⑪是其：代指神人。

⑫陶铸：造就。制造陶器叫"陶"，制造铁器叫"铸"。这两句是说，用神人身上的尘垢糟粕也能造就出像尧、舜这种世俗人所认为的明君，极言神人与世俗贤君之间的差距。

【译文】

　　连叔说："是啊，盲人无法观赏华丽的文采，聋人无法欣赏钟鼓的乐声。难道仅仅肉体有聋人与盲人吗？智慧上也有聋盲之人。接舆讲的那些话，就好像少女那样美妙无比。那些神人，那些神人的境界，将胸怀万物而视之为一体，世人都期盼天下安定，而那些神人怎么肯去辛辛苦苦地管理人世间的事务呢！那些神人，没有任何事物能够伤害他们，洪水滔天不会使他们溺毙，天气大旱炎热得使金石熔化、土山枯焦，他们也不会感到灼热。用他们身上的尘垢秕糠，也能造就出尧、舜这样的世俗贤君来。他们怎肯从事人世间的事务呢！"

【研读】

　　为什么神人能够做到"大浸稽天而不溺，大旱金石流、土山焦而不热"？《庄子》本书有两种解释：

　　第一，是一种精神作用，神人精神上忘却了生死寒热。

　　《庄子·达生》记载，列子曾向关尹请教："至人潜行不窒，蹈火不热，行乎万物之上而不慄。请问何以至于此？"关尹回答的大意是："这是因为至人能够保持极为平和的精神境界，与智巧、果敢的品质无关。至人可以使自己的平和心境永无变化，任何事物都无法影响他们的这种心境！这就好比喝醉酒的人从车上摔下来，他们虽然也会受伤，但受伤程度一定会远远轻于清醒的人。醉酒人的骨骼与别人相同而受伤程度却轻微，这是因为他们能够保持平和的心境，他们乘车时不知道，摔下时也不知道，生死存亡之事不会放在心上，所以遇到灾祸也不会恐惧。因醉酒而使心境平和的人尚且如此，更何况那些用天道修养而使精神平和的人呢！"意思是，神人通过精神修养，已与大道融为一体，他们不用喝酒也能够置生死存亡、祸福利害于度外，因此没有任何事物能够伤害他们。很明显，这里说的"不溺""不热"主要指精神感受。对此，《庄子·田子方》讲得也十分明确："其神经乎大山而无介，入乎渊泉而不濡。"大山无法阻挡、深渊不能溺毙的是圣人的"神"，而不是他们的"形"。

第二，神人懂得权变，善于远害避祸。

《庄子·秋水》说："知道者必达于理，达于理者必明于权，明于权者不以物害己。至德者，火弗能热，水弗能溺，寒暑弗能害，禽兽弗能贼。非谓其薄之也，言察乎安危，宁于祸福，谨于去就，莫之能害也。"意思是："掌握大道的人一定明白一般事理，明白一般事理的人一定懂得权变，懂得权变的人一定不会为追求外界名利而伤害自己。境界最高的人，火不能烧灼，水不能溺毙，寒暑不能侵袭，禽兽不能伤害，这不是说懂得大道的人可以去触犯它们，而是说他们明白安危所在，能够恰当地应对祸福，谨慎地选择取舍，因此没有任何事物可以伤害他们。"这也就是儒家所提倡的见机而作。孔子被后人称为"圣之时者"（《孟子·万章下》），可仕则仕，该隐则隐。孔子在鲁国为官时，见执政者好女乐、误政事便马上辞官而去；在卫国时，见卫灵公与夫人、宦官同车而冷落自己，于是马上离开卫国；孔子欲西渡黄河去见晋国权臣赵简子，到了黄河边听说舜华等贤人被赵简子杀害便掉头而归。只要发现客观环境对自己稍有不利，孔子决不留恋，马上抽身而去，故而能够远害避祸。

宋人资章甫而适诸越①，越人断发文身，无所用之。

【注释】

①宋：诸侯国名。在今河南商丘一带。宋国贵族为商朝天子后裔，文化底蕴深厚，十分重视礼仪。资：购买。章甫：一种礼帽。适：到。诸："之于"的合音字。越：诸侯国名。在今浙江一带。

【译文】

有个宋国人购买了一批礼帽去越国贩卖，而越国人都剪掉头发，身上刺着花纹，根本就不戴帽子。

【研读】

本段需要讲清楚两个问题，一是本段的错简问题，二是越人为何要断发纹身。

第一个问题，我们认为这段文字应为错简，这几句应该在"窅然丧其天下焉"之后。理由如下：

首先，把这个故事放在"窅然丧其天下焉"之后，藐姑射山的故事前后就完整、连贯了。藐姑射山的故事，先讲神人主观上不求立功而客观上立了大功，即道家提倡的无为而无不为的治国理念；再把神人同世人所推崇的贤君尧、舜进行比较，认为神人身上的"尘垢秕糠，将犹陶铸尧、舜者也"；最后记述尧在神人的感召之下，也渐臻神人境界——忘却了自己治理天下的功劳。如果把宋人故事放在其中，就把这个完整的故事截为两段，使下文的"尧治天下之民"几句同上述故事脱节，找不到故事发展的来龙去脉。

其次，把这个故事放在"窅然丧其天下焉"之后，从内容逻辑上看也非常合理，因为这个故事是用来说明"至人无己"的，而不是用来说明"神人无功"的。由于这位宋人执守"自己戴礼帽，越人肯定也戴礼帽"的个人成见，所以他花钱买礼帽到越国去贩卖，结果无人购买。这就是"有己"而不能顺应客观习俗所造成的恶果。

再次，这段文字很少，大约只占两个竹简位置。错编两个竹简，也符合一般错简的情况。

第二个问题，关于越人断发纹身的原因，《说苑·奉使》有明确解释：

> 越使诸发执一枝梅遗梁王，梁王之臣曰韩子，顾谓左右曰："恶有以一枝梅乃遗列国之君者乎？请为二三子惭之。"出谓诸发曰："大王有命，客冠，则以礼见；不冠，则否。"诸发曰："彼越亦天子之封也。不得冀、兖之州，乃处海垂之际，屏外蕃以为居，而蛟龙又与我争焉，是以剪发文身，烂然成章，以像龙子者，将避水神也。今大国其命，冠则见以礼，不冠则否。假令大国之使，时过弊邑，弊邑之君，亦有命矣，曰：'客必剪发文身，然后见之。'于大国何如？意而安之，愿假冠以见；意如不安，愿无变国俗。"梁王闻之，披衣出以见诸发，令逐韩子。

越国派使者诸发送给梁王（即魏王）一枝梅，梁王有位大臣叫韩子，他看了看身边的人，说："怎么能够拿一枝梅献给诸侯国君呢？请让我为诸位羞辱他一番。"于是他出来对诸发说："我们大王有令，使者如果带上帽子，我们就以礼接见；如果不戴帽子，就不接见。"诸发回答说："越国也是天子所封。越国没有能够被封在冀州（今山西、河北、河南北部一带）、兖州（今山东一带）地区，而被封在海边，我们只好赶走那里的外族人而定住下来，然而海里的蛟龙又经常与我们争斗。因此越国人剪发纹身，身上刻满了灿烂的花纹，模仿蛟龙之子的模样，是为了避开各种水神的伤害。现在贵国有令，带上帽子就以礼接见，不戴帽子就不接见。假如贵国使者什么时候来到我国，我国君主也下令说：'梁国使者必须剪发纹身，然后才接见。'那么你们梁国该如何处理此事呢？如果你们能够安然受之，那么我愿意借顶帽子戴上觐见贵君；如果不能安然受之，希望你们也不要去改变我国的风俗习惯。"梁王听说后，赶紧披着衣服出来接见诸发，下令驱逐了韩子。

从诸发的解释中可以知道，越人之所以断发纹身，带有原始宗教性质。越国地处海边，而海中的主人为龙，于是越人便断发纹身，打扮成龙子的模样，这样既可以拉近与龙的关系，也可以避开其他水神的伤害。

"尧治天下之民，平海内之政，往见四子藐姑射之山①，汾水之阳②，窅然丧其天下焉③。"

【注释】

①四子：指藐姑射山上的四位神人。旧注认为指王倪、啮缺、被衣、许由四人。

②汾水之阳：汾水的北岸。汾水，河名。黄河支流，在今山西境内。阳，河北岸为阳。

③窅（yǎo）然：遗忘的样子。丧：忘掉。

【译文】

"尧治理好天下民众，安排好国家政事，然后到汾水北岸的藐姑射山上去拜访四位神人，因受神人感化而不知不觉地忘掉了自己治理天下的功劳。"

【研读】

邈姑射神人的故事主要解释上文的"神人无功"。所谓"神人无功"有两层意思，一是圣君主观上不求建功立业，因为一旦渴望建功立业，就会诸多作为，从而搅动整个天下。二是当客观上建功之后，不要居功，这也是《道德经》二章讲的"圣人……功成而弗居"。藐姑射山上的神人"不食五谷"，不肯"以天下为事"，不肯"以物为事"，这就是道家一再提倡的清静无为，不去干涉百姓生活；然而这些神人却能够"使物不疵疠而年谷熟"，人间的一切都是那样的安定祥和，客观上立了大功，这就是无为之后的"无不为"。这些神人在建立大功之后，根本不去居功。不仅他们不居功，就连受到他们熏陶后的尧也"窅然丧其天下焉"，不知不觉就忘记了自己治理天下之功。

六

惠子谓庄子曰①："魏王贻我大瓠之种②，我树之成而实五石③；以盛水浆④，其坚不能自举也⑤；剖之以为瓢，则瓠落无所容⑥。非不呺然大也⑦，吾为其无用而掊之⑧。"

【注释】

①惠子：宋国人。姓惠名施，名家主要代表人物之一。他是庄子好友，曾任魏国的相。

②贻（yí）：送给。大瓠（hù）：植物名。即大葫芦。

③树：种植。实五石（dàn，古音 shí）：结出的大葫芦可装五石粮食或酒水。实，果实。即葫芦。石，容量单位。十斗为一石。

④浆：一种带酸味的饮料，可用来代酒。也泛指酒。

⑤自举：自胜，自立。因葫芦不够坚固，一旦装满东西，就被胀破了。

⑥瓠落：大的样子。这两句是说，把大葫芦剖开为瓢，而缸里、锅里都无法放下这么大的瓢。一说"瓠落"是形容葫芦大而平浅的样子。因其平浅，无法装东西。

⑦呺（xiāo）然：大而无用的样子。

⑧掊（pǒu）：砸烂。

【译文】

　　惠子对庄子说："魏王送给我一粒大葫芦的种子，我种植成功了，结出的大葫芦可装五石粮食或酒水；用来装水与饮料，它的坚固程度无法自立；把它剖开当瓢用，可又因为太大而无处可放。这个葫芦难道不是白白地长了这么大吗！我因为它毫无用处，就把它砸烂了。"

　　庄子曰："夫子固拙于用大矣！宋人有善为不龟手之药者①，世世以洴澼絖为事②。客闻之③，请买其方百金④。聚族而谋曰：'我世世为洴澼絖，不过数金，今一朝而鬻技百金⑤，请与之。'客得之，以说吴王⑥。越有难⑦，吴王使之将，冬与越人水战，大败越人，裂地而封之⑧。能不龟手一也，或以封⑨，或不免于洴澼絖，则所用之异也。今子有五石之瓠，何不虑以为大樽而浮乎江湖⑩？而忧其瓠落无所容，则夫子犹有蓬之心也夫⑪！"

【注释】

① 为：制造。不龟（jūn）手：使手不皲裂。龟，通"皲"。皮肤因寒冷风吹而裂口。

② 洴澼（píng pì）：漂洗。纩（kuàng）：丝絮，丝绵。

③ 客：外地人。

④ 方：指药方。百金：这里泛指一大笔钱。金，古代黄金重量单位。先秦一镒（yì）黄金为一金，二十两为一镒，一说二十四两为一镒。

⑤ 一朝：一下子，短时间。鬻（yù）技：卖技术。鬻，卖。

⑥ 说（shuì）：游说。吴：诸侯国名。在今长江下游一带。

⑦ 难：发难。这里指发动军事进攻。

⑧ 裂地：划出一块土地。

⑨ 或以封：有人凭借不皲手之药获得一块封地。或，有人。指那位外地人。以，凭借。

⑩ 樽：一种酒器。这里指形似酒器、可以挂在腰间以助漂浮的游泳工具，作用类似今天的救生圈，古时称"腰舟"。

⑪ 蓬之心：茅塞不通的心。蓬，草名。蓬草茎中无孔窍，比喻心里不开窍。

【译文】

　　庄子说："您确实太不善于使用大东西啊！有位宋国人善于制造防治手皲裂的药物，于是他家便世世代代以漂洗丝绵为职业。有位外地人听说了此事，愿意出一百金购买他的药方。这位宋国人便召集全家商量说：'我们家世世代代为人漂洗丝绵，总共也不过挣了数金，现在一下子就能靠卖药方赚到一百金，那就卖给他吧！'这位外地人得到药方后，就去游说吴王。此时越国出兵进攻吴国，吴王就派他为将军，冬天与越国人在水上作战，大败越人，于是吴王就划出一块土地封给了他。能够防治手龟裂的技能是一样的，有人凭借这一技能得到了一块封地，有人却不免世代从事漂洗丝绵的苦活儿，这是因为他们的用法不同。如今您有五石容量的大葫芦，为什么不考虑把它做成腰舟而漂浮于江湖呢？而您却发愁它太大而无法装东西，这就说明先生您还有一颗不开窍的心啊！”

【研读】

　　这一故事主要解释上文的“至人无己”。庄子认为，至人没有个人成见，能顺应自然，随物推移。惠子有个人成见，因为生活习惯的影响，他就只知道葫芦可以用来装东西，一旦发现自己的大葫芦不能装东西了，就认定它没用，把它砸了。就像那位宋人一样，只知道不龟手之药可以用来保护双手去漂洗丝绵，而没想到这种药物还可以用来保护将士的双手，从而增强战斗力。而庄子则能顺应葫芦的漂浮特性，把它当作腰舟使用。庄子做到了“无己”——破除个人成见，顺物而为。

　　惠子谓庄子曰：“吾有大树，人谓之樗①。其大本拥肿而不中绳墨②，其小枝卷曲而不中规矩③，立之涂④，匠者不顾⑤。今子之言，大而无用，众所同去也⑥。”庄子曰：“子独不见狸狌乎⑦？卑身而伏⑧，以候敖者⑨。东西跳梁⑩，不避高下，中于机辟⑪，死于罔罟⑫。今夫斄牛⑬，其大若垂天之云，此能为大矣⑭，而不能执鼠。今子有大树，患其无用，何不树之于无何有之乡⑮，广莫之野⑯，彷徨乎无为其侧⑰，逍遥乎寝卧其下。不夭斤斧⑱，物无害者。无所可用，安所困苦哉！"

【注释】

①樗（chū）：树名。俗称臭椿树。椿树分香椿和臭椿两种，香椿的嫩叶可食
　　用，臭椿不仅气味难闻，木质也低劣。

②大本：树的主干。拥肿：即臃肿。粗短而不端正。拥，通"臃"。绳墨：木
　　工用来画直线的工具。

③卷（quán）曲：弯曲。规矩：两种木工工具。用来画圆的工具叫"规"，即
　　圆规；用来画方的工具叫"矩"，即曲尺。

④涂：同"途"。道路。这里指路边。

⑤匠者不顾：木匠连看也不看一眼。匠者，木匠。顾，看。

⑥去：抛弃，不要。

⑦独：难道。狸：野猫。狌（shēng）：鼬鼠，俗称黄鼠狼。

⑧卑身：低下身子。卑，低，压低。

⑨敖者：四处游荡的小动物。敖，同"遨"。游荡，走动。

⑩跳梁：跳跃。后世的"跳梁小丑"一词即由此引申而来。

⑪中于机辟（pì）：跳在捕兽工具的机关上。中，跳中，碰上。机，捕鸟兽的
　　机关。辟，一种捕鸟兽的工具。

⑫罔罟（gǔ）：捕兽的网。罔，同"网"。罟，网。

⑬斄（lí）牛：即犛牛，也称牦牛。

⑭为大：做大事，有大的作用。牦牛能够逍遥于原野，此为其大用。

⑮无何有之乡：什么也没有的地方，空旷的地方。

⑯广莫：开阔，广阔。莫，通"漠"。广大。

⑰彷徨：徘徊，散步。

⑱不夭斤斧：不会被斧头砍掉。因为臭椿树无用，因而也无人去砍伐。夭，夭折。斤，大斧头。

【译文】

惠子对庄子说："我有一棵大树，人们把它叫作臭椿树，它的主干短粗臃肿而不合墨线，它的小枝弯弯曲曲而不合规矩，长在路边，木匠连看都不愿看一眼。如今您的那些言论，夸张虚诞而无实际作用，大家都不会接受的。"庄子说："您难道没有看到那些野猫和黄鼠狼吗？它们压低身体埋伏在地上，等着捕捉四处游荡的小动物。它们东西跳跃，不顾高低，一旦踏中捕兽器的机关，就会死在兽网之中。如今那些牦牛，身体庞大得就像挂在天上的云彩，它们有自己的大作用，却没有捕捉老鼠的小本领。现在您有那棵大树，发愁它没什么用处，那么为什么不把它栽种在空旷的地方、开阔的原野里，您可以悠闲自得地在它旁边徘徊散步，或者自由自在地躺在它的下面休息。这棵树不会被斧头砍掉，也没有什么事物去伤害它。它没什么用处，又怎么会受到伤害呢！"

【研读】

这个故事与大瓠的故事一样，仍然在说明"圣人无己"的道理。惠子根据自己的成见，认为无用的东西就是无用，只能抛弃。而庄子则能够顺其"无用"之性而找到其"大用"，那就是"无用"可以全身远害，这也是庄子所一再申述的"无用之用"（《庄子·人间世》）。这个故事进一步说明了"有己"和"无己"的差距。

总之，远赴越国贩卖礼帽的宋国商人、认定无用之物只能抛弃的惠子、善于制造不龟手之药的宋人，都没能跳出个人成见这个小圈子，从而也就无法顺应客观环境，因此他们的行为处处挂碍，难以成功。

最后，为了加深读者对本文内容与结构的进一步理解，我们把全篇结构、行文秩序列图如下：

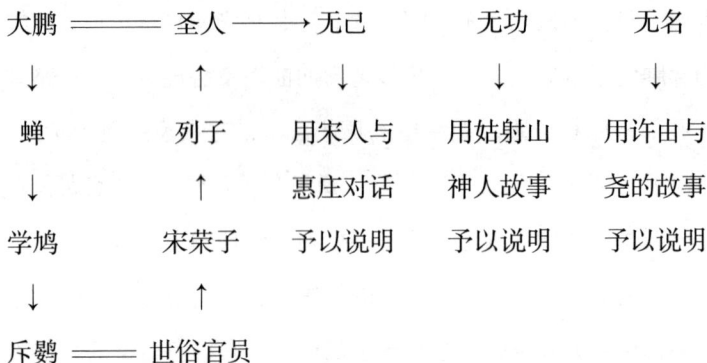

大鹏 ══════ 圣人 ─────→ 无己　　　　无功　　　　无名
↓　　　　　　　↑　　　　　↓　　　　　↓　　　　　↓
蝉　　　　　列子　　用宋人与　　用姑射山　　用许由与
↓　　　　　　　↑　　　惠庄对话　　神人故事　　尧的故事
学鸠　　　宋荣子　　予以说明　　予以说明　　予以说明
↓　　　　　　　↑
斥鷃 ══════ 世俗官员

庄子先从大鹏写到蝉、学鸠与斥鷃，这是从大到小的写法；接着在斥鷃与世俗官员之间画了一个等号，认为这些世俗官员如同斥鷃那样，品行低劣而自视极高；然后以世俗官员为思想境界的底线，一步步上推到宋荣子、列子，最后推出至人、神人、圣人，这是从小到大的写法。庄子认为这些至人、神人、圣人能够做到无己、无功、无名，那么什么叫无己、无功、无名呢？庄子接着用几个故事对此加以形象说明，使读者了然于心。全篇结构婉转曲折，跌宕回环，而又严密清晰，令人叹为观止！

齐物论

"齐物论"的含义大致有三种解释：第一种，读作"齐物——论"。"齐物——论"的意思就是"论齐物"，即论述万物一齐的道理。第二种，读作"齐——物、论"。"物"指各种看得见、摸得着的物质性事物，"论"指各种无形无象的思想观点。"齐——物、论"的意思就是齐同各种具体可感的物质事物和抽象的思想观点。第三种，读作"齐——物论"。"物论"指人们对事物的评论。"齐——物论"就是齐同人们关于是非、好坏的争论。

这三种解释大同小异，意思基本一样。但我们认为第一种解释更简明、准确。古人说的"物"已经包含了各种物质事物和各种思想观点。古代的"物"不仅指物质性事物，也指抽象性事物，比如《周礼·地官·大司徒》要求"以乡三物教万民"，这里说的"三物"指仁义等六德、孝友等六行、礼乐等六艺，这些都属于抽象的道德品质、行为准则或知识技能。换言之，古代的"物"类似于今天的"事物"一词，既可指物质事物，也可指抽象事物。

既然如此，那么第二种解释对"物"和"论"的分别就是多余的。第三种解释把"齐物论"仅仅理解为把对万物的评论齐同起来，显然释义太狭隘，因为庄子要齐同的不仅是对万物的评论，更重要的还是万物本身："故为是举莛与楹，厉与西施，恢恑憰怪，道通为一。"

最后要特别强调的是，齐物只是一种修养论，即通过修养，在主观精神领域里把千差万别的万物齐同起来，以免因生死、是非的差异打扰内心的平和。如果把齐物视为认识论，我们就很难解释庄子赞美大鹏而批判小鸟、赞美圣人而批判俗人等言论。

一

南郭子綦隐机而坐①，仰天而嘘②，荅焉似丧其耦③。颜成子游立侍乎前④，曰："何居乎⑤？形固可使如槁木⑥，而心固可使如死灰乎？今之隐机者非昔之隐机者也⑦。"子綦曰："偃，不亦善乎，而问之也⑧。今者吾丧我⑨，汝知之乎？女闻人籁⑩，而未闻地籁⑪；女闻地籁，而未闻天籁夫⑫！"

【注释】

①南郭子綦（qí）：楚人。名子綦，因住在南郭（城南），故称南郭子綦。隐：靠。机：几案。

②嘘（xū）：慢慢地长出一口气。

③荅（tà）焉：忘却自我的样子。丧：忘掉。其耦（ǒu）：指自己的身体。耦，对偶。庄子认为人的肉体是精神的对偶。

④颜成子游：姓颜成，名偃，字子游，谥号成。南郭子綦的弟子。侍：陪着尊长。

⑤何居：处于何种状态。居，处。

⑥槁木：枯树。

⑦今之隐机者：指眼前靠几而坐的子綦。昔之隐机者：指往日靠几而坐的子綦。

⑧而：你。

⑨吾丧我：我忘掉了我自身。即《逍遥游》提倡的"无己"。

⑩女：通"汝"。你。人籁（lài）：排箫，一种管乐器。这里指吹籁的声音。

⑪地籁：指风吹大地上的各种孔窍发出的声音。

⑫天籁：指各种事物顺其自然而发出的声音。"天籁"一词即出于此，现在多指自然界发出的声音，如风声、鸟声、流水声。

【译文】

南郭子綦靠着几案而坐，他仰面朝天缓缓地呼出了一口气，一副忘却自我的模样。颜成子游陪着站在他的面前，问："您现在处于一种什么样的状态呢？形体固然可以使它像枯树一样，精神难道也可以使它像死灰一般吗？今天靠着几案的您和往日靠着几案的您大不一样了。"子綦回答说："颜偃啊，你这个问题提得很好。如今我忘掉了自身，你知道吗？你听说过人籁，但没有听说过地籁；你即使听说过地籁，但没有听说过天籁。"

【研读】

本段中的"心固可使如死灰"被苏东坡所化用，以形容自己的心理状态。据《金山志》记载，李公麟曾在金山寺（在今江苏镇江）绘制了一幅苏东坡像，苏东坡去世前不久游金山寺时，看到这幅画像，于是写下《自题金山画像》一诗：

心似已灰之木，身如不系之舟。问汝平生功业，黄州惠州儋州。

　　"心似已灰之木"化用本段"心固可使如死灰","身如不系之舟"化用《庄子·列御寇》中的"泛若不系之舟"。苏东坡叩问自己的画像："你一生建立了哪些功业？"答曰："我一生的功业就体现在一贬黄州（在今湖北）、再贬惠州（在今广东）、三贬儋州（在今海南）。"苏东坡以诙谐的口吻概括了自己的一生坎坷，同时也表达了自己随时顺命的处世态度。诙谐中渗透着凄凉，凄凉中隐现着旷达。

　　子游曰："敢问其方①。"子綦曰："夫大块噫气②，其名为风。是唯无作③，作则万窍怒呺。而独不闻之翏翏乎④？山林之畏佳⑤，大木百围之窍穴，似鼻，似口，似耳，似枅⑥，似圈⑦，似臼⑧，似洼者⑨，似污者⑩。激者⑪，謞者⑫，叱者，吸者，叫者，譹者⑬，宎者⑭，咬者⑮。前者唱于⑯，而随者唱喁⑰，泠风则小和⑱，飘风则大和⑲。厉风济⑳，则众窍为虚。而独不见之调调之刁刁乎㉑？"

【注释】

①敢：表示谦恭的词。方：含义，具体内容。

②大块：大地。块，土块。噫（ài）气：吐气，呼吸。

③是：代指风。作：发作。

④而：你。独：难道。翏翏（liù）：形容呼啸的风声。

⑤山林之畏佳（cuī）：山林是那样高大。畏佳，通"嵬崔"。形容山林高大的样子。一说山林指山陵。

⑥枅（jī）：柱头插横木的方孔。

⑦圈：栅栏。

⑧臼：舂米的器具，中部凹下。

⑨注：洼地。

⑩污：水坑。

⑪激：激流的声音。

⑫谪（xiào）：箭飞射的声音。

⑬譹（háo）：大声哭，嚎叫。

⑭宎（yāo）：沉吟声。

⑮咬（jiāo）：鸟叫声。

⑯于（wū）：形容风声。

⑰喁（yú）：形容风声。

⑱泠（líng）风：微风。小和：指窍穴发出小的和声。

⑲飘风：大风。

⑳厉风：暴风。济：停止。

㉑调调（tiáo）、刁刁：都是描述草木在风中摇摆的样子。"刁刁"一作"刀刀"。

【译文】

　　子游说："请问它们的具体含义。"子綦说："大地呼吸的气息，名字叫风。风要么不发作，一旦发作，那成千上万的孔窍就会怒号起来，你难道没有听到过呼啸的风声吗？在高大的山林里，百围粗的大树上有各种孔窍，有的像鼻孔，有的像嘴巴，有的像耳朵，有的像柱头上的方孔，有的像栅栏，有的像臼窝，有的像洼地，有的像水坑。这些孔窍发出的声音有的像激流声，有的像飞箭声，有的像呵斥声，有的像呼吸声，有的像叫喊声，有的像哭嚎声，有的像沉吟声，有的像鸟叫声，前面发出'于于'的音调，后面跟着发出'喁喁'的声响，风小就发出小的和音，风大就发出大的和声。狂风停止，所有的孔窍也都沉寂下来。你难道没有看到草木在风中摇摆的样子吗?"

　　子游曰:"地籁则众窍是已^①,人籁则比竹是已^②,敢问天籁?"子綦曰:"夫吹万不同^③,而使其自己也^④,咸其自取^⑤,怒者其谁邪^⑥?"

【注释】

①是:这样。已:通"矣"。

②比竹:排箫。排箫用多支竹管并列制成,故称"比竹"。比,并列。

③万:指千万种不同声音。

④使其自己:使它们形成各自的声音。

⑤咸其自取:都是它们自身造成的。咸,都。

⑥怒:发动。

【译文】

　　子游问:"地籁是指大地上各种孔窍发出的声音,人籁是指用竹子组合成的排箫发出的声音,请问天籁是什么?"子綦说:"天籁是说风吹孔窍发出的声音虽有千万种不同,但使它们形成各自声音的,都是它们自身造成的,发动者又会是别的什么呢?"

【研读】

　　本段提出"吾丧我"的思想境界。所谓"丧我",即《逍遥游》篇的"无己"。破除我见(个人成见),扬弃我执,是齐物的前提条件。《逍遥游》以"无己"结其尾,《齐物论》以"无己"开其端,由"无己"

达到"齐物",由"齐物"反哺"无己",因"无己"而后"逍遥"。可以说本段文字承前启后,把《逍遥游》与《齐物论》紧密地联系在一起。

另外,文中提到的"天籁",对后世影响也很大。所谓天籁,就是指天地间所有的声音。庄子认为,天地间的声音虽然各不相同,但这些不同的声音,都是由于自身形状不同而自然发出的,从这一角度来看,又没有什么不同。这就是《德充符》篇说的"自其异者视之,肝胆楚越也;自其同者视之,万物皆一也",从各种声音都是自然发出的这一相同点去看,各种声音都是"天籁",于是其差异就被消除了。这种抓其一点、不及其余的论证方式,是庄子得出万物一齐结论的重要依据之一。

二

大知闲闲①,小知间间②;大言炎炎③,小言詹詹④。其寐也魂交⑤,其觉也形开⑥。与接为构⑦,日以心斗:缦者⑧,窖者⑨,密者⑩,小恐惴惴⑪,大恐缦缦⑫。其发若机栝⑬,其司是非之谓也⑭;其留如诅盟⑮,其守胜之谓也⑯;其杀若秋冬⑰,以言其日消也⑱;其溺之所为之⑲,不可使复之也⑳;其厌也如缄㉑,以言其老洫也㉒;近死之心,莫使复阳也㉓。喜怒哀乐,虑叹变熱㉔,姚佚启态㉕,乐出虚,蒸成菌㉖,日夜相代乎前㉗,而莫知其所萌㉘。已乎!已乎!旦暮得此㉙,其所由以生乎㉚!

【注释】

①大知闲闲:大智之人豁达悠闲。知,同"智"。闲闲,豁达悠闲的样子。

②间间：斤斤计较的样子。

③炎炎：盛美的样子。

④詹詹（zhān）：琐碎、啰嗦的样子。

⑤其寐也魂交：他们睡眠时因内心不安而做梦。其，指世俗人。寐，睡觉。魂交，灵魂继续与外界交往，即做梦。

⑥形开：形体展开活动。指为名利而四处奔波。

⑦与接为构（gòu）：与人、物接触而周旋。构，交往，周旋。

⑧缦（màn）：缓慢。指与人周旋时从容不迫。

⑨窖（jiào）：窖藏，深藏不露。

⑩密：保密。

⑪惴惴（zhuì）：恐惧不安的样子。

⑫缦缦：失魂落魄的样子。

⑬其发若机栝（kuò）：他们发言就像机弩发箭那样迅猛。机栝，代指射箭。机指弩上发箭的机关，栝指箭尾扣弦的部位。

⑭司：主宰。

⑮留：把想法藏在心中。诅（zǔ）盟：发誓。

⑯守胜：以守取胜。

⑰杀（shài）：衰败。

⑱日消：一天天地消亡。

⑲其溺之所为之：他们沉溺于自己的所作所为。

⑳复之：恢复正常状态。

㉑厌（yā）：闭塞。缄（jiān）：用绳索捆缚。

㉒老洫（xù）：衰老。

㉓复阳：恢复生机。古人认为阳主生，阴主杀。

㉔慹（zhí）：不动的样子。也即固执。

㉕姚：轻浮。佚（yì）：放纵。启：放荡。态：作态。

㉖乐出虚，蒸成菌：以上各种行为就好像音乐从乐器的空虚处产生出来一样，还好像各种菌类在地气的蒸腾中生长出来一般。

㉗相代：相互交替出现。

㉘所萌：所产生的原因。萌，生。

㉙旦暮得此：一旦掌握了道。旦暮，一旦。此，指各种现象产生的根源，即道。道是宇宙间所有规律的总称，庄子认为万事万物皆由道所生。

㉚所由以生：所产生的原因。由，从。以，而。

【译文】

　　大智之人豁达悠闲，小智之人斤斤计较；伟大的言论盛美，卑微的言论琐碎。世人睡眠时因内心不安而做梦，醒来后为名利而奔波。他们与周围的人、事交往周旋，整天都在钩心斗角：钩心斗角时有的不慌不忙，有的深藏不露，有的小心保密，小的恐惧使他们战战兢兢，大的恐惧使他们失魂落魄。他们有时发言如弓弩发箭那样迅猛，那是因为他们想要主宰是非曲直；他们有时像发过誓一样把意见留在内心而不讲出来，那是因为他们想要以守取胜；他们衰败得犹如秋冬的草木，可以说正在一天天地消亡；他们沉溺于自己的所作所为，无法使他们恢复原有的正常状态；他们的思想闭塞固执得如同被绳索捆缚住一样，可以说他们已经衰老了；他们的心已接近死亡，没人能使他们恢复生机。他们欣喜、愤怒、悲哀、快乐，他们忧虑、叹息、多变、固执，他们轻浮、纵逸、放浪、作态，这一切都像音乐从乐器空虚处发出、菌类因地气蒸发而产生一样，不分昼夜交替出现在面前，而没人知道它们产生的根源。算了，算了，一旦掌握大道，就明白了这一切形成的原因。

【研读】

本段紧承上段，上段讲声音虽然都是来自风的吹拂，但千万种不同的声调，都是因自身不同形状造成的；本段讲人们虽然都是来自大道，但他们成千上万种的不同言行，都是因为自己的个性与素质造成的，因此种种言行都可以与种种声音一样被视为"天籁"而泯灭其间的差异。本段还进一步要求人们去学习大道，一旦掌握了大道，就能够理解各种不同表现所产生的原因。

三

非彼无我①，非我无所取②，是亦近矣③，而不知其所为使④。若有真宰⑤，而特不得其眹⑥。可行己信⑦，而不见其形，有情而无形⑧。

【注释】

①非彼无我：没有各种客观事物就没有我。彼，指与"我"相对的、包括上述现象在内的各种客观事物。

②非我无所取：没有我也就没有人对这些客观事物进行取用和认识。

③是：指客观事物与自己的关系。近：指关系密切。

④所为使：由谁主使。

⑤真宰：真正的主宰者。即道。

⑥特：只是。朕（zhèn）：通"朕"。形象。道是看不见、摸不着的。

⑦可行己信：可以遵循它行事，其存在也可证实。信，证实。

⑧情：真实。

【译文】

　　如果没有各种客观事物也就没有我，如果没有我也就没有人对这些客观事物进行取用和认识。我和客观事物的关系是非常密切的，但不知道这种密切的关系是由谁安排的。好像有一位真正的主宰者，只是看不见它的模样而已。可以遵循它去做事，它的存在也可得到证实，但是看不见它的模样，因为它虽然真实存在却没有具体形体。

【研读】

　　本段主要是论证大道的存在。庄子认为，自己与包括自然、社会在内的各种客观事物之间具有密不可分的联系，那么这种联系的安排者，毫无疑问就是万物的主宰者，而这个主宰者就是大道。

　　百骸、九窍、六藏①，赅而存焉②，吾谁与为亲③？汝皆说之乎④？其有私焉⑤？如是皆有为臣妾乎⑥？其臣妾不足以相治乎？其递相为君臣乎⑦？其有真君存焉⑧？如求得其情与不得⑨，无益损乎其真⑩。

【注释】

①百骸（hái）：指全身骨骸。九窍：指双眼、双耳、双鼻孔、口、生殖器、肛门。六藏（zàng）：即六脏。心、肝、脾、肺、左肾、右肾。藏，同"脏"。

②赅（gāi）：全部。

③谁与为亲：即"与谁为亲"。与哪个更为亲近。

④说（yuè）：同"悦"。喜欢。

⑤私：偏私，偏爱。

⑥臣妾：奴隶。男奴为臣，女奴为妾。这里指受支配者。

⑦递相：交替，轮流。

⑧真君：真正的主宰者。指大道。

⑨如求得其情与不得：无论是否能够掌握真君的真实情况。如，连词，相当于
"而"。情，真实。

⑩益损：增加和减少。

【译文】

　　上百块的骨骸，眼鼻口等九个孔窍，心肝肺等六个脏器，全都存
在于我的身上，我与其中的哪一部分更亲近一些呢？我全部喜欢它们
吗？还是有所偏爱呢？它们都是受支配的臣妾吗？如果都是臣妾就无
法相互管理了吧？那么它们是在轮流当君与臣吗？还是有一位真正的
君主存在呢？无论人们是否能够掌握这位真君的实情，对它的真实存
在都无丝毫影响。

【研读】

　　庄子用各种器官比喻芸芸万物，用各种器官能够相对和谐相处，
比喻万物能够相对和谐地生存在一起，在这其中起协调作用的肯定不
是某一种具体器官或某一种具体事物，而是有一个真君在统领这一切，
这个真君就是大道。

　　一受其成形^①，不亡以待尽^②。与物相刃相靡^③，其行尽如驰而莫之能止^④，不亦悲乎！终身役役而不见其成功^⑤，苶然疲役而不知其所归^⑥，可不哀邪！人谓之不死，奚益！其形化^⑦，其心与之然^⑧，可不谓大哀乎！人之生也，固若是芒乎^⑨？其我独芒，而人亦有不芒者乎？

【注释】

①一受其成形：一旦禀受于道而形成身体。

②不亡以待尽：虽然活着，也不过是等死而已。这是批评世人活得糊涂，不过是一些活死人而已。亡，郭庆藩《庄子集释》作"忘"，其他版本多作"亡"。

③相刃相靡（mó）：互相斗争、摩擦。靡，通"摩"。摩擦，冲突。

④行尽：走向死亡。莫之能止：即"莫能止之"。没人能够阻拦他。

⑤役役：劳苦的样子。

⑥苶（nié）然：疲惫的样子。

⑦形化：形体变化为其他事物。即死亡。

⑧其心与之然：他们的灵魂与形体一样变为其他事物。庄子认为，常人死后，肉体会变成异物，如羊、兔等，那么此人的灵魂也会变为羊、兔的灵魂。只有圣人的灵魂才能成为神灵而不再变化。参见《大宗师》篇。

⑨芒：糊涂。

【译文】

　　世俗人一旦禀受于道而形成自己的身体，即使活着也不过是等死而已。他们与周围的人和物相互争斗、彼此冲突，他们如快马奔驰般走向死亡而没人能够阻止，这不是很可悲吗！他们终身劳苦异常却又看不到他们的成功，一辈子疲惫不堪却又找不到自己的归宿，这能不悲哀吗！这种人虽说还没有死，可又有什么益处呢！他们的肉体变为异物，他们的灵魂与肉体同样化为异物，这能说不是最大的悲哀吗！人生在世，真的就活得如此糊涂吗？还是仅仅我一个人糊涂，还有其他一些不糊涂的人呢？

【研读】

本段再次强调真君——大道的真实存在，批判世俗人不懂大道的糊涂生活。《周易·系辞上》有类似感叹：

> 一阴一阳之谓道。继之者善也，成之者性也。仁者见之谓之仁，知者见之谓之知，百姓日用而不知，故君子之道鲜矣。

《系辞上》说："阴气与阳气相互对立、彼此融合的交感变化规律就叫大道。能够传承大道的人就是最好的圣人，能够保全天赋的道就是美好的天性。仁爱之人在大道中看到了仁爱，于是就说大道的内涵就是仁爱；智慧之人在大道里看到了智慧，于是就说大道的内涵就是智慧。世俗人每天都在遵循大道生活却又没有人能够真正懂得大道，因此君子们所秉持的大道在社会上是很少见的。"

庄子的观点与《系辞上》一样，哀叹有道之士的难得。庄子之所以反复要求人们学道求道，是因为他认为，一个人一旦得道，就能够像天帝一样俯视人间万物，就能够泯灭万物之间的差异，视万物为一体了。

四

　　夫随其成心而师之①，谁独且无师乎？奚必知代而心自取者有之②？愚者与有焉③。未成乎心而有是非④，是今日适越而昔至也⑤，是以无有为有。无有为有，虽有神禹且不能知⑥，吾独且奈何哉？

【注释】

①夫随其成心而师之：依据个人成见作为判断是非的标准。成心，因生活环境和教育内容而逐渐形成的个人成见。师之，效法它，把它作为评判是非的标准。

②奚必：何必。知代：懂得万物在不断变化。代，变化。心自取：有个人心得、主见。

③愚者与有焉：即使愚人也会与别人一样有自己的标准。

④未成乎心：心中没有形成个人成见。

⑤是今日适越而昔至也：这就好像今天动身去越国而昨天就到达一样。比喻不可能发生的事。

⑥神禹：神明的大禹。不能知：无法理解。

【译文】

　　如果把个人成见作为判断是非的标准，那么谁没有自己的是非标准呢？何必仅仅那些懂得万物变化而具有主见的人有呢？即使愚人也会与别人一样有自己的是非标准。心中没有个人成见而有是非之分，这就好比说今天动身去越国而昨天就已经到达一样，这就是把不可能存在的事情硬说成已经存在的事情。如果硬把不存在的事情说成存在，即使神明的大禹也无法理解，我又怎么能够理解呢？

夫言非吹也①，言者有言，其所言者特未定也②，果有言邪？其未尝有言邪？其以为异于鷇音③，亦有辩乎④？其无辩乎？道恶乎隐而有真伪⑤？言恶乎隐而有是非？道恶乎往而不存？言恶乎存而不可？道隐于小成⑥，言隐于荣华⑦，故有儒、墨之是非，以是其所非而非其所是⑧。欲是其所非而非其所是，则莫若以明⑨。

【注释】

①吹：风吹。风吹无内容，而言语有内容。

②其所言者特未定也：他所描述的事物还没有稳定下来。客观事物处于不断变化之中，当人们认识某种事物并把它表述出来时，这个事物又发生了改变，因此人们讲的话是不可靠的。

③鷇（kòu）音：幼鸟的叫声。比喻没意义的言语。鷇，幼鸟。

④辩：通"辨"。区别。

⑤恶（wū）乎隐：受到什么伤害。恶，什么。隐，蒙蔽，损害。

⑥小成：小的成功。有人取得小成功，就以为自己已经得道，而实际上离道甚远。

⑦荣华：草木的花。比喻华丽的辞藻。本句意思是，因为言谈者使用了一些华丽的辞藻，结果就把别人蒙骗住了。

⑧以是其所非而非其所是：把对方认为是错误的说成是正确的，而把对方认为是正确的说成是错误的。是，正确。用作动词，把……视为正确。其，代指对方。

⑨莫若以明：不如用得道后的明净之心去观照人间是非。明，明净之心。

【译文】

　　谈论并非像风吹那样没有内容，但人们谈论的客观事物并没有稳定下来，那么他们算是真的谈论过什么呢？还是不曾谈论过什么呢？他们认为自己的谈论不同于幼鸟的叫声，但二者是真的有区别呢？还是没有区别呢？大道受到什么伤害才有了真与假的区别？语言受到什么伤害才有了是与非的不同？大道在哪里不存在？语言怎么讲不可以？大道被一些微小的成功破坏了，语言被一些华丽的辞藻伤害了，所以出现了儒家和墨家的是非之争，他们肯定对方所否定的东西，而否定对方所肯定的东西。想要肯定对方所否定的东西而否定对方所肯定的东西，不如用得道后的明净之心去关照是是非非。

【研读】

　　本段要求人们破除各自的成见，因为只有泯灭了各自的成见，才能泯灭是非界线，消除冲突与争斗。齐同是非是庄子齐物理论的一个重要内容。

　　与此相联系的是庄子认为人们用来争辩是非的言论是不可靠的，因为言语是用来描述事物的，而事物却处于变动不居的状态，当你告诉说某人正在静坐时，可能此人已经在奔跑。庄子这一思想有正确的一面，人类的知识需要不断更新，其中一个重要原因就是外界事物在不断变化。但这一思想也有不正确的地方，那就是他夸大了客观事物发展变化的速度，忽视事物的相对稳定性，从而完全抹杀了人类认识事物的可能性。当然，我们并不认为庄子就真的对事物的稳定性熟视无睹，他之所以做出这样的结论，目的是要否定世人的是非观，从而建立起自己的齐物思想。最后，我们引用罗素《西方哲学史·古代哲学》中的一段话，有利于我们进一步理解庄子这一思想：

> （赫拉克利特的以弗所弟子们认为）每一事物都可以有两种变化方式，一种是运动，一种是性质的变化；而流变的学说则主张一切事物永远是在这两方面都变化的。而且不仅仅一切事物都永远在经历着某种质变，并且一切事物还都永远在变化着自己的全部性质——据说以弗所的聪明人就是这样想的。这就造成了非常尴尬的后果。我们不能说"这是白的"，因为如果在我们开始说这话的时候，它是白的，但在我们说完这句话之前，它已经就不会再是白的了。说我们正在看见一个物体的这种说法是不对的，因为看见正在不断地变为看不见。

虽然以弗所的聪明人与庄子的说法有点夸张，但可以提醒我们，真话有时未必符合事实：一位恶作剧者在一只外出觅食的蚂蚁面前摆放了一块面包，这只觅食蚁在惊喜之余，马上兴冲冲地回去报信，因为它的无私美德要求它与同伴分享美食。觅食蚁刚刚离开，恶作剧者就把这块面包藏了起来，当无私的觅食蚁率领同伴前来分享美食时，却发现这里空空如也。如果蚂蚁与人的评判标准一样，那么这只无私的觅食蚁一定会被同伴们视为一个地地道道的骗子。那自然是冤枉了这只觅食蚁。

五

物无非彼，物无非是[1]。自彼则不见，自知则知之[2]。故曰：彼出于是，是亦因彼[3]，彼是方生之说也[4]。虽然，方生方死[5]，方死方生；方可方不可，方不可方可[6]；因是因非，因非因是[7]。是以圣人不由而照之于天⑧，亦因是也⑨。是亦彼也⑩，彼亦是也。彼亦一是非，此亦一是非⑪，果且有彼是乎哉？果且无彼是乎哉？彼是莫得其偶⑫，谓之道枢⑬，枢始得其环中⑭，以应无穷⑮。是亦一无穷⑯，非亦一无穷也。故曰：莫若以明。

【注释】

①物无非彼，物无非是：任何事物都可以作为彼方存在，也可以作为此方存在。是，此。

②自彼则不见，自知则知之：从彼方角度就看不清此方情况，从此方角度来观察此方就能有所了解。"自知则知之"疑为"自是则知之"，与上句对应。王先谦《庄子集解》卷一："观人则昧，返观即明。"

③彼出于是，是亦因彼：彼相对于此而存在，此也依赖于彼而存在。因，依赖。庄子认为，无此即无彼，无彼也无此，彼与此在相互对立中而显现。

④方生：同时产生。方，并，同时。

⑤方生方死：一个事物出生就意味着另一事物的死亡。比如一个事物既可以是此，又可以是彼，当它作为"此"出现时，而作为"彼"的身份就消失了，反之亦然。再比如挖山填海，当一块平地出现的同时，就意味着一座山的消亡；而这座山的消亡，就意味着一块平地的出现。

⑥方可方不可，方不可方可：当肯定它是某种事物时，同时也否定了它不是另一种事物；当否定它是某种事物时，同时也肯定了它是另一种事物。比如当你肯定某种东西是圆的同时，也就意味着否定它是方的，反之亦然。可，肯定。

⑦因是因非，因非因是：正确因错误而出现，错误因正确而产生。

⑧不由：这里指不走是非对立的路子。照之于天：用大道的境界去观照万物的

是是非非。天，天道，大道。

⑨因是：顺应了天道。因，顺应。是，代指天道。

⑩是亦彼：此就是彼。既然事物能够以"此"的身份出现，也能够以"彼"的身份出现，那么"此"与"彼"就没有区别了。

⑪彼亦一是非，此亦一是非：彼与此的是非是一样的。一，一样。

⑫偶：对立面。

⑬道枢：大道的关键。庄子认为大道的关键就是消除彼与此、是与非的对立，视万物为一。枢，关键。

⑭环中：环中空虚处。比喻内心虚净，没有成心。

⑮无穷：万物的无穷变化。

⑯是亦一无穷：有关正确标准的争论没有穷尽。

【译文】

　　任何事物都可以作为彼方存在，也可以作为此方存在。从彼方就看不清此方，从此方观察自身就能有所了解。所以说：彼方产生于此方，此方也依赖于彼方，彼和此同时相对出现。虽说如此，产生的同时又正在消亡，消亡的同时又正在产生；肯定的同时又在否定，否定的同时又在肯定；正确因错误而出现，错误因正确而产生。因此圣人不走分辨是非之路而用天道境界去观照万物的是是非非，这么做也就是顺应了天道。此就是彼，彼就是此，彼和此的是非是一样的，此和彼的是非也是一样的，那么果真有彼此之分呢？还是没有彼此之分呢？取消彼与此的对立，这是掌握大道的关键。掌握大道的关键就能获取虚净的心态，有了虚净心态就可以应对万物无穷无尽的变化。有关正确标准的争论是没有穷尽的，有关错误标准的争论也是没有穷尽的，所以说，要以得道后的明净之心去观照万物。

【研读】

　　佛教中的"因明"一词即出自本段文字。因明学是古印度的逻辑学说，"因"是指推理的根据、理由，"明"是指知识、智慧。因明就是通过宗（命题）、因（理由）、喻（证明）所组成的推理方式，来获取佛教智慧。郭沫若先生认为"因明"一词即出自《庄子》本段："印度的逻辑被古代的翻译家译为'因明'，语源便采自这儿，但这儿的所谓'因'，所谓'明'，事实上只是玄学上的见解，和逻辑术是很有距离的。"（《十批判书·名辨思潮的批判》）虽然庄子的"因""明"与佛教的因明并不完全相同，但也客观说明庄子思想对佛学中国化的影响。

　　以指喻指之非指①，不若以非指喻指之非指也②。以马喻马之非马，不若以非马喻马之非马也。天地一指也③，万物一马也。

【注释】

①喻：说明。非指：不是手指。《庄子·至乐》认为所有物体都是假借各种物质凑合而成，本质上不过就是一堆尘土而已。因此，手指与其他事物也就一样了，也是尘土而已。

②不若以非指喻指之非指也：不如用其他事物说明手指不是手指。庄子认为，如果承认手指是手指，脚趾是脚趾，就等于承认万物不齐。要想齐物，必须抽去万物的个性，只看万物的共性。手指与其他事物都属于"物"，都是道的产物，都由尘土构成，从这些共性看，它们是齐同的。后人用公孙龙的"指物论"和"白马非马论"解释这两句及下两句，似不确，因为公孙

龙的活动年代晚于庄子。

③天地一指：天地和手指是一样的。

【译文】

用手指本身去说明手指不是手指，不如用其他事物去说明手指不是手指；用马本身去说明马不是马，不如用其他事物去说明马不是马。天地与手指是一样的，万物与马是相同的。

可乎可，不可乎不可①。道行之而成②，物谓之而然③，恶乎然④？然于然⑤。恶乎不然？不然于不然。物固有所然⑥，物固有所可，无物不然，无物不可⑦。故为是举莛与楹⑧，厉与西施⑨，恢恑憰怪⑩，道通为一⑪。

【注释】

①可乎可，不可乎不可：肯定它是因为它有值得肯定之处，否定它是因为它有应该否定之处。任何事物都有两面性，庄子有意强调事物之间的相同面，而忽略其不同面，以此齐同万物。

②道：道路。

③谓：认为。然：正确。

④恶（wū）乎然：为何说它正确？恶，为何。

⑤然于然：认为它正确是因为它有正确的一面。第一个"然"是动词，认为……正确。

⑥所然：正确的地方。

⑦无物不然，无物不可：如果只从正确的一面去看待事物，那么任何事物都是

正确的，任何事物都是值得肯定的。

⑧莛（tíng）：小草茎。楹（yíng）：大柱子。

⑨厉：同"疠"。恶疮。代指丑人。西施：春秋时美女。

⑩恢：宽宏。恑（guǐ）：通"诡"。狡猾。憰（jué）：通"谲"。欺诈。怪：怪诞。

这四个字代表世间各种各样的事情。

⑪道通为一：从道的角度看，万物是一样的。

【译文】

肯定某种事物是因为它有值得肯定的一面，否定某种事物是因为它有应该否定的一面。道路是因为人们行走才形成的，事物是因为人们认为它正确才正确的。为什么认为它正确？认为它正确是因为它有正确的一面。为什么认为它不正确？认为它不正确是因为它有不正确的一面。任何事物都存在正确的一面，都存在值得肯定的一面，因此没有事物不是正确的，没有事物不是可以肯定的。因此小草茎与大柱子，丑人与西施，宽宏、狡猾、欺诈、怪诞等等，从道的角度看都是一样的。

其分也，成也①；其成也，毁也。凡物无成与毁，复通为一。唯达者知通为一②，为是不用而寓诸庸③。庸也者，用也④；用也者，通也；通也者，得也⑤。适得而几矣⑥，因是已⑦。已而不知其然谓之道⑧。劳神明为一而不知其同也⑨，谓之"朝三"。何谓"朝三"？狙公赋芧⑩，曰："朝三而暮四。"众狙皆怒。曰："然则朝四而暮三。"众狙皆悦。名实未亏而喜怒为用⑪，亦因是也⑫。是以圣人和之以是非而休乎天钧⑬，是之谓两行⑭。

【注释】

①其分也，成也：某种事物的毁灭，就是另一种事物的产生。某种事物毁灭
　了，并不等于消失，而是以另一种新事物的形态出现。分，消解，消失。

②达者：明白大道的人。

③为是：因此。不用：不用去分辨万物差异。寓：站在。庸：永恒，永恒之理。
　即大道。

④用：用处。这里用"庸"的谐音"用"来解释"庸"有作用。

⑤得：得道。

⑥适得而几矣：达到得道的境界就可以了。适，达到。几，差不多，可以。

⑦因：顺应，按照。是：代指上文提到的齐物思想。已：通"矣"。

⑧已而不知其然谓之道：事物已经呈现如此状态而不知其中的原因，这就叫
　"道"。然，代指原因。

⑨劳神明为一：劳心费神去追求万物的同一。

⑩狙（jū）公：养猴老人。狙，猴子。赋：分发。芧（xù）：橡果。

⑪名实未亏而喜怒为用：名和实都没有变化，而猴子的喜怒却被老人所左右。
　亏，减少，变化。为用，被老人所使用，即被老人所左右。为，被。

⑫因是：因为不懂齐物的原因。是，代指原因。

⑬天钧：天然的均衡、齐同。钧，通"均"。"天钧"也可理解为大道。

⑭两行：物我各得其所。万物齐同，能和谐相处；人泯灭是非，能心境平和。
　所以说物我各得其所。

【译文】

　　某种事物的毁灭，就是另一种事物的产生；某种事物的产生，就是另一种事物的毁灭。因此所有事物也就没有什么产生与毁灭之分，

都是一样的。只有掌握大道的人才懂得产生与毁灭是一样的，因此他们不去关注万事万物的差异而站在永恒之道的角度上去看待万物。永恒不变的大道，非常有用；获得了这种用处，思想就会通达；做到了思想通达，就是得道了。达到了得道境界也就可以了，就能按照齐物的原则办事。事物已经呈现如此状态而不知道其中的原因，这就是道的作用。劳心费神去追求万物一齐的道理而不知道万物本来就是一样的，这可以叫"朝三"。什么叫"朝三"呢？一位养猴的老人给猴子分发橡树果实，说："每只猴早上给三颗，晚上给四颗。"众猴都生气了。老人于是改口说："那么每只猴早上给四颗，晚上给三颗。"众猴听了都高兴起来。名与实都没有改变而猴子的喜怒却被老人所左右，这就是因为它们不懂得万物一齐的道理。因此圣人泯灭是非而齐同万物，这样做可以说是物我各得其所。

【研读】

本段从事物的相对性和万物都有共同点这两个角度出发，正面论述了万物一齐的道理，批评明辨是非的人们是一群连"朝三暮四"与"朝四暮三"本来一样这个事实都不懂的愚蠢猴子。"朝三暮四"是一个著名成语，《列子·黄帝》对这一寓言讲得更为详细，录以备考：

> 宋有狙公者，爱狙；养之成群，能解狙之意；狙亦得公之心。损其家口，充狙之欲。俄而匮焉，将限其食。恐众狙之不驯于己也，先诳之曰："与若芧，朝三而暮四，足乎？"众狙皆起而怒。俄而曰："与若芧，朝四而暮三，足乎？"众狙皆伏而喜。物之以能鄙相笼，皆犹此也。圣人以智笼群愚，亦犹狙公之以智笼众狙也。名实不亏，使其喜怒哉！

这种情况在人类社会中也很常见。同样的事实和概念，表达方式不同，效果就不同。如果你说一位女大学生晚上去夜总会陪酒，听起来感觉就不太好；可如果你说一位夜总会小姐白天坚持去大学听课，就满满的正能量了。小和尚问师傅："师傅，我可以在念经的时候抽烟吗？"师傅很生气："不可以。"小和尚又问："那我在抽烟的时候念经呢？"师傅听了很高兴。所以说话的时候，表达方式与顺序安排显得特别重要。清人赵增禹《书鲍忠壮公轶事》记载：

> 围攻宁国之役，疾疫繁兴，军中十人而病者六七。草疏者奏云"屡战屡败"，忠壮公易之曰"屡败屡战"，一时幕中人皆叹服。

文中说的"忠壮公"指清军将领鲍超。这一修改文字的故事，有的说是曾国藩所为，还有人说是曾国藩的幕僚李元度所为。"屡战屡败"与"屡败屡战"可以说是"名实不亏"，但把次序颠倒了一下，就把一个不善于作战的人变成了一个坚韧不拔的人。这就说明，即便是一手好牌，出错了次序，也会打输的。语言也是如此。

六

古之人，其知有所至矣①。恶乎至②？有以为未始有物者③，至矣，尽矣，不可以加矣。其次以为有物矣，而未始有封也④。其次以为有封焉，而未始有是非也。是非之彰也⑤，道之所以亏也⑥。道之所以亏，爱之所以成⑦。

【注释】

①知：同"智"。至：最高境界。

②恶（wū）乎至：达到何等最高境界？恶，什么。

③未始有物：不曾有物。这一观念类似佛教的万法皆空。详见"研读"。

④封：界线，区别。

⑤彰：明白，清楚。

⑥亏：亏损。这里说的"亏"，是指人们无法掌握正确的道。

⑦爱：偏爱，偏私。

【译文】

　　古时候的一些人，其智慧达到了最高境界。什么样的最高境界呢？他们认为从来就不曾存在过万物，这就是最高思想境界，尽善尽美，无以复加了。其次认为虽然存在着万物，但万物之间没有分别。再其次认为事物之间虽然有分别，但不曾有是非之分。是非被分辨清楚了，这就是大道受到亏损的原因。大道受到亏损的原因，也就是人们偏爱形成的原因。

【研读】

　　庄子认为，具有最高智慧的人"以为未始有物"，世界上根本就不存在任何事物，为什么会得出这样的结论？我们就结合与此类似、阐述更为详细的佛教"万法皆空"理论试为解答。

　　佛教之所以界定"万法皆空"，是因为他们认为万物没有自己的"自性"。所谓"自性"，就是永恒不变的本性。既然万物没有"自性"，那么他们的本质自然就是"空"。当然，还要进一步论证为什么说万物没有自性。对此，佛教的不少经书分析得十分细密，但大体上主要有两个理论基础。

第一个理论基础就是我们经常说的"因缘和合"。佛教认为，一切事物都不过是由各种因缘暂时凑合而成的，没有"自性"。比如一张桌子，它本身没有自性，而是由各种因缘暂时凑合在一起的：需要木头、钉子、油漆，还需要一位木工前来加工。这各种因缘凑合在一起，桌子就存在了；一旦这些因缘散去，桌子就不存在了。既然桌子是由各种因缘暂时凑在一起，那么它自然就没有自性，没有自性，自然也就是"空"。这就是佛教所津津乐道的"缘起性空"理论。庄子同样认为人是由各种因缘和合而成的："假于异物，托于同体。"(《大宗师》)人不过是假借不同的物质，合成自己的形体而已。人是如此，其他事物自然也是如此，因此不可把万物视为实有，放在心里。

第二个理论基础就是各种事物都处于瞬息万变的过程中，既然处于不断变化之中，事物就没有永恒不变的本性。比如一个小时前的张三，和一个小时后的张三，我们世俗人认为此张三即彼张三，而佛教不这么看。佛教认为，此张三只是像彼张三，而不是彼张三，因为在这一个小时之间，彼张三与此张三已经发生了许多变化，出现了很大的差异。所以佛教有"刹那生死"之说，意思是在一眨眼之间，一个人就经历生与死的过程，一眨眼之前的那个人已经成为过去，不存在了，一眨眼之后的这个人是一位全新的人。既然任何事物都是瞬息万变，当然不会存在永恒不变的"自性"。庄子在许多篇章中也强调万物变化之快："庸讵知吾所谓天之非人乎？所谓人之非天乎？"(《大宗师》)刚刚讲它是"天"，转眼它又变成了"人"。万物不仅变化快，而且这些变化是永无歇息的："效物而动，日夜无隙。"(《田子方》)人顺应着外物变化，日夜没有间断。

由此可见，庄子思想与后来的佛教有许多相似之处，《南史·隐逸列传上》记载，南朝宋司徒袁粲假借僧人通公驳斥顾欢的《夷夏论》时，甚至认为《庄子》中的一些内容就是来自佛教，再到后来人们常把庄子与禅宗相提并论，出现"庄禅"一词。

果且有成与亏乎哉？果且无成与亏乎哉？有成与亏，故昭氏之鼓琴也①；无成与亏，故昭氏之不鼓琴也。昭文之鼓琴也，师旷之枝策也②，惠子之据梧也③，三子之知几乎皆其盛者也④，故载之末年⑤。唯其好之也以异于彼⑥，其好之也欲以明之彼⑦。非所明而明之⑧，故以坚白之昧终⑨。而其子又以文之纶终⑩，终身无成。若是而可谓成乎，虽我亦成也；若是而不可谓成乎，物与我无成也。是故滑疑之耀⑪，圣人之所图也⑫。为是不用而寓诸庸，此之谓"以明"⑬。

【注释】

①有成与亏，故昭氏之鼓琴也：这两句语序应理解为"故昭氏之鼓琴也，有成与亏"。因为昭氏弹琴时，弹奏出一部分音乐，却也遗失另一部分音乐。比喻人一旦有了是非，就有偏私，偏爱重视一部分事物，势必会轻视抛弃另一部分事物，对万物就不能做到一视同仁。昭氏，姓昭名文。古代善于弹琴的人。

②师旷：春秋时期晋国著名乐师。枝策：打鼓棒。这里用作动词，敲鼓。

③惠子：惠施。名家代表人物，以好辩著称。据梧：靠在梧桐树上高谈阔论。据，靠着。一说"梧"指梧桐木做成的几案。

④三子：指昭氏、师旷、惠子三位先生。知：同"智"。盛：高超。

⑤载之末年：晚年时被载入史册。

⑥唯其好之也以异于彼：正因为他们爱好各自的技艺学问，所以异于众人。
彼，代指众人。

⑦明之彼：让别人也懂得自己的技艺学问。

⑧非所明而明之：不是别人应该明白的事却硬要让人明白。

⑨故以坚白之昧终：所以惠子坚持"坚白"的糊涂观点一直到死。坚白，指坚
硬的白色石头。"坚白"是战国时著名的论题，惠子观点不详，公孙龙认为
石头的"坚"和"白"两种属性可以分离，而墨家认为不可分离。

⑩文之纶：文章事业。纶，绪，事业。终：终生。

⑪滑（gǔ）疑之耀：混乱而令人迷惑的炫耀。滑，乱。疑，迷惑。

⑫图：排除，摒弃。

⑬以明：用明净的心境去关照万物。

【译文】

　　真的有什么形成与亏损吗？还是真的没有什么形成与亏损呢？昭文一旦弹琴，就有了形成和亏损；昭文不弹琴，也就没有什么形成和亏损。昭文在弹琴这方面，师旷在击鼓这方面，惠子在背靠梧桐高谈阔论这方面，这三位先生的才智差不多都达到了高妙境界，所以他们晚年被载入史册。正因为他们爱好各自的技艺学问，因此异于众人；也因为他们爱好各自的技艺学问，所以还想让别人也懂得这些技艺学问。不是别人应该懂得的却硬要让别人懂得，所以惠子坚持"坚白"的糊涂观点一直到死。而他的儿子也以文章辩论为终身事业，结果终生一无所成。像他们的事情如果可以叫成功的话，那么我也成功了；如果他们的事情不能叫成功，那么别人与我都没有成功。所以那些混乱而使人迷惑的炫耀，是圣人所要排除的。因此不要关注万物的差异

而与道同在，这就叫以明净的心境去观照万物。

【研读】

在庄子看来，思想境界最高的人，心中无物，即忘却了包括天地、生死、名利在内的一切事物。一旦心中有物，并且对这些事物做出是非判断，紧接着势必会出现偏爱，如昭文偏爱弹琴、师旷偏爱击鼓、惠子偏爱高谈阔论等等。一旦有了偏爱，就会出现辩论和争斗，使社会变得纷纷扰扰，人们的心境和生活也就再也平静不下来了。

七

今且有言于此①，不知其与是类乎②？其与是不类乎？类与不类，相与为类，则与彼无以异矣。虽然，请尝言之：有始也者③，有未始有始也者④，有未始有夫未始有始也者⑤；有有也者⑥，有无也者⑦，有未始有无也者⑧，有未始有夫未始有无也者⑨。俄而有无矣⑩，而未知有无之果孰有孰无也。今我则已有谓矣⑪，而未知吾所谓之其果有谓乎？其果无谓乎？

【注释】

①今且：表示假设。假如。

②与是类：与齐物论相同。是，代指齐物言论。类，一样。

③有始：世界有一个开端的时候。

④未始有始：不曾有这个世界开端的时候。

⑤有未始有夫未始有始也者：有一个连"不曾有这个开端"也没有的时候。

⑥有：第二个"有"指万物存在。

⑦无：虚无。即没有万物存在。

⑧未始有无：不曾有"虚无"。

⑨有未始有夫未始有无也者：有一个连"不曾有虚无"也没有的时候。

⑩俄而：不久。

⑪谓：讲话，言论。

【译文】

　　假如现在我有一番言论，不知道它与上面的齐物言论是相同的呢？还是与上面的齐物言论不相同？无论相同与不相同，都是一样的，那么与其他言论也就没有不同了。虽然如此，还是请让我试着谈谈这一问题：世界有一个开始的时候，有一个不曾有这个开始的时候，还有一个连"不曾有这个开始"也没有的时候；有万物存在的时候，有空无的时候，有不曾有空无的时候，有连"不曾有空无"也没有的时候。不久有了存在和空无，但不知道存在和空无究竟谁是真的存在谁是真的空无。现在我已经讲了这些话，但不知我所讲的话算是真的讲了呢？还是没有讲呢？

【研读】

　　关于"有始也者……而未知有无之果孰有孰无也"这段文字，多数学者认为这是在讲万物生成的过程，而我们认为这是在讲人的修养阶段。在庄子看来，思想境界最高的人能够做到物我两忘，通过不断的否定，达到了完全虚净的境界："有始也者，有未始有始也者，有未始有夫未始有始也者"是对时间存在的否定，"有有也者，有无也者，有未始有无也者，有未始有夫未始有无也者"则是对物质存在的否定。这种"忘之又忘"的递进，非常类似后人说的"双遣法"和"重玄论"。庄子认为只有彻底做到物我两忘的人才能真正做到万物一齐。

天下莫大于秋豪之末①，而大山为小②；莫寿于殇子③，而彭祖为夭④。天地与我并生，而万物与我为一。既已为一矣，且得有言乎？既已谓之一矣，且得无言乎？一与言为二，二与一为三。自此以往，巧历不能得⑤，而况其凡乎⑥！故自无适有⑦，以至于三⑧，而况自有适有乎！无适焉⑨，因是已⑩。

【注释】

①秋豪：秋天刚长出的兽毛。豪，通"毫"。毛。

②大（tài）山：即泰山。大，同"太"，"太"又同"泰"。

③殇（shāng）子：夭折的孩子。

④彭祖：长寿之人，传说活了八百年。夭：夭折。以上四句是万物齐同的必然结论，既然万物齐同，那么毫毛不算小，泰山不算大；殇子不算短命，彭祖不算长寿。

⑤巧历：善于计算的人。历，计算。不能得：不能推算出最终数字。

⑥凡：普通人。

⑦自无适有：从无发展到有。适，到。

⑧三：泛指很多。

⑨适：发展。

⑩因是已：按照齐物原则办事吧。因，顺应，按照。是，代指齐物论。已，通"矣"。

【译文】

天下没有任何比秋天兽毛的末端更大的东西，而泰山可以说是微小的；天下没有任何比夭折的孩子更长寿的人，而彭祖可以说是短命的。天地与我并生，万物与我一体。既然已经成为一体，还能讲些什么呢？既然已经说"成为一体"了，还能够说没讲什么吗？物我一体的事实加上语言就成了"二"，"二"再加上我说的"成为一体"就成了"三"。由此发展下去，连善于计算的人也推算不出它的最终数字，更何况那些普通人呢！所以说从无到有，还能发展到无限多的地步，更何况从有到有！不要再发展下去了，按照齐物的原则办事吧！

夫道未始有封①，言未始有常②，为是而有畛也③。请言其畛：有左有右，有伦有义④，有分有辩⑤，有竞有争，此之谓八德⑥。六合之外⑦，圣人存而不论；六合之内，圣人论而不议⑧，春秋经世⑨，先王之志⑩，圣人议而不辩⑪。故分也者，有不分也⑫；辩也者，有不辩也。曰："何也?"圣人怀之⑬，众人辩之以相示也⑭。故曰：辩也者，有不见也。

【注释】

①封：界线，区别。

②常：固定不变的准则。

③为是而有畛（zhěn）也：因为不能齐物而产生了区别。是，代指上文"一与言为二……巧历不能得"这些不能齐物的现象。畛，界线。

④伦：次序。义：通"仪"。等级。

⑤辩：通"辨"。区别。

⑥八德：八种具体表现。

⑦六合之外：天、地、四方之外。六合，指四方和天、地。

⑧论而不议：只客观地去论述而不进行主观的评议。

⑨春秋经世：史书记载治国之事。春秋，泛指古代史书。经世，治国。

⑩先王：指古代圣君。

⑪辩：争辩。

⑫故分也者，有不分也：有人分别事物，有人不分别事物。分别的是众人，不分别的是圣人。

⑬怀之：胸怀万物。

⑭相示：互相夸示、炫耀。

【译文】

　　大道不曾区别万物，言语没有固定标准，人们由于不能齐物而对万物加以分别。请让我谈谈这些分别：有左边有右边，有秩序有等级，有区分有差别，有竞赛有争夺，这就是八种具体表现。天、地、四方之外的事，圣人存而不论；天、地、四方之内的事，圣人论述而不评议；史书记载治国之事，体现了古代圣王的意志，圣人对事物只评议而不争论。所以说有人分别事物，有人不分别事物；有人注重争辩，有人不去争辩。问："为何会这样？"因为圣人胸怀万物，而众人争辩万物以相互夸示。因此说：喜欢争辩的人，往往看不明白一些问题。

　　夫大道不称①，大辩不言，大仁不仁②，大廉不嗛③，大勇不忮④；道昭而不道⑤，言辩而不及⑥，仁常而不成⑦，廉清而不信⑧，勇忮而不成。五者园而几向方矣⑨。故知止其所不知⑩，至矣。孰知不言之辩、不道之道^⑪？若有能知，此之谓天府^⑫。注焉而不满^⑬，酌焉而不竭^⑭，而不知其所由来^⑮，此之谓葆光^⑯。

【注释】

①大道不称：大道无法用言语表达。称，说明。详见"研读"。

②大仁不仁：大仁不会有所偏爱。有所爱必有所不爱，大仁主张物我同体，一视同仁。

③大廉不嗛（qiān）：真正廉洁的人是不谦让的。即后人讲的"大行不顾细谨，大礼不辞小让"（《史记·项羽本纪》）。这里的"廉"含义较广，泛指对各种物质、名誉都不贪求。

④忮（zhì）：伤害。

⑤道昭而不道：能够讲清楚的道就不是真正的道。昭，清楚。

⑥不及：表达不到之处。

⑦仁常：仁爱固定在某些对象上。

⑧信：真实。

⑨五者园而几向方也：这五个方面的行为都是适得其反。"园而几向方"是比喻，本来是追求圆的，结果却几乎变成了方形。园，成玄英《庄子疏》："园，圆也。"

⑩故知止其所不知：所以人们的智慧应该停止在他们所无法知道的地方。第一个"知"同"智"。庄子反对以有限的生命去追求无限的知识，参看《养生主》篇第一段。

⑪不道：不可言说。

⑫天府：天然府库。比喻包容天地、混同万物的博大胸怀。

⑬注焉：增加它。注，注入。焉，代指博大胸怀。

⑭酌焉：从它那里取出。酌，取出。

⑮所由来：从何而来。

⑯葆（bǎo）光：含隐光芒而不外露。葆，隐藏。光，光芒。比喻才华。

【译文】

　　大道是无法描述清楚的，雄辩是不用语言的，大仁是不偏爱的，真正廉洁是不谦让的，大勇是不伤害别人的。能描述清楚的道就不是真正的大道，用语言去辩争总有表达不到之处，仁爱固定在某些对象上就不能算是大仁，太廉洁太谦让反而显得不真实，勇猛伤人也不能算是真正勇敢。这五种行为都是适得其反。因此人们的智慧应该停止在他们所不知道的地方，这才算最为明智。谁能懂得不用言语的雄辩、不可言说的大道？如果有人能够懂得，这可以说具有包容天地、混同万物的博大胸怀。无论如何添加也不会满溢，无论如何酌取也不会枯竭，然而却不知道其来源所在，这就叫含而不露的大智。

【研读】

　　本段反复强调"大道不称""道昭而不道""不道之道"，在其后的许多篇章中，庄子也一再强调这一点。为什么大道不可言说？

　　"道"作为所有规律的总称，其内涵丰富深奥、微妙复杂，所以很难用语言表达清楚。庄子和佛教都认为难以用语言表述大道和佛教真理，就是因为"言不尽意"。"言不尽意"的意思不是说语言不能表达思想、情感，而是说语言不能完全地、彻底地表达清楚思想、情感，特别是真理中的精髓部分和感情中的细微体验，用语言根本无法讲清。这一看法符合事实。

　　相对于人们的物质生活和精神生活的丰富程度来说，语言显得非常贫乏；相对于自然与社会的不断变化，语言又总是滞后的。因此语言无法把人们的每一个生活、感情细节都精确地表述出来。唐代僧人道明在六祖慧能的启发下悟了佛理，他描述自己当时的感受是：

> 如人饮水，冷暖自知。(《五灯会元》卷二)

这一比喻简明、通俗，却十分恰当。一个人饮水，他只能大概地告诉别人这水"冷""热"或"稍冷""稍热"或"很冷""很热"，至于冷到什么程度，热到什么程度，饮水者无法表述，听者也无从知道。为了说明语言的贫乏，宋代克勤禅师有一首更为形象生动的偈：

> 金鸭香销锦绣帷，笙歌丛里醉扶归。少年一段风流事，只许佳人独自知。(《五灯会元》卷十九)

悟道后的感受就如同男女幽会时的感受一样，因人而异，各不相同，且奇妙无比。而这种各不相同、奇妙无比的感受只能当事人自己知道、体味，无法用语言表达给别人听。

既然语言无法完全、彻底地表述人们的思想感受和生活细节，那就只能采取别的办法，《庄子·田子方》中有一个"目击道存"的故事：

> 温伯雪子适齐，舍于鲁。……仲尼见之而不言。子路曰："吾子欲见温伯雪子久矣，见之而不言，何邪？"仲尼曰："若夫人者，目击而道存矣，亦不可以容声矣。"

温伯雪子是孔子极为钦佩的学者，但二人见面后却一言不发，这是因为孔子与温伯雪子之间所交流的那种"道"无法用语言表达清楚，只能用目光传递。佛教传入中国以后，特别是禅宗出现以后，对无言境界也异常重视，《五灯会元》卷一记载了这么一个著名的且带有诗情画意的故事——拈花微笑：

> 世尊在灵山会上，拈花示众。是时众皆默然，唯迦叶尊者破

颜微笑。世尊曰："吾有正法眼藏，涅槃妙心，实相无相，微妙法门，不立文字，教外别传，付嘱摩诃迦叶。"

同孔子与温伯雪子一样，佛祖与迦叶之间只能用拈花微笑来交流思想，因为他们所要交流的思想太微妙，根本无法用语言表达。正因为摩诃迦叶独得佛祖教外心传，所以被禅宗奉为一祖。就这样一代一代地传递到菩提达摩，菩提达摩被尊为西土（印度）二十八祖。后来达摩来到中国，面壁少林，被奉为东土（中国）禅宗的初祖。

正是因为最高真理无法用语言表达，所以其后的许多禅师就拒绝用语言教学，拒绝回答有关最高佛理是什么的提问：

洞山（良价禅师）却问："如何是古佛心？"……师（兴平和尚）曰："若恁么，即问取木人去。"（《五灯会元》卷三）

问："如何是祖师西来意？"师（居遁禅师）曰："待石乌龟解语，即向汝道。"（《景德传灯录》卷十七）

为什么拒绝回答，这些禅师的回答有点故弄玄虚，文益禅师的回答比较实在：

问："如何是第一义？"师云："我向尔道，是第二义。"（《文益禅师语录》）

"第一义"是最高佛理，而最高佛理是不可以用语言表述的，所以，只要一张口去解释"第一义"，就不可避免地落入第二义。禅宗把这种情况叫"鸦啄铁牛，无下口处"（《五灯会元》卷十七）。

在现实生活中，不仅最高真理无法用语言彻底表述清楚，就连一些普通技能，也是如此。《庄子·天道》记述了这样一个故事：齐桓公正在堂上读书，轮扁在堂下制造车轮。轮扁就问桓公："您读的是什么书？"桓公说："都是古代圣王的书。"轮扁认为他读的不过是一些古人留下的糟粕而已。桓公听后非常生气，轮扁解释说：

> 臣也以臣之事观之，斫轮，徐则甘而不固，疾则苦而不入。不徐不疾，得之于手而应于心，口不能言，有数存焉于其间。臣不能以喻臣之子，臣之子亦不能受之于臣，是以行年七十而老斫轮。古之人与其不可传也死矣，然而君之所读者，古人之糟魄已矣。

轮扁无法把自己得心应手的制轮经验用语言传授给儿子，以此推论，古代圣王也无法把自己得心应手的治国经验用语言传授给齐桓公。这个故事充分说明，无论是最高真理，还是普通技能，都需要学习者去亲自体悟与实践，仅仅靠书本、语言，无法掌握其中的奥妙。

八

故昔者尧问于舜曰："我欲伐宗、脍（kuài）、胥敖①，南面而不释然②，其故何也？"舜曰："夫三子者③，犹存乎蓬艾之间④。若不释然何哉⑤？昔者十日并出⑥，万物皆照，而况德之进乎日者乎⑦！"

【注释】

①宗、脍（kuài）、胥敖（áo）：三个小国家。

②南面：临朝听政。帝王听政时坐北朝南。释然：轻松、平和的样子。

③三子：指上述三国的君主。

④犹存乎蓬艾之间：就像生存于野草丛中一样。形容国土狭小、地处荒僻。蓬艾，两种野草名。

⑤若：你。

⑥十日：十个太阳。古代传说曾有十个太阳同时照耀大地。

⑦而况德之进乎日者乎：而何况美德超过太阳的人呢。意思是说尧的品德超过太阳，更应包容万物，不可有爱憎之别。

【译文】

从前尧问舜："我想讨伐宗、脍、胥敖三个国家，每次听政时总感到心神不安，这是什么原因呢？"舜说："那三位国君，就像生存于野草丛中一样微不足道，您又何必为此而心神不安呢？从前十个太阳一同升起，普照万物，更何况品德超过太阳的人呢！"

【研读】

这个故事主要说明万物一齐思想对政治的作用。君主一旦做到了万物一齐，就会对所有民众一视同仁，而不会像尧那样去讨伐他国，这样既不会给别国带来灾难，也不会使自己心神不安。可见做到万物一齐，是件利人利己、利国利民的好事情。

九

啮缺问乎王倪曰①："子知物之所同是乎②？"曰："吾恶乎知之③！""子知子之所不知邪？"曰："吾恶乎知之！""然则物无知邪？"曰："吾恶乎知之！虽然，尝试言之：庸讵知吾所谓知之非不知邪④？庸讵知吾所谓不知之非知邪？且吾尝试问乎女⑤：民湿寝则腰疾偏死⑥，鳅然乎哉⑦？木处则惴栗恂惧⑧，猿猴然乎哉？三者孰知正处⑨？民食刍豢⑩，麋鹿食荐⑪，蝍蛆甘带⑫，鸱鸦耆鼠⑬，四者孰知正味⑭？猿，猵狙以为雌⑮，麋与鹿交，鰌与鱼游，毛嫱、丽姬⑯，人之所美也，鱼见之深入，鸟见之高飞，麋鹿见之决骤⑰，四者孰知天下之正色哉⑱？自我观之，仁义之端⑲，是非之涂⑳，樊然殽乱㉑，吾恶能知其辩㉒！"

【注释】

①啮（niè）缺、王倪：两位虚构人物。

②所同是：公认的真理。是，正确，真理。

③吾恶（wū）乎知之：我怎么会知道！恶，什么，怎么。

④庸讵：怎么。

⑤女（rǔ）：通"汝"。你。

⑥民湿寝：人睡在潮湿的地方。民，人。偏死：半身不遂。

⑦鰌然乎哉：泥鳅是这样吗？然，这样。

⑧木处：住在树上。木，树。惴慄恂（lì xún）惧：四个字都是恐惧义。

⑨正处：正确的住所。

⑩刍豢（chú huàn）：用草豢养的牛羊等。泛指肉类。刍，草。

⑪麋：一种鹿类动物。荐：美草。

⑫蝍蛆（jí jū）甘带：蜈蚣喜欢吃小蛇。蝍蛆，蜈蚣。甘，以……为甘美，爱吃。带，指形如腰带的小蛇。

⑬鸱（chī）：猫头鹰。鸦：乌鸦。耆：同"嗜"。嗜好。

⑭正味：正确食物。

⑮猵狙（biān jū）：一种猴子。雌：雌性配偶。

⑯毛嫱（qiáng）、丽姬：春秋时两位美女。

⑰决（xuè）骤：快速逃跑。决，快速。

⑱正色：漂亮的容貌。

⑲端：事端，事情。

⑳涂：途径。引申为标准。

㉑樊然殽（xiáo）乱：非常混乱。樊然，混乱的样子。殽，杂乱。

㉒辩：通"辨"。区别。指仁与不仁、是与非的区别。

【译文】

　　啮缺问王倪："您知道万物所公认的真理吗？"王倪回答说："我怎么会知道！""您知道您不知道的原因吗？"王倪回答说："我怎么会知道！""那么万物都是无知的吗？"王倪说："我怎么会知道！虽说如此，我还是想尝试着谈谈这个问题：你怎么知道我所说的'知道'不是不知道？你又怎么知道我所说的'不知道'不是知道？我还要问问你：人睡在潮湿的地方就会患腰疼病甚至偏瘫，泥鳅是这样吗？人住在树上就会恐惧不安，猿猴是这样吗？人、泥鳅、猿猴这三种动物究竟谁最懂得正确的住处呢？人爱吃肉，鹿爱吃草，蜈蚣爱吃小蛇，猫头鹰和乌鸦爱吃老鼠，人、鹿、蜈蚣、猫头鹰和乌鸦这四类动物究竟谁最懂得正确的食物？猿猴与猵狙互为配偶，麋和鹿交配，泥鳅和鱼交游，毛嫱、丽姬，人人都认为很美，然而鱼见了她们就害怕得深深地潜入水中，鸟见了她们就害怕得高高地飞向天空，麋鹿见了她们就害怕得快速逃走，人、鱼、鸟、麋鹿这四种动物究竟谁最懂得天下真正的美貌？以我看来，所谓仁义的事情，是非的标准，这些都混乱不堪，我怎能知道它们之间的区别呢！"

　　啮缺曰："子不知利害，则至人固不知利害乎？"王倪曰："至人神矣！大泽焚而不能热，河汉沍而不能寒①，疾雷破山、飘风振海而不能惊②。若然者，乘云气，骑日月，而游乎四海之外，死生无变于己③，而况利害之端乎！"

【注释】

①河汉：黄河与汉水。一说指天上的银河。沍（hù）：冻结。

②疾雷：迅猛的雷。疾，快速。飘风：飓风。

③无变于己：不能改变他的平和心境。

【译文】

啮缺问："您不懂得什么是利和害，难道至人也真的不懂得什么是利和害吗？"王倪说："至人的境界太神奇了，连大泽都燃起烈火也不能使他们感到灼热，黄河和汉水冻结了也不能使他们感到寒冷，迅猛的雷霆劈开山峰、狂风掀起大海也不能使他们感到吃惊。像这样的人，驾御着云气，乘坐着日月，遨游于尘世之外，即使生和死这样的大事也不能使他们的心情发生任何变化，更何况利与害这一类的小事情！"

【研读】

本段用不同动物的不同爱好说明是非没有一定的标准，接着描述了泯灭是非后的至人所达到的处变不惊的思想境界。而这种生死一齐、是非无辨、利害不分的境界正是庄子一再提倡的，有了这种境界，不仅有利于与别人相处，更有利于自己的身心健康。这就是庄子提倡万物一齐的目的。

十

瞿鹊子问乎长梧子曰①："吾闻诸夫子②：'圣人不从事于务③，不就利④，不违害⑤，不喜求，不缘道⑥，无谓有谓，有谓无谓⑦，而游乎尘垢之外⑧。'夫子以为孟浪之言⑨，而我以为妙道之行也⑩。吾子以为奚若⑪？"

【注释】

①瞿（qú）鹊子、长梧子：两个人名。

②夫子：老师。指孔子。

③圣人：主要指圣明的君主。务：具体事务。

④就：追求。

⑤违：回避，逃避。

⑥不缘道：不用有意地去遵循大道。缘，遵循。圣人与大道融为一体，他们不用有意识地去遵循大道，而言行自然符合大道。这种境界类似于孔子的"从心所欲，不逾矩"（《论语·为政》）。

⑦无谓有谓，有谓无谓：没说等于说了，说了等于没说。谓，说。

⑧尘垢：尘世。

⑨孟浪：荒唐。

⑩妙道之行：是符合神妙大道的言行。

⑪吾子：对对方的尊称。奚若：如何。

【译文】

瞿鹊子问长梧子："我听老师孔子说：'圣人不从事世务，不追求利益，不回避灾难，不喜欢贪求，也不用有意识地去遵循大道，没说话等于说了，说了也等于没说，他们自由地遨游于尘世之外。'但老师认为这些都是荒唐之言，而我认为这些都是符合神妙大道的言行。您以为如何？"

长梧子曰："是黄帝之所听荧也^①，而丘也何足以知之^②！且女亦大早计^③，见卵而求时夜^④，见弹而求鸮炙^⑤。予尝为女妄言之^⑥，女以妄听之。奚旁日月、挟宇宙^⑦？为其吻合^⑧，置其滑涽^⑨，以隶相尊^⑩。众人役役^⑪，圣人愚芚^⑫，参万岁而一成纯^⑬，万物尽然^⑭，而以是相蕴^⑮。

【注释】

①听荧（yíng）：听后也难以理解。荧，迷惑，糊涂。

②丘：指孔子。孔子名丘，字仲尼。本句是说孔子更难理解。

③且女（rǔ）亦大（tài）早计：再说你也求之过急。意思是，你把这些行为视为"妙道之行"，还有点为时过早。女，通"汝"。大，同"太"。

④见卵而求时夜：一看到鸡蛋就想要报晓的公鸡。时夜，公鸡夜里报时，故称"时夜"。

⑤见弹而求鸮（xiāo）炙：一看见弹丸就想吃烤鸟肉。鸮，鸟名。炙，烤肉。

⑥妄言：随便谈谈。大道不可言说，而不说别人又不明白，所以只能"妄言"。

⑦奚旁日月：何不与日月为伴。奚，何不。旁，与……为伴。挟宇宙：胸怀宇宙。上下四方为宇，指空间；古往今来为宙，指时间。这里泛指万事万物。

⑧为其吻合：为了同大自然融为一体。其，代指日月宇宙。

⑨置其滑涽（gǔ hūn）：置各种混乱不齐于不顾。置，放弃。滑涽，混乱。

⑩以隶相尊：视奴仆为尊贵。即把卑贱与尊贵等同起来。

⑪役役：忙碌的样子。

⑫愚芚（tún）：无知混沌。这里的"愚"是大智若愚的"愚"，非世人所说的愚蠢。

⑬参万岁而一成纯：糅合千万年的万事万物而成为一个混沌体。参，糅合。成，完整。纯，混沌。

⑭尽然：都是各自模样。然，代指各自模样。

⑮以是相蕴：用齐物胸怀去包容它们。是，指齐物原则。蕴，包容。

【译文】

长梧子说："这些话连黄帝听了都难以理解，而孔丘又怎能懂得呢！再说你也求之过急，看见鸡蛋就想要报晓的公鸡，看见弹丸就想吃烤鸟肉。我为你随便谈谈这个问题，你也随便听听。我们为何不同日月为伴、与宇宙同体呢？为了能够同大自然融为一体，就应该置混乱不齐的现象于不顾，把卑贱与尊贵等同起来。众人整天忙忙碌碌，而圣人却似混沌无知，糅合千万年的万事万物而成为一个混沌的统一体。万物是那样的杂乱不齐，而圣人用齐物胸怀把它们全部包容起来。

"予恶乎知说生之非惑邪①？予恶乎知恶死之非弱丧而不知归者邪②？丽之姬③，艾封人之子也④，晋国之始得之也⑤，涕泣沾襟⑥。及其至于王所⑦，与王同筐床⑧，食刍豢⑨，而后悔其泣也。予恶乎知夫死者不悔其始之蕲生乎⑨？

【注释】

①恶（wū）乎：怎么。说（yuè）生：贪生。说，同"悦"。

②予恶乎知恶（wù）死之非弱丧而不知归者邪：我怎么知道厌恶死亡不是像幼年流落他乡而长大后不知回归故乡呢？恶死，讨厌死亡。弱，幼年。丧，离开故乡。关于这一观念，详见"研读"。

③丽之姬：即丽姬，春秋时期丽戎人。晋献公征伐丽戎国，把丽姬俘虏到晋国，后来丽姬成为献公夫人。

④艾：地名。封人：官名。负责守卫边疆。封，边疆。子：古代儿子、女儿皆称"子"。

⑤晋：国名。在今山西、河北南部和陕西中部一带。

⑥沾：浸湿。

⑦王所：晋献公的住所。即王宫。晋献公本为侯爵，战国时各诸侯国君大多称王，所以庄子把春秋时的晋献公也称为"王"。

⑧筐床：方正舒适的大床。

⑨蕲（qí）生：贪生。蕲，求。

【译文】

　　"我怎么知道贪生不是一件糊涂事呢？我怎么知道怕死不像幼年流落他乡而长大不知返归故乡呢？丽姬，是艾地守边官员的女儿，晋国军队刚俘虏她的时候，她哭得泪水浸透了衣襟。等她到了王宫，与国君同睡一张舒适大床、吃着美味佳肴时，她后悔自己当初不该那样伤心哭泣。我又怎么知道那些死去的人不会后悔自己当初的汲汲求生呢？

【研读】

庄子认为，人真正的故乡是大自然。一个人脱离大自然，在人世间生活几十年，就好像在他乡流浪了几十年一样，死后回归大自然，实际就是返回自己的故乡。如果一个人贪恋生命不愿死去，他就好像从小离开故乡而长大后不愿返回故乡一样。《红楼梦》也认可这一观念：

乱烘烘你方唱罢我登场，反认他乡是故乡。（第一回）

曹雪芹看到人们在社会上为名利争夺得那样起劲、认真，感到十分悲哀，因为人们把生前的流浪场所误认作故乡，而不知道自己的真正故乡应在另一个世界里，那就是大自然。

这一观念对中国文化影响极大。人们之所以把死后的灵魂称为"鬼"，原因就在于此："天神曰灵，地神曰祇，人神曰鬼。鬼者，归也，故古者谓死人为归人。"（《尸子》佚文）"鬼"与"归"同音，所谓"鬼"，就是返回大自然故乡之人。正因为如此，有人就把自己的棺木另外起名为"归庵"（《竹叶亭杂记》卷六），棺材是自己回归大自然之后居住的小房子。

"梦饮酒者，旦而哭泣①；梦哭泣者，旦而田猎②。方其梦也，不知其梦也，梦之中又占其梦焉，觉而后知其梦也。且有大觉而后知此其大梦也③，而愚者自以为觉，窃窃然知之④。君乎牧乎⑤，固哉⑥！丘也与女皆梦也，予谓女梦，亦梦也。是其言也，其名为吊诡⑦。万世之后而一遇大圣知其解者⑧，是旦暮遇之也⑨。

【注释】

①旦：天亮，第二天。

②田：打猎。

③大觉：指领悟大道以后的思想觉醒。此其：代指整个人生。

④窃窃然：自以为是的样子。

⑤牧：放牧人。代指卑贱的人。

⑥固：浅薄固陋。

⑦吊诡：怪异。

⑧解：含义，道理。

⑨旦暮：一早一晚。比喻很快。庄子认为懂得大道的人极少，即使万世以后能
  遇上一位，那已经算是很快了。

【译文】

　　"梦中饮酒作乐的人，第二天可能会痛哭流涕；梦中痛哭流涕的人，第二天可能会打猎作乐。正在做梦时，并不知道自己在做梦。睡梦之中还在卜问另一个梦的吉凶，醒来以后才知道是一场梦。当领悟大道真正大彻大悟以后，才知道整个人生也不过是一场大梦而已。而那些愚昧的人自以为活得很清醒，自以为懂得了一切。从君主到百姓，思想都很浅薄固陋！孔丘和你都生活在梦中，我说你们生活在梦中，其实我现在也是在梦中。这些言论，可以称为怪异。万世以后如果能够遇上一位懂得这些道理的大圣人，那已经算是很快了。

【研读】

　　庄子大约是最早提出人生如梦的思想家，我们在这里就结合中国的传统文化，谈谈"人生如梦"与"梦如人生"这一问题。人们常说人生如梦，我们还要说梦也如人生。因为无论现实生活也好，梦幻景

象也好，它们给人带来的幸福感和痛苦感都是那样的真切实在。

作为一种消极的人生观，"人生如梦"这一思想已经流传了两千多年，它准确地表达了人们对人生无常、世事多变的慨叹和无奈。另外，对于往事，即便这些事情是发生在昨天，而当我们回忆它们时，也会给人一种迷蒙、模糊之感，这就更加促使人们对人生如梦这一思想的认同。在本文中，我们将对这一思想进行梳理，然后再变换角度来谈谈梦如人生的问题，以求对现实人生和梦幻人生有一个更为深刻的认识。

一、人生如梦：化真实为虚幻

庄子认为当一个人做梦的时候，并不知道自己是在梦中，甚至还在为另一个梦的吉祥与否进行占卜。只有当他醒来以后，才知道刚才不过是一个梦而已。庄子接着说：人生也是如此，只有当一个人到了"大觉（思想上的大彻大悟）"之时，他才知道漫长的人生只不过是一场大梦而已。

这一思想对后世影响极大。一般人都把庄子的梦蝶故事（见下文）从人生无常这个意义上去理解，如苏轼《奉敕祭西太一和韩川韵》："梦蝶犹飞旅枕，粥鱼已响枯桐。"无著《绝句》："云山海月都抛却，赢得庄周梦蝶长。"马致远《夜行船》套曲《秋思》："百年光阴一梦蝶，重回首往事堪嗟。"对庄子的梦中说梦思想，文人们更是认可。如李群玉《自遣》说："浮生暂寄梦中梦，世事如闻风里风。"在唐代，还出现了《枕中记》《南柯太守传》《樱桃青衣》等传奇故事，意在阐发、宣扬人生如梦思想。至于历代表达这一思想的诗歌就多得不可计数，下面仅举几例：

投老归来供奉班，尘埃无复见钟山。何须更待黄粱熟，始觉人间是梦间。（王安石《怀钟山》）

觉时还笑梦时讹，梦觉其间有几何？聊尔藏身大槐国，卧看明月上南柯。（段成己《如梦庵》）

梦国不离枕，枕上觅不得。当其在梦时，有枕亦不识。醒里梦元空，梦中醒亦灭。安知醒天地，无枕在其侧？梦醒若循环，谁幻复谁实？（袁宏道《梦诗》）

王安石一生积极入世，尚视人生如梦，更何况他人！有人干脆把自己的文集命名为"梦"，如宋人孟元老的《东京梦华录》、吴自牧的《梦粱录》等。孟元老在序中说："古人有梦游华胥之国、其乐无涯者，仆今追念，回首怅然，岂非华胥之梦觉哉？目之曰《梦华录》。"吴自牧在自己的书序中也明确讲："缅怀往事，殆犹梦也。"（《梦粱录》）故取此名。张岱在明亡以后，家道衰落，深感世事沧桑、变化无常，他常"葛巾野服，意绪苍凉，语及少壮秾华，自以为梦境"（《山阴县志》卷十五），所以他把记述西湖风景掌故的集子命名为《西湖梦寻》，把回忆往事的文集叫《陶庵梦忆》。曹雪芹的《石头记》后来改名为《红楼梦》，其用意也大约如此。

东汉时传入中国的佛教，也大力宣扬人生如梦的思想。《金刚般若波罗蜜经》说：

一切有为法，如梦幻泡影，如露也如电，应作如是观。

在佛教看来，万事万物，都不过是一场梦幻、些许泡影而已。明代的张瀚在他的《松窗梦语》序中对这种感受讲得更为明白：

静思往昔，即四五年前事，恍惚如梦，忆记纷纭，百感皆为陈迹，谓既往为梦幻，而此时为暂寤矣。自今以后，安知他日之忆今，不犹今日之忆昔乎！梦喜则喜，梦忧则忧，既觉而遇忧喜，亦复忧喜。安知梦时非觉、觉时非梦乎！

宋人王铚《四六话》卷上引丁谓答胡则书说："梦幻泡影，知既往之本无；地水风火，悟本来之不有。"这就把现实人生的真实性彻底地否定了。《中国对联大辞典》说，在邯郸市北大约二十里处，有一黄粱梦亭，上有一联：

睡至二三更时，凡功名都成幻境；

想到一百年后，无少长俱是古人。

这些话讲得都很凄凉，并非因为人们都是悲观厌世之人，而是因为真实的现实生活与虚幻的梦中生活确有某种相似之处。特别是走到人生尽头的人再来回顾一生，那种人生梦幻感更为强烈。《全唐诗》记载，唐代有一位名叫陈璠的官员，曾任宿州太守，后来因为贪污而被斩首，临死前，他写了一首《临刑诗》：

积玉堆金官又崇，祸来倏忽变成空。五年荣贵今何在？不异南柯一梦中。

据说陈璠不识字，不识字的人怎么能够吟诗？所以当时的人就"以为鬼代作"（《太平广记》卷三五三）。清代的著名权臣和珅被捕入狱之后，也写了一首诗，前四句说："夜色明如水，嗟余困不伸。百年原是梦，卅载枉劳神。"在他被迫自尽后，人们又从他的衣带间找到一首绝句：

五十年前幻梦真，今朝撒手撒红尘。他时睢口安澜日，记取香烟是后身。（徐柯编撰《清稗类钞》）

实际上，无论一个人的生活状况如何，当他回忆往事时，都会有一种梦境般的虚幻感，我们正是立足于这一点，认为不仅人生如梦，而且梦如人生。

二、梦如人生：化虚幻为真实

如果说 A 像 B 的话，自然也能说 B 像 A。既然说人生如梦，自然也可以说梦如人生。我们这样说，绝不是想玩弄语言逻辑游戏，只是想通过逆向思维——把事物简单地颠倒一下，以此去改善一点人们的精神生活质量。

从消极的角度去慨叹人生如梦的人，首先就否定了梦对人生的价值，认为它是虚幻的、毫无意义的。既然梦毫无意义，那么与梦相似的现实人生又有多少意义呢？于是，这些人便以不太严肃认真的态度飘然于现实之上，蔑视人生，游戏人生。他们自以为大彻大悟，实则给自己那本来就缺乏明亮色彩的生活又蒙上了一层阴影。

人的生存固然离不开物质基础，人的许多幸福、痛苦与物质基础的好坏息息相关。但是，我们必须清楚，物质基础绝对不等同于幸福或痛苦，无数名利双收的人通过不同的方式主动结束自己的"不幸"人生，已经充分说明了这一点。

每个人都在追求所谓的幸福，但并非每一个人都明白幸福的内涵究竟是什么。其实这是一个非常简单的问题，幸福就是一种美的精神感受。精神这种东西，具有不可思议的开放性和包容性，任何真实的事物和虚幻的事物都可以在一个人的精神领域里得到回应。神灵是虚幻的，但从古至今，神灵不知给多少人带来了不可言喻的幸福或痛苦。一个恐怖的故事，即使知道它是虚构的，也会使人听起来毛骨悚然。几句赞美之词，即便是知道这些赞美之词包含很多水分，但听起来依然让人心舒意畅。这些虚假的东西通过"精神"这一中转站，非常明显地影响了人们的现实生活，甚至能够彻底改变一个人或一批人的命运。同样的道理，作为生命基础的物质也必须通过这一"精神"中转站才能转换为所谓的幸福和痛苦。如果我们承认人生的幸福和痛苦都是一种精神感受，无论是真实的东西，还是虚幻的东西，都可以影响人的生活质量的话，那么梦如人生的观点就自然而然地成立了。

《列子·周穆王》中有这样一个故事：在周朝的时候，有一个姓尹的大财主发财心切，待下人十分苛刻。他家里有一位老仆人，已经累得精疲力竭，但尹氏仍不许他休息。老仆人只好一边痛苦地呻吟着，一边尽力地去干活。由于白天太累，晚上就睡得特别香，而且每个晚上都做梦。在梦中，老人成了高贵无比的国王，他发号施令，总揽一国之政；他到处游览，尽情享受，快乐无比。鸡鸣日出，一觉醒来，老人就又开始了一天的辛苦劳作。别人见他生活如此艰难，就对他好言慰抚，而老人却说：

> 人生百年，昼夜各分。吾昼为仆虏，苦则苦矣；夜为人君，其乐无比。何所怨哉！

人生百年，白天和黑夜各占一半。老人白天受苦，夜里享福，也算是无亏无赢，所以他当仆役也还当得安心。而尹氏为了发财，中心如焚，白天到处奔忙，心神俱疲，晚上虽然昏昏入睡，却夜夜做噩梦。在梦中，他成了穷光蛋，只好为人当仆役，不仅要干所有的脏活、累活，还要挨打挨骂，受尽人间的屈辱。尹氏对自己的这种生活感到痛苦不堪，只好四处寻医求教。《列子》中的这个故事可能是虚构的，也有夸张之处。但它在虚构、夸张之中却透露出某种真实。据说古时有一个酒鬼，梦中得到了一壶美酒，欣喜异常，为了能够更好地享受这一难得的口福，酒鬼决定把酒烫热了再喝。然而就在这壶酒刚刚烫好的时候，梦却醒了。这个酒鬼懊恼不已：我为什么要把它烫热呢？我本该趁凉把它喝下去。这当然是一个笑话，但这个酒鬼的懊恼不是没有道理，因为他在梦中饮酒的确能够得到同现实中饮酒一样的幸福感受。清代著名词人纳兰性德有一首小词《如梦令》说：

> 万帐穹庐人醉，星影摇摇欲坠。归梦隔狼河，又被河声搅碎。还睡，还睡，解道醒来无味。

纳兰性德讲的不是笑话，而是一种真实的生活体验，他在梦中差一点享受到了归家的欢乐，所以醒后希望能够重续美梦。

人生是什么？人生就是一种感受。一个人对外部事物——包括真实事物和虚假事物的感受好坏，也就决定了这个人生活的好坏。梦是虚幻的，但它给人的感受却是真实的。差不多每个人都做过梦，仔细回忆一下自己的梦，我们不得不承认，梦中的遭遇给我们带来的幸福和痛苦一点也不亚于现实生活给我们带来的幸福和痛苦。

人生在世，最终目的不过就是为了最大限度地去追求幸福，最大限度地去减少痛苦。既然梦幻能够给我们带来同样的幸福和痛苦，那我们为什么不能说梦如人生呢？

因此，梦，就像现实一样，也是一种值得珍惜的生活。

三、两个人生：享受现实和梦幻

人生苦短。人们为此已经哀叹了数千年了。庄子的"若白驹之过郤"（《庄子·知北游》），曹操的"譬如朝露"（《短歌行》），都一再提醒人们人生的短暂。于是有人秉烛夜游，有人四处求仙，但秉烛夜游的人毕竟精力有限，四处求仙的人最终化为尘土。如果我们能够换一个角度去看待梦幻（我真希望未来的科学能为人们创造出享受不尽的幸福梦幻），也许我们就能够延长我们的生命，甚至能够享受到两个人生、三个人生。

著名的唐传奇《枕中记》说，卢生在旅店中伏在道士吕翁的青瓷枕上入睡，梦中建功树名，出将入相，列鼎而食，选声而听，既历尽世上艰险，也享尽人间富贵。最后，卢生妻荣子贤，享年八十余岁。当卢生寿终正寝之夕，也正是他欠伸而寤之时。一觉醒来，才发现旅店老板在他睡前就开始蒸煮的黍米饭还没有做熟。《南柯太守传》记载的是酒徒淳于棼的梦中经历，故事情节与《枕中记》大同小异。卢生和淳于棼的际遇本来是令人羡慕的，然而他们从中得出的结论却是令人遗憾的：

> 夫宠辱之道，穷达之运，死生之情，得丧之理，尽知之矣。此先生所以窒我欲也。敢不受教。（卢生语）
>
> （淳于棼）感南柯之浮虚，悟人世之倏忽，遂栖身道门，绝弃酒色。

我们只有一生，而卢生和淳于棼等于享有了两个人生，这难道不令人羡慕吗？可惜的是他们没有从梦中的人生中活出味道，活出乐趣，反而使他们厌恶现实人生，遁入空门。无论人们从这些故事中得出何种结论，都会给我们这样一个启发：梦幻能够为我们开辟另一个生活天地。

南唐后主李煜是一位亡国之君，在他肉袒出降之后，终日以泪洗面，君临万民的地位、纸醉金迷的生活，都如落花流水，一去不返。然而就是在这样痛苦的生活之中，诗人仍然能够感觉到些许的生活快乐。我们看他的三首词：

> 多少恨，昨夜梦魂中。还似旧时游上苑，车如流水马如龙，

花月正春风。(《望江南》)

　　人生愁恨何能免，销魂独我情何限。故国梦重归，觉来泪双流。　　　高楼谁与上？长记秋晴望。往事已成空，还如一梦中。(《菩萨蛮》)

　　帘外雨潺潺，春意阑珊。罗衾不耐五更寒。梦里不知身是客，一晌贪欢。　　　独自莫凭栏，无限江山！别时容易见时难。流水落花春去也，天上人间！(《浪淘沙令》)

我们没有任何理由怀疑诗人这些感受的真实性。诗人的梦中生活和现实生活形成了极为鲜明的对比：在梦中，诗人依然享受着从前的富贵荣华；在现实中，诗人却受尽了屈辱和痛苦的熬煎。梦幻和现实这两种不同的生活，给诗人带来了两种完全不同的感受——幸福和痛苦。可以说这两种生活有真幻之别，但是能够说这两种感受也有真幻之别吗？

如果仅仅从消极的角度去理解人生如梦的观念，那么我们等于一天也没有真正活过。这太悲惨了。既然如此，何不颠倒一下思路，不仅要善待现实人生，而且还要善待梦幻人生；既要认认真真地过好现实的生活，也要认认真真地去做个好梦！

四、幻中有真：梦对现实的影响

也许有人会说，梦确实能够给人带来幸福和痛苦，但那只是暂时的，一旦醒来，这些幸福和痛苦很快就会云消雾散。应该说，这话是有道理的，但又不尽然。因为梦的的确确影响过、而且还正在影响着人们的现实生活。

在古代，人们普遍相信神灵和灵魂，他们认为梦是一种灵魂的活动，因此，在某些原始部落里，如果有人在梦中受到某人的伤害，那么这个"某人"就应该对此事负责，要进行道歉或赔偿。他们还认为梦是一种预兆，醒后就应该按照梦中得到的指示去行事，这一做法在古代十分流行，甚至在今天，视梦为吉凶预兆的人也为数不少。我们仅举一个最著名、对中国人影响最大的梦，这个梦是东汉明帝做的。牟融的《理惑论》记载说：

> 昔孝明皇帝梦见神人，身有日光，飞在殿前，欣然悦之。明日，博问群臣："此为何神？"有通人傅毅曰："臣闻天竺有得道者，号之曰'佛'，飞行虚空，身有日光，殆将其神也。"于是上悟，遣使者张骞、羽林郎中秦景、博士弟子王遵等十二人，于大月支写佛经四十二章，藏在兰台石室第十四间。时于洛阳城西雍门外起佛寺，于其壁画千乘万骑，绕塔三匝。又于南宫清凉台及开阳城门上作佛像。明帝存时，预修造寿陵，陵曰显节，亦于其上作佛图像，时国丰民宁，远夷慕义，学者由此而滋。

最早译为汉文的《四十二章经》的"序"、《高僧传》等书的记载基本与此相同。迷信神仙的皇帝做一个神仙梦，这本是很正常的事，而一些信佛的人便把它同佛祖联系起来，促使朝廷尊崇佛教，这一记载是可信的。某种程度上可以说，汉明帝的一个梦，使中国的文化形成了儒、释、道鼎足而立的局面。而佛教的传入，又不知影响了多少人的生活，改变了多少人的命运。虚幻的梦大大影响了人们的真实生活。

夏朝人停棺于东阶，周朝人停棺于西阶，商朝人停棺于台阶上的两柱之间。有一次，作为商朝后裔的孔子梦见自己坐在两柱之间，于是他就告诉学生说，自己快要死了。唐代著名诗人杜牧于大中六年（852）九月十九日晚，梦见有人为他改名叫"毕"，十一月十日又梦见

"白驹过郤"这句话。"毕"是完结的意思，"白驹过郤"讲的是人生短暂的意思，于是杜牧就预测自己将不久于人世。孔子和杜牧于做梦之后不久都去世了。他们的去世固然与自己的身体状况有关，但这些梦无疑加重了他们的心理负担，促使了死亡的早日到来。

陶渊明的曾祖陶侃一度重兵在握，完全可以取东晋皇帝而代之，然而他却一直俯首称臣，不敢妄动，就是因为一个梦：

> 梦生八翼，飞而上天。见天门九重，已登其八，唯一门不得入。阍者以杖击之，因坠地，折其左翼。及寤，左腋犹痛。……及都督八州，据上流，握强兵，潜有窥窬之志，每思折翼之祥，自抑而止。(《晋书·陶侃列传》)

如果不是陶侃做了这么一个梦，那个时期的历史也许需要重写。正是因为梦在古人生活中占有如此重要的地位，所以还出现了一批以解梦为生的占梦家。

如果以上例子只能说明梦幻在迷信心理的支配下才能起作用的话，那么我们还能够在古今中外的历史上找到许许多多不带任何迷信色彩的例子。德国化学家凯库来梦中悟出苯的环状结构，作曲家塔季尼梦中谱写了著名的《魔鬼之歌》，中国的谢灵运也在梦中写出了千古名句"池塘生春草，园柳变鸣禽"(《南史·谢方明列传》)。苏东坡的《东坡志林》卷一有"梦寐"一章，记载了他在梦中吟诗作文的情况，而且梦中所做的这些诗文都以文字的形式流传了下来。因此，有人不无认真地提醒大家："请带着问题去睡觉吧！"这实际上就是把人的梦幻视为现实生活的一种继续了。当然，带着问题睡觉太累，我们不妨带着享受生活的心情去睡觉。

最后要说明的是，我并不完全否定从消极的角度去理解"人生如梦"，因为这一理论可以减少、淡化现实生活给人们带来的疲惫、痛苦和无奈。但我也不赞成完全消极地去看待人生，因为这样会把本来就很少的人生快乐也给淡化掉了。佛教中有一句话：

> 世法里面，迷却多少人；佛法里面，醉却多少人。（怀琏禅师语，见《五灯会元》卷十五）

对现实太认真，生活将是痛苦的；对现实太不认真，生活将是苍白的。我们完全可以把自己的生活态度定位在认真和不认真、执著和不执著之间，定位在世法和佛法之上。人生不过是一局棋，我们应该尽力地去赢得这局棋；如果下输了呢？也不过是下输了一局棋而已。

"既使我与若辩矣^①，若胜我，我不若胜^②，若果是也？我果非也邪？我胜若，若不吾胜，我果是也？而果非也邪^③？其或是也^④？其或非也邪？其俱是也？其俱非也邪？我与若不能相知也。则人固受其黮暗^⑤，吾谁使正之^⑥？使同乎若者正之，既与若同矣，恶能正之？使同乎我者正之，既同乎我矣，恶能正之？使异乎我与若者正之，既异乎我与若矣，恶能正之？使同乎我与若者正之，既同乎我与若矣，恶能正之？然则我与若与人俱不能相知也，而待彼也邪？

【注释】

① 既使：假如。若：你。

② 我不若胜：即"我不胜若"。

③ 而：你。果：果真。

④ 或：有人。指论辩的一方。

⑤闒（tǎn）暗：愚昧。

⑥谁使：使谁。正之：评判是非。

【译文】

"假如我和你辩论，你胜了我，我没有胜你，你真的就对了吗？我真的就错了吗？我胜了你，你没有胜我，我真的就对了吗？你真的就错了吗？难道有一方正确吗？有一方错误吗？难道我们都正确吗？或者都错了吗？我和你都无从知道。而世人本来都很愚昧，我们让谁来裁决这件事呢？让观点与你相同的人来裁决吧，既然观点已经与你一样，他怎能做出公正的评判呢？让观点与我相同的人来裁决吧，既然观点已经与我一样，他怎能做出公正的评判呢？让观点与你我都不相同的人来裁决吧，既然观点已经不同于你我，他怎能做出公正的评判呢？让观点与你我都相同的人来裁决吧，既然观点已经与你我相同，他怎能做出公正的评判呢？那么这就说明了我、你和别人都无法判定什么是正确的，那又何必等其他人来裁决呢？

【研读】

这段文字很有些"实践是检验真理的唯一标准"的意味。关于这一点，韩非也非常赞成，他认为，君主在听取臣下言论时，如果不以实际功用为标准，那么这些臣下就会说一些诸如"白马不是马"之类的话；如果不立一个箭靶作为射击的目标，那么臣下都会把自己说成羿一样的神箭手。他举辩论一例：

郑人有相与争年者。一人曰："吾与尧同年。"其一人曰："我与黄帝之兄同年。"讼此而不决，以后息者为胜耳。(《韩非子·外

储说左上》）

　　两个郑国人在一起争论彼此年龄的大小。一个人说："我和尧同岁。"另一个人说："我和黄帝的兄长同岁。"两人为此一直争辩不休，无法有一个结论，只好以最后停止争论的人为胜利者。虽然这次争论以荒唐的标准分出了胜负，但这样的胜负又有什么意义呢？

　　"何谓和之以天倪①？曰：是不是②，然不然③。是若果是也，则是之异乎不是也亦无辩④；然若果然也，则然之异乎不然也亦无辩。化声之相待⑤，若其不相待。和之以天倪，因之以曼衍⑥，所以穷年也⑦。忘年忘义⑧，振于无竟⑨，故寓诸无竟⑩。"

【注释】

①和之：齐同万物。和，混同。天倪：天然标准。即道。倪，标准。

②是不是：把错误视为正确。第一个"是"为"认为……正确"义。不是，不正确。

③然不然：把否定看作肯定。然，肯定。

④辩：通"辨"。区别。

⑤化声：变化着不同的内容和声调。相待：互相对立、争辩。

⑥因：顺应。之：代指万物。曼衍：变化。

⑦穷年：过完一生。穷，过完。年，寿命。

⑧忘年：忘掉年龄。即忘掉生死。忘义：忘掉是非。义，是非原则。

⑨振于无竟：生活于无穷无尽的境界之中。振，兴起。引申为立身、生活。竟，尽。

⑩寓诸无竟：与无穷的精神境界融为一体。后三句是说，在精神上超越生死、

是非，就能够生活于一种无穷无尽的精神境界之中。

【译文】

"什么叫用大道去齐同万物呢？答案是：把错误看作正确，把否定看作肯定。正确即便是真的正确，那么正确与错误之间也没有什么差别；肯定即便是真的肯定，那么肯定与否定之间也没有什么不同。人们变化着不同的内容和声调来相互争论，这与不争论也是一样的。用大道齐同万物，顺应着万物而变化，用这种心态度过一生吧。忘掉年龄生死，忘掉是非差别，立身于无穷无尽的精神境界，也就能同这种无穷无尽的境界融为一体了。"

【研读】

《齐物论》在论述万物一齐的观点时，重点讨论了两个问题：一是齐生死，二是齐是非。人生在世，烦恼主要来自是非和生死的纠缠，如果一个人真的能够泯灭是与非、生与死之间的差别，超然于是非、生死之上，做到"忘年忘义"，那么他自然就是一位永恒存在、自由自在的人。

庄子用来齐同万物的方法主要有：一、用万物都起源于"道"来证明万物的齐同。既然天地万物同源，那么它们也就没有什么不同。二、无限夸大事物的相同点。世界上的事物虽然千差万别，但它们也存在着共同点，比如它们都是由物质构成的等等。庄子知道万物的差别，但他置这些差别于不顾，只看其相同点，于是硕大无比的天地也就等同于他的一根小小手指头了。三、用物质不灭且可以相互转换来证明生死一齐。四、用不同的审美观和价值观来否定人类所相对共有的是非标准。

庄子齐物的目的有两个，一是用齐物来消除烦恼。庄子是一个与社会格格不入的失意者，不仅他的政治理想无法实现，有时连衣食都没有保障。而齐物思想把成功与失败、尊贵与卑贱、富有与贫穷统统视为相同，既然相同，也就不必为失败和贫贱而痛苦。二是通过齐物，在精神上获取唯我独尊的地位。万物是齐同的，道是至高无上的，而庄子就是得道之人。齐物思想不仅使衣食无着的庄子获取了与钟鸣鼎食者同样的享受，甚至还平添了许多超越对方的优越感，因为只有得道者才懂得齐物，而道是万物的主宰者，于是怀揣大道的庄子不仅可以自由地为自然、人类立法，更能高居云端，天神一般俯视着连"朝三暮四"与"朝四暮三"本来一样的事实都不懂的芸芸众生。

庄子虽然在理论上齐同了万物，但在实践中他却无法做到这一点。

首先谈齐是非。庄子反复讲要"齐是非"，但在《庄子》中，他在不停地批评别人，批评世俗君主、普通百姓，批评儒家、墨家、名家，这不是在进行是非的论争吗？实际上，就在他大谈齐是非的时候，已经陷入了是非之争而不能自拔，他以无是非为是，以有是非为非，这本身就是十分鲜明的是非标准。

其次谈齐生死。庄子认为生死一齐，甚至死比生好，但他在现实中却特别爱护自己的生命。为了保全自己的生命，他想了许多办法：一是拒绝当官。《史记》《庄子》对此都有记载，而庄子拒绝当官的原因就是担心自己会在政治斗争中失去生命。二是以"无用"来保命。庄子认为"桂可食，故伐之；漆可用，故割之"（《人间世》），有用就会带来麻烦，所以"无用"才有利于保全生命。三是既不近名，又不近刑。近刑固然会伤害生命，然而为了保全生命，庄子谨慎得连名都不敢接近了，生命在他心目中所占的地位是可想而知的。在下一篇《养生主》中，庄子还专门讨论了如何养生的问题。

庄子在齐物问题上的这种理论与实践的矛盾，具有深刻的启发意义。这一矛盾告诉我们，在人类社会中，往往存在着一种知易行难的现象。许多理论说起来容易，做起来异常困难。这种理论与实践的矛盾，不仅是庄子个人悲剧，也是整个人类的悲剧。

十一

罔两问景曰[①]："曩子行[②]，今子止；曩子坐，今子起。何其无特操与[③]？"景曰："吾有待而然者邪[④]？吾所待又有待而然者邪[⑤]？吾待蛇蚹蜩翼邪[⑥]？恶识所以然[⑦]？恶识所以不然？"

【注释】

①罔两：影子周边的微影。景（yǐng）：同"影"。影子。

②曩（nǎng）：刚才。

③特操：独特的操守，主见。与：同"欤"。疑问词。

④有待而然：有所依赖才这样。影子依赖物体，物动则影动，物止则影止。然，这样。

⑤吾所待又有待而然者邪：我所依赖的物体又有所依赖才会这样吧。影子依赖某种形体，而这种形体又依赖其他事物而存在，因此都无法自主。

⑥蚹（fù）：腹鳞。蜩（tiáo）：蝉，知了。

⑦恶（wū）识所以然：我怎么知道是什么原因使我如此呢？恶，怎么。然，这样。

【译文】

微影问影子："刚才您行走，现在您停下；刚才您坐着，现在您站着。您怎么这样没有个人操守呢？"影子说："因为我有所依赖才这样的吧？因为我所依赖的物体又有所依赖才这样的吧？我所依赖的是蛇的腹鳞和蝉的翅膀吗？我怎么知道是什么原因使我如此呢？我又怎么知道是什么原因使我不如此呢？"

【研读】

这个故事说明天地间许多现象无法弄清其起源，最好置之不理，进一步阐述社会上的是是非非是纠缠不清的，也最好置之不理。

十二

昔者庄周梦为胡蝶①，栩栩然胡蝶也②。自喻适志与③，不知周也。俄然觉④，则蘧蘧然周也⑤。不知周之梦为胡蝶与？胡蝶之梦为周与？周与胡蝶则必有分矣，此之谓"物化"⑥。

【注释】

①胡蝶：即蝴蝶。

②栩栩（xǔ）然：鲜活的样子。一说是欣然自得的样子。

③自喻：自我感觉。适志：适意。与，同"欤"。

④俄然：不一会儿。

⑤蘧蘧（qú）然：安然的样子。一说是吃惊的样子，一说是僵卧在床的样子。

⑥物化：事物之间相互转化。比如人死后身体可能会变为鼠肝或虫臂，鼠肝、

虫臂也可以转化为其他事物。详见《大宗师》。

【译文】

　　从前庄周梦中变成了一只蝴蝶，活生生的一只蝴蝶呀！自己感到很愉悦很适意，完全忘记了还有一个庄周的存在。不大一会儿突然醒了，又变成了一个安然而卧的庄周。不知道是庄周刚才做梦变成了那只蝴蝶呢？还是那只蝴蝶现在正在做梦变成了庄周呢？庄周与蝴蝶之间肯定有所不同，这就叫"事物之间的相互转化"。

【研读】

　　古人认为，万物都是由阴阳二气形成的，因此万物的本质都是一样的。正因为如此，庄周与蝴蝶之间可以互相转化。既然万物的本质相同，因此就没有必要再去区别万物之间的差异。庄子的这个故事依然是在为他的万物一齐思想做论证。对此，李白的理解颇为正确，他在《古风》中写道：

　　　　庄周梦胡蝶，胡蝶为庄周。一体更变易，万事良悠悠。

　　庄周梦中变为蝴蝶，蝴蝶又变为庄周；一个物体可以如此不停地循环变化，因此万事万物都能够在这种循环变化中获得永生。

一半是精神一半是肉体

养生主

学界对"养生主"有两种解释。第一，读作"养生——主"，意思是养生的主要原则。主，主要原则。第二，读作"养——生主"，认为"生主"二字应该连读，指精神，因为庄子认为精神为生命之主，"养生主"的意思就是养护精神。我们认为第一种意见更为正确，本篇主要讲养生原则，而庄子的养生原则是形神兼养，以神为主，这可以说是《庄子》全书的养生主导思想。

本文结构也非常严谨。全篇共分六个章节，依次是：第一个章节总论形神兼养的原则，接着用四个故事以"养形（庖丁解牛）——养神（公文轩）——养形（泽雉）——养神（老聃死）"反复交叉的形式阐述形神兼养的道理，造成一种循环往复、再三叮嘱、耳提面命的阅读效果。最后一章"指穷于为薪"总括全篇，强调养神重于养形，因为肉体生命短暂，而精神（灵魂）可以永存。

一

吾生也有涯[①]，而知也无涯。以有涯随无涯[②]，殆已[③]！已而为知者^④，殆而已矣。为善无近名^⑤，为恶无近刑，缘督以为经^⑥，可以保身，可以全生，可以养亲^⑦，可以尽年^⑧。

【注释】

①有涯：有边际，有极限。涯，边际。

②随：追求，探索。

③殆（dài）已：太危险了。这里指陷入困境。殆，危险。已，通"矣"。庄子提醒人们不要拿有限的生命去追求无限的知识，以免耗费精力，这是养神。

④已：已经。指已经因求知而陷入困境。为知：追求知识。为，追求。本句是说，已经陷入求知困境却不知止步，希图进一步寻求新的知识以解困。

⑤为善无近名：做好事不要接近美名。庄子认为名声太大会招来麻烦，即俗语说的"人怕出名猪怕壮"。《列子·说符》："行善不以为名，而名从之；名不与利期，而利归之；利不与争期，而争及之；故君子必慎为善。"

⑥缘督以为经：把遵循不好不坏的中间路线作为处世原则。缘，遵循。督，原指人体背部正中的一条经脉。这里比喻中间路线，指"名"与"刑"之间，既不追求美名，也不触犯法律。经，标准，原则。庄子要求人们远离美名和刑法，目的是为了养形。

⑦亲：父母。

⑧尽年：享尽天年。年，自然寿命。

【译文】

我们的生命是有限的，而知识却是无限的。用有限的生命去追求无限的知识，将会陷入困境！已经陷入求知困境却还要去追求新的知识以解困，那就只能陷入更大的困境而已！做好事不要接近美名，干坏事不要触犯刑法，把遵循中间路线作为生存原则，这样就可以保全自己的身体，卫护自己的生命，赡养自己的父母，享尽自己的天年。

【研读】

本段开宗明义就提出了形神兼养的主张。

从开篇到"殆而已矣"，主要是提醒人们不要拿有限的生命去追求无限的知识，以免耗费自己的精神，这是养神；以下文字则是告诫人们，为了保全生命，要远离美名和刑法，这是养形。庄子之所以重视肉体安全，是因为他清醒地认识到"有生必先无离形"（《庄子·达生》），没有肉体，生命便无所依存。

关于庄子"为善无近名，为恶无近刑"这一主张，在其他篇章也有体现："上不敢为仁义之操，而下不敢为淫僻之行也。"（《庄子·骈拇》）我上不敢持守仁义操行，下不敢做违法的事情。郭沫若《十批判书》认为这是"滑头主义"。身处险恶社会，庄子提出这一处世原则，实在是不得已而为之。

二

庖丁为文惠君解牛①，手之所触，肩之所倚②，足之所履③，膝之所踦④，砉然向然⑤，奏刀騞然⑥，莫不中音⑦。合于《桑林》之舞⑧，乃中《经首》之会⑨。文惠君曰："嘻⑩，善哉！技盖至此乎⑪？"

【注释】

①庖（páo）丁：一位名叫"丁"的厨师。庖，厨师。文惠君：旧说指梁惠王。

②倚：靠着。

③履：脚踩。

④踦（yǐ）：通"倚"。用膝盖靠着、顶住。

⑤砉（huà）然向然："砉然""向然"皆为象声词，形容宰牛的声音。向，通
　　"响"。

⑥奏刀：进刀。騞（huō）然：形容进刀的声音。

⑦中（zhòng）音：合乎音乐节奏。中，符合，合乎。

⑧《桑林》之舞：《桑林》这首舞曲。据说《桑林》是商汤时的乐曲。

⑨乃中：还符合。《经首》之会：《经首》乐曲的节奏。据说《经首》是尧时的
　　乐曲。会，节奏。

⑩嘻：表赞美的惊叹词。

⑪盖（hé）：通"盍"。为何，怎么。

【译文】

　　庖丁为文惠君宰牛，凡是他手接触的地方，肩靠着的地方，脚踩
着的地方，膝盖顶住的地方，无不发出"刷刷"的割肉声音，进刀时
也发出"哗哗"的响声，这些声音无不合于音乐节奏。既符合《桑林》
舞曲的旋律，也符合《经首》乐曲的节拍。文惠君说："啊，真是美妙
呀！你的宰牛技术怎么能够达到如此高超的地步呢？"

　　庖丁释刀对曰①："臣之所好者道也②，进乎技矣。始臣之解牛
之时，所见无非全牛者③；三年之后，未尝见全牛也④；方今之时，
臣以神遇而不以目视⑤，官知止而神欲行⑥。依乎天理⑦，批大郤⑧，
导大窾⑨，因其固然⑩。技经肯綮之未尝⑪，而况大軱乎⑫！良庖岁

更刀⑬，割也；族庖月更刀⑭，折也⑮；今臣之刀十九年矣，所解数千牛矣，而刀刃若新发于硎⑯。彼节者有间⑰，而刀刃者无厚⑱，以无厚入有间，恢恢乎其于游刃必有余地矣⑲。是以十九年而刀刃若新发于硎。虽然，每至于族⑳，吾见其难为，怵然为戒㉑，视为止㉒，行为迟㉓，动刀甚微㉔，謋然已解㉕，如土委地㉖。提刀而立，为之四顾，为之踌躇满志㉗，善刀而藏之㉘。"

文惠君曰："善哉！吾闻庖丁之言，得养生焉。"

【注释】

①释刀：放下刀。释，放。

②道：规律。古人把知识分为"道"和"技"两个层次。"技"指一般技术，如宰牛技术、建筑技术等。技术可以给人带来直接的经济利益。但古人认为如果仅仅停留在技术层面，还属于低层次的人，要把自己的技术上升到"道"的层面、即哲学的层面去把握，才属于高层次的人。

③无非全牛者：看起来无不是一头整体的牛。

④未尝见全牛也：就不再看到整体的牛了。庖丁有了三年宰牛经验之后，对牛体结构非常熟悉，牛在庖丁眼里不再是一个整体，而是一块块肌肉和骨头的组合品。

⑤以神遇：凭意识宰牛。神，意识。遇，应对。这里指应对宰牛之事。

⑥官知止而神欲行：感觉器官的作用停止了，而意识在起作用。官知，感觉器官。神欲，意识。以上两句意思是说：庖丁熟能生巧，不用眼睛观察，仅仅凭着感觉就能宰牛。这类似今天说的"肌肉记忆"，同一种动作重复多次之后，肌肉就会形成条件反射。我们只要回忆一下善于编织的妇女一边看电视、聊天，一边还能织出带有各种花纹的毛衣的情景，就不难理解庖丁

这两句话的含义。

⑦依乎天理：遵循牛体的天然结构。依，按照，遵循。

⑧批：劈砍。大郤（xì）：筋骨间的大空隙。

⑨导：进刀。大窾（kuǎn）：筋骨间的大空隙。

⑩因其固然：顺应着牛体的本来结构。因，顺应。固然，本来样子。

⑪技经肯綮（qìng）之未尝：经脉聚结、骨肉相连的部位碰也不去碰。技，当为"枝"。枝经，状如树枝的经脉。肯，附着于骨头上的肉。綮，筋骨连结之处。尝，尝试，碰撞。

⑫大軱（gū）：大骨头。

⑬更：更换。

⑭族庖：普通厨师。族，众多。

⑮折：砍断。这里指乱砍。

⑯新发于硎（xíng）：刚刚在磨刀石上磨过。发，磨砺。硎，磨刀石。

⑰彼节者有间：那些骨节之间有空隙。

⑱无厚：薄得几乎没有厚度。

⑲恢恢乎：宽宽绰绰的样子。游刃：游动的刀刃。成语"游刃有余"即出于此。

⑳族：骨头与筋腱聚结的部位。

㉑怵（chù）然：谨慎的样子。为戒：为此提高警惕。

㉒视为止：目光为此而专注起来。止，盯住，专注。

㉓行为迟：动作为此而变得迟缓。行，动作。为，为此。

㉔动刀甚微：（抓住关键部位）轻轻地一动刀。微，轻。

㉕謋（huò）然：象声词，牛体解开的声音。

㉖委地：堆在地上。委，堆积。

㉗踌躇（chóu chú）满志：得意扬扬。踌躇，得意的样子。满志，满意。

㉘善刀：把刀妥善整理一下。一说"善"通"拭"。擦。

【译文】

　　庖丁放下刀回答说："我所喜好的是大道，这超过了您说的一般技术。我刚刚开始学习宰牛时，所看到的都是一头头整体的牛；三年之后，就不曾再看到整体的牛了；如今，我能够凭着感觉去宰牛而不必用眼睛去观察，感觉器官停止了活动而意识却在继续起着作用。我顺应着牛体的天然结构，劈开筋骨间的隙缝，把刀插进骨节间的空隙，遵循着牛体的本来结构去宰割。我连经脉聚结、骨肉相连的部位都不去触碰，更何况那些大骨头呢！优秀厨师每年就要更换一把刀，那是因为他们胡乱宰割；普通厨师每月就要更换一把刀，那是因为他们胡乱劈砍；如今我的这把刀已经使用了十九年，所宰割的牛有数千头了，而刀刃却锋利得像刚刚在磨刀石上磨过一样。那些骨节之间肯定会有空隙，而刀刃却薄得没有厚度。把没有厚度的刀刃插入骨节之间的空隙，这些空隙对于游动的刀刃来说还宽宽绰绰地留有余地，因此我的刀用了十九年而刀刃还锋利得像刚在磨刀石上磨过一样。虽说如此，每当遇到筋骨聚结的部位，我就知道此处很难宰割，为此就小心翼翼地警惕起来，目光为此而专注起来，动作为此而变得迟缓，然后轻轻地一动刀，牛体便'哗啦'一声分解开来，就像一堆土那样掉在了地上。于是我提着刀站起身来，为此而得意地环顾四周观察周围人的反应，为此而踌躇满志，然后把刀好好整理一下收藏起来。"

　　文惠君说："说得真好啊！我听了庖丁这番话，领悟到了养生的道理。"

【研读】

这一故事主要讲养形。

"庖丁解牛"是人们耳熟能详的故事。篇名叫"养生主",文惠君听了庖丁的宰牛经验之后,也感叹说自己从中学到了养生经验,这些都说明这一故事的主旨是讲养生的。那么"庖丁解牛"与养生究竟是什么关系呢?阐述的养生原则又是什么呢?

整个"庖丁解牛"故事都是一个比喻,它用宰牛刀比喻个人,用牛体比喻个人的生存环境,用宰牛技能比喻养生处世的方法。如果一个人能够精通养生之道,那么他就会像庖丁的刀一样,使用许多年之后依然锋利无比;如果一个人懂得养生之道但不够精通,那么他就会像优秀厨师的刀一样,还可以坚持使用一年半载;如果一个人根本不懂养生之道,胡乱行动,那么他就会像普通厨师的刀一样,很快就无法生存下去。

"庖丁解牛"所要阐述的具体养生原则是什么呢?学界大致有两种意见:

第一种意见,庄子的养生原则就是要求人们在生活中不要去违背自然之理,一切顺应客观环境,不可任意行事,也就是文中说的"依乎天理""因其固然"。顺应自然,可以说是道家治国、处世的核心原则。

第二种意见,认为庄子的养生原则就是要求人们在社会上圆滑处世,要善于钻空子,就像文中说的"批大郤,导大窾"那样,不要去硬碰硬;还要"为善无近名,为恶无近刑",为保护生命而走中间路线,即《山木》中提出的"处乎材与不材之间"。

以上两种意见对庄子养生原则褒贬不一,但本质上有一致之处,因为"批大郤，导大窾"的圆滑原则依然是以"依乎天理""因其固然"为基础，都是顺应自然的体现，因而第一种意见更符合道家的整体思想。从"顺应自然"的角度去理解"庖丁解牛"的故事，也具有更普遍、更正面的教育意义。即便是这一处世原则带有圆滑性质，我们也应该从庄子身处"仅免刑焉"（《人间世》篇）的社会困境的角度去体谅庄子，他是不得已而为之。

总之，这一故事用庖丁解牛比喻养生处世，告诫人们要顺应自然，避免陷入是非矛盾的纠缠之中，以保证自己的形体安全。这段文字还为我们留下"庖丁解牛""游刃有余"两个成语。

三

公文轩见右师而惊曰①："是何人也？恶乎介也②？天与③？其人与？"曰："天也，非人也。天之生是使独也④。人之貌有与也⑤，以是知其天也，非人也。"

【注释】

①公文轩：姓公文，名轩。据说是宋国人。右师：官名。指一位担任右师的人。

②恶（wū）乎介：怎么只有一只脚呢？恶，怎么。介，独。指只有一只脚。右师的另一只脚因犯法被砍掉了。

③天与：是上天造成的？与，同"欤"。疑问语气词。

④是：代指右师的脚。

⑤有与：有所赋予。指人的相貌好坏是上天决定的。

【译文】

公文轩看到右师后吃惊地问道:"这是一位什么样的人啊?怎么只有一只脚呢?这是上天造成的?还是人事造成的?"右师回答说:"这是上天造成的,不是人事造成的,上天造就我的脚就让它只有一只。人的相貌好坏是上天决定的,因此我知道这是上天造成的,而不是人事造成的。"

【研读】

这一故事主要讲养神。

这个故事告诉人们要把自己的一切遭遇都归于天命的安排,这样就能保持心境平和,有利于养神。如果一个人把自己的不幸遭遇归咎于某人,就会愤愤不平,伺机报复。以平天下为己任的孔子席不暇暖,结果却四处碰壁;弟子中品行最好的颜回早亡,遵德守法的公冶长却有囹圄之灾,学业优秀的冉耕得了恶疾。这些事实证明个人品行与个人遭遇之间存在极大反差。因为很难找到这些反差产生的原因,于是孔子就用"命"进行自我安慰:

　　伯牛有疾,子问之,自牖执其手曰:"亡之,命矣夫!斯人也而有斯疾也!"(《论语·雍也》)

　　子曰:"道之将行也与?命也。道之将废也与?命也。"(《论语·宪问》)

孔子把自己师徒的一切不幸——理想破灭、生命短促、无妄之灾等等,全归之于天命。既然天命具有如此不可违抗性与不可窥知性,自然就应该以一种平和心态对待自己的遭遇。相传为孔子所作的《周易·系辞上》对此说得十分清楚:"乐天知命,故不忧。"

把"乐天知命"与"不忧"放在一起，进一步说明"乐天知命"只是方法，而"不忧"才是目的。不仅圣人孔子如此，亚圣孟子也是如此。鲁平公准备亲自登门邀请孟子治国，宠臣臧仓却进谗言阻止了此事，乐正子把此事告知孟子后，孟子感叹："行或使之，止或尼之。行止，非人所能也。吾之不遇鲁侯，天也。臧氏之子焉能使予不遇哉！"（《孟子·梁惠王下》）孟子认为："事情办成了，表面看是有人促成了它；办不成，表面看是有人阻止了它。事情能否办成，实际上都不是人力能够决定的。我得不到鲁君的邀请与重用，这是天命啊。姓臧的小子怎能使我得不到鲁君的邀请与重用呢！"

右师同两位圣人一样，把个人的不幸遭遇归之于天命，目的就是为了维护心态平和，以免在精神方面伤害自己。

四

泽雉十步一啄①，百步一饮，不蕲畜乎樊中②。神虽王③，不善也。

【注释】

①泽雉：生活在大泽里的野鸡。泽，低洼的湿地。雉，野鸡。

②蕲（qí）：希望，愿意。畜（xù）：蓄养。樊：笼子。

③神虽王（wàng）：精神即使旺盛。神，精力，精神。王，通"旺"。旺盛。

【译文】

大泽里的野鸡奔走上十步才能啄到一口食物，奔走上百步才能喝到一口水，然而它并不愿意被人养在笼子里。养在笼子里精神即使很旺盛，也不快乐。

【研读】

这一故事讲的是养形。

本段文字清楚地说明庄子不仅追求精神自由，也追求形体自由。关于这段话的主旨，多数学者认为依然是在讲追求精神自由，对此我们并不认同，因为"神虽王，不善也"已经明确回答了这一问题。如果按照精神自由的思想去理解，泽雉虽然处于笼中，只要"神王"，完全可以让自己的精神穿过笼子，自由地驰骋于四海之外，有什么"不善"呢？庄子虽然重视精神自由，但这是在不得已的情况下提出来的：只有当肉体无法获得自由时，才去追求精神自由。

五

老聃死①，秦失吊之②，三号而出。弟子曰："非夫子之友邪？"曰："然。""然则吊焉若此可乎？"曰："然。始也吾以为其人也③，而今非也④。向吾入而吊焉⑤，有老者哭之，如哭其子；少者哭之，如哭其母。彼其所以会之⑥，必有不蕲言而言⑦，不蕲哭而哭者。是遁天倍情⑧，忘其所受⑨，古者谓之遁天之刑⑩。适来⑪，夫子时也；适去⑫，夫子顺也。安时而处顺，哀乐不能入也，古者谓是帝之县解⑬。"

【注释】

①老聃（dān）：著名的道家创始人老子。姓李名耳，字聃。

②秦失（yì）：又作秦佚。老子的朋友。

③其人：他是普通人。

④非：不是。指不是普通人。秦失认为老子是超越生死的圣人，因而在吊唁他时，不应该再像对待普通人的死那样痛哭流涕。

⑤向：刚才。

⑥彼其：代指上述的老者、少者。会之：为老子的死聚集在一起。之，代指老子的死。

⑦必有不蕲（qí）言而言：一定有人本不想诉说什么却又情不自禁地诉说了。蕲，希望，想。

⑧遁天倍情：违背了自然之理和真实情况。遁，违背。天，天理，自然之理。倍，通"背"。违背。情，真实情况。

⑨所受：所禀受于自然。庄子认为人的生命本来就是来自自然，死亡不过是又回归自然，因此不该恋生恶死，为死亡而悲哀。

⑩遁天之刑：违背自然之理所受的惩罚。如果不能勘破生死，就会陷入对死亡的恐惧之中，如受刑一样难受。

⑪适来：偶然来到世上。适，偶尔，刚好。

⑫去：离开。指离开人世。

⑬帝之县（xuán）解：天帝的惩罚被解除了。县，同"悬"。悬挂。意思是说，一个人如果陷入对死亡的恐惧之中，就好像被天帝悬挂起来一样难受；如果勘破生死，天帝对自己的悬挂和惩罚就被解除了。

【译文】

　　老子去世后，秦失前去吊唁，哭了三声就出来了。老子的弟子问他："您不是我们老师的朋友吗?"秦失说："我是的。"弟子疑惑道："那么如此吊唁自己的朋友可以吗?"秦失说："可以。刚开始时我认为老子是个普通人，后来我感到他并非普通人。刚才我进去吊唁时，看见有老人哭他，就好像哭自己的孩子一样;有少年哭他，就好像哭自己的母亲一样。他们之所以如此悲伤地聚集在一起，一定有本不想诉说却又情不自禁地诉说、本不想痛哭却又情不自禁地痛哭的原因。他们的这种做法违背了自然之理和真实情况，忘记了生命本来就是来自大自然，古人把这种悲伤叫作违背自然之理所受到的惩罚。偶然来到人间，那是因为你们的老师遇到了出生的时机;碰巧离开人世，那是你们的老师顺应了自然规律。安心接受时机，顺应自然规律，喜怒哀乐等情绪都不能破坏内心的平和，古人把这种状态叫天帝的惩罚被解除了。"

【研读】

　　这一故事讲养神。

　　这段文字告诫人们，在生死问题上也应顺其自然，不必放在心上。因为人们要想保持平和的心态，必须勘破死亡，不然，死亡的阴影就会时刻笼罩在心中，这自然不利于健康。要想勘破生死，只能靠自己。《五灯会元》卷一记载:

　　　　三祖僧璨大师者……隐于舒州之皖公山。……至隋开皇十二
　　　　年壬子岁，有沙弥道信，年始十四，来礼祖曰:"愿和尚慈悲，乞
　　　　与解脱法门。"祖曰:"谁缚汝?"曰:"无人缚。"祖曰:"何更求解

脱乎?"信于言下大悟。

　　禅宗三祖僧璨隐居舒州(今安徽安庆)皖公山时,四祖道信前来求教,希望能够在僧璨这里寻得解脱法门,僧璨便反问他:"谁把你束缚住了?"道信回答:"没有人束缚我啊。"僧璨又反问:"既然没有人束缚你,你还求什么解脱呢?"道信听后当下醒悟——束缚自己的就是自己本人!要想勘破生死,消除对死亡的恐惧,主要依靠自己来解脱自己。

六

　　指穷于为薪[①],火传也[②],不知其尽也。

【注释】

①指穷于为薪:即"指为薪可穷",用油脂做的蜡烛是可以烧尽的。指,通"脂"。薪,灯捻。古人以油脂裹着灯捻当蜡烛,被称为"烛薪"。庄子用烛薪比喻肉体,用烛薪可以烧尽比喻肉体最终都会死亡。

②火传:火可以从一支蜡烛传递到另一支蜡烛。庄子用火比喻人的精神(灵魂),认为精神不会随着肉体的死亡而消失。

【译文】

　　用油脂做成的蜡烛是会燃尽的,而火却可以传递下去,永不熄灭。

【研读】

　　本段总括全篇,说明精神重于肉体,因此养神也就重于养形。

　　庄子之所以认为精神重于肉体，是因为他认为精神是主宰者，肉体是被主宰者；肉体会死亡，而精神（灵魂）却可以不死。唐代道家学者无能子在《无能子·无忧》中进一步论证说：

　　　　夫人大恶者死也，形骸不摇而偃者也。夫形骸、血肉、耳目不能虚而灵，则非生之具也。故不待不摇而偃则曰死，方摇而趋本死矣。所以摇而趋者，凭于本不死者耳，非能自摇而趋者。形骸本死，则非今死；非今死，无死矣。死者，人之大恶也。无死可恶，则形骸之外，何足汩吾之至和哉？

　　无能子认为："人们最厌恶的事情是死亡，人们所说的死亡就是指肉体不能活动而僵卧在地。形体、血肉、耳目如果离开无形但有灵气的精神，就不能算是有生命的物体。因此肉体不必等到它不会活动而僵卧在地时才叫死亡，当肉体还在四处奔走的时候就已经是死亡的。所以说四处奔走的肉体，依靠的是本来就不会死亡的精神，肉体自身并不能四处奔走。肉体本来就没有生命，那么就不能说肉体后来无法活动了才算是死亡；既然不能说肉体后来无法活动了才算是死亡，那么肉体也就无所谓死亡了。死亡，是人们最讨厌的事情，而事实上并不存在让人们讨厌的死亡，因此肉体的好坏存亡，又怎么值得扰乱我们极为平和的心境呢！"无能子认为，人的形体本来就是"死"的，能够使形体活动的是灵魂，而灵魂不会死亡。当肉体消失后，灵魂不过是转移到另外一个地方去穿衣吃饭而已。因此，也就没有所谓的死亡。

　　薪火这段文字不仅为我们留下"薪尽火传""薪传"等词语，而且还是中国历史上最著名的比喻之一。其后，无论是神灭论者，还是神不灭论者，都使用这一比喻来论证自己的观点。东汉初年的桓谭就认为肉体好比蜡烛，精神好比火焰，烛尽火熄，形毙神亡："精神居形体，犹火之然（燃）烛矣。……烛无，火亦不能独行于虚空。……则气索而死，如火烛之俱尽矣。"（《新论·形神》）除此，王充《论衡·论死》、杨泉《物理论》、戴逵《流火赋》等，都引用这一比喻说明自己的神灭观。到了东晋，名僧慧远也引用这一比喻以证明神不灭观：

> 火之传于薪，犹神之传于形；火之传异薪，犹神之传异形。……惑者见形朽于一生，便以谓神情共丧，犹睹火穷于一木，谓终期都尽耳。（《沙门不敬王者论》）

慧远认为，蜡烛固然有燃尽之时，但这支蜡烛的火可以传递到另一支蜡烛上。同样的道理，肉体可以死亡，而灵魂可以从这一肉体传递到另一肉体，是不死的。慧远的解释与庄子相同。

人间世

人间世，本篇主要讨论如何生活在人世间。根据文义，全篇可以分为两大部分。第一部分从开始到"意有所至而爱有所亡，可不慎邪"，其他为第二部分。

在第一部分，庄子用三个故事说明臣子在波谲云诡、吉凶莫测的官场中如何为人处世，特别强调如何与君主相处。通过这一部分，不仅可以看出庄子对官场事务的异常关心和深思熟虑，而且还能看出他对治国平天下的期待和对忠孝的维护。庄子并非一位不关心政治的思想家。

在第二部分，庄子一连用了栎社树、支离疏等几个故事说明了"无用之用"的道理，认为"有用"就会带来意想不到的麻烦，而"无用"就会无忧，就能保全自己的生命。

前后两大部分从表面看来似乎关系松散，甚至相互间还存在一些矛盾，而实际上这两部分有着内在的联系。庄子虽然有救世匡主的大志，希望能够成为一位解民倒悬的治国大医，但他也清醒地看到官场险情四伏，稍不留心就会付出生命代价。对仕途的畏惧促使庄子走向了另一个极端——以无用求保身。本篇比较明确地揭示了庄子既想出仕成就一番功业又怕因此而丧生的矛盾心理。

一

颜回见仲尼①，请行。曰："奚之②？"曰："将之卫③。"曰："奚为焉④？"曰："回闻卫君，其年壮，其行独⑤，轻用其国而不见其过⑥；轻用民死，死者以国量乎⑦，泽若蕉⑧，民其无如矣⑨！回尝闻之夫子曰：'治国去之⑩，乱国就之⑪。医门多疾⑫。'愿以所闻思其则⑬，庶几其国有瘳乎⑭？"

【注释】

①颜回：鲁国人。孔子最为得意的弟子。仲尼：即孔子。名丘，字仲尼。

②奚之：到哪里去？奚，什么地方。之，到。

③卫：诸侯国名。在今河北南部与河南北部一带。

④奚为焉：为什么去那里？奚，为什么。焉，那里。

⑤行独：独断专行。

⑥轻用其国：轻易使用国力。过：过错。

⑦以国量：以国家为单位计量。极言卫国百姓就要死完了。

⑧泽若蕉：连湿润的大泽也成了一片焦土。极言卫国破坏严重。蕉，通"焦"。焦土。

⑨无如：走投无路。如，往。

⑩治国去之：离开安定的国家。治，安定太平。去，离开。之，代指"治国"。

⑪就：接近，来到。

⑫医门多疾：医家门前病人多。颜回把自己比作为国治病的大医。疾，病人。

⑬所闻：所学到的知识。则：原则。这里指挽救卫国的办法。

⑭庶几：副词，表示希望。瘳（chōu）：病愈。指把卫国治理好。

【译文】

颜回去见孔子，请求出远门。孔子问："你计划到哪里去啊？"颜回说："计划去卫国。"孔子问："去卫国干什么？"颜回说："我听说卫国君主很年轻，办事独断专行，轻率地使用国力，却看不到自己的错误；轻率地对待百姓的生命，死亡的百姓恐怕要以国为单位来计量了，那里连湿润的大泽也变成了一片焦土，百姓已经走投无路了。我曾经听过老师您的教诲：'国家安定太平了就可以离开，要去治理混乱的国家。医家门前病人多。'我希望用自己学到的知识想出治理卫国的办法，希望能够挽救卫国！"

【研读】

这个故事假借孔子与颜回的口，讲述的是庄子思想，因为孔子的处世原则刚好与此相反。《论语·泰伯》记载：

　　子曰："……危邦不入，乱邦不居；天下有道则见，无道则隐。"

孔子提醒人们，不要进入充满危险的国家，也不要居住在动乱不安的国家；天下太平安定就出来从政，天下混乱不堪就隐居起来。这与"治国去之，乱国就之"的主张刚好相反。

　　仲尼曰："嘻，若殆往而刑耳①！夫道不欲杂，杂则多，多则扰②，扰则忧，忧而不救。古之至人，先存诸己而后存诸人③。所存于己者未定④，何暇至于暴人之所行⑤！

【注释】

①若殆往而刑耳：你这次去卫国大概会遭受刑罚。若，你。殆，大概。刑，

刑罚。

②扰：紊乱，混乱。

③先存诸己而后存诸人：先要保护好自己，然后再去拯救别人。孔子认为颜
　回这次到卫国后，连自己的生命都无法保全，哪里还有能力去拯救卫国
　百姓！

④未定：未确定下来。

⑤至于：顾得上。暴人：暴君。指卫君。

【译文】

　　孔子说："唉，你这次去卫国大概会受到刑罚！我们要遵循的治国
原则不能太驳杂，太驳杂了就会多事，事多了就会发生混乱，发生混
乱就会引发忧患之事，忧患之事发生后就难以挽救。古代的那些圣人，
都是先保护好自己，然后再去想办法拯救别人，如果连自我保护的办
法都没有找到，哪里还有能力去纠正暴君的所作所为呢！

【研读】

　　本段所说的"先存诸己而后存诸人"，是孔子告诫颜回的第一条
注意事项。《孙子兵法·军形》说：

　　　昔之善战者，先为不可胜，以待敌之可胜。不可胜在己，可
　胜在敌。故善战者，能为不可胜，不能使敌之可胜。

　　孙子说："从前那些善于用兵打仗的将帅，要首先创造自己不会被
敌人战胜的条件，然后等待可以战胜敌人的时机。不会被敌人战胜的
条件取决于自己的创立，而能够战胜敌人则取决于对方有可乘之机。
因此善于用兵打仗的人，能够创造不被敌人战胜的条件，却做不到一

定能够战胜敌人。"孙子强调的也是"先存乎己"的问题。

这就好比去拯救溺水者，拯救者必须保证自己不会被淹死，在此前提下，再去拯救溺水者。如果拯救者自己不会游泳，也无船只、救生圈之类的保护设备，就慌慌张张下水去拯救溺水者，结果不仅救不了溺水者，还会白白搭上自己的性命。

"且若亦知夫德之所荡而知之所为出乎哉①？德荡乎名②，知出乎争。名也者，相轧也③；知也者，争之器也。二者凶器，非所以尽行也④。

【注释】

①若：你。荡：败坏。知：同"智"。智慧。

②德荡乎名：美好的天性因追求名声而被破坏。德，指美好天性。

③相轧：互相倾轧。

④尽行：使行为尽善尽美。

【译文】

"再说你知道人们天性变坏和智慧产生的原因吗？天性因为求名而变坏，智慧因为争斗而产生。名声，是用来相互倾轧的手段；智慧，是用来彼此争斗的工具。这两种东西都属于可能带来凶险的器具，不可能凭借它们而使自己的品行尽善尽美。

【研读】

本段是孔子告诫颜回的第二条事项，既不要追求名声，也不要依赖自己的世俗智慧。名声会为自己带来麻烦，世俗智慧更是不可依赖的。

"且德厚信矼^①，未达人气^②；名闻不争，未达人心。而强以仁义绳墨之言术暴人之前者^③，是以人恶有其美也^④，命之曰菑人^⑤。菑人者，人必反菑之。若殆为人菑夫^⑥！

【注释】

①信：诚实。矼（qiāng）：憨厚。

②未达人气：未被别人信任。达，理解，信任。人气，与下文"人心"同义。

③强：勉强，固执。绳墨：画直线的工具，引申为法度。术：通"述"。论述。暴人：暴君。

④恶（wù）有其美：讨厌你有这些美德。恶，讨厌。

⑤命之曰菑（zāi）人：把你的这些做法视为害人。命，叫作，视为。菑，同"灾"。伤害。

⑥若殆为人菑夫：你大概会被别人所伤害吧！殆，大概。为，被。

【译文】

"再说虽然你的品德纯厚诚实，但别人还没有信任你；虽然你不争名声，但别人并不相信你。如果你此时在暴君面前非常固执地去大讲仁义、法规之类的言论，别人就会讨厌你具有这些美德，认为你这样做是想伤害别人。伤害别人的人，别人一定会反过来伤害他。你大概会被别人所伤害吧！

【研读】

　　本段是孔子告诫颜回的第三条事项，不要在取得别人信任之前，就十分勉强地拿仁义、法度之类的内容去教育别人，这样做会引起误会，因为别人认为你这样做就是在贬低、攻击他们。

　　"且苟为悦贤而恶不肖①，恶用而求有以异②？若唯无诏③，王公必将乘人而斗其捷④，而目将荧之⑤，而色将平之⑥，口将营之⑦，容将形之⑧，心且成之⑨。是以火救火⑩，以水救水，名之曰益多，顺始无穷⑪。若殆以不信厚言⑫，必死于暴人之前矣！

【注释】

①且苟为悦贤而恶（wù）不肖：再说如果卫君真的是喜欢贤人、讨厌坏人的话。苟为，如果是。恶，讨厌。不肖，坏人。本句的主语是卫君。

②恶（wū）用而求有以异：哪里还用得上去重用你以求标新立异呢？恶，哪里，怎么。而，你。有以异，以此标新立异。意思是，如果卫君真爱贤人，卫国有的是贤人，根本用不着你。

③若唯无诏：你要么不开口讲话。诏，讲话。

④王公必将乘人而斗其捷：卫君就会乘你讲话的机会而凭着他的伶牙俐齿与你争辩。王公，指卫君。乘人，乘着你讲话的机会。斗，争论。捷，伶牙俐齿，巧言善辩。

⑤荧（yíng）之：被卫君的巧辩搞得迷惑起来。指颜回可能会听信卫君的自我辩解。荧，眩，迷惑。

⑥色将平之：表情会平和下来。指颜回将受到卫君巧辩的迷惑，慢慢消除对他的不满。色，面色，表情。平，平和。

⑦营：营救，自我辩护。

⑧容：表情。形：表现出来。

⑨心且成之：心里将与卫君和解。成，和解，妥协。

⑩以火救火：火上加油。比喻颜回听信卫君的辩解后，将会去帮助卫君继续犯错误。

⑪顺始无穷：一旦开始顺从卫君，就会无休止地顺从下去。

⑫不信厚言：未被信任而反复谏诤。厚，深刻，反复。言，谏诤。

【译文】

"再说如果卫君真的是喜欢贤人、厌恶坏人的话，哪里还用得上去重用你以求标新立异呢？你见卫君时要么不讲话，一旦讲话卫君就会乘你讲话的机会而凭着他的伶牙俐齿与你争辩。你的目光将会变得困惑，你的面色将会变得平和，你的嘴巴将会为自己辩护，你的容貌将会表现出你对卫君的顺从，你的内心将会与卫君和解。这种做法是用火救火，用水救水，可以说是错上加错。对卫君的顺从一旦开始，就会无休无止地顺从下去。你还有一种可能就是在未取得卫君信任时反复严厉谏诤，那么你一定会被杀死在暴君面前！

【研读】

本段是孔子对颜回的第四、第五条告诫。一是不要与卫君同流合污，二是不要在不被信任的情况下勉强进谏卫君。这实际上也是孔子为颜回设想的到卫国后的两种结局。

第一种结局是，在进谏卫君时，反而被卫君的自我辩解所说服，对卫君的暴行不仅谅解，甚至支持，这样就会变为卫君的帮凶。

　　第二种结局是，在还没有取得卫君信任的情况下，就对卫君进行非常严厉而深刻的批评，这样就会使卫君恼羞成怒，杀掉颜回以泄愤。古人在进谏君主时，非常注重进谏者与君主之间的关系。如果关系密切，可以讲一些深刻的话；反之，则不可固执己见，因为同样的话，由于关系不同，会产生不同的效果。《韩非子·说难》讲了这样两个故事：

　　　　宋有富人，天雨墙坏。其子曰："不筑，必将有盗。"其邻人之父亦云。暮而果大亡其财。其家甚智其子，而疑邻人之父。

　　　　昔者弥子瑕有宠于卫君。卫国之法：窃驾君车者罪刖。弥子瑕母病，人闻，有夜告弥子，弥子矫驾君车以出。君闻而贤之，曰："孝哉！为母之故，忘其犯刖罪。"异日，与君游于果园，食桃而甘，不尽，以其半啖君。君曰："爱我哉！忘其口味以啖寡人。"及弥子色衰爱弛，得罪于君，君曰："是固尝矫驾吾车，又尝啖我以余桃。"故弥子之行未变于初也，而以前之所以见贤而后获罪者，爱憎之变也。故有爱于主，则智当而加亲；有憎于主，则智不当见罪而加疏。故谏说谈论之士，不可不察爱憎之主而后说焉。

　　第一个故事：宋国一位富人的墙壁被大雨冲坏了，儿子与邻家老人都劝告富人应尽快把墙壁修补好，不然会招来盗贼。那天晚上，果然有贼光顾，损失了大量钱财。事后，富人夸奖儿子聪明，而怀疑盗窃者就是那位邻家老人。儿子与老人提出的劝告是一样的，只因亲疏不同，一个受到赞扬，一个受到怀疑。

　　第二个故事：弥子瑕是春秋时期卫国君主卫灵公的男宠。卫国法律规定，不经允许私自乘坐君主车辆的人要处以砍脚的刑罚。弥子瑕母亲生病了，有人就连夜来告诉弥子瑕，弥子瑕因为着急，就假借卫灵公的命令而擅自驾着君主的车辆出宫回家看望母亲。卫灵公听说后，认为弥子瑕很是贤良，说："真是孝顺啊！为了母亲的缘故，竟然忘记了砍脚的刑罚。"还有一天，弥子瑕和卫灵公在果园游玩，他吃一个桃子时觉得很甜，就顺手把吃剩下的半个桃子递给卫灵公吃。卫灵公为此感动万分，说："他真是爱我呀！竟然把自己爱吃的桃子送给我吃。"弥子瑕年老色衰后，因某事得罪了卫灵公，卫灵公新账老账一起算："这个人过去就曾假借我的命令擅自乘坐我的车，还曾拿他吃剩下的半个桃子给我吃，以此来羞辱我。"弥子瑕后来的行为与从前的行为并没有任何变化，然而从前被看作是贤良而后来却被视为罪过，这是因为君主对他的爱憎态度发生了变化。

顺便要讲的是，弥子瑕与卫君实际就是同性恋关系，两人分桃而食的典故被称为"分桃"（又称"余桃"）。到了汉代，也出了一个爱男宠的皇帝——汉哀帝。《汉书·佞幸传》记载：

> （董贤）常与上卧起。尝昼寝，偏藉上袖，上欲起，贤未觉，不欲动贤，乃断袖而起。其恩爱至此。贤亦性柔和便辟，善为媚以自固。

熟睡的董贤压住了哀帝的衣袖，为了不影响董贤，哀帝竟然小心翼翼地用刀把衣袖割断，然后才起床。一人得宠，鸡犬升天，董贤的父亲、妻父、妻弟等亲属都当了大官，董贤本人被封为高安侯，二十二岁那一年，拜为大司马卫将军，位居三公。哀帝仍然意犹未尽，竟然想效仿尧舜禅让，把帝位传给董贤，后因臣下反对，此事才未果。汉哀帝对董贤的爱，已经到了无以复加的程度。哀帝死后，在王莽的胁迫下，董贤自杀。

后人把以上两个故事概括为"分桃断袖"，作为男同性恋的代名词。

"且昔者桀杀关龙逢①，纣杀王子比干②，是皆修其身以下伛拊人之民③，以下拂其上者也④，故其君因其修以挤之⑤。是好名者也。昔者尧攻丛枝、胥敖⑥，禹攻有扈⑦，国为虚厉⑧，身为刑戮⑨。其用兵不止，其求实无已⑩。是皆求名实者也⑪，而独不闻之乎⑫？名实者，圣人之所不能胜也⑬，而况若乎⑭！虽然，若必有以也⑮，尝以语我来⑯。"

【注释】

①桀：夏朝的亡国暴君。关龙逢（páng）：夏桀的贤臣，因进谏被杀。

②纣：商朝的亡国暴君。王子比干：商纣的叔父，一说为商纣的兄弟，因直谏被杀。因比干是国王之子，故称"王子比干"。

③是皆修其身以下伛拊（yǔ fǔ）人之民：这两位贤人都很重视自身修养，而且以臣下的身份去爱护君主的百姓。是，代指关龙逢和王子比干。伛拊，爱护。人之民，别人的百姓。这里的"人"具体指君主。古人认为："溥天之下，莫非王土；率土之滨，莫非王臣。"（《诗经·小雅·北山》）关龙逢和王子比干爱护君主的百姓，有与君主争夺民心的嫌疑，所以下文说他们是"以下拂其上者也"。

④拂：冒犯，违背。

⑤修：美，美德。挤：排挤，打击。

⑥丛枝、胥敖：两个国名。

⑦有扈（hù）：国名。

⑧虚厉：废墟和厉鬼。虚，同"墟"。废墟。指国家变为废墟。厉，厉鬼。死后没人祭祀会变为厉鬼。

⑨身：自身。指上述三国君主。

⑩其：代指尧和禹两位圣君。实：实利。

⑪是：代指上文提到的贤臣关龙逢、王子比干与圣君尧、禹。

⑫而：你。独：难道。

⑬胜：战胜，抵制住。

⑭若：你。

⑮有以：有一些办法。指对付卫君的办法。

⑯尝：尝试，试着。来：句末语气词。

【译文】

"从前夏桀王杀害他的贤臣关龙逢，商纣王杀害他的贤臣王子比干，这两位贤臣都非常注意自身修养，而且还以臣下的身份去爱护君主的百姓，他们的这种做法就是以臣下的身份忤逆了他们的君主，所以他们的君主因为他们具有如此美德而排挤、杀害他们。这两位贤臣都是爱好名声的人。从前尧征伐丛枝、胥敖两国，禹征伐有扈国，这三个国家变成废墟，百姓死尽而变为厉鬼，君主本人也被杀害。然而尧、禹仍然用兵不止，不停地追求实利。关龙逢、比干、尧、禹这些贤臣、圣君都是追求名、利的人，你难道没有听说过这些事情吗？名声和实利，连这样的贤臣圣君都抵制不住它们的诱惑，而何况你呢！虽然这样说，你一定有一些应对卫君的方法，试着把这些方法讲给我听听。"

【研读】

本段是孔子对颜回的第六条告诫。到卫国后不要因追求名利而为自己带来灾难。

淡泊名利，是老生常谈。我们主要阐述本段中思不出位这一原则："子曰：'不在其位，不谋其政。'曾子曰：'君子思不出其位。'"(《论语·宪问》)古人认为，臣下各司其职，既不得缺位，也不得越位。

《韩非子·外储说右上》记载，孔子弟子子路在郈（今山东东平）做官时，鲁国发动民众开挖很长的渠道。当工程正在进行时，子路就拿出自己的粮食做成稀饭，供饥饿的民工食用。孔子听说此事后，就让弟子子贡前去倒掉了他的稀饭，打破了他的餐具，说："这些民工是鲁国君主的百姓，你凭什么要给他们做饭吃？"子路勃然大怒，卷起袖子扬起胳膊闯进孔子的室内，质问说："老师您是嫉妒我施行仁义了吧？我从老师这里学到的知识，就是仁义；所谓仁义，就是和天下百姓同甘共苦。如今我用自己的粮食去救助民工，为什么就不可以呢？"孔子听后，讲了这样一段话：

> 由之野也！吾以女知之，女徒未及也。女故如是之不知礼也！女之餐之，为爱之也。夫礼，天子爱天下，诸侯爱境内，大夫爱官职，士爱其家，过其所爱曰侵。今鲁君有民而子擅爱之，是子侵也，不亦诬乎！

孔子教训子路（子路姓仲名由，字子路）说："你太粗野而不懂礼制了，我还以为你已经懂得了其中的道理，原来你根本就不明白。你是如此不懂礼制啊！你给民工饭吃，是因为爱他们。然而按照礼制的规定，只有天子才有资格爱护整个天下之民，诸侯只能爱护自己的封地之民，大夫只能爱护自己职务范围内的人，士只能爱护自己的家人，超过自己所爱的范围就叫侵权。如今这些民工属于鲁君所有，而你却擅自去爱护他们，这是侵犯了鲁君的权力，你这样做不是在蒙骗君主吗？"孔子的话还没有说完，鲁国使者就来了，质问孔子："国家发动民众让他们服劳役，先生却派你的弟子去邀请民工吃饭，你是想要与君主争夺民心吗？"孔子百口莫辩，当即就驾车离开了鲁国，因为他担心"其君因其修以挤之"。

"不在其位，不谋其政"应该成为我们的座右铭。界限感分明，不要轻易对别人的作为指手画脚。否则，不仅是伤害别人，也是为难自己。

颜回曰："端而虚①，勉而一②，则可乎？"曰："恶③！恶可！夫以阳为充孔扬④，采色不定⑤，常人之所不违⑥，因案人之所感⑦，以求容与其心⑧，名之曰日渐之德不成⑨，而况大德乎！将执而不化⑩，外合而内不訾⑪，其庸讵可乎⑫！"

【注释】

①端：正直。虚：谦虚。

②勉而一：勤勉而专一。

③恶（wū）：表示否定的语气词。

④夫以阳为充孔扬：阳刚之气充满内心就会锋芒毕露。阳，阳刚之气。努力做事就是阳刚的表现。充，充满内心。孔，很。扬，张扬，锋芒毕露。

⑤采色：表情。不定：喜怒无常。

⑥不违：不许违背你的原则。

⑦案：压制。

⑧容与：舒畅。其心：指颜回的心情。

⑨日渐之德：每天逐渐培养的小美德。

⑩执而不化：固执己见而不能顺物而变。这个己见就是颜回说的"端而虚，勉而一"。

⑪外合：外表好像恰当。内不訾（zǐ）：内心没消除自己的成见。訾，消除。

⑫庸讵（jù）：怎么，如何。

【译文】

　　颜回说："我做事正直而谦虚，努力而专一，这样可以吗？"孔子说："不行！这怎么可以呢！内心充满阳刚之气就会显得锋芒毕露，表情也会喜怒无常，不许人们违背你的原则，因此你就会压制别人的情感与意见，以求得自己心情舒畅。这样做可以说是连每天稍有进步都做不到，更何况伟大的美德呢！你将固执己见而不能顺物变化，你的做法外表看似恰当，而内心并没有消除个人成见，这怎么可以呢！"

【研读】

　　正直、谦虚、努力、专一，这四条是颜回设想的与卫君相处的几个原则，然而遭到孔子的否定，因为颜回的这些原则实际就是个人成见的表现。孔子的意见是，不要事先就确立自己的原则，一切都要灵活处理，顺物而变。

　　"然则我内直而外曲①，成而上比②。内直者，与天为徒③。与天为徒者，知天子之与己，皆天之所子④，而独以己言蕲乎而人善之⑤，蕲乎而人不善之邪？若然者，人谓之童子，是之谓与天为徒。

外曲者，与人之为徒也。擎跽曲拳⑥，人臣之礼也，人皆为之，吾敢不为邪？为人之所为者，人亦无疵焉⑦。是之谓与人为徒。成而上比者，与古为徒。其言虽教谪之实也⑧，古之有也⑨，非吾有也。若然者，虽直而不病⑩，是之谓与古为徒。若是则可乎？"

仲尼曰："恶！恶可！大多政法而不谍⑪，虽固亦无罪⑫。虽然，止是耳矣⑬，夫胡可以及化⑭！犹师心者也⑮。"

【注释】

①内直而外曲：内心保持正直而外表曲从他人。类似"内方外圆"的原则。

②成而上比：引用成言并比附于古人。就是在进谏卫君时，只引用古代圣贤的话，并说明这是古人的看法，自己不直接表态，以此来远害全身。成，古人讲过的成言。上，古，古人。关于"成而上比"，详见"研读"。

③与天为徒：给大自然当弟子。即效法自然。天，大自然。徒，弟子。

④子：养育。

⑤蕲（qí）：希望。善之：赞美自己的言论。

⑥擎（qíng）：拿。指大臣上朝拿着手板。跽（jì）：长跪。即跪在地上，挺直上身。曲：弯腰鞠躬。拳：抱拳作揖。

⑦疵（cī）：批评，怪罪。

⑧教谪：教育批评。谪，指责，批评。

⑨古之有：古人讲的话。

⑩病：忧患。指受卫君伤害。

⑪大（tài）多政法：条条框框太多。指颜回用来对付卫君的办法太多太杂。大，通"太"。政法，法规，办法。不谍（xiè）：不通达，不灵活。谍，通"渫"。通达。

②虽固亦无罪：你虽然固执己见，但也不会获罪。固，指固守自己想出的这些
　方法。

③止是：只能达到这一地步。是，指不会获罪的地步。

④胡：怎么。及化：达到顺物而化的境界。

⑤师心：效法自己的成见。这个成见即"内直而外曲，成而上比"。

【译文】

　　颜回又说："那么我内心保持正直品德而外表顺从世人，引用古代圣贤的话去进谏。所谓内心保持正直品德，就是以大自然为师。以大自然为师的人，知道天子和我都是大自然所养育的，那么我又何必一定要求别人赞成我的言论呢？或者计较别人不赞成我的言论呢？像这样的人，别人就会认为他是一个天真的儿童，这就叫以大自然为师。所谓外表顺从世人，就是以世人为师。拿着手板，长跪在地，弯腰鞠躬，抱拳作揖，这是当臣子的礼节。别人都这样行礼，我怎敢不这样行礼？做别人做的事，别人也就不会怪罪我，这就叫以世人为师。所谓引用古代圣贤的话去进谏君主，就是以古代圣贤为师。我讲的话虽然有教育、批评卫君的内容，但这些话都是古代圣贤的话，不是我自己的话。这样一来，我引用的言论即使刚正不阿也不会受到卫君迫害，这就叫以古代圣贤为师。我这样做可以了吗？"

　　孔子说："不可以！这怎么可以呢！你制定的原则、方法太多而不够通达，不过你这样做即使固执己见也不会获罪的。虽说如此，你也只能做到这一地步而已，怎么能够达到顺物而化的境界呢！你还在固执于自己的成见啊。"

【研读】

庄子提出了内直外曲、成而上比两种对付卫君的方法，这些方法与正直、谦虚、努力、专一这些原则相比，的确圆滑得多了，也能够起到一定的保命全身作用。然而即便是圆滑的原则，本质上仍然是一种个人成见，因此遭到孔子的再次否定。孔子的两次否定，目的就是要清除颜回的成见，做到《逍遥游》中说的"至人无己"。

本段提出的各种处世方法，虽然一再被孔子否定，但这些处世方法还有许多值得我们借鉴，比如"成而上比"的批评方法，即使放在今天也依然具有实用价值。我们可以借用这一方法劝谏上级、朋友等，《了凡四训·积善之方》记载：

> 鄞人杨自惩，初为县吏，存心仁厚，守法公平。时县宰严肃，偶挞一囚，血流满前，而怒犹未息，杨跪而宽解之。宰曰："怎奈此人越法悖理，不由人不怒。"自惩叩首曰："'上失其道，民散久矣。如得其情，哀矜勿喜。'喜且不可，而况怒乎？"宰为之霁颜。

鄞县（今浙江宁波鄞州区）人杨自惩，最初在县衙当县吏，他心地善良仁厚，遵纪守法公平无私。当时的县令十分严厉，有一次鞭打一名囚犯，囚犯已经被打得满身是血，而县令的怒气依然难以消除，杨自惩就跪在县令面前为囚犯求情。县令说："这个囚犯如此触犯法律、违背天理，不能不让人生气。"杨自惩叩头说："（曾子说：）'执政者没有按照正确的原则治理国家，百姓很早就离心离德了。您如果查清楚了犯罪者的真实案情，要怜悯他们而不可为此沾沾自喜。'高兴尚且不可以，更何况发怒呢？"县令听后，表情马上缓和下来了。

曾子是孔子的得意弟子之一，还被后人尊为"宗圣"，可以厕身于圣贤之列。杨自惩引用曾子的话去劝告县令，既可以使县令无法为

自己辩解，同时也能够使县令较容易接受这一劝告，因为他接受的是
圣贤的教诲，而不是一介下吏的指责。

我们还可以借用圣贤的言论去反击别人的批评。王阳明曾经批评
朱熹中年之前的一些言论不符合儒家思想，而在明代，朱熹被视为圣
贤，因此王阳明遭到了士人的围攻，王阳明便采用圣贤朱熹自己的话
去反批评。他在《与安之》中说：

> 留都时偶因饶舌，遂致多口，攻之者环四面。……今但取朱
> 子所自言者表章之，不加一辞，虽有褊心，将无所施其怒矣。

信中说的"今但取朱子所自言者表章之"，是指王阳明把朱熹晚年
对自己早年观点的批评言论编为《朱子晚年定论》，用朱熹自我批评的
话做盾牌，去应对士人的批判之矛，其效果极佳，王阳明"不加一辞，
虽有褊心，将无所施其怒矣"。

颜回曰："吾无以进矣①，敢问其方？"仲尼曰："斋②，吾将语
若。有心而为之③，其易邪？易之者，皞天不宜④。"颜回曰："回之
家贫，唯不饮酒不茹荤者数月矣⑤，如此则可以为斋乎？"曰："是
祭祀之斋，非心斋也。"

【注释】

①吾无以进：我没有更好的办法了。无以，没有办法。进，进一步，更好的。

②斋：斋戒。孔子讲的"斋"又叫"心斋"，指内心消除了所有的个人成见，
  而非祭祀前的斋戒。

③有心而为之：带着个人成见去感化卫君。心，成心，成见。为之，做事。这
  里指纠正卫君错误。

④皞（hào）天不宜：上天也认为不正确。皞天，上天。宜，适宜，正确。

⑤茹荤：吃肉。茹，吃。荤，肉食。颜回把孔子讲的"斋"误解为祭祀前的斋
　　戒。古人在祭祀前要沐浴更衣、整洁身心，其中就包括不得吃肉饮酒、夫
　　妻同居等等。

【译文】

　　颜回说："我没有更好的办法了。请问该用什么办法呢？"孔子说：
"你要斋戒净心，我马上就告诉你具体内容。你怀着个人成见去纠正卫
君的错误，这事容易做到吗？如果你认为这事容易做到，那么就连上
天也会认为你的看法是不正确的。"颜回说："我们家很穷，我已经几
个月没有饮酒吃肉了，做到这些可以叫斋戒吗？"孔子说："你说的是
祭祀前的斋戒，不是我说的斋戒净心。"

　　回曰："敢问心斋？"仲尼曰："若一志①，无听之以耳而听之以
心②，无听之以心而听之以气③。听止于耳④，心止于符⑤，气也者，
虚而待物者也⑥。唯道集虚⑦，虚者，心斋也。"

【注释】

①若一志：你的精神要专一。若，你。志，思想，精神。

②听之以心：用心去领悟。听，用心听，领悟。

③气：天地万物形成之前的一种细微物质。古人认为，包括人在内的万物都是
　　由阴阳二气形成的，当一个人还处于"气"的状态时，则无思无虑、无私
　　无欲。因此，这里的"气"指一种毫无个人成见的虚净状态。

④听止于耳：应为"耳止于听"。耳朵只能听到声音。耳朵对声音没有理解

能力。

⑤符：符合，应对。

⑥虚而待物：以毫无成见的虚净心态去顺应万物。

⑦唯道集虚：大道就聚集在虚净的心境之中。如果心里充满个人成见，对大道
　就会产生抵触情绪。

【译文】

　　颜回说："请问什么叫斋戒净心？"孔子说："斋戒净心就是要排除成见、专一精神，对外界事物不仅要用耳朵去聆听，更要用心去领悟；不仅要用心去领悟，更要用毫无个人成见的、像'气'一样的空净心态去顺应万物。耳朵只能用来聆听声音，心只能用来领悟万物。所谓'气'一样的心态，就是以空净的心境去顺应万物。大道就聚集在空净的心境之中。空净的心境，就是我说的斋戒净心。"

　　颜回曰："回之未始得使①，实自回也②；得使之也，未始有回也③。可谓虚乎？"夫子曰："尽矣④！吾语若：若能入游其樊而无感其名⑤，入则鸣⑥，不入则止。无门无毒⑦，一宅而寓于不得已⑧，则几矣⑨。绝迹易，无行地难⑩。为人使易以伪，为天使难以伪⑪。闻以有翼飞者矣，未闻以无翼飞者也；闻以有知知者矣⑫，未闻以无知知者也。瞻彼阒者⑬，虚室生白⑭，吉祥止止⑮。夫且不止，是之谓'坐驰'⑯。夫徇耳目内通而外于心知⑰，鬼神将来舍⑱，而况人乎！是万物之化也⑲，禹、舜之所纽也⑳，伏戏、几蘧之所行终㉑，而况散焉者乎㉒！"

【注释】

①未始：不曾。得使：能够。指能够做到毫无成见的心斋。

②实自回也：确实感到我颜回自身处处存在。即没能做到"忘我""无己"，随时随地与外物处于对立状态。

③未始有回：不再感到有我颜回的存在。即做到了"忘我""无己"。

④尽：透彻，彻底。指颜回把心斋的含义理解得非常透彻。

⑤樊：樊篱，篱笆。这里指卫国国界。无感其名：不为名利所动。感，动。名，指名利。

⑥入则鸣：卫君能接受你就进谏。入，采纳意见。鸣，讲话，谏诤。

⑦无门无毒：没有哪种原则没有副作用。再次告诫颜回不要自立门户，怀抱成见。门，门户。这里指个人原则。

⑧一宅：完全处于。一，全部，完全。宅，居于，处于。

⑨几：基本上可以了。

⑩绝迹易，无行地难：消除自己的足迹容易，不在地上行走就很难做到。比喻人生在世，不做事不行，做事不留后遗症还可以办到。

⑪为人使易以伪，为天使难以伪：受别人驱使容易作假，受自己天性驱使就难以作假。意思是要求颜回通过修养，把"心斋"化为自己的天性，这样做起来就会自然而然。

⑫知：第一个"知"同"智"。智慧。庄子把人类智慧分为两种，一种是他所反对的世俗智慧，一种是他所提倡的道家智慧，所以《庄子》有时批评"智"，有时又赞美"智"。

⑬瞻：观察，看。阕（què）者：空净的心。阕，空虚，空净。

⑭虚室生白：虚净的心就能够形成一种纯净的精神境界。虚室，本指空房，比喻没有任何成见的心。白，纯净。

⑮止止：第一个"止"是来到义，第二个"止"是句尾语助词。

⑯坐驰：端坐在那里而四处奔驰。比喻不可能发生的事。

⑰夫徇耳目内通而外于心知：把视听引向内心而排除世俗智巧。徇，通"循"。顺着。外，排除。知，同"智"。这里指世俗智慧。庄子重视内心修养而反对追逐外物。

⑱舍：居住，归依。

⑲是万物之化也：这就是顺应了万物变化。

⑳纽：关键，主要原则。

㉑伏戏：即伏羲。传说中的圣君。几蘧（qú）：传说中的圣君。行终：终生行为准则。

㉒散焉者：普通人。散，疏散无用，指普通人。本句意思是，连古代圣君都要保持虚净心态，普通人更应该如此。

【译文】

颜回说："我没能做到内心虚净时，确实感到自我处处存在；做到了内心虚净，就不再感到自我存在了。这就叫空净心境吧？"孔子说："你理解得非常透彻！我告诉你：你到了卫国后一定不要为名利所动，卫君能接受你的意见你就谈谈自己的看法，不能接受你马上闭上嘴巴。没有任何一种原则而没有负面作用，因此一切言行都要出于不得已，那就基本可以了。把自己的足迹打扫干净容易，但要想不在地上行走就很困难。受别人的驱使容易作伪，受自己的天性驱使就难以作伪。我听说有了翅膀才能飞翔，不曾听说没有翅膀也能飞翔；听说有了智慧才能够了解万物，不曾听说没有智慧也可以了解万物。看看那空净的心境吧！有了空净的心境就会形成一种纯净的精神境界，吉祥的事情就会到来。如果做到这一点还不会有吉祥的事情到来，那就好像'端坐在那里而四处奔驰'一样是绝对不可能的。把视听引向内心修养而排除外界的世俗智巧，连鬼神都会前来归依，更何况人呢！有了这种虚净心态就能够顺应万物变化，这是禹、舜治国成功的关键，也是伏羲、几蘧终身奉行的原则，更何况普通的人呢！"

【研读】

　　颜回与孔子的对话主要讲如何与暴君相处，这段文字提出了许多值得我们借鉴的处世原则，如"先存诸己而后存诸人""内直而外曲，成而上比""入则鸣，不入则止"等等。本段最后要求人们"虚而待物"，做到"心斋"，即以虚净的主观心态来顺应多变的客观世界，这也就是《逍遥游》中所提倡的"至人无己"，因为只有"无己"，才能够做到顺应。

<h2 style="text-align:center">二</h2>

　　叶公子高将使于齐①，问于仲尼曰："王使诸梁也甚重②，齐之待使者，盖将甚敬而不急③。匹夫犹未可动④，而况诸侯乎！吾甚慄之⑤。子常语诸梁也曰：'凡事若小若大⑥，寡不道以欢成⑦。事若不成，则必有人道之患⑧；事若成，则必有阴阳之患⑨。若成若不成而后无患者，唯有德者能之。'吾食也执粗而不臧⑩，爨无欲清之人⑪。今吾朝受命而夕饮冰，我其内热与⑫！吾未至乎事之情⑬，而既有阴阳之患矣；事若不成，必有人道之患。是两也⑭，为人臣者不足以任之⑮。子其有以语我来⑯！"

【注释】

①叶（shè）公子高：楚国大夫。楚庄王后代，名诸梁，字子高。被封于叶（今河南叶县）。这一故事主要讲如何出使。

②甚重：任务很重。甚，很，非常。

③盖：句首语气词。理解为"大概"也可。不急：不急于办事。

④匹夫犹未可动：一个普通百姓的行为习惯尚且难以改变。匹夫，百姓。动，改变。

⑤慄（lì）之：为出使的事担心。慄，害怕，担心。

⑥若小若大：或小或大，不论大小。

⑦寡不道以欢成：很少有不遵循正确原则而取得令人高兴的成功。寡，少。不道，不合正道。

⑧人道之患：人事方面的灾难。指自己将会受到楚王的惩罚。

⑨阴阳之患：因喜怒无常而引起的阴阳不调的灾难。即生病。

⑩吾食也执粗而不臧：我吃饭只求粗茶淡饭而不求精美食物。比喻这次出使只求完成任务而不求建立大功。执，拿，用。臧，善，精美。

⑪爨（cuàn）无欲清之人：既然当了烧火做饭之人就不奢望当一个贪图凉爽的人。比喻既然当了使者就不求当一个贪图安逸的人。爨，烧火做饭。清，凉爽。

⑫内热：心急火燎。叶公子高接受使命后，因焦虑担忧而感到心急火燎。与：同"欤"。句末语气词。

⑬事之情：出使的实际行动。情，实际，真实内容。

⑭是两：这两种灾难性的后果。即上文讲的"人道之患"和"阴阳之患"。

⑮任之：承受得了。

⑯其：表推测的语气词，相当于"大概"。有以：有办法。来：句末语气词。

【译文】

叶公子高将要出使齐国，向孔子请教说："楚王这次派我出使齐国的任务很重，而齐国接待外国使者，总是态度很恭敬而办事不着急。一个普通人的习惯尚且不易改变，更何况是诸侯呢！我非常担心这次出使的事情。您曾经对我说过：'所有的事情无论大小，很少不遵循正确原则而有令人欢喜的成功。事情如果不成功，一定会受到人事方面的惩罚；事情如果成功了，也一定会因自己喜怒无常、阴阳不调而生病。无论成功与失败都不会留下后患，只有道德高尚的人才能做到这一点。'我这次出使只求完成任务而不求建立大功，既然当了使者我也不奢望贪图安逸。可如今我早上接受出使命令而晚上就要喝冰水，我大概因为心急火燎而得了内热病吧！我还没开始处理出使的实际工作就已经患上了因忧喜无常、阴阳不调所导致的疾病；出使如果不成功，我肯定会被楚王治罪。成功和不成功所带来的这两种灾难，我这个当臣下的都难以承受。您大概会有一些好办法告诉我吧！"

仲尼曰："天下有大戒二①：其一，命也②；其一，义也。子之爱亲③，命也，不可解于心；臣之事君，义也，无适而非君也④，无所逃于天地之间。是之谓大戒。是以夫事其亲者，不择地而安之⑤，孝之至也；夫事其君者，不择事而安之，忠之盛也；自事其心者⑥，哀乐不易施乎前⑦，知其不可奈何而安之若命⑧，德之至也。为人臣、子者，固有所不得已，行事之情而忘其身⑨，何暇至于悦生而恶死！夫子其行可矣！

【注释】

①大戒：大原则。戒，原则。

②命：天命，自然赋予。

③亲：父母。

④无适而非君也：无论走到哪里都有君主。适，往，到。

⑤不择地：不选择地方，即无论任何地方。安之：安心侍奉父母。

⑥自事其心者：自我调节心态的人。

⑦哀乐不易施（yí）乎前：不让悲哀和欢乐的事情影响自己的平和心境。易施，
　移动，改变。前，指目前的平和心态。

⑧安之：使心情安适。

⑨行事之情：按照实际情况办事。情，实际情况。

【译文】

　　孔子说："天下有两大原则：一个是自然赋予，一个是人为道义。子女孝敬父母，这是大自然赋予的情感，这种情感无法从内心消除；臣下侍奉君主，这是人们制定的道义，无论到任何地方都有君主，只要生活在天地之间就无法逃避。这两种情况就叫大的原则。因此那些侍奉父母的人，无论在任何地方都要安心孝敬父母，这就是最高的孝；那些事奉君主的人，无论做任何事情都要安心忠于君主，这是最高的忠；自我调养心性的人，不让悲哀和欢乐的事情影响自己目前的平和心态，他们知道有许多事情是自己无可奈何的，因此就视为命运所定而保持内心的平静，这是最高的精神境界。做臣下和子女的人，确实会有一些不得已的事情要做，那就按照实际情况去办事而忘掉自我，哪里还顾得上贪生怕死呢！先生只管出使去吧！

【研读】

在本段中，孔子提醒叶公子高出使时，要忠于君主，实事求是做事，更为重要的是，要把自己遇到的难事视为天命所定，以此来调整好自己的心态。这与《养生主》篇右师把自己的遭遇视为"天也，非人也"的目的是一样的。

另外，通过本段，我们也可以看出庄子对忠孝的维护。这段话是庄子假借孔子之口讲的，实际是庄子观点。庄子认为，儿女对父母的孝敬之心，是天命，是大自然所赋予的天性，是一种自然而然的情感；臣民忠于君主，是一种人为的原则，是迫不得已的行为，因为"普天之下，莫非王土"（《诗经·小雅·北山》），一个人无论生活在什么地方，都不得不侍奉君主。孝出于自然，忠出自人为，二者的高下轻重一目了然。

正是因为孝出于自然，发自天性，所以不少人在忠孝二者出现矛盾的时候，毫不犹豫地选择了孝。《三国志·魏书·邴原传》注引《原别传》记载：

> 太子燕会，众宾百数十人，太子建议曰："君、父各有笃疾，有药一丸，可救一人，当救君邪？父邪？"众人纷纭，或父或君。时原在坐，不与此论。太子咨之于原，原悖然对曰："父也。"太子亦不复难之。

文中的"太子"即曹操之子曹丕，即后来的魏文帝；"原"指儒学修养极为深厚的魏国大臣邴原。有一次，曹丕宴请上百位客人，在宴会上，曹丕向大家提出一个难题："当君主和父亲都患上重病时，而自己只有一丸药，只能救活一人，那么是应该去救治君主呢？还是应该去救治父亲呢？"曹丕的这个问题与今天的"妈妈和媳妇掉进水里先救谁"的问题一样，使人陷入两难。客人们议论纷纷，有的主张救父，有的主张救君，而邴原面对这个坑人的难题一言不发。曹丕就主动去询问邴原的意见，邴原非常气愤地大声回答："当然是要救父亲。"邴原的回答不仅诚实，也符合多数儒家人士的意见，因此他回答起来显得理直气壮，而曹丕也无以责难他。

最后要说明的是，人们常说"忠孝"，而不说"孝忠"，从字序排列来看，似乎"忠"比"孝"更为重要。关于这一点，我们试举《世说新语·排调》中的一个故事：

> 诸葛令、王丞相共争姓族先后。王曰："何不言'葛、王'，而云'王、葛'？"令曰："譬言'驴马'，不言'马驴'，驴宁胜马邪？"

东晋时期，尚书令诸葛恢和丞相王导争论姓氏的先后问题，即两人的姓氏孰贵孰贱。王导说："为什么人们都不说'葛、王'，而说'王、葛'呢？"言下之意，可见"王"为先为贵，"葛"为后为贱。诸葛恢回答说："这就好比人们常说'驴马'而不说'马驴'那样，'驴'虽在'马'前，难道驴就能贵于马吗！"诸葛恢认为人们常说"王、葛"，只是因为这种叫法顺口而已，并不能以此证明"王"比"葛"更高贵，并用人们常说"驴马"作为证据，以说明排在前面的名称未必就更重要。"忠孝"的字序排列也是如此，可能是因为这样排序说起来更为顺口，也可能是由于统治者的有意提倡，但这种字序排列并不能证明"忠"在民众心里的分量就重于"孝"。应该说，包括孔子在内的大部分古人都认为孝重于忠。

"丘请复以所闻：凡交近则必相靡以信①，远则必忠之以言②。

言必或传之③，夫传两喜两怒之言④，天下之难者也。夫两喜必多溢美之言⑤，两怒必多溢恶之言。凡溢之类妄⑥，妄则其信之也莫⑦，莫则传言者殃。故《法言》曰⑧：'传其常情，无传其溢言，则几乎全。'

【注释】

①交近：与邻近的国家交往。相靡（mó）以信：用诚信来保持彼此之间的亲近关系。靡，通"摩"。爱抚，亲近。信，诚信。

②忠之以言：用语言表达相互间的忠诚。

③或：有人。这里指使者。

④两喜两怒：双方君主对对方都很喜欢或者都很愤怒。

⑤溢美：过分赞美。溢，过分。

⑥类妄：类似谎言。妄，谎言。

⑦莫：通"漠"。淡薄。

⑧《法言》：书名。一说是格言的意思。

【译文】

　　"请让我孔丘再谈谈我听到的一些出使方法：大凡与邻近的国家交往，一定要用诚信来维护彼此之间的亲密关系；与远方的国家交往，则一定要用语言来表达彼此之间的忠诚。这些语言一定要有使者来传递，传递两国君主对对方或喜或怒的言辞，是天下最为困难的事情。两国君主相互喜欢时，一定会讲很多过分赞美对方的话；两国君主彼此怨恨时，一定会讲很多过分憎恨对方的话。大凡过分的话都类似于谎言，传递这种类似谎言的话，君主就不会太相信，君主一旦不相信，

那么传话的使者就要遭殃了。因此《法言》说：'要传递君主真实的情绪，不要传递君主过分的言辞，那就基本上可以保全自我了。'

【研读】

使者最重要的任务之一就是传递两国君主的言辞，因此孔子提醒叶公子高，在传递君主的意思时，一定要把握好君主的真实意愿，不要传递君主因一时情绪波动而讲的过激言辞。这不仅是国家使者所应注意的问题，也是我们普通人要特别小心的事情。《吕氏春秋》专列一篇《察传》来讨论这一问题：

> 数传而白为黑，黑为白。故狗似玃，玃似母猴，母猴似人，人之与狗则远矣。此愚者之所以大过也。闻而审，则为福矣；闻而不审，不若无闻矣。

《吕氏春秋》认为，事情经过几道传递，白的会被说成黑的，黑的会被说成白的。狗像玃（猴子的一种），玃像母猴，母猴像人，人与狗相差悬殊，但几经传言，狗就被说成是人了。这是愚人轻信传言的大错误。听到传言，仔细审察，这对个人有好处；听到传言而不加审查，不如不听。《察传》还举例说，宋国有一丁氏人家，家里没有水井，要到外面挑水，这样就经常占用一个人工。后来在家里挖了一口水井，丁氏就告诉别人说："我挖井得到一个人。"于是"丁氏挖井得一人"的消息就传开了，宋君听到后，就派人询问丁氏，丁氏回答说："是说我可以多得一个人工使唤，不是说我在井中挖出了一个人。"由此可见，传言失真，是自古以来就存在的一个社会弊病，对此不能不谨慎。

"且以巧斗力者①，始乎阳②，常卒乎阴③，泰至则多奇巧④；以礼饮酒者，始乎治⑤，常卒乎乱，泰至则多奇乐。凡事亦然⑥，始乎谅⑦，常卒乎鄙；其作始也简⑧，其将毕也必巨⑨。

【注释】

①以巧斗力：使用智巧角力争胜。

②始乎阳：开始时光明正大地争斗。阳，光明正大。

③卒乎阴：最终却使用阴谋诡计。卒，最后。阴，阴谋诡计。

④泰至：太甚，达到极点。泰，通"太"。奇巧：异乎寻常的阴谋诡计。

⑤治：井然有序，彬彬有礼。

⑥凡事亦然：所有的事情都是这样。然，这样。

⑦谅：诚实。

⑧其作始也简：事情开始时还单纯细微。作始，刚发生。简，简单。

⑨巨：严重复杂。

【译文】

　　"那些使用智巧角力斗胜的人，开始时还是光明正大地争斗，往往到了后来就暗中使用计谋，达到极点时就大耍阴谋诡计；按照礼节饮酒的人，开始时秩序井然，往往到了最后就变得混乱不堪，达到极点时就会采用荒诞放纵的方式以取乐。所有的事情都是如此，开始时都还算诚实，到了后来就彼此经常欺诈；开始时还算单纯简单，快结束时就变得严重复杂了。

【研读】

　　《诗经·大雅·荡》说："靡不有初，鲜克有终。"人们开始时都能够坚持正道，劲头十足，但坚持到底的却少之又少。《道德经》六十四章也说："民之从事，常于几成而败之。慎终如始，则无败事。"人们做事，往往在快要成功的时候失败了。如果结束时依然像开始时那样谨慎小心，严肃认真，就不会把事情办坏。因此人们常说：行百里者半九十。为什么这样说呢？因为胜利在望，人们往往会麻痹大意，更为重要的是，在即将走到终点时，也是最为困乏、最易松懈的时候，此时是否能够再坚持一下，就成为能否成功的关键。《晋书·朱伺列传》记载：

（杨）珉又问："将军前后击贼，何以每得胜邪？"（朱）伺曰："两敌共对，惟当忍之。彼不能忍，我能忍，是以胜耳。"

晋代将军朱伺之所以能够每战必胜，就在于他能够在极为困难的情况下，再坚持一下子。

在《庄子》的这段文字中，孔子提醒叶公子高出使时要慎终若始，特别是在与齐国斗智斗勇时，越到后来，越要小心谨慎，千万不可麻痹大意，以免功亏一篑。

"言者，风波也；行者，实丧也①。夫风波易以动，实丧易以危。故忿设无由②，巧言偏辞③。兽死不择音④，气息茀然⑤，于是并生心厉⑥。克核大至⑦，则必有不肖之心应之而不知其然也⑧。苟为不知其然也，孰知其所终⑨！故《法言》曰：'无迁令⑩，无劝成⑪。过度益也⑫。'迁令劝成殆事⑬，美成在久⑭，恶成不及改，可不慎与！且夫乘物以游心⑮，托不得已以养中⑯，至矣！何作为报也⑰？莫若为致命⑱，此其难者？"

【注释】

①实丧：就会有实际失误。一旦做事，总有顾及不到之处，故而会有损失。

②忿设无由：忿怒的发生没有别的理由。设，发生。无由，没别的理由。

③偏辞：片面言辞，偏激的话。

④死：指快要被逼死。不择音：狂吼乱叫。

⑤气息茀（bó）然：呼吸急促。茀然，急促的样子。

⑥心厉：心里产生害人之意。

⑦克核：逼迫，催促。大（tài）：同"太"。

⑧不肖之心：坏念头，害人之心。应之：应对你。

⑨所终：结局。

⑩无迁令：不要擅自改变君主的使命。迁，改变。

⑪无劝成：不要勉强催促对方达成协议。劝，努力，催促。

⑫益：同"溢"。水多而流了出来，比喻办事过分了不好。

⑬殆事：把事情办坏。殆，危险，陷入困境。

⑭美成在久：事情的成功需要花较长时间。

⑮乘物以游心：顺应客观环境的变化而使精神自由自在。乘，顺应。游，逍遥
　　自由。

⑯养中：养护心情。中，心。

⑰何作为报：如何做事情以报答君主呢？

⑱致命：如实转达两国君主的意见。

【译文】

　　"语言，就像风吹水波；行动，就会出现实际失误。语言像风吹水
波就容易变化无常，行动出现失误就容易陷入困境。因此有时愤怒的

产生没有别的什么原因，完全是由于一些机巧的言辞和偏激的话语引起的。野兽快被逼死时就会狂吼乱叫，呼吸急促，此时就会产生伤人之心。被逼迫得太紧，就一定会产生伤人的念头而又说不清它产生的原因。如果不知道它产生的原因，又怎能知道它的结局！因此《法言》说：'不要擅自改变君主的使命，不要催逼对方尽快达成协议，做事一旦过分就不好了。'擅自改变君主使命、催逼对方达成协议，都会把事情办坏。想取得美好成功要花一个较长的时间，糟糕的结果一旦出现就来不及改正，怎能不小心谨慎呢！顺应客观情况变化而使精神自由自在，托身于不得已来养护平和心态，这是最好的办法。如何做事以报答君主呢？最好的做法就是如实地传达两国君主的意见，这难道很难吗？"

【研读】

　　孔子提醒叶公子高在出使时，语言、行为都要谨慎小心，不要偏激，还要有耐心，不可过分逼迫、苛求对方，对待君主的使命千万不要随意更改，必须如实传达君主意见等等。孔子在阐述使臣如何完成使命的同时，再次强调一定要想方设法维护好平和的心态，以免伤害自己的健康。

三

　　颜阖将傅卫灵公大子①，而问于蘧伯玉曰②："有人于此，其德天杀③。与之为无方则危吾国④，与之为有方则危吾身。其知适足以知人之过⑤，而不知其所以过⑥。若然者，吾奈之何⑦？"

【注释】

①颜阖（hé）：鲁国贤人。傅：当师傅。卫灵公：春秋时卫国君主。大（tài）子：太子。卫灵公的太子叫蒯聩。大，同"太"。这一故事主要阐述如何辅佐残暴的太子。

②蘧（qú）伯玉：卫国大夫。

③天杀：天生残酷好杀。

④无方：无道。即坏事。

⑤知：第一个"知"同"智"。智慧。过：过错。

⑥所以过：犯错的原因。所以，……的原因。古人认为，有些错误是可以原谅的，比如出于好心而办错的事情。详见"研读"。

⑦奈之何：对他怎么办？

【译文】

　　颜阖将要出任卫灵公太子的老师，于是就去向蘧伯玉请教说："如果有这样一个人，他天生残酷好杀，与他一起干坏事就会危害我们的国家，与他一起做好事就会威胁到我自己的生命安全。他的智慧刚好能够知道别人犯了错误，而不知道别人为什么会犯这样的错误。像这样的人，我该如何与他相处呢？"

【研读】

　　以德国的康德和英国的李德为代表，认为作为理性存在的人应该按照善良的意志和绝对命令去做事，而不必去考虑做事的结果，动机的好坏是评价善恶的唯一标准。这一观点也就是中国古人说的"论心不论事"。

早在先秦时期，儒家就主张以"存心"为标准去量刑，《盐铁论·刑德》对此总结说："故《春秋》之治狱，论心定罪。志善而违于法者免，志恶而合于法者诛。"先秦官府审案，以动机好坏为标准。然而动机很好的人，往往也可能做出不好的事情。《左传·昭公十九年》记载：

> 夏，许悼公疟。五月戊辰。饮大子止之药卒。大子奔晋，书曰："弑其君。"君子曰："尽心力以事君，舍药物可也。"

鲁昭公十九年（前523年）夏天，许国君主许悼公患上了疟疾，五月初五，他喝下太子许止的药而去世，太子许止因害怕就逃到了晋国。虽然史书上说"太子害死了他的君主"，但君子们评论说："太子止已经尽心尽力地侍奉君主了，如果没有献药这件事情就更好了。"《后汉书·霍谞列传》讲得更为明白："谞闻《春秋》之意，原情定过，赦事诛意，故许止虽弑君而不罪。"因为许悼公死于太子许止的献药，所以说"许止弑君"；但许止献药是为了给父亲治病，主观动机是好的，无意害父，所以说人们"不罪"。也就是说，太子许止侍奉君父虽然有欠缺之处，但他并非杀父篡权的坏人。我们基本赞同"论心不论事"这一原则，但人心难知，要想"论心"，有时候又必须从"论事"入手，因此我们也并不完全否认"论事不论心"的合理之处。据《椒生随笔》卷六说，阴曹地府的大门上有这样一副对联：

> 百善孝为先，论心不论事，论事世间无孝子。
>
> 万恶淫为首，论事不论心，论心天下少完人。

评价一个人是否孝敬，要"论心不论事"，如果要求子女对父母的奉养处处周全，天下就没有孝子了；评价一个人是否淫荡，则要"论事不论心"，如果见了美女连一点爱意都不许产生，那么天下就没有贞操完美的人了。从这副对联不难看出古人的宽容与可爱。

除了"论心""论事"之外，孔子甚至认为可以通过一个人的错误，来探知他是否有仁德。《论语·里仁》记载：

> 子曰："人之过也，各于其党。观过，斯知仁矣。"

孔子说："每个人的错误，各归其类。观察一个人所犯的错误，就知道他是否有仁德了。"人人都会犯错误，但每个人所犯错误的动机有很大不同。按照古代礼制，父母八十岁时，可以有一个儿子不再从政，专心在家服侍老人。《南史·张裕列传》记载，张岱在母亲八十岁那一年，便以此为理由辞官而去。有关人员举报说张岱的母亲还没满八十岁，因此张岱此时辞官有违制之嫌，便弹劾了他，而宋孝武帝说："观过可以知仁，不须案（核实、审问）也。"按照制度，张岱是犯了错误，但他之所以犯这样的错误，完全是为了孝敬母亲。那么通过这样的错误，我们就可以知道他是一位孝敬父母、具有仁德的人。

简言之，有些犯错的人品德优秀，动机善良，然而卫灵公的太子只知道别人犯了错误，于是就给予严厉惩罚，不知道许多错误是可以原谅的。

　蘧伯玉曰："善哉问乎！戒之，慎之，正女身也哉①！形莫若就②，心莫若和③。虽然，之二者有患。就不欲入④，和不欲出⑤。形就而入，且为颠为灭⑥，为崩为蹶⑦；心和而出，且为声为名，为妖为孽⑧。彼且为婴儿⑨，亦与之为婴儿；彼且为无町畦⑩，亦与之为无町畦；彼且为无崖⑪，亦与之为无崖。达之入于无疵⑫。

【注释】

①正女（rǔ）身：端正你自己的品行。女，通"汝"。你。

②形莫若就：外表最好与他亲近。形，外表言行。就，亲近。

③和：坚持正确原则，不附和别人。《论语·子路》："君子和而不同，小人同而不和。"无原则地附和别人叫"同"，赞成别人的正确意见、批评别人的错误叫"和"。

④就不欲入：外表与他亲近但不要同流合污。不欲，不要。入，陷进去，同流合污。

⑤出：表现出来，说出来。

⑥为颠为灭：会导致失败毁灭。颠，倒下，垮台。

⑦蹶（jué）：跌倒，失败。

⑧为妖为孽：带来凶险。如果公开批评太子，会遭到太子迫害。

⑨婴儿：比喻无知。

⑩无町畦（tǐng qí）：无约束。"町"指田界，"畦"指田园中划分的小区域。这里都引申为限制、约束。

⑪无崖：不受约束。崖，山边或岸边，引申为界限。

⑫达之人于无疵：不知不觉把他引导到正确的道路上来。达，引导。之，指太子。疵，瑕疵，错误。这句话的意思是，通过以上方法，消除对方的戒心，取得对方信任，然后在不知不觉之中把他引向正路。例见"研读"。

【译文】

蘧伯玉回答说："这个问题问得好啊！一定要警惕，一定要小心，你首先要端正自身的品行！你外表最好要对他亲近顺从，内心最好要坚持正确原则。即使如此，这两种做法仍会为你带来灾祸。外表与他亲近但千万不可同流合污，内心有正确原则但不要表现出来。外表与他亲近而且与他同流合污，就会导致毁灭，导致失败；内心有正确原则而且把它表达出来，你就会获取好名声，从而招来太子的迫害。他如果表现得像个懵懂无知的儿童，那么你也与他一样表现得像个懵懂无知的儿童；他如果为所欲为，那么你也与他一样为所欲为；他的行为如果不受约束，那么你也与他一样不受约束。等他完全信任你之后再不知不觉地把他引导到正路上来。

【研读】

　　这是蘧伯玉为颜阖出的第一个主意：用表面亲近顺从的方法取得对方信任，然后再寻找时机把对方慢慢引向正途。庄子两千多年前提出的这一教育方法，今天依然行之有效。我们仅举一例。

　　有个少年，完全陷入电游之中，成了"网虫"，无论父母、老师如何劝导也毫无作用。于是父母就为孩子请了一位三十来岁的家教老师，给家教老师的任务不是辅导文化课，而是要求老师想方设法把孩子引导出电游。这位家教老师与孩子接触后，并没有劝阻孩子玩电游，而是与孩子一起玩，结果这位老师玩电游的技巧远在孩子之上，孩子被老师玩得心服口服，佩服得五体投地，老师不仅成了孩子的知心朋友，最后还成了孩子心目中的偶像。在家教老师与孩子打成一片之后，老师才慢慢引导孩子疏离电游。由于是自己朋友与偶像的意见，孩子便很信服，后来真的逐步脱离电游、回归读书的正途。

　　"汝不知夫螳螂乎？怒其臂以当车辙①，不知其不胜任也，是其才之美者也②。戒之，慎之，积伐而美者以犯之③，几矣④！

【注释】

①怒：奋力举起。车辙：车轮碾过的痕迹。这里指螳螂站在路上阻挡车轮。

②是：自以为是，自以为力大无比。

③积伐而美：不停地炫耀你自己的美德。积，经常，不停地。伐，夸耀。而，你。

④几：危险。

【译文】

"你不知道螳螂这种虫子吗？它们奋力举起臂膀站在路上去阻挡滚动的车轮，并不知道自己的力量根本无法胜任，还自以为力大无比。警惕呀，小心呀！不停地夸耀你自己的美德而去冒犯他，那就很危险了！

【研读】

这是蘧伯玉为颜阖出的第二个主意：千万不可强行阻止太子的不法行为。包括庄子在内的先秦人普遍认为螳螂是一种勇敢的虫子，据说春秋时齐庄公就以挡车的螳螂为榜样去招揽天下勇士。《韩诗外传》卷八记载：

> 齐庄公出猎，有螳螂举足将搏其轮，问其御曰："此何虫也？"御曰："此是螳螂也。其为虫，知进而不知退，不量力而轻就敌。"庄公曰："此为人，必为天下勇士矣。"于是回车避之，而勇士归之。

齐国君主齐庄公出门打猎，看到一只螳螂举起双臂，准备和他的马车轮子一决高下。庄公就问他的车夫："这是什么虫子啊？"车夫说："这种虫子叫螳螂。螳螂作为虫子，只知道进攻而不知道后退，不自量力就敢轻率地和敌方搏斗。"庄公称赞说:"这虫子如果是人的话,一定是天下最勇敢的斗士啊。"于是就让车子绕道避开了它,勇士们听到此事后都前来投奔庄公。

齐庄公对螳螂的行为充满敬意,而庄子则明显对螳螂的行为持贬低态度。成语"螳臂当车"就出自庄子的这段文字。

"汝不知夫养虎者乎?不敢以生物与之,为其杀之之怒也;不敢以全物与之,为其决之之怒也^①。时其饥饱^②,达其怒心^③。虎之与人异类,而媚养己者^④,顺也;故其杀者,逆也。

【注释】

①决:撕开,撕碎。

②时:看准时机。

③达:明白,了解。

④媚:喜欢。

【译文】

"你难道不知道那些饲养老虎的人吗?他们不敢把活着的动物拿给老虎吃,担心老虎在扑杀这些动物时会发怒;他们也不敢把身体完整的动物送给老虎吃,担心老虎在撕裂这些动物时会发怒。养虎人知道老虎饥饱的时间,明白老虎发怒的原因。老虎与人虽然是异类,却喜欢饲养自己的人,就是因为养虎人顺从了它们;老虎之所以伤害人,那是因为人们触犯了它们。

【研读】

蘧伯玉再次提醒颜阖要牢记自己与太子的势力悬殊，不仅不可采用强硬手段对付太子，而且还要细心揣摩太子心理，投其所好，目的是在取得对方信任之后引导对方改正错误。中国古代有句俗语："伴君如伴虎。"这一比喻最早就出自本段。

"夫爱马者，以筐盛矢①，以蜄盛溺②，适有蚊虻仆缘③，而拊之不时④，则缺衔、毁首、碎胸⑤。意有所至而爱有所亡⑥，可不慎邪！"

【注释】

①矢：粪便，屎。

②以蜄（shèn）盛溺（niào）：用蛤壳接马尿。蜄，大蛤。这里指蛤壳。溺，尿。爱马人担心马的粪便弄脏马棚，所以"以筐盛矢，以蜄盛溺"。

③虻（méng）：一种体型较粗壮、喜欢吸食动物血液的昆虫。适：偶然。仆缘：攀爬。指蚊虻趴在马身上吸血。

④拊之不时：拍打蚊虻的时机不对。拊，拍击。

⑤则缺衔、毁首、碎胸：马就会因受惊而挣断勒口，撞伤养马人的头和胸。缺，挣断。衔，勒口。

⑥意有所至而爱有所亡：爱马的心意无微不至，但爱马的行为却为自己带来了损失。至，周到。亡，损失。

【译文】

"爱马的人，用筐子接马粪，用蛤壳接马尿。偶尔有蚊虻趴在马身上叮咬，爱马人如果在不适当的时候一掌拍去，马就会因受惊跳起而挣断勒口，撞伤养马人的脑袋和胸膛。爱马的心意无微不至，而爱马的行为却招来意外损失，能不谨慎小心吗！"

【研读】

蘧伯玉提醒颜阖，即使是爱护太子的一些言行，也要讲究时机，千万不要搞"突然袭击"，以免造成误会，反而招来太子的惩罚。汉代邹阳在《上梁王书》中说：

> 明月之珠，夜光之璧，以暗投人于道，众莫不按剑相眄者。何则？无因而至前也。(《汉书·贾邹枚路传》)

如果把明月珠、夜光璧这些极为贵重的珍宝在暗中扔给路上的行人，这些行人肯定会紧张得抽出利剑，怒目而视。为什么呢？因为这些珍宝是无缘无故地突然被扔到面前，而行人毫无思想准备。

从本篇开始至此的三个故事为第一大层次，主要论述如何与暴君相处、如何出使、如何教导劣性太子。从以上论述中，我们不难看出，官场里危机四伏，处处充满了陷阱，稍不留神就会身败名裂，还不如当一个没有太大用处的普通百姓，于是就自然而然转入下一个层次：如何当一个无用之用的人，以保证自身的安全。

四

匠石之齐①，至于曲辕②，见栎社树③。其大蔽数千牛，絜之百围④，其高临山十仞而后有枝⑤，其可以为舟者旁十数⑥。观者如市⑦，匠伯不顾⑧，遂行不辍⑨。

【注释】

①匠石：一位名字叫石的木匠。之：去，到。

②曲辕：地名。

③栎（lì）社树：象征土神的栎树。栎，树名。社，土神。古人封土为台以祭祀土神，并在社坛上种植树木，作为土神的标志。

④絜（xié）之百围：量一量这棵树，直径有上百尺那么粗。絜，用绳子计量物体的粗细。围，直径一尺为一围。

⑤其高临山十仞而后有枝：它的树干在高出山顶数丈处才长有树枝。临，居高临下。引申为超出。仞，古时以七尺或八尺长为一仞。

⑥旁：将近。十数：以十为单位计数，指数十条船。

⑦市：集市。形容前来观赏栎社树的人如同赶集的人一样多。

⑧匠伯：即匠石。伯，工匠之长。一说为尊称，一说为匠石的字。顾：看。

⑨遂：接着，继续。辍：停下。

【译文】

匠石前往齐国，走到曲辕这个地方，看到一棵用来象征土神的栎树。这棵很大的栎树树荫可以遮蔽数千头牛，用绳子量一量树干，直径有上百尺那么粗，它的主干在高出山顶数丈处才长有树枝，这棵栎树可以做成数十条大船。前来观赏的人多得如同赶集，然而匠石连看也不看一眼，继续不停地向前赶路。

弟子厌观之①，走及匠石②，曰："自吾执斧斤以随夫子，未尝见材如此其美也。先生不肯视，行不辍，何邪?"曰："已矣③，勿言之矣! 散木也④。以为舟则沉，以为棺椁则速腐⑤，以为器则速

毁，以为门户则液樠⑥，以为柱则蠹⑦，是不材之木也。无所可用，
故能若是之寿⑧。"

【注释】

①厌观：看足看够。厌，吃饱喝足。这里指看足看够。

②走及：跑着赶上。走，跑。

③已矣：算了吧。

④散（sǎn）木：没用的树。散，散略无用。

⑤椁：棺材外面的一层套棺。

⑥门户：门。双扇门叫"门"，单扇门叫"户"。液樠（mán）：像樠
　树那样流出汁液。樠，树名。这种树常有液汁流出。一说"樠"是形容液体渗出的
　样子。

⑦蠹（dù）：蛀蚀。

⑧若是：如此。是，此。

【译文】

　　匠石的徒弟把这棵栎树看足看够，然后跑着赶上匠石，问："自从
我拿着斧头跟着师傅您学艺以来，从未见过如此美好的树木。而师傅
您连看也不看一眼，不停地往前赶路，这是为什么呢？"匠石说："算
了吧，没有必要再讲这棵树了！那是一棵没有任何用处的树。用它做
船就会沉入水中，用它做棺材就会很快腐烂，用它做器具就会迅速坏
掉，用它做门就会经常流出液体，用它做柱子就会被蛀蚀掉，这是一
棵没有任何用处的树。正因为没有任何用处，所以它才能如此长寿。"

匠石归，栎社见梦曰①："女将恶乎比予哉②？若将比予于文木邪③？夫柤、梨、橘、柚、果蓏之属④，实熟则剥⑤，剥则辱，大枝折，小枝泄⑥。此以其能苦其生者也，故不终其天年而中道夭，自掊击于世俗者也⑦。物莫不若是。且予求无所可用久矣，几死⑧，乃今得之⑨，为予大用。使予也而有用，且得有此大也邪？且也若与予也皆物也，奈何哉其相物也⑩？而几死之散人⑪，又恶知散木！"

【注释】

①见（xiàn）梦：托梦。见，同"现"。

②女（rǔ）：通"汝"。你。恶（wū）：怎么，什么。

③若：你。文木：有用的树。文，华美，有用。

④柤（zhā）：通"楂"。山楂。果蓏（luǒ）：木本植物的果实叫"果"，如桃李；草本植物的果实叫"蓏"，如瓜。属：类。

⑤剥（pū）：通"扑"。敲击。指用竹竿打落果实。

⑥泄（yè）：通"拽"。用力牵拉。

⑦自掊（pǒu）击：自讨打击。掊，打击。

⑧几：差一点儿。

⑨乃今得之：如今才实现了以无用为大用的意愿。之，代指以无用求全身的意愿。

⑩奈何：怎么能够。相：观察，评价。

⑪而：你。几死：快要死亡。散人：无用之人。

【译文】

　　匠石回到家里，栎社树就托梦说："你将要拿什么东西与我相比呢？你将要把我与那些有用的树木相比吗？那些山楂、梨树、橘树、柚树以及各种能够结出果实的植物，一旦它们的果实成熟就会遭到人们敲打，遭到敲打就是受到羞辱，大的枝条被折断，小的枝条被拽弯。这些果树就是因为有了结果实的才能而苦了自己一生，因此也就不能享尽天年而中道夭折，这是因为它们自讨人们的打击啊。各种事物莫不如此。再说我追求无用已经很久了，还是差一点儿被砍死，如今才算实现了自己无用的愿望，无用成了我的大用。如果我有用的话，我还能长得如此高大吗？再说你和我都不过是一种'物'而已，你怎么能够有能力去观察评价别的'物'呢？你不过是一个快要死的无用之人，又怎能懂得什么是无用之树呢！"

　　匠石觉而诊其梦①，弟子曰："趣取无用②，则为社何邪？"曰："密③！若无言！彼亦直寄焉④，以为不知己者诟厉也⑤。不为社者，且几有翦乎⑥！且也彼其所保与众异⑦，而以义喻之⑧，不亦远乎⑨！"

【注释】

①觉：睡醒。诊：告知。

②趣（cù）：通"促"。迫切。

③密：闭嘴，别讲话。

④直寄焉：仅仅是托身于社神而已。直，仅仅。指栎树作社神的象征不过是为保命而已，绝不是追求有用。

⑤以为不知己者诟厉也：因此被那些不理解自己的人所责备。以，因此。为，被。诟厉，责备。

⑥翦（jiǎn）：剪除，砍伐。

⑦所保：所追求的。保，保有，追求。一说指用来保命的办法。

⑧以义喻之：用常理来分析它。义，常理。喻，分析。

⑨远：指用常理分析的结论与栎社树的真实用意相距太远。

【译文】

匠石睡醒后就把这个梦告诉他的徒弟。徒弟说："栎树既然如此迫切追求无用，那么它为什么又去当社树呢？"匠石说："闭嘴！你不要再说了！它也不过是托身社神以求保命而已，因此被那些不理解自己的人所责备。假如它不当社树，大概也会被人们砍掉！再说它的追求与常人不同，你用常理去分析它的用意，岂不是相差太远了！"

【研读】

本段以栎社树为例，说明无用才是大用的道理。而实际上，栎社树的做法是"双重保险"：第一重保险是无用，既然无用，也就没有人去砍伐它；第二重保险是托身神灵，既然自己是土神的象征，人们就不敢去砍伐它。栎社树的所有行为目的都是为了确保自己的生命安全。

五

南伯子綦游乎商之丘①，见大木焉，有异，结驷千乘②，隐将芘其所藾③。子綦曰："此何木也哉？此必有异材夫！"仰而视其细枝，则拳曲而不可以为栋梁④；俯而视其大根⑤，则轴解而不可以为棺椁⑥；咶其叶⑦，则口烂而为伤；嗅之，则使人狂酲⑧，三日而不已⑨。子綦曰："此果不材之木也，以至于此其大也。嗟乎，神人以此不材⑩。"

【注释】

①南伯子綦（qí）：一说即《齐物论》篇的南郭子綦。商之丘：即商丘（今属河南）。

②结：集合，结集。驷（sì）：一辆由四匹马拉的车。乘（shèng）：辆。

③隐将芘（bì）其所藾（lài）：它们都能够被遮盖在这棵树的树荫下面。芘，通"庇"。遮盖。藾，树荫。

④拳曲：弯弯曲曲。

⑤大根：主干。

⑥轴解：从树干中心向外裂开。轴，本指车轮中心的圆柱。这里借指树干中心。

⑦咶（shì）：通"舐"。舔。

⑧狂酲（chéng）：发酒疯。狂，疯。酲，醉酒。

⑨不已：停不下来，不能痊愈。

⑩神人以此不材：超凡的圣人因此也像这棵大树一样没有用处。神人，思想境界最高的人。以，因。此，指无用可以保命。

【译文】

南伯子綦在商丘游玩时，看到那里有棵大树，长得非常奇异，即使集结上千辆四匹马拉的车，也能够被这棵大树的树荫全部遮蔽起来。

子綦说:"这是一棵什么样的树啊? 这棵树一定具有非同一般的才能!"子綦抬头看看大树的枝条,那些枝条弯弯曲曲的不能做栋梁;再低头看看大树的主干,主干从树心向外裂开而无法做棺材;舔一舔它的叶子,口舌就会受伤溃烂;闻一闻它的气味,就会使人像醉酒那样发狂,三天三夜也无法恢复正常。子綦说:"这棵树果真是一棵没有任何用处的树,以至于能够长这么大。唉,那些超凡的圣人也因此就像这棵大树那样没有任何作用。"

【研读】

很多人都希望成为有用的人,要想成为有用的人,就必须德才兼备。然而,在一些特殊的情况下,"德才兼备"却会给自己带来意想不到的灾难。西汉末年的龚胜就是一位德才兼备、名闻天下的人,当他年老辞官归家之后,当地的高级官员依然视他为师,行弟子礼。王莽篡位后,为了巩固自己的统治,便派使者和当地官员前去请龚胜入朝为官。龚胜耻事二姓,但又不敢坚拒,我们看《汉书·龚胜传》的记载:

> 胜因敕以棺敛丧事……语毕,遂不复开口饮食,积十四日死,死时七十九矣。……有老父来吊,哭甚哀,既而曰:"嗟呼! 薰以香自燃,膏以明自销。龚生竟夭天年,非吾徒也。"

正是由于德才兼备给自己带来了名声,而名声又给自己带来了这样一场大的灾难,以至于不得不在垂暮之年为死亡而绝食长达十四日。老父说的"薰以香自燃,膏以明自销",就十分准确地说明了龚胜是死于"有用"。

六

宋有荆氏者①，宜楸、柏、桑②。其拱把而上者③，求狙猴之杙者斩之④；三围四围，求高名之丽者斩之⑤；七围八围，贵人、富商之家求樿傍者斩之⑥。故未终其天年而中道之夭于斧斤，此材之患也。故解之以牛之白颡者⑦，与豚之亢鼻者⑧，与人有痔病者⑨，不可以适河⑩。此皆巫祝以知之矣，所以为不祥也，此乃神人之所以为大祥也。

【注释】

①荆氏：地名。在今河南商丘一带。

②宜：适宜。指适宜生长。

③拱把：两手合握叫"拱"，一手所握叫"把"。

④狙（jū）：猴子的一种。杙（yì）：用来拴猴子的小木桩。

⑤高名之丽：高大的屋栋。名，大。丽，栋梁。

⑥樿（shàn）傍：独板木材做成的棺木左右扇。

⑦解之：巫师举行祭祀以禳除灾祸。以：以为，认为。颡（sǎng）：额头。

⑧豚（tún）：猪。亢鼻：高鼻子。亢，高。

⑨痔病：患痔疮病。

⑩适河：沉入黄河以祭祀河神。适，往，去。河，黄河。

【译文】

宋国有个叫荆氏的地方，那里很适合楸树、柏树、桑树的生长。当这些树长到一两把粗的时候，那些需要栓猴子木桩的人就把它们砍掉了；长到三四围粗的时候，需要高大栋梁的人就把它们砍掉了；长到七八围粗的时候，那些需要独副棺材板的贵人、富商就把它们砍掉了。因此这些树从未享尽天年而半途就被斧头砍死了，这就是有用之材为自己带来的灾难。那些祭神禳灾的巫师都认为白额头的牛，以及高鼻子的猪和患痔疮的人，是不可以用作祭品沉入黄河祭祀河神的。巫师们全都知道这些规矩，认为他们是不吉祥的，然而圣人认为他们身上的这些缺陷对他们来说是一种最大的吉祥。

七

支离疏者①，颐隐于脐②，肩高于顶③，会撮指天④，五管在上⑤，两髀为胁⑥。挫针治繲⑦，足以糊口；鼓策播精⑧，足以食十人⑨。上征武士⑩，则支离攘臂而游于其间⑪；上有大役⑫，则支离以有常疾不受功⑬；上与病者粟，则受三钟与十束薪⑭。夫支离其形者⑮，犹足以养其身，终其天年，又况支离其德者乎⑯！

【注释】

①支离疏：依据身材而虚构的人名。支离，支离破碎、形体不全。疏，疏略，没有智慧。

②颐（yí）隐于脐：面颊陷在肚脐里。因为支离疏严重驼背，所以面颊陷在肚脐里。颐，面颊。脐，肚脐。

③肩高于顶：两肩高于头顶。因为头低了下去，两肩高耸，故肩高于顶。

④会（kuò）撮指天：发髻指向天空。会撮，发髻。由于支离疏脊背弯曲，所以脑后的发髻指向天空。一说会撮指后颈的椎骨。

⑤五管：五脏的腧穴位，在背部脊椎处。

⑥两髀（bì）为胁：两条大腿与胁部并连在一起。髀，大腿。胁，从腋下至肋骨尽处的部分。

⑦挫针：缝补衣服。挫，拿。治繲（xiè）：洗衣。治，从事。繲，洗衣。

⑧鼓策播精：敲击竹简为人占卜。鼓，敲击。策，竹简。敲击竹简是为了招揽顾客。一说策为占卜用的蓍草。播，撒。精，精米。求卜者送精米给占卜人，占卜人把米散置于神位前以祭神，事后米归占卜人所有。

⑨食（sì）：给别人吃，养活。

⑩上征武士：国家征兵。上，君主，国家。

⑪攘臂：卷起袖子，扬着胳臂。其间：征兵人之间。支离疏的这一举动表现出毫不担心自己被抓去当兵的心态。

⑫大役：大的劳役。

⑬常疾：终身残疾。不受功：不被分派劳役。功，劳役。

⑭钟：粮食计量单位。六斛四斗为一钟。

⑮支离：使动用法。使……支离破碎、残缺无用。

⑯支离其德：使自己的才能残缺无用。德，主要指才能。

【译文】

　　支离疏这个人，面颊陷入肚脐，肩膀高过头顶，发髻指向天空，五脏的腧穴处于上面，两条大腿与两胁并连在一起。他为人缝补清洗衣服，完全可以糊口；敲着竹简为人占卜所挣来的粮食，还能够养活十口人。国家打仗征兵时，支离疏敢于卷起袖子、扬着臂膀在征兵人面前走来走去而不用担心被抓去当兵；国家有大的劳役，支离疏因为终身残疾而不被分派任何任务；国家给残疾病人发放救济粮时，支离疏还可以领到三钟粮食和十捆柴草。形体残缺无用的人，尚且能够养活自身，享尽天年，更何况能够做到在才能方面残缺无用的人呢！

【研读】

本段以残疾人为例，说明无用为大用的道理。在现实生活中，因残疾而得益的典型例子大概要属白居易《新丰折臂翁》中的折臂老人：

> 新丰老翁八十八，头鬓眉须皆似雪。玄孙扶向店前行，左臂凭肩右臂折。问翁臂折来几年，兼问致折何因缘。……无何天宝大征兵，户有三丁点一丁。点得驱将何处去，五月万里云南行。……村南村北哭声哀，儿别爷娘夫别妻。皆云前后征蛮者，千万人行无一回。是时翁年二十四，兵部牒中有名字。夜深不敢使人知，偷将大石捶折臂。张弓簸旗俱不堪，从兹始免征云南。骨碎筋伤非不苦，且图拣退归乡土。此臂折来六十年，一肢虽废一身全。

支离疏与折臂翁都是因为残疾而得以终其天年，所不同的是，一个是天生残疾，一个是自为残疾。白居易的这首诗歌不仅揭露了战争的残酷性，也说明即使普通人，也懂得无用之用这一道理。

八

孔子适楚，楚狂接舆游其门曰①："凤兮凤兮②，何如德之衰也③！来世不可待，往世不可追也。天下有道，圣人成焉④；天下无道，圣人生焉⑤；方今之时，仅免刑焉⑥！福轻乎羽，莫之知载⑦；祸重乎地，莫之知避。已乎已乎！临人以德⑧。殆乎殆乎⑨！画地而趋⑩。迷阳迷阳⑪，无伤吾行！吾行郤曲⑫，无伤吾足！"

【注释】

①楚狂接舆：楚国隐士。相传姓陆名通，字接舆。狂，即孔子说的"狂简"（《论语·公冶长》），志向远大而行为疏略。

②凤：凤凰。这里用来比喻孔子。

③何如德之衰也：你面对世风衰落的社会又能怎么样呢。何如，怎么。一说本句是责备孔子品德衰败。古人认为凤凰只会出现于太平盛世，而孔子却在混乱的社会里四处奔波，故而责备他德衰。

④成：成就一番事业。

⑤生：生存。

⑥仅免刑焉：连圣人也仅仅只能免遭刑戮。说明当今社会连无道的社会都不如。

⑦莫之知载：即"莫知载之"。不知该怎样获得它。载，获取。之，代指轻于羽毛的幸福。

⑧临人以德：向人们宣传美德。本句前面有"已乎已乎"，即要求孔子停止"临人以德"的行为，表示对改变社会不抱任何希望。

⑨殆：危险。

⑩画地而趋：在地上画出路线让人行走。比喻为人们制定行为规范。意思是提醒孔子，为别人制定行为规范，在如此混乱的社会里是件危险的事情。

⑪迷阳：一种多刺的植物。泛指荆棘。比喻社会充满危险。

⑫郤（xì）曲：弯弯曲曲。因道路坎坷凶险，只能曲折行走。

【译文】

孔子到了楚国后，楚狂接舆便在孔子的门前说："凤鸟啊凤鸟啊，你面对世风日下的社会又能如何！未来的美好社会无法等待，从前的美好社会也难以追回。在政治清明的时代，圣人可以建功立业；在政治黑暗的时代，圣人也还能够安全生存下去；而在当今这个时代，连圣人也只能仅仅免受刑戮！轻于羽毛的幸福，不知如何才能获得；重于大地的灾难，不知怎样才能避开。算了吧，算了吧！你不要再向人们宣传美德了。危险啊，危险啊！你不要再为别人制定行为规范了。遍地的荆棘，不要妨碍我的行走啊！我时左时右地曲折而行，不要伤害我的双足吧！"

【研读】

本段有两个问题值得补充说明。

一是孔子与接舆的关系，《论语·微子》也有类似记载，我们把它抄录于下，供读者对比、参考：

> 楚狂接舆歌而过孔子曰："凤兮！凤兮！何德之衰？往者不可谏，来者犹可追。已而！已而！今之从政者殆而！"孔子下，欲与之言。趋而辟之，不得与之言。

孔子是一位"三月无君，则皇皇如也"（《孟子·滕文公下》）的积极入世者，三个月没有在君主手下为官，孔子就感到凄凄惶惶，六神无主。接舆则是典型的隐士："楚狂接舆躬耕以食。其妻之市未返。楚王使使者赍金百镒造门，曰：'大王使臣奉金百镒，愿请先生治河南。'接舆笑而不应，使者遂不得辞而去。妻从市而来……曰：'君使不从，非忠也；从之，是遗义也。不如去之。'乃夫负釜甑，妻戴纴器，变易姓字，莫知其所之。"（《韩诗外传》卷二）接舆靠种地养活自己，有一天妻子到集市上去了，楚王派使者邀请接舆出仕为官，接舆没有做出明确回应。妻子回来后，劝接舆说："不服从君主的命令，是不忠；听从君主的命令，又放弃了我们坚持隐居的原则。咱们不如离开这里吧。"于是接舆背着锅碗瓢勺，妻子顶着纺织用具，夫妻俩改名换姓，没有人知道他们最终去了哪里。道不同则不相为谋，所以接舆对孔子的行为持批判态度。

　　二是关于这段文字对后世的影响。接舆的这首歌是一首典型的政治批判诗歌。在一般人的眼里，社会只分为两类，一类是政治清明的"有道"社会，一类是政治黑暗的"无道"社会，而庄子则把社会分为三类——有道之世、无道之世、当今之时。也就是说，当时的社会连无道的社会都比不上。由此可见，庄子对当时社会憎恨的程度。同时，这首诗歌也生动形象地刻画出黑暗社会里圣贤举步维艰的生活状况。唐代诗人陈子昂创作的、号称千古绝唱的《登幽州台歌》就深受庄子这首诗歌的影响，另外也吸收了《庄子·盗跖》中的一些思想。我们不妨对比一下：

　　　来世不可待，往世不可追也！（《庄子·人间世》）

　　　天与地无穷，人死者有时。（《庄子·盗跖》）

　　　前不见古人，后不见来者。念天地之悠悠，独怆然而涕下。

（《登幽州台歌》）

　　陈子昂的诗歌极好地表达了个人的孤独与无奈，引起无数士人的强烈共鸣。而其中的前两句，基本上是庄子"来世不可待，往世不可追"的翻版，"念天地之悠悠"则来自"天与地无穷"，而"独怆然而涕下"所表达的伤感情绪则早已渗透在接舆的整首诗歌之中。

九

山木，自寇也①；膏火②，自煎也；桂可食③，故伐之；漆可用，故割之。人皆知有用之用，而莫知无用之用也。

【注释】

①自寇：自己招来人们砍伐。寇，侵犯，砍伐。

②膏火：油脂可以点火照明。膏，油脂。

③桂可食：桂树皮是一味中药，故曰可以食用。

【译文】

山上的树木因为有用，而自招砍伐；膏脂因为能够点燃照明，而自取煎熬；桂树皮可以入药食用，所以人们去砍伐它；漆树的漆因为有用，所以人们去割取它。人们都知道有用的用处，却没有人懂得无用的用处。

【研读】

本段总括全篇，慨叹世人只知道有用的用处，而不知道无用的用处。这说明庄子是在承认"有用之用"的基础之上，进一步讨论"无用之用"，弥补了被世人所忽略的一面。

《人间世》主要阐述了庄子的处世原则。全篇可以分为两大部分。从开始到"意有所至而爱有所亡，可不慎邪"为第一部分。在这一部分，庄子重点说明臣子在危机四伏的官场中如何为人处世，他提出的主张主要有：第一，先要自己站稳脚跟，然后再去与暴君周旋。即先取得暴君的信任，再去推行自己的主张。这无疑是身全功成的两全之计。第二，臣下切忌不看君主意向，一味修身行善，去爱护百姓，其结果必定会被认为是同君争民、与主争名，好心会招来恶报。第三，君主能够接受就讲一下自己的意见，否则就闭口不谈。第四，不强求别人一定要接受自己的看法。第五，做到内方外圆，表面行为要和别人一样，这样就不会招来别人的非议。第六，在批评君主时，要引用古代圣贤的话，不要自己直接去责备君主。第七，外表上要与君主保持亲近，但内心要有自己的主见。而且还要注意把握好"度"，保持亲近但不要与暴君同流合污，有主见但也不要轻易表露自己与暴君的不同见解。在取得对方完全信任后，再把对方不知不觉地引上正道。第八，出使时，要有耐心，不可急于求成，更不可随意改变君主授予的使命，并注意如实传达两国君主的真实意思。第九，提倡忠孝。认为忠、孝是天下的两大原则，主张人们要做到"孝之至"和"忠之盛"。这与儒家思想基本一致。第十，庄子特别强调，在复杂的政坛上，除了要与他人斗智斗勇外，还要想尽一切办法，维护自己的平和心态，以保证自己的身心健康。除此之外，本篇还提出其他许多处世原则，这些原则对今天的人们也不乏借鉴意义。

通过这一部分，不仅可以看出庄子对国家命运的异常关心与对官场斗争的深思熟虑，而且还能看出他对当治国大医的期待和对忠孝的维护。庄子并非一位不关心政治的思想家。

其他文字为第二部分。在这一部分里，庄子一连用了栎社树、商丘大木、支离疏等几个寓言故事说明了"无用之用"的道理，认为"有用"就会带来意想不到的伤害，而"无用"就会无忧，就能保全自己的生命。

　　前后两大部分从表面看来，其内容没有关联，甚至相互矛盾，而实际上这两部分有着内在的联系。庄子虽然有救世大志，也想在政坛上一显身手，但他也清醒地看到官场险情四伏，一不小心，就会出现"其君因其修而挤之"的悲剧，政治理想还没有实现，生命却先被剥夺。对官场的畏惧使庄子调转脚步，走向另一个极端——以无用求保身。本篇十分清晰地揭示了庄子因害怕丧生而放弃政治追求的心路历程。

　　《史记·老子韩非列传》记载，庄子早年曾任漆园吏，具有官场经验；此后辞官，再未出仕。庄子的这一先官宦后平民的生活经历，实际就是对本篇思想的诠释与实践。

德充符

德充符，美德充满内心之后的外部表现。德，美德。指庄子所提倡的掌握大道、超越万物的精神境界。充，充满。符，象征，表现。本篇的主旨是阐述"精神大于肉体"的道理。庄子认为一个人是否具有感人力量，关键不在于他的外表美丑与权势大小，而在于他是否具有崇高的精神境界。因此在本篇中，庄子笔下受人爱戴的圣人形体都是那样的残缺与丑陋，但精神境界是那样的崇高与美好，这样写的目的是要让他们的形体与精神之间形成巨大反差，以说明精神作用大于形体作用的道理。

一

鲁有兀者王骀^①，从之游者与仲尼相若^②。常季问于仲尼曰^③："王骀，兀者也，从之游者与夫子中分鲁^④。立不教，坐不议^⑤，虚而往^⑥，实而归^⑦。固有不言之教、无形而心成者邪^⑧？是何人也？"仲尼曰："夫子圣人也^⑨，丘也直后而未往耳^⑩！丘将以为师，而况不若丘者乎！奚假鲁国^⑪，丘将引天下而与从之。"

【注释】

①兀（wù）者：因犯法而被砍掉腿脚的人。兀，断足之刑。王骀（tái）：人名。

②从之游者：跟着他当弟子的人。相若：相等，同样多。

③常季：孔子弟子。

④中分鲁：平分了鲁国的学子。

⑤立不教，坐不议：无论任何情况下从不给人以教诲，也从不发表什么议论。

这两句应视为互文，即把两句话结合起来理解。其中的"立""坐"字面意
思是"站立""坐着"，这里是指任何情况。

⑥虚而往：去时没有任何知识修养。

⑦实而归：满载学识而归。

⑧形：指看得见、摸得着的教学活动。心成：指思想上有所收获。

⑨夫子：先生。指王骀。

⑩直：只不过。后而未往：我的学识落后于他，还没前去向他请教。

⑪奚假：何止。

【译文】

鲁国有一位因违法而被砍掉脚的人，名叫王骀，然而跟随他当弟
子的人与孔子的弟子一样多。常季问孔子："王骀，是一个因违法而被
砍掉脚的人，但是鲁国跟随他学习的弟子与老师您的弟子一样多。他
无论在任何情况下都不给人以教诲，也从不发表什么言论，而他的弟
子却能空怀而来，满载学识而归。难道真的有不用语言教育、没有具
体教学活动就能使弟子获得知识修养的人吗？他究竟是什么样的人
呢？"孔子说："王骀先生是位圣人，我的学识修养落后于他，只是还
没有前去向他请教罢了。连我孔丘都要拜他为师，何况那些不如我孔

丘的人呢！岂止鲁国，我将带领整个天下的人一起跟随他学习。"

【研读】

老子说圣人"行不言之教"（《道德经》二章），推行不言之教的原因有二：第一，老庄都认为最高真理无法用语言表达清楚，即《道德经》一章讲的"道可道，非常道"。既然大道不可言说，那么即使口才最好的老师，他的语言教育充其量也只能是二流教育。第二，该命题也含有身教重于言教的意思。在中国古代，心口不一、言行脱节是教育失败的最主要原因。

庄子关于王骀"不言之教"的描写，就是对上述观念的形象说明。虽然这一故事很可能只是庄子的虚构，但历史上的确有这样教学的人。《晋书·隐逸列传》记载了一则真实的"不言之教"的故事。晋代道家学者张忠隐于泰山，他"恬静寡欲，清虚服气，餐芝饵石，修导养之法。……无琴书之适，不修经典"。他带了一批弟子，采用的教育方法是：

> 其居依崇岩幽谷，凿地为窟室，弟子亦以窟居，去忠六十余步，五日一朝。其教以形不以言，弟子受业，观形而退。

张忠每五天才教授弟子一次，而且一言不发，让弟子们看看自己的形体就可以了。这种教育方法是独特的。然而这位行不言之教的道士受到前秦朝廷的极大尊重，被苻坚召至长安，归来时，死于途中华山，他临死时感叹说："我东岳道士，没于西岳，命也，奈何！"

常季曰："彼兀者也，而王先生[①]，其与庸亦远矣[②]。若然者，其用心也独若之何[③]？"仲尼曰："死生亦大矣，而不得与之变[④]；虽天地覆坠，亦将不与之遗⑤；审乎无假而不与物迁⑥，命物之化而守其宗也⑦。"

【注释】

①王（wàng）：超过。

②庸：平庸，常人。

③用心：思想，修养。独：究竟。

④与之变：使他发生变化。这里的变化主要指精神上的变化。也就是说，无论发生任何事情，王骀都能够保持心境的平和。

⑤与之遗：使他有所丧失。遗，丧失。主要指精神上的丧失感。

⑥审乎无假：懂得真正的大道。审，懂得。无假，真实，指真实的大道。不与物迁：不使自己的情绪与外物一起变化。迁，变。

⑦命：主宰。是指精神上主宰。宗：根本，最高原则。

【译文】

　　常季说："他不过是一位被砍掉脚的人，学识与修养却超过了老师您，那么他与普通人的差距就更大了。像他这样的人，思想与修养究竟是什么样的呢？"孔子说："生死是件大事，而不能使他的平和心态发生任何变化；即便是天塌地陷，也不能使他有任何失落感；他懂得真正的大道而不让自己的情绪与外界事物一起发生变化，他在精神上主宰着万物变迁，坚守着自己的最高原则。"

　　常季曰："何谓也？"仲尼曰："自其异者视之，肝胆楚越也①；自其同者视之，万物皆一也。夫若然者，且不知耳目之所宜②，而游心乎德之和③。物视其所一而不见其所丧④，视丧其足犹遗土也。"

【注释】

①自其异者视之，肝胆楚越也：如从不同的角度去看万物，那么即使紧紧相连的肝、胆也像楚、越那样相距遥远。

②耳目之所宜：耳目所应有的作用。耳目是用来辨别万物的，既然万物一样，耳目这些作用就没有任何意义了。这是庄子坚持齐物论所得出的必然结论。

③德之和：平和的精神境界。德，精神。和，平静祥和。消除万物好坏是非的差别，因而也就能保持心态平和。

④所丧：所丧失的东西。

【译文】

常季问："您讲的是什么意思呢？"孔子说："如果从事物不同的角度去审视万物，那么即使紧紧相连的肝、胆也会像楚国、越国那样差别极大；如果从事物相同的角度去审视万物，那么万物都是相同的。那些懂得万物相同的人，将不知道自己的耳目还有什么用处，而让自己的心情永远处于平和状态。他们把万物视为一体而看不到自己会有什么损失，因此他看待自己失去的脚就好像掉了一块土一样。"

常季曰："彼为己，以其知得其心①，以其心得其常心②，物何为最之哉③？"仲尼曰："人莫鉴于流水而鉴于止水④，唯止能止众止⑤。受命于地⑥，唯松柏独也在冬夏青青；受命于天，唯舜独也正⑦，幸能正生⑧，以正众生⑨。夫保始之征⑩，不惧之实⑪，勇士一人，雄入于九军⑫。将求名而能自要者而犹若是⑬，而况官天地、府万物、直寓六骸、象耳目、一知之所知而心未尝死者乎⑭！彼且择日而登假⑮，人则从是也⑯，彼且何肯以物为事乎⑰！"

【注释】

①以其知得其心：用他的智慧获得精神修养。知，同"智"。心，精神修养。

②常心：永恒不变的平和心态。

③物：主要指人。道家认为人是万物之一类。最：聚集。

④人莫鉴于流水而鉴于止水：人们都不到流动的水边去照自己的身影，而到静止的水边去照。比喻王骀就像静止的水一样，是人们自己要聚集在他的身边，并非王骀自己希望这样。鉴，照。

⑤唯止能止众止：只有静水才能留住人们停聚在它身边。本句三个"止"的意思依次是静止、留住、停聚。

⑥受命于地：各种植物的生命都来自大地。即各种植物都在大地上生长。

⑦正：本。指美好的本性。

⑧幸能正生（xìng）：幸亏他能保护好自己的美好天性。生，同"性"。

⑨以正众生：以自己的美好天性去恢复众人的天性。正，纠正，恢复。

⑩夫保始之征：那些为了遵守事先诺言的人。保，保持，遵守。征，诺言。

⑪实：本质。

⑫九军：千军万马。九，泛指多。

⑬自要（yāo）：自我约束。要，要求，约束。若是：如此。

⑭官：主宰。府：胸怀。直寓六骸：仅仅以身体为寄托。直，仅仅。寓，寄托。六骸，指头、身、四肢。代指身体。圣人以精神为主人，以肉体为房舍，肉体不过是精神的寓所而已。象耳目：以耳目为虚象。圣人不用耳目

去分辨事物的差别，因此耳目只是虚假的装饰品。一知之所知：把智慧所知道的事物统统视为同一。一，同一。本句第一个"知"同"智"，第二个"知"是"知道"义。心未尝死：崇高的精神永存。

⑮登假（gé）：提升到更高境界。假，通"格"。升。一说"假"通"遐"，高远义。

⑯从是：追随他。是，代指王骀。

⑰彼且何肯以物为事：他怎肯把世俗的事情当作自己要做的事情呢？

【译文】

常季说："他仅仅是为了自己，运用自己的智慧来获得自己的思想修养，通过思想修养来保持永恒不变的平和心态，那么别人为何要聚集在他的身边呢？"孔子说："人们都不到流动的水边去照自己的身影，而到静止的水边去照，因为只有静止的水才能留住众人停聚在自己旁边。各种植物都是受命于大地而生长的，只有松柏才能做到无论冬夏都郁郁葱葱；人们都是受命于上天而成长的，只有舜帝一人能够保持美好的天性，幸亏他能保持这种天性，并用这种美好天性去恢复众人的天性。那些为了遵守事先诺言的人，就能够使自己具备无畏的精神，即使一个人也能像勇士一样，雄赳赳地冲入千军万马。那些追求美名并能自我严格要求的人尚且能做到这一点，更何况那些能够主宰天地、胸怀万物、以肉体为寓所、视耳目为虚象、齐同万事万物而永保平和心态的人呢！他将会在某一天上升到更高的精神境界之中，是人们自愿要去追随他，他怎么肯把世俗的事情当作自己要做的事情呢！"

【研读】

　　这一故事形象地说明了精神大于肉体的道理。王骀是一位形体不全的残疾人，然而他的崇高精神境界却征服了包括孔子在内的千万民众，就像古谚语说的那样："桃李不言，下自成蹊。"（《史记·李将军列传》）桃李一言不发，却能凭借自己的鲜花美果，使人们自动前来，以至于树下踏出了一条条的道路来。关于舜用美德感动民众的事迹，《史记·五帝本纪》记载：

　　　　舜耕历山，历山之人皆让畔；渔雷泽，雷泽上人皆让居；陶河滨，河滨器皆不苦窳。一年而所居成聚，二年成邑，三年成都。

　　舜在历山（相传在今山东历城南）耕作的时候，历山农夫都能相互推让地界；在雷泽（相传在今山东菏泽东北）捕鱼的时候，雷泽的渔民都能推让捕鱼的最佳位置；在黄河岸边制作陶器的时候，那里就完全没有质量差的陶器了。一年的时间，他居住的地方就能成为一个村落，两年时间就能成为一个小城镇，三年时间就能变成大都市了。

二

　　申徒嘉①，兀者也，而与郑子产同师于伯昏无人②。子产谓申徒嘉曰："我先出则子止，子先出则我止。"其明日，又与合堂同席而坐。子产谓申徒嘉曰："我先出则子止，子先出则我止。今我将出，子可以止乎？其未邪③？且子见执政而不违④，子齐执政乎⑤？"申徒嘉曰："先生之门，固有执政焉如此哉？子而说子之执政而后人者也⑥。闻之曰：'鉴明则尘垢不止，止则不明也⑦。久与贤人处则无过⑧。'今子之所取大者⑨，先生也⑩，而犹出言若是，不亦过乎？"

【注释】

①申徒嘉：姓申徒名嘉，郑国人。因犯罪而被砍掉了脚。

②郑：诸侯国名。在今河南新郑一带。子产：著名政治家。伯昏无人：郑国

　　贤人。

③其：还是。未：做不到。

④执政：执政大臣。子产任郑国宰相，故自称"执政"。违：回避。

⑤齐：同等，平起平坐。

⑥子而说（yuè）子之执政而后人：您为自己的执政地位得意扬扬而看不起别

　　人。说，同"悦"。后人，看不起别人。

⑦鉴明则尘垢不止，止则不明也：镜子明亮是因为没有落上灰尘，灰尘一旦落

　　上就不明亮了。关于这两句所蕴含的哲理，详见"研读"。

⑧贤人：指伯昏无人。

⑨所取大者：所想获取的最重要的东西。

⑩先生：指伯昏无人。实际是指伯昏无人的道德学问。

【译文】

　　申徒嘉，是一位因犯罪而被砍掉脚的人，他与郑国宰相子产一同
拜伯昏无人为师。子产对申徒嘉说："如果我先出门，您就留在屋里；
如果您先出门，我就留在屋里。"第二天，申徒嘉又与子产坐在同一间
房子里的同一张席子上。子产对申徒嘉说："我先出去您就留下，您先
出去我就留下。现在我要出去了，您能够留在屋里吗？还是不能留在
屋里呢？再说您看到我这个执政大臣也不回避，您难道要与执政大臣
平起平坐吗？"申徒嘉说："在我们老师的门下，难道真的会有像您这
样傲慢的执政大臣吗？您为自己的执政地位得意扬扬而太瞧不起别人

了。我听说过这样的话：'镜子明亮是因为灰尘没有落在上面，一旦落上了就不会明亮。长期与贤人相处就不会犯错。'现在您应该追求的最重要的东西，是老师的道德和学问，而您却讲出这样的话来，这难道不是一个错误吗？"

【研读】

"鉴明则尘垢不止，止则不明也"涉及庄子的一个重要哲学思想。庄子认为人的天性来自大道，虽然天性可能有些微欠缺，但已经是最好的，因此庄子反对后天道德教育，认为后天道德教育反而会破坏人们的美好天性，使人变得虚伪狡诈。既然天性是美好的，那么为什么后来会变坏？庄子认为美好的天性犹如一面明亮的镜子，当这面镜子进入社会之后，就会受到社会的污染，从而变得昏暗起来。所以道家的教育就是做"减法"，擦去镜子上的灰尘、重现镜子的明亮即可。

这一人性论对禅宗影响也很大。《五灯会元》卷十九记载，宋代僧人茶陵（今湖南茶陵）郁和尚有一次过桥时被颠簸了一下，突然有所醒悟，就写了一首偈语：

> 我有明珠一颗，久被尘劳关锁。今朝尘尽光生，照破山河万朵。

这是一首经典禅诗。"明珠"指自己本来就有的美好天性（佛教称之为佛性），可惜的是，这颗明珠长期被灰尘（比喻世俗间的烦恼）埋没了。如今明珠上的灰尘被清洗干净，美好的天性重新显现，一下子就看透了人世间的所有真相。郁和尚使用的明珠比喻，与庄子的明镜比喻一模一样。

子产曰："子既若是矣①，犹与尧争善②，计子之德③，不足以自反邪④?"申徒嘉曰:"自状其过以不当亡者众⑤,不状其过以不当存者寡。知不可奈何而安之若命,唯有德者能之。游于羿之彀中⑥,中央者,中地也⑦;然而不中者,命也。人以其全足笑吾不全足者众矣,我怵然而怒⑧;而适先生之所⑨,则废然而反⑩。不知先生之洗我以善邪⑪。吾与夫子游十九年矣⑫,而未尝知吾兀者也。今子与我游于形骸之内⑬,而子索我于形骸之外⑭,不亦过乎!"子产蹴然改容更貌曰⑮:"子无乃称⑯!"

【注释】

①若是:如此,像这样因犯罪而变得形体残缺。

②争善:比量美德。

③计:考虑,想一想。

④自反:自我反省。

⑤自状其过以不当亡者众:(被断足的人)为自己的过失辩解、认为自己不该被断足的人很多。状,陈述,辩解。以,认为。亡,亡足。指被砍掉脚。

⑥游于羿(yì)之彀(gòu)中:游走于羿的射程之内。比喻人生在世时刻都处于危险之中。羿,传说中的神箭手。彀中,射程之内。

⑦中央者,中地也:中央地带,是最容易被射中的地方。比喻子产所处的执政地位是矛盾交集、最为危险的地方。

⑧怵(fú)然:愤怒的样子。

⑨适:来到。

⑩废然:怒气消失的样子。反:同"返"。这里指恢复平和心态。

⑪洗我以善:即"以善洗我"。用美德教育了我。

⑫游:交往。这里指跟随伯昏无人学习。

⑬形骸之内：肉体之内。指精神。

⑭索：要求。形骸之外：指形体外表。

⑮蹴（cù）然：恭敬不安的样子。改容更貌：改变了傲慢的面容。

⑯无乃称：不要再讲了。无乃，不要。称，说。子产听后深感羞愧，所以请求
申徒嘉不要再讲了。

【译文】

　　子产说："您的身体已经如此残缺不全了，还想与尧一类的圣人比量美德，想想您自己的品行，难道还不足以让您认真反省自我吗？"申徒嘉说："为自己的错误进行辩解、认为自己的脚不该被砍掉的人很多，不为自己的过失辩解、并认为自己应该被砍脚的人很少。知道有些事情是自己无可奈何的，因而安心接受命运安排，只有精神境界崇高的人才能做到这一点。人生在世犹如游走在神箭手羿的射程之内一样，您所处的中央地带，又是最容易中箭的地方，然而至今没有被射中，这也是命运的安排。从前人们因为他们双脚健全而嘲笑我腿脚不健全的很多，我总是勃然大怒；到了老师这里以后，我的怒气消失而恢复了平和心态。我不知道老师是用什么样的美德感化了我。我跟随老师学习已经十九年了，从未感觉到自己是个被砍掉脚的人。如今您与我的交往应该是在精神层面上，而您却计较我的形体外表，难道不是您错了吗？"子产听后惭愧得改变了面容，恭敬而又不安地说："您不要再说下去了。"

【研读】

　　子产是历史上著名的大政治家，孔子对他赞不绝口，最后却被犯

罪断足的申徒嘉所折服。这一故事再次说明精神大于肉体的道理。

三

　　鲁有兀者叔山无趾^①，踵见仲尼^②。仲尼曰："子不谨，前既犯患若是矣^③。虽今来，何及矣！"无趾曰："吾唯不知务而轻用吾身^④，吾是以亡足。今吾来也，犹有尊足者存^⑤，吾是以务全之也^⑥。夫天无不覆，地无不载，吾以夫子为天地，安知夫子之犹若是也！"孔子曰："丘则陋矣^⑦。夫子胡不入乎^⑧？请讲以所闻^⑨。"无趾出，孔子曰："弟子勉之！夫无趾，兀者也，犹务学以复补前行之恶，而况全德之人乎^⑩！"

【注释】

①叔山无趾：因犯罪而被砍去了脚趾，故称"无趾"。古代的刖刑（断足之刑），
　是根据人犯的罪行大小来决定断足的多少。

②踵：脚跟。这里指用脚跟走路。

③犯患：遭殃。指被砍掉脚趾。犯，遭遇。若是：如此。

④不知务：不懂世务。轻用吾身：轻易行动。

⑤尊足者：比脚更尊贵的东西。指精神。

⑥务：务求。

⑦陋：浅薄。

⑧胡：为什么。入：进来。

⑨所闻：所听到的。指道德、知识。

⑩全德之人：没有犯错的人。

【译文】

鲁国有一位被砍掉脚趾、名叫叔山无趾的人，他用脚后跟走着去拜见孔子，孔子说："您做事不谨慎，过去犯法受刑已成了如此模样了。即使如今来到我这里，又如何能够补救呢！"无趾说："我正是因为不懂世务而轻率行动，所以被砍去了脚趾。今天我到您这里来，还保存有比脚趾更为尊贵的精神，因此我想尽心尽力保全它。上天无不覆盖，大地无不托载，我原来把先生您视为天地，哪知先生的心胸是如此狭隘！"孔子说："我实在是太浅薄了。先生何不赶快进来，请把您知道的道理讲给我们听听。"无趾走后，孔子对弟子们说："你们要努力呀！那位无趾先生，是一位犯过法被砍掉脚趾的人，他尚且还在努力学习以补救从前的过失，何况你们这些从未犯过错误的人呢！"

　　无趾语老聃曰①："孔丘之于至人，其未邪②！彼何宾宾以学子为③？彼且蕲以諔诡幻怪之名闻④，不知至人之以是为己桎梏邪⑤？"老聃曰："胡不直使彼以死生为一条⑥，以可不可为一贯者⑦，解其桎梏，其可乎？"无趾曰："天刑之，安可解！"

【注释】

①老聃（dān）：即老子。

②未：比不上。

③宾宾：频频，不停地。学子：向您学习。子，对老子的尊称。为：句末语气词。

④蕲（qí）：追求。諔（chù）诡幻怪：怪诞虚妄。諔诡，奇异。孔子提倡仁义礼乐，这与老庄的清静无为思想相对立，所以孔子的行为被视为虚妄怪

　　诞。名闻：名声。

⑤是：代指名声。桎梏（zhì gù）：脚镣手铐。在脚叫桎，在手叫梏。

⑥胡：为何。一条：一样。

⑦可：可以，正确。一贯：同一。

【译文】

　　无趾对老子说："孔丘与至人相比，大概差得还很远吧！他为什么要不停地向您学习呢？他还想凭借那些怪诞虚妄的行为去扬名天下，他难道不知道圣人把名声看作是束缚自己的枷锁吗？"老子说："何不让他直接明白死亡与生存是一样、正确与错误是齐同的道理，从而解除他的枷锁，这大概可以吧？"无趾说："上天要惩罚他，他怎么能获得解脱呢！"

【研读】

　　在《庄子》中，孔子有时是一位虚心的学习者，如本段中的孔子；有时则是一位思想境界最高的得道者，如下一段故事中的孔子。即便有时候庄子把孔子作为批判对象，但依然认为孔子是在一心一意地为国家、民众着想，只是没有找到恰当的方法而已。

　　从《庄子》全书来看，庄子对孔子是非常尊重的，他甚至明确表示自己远远不如孔子："吾且不得及彼乎！"（《庄子·寓言》）正因为如此，苏东坡评论说："（《史记》认为庄子）作《渔父》《盗跖》《胠箧》，以诋訾孔子之徒，以明老子之术。此知庄子之粗。余以为庄子盖助孔子者，要不可以为法耳。……故庄子之言，皆实予而文不予，阳挤而阴助之。"（《庄子祠堂记》）意思是："《史记》认为庄子作《渔父》《盗跖》《胠箧》等文章，用来诋毁孔门弟子，阐发老子学说。这种看法只是对庄子表层次的粗浅看法。我以为庄子其实是帮助孔子的人，只是他的批评孔门的方法不可效法。……所以庄子的言论都是实际上赞同孔子，而表面文字上不赞同，他是表面上排挤而暗地里帮助孔子。"

我们没有必要理解得如此复杂，在庄子的笔下，孔子就是一位努力向老子学习的虔诚弟子，通过不懈的努力，孔子最终成了庄子心目中的圣人。简言之，《庄子》书中的孔子，是一位无私爱民、孜孜不倦、日进无疆、从世俗圣人到道家圣人的伟人形象。

四

鲁哀公问于仲尼曰①："卫有恶人焉②，曰哀骀它③。丈夫与之处者④，思而不能去也⑤；妇人见之，请于父母曰'与为人妻，宁为夫子妾'者⑥，十数而未止也⑦。未尝有闻其唱者也⑧，常和人而已矣。无君人之位以济乎人之死⑨，无聚禄以望人之腹⑩，又以恶骇天下，和而不唱，知不出乎四域⑪，且而雌雄合乎前⑫，是必有异乎人者也。

【注释】

①鲁哀公：春秋时鲁国君主。

②恶：相貌丑陋。

③哀骀它（tái tuó）：虚构的人物。

④丈夫：男子。

⑤思：思慕，留恋。去：离开。

⑥与为人妻，宁为夫子妾：与其当别人的正妻，还不如当哀骀它先生的妾。夫
　　子，指哀骀它。

⑦十数而未止：不止数十人。十数，以十为单位地计数，表示很多。

⑧唱：倡导，提倡。

⑨君人：统治别人。君，用作动词，统治。济：救济，拯救。

⑩聚禄：财产积蓄和俸禄。望：月满叫望。这里指填饱肚子。

⑪知：知识。四域：国家四境。哀骀它知识贫乏，国外事一概不知。

⑫雌雄：男女。

【译文】

　　鲁哀公问孔子："卫国有一位相貌极为丑陋的人，名叫哀骀它。男
子与他相处，留恋得不愿离去；女子见了他，就向父母请求说'与其
当别人的正妻，还不如当哀骀它先生的小妾'，像这样的女子不止数
十人。不曾听说他倡导过什么，只是常常应和别人而已。他没有君主
的权位去拯救别人的生命，也没有财物、俸禄去填饱别人的肚子，而
且丑陋得让天下人吃惊，总是应和别人而从不倡导什么，知识也超不
出本国范围，然而无论男女都亲近地聚集在他身边，他一定有异于常
人的地方。

　　"寡人召而观之，果以恶骇天下。与寡人处，不至以月数①，
而寡人有意乎其为人也②；不至乎期年③，而寡人信之。国无宰④，
寡人传国焉⑤，闷然而后应⑥，泛若辞⑦，寡人丑乎⑧！卒授之国⑨，
无几何也⑩，去寡人而行。寡人恤焉⑪，若有亡也⑫，若无与乐是国
也⑬。是何人者也？"

【注释】

①不至以月数：不到一个月。以月数，以月为单位计数。

②有意：有好感。

③期（jī）年：一整年。

④宰：宰相。

⑤传国焉：把国家交给他治理。

⑥闷然：沉默的样子。

⑦泛若辞：漫不经心地似乎是在拒绝我。泛，漫不经心貌。辞，拒绝。

⑧丑：羞愧，惭愧。

⑨卒：最终。

⑩无几何：没过多久。

⑪恤焉：心情郁闷的样子。

⑫若有亡：若有所失。

⑬无与乐是国：没人可以一起享有鲁国的快乐了。是国，指鲁国。

【译文】

　　"我把他召来仔细观察，果然丑得让天下所有人都吃惊。然而我与他相处还不到一个月，对他的为人就很有好感；不到一年，我就信任了他。刚好国家没有宰相，我就提出要把国家交给他治理。他沉默了好久才应答了一声，他那漫不经心的样子似乎是在拒绝我，我羞愧极了。最终我还是把国家交给他了，但没过多长时间，他竟然离开我走了。为此我闷闷不乐，若有所失，好像鲁国再也没人能够与我共享欢乐了一样。他究竟是一位怎样的人啊？"

仲尼曰："丘也尝使于楚矣，适见犯子食于其死母者①。少焉眴若②，皆弃之而走。不见己焉尔③，不得类焉尔④。所爱其母者，非爱其形也，爱使其形者也⑤。战而死者，其人之葬也不以翣资⑥；刖者之屦⑦，无为爱之。皆无其本矣⑧。为天子之诸御⑨，不爪翦⑩，不穿耳；取妻者止于外⑪，不得复使。形全犹足以为尔⑫，而况全德之人乎⑬！今哀骀它未言而信⑭，无功而亲，使人授己国，唯恐其不受也，是必才全而德不形者也⑮。"

【注释】

①适：恰好，刚好。犯（tún）子：小猪崽。

②少焉：一会儿。眴（shùn）若：眼珠因惊慌而胡乱转动的样子。

③不见己：不再看自己了。小猪崽吃奶时发现母亲毫无反应，不再看它们。焉尔：语末助词。

④不得类：得不到母亲爱抚。类，善。引申为爱抚。

⑤使其形者：主宰形体的东西。指精神。使，主使。庄子认为精神主宰形体。

⑥不以翣（shà）资：不用翣送葬。翣，棺材上的扇形装饰品。资，送葬。战死沙场的人，一般没有棺材安葬，没有棺材，自然也就用不上棺材上的装饰品，所以以下文说"皆无其本矣"。

⑦刖（yuè）者之屦（jù）：受过断足之刑者的鞋子。刖，断足之刑。屦，鞋。

⑧本：根本。棺材是翣之本，足是鞋之本。没有棺材与双脚，它们的从属品翣与鞋也就没用了。比喻人以神为本，以形为末，失去灵魂，肉体是没有用的。

⑨诸御：侍女，宫女。

⑩不爪翦：不剪指甲。翦，剪。

⑪取妻者止于外：王宫中男性侍从娶妻后不得再在宫中服务。取，同"娶"。外，宫外。古人认为，男子娶妻后便亏损了精血，形体已不健全，因此没有资格再在宫中服务。

⑫形全犹足以为尔：形体健全尚且能够有资格侍奉天子。尔，这样。指侍奉君主。

⑬全德：精神健全、完美。庄子的"全德"是指清静无为、心态永保平和的精神境界。

⑭信：被信任。

⑮才全而德不形：精神完美而不对外炫耀。才全，即"德全"，精神完美。形，外露，炫耀。

【译文】

　　孔子说："我曾经出使到楚国去，恰好看见一群小猪崽在已经死去的母亲身边吮吸乳汁，然而没过多大一会儿，它们就惊恐得眼珠乱转，全都丢弃母亲跑开了。因为母亲没有再看它们一眼，没有再爱抚它们。小猪崽之所以爱它们的母亲，不是爱母亲的形体，而是爱支配形体的精神。战死沙场的人，埋葬时因为没有棺材，也就不再使用棺材上的装饰品翣来送葬；被砍掉双脚的人对于他们的鞋子，也没有必要再去爱惜。这是因为翣和鞋子都失去了它们的根本。当天子的侍女，不能剪指甲，不能穿耳眼；那些娶了妻子的宫中男侍从，就必须回到宫外的家里，不能再在宫中服务。形体健全完美的人尚且有资格侍奉天子，更何况那些能够保持精神健全完美的人呢！如今哀骀它没有讲话就能取信于人，没有功劳也能赢得君主亲宠，使君主甘心情愿地把国政交给他，还唯恐他不接受，这一定是位精神健全完美而不对外炫耀自己美德的人。"

　　哀公曰："何谓才全?"仲尼曰："死生、存亡、穷达、贫富、贤与不肖、毁誉、饥渴、寒暑①，是事之变、命之行也。日夜相代乎前②，而知不能规乎其始者也③。故不足以滑和④，不可入于灵府⑤。使之和豫⑥，通而不失于兑⑦，使日夜无郤而与物为春⑧，是接而生时于心者也⑨。是之谓才全。"

【注释】

①穷达：生活不得意为"穷"，得意为"达"。

②相代：相互交替。代，交替。

③知：同"智"。规（kuī）：通"窥"。观察，明白。始：产生的根源。

④滑（gǔ）：扰乱。和：平和，平和的心境。

⑤灵府：心灵，心中。

⑥之：代指灵府、心。和豫：和顺愉悦。豫，愉快。

⑦通而不失于兑（yuè）：畅快而不失愉悦。通，畅快。兑，通"悦"。

⑧郤（xì）：间断。与物为春：与万物融为一体而永保春天般的生机。

⑨是接而生时于心者也：这样就使心灵在与外物接触时能够顺应四时变化。
　　是，这样。接，与外物接触。生，产生。引申为反映、顺应。时，四时，四季。

【译文】

　　鲁哀公问："什么叫精神健全完美?"孔子说："生死、存亡、穷达、贫富、贤能与不贤能、毁谤与赞美、饥渴、冷热，这些都是事物变化、天命运行的结果。这些现象不分昼夜地在我们眼前交替出现，而我们的智慧却不能知道它们产生的最初原因，所以这些事情就不值得扰乱我们的平和心境，不可以放在心上。使自己心平气和、畅快而不失愉悦，使自己的心时刻与万物融为一体而永保春天般的生机，这样就使心灵在与外物接触时能够顺应四时变化。这就叫精神健全完美。"

"何谓德不形？"曰："平者，水停之盛也^①，其可以为法也^②，内保之而外不荡也^③。德者，成和之修也^④。德不形者，物不能离也^⑤。"

【注释】

①水停之盛：水静止到极点。

②为法：当法则。即今天讲的当水平标准。

③内保之而外不荡也：内心保持平和而不被外物所动摇。荡，动摇。本句字面是讲平静的水，实际是在比喻平静的心境。

④成和之修：形成平和心境的一种修养。

⑤德不形者，物不能离也：不炫耀个人美德，别人自然会受到感染而聚集在他身边。形，外露，炫耀。物，主要指人。

【译文】

"什么叫不对外炫耀自己的美德呢？"孔子说："平，是水静止到极点的状态，它就可以作为'平'的标准了，因为它能够保持内部平静而不被外物所动摇。所谓美德，就是形成平和心境的一种修养。不把这种美德有意地对外炫耀，人们自然会受到感染而聚集在他的身边。"

哀公异日以告闵子曰①："始也吾以南面而君天下②，执民之纪而忧其死③，吾自以为至通矣④。今吾闻至人之言⑤，恐吾无其实⑥，轻用吾身而亡其国。吾与孔丘非君臣也，德友而已矣⑦。"

【注释】

①异日：他日，后来有一天。闵（mǐn）子：孔子弟子。

②君天下：君临天下。鲁哀公只是一位诸侯国君，"君天下"为夸张之语。

③纪：纲纪。

④至通：最为通达、明智。

⑤至人：思想境界最高的圣人。指孔子。

⑥实：实际美德。

⑦德友：以德相交的朋友。

【译文】

后来有一天，鲁哀公把这件事告诉闵子，说："从前我认为自己身为君主管理国家，掌握着治理民众的纲纪而操心百姓的生计，我自以为是最通达明智的人。如今我听了圣人孔子的一番至理名言，担心自己没有实际美德，因此会轻率行动而使国家危亡。我与孔丘不是君臣关系，而是以德相交的朋友啊。"

【研读】

本段用哀骀它的故事，再次说明精神大于肉体的道理。关于精神大于肉体的生动例子，可参见下一段文字的"研读"。

五

　　阐跂支离无脤说卫灵公^①，灵公说之^②，而视全人^③，其脰肩肩^④。瓮㼜大瘿说齐桓公^⑤，桓公说之，而视全人，其脰肩肩。故德有所长而形有所忘^⑥。人不忘其所忘而忘其所不忘^⑦，此谓诚忘^⑧。

【注释】

①阐（yīn）跂支离无脤（chún）：虚构人名。这一人名是根据此人外貌起的。阐，驼背。跂，因脚病而用脚尖走路。泛指跛脚。支离，形体残缺不全。脤，同"唇"。这个人驼背、跛脚、形体残缺、没有嘴唇。

②灵公：指春秋时期卫国君主卫灵公。说（yuè）：同"悦"。喜欢。

③全人：身体健全的人。

④其脰（dòu）：他们的脖子。脰，脖子。肩肩：又细又长的样子。

⑤瓮㼜（wèng àng）大瘿：虚构人名。这一人名也是根据此人外貌起的。此人脖子上的瘤子大如坛子。瓮㼜，类似今天的坛子。大瘿，脖子上的大瘤。齐桓公：齐国君主。春秋五霸之一。

⑥忘：忘却，忽略。

⑦人不忘其所忘而忘其所不忘：世人念念不忘他们所应该忘记的形体修饰，而忘掉了他们所不应该忘掉的精神修养。

⑧诚忘：真正的健忘。

【译文】

　　一位驼背跛脚、体形残缺、没有嘴唇的名叫阐跂支离无脤的人去游说卫灵公，卫灵公非常喜欢他，再回头看看那些形体健全的人，反而觉得他们脖子又细又长的不好看。一位脖子上长了一块坛子大小的瘤子、名叫瓮㿜大瘿的人去游说齐桓公，齐桓公非常喜欢他，再回头看看那些形体健全的人，也感到他们的脖子太细太长了。因此如果一个人精神境界崇高，那么他肉体上的缺陷就会被忽略。然而世俗人总是念念不忘他们应该忘记的形体修饰，而忘掉了他们不应该忘掉的精神修养，这叫真正的健忘。

【研读】

卫灵公与齐桓公之所以感到形体残缺丑陋的阖跂支离无脤、瓮㿜大瘿比身体健全者更好看，原因就在于两位君主被阖跂支离无脤、瓮㿜大瘿的精神所征服，再次强调"精神大于肉体"这一命题。这一命题具有很多合理之处和重要的启发意义，对后人影响也很大。如宋代著名词人秦观就写过一篇《眇倡传》：

吴倡有眇一目者，贫不能自赡，乃计谋与母西游京师。或止之曰："倡而眇，何往而不穷？且京师，天下之色府也，美盼巧笑、雪肌而漆发……以千万计。使若具两目，犹恐往而不售，况眇一焉。其瘠于沟中必矣。"倡曰："固所闻也。然谚有之：'心相怜，马首圆。'以京师之大，是岂知无我俪者？"

遂行，抵梁，舍于滨河逆旅。居一月，有少年从数骑出河上，见而悦之……取置别第中，谢绝姻党，身执爨以奉，倡饭，少年亦饭；倡疾不食，少年亦不食，啜嚅伺候，曲得其意，惟恐或不当也。

有书生嘲之曰："间者缺然不见，意有奇遇，乃从相矢者处乎！"少年忿曰："自余得若人，还视世之女子，无不余一目者。夫佳目得一足矣，又奚以多为！"

北宋时，吴地（今江苏一带）有个妓女不知什么原因盲了一只眼睛（眇），于是就陷入贫困而无法生存，与母亲商议，计划到京城（今河南开封）讨生活。有人劝阻说："作为妓女而盲了一只眼，到哪里去不会受穷受苦？再说京城是天下美女聚集之处，面容美丽、肌肤雪白、发髻如漆的女子成千上万。即便你双眼健全，去那里恐怕也难生存，何况你还只剩下了一只眼，一定会饿死在京城。"眇娟回答说："你讲的情况我知道，京城的确是美女如云，但反过来说，京城的男子也很多，我就不相信在那么多的男子里面，会遇不到一个知音。"接着眇娟引用了当时的一个民谚："心相怜，马首圆。"这个"怜"是爱的意思。"心相怜，马首圆"的意思是，只要男女之间真心相爱，就连长长的马脸，也能看成一个圆脸，这也是我们今天常说的"情人眼里出西施"。

眇倡抱着这一信念来到京城，住在河边的小旅店里。一个月之后，有一位贵族年轻人带着几个骑马侍从来到这里，对她一见钟情，于是就把她安排在一处别墅里，谢绝一切亲朋交往，亲自下厨为她烧饭，如果她某天吃得多一些，这位年轻人也跟着多吃一些；如果她生病不吃饭，这位年轻人也就跟着挨饿。年轻人小心翼翼地伺候着眇倡，想尽一切办法讨其欢心，只怕自己做得不够周全。

年轻人还有一帮子男性朋友，这些朋友好多天见不到他，就找上门来了。一位书生朋友看到眇倡，非常失望，就嘲讽说："好长时间没有见到你，还以为你遇到了什么样的绝世佳人，真没想到你竟然和一个'相矢者'生活在一起。""相"是观察的意思，"矢"是箭的意思。箭是否能够射中目标，重要条件之一就是箭杆必须做得笔直。工匠在做箭杆时，想观察箭杆是否直的时候，往往是闭上一只眼睛。所谓"相矢者"，就是委婉地嘲讽眇倡是个只有一只眼的女人，你怎么会爱上这样的女人呢？年轻人听了朋友的嘲讽之后，愤愤不平，他回答了一段话，这段话的大意可以分为两个层次：

第一层意思是：如果一个人的眼睛长得美，一只足够了，根本就不需要两只！（夫佳目，得一足矣，又奚以多为！）

第二层意思是：自从我和这个女孩子生活在一起以后（他舍不得称之为眇倡），再回头看看社会上的女孩子，觉到她们都多长了一只眼。（自余得若人，还视世之女子，无不余一目者。）

因为这位眇倡从精神上征服了这位贵族年轻人，所以他感到一只眼的女人比两只眼的女人更好看。

这个故事是否真实存在，我们无从考证，但有一点可以肯定：这个故事讲的道理是正确的。我就遇到一件类似的事情：我曾为研究生讲《庄子》原文，当讲到"精神大于肉体"时，一个女研究生不由自主地站起来感叹说："庄子讲得太好了。"我听了很惊讶，就问她："我们讲《庄子》这么长时间了，过去你没什么感受，怎么今天有感受了？请分享一下你的感受！"这个女孩子回答说："我和我的先生谈了两年多的恋爱才结婚，在恋爱期间，从来没有发现先生的身体有什么缺陷，一直到了结婚后一个多月，有一天，我们俩一起在大街上并排行走的时候，才突然发现我的先生比我矮了一头。"谈恋爱两年多，时间不可谓不长，但她从未发现先生个子比自己矮，这说明这位先生在精神上征服了这个女孩子，使她忽略了对方的形体；结婚后的第一个月叫"蜜月"，蜜月里过得又是稀里糊涂的，不知"今夕何夕"（《诗经·唐风·绸缪》）。蜜月过完了，人也清醒了，这才发现身边的先生比自己矮了一头。这一系列事实都印证了苏东坡的一句话：

　　腹有诗书气自华。(《和董传留别》)

读书，修养，可以改变人的气质。我们基本上赞同庄子"精神大于肉体"的观念，但这并不是说，我们就可以忽略形体的健康和整洁。如果既有健美的身体，又有崇高的精神，自然就能成为更接近完美的人。

六

故圣人有所游①，而知为孽②，约为胶③，德为接④，工为商⑤。圣人不谋，恶用知⑥？不斫⑦，恶用胶？无丧⑧，恶用德？不货⑨，恶用商？四者，天鬻也⑩。天鬻者，天食也⑪。既受食于天，又恶用人⑫！

【注释】

①游：游于人间。即生活在人世间。

②知为孽：把世俗智谋视为祸根。知，同"智"。孽，祸根。《人间世》篇："名也者，相轧也；知也者，争之器也。二者凶器，非所以尽行也。"

③约为胶：把各种礼法制度视为束缚。约，泛指各种礼法制度。胶，束缚。

④德为接：把仁义美德当作交接手段。德，指世俗讲的仁义道德。

⑤工为商：把工巧看作是商贾行为。庄子认为人们使用各种巧妙的语言和手段，目的是为了换取名利。

⑥恶（wū）用知：怎么会用得上智谋？恶，怎么。

⑦斫（zhuó）：砍削，破坏。

⑧无丧：没有丧失美好天性。庄子认为天性里面自然包含了仁义道德。

⑨货：买卖。引申为谋利。

⑩天鬻（yù）：天然养育。鬻，通"育"。养育。

⑪食：养育。

⑫人：人为。指人为的仁义、礼法之类的事物。

【译文】

　　所以圣人生活在人世间，把世俗智谋视为祸根，把各种礼法制度视为约束，把人为的仁义品德视为待人接物的手段，把工巧视为商贾行为。圣人从不算计别人，哪里用得上智谋？从不破坏，哪里用得着约束？从未丧失美好天性，哪里用得上仁义道德？从不谋利，哪里用得上商贾行为？这四种品德就叫"天然养育"。所谓"天然养育"，就是得到了天然本性的养育。既然得到了天然本性的养育，哪里还用得上人为的道德教育呢！

【研读】

　　庄子是性善论者，他认为人的天性来自大道，大道是美好的，因此天性也是美好的，人们只用保护好这个美好的天性，就能够做到"端正而不知以为义，相爱而不知以为仁，实而不知以为忠，当而不知以为信，蠢动而相使不以为赐。"（《庄子·天地》）保有美好天性的人，他们行为端正而不知道这就是道义，互相爱护而不知道这就是仁慈，敦厚老实而不知道这就是忠诚，履行诺言而不知道这就是信用，相互帮助而不知道这就是恩惠。所以本段说："无丧，恶用德？"

七

　　有人之形，无人之情①。有人之形，故群于人②；无人之情，故是非不得于身③。眇乎小哉④，所以属于人也；謷乎大哉⑤，独成其天⑥。

【注释】

①情：指人的主观好恶情感。这里说的"无情"不是残酷无情，而是忘情，类似今人说的"给我一杯忘情水"的"忘情"。本句的主语是圣人。

②群于人：与人们生活在一起。

③故是非不得于身：所以各种是非不会落在圣人身上。

④眇（miǎo）乎：渺小的样子。

⑤謷（áo）乎：伟大的样子。

⑥独成其天：独自保护好他们的美好天性。成，促成，保护。

【译文】

　　圣人具有人的形体，但没有普通人的好恶情感。因为具有人的形体，所以要与人们生活在一起；没有主观好恶情感，所以人世间的是是非非不会落在他们身上。太渺小了，那些属于人为的道德教育；真伟大呀，圣人能够独自保全自己的美好天性。

　　惠子谓庄子曰："人故无情乎①？"庄子曰："然。"惠子曰："人而无情②，何以谓之人？"庄子曰："道与之貌③，天与之形，恶得不谓之人④？"惠子曰："既谓之人，恶得无情？"庄子曰："是非吾所谓情也⑤。吾所谓无情者，言人之不以好恶内伤其身，常因自然而不益生也⑥。"惠子曰："不益生，何以有其身？"庄子曰："道与之貌，天与之形，无以好恶内伤其身⑦。今子外乎子之神⑧，劳乎子之精⑨，倚树而吟⑩，据槁梧而瞑⑪，天选子之形⑫，子以坚白鸣⑬。"

【注释】

①惠子：庄子的朋友惠施，名家代表人物。人故无情乎：圣人真的没有情感吗？故，本来，确实。

②而：如果。

③道：道家最高概念。是所有规律的总称。道不仅主宰万物，而且是万物产生的根源。

④恶（wū）得：怎能。

⑤是：代词，代指惠施说的"人的情感"。庄子说的"情"指好恶之情，好恶之情越强烈，对人的健康伤害越深；而惠施说的"情"，指一般意义上的情感、意识、感觉。

⑥因：顺应。不益生：不要人为地对自己的生命健康增加点什么。庄子认为，有益必有损，有增必有亏，在养生方面，也应该顺应自然，不要人为地去增加什么东西。

⑦无以：不要因为。

⑧外乎子之神：不重视您的精神保养。外，置之度外，不重视。

⑨精：精气。代指肉体。古人认为人的形体是阴阳二气中的精华之气聚集而成。

⑩倚：靠着。吟：吟咏。指宣讲、争辩。

⑪据槁梧而瞑（míng）：靠着枯干的梧桐树闭目休息。这是描写惠施为宣扬自

己学说而搞得疲惫不堪的样子。槁梧，一说指梧桐木做的几案。瞑，闭目休息。

⑫天选：上天授予。

⑬以坚白鸣：拿坚白论与别人争辩。坚白，指坚硬的白色石头。"坚白"是当时的著名论题，惠子观点不详，公孙龙认为石头的"坚"和"白"两种属性可以分离，而墨家认为不可分离。鸣，争鸣，争论。

【译文】

　　惠子问庄子："圣人真的没有情感吗？"庄子说："是的。"惠子说："人如果没有情感，凭什么还能叫人呢？"庄子说："大道赋予了人的容貌，上天赋予了人的形体，怎么能不叫人呢？"惠子说："既然叫人，怎么会没有人的情感呢？"庄子说："你说的情感不是我说的情感，我所说的没有情感，是指人不能因为自己的好恶之情伤害了自己的身体健康，永远顺应自然而不要为自己的生命人为地添加点什么。"惠子说："不为生命添加点什么，那么靠什么来保有自己的身体呢？"庄子说："大道已经赋予了人的容貌，上天已经赋予了人的形体，人只要做到不因为好恶之情伤害自身健康就可以了。如今您不重视自己的精神保养，把身体搞得疲惫不堪，经常背靠着大树宣讲您的学说，有时竟然疲惫得只好靠着枯干的梧桐树闭目休息。上天赋予您这么一个形体，而您却拿坚白论在那里争论不休！"

【研读】

　　人们常说情深不寿，庄子主张圣人忘情，依然是出于养生考虑。苏东坡《蝶恋花·春景》用极为优美的词句描述了多情多烦恼、无情无忧愁的现象：

> 花褪残红青杏小，燕子飞时，绿水人家绕。枝上柳绵吹又少，天涯何处无芳草？ 墙里秋千墙外道，墙外行人，墙里佳人笑。笑渐不闻声渐悄，多情却被无情恼。

墙内佳人"无情"，故无忧无虑；墙外行人被佳人勾起无限情愫，故而平添了无限烦恼，晚上也该"辗转反侧"，难以入眠了。

圣人忘情是对后世影响极大的一个命题，它不仅影响了佛、道二教，也影响了世俗中人。最早传入中国的佛经《佛说四十二章经》中就说：

> 佛言：人系于妻子、宝宅之患，甚于牢狱、桎梏、榔档，牢狱有原赦，妻子情欲，虽有虎口之祸，己犹甘心投焉，其罪无赦。

佛祖认为，妻子儿女之情比老虎还要可怕，因为人们见了老虎都知道逃避，而见了妻子儿女这张吃人的虎口时，执着于亲情的人不仅不逃避，而且还甘心情愿地把自己的身躯往这张虎口里送，而且至死不悟，永无出头之日。因此，要想成佛，必须首先掐断世俗亲情。道教也持相同看法。王重阳是道教全真派的创始人，他的《唐公求修行》写道：

> 学道修真非草草，时时只把心田扫。悟超全在绝尘情，天若有情天亦老。

"天若有情天亦老"这句诗简明而清楚地概括了道家道教对"情"的看法。他们认为，人之所以会衰老，一个非常重要的原因就是人具有喜怒哀乐之情。这些"情"就像锋利的斧头一样，不停地砍伐着人的生命之树，于是秋冬还没有到来，生命之树已是叶枯枝干了。因此，人要做到忘情。

　　因为很难做到忘情，所以忘情者被视为圣人、仙、佛，忘情被看作一种很高的精神境界。历代很多文人、甚至政治家都在向往这一精神境界。魏晋时期，是老庄玄学盛行时期，文人们多以无情为上。阮籍在当时的玄学界和文学界都是具有代表性的人物，我们看阮籍在其母去世时的表现：

　　　　（阮籍）性至孝，母终，正与人围棋，对者求止，籍留与决赌。既而饮酒二斗，举声一号，吐血数升。(《晋书·阮籍列传》)

　　母亲去世了，阮籍悲痛欲绝，但表面上却强作忘情；然而表面上的忘情，却无法掩盖导致他"吐血数升"的真情。文人如此，政治人物也如此。淝水之战关系着东晋的生死存亡，谢安是当时东晋的宰相，当他受命以数万军队抵御前秦苻坚数十万敌军时，毫无惧色；破敌之时，也毫无喜色。《世说新语·雅量》说：

　　　　谢公与人围棋，俄而谢玄淮上信至，看书竟，默然无言，徐向局。客问淮上利害，答曰："小儿辈大破贼。"意色举止，不异于常。

　　谢安正在与人下围棋，他的侄子谢玄从前线送来捷报，谢安看完捷报，一语未发继续下棋。当对方问起战事时，他轻描淡写地回答说："几个年轻人已经击溃敌人了。"大破敌军，拯救了国家，拯救了江南百姓，也拯救了自己，谢安真的不感到高兴吗？我们再看《晋书·谢安列传》的记载：

　　　　既破坚，有驿书至，安方对客围棋。看书既竟，便摄放床上，了无喜色，棋如故。客问之，徐答云："小儿辈遂已破贼。"既罢，还内过户限，心喜甚，不觉屐齿之折。其矫情镇物如此。

　　客人走后，谢安从厅堂进卧室过门槛时，他兴奋得把自己木屐下面的木齿踢掉了而竟然毫无察觉。谢安高兴到了忘乎所以的程度，但表面上却装出一副平静的样子，这就是"矫情"。他不惜矫揉造作，以"无情"的假象去掩盖自己"有情"的真实。这其中的原因，一小部分是由于政治需要，更重要的是他要向人们表示，他正在或已经接近了那些忘情的圣人。关于忘情，《红楼梦》第一回中的《好了歌》进行了较为全面的概括：

> 世人都晓神仙好，惟有功名忘不了！古今将相在何方？荒冢一堆草没了。

> 世人都晓神仙好，只有金银忘不了！终朝只恨聚无多，及到多时眼闭了。

> 世人都晓神仙好，只有娇妻忘不了！君生日日说恩情，君死又随人去了。

> 世人都晓神仙好，只有儿孙忘不了！痴心父母古来多，孝顺儿孙谁见了？

斩断对功名、金钱、娇妻、儿孙等等一切的牵挂，你就是一位无牵无绊、自由自在的人，甚至可以成仙、成佛。这些思想，无疑都是来源于庄子。

当然，完全做到忘情，几乎是不可能的事情，就连最早提倡忘情的庄子，终其一生也没有做到这一点。《世说新语·伤逝》记载了王戎一段较为中肯的话：

> 王戎丧儿万子，山简往省之，王悲不自胜。简曰："孩抱中物，何至于此？"王曰："圣人忘情，最下不及情；情之所钟，正在我辈。"

王戎的儿子万子夭折了，山简去看望他，王戎悲痛欲绝。山简说：

"一个怀抱中的婴儿，怎么就让你悲痛到这个地步！"王戎说："圣人忘情，最低劣的人残酷无情，情感最多的，就是我们这一类人。"

　　能否做到忘情，还是要依据个人具体情况而顺其自然，没有必要像阮籍、谢安那样压抑个人情感。庄子主张通过修养做到自然忘情，是为了健康，如果勉强压抑自己的情感，反而会伤害自己的身体。

大宗师

大宗师，伟大而值得敬仰的老师。宗，崇敬，敬仰。这里说的大宗师有两层含义，一是指大道，二是指得道的圣人。庄子认为，道是天地间所有规律、法则的总称，万物都应该遵循大道，因此大道是当之无愧的老师。而那些得道的圣人，则是道的具体体现者，因此这些得道圣人也是"大宗师"。本篇也是就这两层含义展开，一方面描绘了道的至高地位和具体特性，另一方面介绍了得道之人的思想行为。我们要强调的是，这两层含义的指向是一致的，那就是大道。

一

知天之所为①，知人之所为者，至矣！知天之所为者，天而生也②；知人之所为者，以其知之所知以养其知之所不知③，终其天年而不中道夭者，是知之盛也。虽然，有患④：夫知有所待而后当⑤，其所待者特未定也⑥，庸讵知吾所谓天之非人乎？所谓人之非天乎⑦？

【注释】

①所为：所作所为，行为。

②天而（néng）生：上天能够自然而然地生出万物。而，通"能"。

③以其知之所知以养其知之所不知：用人的智慧所知道的知识去养护人的智慧所无法知道的寿命。以，凭借，用。第一、第三个"知"同"智"。养，养护。所不知，指自己无法知道的寿命长短。

④有患：有忧患。以上所讲的是世俗之智，而不是道家的"真知"，所以"有患"。

⑤知有所待：知识要有所凭依。任何世俗知识都必须与客观认识对象相符合。当：恰当。

⑥其所待者特未定也：知识所凭依的客观对象还没有稳定下来。庄子认为，一切事物都在不断变化，那么以它们为根据的世俗知识当然也就靠不住了。详见"研读"。

⑦庸讵（jù）知吾所谓天之非人乎？所谓人之非天乎：怎么知道我刚才说的天现在不会变成人呢？而我刚才说的人现在不会变成天呢？极言外界事物变化之快、之大。庸讵，何以，怎么。天，天然事物。人，人为事物。

【译文】

　　知道天的所作所为，知道人的所作所为，这是最高的世俗智慧。知道天所作所为的人，就懂得上天能够自然而然地生出万物；知道人所作所为的人，就懂得人能够使用自己智慧所已知道的知识去养护智慧所无法知道的寿命，享尽天年而不中途夭折，这大概是世俗智慧的最高境界了。虽然如此，还是存在忧患：世俗知识必须与外界事物相符合才算恰当，然而世俗知识所凭依的外界事物还处于不断变化之中，那么怎么知道我刚才说的天现在不会变成人呢？而我刚才说的人现在不会变成天呢？

【研读】

为了更好地理解本段中"夫知有所待而后当，其所待者特未定也，庸讵知吾所谓天之非人乎？所谓人之非天乎"这几句，我们看《吕氏春秋·察今》中的一个故事：

> 荆人欲袭宋，使人先表澭水。澭水暴益，荆人弗知，循表而夜涉，溺死者千有余人，军惊而坏都舍。向其先表之时可导也，今水已变而益多矣，荆人尚犹循表而导之，此其所以败也。

楚国军队与宋国军队隔着澭水（古水名，在今山东、河南一带，今不存）对阵，楚军计划夜里偷袭宋军，事先派人去探查澭水的深浅，并在可以涉水的地方做了标记。后来澭水暴涨，而楚军不知，依然按照原来的标记过河，结果溺死一千多人，军营也被冲毁。楚军做标记时，对澭水的认识是正确的，可当他们把这一"正确认识"付诸实践时，却出现了重大失误，其原因就是澭水处于不断变化之中，而楚军却忽略了这一点。这就是庄子说的"天"与"人"之间互变的道理。

且有真人而后有真知①。何谓真人？古之真人，不逆寡②，不雄成③，不谟士④。若然者，过而弗悔⑤，当而不自得也⑥。若然者，登高不慄⑦，入水不濡⑧，入火不热，是知之能登假于道者也若此⑨。

【注释】

①真人：得道圣人。真知：与世俗智慧相对，指圣人的智慧。

②不逆寡：不欺辱少数人。逆，反对，欺辱。

③不雄成：不因成功而称王称霸。

④不谟（móu）士：不去谋划具体事务。谟，通"谋"。士，通"事"。主要
　　是对圣君而言。

⑤过而弗悔：做了错事也不再去后悔。过，错误。详见"研读"。

⑥当而不自得：做了恰当的事也不洋洋自得。详见"研读"。

⑦慄（lì）：因害怕而发抖。

⑧濡（rú）：沾湿。"入水不濡，入火不热"是说真人在精神上超越生死痛苦，
　　无论水火都无法改变他们的平和心境。

⑨登假（gé）：上升。假，通"格"。升。一说通"遐"。高远。

【译文】

　　再说只有真人出现以后才会有真知。什么叫真人呢？古代的那些
真人，不欺辱少数人，不因自己的成功而称王称霸，不考虑任何具体
世务。像这样的真人，办了错事也不会再去悔恨，做了恰当的事也不
洋洋自得。像这样的真人，登上高处不感到害怕，落入水中不会被沾
湿，进入火中也不觉得灼热，只有那些思想修养能够达到大道境界的
人才能做到这一点。

【研读】

　　本段及以下文字主要介绍得道的真人，描写了这些真人的思想、
容貌和行为。而这些真人，就是庄子所说的"大宗师"。值得我们注
意的是，庄子把人分为世俗人和真人两类，把智慧也相应地分为世俗
智慧和真人智慧两类，他赞扬真知，反对俗知。关于本段"入水不濡，

入火不热"的原因，可参阅《逍遥游》篇对"大浸稽天而不溺，大旱金石流、土山焦而不热"的"研读"。

本段说"过而弗悔"，意思类似于今人劝慰那些因以往错误而悔恨万分者："事情过去就过去了，不要再去想它了。"目的是为了维护心境的平和。《后汉书·郭符许列传》记载：

> 孟敏字叔达，钜鹿杨氏人也。客居太原。荷甑堕地，不顾而去。林宗见而问其意。对曰："甑以破矣，视之何益？"林宗以此异之，因劝令游学。十年知名，三公俱辟，并不屈云。

孟敏字叔达，是钜鹿杨氏（今河北宁晋）人。他客居太原时，有一天走在路上，不小心把挑着的陶器掉在地下，摔得粉碎。可他连看也不看一眼，径直走了。郭泰（又作郭太，字林宗）见了很奇怪，就询问原因。孟敏回答说："陶器已经破了，看它又有什么用呢？"郭泰因此感到孟敏异于常人，便鼓励他努力学习。十年之后，孟敏成为名士，三公争相聘用，而孟敏一概谢绝。孟敏就因为做到了"过而不悔"，得到了名震天下、号称知人的郭泰的赏识，最终成就了自己。

本段还提醒人们"当而不自得"，反对"当而自得"。"当而自得"不仅会破坏内心的平和，还会为自己带来意外的损失。这方面的例子大概要数画蛇添足了，《战国策·齐策二》记载：

> 楚有祠者，赐其舍人卮酒。舍人相谓曰："数人饮之不足，一人饮之有余。请画地为蛇，先成者饮酒。"一人蛇先成，引酒且饮之，乃左手持卮，右手画蛇，曰："吾能为之足。"未成，一人之蛇成，夺其卮曰："蛇固无足，子安能为之足？"遂饮其酒。为蛇足者，终亡其酒。

有一位楚国贵族在祭祀时，赏给门客一杯酒，几位门客商议说：

"这杯酒几个人喝是不够的，一个人喝还绰绰有余。那么咱们就在地上画蛇，谁先画成，这杯酒就归谁喝。"有位门客很快就画成了，他得意扬扬地端起酒杯就要饮用时，突然觉得还未尽兴，于是他左手端着酒杯，右手继续画蛇，说："我还能给蛇画上脚。"蛇脚还没画成，另外一位门客已经画好了，此人夺过酒杯，说："蛇本来没有脚，你怎能给它添上脚呢？"说完就仰起头来把酒一饮而尽。

　　第一位画蛇成功的门客，因为过分得意与自信，认为自己即使为蛇再画几只脚，也能赶在他人之前。结果不仅失去了已经到手的美酒，而且还为人们留下"画蛇添足"的笑柄。

　　古之真人，其寝不梦，其觉无忧，其食不甘①，其息深深②。真人之息以踵③，众人之息以喉。屈服者④，其嗌言若哇⑤。其耆欲深者⑥，其天机浅⑦。

【注释】

①不甘：感觉不到甜美。真人忘情于物，故能做到"不梦""无忧""不甘"。

②息：呼吸。

③息以踵：指深呼吸，让气息到达包括脚跟在内的全身。踵，脚后跟。详见"研读一"。

④屈服者：在辩论中理屈词穷的世人。

⑤其嗌（ài）言若哇（wā）：就像喉咙被卡住了一样吞吞吐吐地说不出话来。嗌，咽喉被堵塞。哇，呕吐。形容讲话不流利。

⑥耆：同"嗜"。嗜欲。

⑦天机：天然智慧。即庄子说的"真知"。详见"研读二"。

【译文】

古代的那些真人，他们睡觉时不会做梦，醒来后无忧无虑，吃饭时不觉甘甜，呼吸时十分深沉。真人呼吸时要让气息达到包括脚跟在内的全身，而一般人呼吸时气息仅仅只到喉咙处。世人在辩论中理屈词穷时，喉咙就像被卡住了一样吞吞吐吐地说不出话来。那些欲望深重的人，其天然智慧就会非常浅薄。

【研读】

一 真人之息以踵

本段中的"真人之息以踵"，从字面上很难理解，因为人们很难想象圣人会用脚后跟呼吸。实际上这不过是一种气功类的养生术而已。董仲舒《春秋繁露·循天之道》解释说："天气常下施于地，是故道者，亦引气于足。"苏轼《闻正辅表兄将至以诗迎之》说："目听不任耳，踵息殆废喉。"郭庆藩《庄子集释》引《经典释文》解释说："内息之貌。"并引王穆夜的说法："起息于踵，遍体而深。"应该说，这些解释都比较明确，特别是苏轼的"踵息殆废喉"，说明"踵息"并非完全卡住脖子纯用脚后跟呼吸，而是类似今人所讲的气功深呼吸。对此，明代伊真人弟子所撰《性命圭旨·亨集·退藏沐浴工夫》说：

> 一切常人呼吸，皆随咽喉而下，至中脘而回，不能与祖气相连，如鱼饮水，而口进腮出，即《庄子》所谓"众人之息以喉"是也。如是至人呼吸，则直贯明堂而上，至夹脊而流入命门，得与祖气相连，如磁吸铁，而同类相亲，即《庄子》所谓"真人之息以踵"是也。踵者，真息深深之义。

大意是：所有普通人的呼吸，新鲜空气（即董仲舒说的"天气"，因其从上面而来，故名）都是由咽喉向下，仅仅吸到中脘穴（在胸部）就呼出去了，不能与祖气（指身体内部原有的精气）相连接，就好像鱼饮水那样，从口中进而从腮里出，这种呼吸就是《庄子》所说的"众人之息以喉"。圣人的呼吸，让气息直接穿过明堂（主要指心）再向上行，通过夹脊（背部的一个穴位）而流入命门（指脐下丹田穴），与各处的祖气相互连接，就如同磁石吸铁连接在一起那样，因为它们属于同类，故而能够相互亲近，这就是《庄子》所说的"真人之息以踵"，所谓的"踵"，就是说真人的呼吸非常深沉的意思。

深呼吸对人的健康十分有益，已经被现代人运用到医疗保健等方面。

二　其耆欲深者，其天机浅

关于这两句话，《庄子·达生》有进一步解释："以瓦注者巧，以钩注者惮，以黄金注者殙。其巧一也，而有所矜，则重外也。凡外重者内拙。"意思是：用瓦器做赌注的人，赌技发挥得极佳；用衣带钩做赌注的人，会因担心损失而发挥失常；用黄金做赌注的人，就会紧张得稀里糊涂。赌博技巧一样，有时会因为顾虑重重而变得笨拙，原因就是太看重身外名利了。凡是太看重名利的人，内心就会变得愚蠢。关于多欲对一个人认识能力的负面影响，《列子·说符》有一个故事更为形象：

昔齐人有欲金者，清旦衣冠而之市，适鬻金者之所，因攫其金而去。吏捕得之，问曰："人皆在焉，子攫人之金何？"对曰："取金之时，不见人，徒见金。"

从前有一个齐国人特别贪爱黄金。在一个赶集的日子，他一大早穿戴得整整齐齐去市场买东西，路过金店时，一下子被黄金吸引住了，脑子一热，抢了一把黄金就跑。结果很快就被抓住送往官府，审问的官员百思不得其解，问他："赶集的日子，身边站了那么多的人，你怎么敢当着那么多人的面抢别人的黄金呢？"此人有一个非常经典的回答："当我伸手抢黄金时，没有看见一个人，只看见了黄金。"对黄金的贪欲，使这个齐国人面对满市场熙熙攘攘的人群视而不见。

古之真人，不知说生①，不知恶死；其出不欣②，其入不距③；翛然而往④，翛然而来而已矣；不忘其所始⑤，不求其所终⑥；受而喜之，忘而复之⑦，是之谓不以心捐道⑧，不以人助天⑨，是之谓真人。若然者，其心志⑩，其容寂⑪，其颡頯⑫，凄然似秋⑬，暖然似春⑭，喜怒通四时⑮，与物有宜而莫知其极⑯。

【注释】

①说（yuè）：同"悦"。喜欢，贪恋。

②其出不欣：他们不为出生而欣喜。欣，喜欢。

③其入不距：他们也不拒绝死亡。入，死亡。距，通"拒"。抗拒。

④翛（xiāo）然：自由自在的样子。往：去。指离开人世。

⑤所始：所产生的本源。人来自自然，死亡即回归自然。

⑥不求其所终：不有意选择自己的归宿。终，死亡。

⑦忘而复之：忘情于生死而复归自然。复，回归自然。即死去。

⑧以心捐道：以主观好恶损害大道。心，主观成见、好恶。捐，损害。根据大道，生死一齐，如果贪生恶死，那就背离了大道。

⑨以人助天：用人为因素去改变大自然。助，强加于，改变。

⑩志：专一。此指专一于大道。

⑪寂：平静。

⑫颡（sǎng）：额头，引申为面容。頯（kuí）：朴实。

⑬凄然似秋：像秋天那样肃爽。

⑭暖然似春：像春天那样温暖。

⑮喜怒通四时：喜怒如同四季交替那样自然而然。四时，四季。

⑯与物有宜：与外物相处非常和谐。宜，合适，和谐。极：尽头。指真人的最高思想境界。

【译文】

古代的那些真人，既不贪恋生命，也不厌恶死亡，出生时不感到欣喜，死亡时也不会抗拒，他们自由自在地离开人间，无拘无束地来到人世。他们没有忘记自己原本就是来自大自然，也不有意去选择自己的归宿。他们愉快地接受生命，忘情于生死而回归自然，这就叫不以主观好恶去损害大道，不用人为因素去改变自然，这样的人就叫真人。像这样的真人，他们精神专一，表情平静，容貌朴实。他们如秋天般肃爽，像春天般温暖，他们或喜或怒也如同四季交替那样自然而然，他们与外物相处非常和谐，而没有人能够了解他们的最高思想境界。

故圣人之用兵也，亡国而不失人心①；利泽施乎万世，不为爱人②。故乐通物③，非圣人也；有亲④，非仁也；天时⑤，非贤也；利害不通⑥，非君子也；行名失己⑦，非士也；亡身不真⑧，非役人也⑨。若狐不偕、务光、伯夷、叔齐、箕子、胥余、纪他、申徒狄^⑩，是役人之役^⑪，适人之适^⑫，而不自适其适者也^⑬。

【注释】

①亡国而不失人心：圣人顺应民心用兵，因此灭掉别的国家而不会失去这个国家的民心。

②不为爱人：不认为自己是在爱护别人。圣人做了好事并不认为自己做了好事。

③乐通物：以与万物融而为一为快乐。庄子持万物一齐观点，但应出于自然，如有意去追求与万物融而为一，并以此为乐，则是未忘情于物的表现，所以下文说这样的人"非圣人也"。

④亲：偏私，偏爱。

⑤天时：有意去选择时机。一说"天时"为"失时"之误。

⑥利害不通：不能把利与害看作相同。通，相同。

⑦行名失己：为追求名声而失去自我的美好天性。行，追求。

⑧亡身不真：失去生命，行为不符合真理。

⑨役人：役使别人的人。即主宰者。

⑩狐不偕：尧时隐士。为拒绝尧的禅让而投河。务光：商代隐士。为拒绝商汤禅让而负石投河。伯夷、叔齐：孤竹国君的两个儿子。先为推让君位而投奔周文王，后因反对周武王灭商，坚决不食周粟而饿死于首阳山。箕（jī）子：商纣王的叔父，因反对纣王暴政而装疯。胥余：生平不详。一说是箕子的名。纪他：因担心商汤让天下给自己而投水。申徒狄：听说商汤要让位给自己而投河。

⑪役人之役：被役使别人的人所役使。即被别人所役使。

⑫适人之适：把别人认为适当的原则当作自己的原则。适，适当。指别人认为

适当的原则。举例见"研读"。

⑬自适其适：以自己认为适当的原则为原则。

【译文】

因此圣人用兵打仗，灭掉了敌国而不会失去这个国家的民心；他们的恩德施及万世，而他们并不认为自己是在爱人。因此那些以与万物融合为快乐的人，算不上圣人；有所偏爱，算不上仁人；有意选择时机而行动，算不上贤人；不懂得利与害是相同的，算不上君子；为追求名利而失去自我天性，算不上士人；失去生命而行为又不符合大道，算不上能够役使别人的领导者。像狐不偕、务光、伯夷、叔齐、箕子、胥余、纪他、申徒狄等人，他们都是被别人所役使的人，把别人认为适当的原则当作自己的原则，而不是按照自己认为适当的原则而生活的人。

【研读】

什么是"适人之适，而不自适其适者"呢？邯郸学步的故事对此做了形象说明：

　　且子独不闻夫寿陵余子之学行于邯郸与？未得国能，又失其故行矣，直匍匐而归耳。(《庄子·秋水》)

寿陵一位年轻人到邯郸（今河北邯郸）学习走路姿势，结果不但没学会邯郸人的走路姿势，反而把自己原有的走路本领搞忘了，只好爬着回去。这位年轻人不是按照自己感到舒服的姿势走路，硬要把邯郸人的走路姿势当作自己的走路标准，结果只能爬着回去。类似的说法还有"东施效颦"(《庄子·天运》)、"作舍道边，三年不成"(《后汉书·曹褒列传》）等等。这些成语、俗话都从不同角度说明"适人之适"的弊端，要求人们"走自己的路"。

　　古之真人，其状义而不朋^①，若不足而不承^②，与乎其觚而不坚也^③，张乎其虚而不华也^④，邴邴乎其似喜乎^⑤，崔乎其不得已乎^⑥，滀乎进我色也^⑦，与乎止我德也^⑧；厉乎其似世乎^⑨，謷乎其未可制也^⑩，连乎其似好闭也^⑪，悗乎忘其言也^⑫。

【注释】

①状：容貌。义（é）而不朋：伟岸而不一般。义，通"峨"。伟岸。朋，一样。

②不承：不需添加点什么。承，承受，添加。

③与乎其觚（gū）而不坚也：从容不迫，是那样的坚定而柔和。与，从容不迫。觚，棱角，坚定。不坚，柔和。

④张乎其虚而不华也：胸怀宽广而且虚净朴实。张，宽广。不华，不浮华，朴实。

⑤邴邴（bǐng）乎：喜悦的样子。

⑥崔乎：有所行动的样子。

⑦滀（chù）乎：本指水清澈貌。这里用来形容真人容貌和悦而有光泽。进我：劝我上进。色：表情。

⑧与乎：从容不迫的样子。止我德：引导我们归向道德。

⑨厉乎：危险的样子。似世：似乎进入了人世。

⑩謷（áo）乎其未可制也：放情高远而不受任何约束。謷乎，高远的样子。制，制约，约束。庄子认为生活于人世是件危险的事，但真人只是身在世间，情在世外，所以说真人"謷乎其未可制也"。

⑪连乎其似好闭也：用心深远似乎难以理解。连乎，绵邈深远的样子。好闭，

喜欢自我封闭。即难以被世人理解。

⑫悗（mèn）乎：无心于物的样子。即不关心世务。

【译文】

　　古代的那些真人，他们的容貌是那样的伟岸而异于常人，似乎有欠缺之处但又无须添加点什么；他们从容不迫是那样的坚定而柔和，他们胸怀宽阔是那样的虚净而朴实；他们怡然自得似乎十分愉悦，有所行动又好像是出于不得已；他们的容貌和悦似乎在诱导我们上进，从容不迫地让我们归依于道德；他们进入人世似乎处境危险，却又那样放情高远而不受任何约束；他们用心深远似乎难以理解，好像无心于物而忘掉了语言。

　　以刑为体①，以礼为翼②，以知为时③，以德为循④。以刑为体者，绰乎其杀也⑤；以礼为翼者，所以行于世也；以知为时者，不得已于事也；以德为循者，言其与有足者至于丘也⑥，而人真以为勤行者也⑦。故其好之也一⑧，其弗好之也一。其一也一，其不一也一。其一与天为徒⑨，其不一与人为徒，天与人不相胜也⑩。是之谓真人。

【注释】

①以刑为体：以刑罚为治国主体。

②翼：辅助，辅助手段。

③以知为时：用智慧去了解时代。知，同"智"。为，动词，了解。

④循：遵循的标准。

⑤绰乎：广泛的样子。

⑥言其与有足者至于丘也：意思是说就好像与有足人一起登上山丘那样平常自然。

⑦勤行：苦行。勤，苦。

⑧好之也一：喜欢刑、礼、智、德的人要这样做。之，代指刑、礼、智、德。一，一样，这样。

⑨与天为徒：给上天当弟子。即以天为师，效法自然。

⑩天与人不相胜也：直译为"天与人不能互相战胜"。实际含义是说人为原则是低劣的，效法自然的做法是高明的，人不可能胜天。

【译文】

治理国家要以刑法为主体，以礼仪为辅佐，用智慧去了解时代，以道德为言行标准。以刑法为主体，就是要广泛地使用刑杀手段；以礼仪为辅佐，就是要把礼仪推行到社会的方方面面；用智慧了解时代，这是因为我们必须做事；以道德作为言行标准，意思是说这样做就好像与有足人一起登上山丘那样平常自然，而人们却以为他们的行为非常辛苦。所以说那些喜欢刑、礼、智、德的人要这样做，那些不喜欢刑、礼、智、德的人也要这么做。认为该这样做的人这样做，认为不该这样做的人也要这样做。认为该这样做的就符合自然法则，认为不该这样做的就属人为原则，人为的原则比不上效法自然的做法。懂得这个道理的就叫真人。

【研读】

古今不少学者认为本段不符合庄子思想，甚至主张删去，这种看法我们并不赞成。终其一生，庄子都生活在两个世界——理想社会与现实社会之中。所以他有时描写理想社会的政治状况，如《山木》篇的建德之国。在理想社会里，人们保有自己的美好天性，他们憨愚朴实，少私寡欲，任意作为而皆符合大道。在这样的社会里，自然不需要刑、礼、智、德去约束他们。有时庄子描写的是现实社会的政治状况，如《人间世》篇的卫国，在现实社会里，人们为了名利，钩心斗角，尔虞我诈，无所不用其极，面对这种混乱的社会局面，就只能使用刑、礼、智、德去惩罚坏人，约束民众。

二

死生，命也，其有夜旦之常①，天也。人之有所不得与②，皆物之情也③。彼特以天为父④，而身犹爱之，而况其卓乎⑤！人特以有君为愈乎己⑥，而身犹死之⑦，而况其真乎⑧！

【注释】

①夜旦：夜晚和白天。旦，白天。常：永恒现象。

②不得与：无法干预。与，参与，干预。

③情：真实情况。

④彼特以天为父：人们仅仅把上天看作自己的生命之父。古人认为是上天养育了人，因此以天为父。彼，泛指人们。特，仅仅。

⑤卓：卓越，超越。指比天更具权威的道。下文说道能"生天生地"，因此道高于天。

⑥有君：君主。有，名词词头。愈乎己：超过自己。

⑦死之：为君主献出生命。

⑧真：真正的君主。指真正能主宰一切的大道。

【译文】

有生有死，这是天命注定的，就好像日夜相互交替这一永恒现象一样，都属于自然规律。有许多事情人是无法干预的，这都是万物的真实情况。人们仅仅把上天看作自己的生命之父，因而就去爱戴它，更何况超过了上天的大道！人们仅仅认为君主超过自己，因而就愿意为他献身，更何况能够真正主宰万物的大道！

【研读】

本段认为大道比天地更权威，比君主更尊贵，是包括天地、君主在内的万物的真正主宰者，那么大道究竟是什么，具有哪些特性，可见下文"夫道有情有信"一段的描写及"研读"。

泉涸①，鱼相与处于陆，相呴以湿②，相濡以沫③，不如相忘于江湖。与其誉尧而非桀也④，不如两忘而化其道⑤。

【注释】

①泉：水。涸（hé）：水干了。

②相呴（xū）以湿：用口中湿气相互涂抹。比喻人们在困境中相互帮助。

③相濡以沫：用口水相互湿润对方。濡，沾湿。沫，吐沫。"相濡以沫"的成语就出自这里。

④非：非议。桀：夏朝的亡国暴君。

⑤不如两忘而化其道：不如忘掉他们的是是非非而与大道融为一体。如果能够
　忘记是非，人就自由了。两忘，指忘掉尧的圣明与桀的残暴。化其道，化
　于道，与大道融为一体。

【译文】

　　水干涸了，鱼被困在陆地上相互依偎着，它们用口中湿气互相湿
润对方，用口中吐沫互相涂抹对方，如此相亲相爱还不如它们自由自
在地游荡于江湖之中而相互忘却。与其赞美帝尧的圣明而批评夏桀的
残暴，还不如忘掉他们的是是非非而与大道融为一体。

【研读】

　　关于这段文字，我们可以从两个层面理解。

　　第一个层面，从现实生活的层面去解读。比如在灾荒、战乱的年
代里，人们四处逃难，在逃难时，彼此抚慰，相互帮助，还不如生活
在太平安定的时代里，人人生活得自由自在，无须相互帮助，也无须
彼此抚慰。

　　第二个层面，从精神生活层面去解读。由于人们的思想处于世俗
道德水平，所以面对人世间的是是非非时，那些仁人志士团结一致去
赞美、支持像帝尧这样的圣君，或者同仇敌忾地去批判、反对像夏桀
这样的暴君。庄子认为这样做不仅辛苦，而且还会使自己陷入无尽的
烦恼之中，因此不如进入大道境界，齐同生死，泯灭是非，以获取一
种自由自在的精神生活。本段的主旨主要指这一层面。

三

　　夫大块载我以形①，劳我以生②，佚我以老③，息我以死④。故善吾生者⑤，乃所以善吾死也。

【注释】

①夫大块载我以形：大自然赋予我形体使我有所寄托。大块，本指大地。这里
　代指天地自然。载，寄托。

②劳我以生：赋予生命让我辛勤劳作。

③佚我以老：赋予我晚年让我享受安逸。佚，通"逸"。安逸。

④息：休息。

⑤善吾生者：妥善安排我生存的大道。

【译文】

　　大自然赋予我一个形体使我有所寄托，赋予我生命让我辛勤劳作，赋予我衰老使我享受清闲，赋予我死亡让我休息。因此能够妥善安排我生存的大道，也能够妥善安排我的死亡。

【研读】

　　古今不少学者都把死亡视为休息，儒家在这方面表现得也很突出。《周易·象传》有一句话："天行健，君子以自强不息。"这句话可以看作儒家的行为原则。《论语·述而》记载："叶公问孔子于子路，子路不对。子曰：'女奚不曰：其为人也，发愤忘食，乐以忘忧，不知老之将至云尔。'"这是孔子精神的真实写照。孔子一生都在奋斗，从未停息，

早年是为了自己的政治目的，晚年是为了教育和学术。《列子·天瑞》有一段孔子与子贡的对话，更为形象地说明了这一点：

> 子贡倦于学，告仲尼曰："愿有所息。"仲尼曰："生无所息。"
> 子贡曰："然则赐（子贡名赐）息无所乎?"仲尼曰："有焉耳。望其圹，睪如也，宰如也，坟如也，鬲如也，则知所息矣。"

子贡厌倦了学习，想休息一下，孔子提醒他活着就不能休息。子贡很失望，问老师："难道我就没有可以休息的时间和地方了吗?"孔子说："有啊。你什么时候看到那个圆圆的、高高的、如倒置的锅一样的坟墓，就知道到了该休息的时间和地方了。"在孔子看来，人的唯一休息场所就是自己的坟墓。孔子不仅如此教育弟子，而且身体力行：

> 孔子病，商瞿卜期日中。孔子曰："取书来，比至日中，何事乎?"（《论衡·别通》）

孔子生了重病，让弟子商瞿占卜自己的死期，占卜结果是死期就在当天中午。孔子对商瞿说："拿本书来，从现在到中午，不读书干嘛呢!"孔子做到了他要求的"生无所息"，有始有终，始终如一，不愧为万世师表!

> 夫藏舟于壑①，藏山于泽，谓之固矣②! 然而夜半有力者负之而走③，昧者不知也④。藏小大有宜⑤，犹有所遁⑥。若夫藏天下于天下而不得所遁⑦，是恒物之大情也⑧。特犯人之形而犹喜之⑨，若人之形者，万化而未始有极也⑩，其为乐可胜计邪? 故圣人将游于物之所不得遁而皆存⑪。善妖善老⑫，善始善终，人犹效之，又况万物之所系而一化之所待乎⑬!

【注释】

①壑：山沟。按照常情，盗船者一般要到水边去盗船，而藏船者却把船藏到深山里，比喻人们把东西藏匿在别人意想不到的地方。

②谓之固矣：认为这样做很保险了。谓，认为。固，牢固，安全。

③负之：背起舟和山。走：跑掉。

④昧者：睡着的人。昧，通"寐"。睡觉。一说为愚昧。

⑤小大：指小的舟和大的山。有宜：很恰当。

⑥遁：丢失，失去。

⑦藏天下于天下：把天下万物藏于天下。意思是，把天下视为收藏万物的府库，不把万物据为己有，那么万物也就不会丢失了。

⑧是恒物之大情也：这是事物永恒的基本道理。大情，根本道理。

⑨特：仅仅。犯人之形：得到人的形体。犯，遇上。

⑩万化而未始有极也：千变万化而未有终极。庄子认为物质不灭，人死后，其肉体可变作其他事物，而且这种辗转变化永无终结。从大道的角度看，这些事物与人体是一样的。

⑪故圣人将游于物之所不得遁而皆存：所以圣人将自己的身体看作天地的一个组成部分，并把它寄托于天地之间而与天地共存。意思是，一个人不要把自己的身体视为己有，而应视为天地的一个组成部分，这个身体死了，还会变作其他事物，千变万化，总在天地之间，从这个角度讲，人是不死的，可与天地共存。物之所不得遁，即万物逃离不了的天地之间。

⑫妖：通"夭"。年轻。

⑬又况万物之所系而一化之所待乎：更何况万事万物所依靠的、一切变化所依赖的大道呢？系，依靠。一化，所有的变化。待，依赖。

【译文】

把船藏在山沟里，把山藏在水泽中，认为这样很牢固很保险了。然而半夜里有位大力士把它们背起跑了，而睡梦中的人一点也没有察觉。虽然把小船和大山藏匿得很妥当，却仍然会丢失。如果以整个天下为府库来收藏天下万物，那么就不会有所丢失，这是万物永恒的基本道理。人们仅仅因为得到了人的形体就欣喜万分，然而类似人类形体的事物很多，千变万化而未有终极，那么获得的快乐还数得清吗？所以圣人将自己的身体看作天地的一个组成部分，并把它寄放在天地之间而与天地共存。少年时做得好，老年时做得也好；开始时做得好，结束时做得也好。像这样的人，人们尚且去效法他，更何况万事万物所依靠的、一切变化所依赖的大道呢！

【研读】

本段主要告诫人们要效法大道，与天地融为一体，把自己视为大自然的一个组成部分，这样就可以获得永恒的生命。苏东坡在《前赤壁赋》中阐述了同样的道理：

苏子曰："客亦知夫水与月乎？逝者如斯，而未尝往也；盈虚者如彼，而卒莫消长也。盖将自其变者而观之，则天地曾不能以一瞬；自其不变者而观之，则物与我皆无尽也，而又何羡乎！"

苏东坡说："您也知道这江水与月亮吧？江水不断地流逝，其实并没有真正消失；时圆时缺的月亮，最终也没有实际增减。如果从事物易变的角度看，就连天地也时时刻刻在发生着变化；如果从事物不变的角度看，我们的生命与万物同样不会消失，你又有什么可羡慕的呢！"苏东坡继承庄子思想，认为如果从变的角度观察万物，万物则瞬息万变，这就是庄子在本篇中说的："夫知有所待而后当，其所待者特未定也，庸讵知吾所谓天之非人乎？所谓人之非天乎？"如果从不变的角度观察万物，那么任何一种事物都是永恒的。比如一个人，他有生有死，但死后并不意味着他从此就消失了，他的肉体肯定会变为其他事物——一抔土、一棵草……如此辗转循环，继续以其他形态生存于天地之间。从这一角度说，每个人都是永恒不死的。

四

夫道有情有信①，无为无形②，可传而不可受③，可得而不可见；自本自根④，未有天地，自古以固存⑤；神鬼神帝⑥，生天生地；在太极之先而不为高⑦，在六极之下而不为深⑧，先天地生而不为久，长于上古而不为老。

【注释】

①夫道有情有信：大道是真实存在的。情、信，都是真实的意思。

②无形：没有形体。道是所有规律、法则的总称，故无形体。

③受：用手接东西。道是无形的，故无法用手去接。

④自本自根：道自身就是根本。万物是有条件的存在，而道是无条件的存在，不是由其他东西产生的，所以说道"自本自根"。

⑤固存：本来就存在着。

⑥神鬼神帝：使鬼神和天帝有神灵。神，动词，使……有神灵。帝，天帝，上帝。

⑦太极：最高处。先：上。

⑧六极：即"六合"。指天地、四方。关于"道"的含义，详见"研读"。

【译文】

　　大道是真实的存在，它清静无为而没有形体；可以传授与人而人却无法用手去接过来，可以领悟它但无法看见它；大道自为根本，在没有出现天地的时候，大道已经存在；它赋予鬼神和天帝以神灵，它产生了上天和大地；说它在太极之上不足以形容它的高峻，说它在六极之下不足以形容它的深邃，说它出现于天地之前不足以形容它的久远，说它年长于远古不足以形容它的长寿。

【研读】

　　"道"和"德"是老庄哲学中最重要的两个概念，也是老庄学派被称为"道家"的原因所在。那么"道""德"的含义究竟是什么呢？

　　"道"是老庄思想体系中的最高概念，其权威超过了天帝、鬼神及其他任何事物。"道"的本义是道路，人们从某地到某地，必须通过某一条道路，否则，就无法到达自己的目的地。同样的道理，包括人在内的万物要想达到自己的目的，必须遵循某一种规律、原则，否则就无法成功。于是在词汇比较贫乏的古代，老庄就把道路的"道"拿来作规律、真理、原则等含义来使用。"道"是天地间所有规律、真理的总称。老庄认为，在万物出现之前，道已经存在，万事万物都是遵循大道而生生死死。我们必须说明，老庄所讲的规律同我们今天所讲的规律虽然概念上一样，都是指人或物所必须遵循的客观法则，但在阐述规律的具体内容时，却有很大不同。除了自然、社会规律外，老庄还把一些伦理道德、甚至一些与规律相违背的东西也视为规律，这是因为时代的局限性造成的。

　　所谓的"德"，就是具体事物的规律、本性。德大约有两层含义：一是指先天的德。万物一旦产生，就必定具备自己的本性和本能，比如人一生下来就知道吃喝，这就是人的最初本能。而这个本能，老庄认为就是道赋予的。二是指后天的德。道是客观存在，人们学习的目的就是得道，然而人们又不可能把所有的道全部掌握，那么已经被人掌握的这一部分道就叫"德"。

　　"道"是所有规律的总称，是整体，是客观存在；而"德"是指具体事物的规律、本性，属于个别。我们打一个比方："道"好比长江的水，浩浩荡荡；我们去喝长江的水，只能喝取其中很少一部分，而喝到我们肚子里的那些水就叫"德"。所以古人说：

　　　　德者，得也。……何以得德？由乎道也。（王弼《老子道德经注》）

　　从大道那里得到的、属于个人所有的那一部分就是"德"。简言之，"道"是整体，"德"是部分；"道"是客观的，"德"是个人的。因为"德"是从"道"那里得来的，因此二者的内容又是一致的。

　　狶韦氏得之[①]，以挈天地[②]；伏戏氏得之[③]，以袭气母[④]；维斗得之[⑤]，终古不忒[⑥]；日月得之，终古不息；堪坏得之[⑦]，以袭昆仑[⑧]；冯夷得之[⑨]，以游大川；肩吾得之[⑩]，以处大山[⑪]；黄帝得之，以登云天[⑫]；颛顼得之[⑬]，以处玄宫[⑭]；禺强得之[⑮]，立乎北极[⑯]；西王母得之[⑰]，坐乎少广[⑱]，莫知其始，莫知其终；彭祖得之[⑲]，上及有虞[⑳]，下及五伯[㉑]；傅说得之[㉒]，以相武丁[㉓]，奄有天下[㉔]，乘东维[㉕]，骑箕尾[㉖]，而比于列星。

【注释】

①狶（xī）韦氏：传说中的远古帝王。

②挈（qiè）：提举，创立。

③伏戏氏：即伏羲。传说中的远古帝王。

④以袭气母：用大道调和元气。以，用。"以"的后面省略"道"。袭，相合。引申为调和。气母，元气。古人认为，宇宙最初状态是一片混混沌沌的元气，由元气分解为阴阳二气，阴阳二气相互调和，于是产生万物。

⑤维斗：北斗星。

⑥忒（tè）：差错。

⑦堪坏（pēi）：神灵名。昆仑山神。

⑧袭：进入，入住。

⑨冯夷：河神名。

⑩肩吾：泰山之神。

⑪大（tài）山：即泰山。大，同"泰"。

⑫登云天：升天成仙。传说黄帝在首山采铜，在荆山铸鼎，鼎成后乘龙升天成仙。

⑬颛顼（zhuān xū）：传说中的古帝王。据说为黄帝之孙。

⑭玄宫：北方的王宫。玄，黑色。古人以黑色代表北方。

⑮禺强：北方的水神。

⑯北极：最北端。

⑰西王母：女神名。

⑱少广：神山名。

⑲彭祖：传说中的长寿者。

⑳有虞：夏朝之前的朝代名，君主为舜。

㉑五伯（bà）：即春秋五霸。一说指齐桓公、晋文公、楚庄王、吴王阖闾、越
　　王勾践；一说指齐桓公、晋文公、宋襄公、楚庄公、秦穆公。这两句是说，
　　彭祖得道后，从虞舜时代一直活到五霸时期。

㉒傅说（yuè）：商朝贤臣。

㉓相武丁：帮助商王武丁。相，帮助。也可理解为"当宰相"。武丁，商朝的
　　帝王高宗。

㉔奄（yǎn）有：全部占有。奄，覆盖，全部。

㉕乘东维：乘坐东维星。东维，星宿名。传说傅说死后成为星神，因此能乘坐
　　星星。

㉖箕尾：星宿名。关于灵魂成神的问题，详见"研读"。

【译文】

　　豨韦氏得到了大道，可以创立天地；伏戏氏得到了大道，可以调
和元气；北斗星得到了大道，永远不出差错；日月得到了大道，永远
不会停息；堪坏得到了大道，可以入主昆仑山；冯夷得到了大道，可
以巡游大江大河；肩吾得到了大道，可以安居泰山；黄帝得到了大道，
可以升天成仙；颛顼得到了大道，可以居住在北方的王宫之中；禺强
得到了大道，可以立足于北极；西王母得到了大道，可以稳坐在少广
山，没人能知道她的开始，也没人能知道她的终结；彭祖得到了大道，
就能够从虞舜时代一直活到春秋五霸时期；傅说得到了大道，就可以
辅佐武丁，治理整个天下，死后成为乘坐东维星和箕尾星的星神，与
其他众星并列。

【研读】

庄子认为人死后，其灵魂有两种去处：普通人的灵魂与他们的肉体一起变化："其形化，其心与之然，可不谓大哀乎！"（《齐物论》篇）普通人的形体死亡了，他们的灵魂与形体一起变为各种其他普通事物。而得道的圣人，灵魂可以成为神灵。这一观念与古希腊哲学家苏格拉底完全一致。

古希腊哲学家苏格拉底也认为："真正哲学家的灵魂在生时已经从肉欲的束缚之下解放了出来，在死后就要到那个看不见的世界里去，与众神在一起享福。但是不纯洁的灵魂爱恋着肉体，便会变成荒冢里的游魂，或者各按其特性而进到动物的身体里面去，或是驴，或是狼，或是鹰。一个虽曾有德但并不是哲学家的人，则死后就将变为蜜蜂，或黄蜂，或蚂蚁，或者是其他某种群居的有社会性的动物。唯有真正的哲学家死后才升天。'凡是不曾研究过哲学的人以及在逝世时并不是全然纯洁无瑕的人，没有一个是可以与众神同在的；只有爱知识的人才能够。'这就是何以真正笃奉哲学的人要摒绝肉欲了：并不是他们怕贫穷或者耻辱，而是因为他们'意识到灵魂只不过是附着这身体上——在哲学来接引它之前，它只能够通过牢狱的铁窗，而不能够以它自己并通过它自己来观看真实的存在……并且由于欲念的缘故，它在自己的被俘期间已经变成了一个主要的同谋犯了'。（可能出自《斐多篇》）"（罗素《西方哲学史》上册）

五

南伯子葵问乎女偊曰①："子之年长矣，而色若孺子②，何也?"

曰："吾闻道矣③。"南伯子葵曰："道可得学邪?"曰："恶④! 恶可! 子非其人也⑤。夫卜梁倚有圣人之才而无圣人之道⑥，我有圣人之道而无圣人之才。吾欲以教之，庶几其果为圣人乎⑦! 不然，以圣人之道告圣人之才，亦易矣，吾犹守而告之，参日而后能外天下⑧; 已外天下矣，吾又守之，七日而后能外物; 已外物矣，吾又守之，九日而后能外生; 已外生矣，而后能朝彻⑨; 朝彻而后能见独⑩; 见独而后能无古今⑪; 无古今而后能入于不死不生⑫。杀生者不死，生生者不生⑬，其为物无不将也⑭，无不迎也，无不毁也，无不成也。其名为撄宁⑮。撄宁也者，撄而后成者也⑯。"

【注释】

①南伯子葵、女偊（yǔ）：两个人名。一说"南伯子葵"为"南伯子綦"之误。

②色：气色。孺子：小孩。

③闻道：学到了大道。闻，听说，学到。

④恶（wū）：表示否定的词，相当于"不"。

⑤其人：指能得道的人。

⑥卜梁倚：人名。圣人之才：成为圣人的素质。圣人之道：指淡泊世事、齐同万物的道理。

⑦庶几：大概，也许。理解为"希望"也可。

⑧参（sān）日：三日。参，同"三"。外天下：把天下置之度外。

⑨朝彻：像清晨的景象那样清新明彻。比喻得道后空灵宁静的心境。朝，早晨。

⑩见独：看到独一无二的道。

⑪无古今：消除古今区别。

⑫不死不生：无死无生。庄子认为，得道后就会明白生死一齐的道理，既然生死一齐，也就无所谓生与死了。

⑬杀生者不死，生生者不生：既能毁灭生命又能产生生命的大道本身是不死不生的。

⑭其为物无不将也：它对于万物，无不送走它们。将，送走。

⑮撄（yīng）宁：动而常寂。撄，运动。宁，宁静。道主宰着万物的运动，这是"动"的表现，但道本身却是永恒不变、寂静不动的。道以静制动。

⑯撄而后成：通过运动来成就万物。

【译文】

　　南伯子葵问女偊："您的年纪已经很大了，而您的面色却还像儿童一样润泽，这是为什么呢？"女偊回答说："因为我得道了。"南伯子葵问："道可以学吗？"女偊说："不！不行！您不是可以学道的人。卜梁倚有圣人的素质却没有圣人的大道，我有圣人的大道却没有圣人的素质。我想把圣人的大道传授给他，也许他真的能够成为圣人吧！然而并非如此容易，把圣人的大道传授给具有圣人素质的人，看似很容易，然而还是需要我守着教导他，三天以后他能忘却天下；忘却天下之后，我仍然守着教导他，七天以后他能忘却万物；忘却万物之后，我仍然守着教导他，九天以后他能忘却生命；忘却生命之后，就能够具备清澈宁静的心境；具备清澈宁静的心境以后，就能够悟得大道；悟得大道以后就能够消除古今的差别；消除古今的差别就能够进入无生无死的精神境界。既能毁灭生命、又能产生生命的大道是不死不生的，它送走万物，又迎来万物；它毁灭万物，又成就万物。这种行为可以叫'促使万物运动而自身永远寂静'，所谓'促使万物运动而自身永远寂静’，就是寂静的大道主使万物的运动去成就万物。"

【研读】

本段讲的女偊修道过程，类似后来禅宗讲的渐修与顿悟。我们把渐修与顿悟这两个在佛教史上具有重大影响的概念介绍清楚，不仅可以为读者增进一些佛教知识，对于进一步深刻理解女偊的修道过程也有益处。

渐修与顿悟是佛教的两个命题，但它具有普遍的指导意义，因为它讲的实际就是量变与质变的关系问题。然而在佛教的历史上，向来就有南顿、北渐之说，似乎顿悟与渐修是两回事。对此，有必要予以澄清。我们认为，二者没有什么区别，不过强调点不同而已。通过对这一问题的澄清，使我们对禅宗有更深一层的了解，同时也使我们能够在教育方法方面得到某种启发。

一、渐修：尽日寻春不见春，芒鞋踏遍陇头云

渐修，又叫"渐悟""渐了"，是指通过长期的禅定修行，逐渐悟得佛法，以便最后成佛。这一方法与佛教同时出现。传说释迦牟尼于二十九岁出家后，经历了数年的苦苦求索，也未获得真理。最后他来到伽耶，坐在菩提树下，经过七天七夜（一说七七四十九日）的苦思冥想，终于悟出了"四谛"真理而觉悟成佛了。这一年他三十五岁。这数年时间，实际上就是一个渐修的阶段。

释迦牟尼要想成佛，尚且需要数年的时间，那么对于一般的人来说，其所需时间自然会更久。为了适应这种渐修的过程，佛教还把这一过程分为"十地"，即十个阶段，要求人们精进不已，就像爬台阶那

样，不断地向更高层次攀登，一直爬上佛祖的莲花座。当然，这个过程是漫长而辛苦的。《法华经·授学无学人记品》中有这样一段话：

> 佛告阿难："汝见是学无学二千人不？""唯然，已见。""阿难！是诸人等，当供养五十世界微尘数诸佛如来，恭敬、尊重、护持法藏。末后，同时于十方国，各得成佛。"

每一位佛祖的存在时间都在数劫以上，而要想成佛，就必须供养像五十个世界磨成的小灰尘的数量一样多的佛祖，这种时间的长久，实在无法用数字表示。更何况这些所谓的"学无学人"已经是佛法深厚的人。《坛经》记载了北禅宗的代表人物神秀的一首著名的偈：

> 身是菩提树，心如明镜台。时时勤拂拭，勿使惹尘埃。

这首偈讲的就是渐修，通过不断地擦拭身心，以达到成佛的目的。

正因为成佛需要极长的时间，佛祖就担心人们会望而却步，于是便出现了大乘、小乘之方便说法。《法华经》中讲了一个"化城喻"的故事：一群寻宝的人因道路险恶、疲惫不堪而打算中途退回，他们的向导为了帮助他们成功，就幻化出一座城市供他们休息，待他们恢复体力之后继续前进。这个故事比喻求佛的道路十分艰难遥远，佛祖为了使众生在求佛的道路上得到休息，便以方便善巧法门先说比较容易做到的小乘有余涅槃，使众生在有余涅槃的境界中稍作休息后，再进一步去求得无上的大乘佛法，以成佛果。这说明佛教已经注意到了强调渐修会给修佛的人带来极大的疲惫感和畏惧感。

二、顿悟：归来笑拈梅花嗅，春在枝头已十分

以惠能为首的南禅宗提倡"直指人心，顿悟成佛"。所谓"顿悟"，就是瞬间醒悟佛法。禅宗认为，只要你生性聪颖，能顷刻间悟得佛

理，那就是活佛了，不必进行数年、数生乃至无数年的长期修炼。《坛经·般若品第二》中记载了惠能这样一段话：

> 善知识，我于忍和尚处，一闻言下便悟，顿见真如本性，是以将此教法流行，令学道者顿悟菩提，各自观心，自见本性。……若起正真般若观照，一刹那间，妄念俱灭。若识自性，一悟即至佛地。

从此以后，顿悟就成了南禅宗的法宝，他们随时随地以"顿悟"教人。在禅宗的有关典籍中，顿悟之人比比皆是：

> 师曰："前念不生即心，后念不灭即佛；成一切相即心，离一切相即佛。……"法海言下大悟。（《坛经·机缘》）

> 一夕侍立次，潭（龙潭崇信禅师）曰："更深何不下去？"师（德山宣鉴禅师）珍重便出。却回曰："外面黑。"潭点纸烛度与师。师拟接，潭复吹灭。师于此大悟，便礼拜。（《五灯会元》卷七）

> 侍郎李弥逊，号普现居士。……至二十八岁，为中书舍人。常入圆悟室，一日早朝回，至天津桥马跃，忽有省，通身汗流。（《五灯会元》卷十九）

第一例中惠能讲的一段话主要解释什么是"即心即佛"，大意是说：一个人的"心"只要能够做到既不执著于以往的思想念头，又不拒绝新出现的思想念头；既承认万物的存在，又不执著于万物的存在，那就是佛祖了。这实际就是《庄子·应帝王》中"用心若镜，不将不迎"的道理。第二例中讲的依然是不执著的问题，宣鉴禅师为什么会感到外面太黑了呢？就是因为他执著于光明，把黑暗与光明分别得太清楚了，所以崇信禅师要把灯吹灭，暗示对方要消除对光明的执著。法海因语言而悟，宣鉴因动作而悟，其中原因还可追寻，但李弥逊因坐骑一跃而悟，其中原因就难以说清了。但像李弥逊如此醒悟的人很多，有人举头望月而悟，有人看见大树倒地而悟，有人因挑水的扁担折断而悟，还有人因为走路不小心跌了一跤而悟……如此种种，难以尽述。这些都属顿悟，顿悟之人在一转眼之间，便脱离苦海，立地成佛了。

这些所谓顿悟的人是否真的顿悟了，外人是无法去验证的，因为那是一种内在的精神感受，而内在的精神感受就只能"如人饮水，冷暖自知"了。现在我们要说的是，即便这些顿悟之人真的是顿悟了，那么他们所谓的顿悟是真的在瞬间完成的吗？对此，我们在下文中详细予以讨论。

三、渐修与顿悟：众里寻他千百度，
蓦然回首，那人却在，灯火阑珊处

有关渐修与顿悟的争论很多，然而事实上，二者却是种子与苗芽的关系，是同一个问题的两个不同点。为了说清楚这个问题，我们不妨先看看下面两首诗词：

蛾儿雪柳黄金缕，笑语盈盈暗香去。众里寻他千百度，蓦然回首，那人却在，灯火阑珊处。（辛弃疾《青玉案·元夕》下片）

尽日寻春不见春，芒鞋踏遍陇头云。归来笑撚梅花嗅，春在枝头已十分。（宋代罗大经《鹤林玉露》卷六《悟道诗》，作者为某比丘尼）

第一首写的是寻人，第二首写的是寻花，但实际上都可以用来比喻悟道。"众里寻他千百度"和"芒鞋踏遍陇头云"是渐修，"蓦然回首，那人却在，灯火阑珊处"和"春在枝头已十分"是顿悟，没有前面"千

百度"和"芒鞋踏遍"的艰苦渐修，就不可能有后面顿悟时的惊喜。
北宋白云守端禅师对此说得也很清楚：

> 为爱寻光纸上钻，不能透处几多难。忽然撞着来时路，始觉
> 平生被眼瞒。(《蝇子透窗偈》)

由于尘世的污染，便遮蔽了自己的佛性。要想达到"忽然撞着
来时路"的那种顿悟，必须有一个"不能透出几多难"的苦苦寻找的
过程。

在上文中我们谈到，有许多人跌一跤或看看月亮就悟出了佛理，
我们一生不知跌过多少次跤，也不知看到过多少次月亮，可我们为什
么就从来没有从中悟出佛理呢？这就是因为我们缺少"蓦然回首"之
前那一段"众里寻他千百度"的工夫。再看两个顿悟的故事：

> （昙晟）少出家于石门，参百丈海禅师二十年，因缘不契，后
> 造药山。……山又问："（百丈怀海禅师）更说什么法?"师（昙晟）
> 曰："有时上堂，大众立定，以拄杖一时趁散，复召大众，众回
> 首，丈曰：是甚么?"山曰："何不早恁么道！今日因子得见海兄。"
> 师于言下顿省。(《五灯会元》卷五)

> （智闲）依沩山禅会，祐和上（灵祐禅师）知其法器，一日谓
> 之曰："吾不问汝平生学解及经卷册上记得者，汝未出胞胎、未辨
> 东西时，本分事试道一句来，吾要记汝（预测你未来成佛事）。"
> 师懵然无对，沉吟久之，进数语陈其所解，祐皆不许。

> 师曰："却请和尚为说。"祐曰："吾说得是我见解，于汝眼目
> 何有益乎?"师遂归堂，遍检所集诸方语句，无一言可将酬对，乃
> 自叹曰："画饼不可充饥。"于是尽焚之，曰："此生不学佛法也，
> 且作个长行粥饭僧，免役心神。"遂泣辞沩山而去。抵南阳睹忠国

师遗迹，遂憩止焉。一日因山中芟除草木，以瓦砾击竹作声，俄失笑间，廓然惺悟。遽归，沐浴焚香遥礼沩山，赞云："和尚大悲，恩逾父母！当时若为我说却，何有今日事也。"（《景德传灯录》卷十一）

通过这两个故事，我们不难看出，要想获得一刹那间的顿悟，实在不易。昙晟禅师先后跟随百丈怀海和药山两位高僧二十余年，才修得这个"一刹那"。智闲也出家多年，并积累了许多"诸方语句"，可见还是个好学的僧人，然而当他无法回答灵祐的问题时，所遭受的打击是巨大的，于是这个问题就一直缠绕着他，使他终日不得安宁。在这种情况下，一个偶然的契机，使他醒悟了，这也在情理之中。这些故事说明，我们无法顿悟，是因为我们从来就没有把自己的心思用在佛法上；而那些顿悟之人，绝对是那些整日对佛法苦思冥想的人。

在禅宗史上，惠能是顿悟派南禅宗的开创人，那么他是不经过任何渐修的顿悟者吗？当然也不是。《坛经·行由》中记载了惠能说的这样一段话：

> 此身不幸，父又早亡，老母孤遗，移来南海。艰辛贫乏，于市卖柴。时，有一客买柴，使令送至客店。客收去，惠能得钱，却出门外，见一客颂经。惠能一闻经语，心即开悟。

如果按照这一记载，惠能从一个打柴汉一下子因听经"顿悟"就成了佛，确实没有经过渐修的阶段。然而事实并非如此。惠能接着讲自己因听了这段佛经，就离开老母，前去寻找弘忍大师学佛。这说明他的这次"悟"充其量不过是一次"有所感"而已，不然，已经"顿悟成佛"的他何必再去拜师学法呢？他到弘忍那里以后，仅杂活就干了八个多月，而这八个多月，实际上也是一个"修"的过程。同篇还记载说：

> 惠能即会祖意，三鼓入室。祖以袈裟遮围，不令人见，为说《金刚经》。至"应无所住而生其心"，惠能言下大悟。

以上这两段记载明确地告诉我们，惠能也没有做到"一悟即至佛地"，他至少就"悟"过了两次，而且惠能在这次"大悟"之后，又在民间隐藏了"一十五载"，然后才出来传法，这就更加清楚地说明"悟"也是分层次的，先"小悟"，再"中悟"，而后"大悟"，这实际上也是一个渐修的过程。

禅宗提倡顿悟，不主张读经，认为文字记载的都是糟粕，而佛法第一义是无法用语言和文字来表达的。但我们看《五灯会元》卷五的一段记载：

> （药山惟俨禅师）看经次，僧问："和尚寻常不许人看经，为甚么却自看?"师曰："我只图遮眼。"

不许徒弟看经，而自己却看，被人责问之后，却说自己读经书是为了用经书遮眼。为什么不用别的东西遮眼？而且为什么要遮眼？惟俨禅师的回答只能说是一个狡辩。这个故事从另一个侧面说明了顿悟是以读经、渐修为基础的。

关于顿悟与渐修的关系，苏东坡在《书张长史书法》一文中也间接地说明了这个问题：

> 世人见古有见桃花悟道者，争颂桃花，便将桃花作饭吃。吃此饭五十年，转没交涉。正如张长史见担夫与公主争路，而得草书之法。欲学长史书，日就担夫求之，岂可得哉！

没有长期的思考和磨炼，见到桃花是不可能悟道的，见到担夫争道也不可能提高自己的书法水平。

四、强调"顿悟"的妙处："畜生！只记吃，不记打！"

我出生于农村，在很小的时候，就常常被分派去干赶鸡鸭的活儿。比如说，村边刚插上秧苗的水田最怕鹅鸭在里面戏闹，稻场上翻晒的粮食也不希望鸡鸭前来光顾，这时，我就手持竹竿，蹲在田头场边当一名守望者。这些鸡鸭很是令人讨厌，从不吸取教训，刚刚挨了一顿痛打，可转眼之间就又踅了回来。于是我就愤愤地学着大人的样儿，骂上一句："畜生！只记吃，不记打！"当时也确实感到这些东西太傻，为什么总来讨打？后来随着年龄的不断增大，阅历的不断丰富，我慢慢懂得"人之所以异于禽兽者几希"（《孟子·离娄下》）的道理，杀头坐牢的贪官污吏不计其数，然而贪官污吏却层出不穷。鸡鸭不是不记得挨打，而是抵挡不住美味的诱惑；人不是不知道坐牢杀头的痛苦，而是抵挡不住名利的诱惑。

人同其他生物一样，一心追求幸福，在憧憬幸福的同时，往往忽略了、或者说是不愿去考虑要想获得幸福必须付出代价这一真理。明白了人类的这种心理，也就懂得了只强调"顿悟"的妙处。我们打个比方，十年寒窗是渐修，一举成名是顿悟，如果师长整日在学子耳边讲的都是十年寒窗如何辛苦，那么这些学子肯定会产生厌学情绪。反过来，如果师长在学子耳边讲的都是一举成名后的"黄金屋"和"颜如玉"等内容，那么学子的学习情绪会越来越高。强调什么，掩遮什么，这就涉及教育心理学方面的学问。

弘忍大师有两个高足，一个是神秀，一个是惠能。弘忍去世后，神秀在北方传法，而惠能去了南方，史称"南能北秀"；神秀传法时反复强调要"渐修"，而惠能传法时反复强调"顿悟"（用哲学的话讲，就是神秀强调量变，而惠能强调质变），故史称"南顿北渐"。从此，南北二宗便展开了激烈的竞争。

　　神秀和惠能是师兄弟，是一个老师调教出来的，因此应该说，他们两人学习的内容是差不多的，只不过后来两人的侧重点不同而已。这就好像向学生讲解栽种果树一样，神秀的教鞭老是指着果树的根枝，反复声明漫长的根枝生长过程对结果的重要性；而惠能的教鞭则主要放在鲜红诱人的果实上，反复强调这些果实的甘甜可口，因此也更能引起人们的兴趣。惠能信誓旦旦地向信徒保证：只要你在顷刻之间悟了，你就是佛。即便是再不耐烦的信徒，也不会在乎为成佛而花费掉这个"顷刻之间"，但如何才能达到顿悟这一时刻，惠能就不给你一个确切的答案了，因为那要看你的悟性如何，如果你属于利根，也许今日向佛，今日就能成佛；如果你属于钝根，也许你一辈子也盼不到这一刻。而事实上，今日向佛今日就可成佛的事根本不存在，那你就慢慢地修炼吧。可惠能在讲说佛法时，有意无意地淡化了这一点。

　　再打一个比方，神秀和惠能二人就像一群登山者的向导一样，他们的目的都是要把登山者送上山顶，但在出发之前，神秀向登山者反复介绍的是登山的路途多么遥远、多么艰辛，而惠能向登山者反复介绍的是登上山顶后所看到的风光多么壮丽、多么神奇。事情本来是同一件事情，但由于二人所介绍的重点不同，结果愿意跟随神秀登山的人寥寥无几，而惠能的身后却聚集起黑压压的一大片追随者。事实也是如此，神秀本人虽然被当时的人们推为"两京法主""三帝国师"，但他开创的北宗一派不久就偃旗息鼓、悄无声息了。而惠能的南宗却日盛一日，最后几乎取代了所有的佛教派别，禅宗也就成了佛教的代名词了。

　　清人刘献廷在《广阳杂记》卷四中说：

予尝谓佛菩萨中之观音……神圣中之最有时运者，莫知其所以然而然矣。举天下之人，下逮妇人孺子，莫不归心向往，而香火为之占尽。其故甚隐而难见。

观音最受人喜爱，作者认为这其中的原因非常神秘，很难说清楚。而实际上，这个原因非常简单，只要看一看《法华经·观世音菩萨普门品》就明白了："佛告无尽意菩萨：'善男子！若有无量百千万亿众生，受诸苦恼，闻观世音菩萨，一心称名，观世音菩萨即时观其音声，皆得解脱。'"这就是说，无论有多少人，无论这些人受多大的苦，只要一心念诵观音菩萨的名号，观音菩萨就会来帮助你、拯救你。《法华经》还举了大量例子说明这一点，说是只要念观音名号，火不能烧，水不能淹，即使罪人受刑时，一念观音，刑具自坏。如此简单的获福方法，哪个不愿采用呢？所以，人们普遍欢迎观世音，反而相对冷落了他（她）的师傅释迦牟尼。同样的道理，因为南宗讲的成佛方法比北宗的简单（至少表面上看是如此），所以人们更欢迎南宗，而冷落了北宗。

惠能的"顿悟"是一种优秀的教育方法，还是一种"欺骗"，不能一概而论。我们从中得到的启示就是：心理状况如何，对事情的成败起着重大的作用。因此，要想做成一件事情，必须引导、把握好自身或大众的心理。

女偊的修道过程，从"吾犹守而告之，参日而后能外天下"到"见独而后能无古今"，就是渐修的过程，也即量变的过程；"能入于不死不生"就是顿悟的瞬间，也即质变的形成。庄子在阐述修道过程时，与禅宗不同的是，他把渐修与顿悟结合在一起讲，指出渐修是顿悟的基础和必要的条件，顿悟是渐修的必然结果。从这一点看，庄子的观点显得更为全面，更符合事实。

南伯子葵曰："子独恶乎闻之①?"曰："闻诸副墨之子②，副墨之子闻诸洛诵之孙③，洛诵之孙闻之瞻明④，瞻明闻之聂许⑤，聂许闻之需役⑥，需役闻之于讴⑦，于讴闻之玄冥⑧，玄冥闻之参寥⑨，参寥闻之疑始⑩。"

【注释】

①独：究竟。恶（wū）：哪里。

②副墨之子：假设人名。但这一人名含有特殊含义，比喻文字书籍。以下八个人名都与此相似。

③洛诵之孙：假设人名。暗指言语传诵。洛诵，反复背诵。

④瞻明：假设人名。暗指观察透彻。瞻，看，观察。

⑤聂许：假设人名。指小声说话。聂，同"嗫"。小声说话。

⑥需役：假设人名。暗指行为。

⑦于（wū）讴：假设人名。暗指歌谣。于，感叹声或歌声。

⑧玄冥：假设人名。暗指无形无象、难以捉摸的深邃状态。

⑨参寥：假设人名。暗指高远虚寂状态。参，高。寥，空阔，虚寂。

⑩疑始：假设人名。暗指似有似无的开始状态。

【译文】

南伯子葵问："您究竟从哪里学到的道?"女偊说："我是从副墨之子那里学到的，副墨之子是从洛诵之孙那里学到的，洛诵之孙是从瞻明那里学到的，瞻明是从聂许那里学到的，聂许是从需役那里学到的，需役是从于讴那里学到的，于讴是从玄冥那里学到的，玄冥是从参寥那里学到的，参寥是从疑始那里学到的。"

【研读】

　　本段阐述两个问题，一是告诉我们，得道的过程就是逐步由远及近、由外及内地忘却万物、超越万物的过程，这种修行方式类似后世禅宗的"渐修"。二是说明大道是由原始时代开始，由一代一代的人不断总结并流传下来的。

六

　　子祀、子舆、子犁、子来四人相与语曰[①]："孰能以无为首，以生为脊，以死为尻[②]，孰知死生存亡之一体者[③]，吾与之友矣！"四人相视而笑，莫逆于心[④]，遂相与为友。

【注释】

①子祀、子舆、子犁、子来：皆为人名。相与：一起。

②尻（kāo）：臀部。以上三句意思是把无、生、死视为一体。

③一体：一样，相同。

④莫逆：没人反对。逆，反对。成语"莫逆之交"即出于此。

【译文】

　　子祀、子舆、子犁、子来四人在一起交谈："谁能够把'虚无'看作头部，把'生存'看作脊背，把'死亡'看作臀部，谁能够明白生死存亡是一样的道理，我们就和他交朋友。"四人相视而笑，心里都赞成这一观念，于是他们便相互结为朋友。

俄而子舆有病①，子祀往问之②。曰："伟哉，夫造物者将以予为此拘拘也③！曲偻发背④，上有五管⑤，颐隐于齐⑥，肩高于顶⑦，句赘指天⑧。"阴阳之气有沴⑨，其心闲而无事⑩，跰𨇅而鉴于井⑪，曰："嗟乎！夫造物者又将以予为此拘拘也。"

【注释】

①俄而：不久之后。

②问：看望。

③造物者：大道，大自然。拘拘：驼背的样子。

④曲偻（lóu）：弯着腰。发背：脊背向上凸起。

⑤五管：五脏的腧穴位。在背部脊椎处。

⑥颐（yí）隐于齐：面颊陷入肚脐里。颐，面颊。齐，通"脐"。

⑦肩高于顶：两个肩膀高于头顶。

⑧句赘（gōu zhuì）：颈椎。

⑨沴（lì）：错乱。这句是说子舆体内阴阳之气错乱，因此生病。

⑩心闲：心中安闲无事。

⑪跰𨇅（pián xiān）：走路不稳的样子。鉴：照。

【译文】

不久之后子舆生病了，子祀前去看望他。子舆说："真是伟大啊，造物的大道把我的身体变成如此弯弯曲曲的模样！我驼着背，脊背向上突起，五脏的腧穴朝上，面颊陷入了肚脐，两肩高过了头顶，颈椎指向了天空。"子舆因体内阴阳不调而引发此病，但他内心却十分安闲，就像没有发生任何事情一样。他跟跟跄跄地走到井边照照自己，说："啊呀，造物的大道把我的身体变成如此弯弯曲曲的模样！"

　　子祀曰："女恶之乎^①?"曰："亡^②！予何恶！浸假而化予之左臂以为鸡^③，予因以求时夜^④；浸假而化予之右臂以为弹^⑤，予因以求鸮炙^⑥；浸假而化予之尻以为轮^⑦，以神为马，予因而乘之，岂更驾哉^⑧！且夫得者^⑨，时也；失者，顺也。安时而处顺，哀乐不能入也，此古之所谓县解也^⑩，而不能自解者，物有结之^⑪。且夫物不胜天久矣^⑫，吾又何恶焉！"

【注释】

①女（rǔ）：通"汝"。你。恶（wù）：讨厌。之：代指疾病。

②亡（wú）：通"无"。不。

③浸假而化予之左臂以为鸡：慢慢地把我的左臂变化为一只公鸡。浸假，慢慢地。本句的主语是道。庄子认为，人死后，人的肉体不会消失，而是慢慢变成其他事物，如本段讲的鸡、弹、轮等等。

④时夜：司夜，报晓的公鸡。

⑤弹：弹丸。

⑥鸮（xiāo）炙：烤熟的鸮鸟肉。鸮，鸟名。炙，烤肉。

⑦轮：车轮。代指车子。

⑧更驾：另找车辆。更，更换。

⑨得：指得到生命。

⑩县（xuán）解：解脱了被悬挂的难受状态。县，同"悬"。悬挂，束缚。

⑪物有结之：有事物束缚他。物，指外界的名利、亲情等等。结，束缚。

⑫物：这里主要指人。

【译文】

　　子祀问："你讨厌现在这副模样吗？"子舆说："不！我为什么会讨厌呢！如果造物的大道慢慢把我的左臂变作一只公鸡，我便要求它来报晓；如果造物的大道慢慢把我的右臂变作一粒弹丸，我就用它打鸮鸟吃烤肉；如果造物的大道慢慢把我的臀部变作一辆车子，把我的灵魂变作一匹骏马，我就顺便乘坐它们，难道还需要另外驾车吗！再说获得了生命，那是碰上了出生时机；失去了生命，那是顺应了自然规律。安于出生时机，顺应自然规律，悲痛和欢乐都不会进入心中，这就是古人讲的'悬挂的难受状态被解脱'了，而那些不能自我解脱的人，是因为还有一些事物在束缚着他们。再说人不能胜天的情况已存在很久了，我又讨厌什么呢！"

　　俄而子来有病，喘喘然将死①。其妻子环而泣之②。子犁往问之，曰："叱③！避！无怛化④！"倚其户与之语曰⑤："伟哉造化！又将奚以汝为⑥？将奚以汝适⑦？以汝为鼠肝乎？以汝为虫臂乎？"子来曰："父母于子，东西南北，唯命之从。阴阳于人⑧，不翅于父母⑨。彼近吾死而我不听，我则悍矣，彼何罪焉？夫大块载我以形，劳我以生，佚我以老，息我以死。故善吾生者，乃所以善吾死也。今大冶铸金⑩，金踊跃曰：'我且必为镆铘⑪！'大冶必以为不祥之金。今一犯人之形而曰：'人耳⑫！人耳！'夫造化者必以为不祥之人。今一以天地为大炉^⑬，以造化为大冶，恶乎往而不可哉^⑭！"成然寐^⑮，蘧然觉^⑯。

【注释】

①喘喘然：大口喘气的样子。

②妻子：妻子和孩子。环：围绕。

③叱：呵斥声。

④无怛（dá）化：不要惊扰子来的化去。怛，惊扰。化，变化，死去。庄子
 认为人的死亡过程就是由此物变化为彼物的过程。

⑤倚：靠。户：门。

⑥奚以汝为：即"以汝为奚"。把你变成什么事物。奚，什么。为，变成。

⑦适：往。

⑧阴阳：阴阳二气。代指大自然。

⑨不翅：不止。

⑩大冶铸金：技术高超的铁匠铸造铁器。冶，铁匠。金，泛指金属器具。

⑪镆铘（mò yé）：宝剑名。

⑫人：用作动词，指下一生还要当人。

⑬一：完全。

⑭恶（wū）乎往：到哪里去。引申为变成什么事物。

⑮成然：安然熟睡的样子。寐：睡觉。

⑯蘧（qú）然：安闲自得的样子。觉：醒。

【译文】

　　不久之后子来又生了病，气喘吁吁地快要去世了。他的妻子儿女

围着他哭泣。子犁前去看望他，对他的妻子儿女说："嘿！走开！不要惊扰了子来的变化！"子犁靠着门与子来交谈："造物的大道真是伟大啊！它又将把你变作什么事物呢？又将把你送往哪里去呢？它要把你变作老鼠的肝脏吗？还是要把你变作虫子的臂膀呢？"子来说："父母和儿女，无论东西南北，儿女只能听从父母的命令。大自然对于人来说，岂止是父母，它让我走向死亡而我如果不服从，那就是我太蛮横无理了，它有什么过错呢？大自然赋予我形体使我有所寄托，赋予我生命让我辛勤劳作，赋予我衰老使我安享清闲，赋予我死亡让我休息，因此能够妥善安排我生存的大道，也能够妥善安排我的死亡。如果有一位技术高超的铁匠在铸造铁器时，有一块金属在那里跳跃着喊道："我一定要当镆铘宝剑！"那么铁匠一定会认为这是一块不好的金属。如今一旦有了人的形体，就大声嚷嚷说："我下一生还要当人！我下一生还要当人！"那么造物的大道就一定会认为这是个不好的人。如今我完全把天地之间看作一座大熔炉，把造物的大道看作技术高超的铁匠，它把我变成什么事物不可以呢！"子来说着说着就睡着了，睡得那样安然深沉；醒来后，又是那样的悠然自得。

【研读】

本段认为，得道之人的表现之一就是超越生死，他们懂得生老病死是不得已之事，更何况人死后还会转化为其他事物，因此人应该安时知命，顺其自然，无须为此忧愁。苏东坡去世时，讲了与子犁一样的话，其弟苏辙《亡兄子瞻端明墓志铭》记载：

> 建中靖国元年六月，请老，以本官致仕。遂以不起。未终旬日，独以诸子侍侧曰："吾生无恶，死必不坠，慎无哭泣以恒化。"

问以后事，不答，湛然而逝，实七月丁亥也。

苏轼临终的这段话，体现了佛、道两家思想。他相信佛教的因果报应，认为自己一生没有做恶事，死后不会坠入地狱，因此他离世时很坦然。苏轼还相信庄子的物化思想，认为自己的死亡过程就是由人变为其他事物的过程，因此要求儿子不要哭泣，以免惊扰了自己"物化"时的平和心态。

七

子桑户、孟子反、子琴张三人相与友①，曰："孰能相与于无相与、相为于无相为②？孰能登天游雾、挠挑无极、相忘以生、无所终穷③？"三人相视而笑，莫逆于心，遂相与为友。

【注释】

①子桑户、孟子反、子琴张：三个人名。关于子桑户的逸事，详见"研读"。

②相与于无相与：相互交往于无心交往之中。交往出于自然而非有意。相为：互相帮助。

③登天游雾：指精神游荡于人世之外。挠挑无极：游荡于无穷无尽的境界之中。挠挑，婉转游荡。相忘以生：大家都忘却了生命。无所终穷：无所谓什么死亡。终穷，尽头，死亡。

【译文】

子桑户、孟子反、子琴张三人关系友好，他们交谈说："谁能够彼此交往于无心交往、相互帮助于无心帮助之中？谁能够畅游于云天、逍遥于无穷无尽的境界之中、完全忘却自己的生命、也无所谓什么死亡?"三人相视而笑,心里都很赞成这一看法,于是彼此就结为好友。

【研读】

旧注认为子桑户就是与孔子同时的子桑伯子。子桑伯子与孔子有一个交往故事,通过这一故事,我们可以理解两人在礼学方面的差异,也能更好理解本段文字所叙述的一些情节。《说苑·修文》记载:

> 孔子见子桑伯子,子桑伯子不衣冠而处。弟子曰:"夫子何为见此人乎?"曰:"其质美而无文,吾欲说而文之。"孔子去,子桑伯子门人不说,曰:"何为见孔子乎?"曰:"其质美而文繁,吾欲说而去其文。"

孔子去拜访子桑伯子,子桑伯子平时在家不穿衣服,不戴帽子。弟子就问孔子:"老师您为什么要去拜访这个不讲礼仪的人呢?"孔子回答:"这个人的本质很好而不讲礼仪,我想劝说他以后多注意点礼仪。"孔子离开子桑伯子后,子桑伯子的弟子很不高兴,就问子桑伯子:"您为什么要接见这个喜欢繁文缛节的孔子呢?"子桑伯子回答:"孔子的本质很好,只是太讲究繁文缛节了,我想劝告他去掉这些繁文缛节。"

《说苑》与《庄子》中的故事对两人礼学思想的差异描写非常一致,不同的是,在《说苑》的故事里,似乎两人谁也没有说服谁,而在《庄子》的这个故事里,孔子被孟子反、子琴张的反礼言论所折服。

莫然有间[1],而子桑户死,未葬。孔子闻之,使子贡往侍事焉[2]。或编曲,或鼓琴[3],相和而歌曰:"嗟来桑户乎[4]!嗟来桑户乎！而已反其真⑤，而我犹为人猗⑥！"子贡趋而进曰⑦："敢问临尸而歌，礼乎？"二人相视而笑，曰："是恶知礼意⑧！"

【注释】

①莫然：同"漠然"。平静无事的样子。有间：过了一段时间。

②子贡：孔子弟子。侍事：办事。即办理丧事。

③或编曲，或鼓琴：孟子反和子琴张一个在编写歌曲，一个在弹琴。或，有的人。

④嗟来：感叹词。

⑤而已反其真：你已返本归真、回归自然。而，你。反，同"返"。真，本来面目。这里指自然。

⑥猗（yī）：句尾助词。

⑦趋：小步快走。这是一种尊敬的走法。

⑧是恶（wū）知礼意：你这样的人怎么懂得什么是礼的真正本质！是，代指子贡。恶，怎么。

【译文】

　　他们平安无事地过了一段时间，子桑户去世了，还未埋葬。孔子听说了这件事，就派弟子子贡去帮助办理丧事。子贡看到孟子反和子琴张一个在那里编写歌曲，一个在那里弹琴，然后他俩合唱道："哎呀子桑户啊！哎呀子桑户啊！你已返本归真、回归自然，而我们却还在做人！"子贡小步快走，来到他们跟前说："请问面对着朋友的遗体唱歌，这合乎礼仪吗？"两个人彼此看看，笑着回答说："像你这样的人怎么懂得什么是礼的真正含义！"

子贡反①，以告孔子，曰："彼何人者邪？修行无有②，而外其形骸③，临尸而歌，颜色不变④，无以命之⑤，彼何人者邪？"孔子曰："彼游方之外者也⑥，而丘游方之内者也。外内不相及，而丘使女往吊之，丘则陋矣！彼方且与造物者为人⑦，而游乎天地之一气⑧。彼以生为附赘县疣⑨，以死为决疣溃痈⑩。夫若然者，又恶知死生先后之所在！假于异物，托于同体⑪；忘其肝胆⑫，遗其耳目；反覆终始⑬，不知端倪⑭；芒然彷徨乎尘垢之外⑮，逍遥乎无为之业。彼又恶能愦愦然为世俗之礼⑯，以观众人之耳目哉⑰！"

【注释】

①反：同"返"。指返回孔子住所。

②修行无有：没有好的德行。修，美。子贡以世俗标准评价二人行为，故认为他们没有美德。

③外其形骸：忘却他们的形体。意思是不注重自己的行为。外，置之度外。

④颜色：面容。不变：指没有变得悲伤。

⑤无以：没有办法。命：形容。

⑥方之外：世外。方，人间。

⑦为人：为伴。

⑧天地之一气：原始混沌境界。指天地尚处于还未剖分的元气状态。详见"研读"。

⑨附赘：附在身上的赘肉。县疣（xuán yóu）：悬挂在身上的肉瘤。县，同"悬"。疣，肉瘤。

⑩决疣（huàn）溃痈（yōng）：挤破毒疮。决、溃，都是挤破义。疣、痈，泛指毒疮。

⑪假于异物，托于同体：借用不同物质，合成人的形体。假，借。

⑫肝胆：代指肉体。

⑬反覆终始：生生死死为循环往复。

⑭端倪（ní）：开头和结束。端，开头。倪，边际，尽头。

⑮芒然：无思无虑的样子。尘垢：尘世，人间。

⑯愦愦（kuì）然：糊涂的样子。

⑰观：让别人看。即表演给别人看。

【译文】

　　子贡回去后，就把这件事告诉孔子，说："他们是些什么样的人啊？他们没有美德，也不注意自己的行为，面对着朋友的遗体还在那里唱歌，脸上没有一点儿悲伤的表情，我简直没有办法去形容他们。他们究竟是些什么样的人呢？"孔子说："他们是生活于世外的人，而我孔丘是生活于世内的人，世外的人与世内的人没有共同之处，而我却让你去吊唁慰问他们，是我太浅薄了！他们将与造物的大道为伴，游荡于天地未分的混沌状态之中。他们把生命看作多余的肉瘤，把死亡看作是挤破毒疮清除脓水的痛快之事。像这样的人，又怎么会介意生与死、先与后这些问题呢！人不过是假借不同的物质、合成自己的形体而已，所以他们忘却自己的形体，排除自己的见闻；他们把生与死看作是反复循环，不知道自己的生命什么时候开始、什么时候结束；他们无思无虑地生活在尘世之外，逍遥于清静无为的境界之中。他们又怎么会稀里糊涂地去施行世俗的礼节，表演这些礼节给众人观看呢！"

【研读】

　　关于"天地之一气",是指不分彼此、齐同万物的混沌状态。包括庄子在内的古人认为,在天地万物形成之前,宇宙间一片混沌之气,这种混沌之气叫"元气"。随着时间推移,"元气"中又清又轻的气逐渐上升,慢慢形成了天;而元气中又浊又重的气逐渐下降,慢慢形成了地。天地形成之后,天气(又称阳气)下降,地气(又称阴气)上升,天地二气(阴阳二气)相互融合,于是就形成了包括人在内的万事万物。

　　"天地之一气"就是指天地未分、还是一个混沌整体的那种元气状态。在这种状态下,连天地都没有剖分,更不用说其他事物了。孔子说孟子反、子琴张二人"游乎天地之一气",就是说他们的精神游荡于不分别万物的混沌境界之中。所以下文紧接着就说他们"又恶知死生先后之所在"。游于"天地之一气"这种混沌境界的人,根本不知道生与死、先与后的区别,所以当朋友去世时,他们没有任何伤心的表现。

　　子贡曰:"然则夫子何方之依①?"孔子曰:"丘,天之戮民也②。虽然,吾与汝共之③。"子贡曰:"敢问其方④?"孔子曰:"鱼相造乎水⑤,人相造乎道。相造乎水者,穿池而养给⑥;相造乎道者,无事而生定⑦。故曰:鱼相忘乎江湖,人相忘乎道术。"

【注释】

①何方之依:选择世内生活还是世外生活?何方,指方外或方内。依,归依,选择。

②天之戮(lù)民:受上天惩罚的人。戮,刑戮。孔子不能摆脱世俗事务的纠

缠，故自称"天之戮民"。

③共之：一起追求世外生活。即大道的境界。

④方：方法。指追求世外生活的方法。

⑤相：共同。造：到。

⑥穿池而养给（jǐ）：挖个池子水就足够了。养，指养鱼的水。给，足够。

⑦生（xìng）定：性情平和。生，同"性"。

【译文】

　　子贡问："那么老师您将选择哪种生活方式呢？"孔子说："我孔丘，是受到上天惩罚的人。虽然如此，我还是希望和你一起去追求符合大道的世外生活。"子贡问："请问追求这种生活的方法？"孔子说："鱼都归向水，人都归向道。对于归向水的鱼，挖个池塘之后水就足够了；对于归向道的人，只要清静无事就能使心性平和安适。所以说：鱼进入江湖之后就会相互忘却，人归向大道之后就会彼此遗忘。"

　　子贡曰："敢问畸人①？"曰："畸人者，畸于人而侔于天②。故曰：天之小人，人之君子③；人之君子，天之小人也。"

【注释】

①畸（jī）人：异人，不同寻常的人。畸，异常。

②侔（móu）于天：符合大道。侔，合。天，自然，大道。

③天之小人，人之君子：大道所认为的小人，却是人间的君子。庄子认为，大道的标准和世人的标准不同，依据大道标准属于小人，却被世人视为君子。如《德充符》提到的子产，庄子认为子产为自己的执政地位得意扬扬，境

界很低，是道的小人，却被世人视为君子。

【译文】

子贡说："请问什么叫异人？"孔子说："所谓异人，就是与世人不同但合于大道的人。所以说：大道所认为的小人，却是世人眼中的君子；世人眼中的君子，却是大道所认为的小人。"

八

颜回问仲尼曰："孟孙才①，其母死，哭泣无涕，中心不戚②，居丧不哀。无是三者③，以善处丧盖鲁国④。固有无其实而得其名者乎？回壹怪之⑤。"

【注释】

①孟孙才：鲁国人。姓孟孙，名才。

②戚：悲哀。

③是：这。三者：指"哭泣应涕""中心应戚""居丧应哀"三种行为。

④处丧：处理丧事。盖：超过，压倒。

⑤壹：确实。

【译文】

颜回问孔子："孟孙才这个人，他的母亲去世了，他哭泣时眼里没有泪水，心里毫无悲伤，居丧期间也不觉得痛苦。他在这三个方面没有任何值得赞赏的表现，却以善于办丧事而名盖鲁国，难道真的存在无其实而得其名的情况吗？我对此事确实感到很是奇怪。"

　　仲尼曰："夫孟孙氏尽之矣①，进于知矣②，唯简之而不得③，夫已有所简矣。孟孙氏不知所以生④，不知所以死；不知就先⑤，不知就后。若化为物，以待其所不知之化已乎⑥。且方将化，恶知不化哉⑦？方将不化，恶知已化哉⑧？吾特与汝⑨，其梦未始觉者邪！且彼有骇形而无损心⑩，有旦宅而无情死⑪。孟孙氏特觉人哭亦哭，是自其所以乃⑫。且也相与'吾之'耳矣⑬，庸讵知吾所谓'吾之'乎⑭？且汝梦为鸟而厉乎天⑮，梦为鱼而没于渊。不识今之言者⑯，其觉者乎⑰？其梦者乎？造适不及笑，献笑不及排⑱，安排而去化⑲，乃入于寥天一⑳。"

【注释】

①尽之：把丧事办得尽善尽美。

②进于知：超过世俗懂得丧礼的人。进，超过。知，指世俗丧礼知识。

③唯简之而不得：只是想再简化丧礼而无法做到了。意思是孟孙才已经把丧事简化到了无法再简化的程度。

④所以生：什么是生存。

⑤就先：占先。就，趋向，追求。

⑥若化为物，以待其所不知之化已乎：如果已经变化为某种事物，只不过意味着等待无法知晓的下一次变化而已。若，如果。

⑦且方将化，恶（wū）知不化哉：懂得人将要变化为其他事物的孟孙才，又怎么理解那些不愿变化为其他事物的世人呢？恶，怎么。

⑧方将不化，恶知已化哉：坚持不愿变化为其他事物的世人，又怎能理解已经

懂得变化的孟孙才呢？

⑨特：只是，仅仅。

⑩彼：指孟孙才。骇形：惊人的行为。损心：不平和的心境。

⑪旦宅：短暂存在的肉体。旦，形容时间短暂。宅，住宅。肉体为精神之宅。

　情死：真正死去。情，真正。庄子认为人虽然死了，不仅其灵魂不死，肉

　体也会变为其他事物而继续生存。

⑫是自其所以乃：这只是随着别人做做哭泣的样子罢了。是，这。自，顺从，

　随着。其，代指别人。所以乃，之所以如此。乃，代指哭泣。

⑬相与"吾之"：都认为他与我们是同类的人。意思是世人都认为孟孙才与自

　己是同类人，而实际上他与世人不同。

⑭庸讵（jù）知吾所谓"吾之"乎：怎么能够理解我们所说的这位同类人呢？

　庸讵，怎么。知，理解。

⑮厉：奋起飞翔。

⑯今之言者：现在正在讲话的人。指孔子自己。

⑰觉者：醒着的人。

⑱造适不及笑，献笑不及排：刚刚获取适意的心情还没来得及发出笑声，或

　者发出的笑声还没有消失，而不幸的事又发生了。造，达到，获取。献笑，

　发出笑声。排，排除，消失。详见"研读"。

⑲安排而去化：安心接受命运的安排，远离人世而顺应变化。去，离开。化，

　顺应变化。

⑳寥天一：至远至高的、唯一的大道境界。寥，远。天，高。一，唯一的道。

【译文】

　　孔子回答说："孟孙才对丧事的安排已经尽善尽美了，超过了那些

懂得世俗丧礼知识的人，他想再简化丧礼而无法办到，他已经有所简化了。孟孙才不知道什么是生存，也不知道什么是死亡；不知道追求占先，也不知道追求在后。如果已经变为某种事物，那只不过意味着等待不可知晓的下一次变化而已。孟孙才懂得人将会变为其他事物的道理，他怎么能够理解那些坚持不愿变化为其他事物的世人呢？坚持不愿变化为其他事物的世人，又怎么能够理解已经懂得将会变为其他事物的孟孙才呢？我和你，只不过是处于梦中还不曾睡醒而已！再说像孟孙才那样的人虽有惊人的举动，但不会影响他内心的平和；他的肉体存在时间虽然短暂，但他并不会真正死亡。孟孙才只是觉得别人哭了，自己也应该跟着哭，这不过是顺应着别人做做样子而已。再说我们总是把孟孙才视为我们同类的人，可我们又怎么能够理解我们所说的这位同类人呢？你在梦中可以变成一只鸟在天空飞翔，在梦中还可以变成一条鱼在深渊里畅游。不知道现在正在讲话的我，究竟是一个醒着的人呢？还是一个梦中的人呢？刚刚获取适意的心情还没来得及笑出声来，或者发出的笑声还没有消失，而烦恼的事又发生了。如果我们能够安心接受命运的安排，远离人世而顺应变化，那么我们就能够进入至高至远、独一无二的大道境界。"

【研读】

　　学界关于"造适不及笑，献笑不及排"这两句的解释分歧很大，考虑到本段是在讲事物的变化，这两句应是在讲变化之快。《知北游》说："山林与，皋壤与，使我欣欣然而乐与！乐未毕也，哀又继之。"这也是在讲人的情绪变化很快，而变化无常的情绪是不利于养生的。关于这种情绪变化之快的例子，我们看《韩诗外传》卷十的记载：

　　齐景公游于牛山之上，而北望齐，曰："美哉国乎！郁郁蓁蓁。使古而无死者，则寡人将去此而何之？"俯而泣下沾襟。国子、高子曰："然！臣赖君之赐，疏食恶肉可得而食也，驽马柴车可得而乘也，且犹不欲死，而况君乎！"又俯而泣。晏子曰："乐哉！今日婴之游也。见怯君一而谀臣二，使古而无死者，则太公至今犹存，吾君方今将被蓑笠而立乎畎亩之中，惟农事之恤，何暇念死乎！"景公惭而举觞自罚，因罚二臣。

　　有一次，齐景公率领群臣在牛山（在今山东淄博临淄区南）上游览，向北遥望他的国都临淄，赞美说："我的国都真美啊！一片郁郁葱葱。如果自古没有死亡，我怎么会离开国都而去其他地方呢？"说完就低着头流下了眼泪，把衣襟都打湿了。国子、告子两位大臣接着附和说："是的。我们这些臣子仰仗您的恩赐，可以吃到粗茶淡饭，能够乘坐普通车辆，尚且还不想死，更何况做君主的呢！"接着也学着齐景公的样子低头哭泣。晏子说："今天的游览真有趣！我看到一位怯懦的君主与两位善于阿谀奉承的大臣，假如自古没有死亡，那么我们的开国君主姜太公至今还在当国君，您现在就只能披着蓑衣、戴着斗笠站在田地之中，一心考虑该如何干农活了，哪里还有闲暇的时间去担忧死亡的事情呢？"景公听后十分惭愧，举起杯子罚自己喝酒，接着又罚了国子、告子两杯酒。

　　齐景公在转瞬之间就经历了欢乐、悲哀、惭愧三种情感变化，这自然有损健康。庄子提倡精神修养的目的，就是要消除各种情绪变化，永保平和心态。

九

　　意而子见许由①，许由曰："尧何以资汝②?"意而子曰："尧谓我：'汝必躬服仁义而明言是非③。'"许由曰："而奚来为轵④? 夫尧既已黥汝以仁义，而劓汝以是非矣⑤，汝将何以游夫遥荡、恣睢、转徙之涂乎⑥?"

【注释】

①意而子：人名。许由：尧时隐士。

②资：给予，教育。

③躬服：亲身施行。

④而：你。奚：为什么。轵（zhǐ）：同"只"。句末语助词。

⑤夫尧既已黥（qíng）汝以仁义，而劓（yì）汝以是非矣：尧已经用仁义、是非这些人为的教育破坏了你的美好天性。庄子认为，人的天性原本美好，提倡、奖励仁义，反而使人变得狡诈，去假借仁义谋取私利。黥，脸上刻字。劓，割鼻。黥劓破坏人的本来面貌，比喻提倡仁义破坏人的美好天性。

⑥遥荡、恣睢（suī）、转徙：这三个词都是描写自由自在的样子。涂，同"途"。道路。

【译文】

　　意而子去拜访许由，许由问他："尧怎么教育你的?"意而子回答说："尧教育我说：'你必须亲自施行仁义，并明确说明什么是正确的，什么是错误的。'"许由说："那你还到我这里来干什么呢? 尧已经用仁义、是非这些人为的教育破坏了你的美好天性，你怎么还能够走上自由自在、无拘无束的道路呢?"

意而子曰:"虽然,吾愿游于其藩^①。"许由曰:"不然。夫盲者无以与乎眉目颜色之好^②,瞽者无以与乎青黄黼黻之观^③。"意而子曰:"夫无庄之失其美^④,据梁之失其力^⑤,黄帝之亡其知^⑥,皆在炉捶之间耳^⑦,庸讵知夫造物者之不息我黥而补我劓^⑧,使我乘成以随先生邪^⑨?"许由曰:"噫!未可知也^⑩。我为汝言其大略:吾师乎^⑪!吾师乎!齑万物而不为义^⑫,泽及万世而不为仁,长于上古而不为老,覆载天地、刻雕众形而不为巧^⑬。此所游已!"

【注释】

①游:生活。藩:领域,境界。

②无以:没办法。与:参与欣赏。颜色:面容。好:美丽。

③瞽者:盲人。黼黻(fǔ fú):礼服上的花纹。泛指华美的衣服。观:景象。

④无庄:古代美女。

⑤据梁:古代大力士。

⑥知:同"智"。

⑦皆在炉捶之间耳:都正在接受造物主的重新铸造。捶,同"锤"。以上四句是说,无庄、据梁、黄帝都已去世了,失去了他们原有的一切,如今都正在重新接受造物主的铸造而变为某种全新的事物。据此,意而子相信大道也能改变自己,使自己重新做人。

⑧息我黥而补我劓:比喻恢复我的美好天性。

⑨乘成:凭着完好形体。比喻凭借完美天性。

⑩未可知:指意而子是否能实现自己的愿望尚不可知。

⑪吾师：指大道。

⑫齑（jī）：粉碎，毁灭。义：道义，原则。

⑬刻雕：创造。众形：万物。

【译文】

意而子说："虽说如此，但我还是希望能够进入这种自由自在的境界。"许由说："不行啊。盲人无法看到美丽的容貌，无法欣赏绣有各种花纹的华丽衣服。"意而子说："无庄已经失去了她的美丽，据梁已经失去了他的力量，黄帝已经失去了他的智慧，他们都已处于造物大道的炉锤之间而被铸造成全新的事物。怎么知道造物的大道不会恢复我的美好天性、使我凭借着自己的完美天性而追随着先生呢？"许由说："唉！你能否做到这一点尚不可知。不过我还是为你谈谈大道的大概情况：大道是我的老师啊！大道是我的老师啊！它毁灭了万物并不是为了坚持某种原则，它的恩泽施于万世也不是出于仁爱，说它年长于远古也不足以形容它的长寿，它能够使苍天覆盖万物、使大地托载一切，并创造出各种各样的事物，也不自以为工巧。这就是我们所要生活的境界啊。"

【研读】

大道作为规律的总称，是没有主观意识的，因此无论是成就万物，还是毁灭万物，都不是出于大道的爱憎之情。庄子认为人的天性来自大道，因此天生的人性是最为完美的，具有这种天性的人互相帮助而不知道这就是"仁爱"，讲话诚实而不知道这就是"忠诚"。因此，世俗的有关仁义、是非的人为教育，不仅是多余的，而且是对这种美好天性的一种戕害。

十

　　颜回曰："回益矣①。"仲尼曰："何谓也?"曰："回忘仁义矣。"曰："可矣，犹未也。"他日复见，曰："回益矣。"曰："何谓也?"曰："回忘礼乐矣。"曰："可矣，犹未也。"他日复见，曰："回益矣。"曰："何谓也?"曰："回坐忘矣②。"仲尼蹴然曰③："何谓坐忘?"颜回曰："堕肢体④，黜聪明⑤，离形去知⑥，同于大通⑦，此谓坐忘。"仲尼曰："同则无好也⑧，化则无常也⑨，而果其贤乎! 丘也请从而后也⑩。"

【注释】

①益：长进。

②坐忘：静坐无思而物我两忘。"坐"是形体静止，"忘"是精神静止。

③蹴（cù）然：惊异的样子。

④堕（huī）：同"隳"。废掉。引申为忘掉的意思。

⑤黜（chù）聪明：闭目塞听。黜，排除。聪，听得清。明，看得清。

⑥离形去知：忘却形体，排除智慧。离，离开，忘却。知，同"智"。

⑦大通：无所不通、自由自在的精神境界。

⑧同则无好：与大道融为一体就没有个人偏好了。

⑨化则无常：懂得变化就不会固执。无常，不固执。

⑩从而后：跟在你的后面，向你学习。而，你。

【译文】

　　颜回说："我最近长进了。"孔子问："你说的长进指什么?"颜回说："我忘掉仁义了。"孔子说："不错，但是还不够。"过了些日子，颜回又去见孔子，说："我又长进了。"孔子问："你说的长进指什么？"颜回说："我忘掉礼乐了。"孔子说："不错，但是还不够。"又过了些日子，颜回再去见孔子，说："我又长进了。"孔子问："你说的长进指什么？"颜回说："我能够'坐忘'了。"孔子吃惊地问道："什么叫'坐忘'啊？"颜回说："忘却自己的身体，排除自己的视听，抛弃形体，消除智慧，与无所不通、自由自在的大道境界融为一体，这就叫'坐忘'。"孔子说："与大道融为一体就不会再有个人偏好，懂得事物在不断变化就不再会固执一端，你确实是位贤人啊，请让我孔丘跟着你学习吧！"

【研读】

庄子提出的"坐忘"是中国文化史上一个极为重要的概念，对儒家、道教、佛教、世俗文人都产生了深远影响，这一影响几乎涵盖了哲学、政治、养生、修仙、成佛等方方面面，甚至不少学者著书立说，专门研讨这一概念的理论意义与实践价值，如唐代司马承祯《坐忘论》、宋代徐彭年《坐忘论》、无名氏《坐忘枢要》《坐忘铭》等等。"坐忘"不仅隐含着庄子的治国理念（见《在宥》篇的"云将东游"），有助于事业成功（见《达生》篇的"梓庆削木为镶""佝偻者承蜩"等），更有利于养生。"坐忘"对健康的益处也得到今人认可，《河南日报》2016年10月12日报道：

> 国家卫计委、中国健康教育中心等11日共同在京启动"中国健康知识传播激励计划"的子项目"乐享健康生活"，倡导公众树立"5125"理念……每天给自己留5分钟发呆时间；每天运动1小时、掌握1项运动技巧和加入1个运动社群；按照新版《中国居民膳食指南》的建议，每天摄入12种以上食物，每周摄入25种

以上食物，做到膳食多样化。

"5125"健康生活理念中第一个"5"是建议人们每天"发呆5分钟"，即在紧张工作期间，让大脑暂时处于一种无任何意识的空白状态以忘却各种烦恼，使大脑得到有效休息。这实际就是庄子提倡的"坐忘"。

十一

子舆与子桑友①。而霖雨十日②，子舆曰："子桑殆病矣③！"裹饭而往食之④。至子桑之门，则若歌若哭⑤，鼓琴曰："父邪⑥？母邪？天乎？人乎？"有不任其声而趋举其诗焉⑦。

子舆入，曰："子之歌诗，何故若是？"曰："吾思夫使我至此极者而弗得也⑧。父母岂欲吾贫哉？天无私覆，地无私载，天地岂私贫我哉？求其为之者而不得也⑨，然而至此极者，命也夫！"

【注释】

①子舆、子桑：两个人名。

②霖（lín）雨：三日以上的雨。

③殆：大概。病：指饿坏了。

④裹饭：用东西包着饭。食（sì）：给别人吃。

⑤若歌若哭：既像是在唱歌又像是在哭泣。主语是子桑。

⑥父邪（yé）：是父亲造成我的贫穷吗？"父邪？母邪？天乎？人乎"都是在追问究竟是谁造成自己的贫苦命运。

⑦有：有时。不任其声：衰弱得唱不出声调。不任，不胜，不能。趋：很快。

举：举出。这里是"念出来"的意思。诗：歌词。

⑧极：极端的困境。

②为之者：造成这种困境的原因。为，造成。之，指自己所处的困境。

【译文】

子舆和子桑是好朋友。连绵的阴雨下了整整十天，子舆说："子桑大概饿坏了吧！"于是子舆就包了一些饭送给他吃。当他走到子桑门口时，就听见子桑既像唱歌又像哭泣的声音，而且还弹着琴："是父亲造成的呢？还是母亲造成的呢？是天造成的呢？还是人造成的呢？"有时衰弱得唱不出声调，只能很快地把歌词念出来而已。

子舆走了进去，问："您唱歌，为什么唱成了这个样子？"子桑回答说："我正在思索使我陷入如此极端困境的原因而又没有找到。父母难道希望我贫困吗？上天覆盖万物毫无偏私，大地托载万物也毫无偏私，天地怎么会偏偏让我贫困呢？我找不到使我陷此困境的原因，然而我又确实身处困境了，其原因大概就是命运的安排吧！"

【研读】

《周易·系辞上》说："乐天知命，故不忧。"庄子的思想与此相同，他要求人们把一切无可奈何而又不明原因的事情归之于命运安排，以此来进行自我心理安慰。看到这段文字，不由人想到颜回：

子曰："贤哉，回也！一箪食，一瓢饮，在陋巷，人不堪其忧，回也不改其乐。贤哉，回也！"（《论语·雍也》）

孔子说："真是贤良啊，颜回！一竹筐饭，一瓢水，住在狭小简陋的小巷子里，别人都无法忍受这种贫苦忧愁的生活，而颜回却从未改变自己的快乐。真是贤良啊，颜回！"这段话的内容就是后儒所津津乐道的"孔颜乐处"，那么孔颜所乐究竟是何事，我们就引用《庄子·让王》中的一个关于孔子的故事加以说明。

孔子与弟子们被围困在陈、蔡两国之间时，整整七天没能生火做饭，野菜汤里没有一点粮食屑，面色疲惫不堪，然而孔子还在室内不停地弹琴唱歌。子路与子贡心生怨气，就对孔子说："我们现在的情况，真可以说是陷入绝境了！"孔子说："这是什么话！君子懂得大道叫通达顺畅，不懂得大道才叫陷入绝境。如今我信守仁义却遭遇到乱世带来的灾难，这怎么能说是陷入绝境呢！自我反省而不是不懂得大道，面临危难时而不会失去美德。寒冷天气到了，霜雪降临大地，这才知道只有松柏依然是那样的郁郁葱葱。陈、蔡之间的这次遇险，对于我来说真是一件幸运之事啊！"孔子说完又安详地拿过琴来，一边弹奏一边歌唱，子路听了这段话以后，兴奋而又勇武地拿着盾牌随着老师的歌声跳起舞来。子贡也感叹说："我真不知道先生的精神像天那样崇高，我也不知道自己的品德像地一样卑下啊！"《庄子》接着评论说：

> 古之得道者，穷亦乐，通亦乐。所乐非穷通也，道德于此，则穷通为寒暑风雨之序矣！故许由娱于颖阳，而共伯得乎丘首。

大意是说：古时候的得道之人，处境困窘时快乐，处境顺利时也快乐。他们感到快乐的原因不在于处境的困窘或顺利，而在于他们具备了大道和美德，那么处境的困窘和顺利，在他们的眼中就像寒与暑、风与雨相互交替出现那样实属正常。因此许由能够在颖水北岸的隐居生活中寻得快乐，而放弃执政之位的共伯也能够在丘首山上过着优游自得的日子。

由此可见，孔、颜的"乐处"，不是政治地位的高低和财富的多少，而是指思想境界的修养。只要具备了崇高的思想境界，他们就不会为自己物质生活的贫乏而苦恼。与此相比，子桑虽然知道把自己的困境归咎于命运，但毕竟没能做到"乐"，其境界似乎稍逊一筹。

应帝王

关于"应帝王"的解释很多，主要有两种：第一，应该当帝王的人。郭象《庄子注》："夫无心而任乎自化者，应为帝王也。《释文》崔云：行不言之教，使天下自以为牛马，应为帝王者也。"意思是能够无为而治的圣人应该成为帝王。第二，回答有关帝王治理天下的问题。应，回应，回答。

我们较为赞同第二种解释，因为全篇主要是采取一问一答的形式阐述治国原则，那就是要求治国者顺应自然、无为而治、消除成见、有功不居等，希望整个社会能够恢复到素朴天放的美好状态。

一

啮缺问于王倪①，四问而四不知。啮缺因跃而大喜②，行以告蒲衣子③。蒲衣子曰："而乃今知之乎④？有虞氏不及泰氏⑤。有虞氏其犹藏仁以要人⑥，亦得人矣⑦，而未始出于非人⑧。泰氏其卧徐徐⑨，其觉于于⑩，一以己为马，一以己为牛⑪。其知情信⑫，其德甚真，而未始入于非人⑬。"

【注释】

①啮（niè）缺、王倪（ní）：两个假设的人名。

②跃而大喜：高兴得跳了起来。啮缺从王倪的回答中领悟圣人无知无为的道理，故而高兴。

③蒲衣子：假设的人名。

④而：你。乃今：至今，现在。

⑤有虞氏：即舜。泰氏：传说中的帝王伏羲。

⑥藏仁以要人：坚守仁义以笼络人心。藏，收藏，坚守。要，要结，笼络。

⑦得人：得到百姓的拥护。

⑧而未始出于非人：然而未曾摆脱外在的仁义的牵累。未始，不曾。出于，跳出，摆脱。非人，外物。指人为的仁义。舜能够得到百姓拥护，依靠的是提倡外在的仁义，所以说他没有摆脱外物的牵累。关于内在仁义与外在仁义，详见"研读"。

⑨徐徐：悠闲自得的样子。

⑩觉：醒后。于于：无思无虑的样子。"其卧徐徐，其觉于于"这两句应该视为互文，即把两句话结合起来理解：泰氏无论睡觉还是醒来，都悠闲自得，无思无虑。

⑪一以己为马，一以己为牛：听任别人把自己视为马，听任别人把自己视为牛。

⑫知：同"智"。情信：真实。庄子认为智慧有两种，一是世俗智慧，一是圣人智慧。圣人智慧是真智，而世俗智慧是假智。

⑬入于非人：受到外物的牵累。非人，指外物。

【译文】

　　啮缺向王倪请教如何治国，四次提问而王倪四次都说"不知道"。

啮缺于是高兴得跳了起来，前去把此事告诉蒲衣子。蒲衣子说："你如今知道了吧？有虞氏比不上泰氏，有虞氏坚持用外在的仁义去笼络人心，这样虽然也能得到人们的拥护，但是他未能摆脱外物（外在的仁义）的牵累。泰氏睡觉时悠闲自得，醒来后无思无虑。他听任别人把自己视为马，听任别人把自己视为牛。他的智慧是真正的智慧，他的美德是真正的美德，而且从未受到外物的牵累。"

【研读】

古人把仁义分别为内在仁义与外在仁义两类，关于这两类的区别，我们看孔子的两段话：

子曰："……仁者安仁，知者利仁。"（《论语·里仁》）

子曰："……或安而行之，或利而行之，或勉强而行之。"（《礼记·中庸》）

在行仁的时候，有三种态度，一种是发自本性、不带任何个人目的地行仁，这就是"安仁"，老庄则称之为"大仁"；还有一种就是认识到行仁对彼此都有好处，所以才去行仁，这就是"利仁"；当然还有出于各种原因勉强自己去行仁的。"安仁"就属于内在的仁，是发自内心、不求功利地行仁；而"利仁"和"勉强而行之"的仁就属于外在的仁，带着功利目的去利用仁、提倡仁。

二

肩吾见狂接舆[①]，狂接舆曰："日中始何以语女[②]？"肩吾曰："告我：'君人者以己出经式义度[③]，人孰敢不听而化诸[④]？'"狂接舆曰：

"是欺德也，其于治天下也，犹涉海、凿河而使蚊负山也⑤。夫圣人之治也，治外乎⑥？正而后行⑦，确乎能其事者而已矣⑧。且鸟高飞以避矰弋之害⑨，鼷鼠深穴乎神丘之下以避熏凿之患⑩，而曾二虫之无知⑪！"

【注释】

①肩吾：假设的人名。狂接舆：楚国隐士。相传姓陆名通，字接舆。狂，即孔子说的"狂简"，志向远大而办事疏略。

②日中始：假设的人名。女（rǔ）：通"汝"。你。

③君人者以己出经式义度：当君主的要根据自己的意志去制定法规制度。君人者，即君主。以己，根据自己的意志。出，制定。经式义度，泛指各种法规制度。经，法典。式，规矩。义，规范。度，准则。

④化：接受教化，服从。

⑤涉海：徒步走过大海。凿河：开凿黄河。负山，背大山。本句中的"涉海""凿河""使蚊负山"都是比喻不可能办到的事。

⑥治外：用外在的法规制度去迫使百姓就范叫"治外"。

⑦正而后行：先端正自己的品行，然后去感化别人。行，推行，感化。

⑧确：确定，选准。能其事者：能办事的人。

⑨矰弋（zēng yì）：用弓箭射击。矰，用丝绳系着的短箭。弋，用矰射鸟。

⑩鼷（xī）鼠深穴乎神丘之下以避熏凿之患：鼷鼠深深地藏身于社坛的洞穴中以逃避熏烧挖掘的灾祸。鼷鼠，一种野鼠。深穴，深深地打洞。神丘，社坛。古人祭祀土神的土台。熏凿，指人们用烟熏、挖掘的办法消灭这些鼷鼠。

⑪而曾二虫之无知：你竟然不知道这两种动物的做法吗？而，你。曾，竟然。

本句意思是：连动物都知道想办法对付人的迫害，更何况人呢！如果君主用法度去强制、迫害百姓，百姓就会像鼷鼠和小鸟那样想办法与君主斗智斗勇、互相欺诈，国家就会陷入混乱。

【译文】

肩吾去拜访楚狂接舆，楚狂接舆问："日中始给你讲了一些什么治国原则？"肩吾说："他告诉我：'君主要根据自己的意志去制定各种法规制度，哪个人敢不服从这些法规教化？'"狂接舆说："这是一种倚强凌弱的欺诈行为，想用这种方法治理好天下，就好像徒步过海、开凿黄河、让蚊子去背负大山那样不可能。圣人治国，难道是用那些外在的法规制度去强迫百姓就范吗？圣人先端正个人品行然后去感化别人，准确选拔那些有才能的人就可以了。小鸟尚且知道高高飞翔以躲避弓箭的伤害，鼷鼠尚且知道深深地藏在社坛下面的洞穴里以逃避熏烧挖掘的灾祸，你难道不知道这两种动物的做法吗！"

【研读】

庄子认为，君主治国，只需做两件事情即可，一是正己，二是用人。庄子可以说抓住了治国的关键。

关于正己，孔子有一段名言："子曰：'其身正，不令而行；其身不正，虽令不从。'"（《论语·子路》）孔子说："如果统治者自身端正，不用发号施令也能推行自己的政治意愿；如果统治者自身不端正，即使发号施令也没有人服从。"在中国古代，几乎所有人都认为，一个国家的政令能否顺利实施，关键取决于领导者的表率作用：

季康子问政于孔子曰："如杀无道，以就有道，何如？"孔子

对曰："子为政，焉用杀？子欲善，而民善矣。君子之德风，小人之德草；草上之风，必偃。"（《论语·颜渊》）

吴王好剑客，百姓多创瘢；楚王好细腰，宫中多饿死。（《后汉书·马援列传》）

上有所好，下必甚焉。（《资治通鉴》卷二百二）

像这类的言论极多。这就提醒统治者，自己的政令能否推行，问题不在百姓身上，而应该在自己身上找原因。关于这方面的实例，我们仅举一个：

齐桓公好服紫，一国尽服紫。当是时也，五素不得一紫。桓公患之，谓管仲曰："寡人好服紫，紫贵甚，一国百姓好服紫不已，寡人奈何？"管仲曰："君欲止之，何不试勿衣紫也？谓左右曰：'吾甚恶紫之臭。'于是左右适有衣紫而进者，公必曰：'少却，吾恶紫臭。'"公曰："诺。"于是日，郎中莫衣紫；其明日，国中莫衣紫；三日，境内莫衣紫也。（《韩非子·外储说左上》）

齐桓公喜欢穿紫色衣服，于是全国臣民都跟着喜欢穿紫色衣服，结果导致紫色衣服价格飞涨，五匹白色布都换不到一匹紫色布。齐桓公对此忧心忡忡，就对管仲说："我喜欢穿紫色衣服，紫色衣料就变得特别昂贵，全国民众都喜好穿紫色衣服而且没完没了，该怎么办呢？"管仲说："您如果想制止这种情况，为什么不试着自己先不穿紫色衣服呢？您就告诉身边人说：'我非常讨厌紫色衣服的气味。'如果此时有穿紫色衣服的侍从走到您跟前，您一定要对他说：'你离我远一点，我讨厌紫色衣服的气味。'"齐桓公说："好。"就在当天，宫中的郎中没有谁再去穿紫色衣服了；到了第二天，都城中就没有人再去穿紫色衣服了；到了第三天，整个齐国境内就没有人再去穿紫色衣服了。

用人，也是君主治国的重要任务。《荀子·大略》说：

> 主道知人，臣道知事。故舜之治天下，不以事诏而万物成。
> 农精于田而不可以为田师，工贾亦然。

荀子认为，做君主的主要任务是知人用人，做大臣的主要任务是知事做事。因此舜在治理天下的时候，不去具体指示臣下如何做事而事事成功。善于种地的农夫并不适合去做农业官员，工匠与商人也是如此。要想用人，必须先知人，而知人是一件非常困难的事情。《庄子·列御寇》说：

> 人心险于山川，难于知天。

句中的"险"是"险峻""险阻"的意思。由于古代科技不发达，人们要想认识大山大川，要想认识上天，十分困难。但庄子认为，由于人心的隐蔽性和多变性，对人心的认识比对山川、上天的认识更为困难。后来白居易在《天可度》中阐述了同样的道理：

> 天可度，地可量，唯有人心不可防。但见丹诚赤如血，谁知伪言巧似簧。劝君掩鼻君莫掩，使君夫妇为参商。劝君掇蜂君莫掇，使君父子成豺狼。海底鱼兮天上鸟，高可射兮深可钓。唯有人心相对时，咫尺之间不能料。君不见：李义府之辈笑欣欣，笑中有刀潜杀人？阴阳神变皆可测，不测人间笑是瞋。

这首诗涉及三个历史典故：

第一个典故："劝君掩鼻君莫掩，使君夫妇为参商"讲的是楚怀王等人的故事。《战国策·楚策四》记载，魏王送给楚怀王一位美人，楚怀王非常宠爱她。怀王夫人郑袖看到丈夫宠爱这位美人，于是就表现得比怀王更爱美人：把最好的衣服玩好、宫室卧具等等都让给这位美人。怀王看到这种情况十分高兴，说："妇人事奉丈夫，靠的是美色；

而嫉妒，则是妇人的常情。现在郑袖知道寡人宠爱这位美人，结果比我更爱她，郑袖对待我，就像孝子对待父母、忠臣对待君主一样啊！"郑袖看到怀王认为自己不嫉妒了，便开始施展阴谋。她对美人说："大王很爱你的美丽，就是有点讨厌你的鼻子，以后你见大王时，最好把鼻子捂着，大王就会更爱你了。"魏美人不知是阴谋，于是每次见怀王时就把自己的鼻子捂住。次数多了，怀王感到奇怪，就问郑袖说："美人每次见寡人，总是捂住鼻子，为什么？"郑袖回答："我知道原因，但不必讲了。"怀王说："即使难听也要讲。"郑袖说："她好像是讨厌君王身上的气味。"怀王听后大怒："真是个悍妇啊！"当即命令武士把美人的鼻子给割了。没有鼻子的女子再也得不到男人的宠爱了。

第二个典故："劝君掇蜂君莫掇，使君父子成豺狼"讲的是西周宣王的重臣尹吉甫的故事。尹吉甫前妻去世，后妻为了诬陷前妻的儿子伯奇，便把一只毒蜂放在自己的衣领上，令伯奇摘掉它。尹吉甫从远处看到伯奇把手伸到后妻的脖子上，误以为伯奇在调戏后母，大怒，便把伯奇流放到远方去了。

第三个典故：李义府在唐高宗时任中书令（相当于宰相），时人评价他是："义府貌状温恭，与人语必嬉怡微笑，而褊忌阴贼。既处权要，欲人附己，微忤意者，辄加倾陷。故时人言义府笑中有刀，又以其柔而害物，亦谓之'李猫'。"（《旧唐书·李义府列传》）李义府与人相处，表面上恭敬温柔，满面笑容，背后害人十分残酷，后被流放巂州（今四川西昌），五十余岁时死于此地。"笑里藏刀"一词即出于此。

白居易时代，人们对天地的了解依然甚少，也可以说对当时的人来说，天不可度，地不可量，然而诗人认为，人心比天地更难猜度。白居易的"天可度，地可量，唯有人心不可防"这一结论与"人心险于山川"是一样的。

虽说是"人心险于山川",但也有不少古人认为通过某种方法,人心在某种程度上还是可知的。如庄子在"人心险于山川"的下文就提出一系列考察人的方法。因原文难懂,我们直接翻译出来:

有时让他到远方办事以考察他对自己是否忠诚,有时让他在自己身边办事以考察他时间久了对自己是否恭敬,有时给他安排许多任务以考察他是否有能力,有时突然提问以考察他是否有智慧,有时交给他期限紧迫的工作以考察他是否能够守信用按时完成,有时把财产托付给他管理以考察他是否廉洁,有时把危难处境告诉他以考察他是否能够坚守节操,有时把他灌醉以考察他醉后能否坚持正确原则,有时让他与女人杂处以观察他是否好色。

庄子认为,通过这一系列的考察,一个人品质的好坏就会显露无遗。孔子也认为人心是可知的,但其考察方法不同。《论语·为政》说:

子曰:"视其所以,观其所由,察其所安,人焉廋哉?人焉廋哉?"

这段话翻译出来就是:"孔子说:'考察一个人的行为目的(动机),观察他为达到这一目的所使用的方法,了解他办事的最后结果。那么这个人又如何能够隐瞒自己的真实品德呢?这个人又如何能够隐瞒自己的真实品德呢?'""视其所以,观其所由,察其所安"这几句话,包含了考察一个人做事的三个阶段:行为目的的确定,为实现目的所采取的方式,最后所安于的状态(即办事结果)。孔子认为,通过这三个阶段的考察,一个人的好坏就能考察清楚。

孟子继承了孔子的思想,也认为人心是可知的,不过他的方法不是通过观察一个人的言行,而是观察他的眸子。《孟子·离娄上》说:

存乎人者，莫良于眸子。眸子不能掩其恶。胸中正，则眸子瞭焉；胸中不正，则眸子眊焉。听其言也，观其眸子，人焉廋哉？

孟子认为，观察一个人，最好去观察他的眸子（瞳仁、眼睛）：品行端正，思想高尚，其眼睛是明亮的；反之，眼睛就是浑浊的。与人交往时，一边听他言谈，一边紧盯着他的眼睛，通过对方眸子的明亮与否，来判断这个人的品质是否高尚，用心是否端正。

正由于知人用人特别重要，所以古人提供的知人方法极多，这里限于篇幅，不再一一介绍。总之，"劳于求贤，逸于任使"（《后汉书·王堂列传》）几乎成为古代君臣讨论治国时的口头禅。君主只要能够把合适的人放在合适的位置上，自己就能够过上安逸舒适的轻松日子。

三

天根游于殷阳①，至蓼水之上②，适遭无名人而问焉③，曰："请问为天下④。"无名人曰："去！汝鄙人也⑤，何问之不豫也⑥！予方将与造物者为人⑦，厌则又乘夫莽眇之鸟⑧，以出六极之外⑨，而游无何有之乡⑩，以处圹埌之野⑪。汝又何帠以治天下感予之心为⑫？"又复问，无名人曰："汝游心于淡，合气于漠⑬，顺物自然而无容私焉⑭，而天下治矣。"

【注释】

①天根：虚构人物。殷阳：地名。

②蓼（liǎo）水：河名。上：河边。

③适：刚好。遭：遇到。无名人：虚构人物。

④为：治理。

⑤鄙人：浅薄之人。

⑥豫：愉快。

⑦造物者：指大道。为人：为伴。

⑧厌则又乘夫莽眇之鸟：得道后就乘着虚净缥缈的精神之鸟。厌，满足，指获取大道。一说是厌烦尘世的意思。莽眇之鸟，比喻虚净缥缈的精神。莽眇，缥缈。

⑨六极之外：世外。六极，指天地、四方。

⑩无何有之乡：什么都没有的虚净之处。即无思无虑、物我两忘的精神境界。

⑪圹埌（kuàng làng）之野：辽阔无边的原野。比喻无穷无尽的精神境界。

⑫吚（yì）：字书无"吚"。疑为"癔"，"癔"为"呓"的本字。梦话。感：动，打扰。为：句末语气词。

⑬合气于漠：游心于清静无为。合，合于，游于。气，与"心"义近。漠，淡泊。

⑭私：偏私，主观成见。

【译文】

　　天根到殷阳游历，当他来到蓼水河边时，刚好遇上了无名人，于是就请教说："请问治理天下的方略。"无名人说："走开！你是一个思想浅薄的人，怎么问这种让人不高兴的事情！我正要与造物的大道结伴而游，得道后，我就乘坐着虚净缥缈的精神之鸟，飞到尘世之外，游荡于空净无物的地方，生活在无边无际的原野里。你又为何像说梦话那样拿治理天下的事来打扰我的平和心境呢？"天根继续请教如何治国，无名人说："你要处心淡泊，清静无事，顺应万物的自然状态而不要掺入半点个人的主观成见，那么天下就安定太平了。"

四

阳子居见老聃①，曰："有人于此②，向疾强梁③，物彻疏明④，学道不倦。如是者，可比明王乎？"老聃曰："是于圣人也，胥易技系⑤，劳形怵心者也⑥。且也虎豹之文来田⑦，猿狙之便、执斄之狗来藉⑧。如是者，可比明王乎？"阳子居蹴然曰⑨："敢问明王之治。"老聃曰："明王之治，功盖天下而似不自己⑩，化贷万物而民弗恃⑪，有莫举名⑫，使物自喜⑬，立乎不测⑭，而游于无有者也⑮。"

【注释】

①阳子居：先秦思想家杨朱。老聃（dān）：即老子。

②有人于此：为假设句。如果有这么一个人。

③向疾强梁：行为敏捷而性格刚强。向疾，像回声那样迅速。向，通"响"。回声。疾，快。强梁，刚强。

④物彻：对事物的道理理解非常透彻。疏明：通达明了。

⑤胥：小官吏。易：主管占卜的官员。泛指一般官员。技系：为一般技能所系累。因有一技之长，所以被别人约束、使用。

⑥怵（chù）心：恐惧。

⑦且：再说。文：同"纹"。指有花纹的皮毛。来：招来。田：打猎。

⑧猿狙（jū）之便、执斄（lí）之狗来藉：猕猴和善于捕捉狐狸的猎狗因为行动敏捷而招致绳索的拴缚。猿狙，猕猴。便，敏捷。斄，狐狸。来，招致。

藉，用绳子拴缚。比喻那些办事敏捷能干的人就如同虎、豹、猴、狗一样，他们的技能不但无益于自己，反而会成为自己的拖累。

⑨蹵（cù）然：吃惊的样子。

⑩不自己：不归功于自己。自，由于，出于。

⑪化贷万物而民弗恃：化育、施恩于万物而人们却不觉得自己在依赖他们。贷，施恩。不恃，不觉得自己是在依赖君主。

⑫有莫举名：有功而无法用语言形容。莫，不能。举，称说。名，形容。

⑬自喜：欣然自得。

⑭不测：高深莫测的境界。详见"研读"。

⑮无有者：虚无清静的境界。

【译文】

　　阳子居拜见老子，问："如果有一个人，他敏捷刚健，通晓事理，学道不倦。像这样的人，比得上圣君吗？"老子说："这样的人同圣君相比，只不过像个被技能所拖累、劳形费神的小官吏一样。再说虎豹因为自己花纹美丽的皮毛而招致人们的围猎，猕猴和善于捉狐狸的猎狗因为行动敏捷而招致绳索的拴缚。像这样的小官吏，也能够拿来同圣君相比吗？"阳子居吃惊地说："我想请教有关圣君治理天下的情况。"老子说："圣君治理天下，建立了盖世之功却好像与自己毫无关系，化育、施恩于万物而人们却感觉不到是在依赖他。圣君建立了功德却无法用语言描述，使万物各得其所、欣然自得。圣君立身处世深邃莫测，整日生活在清静无为的虚净境界之中。"

【研读】

道、儒、释三家都认为各自圣人的思想境界，常人是无法窥测的。《道德经》八章说：

> （圣人）居善地，心善渊。

圣人善于身处卑下之位，思想如深渊一样深邃难识。庄子在本段中也再次强调圣人能够"立乎不测"。

不仅身为道家的老庄认为常人无法猜度圣人的思想境界，儒家也这么认为。关于儒家圣人的境界，《韩诗外传》卷八有这样一段记载：

> 齐景公谓子贡曰："先生何师？"对曰："鲁仲尼。"曰："仲尼贤乎？"曰："圣人也，岂直贤哉！"景公嘻然而笑曰："其圣何如？"子贡曰："不知也。"景公悖然作色，曰："始言圣人，今言不知，何也？"子贡曰："臣终身戴天，不知天之高也；终身践地，不知地之厚也。若臣之事仲尼，譬犹渴操壶杓，就江海而饮之，腹满而去，又安知江海之深乎？"

子贡认为，孔子的思想境界好像上天、大地一般，虽然自己终生头顶着天、脚踏着地，却无法知道天有多高，地有多厚；还好像大江大海一样，虽然自己每天都取饮于此，却无法知道大江大海的水究竟有多深。

佛教则百尺竿头更进一步，他们认为那些思想境界极高的僧人，不仅常人难以窥其言行门径，就连鬼神也无法探知其究竟。《五灯会元》卷三记载：

> 师（唐代普愿禅师）因至庄所，庄主预备迎奉。师曰："老僧居常出入，不与人知，何得排办如此？"庄主曰："昨夜土地报道，和尚今日来。"师曰："王老师（普愿禅师俗姓王）修行无力，被

鬼神觑见。”

普愿禅师俗姓王，有一次他因为有事到一村庄，庄主事先就做好了迎接准备，普愿禅师甚是诧异：“我平时出门办事，从来不会告诉任何人，您怎么事先就把事情准备好了呢？”庄主回答说：“是土地神昨晚梦中告知我，您今天要来。”普愿禅师听后感叹说：“我这个姓王的老师傅修行还不到家，所以自己的行踪被鬼神发现了。”言外之意是，修行到极致的高僧，连鬼神都无法知晓其行踪，更不用说那些凡夫俗子了！

郑有神巫曰季咸①，知人之死生存亡、祸福寿夭，期以岁月旬日②，若神。郑人见之，皆弃而走③。列子见之而心醉④，归，以告壶子⑤，曰：“始吾以夫子之道为至矣⑥，则又有至焉者矣。”壶子曰：“吾与汝既其文⑦，未既其实⑧。而固得道与⑨？众雌而无雄，而又奚卵焉⑩？而以道与世亢⑪，必信⑫，夫故使人得而相汝⑬。尝试与来⑭，以予示之⑮。”

【注释】

①郑：诸侯国名，在今河南新郑一带。神巫：神灵的巫师。以下文字用形象故
　　事说明上一段文字中的圣君“立乎不测”。

②期以岁月旬日：能预测到事情发生在某年、某月、某旬、某日。期，预期。

③弃而走：跑开了。走，跑。关于“弃而走”的原因，详见“研读”。

④心醉：醉心于，被折服。

⑤壶子：列子的老师。

⑥至：最高境界。

⑦吾与汝既其文：我传授给你的全部是大道的一些表面知识。与，授予。既，全部。其，代指道。文，本指纹饰。这里指表面知识。

⑧实：指大道的实质内容。

⑨而：你。固：真的。

⑩众雌而无雄，而又奚卵焉：只有众多雌性而没有雄性，怎能生育呢？卵，孵卵生育。这两句说明任何事情的成功，都需双方配合，如果人们自己不表露什么，季咸就无法预测其命运。

⑪亢：通"抗"。较量，竞争。

⑫信（shēn）：通"伸"。申述，表露。

⑬相汝：通过观察你的容貌而预测你的命运。相，观察。

⑭与来：即"与之来"。和他一起来。

⑮以予示之：把我的相貌给他看看。

【译文】

郑国有一个巫师名叫季咸，他能预测别人的生死存亡和祸福寿夭，能确定祸福发生在某年、某月、某旬、某日，准确如神。郑国人见了他，都因为担心他预言自己的灾祸而赶快跑开。列子见了他却被折服了，回去后，就把这件事告诉老师壶子，说："从前我以为先生您的学问最为高深，而如今有更高深的学问了。"壶子说："我过去传授给你的全是大道的表面知识，还没有教给你大道的实质内容，你难道就算真的得道了？只有众多雌性而没有雄性，又如何生育呢？你用学到的一点皮毛去与世人相竞争，这样就一定会暴露出你的真实情况，所以别人能够为你看相。你试着把他带来，让他给我看看相吧！"

【研读】

郑国人之所以看见季咸就跑，主要是担心季咸预言自己的灾祸，从而给自己造成心理压力。关于预测死亡为人带来的烦恼，我们仅举袁枚为例。

清代大文学家袁枚在《除夕告存戏作七绝句》的序中说，三十年前，有一位名叫胡文炳的相士曾为他看相，预测他六十三岁时可得一子，七十六岁时去世。后来，盼子心切的袁枚真的到了六十三岁时才好不容易地生了一个儿子。既然第一件事预测准确，那么第二件事自然也会准确，于是他对相士的话深信不疑。到了七十六岁那一年，他从初一就开始等死，后来又患上了腹疾，袁枚更增添了许多离世的"信心"，于是他早早地为自己写了挽歌，但仍觉不够热闹，便要求喜欢自己的人也来为自己写挽歌。

好不容易熬到了七十六岁那年的除夕，死亡的期限仅剩一晚，惶恐了一年的袁枚认为大限总算到了，于是，包括八十三岁的老姐姐在内的全家人都守着他"坐以待毙"。大家惴惴不安地一直等到天亮，也就是说"七十六岁那一年"已经过去了，苦苦等待的死神并没有降临，全家人的欣喜之情难以言表，诗人自己也高兴得不知该把自己的名字改为"刘更生"好呢，还是改为"李延年"好，他一口气写了七首诗（同一题目《除夕告存戏作七绝句》）以示庆幸。其中两首写道：

八十三龄老姊扶，白头内子笑提壶。倘非造化丹青手，谁写《随园家庆图》？

过此流年又转头，关心枕上数更筹。诸公莫信袁丝达，未到鸡鸣我尚愁。

第一首讲全家人的欢庆景象无法用人间图画表达。第二首说自己并非真正的旷达之人，鸡鸣天亮之前，自己依然是忧心忡忡地恐惧死亡。从这个故事中，我们不难体会预测死期给人带来的巨大精神压力。

明日，列子与之见壶子。出而谓列子曰："嘻！子之先生死矣！弗活矣！不以旬数矣①！吾见怪焉②，见湿灰焉③。"列子入，泣涕沾襟以告壶子④。壶子曰："乡吾示之以地文⑤，萌乎不震不正⑥，是殆见吾杜德机也⑦。尝又与来。"

【注释】

①不以旬数：不到十天。以旬数，以旬为单位来计算。十天为"旬"。

②怪：怪异的面相。这里指死亡症候。

③湿灰：像淋湿的灰烬一样毫无生机。指壶子的神情如同水湿过的灰烬一样，必死无疑。

④沾：浸湿。襟：衣襟。

⑤乡（xiàng）：刚才。地文：大地之象。用寂然不动的大地比喻死气沉沉的神情。

⑥萌乎不震不正：处于一种寂然静止的不正常状态。萌乎，处于。震，动。正，正常。

⑦殆：大概。杜德机：闭塞了生机。杜，闭塞。德机，生机。《庄子·天地》："物得以生，谓之德。"

【译文】

第二天，列子带着季咸一起来见壶子。季咸出来后对列子说："唉，您的老师马上就要死了，活不成了，活不到十天了。我在他脸上看到死亡的怪异征兆，看到他的神色如同用水淋湿的灰烬一样毫无生机。"列子进屋后，眼泪打湿了衣襟，伤心地把季咸的预测告诉壶子。壶子说："刚才我让他看到的是大地般的寂静神情，我处于一种寂然不动的不正常状态，他大概是看到我的生机被闭塞了吧！你再把他带来。"

【研读】

季咸为壶子看相时，壶子故意装作快死的模样，季咸便信以为真，预测壶子十日内死亡。这是季咸第一次被骗。

明日，又与之见壶子。出而谓列子曰："幸矣！子之先生遇我也！有瘳矣①，全然有生矣！吾见其杜权矣②。"列子入，以告壶子。壶子曰："乡吾示之以天壤③，名实不入④，而机发于踵⑤。是殆见吾善者机也⑥。尝又与来。"

【注释】

①瘳（chōu）：病愈。

②杜权：闭塞的生机有所好转。权，变动，好转。

③天壤：天地。指天地二气交融时表现出的一线生机。古人认为天地二气（即阴阳二气）相互交融而生出万物。

④名实不入：万事不放在心里。即无思无虑的精神状态。名、实，指一切事物。

⑤机发于踵：一线生机从脚跟冉冉升起。踵，脚跟。

⑥善者机：生机。善，美好。这里指生机。

【译文】

第二天，列子又带季咸一起来见壶子。季咸出来后对列子说："真是幸运呀，您的老师遇上了我，他的病情有所好转，完全可以活下来了！我看到他那闭塞的生机有所改善了。"列子进屋后，把季咸的话告诉壶子，壶子说："刚才我让他看到的是像天地二气交融时所产生的那点生机，我内心一片空净，而一线生机从脚跟冉冉升起，他大概是看到了我的这点生机吧！再把他带来！"

【研读】

季咸第二次为壶子看相时，壶子故意装作可以继续生存下去的模样，季咸再次信以为真，预测壶子可以活下来了，并觍着脸把这一子虚乌有的功劳揽在自己身上。这是季咸第二次被骗。

明日，又与之见壶子。出而谓列子曰："子之先生不齐①，吾无得而相焉。试齐，且复相之。"列子入，以告壶子。壶子曰："吾乡示之以太冲莫胜②，是殆见吾衡气机也③。鲵桓之审为渊④，止水之审为渊⑤，流水之审为渊⑥，渊有九名⑦，此处三焉⑧。尝又与来。"

【注释】

①不齐：神情不稳定。壶子故意使自己的神情时好时坏，所以季咸说"先生不齐，吾无得而相焉"。

②太冲莫胜：虚净得无以复加。太，非常，最。冲，虚净。莫胜，无以复加。

③衡气机：介于生死之间、即不死不活的神情。衡，平衡。指平衡于生死之间，即不死不活。

④鲵（ní）桓之审：大鱼游荡的深水处。鲵，即雌鲸。桓，盘桓，游荡。审，
　深水区。

⑤止水之审：静水形成的深水区。

⑥流水之审：流水形成的深水区。

⑦九名：很多种。九，泛指多。这几句用深渊比喻深不可测的精神状态，用深
　渊的种类很多，比喻深不可测的精神状态的种类也很多。

⑧三：指壶子让季咸看到的"杜德机""善者机""衡气机"三种神情。

【译文】

　　第二天，列子又带着季咸一起来见壶子。季咸出来后对列子说：
"您的老师神情不稳定，我没办法给他看相。等他神情稳定之后，我
再来给他看相。"列子进屋后，又把季咸的话告诉壶子，壶子说："我
刚才让他看到的是虚净得无以复加的神情，他大概看到我介于生死之
间的精神状态。大鱼游荡的深水区叫深渊，静水形成的深水区叫深渊，
流水形成的深水区也叫深渊，深渊有许多种类，我这里不过仅仅使用
了三种深渊一样的深不可测的精神状态罢了。你再把他带来！"

【研读】

　　季咸第三次为壶子看相时，壶子故意装出不死不活的样子。壶子
第一次显示将死的神情，第二次显示有生机的神情，第三次显示介于
生死之间的神情，所以季咸说壶子的神情不稳定，他没法看相了。这
是季咸第三次被骗。

　　明日，又与之见壶子。立未定①，自失而走②。壶子曰："追

之！"列子追之不及，反③，以报壶子曰："已灭矣④，已失矣，吾弗及已⑤。"壶子曰："乡吾示之以未始出吾宗⑥，吾与之虚而委蛇⑦，不知其谁何⑧，因以为弟靡⑨，因以为波流⑩，故逃也。"

【注释】

①立未定：还没站稳。

②自失：惊慌失措而不能自持。走：逃跑。

③反：同"返"。返回。

④灭：跑得无影无踪了。

⑤吾弗及已：我没有追上。已，通"矣"。

⑥宗：根本，本来面目。

⑦虚而委蛇（yí）：虚意应付，随顺而变。委蛇，顺应的样子。成语"虚而委蛇"即出于此。

⑧不知其谁何：不知我究竟如何。其，壶子自指。谁何，如何。这几句是说，这次看相时，壶子的表情顺应着季咸的表情而变化，比如季咸皱眉，壶子也跟着皱眉；季咸咧嘴，壶子也跟着咧嘴，因此季咸根本摸不准壶子究竟怎么样了。

⑨因以为弟靡：顺应着他的神情变化。因，顺应。弟靡，变化。

⑩波流：像水流顺应地形一样顺应着季咸的表情而变。

【译文】

　　第二天，列子又带着季咸一起来见壶子。季咸还没站稳，就惊慌失措地逃跑了。壶子对列子说："去把他追回来！"列子没有追上，回来告诉壶子说："他已经跑得无影无踪了，让他跑掉了，我没能追上。"

壶子说："刚才我让他看到的根本就不是我的真实神情，我同他虚与委蛇、随顺而变，他弄不清楚我究竟是怎么回事，我的面容顺应着他的面容而变换，我的神情顺应着他的神情而变化，所以他只好逃走了。"

【研读】

季咸第四次为壶子看相时，表现得更为狼狈，因为壶子的神情就像正对着季咸的一面镜子，顺应着季咸的神情变化而变化，以至于季咸怀疑壶子的精神是否出了问题，只好落荒而逃了。这是季咸第四次被骗。

然后列子自以为未始学而归①。三年不出②，为其妻爨③，食豕如食人④，于事无与亲⑤，雕琢复朴⑥，块然独以其形立⑦。纷而封哉⑧，一以是终⑨。

【注释】

①未始学：不曾学到老师的知识。

②二年不出：列子三年不出门的原因，主要是在自我反省。

③爨（cuàn）：烧火煮饭。

④食（sì）豕（shǐ）如食人：喂猪如喂人。食，喂，给别人吃。豕，猪。通过反省，列子懂得了齐万物、等贵贱的道理，所以对待猪如同对待人一样，没有任何偏私。这也是深不可测的一种表现。

⑤亲：偏爱。

⑥雕琢复朴：通过修养，返归真朴。《庄子·山木》："既雕既琢，复归于朴。"一说本句意思是"复雕琢于朴"，除去人为的浮华，返回真朴。郭象《庄子

注》："去华取实。"

⑦块然：像土块那样。块，土块。立：生活。

⑧纷而封哉：社会上乱纷纷地在争论是非。封，界线，是非。

⑨一以是终：完全以齐物态度过完一生。一，完全。是，代指"食豕如食人"
　的齐物态度。

【译文】

　　此事发生之后，列子感到自己确实没有学到什么本领。回到家里，三年没有出门，为他的妻子烧火煮饭，喂猪如同喂人一样，对任何事物都无所偏爱。他通过精神修养，恢复天然的纯朴，像土块那样无思无虑地生活着。社会上乱纷纷地都在争辩是非得失，而列子完全以齐物态度过完了一生。

【研读】

　　这个故事有三点值得我们进一步讨论：一、关于季咸相面的故事与前文"立乎不测"的联系及其影响。二、庄子不仅揭露看相骗术，对许多迷信活动都能予以科学解释。三、看相准确的另一种理性方法。

　　一、关于季咸相面的故事与前文"立乎不测"的联系及其影响。

　　本篇记载了老子的一段话："明王之治……立乎不测，而游于无有者也。"紧接着就是季咸相面的故事。学界几乎都认为季咸相面的故事与前文没有连贯关系。我们认为这种看法是不恰当的，季咸相面的故事与前文联系紧密，主要是用形象的故事说明什么叫"立乎不测"。

　　庄子认为，季咸之所以能够"知人之死生存亡，祸福寿夭，期以岁月旬日，若神"，主要是由于被相者无意中透露出了自己的种种信息。所以当季咸为壶子相面时，壶子隐匿了自己的各种真实神情，做到了"立乎不测"，使季咸无从着手，不得不落荒而逃。庄子讲这个故事的目的，就是要求帝王也要像壶子那样善于隐匿自己的真实思想，以免被臣下揣摩奉迎。这一思想被韩非所接受：

> 君无见其所欲，君见其所欲，臣自将雕琢；君无见其意，君见其意，臣将自表异。（《韩非子·主道》）

韩非说："君主不要显露出自己的欲望，如果君主显露出了自己的欲望，那么臣下就会粉饰自己的言行以迎合君主的欲望；君主不要表现出自己的意愿，君主如果表现出了自己的意愿，那么臣下就会用虚情假意以迎君主的意愿。"后来还有一些帝王，把这种"不测"主张演绎到了极致，《南史·齐本纪下》记载：

> （齐明帝）每出行幸，先占利害。简于出入，将南则诡言之西，将东则诡言之北，皆不以实，竟不南郊。

齐明帝本来要去南边，却告诉臣下自己要去西边；本来要去东边，却告诉臣下自己要去北边。像这样去实践"立乎不测"，只能成为笑柄。

当然，任何比喻都是蹩脚的，季咸看相的故事也是如此，因为圣君"立乎不测"是自然而然的，而壶子的"立乎不测"则是有心制造出来的，二者之间有着本质的差别。《韩非子·主道》中的主张与齐明帝的行为，都属于后者。

二、庄子不仅揭露看相骗术，对其他许多迷信活动都能予以较为科学的解释。

本段是最早的一个有文字记载的揭露看相骗术的故事。庄子告诉我们，所谓的看相，无非就是察言观色而已。庄子不仅不信相面术，对其他许多迷信活动也做出了较为科学的解释，比如对傩这种驱鬼活动的理性解释。

　　在普遍相信鬼魂能够致灾的古代，自然而然地出现了种种驱除恶鬼的活动。在周代，朝廷还安排有专门的驱鬼官员方相氏，方相氏的驱鬼活动被称为"傩"。孔子对这种活动十分尊重，《论语·乡党》说："乡人傩，朝服而立于阼阶。"在当地人举行驱鬼活动时，孔子就穿上朝服站在东边的台阶上恭敬地迎送驱鬼的人们。

　　傩分国傩与乡傩两种，国傩是朝廷举行的傩，而乡傩是民众举行的傩。每年进行三次，三月和十二月是驱赶阴气，八月是驱赶阳气，因为不驱赶这些过剩或过时的阴阳二气，那么鬼就会乘着这些阴阳之气出来害人。其中三月和八月为国傩，十二月的傩则带有全民性质，规模要大得多，称为"大傩"。傩的核心人物是由巫觋扮演的方相，他带着黄金四目的面具，穿着黑红色的上衣和大红色的下衣，身上披着熊皮，挥舞着长戈和盾牌，率领众人敲着皮鼓，唱着巫歌，跳着舞蹈，以驱除疫鬼。对民众如此认真、虔诚举行的大型驱鬼活动，庄子却做出了另类解释：

　　《庄子》曰：游凫问雄黄曰："今逐疫出魅，击鼓呼噪，何也？"

　　雄黄曰："黔首多疫，黄帝氏立巫咸，使黔首沐浴斋戒，以通九窍；鸣鼓振铎，以动其心；劳形趋步，以发阴阳之气；饮酒茹葱，以通五藏。夫击鼓呼噪，逐疫出魅鬼，黔首不知，以为魅祟也。"

　　（《太平御览》卷五百三十引《庄子》佚文）

　　庄子假借雄黄之口说，黄帝之所以让巫咸创制活动量很大的傩，目的是"神道设教"，是假借神灵的权威去促使人们斋戒沐浴以保持卫生，敲鼓摇铎以振奋精神，四处奔走以加强锻炼，饮酒吃葱以疏通五脏。无比虔诚的宗教活动，到了庄子这里，成了一场以增强体质为目的的全民健身活动。看了庄子的解释，使人感到其睿智中的滑稽，滑稽中的睿智。

三、看相准确的另一种理性方法。

季咸看相准确的方法是察言观色，先秦时期另一位相面者则另辟蹊径，以保证自己相面的准确性：

> 荆有善相人者，所言无遗策，闻于国。庄王见而问焉，对曰："臣非能相人也，能观人之友也。观布衣也，其友皆孝悌纯谨畏令，如此者，其家必日益，身必日荣矣，所谓吉人也。观事君者也，其友皆诚信有行好善，如此者，事君日益，官职日进，此所谓吉臣也。观人主也，其朝臣多贤，左右多忠，主有失，皆交争证谏，如此者，国日安，主日尊，天下日服，此所谓吉主也。臣非能相人也，能观人之友也。"（《吕氏春秋·贵当》）

楚国有位善于相面的人，他的预测没有出现过失误，因此闻名于全国。楚庄王召见他，问起此事，他回答说："我不会看相，只是能够观察一个人的朋友。观察普通人时，如果他的朋友都孝顺老人而尊敬兄长，为人忠厚恭谨而敬畏法令，那么这样的人，家庭一定会日益富足，自身会日益显荣，这就是所谓的吉祥之人。观察大臣时，如果他的朋友都很忠诚善良而乐善好施，那么这样的大臣就会越来越得到君主的信任，官职也会越做越高，这就是所谓的吉祥大臣。观察君主时，如果他的朝臣多是贤能之人，侍从多是忠良之士，君主有过失，他们都敢争相劝谏，这样的君主，他的国家就会日益安定，自身就会日益尊贵，天下就会日益归服，这就是所谓的吉祥君主。我不会看相，只是能观察一个人的朋友而已！"

五

　　无为名尸①，无为谋府②，无为事任③，无为知主④。体尽无穷⑤，而游无朕⑥，尽其所受乎天而无见得⑦，亦虚而已。至人之用心若镜，不将不迎⑧，应而不藏⑨，故能胜物而不伤⑩。

【注释】

①无为名尸：不要做名人。名尸，名声的主人。尸，主。

②谋府：心藏智谋的人。

③事任：任事，承担具体事务。这是就圣王而言。

④知主：才智的主人，智囊。知，同"智"。

⑤体尽无穷：彻底体会无穷无尽的大道境界。体，体会。尽，完全。

⑥无朕：无形无象。指虚无清净的境界。

⑦尽其所受乎天而无见得：尽情享受大自然带来的快乐，而不要盯着人间的利益。尽，尽情。得，利益。详见"研读"。

⑧将：送。

⑨应而不藏：事物出现了，镜子就照一照；事物消失了，镜子也不留丝毫痕迹。应，照。藏，留下痕迹。

⑩胜物：超越万物。即超然于万物之上。以上几句，详见"研读"。

【译文】

　　圣君不做名人，不用谋略，不承担事务，不当智囊。他们能够彻底领悟无穷无尽的大道，游心于虚无清净的境界，尽情享受大自然赋予自己的快乐，而不会眼盯着人世间的利益，也就是说他们能够做到内心虚净。圣君的心就像一面镜子，既不主动地去送走外物，也不主动地去迎接外物，事情出现了有所应对，事情过去了心中也不会留下任何痕迹，所以他们能够超然于万物之上而不会受到外物的伤害。

【研读】

本段文字很少，但有两句有关修身养性的话值得我们重视。

一是"尽其所受乎天"。每当我们看到这六个字，就不由自主想到苏东坡对朋友讲的一段话：

> 且夫天地之间，物各有主，苟非吾之所有，虽一毫而莫取。惟江上之清风，与山间之明月，耳得之而为声，目遇之而成色，取之无禁，用之不竭。是造物者之无尽藏也，而吾与子之所共适。（《前赤壁赋》）

苏东坡说："天地之间的万物，各有其主，如果不属于我们所有，即使一丝一毫也不去占有。只有这长江上的清风，与山峦间的明月，用耳朵去聆听，就是动听的音乐；用眼睛去观赏，就是美好的景象；欣赏它们不会有人禁止，享用它们也不会穷尽。这是大自然无穷无尽的宝藏，是我和你可以共同享受的事物。"苏轼的这段话就是庄子"尽其所受乎天"思想的合理演绎。清风明月，蓝天白云，取之无尽，享之无碍；至于人间富贵，则付之天命，视之淡如。每读此，总让人有一种飘飘然自得之意。

二是"至人之用心若镜"。这句话与《金刚经》的"应无所住而生其心"异曲同工。所谓"无所住而生其心"，意思是"应该在没有任何执着的心态基础上去生发出清净的应对外物之心"。面对外界事物时应该产生各种想法与相应的行动，但这些想法与行动是建立在"不执着"的基础之上。无住生心是《金刚经》的精髓，在"无所住"的同时，还要"生其心"，让明镜、止水般的心涵容万事万物。事情来了，以完全平静的心态予以关照；事情过去了，心境又恢复到自然的空明。"无所住"是"生其心"的基础，"生其心"的同时又必须"无所住"。唐代诗人吕温《戏赠灵澈上人》说：

> 僧家亦有芳春兴，自是禅心无滞境。君看池水湛然时，何曾不受花枝影？

禅师既去关照芳春，而又不执着于占有芳春。禅心一似清湛的池水，在映现世上万事万物的同时，仍然保持着澄明平静的状态。我们再举一例，问题可能会讲得更为清楚。青原惟信禅师说：

> 老僧三十年前未参禅时，见山是山，见水是水。及至后来，亲见知识，有个入处，见山不是山，见水不是水。而今得个休歇处，依前见山只是山，见水只是水。（《五灯会元》卷十七）

在吉州（今江西吉安）青原山驻锡的惟信禅师说："我三十年前还没有学佛时，见山是山，见水是水。到了后来，亲自拜见了高僧，开始进入佛门，见山不是山，见水不是水。如今在佛法里找到了安身之处，依然像从前那样见山只是山，见水只是水。"关于这段话的含义，不仅解释多样，而且玄乎其玄。实际上，我们只要把这里的"山水"转换为"金钱"就非常容易理解了。三十年前，我是俗人，我知道金钱的用处，所以看见金钱以后，就想占为己有，这就是执着。后来进入佛门，知道金钱等名利会妨碍自己修佛，于是就排斥金钱、远离金钱，这依然是执着。经过三十年修行，思想境界提高了，自己虽然像早期一样，再次认识到金钱的作用，但自己现在的追求是更高的成佛善果，金钱已经不再重要，因而也不会成为自己的执着对象。当然，学佛的最高境界是把包括佛祖与佛法在内的一切都置之度外，因为一旦以佛、法为追求目标，就会陷入"佛执"与"法执"，这等于丢掉了世俗包袱，又背上了佛门包袱。牛头山慧忠禅师有一首《安心偈》：

> 人法双净，善恶两忘。真心真实，菩提道场。(《景德传灯录》卷四)

忘却所有的佛祖与佛法，消除一切善与恶的观念，这才是真正的佛智，这才是彻底觉醒的境界。慧忠禅师的《安心偈》与庄子的"坐忘"几乎一模一样。

六

南海之帝为儵①，北海之帝为忽②，中央之帝为浑沌③。儵与忽时相与遇于浑沌之地④，浑沌待之甚善。儵与忽谋报浑沌之德，曰："人皆有七窍以视听食息⑤，此独无有，尝试凿之。"日凿一窍，七日而浑沌死。

【注释】

①儵（shū）：神名。含有匆忙之义，比喻人间纷扰多为。

②忽：神名。同样含有匆忙之义。

③浑沌：神名。含有浑然不分、自然纯朴之义。

④时：时常，常常。

⑤七窍：指人头部的七个孔窍。即两眼、两耳、两鼻孔、一嘴巴。息：呼吸。

【译文】

南海大帝叫儵，北海大帝叫忽，中央大帝叫浑沌。儵与忽时常在浑沌的地盘上见面，浑沌对他们招待得非常周到。儵与忽便一起商量如何报答浑沌的恩德，说："人人都有眼睛、耳朵、鼻子、嘴巴七个孔窍用来观看、聆听、吃饭和呼吸，唯独混沌没有，我们试着也为他开凿七个孔窍吧！"于是他们俩辛辛苦苦地每天为浑沌开凿一个孔窍，忙碌了七天，浑沌却被他俩给开凿死了。

【研读】

浑沌被凿死的故事再次提醒君主，在治理国家时，一定要顺应民众的天性。如果治国方略违背了人性，即便是出于好意，其结果也是害人害己。

最后要说明的是，传统观点认为"内篇"为庄子本人所著，而以下的"外篇""杂篇"为庄子后学所著。任继愈先生提出相反的观点，认为"外篇""杂篇"为庄子所著，而"内篇"为庄子后学所著，他在《中国哲学发展史（先秦）》（人民出版社1983年版）提出的证据主要有二：

第一，《史记·老子韩非列传》明确记载："庄子……其学无所不窥，然其要本归于老子之言。故其著书十余万言，大抵率寓言也。作《渔父》《盗跖》《胠箧》，以诋訾孔子之徒，以明老子之术。《畏累虚》《亢桑子》之属，皆空语无事实。然善属书离辞，指事类情，用剽剥儒、墨，虽当世宿学不能自解免也。"司马迁明确记载《渔父》《盗跖》等篇为庄子所著，而这些篇章都属于外、杂篇中的文章。

第二，任继愈先生从学派思想的发展特点论证自己的观点："一个学派思想的发展，很有一点象流水，上游接近源头，下游远离源头。庄子思想是从老子那里继承来的，老子思想就好比是个源头，我们只能说庄子学派先具有外、杂篇所反映的思想，然后发展到内篇所反映的思想。"换言之，任先生认为外、杂篇的思想更接近老子，应出现在先；而内篇越来越远离老子思想，应出现在后。所以外、杂篇应为庄子所著，而内篇为庄子后学所著。

　　应该说，任先生言之有理，但也很难成为确证，一是因为古人在谈到某书的作者时，往往笼统地以这一学派的主要人物为作者，很少落实到具体执笔人；二是以思想流变来确定文章的孰先孰后，似不可靠。所以在没有确证之前，我们还是以传统说法为准："内篇"为庄子本人所著，"外篇""杂篇"为庄子后学所著。

你真能
读明白的

张景 评注

庄子

中

外篇

中華書局

外 篇

仁义在左，天性在右

骈　拇

　　《庄子·内篇》篇名都是对全篇内容的概括，而《外篇》和《杂篇》的篇名大多是取篇首二至三字作为篇名。本篇即取篇首二字"骈拇"为篇名。另外，传统认为，《内篇》为庄子本人所著，自本篇及以下各篇，为庄子后学所著。

　　骈拇，脚的大脚趾与第二趾连在一起。骈，并连在一起。比喻不符合天性的事物。本篇认为来自大道的天性原本就是善良的，因此只要保护好各自的天性就可以了。其他任何行为，无论是出于善意的倡导仁义，还是出于恶意的谋财害命，都会导致对美好天性的破坏，从而引起社会混乱。

一

　　骈拇、枝指出乎性哉①，而侈于德②；附赘、县疣出乎形哉③，而侈于性。多方乎仁义而用之者④，列于五藏哉⑤，而非道德之正也⑥。是故骈于足者，连无用之肉也；枝于手者，树无用之指也；多方骈枝于五藏之情者⑦，淫僻于仁义之行⑧，而多方于聪明之用也⑨。

【注释】

①骈（pián）拇：脚的大脚趾与第二趾并连在一起。骈，并连。枝指：多出的
手指。出乎：超出。性：本性。引申为应有的模样。

②侈于德：多于应有的。侈，多余。德，通"得"。这里指应有的天然模样。

③附赘：身上的多余肉块。县疣（xuán yóu）：悬挂的肉瘤。县，同"悬"。疣，
肉瘤。

④多方：用多种方法推行。

⑤列于五藏（zàng）：把仁义置于心中。藏，同"脏"。五藏即五脏，指心中。

⑥道德之正：真正的道德。道家认为，美好的天性符合道德，而人为提倡的仁
义则不符合道德。

⑦多方骈枝于五藏（zàng）之情者：想尽各种办法来拔高各种天性的人。骈枝，
"骈拇枝指"的省略。比喻超出本性的事物。五藏之情，泛指各种天性。

⑧淫僻：错误。

⑨而多方于聪明之用：想尽办法拔高自己的听力和眼力。聪，耳朵听得清。
明，眼睛看得清。

【译文】

　　连接在一起的脚趾和多出的手指，都超出了人应有的模样，多于
本来的形体；附悬于人体的肉块和瘤子，都超出了人的正常体态，多
于本来的面目。用各种方法去倡导、施行仁义的人，即使他们满怀仁
义之情，也还是不符合真正高尚的道德。所以说脚趾连在一起，是多
了一块连接脚趾的无用之肉；多长一根手指，是竖着一根无用的手指；
那些想尽一切办法来拔高自己各种天性的人，往往会错误地实施仁义
行为，还会想尽办法拔高自己的听力和眼力。

【研读】

本段开始的四句是比喻，用人的形体比喻人的精神。作者认为，能够保持天然赋予的正常形体，就符合大道；一旦多长出一块把大脚趾与第二趾连在一起的肌肉，多生出一根手指，不仅多余无用，还会有碍观瞻，为生活带来不便。同样的道理，能够保持天然赋予的美好天性，就符合大道；如果有人还想在道德方面拔高人的天性，就不仅无用，而且还会戕害原有的美好天性，反而会使人变得奸诈狡猾。可以说，使用比喻去说明道理，把抽象的哲理转化为生动形象、通俗易懂的形象画面，是《庄子》的一大写作特色。为什么要使用比喻，庄子的好友惠施对此也有一个形象的说明。《说苑·善说》记载：

客谓梁王曰："惠子之言事也善譬，王使无譬，则不能言矣。"王曰："诺。"明日见，谓惠子曰："愿先生言事则直言耳，无譬也。"惠子曰："今有人于此而不知弹者，曰：'弹之状何若?'应曰：'弹之状如弹。'则谕乎?"王曰："未谕也。""于是更应曰：'弹之状如弓，而以竹为弦。'则知乎?"王曰："可知矣。"惠子曰："夫说者，固以其所知，谕其所不知，而使人知之。今王曰'无譬'，则不可矣。"王曰："善。"

有个外地人对魏惠王说："惠施先生说话言事的时候喜欢使用比喻，大王您如果不让他使用比喻的话，他就不会说话了。"魏惠王说："好的。"第二天见到惠施，魏惠王就对惠施说："我希望先生你说话的时候直接说，不要再使用比喻了。"惠施说："现在如果有一个人不知道弹弓是什么样的东西，他问您：'弹弓是个什么样的东西呢?'如果您回答说：'弹弓的样子就像弹弓一样。'那他能够明白吗?"魏惠王说："不明白。"惠施接着说："在这时就应该改变一种说法回答他：'弹弓的样子就像一把弓，用竹子做它的弦。'那么他会明白吗？"魏惠王说："可以明白了。"惠子说："说话的人，本来就是要用人们已经知道的东西，去说明人们所不知道的东西，从而使人们真正知道它，现在您却让我说话'不用比喻'，这就行不通了。"魏惠王说："你讲得好。"

是故骈于明者①，乱五色②，淫文章③，青黄黼黻之煌煌非乎④？而离朱是已⑤。多于聪者⑥，乱五声⑦，淫六律⑧，金石丝竹黄钟大吕之声非乎⑨？而师旷是已⑩。枝于仁者⑪，擢德塞性以收名声⑫，使天下簧鼓以奉不及之法非乎⑬？而曾、史是已⑭。骈于辩者，累瓦结绳窜句⑮，游心于坚白、同异之间⑯，而敝跬誉无用之言非乎⑰？而杨、墨是已⑱。故此皆多骈旁枝之道⑲，非天下之至正也⑳。

【注释】

①骈于明：超出正常的眼力。骈，多余的，超过正常的。

②五色：青、黄、赤、白、黑。这里泛指各种色彩。

③淫文章：搞乱了文采。淫，迷乱。文章，文采。

④黼黻（fǔ fú）：礼服上的花纹。煌煌：光彩炫目的样子。

⑤离朱：人名。据说他视力超人。是已：这样的人。是，代指视力过人的人。已，通"矣"。

⑥多于聪：超出正常的听力。

⑦五声：宫、商、角、徵、羽五个基本音阶。

⑧六律：古人用竹管制作的六种定音器，具体指黄钟、太蔟、姑洗、蕤宾、夷则、无射。这些定音器和它们吹出的乐律都叫"律"。乐律分阴阳两类，每

类各六种，阳类叫"律"，阴类叫"吕"。

⑨金石丝竹黄钟大吕之声非乎：用金属、石、丝、竹做成的乐器及黄钟、大吕等声调不就是如此吗？金，如钟等。石，如磬等。丝，如琴瑟等。竹，如箫管等。黄钟，十二律之一。声音洪大响亮。大吕，十二律之一，属六吕中的第一音。

⑩师旷：春秋时期晋国的著名乐师。

⑪枝于仁：过分地鼓吹仁义。

⑫擢（zhuó）德塞性：搞乱了人的天性。擢，人为拔高。德、性，都指人的天性。庄子认为天性原本善良，但一些世俗圣贤又人为地拔高善良标准，从而破坏了人的善良天性。

⑬簧鼓：管乐和打击乐。比喻世人的宣传和鼓吹。不及之法：人们无法做到的仁义、礼法。簧，乐器中发声的薄片。

⑭曾、史：曾参和史鳅（qiū）。曾参是孔子弟子，史鳅是卫灵公的大臣，两人都以仁孝闻名于世。

⑮累瓦：把瓦器累叠起来。比喻连缀辞句。结绳：原始的记事方式。代指文字。窜句：修饰辞句。

⑯游心：用心。坚白：指坚硬的白色石头。战国时的一个著名论题，公孙龙认为石头的"坚"和"白"两种属性可以分离，而墨家认为二者不可分离。同异：战国时名家惠施的论题之一，认为事物之间的同和异是相对的，因而也就没有同异之别。

⑰敝：疲惫不堪。跬（kuǐ）誉：短时的名誉。跬，举足一次叫"跬"。比喻时间短暂。

⑱杨、墨：杨朱和墨翟。两人均为战国时的思想家。

⑲多骈旁枝：多余的骈拇和多生的手指。

⑳至正：最正确的做法。

【译文】

　　所以说那些视力超出正常的人，混淆了五色，搞乱了文采，青黄相间、炫人眼目的华丽服饰不就是这样吗？而离朱就是这类人的代表。那些听力超出正常的人，混淆了五声，搞乱了六律，用金属、石、丝、竹制成的各种乐器和黄钟、大吕等声调不就是如此吗？而师旷就是这类人的代表。过分鼓吹仁义的人，搞乱了人们的善良天性以博取自己的名声，使整个天下的人都去宣传鼓吹并奉行自己无法做到的仁义、礼法不就是如此吗？而曾参和史鲣就是这类人的代表。过分擅长论辩的人，堆砌许多无用之辞，用心于"坚白""同异"等论题，竭尽精力使用无用之辞为自己博得一时名声的行为不就是如此吗？而杨朱和墨翟就是这类人的代表。所以说上述这些行为都是多余而无用的，不是天下最正确的做法。

【研读】

　　《庄子·齐物论》已经提到师旷，本篇及以下诸篇又多次提到他，虽然《庄子》多次把他作为批判对象，但实际上，师旷是一位非常值得尊敬的盲人乐师。古籍中记载了他的许多故事，我们仅举两例，以窥其为人之一斑。《说苑·建本》记载：

　　　　晋平公问于师旷曰："吾年七十，欲学，恐已暮矣。"师旷曰："暮，何不炳烛乎？"平公曰："安有为人臣而戏其君乎？"师旷曰："盲臣安敢戏其君乎！臣闻之，少而好学，如日出之阳；壮而好学，如日中之光；老而好学，如炳烛之明。炳烛之明，孰与昧行乎?"平公曰:"善哉!"

晋平公是春秋时期晋国君主,师旷双目失明,是晋国乐师、贤臣。有一次,晋平公问师旷:"我七十岁了,想要学习,恐怕已经太晚了。"师旷说:"既然晚了,为什么不点燃蜡烛呢?"晋平公说:"哪有做臣子的戏弄他的君主呢?"师旷说:"我一个盲臣,怎敢戏弄君主呢?我听说,少年时喜欢学习,如同太阳刚刚升起时的阳光;壮年时喜欢学习,如同正午时的阳光;老年时喜欢学习,如同蜡烛的光亮。点燃蜡烛照明,固然比不上阳光,但与在黑暗中行走相比,哪个更好一些呢?"晋平公说:"您说得真好啊!"

由此可见,师旷不仅自己好学,也能够引导君主学习。师旷不仅好学,而且在政治方面,能够替民众说话,具有非常明确的民本思想。《左传·襄公十四年》记载:

> 师旷侍于晋侯。晋侯曰:"卫人出其君,不亦甚乎?"对曰:"或者其君实甚。良君将赏善而刑淫,养民如子,盖之如天,容之如地;民奉其君,爱之如父母,仰之如日月,敬之如神明,畏之如雷霆,其可出乎?夫君,神之主而民之望也。若困民之主(应为'生'),匮神乏祀,百姓绝望,社稷无主,将安用之?弗去何为?天生民而立之君,使司牧之,勿使失性。有君而为之贰,使师保之,勿使过度。是故天子有公,诸侯有卿,卿置侧室,大夫有贰宗,士有朋友,庶人、工、商、皂、隶、牧、圉皆有亲昵,以相辅佐也。善则赏之,过则匡之,患则救之,失则革之。自王以下,各有父子兄弟以补察其政。史为书,瞽为诗,工诵箴谏,大夫规诲。士传言,庶人谤,商旅于市,百工献艺。故《夏书》曰:'遒人以木铎徇于路,官师相规,工执艺事以谏。'正月孟春,

于是乎有之，谏失常也。天之爱民甚矣，岂其使一人肆于民上，以从其淫，而弃天地之性？必不然矣。"

师旷陪侍在晋悼公身边。晋悼公说："卫国人竟然把他们的君主赶跑了，这不是太过分了吗？"师旷回答说："也许是他们的国君做得实在太过分了。贤明的君主要奖赏好人而惩罚坏人，抚育百姓就像抚育自己的儿女一样；贤君像天一样庇护着百姓，像大地一样容纳着民众；民众侍奉君主，爱戴他犹如爱戴自己的父母，敬仰他就像敬仰天上的日月，崇拜他好比崇拜神秘的神灵，畏惧他就似畏惧令人惊恐的雷霆，又怎能把他赶跑呢？君主是祭祀神灵的主祭人，是民众的希望所在。如果君主让民众的生活贫困，神灵不被祭祀，百姓绝望，国家失去主人，哪里还用得着这样的君主呢？为什么不可以把他赶跑呢？上天化育百姓并为他们设立了君主，让君主管理他们，不让他们丧失自己的生命。上天又设置了辅佐君主的大臣，让他们教导保护君主，防止君主越过法度。所以天子有公，诸侯有卿，卿有侧室，大夫有贰宗，士有朋友，平民、工匠、商人、奴仆、牧牛人、养马人等等都有各自亲近的人，以便互相帮助。善良的就赞扬，错了则纠正，遇到患难就相互救援，有过失就改正。自天子以下，人们各自有父兄子弟来监督和补救他们行事的过失。太史记录国君的言行，乐师写作讽谏的歌诗，乐工吟诵规谏的文辞，大夫规劝开导。士向大夫传达各自的意见，平民公开议政，商人在市场上评论政治得失，各种工匠呈献技艺。所以《夏书》说："宣令官摇着木舌铃沿路宣告，让官员们对君主进行规劝，让工匠们通过呈献技艺的方式进行劝谏。"孟春时节施行的这种政治措施，就是为了劝谏君主，以免他违背常规。上天非常爱护百姓，怎么会让一个人骑在百姓头上任意妄为、放纵淫乱而背弃天地的爱民本性呢？上天一定不会让君主这样做的。"

师旷可以说是世俗社会的贤人，因为道家在政治上主张不干涉主义，反对人为地去治理国家，同时也反对人为地去拔高本属于自然的五色五音，因此师旷也就理所当然地成为庄子批判的对象。

彼正正者①，不失其性命之情②，故合者不为骈，而枝者不为跂，长者不为有余，短者不为不足。是故凫胫虽短③，续之则忧；鹤胫虽长，断之则悲。故性长非所断，性短非所续，无所去忧也④。意仁义其非人情乎⑤？彼仁人何其多忧也？

【注释】

①正正：根据上文，应为"至正"之误。

②性命之情：真实的天性。情，真实。

③凫（fú）：野鸭。

④去：排除。

⑤意：想一想。

【译文】

那些做法最正确的人，不会丢失自己的真实天性，所以那些自然而然连接在一起的事物不算是无用的连接，自然而然旁生出来的事物也不算是多余旁生；长的事物不算有余，短的事物不算不足。因此野鸭的腿虽短，给它接上一段就有忧患；鹤鸟的腿虽长，给它截去一段就会痛苦。所以天生是长的就不可以随意去截短，天生是短的就不可以随意去加长，这样一来就没有需要消解的忧愁了。仔细想一想，仁义难道不是人们天性中所固有的吗？那些仁人又何必如此多忧呢？

【研读】

　　本段指出："意仁义其非人情乎？彼仁人何其多忧也？"下文再次强调这一点。这就说明庄子是一位性善论者。与庄子基本同时的孟子也是一位性善论者，但孟、庄的性善论有同有异。

　　他们的相同点，就是都认为天赋性善。孟子有一段常被人提起的名言："人皆有不忍人之心者，今人乍见孺子将入于井，皆有怵惕恻隐之心。非所以内交于孺子之父母也，非所以要誉于乡党朋友也，非恶其声而然也。由是观之，无恻隐之心，非人也；无羞恶之心，非人也；无辞让之心，非人也；无是非之心，非人也。恻隐之心，仁之端也；羞恶之心，义之端也；辞让之心，礼之端也；是非之心，智之端也。人之有是四端也，犹其有四体（四肢）也。"（《孟子·公孙丑上》）人在没有任何功利目的和情感交集的情况下，去同情落井的孺子，说明在人性的深处，潜藏着仁爱的品德。至于为何具有这些美德，孟子的回答是"犹其有四体也"。人生来就带有"四体"，至于为何是"四体"而非"三体""五体"，就无法追究了。人生来就带有四端，至于为何有四端，就像为何有四体一样无法追究，只能泛泛归之于天然。庄子不仅主张人性善，而且还为性善找到了哲学依据："精神生于道，形本生于精。"（《庄子·知北游》）人的美好天性来自大道。简言之，孟、庄都认为人的性善来自先天。

　　二人的不同之处，就在于孟子认为大自然赋予人的"善"只是四个"端"，是四个小小的萌芽，还需要人们后天对它进行无微不至的呵护与培养，所以孟子在承认人性善的基础上，还主张后天道德教育。

而庄子不同，他认为大道赋予人的天性已经是最好的，如果人们再对这一美好天性进行人为教育，不仅无法做到锦上添花，反而会破坏这一美好天性，使人们变得奸诈狡猾，因此庄子反对后天道德教育。

这里还要强调的是，庄子处处提倡顺应自然，放任人们随心所欲，这些主张都是建立在人性善的基础之上。只要人们能够保全自己的美好天性，他们就会从心所欲而不逾矩。

且夫骈于拇者，决之则泣①；枝于手者，龁之则啼②。二者或有余于数，或不足于数，其于忧一也。今世之仁人，蒿目而忧世之患③；不仁之人，决性命之情而饕贵富④。故意仁义其非人情乎？自三代以下者⑤，天下何其嚣嚣也⑥。

【注释】

①决：割开，撕裂。

②龁（hé）：咬。这里指咬掉。

③蒿（hāo）目：睁大眼睛去关注社会。

④决：破坏，抛弃。饕（tāo）：贪图。

⑤三代：指夏、商、周三个朝代。

⑥嚣嚣：喧嚣纷乱的样子。一说指鼓吹仁义的样子。

【译文】

再说那些脚趾连在一起的人，要去割开脚趾他就会哭泣；那些旁边多生了一根手指的人，要去咬掉这个手指他就要啼哭。这两种情况，有的是多于应有的数目，有的是少于应有的数目，但由此带来的忧愁却是一样的。如今的仁人，睁大眼睛关注社会并为社会上的苦难而担忧；那些不仁之人，抛弃自己的善良本性而去贪恋富贵。然而仔细想一想，仁义难道不是人性中所固有的吗？但自从夏、商、周提倡仁义以来，整个天下是多么的混乱啊！

【研读】

　　《庄子》分为《内篇》《外篇》《杂篇》三个部分，学界普遍认为《外篇》与《杂篇》为庄子后学所撰，而《内篇》为庄子本人所撰。但本篇与《应帝王》的联系十分紧密。《应帝王》以开凿混沌的故事结尾，告诫人们治国要顺应人们的自然本性，而本篇则反复论述顺应自然本性的重要性。本段文字反复阐明仁义就属于人的自然本性之一，只要保护、顺应这一天性即可，既不必多余地去提倡仁义，更不可人为地去拔高行仁行义的标准。

二

　　且夫待钩绳规矩而正者①，是削其性者也②；待绳约胶漆而固者③，是侵其德者也④；屈折礼乐⑤，呴俞仁义⑥，以慰天下之心者，此失其常然也⑦。天下有常然。常然者，曲者不以钩⑧，直者不以绳，圆者不以规，方者不以矩，附离不以胶漆⑨，约束不以纆索⑩。故天下诱然皆生⑪，而不知其所以生；同焉皆得⑫，而不知其所以得。故古今不二，不可亏也⑬。则仁义又奚连连如胶漆纆索而游乎道德之间为哉⑭！使天下惑也！夫小惑易方⑮，大惑易性⑯，何以知其然邪？自虞氏招仁义以挠天下也⑰，天下莫不奔命于仁义，是非以仁义易其性与⑱?

【注释】

①且夫待钩绳规矩而正者：再说依靠钩尺、墨线、圆规、曲尺去改变木头的模样使之适用的做法。钩绳规矩，分别指木工用来画弧线的钩尺、用来画直线的墨绳、用来画圆的圆规、用来画直角或方形的曲尺。正，使其正确而适用。

②削其性：损害了树木的天性。削，损害。

③绳约：绳索。

④侵其德：损害了它们的天性。德，天性。

⑤屈折：弯腰行礼。屈，通"曲"。

⑥呴俞（xū yú）：爱抚。

⑦常然：常态，本来模样。这里主要指天性。

⑧曲者不以钩：弯的不用钩尺。即自然弯曲，不需人工制作。

⑨附离：黏合在一起。离，通"丽"。依附。

⑩纆（mò）索：绳索。

⑪诱然：自然而然的样子。

⑫同焉皆得：万物都各得其所。同焉，相同的样子。

⑬亏：损害。

⑭连连：无休止的样子。道德：大道和天性。德，天性。为：句末语气词。

⑮小惑易方：小的迷惑会使人弄错方向。易，改变，弄错。

⑯易性：改变天性。

⑰虞氏：即舜帝。招（qiáo）：标举，提倡。挠（náo）：搅乱。

⑱是：代指以上行为。与：同"欤"。句末语气词。

【译文】

　　再说依靠钩尺、墨线、圆规、曲尺去改变木头的本来模样使之适用的做法，那是损害了木头的天性；依靠绳索、胶漆去加固木头的做法，那是伤害了木头的本性；依据礼乐制度要求人们弯腰行礼，倡导仁义去爱抚民众，以此抚慰天下民心的做法，会使人们失去他们原有的美好天性。天下万物都有各自的天性，所谓的天性，就是弯曲的不依靠钩尺，笔直的不依靠墨线，圆形的不依靠圆规，方形的不依靠曲尺，黏合在一起的不依靠胶漆，捆束在一起的不依靠绳索。因此天下万物都能够自然而然地生长，而不知道他们为什么会生长；都能够各得其所，而不知道他们为什么会各得其所。所以说古今的道理是一样的，不要去损害万物的天性。那么又何必无休无止地像使用胶漆、绳索一样硬把仁义掺进大道和人的天性之中呢！这样做会使天下人都变得迷惑！小的迷惑会使人弄错方向，大的迷惑会使人改变天性，凭什么知道是这样的呢？自从舜帝以倡导仁义的做法搅乱天下以来，整个天下的人莫不因为仁义而疲于奔命，这不就是用仁义改变了人们的天性吗？

【研读】

　　这段文字依然是要求治国者顺应自然，不可人为地去改变人的天性。任何事物的天性都是无法改变的，是否可以顺应着天性对之加以提高，是道、儒争论的焦点：

　　　　孔子谓子路曰："汝何好？"子路曰："好长剑。"孔子曰："非
　　　此之问也。谓以汝之所能，加之以学，岂可及哉！"……子路
　　　曰："南山有竹，弗揉自直，斩而射之，通于犀革，又何学为乎？"

孔子曰："括而羽之，镞而砥砺之，其入不益深乎？"（《孔子集语·劝学》）

孔子问子路："你有什么爱好？"子路说："我爱好长剑。"孔子说："我问的不是这个意思。我说的意思是，在你的爱好基础上，如果能够再加上认真学习，别人怎能比得上你呢！"……子路说："长在南山上的竹子，不用加工自然笔直，把它们砍下来当箭射，能够穿透犀牛皮做的战衣，又何必再去学习呢？"孔子说："如果在箭尾加上羽毛以增强飞行的稳定性，在箭头装上锋利的箭镞，箭难道不是射入得更深吗？"

对待天性，庄子的观点类似于子路，就是保持原有模样，不要后天的人工改造，而孔子的观点则是要求顺应着天性再加以人工提高。这两种观点都有各自的道理，只是后来的一些学者没有把握好提高的"度"，无限拔高行仁行义的标准，从而使人们"力不足则伪，知不足则欺"（《庄子·则阳》），以至于扭曲了人的天性，引起彼此之间的欺诈与争斗。

三

故尝试论之：自三代以下者，天下莫不以物易其性矣①。小人则以身殉利②，士则以身殉名，大夫则以身殉家③，圣人则以身殉天下。故此数子者④，事业不同，名声异号，其于伤性以身为殉，一也。

【注释】

①以物易其性：因为外物而改变了自己的天性。物，外物，指下文提到的利、

名、家、天下。

②殉：为……献出生命。

③家：大夫统治的地方。先秦时期，天子统治的整个国家叫"天下"，诸侯的
　封地叫"国"，大夫的封地叫"家"。

④此数子：以上这几类人。

【译文】

　　现在尝试着来论述一下这个问题：自夏、商、周三代以来，整个
天下的人莫不因为身外之物而改变了自己的内在天性。小人为财利而
献身，士人为美名而献身，大夫为封地而献身，圣人为整个天下而献
身。以上这几种人，从事的事业不一样，获得的名声也各不相同，但
在损害天性、丧失生命这一点上，却是一样的。

【研读】

　　本段谈到"小人则以身殉利，士则以身殉名……事业不同，名声
异号，其于伤性以身为殉，一也"。自古以来，人们对名利的热情一
直未减。关于古人对名利的贪求，我们各举两例。

　　假托名人为祖先以求得高名，是古今人们常用的一种手法。唐朝
的李氏皇帝以老子李耳为先祖，宋代赵氏皇帝没有唐皇室那样幸运，
找不到一位有大名大德的赵姓祖先，于是就虚构了一个神仙赵玄朗为
先祖。皇帝尚且如此，更何况一般的布衣草民呢！《玉堂丛语》卷八记
载了这样一件事情：

　　　　陈太史嗣初家居，有求见者称林逋十世孙，以诗为贽。嗣初
　　留之坐，自入内手一编，令其人读之，则《和靖传》也，读至"终

身不娶，无子"，客默然。公大笑，口占一绝以赠云："和靖先生不娶妻，如何后代有孙儿？想君别是闲花草，未必孤山梅树枝。"

林逋是宋代大隐士，品行高洁，名声极大，但一生未婚，被赞为"梅妻鹤子"，去世后谥为"和靖先生"。然而竟然有人自称是他的十代孙。自称为名人之后，是博取名利的一个捷径，至今还有人在四处寻觅这一捷径。有些人得不到真名声，对假名声也是一往情深。《古今谭概》第三《痴艳部》就记载了这样一件事：

> 山人某姓者，自负其才，傍无一人。途中闻乞儿化钱，声甚凄惋，问曰："如此哀求，能得几何？若叫一声太史公爷爷，当以百钱赏汝。"乞儿连呼三声，某倾囊中钱与之，一笑而去。乞儿问人："太史公是何物，值钱乃尔？"

当不上太史公爷爷，能听到别人虚叫一声也是舒心的事情。

"名"，特别是稍大一点的"名"，并非每个人都有资格谋取，而"利"，或大或小，人人都能得到。对于利，抢得到就抢，抢不到就骗，骗不到就要无赖。我们不妨举一个典型的例子：

> 一翁好施，天大雪，见一人避雪于门，怜而延入，暖酒与敌寒，遂留一宿。次日雪又大下，不可行，又留之。如是三日。
>
> 天晴，此人将别去，因向翁借刀一用。翁取刀出，持以谓翁曰："素不相识，承此厚款，无可以答，唯有杀此身以报耳。"遂欲自刃。翁惊，止之曰："如此则害我矣！"其人曰："何也？"翁曰："家中死了一个人，零碎吃官司不必说，一些无事，烧埋钱也要十二两。"其人曰："承翁好意，不好算得许多零碎，竟拿烧埋钱十二两与我去罢。"翁大怒，遂喧嚷惊动邻里，为之劝解，减其

半，以六两与之。

临去，翁叹息曰："谁想遇此凶人！"其人曰："不说你凶，倒说我凶。"翁曰："如何是我凶处？"其人曰："即不凶，如何留得我三夜，就扣除我二两一夜？"（明人陈皋谟《笑倒》）

这可能只是一个笑话，但它却包含了毋庸置疑的真实性，社会上的无赖用来赚钱的手段不知要比这高明、龌龊多少倍。这个无赖想讹诈一点银子，就要用刀自杀，这自然是假装的，但历史上的确有人愿意用自己的生命去换银子：

元祐末，宇文昌龄聘契丹，皇城使张璪价焉。张颓龄，枢府难其行，璪哀请。故事，死于虏庭，恩数甚渥，北虏棺银装校三百两。既行，璪饮冷食生无忌，昌龄戒之不听。既至虏境，益甚，昌龄颇患之，禁从者无供。璪怒骂，果病嗫，不纳药粥，至十许日。既而三病三愈，复命登对。上面晒之，退语近臣者："张璪生还，奈何诣政事堂？"诸公大笑。（《宋人轶事汇编》卷十一）

张璪不是普通百姓，家里也不会太缺钱，然而他竟然愿意拿自己的老命去换取一点抚恤金，金钱在他心目中的位置之高也就可想而知了。然而出其意料的是，这位一心寻死想换取金钱的张璪虽然一路上生冷不忌、拒绝药粥，受尽自我折磨，竟然"三病三愈"，不得不又活着回来了。张璪这次出使的唯一收获是：为皇上、同僚、后人平添了一份笑料。

求利的避雪之人与张璪固然是小人，求名的"林逋十世孙"与某山人也非君子，为了名和利，他们都丧失了自己的美好天性，变成了虚伪、奸诈、无耻之人。

臧与谷①，二人相与牧羊而俱亡其羊②。问臧奚事③，则挟策读书④；问谷奚事，则博塞以游⑤。二人者，事业不同，其于亡羊均也⑥。伯夷死名于首阳之下⑦，盗跖死利于东陵之上⑧。二人者，所死不同，其于残生伤性均也，奚必伯夷之是而盗跖之非乎⑨！

【注释】

①臧（zāng）：男性家奴。谷：年幼家奴。这里都可视作人名。

②相与：一起，都。亡：丢失。

③奚事：做什么事。奚，什么。

④挟策：拿着书简。挟，拿着。策，竹简。

⑤博塞（sài）：类似掷骰子的游戏。

⑥均：同样。

⑦伯夷死名于首阳之下：伯夷为了名声死于首阳山下。《史记·伯夷列传》记载，伯夷和叔齐是商朝孤竹国君的两个儿子，他们因为推让君位而逃到了周。周武王灭商以后，两人认为武王以下犯上，属于不义之君，于是坚决不食周粟，饿死在首阳山。死名，为名而死。首阳，山名。一说在今山西永济南。

⑧盗跖（zhí）：名跖，为春秋时大盗，故称之"盗跖"。死利：为利而死。东陵：山名。一说即泰山。

⑨奚必伯夷之是而盗跖之非乎：何必一定认为伯夷正确而盗跖错误呢！是，认为……正确。

【译文】

臧与谷两个人，牧羊时都丢了羊。问臧在做什么，说是在拿着书简读书；问谷在做什么，说是在玩赌博游戏。两人做的事情虽然不一样，但同样都把羊弄丢了。伯夷为了名声死于首阳山下，盗跖为了财利死于东陵山上。这两个人，死亡原因不同，但在残害个人生命、损害自己天性上却是一样的，又何必一定要认定伯夷正确而盗跖错误呢！

天下尽殉也，彼其所殉仁义也，则俗谓之君子；其所殉货财也，则俗谓之小人。其殉一也，则有君子焉，有小人焉。若其残生损性，则盗跖亦伯夷已，又恶取君子、小人于其间哉[①]！

【注释】

①恶（wū）：为何，何必。

【译文】

　　天下的人们都在为各种目的而献身，那些为仁义献身的人，世人称他们为君子；那些为财利献身的人，世人称他们为小人。他们同样献出了生命，而有的被称为君子，有的被称为小人。如果从自残生命、损害天性的角度看，那么盗跖和伯夷是一样的，又何必在他们之间区分出君子与小人呢！

【研读】

　　本段是站在大道的角度来审视人间的是是非非，认为无论一个人是出于所谓高尚的目的，还是卑劣的目的，只要是破坏了自己的美好天性，都不值得提倡。因为如果每个人都能够保持自己的美好天性，那么天下自然会安定祥和。

四

　　且夫属其性乎仁义者[①]，虽通如曾、史，非吾所谓臧也[②]；属其性于五味[③]，虽通如俞儿[④]，非吾所谓臧也；属其性乎五声，虽通如师旷，非吾所谓聪也；属其性乎五色，虽通如离朱，非吾所谓明也。

【注释】

①属：从属，追求。

②臧：美好。

③五味：甜（甘）、酸、苦、辣、咸。这里泛指美食。

④俞儿：人名。相传他善于辨别味道。

【译文】

　　而且改变天性去追求仁义的人，即使像曾参和史鱼酋那样精通仁义，也不是我所认为的善良；改变天性去研究甜、酸、苦、辣、咸五味的人，即使像俞儿那样精通五味，也不是我所认为的美好；改变本性去研究宫、商、角、徵、羽五声的人，即使像师旷那样精通五声，也不是我所认为的听力良好；改变本性去研究青、黄、赤、白、黑五色的人，即使像离朱那样精通五色，也不是我所认为的视觉敏锐。

　　吾所谓臧者，非仁义之谓也，臧于其德而已矣[①]；吾所谓臧者，非所谓仁义之谓也，任其性命之情而已矣[②]；吾所谓聪者，非谓其闻彼也，自闻而已矣[③]；吾所谓明者，非谓其见彼也，自见而已矣。

夫不自见而见彼，不自得而得彼者④，是得人之得而不自得其得者也，适人之适而不自适其适者也⑤。夫适人之适而不自适其适，虽盗跖与伯夷，是同为淫僻也⑥。余愧乎道德⑦，是以上不敢为仁义之操，而下不敢为淫僻之行也。

【注释】

①臧于其德：妥善保护好自己的天性。德，天性。

②任其性命之情：顺应自己的真实天性。任，顺应。性命，天性。情，真实。

③自闻：省察自身。

④自得：自我悟得。得彼：效法别人。得，获取，效法。

⑤适：适当，正确原则。

⑥淫僻：错误。

⑦余愧乎道德：我有愧于大道和天性。即表示自己的修养还不够。

【译文】

　　我所说的美好，不是指提倡仁义之类的事情，而是指妥善保护好自己的天性而已；我所说的美好，不是指世人所说的仁义，而是指顺应自己的真实天性罢了；我所说的听力良好，不是指能听清别人说什么，而是指能够"听清（反省）"自身而已；我所说的视觉敏锐，不是指能看清别人什么，而是指能够看清自己罢了。不能看清自己而只能看清别人，不求自悟而去效法别人，这就是只会效法别人、不知自悟的人，就是把别人的原则当作自己原则的人。如果把别人的原则当作自己的原则，即使盗跖和伯夷这些差异很大的人，同样都是错误的。我有愧于大道和天性，因此上不敢奉行世俗所谓的仁义原则，下不敢有为非作歹之事。

【研读】

《骈拇》整篇都是对《应帝王》开凿混沌这一故事的进一步阐发，也就是说，一定要顺应自然天性。即便是出于好意，任意改变天性的行为，也会害人害己。这是道家思想的核心。我们这里主要讨论庄子所说的天性与仁义的关系及其对仁义的态度。

学界普遍认为儒家提倡仁义，而道家反对仁义。这一观点无法成立，因为道家反对的不是仁义本身，而是对仁义的提倡与拔高。庄子不仅维护仁义，而且还把仁义同人的天性结合起来，从哲学的高度论证了仁义存在的合理性。

庄子是一位"性善论"者。他认为人的天性来自大道，形体来自阴阳二气；大道是完善的，那么来自大道的天性自然也是完善的。本篇先后两次提到："意仁义其非人情乎？彼仁人何其多忧也？""故意仁义其非人情乎？自三代以下者，天下何其嚣嚣也！"意思是说，天性中本来就包含仁义，那些仁人又何必多此一举去提倡仁义呢？能够保全天性的人们，其行为特征是："端正而不知以为义，相爱而不知以为仁，实而不知以为忠，当而不知以为信，蠢动而相使不以为赐。"（《庄子·天地》）人们顺应着自己的天性做事，处处善良却不知道这就是善良。换言之，人性善是庄子提倡顺应天性的前提和基础，顺应天性，就是放任人们去行善。

既然庄子赞成仁义，就必须回答这样一个问题：他为什么反对世人提倡仁义？其原因很多，限于篇幅，我们只谈两点。

第一，庄子认为任何事情都要有一个度，这个度就是天性的本然，超越了这个度，就会适得其反。而曾参、史鳝的行仁标准就超过了这个度，所以本篇说："枝于仁者，擢德塞性以收名声，使天下簧鼓以奉不及之法非乎？"曾参等人为了名声，鼓动人们都去奉行他们根本无法做到的事情。这样做不仅达不到自己的目的，反而搞乱了本来善良的天性。这实际上就是反对揠苗助长。

第二，庄子认为对仁义的提倡、赞赏会使仁义堕落为谋财害命的工具。《庄子·胠箧》对此有一个形象的说明：

> 跖之徒问于跖曰："盗亦有道乎？"跖曰："何适而无有道邪？夫妄意室中之藏，圣也；入先，勇也；出后，义也；知可否，知也；分均，仁也。五者不备而能成大盗者，天下未之有也。"

盗跖（先秦的大强盗）的手下请教盗跖："我们当强盗的也需要世俗人所提倡的大道吗？"盗跖回答说："干什么不需要这些大道？能够凭空猜出别人家中的财物值不值得下手抢劫，这就是世俗人所提倡的'圣明'；抢劫时能够冲在最前面，这就是世俗人所提倡的'勇敢'；撤退时能够主动殿后，这就是世俗人所提倡的'义气'；每次抢劫前能够准确判断是否可以下手，这就是世俗人所提倡的'智慧'；在瓜分赃物时能够公平无私，这就是世俗人所提倡的'仁爱'。没有这五种'美德'，而想成为大盗，这是绝不可能的事情。"圣、勇、义、知、仁都是世俗人所提倡的美德，然而却被盗跖运用到了劫财害命的勾当中。一些统治者更把仁义当作收买民心、玩弄阴谋的工具："田成子一旦杀齐君而盗其国，所盗者岂独其国邪？并与其圣知之法而盗之。……则是不乃窃齐国并与其圣知之法以守其盗贼之身乎？"（《胠箧》）这些大大小小的盗贼盗用了人们所津津乐道的仁义，仁义不仅没有起到正面作用，反而成了大盗的护身符。

庄子在反对世人提倡仁义的同时，又竭力提倡"大仁""至仁"："大仁不仁。"(《齐物论》)"至仁无亲。"(《庚桑楚》)"相爱而不知以为仁。"(《天地》)"泽及万世而不为仁。"(《天道》) 类似说法在《庄子》书中还很多。总括起来，庄子所提倡的"大仁"有以下特点：第一，在施仁的对象方面，打破了儒家建立在"亲亲"基础上的推恩法，对所有的人、物都一视同仁。"至仁无亲"就是这个意思。第二，在施仁的目的方面，完全摒除功利性。也就是说，施行仁义的人不从自己的仁义行为中谋取任何好处，而是一种纯道德行为。第三，在行仁的自觉性方面，要求把它从有意识的行为变为无意识的行为，因此自己做了好事，还意识不到自己是在做好事。

绕开那条通往悲惨的路

马　蹄

马蹄，取篇首二字为题。本篇抨击了有违大道的多为政治，主张保护人的美好天性，重返符合自然法则的纯朴生活。文章首段批评那些倡导各种技巧之人，认为他们搞乱了万物的本性，目的是为下文作铺垫。第二段正面描述了天性美好的人们的生活情况，那时男耕女织，自由天放，不仅人际关系和睦，而且还能与飞禽走兽、青草绿树和谐相处，接着指出正是世俗圣人对仁义礼乐的倡导，破坏了人的这种美好天性；最后一段指出，由于这些圣人对美好天性的破坏，导致人们开始竭尽全力去寻求各种智巧以争权夺利，使安定祥和的社会一去不返。

一

马，蹄可以践霜雪，毛可以御风寒，龁草饮水①，翘足而陆②，此马之真性也。虽有义台路寝③，无所用之。及至伯乐④，曰：“我善治马。”烧之、剔之、刻之、雒之⑤，连之以羁馽⑥，编之以皂栈⑦，马之死者十二三矣。饥之，渴之，驰之，骤之⑧，整之⑨，齐之，前有橛饰之患⑩，而后有鞭策之威⑪，而马之死者已过半矣。

【注释】

①齕（hé）：吃。

②翘：扬起。陆：跳跃。

③义（é）台：高台。义，通"峨"。高大。路寝：大殿。路，大。寝，住室。

④伯乐：春秋时期人，姓孙名阳，字伯乐。善于相马、驯马。

⑤烧之：熨烫马毛。剔之：剪马毛。刻之：削剪马蹄。雒之：用烙铁在马身上打印记。雒，通"烙"。

⑥羁：马络头。絷（zhí）：绊马足的绳索。

⑦皂：马槽。栈：安放在马棚地面的编木，可以防潮，俗称马床。

⑧骤之：使马狂奔。

⑨整之：使马的步伐整齐划一。

⑩橛（jué）：马口中的横木。饰：马络头上的装饰品。代指马络头。

⑪策：竹制的马鞭。

【译文】

马这种动物，它的蹄子可以踏霜雪，它的皮毛可以御风寒，吃草喝水，扬蹄跳跃，这就是马的真正天性。即使有高台大殿，对马毫无用处。到了伯乐时，他说："我善于驯马。"于是他灼炙马毛，修剪马鬃，刻削马蹄，烙制印记，还用马络头和绊马绳拴着它们，用马槽和马床编排它们，如此一来马就死掉了十分之二三。让马挨饿，让马干渴，还要让它们快速驱驰，让它们急速奔跑，让它们步伐整齐，让它们行动划一，前有马口横木和马络头的约束，后有马鞭子的威逼，如此一来马就死掉了一大半。

【研读】

本段用伯乐训马比喻统治者训导百姓。伯乐为了使马听话，采取各种办法对马进行整治，结果折腾得马匹死掉了一大半；统治者为了使百姓听话，采取各种办法对百姓进行整治，结果折腾得百姓死掉了一大半。这一比喻不仅生动，而且准确。

陶者曰①："我善治埴②，圆者中规，方者中矩。"匠人曰："我善治木，曲者中钩③，直者应绳④。"夫埴、木之性，岂欲中规矩钩绳哉！然且世世称之曰："伯乐善治马，而陶匠善治埴、木。"此亦治天下者之过也⑤。

【注释】

①陶者：制陶工匠。

②治埴：用黏土制造陶器。埴，黏土。

③钩：木工用来画弧线的钩尺。

④应绳：符合墨绳。应，符合。绳，木匠用来画直线的墨绳。

⑤过：错误。庄子用陶工、木匠改变土、木天性，比喻统治者改变了人的天性。

【译文】

制陶工匠说："我善于用黏土制造陶器，这些陶器圆的合乎圆规，方的合乎曲尺。"木匠也说："我善于用木材制造木器，这些木器弯曲的合乎钩尺，笔直的合乎墨线。"而黏土和木材的天性，难道是想去符合圆规、曲尺、钩尺和墨线吗？然而人们世代都赞美他们："伯乐善于驯马，而陶工和木工善于整治黏土和木材。"出现这些情况都是治天下者的过错啊。

【研读】

本段认为，伯乐、陶工、木工受到世人赞美的所谓治理行为，实际是违背了万物的天性，摧残了万物的生命。当然，这段话主要是比喻，其目的是批判统治者像伯乐、陶工、木工那样，通过各种人为的礼乐、刑法制度，改变了人们的纯朴天性，残害了人们的生命。

二

吾意善治天下者不然①。彼民有常性②，织而衣，耕而食，是谓同德③；一而不党④，命曰天放⑤。故至德之世⑥，其行填填⑦，其视颠颠⑧。当是时也，山无蹊隧⑨，泽无舟梁⑩；万物群生⑪，连属其乡⑫，禽兽成群，草木遂长⑬。是故禽兽可系羁而游⑭，鸟鹊之巢可攀援而窥⑮。夫至德之世，同与禽兽居，族与万物并⑯，恶乎知君子、小人哉⑰！同乎无知，其德不离⑱；同乎无欲，是谓素朴⑲。素朴而民性得矣⑳。

【注释】

①意：思考，认为。

②常性：不变的天性。常，永恒。

③德：本性。

④一而不党：浑然一体而不偏私。党，偏私。

⑤命：叫。天放：自由放任。

⑥至德之世：人类天性保持最好的时代。也即庄子的理想社会。

⑦填填：从容稳重的样子。

⑧颠颠：质朴纯真的样子。

⑨蹊（xī）：小路。隧：地道。泛指道路。

⑩梁：桥梁。

⑪群生：生活在一起。

⑫连属：聚在一起，亲密无间。乡：地方。

⑬遂：自由。

⑭系羁（jī）：用绳子牵拉。

⑮窥：探视。

⑯族：聚合，共同。并：一起。

⑰恶（wū）：怎么。

⑱离：丢失。

⑲素朴：本色。未染色的生绢叫"素"，未加工的木料叫"朴"，比喻本色、
　　天性。

⑳民性：人性，天性。民，人。

【译文】

　　我想善于治理天下的人就不是这样。人们具有自己的不变天性，
织布穿衣，种地吃饭，这就是人们的共同天性；他们浑然一体没有任
何偏私，这就叫自然放任。因此在人们天性保护得最完美的时代里，
他们行走时是那样的从容而稳重，他们的目光是那样的质朴而纯真。
在这样的时代里，山上没有路径通道，水上没有船只桥梁；万物生活

在一起，是那样亲密无间；飞禽走兽成群结队，青草绿树自由生长。因此那时的人们可以牵着禽兽一起嬉戏，可以攀上高树去探望鸟鹊的日常生活。在人类天性保护得最完好的时代里，人们与禽兽共同生活，与万物一起生长，哪里知道什么是君子、小人呢！人们都没有什么智巧，因而也不会丧失自然天性；大家都没有什么私欲，这就叫纯朴生活。生活纯朴了就能保护好人的天性。

【研读】

本段及其他许多篇章描述了理想社会的生活情况。庄子理想社会的生活有以下几个主要特点：

一、天人关系和谐。这里说的"天"指大自然。在这个社会里，人不去破坏自然，甚至能够做到"山无蹊隧，泽无舟梁"，人们不去破坏山水原貌，与禽兽之间的关系更是亲密无间。这一思想对于向大自然无限索取的今人来说，有着巨大的启示作用。

二、人际关系和谐。在这个社会里，人们都是同样的淳朴憨厚，"一而不党"，根本没有君子与小人之分，人与人之间的关系十分和谐。这不仅消除了政治、经济等级的差别，而且也消除了道德层次的差异，一切都是那样的祥和美满。

三、身心关系和谐。由于那时的人们天性素朴，少私寡欲，所以他们能够做到"居不知所为，行不知所之，含哺而熙，鼓腹而游"（见本段下文），这种无思无虑、无忧无愁的生活正是身心关系和谐的一种外部表现。

人类要想获取幸福，无非就是维护好以上所说的三大关系，而在庄子理想的社会里，这三大关系都得到妥善的处理。庄子的这一思想值得今人借鉴。

　　及至圣人①，蹩躠为仁②，踶跂为义③，而天下始疑矣④；澶漫为乐⑤，摘僻为礼⑥，而天下始分矣。故纯朴不残⑦，孰为牺尊⑧！白玉不毁，孰为珪璋⑨！道德不废，安取仁义⑩！性情不离⑪，安用礼乐！五色不乱，孰为文采！五声不乱，孰应六律⑫！夫残朴以为器⑬，工匠之罪也；毁道德以为仁义，圣人之过也。

【注释】

①圣人:《庄子》中的"圣人"有两种用法，一是指庄子理想的圣人，他们返璞归真，清静无为，如他所赞美的远古帝王；二是世俗社会中的圣人，他们出于美好的主观愿望，倡导仁义礼乐，客观上却导致了人性变恶、社会混乱，如孔子、墨子。这里的圣人指世俗圣人。

②蹩躠（bié xiè）：努力的样子。

③踶跂（zhì qí）：提起脚跟、努力向上的样子。

④疑：迷惑。

⑤澶（dàn）漫：竭尽全力的样子。

⑥摘僻：繁琐。

⑦纯朴：未加工过的完整原木。这里指树木。残：破坏。

⑧牺尊：画有牛形、或刻为牛形的木制酒器。牺，古代用来做祭品的牛羊猪等。这里专指牛。尊，同"樽"。酒器。

⑨珪（guī）璋：两种玉器。上圆下方的叫"珪"，半珪形的叫"璋"。

⑩安：怎么。

⑪性情不离：美好天性不被破坏。性情，天性。

⑫应：应和，制定。

⑬残朴以为器：毁掉原木做成各种器皿。残，毁掉。朴，原木。

【译文】

　　等到世俗圣人出现以后，这些圣人不遗余力地去提倡仁，竭尽全力去追求义，于是整个天下的人开始迷惑了；这些圣人努力地编制华美的乐章，制定繁琐的礼仪，于是天下的民众开始离心离德。所以说树木不被毁掉，怎么会有木制酒器！白玉不被破坏，怎么会有珪璋！大道和天性不被抛弃，哪里用得着提倡仁义！人类的美好本性没有丧失，哪里用得着制订礼乐！五色不被搞乱，怎么会有人为的文采！五声不被搞乱，哪里会有六律音乐！毁掉树木做成各种器皿，这是工匠们的过失；毁掉大道和人的美好天性而去倡导仁义，这是圣人们的过错。

三

　　夫马，陆居则食草饮水，喜则交颈相靡①，怒则分背相踶②。马知已此矣③。夫加之以衡扼④，齐之以月题⑤，而马知介倪、闉扼、鸷曼、诡衔、窃辔⑥。故马之知而态至盗者⑦，伯乐之罪也。

【注释】

①靡（mó）：通“摩”。触摩。

②分背相踶（tí）：背对背相踢。踶，踢。

③马知已此矣：马的智慧不过如此而已。知，同“智”。

④衡：车辕前端的横木。扼（è）：放在马颈上的曲木。又写作"轭"。

⑤齐：调整，整治。月题：马额上的月形佩饰。题，《说文》："题，额也。"

⑥介倪（ní）：怒目而视的样子。一说是挣脱车轊、不愿驾车的意思。闉（yīn）扼：弯着马颈不接受车轭。闉，弯曲。鸷（zhì）曼：撞击车盖。鸷，冲撞。曼，通"幔"。布制的车盖。诡衔：诡诈地吐出嚼子。衔，马嚼子。窃辔（pèi）：偷偷挣脱马络头。

⑦盗：伤害。这里指与人相互伤害。

【译文】

马这种动物，生活在大地上吃草喝水，高兴时就颈挨着颈相互触摩，发怒时就背对着背相互踢撞。马的智力不过如此而已。后来人们把车衡和车轭强加在它们身上，把配有月题饰品的马络头硬套在它们头上，于是马就逐渐学会怒目而视、拒绝车轭、撞击车盖、吐出口勒、挣脱笼头。所以说马的智力能够达到与人相互伤害的程度，这完全是伯乐一类人的罪过。

【研读】

本段认为，马本来没有多少智慧，但是由于人们的治理与管制，马也就变得越来越聪明，竟然能够与人们斗智斗勇。本段的字面意思是在讲马，实际上是在讲人。我们就以统治者用来统治百姓的法律为例，看人与人之间是如何斗智斗勇的。

我国早期的法律掌握在少数贵族手中，是不公开的。春秋时期，郑国子产和晋国先后铸刑鼎（刻有法律的大鼎），把法律公布于众。这是中国法制进步的一个标志性事件。但孔子和晋国大夫叔向对此都表示反对，其理由大致有：

第一，当法律掌握在少数贵族手中时，民众就会尊重贵族，看贵族脸色行事，一旦"为刑鼎，民在鼎矣，何以尊贵"（孔子语，见《左传·昭公二十九年》）。法律公布之后，民众看重的是法律，而不是贵族，于是贵族就失去了自己的权威。

第二，民众不知道法律时，做事战战兢兢，生怕触犯法律。一旦知道了法律，就会钻法律的空子，整天琢磨着如何做坏事而不受制裁。比如，凡是法律没有明文限制的，都可以去做；甚至会打法律的擦边球。我们试举一例：

> 郑国多相县以书者，子产令无县书，邓析致之；子产令无致书，邓析倚之。令无穷，则邓析应之亦无穷矣。(《吕氏春秋·离谓》)

郑国人喜欢悬书（即县书，类似今人说的贴大字报）以攻击别人，子产下令禁止，于是邓析就把大字报的内容以信件的方式分寄给人传阅；子产又下令禁止这种方式，于是邓析就把这些内容依托在其他物品中（比如把大字报作为包装物）传递出去。结果是"令无穷，则邓析应之亦无穷"，与今天说的"上有政策，下有对策"简直一模一样。

第三，民众知道法律之后，当判决案件时，就会引起官府与犯罪嫌疑人之间的争执。邓析是一位法律学家，写过一本《竹刑》。因为他精通法律，所以平时就靠为人打官司、调解民间纠纷谋生。我们看他是如何调解民间纠纷的：

> 洧水甚大，郑之富人有溺者，人得其死者。富人请赎之，其人求金甚多，以告邓析，邓析曰："安之。人必莫之卖矣。"得死者患之，以告邓析，邓析又答之曰："安之。此必无所更买矣。"

（《吕氏春秋·离谓》）

洧河（在今河南）涨水，一位富人被淹死，尸体顺流而下，被别人打捞起来。富人家属想把亲人尸体赎回来埋葬，而捞尸者索要的赎金极高。富人家属无奈，便去找邓析出主意。邓析说："您别着急，只管把赎金压低，这件'商品'（尸体）没有人跟你们抢购！"富人家属觉得此话甚为有理，于是不再着急赎回尸体。这下轮到捞尸者着急了，也去找邓析出主意，邓析说："您别着急，只管把赎金抬高，这件'商品'他们必买不可！"邓析就这样两边出主意，两边收钱。通过这件事情，我们可以想象在打官司时，他是如何与官府纠缠的。因为邓析比官员更懂法律，官府拿他无可奈何，最后干脆把他杀了。

这些案例告诉我们，依法治国是正确的，但仅仅依法治国，上下就会斗智斗勇，结果必然是人们变得越来越奸诈，国家也越来越难治理。因此在强调依法治国的同时，也应该强调以德治国。

夫赫胥氏之时①，民居不知所为，行不知所之②，含哺而熙③，鼓腹而游④。民能以此矣⑤。及至圣人，屈折礼乐以匡天下之形⑥，县跂仁义以慰天下之心⑦，而民乃始踶跂好知⑧，争归于利，不可止也。此亦圣人之过也。

【注释】

①赫胥氏：人名。传说的远古帝王。

②所之：所去的地方。之，到，去。

③含哺（bǔ）而熙：口里含着食物嬉戏。哺，口里含着的食物。熙，通"嬉"。嬉戏。

④鼓腹：挺着肚子。指吃饱后的模样。

⑤民能：人的才能。民，人。

⑥屈折：弯腰行礼。屈，弯曲。匡：匡改，改变。

⑦县跂（xuán qǐ）：踮起脚跟高举着。形容努力宣扬的样子。县，同"悬"。高悬，高举。跂，踮起脚跟。

⑧好知：喜欢智巧。知，同"智"。

【译文】

在远古帝王赫胥氏的时代，人们居住在家时不知该做些什么，出门走动时也不知应往哪里去，他们口里含着食物嬉戏，挺着吃饱的肚子游玩。人的才能原来不过如此而已。等到世俗圣人出现以后，他们要求人们依据礼乐制度弯腰鞠躬，以此来改变天下人的形体；他们标榜鼓吹仁义，以此来慰藉天下人的心绪，于是人们便开始千方百计地去寻求智巧，争先恐后地去攫取财利，而且这些行为再也无法予以制止。这些都是世俗圣人的罪过。

【研读】

本段认为，如果不能顺应万物天性去治理万物的话，那么包括人、马在内的万物就会变得越来越奸诈，越来越狡猾，于是人与人之间、人与物之间就会斗智斗勇、相互挤压，而且这种争斗会随着万物智巧的提升，变得越来越残酷，越来越激烈。如今的人类正在用自己的行为一步步证明庄子思想的前瞻性与正确性。

工具本无好坏，分别只在人心

胠　箧

胠箧，取篇首二字为题。胠箧，撬开箱子盗抢财物。本篇用盗跖、田成子等人的事实，说明世俗圣人所制定的仁义礼智及各种治国法则不仅没有起到正面的积极作用，反而被坏人所盗用，成了他们窃财、窃国的有力工具，因此世俗圣人对社会的作用是弊大于利。所以本篇强烈呼吁，要抛弃世俗圣人，消除一切人为智巧，恢复人们的纯朴天性，重返美好的至德之世。

一

将为胠箧、探囊、发匮之盗而为守备①，则必摄缄縢②，固扃鐍③，此世俗之所谓知也④。然而巨盗至，则负匮、揭箧、担囊而趋⑤，唯恐缄縢、扃鐍之不固也。然则乡之所谓知者⑥，不乃为大盗积者也⑦？

【注释】

①胠箧（qū qiè）：撬箱子。胠，从旁边打开。箧，箱子。探囊（náng）：从

别人口袋里偷东西。囊，口袋。发匮（guì）：撬开别人的柜子。匮，通"柜"。

②摄：结，捆紧。缄縢（jiān téng）：绳索。

③扃鐍（jiōng jué）：插闩和锁钥。

④知：同"智"。

⑤负：背着。揭：举起。趋：跑。

⑥乡（xiàng）：刚才。

⑦积：准备。一说为积财。

【译文】

　　为了防备撬箱子、掏口袋、开柜子的小偷，就必定要捆紧绳索，加固插闩和锁钥，这就是世人所谓的聪明。然而大盗来了，他们会背着柜子、举着箱子、挑着口袋就跑，他们此时唯恐绳索、插闩和锁钥不够牢固。那么刚才所说的聪明之举，岂不是在为大盗做准备吗？

【研读】

　　本段是比喻，庄子用财富比喻一个国家的政权，用箱子、柜子、绳索、插闩和锁钥等比喻守护国家政权的各种措施，用世俗的所谓聪明人比喻制定这些措施的世俗圣人。一旦大盗扑来，不仅劫走了所有的财富，而且连同守护这些财富的箱子、柜子、绳索、插闩和锁钥，甚至再加上世俗所谓的圣人，也一并劫走，并利用劫来的绳索、插闩和锁钥等来保护劫来的财富与自身的安全。明白了这一比喻内涵，下文所讲的道理就较为容易理解了。

　　故尝试论之：世俗之所谓知者，有不为大盗积者乎？所谓圣者，有不为大盗守者乎？何以知其然邪？昔者齐国[①]，邻邑相望[②]，鸡狗之音相闻，罔罟之所布[③]，耒耨之所刺[④]，方二千余里，阖四竟之内[⑤]，所以立宗庙、社稷[⑥]，治邑、屋、州、闾、乡曲者[⑦]，曷尝不法圣人哉[⑧]？然而田成子一旦杀齐君而盗其国[⑨]，所盗者岂独其国邪？并与其圣知之法而盗之。故田成子有乎盗贼之名，而身处尧、舜之安，小国不敢非[⑩]，大国不敢诛[⑪]，十二世有齐国[⑫]，则是不乃窃齐国并与其圣知之法以守其盗贼之身乎？

【注释】

①齐国：诸侯国名。西周初年，姜太公被封于齐，传至齐康公时，被田氏所取代，国号仍为齐。此指姜姓齐国。

②邻邑相望：城镇一个挨着一个。形容人口密集。邻邑，相邻的城镇。相望，彼此能够看到。

③罔罟（wǎng gǔ）之所布：可供打渔的水面。罔，同"网"。罟，网的总称。

④耒耨（lěi nòu）之所刺：可供耕种的土地。耒，犁。耨，锄头。刺，插入。这里指耕种。

⑤阖（hé）四竟：整个齐国境内。阖，总合。竟，通"境"。

⑥宗庙：国君祭祖的地方。社稷：土神和谷神。这里指祭祀社稷的地方。

⑦治邑、屋、州、闾、乡曲者：用来治理大大小小不同行政区域的办法。邑、屋、州、闾、乡，不同行政区域的名称。成玄英《庄子疏》："《司马法》：六尺为步，步百为亩，亩百为夫，夫三为屋，屋三为井，井四为邑。又云：五家为比，五比为闾，五闾为族，五族为党，五党为州，五州为乡。"曲，角落。"乡曲"即乡之一角。

⑧曷尝：何尝。曷，何。法：效法。

⑨田成子：即田常，齐国大夫。他杀齐简公而立齐平公，专擅国政。齐康公时，田成子曾孙田和放逐康公而自立为齐侯。关于田成子靠仁义窃取齐国的情况，详见"研读"。

⑩非：非议，批评。

⑪诛：讨伐。

⑫十二世：田常先祖田完为陈国人，后逃亡至齐。自田完至田常共七世，自田常至齐宣王为六世。除齐宣王与庄子同时不计在内，刚好十二世。一说"十二世"为"世世"之误。

【译文】

　　所以我们应该尝试着讨论一下这个问题：世人所说的智者，哪一位不是在替大盗做准备呢？世人所说的圣人，哪一位不是在替大盗守护财物呢？凭什么知道是如此？当年的齐国，城镇一个连着一个，鸡狗之声彼此相闻，可供捕鱼的水面，可供耕种的土地，方圆有两千多里。整个齐国境内，用来建立宗庙、社稷的制度，用来治理大小行政区域的措施，哪一样不是在效法圣人呢？然而田成子一旦杀掉齐国君主而盗取了齐国，他盗取的难道仅仅就是一个齐国吗？他是把圣人、智者制定的法规制度一起盗取走了。因此田成子虽然有盗贼的恶名，却依然能够像尧、舜那样占有稳固的君主地位，小国不敢批评他，大国不敢讨伐他，世代窃据齐国，那么这不就是把齐国连同圣人之法一起盗走并利用圣人之法来保护他的盗贼之身吗？

【研读】

关于田成子盗用"仁义"以窃国的事情，《史记·田敬仲完世家》有明确记载：

> 田釐子乞事齐景公为大夫，其收赋税于民以小斗受之，其廪予民以大斗，行阴德于民，而景公弗禁。由此田氏得齐众心，宗族益强，民思田氏。晏子数谏景公，景公弗听。已而使于晋，与叔向私语曰："齐国之政，其卒归于田氏矣。"……田常（即田成子）复修釐子之政，以大斗出贷，以小斗收。齐人歌之曰："妪乎采芑，归乎田成子！"……遂杀简公。

田成子的父亲田釐子乞侍奉齐景公，当了大夫，他在向百姓征收赋税时，用小斗收粮；给百姓发放粮食时，则用大斗，暗中对百姓施以恩惠，而齐景公也不予禁止。因此田氏家族得到了齐国的民心，他们家族越来越强大，百姓都拥戴田氏。晏子多次为此事向景公进谏，景公不听。后来晏子出使到晋国，他私下里对晋国大夫叔向说："齐国的政权，最终要落到田氏的手里啊。"后来田成子继续使用他父亲釐子的这一措施，用大斗把粮食借给百姓，用小斗收回。齐国人用歌谣颂扬他说："老太太采芑菜呀，把它送给田成子！"由于田成子靠仁义获得了齐国百姓的拥护，势力越来越强大，最终杀害了他的君主齐简公，夺得了齐国政权。

利用仁义以获取私利的人绝非田成子一人。田成子之后，王莽也利用伪善行为篡取了西汉政权。《汉书·王莽传》记载：

> （王莽）折节为恭俭。受《礼经》，师事沛郡陈参，勤身博学，被服如儒生。事母及寡嫂，养孤兄子，行甚敕备。又外交英俊，内事诸父，曲有礼意。阳朔中，世父大将军凤病，莽侍疾，亲尝

药，乱首垢面，不解衣带连月。……欲令名誉过前人，遂克己不倦，聘诸贤良以为掾史，赏赐邑钱悉以享士，愈为俭约。母病，公卿列侯遣夫人问疾，莽妻迎之，衣不曳地，布蔽膝。见之者以为僮使，问知其夫人，皆惊。……其中子获杀奴，莽切责获，令自杀。……莽上书言："臣与孔光、王舜、甄丰、甄邯共定策，今愿独条光等功赏，寝置臣莽，勿随辈列。"……莽复上书让。太后诏谒者引莽待殿东箱，莽称疾不肯入。

王莽篡政之前，把自己伪装成一位几乎完美的大善人，他孝慈友善，克己奉公，礼贤下士，大义灭亲，谦逊退让，结果骗取人们的信任。掌权之后，王莽毒杀了年仅十四岁的汉平帝，另立傀儡孺子。此后，王莽一步步脱掉自己的伪善外衣，露出本来面目，取汉而代之，建立了新朝。

尝试论之：世俗之所谓至知者，有不为大盗积者乎？所谓至圣者，有不为大盗守者乎？何以知其然邪？昔者龙逢斩①，比干剖②，苌弘胣③，子胥靡④。故四子之贤，而身不免乎戮。故跖之徒问于跖曰⑤："盗亦有道乎⑥？"跖曰："何适而无有道邪⑦？夫妄意室中之藏⑧，圣也；入先⑨，勇也；出后⑩，义也；知可否⑪，知也⑫；分均⑬，仁也。五者不备而能成大盗者，天下未之有也。"由是观之，善人不得圣人之道不立⑭，跖不得圣人之道不行⑮。天下之善人少，而不善人多，则圣人之利天下也少，而害天下也多。故曰：唇竭则齿寒⑯，鲁酒薄而邯郸围⑰，圣人生而大盗起。掊击圣人⑱，纵舍盗贼⑲，而天下始治矣！

【注释】

①龙逢（páng）：姓关，名龙逢。夏桀时贤臣，为暴君夏桀所杀。

②比干：即王子比干。暴君商纣王的叔父，因力谏纣王而被剖心。

③苌（cháng）弘：周灵王时贤臣。胝（chǐ）：车裂。

④子胥：伍子胥。伍子胥被吴王杀害，尸体抛入江中，任其腐烂。靡：通"糜"。腐烂。庄子列举以上数人是要说明，正是世俗圣人制定的君臣之礼，使这些暴君能够杀死贤臣。

⑤跖（zhí）：即盗跖，先秦大盗。据说他率领数千人，杀人放火。成语"盗亦有道"就出自这一故事。

⑥道：道、儒等各家都重视道，但对道的解释稍有不同。根据下文，这里的道指儒家的道，其主要内容为仁义礼智等。《论语·里仁》："子曰：'朝闻道，夕死可矣。'"

⑦何适：何往，干什么。

⑧妄意：凭空推测。意，通"臆"。猜出。室中之藏：别人家里的财富。

⑨入先：指抢劫时冲锋在前。

⑩出后：指撤退时主动殿后。

⑪知可否：行动前知道是否可以下手抢劫。

⑫知：同"智"。智慧。

⑬分均：指分赃公平。

⑭立：立身，立足于社会。

⑮行：横行天下。

⑯竭：没有。一说为"举"义。张开。

⑰鲁酒薄而邯郸围：鲁国献给楚王的酒味道淡薄却导致赵国都城邯郸遭到围困。楚王大会诸侯，鲁、赵两国向楚王献酒，鲁酒薄而赵酒浓。楚国的酒

吏向赵索酒未成，便把鲁、赵两国的酒相互调换。楚王因赵酒味淡，就出
兵围攻赵国都城邯郸。这一故事说明，事物间的因果关系往往出人意料。

⑱掊（pǒu）击：打倒，不要。

⑲纵舍：释放。

【译文】

再继续尝试着讨论这一问题：世人所说的最聪明的人，哪一位不
是在为大盗做准备呢？所说的最圣明的人，哪一位不是在为大盗守护
财物呢？凭什么知道是这样的呢？从前关龙逢被斩首，王子比干被剖
心，苌弘被车裂，伍子胥被抛尸江中任其腐烂。这四位臣子是如此贤
良，却因为圣人的礼法制度而无法避免杀身之祸。盗跖的手下请教盗
跖说："当强盗也要掌握道吗？"盗跖说："干什么不需要道？能够凭空
推测出别人家中储藏的财物，这就是圣明；抢劫时能够冲在最前面，
这就是勇敢；撤退时能够主动殿后，这就是义气；抢劫前能够准确判
断是否可以下手，这就是智慧；分赃时公平无私，这就是仁爱。不具
备这五种'美德'而能够成为大盗，这是天下绝不会有的事情。"由此
来看，善人如果没有学到圣人之道就无法立足于社会，盗跖如果没有学
到圣人之道就不能横行于天下。然而天下的善人少，坏人多，那么圣人
给天下带来的益处也就少，而给天下带来的祸害也就多。所以说：唇亡
则齿寒，鲁国献给楚王的酒味道淡薄而赵国都城邯郸却遭到围困，圣人
出现后而大盗也随之兴起。不要圣人，释放盗贼，天下方能太平安定。

【研读】

本段用田成子、盗跖等人的事实说明，虽然圣人提倡仁义礼乐的

用意是好的，但这些仁义礼乐往往被坏人所盗用，成为残害百姓、谋取私利的工具。"盗亦有道"是一个极具讽刺意味且发人深省的命题。

对此王阳明也深有感触。《王阳明全集·年谱一》记载，正德十一年（1516），王阳明擒获在闽、粤、赣一带起兵造反的"大贼首谢志珊"，王阳明与谢志珊有这样一段对话：

> 先生（王阳明）问："汝何得党类之众若此？"志珊曰："亦不容易。"曰："何？"曰："平生见世上好汉，断不轻易放过；多方钩致之，或纵其酒，或助其急，待其相德，与之吐实，无不应矣。"先生退语门人曰："吾儒一生求朋友之益，岂异是哉？"

重视人才，是儒家的一贯主张，甚至认为人才是决定国家兴亡的关键，然而这一人才思想却被谢志珊运用到反叛行为之中。

二

夫川竭而谷虚^①，丘夷而渊实^②。圣人已死^③，则大盗不起，天下平而无故矣^④。圣人不死，大盗不止。虽重圣人而治天下，则是重利盗跖也^⑤。为之斗、斛以量之^⑥，则并与斗斛而窃之；为之权衡以称之^⑦，则并与权衡而窃之；为之符玺以信之^⑧，则并与符玺而窃之；为之仁义以矫之，则并与仁义而窃之。何以知其然邪？彼窃钩者诛^⑨，窃国者为诸侯，诸侯之门而仁义存焉^⑩！则是非窃仁义圣知邪？故逐于大盗、揭诸侯、窃仁义并斗斛、权衡、符玺之利者^⑪，虽有轩冕之赏弗能劝^⑫，斧钺之威弗能禁^⑬。此重利盗跖而使不可禁者，是乃圣人之过也。故曰："鱼不可脱于渊，国之利器不可以示人^⑭。"彼圣人者，天下之利器也，非所以明天下也^⑮。

【注释】

①夫川竭而谷虚：河流干涸是因为山沟无水。竭，干涸。一说"川竭而谷虚"
　　应为"谷虚而川竭"。

②丘夷而渊实：山丘被铲平而深渊便被填满。夷，平，铲平。以上两句说明事
　　物之间都存在因果关系。

③死：死亡。此处指消失。

④无故：无事。故，事。指邪恶之事。

⑤重利：使……获得厚利。

⑥斗、斛（hú）：两种量器。十斗为斛。

⑦权：秤锤。衡：秤杆。

⑧符：由两半组成，双方各执一半，合在一起以验明真伪。玺（xǐ）：印。后
　　来专指皇帝的印。

⑨钩：衣带钩。泛指不太值钱的东西。

⑩诸侯之门而仁义存焉：只有诸侯之门方能存在仁义。这是讽刺，有权者垄断
　　了话语权，把自己的一切行为都解释为仁义之行。

⑪逐：追随。揭诸侯：攻占诸侯国。揭，举。引申为攻占。

⑫轩（xuān）冕：代指官爵。轩，大夫以上的人乘坐的车子。冕，大夫以上
　　的人所戴的礼帽。劝：劝阻。

⑬斧钺（yuè）：两种刑具。代指刑罚。钺，大斧。

⑭鱼不可脱于渊，国之利器不可以示人：鱼儿不可离开深渊，用来治理国家的
　　方略、制度不可以让人们知道。意思是，治国方法一旦公示于众，就会被
　　大盗所利用。脱，脱离。利器，指圣人制定的治国方法，如仁义、法制等。
　　示，显露。这两句出自《道德经》三十六章。

⑮明：显示，让人知道。

【译文】

河流干涸是因为山沟无水，山丘铲平而深渊就被填满。圣人不存在了，那么大盗就不会出现，天下也就太平无事了。如果圣人不消失，大盗也就不会绝迹。即便是重用圣人去治理天下，那么刚好是让盗跖一类的坏人获得更大的利益。圣人为天下人制造斗、斛来计量物品多少，坏人就连斗、斛一起盗走；圣人为天下人制造秤锤、秤杆来称量物品轻重，坏人就连秤锤、秤杆也一起盗走；圣人为天下人制造符节、印玺以取信于人，坏人就连符节、印玺也一起盗走；圣人为天下人制定仁义原则来规范人们的道德行为，坏人就连仁义也一起盗走。凭什么知道是这样的？那些盗窃少量财物的人受到惩罚，而那些盗窃整个国家的人却成为诸侯，而且只有诸侯那里才存有仁义！那么这些做法不就是窃取了圣人的仁义和智慧吗？所以说对于那些追随大盗、企图占领整个国家、窃取仁义和斗斛、权衡、符玺之利的人，即使给予高官厚禄的赏赐也无法劝阻他们，即使处以刑罚杀戮的严惩也不能禁止他们。造成这种使盗跖获得厚利而无法禁止的状况，这全是圣人的过错。所以说："鱼儿不可离开深渊，用来治理国家的利器不可以让人们知道。"那些圣人制定的方略，就是用来治国的利器，是不可以公示于天下的。

【研读】

"窃钩者诛，窃国者为诸侯，诸侯之门仁义存焉"是一个经常被后人所引用的命题，这就说明，这一命题的确揭示了一个为人们所普遍认同的社会现象。

首先看"窃钩者诛，窃国者为诸侯"。

人们看到大大小小的窃贼和强盗入室偷盗、拦路抢劫时，就会感到无比的蔑视和愤慨；看到帝王攻城略地、所向无敌时，却会感到无限的向往和敬佩。当我们面对"窃钩者诛，窃国者为诸侯"这些话时，不妨静下心来，认真反思这样一个问题：历史上除了一些被逼无奈、揭竿而起的义军之外，还有大批皇帝，如秦始皇、王莽、魏国的曹氏集团、晋朝的司马氏集团等等，不就是一群不折不扣的"强盗"吗？一个小头领，领着一小群喽啰，占山为王，掠人财物，他们可以自称是"打富济贫，替天行道"；一个大头领，领着一大群喽啰，屠城灭国，杀人无数，他们可以自诩为"奉天承运，救民水火"。而这两种头领的手段和目的并没有本质区别，都是依靠暴力手段达到把民众的财物占为己有的目的。

唐末有位道家学者叫无能子，他认为财富是百姓创造的，而创造财富的百姓却不能享受自己创造的财富，那些不创造财富的统治者却可以享受这些财富，正因为一些人无法享受这些财富，于是他们就"无所不至"，什么事情都干得出来。这是对当时黄巢兵乱原因的一种合理解释。无能子对统治者不满，并不意味着他就支持黄巢的行为，实际上他对黄巢一类人的行为也是不满的，因为在他看来，黄巢起兵同样是为了争夺财富，正如他在《无能子·严陵说》中借严陵之口讲的那样：

且王莽、更始之有天下与子（指刘秀）之有天下何异哉？同乎求为中国所尊者尔，岂忧天下者耶？

这实际就是说，无论是唐天子在位，还是黄巢称帝，都是一样的，因为他们都是为一己之私利在"战争杀戮，不知纪极，尽人之性命，得己之所欲"（《无能子·严陵说》），没有一个是真正忧国忧民的人。

无能子同庄子一样，深刻地认识到"兴，百姓苦；亡，百姓苦"（张养浩《山坡羊·潼关怀古》）这一历史真相。

其次我们看"诸侯之门仁义存焉"。

一般的盗贼无论如何自我标榜，人们大多不信，因为他们在人们心目中的地位是卑下的。而一些带有盗贼性质的皇帝则不同，他们不仅窃取天下所有的财物，而且还窃取天下所有的美名。结果，这些皇帝不仅成为天下最富有的人，而且也成为正义的化身，至少在他们活着的时候是这样。《资治通鉴》卷一百九十二记载：

> 上（唐太宗）谓侍臣曰："朕观《隋炀帝集》，文辞奥博，亦知是尧、舜而非桀、纣，然行事何其反也！"魏徵对曰："……炀帝恃其俊才，骄矜自用，故口诵尧、舜之言而身为桀、纣之行，曾不自知，以至覆亡也。"

唐太宗问侍臣："我读了《隋炀帝集》，发现文章深奥渊博，也知道肯定尧、舜而否定桀、纣，但是做起事来为什么又与此相反了呢？"魏徵回答："隋炀帝依仗自己的才华，刚愎自用，所以尽管他嘴里宣扬的是尧、舜之美德，干的却是桀、纣之恶事。他对此缺乏自知之明，以至于导致国家覆灭。"像这样的统治者不计其数，他们颠倒黑白，指鹿为马，把自己的侵略行为美化为维护和平，把自己对百姓的压榨说成是为民谋福，把自己的禽兽行为美化为尧舜之德。因此我们不能不佩服庄子思想的深刻和目光的敏锐，他使我们看到了一些历史真相，使我们在这一问题上有一种大梦初醒的感觉。

当然，我们也必须承认，从客观上看，历史上还是有好皇帝的，他们的确为百姓做了不少好事，为社会的进步做出过自己的贡献。

故绝圣弃知，大盗乃止；擿玉毁珠^①，小盗不起；焚符破玺，而民朴鄙^②；掊斗折衡^③，而民不争；殚残天下之圣法^④，而民始可与论议。擢乱六律^⑤，铄绝竽瑟^⑥，塞瞽旷之耳^⑦，而天下始人含其聪矣^⑧；灭文章^⑨，散五采^⑩，胶离朱之目^⑪，而天下始人含其明矣；毁绝钩绳，而弃规矩，攦工倕之指^⑫，而天下始人有其巧矣。故曰："大巧若拙^⑬。"削曾、史之行，钳杨、墨之口^⑭，攘弃仁义，而天下之德始玄同矣^⑮。彼人含其明，则天下不铄矣^⑯；人含其聪，则天下不累矣^⑰；人含其知，则天下不惑矣；人含其德，则天下不僻矣^⑱。彼曾、史、杨、墨、师旷、工倕、离朱，皆外立其德^⑲，而以爚乱天下者也^⑳，法之所无用也^㉑。

【注释】

①擿（zhì）：抛弃。

②朴鄙：纯朴憨厚。

③掊（pǒu）：打碎，毁掉。

④殚（dān）残：全部毁掉。殚，全部。

⑤擢（zhuó）：拔除，清除。

⑥铄（shuò）绝：销毁。竽瑟：两种乐器。这里泛指各种乐器。

⑦瞽（gǔ）旷：即晋国盲人乐师师旷。瞽，眼盲。

⑧含其聪：保全他们的听力。聪，听力。

⑨文章：人为的文采、花纹。

⑩散：散去，抛弃。五采：五色。这里泛指人为的美丽色彩。

⑪胶：黏住。引申为遮蔽。

⑫攦（lì）：折断。工倕（chuí）：尧时的巧匠。

⑬大巧若拙：大智看似笨拙。本句出自《道德经》。详见"研读"。

⑭钳：钳住，封住。

⑮玄同：混同，统一。

⑯铄：销毁，伤害。

⑰累：累赘，忧患。

⑱僻：邪恶。

⑲外立：在外表上炫耀。

⑳爚（yuè）乱：扰乱。

㉑法：指上述的各种世俗的圣智之法。

【译文】

　　所以说不要圣人、抛弃智巧，大盗就会匿迹；丢弃美玉、毁掉宝珠，小盗就不会出现；焚烧符节、打碎印玺，人们就会变得纯朴憨厚；砸烂斗斛、折断秤杆，人们就不再争夺；全部毁掉天下世俗圣人所制定的法则，民众才能够参与讨论是非曲直。不要音乐六律，销毁各种乐器，堵塞盲人乐师师旷的耳朵，天下人方能保全他们原有的听力；毁去纹饰，抛却五彩，遮蔽离朱的眼睛，天下人方能保全他们原有的视觉；毁掉钩尺墨绳，抛弃圆规曲尺，折断工倕的手指，天下人方能保全他们原有的智巧。因此说："最大的智巧看似笨拙。"不要曾参和史䲡提倡仁义的行为，封住杨朱和墨翟善于辩论的嘴巴，抛弃对仁义的倡导，那么天下人的道德本性就会混同为一了。如果人人都保全原有的视力，那么天下就不会受到伤害；人人都保全原有的听觉，那么天下就没有忧患；人人都保全原有的智慧，那么天下就不会出现迷惑；人人都保全美好的天性，那么天下就不会出现邪恶。曾参、史䲡、杨朱、墨翟、师旷、工倕、离朱这些人，都是一些在外表上炫耀自己的美德智巧、并以此扰乱天下的人，他们所提倡的法则毫无用处。

【研读】

本篇与《骈拇》《马蹄》的主旨都是反对世俗社会对仁义及各种智巧的倡导，希望能够重返纯朴的"至德之世"。我们这里主要举例解读什么叫"大巧若拙"。

"大巧若拙"源自《道德经》四十五章，是千古名言。老庄的原意是说，远古时代的人们性格古朴而无机心，这种性格看似憨愚，却是有利于社会、人我的大智。具体到现实生活中，我们通常遇到的"大巧若拙"可分为两种情况，一种是"装拙"，也即假装糊涂，而这种假装出来的"拙"里却隐藏着"巧"。《论语·公冶长》记载：

> 子曰："宁武子，邦有道，则知；邦无道，则愚。其知可及也，其愚不可及也。"

宁武子在国家政治清明时，就显得十分聪明能干；一旦国家政治混乱，他就假装糊里糊涂。孔子感叹说："宁武子的聪明我学得到，但他的装糊涂我就学不到了。"唐庄宗时，奸臣当权，有一个名叫柳璨的大臣助纣为虐，想把有名望的大臣一网打尽，以便早日推翻唐朝廷，于是就把司空图召到京城任职。司空图在朝堂上装作连笏都拿不住的样子，而且思维糊涂，言行粗野。柳璨认为这样一个行将就木的糊涂老人，不足为虑，就让他退休回家。当时不少朝臣被杀，而司空图却因"愚"而终其天年。

第二种情况不是"装拙"，而是表现形式看似拙，但实际上却是一种大巧。《淮南子·道应训》记载九方堙相马的故事：

　　秦穆公谓伯乐曰:"子之年长矣。子姓有可使求马者乎?"对曰:"……臣之子皆下材也,可告以良马,而不可告以天下之马。臣有所与供儋缠采薪者九方堙,此其于马,非臣之下也。请见之。"穆公见之,使之求马。三月而反,报曰:"已得马矣,在于沙丘。"穆公曰:"何马也?"对曰:"牝而黄。"使人往取之,牡而骊。穆公不悦。召伯乐而问之曰:"败矣。子之所使求者。毛物、牝牡弗能知,又何马之能知?"伯乐喟然大息曰:"一至此乎! 是乃其所以千万臣而无数者也。若堙之所观者,天机也。得其精而忘其粗,在其内而忘其外,见其所见而不见其所不见,视其所视而遗其所不视。若彼之所相者,乃有贵乎马者!"马至,而果千里之马。故老子曰:"大直若屈,大巧若拙。"

　　伯乐推荐九方堙(《列子·说符》作"九方皋")为秦穆公相马,九方堙花了三个月时间终于找到一匹千里马,秦穆公问是什么样的马,九方堙回答说是匹黄色的公马,结果牵回来一看,却是一匹黑色的母马。秦穆公认为伯乐所荐非人,因为九方堙连公马、母马和毛色都搞不清楚。而伯乐认为这正是九方堙的超人之处,因为九方堙相马时,只注意核心问题,而忽略次要问题;只看自己应该看的问题,而不去关心不必要看的问题。从表面上看,九方堙连牝牡、黑黄都没能弄明白,可以说是"拙"到了极点,然而在这种"拙"的背后,却是超人的"巧"。后来事实证明,他找到的这匹马的确是一匹千里马。

三

　　子独不知至德之世乎[①]? 昔者容成氏、大庭氏、伯皇氏、中央氏、栗陆氏、骊畜氏、轩辕氏、赫胥氏、尊卢氏、祝融氏、伏牺氏、神农氏②，当是时也，民结绳而用之③，甘其食④，美其服，乐其俗⑤，安其居，邻国相望，鸡狗之音相闻，民至老死而不相往来。若此之时，则至治已⑥。

【注释】

①子：您。泛指读者。独：难道。

②容成氏、大庭氏、伯皇氏、中央氏、栗陆氏、骊畜氏、轩辕氏、赫胥氏、尊卢氏、祝融氏、伏牺氏、神农氏：均为传说中的远古帝王。

③结绳：文字发明前的一种记事方法。没有文字时，人们为了记事，就在住所挂一根绳子，大事打一个大的绳结，小事打一个小的绳结，有多少事就打多少绳结。详见"研读"。本句至"民至老死而不相往来"出自《道德经》八十章。

④甘其食：让百姓吃好。甘，甜美。

⑤乐其俗：为百姓制定乐于接受的风俗。

⑥至治：最安定。

【译文】

您难道不知道人类天性保全得最完美的时代吗？从前的圣君有容成氏、大庭氏、伯皇氏、中央氏、栗陆氏、骊畜氏、轩辕氏、赫胥氏、尊卢氏、祝融氏、伏牺氏、神农氏，在那个时代，人们用结绳的办法记事，吃着甜美的食物，穿着舒适的衣服，还有使他们深感快乐的习俗，安适的住所，邻国之间可以互相看得见，鸡犬之声也可以互相听得到，但人们直到老死也互不往来。这样的时代，可以说是最为安定祥和的时代。

【研读】

　　"结绳"一词在古籍中经常看到，一般有两种用法，一指编织渔网，一指结绳记事，这要根据上下文来确定其含义。结绳是许多民族早期的一种记事方法，如古代日本："（倭）无文字，唯刻木结绳。敬佛法，于百济求得佛经，始有文字。"（《北史·倭列传》）还有吐蕃（古西藏）："其国人号其王为赞普，相为大论、小论，以统理国事。无文字，刻木结绳为约。"（《旧唐书·吐蕃列传上》）关于结绳记事的方法，《周易正义》在《周易·系辞下》"上古结绳而治，后世圣人易之以书契"后解释：

　　　　结绳者，郑康成注云：事大大结其绳，事小小结其绳。

　　不仅中国及周边民族使用过这种记事方法，早期的美洲民族也使用过这种方法。《人类简史·由库辛签核》告诉我们："在哥伦布抵达美洲之前，安第斯山脉就有一些文化，从来就只有部分表意的文字，他们并不会觉得这样不够用，也不觉得有必要发展成完整表意的文字。安第斯文化的文字和苏美尔文字大有不同，不同的程度大到有很多人甚至不认为这是一种文字。这些文字不是写在泥板或纸张上，而是在各种颜色的绳子上打结来表示，称为'结绳语'（quipu）。每个结绳语的文本都有许多不同颜色的绳子，材质可能是羊毛，也可能是棉花。在每根绳子的各种位置上绑着几个结。……通过这些不同颜色、不同绳子、不同打法的结，安第斯文化就能记录大量的数字数据，像税收或财产所有的数据。……结绳语文本绝大多数均已逸失，即使幸存，也因为能阅读的人才凋零，而成了无人能懂的文本。"

从这些记载可见，结绳记事不是中国特有的个例，而是早期人类生活中的一种普遍现象。

今遂至使民延颈举踵①，曰："某所有贤者。"赢粮而趣之②，则内弃其亲③，而外去其主之事④，足迹接乎诸侯之境，车轨结乎千里之外⑤，则是上好知之过也⑥。

【注释】

①遂：竟然。延颈举踵：伸长脖子，踮起脚跟。形容期盼、仰慕的样子。延，伸长。踵，脚跟。

②赢粮：带着粮食。赢，带着。趣：通"趋"。奔走，追随。

③内：指家里。亲：父母。

④外：与家庭相对，指国家。主：君主。也可理解为上司。

⑤车轨：车轮印迹。结：纵横交错。

⑥上：君主。

【译文】

而如今竟然使民众伸着脖子、踮起脚跟、满怀仰慕地说："某地出了一位贤人。"于是大家就背着干粮急急忙忙投奔贤人去了，他们对内抛弃了家里的父母双亲，对外废弃了君主的事务，他们的足迹踏遍了各诸侯国境，车轮印迹纵横于千里之外，而这都是君主爱好智巧的过错。

上诚好知而无道，则天下大乱矣！何以知其然邪？夫弓、弩、毕、弋、机变之知多①，则鸟乱于上矣；钩饵、罔罟、罾笱之知多②，则鱼乱于水矣；削格、罗落、罝罘之知多③，则兽乱于泽矣；知诈渐毒、颉滑坚白、解垢同异之变多④，则俗惑于辩矣。故天下每每大乱⑤，罪在于好知。

【注释】

①弩（nǔ）：利用机械发射箭的弓。毕：带柄的网。弋（yì）：尾部带有丝绳、射出后可以收回的箭。机变：应为"机辟"之误。捕鸟兽的机关。知：同"智"。

②网罟（wǎng gǔ）：捕鱼的网。罾笱（zēng gǒu）：两种捕鱼器。罾，形如伞状的渔网。笱，捕鱼的竹器。

③削（qiào）格：用来支撑兽网的桩子。代指兽网。罗落：捕兽的栅栏。一说指捕兽网。罝罘（jū fú）：捕兽的网。

④知诈渐毒：日渐刻毒的欺诈智巧。颉（jié）滑：狡猾。引申为狡辩。坚白：指坚硬的白色石头。这是战国时的一个著名论题，公孙龙认为石头的"坚"和"白"两种属性可以分离，墨家认为二者不可分离。解垢同异："同异"一类的诡辩。解垢，诡辩。同异，战国时名家惠施的论题之一，认为事物之间的同和异是相对的，因而也就没有同异之别。变：变诈。

⑤每每：糊涂的样子。

【译文】

　　君主真诚地爱好智巧却又不能遵循大道，那么天下必定会大乱啊！凭什么知道是这样呢？弓弩、鸟网、弋箭、捕鸟机关这一类的智巧多了，飞鸟就会在天上乱作一团；鱼钩鱼饵、各种渔网、捕鱼竹器这一类的智巧多了，游鱼就会在水中乱作一团；捕兽用的各种木桩、栅栏、罗网这一类的智巧多了，走兽就会在大泽里乱作一团；日渐刻毒的欺诈智巧、"坚白"的狡辩、"同异"的诡论这一类的智巧变化多了，那么世人就会被这些诡辩所迷惑。所以说整个天下糊里糊涂一片混乱，其罪过就在于喜好智巧。

　　故天下皆知求其所不知，而莫知求其所已知者；皆知非其所不善，而莫知非其所已善者^①，是以大乱。故上悖日月之明^②，下烁山川之精^③，中堕四时之施^④，惴耎之虫^⑤，肖翘之物^⑥，莫不失其性。甚矣，夫好知之乱天下也！自三代以下者是已，舍夫种种之民^⑦，而悦夫役役之佞^⑧；释夫恬淡无为^⑨，而悦夫啍啍之意^⑩。啍啍已乱天下矣！

【注释】

①"故天下皆知求其所不知"几句：大意是说，人们所赞成的事物未必就正确，而人们却不知道对这些自己所赞成的事物进行反思。非，非议，批评。已善者，已经赞同的。

②上悖（bèi）日月之明：遮蔽了天上的日月光明。具体指日蚀、月蚀。悖，违背，搞乱。

③烁：消解，耗尽。精：精华。

④堕（huī）：通"隳"。毁坏，搅乱。施：推移，交替。

⑤惴耎（zhuì ruǎn）之虫：指无足、蠕动的虫类。惴耎，蠕动的样子。

⑥肖翘之物：飞蛾、蝴蝶之类的飞虫。肖翘，小飞虫。

⑦种种之民：淳朴的百姓。种种，淳朴的样子。

⑧役役之佞：钻营狡诈的奸佞小人。役役，奸诈的样子。

⑨释：放弃。

⑩啍啍（zhūn）：喋喋不休、诲人不倦的样子。啍，同"谆"。意：主张。

【译文】

整个天下的人都只知道去探索他们所未知的知识，却不知道去反思他们已知的知识；都只知道去批评他们所认为的坏事，却不知道去批评他们曾经赞美过的事物，因此天下大乱。所以这些行为就会导致上面遮蔽了日月光明，下面耗尽了山川精华，中间还使四季无法正常运行，就连地上蠕动的小虫，空中飞舞的蛾蝶，也无不丧失了原有的本性。喜好智巧对天下的扰乱，真是太严重了！夏、商、周三代以后的情况都是如此，君主抛弃了纯朴善良的百姓，而喜欢那些钻营狡诈的奸佞小人；放弃恬淡无为的治国方略，而喜欢那些喋喋不休的说教。喋喋不休的说教已经搞乱了整个天下啊！

【研读】

本段涉及古人所特别重视的天人感应思想。古人对大自然的了解十分有限，当他们面对皇天后土、狂风暴雨时，不可避免地会产生无限的畏惧心理和探求欲望。这种畏惧心理和探求欲望集中地体现在古人的"天人感应"思想之中。天人感应思想主要包括两大类别，一是神学化的天人感应思想，二是自然化的天人感应思想。

所谓神学化的天人感应思想，是说古人认为有一个人格化的天帝时刻在监视着人间，他根据人们行为的好坏予以赏赐或惩罚。西周初年人们就提出了"皇天无亲，惟德是辅"（《尚书·蔡仲之命》）的观念，意思是上帝对谁都不亲近，只帮助品德美好的人。到了西汉董仲舒时，神学化的天人感应思想臻于完备。董仲舒认为君主政治清明，上天就高兴，就会降下许多祥瑞，如风调雨顺、彩云、凤凰、甘露等等。如果君主政治黑暗，上天就震怒，就会降下许多谴责的征兆，如日食、水灾、地震、瘟疫等等。倘若君主还不知道改过自新，那么上天就要抛弃他，另选他人当君主了。

自然化的天人感应思想，其主要观点是：包括人在内的天地万物都是阴阳二气和合而成，根据"同声相应，同气相求"（《周易·乾卦·文言》）的感应理论，人之气会直接影响到自然之气。如果社会安定，百姓生活幸福，人们就会向自然界散发出一种和谐喜庆之气，这种气就能够使自然界天清地宁、风和日丽；自然界的和谐又会进一步促进人们生活的和谐，从而形成一种良性循环。如果社会动乱，百姓流离失所，人们就会向自然界散发出一种郁闷怨愤之气，这种气使自然界天昏地暗、风雨不调；自然灾害反过来又加剧了人们生活的苦难，从而形成一种恶性循环。自然化的天人感应思想并不科学，但对今天还是具有一定的启示作用：人如何对待自然，自然就会如何回报人。

本段同样认为，由于人们的错误行为，导致了天昏地暗，日月不明；破坏了山川精华，四季无法正常运行；甚至连地上蠕动的小虫，空中飞舞的蛾蝶，也成了人类错误行为的受害者。

在 宥

　　本篇虽然也是取篇首二字为题，却也能够概括全篇主旨。在宥，放任与宽容。在，自在，放任。宥，宽容，顺应。全篇针对治国而言，要求君主治理天下时，要顺应万物天性，放任万物自由生长；坚决反对君主对民众生活进行人为干涉，认为君主只要修养好个人身心即可，万物会自然而然地顺利成长。如果君主处处干涉，即便是出于好意，也会造成天下混乱。

一

　　闻在宥天下①，不闻治天下也②。在之也者③，恐天下之淫其性也④；宥之也者，恐天下之迁其德也⑤。天下不淫其性，不迁其德，有治天下者哉？昔尧之治天下也，使天下欣欣焉人乐其性⑥，是不恬也⑦；桀之治天下也，使天下瘁瘁焉人苦其性⑧，是不愉也。夫不恬不愉，非德也⑨。非德也而可长久者，天下无之。

【注释】

①在宥（yòu）：放任。在，自在，放任。宥，宽容，听任。

②治：指用人为的仁义、法制去治理国家。

③在之：放任人们自由生活。之，代指百姓。

④淫：过度。引申为改变。

⑤迁：改变。

⑥欣欣焉：高兴的样子。乐其性：为尧的仁爱性格而感到高兴。其，代指尧。

⑦不恬：不恬淡。庄子认为人的天性本来是淡泊名利的，满怀仁义的尧人为地赐予百姓很多物质利益，百姓为此而十分喜悦，其结果就是导致百姓对利益的贪求，所以说是"不恬"。

⑧瘁瘁（cuì）焉：痛苦不堪的样子。苦其性：为夏桀的残酷性格而痛苦。其，代指桀。

⑨非德：不符合天性。德，天性。

【译文】

　　听说过要让天下百姓自由自在地生活，没听说过应该对天下的百姓进行人为的治理。放任百姓自由自在地生活，是因为担心人为治理会扰乱天下百姓的本性；听任百姓无拘无束地发展，是因为担心人为干涉会改变天下百姓的美德。如果百姓的本性没有被扰乱，原有的美德没有被改变，还用得着那些治理天下的人吗？从前帝尧治理天下时，使天下人人都因为尧的仁爱之性而快乐无比，这就不是淡泊名利了；夏桀治理天下时，使天下人人都因为夏桀的残酷之性而痛苦不堪，这就不是愉悦了。不淡泊不愉悦，都不符合人的天性。不符合人的天性而能长久生存下去，这是天下绝对没有的事情。

【研读】

　　本段认为，人的天性是平和的。这种平和心态，对个人来说，有利于健康；对国家来说，有利于安定。作为君主，无论是爱护百姓，还是残害百姓，都会扰乱人们的平和心态，平和心态被破坏之后，人们开始多病、夭折，社会开始动乱不安。因为庄子认为平和的天性被破坏是一切灾难的根源，所以他主张对百姓施行放任政策，实际也就是不干涉政策，既不能去伤害百姓，也不要去有意地施恩惠于百姓。

　　人大喜邪，毗于阳①；大怒邪，毗于阴。阴阳并毗，四时不至②，寒暑之和不成③，其反伤人之形乎！使人喜怒失位④，居处无常⑤，思虑不自得⑥，中道不成章⑦，于是乎天下始乔诘卓鸷⑧，而后有盗跖、曾、史之行⑨。故举天下以赏其善者不足⑩，举天下以罚其恶者不给⑪，故天下之大不足以赏罚。自三代以下者，匈匈焉终以赏罚为事⑫，彼何暇安其性命之情哉⑬！

【注释】

①毗（pí）：伤害。阳：阳气。古人认为，包括人在内的万物都是由阴阳二气形成的。

②四时：四季。不至：不能按时出现。

③寒暑之和不成：寒暑不能很好地调和。以上数句讲的是天人感应思想。古人认为，人们的一些行为会破坏阴阳二气，严重时就会导致日月不明、四季错乱、寒暑不调等自然灾害。

④失位：失常。

⑤居处：行为。

⑥不自得：不得要领，不恰当。

⑦中道不成章：半途而废。中道，半途。成章，织成花纹，引申为成功。章，花纹。

⑧乔诘：愤愤不平。卓鸷（zhì）：行为暴虐。

⑨盗跖：先秦的大盗。代指坏人。曾、史：曾参和史鳎。两人都以仁孝出名。这里代指世俗圣贤。庄子认为，无论是杀人放火的强盗，还是过分拔高行仁标准的世俗圣贤，都是对美好天性的破坏。

⑩举：整个。

⑪不给（jǐ）：不足。

⑫匈匈焉：喧嚣混乱的样子。为事：作为首要之事。

⑬性命之情：真实的天性。性命，天性。情，真实。

【译文】

　　人过于高兴，会伤害阳气；过于愤怒，会伤害阴气。阴阳二气都被伤害了，那么四季就不会按时出现，寒暑也就无法调和，这样反过来又伤害了人的身体健康，使人喜怒无常，行为失度，思考问题无法恰当，办事往往半途而废，于是天下的人们便愤愤不平，行为暴虐，然后就会出现盗跖、曾参、史鳎这一类人的行为。结果用尽天下所有的力量来鼓励人们行善也嫌不够，用尽天下所有的力量来惩戒人们行恶也嫌不足，因而偌大的天下也不足以用来赏善罚恶。自从夏、商、周三代以来，始终是忙忙碌碌地把赏善罚恶作为行政要务，哪里还顾得上去安顿、恢复人们的美好天性呢！

【研读】

负面情绪伤身，人们对此很好理解，但庄子指出，正面的欢喜情绪也会伤身。欢喜伤身的例子也不胜枚举。宋代的盛度进士出身，先后任封丘主簿、右谏议大夫、翰林学士、参知政事等职，并留下不少著作。《宋人轶事汇编》卷七记载：

> 盛度登第，其父喜甚，解颐而卒。

盛度考中进士，他的父亲得此消息，竟因欢喜过度、面带笑容而去世。另外，范进中举后，因欢喜而至于发疯的故事也为人们所熟知。近年来，打牌时因为抓了一手好牌而喜极猝死的事情也屡有发生。因此，庄子认为，最利于健康的就是平和的心态。

　　而且说明邪①，是淫于色也②；说聪邪，是淫于声也；说仁邪，是乱于德也；说义邪，是悖于理也③；说礼邪，是相于技也④；说乐邪，是相于淫也⑤；说圣邪，是相于艺也⑥；说知邪⑦，是相于疵也⑧。天下将安其性命之情，之八者⑨，存可也，亡可也⑩；天下将不安其性命之情，之八者，乃始脔卷獊囊而乱天下也⑪。而天下乃始尊之、惜之⑫，甚矣，天下之惑也！岂直过也而去之邪⑬？乃齐戒以言之⑭，跪坐以进之⑮，鼓歌以儛之⑯，吾若是何哉⑰！

【注释】

①说（yuè）明：喜欢视力好。说，同"悦"。明，视力好。邪（yé）：语气词。

②淫于色：搞乱了自然色彩。淫，迷乱。

③悖：违背，搞乱。

④相于技：帮助人们追求技巧。相，助。

⑤淫：淫乐，靡靡之音。

⑥艺：技艺。

⑦知：同"智"。智巧。

⑧疵：毛病，错误。

⑨之八者：明、聪、仁、义、礼、乐、圣、知这八种事物。之，这。

⑩亡（wú）：无。

⑪脔（luán）卷：拳曲而不舒展。形容不舒心。獊（cāng）囊：纷乱貌。

⑫之：代指明、聪、仁、义、礼、乐、圣、知。

⑬岂直过也而去之邪：人们难道只是涉猎一下就抛弃这八种事物吗？直，仅仅。过，过访。这里指短暂涉猎。去，抛弃。

⑭齐（zhāi）戒：即斋戒，祭祀前整洁身心。引申为虔诚。齐，同"斋"。

⑮跪坐：形容恭敬的样子。进：献出。引申为传授。

⑯僎：通"舞"。舞蹈。

⑰若是何：对此又有什么办法呢？是，代指以上行为。

【译文】

　　再说喜欢过分好的视力，就会搞乱自然色彩；喜欢过分好的听力，就会搞乱自然声音；喜欢倡导仁爱，就会搞乱人的自然天性；喜欢提倡道义，就会违背自然天理；喜欢制定礼仪，就会促使人们追求技巧；喜欢创作音乐，就会导致靡靡之音的出现；喜欢世俗圣明，就会促进技巧的形成；喜欢世俗智巧，那将有助于错误的发生。天下人能够保护好自己的美好天性，那么这八种事物，有也可，无也可；天下人不能安守自己的美好天性，那么这八种事物，就会使人们进退维谷、导致天下混乱。然而天下人却推崇这八种事物，爱惜这八种事物，天下人的迷惑程度竟然达到如此严重的程度！人们难道只是尝试一下这八种事物就抛弃了它们吗？人们还要虔诚地讨论它们，恭敬地传授它们，载歌载舞地去颂扬它们，我对此又能如何呢？

　　故君子不得已而临莅天下①，莫若无为②。无为也，而后安其性命之情。故贵以身于为天下③，则可以托天下；爱以身于为天下，则可以寄天下。故君子苟能无解其五藏④，无擢其聪明⑤，尸居而龙见⑥，渊默而雷声⑦，神动而天随⑧，从容无为而万物炊累焉⑨，吾又何暇治天下哉！

【注释】

①临莅：君临，治理。

②无为：不要人为地干涉，一切顺应自然。

③故贵以身于为天下：重视自身天性甚于重视治理天下。身，自身天性。为，治理。

④解其五藏（zàng）：放纵其情欲。解，放纵。五藏，即五脏。代指情欲。

⑤擢（zhuó）其聪明：人为地拔高听力和视力。擢，拔高。

⑥尸居而龙见（xiàn）：安居不动而事业成功。尸居，安居不动。尸，祭祀时代表死者受祭的人。尸在整个祭祀活动中安坐不动。龙见，龙腾空飞跃。形容事业成功。见，同"现"。

⑦渊默而雷声：像深渊那样沉静无语，却像霹雳那样震撼人心。形容得道之人一语不发却能感人至深。

⑧神动而天随：想法一出而万物听从。神，精神，思想。天，指天下万物。

⑨万物炊累：万物像飘动的炊烟和尘埃那样自由自在。累，尘埃。

【译文】

　　因此那些得道君子如果不得已而君临天下，最好的治国方略就是推行清静无为。做到清静无为之后，就能使人们安守自己的天性。所以只有那些看重自身天性甚于看重治理天下的人，才可以把天下托付给他；只有那些喜欢自身天性甚于喜欢治理天下的人，才可以把天下交付给他。因此这样的君子如果能够做到不放纵自己的情欲，不人为地去拔高自己的听力和视力，就能够做到安居不动而事业成功，一言不发却震撼人心，想法一出而万物服从，这样的君子从容不迫清静无为，而万物也能像飘浮的炊烟和尘埃那样自由自在，我们又哪里用得着去治理天下呢！

【研读】

　　本段从理论上阐述了治理天下的人要顺应万物本性，推行清静无为的政策，反对一切人为措施。其中"尸居而龙见，渊默而雷声"这一命题对后世影响较大。特别是后一句，不断被后人提起，禅宗就原封不动地继承了这一思想。《五灯会元》卷三记载：

　　　　少间，沩山问侍者："师叔（隐峰禅师）在否？"曰："已去。"沩曰："去时有甚么语？"曰："无语。"沩曰："莫道无语，其声如雷。"（《五灯会元》卷三）

　　这很类似后人讲的"于无声处听惊雷"。这一思想对文人影响也很大，魏晋时期的阮籍与隐士孙登之间曾有过一个相对无言的故事：

　　　　籍少时尝游苏门山，苏门山有隐者，莫知名姓，有竹实数斛、白杵而已。籍从之，与谈太古无为之道，及论五帝三王之义。苏门生萧然曾不经听。籍乃对之长啸，清韵响亮。苏门生逌尔而笑。

籍既降，苏门生亦啸，若鸾凤之音焉。(《三国志·阮籍传》注引
《魏氏春秋》)

这个苏门山的隐士，《晋书·阮籍列传》说是孙登。孙登与阮籍相
对无语，以啸代言，阮籍竟也能证为知音。据《竹林七贤论》说，阮
籍见了这位隐士以后，回去就写了一篇《大人先生论》，"大意谓先生
与己不异也"。可见孙登虽然一言不发，却能够折服傲世独立、贵族
出身的著名文人阮籍。

二

崔瞿问于老聃曰①："不治天下，安臧人心②？"老聃曰："女慎
无撄人心③。人心排下而进上④，上下囚杀⑤，淖约柔乎刚强⑥。廉
刿雕琢⑦，其热焦火⑧，其寒凝冰⑨。其疾俯仰之间而再抚四海之
外⑩。其居也⑪，渊而静；其动也，县而天⑫。偾骄而不可系者⑬，
其唯人心乎！"

【注释】

①崔瞿：人名。老聃（dān）：即老子。

②安臧（zāng）人心：怎能使人心向善？安，怎么。臧，善。

③女（rǔ）：通"汝"。你。慎无：千万不要。撄（yīng）：搅动。

④人心排下而进上：人心受到排斥就会消沉颓废，受到赞扬就会趾高气扬。

　　排，排斥，压抑。下，消沉。进，颂扬。上，趾高气扬。

⑤囚杀：伤害。

⑥淖（chuò）约柔乎刚强：柔和可以软化刚强之性。也即《道德经》三十六

章讲的"柔弱胜刚强"。淖约，柔和的样子。柔，使……变柔，软化。

⑦廉刿（guì）雕琢：伤害和改造。廉，有棱角。刿，割伤。雕琢，改造。

⑧热：情绪激动。

⑨寒：情绪低沉。

⑩其疾俯仰之间而再抚四海之外：人的思想转瞬间就可以两次巡游于四海之外。其，指人心。疾，快速。俯仰之间，形容时间很短。再，两次。抚，临，到。

⑪居：安定。指人心不活动。

⑫县（xuán）：同"悬"。高举，飞跃。

⑬偾（fèn）骄：不可约束的样子。系：约束。

【译文】

崔瞿问老子："如果不去治理天下，怎能使人心向善呢？"老聃说："你千万不要去扰乱人心。人心受到排斥就会消沉颓废，受到赞美就会趾高气扬，而消沉颓废和趾高气扬都是对人性的戕害，只有用柔和的方法才能征服刚强之性。当人心受到伤害或改造时，其情绪可能激动得像熊熊大火，也可能消沉得像凛凛寒冰，人心转瞬之间就可以两次巡游于四海之外。人心安定时，就像深渊那样寂静；人心活动时，可以飞跃于云天之上。放纵自由而无法约束的，大概就只有人心吧！

"昔者黄帝始以仁义撄人之心，尧、舜于是乎股无胈，胫无毛①，以养天下之形②。愁其五藏以为仁义③，矜其血气以规法度④。然犹有不胜也⑤，尧于是放讙兜于崇山⑥，投三苗于三峗⑦，流共工于幽都⑧，此不胜天下也。

【注释】

①股无胈（bá），胫无毛：这两句是说尧、舜为了推行仁义，整天为百姓奔忙，大腿瘦得没肉，小腿汗毛被全部磨掉。股，大腿。胈，肉。一说指腿上的毛。胫，小腿。

②形：身体。代指人。

③愁其五藏（zàng）：满怀焦虑。藏，同"脏"。

④矜其血气：耗费心血。矜，苦，耗费。规：制定。

⑤不胜：不能胜任。指没有治理好天下。

⑥谨（huān）兜：部落首领。谨兜为非作歹，后被放逐。崇山：山名。在今湖南大庸西南。

⑦投：流放。三苗：部落名。三峗（wéi）：在今甘肃一带。

⑧共工：部落首领。幽都：即幽州。在今河北一带。

【译文】

　　"从前黄帝开始用推行仁义来扰乱人心，因此尧和舜就只好劳累得大腿瘦得没肉，小腿的汗毛也被全部磨掉，以此来养育天下民众。他们满怀焦虑地去推行仁义，耗尽心血地去制定法度。然而他们还是没有能够把天下治理好，于是尧就把谨兜放逐到崇山，把三苗放逐到三峗，把共工放逐到幽都，这就证明他们没有把天下治理好啊。

【研读】

　　关于黄帝开始用推行仁义来扰乱人心所造成流弊，也得到后世一些政治家的认同。《史记·秦本纪》记载：

　　　　戎王使由余于秦。由余，其先晋人也，亡入戎，能晋言。闻

缪公贤，故使由余观秦。秦缪公示以宫室、积聚。由余曰："使鬼
为之，则劳神矣。使人为之，亦苦民矣。"缪公怪之，问曰："中
国以诗书礼乐法度为政，然尚时乱，今戎夷无此，何以为治，不
亦难乎？"由余笑曰："此乃中国所以乱也！夫自上圣黄帝作为礼
乐法度，身以先之，仅以小治。及其后世，日以骄淫。阻法度之
威，以责督于下，下罢极则以仁义怨望于上，上下交争怨而相篡
弑，至于灭宗，皆以此类也。夫戎夷不然：上含淳德以遇其下，
下怀忠信以事其上；一国之政犹一身之治，不知所以治，此真圣
人之治也！"于是缪公退而问内史廖曰："孤闻邻国有圣人，敌国
之忧也。今由余贤，寡人之害，将奈之何？"

从这段记载不难看出，由余对治国理念的评价与庄子完全一致，
都把"黄帝作为礼乐法度"视为社会动乱的开始，而其流弊则是越来
越严重。秦缪公（又作秦穆公）听了由余的话之后，也把由余视为圣
贤，这说明秦缪公也认同这一观点，只是由于主、客观的原因，他无
法把戎夷的政治状态复制到秦国而已。为了消除由余这位邻国圣贤对
自己的威胁，内史廖为秦缪公出主意："戎王处辟匮，未闻中国之声。
君试遗其女乐，以夺其志；为由余请，以疏其间；留而莫遣，以失其
期。戎王怪之，必疑由余。君臣有间，乃可虏也。且戎王好乐，必怠
于政。"（《史记·秦本纪》）秦缪公与内史廖使用"小人伎俩"，一面用
秦国的奢侈生活方式去腐蚀戎王，一边离间戎王与由余的关系，文明
的"礼乐法度"最终战胜了憨厚的"淳德"，由余不得已转投秦国，而
秦国也如愿占有了戎夷地区。

"夫施及三王①，而天下大骇矣②，下有桀、跖，上有曾、史，

而儒、墨毕起。于是乎喜怒相疑，愚知相欺③，善否相非④，诞信相讥⑤，而天下衰矣。大德不同⑥，而性命烂漫矣⑦，天下好知，而百姓求竭矣⑧。于是乎斤锯制焉⑨，绳墨杀焉⑩，椎凿决焉⑪。天下脊脊大乱⑫，罪在撄人心。故贤者伏处大山嵁岩之下⑬，而万乘之君忧慄乎庙堂之上⑭。

【注释】

①施（yì）：延续。三王：指夏、商、周三代帝王。

②骇：惊扰，混乱。

③愚知相欺：愚笨者和聪明者相互欺骗。知，同"智"。

④善否（pǐ）：善恶。否，恶。非：非议，批评。

⑤诞信：虚伪和诚实。诞，虚假。

⑥大德：总体人性。

⑦性命烂漫：人们的天性就散乱了。性命，天性。烂漫，散乱貌。

⑧求竭：混乱貌。一说追求不得满足。

⑨斤（jīn）锯制焉：用斧锯之类的刑具制裁他们。斤，通"斤"。斧头。

⑩绳墨杀焉：用法律杀戮他们。绳墨，木工画直线的墨绳。代指法律。

⑪椎凿决焉：用椎凿一类的刑具惩罚他们。决，判决，惩罚。

⑫脊脊：大乱的样子。

⑬伏处：隐居。嵁（kān）岩：深山峻岭。嵁，深山。岩，山崖。

⑭万乘（shèng）之君：能统领万辆战车的大国君主。乘，一车四马为一乘。

　　忧慄：恐惧不安。庙堂：朝堂。

【译文】

"到了夏、商、周三代，天下受到更大惊扰，下有夏桀、盗跖之流，上有曾参、史鰌之辈，而儒、墨等各家各派也都相继出现。于是欢喜者和愤怒者相互猜忌，愚笨者和聪明者相互欺骗，善良者和凶恶者相互指责，虚伪者和诚实者相互讥讽，天下也就逐渐衰败了。人们的总体品德不一致，那么人们的天性就会散乱；天下人都去追求智巧，那么百姓就会发生混乱纷争。于是就用斧锯一类的刑具去制裁他们，用绳墨一样的法律去杀戮他们，用椎凿一类的刑具去处罚他们。天下如此混乱，罪过全在于扰乱了人心。因此那些贤人就隐居于深山峻岩之下，而帝王们忧心忡忡地生活于朝堂之上。

"今世殊死者相枕也①，桁杨者相推也②，刑戮者相望也③，而儒、墨乃始离跂攘臂乎桎梏之间④。意⑤，甚矣哉！其无愧而不知耻也甚矣！吾未知圣知之不为桁杨椄槢也⑥，仁义之不为桎梏凿枘也⑦，焉知曾、史之不为桀、跖嚆矢也⑧。故曰：'绝圣弃知，而天下大治。'"

【注释】

①殊死：斩首而死。殊，断开，斩首。相枕：互相堆压。

②桁（háng）杨：加在颈上和脚上的刑具。相推：一个挨着一个。

③相望：彼此能看得到。形容众多。

④而儒、墨乃始离跂（qǐ）攘臂乎桎梏之间：然而儒、墨两家学者却还在戴着枷锁的犯人之间手舞足蹈地努力宣扬各自主张。离跂，抬起脚跟。形容努力的样子。攘臂，高举着双臂。桎梏，脚镣和手铐。意思是，儒、墨提倡

仁义、智巧造成如此悲惨局面，而他们却不知反省，还在那里不遗余力地鼓吹各自的主张。

⑤意：通"噫"。感叹词。

⑥桎楅（jiē xí）：连接木枷左右两部分的横木。意思是说儒、墨成了害民的帮凶。

⑦凿枘（ruì）：木枷上的榫眼和榫头。凿，榫眼。枘，榫头。

⑧焉：怎么。嚆（hāo）矢：响箭。作战时发响箭以作指示和信号之用，常比喻事物的开端、先导。

【译文】

"如今被斩首的尸体相互堆积，戴着镣铐的人一个挨着一个，受过刑罚的人满眼皆是，而儒、墨两家学者却还在戴着枷锁的犯人之间手舞足蹈地努力宣扬各自的主张。唉，真是太过分了！他们不知惭愧、羞耻竟然到了如此严重的地步！我不知道他们提倡的圣智不会成为连接木枷左右两部分的横木，他们提倡的仁义不会成为木枷上的榫孔和榫头，我怎么知道曾参和史鰌这些善人不会成为夏桀和盗跖这些坏人出现的先导呢！所以说：'不要圣人，抛弃智巧，天下就会太平无事。'"

三

黄帝立为天子十九年，令行天下。闻广成子在于空同之山①，故往见之，曰："我闻吾子达于至道②，敢问至道之精③？吾欲取天地之精，以佐五谷④，以养民人。吾又欲官阴阳⑤，以遂群生⑥。为之奈何？"广成子曰："而所欲问者⑦，物之质也⑧；而所欲官者，物之残也⑨。自而治天下，云气不待族而雨⑩，草木不待黄而落，日月之光益以荒矣⑪。而佞人之心翦翦者⑫，又奚足以语至道！"

【注释】

①广成子：人名。得道之人。空同：山名。也作"崆峒"。

②吾子：对对方的尊称。达：明白。

③精：指大道的主旨、精华部分。

④佐：辅助。

⑤官：管理，掌握。

⑥遂：使成功，使顺利生长。

⑦而：你。

⑧质：本质，根本。这里指黄帝要请教的"至道"。

⑨残：残渣，次要东西。指与大道相对的物质、事物。

⑩族：聚集。

⑪益：更加。荒：昏暗。

⑫而：你。佞：能言善辩而多智巧。翦翦：浅陋的样子。

【译文】

　　黄帝做天子十九年，令行天下。他听说广成子住在空同山上，便前去拜访。黄帝请教说："我听说您通晓大道，请问什么是大道的精华？我很想获取天地的精华之道，用来帮助五谷生长，以此养育百姓。我还想管理阴阳二气，用来帮助万物顺利生长。我该怎么做呢？"广成子说："你所要请教的，是万事万物的根本问题；你想要管理的，却是万事万物中的次要东西。自从你治理天下以来，云气还没有聚集就下起雨来，草木之叶还没有枯黄就已经零落，日月的光芒也更加暗淡了。你是一个能言善辩、崇尚智巧的佞人，心智如此浅陋，又怎么值得我给你谈论大道呢！"

【研读】

关于本段，我们需要进一步阐述三个问题，一是空同山的所在地，二是因为本段文字，广成子与黄帝皆被后人视为神仙，三是黄帝成仙故事对汉武帝的负面影响。

一、关于空同山的所在地。空同山，又称空桐山、崆峒山，其所在地，大致有三种说法。第一种说法，《史记·五帝本纪》记载："（黄帝）西至于空桐，登鸡头。"《史记正义》解释说："《括地志》云：'空桐山在肃州禄福县东南六十里。《抱朴子内篇》云："黄帝西见中黄子，受九品之方，过空桐，从广成子受自然之经。"即此山。'"按照这一说法，空同山在今甘肃平凉西。第二种说法，根据《嘉庆一统志·肃州》记载，空同山在今甘肃高台西北。第三种说法，根据《太平寰宇记·汝州》记载，空同山应在今河南临汝西南。因为黄帝见广成子的故事带有传说性质，所以其他说法还很多，我们现在很难落实。

二、广成子与黄帝被后人视为神仙。由于本段文字主要讲养生，而且在下文中，广成子自称"我修身千二百岁矣，吾形未常衰"，所以广成子与黄帝这对师徒就被后人视为神仙：

广成子者，古之仙人也。居崆峒之山石室之中，黄帝闻而造焉，曰："敢问至道之要。"广成子曰："尔治天下，云不待族而雨，木不待黄而落，奚足以语至道哉！"黄帝退而闲居，三月复往见之，膝行而前，再拜请问治身之道。答曰："至道之精，杳杳冥冥。无视无听，抱神以静，形将自正。必静必清，无劳尔形，无摇尔精，乃可长生。慎内闭外，多知为败。我守其一，而处其和，故千二百年，而未尝衰老。得吾道者上为皇，失吾道者下为土。予将去汝，入无穷之间，游无极之野，与日月齐光，与天地为常。人其尽死，而我独存焉！"（《云笈七签·神仙传》）

黄帝者，号轩辕。能劾百神，朝而使之。弱而能言，圣而预知，知物之纪。自以为云师，有龙形。自择亡日，与群臣辞。至于卒，还葬桥山。山崩，柩空无尸，唯剑舄在焉。仙书曰：黄帝采首山之铜，铸鼎于荆山之下。鼎成，有龙垂胡髯下迎帝，乃升天。群臣百僚悉持龙髯，从帝而升。攀帝弓及龙髯，拔而弓坠，群臣不得从，仰望帝而悲号。故后世以其处为鼎湖，名其弓为乌号焉。（《列仙传》卷上）

《云笈七签》中关于广成子的介绍，基本上是《庄子》本段文字的缩写，但值得注意的是，《云笈七签》明确把广成子定位为"古之仙人也"。《列仙传》更是让黄帝置身于神仙之中，明确讲他升天成仙了。这些记载可以侧面说明《庄子》对道教的影响。

三、最后要讲的是，黄帝成仙的故事对汉武帝产生了巨大的负面影响。汉武帝与秦始皇一样，是个求仙迷，为了成仙，不知花费了多少人力物力，然而却很少成效。不少大臣劝告武帝放弃求仙，认为要想成仙，必须静心修行，而皇帝要日理万机，怎能成仙呢？武帝如果不再求仙，方士们就无从骗权骗钱，于是方士公孙卿就抬出黄帝做榜样：

（公孙卿转述申生的话劝告汉武帝说：）"'……黄帝且战且学

仙……黄帝采首山铜，铸鼎于荆山下。鼎既成，有龙垂胡髯下迎黄帝。黄帝上骑，群臣后宫从上龙七十余人，龙乃上去。余小臣不得上，乃悉持龙髯，龙髯拔，堕，堕黄帝之弓。百姓卬望黄帝既上天，乃抱其弓与龙髯号，故后世因名其处曰鼎湖，其弓曰乌号。'"于是天子曰："嗟呼！诚得如黄帝，吾视去妻子如脱屣耳。"（《汉书·郊祀志上》）

公孙卿劝告汉武帝：黄帝是天子，您也是天子；黄帝可以一边与蚩尤作战，一边修仙，您也可以一边与匈奴作战，一边修仙；黄帝可以治国、修仙两不误，最后升天，您也可以治国、修仙两不误，最后升天。武帝听后，讲了几句"名言"："哎呀！如果我真的能够像黄帝那样升天成仙，那么我扔掉妻子儿女就像扔掉烂鞋子一样。"用"垂涎三尺"也不足以形容武帝对成仙的贪求。武帝就是在黄帝这一虚构榜样的蛊惑下，终其一生，乐于求仙而不疲。

黄帝退，捐天下①，筑特室②，席白茅③，闲居三月④，复往邀之⑤。

【注释】

①捐：放弃。这里指不再管理朝政。

②特室：单独的静室。特，单独。

③席白茅：铺着白茅。席，铺。白茅，草名。古人认为白茅为洁净之物。

④闲：清净。

⑤邀：请，请教。

【译文】

　　黄帝回去后，不再管理朝政，单独修建一间静室，铺着白茅，在那里静居三个月，然后又去向广成子请教。

　　广成子南首而卧①，黄帝顺下风②，膝行而进③，再拜稽首而问曰④："闻吾子达于至道，敢问治身奈何而可以长久⑤?"广成子蹶然而起⑥，曰："善哉问乎! 来，吾语女至道。至道之精，窈窈冥冥⑦；至道之极，昏昏默默⑧。无视无听，抱神以静⑨，形将自正。必静必清，无劳女形，无摇女精⑩，乃可以长生。目无所见，耳无所闻，心无所知，女神将守形，形乃长生。慎女内⑪，闭女外⑫，多知为败⑬。我为女遂于大明之上矣⑭，至彼至阳之原也⑮；为女入于窈冥之门矣⑯，至彼至阴之原也。天地有官⑰，阴阳有藏⑱，慎守女身，物将自壮。我守其一以处其和⑲，故我修身千二百岁矣，吾形未常衰⑳。"黄帝再拜稽首，曰："广成子之谓天矣㉑!"

【注释】

①南首：头朝着南方。

②顺下风：从下方。顺，从。风，方。下风，本指风向的下方，《孙子兵法·火攻》："火发上风，无攻下风。"后来比喻劣势或下位，表示谦虚。

③膝行：用膝盖着地而行。也即跪着走。

④再拜：拜了两拜。再，二。稽（qǐ）首：一种礼节。跪下，拱手至地，头也至地。

⑤治身奈何：如何修养自身。黄帝不再询问如何治国，而是请教如何修身，在道家看来，这才是抓住了关键问题。

⑥蹶（jué）然：很快的样子。广成子认为黄帝这次问到了关键问题，所以很乐于回答。

⑦窈窈冥冥：深不可测的样子。

⑧昏昏默默：难以认识的样子。

⑨抱神：保护完好的精神。

⑩摇：摇动，伤害。

⑪慎女（rǔ）内：小心保养你的精神。女，通"汝"。内，精神。

⑫闭女外：封闭你的视听。也即对外闭目塞听，不受外物干扰。

⑬多知为败：智巧多了有害。知，同"智"。

⑭遂：达到。大明之上：最明澈的境界之中。

⑮至阳之原：最为纯粹的阳气本原。至，最，最纯粹。古人认为"明"为"阳"，所以"大明"与"至阳"相配。

⑯窈冥之门：最幽深的境界之中。

⑰天地有官：天地有一个主宰者。官，主宰。这个主宰者就是大道。

⑱阴阳有藏：阴阳二气各居其位。藏，所居之处。

⑲一：独一无二的大道。和，阴阳和谐的境界。

⑳未常：未尝。常，通"尝"。

㉑天：天人，思想境界最高的人。

【译文】

　　广成子头朝着南躺在床上，黄帝沿着下位，用双膝跪着匍匐向前，先向广成子拜了两拜，然后又叩头至地，问："听说先生通晓大道，请问如何修身养性才能长寿？"广成子一听立刻起身，说："你问得真好啊！过来，我告诉你什么是大道。大道的精髓，深邃得无法认识；大道的极致，高妙得难以明白。你要闭目塞听，只需保持精神安静，身体自然就会健康。你一定要做到清静无为，不要劳苦你的身体，不要耗费你的精神，这样就可以长生。你的眼睛什么也别看，耳朵什么也别听，心里什么也别想，这样你的精神就能守护好你的形体，而你的形体也就能长存。千万要保护好你的精神，封闭你的视听，智巧多了有害于养生。我将帮助你进入最明澈的境界之中，直达阳气的本原；还要帮助你进入最幽深的境界之中，直达阴气的本原。天地各有主宰，阴阳各居其位，你只要小心地保护好自己的身体，万物将会自然繁荣昌盛。我能够坚守独一无二的大道，生活于阴阳二气和谐的境界之中，所以我养生至今已经一千二百年了，而我的身体从来不曾衰老。"黄帝先拜了两拜，再次叩头至地，说："广成子真可以说是思想境界最高的人了！"

【研读】

当黄帝请教如何治国时，广成子爱理不理；当黄帝询问如何养生时，"广成子蹶然而起"，滔滔不绝地讲了许多。广成子这种表现，实际上反映的是庄子学派的政治理念，那就是一个圣明的君主，不要用心于如何治理国家，而是放手让百姓自由发展，圣君只管做好自己的修心养身即可。广成子的养生原则就是闭目塞听，清静无为，形神兼养，以求长生。

广成子曰："来，余语女：彼其物无穷，而人皆以为有终；彼其物无测①，而人皆以为有极②。得吾道者，上为皇而下为王③；失吾道者，上见光而下为土④。今夫百昌皆生于土而反于土⑤。故余将去女⑥，入无穷之门⑦，以游无极之野⑧，吾与日月参光⑨，吾与天地为常⑩。当我⑪，缗乎⑫！远我⑬，昏乎⑭！人其尽死，而我独存乎！"

【注释】

①无测：深不可测。

②极：极限。引申为可以探测清楚。

③上为皇而下为王：优秀的人能为圣皇，差一点儿的也可为王侯。"皇"的政治地位与道德境界都高于"王"。

④上见光而下为土：优秀一点儿的可以勉强活在世上，最差的则失去生命化为尘土。见光，能够看见日月之光。指活在世上。为土，变为尘土。指死亡。

⑤百昌：昌盛的万物。百，泛指多。

⑥去女（rǔ）：离开你。去，离开。

⑦无穷之门：无穷无尽的境界之门。

⑧无极之野：无穷无尽的境界。极，边际。这里说的无穷境界有两种含义，一是说广成子将与万物融而为一，因此他的活动时空是无穷的；二是指无穷无尽的精神境界。

⑨参光：同辉。

⑩为常：共同永存。

⑪当我：朝我走来。当，面朝着我。

⑫缗（mín）乎：不在意的样子。

⑬远我：远离我而去。

⑭昏乎：不放在心上的样子。

【译文】

广成子接着说:"过来,我还要告诉你:万物的数量是无穷无尽的,而人们却都认为有穷尽;万物的奥妙是无法弄清楚的,而人们却都认为可以完全弄清楚。获取我说的大道,优秀的人可以成为皇帝,差一点儿的人也可以成为王侯;失去我说的大道,优秀一点儿的人还可以活在世上,差一点儿的人就会失去生命化为尘土。如今那些生长繁荣的万物,都是产生于尘土而最终又返归于尘土。因此我将离你而去,进入那无穷境界的大门,遨游于无穷无尽的境界之中,我将与日月同辉,与天地共存。迎面而来的事物,我淡然处之;离我远去的事物,我也毫不在意。人人大概都会死去,而只有我一个人永存!"

【研读】

本段认为,天下是不可人为治理的,最好的方法就是不干涉,所以当黄帝请教治理天下的事情时,广成子不予回答;而当黄帝询问如何修身养性时,广成子就显得格外高兴。那么修身养性与国家安定究竟是一种什么样的关系呢?

儒家同样把修身视为治国的根本,但儒、道两家对修身的解释大不一样。儒家讲的修身,主要是要求提高自己的仁义品德,学习治国才能。而道家的修身,则是要求君主与所有民众都能保持好自己的美好天性,不要用仁义、世俗知识去破坏这一天性,做到无为而治。

儒家思想符合一般人看法,也容易被民众所接受。但道家观点也并非毫无道理。提倡仁义的副作用,我们在前文已经谈过,此处不再赘述。反对知识,大概最难为人们所理解,但如果仔细反观人类史,就会发现知识的确像一把双刃剑,在为人类带来方便和幸福的同时,也为人类带来了不少烦恼。爱因斯坦对此深有体会："科学是一种强有力的工具。怎么用它，究竟是给人带来幸福还是带来灾难，全取决于人自己，而不取决于工具。刀子在人类生活上是有用的，但它也能用来杀人。"（《爱因斯坦文集》卷三《科学和战争的关系》）

　　庄子反对人为的治国措施与世俗知识，的确有其合理的一面，但毕竟是一种片面的合理，因为他只看到世俗知识带来的负面影响，而忽略了这些知识的正面作用。

四

　　云将东游①，过扶摇之枝而适遭鸿蒙②。鸿蒙方将拊脾雀跃而游③。云将见之，倘然止④，贽然立⑤，曰："叟何人邪⑥？叟何为此？"鸿蒙拊脾雀跃不辍⑦，对云将曰："游！"云将曰："朕愿有问也⑧。"鸿蒙仰而视云将曰："吁⑨！"云将曰："天气不和，地气郁结，六气不调⑩，四时不节⑪。今我愿合六气之精以育群生，为之奈何？"鸿蒙拊脾雀跃掉头曰⑫："吾弗知！吾弗知！"云将不得问⑬。

【注释】

①云将：云的主帅。含有动荡不安之意。

②扶摇：神树名。一说指盘旋而上的暴风。适：刚好。遭：遇。鸿蒙：指万物未形成之前的混沌之气。含有混沌未开的淳朴之意。

③方将：正在。拊脾（bì）雀跃：拍着大腿像鸟雀一样跳跃着。拊，拍。脾，通"髀"。大腿。

④倘（tǎng）然：惊疑的样子。

⑤贽（zhì）然：不动的样子。

⑥叟：老先生。指鸿蒙。

⑦辍（chuò）：停止。

⑧朕：我。先秦时期，任何人都可以自称"朕"。

⑨吁：应答之词。

⑩六气：指阴、阳、风、雨、晦（夜）、明（昼）。这里代指大自然。

⑪四时不节：四季不合节令。

⑫掉头：摇头。掉，摇动。

⑬不得问：提问没有得到回答。

【译文】

云将到东方游历，路过扶摇树枝时刚好遇到鸿蒙。鸿蒙正在那里拍着大腿雀跃游乐。云将看到鸿蒙，便吃惊地停了下来，一动不动地站在那里，问："老先生您是什么人啊？老先生您在干什么呀？"鸿蒙一边不停地拍腿跳跃，一边回答云将说："我正在游玩啊。"云将说："我想向您请教一些难题。"鸿蒙抬头看着云将应道："哦！"云将问："天上的阳气不和谐，地上的阴气郁结着，阴、阳、风、雨、夜、昼六气不协调，四季变化不合节令。现在我想调和六气的精华以养育万物，我该怎么做呢？"鸿蒙一边拍着大腿跳跃，一边摇着头说："我不知道！我不知道！"云将的提问没有得到回答。

【研读】

本章讲的故事与上一个黄帝见广成子的故事一样，表达了庄子学派的政治理念，那就是圣君不要用心于如何治理国家，放手让百姓自由发展，而圣君只管做好自己的修心养身即可。所以当云将询问如何治国时，鸿蒙连续回答："我不知道！我不知道！"委婉地表达对用心治国的否定。

　　又三年，东游，过有宋之野而适遭鸿蒙①。云将大喜，行趋而进曰②："天忘朕邪③？天忘朕邪？"再拜稽首，愿闻于鸿蒙。鸿蒙曰："浮游④，不知所求；猖狂⑤，不知所往。游者鞅掌⑥，以观无妄⑦。朕又何知！"云将曰："朕也自以为猖狂，而民随予所往。朕也不得已于民⑧，今则民之放也⑨。愿闻一言。"鸿蒙曰："乱天之经⑩，逆物之情，玄天弗成⑪。解兽之群⑫，而鸟皆夜鸣，灾及草木，祸及昆虫。噫！治人之过也！"

【注释】

①有宋：即宋国。有，名词词头。

②行趋：小步快走。这是一种表示恭敬的走法。

③天：对鸿蒙的尊称。鸿蒙为至高无上之人。

④浮游：自由遨游。

⑤猖狂：随心所欲而不受约束。

⑥鞅掌：众多的样子。

⑦无妄：不虚假，真相。

⑧朕也不得已于民：我是不得已才去治理百姓的。

⑨放：仿效。

⑩经：法则。

⑪玄天弗成：上天不让你成功。玄天，上天。

⑫解：驱散。

【译文】

又过了三年，云将再次到东方游历，经过宋国原野时恰好又遇到鸿蒙。云将大喜，赶忙小步快走来到鸿蒙身边，说："先生您忘了我吗？先生您忘了我吗？"云将拜了两拜，叩头至地，希望鸿蒙给予指教。鸿蒙说："我自由遨游，没有任何追求；随意而行，也没有任何目的。游人熙熙攘攘，都想观察万物真相。我又能知道什么呢！"云将说："我也自以为能够做到随意而行，而百姓却要追随于我，我是不得已才去管理百姓的，如今我却成了百姓效法的对象。我希望能够听到您的教诲。"鸿蒙说："扰乱自然法则，违背万物天性，上天也无法让你成功。群居的野兽被驱散，夜宿的禽鸟受惊鸣叫，灾难波及草木，祸患殃及昆虫。唉！这都是治理百姓者的过错啊！"

【研读】

本段直接解释鸿蒙为什么不愿回答云将如何治国的提问。鸿蒙讲的"乱天之经……治人之过也"这段话，明确指出用心"治人（也即治国）"不仅使百姓深受其害，就连鸟兽、草木、昆虫也无法过上正常的生活。

云将曰："然则吾奈何？"鸿蒙曰："意，毒哉①！仙仙乎归矣②。"云将曰："吾遇天难③，愿闻一言。"鸿蒙曰："意，心养④。汝徒处无为⑤，而物自化。堕尔形体⑥，吐尔聪明⑦，伦与物忘⑧，大同乎涬溟⑨，解心释神⑩，莫然无魂⑪。万物云云⑫，各复其根⑬，各复其根而不知⑭；浑浑沌沌⑮，终身不离⑯；若彼知之，乃是离之⑰。无问其名⑱，无窥其情⑲，物固自生。"云将曰："天降朕以德⑳，示朕以默㉑。躬身求之㉒，乃今也得。"再拜稽首，起辞而行。

【注释】

①毒：受毒害。指云将中世俗之毒太深。

②仙仙：轻飘飘的样子。

③遇天难：遇到您实在不易。天，指鸿蒙。

④心养：养心，修养心性。

⑤徒处：只管静坐在那里。也即清静无为。

⑥堕（huī）：同"隳"。毁弃，忘却。

⑦吐：去掉。聪：听得清。明：看得清。

⑧伦与物忘：忘却伦理与万物。

⑨涬溟（xìng míng）：万物齐同的浑沌境界。

⑩解心释神：放任自己的心神。

⑪莫然：即"漠然"。无知无识的样子。无魂：没有成见。魂，灵魂。引申为成见。

⑫云云：众多的样子。

⑬各复其根：各自恢复自己的天性。根，天性。

⑭不知：不知不觉。

⑮浑浑沌沌：无知无识的样子。

⑯离：失去，失去天性。

⑰若彼知之，乃是离之：如果人们有了世俗知识，就会失去天性。

⑱其：代指万事万物。

⑲无窥其情：不去探索万物究竟。窥，窥探，探索。情，真实情况。

⑳天降朕以德：先生把美德传授给我。天，指鸿蒙。降，传授。

㉑示：让我明白。默：清静无为。

㉒躬身求之：我追求大道。躬身，我自己。之，指大道。

【译文】

云将问："那么我该怎么做呢？"鸿蒙说："唉，你中世俗之毒太深了！你还是飘飘忽忽地回去吧！"云将说："我遇到您实在不容易，希望能听听您的教诲。"鸿蒙说："唉，你就修心养性吧！你如能做到安然而居、清静无为，万物自会生长发育。忘记你的形体，放弃你的视听，遗忘伦理和万物，融入万物一齐的混沌境界，放任自己的精神，唾弃个人成见。那么万物就能恢复各自的天性，而且是在不知不觉之中恢复了各自的天性；如果万物能够处于一种混混沌沌、无知无识的状态之中，他们始终都不会失去自己的天性；一旦有了世俗知识，他们就会失去自己的天性。不要去询问万物的名称，不要去探索万物的究竟，万物自然会顺利生长。"云将说："先生把美德传授给我，使我懂得了无为而治的道理。我过去一直在追寻大道，直到今天我才得到了它。"云将连拜两拜，再叩头至地，然后起身告辞而去。

【研读】

鸿蒙同广成子一样，要求云将只管"心养"，也即修养好自己的心性，不要去操心治国的事情。鸿蒙明确告诉云将："汝徒处无为，而物自化。"只要你自己能够安然而居、清静无为，万物自然而然会生长发育，一切都会变得祥和安定。

五

　　世俗之人，皆喜人之同乎己而恶人之异于己也①。同于己而欲之②，异于己而不欲者，以出乎众为心也③。夫以出乎众为心者，曷常出乎众哉④！因众以宁⑤，所闻不如众技众矣⑥。而欲为人之国者⑦，此揽乎三王之利而不见其患者也⑧。此以人之国侥倖也⑨，几何侥倖而不丧人之国乎⑩！其存人之国也，无万分之一；而丧人之国也，一不成而万有余丧矣⑪。悲夫，有土者之不知也⑫！

【注释】

①恶（wù）：讨厌。

②欲之：愿意如此。之，代指"同于己"。

③出乎众：出人头地。心：意愿。

④曷常：即"何尝"。何曾。

⑤因众以宁：顺应民众才可安宁。因，顺应。以，而。意思是，那些想出人头地的人，实际上还是与众人一样，否则就不得安宁。

⑥所闻不如众技众矣：因为那些想出人头地的个人智慧比不上众人智慧。所闻，所听到的，所具有的智慧。第一个"众"指众人，第二个"众"是"多"的意思。

⑦为：治理。人之国：别人的国家。也即君主的国家。本句的主语为辅佐君主的世俗圣贤。

⑧揽：揽取，贪取。三王：夏、商、周三代帝王。

⑨此以人之国侥倖（jiǎo xìng）也：这样做是想通过治理别人的国家来侥幸谋取个人利益。以，用。

⑩几何：几个。

⑪一不成而万有余丧：一无所成而损失无数。万有余，极言多，无数。丧，损失。

⑫有土者：拥有土地的君主。

【译文】

世俗社会的人，都喜欢别人赞同自己，而讨厌别人反对自己。希望别人赞同自己，不希望别人反对自己的人，都是出于一种想出人头地的心理。那些想出人头地的人，又何尝真的能够出人头地呢！他们只有顺应民众思想才能获得安宁，因为那些想出人头地的个人智慧没有民众的智慧多。那些想去治理君主的国家的人，是想贪取夏、商、周三代帝王治国的利益而没有看到他们的灾难。那些人想通过治理君主的国家去侥幸谋取个人利益，可又有几个人能够侥幸获利而不丧失君主的国家呢！他们之中能够为君主保有国家的，还不到万分之一；而那些把君主的国家丧失掉的人，一事无成而损失无数。可悲呀，那些拥有国土的君主们还不明白这一点！

夫有土者，有大物也①。有大物者，不可以物②，物而不物③，故能物物④。明乎物物者之非物也⑤，岂独治天下百姓而已哉！出入六合⑥，游乎九州⑦，独往独来，是谓独有⑧。独有之人，是谓至贵。

【注释】

①大物：庞大的外物。指国土和百姓。

②不可以物：不可以受国家这个庞大外物的支配和役使。物，被外物所役使。庄子认为，君主不应该被自己的国家所约束，要超然于国家之上。换言之，君主虽然占有国土百姓，但这一切似乎与己无关，依然保持素朴天性，做到清静无为。

③物而不物：主宰国家这个外物而不被国家这个外物所役使。第一个"物"是主宰外物，第二个"物"是被外物所主宰。

④物物：即主宰外物。

⑤明乎物物者之非物也：明白主宰国家这个外物的人是不会受外物役使这一道理。非物，即"不物"。不受外物役使。

⑥六合：天、地、四方。

⑦九州：指整个天下。古人将中国分为冀州、兖州、青州、徐州、扬州、荆州、豫州、梁州、雍州九大行政区域。

⑧独有：独立，不受外物束缚。

【译文】

那些拥有国土的君主，就是拥有了庞大的外物。拥有庞大外物的人，不可以被国家这个庞大外物所役使，役使国家这个外物而不被国家这个外物所役使，才能够真正主宰国家这个外物。明白要主宰国家这个外物而不被国家这个外物所役使这一道理的人，岂止是只能治理好天下百姓而已啊！他们将能够自由自在地出入于天、地、四方之间，遨游于九州之中，他们毫无约束地独来独往，可以称之为"独立"。独立之人，就是最尊贵的人。

大人之教①，若形之于影，声之于响②，有问而应之，尽其所怀③，为天下配④。处乎无响⑤，行乎无方⑥。挈汝适复之挠挠⑦，以游无端⑧，出入无旁⑨，与日无始⑩；颂论形躯⑪，合乎大同⑫，大同而无己。无己，恶乎得有有⑬！睹有者⑭，昔之君子；睹无者⑮，天地之友。

【注释】

①大人：伟大的君主。即上文提到的独有、至贵之君主。

②响：回音。

③尽其所怀：把自己心里的话全部讲出来。

④为天下配：顺应天下万物。"天下配"即"配天下"。配，顺应。

⑤处：在家。无响：没有声响。形容清静无为。

⑥行乎无方：出门后行无定所。指没有个人成见，一切顺物而行。方，方向，位置。

⑦挈（qiè）汝适复之挠挠：引导你们这些行为混乱的人。挈，提携，引导。适复，往返，反复无常。挠挠，混乱的样子。

⑧无端：无穷境界。端，边际。

⑨无旁：无所依赖，自由自在。旁，依赖。

⑩与日无始：与太阳共存。无始，没有终始。即永恒存在。

⑪颂论形躯：言论与行为。颂，言谈。形躯，代指行为。

⑫大同：处处与万物相同。也即顺应万物。

⑬恶（wū）：怎么。有有：占有万物。第一个"有"是占有，第二个"有"是指现存的万物。

⑭睹有者：只看到占有万物好处的人。

⑮无：不占有。与上句中的"有"相对。

【译文】

伟大的圣君在对百姓进行教诲的时候，就如同形体和影子、声音和回响的关系一样，有提问必有回答，并且把自己的想法全部讲出来，尽力顺应天下民众的意愿。这些圣明君主在家时清静无为，出门时行无定所。他们能够引导反复无常、混乱不堪的民众，遨游于无穷无尽的境界之中，大家自由自在，与日月共存。圣君的言论和行为，与百姓和万物的意愿完全相同，与百姓和万物的意愿完全相同就会忘掉自我。忘掉了自我，又哪里会去把万物占为己有呢！看到占有万物好处的人，是从前所谓的君子；只有那些能够看到不占有万物好处的人，才有资格成为大自然的朋友。

【研读】

本段告诫国君不要把国家视为个人财富，如果视为个人财富就会得少失多。圣君应做到忘己、无私，超然于万物之上。看到这一段，使人自然想到《道德经》七章：

天长地久。天地所以能长且久者，以其不自生，故能长生。是以圣人后其身而身先，外其身而身存。非以其无私邪？故能成其私。

意思是："天地能够长久存在。天地之所以能够长久存在，原因就在于它们不是为了自我而生存，所以能够长久存在。因此圣人先把自己放在别人的最后，反而能够站到别人的前面；把自身置之度外，反而有利于自己的生存。不正是因为圣人不自私吗？所以反而能够成就他们的私利。"庄子讲的圣君因无己而不占有万物，就是老子讲的无私，然而无私者却能够更好地成就自己的私利。为什么？我们举例说明。

战国时期，秦、赵两国军队为了争夺上党之地（在今山西），在长平（在今山西高平西北）一带对峙。赵军的主帅是廉颇。由于当时赵军实力稍弱，所以廉颇采取坚壁固守的策略，秦军多次挑战无果。当时的秦军属于长途远征，军资运输不便，最忌讳持久战，于是秦国就使用反间之计，到处散布流言说："秦国最怕的是赵奢的儿子赵括，廉颇容易对付，而且他马上就要投降了。"赵王听信了流言，决定用只会纸上谈兵的赵括去替代廉颇。此时赵括的母亲坚决反对。《史记·廉颇蔺相如列传》记载了赵括母亲上书反对的原因：

> 始妾事其父，时为将，身所奉饭饮而进食者以十数，所友者以百数。大王及宗室所赏赐者，尽以予军吏士大夫，受命之日，不问家事。今括一旦为将，东向而朝，军吏无敢仰视之者；王所赐金帛，归藏于家，而日视便利田宅可买者买之。王以为何如其父？父子异心，愿王勿遣。

赵奢是与廉颇齐名的名将，当时已经去世。赵奢的夫人对赵王说，赵奢在世时，每当接受命令、准备出兵打仗时，就再也不过问家事。在军中，他亲自侍奉（端茶送水）的人就有数十人，以友相待的就有几百人，大王及国家赏赐给他的金银财宝，他全部转赠给将士们，自己不拿一文钱。而赵括不同，他一旦被任命为主帅，就威风凛凛，高高在上，部下不敢仰视，大王赏赐的金银财宝，他全部藏入家中，占为己有，每天都在求田问舍，置办家产。我就是通过他们父子行为的对比，知道赵括不可重用。可惜的是，赵王没有接受这一建议。

赵奢是无私的，而且身处将士之后，赢得了将士的衷心拥戴，结果成就了他一代名将的美名；赵括是自私的，导致将士们离心离德，最后兵败长平，使赵国损失四十余万军队，自己也丧命疆场，贻笑万年。

六

　　贱而不可不任者①，物也；卑而不可不因者②，民也；匿而不可不为者③，事也；粗而不可不陈者④，法也；远而不可不居者⑤，义也；亲而不可不广者⑥，仁也；节而不可不积者⑦，礼也；中而不可不高者⑧，德也；一而不可不易者⑨，道也；神而不可不为者⑩，天也。故圣人观于天而不助⑪，成于德而不累⑫，出于道而不谋⑬，会于仁而不恃⑭，薄于义而不积⑮，应于礼而不讳⑯，接于事而不辞⑰，齐于法而不乱⑱，恃于民而不轻⑲，因于物而不去⑳。物者莫足为也㉑，而不可不为。不明于天者，不纯于德；不通于道者，无自而可㉒。不明于道者，悲夫！

【注释】

①任：放任，顺应。一说是使用的意思。

②卑：地位卑微。因：顺应。

③匿：不显眼。引申为平凡、凡俗。

④粗：粗浅。陈：陈述，宣讲。

⑤远：远离大道。庄子认为人们制定的道义原则不符合大道。居：履行，恪守。

⑥亲：偏私，偏爱。广：推广。

⑦节：节制，约束。积：不断履行。

⑧中：不好不坏。天性既不像曾参那样高尚，也不像盗跖那样恶劣，在世人眼

中属"中"。高：高举，尊崇。

⑨一而不可不易者：独一无二但又不能不去修习的。一，独一无二。易，修习。

⑩为：效法。

⑪助：帮助。引申为改变。

⑫成于德而不累：保全自己的天性而没有不适之感。成，保全。累，累赘，不舒适。

⑬出于道而不谋：言行符合大道而不用事先考虑。得道者与大道融为一体，因而不用思考就能够处处符合大道。

⑭会于仁而不恃：言行符合仁爱而不依靠行仁去谋取私利。会，符合。恃，依靠。

⑮薄于义而不积：符合正义原则却不是因为不断学习的结果。薄，接近，符合。

⑯应于礼而不讳：符合礼仪而不是因为要忌讳什么。

⑰接：遇到。

⑱齐：符合，遵守。

⑲恃于民而不轻：依靠民众但不轻易使用民力。恃，依靠。轻，轻易使用。

⑳因于物而不去：顺应万物而不让它们丢失天性。因，顺应。去，失去天性。

㉑为：治理。

㉒无自：无从，没办法。可：成功。

【译文】

　　低贱而不能不顺应的，是万物；卑微而不可不听从的，是民众；凡俗而不可不处理的，是事务；粗浅而不可不宣讲的，是法律；远离大道而又不可不遵守的，是义；有所偏爱而又不可不推行的，是仁爱；束缚人们而又不可不履行的，是礼仪；不善不恶而不可不尊崇的，是天性；独一无二而又不可不修习的，是大道；神妙莫测而又不可不效法的，是大自然。因此圣人观察神妙的大自然而不去改变它，保全自我天性而没有任何不适之感，言行符合大道而不需事先考虑，符合仁爱而不想依靠行仁谋取私利，符合义而不是长期学习的结果，符合礼仪而不是要忌讳什么，遇到琐事而不推辞，遵守法度而不妄为，依靠民众但不轻易使用民力，顺应万物而不使其丢失天性。对于万物不可去进行人为管理，但有时又不可不管理。不懂得自然规律的人，就无法保护纯正的天性；不懂得大道的人，就无法取得事业成功。不明白大道的人，真是可悲呀！

【研读】

　　本段认为"中而不可不高者，德也"，天赋的人性既不像曾参那样高尚，也不像盗跖那样恶劣，在世人眼中属"中"。然而这个"不够高尚"的天性却必须得到尊崇与保护。《庄子·骈拇》等篇也反复表示反对任意拔高人的道德标准，庄子的这一主张也符合孔子思想。

　　孔子对"过于取仁"、也即任意拔高仁义标准的行为同样持批判态度。在孔子思想中，"过犹不及"的中庸原则是一个极高的言行标准，以至于孔子感叹："中庸之为德也，其至矣乎！民鲜久矣。"（《论语·雍也》）即使对仁这一儒家核心思想，孔子也以中庸原则予以审视。孔子坚决反对不仁的言行，但在中庸原则的支配下，他同样反对"过仁"言行：

　　　　子路问于孔子曰："管仲之为人何如？"子曰："仁也。……

夫子纠未成君，而管仲未成臣，管仲裁度义，管仲不死束缚而立功名，未可非也。召忽虽死，过于取仁，未足多也。"（《孔子家语·致思》）

常人认为召忽为公子纠而死是仁的表现，而管仲则相反。孔子在承认召忽的行为属于仁的基础上，批评他"过于取仁"，也即超过了仁的标准，过犹不及，因此其行为不值得赞赏。

孔子不仅反对召忽自杀式的"过仁"之举，而且也不强求大众做到他所赞美的"安仁"。孔子清醒地认识到人们的行仁动机并不相同，《论语·里仁》把行仁动机分为"仁者安仁，知者利仁"两个层次，《礼记·表记》则分为三个层次：

> 子曰："……仁者安仁，知者利仁，畏罪者强仁。"

最高的美德是发自天性、不求任何功利的仁行，即"安仁"；其次是认识到行仁对彼此有利而去行仁，即"利仁"；最低层次则是迫于畏罪心理而勉强自己去行仁，即"强仁"。"安仁"明显高于"利仁""强仁"，但孔子并不宣扬"安仁"而赞成"利仁"，并以此要求弟子：

> 鲁国之法，鲁人为人臣妾于诸侯，有能赎之者，取其金于府。子贡赎鲁人于诸侯，来而让不取其金。孔子曰："赐失之矣。自今以往，鲁人不赎人矣。取其金则无损于行，不取其金则不复赎人矣。"子路拯溺者，其人拜之以牛，子路受之。孔子曰："鲁人必拯溺者矣。"孔子见之以细，观化远也。（《吕氏春秋·察微》）

鲁国有一条法律，鲁国人在国外沦为奴隶，如果有人能够把他们赎回来，可以到鲁国的国库中报销赎金。有一次，孔子的学生子贡在其他国家赎回一个鲁国人，回到鲁国后拒绝接受国家赔偿金。孔子说："赐（子贡的名）啊，你的这种做法不对。从今以后，鲁国人就不肯再赎人了。你接受国家的赔偿金，并不会降低你的行为价值；而你不肯接受赔偿金，鲁国人就不肯再去赎人了。"子路救起一名落水者，那人送了一头牛表示感谢，子路收下了。孔子说："这下子鲁国人一定会勇于搭救落水的人了。"

子贡出钱赎人拒绝回报，属于"安仁"，却受到孔子批评；子路救人接受酬劳，属于"利仁"，却得到孔子表扬。孔子褒子路、贬子贡，是因为他看到了一个令人沮丧的现实：

子曰："无欲而好仁者，无畏而恶不仁者，天下一人而已矣。"（《礼记·表记》）

子曰："中心安仁者，天下一人而已矣。"（《礼记·表记》）

子曰："我未见好仁者，恶不仁者。……有能一日用其力于仁矣乎？我未见力不足者。盖有之矣，我未之见也。"（《论语·里仁》）

孔子认为"无欲而好仁"之人十分罕见，偌大的天下只有一人能够做到。特别是后一段话，孔子反复感叹自己从未见过"好仁者"。既然只有一人能做到安仁，而自己还从未见过，那么提倡安仁，对于芸芸众生来说，岂不是徒劳！既是徒劳，就没有必要提倡。对待众生就只能宣讲层次低一些、带有互利性的仁义。

孔子提倡仁，不是着眼于能够安仁的"天下一人"，而是考虑常人的接受能力。天下人都做不到安仁，那么如果用安仁去强制人们，就只能使人们既做不到安仁，同时也放弃利仁。孔子提倡互利性仁义，期盼世人接受，从而把人们的言行控制在一个较为宽松的道德范围之内，这是一种非常可行的合理举措。袁了凡对此看得也很清楚："自俗眼观之，子贡不受金为优，子路之受牛为劣，孔子则取由而黜赐焉。

乃知人之为善，不论现行而论流弊，不论一时而论久远，不论一身而论天下。现行虽善，而其流足以害人，则似善而实非也；现行虽不善，而其流足以济人，则非善而实是也。"(《了凡四训·积善之方》)

孔子面对现实，推行不"过"也不"不及"的道德原则，用"利仁"去引导普通民众，使社会维持在一种互利的和谐状态。然而到了后世，儒生却不断拔高仁义标准，从而走向"过"的偏颇之路，这也正是庄子批判人为拔高仁义标准的原因所在。

何谓道？有天道①，有人道②。无为而尊者，天道也；有为而累者③，人道也。主者，天道也；臣者，人道也。天道之与人道也，相去远矣，不可不察也。

【注释】

①天道：自然法则。

②人道：人为法则。

③有为而累：要处理各种事务而受苦受累。有为，做事。

【译文】

什么叫大道？有自然之道，有人为之道。清静无为而又无比尊贵的，是自然之道；要处理各种事务受苦受累的，是人为之道。君主的行为，要符合自然之道；臣下的行为，要遵守人为之道。自然之道与人为之道，它们相差得实在太远了，不可不去仔细体察啊！

【研读】

本段在强调要顺应民众意愿的基础上，概括了治国时所遇到的十种情况，认为世俗社会所制定的仁义、礼法虽然不太符合大道，但也不得不予以重视与执行。不少学者认为本段内容违背了道家思想，为后人所添加，事实上，本段的主旨并没有违背庄子学派的思想实质。因为《庄子》中的许多政治措施是针对理想社会而言，也有许多政治措施是针对现实社会而言。本段内容就是针对现实而发，因为庄子学派不可能一直生存于虚幻的理想社会之中。

无为而治就是什么都不做吗

天　地

　　天地，取篇首二字为篇名。本篇由十几段文字组成，彼此联系不甚紧密，都具有相对独立性，但全篇的主题都是在阐述无为而治的政治主张。本篇也提出了一些新颖观点，如"泰初有无"一段论述了大道顺而生物、人应逆而求道的正反两个过程，对后来道教顺则成人、逆则成仙的内丹修炼思想影响很大。再如最后一段认为人们提倡各种思想主张，制定各种条令制度，这实际上是在自掘陷阱、作茧自缚。这些思想都发人深省。

一

　　天地虽大，其化均也①；万物虽多，其治一也；人卒虽众②，其主君也。君原于德而成于天③，故曰：玄古之君天下④，无为也，天德而已矣⑤。

【注释】

①均：一样，相同。指天和地同样都是在大道的支配下发展变化的。

②人卒：民众。

③君原于德而成于天：君主要弄清万物的天性并保全万物的天性。原，用作动词，探索根源，弄清楚。德，天性。成，保全。天，天性。

④玄古：远古时代。君：用作动词，君临，治理。

⑤天德：天性。用作动词，顺应万物天性。

【译文】

　　天和地虽然都很大，但它们的发展变化是相同的；万物种类虽然非常多，但用来治理它们的方法是一样的；百姓虽然众多，而主政者只有君主一人。君主应该做的就是考察万物的天性并保全它们的天性。所以说：远古时代的君主治理天下时，就是推行清静无为的政策，顺应万物的天性而已。

【研读】

　　《道德经》二十五章说："人法地，地法天，天法道，道法自然。"此为千古名言，特别是"道法自然"，几乎成为人们的口头禅。《天地》的这段话，再一次强调了道家的核心思想——效法天地自然，要求君德必须与天德保持一致。

　　以道观言①，而天下之君正②；以道观分③，而君臣之义明④；以道观能，而天下之官治⑤；以道泛观⑥，而万物之应备⑦。故通于天地者，德也⑧；行于万物者，道也；上治人者⑨，事也；能有所艺者⑩，技也。技兼于事⑪，事兼于义，义兼于德，德兼于道，道兼于天。故曰：古之畜天下者⑫，无欲而天下足，无为而万物化，渊静而百姓定^⑬。《记》曰^⑭："通于一而万事毕^⑮，无心得而鬼神服^⑯。"

【注释】

①言：名字，名称。

②君正：君主主持政务。正，同"政"。用作动词，主持政务。

③分：职分，职守。

④义：道义，原则。包括权力和责任。

⑤官治：官员能做好自己的事情。治，有条理。

⑥泛观：广泛观察，观察万物。

⑦应备：应有之物完备。指万物能够自得自足。

⑧故通于天地者，德也：所以与天地相通的是人的天性。庄子认为天地清静无
　　为，人的天性也清静无为，因此说二者相通。

⑨上：君主。

⑩能有所艺：有能力的臣民都具备一些本领。艺，才能，本领。

⑪技兼于事：技艺要符合做事需要。兼，合并于，服从于。

⑫畜：养育，治理。

⑬渊静：像深渊那样沉静。主语是君主。

⑭《记》：书名。一说泛指古籍。

⑮一：独一无二的大道。毕：完成，成功。

⑯无心得：无心去贪得。

【译文】

　　从大道的角度去观察名称内涵，天下的君主就应该主持政务；从
大道的角度去观察职守，君主与臣下的权利和义务就十分明确；从大

道的角度去观察选拔有能力的人，那么天下的官员都能各尽其责；从大道的角度去观察万物，那么万物都是自得自足的。所以说能够与天地相通的，是人类的天性；遍布万物之中的，是大道；君主治理臣民的途径，就是让臣民去办理具体事务；有能力的臣民所具有的本领，叫技艺。技艺要服从办理事务的需要，办理事务要符合道义的原则，制定的道义原则要符合人的天性，人的天性要符合大道，而大道要符合大自然的法则。所以说：古代那些治理天下的圣君，没有个人贪欲而天下富足，自然无为而万物化育，清静无为而百姓安定。《记》这本书上说："精通于大道而万事成功，无心于贪得而鬼神服从。"

二

　　夫子曰①："夫道，覆载万物者也②，洋洋乎大哉③！君子不可以不刳心焉④。无为为之之谓天⑤，无为言之之谓德，爱人利物之谓仁，不同同之之谓大⑥，行不崖异之谓宽⑦，有万不同之谓富⑧。故执德之谓纪⑨，德成之谓立⑩，循于道之谓备，不以物挫志之谓完⑪。君子明于此十者，则韬乎其事心之大也⑫，沛乎其为万物逝也⑬。若然者，藏金于山，藏珠于渊⑭；不利货财⑮，不近贵富⑯；不乐寿，不哀夭；不荣通⑰，不丑穷⑱；不拘一世之利以为己私分⑲，不以王天下为己处显⑳。显则明㉑，万物一府㉒，死生同状㉓。"

【注释】

①夫子：先生。指庄子。一说指老子。

②覆载：覆盖和托载。引申为养育。

③洋洋乎：伟大的样子。

④刳（kū）心：空心，虚心。指清除所有成见去效法大道。刳，挖空。

⑤无为为之：以清静无为的态度去做事。天：代指大自然。

⑥不同同之之谓大：对各种不同事物都能一视同仁，这就叫伟大。

⑦行不崖异之谓宽：行为上不排斥异己的事物，这就叫宽容。崖，边际，界线。引申为划界线、排斥。关于宽容，详见"研读"。

⑧有万不同：占有万物。这里指胸中包罗万象。

⑨执德之谓纪：坚守自己天性就是关键。执，坚守。纪，纲纪，关键。

⑩立：立足，立身。

⑪以物挫志：因名利等外物而改变自己天性。物，外物，指名利等。挫，伤害。志，本心，天性。

⑫则韬（tāo）乎其事心之大也：这是最重要的修心养性之事。韬，通"滔"。盛大，重要。事心，修心养性。大，重要。

⑬沛乎其为万物逝也：万物就像滔滔流水一样归向于他。沛，水流盛大的样子。逝，归向。

⑭藏金于山，藏珠于渊：让黄金原封不动地藏于大山，让宝珠原封不动地藏于深渊。庄子反对从山上开采黄金，从水中采挖宝珠，一是为了保护自然，二是为了避免争夺。

⑮利：贪利，贪图。

⑯近：接近。这里是追求的意思。

⑰不荣通：不因生活得意而感到荣耀。通，顺利，得意。

⑱不丑穷：不因生活困窘而感到羞耻。穷，生活困窘。

⑲拘：捞取。私分：个人财产。

⑳王：称王。处显：地位显赫。

㉑显则明：自以为地位显赫就是炫耀。明，显示，炫耀。

㉒一府：一体。

㉓同状：同样。

【译文】

先生说："大道，养育了万物，真是伟大啊，君子不能不虚心向大道学习。以清静无为的心态去做事叫顺应自然，以清静无为的心态去讲话叫顺应天性，爱护民众、施惠万物叫仁爱，对待不同的事物能够一视同仁叫伟大，行为上不排斥异己事物叫宽容，胸中能够包罗万象叫富有。所以保全自己的天性可以说是十分关键，天性保全后可以说是能够立身，遵循大道可以说是圆满，不因名利而损害天性可以说是完美。君子明白了这十条道理，就是把握住了修心养性的大事，万物都会像滔滔流水一样归向于他。像这样的人，让黄金原封不动地藏于大山，让宝珠原封不动地藏于深渊；他们不贪图财利，不追求富贵；他们不因为长寿而快乐，也不因为短命而悲哀；他们不为生活得意而感到荣耀，也不因生活困窘而感到羞耻；他们不会把整个社会的财富据为己有，也不会因为自己君临天下而感到地位显赫。自以为地位显赫就是炫耀，应该视万物为一体，视生死为齐同。"

【研读】

本段说："行不崖异之谓宽。"《庄子》的其他篇章，也多次提到宽容的问题。可以说，宽容的行为利人利己，是儒、释、道三家都提倡的一种美德。据《桐城县志》记载，张英是安徽桐城人，是清朝著名大臣张廷玉之父。康熙时期，张英任文华殿大学士兼礼部尚书，他老家的亲人与邻居吴家在宅基地的问题上发生了争执，家人就写信要求张英出面干预，而张英回复给家人的是一首诗："一纸书来只为墙，让他三尺又何妨？长城万里今犹在，不见当年秦始皇。"还有一种说法是：

> 千里修书为道墙，让他三尺又何妨？万里长城今尚在，不见当年秦始皇。

家人见书，主动退让了三尺，而邻居吴氏为此深受感动，也主动退让三尺，这就是今天安徽桐城"六尺巷"的来历。

做人是要有点度量，不然也无法成就大的事业。实际上，大度之人，在宽容别人的同时，实际上也是在"宽容"自己。《礼记·表记》说："以德报怨，则宽身之仁也。"以德报怨是一种宽容的表现，是一种"仁"，而这种"仁"刚好也是对自身的一种宽容。历史上确实有不少宽容别人的人，都得到了意想不到的回报：

> 孟尝君舍人（门客）有与君之夫人（孟尝君的夫人）相爱者。或以问孟尝君曰："为君舍人，而内与夫人相爱，亦甚不义矣！君其杀之！"君曰："睹貌而相悦者，人之情也，其错之（把此事放在一边），勿言也！"居期年（过了一年），君召爱夫人者而谓之曰："子与文（孟尝君叫田文）游久矣，大官未可得，小官公又弗欲。卫君与文布衣交，请具车马、皮币，愿君以此从卫君游。"于卫甚重（那人在卫国受到重用）。齐、卫交恶，卫君甚欲约天下之兵以攻齐。是人谓卫君曰："……臣闻齐、卫先君，刑马压羊，盟曰：'齐、卫后世无相攻伐，有相攻伐者，令其命如此！'今君约天下之兵以攻齐，是足下倍（背叛）先君盟约而欺孟尝君也。愿君勿以齐为心（希望你不要进攻齐国）！君听臣则可；不听臣，若

臣不肖也，臣辄以颈血湔足下衿（自杀在您的面前）！"卫君乃止。（《战国策·齐策三》）

（西汉吴楚七国叛乱时）及晁错已诛，袁盎以太常使吴（出使到吴国）。吴王欲使将，不肯。欲杀之，使一都尉以五百人围守盎军中。袁盎自其为吴相时（从前在吴国当宰相时），有从史尝盗爱盎侍儿（与袁盎的侍妾私通），盎知之，弗泄，遇之如故。人有告从史，言"君知尔与侍者通"，乃亡归。袁盎驱自追之，遂以侍者赐之，复为从史。及袁盎使吴见守（被软禁），从史适为守盎校尉司马，乃悉以其装赍置二石醇醪（买了许多好酒），会天寒，士卒饥渴，饮酒醉，西南陬卒皆卧，司马夜引袁盎起，曰："君可以去矣，吴王期旦日斩君（计划明天天亮杀您）。"盎弗信，曰："公何为者？"司马曰："臣故为从史盗君侍儿者。"盎乃惊谢曰："公幸有亲，吾不足以累公。"司马曰："君弟去（只管逃走），臣亦且亡（我也逃走），辟吾亲（把父母藏好），君何患？"及以刀决张（帐），道从醉卒隧直出。（《史记·袁盎晁错列传》）

孟尝君是齐国的国相，而舍人不过是他门下的一名食客而已。这位食客不仅住在孟尝君家里吃孟尝君的酒肉，穿孟尝君的衣服，而且还把手伸向了孟尝君的夫人，居然与夫人谈起了恋爱。是可忍，孰不可忍！然而孟尝君却大度地认为"睹貌而相悦"是人之常情，不必计较，并且还忙着为自己夫人的情人找官当。后来就是这位舍人使齐国免去了一场灾难。汉代的那位从史比这位舍人好一些，没有找袁盎夫人的麻烦，只是"盗"走了袁盎的爱妾，这当然也很使人恼火，而袁盎不但没有治他的罪，反而把爱妾白送给他，最后，这位从史救了袁盎的一条性命。孟尝君和袁盎不就是在宽容别人的时候，同时也"宽容"了自己吗？

《道德经》十五章曾把人的思想境界分为三个层次，最低层次是为名利而忙忙碌碌的世俗之人，高一个层次的是洁身自好、疾恶如仇的清廉之人，而最高层次的人则是心胸如大海般无所不容——既容得好人、也容得坏人的人。李贽在《焚书·与焦若侯》中也说，井水是异常清洁的，也很甘甜，然而井水中连条小鱼也养不了；大海是浑浊的，也不甘美，然而大海里却有水族万亿。由此可见，宽容是取得众人拥戴的最好方法。当然，老子说的包容坏人，不是他的最终目的，他的最终目的是：

> 善者吾善之，不善者吾亦善之，德善。信者吾信之，不信者
> 吾亦信之，德信。(《道德经》四十九章)

好人我善待他，坏人我也善待他，最后使大家都变成好人；诚实人我相信他，不诚实的人我也相信他，最后使大家都变成诚实人。老子是想通过宽容的态度去感化别人。老子特别提出不要结怨于人，他说：

> 和大怨，必有余怨，安可以为善？是以圣人执左契而不责于
> 人。有德司契，无德司彻（掌管税收）。(《道德经》七十九章)

如果与人结怨，即使和解了，依然会有余怨存在，这不能算是最好。因此，圣人即使手握借据，也不向人讨债。那些品德低下的人，就像税务员一样，别人欠他一分钱，他都不依不饶。在此基础上，老子提出"报怨以德"(《道德经》六十三章)的主张，庄子的"行不崖异之谓宽"的主张无疑是继承了老子的这一思想。应该说，在处理内部矛盾时，这一主张还是值得提倡的。

夫子曰："夫道，渊乎其居也①，滺乎其清也②。金石不得③，无以鸣④。故金石有声，不考不鸣⑤。万物孰能定之⑥！夫王德之人⑦，素逝而耻通于事⑧，立之本原而知通于神⑨。故其德广，其心之出⑩，有物采之⑪。故形非道不生⑫，生非德不明⑬。存形穷生⑭，立德明道，非王德者邪！荡荡乎⑮，忽然出⑯，勃然动⑰，而万物从之乎。此谓王德之人。视乎冥冥⑱，听乎无声⑲。冥冥之中，独见晓焉⑳；无声之中，独闻和焉㉑。故深之又深而能物焉㉒，神之又神而能精焉㉓。故其与万物接也，至无而供其求㉔，时骋而要其宿㉕，大小、长短、修远㉖。"

【注释】

①居：静止，沉静。

②滺（liáo）乎：清澈的样子。形容大道如水一样纯净。

③金石：用金属、石头制成的乐器。如钟、磬。不得：得不到外力敲击。

④无以：没有办法。

⑤考：敲击。

⑥定之：确定、认识万物之间的相互关系。

⑦王（wàng）德：盛德，最高的美德。王，通"旺"。盛。

⑧素：纯朴。逝：往来。泛指生活。耻通于事：以通晓世俗琐事为耻。

⑨立之本原：坚守大道。立，立身于，坚守。本原，万物的本原。即大道。

⑩心之出：想法一旦说出。心，想法。

⑪采之：采纳、接受他的想法。

⑫形非道不生：万物没有道就没法产生。形，指万物。

⑬生非德不明：产生后不保全天性就不会明达事理。德，天性。

⑭存形穷生：保全肉体，过完一生。穷，过完。

⑮荡荡乎：伟大的样子。

⑯忽然出：无思无虑地出现在社会上。忽然，无心的样子。

⑰勃然动：自然而然地行动。勃然，无心的样子。

⑱视乎冥冥：可以看清幽深之处。冥冥，幽深的样子。比喻深邃的道理。本句主语是王德之人。

⑲听乎无声：能听到无声之声。《道德经》四十一章："大音希声。"常人无法听到最大的声音，只有得道之人才能体会得到。

⑳见晓：看得清楚。晓，清楚。

㉑和：最和谐的声音。

㉒深之又深：指王德之人的思想深邃沉静。能物：能主宰万物。

㉓能精：能左右人们的精神。

㉔至无：特别虚静。其：代指万物。

㉕时骋而要其宿：时常放任万物自由生长，却又能把握住它们的归宿。骋，使驰骋，放任。要，要求，规定。引申为把握。

㉖修：长，高。

【译文】

　　先生说："大道，就像深渊那样沉静，像清澈的水那样纯净。用金属、石头制成的乐器如果得不到外力的敲击，就不能发出声音。所以说金石乐器虽然本身有发音的机能，但不敲击也不会发出响声。谁又能彻底认识万物之间的相互关系呢！那些盛德之人，生活朴实而以通晓世俗琐事为耻，他们坚守大道而智能通神。所以说他们德行盛美，他们的想法一旦说出，万物都会接受。所以说万物没有大道就无法产生，万物产生后如果不保护好自己的天性就不会明达事理。保护好自己的形体而顺利过完一生，保全自己的天性而懂得大道，这不就是盛德之人吗！他们是那样的伟大，他们无思无虑地出现，自然而然地行动，而万物都紧紧地追随着他们。这就叫盛德之人。他们能够看清幽深之处，能够听到无声之声。在幽深之处，只有他们能够看得清清楚楚；在无声之中，也只有他们能够听到和谐之音。所以说他们的思想深邃沉静而能主宰万物的形体，他们的境界神秘莫测而能左右人们的精神。他们与万物交往时，自身至虚至净而能满足万物的需求，平时放任万物自由发展而又能主导万物的归宿，无论万物是大是小，是长是短，是高是远，都是如此。"

【研读】

本段描绘了大道的特性，要求君主效法大道，做到清心寡欲，包容万物。这样就能主宰天下，为百姓所拥戴。特别是其中提到的"藏金于山，藏珠于渊"这一主张，值得对大自然敲骨吸髓的现代人去深刻领会、践行。

三

黄帝游乎赤水之北^①，登乎昆仑之丘而南望^②。还归，遗其玄珠^③。使知索之而不得^④，使离朱索之而不得^⑤，使喫诟索之而不得也^⑥，乃使象罔^⑦，象罔得之。黄帝曰："异哉！象罔乃可以得之乎^⑧！"

【注释】

①赤水：河流名。

②昆仑之丘：山名。即昆仑山。

③玄珠：宝珠名。比喻道。

④知：同"智"。虚构人名。寓含具有世俗智巧的意思。索：寻找。

⑤离朱：一位视力过人的人。寓含具有世俗眼光的人。

⑥喫诟（chī gòu）：虚构人名。寓含能言善辩的意思。

⑦象罔（wǎng）：虚构人名。寓含无形无象、无思无虑的意思。象，形象。
　　罔，无。

⑧乃：竟然。

【译文】

　　黄帝在赤水河以北游历，登上昆仑山向南远望。回来以后，发现玄珠丢失了，于是就派满腹智慧的知去寻找，但没有找到；又派视力超人的离朱去寻找，也没有找到；再派能言善辩的喫诟去寻找，还是没有找到。最后只好让混混沌沌、无思无虑的象罔去寻找，象罔竟然找到了。黄帝说："真是奇怪啊，混混沌沌的象罔竟然能够找到玄珠！"

【研读】

　　这个寓言故事告诉人们，运用世俗的智慧和机巧是无法领悟大道的，因为世俗的智慧本身就是与大道背道而驰的，只有具备了混混沌沌、无思无虑的心态，才能认识大道。

四

尧之师曰许由①，许由之师曰啮缺②，啮缺之师曰王倪③，王倪之师曰被衣④。尧问于许由曰："啮缺可以配天乎⑤？吾藉王倪以要之⑥。"许由曰："殆哉圾乎天下⑦！啮缺之为人也，聪明睿知，给数以敏⑧，其性过人，而又乃以人受天⑨。彼审乎禁过⑩，而不知过之所由生⑪。与之配天乎⑫，彼且乘人而无天⑬，方且本身而异形⑭，方且尊知而火驰⑮，方且为绪使⑯，方且为物絯⑰，方且四顾而物应⑱，方且应众宜⑲，方且与物化而未始有恒⑳。夫何足以配天乎？虽然，有族有祖㉑，可以为众父㉒，而不可以为众父父㉓。治，乱之率也㉔，北面之祸也㉕，南面之贼也㉖。"

【注释】

①许由：尧时的隐士。事迹可参见《逍遥游》篇。

②啮（niè）缺：人名。许由之师。

③王倪（ní）：人名。啮缺之师。

④被衣：人名。王倪之师。

⑤配天：有资格当天子。

⑥藉：借助，通过。要：通"邀"。邀请。

⑦殆哉圾（jí）乎天下：恐怕会危及整个天下啊！殆，大概，恐怕。圾，通"岌"。危害。

⑧给数（jǐ shuò）以敏：快捷机敏。给数，敏捷，快速。

⑨以人受天：接受自然法则时掺进人为因素。即以人为方式改变自然法则。

⑩审乎禁过：知道禁止人们犯错。审，明白，知道。

⑪不知过之所由生：不知别人犯错的原因。古人认为，有些错误是可以原谅的。

⑫与：允许，赞成。配天：当天子。

⑬乘人：使用人为方法。乘，凭借，使用。无天：而抛弃自然法则。

⑭本身：以自身为核心。本，本位，核心。异形：区分万物。异，区分。形，形体，万物。

⑮尊知：尊崇世俗智慧。火驰：像火一样快速蔓延。形容急功近利。

⑯绪使：为琐事所役使。绪，丝线头。比喻小事。

⑰为物绬（gāi）：被身外之物所约束。绬，约束。

⑱四顾：四处张望。形容忙碌的样子。物应：即"应物"。应付外物，处理事务。

⑲应众宜：应付众多事务。宜，事宜。

⑳方且与物化而未始有恒：将会受到外物的影响而丧失应有的准则。与物化，指心情的好坏与外物的好坏一起变化。即心态受外物影响。恒，定理，准则。

㉑有族有祖：有百姓就会有君主。族，大家族。比喻天下百姓。祖，祖父。比喻君主。

㉒众父：一家人的父亲。比喻一方百姓的长官，即地方长官。

㉓父父：父亲的父亲。即祖父。比喻天子。

㉔率：先导。

㉕北面：臣民。君主南面而坐，臣民北面而朝。故"北面"指臣民，"南面"指君主。

㉖贼：祸害。

【译文】

尧的老师叫许由，许由的老师叫啮缺，啮缺的老师叫王倪，王倪的老师叫被衣。尧问许由："啮缺能够当天子吗？我想通过他的老师王倪邀请他来当天子。"许由说："这样做恐怕会危及整个天下啊！啮缺这个人，耳聪目明智慧超群，做起事情快速敏捷，他天赋过人，却又喜欢以人为方式去改变自然法则。他知道禁止别人犯错，却不知道别人为什么会犯错。如果支持他当了天子，他将会使用人为原则而抛弃自然法则，将会以自身为标准去区分万物，将会推崇世俗智慧而急功近利，将会陷于琐碎的杂事之中，将会被身外之物所束缚，将会忙忙碌碌地应对外物，将要处理众多的具体事宜，他的心情将会受到外物的影响而丧失应有的原则。他怎么能够当天子呢？虽说如此，有百姓就要有君主，他可以当某个地方的长官，但不可以当天下百姓的君主。用人为方法去治理天下，将会导致天下大乱，这既是臣民们的灾难，也是君主的祸害。"

【研读】

许由之所以反对自己的老师啮缺去当天子，就是因为：虽然啮缺耳聪目明智慧超群，做起事情快速敏捷，但他喜欢以人为方式去改变自然方式，甚至会使用人为原则而抛弃自然法则。换言之，就是因为啮缺还没有完全做到效法天地，顺应自然。

五

尧观乎华①。华封人曰②："嘻，圣人！请祝圣人。使圣人寿。"

尧曰："辞③。""使圣人富。"尧曰："辞。""使圣人多男子④。"尧曰："辞。"封人曰："寿、富、多男子，人之所欲也。女独不欲⑤，何邪?"尧曰："多男子则多惧⑥，富则多事，寿则多辱。是三者，非所以养德也，故辞。"

【注释】

①观：巡视。华：地名。据说在今陕西渭南华州区。

②封人：官名。职责为守卫边疆。封，边疆。

③辞：不要。

④男子：男孩子。

⑤女（rǔ）：通"汝"。你。不欲：不想要。

⑥惧：恐惧，担忧。

【译文】

　　尧到华地去巡视。华地守卫边疆的一位官员对尧说："啊，您是一位圣人! 请让我为您祝福。首先祝您长寿。"尧说："我不需要长寿。""祝您富有。"尧说："我不需要富有。""祝您多生男孩子。"尧说："我不需要太多的男孩子。"守边疆的官员说："长寿、富有、男孩多，这是人人都想得到的，只有您不想得到，这是为什么?"尧回答说："男孩子多了就会多担忧，财富多了就会多麻烦，寿命长了就会多受些羞辱。更何况这三样东西，对于修养自己的德行都没有作用，所以我不需要。"

　　封人曰："始也我以女为圣人邪①，今然君子也②。天生万民，必授之职。多男子而授之职，则何惧之有！富而使人分之，则何事之有！夫圣人，鹑居而鷇食③，鸟行而无彰④。天下有道，则与物皆昌；天下无道，则修德就闲；千岁厌世⑤，去而上仙⑥，乘彼白云，至于帝乡⑦。三患莫至⑧，身常无殃，则何辱之有！"封人去之⑨。尧随之，曰："请问。"封人曰："退已⑩！"

【注释】

①始：当初，过去。

②今然君子也：今天您这样讲，只能算是个君子。然，这样。君子，道德高尚的人，但比圣人低了一个层次。

③鹑（chún）居：居不求安。鹑，鸟名。即鹌鹑。鹌鹑野居而无定所，故用"鹑居"比喻简陋而不安定的住所。鷇（kòu）食：食不求美。鷇，幼鸟。幼鸟靠父母喂食，既不选择食物好坏，也不求食物富足，故用"鷇食"比喻食不求美。

④鸟行而无彰：像鸟那样在天上飞行而不留痕迹。彰，彰显。引申为留下痕迹。

⑤厌世：厌烦了人间。后人委婉地称去世为"厌世"，多用于帝王去世。

⑥去：离开。指离开人间。上仙：升天成仙。

⑦帝乡：仙境。帝，天帝。

⑧三患莫至：三种灾祸都不会发生。三患，指前面谈到的因长寿、富有、多男子所导致的多辱、多事、多惧。

⑨去之：离开尧。表示对尧的失望。之，代指尧。

⑩退已：回去吧。已，通"矣"。

【译文】

　　守边疆的官员说："过去我一直认为你是一位圣人，现在你这样讲，只不过是个君子而已。上天生育了成千上万的人，一定会为他们安排适当的职业。你的男孩子虽然很多，但都授予适当的职业，又有什么可担忧的！富有了就把财物分给众人，又怎么会有麻烦呢！那些圣人，居不求安而食不求美，行为不留任何痕迹；天下太平，就与万物一起过美满的生活；天下混乱，就修心养性隐居赋闲；活到上千岁时，如果厌倦了人间，就离开人世升天成仙，乘坐着白云，来到天帝生活的地方。上述三种忧患之事都不会发生，自身也永远不会招致任何祸害，又怎么会受到羞辱呢！"守边疆的官员说完就走开了，尧紧跟在他的后面，说："我还想向您请教。"守边疆的官员说："你还是回去吧！"

【研读】

　　这一故事说明如何对待自己的长寿、财富和子嗣的问题，提出在世时要顺世而变、富则分财与人、子多则各予职守的处世原则。与此相似的还有如何解决"三怨"的故事：

　　　　狐丘丈人谓孙叔敖曰："人有三怨，子之知乎？"孙叔敖曰："何谓也？"对曰："爵高者，人妒之；官大者，主恶之；禄厚者，怨逮之。"孙叔敖曰："吾爵益高，吾志益下；吾官益大，吾心益小；吾禄益厚，吾施益博。以是免于三怨，可乎？"（《列子·说符》）

　　孙叔敖是春秋时期楚国的令尹（相当于宰相）。有一次，狐丘丈人对孙叔敖说："一个人往往会招来三种怨恨，您知道吗？"孙叔敖请教说："什么是三种怨恨啊?"狐丘丈人回答说："爵位高的人，别人会嫉妒他；官位大的人，君主会讨厌他；俸禄多的人，人们就会抱怨他。"孙叔敖说："我的爵位越高，我就越发谦卑；我的官位越大，我就越发谨慎小心；我的俸禄越多，我就越发施恩惠于民众。我想用这三种做法去免除别人的三种怨恨，可以吗?"封人用来消除"三患"的行为，孙叔敖用来避免"三怨"的方法，都值得我们学习借鉴。

六

尧治天下，伯成子高立为诸侯①。尧授舜②，舜授禹，伯成子高辞为诸侯而耕。禹往见之，则耕在野。禹趋就下风③，立而问焉，曰："昔尧治天下，吾子立为诸侯④。尧授舜，舜授予，而吾子辞为诸侯而耕。敢问其故何也?"子高曰："昔尧治天下，不赏而民劝⑤，不罚而民畏⑥。今子赏罚而民且不仁，德自此衰，刑自此立，后世之乱自此始矣。夫子阖行邪⑦? 无落吾事⑧!"俋俋乎耕而不顾⑨。

【注释】

①伯成子高：人名。

②授：传授帝位。

③趋就下风：快步走到下位。趋，小步快走，是一种恭敬的走法。下风，下方，下位。

④吾子：对对方尊称。

⑤劝：努力。

⑥畏：敬畏。

⑦夫子：指禹。盍：通"盍"。何不。邪（yé）：疑问语气词，相当于现代汉
　语中的"吗""呢"。

⑧落：荒废，耽误。

⑨偈偈（yì）乎：低头耕作的样子。不顾：不再看禹一眼。

【译文】

　　尧治理天下的时候，伯成子高被立为诸侯。后来尧把帝位传授给
舜，舜又把帝位传授给禹，伯成子高便辞掉诸侯职位回家种地去了。
禹前去拜访他，他正在地里耕作。禹快步走上前去，居于下位，恭敬
地站着向伯成子高请教："从前尧治理天下时，您当了诸侯。后来尧把
帝位传授给舜，舜又把帝位传授给我，而您却辞掉诸侯之位种地去了。
请问这是为什么呢？"伯成子高说："从前尧治理天下时，不用奖赏而
百姓自然努力工作，不用惩罚而百姓自然敬畏君主。如今您赏罚并用
而百姓还是不仁不义，人们的美德从此衰败，刑罚从此建立，后世的
动乱也就从此开始了。先生您为何还不走开呢？不要耽误我种地！"伯
成子高说完就低头耕作，看也不愿看禹一眼。

七

　　泰初有无①，无有无名②，一之所起③，有一而未形④。物得以
生，谓之德⑤；未形者有分⑥，且然无间⑦，谓之命；留动而生物⑧，
物成生理⑨，谓之形；形体保神，各有仪则，谓之性。性修反德⑩，
德至同于初⑪。同乃虚⑫，虚乃大，合喙鸣⑬。喙鸣合，与天地为
合。其合缗缗⑭，若愚若昏⑮，是谓玄德⑯，同乎大顺⑰。

【注释】

①泰初有无：最初的时候，宇宙间存在一种虚无的状态。泰，通"太"。最。

②无有无名：既没有任何物体，也没有任何名称。有，指物质存在。

③一：独一无二的道。

④有一而未形：只有大道而没有有形的物体。

⑤物得以生，谓之德：事物从道那里得到的、并赖以生存的，就叫各自的天性。德，天性，本能。庄子认为，万物只有具备了各自的天性、本能，才能生存。而这些天性，则由大道赋予。

⑥未形者有分：万物还未出生时，其情态就已经被确定了。未形，未成形，未出生。分，定分，已确定的情态。

⑦且然无间：没有丝毫差错。且然，吻合的样子。间，缝隙，差错。

⑧留动而生物：阴阳二气产生万物。留，静。静为阴。动，运动。动为阳。一说"留动"即"流动"，指万物在运动中产生。

⑨生理：生命，生态。

⑩性修反德：品性修养好了也就是恢复了天性。反，同"返"。恢复。

⑪德至同于初：最完美的天性就如同宇宙最初时的情态一样。至，最好。初，指宇宙"泰初"时期。

⑫虚：虚静。宇宙泰初时期是虚无的，人的天性是虚静的，二者有相似之处。

⑬合喙（huì）鸣：说话像鸟鸣一样无心。合，符合，类似。喙，鸟嘴。

⑭缗缗（mín）：混合无迹的样子。

⑮若愚若昏：看似又愚昧又糊涂。即大智若愚。

⑯玄德：玄妙的天性。

⑰大顺：通行无阻的法则。即大道。

【译文】

　　最初的时候宇宙间存在一种虚无的状态，既没有物质存在，也没有各种名称，此时大道早已存在了，但只有大道而没有有形的万物。万物从大道那里获取并赖以生存的，叫天性；万物还未出生时，各自的情态就已被大道所确定，不会有任何差错，这就叫天命；阴阳二气相互融合而产生万物，万物产生后具备了不同的形态，这就叫形体；形体守护着自己的精神，具备各自不同的生活习性和法则，这就叫天性。修养好各自的品性也就是恢复了自己的天性，最完美的天性就如同宇宙最初时的虚无情形一样。与宇宙最初情形相同就能保持虚静心态，能保持虚静心态就能具备阔大胸怀，讲话就会像鸟鸣一样没有是非爱憎之别。讲话能够像鸟鸣一样没有是非爱憎之别，就能与天地融为一体。当这种融合达到了无痕迹的程度时，这样的人就看似又愚昧又糊涂，这种状态可以叫最玄妙的天性，这样就完全符合大道了。

【研读】

　　本段写的就是顺则生物、逆则得道的过程：包括人在内的万物都是由道生出，从无到有；人出现以后，因为受到环境的污染，所以要修心养性，从精神修养方面再返回最初的虚静状态，这就是从有到无，就是得道。

八

　　夫子问于老聃曰①："有人治道若相放②，可不可③，然不然④。辩者有言曰：'离坚白若县寓⑤。'若是则可谓圣人乎？"老聃曰：

"是胥易技系、劳形怵心者也⑥。执狸之狗成思⑦，猿狙之便自山林来⑧。丘⑨，予告若⑩，而所不能闻与而所不能言⑪。凡有首有趾、无心无耳者众⑫，有形者与无形无状而皆存者尽无⑬。其动止也⑭，其死生也，其废起也，此又非其所以也⑮。有治在人⑯，忘乎物，忘乎天，其名为忘己。忘己之人，是之谓入于天⑰。"

【注释】

①夫子：指孔子。

②相放：违背常理。相，互相。这里表示动作偏指一方。放，放逐，反对。

③可不可：把不可以的硬说成可以。

④然不然：把不正确的硬说成是正确。然，正确。

⑤离坚白若县寓（xuán yǔ）：白石头的坚硬和白色两种属性可以分离，这一道理如同高悬于空中那样清楚明白。坚白，指坚硬的白色石头。战国时期公孙龙认为石头的"坚"和"白"两种特性可以分离。县，同"悬"。寓，通"宇"。空中。

⑥胥易技系：被技能拖累的小官吏。胥，小官吏。易，主管占卜的官员。技系，为一般技能所系累。劳形怵（chù）心：使形体劳苦，心中忧惧。关于"胥易技系"，详见"研读"。

⑦执狸之狗成思：善于捕捉狐狸的狗（因受人拘系而）发愁。成思，产生愁思。一说"成思"应为"来田"之误，即招来人们用它田猎。

⑧猿狙之便自山林来：猿猴行动敏捷却也被人们从山林中捉了回来。便，敏捷。以上两句用人比喻圣人，用狗、猿猴比喻善谈"离坚白"之类的人，善谈"离坚白"之类的人就像狗、猿猴一样被圣人所使用。

⑨丘：孔子。孔子名丘，字仲尼。

⑩若：你。

⑪而：你。

⑫凡有首有趾、无心无耳者众：大凡有头有脚而无知无识、不懂大道的人很多。无心无耳，形容无知无识，不懂得大道。

⑬有形者与无形无状而皆存者尽无：有形体的万物要想与无形无象的大道永远共存是完全不可能的。有形，有形体的万物。无形无状，指大道。尽无，完全不可能。

⑭动止：或动或静。止，静。

⑮非其所以：其原因也不是他们所能知道的。所以，……的原因。

⑯有治在人：有所学道也全靠自己。治，学习，修养。

⑰入于天：融入大自然。

【译文】

孔子问老子："有些所谓修道的人好像是在故意违背常理，他们硬把不可以的说成可以，把不正确的说成正确。善于辩论的人还说：'一块白石头的"坚"和"白"两种属性是分离的，这道理如同高悬于空中那样清楚明白。'像这一类的人可以称作圣人吗？"老子说："这些人就像被某种技能所拖累、劳形费神的小官吏一样。善于捕捉狐狸的猎狗因为受到人们的拘系而发愁，行动敏捷的猿猴也被人们从山中捉了回来。孔丘，我告诉你一些道理，这些道理是你从来没有听说过的，自然也是你从来没有谈论过的。大凡有头有脚而无知无识的人很多，有形体的万物要想和无形无象的大道永远共存几乎是不可能的。或运动或静止，或死亡或生存，或衰废或兴起，这其中的原因也是他们无法知道的。修道全靠自己，那就是要忘却万物，忘却自然，也可以说是忘却自我。能够忘却自我的人，这才叫真正地融入了大自然。"

【研读】

在《应帝王》中，就已经提到"胥易技系"，本段又一次提到这一点。为什么说小官吏为一般技能所系累？我们举一例：

> 韦仲将能书。魏明帝起殿，欲安榜，使仲将登梯题之。既下，头鬓皓然，因敕儿孙："勿复学书。"（刘孝标注：《文章叙录》曰："韦诞字仲将，京兆杜陵人，太仆端子。有文学，善属辞。以光禄大夫卒。"卫恒《四体书势》曰："诞善楷书，魏宫观多诞所题。明帝立陵霄观，误先钉榜，乃笼盛诞，辘轳长絙引上，使就题之。去地二十五丈，诞甚危惧。乃戒子孙绝此楷法，著之家令。"）
>
> （《世说新语·巧艺》）

韦仲将是位大书法家，时任光禄大夫。魏明帝修建了一座陵霄观，匾额还没有题字，工匠们就误把匾额先钉在了陵霄观的上面，魏明帝便命令韦仲将上去题字。工匠们只好把韦仲将放在笼子里，然后用辘轳把他拉了上去。匾额距离地面二十五丈高，韦仲将题字时战战兢兢，惶恐不安。上去前，他的头发乌黑；下来时，鬓发如霜。于是韦仲将就写了一篇《家令》，告诫子子孙孙不许再学习书法。

韦仲将就是因为有书法这一技之长，所以受到这门技艺的牵累，被君主所役使，使他有了这一极为恐慌的经历，以至于他告诫子孙不许再学书法。

九

蒋闾葂见季彻曰①："鲁君谓葂也曰：'请受教。'辞不获命②，既已告矣，未知中否③，请尝荐之④。吾谓鲁君曰：'必服恭俭，拔出公忠之属而无阿私⑤，民孰敢不辑⑥。'"季彻局局然笑曰⑦："若夫子之言，于帝王之德，犹螳螂之怒臂以当车轶⑧，则必不胜任矣。且若是，则其自为处危⑨，其观台多物⑩，将往投迹者众⑪。"

【注释】

①蒋闾葂（miǎn）、季彻：两个人名。

②辞不获命：我谢绝了，但鲁君不同意。辞，拒绝。获命，获得允许。

③中否：恰当不恰当。中，恰当。

④请尝荐之：请让我试着把那些话转述给您听。尝，试。荐，进献。引申为讲给您听。

⑤拔出：选拔。属：类。阿私：偏私。

⑥辑：和睦。

⑦局局然：俯身而笑的样子。

⑧犹螳螂之怒臂以当车轶（yì）：就好比螳螂奋力举起臂膀去阻挡车轮一样。怒，奋力举起。车轶，车辙。代指车轮。

⑨自为处危：自己把自己置于危险的境地。

⑩观台多物：高高的观景台上诱人的事物多。物，指美好事物。用观台比喻高贵的地位，用"多物"比喻诱人的事物很多。

⑦投迹：前往。指想登上观台。这两句是说，如果把贤人提拔到高贵的位置上，那么人们都要把自己打扮成贤人，拼命往这些诱人的高贵位置上攀挤，

于是争夺就开始了。所以季彻说蒋闾葂提出重用贤人，是把自己这样的贤
人置于危险境地。

【译文】

蒋闾葂去拜访季彻，说："鲁国君主对我说：'请多多指教。'我一
再谢绝可鲁君就是不同意，于是我只好把自己的想法告诉了他，但不
知我说得恰当不恰当，请允许我把那些话试着转述给您听听。我对鲁
君说：'您必须态度恭敬，生活俭朴，选拔重用那些公正忠诚的人而不
要偏私，这样一来百姓岂能不和睦相处？'"季彻听后俯身大笑，说：
"像先生讲的这些主张，如果和圣明帝王的美德相比，就好比螳螂奋力
举起臂膀去阻挡车轮一样，一定会败下阵来。再说如果这样做了，就
是自己把自己一类的贤人置于危险境地，贤人就好像处于诱人事物很
多的观景台上一样，想登上去的人太多了。"

蒋闾葂觑觑然惊曰①："葂也汒若于夫子之所言矣②。虽然，愿
先生之言其风也③。"季彻曰："大圣之治天下也，摇荡民心④，使之
成教易俗⑤，举灭其贼心而皆进其独志⑥，若性之自为⑦，而民不知
其所由然⑧。若然者，岂兄尧、舜之教民⑨？溟涬然弟之哉⑩！欲同
乎德而心居矣⑪。"

【注释】

①觑觑（xì）然：吃惊的样子。

②汒（máng）若：犹"茫然"。没有听懂的样子。汒，通"茫"。若，然。形
　容词词尾。

③风：大概。一说"风"通"凡"。大凡，大概。

④摇荡：顺应的样子。

⑤使之成教易俗：让百姓形成自己的教化，改变自己的风俗。易，改变。

⑥举灭其贼心而皆进其独志：完全消除他们的害人之心而都能提高各自的思想境界。举，全部。贼，伤害。进，提高。独志，各自的志向、境界。

⑦若性之自为：就好像发自天性自然而成一样。自为，自然如此。

⑧所由然：为什么会如此。

⑨岂兄尧、舜之教民：难道会比不上尧、舜的教民方法吗？兄，视……为兄。比喻比不上。

⑩溟涬（xìng）然弟之哉：非常自豪地超越了尧、舜的教民方法。溟涬然，水大的样子。引申为自豪。弟，视……为弟。引申为超越。之，代指上句的"尧、舜之教民"。

⑪心居：心态安详。

【译文】

蒋闾葂吃惊地说："我没有听懂先生的话。虽然没有听懂，还是希望先生谈谈大致的治国方法。"季彻说："伟大的圣人在治理天下时，顺应民心，让百姓自然而然地去形成自己的教化，改变自己的风俗，完全消除他们的害人之心而提高各自的思想境界，这一切就像发自天性自然形成的一样，而百姓还不知道自己为什么会如此。像这样的伟大圣人，怎么会比不上尧、舜的教民方法呢？他们会非常自豪地超越了尧、舜的教民方法！百姓将会具有相同的天性，而心态也会安定下来。"

【研读】

本段反对世俗人所认为的正确的治国方法，主张不扰乱人心，让百姓自然而然地过上安定生活。其中值得注意的是反对重用贤人的思想。儒家主张"尚贤"，而老庄反对"尚贤"。为什么呢？

第一，重用贤人将会促使"伪贤人"的出现。

《韩非子·二柄》解释说，一旦君主提倡重用贤人，真正的贤人未必就去出仕，而那些不贤的人为了名利权势，就投君主所好，把自己假扮成贤人的模样，一旦大权在握，这些人就会露出本来面目，为所欲为，危害国家和百姓。这种解释是合理的。如隋唐时代喜欢重用隐士，一些一心当官的文人就把自己打扮成不愿当官的隐士，以便引起朝廷的关注。卢藏用就是其中一例。《大唐新语》卷十记载：

> 卢藏用始隐于终南山中，中宗朝累居要职。有道士司马承祯者，睿宗迎至京。将还，藏用指终南山谓之曰："此中大有佳处，何必在远！"承祯徐答曰："以仆所观，乃仕宦捷径耳。"

卢藏用就是靠隐居终南山当了大官，所以当司马承祯要归隐远方时，卢藏用就建议他在长安附近的终南山隐居，而司马承祯则讽刺说："根据我的观察，隐居终南山，那可是一条当官的捷径啊！"从而为我们留下"终南捷径"这条成语。《旧唐书·卢藏用列传》说，卢藏用进士及第后，没能迁升，于是他辞去小官职而当了隐士。他把自己隐居的地点选择在紧靠长安、洛阳二京的终南、少室（嵩山）二山，因此被时人讥讽为"随驾隐士"。后来他因隐居而出了名，被朝廷召入京城，转身成了朝廷要员。他当隐士时，"有贞俭之操"，骗取了好名声；当官以后，"趋趄诡佞，专事权贵，奢靡淫纵"，受到世人的讥讽，后被流放岭南。司马承祯的话可以说是有的放矢。

第二，重用贤人会使贤人成为受害者。

据说，英国女王安娜去参观著名的格林威治天文台，当她得知天文台台长、天文学家詹姆斯·布拉德莱的薪金很低时，表示要提高他的薪金。然而布拉德莱谢绝了女王的好意，他说："一旦这个职位可以获取大量收入，那么以后这个职位上的人将不再是天文学家了。"同样的道理，如果君主重用贤人，把他们安排在重要位置上，赐予他们富贵，那么许许多多的伪贤人为了富贵，将会竭力排挤这些贤人，贤人将会被伪贤人所伤害。

当然，国家还是要重用贤人的，但老庄反对重用贤人的主张具有极大的警示作用，他提醒君主：在重用贤人时，一定要仔细考察，防止那些伪贤人的欺骗行为及其对贤人的伤害。

十

子贡南游于楚[①]，反于晋[②]。过汉阴[③]，见一丈人方将为圃畦[④]，凿隧而入井[⑤]，抱瓮而出灌[⑥]，搰搰然用力甚多而见功寡[⑦]。

【注释】

①子贡：孔子的弟子。

②反于晋：返回晋国。反，同"返"。晋，诸侯国名。"晋"疑为"鲁"，因为下文有"反于鲁，以告孔子"。

③汉阴：汉水南岸。汉，即汉江。阴，山之南、水之北叫阳，山之北、水之南叫阴。

④丈人：老人。为：种植，劳动。圃畦（qí）：菜园。

⑤隧：地道。这里指一条沟。

⑥瓮（wèng）：罐子。

⑦搰搰（gǔ）然：费力的样子。见功寡：收到的功效少。

【译文】

　　子贡到南方的楚国游历，然后返回晋国。当他经过汉水南岸时，看见一位老人正在菜园里劳动，老人挖了一条沟到井边，抱着一个罐子打水浇菜，他用力很多而功效甚微。

　　子贡曰："有械于此，一日浸百畦，用力甚寡而见功多。夫子不欲乎①？"为圃者仰而视之，曰："奈何？"曰："凿木为机，后重前轻，挈水若抽②，数如泆汤③，其名为槔④。"为圃者忿然作色而笑曰⑤："吾闻之吾师，有机械者必有机事⑥，有机事者必有机心⑦；机心存于胸中，则纯白不备⑧；纯白不备，则神生不定⑨；神生不定者，道之所不载也⑩。吾非不知，羞而不为也。"子贡瞒然惭⑪，俯而不对⑫。

【注释】

①夫子：对浇菜老人的尊称。

②挈（qiè）水若抽：提水就像从井中抽水一样。挈，提起。

③数（shuò）如泆（yì）汤：抽出的水流之快如同沸腾的开水向外溢出一样。
　　数，频繁。引申为快速。泆，溢出。汤，开水。

④槔（gāo）：即桔槔。一种抽水工具。

⑤忿然：生气的样子。作色：改变了面容。色，表情。

⑥机事：投机取巧之事。

⑦机心：投机取巧之心。

⑧纯白：纯净。这里指未受过世俗污染的纯净之心。

⑨神生（xìng）：精神。生，通"性"。

⑩道之所不载也：不能得到大道。载，获取。

⑪瞒（mén）然：羞愧的样子。

⑫对：回答。

【译文】

　　子贡对老人说："有一种机械，一天的时间就可以浇灌一百来个菜畦，用力很少而功效很高。老先生您就不想使用吗？"种菜老人抬起头看着子贡，说："该怎么做？"子贡说："这种机械用木头做成，它后面重而前面轻，用它提水就好像从井里抽水一样，抽出的水流之快就如同沸腾的开水向外溢出一般。这种机械叫桔槔。"种菜老人听后露出生气的面容，但还是笑着说："我听我的老师说，使用机械的人就必然会去做投机取巧之事，做投机取巧之事的人就一定会有投机取巧之心；心里如果有了投机取巧的念头，就不可能再有一颗纯净的心灵；如果没有一颗纯净的心灵，精神就无法安定下来；精神安定不下来的人，是不可能获取大道的。我不是不知道你说的那种机械，只是因为感到羞愧而不愿使用它罢了！"子贡听后十分惭愧，低着头不知该如何回答。

　　有间①，为圃者曰："子奚为者邪②？"曰："孔丘之徒也。"为圃者曰："子非夫博学以拟圣、於于以盖众、独弦哀歌以卖名声于天下者乎③？汝方将忘汝神气④，堕汝形骸⑤，而庶几乎⑥！而身之不能治⑦，而何暇治天下乎！子往矣，无乏吾事⑧！"

【注释】

①有间：过了一会儿。

②奚为：即"为奚"。做什么的？

③拟圣：效仿圣人。拟，效仿。於（wū）于：夸耀荒诞的样子。盖众：超越众人。盖，压倒，超越。独弦哀歌：独自弹琴、悲歌。弦，弹琴。卖名声：换取名声。

④忘汝神气：消除你的得意神情。

⑤堕（huī）汝形骸：忘却你的形体。堕，同"隳"。毁坏。引申为忘却。

⑥庶几：差不多。指差不多可以修道了。

⑦而：你。

⑧乏：荒废，耽误。

【译文】

　　过了一会儿，种菜老人问："你是做什么的呀？"子贡回答说："我是孔丘的弟子。"种菜老人说："你不就是那种广泛学习以效仿圣人、自我炫耀以超越大众、独自弹琴悲歌以换取天下名声的人吗？你如果能够消除你这种得意的神气，忘却你的形体，也许你还能修习大道。而你现在连自身都修养不好，哪里还有能力去治理天下呢！你走吧，不要耽误我种菜！"

　　予贡卑陬失色①，顼顼然不自得②，行三十里而后愈③。其弟子曰："向之人何为者邪④？夫子何故见之变容失色、终日不自反邪⑤？"曰："始吾以为天下一人耳⑥，不知复有夫人也⑦。吾闻之夫子⑧：'事求可⑨，功求成，用力少、见功多者，圣人之道。'今徒不然⑩。执道者德全，德全者形全，形全者神全。神全者，圣人之道也。托生与民并行而不知其所之⑪，汒乎淳备哉⑫！功利机巧必忘夫人之心。若夫人者，非其志不之⑬，非其心不为。虽以天下誉之，得其所谓⑭，謷然不顾⑮；以天下非之⑯，失其所谓，傥然不受⑰。天下之非誉，无益损焉⑱，是谓全德之人哉！我之谓风波之民⑲。"

【注释】

①卑陬（zōu）：羞愧的样子。

②顼顼（xū）然：怅然若失的样子。不自得：把持不住自己，失态。

③愈：痊愈。这里指恢复常态。

④向：刚才。

⑤反：同"返"。恢复，恢复常态。

⑥天下一人：指孔子。子贡原以为孔子是天下唯一的圣人。

⑦夫人：那样的人。指种菜老人。夫，指示代词，那样，那个。

⑧夫子：指孔子。

⑨事求可：做事要寻求可行之法。

⑩徒：却。

⑪托生与民并行而不知其所之：托付生命于世间、与民众一起生活但不知道自己要追求什么。并行，一起行走。引申为共同生活。之，往。引申为追求。本句描写得道之人无心于世、悠闲自得的生活状态。

⑫汒（máng）乎：无思无虑的样子。淳备：具备了淳朴的美德。

⑬不之：不去追求。

⑭得其所谓：赞美之词恰如其分。得，恰当。所谓，所说的。指天下人对他的赞美。

⑮謷（áo）然：漫不经心的样子。一说即"傲然"，孤傲的样子。不顾：不放在心上。

⑯非之：批评他。非，非议，批评。

⑰傥（tǎng）然：不放在心上的样子。不受：不放在心上。

⑱无益损焉：不能丝毫改变他的平和心态。益，增加。损，减少。

⑲风波：随风而波动。比喻心情容易受外界影响而产生波动。

【译文】

　　子贡满面羞愧，怅然若失而无法自持，一直走了三十里路方才慢慢恢复常态。子贡的弟子问道："刚才那位老人是什么样的人呀？先生为什么见了他就变容失色、整整一天还不能恢复常态呢？"子贡说："从前我一直认为天下只有老师孔子一人才算得上是圣人，没想到还有像种菜老人那样的人啊！我听老师孔子说过：'办事要找到可行的方法，而且办事一定要求成功，用力少而功效大，这就是圣人的原则。'然而现在看来并非如此。有道之人天性完备，天性完备的人形体健全，形体健全的人精神完美。保证精神完美，这才是圣人原则。圣人托付自己的生命于世间、与人们一起生活却不知道自己要追求什么，他们无思无虑而具备了纯朴的美德，功利机巧之事肯定不会放在他们的心上。像种菜老人那样的人，不符合自己志向的事情就不去追求，不符合自己心愿的事情就不去做。即使整个天下的人都去赞美他，而且赞扬之词也恰如其分，他也不会放在心上；即使整个天下的人都去批评他，而且这些批评并不符合事实，他也不会受到任何影响。整个天下的人的批评和赞扬，也丝毫不能改变他的平和心境，这就叫天性完美的人。像我这样的人就只能叫心情容易受外界影响而波动的人。"

反于鲁，以告孔子。孔子曰："彼假修浑沌氏之术者也[1]。识其一[2]，不知其二[3]；治其内[4]，而不治其外[5]。夫明白入素[6]，无为复朴，体性抱神[7]，以游世俗之间者，汝将固惊邪！且浑沌氏之术，予与汝何足以识之哉！"

【注释】

①彼：指种菜老人。假修：修习。假，借用。浑沌氏：虚构人名。指齐同万物、浑沌无别的人。

②识其一：只知道万物是一齐的。

③二：不一致，不同。

④治其内：修养自己的内心。治，修养。

⑤外：外物，外部世界。

⑥明白入素：思想明达，进入纯净的精神境界。素，素洁，纯净。

⑦体性抱神：体悟天性，专一精神。

【译文】

返回鲁国后，子贡就把种菜老人的事告诉孔子。孔子说："那是一位修习浑沌氏思想的人。他把万物视为一齐，感觉不到万物的差别；他注重内心的精神修养，而不去理睬外部世界。他的思想明达，进入了纯净的精神境界；他清静无为，返朴归真；体悟天性，专一精神，自由自在地生活在世俗人之中，你对他的行为当然会感到吃惊啊！再说浑沌氏的思想主张，我和你又哪有能力去认识呢！"

【研读】

这一故事借种菜老人之口，反对使用机械，认为使用机械会使人产生投机取巧之心，主张人们返朴归真，过一种纯朴自然的生活。庄子在这里提出的实际是以知识换道德、也即宁可不要知识也要保护美德的社会主张。另外，根据《说苑·反质》的记载，这件事发生在邓析的身上：

> 卫有五丈夫，俱负缶而入井，灌韭终日一区。邓析过，下车为教之曰："为机，重其后，轻其前，命曰桥。终日灌韭，百区不倦。"五丈夫曰："吾师言曰：'有机知之巧，必有机知之败。'我非不知也，不欲为也。子其往矣，我一心溉之，不知改已！"邓析去，行数十里，颜色不悦怿，自病。弟子曰："是何人也？而恨我君，请为君杀之。"邓析曰："释之，是所谓真人者也，可令守国。"

这段话中的"有机知之巧，必有机知之败"讲得更为深刻，完全可以作为人类行事的警钟：人类兴于科技，将来很有可能受制于科技。

十一

谆芒将东之大壑①，适遇苑风于东海之滨②。苑风曰："子将奚之③？"曰："将之大壑。"曰："奚为焉？"曰："夫大壑之为物也，注焉而不满④，酌焉而不竭⑤。吾将游焉。"

【注释】

①谆芒：虚构人名。含有淳朴憨厚、无思无虑之意。大壑：大海。壑，深谷。

②苑风：虚构人名。苑，一说是小风名，一说是大风名。

③奚之：即"之奚"。到哪里去。之，到。奚，哪里。

④注：注入，流入。

⑤酌（zhuó）：舀取。

【译文】

　　谆芒将到东边的大海去游览，刚好在东海的岸边遇到了苑风。苑风问："您准备去哪儿呢？"谆芒说："我准备去大海那里。"苑风又问："去那里干什么？"谆芒说："大海这种事物啊，江河之水日夜注入而它不会满盈，不停地舀取而它也不会干涸。因此我想去那里游览一下。"

　　苑风曰："夫子无意于横目之民乎①？愿闻圣治②。"谆芒曰："圣治乎？官施而不失其宜③，拔举而不失其能，毕见其情事而行其所为④，行言自为而天下化⑤，手挠顾指⑥，四方之民莫不俱至。此之谓圣治。"

【注释】

①无意：不关心。横目之民：百姓。人的双目横生于面部，故称"横目之民"。

②圣治：圣人的治国方略。

③官施：设置官吏，施行政令。

④毕见其情事：能完全看清真实情况。毕，完全。情事，事情的真实情况。
　情，真实。行其所为：做应该做的事情。

⑤行言自为：他的言行都是自然而然发出的。为，发出。化：被感化。

⑥手挠顾指：用手指挥，用眼示意。挠，挥动。顾，看。指，示意。

【译文】

　　苑风说："先生难道不关心百姓的生计吗？希望您能谈谈圣人的治国方略。"谆芒说："您问的是圣人的治国方略吗？圣人安排官吏发布政令处处妥当得体，选拔贤才而不遗漏任何有能力的人，能洞察真实情况去做应该做的事情，他的言行都是出于自然而能感化天下民众，他挥挥手示示意，四方民众都将聚集在他的身边。这就是圣人的治国情况。"

【研读】

　　庄子这里提到了"横目之民"，既然有"横目之民"，那么当时自然会有与之相对的"纵目之民"这一概念，一些神话传说、史书以及现代的出土文物也已经证明了这一点。然而这一点，往往被注释者所忽略了。《山海经·海内北经》就记载了一种"人身黑首从（纵）目"的怪物，屈原的《大招》（一说作者是景差）对此也有描述：

　　　　魂乎无西！西方流沙，漭洋洋只。豕首纵目，被发鬤只。长爪踞牙，诶笑狂只。魂乎无西！多害伤只。

　　《史记·楚世家》记载，公元前299年，楚怀王被骗入秦国并被扣留，公元前296年，楚怀王病死于秦国，于是屈原写了这篇文章为怀王招魂，其中劝告灵魂不要去西方游荡："灵魂啊不要去西方！西方到处都是流沙，无边无际渺渺茫茫。那里的妖怪长着猪头和竖着的眼睛，散乱的毛发披在肩上。它们长着长长的爪子与锯齿般的牙齿，嬉笑之中透露着疯狂。灵魂啊不要去西方！那儿有很多妖怪把人伤。"由此可见，这里的纵目是妖怪的长相。成书于东晋时期的《华阳国志·蜀志》则把这种相貌移植到了人类：

> 周失纪纲，蜀先称王。有蜀侯蚕丛，其目纵，始称王。死，作石棺、石椁。国人从之。故俗以石棺椁为纵目人冢也。

《华阳国志》虽然成熟较晚，但它肯定有史料依据，因为这种奇异的"纵目人"的形象已为出土文物所证实，四川三星堆出土的青铜纵目人面具就是实物证据。这种纵目人面具究竟蕴含着什么样的信息，众说纷纭，一说是某类人种，一说是夸张地描摹某位鼓眼人（也许就是被夸张的蚕丛形象），一说属于宗教崇拜，一说是彝族传说中的祖先。虽然现在还无法定论，但这一出土文物及有关古籍记载，至少可以说明庄子在提到"横目之民"时，的确有一种"纵目之人"的说法与之相对。这就提醒我们，对于《庄子》中的不少命题概念，如果能够进一步探究，可能会为我们提供更多的有关古代知识的研究线索。

"愿闻德人①。"曰："德人者，居无思，行无虑②，不藏是非美恶③。四海之内共利之之谓悦④，共给之之为安⑤。怊乎若婴儿之失其母也⑥，傥乎若行而失其道也⑦。财用有余而不知其所自来⑧，饮食取足而不知其所从⑨。此谓德人之容⑩。"

【注释】

①德人：天性完美之人。这里主要指天性完美的君主。庄子往往用"圣人"代指得道之人，有时也指世俗社会中的圣人。本段中的"德人"明显高于"圣人"，而下文的"神人"又高于"德人"。

②居无思，行无虑：无论何时何地都无思无虑。居，在家。这两句应视为"互
　文见义"，即把两句话结合在一起理解。

③不藏是非美恶：心里没有是非美丑概念。也即万物一齐。恶，丑陋。

④共利之：施恩利于天下民众。

⑤共给（jǐ）之：养育万民。

⑥怊（chāo）乎：悲伤的样子。

⑦傥（tǎng）乎：怅然若失的样子。失其道：迷路。

⑧所自来：从哪里来的。自，从。

⑨所从：从哪里来。

⑩容：容貌，表现。

【译文】

　　苑风说："我还想听听有关德人的治国方略。"谆芒说："德人这种
君主，无论何时何地都无思无虑，心里也没有任何是非美丑的分别。
他为自己能够施恩德于天下百姓而高兴，为自己能够养育天下民众而
快乐。如果失去了德人，百姓就会悲伤得如同婴儿失去了母亲，还会
像行路人迷失了方向那样怅然若失。德人治国时财物有余而不知它出
自哪里，衣食富足而不知它来自何方。这就是德人的治国情况。"

　　"愿闻神人①。"曰："上神乘光②，与形灭亡③，此谓照旷④。致
命尽情⑤，天地乐而万事销亡⑥，万物复情⑦，此之谓混冥⑧。"

【注释】

①神人：思想境界最高的君主。

②上神乘光：至高的神人驾御着光明。形容神人超越于有形的万物之上。乘，
　　驾御。

③与形灭亡：自身与万物一起被忘却。形，指有形的万物。灭亡，忘得一干
　　二净。

④照旷：明彻虚净。照，明彻。旷，虚净。

⑤致命尽情：完全顺应天命和本性。致，尽，完全。命，天命。情，本性。

⑥万事销亡：没有任何事端。

⑦复情：恢复天然本性。

⑧混冥：万物一齐的浑沌境界。

【译文】

　　苑风说："我还想听听有关神人的治国方略。"谆芒说："至高无上的神人驾御着光明，忘却了自身和万物，这种精神境界可以说是明彻而虚净。神人完全顺应天命和本性，与天地同乐，而天下不会出现任何事端，万物都能够恢复各自的美好天性。这可以说是一种万物齐同的混沌境界。"

十二

　　门无鬼与赤张满稽观于武王之师①。赤张满稽曰："不及有虞氏乎②！故离此患也③。"门无鬼曰："天下均治而有虞氏治之邪④？其乱而后治之与⑤？"赤张满稽曰："天下均治之为愿⑥，而何计以有虞氏为⑦？有虞氏之药疡也⑧，秃而施髢⑨。病而求医，孝子操药以修慈父⑩，其色燋然⑪。圣人羞之⑫。至德之世，不尚贤，不使能，上

如标枝^⑬，民如野鹿^⑭；端正而不知以为义，相爱而不知以为仁，实
而不知以为忠，当而不知以为信^⑮，蠢动而相使不以为赐^⑯。是故
行而无迹^⑰，事而无传。"

【注释】

①门无鬼、赤张满稽：两个虚构人名。武王之师：周武王讨伐商纣王的军队。
　武王，指周武王。周武王率军灭商，建立周朝。

②有虞氏：指舜。虞是舜的国号。尧、舜是以和平的禅让方式完成帝位交接，
　而武王是以暴力夺取王位，因此说武王"不及有虞氏"。

③离此患：遇上这次战争灾难。离，通"罹"。遭遇。

④均治：太平安定。均，平，太平。治，安定。

⑤与：同"欤"。句末疑问词。

⑥为愿：作为自己的心愿。

⑦而何计以有虞氏为：然而为什么还考虑让有虞氏来治国呢？计，考虑。庄子
　认为，有虞氏固然优于周武王，但还比不上至德之世。

⑧药疡（yáng）：治疗头疮。药，治疗。疡，头疮。

⑨施髢（dí）：使用假发。施，用。髢，同"鬄"。假发。这两句意思是说，天
　下出现了一些小问题，但由于虞舜的治理方法不正确，结果把小毛病治理
　成了大问题，只好用作假的方法来掩饰这些大问题。

⑩修：伺候。

⑪其色燋（qiáo）然：面容因操劳而憔悴不堪。色，面色。燋然，憔悴的样子。

⑫圣人羞之：圣人为孝子的做法而感到羞愧。孝子不能使父亲无病，而只能在
　父亲生病后细心照料；有虞氏不能使天下安定，而只能在天下动乱后去加
　以治理，而且治理的方法不正确。所以圣人为他们感到羞愧。

⑬上如标枝：君主就像上面的树枝一样。上，君主。标，树梢。本句比喻君主清静无为，对百姓生活不加干涉。

⑭民如野鹿：百姓犹如自由自在的野鹿一样。形容百姓在圣君的国家里自由生活，从不用担心君主的伤害。

⑮当：恰当。这里指诚信。

⑯蠢动而相使不以为赐：不带任何功利目的地相互帮助而并不认为这就是恩赐。蠢动，无心地、不带任何目的的活动。使，帮助。以上数句描述最美好时代里的人们纯朴无私，也没有善恶观念，自己做了好事还没有感觉到是做了好事。

⑰无迹：没留下痕迹。指他们的事迹没有流传下来，不为大家所知。

【译文】

　　门无鬼和赤张满稽一起观看周武王讨伐商纣王的军队。赤张满稽说："周武王还是比不上虞舜啊！所以百姓遭遇了这场战乱。"门无鬼说："是天下太平无事时虞舜去治理呢？还是天下动乱之后才去治理呢？"赤张满稽说："天下太平是每个人的心愿，如果太平了人们怎么还会考虑让虞舜来治理天下呢？然而虞舜治理天下就像医生为人治疗头疮一样，把病人治成了秃子然后再给他戴上假发。父亲生病才去医治，孝子手拿着药物去侍候生病的慈父，即使孝子为此劳累得面容憔悴，圣人也会为孝子不能使父亲不生病而感到羞愧。在人类天性保持得最完美的理想时代里，国家不崇尚贤才，也不重用能人，君主清静无为如同树枝一般，百姓自由自在就像野鹿一样。那时的人们行为端正而不知道这就是道义，互相爱护而不知道这就是仁慈，敦厚老实而不知道这就是忠诚，履行诺言而不知道这就是诚信，不带任何目的地去相互帮助而不知道这就是恩赐。所以他们的善行也不会宣扬开去，所做的好事也没有留传下来。"

【研读】

古人常说："上医医国，其次疾人。"（《国语·晋语八》）大医为国家治病，其次为人治病，治国与看病的确有许多相似之处。我们看名医扁鹊的一段话，可能更有利于我们对庄子这段文字的理解：

（魏文侯问扁鹊）曰："子昆弟三人，其孰最善为医？"扁鹊曰："长兄最善，中兄次之，扁鹊最为下。"魏文王曰："可得闻邪？"扁鹊曰："长兄于病视神，未有形而除之，故名不出于家。中兄治病，其在毫毛，故名不出于闾。若扁鹊者，镵血脉，投毒药，副肌肤间，故名出闻于诸侯。"魏文王曰："善！"（《鹖冠子·世贤》）

战国时期，魏文侯问扁鹊："您兄弟三人都是医生，谁的医术最高明？"扁鹊回答说："我的长兄医术最高明，二兄次之，我最差。"魏文侯说："我能知道其中的原因吗？"扁鹊说："我的长兄通过观察人的精神状态去治病，当人还没有出现任何症状时就治好了，所以他的名声也没有传播出去，只有我们家人自己知道。我的二兄为人看病，病人刚刚出现一点儿小症状时就被治好了，所以他的名声只是在邻里之间传播。至于我扁鹊，为人看病时，使用针灸刺人经脉，让病人服用有毒性的药物，甚至还要开刀做手术，所以我的名气传遍了诸侯各国。"魏文侯说："您讲得真好。"庄子所赞许的君主犹如扁鹊的长兄，能够"治未病"（《黄帝内经》）；而虞舜、周武王犹如扁鹊，虽然也能解人一时痛苦，却使病人伤筋动骨，甚至产生许多难以逆转的后遗症，更何况还有许许多多的庸医把本不该死亡的病人送进了坟墓：

昔有医人，自媒能治背驼，曰："如弓者，如虾者，如曲环者，延吾治，可朝治而夕如矢。"一人信焉，而使治驼。乃索板二片，以一置地下，卧驼者其上，又以一压焉，而即蹦焉。驼者随直，亦复随死。其子欲鸣诸官，医人曰："我业治驼，但管人直，那管人死！"呜呼，世之为令，但管钱粮完，不管百姓死，何以异于此医者哉？（江盈科《雪涛小说·催科》）

从前有个医生，自我吹嘘能治驼背。他说："无论他的身体弯曲得像弓一样，像虾子一样，还是像圆环一样，只要请我去医治，保证早晨治疗，晚上就能够笔直得如同箭杆一般。"有个人信以为真，便请他为自己治疗驼背。这个医生找来两块木板，一块放在地上，让驼背人趴在上面，把另一块压在驼背人的身上，然后跳上去使劲地踩踏。驼背倒是很快就变直了，但人也被治死了。驼背人的儿子要到官府去告他，这个医生却说："我的职业是治疗驼背，只负责把驼背弄直，不负责人的死活！"唉，如今为官者，同样是只负责征收金钱、粮食，不负责百姓的死活，其行为与这个医生的做法又有什么不同呢？

从主观目的看，商纣王、秦始皇、秦二世、隋炀帝等君主，他们并不希望自己的王朝灭亡，然而由于他们采取了倒行逆施的治国手段，结果都断送了自己赖以生存的政权。

十三

孝子不谀其亲[①]，忠臣不谄其君[②]，臣、子之盛也[③]。亲之所言而然[④]，所行而善，则世俗谓之不肖子；君之所言而然，所行而善，则世俗谓之不肖臣。而未知此其必然邪[⑤]。

【注释】

①谀：阿谀奉承。亲：父母。

②谄：谄媚，巴结。

③盛：美好。

④然：认为正确。

⑤必然：肯定是正确的。然，正确。

【译文】

　　孝子不阿谀他的父母，忠臣不谄媚他的君主，这可以说是最好的忠臣、孝子了。凡是父母所说的话都予以肯定，父母所做的事都予以赞扬，那么世人就会把这样的儿子叫不肖之子；凡是君主所说的话都加以肯定，君主所做的事都加以赞扬，那么世人就会把这样的臣子叫不良之臣。但不知道世人的这种看法是否就真的正确。

　　世俗之所谓然而然之，所谓善而善之，则不谓之道谀之人也①，然则俗故严于亲而尊于君邪②？谓己道人③，则勃然作色④；谓己谀人，则怫然作色⑤。而终身道人也，终身谀人也，合譬饰辞聚众也⑥，是终始本末不相坐⑦。垂衣裳⑧，设采色⑨，动容貌⑩，以媚一世⑪，而不自谓道谀；与夫人之为徒⑫，通是非⑬，而不自谓众人，愚之至也。知其愚者，非大愚也；知其惑者，非大惑也。大惑者，终身不解⑭；大愚者，终身不灵⑮。

【注释】

①道谀：一作"导谀"，阿谀奉承。道，同"导"。谄媚。《庄子·渔父》："希

意道言，谓之谄。"

②严于亲：比父母更具权威性。严，威严，权威。

③道人：阿谀奉承之人。

④勃然作色：勃然大怒的样子。

⑤怫（fú）然：生气的样子。

⑥合譬：譬喻，比喻。饰辞：修饰辞句。聚众：使众人聚集在自己身边。引申
　　为博取众人欢心。

⑦始终本末：自始至终，从头到尾。坐：定罪。引申为受责备。

⑧垂衣裳：穿戴整齐。

⑨设采色：绣制华美文饰。

⑩动容貌：不停地改变自己的面部表情。

⑪以媚一世：以此来讨好整个社会的人。媚，献媚，讨好。

⑫与夫人之为徒：与那些世人为伍。夫人，那些人。指世人。为徒，为伍。

⑬通是非：与世人的是非标准一样。通，相通，一样。

⑭解：理解，明白。

⑮灵：明白，清醒。

【译文】

　　世人认为是正确的他就去肯定，世人认为是美好的他就去赞扬，
人们却不把他叫谄谀之人，那么这岂不是说世人比自己的父母更具权
威、比君主更为尊贵了吗？别人说自己是个善于谄媚的人，就会勃然
大怒；说自己是个善于阿谀的人，就会怒气冲天。然而那些一辈子都
在谄媚别人的人，一辈子都在奉承别人的人，他们使用巧妙的譬喻和
华丽的辞藻去博取众人的欢心，这种人自始至终也没有受到大家的责

备。他们穿着整齐的衣服，绣制华美的文饰，挤眉弄眼地不停地改变着面部表情，以讨好全社会的人，而他们从不认为自己是在谄媚别人；他们与世人为伍，与世人的是非标准完全相同，却又不把自己视为世人中的一员，这真是愚昧到了极点。知道自己愚昧的人，还不算是最大的愚昧；知道自己糊涂的人，还不算是最大的糊涂。最糊涂的人，一辈子也不会明白；最愚昧的人，一辈子也不会清醒。

十四

　　三人行而一人惑，所适者①，犹可致也②，惑者少也；二人惑则劳而不至，惑者胜也。而今也，以天下惑，予虽有祈向③，不可得也。不亦悲乎！

【注释】

①所适者：所要到达的目的地。

②致：到达。

③祈向：追求，理想。

【译文】

　　三人一起出行而其中只有一个糊涂人的话，他们还可以到达自己的目的地，因为糊涂人毕竟只占少数；如果三个人中有两个糊涂人，他们就会搞得疲惫不堪也到不了想去的地方，因为糊涂人占了多数。然而到了今天，整个天下都是糊涂人，我虽然有自己的政治追求，却不可能实现。这不是很可悲吗！

大声不入于里耳^①,《折杨》《皇荂》^②，则嗑然而笑^③。是故高言不止于众人之心^④，至言不出^⑤，俗言胜也。以二缶钟惑^⑥，而所适不得矣，而今也以天下惑，予虽有祈向，其庸可得邪^⑦？知其不可得也而强之^⑧，又一惑也^⑨，故莫若释之而不推^⑩。不推，谁其比忧^⑪！

【注释】

①大声：高雅的音乐。里耳：世俗人的耳朵。里，通"俚"。俚俗。

②《折杨》《皇荂（huā）》：两种古代民间小曲。荂，一作"华"。

③嗑（xiá）然：形容笑声。

④高言：高雅的言论。

⑤至言：至理名言。

⑥二缶（fǒu）钟惑：即"二缶惑钟"。两个糊涂人使另一个明白人也变得迷惑。缶，瓦制的粗俗乐器，比喻三个行人中的两个糊涂人。钟，金属制的高雅乐器，比喻三个行人中的一个明白人。一说"二缶钟"应作"二垂踵"，指两个行人。垂踵，两腿下垂，形容走路的样子。踵，脚跟。代指腿。

⑦其庸：怎么。

⑧强之：勉强去追求自己的政治理想。

⑨又一惑也：这就又多了一个糊涂人！

⑩释之：放弃自己的政治理想。释，放弃。推：推究，追求。

⑪比忧：与忧愁为邻。即忧愁。比，紧挨着。

【译文】

高雅的音乐不会受到世俗人的欢迎，然而一听到《折杨》《皇荂》

之类的民间小调，世俗人便欣然而笑。因此高雅的言论不会被一般民众所接受，至理名言宣传不出去，那么街谈巷语就会占据优势。仅仅由于两个糊涂人迷惑了一个明白人就无法到达目的地，更何况如今整个天下人都糊涂了，我虽然有自己的政治理想，可又怎能实现呢？知道自己的理想无法实现却还要勉强去追求，这样一来就又多了一个糊涂人！所以最好的方法就是放弃自己的理想不再去追求。不去追求无法实现的理想，哪里还会有忧愁呢！

厉之人①，夜半生其子，遽取火而视之②，汲汲然唯恐其似己也③。

【注释】

①厉：丑陋。

②遽（jù）：急忙。火：灯火。

③汲汲然：急切的样子。这个故事是说，无论厉人怎样着急，孩子是美是丑都已成定局，因此也就无须着急。比喻无论自己怎样着急，天下动乱已成定局，因此自己也就无须着急。

【译文】

一个长相丑陋的人，半夜生了孩子，急急忙忙拿灯来察看，心急火燎地唯恐孩子像自己一样丑陋。

【研读】

在人们的印象中，庄子是一位十分潇洒自由、整日飘飘然不问世事的隐士。然而事实并非如此，本段就透露出庄子孤独苦闷的心情。

庄子的理想就是反对多为政治，提倡清静无为，最终目的就是把当时的社会拉回到"至德之世"。要想改变当时的社会制度，消除已有的科技文化，复归带有原始性的淳朴生活，这种理想很难得到时人的响应与支持，这就是庄子的人生悲剧。庄子在本段中深刻地意识到自己的理想对世人来说，是"大声""高言"，根本无人理睬。他两次发出"而今也，以天下惑，予虽有祈向，不可得也"这一感叹，字里行间渗透着无限的悲哀、孤独和无奈。

任何一位超越常人的智者都是孤独的。老子曾感叹说："吾言甚易知，甚易行。天下莫能知，莫能行。"（《道德经》七十章）天下如此之大，竟然没有一个知音，因此老子只得辞官归隐。孔子周游天下，"干七十余君无所遇"（《史记·儒林列传》），使他感叹"知我者，其天乎！"（《论语·宪问》）世间没有知音，于是他便想离开中原，远赴蛮夷地区，或者干脆乘桴出海，远离人世。庄子也不例外，他在芸芸众生中同样找不到一个知音。庄子是一位独行者！飘逸潇洒是庄子的言行表象，而孤独苦闷才是庄子的精神实质。这既是哲人的悲哀，也是整个人类的悲哀。

最后顺便要提到的是"大声不入于里耳，《折杨》《皇荂》，则嗑然而笑"这几句话对宋玉的名篇《对楚王问》的影响。当楚王向宋玉询问为什么大家都不喜欢他的时候，宋玉回答说：

> 客有歌于郢中者。其始曰《下里》《巴人》，国中属而和者数千人。……其为《阳春》《白雪》，国中属而和者，不过数十人。……是其曲弥高，其和弥寡。

短短的一段话，就为后人留下"下里巴人""阳春白雪""曲高和

寡"数个常用词语，而这一段文字的构思和主旨基本上都是从庄子的
"大声不入于里耳"照搬而来。

十五

　　百年之木，破为牺尊①，青黄而文之②，其断在沟中③。比牺尊
于沟中之断，则美恶有间矣④，其于失性一也⑤。跖与曾、史⑥，行
义有间矣⑦，然其失性均也⑧。

【注释】

①牺尊：画有牛形的木制酒器。牺，古代用来做祭品的牛羊猪等。这里专指
　　牛。尊，同"樽"。一种酒器。

②青黄而文之：用青黄等各种颜色绘出美丽的花纹。文，花纹。用作动词，绘
　　制花纹。

③断：断木。指做酒器后剩余的废弃木料。

④美恶有间：酒器的美观与废料的丑陋有很大差别。恶，丑陋。有间，有
　　差别。

⑤其于失性一也：但它们在丧失天性这一点上却是相同的。指酒器和废料都失
　　去了树木原有的生机。

⑥跖：即盗跖，先秦的大盗。代指坏人坏事。曾、史：曾参和史鳅。曾参字子
　　舆，是孔子弟子。史鳅字子鱼，卫灵公的大臣。两人都是春秋贤人，以仁
　　孝出名。这里代指好人好事。

⑦行义：行为原则。义，原则。

⑧然其失性均也：但在丧失天性这一点上却也是相同的。庄子认为人的天性就

是淳朴少欲，而盗跖为了物质利益去杀人放火；曾、史为了美名，过分拔高美德标准，因此说他们都失去了原有的天性。

【译文】

百年的大树，被砍伐后做成精美的酒器，再用青、黄等各种颜色在上面绘出美丽的花纹，而剩余的废弃木料就被丢弃在山沟里。拿精美的酒器和山沟里的残木废料相比，它们的美丑就有很大的差别，但它们在失去树木天性这一点上却是一样的。盗跖和曾参、史鳅在行为原则方面有很大差异，但在失去人类天性这一点上却也是一样的。

【研读】

每次阅读本段文字，都使人有戚戚然的感觉。经过礼乐文化熏陶的官绅，危冠华服，道貌岸然地行立于庙堂之上；违背礼乐教化的绿林好汉，窜走、呼啸于山林之中；他们一如华丽无比的牺尊，一如丢弃于沟壑的废料，然而他们都没能按照各自的天性去自由生活，而是整天被笼罩于虚伪、恐慌之中。这些人的生活境遇的确使人感到可悲可叹！

且夫失性有五：一曰五色乱目①，使目不明；二曰五声乱耳②，使耳不聪；三曰五臭熏鼻③，困惾中颡④；四曰五味浊口⑤，使口厉爽⑥；五曰趣舍滑心⑦，使性飞扬⑧。此五者，皆生之害也⑨。而杨、墨乃始离跂自以为得⑩，非吾所谓得也。夫得者困，可以为得乎？则鸠鸮之在于笼也⑪，亦可以为得矣。

【注释】

①五色：青、黄、赤、白、黑。这里泛指各种人为的华美色彩。

②五声：宫、商、角、徵、羽五个基本音阶。这里泛指各种人为的音乐。

③五臭（xiù）熏鼻：各种人为的气味熏扰嗅觉。五臭，指膻、熏、香、腥、腐五种气味。这里泛指人为的各种气味。

④困慒（zōng）中颡（sǎng）：困扰堵塞鼻腔并且直冲额头。慒，堵塞。颡，额头。

⑤五味：甜、酸、苦、辣、咸。这里泛指美味。浊口：使口腔污浊。

⑥厉爽：伤害，败坏。厉，伤害。爽，败坏。

⑦趣舍：取舍，好恶。趣，追求。滑（gǔ）心：扰乱心神。滑，扰乱。

⑧飞扬：躁动而不安定。

⑨生：生命。一说"生"通"性"。天性。

⑩杨、墨：杨朱与墨子。先秦的两位思想家。离跂（qí）：踮起脚跟。形容努力的样子。得：适当。

⑪鸠鸮（xiāo）：两种鸟。鸠，斑鸠。鸮，对猫头鹰一类鸟的统称。

【译文】

　　人类丧失美好天性的原因有五种：一是各种人为色彩扰乱了人的视觉，使眼睛看不清楚；二是各种音乐扰乱了人的听觉，使耳朵听不明白；三是各种人为气味熏扰了人的嗅觉，堵塞了鼻腔甚至直冲脑门；四是各种滋味败坏了味觉，使口舌受到了伤害；五是各种好恶扰乱了心神，使情绪躁动不安。这五种情况，都是生命的祸害。而杨朱、墨翟等学者却还在竭力地宣扬有关主张并自以为做得很恰当，不过这种"恰当"并非我所认为的恰当。自以为做事恰当的人反而陷入困境，这能够叫恰当吗？如此则鸠鸟和鸮鸟被关在笼子里，也可以算是很恰当了。

　　且夫趣舍声色以柴其内①，皮弁、鹬冠、搢笏、绅修以约其外②，内支盈于柴栅③，外重缪缴④，睆睆然在缪缴之中而自以为得⑤，则是罪人交臂历指而虎豹在于囊槛⑥，亦可以为得矣。

【注释】

①柴（zhài）：堵塞。一说是"杂草"义。

②皮弁（biàn）：一种皮制帽子。鹬（yù）冠：装饰着鹬鸟羽毛的帽子。搢笏（jìn hù）：插着手板。搢，插。笏，大臣上朝时拿的手板。绅修：宽大的衣带。绅，衣带。修，长。约其外：约束他们的身体。

③内支盈于柴（zhài）栅：内心充满了各种自我限制的条令制度。支，堵塞。柴，通"寨"。树枝编织的栅栏。栅，栅栏。比喻限制人的各种条令。

④重（chóng）：一重重，一层层。缪（mò）缴：绳索。这里指衣带等。

⑤睆睆（huǎn）然：瞪大眼睛的样子。

⑥交臂：两手捆在一起。历指：用小木棍夹五指的酷刑。囊槛：木笼。

【译文】

　　各种好恶、声色塞满了他们的内心，皮帽、羽冠、手板、长带约束着他们的形体，心里充满了自我限制的各种条令制度，形体又被绳索般的冠冕衣带捆束了一层又一层，他们睁大眼睛看着自己处于绳索约束之中却还自以为处境很恰当，那么那些捆绑双手、受夹指酷刑的罪犯和身处木笼中的虎豹也都可以自以为处境恰当了。

【研读】

　　本段描述了扰乱人类天性的五种情况，批判了四处宣扬自己主张的杨朱、墨翟，认为他们制定了各种各样的规章制度，不过是在作茧自缚而已。然而这些人还自以为做事恰当，这正是人类的可悲之处。

在理想与现实的双重世界怎么"静下来"

天　道

　　天道，大自然的规律。取篇首二字为题。本篇的主旨依然是在阐述效法自然、清静无为的政治主张和处世原则，特别强调"静"的作用。有少数段落在不否定大道的前提下，肯定了人类社会等级制度存在的合理性，以至于不少学者认为这些段落属于伪作，应予删除。实际上，这些主张从总体来看，并未违背庄子学派的思想，因为庄子及其弟子是生活在理想与现实的双重世界之中，有时他们针对理想世界而言，有时则针对现实世界而言，更何况本篇反复强调要把社会等级制度纳入大道控制范围之内。

一

　　天道运而无所积①，故万物成；帝道运而无所积，故天下归②；圣道运而无所积，故海内服。明于天，通于圣，六通四辟于帝王之德者③，其自为也④，昧然无不静者矣⑤。圣人之静也，非曰静也善，故静也，万物无足以铙心者⑥，故静也。水静则明烛须眉⑦，平中准⑧，大匠取法焉⑨。水静犹明，而况精神！圣人之心静乎，天地之鉴也^⑩，万物之镜也。夫虚静恬淡、寂漠无为者^⑪，天地之平而道德之至^⑫，故帝王圣人休焉^⑬。休则虚，虚则实^⑭，实者伦矣^⑮。虚则静，静则动，动则得矣^⑯。静则无为，无为也则任事者责矣^⑰。无为则俞俞^⑱，俞俞者，忧患不能处^⑲，年寿长矣。

【注释】

①运：运行。积：停滞不前。

②归：归心，臣服。

③六通四辟：极言处处通达。辟，通达，明白。一说指六合（上下四方）通达、四季顺畅。

④自为：自由发展。

⑤昧然：安静的样子。

⑥铙（náo）：通"挠"。扰乱。

⑦明烛须眉：清晰地照见胡须和眉毛。烛，照。

⑧平中准：平得合乎标准。

⑨大匠取法焉：高明的工匠也要效法它。焉，代指平静的水。

⑩天地之鉴：能体察大自然法则。鉴，照，体察。

⑪寂漠：清静。

⑫平：基本准则。一说"平"为"本"字之误。

⑬休焉：坚守这一安静的思想境界。休，停留，坚守。焉，代指安静的原则。

⑭虚则实：内心虚静就可以用大道来充实。即内心虚静就能获取大道。《人间世》篇："唯道集虚。虚者，心斋也。"

⑮伦：理，自然之理。

⑯动则得：行动就有所收获。

⑰任事者责：担任具体事务的臣民才能各尽其责。

⑱俞俞（yú）：从容不迫的样子。

⑲处：指处于心中。

【译文】

　　大自然的规律就是让万物运动不息而从不停滞，所以万物得以顺利成长；帝王治国的原则就是让全国臣民行动起来而从不停滞，所以天下百姓诚心归顺；圣人的生活原则就是不断修习大道而从不停滞，所以海内之人无不钦佩折服。懂得了自然规律，明白了圣人原则，知道并具备了帝王美德的人，就会放手让万物自由发展，而自己却处处坚守着清静无为的状态。圣人内心清静，不是因为知道清静了有益处，才去有意地保持清静，而是因为任何事情都无法扰乱他们的内心，所以他们内心一直处于清静状态。水在静止时就能清晰地照见人的须眉，水面平得合乎标准，连高明的工匠也要效法它。水静止下来之后尚且能够明照万物，更何况平静的精神境界！圣人有了清静之心，可以体察自然法则，洞悉万物规律。虚静恬淡、清静无为这种品质，是大自然的基本准则，是道德修养的最高境界，所以帝王和圣人都坚守这一思想境界。坚守这一思想境界就会使内心虚静，内心虚静就能获取大道，获取大道之后言行就会符合天理。内心虚静就能够安静下来，安静下来才会有合理的行动，行动合理就会有所收获。帝王内心虚静就会推行无为而治的策略，推行了无为而治的策略，就能使担任具体事务的臣下各尽其责。推行无为而治的策略就能过上从容不迫的生活，从容不迫的君主就不会遇到忧患，于是也就能够长寿了。

　　夫虚静恬淡、寂漠无为者，万物之本也。明此以南乡①，尧之为君也；明此以北面②，舜之为臣也。以此处上，帝王天子之德也；以此处下，玄圣素王之道也③；以此退居而闲游江海④，山林之士服；以此进为而抚世⑤，则功大名显而天下一也。静而圣，动而王，无为也而尊，朴素而天下莫能与之争美⑥。夫明白于天地之德者⑦，此之谓大本大宗⑧，与天和者也⑨；所以均调天下⑩，与人和者也。与人和者，谓之人乐⑪；与天和者，谓之天乐。

【注释】

①南乡：面向南而坐。即当君主。古代以面向南为贵。乡，同"向"。

②北面：面向北。指当臣子。

③玄圣素王：指掌握大道、具有帝王德才而无帝王之位的人。

④退居：退隐。

⑤进为：入世从政。抚世：治理国家。

⑥朴素：本性纯朴。

⑦天地之德：天地的本性。

⑧大宗：最主要的，根本。宗，主。

⑨与天和：与大自然和谐相处。

⑩均调：均平和谐，治理好。

⑪人乐：人间的快乐。也可理解为"与人同乐"。

【译文】

　　虚静恬淡、清静无为，这是万物生存的根本。明白这个道理而身居帝王之位，就会像尧当君主那样顺利；明白这个道理而身居臣下之位，就会像舜当大臣那样成功。依据这一原则而居于上位，就是具备了帝王天子的美德；依据这一原则而居于下位，就是具备了虽无帝王之位而境界崇高之人的品质；依据这一原则而退隐闲居于江湖之上，山林里的隐士们也会衷心折服；依据这一原则而进入社会治理国家，就能功业卓著、名扬四海而使天下统一。这样的人安静不动时堪称圣人，有所行动就会成为帝王，他们清静无为却尊贵无比，淳厚朴素而天下无人能够与他们相媲美。懂得大自然这一美德的人，可以说是掌握了最重要、最根本的原则，不仅能够与大自然和谐相处，而且还能够治理好天下，与民众和谐相处。能够与民众和谐相处，可以叫人间的快乐；能够与自然和谐相处，可以叫天然的快乐。

庄子曰："吾师乎①！吾师乎！齑万物而不为戾②，泽及万世而不为仁，长于上古而不为寿，覆载天地、刻雕众形而不为巧③。此之谓天乐。故曰：'知天乐者，其生也天行④，其死也物化⑤；静而与阴同德⑥，动而与阳同波⑦。'故知天乐者，无天怨⑧，无人非⑨，无物累，无鬼责。故曰：'其动也天⑩，其静也地，一心定而王天下。其鬼不祟⑪，其魂不疲⑫，一心定而万物服。'言以虚静推于天地⑬，通于万物⑭，此之谓天乐。天乐者，圣人之心，以畜天下也⑮。"

【注释】

①师：指道。庄子视大道为老师。

②齑：粉碎，毁灭。戾（lì）：残暴。

③刻雕：创造。众形：万物。

④天行：顺应大自然而活动。

⑤物化：变为其他事物。庄子认为人死后可以化为其他事物。

⑥阴：阴主静而阳主动。故庄子把"静"与"阴"相配，"动"与"阳"相配。

⑦波：活动。

⑧无天怨：上天不会抱怨他。

⑨无人非：人们不会批评他。非，批评。

⑩天：自然。这里用作动词，指顺应自然。

⑪祟：作怪，作祟。

⑫魂：灵魂。

⑬推于天地：影响到大自然。推，推及，影响到。

⑭通于万物：影响万物。

⑮畜：养育。

【译文】

　　庄子说："大道是我的老师啊！大道是我的老师啊！它毁灭了万物不是因为残暴，施恩泽于万世也不是出于仁慈，说它年长于远古也不足以形容它的长寿，它能够使苍天覆盖一切，使大地托载万物，并创造出各种各样的事物，也不自以为巧妙。这些行为可以称为天然的快乐。因此说：'懂得什么叫天然快乐的人，他活在世上时能够顺应大自然行事，他死后也能顺利地变化为其他事物。他安静时与阴气一样深沉，活动时与阳气一样活跃。'所以那些懂得天然快乐的人，上天不会抱怨他，人们不会批评他，外物不会拖累他，鬼神也不会责备他。所以说：'他们行动时顺应自然规律，安静时如同大地那样沉寂；他们内心十分平和，而把天下治理得井井有条。鬼神不会加祸于他们，他们的精神也不会疲惫，他们内心安定而万物归服。'这些话就是说他们的安静心态影响了天地，影响了万物，这就叫天然的快乐。懂得天然快乐的人，就具备了圣人的品德，也就可以养育天下万物了。"

【研读】

阅读本段文字，值得注意的是运动与安静的关系。庄子认为，天地万物是在不停地运动，而圣人的心态则永远保持安静恬淡；圣人以安静恬淡的心态去顺应天地万物的运动，就能与自然和谐相处，就能使天下太平安定。这里讲的也就是《知北游》篇讲的"古之人外化而内不化"与《天下》篇讲的"内圣外王"的道理。

二

夫帝王之德，以天地为宗①，以道德为主②，以无为为常③。无为也，则用天下而有余④；有为也⑤，则为天下用而不足。故古之人贵夫无为也。上无为也，下亦无为也，是下与上同德⑥，下与上同德则不臣⑦；下有为也，上亦有为也，是上与下同道⑧，上与下同道则不主⑨。上必无为而用天下，下必有为为天下用⑩，此不易之道也⑪。

【注释】

①宗：本，根本。

②道德：大道和由大道赋予的万物天性。德，天性。

③无为：不要人为干涉。这里主要指不要插手具体事务。常：常规，不变的

原则。

④用：使用，治理。有余：游刃有余。

⑤有为：忙忙碌碌地处理各种具体事务。

⑥同德：做事原则相同。

⑦不臣：不像当臣下的。

⑧同道：与"同德"义同。

⑨不主：不像当君主的。

⑩为：被。

⑪易：改变。

【译文】

帝王的品德，就是以大自然的规律为根本，以遵循大道、保护万物天性为核心任务，以清静无为为永恒法则。做到了清静无为，就能够游刃有余地治理好天下；如果整天忙于具体琐事，将会被天下事务拖得疲惫不堪而且还无法治理好天下。所以古人特别重视清静无为这一原则。君主清静无为，臣下也去清静无为，这样一来臣下的原则就与君主的原则相同了，如果臣下的原则与君主相同，那么臣下也就不像臣下了；臣下整天忙忙碌碌去处理具体事务，君主也整天忙忙碌碌去处理具体事务，这样一来君主的原则就与臣下的原则一样了，如果君主的原则与臣下一样，那么君主也就不像君主了。君主必须以清静无为的原则去治理天下，而臣下必须整天忙忙碌碌地去为天下处理具体事务，这是永远也无法更改的原则。

【研读】

本段涉及一个儒、道、法都非常赞成的领导艺术，那就是"上无为而下有为"。《论语·卫灵公》记载：

> 子曰："无为而治者，其舜也与？夫何为哉，恭己正南面而已矣。"

孔子说："能够做到清静无为而使天下安定太平的人，大概就是舜吧？他做了一些什么事情呢，不过是恭谨律己面朝南方端坐在那里而已。"对于孔子讲的"无为"，韩愈在《进士策问十三首》中，向进士提出了一个问题：

> 夫子言"尧舜垂衣裳而天下理"，又曰"无为而理者，其舜也欤"。《书》之说，尧曰"亲九族"，又曰"平章百姓"，又曰"协和万邦"，又曰"历象日月星辰，敬授人时"，又曰洪水"怀山襄陵，下人其咨"。夫亲九族、平章百姓、和万邦、则天道、授人时、愁水祸，非无事也，而其言曰"尧舜垂衣裳而天下治"者，何也？于舜则曰"慎五典"，又曰"叙百揆"，又曰"宾四门"，又曰"齐七政"，又曰"类上帝，禋六宗，望山川，遍群神"，又曰……呜呼，何其勤且烦如是！而其言"无为而理者"，何也？将亦有深辞隐义不可晓邪？抑其年代已远失其传邪？二三子其辨焉！

这一记载说明，无为与做事这一看似矛盾的问题在唐代已经是一个引人关注的难题了。既然尧、舜做了许多事情，为什么还说他们是"无为而治"呢？我们尝试着回答这一问题：

首先，无为是顺物而为，而不是绝对的无所事事。

我们要弄明白"无为"的确切意思。"无为"一词最早出自《诗经·王风·兔爰》的"我生之初，尚无为。我生之后，逢此百罹"和

《诗经·陈风·泽陂》的"寤寐无为,涕泗滂沱""寤寐无为,中心悁悁""寤寐无为,辗转伏枕"。《兔爰》中的"无为",是太平安定、清静无事的意思。《泽陂》中的"无为",古人解释为"无所为",即无所事事。这两种用法虽有细微不同,但都是取其"无事"义。

后来,"无为"成了道家思想体系中的一个重要概念,是从老庄到道教的一贯主张。《道德经》虽然多次使用"无为"一词,但没有给出过明晰的解释。从字面意思看,所谓的"无为",就是"不为",就是"不做事",而事实上,道家"无为"的含义并非如此。关于"无为"的含义,老子的弟子文子在《文子·自然》中引用老子的话,对"无为"做了解释:

> 老子曰:"所谓无为者,非谓其引之不来,推之不去,迫而不应,感而不动,坚滞而不流,卷握而不散。谓其私志不入于公道,嗜欲不枉正术,循理而举事,因资而立功,推自然之势,曲故不得容,事成而身不伐,功立而名不有。……夏渎冬陂,因高为山,因下为池,非吾所为也。"

文子是老子的弟子,他的解释应有很高的权威性。很明显,这一解释在继承"无为"的原始意义——清静无事的基础上,又有所改变,增加了一层不对万物横加干涉、顺物而为的意思。到了汉代,道家的名著《淮南子·修务训》对"无为"也有一个相当明确的解释:

> 或曰:"无为者,寂然无声,漠然不动,引之不来,推之不往。如此者,乃得道之像。"吾以为不然。……盖闻传书曰:"神农憔悴,尧瘦臞,舜黧黑,禹胼胝。"由此观之,则圣人之忧劳百姓甚矣。故自天子以下,至于庶人,四肢不动,思虑不用,事治求澹者,未之闻也。夫地势,水东流,人必事焉,然后水潦得谷

行；禾稼春生，人必加功焉，故五谷得遂长。……吾所谓"无为"
者，私志不得入公道，嗜欲不得枉正术，循理而举事，因资而立
功（一本作"权"）。

这段话把"无为"的含义解释得十分清楚。所谓的"无为"，绝
不是什么事情都不做，而是顺应客观规律去做事，该做的就做，不该
做的就不做，也就是文中说的"循理而举事，因资而立功"，这才算是
"无为"。还要注意一点，就是《文子》与《淮南子》这两段话不仅内
容一致，连语言辞句都非常相似。《淮南子》虽然难免抄袭之嫌，但客
观上也说明，古代道家人物对"无为"的理解是一致的。

既然无为不是什么也不做，而是顺物而为，那么尧、舜做了一些
事情，并不能说他们就不是"无为"。

其次，君无为而臣有为。

说尧、舜无为的另一层含义，是说君主应该尽量少插手具体事务，
这并不等于整个国家的人都不去做事，相反，君无为而臣有为，是古
代包括儒家、法家在内的不少思想家所赞成的主张，道家也是如此。
本段"夫帝王之德……"对此就做了非常明确的阐述。从欧阳修到王
夫之，再到冯友兰，有一大批学者认为这段话所阐述的思想不符合老
庄思想。其中冯友兰先生在《哲学史新编》中说："这是稷派所讲的；
这几段话，主要的目的，是使'愚、智处宜，贵贱履位，仁贤、不肖
袭情'，就是说，严格地维护封建社会等级和秩序。这里的思想与老
子不同，更与庄子不同。"陈鼓应先生根据前人的这些看法，干脆把
《庄子》的这段话从正文中删除（见《庄子今注今译》）。那么这段话
究竟与老庄思想有无矛盾呢？我们看《庄子·应帝王》中的两段话：

狂接舆曰："夫圣人之治也，治外乎？正而后行，确乎能其事

者而已矣。"……阳子居见老聃，曰："有人于此，向疾强梁，物彻疏明，学道不倦。如是者，可比明王乎？"老聃曰："是于圣人也，胥易技系，劳形怵心者也。且也虎豹之文来田，猿狙之便、执斄之狗来藉。如是者，可比明王乎？"阳子居蹴然曰："敢问明王之治？"老聃曰："明王之治，功盖天下而似不自己，化贷万物而民弗恃，有莫举名，使物自喜，立乎不测，而游于无有者也。"

在这两段话中，老庄已经明确把统治阶层分为"明王"和"胥易"两种，明王是老庄心目中的圣君，而胥易则是一般的办事官员。明王所要做的事情就是"正己"和用人，只要把这两件事情做好，就可以高枕无忧了，因此明王的生活状况是"其卧徐徐，其觉于于"（《应帝王》），非常的悠闲自得。而一般官员则要"向疾强梁，物彻疏明，学道不倦"，要"劳形怵心"、四处奔波了。由此可见，老庄都是主张君无为而臣有为的。

《韩非子》的《扬权》等篇章也反复强调这一点，要求君主按照大道行事，以虚静的心态来对待臣下，让臣下充分展示自己的主张与才华，而君主则依据臣下的主张与才华去安排他们的职务，考核他们的成效："君臣不同道，下以名祷，君操其名，臣效其形……上不与义之，使独为之。上固闭内扃，从室视庭；咫尺已具，皆之其处。以赏者赏，以刑者刑，因其所为，各以自成。善恶必及，孰敢不信？"意思是说，君主与臣下的原则不同，臣下发表自己的言论主张以向君主求得职务，君主在给予他们职务的同时也记住臣下的这些言论主张，而臣下也要根据自己的言论主张向君主呈献自己的实际功效。君主不必与臣下讨论具体该如何行事，而是让臣下独自去处理政务。君主给臣下分配任务之后，就回到室内，紧紧地关闭自己的门窗（比喻掌握好政权），然后站在室内观察着庭院里的一切（比喻君主在室内盯着在院子里干活的臣下）。只要把握好衡量臣下功过的标准，那么就可以对所有干活的臣下给予恰当的处置，活干得好的就奖赏，干得差的就惩罚。如果善与恶都能够得到相应的赏与罚，那么谁还敢不诚实呢？

综上所述，古人认为一个国家的领导者（或者一个大单位的领导者）只需做好正己、用人两件事情即可，具体政务就不要插手了。所以王褒《圣主得贤臣颂》说：

> 君人者，勤于求贤，而逸于得人。（《汉书·王褒传》）

作为君主，只要求得贤人，就能过上"无为"的安逸生活。古人的这些看法是非常正确的，试想，如果一位君主对国家事务处处操心，事事插手，不仅他的精力不济，而且也很难把握好全局。

流传到现在，诸葛亮成为智慧的化身，其实，诸葛亮有许多缺点，其中缺点之一（同时也是他的优点）就是因为他办事认真，不放心部下，所以许多具体事务都亲自过问，其对手司马懿就是根据这一点，判定诸葛亮活不了多大年纪：

> 亮使至，帝（司马懿被追尊为宣帝）问曰："诸葛公起居何如，食可几米？"对曰："三四升。"次问政事，曰："二十罚已上皆自省览。"帝既而告人曰："诸葛孔明其能久乎！"竟如其言。（《晋书·宣帝纪》）

诸葛亮事必躬亲，就连打二十军棍以上的处罚也要亲自过问，司马懿就是依据这些，断定诸葛亮难以长寿，诸葛亮仅仅活了五十四岁左右就不幸去世。

故古之王天下者，知虽落天地①，不自虑也②；辩虽雕万物③，不自说也；能虽穷海内^④，不自为也^⑤。天不产而万物化^⑥，地不长而万物育，帝王无为而天下功^⑦。故曰："莫神于天，莫富于地，莫大于帝王。"故曰帝王之德配天地。此乘天地^⑧，驰万物^⑨，而用人群之道也。

【注释】

①知：同"智"。智慧。落：通"络"。笼络，覆盖。

②不自虑：不亲自去考虑具体问题。

③雕：修饰，文饰。

④能虽穷海内：指具备天下所有的才能。穷，穷尽。这里指穷尽所有才能。

⑤不自为：不亲自去做具体事务。

⑥天不产而万物化：上天不去亲自创造万物而万物自然化育产生。产，产生，创造。

⑦天下功：天下事事成功。

⑧此：代指清静无为的原则。乘：顺应。

⑨驰：驾驭。

【译文】

　　因此古代那些治理天下的君主，即使具备经天纬地的智慧，也不亲自去考虑某个具体措施；即使具有为万事万物辩饰的口才，也不亲自去讨论争辩某个具体问题；即使掌握了天下所有的才能，也不亲自去操办某个具体事务。上天不去亲自创造万物而万物却自然化育产生，大地不去亲自养育万物而万物却自然繁衍生长，帝王像天地那样清静无为而天下事事成功。所以说："最神奇的是上天，最富有的是大地，最伟大的是帝王。"因此说帝王的美德与天地相配。清静无为是顺应天地、驾驭万物、治理臣民的原则。

【研读】

《吕氏春秋·审分》对此讲得也极好，可以作为《庄子》上一段话的补充：

> 凡为善难，任善易。奚以知之？人与骥俱走，则人不胜骥矣；居于车上而任骥，则骥不胜人矣。人主好治人官之事，则是与骥俱走也，必多所不及矣。夫人主亦有居车，无去车，则众善皆尽力竭能矣。

大意是：君主要想亲自去做成一件事情就比较困难，如能任用贤人去做事就比较容易。凭什么知道是这样呢？如果一个人要想与骏马赛跑，人根本无法胜过骏马；如果坐在车子上让骏马为自己驾车，骏马就无法胜过人了。君主如果喜欢亲自去处理官吏职权范围内的具体事务，那么一定会有很多地方比不上这些官吏。君主也要像驾车人那样乘坐在车上，不要离开车子，那么众多有能力的臣下就会为他尽心尽力地服务了。

本在于上①，末在于下②；要在于主③，详在于臣④。三军五兵之运⑤，德之末也⑥；赏罚利害⑦，五刑之辟⑧，教之末也⑨；礼法度数⑩，形名比详⑪，治之末也⑫；钟鼓之音，羽旄之容⑬，乐之末也⑭；哭泣衰绖⑮，隆杀之服⑯，哀之末也⑰。此五末者，须精神之运⑱，心术之动⑲，然后从之者也⑳。末学者㉑，古人有之，而非所以先也㉒。

【注释】

①本：根本原则。指道、德。上：指圣明君主。

②末在于下：作为末节的具体事宜应由臣下来处理。末，指军事、礼乐等具体
　　事宜。下，臣下。

③要在于主：主要原则要掌握在君主手里。要，纲要，主要原则。

④详：细微杂事。

⑤三军五兵之运：泛指一切军事活动。三军，先秦诸侯国往往把自己的军队
　　分为上、中、下三军。五兵，指弓、剑、矛、戈、戟五种兵器。一说指矛、
　　戟、钺、盾、弓矢。运，运用，活动。

⑥德之末：对于道、德来说属于细枝末节之事。

⑦利害：即赏罚。利，给予赏赐。害，惩罚。

⑧五刑之辟：泛指各种刑罚。五刑，指劓（割鼻）、墨（刺字）、刖（砍脚）、
　　宫（阉割）、大辟（杀头）五种刑罚。辟，法。

⑨教之末：对于教化来说属于细枝末节。意思是说，在所有的教化手段中，刑
　　罚是最劣等的方法。

⑩度数：各种制度。

⑪形名比详：对事物和名称进行比较和审定。形，事物，实际。详，审定。古
　　人要求名实相符。

⑫治之末：对于各种治国方略来说属于细枝末节。

⑬羽旄（máo）之容：用羽毛、旌旗装饰的舞队阵容。旄，用旄牛尾作装饰的
　　旗帜。这里泛指旌旗。

⑭乐之末：对于快乐的事情来说属于细枝末节之事。一说"乐"指音乐。但这
　　里的"乐"与下文"哀"相对，应指快乐。

⑮衰绖（cuī dié）：丧服。

⑯隆杀（shài）之服：各种等级的丧服。先秦根据与死者的关系而穿戴不同的丧服。隆杀，提升和降低。指各种等级。隆，高等级。杀，低等级。

⑰哀之末：相对于哀伤来说属于细枝末节之事。

⑱精神之运：精神活动。这里指崇高的精神境界。

⑲心术之动：心理活动。这里指具备真情实感。

⑳然后从之：然后再去做这五种细枝末节之事。意思是，军事、刑罚、礼制、音乐舞蹈、丧服丧礼必须在崇高的精神和真实的情感支配下进行，不然将走入歧途或流于形式。

㉑末学者：指军事、刑法等五种细枝末节的知识。

㉒先：首先，首要位置。

【译文】

　　根本原则要掌握在君主手里，具体事务应交给臣下；治国纲领要掌握在君主手里，细微琐事则由臣下去处理。一切军事活动，对于道、德来说属于细枝末节；赏善罚恶，使用各种刑罚，对于教化来说属于细枝末节；推行礼法制度，审核形名关系，对于治国的根本原则来说属于细枝末节；听音乐，观舞蹈，这对于真正的快乐来说属于细枝末节；哭哭啼啼披麻戴孝，身穿不同等级的丧服，这对于真正的悲痛来说属于细枝末节。这五种细枝末节之事，必须在具备高尚精神和真实情感之后，才可以去实施。有关这些细枝末节之事的学问，古人已经具备了，但古人没有把这些学问放在首要位置。

　　君先而臣从，父先而子从，兄先而弟从，长先而少从，男先而女从，夫先而妇从。夫尊卑先后，天地之行也①，故圣人取象焉②。

天尊地卑，神明之位也③；春夏先，秋冬后，四时之序也；万物化作，萌区有状④，盛衰之杀⑤，变化之流也⑥。夫天地至神，而有尊卑先后之序，而况人道乎！宗庙尚亲⑦，朝廷尚尊⑧，乡党尚齿⑨，行事尚贤⑩，大道之序也。语道而非其序者⑪，非其道也；语道而非其道者，安取道⑫！

【注释】

①行：运行规律。

②取象：效法这种现象。取，取用，效法。

③神明之位：天地之神的位次。

④萌区有状：出现了差别和各种形态。萌，萌生，出现。区，区别。

⑤杀（shài）：逐次降等。引申为次第出现。

⑥流：流派，派别。这里指差别。

⑦宗庙尚亲：在宗庙祭祀时，看重的是血缘关系。尚，崇尚，重视。

⑧尊：尊贵的地位。

⑨乡党尚齿：乡亲们举行活动时看重的是年长之人。乡党，乡里，乡亲。齿，年岁。

⑩行事尚贤：具体办事时看重的是才能。

⑪非：非议。

⑫安取道：怎能获取大道。

【译文】

　　君主有所提倡而臣下听从，父亲有所提倡而子女听从，兄长有所提倡而弟弟听从，年长者有所提倡而年少者听从，男子有所提倡而妇女听从，丈夫有所提倡而妻子听从。尊卑先后，这是天地的运行规律规定的，因此圣人要遵循这些规定。天尊地卑，这是天地之神的位次；春夏在先，秋冬在后，这是四季运行的顺序；万物化育产生以后，就有很大差别和不同形状，它们的盛衰也依次出现，这是万物在变化中所显示的差别。天地最为神圣奇妙，而天地尚且具有尊卑先后的次序，更何况人呢！在宗庙祭祀祖先时，看重的是血缘关系；在朝廷处理政务时，看重的是尊贵地位；在乡亲们举行活动时，看重的是年龄；在具体办事的时候，看重的是才能，这是大道所规定的次序。谈论大道却反对大道规定的次序，实际就是在反对大道；谈论大道却又反对大道的人，又怎能获取真正的大道呢！

是故古之明大道者，先明天而道德次之①，道德已明而仁义次之，仁义已明而分守次之②，分守已明而形名次之③，形名已明而因任次之④，因任已明而原省次之⑤，原省已明而是非次之，是非已明而赏罚次之，赏罚已明而愚知处宜⑥，贵贱履位⑦，仁贤不肖袭情⑧。必分其能⑨，必由其名⑩。以此事上，以此畜下，以此治物，以此修身。知谋不用，必归其天⑪。此之谓大平⑫，治之至也。

【注释】

①明天：明白天理。天，天理，自然规律。道德：这里讲的道德主要指天性。

②分守：职分。

③形名：事物与名称。古人强调形与名必须相符。

④因任：根据才能任命职务。因，因顺，依据。

⑤原省：考察。指考察官吏政绩。原，追究根源。省，省察。

⑥愚知处宜：愚笨人和聪明人都得到适当安排。知，同"智"。宜，适当。

⑦贵贱履位：贵贱之人各居其位。履，居。

⑧袭情：符合各自实际情况。袭，符合。情，真实情况。

⑨分：区分。

⑩由：遵守。

⑪归其天：恢复各自天性。

⑫大：同"太"。

【译文】

　　所以古代那些懂得大道的人，首先去弄懂自然规律，然后再去研究人们的天性；懂得了人们的天性，然后再去研究仁义；懂得了仁义，然后再去研究每个社会职位的责任；懂得了每个社会职位的责任，然后再去研究形与名的关系；懂得了形与名的关系，然后再去研究如何使用人才；懂得了如何使用人才，然后再去研究如何考察人才的任职情况；懂得了如何考察人才的任职情况，然后再去判定他们的贤愚是非；知道了他们的贤愚是非，然后再去研究如何进行赏罚；懂得了如何赏罚，那么贤愚之人就能各得其所，贵贱之人也能各居其位，对仁贤之人和不肖之人的判断也都能够符合真实情况。一定要分辨人们不同的才能，必须遵守各自不同的名分。一定要用这些办法来侍奉君主，用这些办法来养育百姓，用这些办法来治理万物，用这些办法来修养自身。这样一来人们就不会再使用各种智谋技巧，都必然能够恢复各自的天性。这就叫天下太平，这就是治理天下的最高境界。

故书曰^①："有形有名。"形名者，古人有之，而非所以先也。古之语大道者，五变而形名可举^②，九变而赏罚可言也^③。骤而语形名^④，不知其本也；骤而语赏罚，不知其始也。倒道而言^⑤，连道而说者^⑥，人之所治也^⑦，安能治人！骤而语形名赏罚，此有知治之具^⑧，非知治之道^⑨，可用于天下^⑩，不足以用天下，此之谓辩士^⑪，一曲之人也^⑫。礼法数度，形名比详，古人有之，此下之所以事上，非上之所以畜下也。

【注释】

①书：泛指古书。另外，《尚书》也称为"书"。

②五变而形名可举：经过五个发展阶段，然后才去讨论形与名的关系问题。五变，指上文提到的明白大道、天、道德、仁义、分守五个阶段。举，称举，讨论。

③九变：指上文提到的明白大道、天、道德、仁义、分守、形名、因任、原省、是非九个阶段。

④骤：突然。指跳过前面的五个阶段而直接谈论形名问题。

⑤倒道而言：不按照正常顺序去讨论问题。倒道，道理颠倒，不按顺序。

⑥连（wǔ）道：与"倒道"义同。

⑦人之所治：被别人治理的人。

⑧有知治之具：具备某一方面的具体治国能力。知，知道，具备。具，具体才能。

⑨治之道：治国的根本原则。

⑩可用于天下：可以被君主所使用。于，表被动。天下，指治理天下的人，即君主。

⑪辩士：善辩之士。

⑫一曲：某种局部知识。

【译文】

因此古书上说："有事物，就有名称。"有关事物与名称关系的学问，古人已经具备了，只是古人不把它放在首要位置而已。古代那些讨论大道的人，在讨论了五个发展阶段之后，才去讨论事物与名称的关系问题；在讨论了九个发展阶段之后，才去讨论赏罚问题。如果跳过前五个阶段而直接讨论事物与名称的关系，那么他就不懂得事物与名称关系问题的根本；如果跳过前面九个阶段而直接讨论赏罚问题，那么他就不懂得赏罚问题的本源。颠倒次序去讨论问题的人，或者不按次序去讨论问题的人，是应该被别人管理的人，他们怎么能去管理别人呢！如果跳过前五个阶段或九个阶段而直接讨论事物与名称关系和赏罚问题，这样的人只是具备了某一方面的治国才能，而不懂得治国的根本原则，他们只能被君主所任用，而没有能力成为治理天下的君主。这种人可以称为善辩之士，是不具备全面知识的浅薄之人。推行礼法制度，研究事物与名称的关系，古人已经具备了这方面的知识，但这些都是臣下用来侍奉君主的才能，而不是君主用来养育臣民的原则。

【研读】

本段提出君主无为、臣下有为的主张，论证了上下尊卑秩序存在的合理性。由于本段带有明显的等级思想痕迹，所以不少学者认为本段不是庄子学派的作品。而我们认为，庄子学派的思想是一个庞大而复杂的矛盾统一体，没有确凿的证据，我们不能随意地把某些篇章从《庄子》书中剔除。

另外，本段蔑视"一曲之人"，这与孔子思想也是一致的。《论语·为政》载："子曰：'君子不器。'"孔子说："君子不应该像某种器具一样只具备某一种知识。"一般情况下，一种器具只有一种特定的作用。而孔子认为这样不好，君子应该无所不通，无所不晓。在人类知识相对贫乏的先秦时期，孔子及庄子要求人们尽可能地扩展自己的知识面，应该说是具有积极意义的。

三

昔者舜问于尧曰："天王之用心何如①？"尧曰："吾不敖无告②，不废穷民③，苦死者④，嘉孺子而哀妇人⑤。此吾所以用心已⑥。"舜曰："美则美矣，而未大也。"尧曰："然则何如？"舜曰："天德而出宁⑦，日月照而四时行，若昼夜之有经⑧，云行而雨施矣。"尧曰："胶胶扰扰乎⑨！子，天之合也⑩；我，人之合也。"夫天地者，古之所大也，而黄帝、尧、舜之所共美也。故古之王天下者，奚为哉？天地而已矣⑪。

【注释】

①天王：天子。指尧。

②敖：通"傲"。轻慢。无告：有苦难而无处诉说的人，即无依无靠的穷苦人。一说指不可教导的刁民。

③不废穷民：不抛弃穷困的百姓。废，抛弃。穷，走投无路，穷困。

④苦：悲悯，同情。

⑤嘉孺子：爱护小孩。嘉，善，爱护。孺子，小孩。哀：同情。

⑥已：通"矣"。

⑦天德：用作动词，效法天的美德。出宁：在勤政的同时还能保持内心宁静。出，出仕，治国。

⑧经：常。

⑨胶胶扰扰：纷乱的样子。这是尧对自己行为的评价。

⑩天之合：符合自然规律。

⑪天地而已：效法天地而已。

【译文】

从前舜问尧："您作为天子是怎么想的？"尧说："我不轻慢无依无靠之人，也不抛弃走投无路之民，悲悯死者，爱护孩子而同情妇女。这就是我的想法。"舜说："您的想法好是很好，但胸怀还不够阔大。"尧问："那该怎么办呢？"舜说："要效法上天的美德，在勤政的同时还要保持内心的宁静，要像日月普照、四季运行那样，还要像昼夜有常、云飘雨降那样。"尧说："我的做法太纷乱了！您的想法，符合大自然的原则；而我的想法，只符合人为的原则。"天和地，自古以来就是最为伟大的，黄帝、尧、舜都赞美它们。所以古代那些治理天下的人，做了些什么呢？不过就是效法天地而已。

【研读】

本段依然是表达了道家不干涉的政治理念。尧的治国主张是不轻慢无依无靠之人，不抛弃走投无路之民，悲悯死者，爱护孩子而同情妇女。而舜认为这些治国主张还不够完善，最好的治国方法就是效法上天，顺应自然，不必去插手百姓的生活。这种反对爱民的思想，是一种更高层次的爱民行为。详细解说可见《徐无鬼》篇第二章对"爱民，害民之始也"的"解读"。

四

孔子西藏书于周室[①]，子路谋曰[②]："由闻周之征藏史有老聃者[③]，免而归居[④]，夫子欲藏书，则试往因焉[⑤]。"孔子曰："善。"往见老聃，而老聃不许，于是繙十二经以说[⑥]。

【注释】

①周室：周王室。当时周的都城在洛邑（在今河南洛阳），洛邑在鲁国西边，所以身为鲁国人的孔子要"西藏书"。

②子路：孔子弟子。姓仲名由，字子路。

③征藏史：官名。负责图书管理。老聃，即老子。

④免：免职。一说是辞职。归居：回到故乡生活。老子的故乡是陈国（在今河南周口淮阳区一带）。

⑤因焉：通过他。即通过老子的介绍把经书藏入周室。因，通过。焉，代指老子。

⑥繙（fān）：反复。这里指反复解释、介绍。十二经：旧注指《诗》《书》《礼》《乐》《易》《春秋》六经及解释六经的六纬，但孔子时代尚无六纬，故"十二"应是虚指，泛指多。

【译文】

孔子想把自己整理的经书献给西边的周王室收藏，子路便出主意说："我听说周王室有位管理图书的官员名叫老聃，现在被免职回家隐居，老师想把书收藏于周王室，不妨试着请他帮忙介绍一下。"孔子说："好的。"于是便前去拜访老聃，而老聃不愿意帮忙，于是孔子就反复解释自己整理的十二本经书的内容。

【研读】

人人都希望自己的著作或功绩能够传世不朽，从而产生更大的影响力。司马迁把《史记》"藏之名山，副在京师，俟后世圣人君子"（《史记·自序》），杜预"常言'高岸为谷，深谷为陵'，刻石为二碑，纪其勋绩，一沉万山之下，一立岘山之上，曰：'焉知此后不为陵谷乎'"（《晋书·杜预列传》），其目的都是为了留名于千古。孔子想藏书于周室，目的也是为了使自己整理的经书能够得到更为广泛的、持久的传播。这几位圣贤都达到了自己的目的。

老聃中其说[①]，曰："大谩[②]，愿闻其要。"孔子曰："要在仁义。"老聃曰："请问，仁义，人之性邪？"孔子曰："然。君子不仁则不成[③]，不义则不生[④]。仁义，真人之性也，又将奚为矣？"老聃曰："请问何谓仁义？"孔子曰："中心物恺[⑤]，兼爱无私，此仁义之情也。"

【注释】

①中：中断，中途打断。

②大（tài）谩：太冗长，太啰嗦。大，同"太"。

③成：功成名就。

④生：生存，立足社会。

⑤物恺（kǎi）：仁慈。

【译文】

老子打断孔子的话，说："讲得太啰嗦了，我想听听你书中的要点。"孔子说："要点就是仁义。"老聃说："请问，仁义，是人的天性吗？"孔子说："是的。君子不仁就不能成功，不义就不能生存。仁义的确是人的天性，如果失去仁义还能做些什么呢？"老聃说："请问什么叫仁义？"孔子说："心里充满了仁慈，博爱万物而没有私心，这就是仁义的内容。"

老聃曰："意①，几乎后言②！夫兼爱，不亦迂乎！无私焉，乃私也。夫子若欲使天下无失其牧乎③，则天地固有常矣④，日月固有明矣，星辰固有列矣，禽兽固有群矣，树木固有立矣。夫子亦放德而行⑤，循道而趋⑥，已至矣⑦。又何偈偈乎揭仁义⑧，若击鼓而求亡子焉⑨？意，夫子乱人之性也！"

【注释】

①意：通"噫"。感叹词。

②几乎后言：有点危险啊，你后面讲的这些话。几，危险。

③牧：养育。这里指养育人的事物，也即生存条件。

④则天地固有常矣：那么天地原本就永恒存在。固，本来。常，永恒存在。本

句及下文讲的天地、日月、星辰、禽兽、树木就是养育人的事物。

⑤放德：放任天性，顺应天性。

⑥趋：小步快走。引申为生活、做事。

⑦已至：已经是极好了。至，最好。

⑧偈偈（jié）乎：努力的样子。揭：高举。引申为宣扬。

⑨亡子：走失的儿子。比喻仁义。

【译文】

老子说："唉，您后面讲的这些话有点危险啊！提倡博爱万物，不是有些迂腐吗！您所说的没有私心，实际上就是为了成就自己的私利。先生如果真的想让天下人不失去自己的生存条件，那么天地原本就是永恒存在的，日月原本就是光明的，星辰原本就罗列在空中，禽兽原本就成群结队，树木原本就生长在大地上。先生您就只管顺应天性而生活，遵循大道而做事，这就是极好的了。您又何必如此努力地去宣扬仁义，如同敲锣打鼓去寻找走失的孩子那样呢？唉，先生您搞乱了人们的天性啊！"

【研读】

本段认为，大道已经为人类准备好了各种生存条件，在物质方面，准备了天地、日月、星辰、禽兽、树木等等；在精神方面，赐予人类美好的天性。因此，人类只要顺应自己的天性，自由自在地生活于天地之间即可，没有必要去提倡扰乱人性的仁义。

五

士成绮见老子而问曰[1]："吾闻夫子圣人也，吾固不辞远道而来愿见[2]，百舍重跰而不敢息[3]。今吾观子，非圣人也。鼠壤有余蔬[4]，而弃妹之者[5]，不仁也。生熟不尽于前[6]，而积敛无崖[7]。"老子漠然不应[8]。

【注释】

①士成绮：人名。生平不详。

②固：下定决心。

③百舍：百日。指步行百日。舍，住宿一次叫一舍。重跰（jiǎn）：一层又一层的跰子。跰，脚上磨出的硬皮。

④鼠壤：鼠穴。有余蔬：有很多粮食。余，多。蔬，泛指农作物。

⑤弃妹：抛弃。妹，通"昧"。轻视，不爱惜。

⑥生熟不尽于前：你面前的各种财物享用不尽。生，指粮食布帛等财物。熟，指做熟的饮食。

⑦积敛无崖：聚敛不已。无崖，没有限度。

⑧漠然：不放在心上的样子。

【译文】

士成绮前去拜见老子，说："我听说先生您是一位圣人，所以下定决心不顾道路遥远前来拜见先生，我整整走了上百天，脚上磨出层层的老茧也不敢停下来休息。如今我观察先生，觉得您不像圣人。您家的鼠穴里抛洒有许多粮食，而您却不爱惜这些粮食，这是不仁的表现。

您家的各种财物享用不尽，却还在聚敛不已。"老子好像没有听到一样而未做回应。

【研读】

《庄子·应帝王》说："泰氏其卧徐徐，其觉于于，一以己为马，一以己为牛。"泰氏睡觉时悠闲自得，醒来后无思无虑。他听任别人把自己视为马，听任别人把自己视为牛。泰氏是庄子心目中最好的圣君。本段中的老子也能够做到："子呼我牛也而谓之牛，呼我马也而谓之马。"这说明，在庄子心目中，老子已经达到了圣君的境界。特别是紧接着的"苟有其实，人与之名而弗受，再受其殃"这几句话，对我们普通人也具有十分重要的启示意义：当我们犯错之后面对别人的批评时，应该虚心接受，认真改正；不然，我们将会受到两次批评——因犯错而受到第一次批评，因犯错不接受批评而受到第二次批评。

士成绮明日复见，曰："昔者吾有刺于子①，今吾心正却矣②，何故也?"老子曰："夫巧知神圣之人，吾自以为脱焉③。昔者子呼我牛也而谓之牛④，呼我马也而谓之马。苟有其实⑤，人与之名而弗受，再受其殃⑥。吾服也恒服⑦，吾非以服有服⑧。"

【注释】

①刺：讽刺，批评。

②吾心正却：我批评您的那些想法正在慢慢消失。却，退却，消失。

③脱：脱离，不是。焉：指巧智神圣之人。

④昔者：过去，昨天。谓之牛：指自己把自己视为牛。谓，叫，视为。

⑤苟：如果。实：指别人的批评符合实际。

⑥再受其殃：将会两次受到别人的批评。再，两次。别人批评如不接受，将会招来第二次批评。殃，祸殃。引申为受责备。

⑦服也恒服：我接受您的批评，而且永远接受。服，服从，接受。

⑧吾非以服有服：我不是认为应该接受才去接受。以，认为。意思是，老子接受别人批评是出于自然，并非经过考虑之后而有意为之。

【译文】

士成绮第二天又去见老子，说："昨天我批评了您，可今天我对您的批评之意正在慢慢消退，这是为什么呢？"老子说："巧智神圣之人，我自认为还不是。昨天您把我叫作牛而我就自认为是牛，您把我叫作马而我就自认为是马。如果我有其实，别人给予相应的名称而我拒不接受，那将会受到别人的再次批评。我接受您的批评，而且是永远地接受，我也不是因为考虑到应该接受才去接受的。"

士成绮雁行避影①，履行遂进而问②："修身若何？"老子曰："而容崖然③，而目冲然④，而颡頯然⑤，而口阚然⑥，而状义然⑦，似系马而止也⑧，动而持⑨，发也机⑩，察而审⑪，知巧而睹于泰⑫，凡以为不信⑬。边竟有人焉⑭，其名为窃。"

【注释】

①雁行：像雁子一样侧身而行。这是一种表示敬畏的姿态。避影：羞愧得不敢正视自己的身影。

②履行：蹑手蹑脚的样子。

③而容崖然：你的容貌高傲。而，你。崖然，高傲的样子。

④冲然：咄咄逼人的样子。

⑤而：你。颡（sǎng）：额头。代指面部表情。颏（kuí）然：自命不凡的样子。

⑥阚（hǎn）然：巧言善辩的样子。

⑦义（é）然：高大貌。义，通"峨"。高大。

⑧系马而止：被拴住的奔马。

⑨动而持：想奔驰而强自克制。动，奔驰。持，自持，克制。

⑩发也机：一旦放开奔驰就如箭发弩机。机，弩机，射箭机关。

⑪察而审：明察而又精审。审，仔细审查。

⑫睹于泰：显露傲慢之态。睹，外露。泰，骄慢。一说"泰"同"太"。多为多事。

⑬凡以为不信：所有这些表现都不符合人的真实天性。凡，全部。信，真实。

⑭边竟：即边境。比喻士成绮是一个身处边缘、远离大道的人。

【译文】

　　士成绮像雁子飞翔那样侧身而行，羞愧得不敢正视自己的身影，他蹑手蹑脚地走到老子面前问道："我该如何修身呢？"老子说："你的容貌骄恣高傲，你的目光咄咄逼人，你的表情自命不凡，你的嘴巴巧言善辩，你的身材高大魁梧，你就像一匹被拴住的奔马，一心想奔驰却又不得不强自克制，一旦放任奔驰便如箭发弩机。你对事物明察而又精审，内心充满智巧而外露傲慢之态，所有这一切行为都不符合人的真实天性。在遥远的边境地区就有这样的人，他们的名字叫盗取大道的窃贼。"

六

　　夫子曰^①："夫道，于大不终^②，于小不遗，故万物备^③。广广乎其无不容也^④，渊乎其不可测也^⑤。形德仁义^⑥，神之末也^⑦，非至人孰能定之^⑧！夫至人有世^⑨，不亦大乎，而不足以为之累。天下奋棅而不与之偕^⑩，审乎无假而不与利迁^⑪，极物之真^⑫，能守其本，故外天地^⑬，遗万物^⑭，而神未尝有所困也。通乎道，合乎德，退仁义^⑮，宾礼乐^⑯，至人之心有所定矣。"

【注释】

①夫子：先生。一说指庄子，一说指老子。

②于大不终：从大的方面说它没有穷尽。终，结束，穷尽。

③万物备：万物都离不开道。备，必备，必须。

④广广乎：博大的样子。

⑤渊乎：深邃难识的样子。

⑥形：通"刑"。刑法。

⑦神：指神奇的大道。

⑧至人：精神境界最高的得道之人。定之：明白这个道理。定，判定，明白。

⑨有世：拥有天下。即当天子。

⑩奋棅（bǐng）：奋力争夺权柄。棅，同"柄"。偕：一起。指与人们一起争夺权柄。

⑪审：明白。无假：真实的道。不与利迁：不因名利而动心。迁，改变，动心。

⑫极：深究，彻底了解。

⑬外：置之度外，忘却。

⑭遗：遗忘，忘却。

⑮退仁义：不去提倡仁义。

⑯宾：通"摈"。排除。

【译文】

先生说："大道，从大的方面去观察而它没有穷尽，从小的方面去观察而它则什么都不会遗漏，因此万物都离不开大道。大道博大得无所不能包容，大道深邃得难以探测认识。刑罚、恩赐和仁义，对于大道来说都属于细枝末节，除了思想境界最高的至人谁能懂得这个道理！至人拥有天下，天下不是很大吗，但天下也不足以成为至人的拖累。整个天下人都在奋力争夺权柄，而至人从不参与这种争夺，至人懂得大道而不会因名利动心，他们明白万物的真实天性，能够坚守作为根本的大道，所以至人能够忘却天地，遗弃万物，而他的精神从来也不会疲惫。至人精通大道，顺应天性，不倡仁义，摈除礼乐，至人的内心是平和而不波动的。"

七

世之所贵道者书也①。书不过语，语有贵也；语之所贵者意也，意有所随②；意之所随者，不可以言传也。而世因贵言传书，世虽贵之，我犹不足贵也，为其贵非其贵也③。故视而可见者，形与色也④；听而可闻者，名与声也。悲夫，世人以形色、名声为足以得彼之情⑤。夫形色、名声，果不足以得彼之情。则知者不言⑥，言者不知，而世岂识之哉！

【注释】

①世之所贵道者书也：世人所重视、称道的就是书籍。道，谈论。

②意：书中内容。所随：有所依赖。指依赖写书人的思想情感。

③贵非其贵：所看重的并不是真正应该看重的。庄子认为，真正应该看重的是圣人的思想情感。

④形与色：形体与表情。色，表情。

⑤彼之情：对方的真实思想感情。

⑥知者不言：真正懂得大道的人是不去谈论大道的。老庄都认为大道无法用语言表达清楚，所以真正懂得大道的人是不会用语言去描述大道的。详见"研读"。

【译文】

　　世人看重、称道的就是书籍。书籍不过是些语言而已，而语言也的确有可贵之处；语言的可贵之处在于它所表达的内容，而内容则来自写书人的思想情感；写书人思想情感的微妙部分，却无法用语言表达清楚。然而世人却因为看重语言而传授书籍，世人虽然看重语言，而我还是认为语言不值得看重，因为世人所看重的语言并不是真正值得看重的。可以用眼睛看见的，是对方的形体和表情；可以用耳朵听到的，是对方的名号和声音。真是可悲啊，世人都认为通过观察形体表情和名号声音就可以了解对方真实的思想感情。依靠形体表情和名号声音，确实无法了解对方真实的思想感情。因此真正懂得大道的人不去用语言描述大道，而那些热衷于谈论大道的人并不懂得大道，世人怎能明白这个道理呢！

【研读】

我们在《齐物论》第七节的"研读"中已经解释了"大道不称"的道理，可参阅。这里主要讨论庄子"知者不言，言者不知"这一理论与其实践之间的矛盾问题。

《道德经》五十六章就提出了"知者不言，言者不知"，真正懂得大道的人知道大道无法用语言描述，所以他们就不谈论大道，而对大道侃侃而谈的人恰恰是不懂得大道的人。庄子又重新强调这一点。这样就会出现一个明显的矛盾：既然老庄认为大道是无法用语言描述的，那么老庄自己为什么还要辛辛苦苦去写书描述大道呢？大诗人白居易就提出了这一疑问：

> 言者不知知者默，此语我闻于老君。若道老君是知者，缘何自著五千文？（《读老子》）

老子写了五千余言的《道德经》来阐述大道，那么他究竟是懂得大道的人呢？还是不懂得大道的人呢？这一质疑也适用于庄子。既然文字记载的都是一些思想糟粕，那么庄子为什么还要为后人留下这些糟粕呢？老子还没有意识到自己理论与实践之间的矛盾，结果被白居易抓住了把柄。但庄子已经意识到这个问题，所以当他面对自己写出的文字、说出的语言时，感到十分尴尬。他说：

> 今我则已有谓矣，而未知吾所谓之果有谓乎？其果无谓乎？（《庄子·齐物论》）

提倡"至言去言"（《庄子·知北游》）的庄子喋喋不休地说了那么多，对此，他只好如此自我解嘲：我说了等于没说。庄子知道，如果按照自己的理论，就应该一言不发。他虽然知道这一点，但他还要说，还要写。因为他更知道，要想让人们都明白大道，离开了语言终究是不行的。

语言是一种工具，是一座桥梁，只有通过它才能够把握大道。他说：

> 荃者所以在鱼，得鱼而忘荃；蹄者所以在兔，得兔而忘蹄；言者所以在意，得意而忘言。(《庄子·外物》)

荃（筌）是捕鱼的工具，蹄是捕兔的工具。大道是鱼、兔，语言是筌、蹄。没有筌、蹄，人们就得不到鱼、兔。得鱼、兔是目的，设筌、蹄是手段。同样，人们表意是目的，说话是手段。人们就应该得鱼忘筌，得意忘言。这就是说，语言好比一个路标，在这个路标的指引下，行人可以达到自己的目的地。这个路标是少不得的，但必须明白，路标并不等于目的地。

佛教的思路同庄子基本一样，他们虽然大讲最高佛理是不可言说的，但他们还是写了许多佛经，讲了许多佛理。为什么会这样呢？佛教作了同样解释：

> 如人以手指月示人，彼人因指当应看月，若复观指以为月体，此人岂唯亡失月轮，亦亡其指。(《首楞严经》卷二)

文字如手指，内容如月体，人要领会的是内容，文字不过是指示内容的工具。当别人指示月亮的时候，一个人如果不懂得顺着手指去看月亮，而只盯着别人的手指，那么这个人结果既没有看到月亮，也没有看懂手指。内容比文字重要，但文字又是必不可少的。

轻视语言而又不得不使用语言，这是一种无奈的行为。

桓公读书于堂上[①]，轮扁斫轮于堂下[②]。释椎凿而上[③]，问桓公曰："敢问公之所读者，何言邪？"公曰："圣人之言也。"曰："圣人在乎？"公曰："已死矣。"曰："然则君之所读者，古人之糟魄已夫[④]！"桓公曰："寡人读书，轮人安得议乎！有说则可[⑤]，无说则死。"

【注释】

①桓公：齐国君主齐桓公。春秋五霸之一。"桓公读书于堂上"这一故事是用来说明上一段"意之所随者，不可以言传也"这一道理的。

②轮扁：这位老人名字叫"扁"，以制作车轮为业，故称"轮扁"。斫：砍削。

③释椎凿：放下椎子和凿子。释，放下。

④糟魄：即"糟粕"。已：而已。

⑤有说：说出道理。

【译文】

　　齐桓公在堂上读书，轮扁在堂下砍制车轮。轮扁放下椎子和凿子走上大堂，问齐桓公："请问您所读的书，说的都是些什么呀？"齐桓公说："都是圣人的言论。"轮扁又问："这些圣人还在世吗？"齐桓公说："都已去世了。"轮扁说："这样的话您所读的那些内容，不过都是些古人留下的糟粕而已。"齐桓公说："寡人读书，做车轮的人怎敢妄加议论呢！你能讲出道理来就赦免你，讲不出道理就要处死。"

　　轮扁曰："臣也以臣之事观之，斫轮，徐则甘而不固①，疾则苦而不入②。不徐不疾，得之于手而应于心③，口不能言，有数存焉于其间④。臣不能以喻臣之子⑤，臣之子亦不能受之于臣，是以行年七十而老斫轮⑥。古之人与其不可传也死矣⑦，然则君之所读者，古人之糟魄已夫。"

【注释】

①徐则甘而不固：孔眼太大了，车辐条插入后就松缓而不牢固。徐，宽松。指

车轮上插辐条的孔眼太大。甘，松缓。

②疾则苦而不入：孔眼太小了，则滞涩而难以插入车辐条。疾，指孔眼太紧太小。苦，滞涩。

③得之于手：手上顺利砍削。得，顺利。成语"得心应手"即出于此。

④数：技巧。

⑤喻：说清楚。

⑥行：将近。

⑦不可传：不可言传的思想精华。

【译文】

轮扁说："我是通过我砍制车轮这件事悟出了这个道理。砍制车轮时，孔眼凿得太大了，车辐条插入后就松缓而不牢固；孔眼凿得太小了，车辐条就滞涩而难以插入。我现在开凿的孔眼是不大不小，得心应手，我口里虽然表达不清，但确实有一种技巧存在其中。我无法把这种技巧明白地告诉给我的儿子，我的儿子也无法从我这里学到这一技巧，所以将近七十岁的我这么老了还要在这里砍制车轮。古代圣人与他们那些难以言传的思想精华一起消失了，那么您所读到的这些内容，不过都是古代圣人留下的一些糟粕而已。"

【研读】

"桓公读书于堂上"这一故事，是用具体的事例说明大道不可言传的道理，但这一故事同时也说明，即使一些具体技术的精妙之处，也是无法用语言表达的，更何况大道！

庄子版"天行健，君子以自强不息"

天　运

　　篇名虽然是取自本篇首句，但也概括了本篇的主要内容。所谓"天运"，也就是《周易·象传》讲的"天行健"，天象不停运行。本篇认为包括天象在内的万事万物都在不停地运动变化，因此人们要因时而变，顺物而化，不能墨守成规，只有这样才能成功。另外本篇对《咸池》乐曲带有哲理性的形象描述，也应在音乐评论史上占一席之位。

一

　　"天其运乎^①？地其处乎^②？日月其争于所乎^③？孰主张是^④？孰维纲是^⑤？孰居无事推而行是^⑥？意者其有机缄不得已邪^⑦？意者其运转而不能自止邪？云者为雨乎？雨者为云乎？孰隆施是^⑧？孰居无事淫乐而劝是^⑨？风起北方，一西一东^⑩，有上彷徨^⑪，孰嘘吸是^⑫？孰居无事而披拂是^⑬？敢问何故？"巫咸袑曰^⑭："来！吾语女^⑮。天有六极五常^⑯，帝王顺之则治，逆之则凶。九洛之事^⑰，治成德备^⑱，监照下土^⑲，天下戴之^⑳，此谓上皇^㉑。"

【注释】

①其：表示推测的语气词。

②处：安居不动。

③争于所：争夺居所。日月交替出现，似乎是在争夺居住地。

④孰主张是：谁在主宰着这一切。主张，主宰。是，代指日月运行的现象。

⑤维纲：统领，指挥。

⑥居无事：闲得无事可做。居，闲居。推而行是：推动着这一切。

⑦意：猜想，推测。机缄（jiān）：机械，机关。

⑧隆施：行云布雨。隆，兴起。指形成云层。施，下雨。是：代指云雨。

⑨淫乐：过分地玩乐。劝是：助成了这一切。劝，鼓动。

⑩一西一东：有的向西刮，有的向东刮。

⑪有上彷徨：有的向上徘徊飘动。彷徨，徘徊。

⑫嘘：吐气。吸：吸气。是，代指风。

⑬披拂：煽动。

⑭巫咸祒（shào）：人名。

⑮女（rǔ）：通"汝"。你。

⑯六极：天、地、四方。五常：即五行。金、木、水、火、土。

⑰九洛之事：九州聚落之事。即天下之事。九洛，指九州。古人将中国分为
　　冀州、兖州、青州、徐州、扬州、荆州、豫州、梁州、雍州九大行政区域。
　　洛，通"落"。人们居住的地方。

⑱治成德备：治理成功而又具备美德。

⑲监照下土：光辉普照人间。监，通"鉴"。照。

⑳戴：拥戴。

㉑上皇：最伟大的帝王。

【译文】

　　有人问："上天大概是在不停运行吧？大地大概是在安居不动吧？日月交替出现似乎是在争夺住所吧？是谁在主宰着这一切？又是谁在统领着这一切？是谁闲得无事在推动着这一切？我测想大概是有一个机械在推动着它们使它们不得不运行吧？还猜想是它们在自然而然地运转而自己也无法停下来呢？是云变成了雨呢？还是雨变成了云呢？是谁在行云布雨呢？是谁闲居无事贪求玩乐而去形成了这种云雨现象呢？风起于北方，有的向西刮去，有的向东刮去，还有的向上徘徊飘动，是谁在一呼一吸地形成了这些风？还是谁因为闲来无事在煽动着这些风？请问造成这些自然现象的原因是什么？"巫咸祒说："你过来！我告诉你。大自然有天、地、四方和五行，帝王顺应它们就会天下太平，违背它们就会出现灾难。对于天下的事情，帝王如果能够治理好，自身又具备美德，能够像日月那样普照人间，从而受到天下人的爱戴，这样的帝王可以称之为最伟大的帝王。"

【研读】

　　本段一连提出了许多有关自然界的问题，庄子时代虽然还无法对此做出正确的回答，但它表现了古人丰富的想象力和对大自然的好奇心。我们要注意的是，巫咸祒答非所问，他并没有正面解释各种自然现象的起因，只是强调要顺应这些现象，顺应就能成功，违背必定失败。

二

　　商大宰荡问仁于庄子①。庄子曰："虎狼，仁也。"曰："何谓也?"庄子曰："父子相亲，何为不仁?"曰："请问至仁②?"庄子曰："至仁无亲③。"大宰曰："荡闻之，无亲则不爱，不爱则不孝。谓至仁不孝，可乎?"

【注释】

①商大(tài)宰荡：宋国的太宰荡。商，指宋国。宋国国君是商朝天子的后裔，所以时人又称宋国为"商"。大宰，即"太宰"。官名。相当于宰相。荡，人名。

②至仁：最高的仁。

③无亲：不有意亲近。这里说的"无亲"是指人们保持美好天性，他们自然而然地相亲相爱，但又没有意识到自己是在相亲相爱。

【译文】

　　宋国太宰荡向庄子询问有关仁的问题。庄子说："虎狼的身上，就有仁的品德。"太宰荡问："您说的是什么意思?"庄子说："虎狼父子之间相亲相爱，怎么能说没有仁呢?"太宰荡又问："那么请问最高的仁是什么?"庄子说："最高的仁就是父子不相互亲近。"太宰荡说："我听说，父子不相互亲近就是父子不相互爱护，父子不相互爱护那么子女就不会孝敬父母。把最高的仁说成是不孝敬父母，这可以吗?"

　　庄子曰："不然。夫至仁尚矣①，孝固不足以言之②。此非过孝之言也③，不及孝之言也。夫南行者至于郢④，北面而不见冥山⑤，是何也？则去之远也。故曰：以敬孝易，以爱孝难；以爱孝易，以忘亲难⑥；忘亲易，使亲忘我难；使亲忘我易，兼忘天下难⑦；兼忘天下易，使天下兼忘我难。夫德遗尧、舜而不为也⑧，利泽施于万世，天下莫知也。岂直大息而言仁孝乎哉⑨？夫孝悌仁义⑩，忠信贞廉，此皆自勉以役其德者也⑪，不足多也⑫。故曰：至贵，国爵并焉⑬；至富，国财并焉；至愿⑭，名誉并焉，是以道不渝⑮。"

【注释】

①尚：高尚，崇高。

②言：形容，表达。

③过孝之言：责备行孝的言论。过，认为有过错。

④郢（yǐng）：楚国国都。在今湖北江陵北。

⑤冥山：北方的山名。据说在今山西朔州。

⑥忘亲：忘却父母。这里的"忘亲"是指自己在孝敬父母时忘记了自己在孝敬父母，因为孝敬父母已经成为下意识的行为。

⑦兼忘：连同天下人一起忘记。兼，连同。

⑧德遗尧、舜：忘却尧、舜的美德。不为：不去做。指不去有意地施恩德。帮助别人时，总想着自己在施恩于人，那么此人行为就不是高尚行为。

⑨岂直大（tài）息而言仁孝乎哉：我难道仅仅为你所说的仁孝而叹息吗？直，仅仅。大息，即"太息"，叹息。而，你。庄子认为世俗人宣扬的仁孝境界太低，故为此叹息。而且庄子认为除了世俗的仁孝之外，值得叹息的世俗之事还很多，如下文提到的忠信贞廉等。

⑩悌（tì）：敬重兄长。

⑪此皆自勉以役其德者也：这些行为都必须强制自己才能做到，从而役使并改
　变了自己的天性。庄子感叹世人的许多善行是勉强做出来的，而非出于自然。

⑫多：赞美。

⑬并：通"屏"。弃除。

⑭至愿：最大的愿望。一说"至愿"为"至显"之误。

⑮渝：改变。

【译文】

　　庄子说："不是你说的那样。最高的仁，境界太崇高了，仅仅用世俗的孝敬行为根本不足以形容它。我所讲的这些话不是在责备真正的孝敬行为，而是在责备那些还达不到孝敬标准的行为。我们两人所讲的意思就像向南行走的人到了楚国郢都，向北看不到冥山一样，这是为什么呢？因为相距太远了啊。因此说：用尊敬的态度来行孝容易，用发自内心的爱去行孝就困难一些；用发自内心的爱去行孝容易，而在孝敬父母时又忘却自己是在孝敬父母就困难一些；忘却自己在孝敬父母容易，而使父母忘却自我就困难一些；使父母忘却自我容易，而想使父母连同天下人一起都忘却就困难一些；连同天下人一起都忘却容易，而想使天下人都忘却自我就困难一些。忘却尧、舜的美德而不去有意地施恩行惠，自己的恩惠施于万世，而天下人还没有感觉到。我难道仅仅是为你所说的世俗仁孝行为而叹息吗？包括世人提倡的孝悌仁义、忠信贞廉等品德，都是要求人们强制自己才能做到，从而役使并改变了人们的天性，这种强制性做法不值得赞美。所以说：最尊贵的，抛弃国家的一切爵位；最富有的，抛弃国家的所有财物；最大的心愿，就是抛弃所有的名声，这样才能够遵循大道永不改变。"

【研读】

　　本段认为勉强自己去孝敬父母，不是真正的孝敬；只有孝敬父母而又没有感觉到自己是在孝敬，把孝敬行为化为无意识的行为，那才是真正的孝敬。然后庄子一步步向上推理，认为最高的孝敬就是让父母也能够获取大道，从而忘却自我，忘却万物，达到完全自由的圣人境界。

三

　　北门成问于黄帝曰①："帝张《咸池》之乐于洞庭之野②，吾始闻之惧，复闻之怠③，卒闻之而惑④，荡荡默默⑤，乃不自得⑥。"

【注释】

①北门成：黄帝的大臣。姓北门，名成。

②帝：指黄帝。张：安排。引申为演奏。《咸池》：古代著名的乐曲名。洞庭之
　　野：广阔的原野。洞庭，广阔。

③怠：放松，平和。指开始时的惊惧心理缓解下来。

④卒：终结，最后。惑：迷惑。

⑤荡荡默默：心神不定、糊里糊涂的样子。

⑥不自得：不知所措，把握不住要领。

【译文】

　　北门成问黄帝："您在广阔的原野上安排演奏了《咸池》之乐，我开始听的时候感到惊惧不安，接着再听又觉得心情慢慢轻松下来，听

到最后却又感到迷惑不解，以至于使我心神不宁、糊里糊涂，竟然不得要领。"

【研读】

　　本段描述北门成欣赏《咸池》之后的总体感受：先是惊惧不安，接着心情平和，最后不知所措。接着黄帝就逐次解释北门成之所以能有这些感受的原因。

　　帝曰："汝殆其然哉①！吾奏之以人②，征之以天③；行之以礼义，建之以大清④。四时迭起⑤，万物循生⑥；一盛一衰⑦，文武伦经⑧；一清一浊⑨，阴阳调和，流光其声⑩；蛰虫始作⑪，吾惊之以雷霆。其卒无尾⑫，其始无首⑬；一死一生⑭，一偾一起⑮，所常无穷⑯，而一不可待⑰，汝故惧也。

【注释】

①汝殆其然哉：你大概就应该有这些感受吧。殆，大概。然，代词，代指上述感受。

②奏之以人：用人演奏这首乐曲。

③征之以天：阐述的是天理。征，印证，阐述。"征"一作"徽"。

④建之以大清：阐发的是天理。建，建立。引申为阐发。大清，天，天道。大，同"太"。在本句之下，郭庆藩《庄子集释》本有"夫至乐者，先应之以人事，顺之以天理，行之以五德，应之以自然，然后调理四时，太和万物"七句，学界一致认为这七句是后人的注文羼入。

⑤四时迭起：这首乐曲描述四季交替。四时，四季。

⑥万物循生：万物依次而萌生。循，依次。

⑦一盛一衰：乐曲还描述了万物一盛一衰的情形。

⑧文武伦经：描述了生杀秩序。文，生长。武，肃杀。伦经，常理。指春生秋杀这一次序。

⑨一清一浊：指上天和大地。古人认为天为清，地为浊。

⑩流光其声：出现了光明和声音。流，流布，产生。

⑪蛰（zhé）虫始作：冬眠的虫子开始苏醒活动。蛰，冬眠。作，活动。

⑫其卒无尾：乐曲看似结束却又寻不到它的尾声。

⑬其始无首：乐曲看似开始却又寻不到它的起源。

⑭一死一生：指乐声忽停忽起。死，消失。生，出现。

⑮一偾（fèn）一起：指乐曲忽低忽高。偾，仆倒。形容乐声低沉。起，形容声音高亢。

⑯所常无穷：连绵不断而变化无穷。本句描述乐声。

⑰而一不可待：你完全无法预测乐曲的下一步变化。而，你。一，完全。待，期待，预测。

【译文】

黄帝说："你大概就应该有这些感受吧！我虽然是用人来演奏这首乐曲，但它阐述的却是天道；我虽然是按照人为的礼仪来演奏这首乐曲，但它抒发的却是天理。这首乐曲描述的是四季开始交替出现，万物开始循序而生；它们忽而繁荣忽而衰败，春生秋杀有条不紊。乐曲描述的是天清地浊，阴阳调和，从而出现了光明和声音；当那些冬眠之虫将要复苏的时候，我就用响亮的乐声代表春雷以惊醒它们。这乐曲看似就要结束却寻不到它的尾声，看似有一个开始却又寻不到它的源头；这乐声忽停忽起，忽低忽高，连绵不断而又变化无穷，你根本无法预测它下一步的乐曲变化，因此你感到惊惧不安。

【研读】

本段主要以春季为喻，描述了天地始成、万物萌生的情景。由于这一时期万物变化较大，乐声起伏较强，所以北门成听后感到惊惧不安。

"吾又奏之以阴阳之和，烛之以日月之明①。其声能短能长，能柔能刚；变化齐一②，不主故常③；在谷满谷④，在坑满坑；涂郤守神⑤，以物为量⑥。其声挥绰⑦，其名高明⑧，是故鬼神守其幽⑨，日月星辰行其纪⑩。吾止之于有穷⑪，流之于无止⑫。子欲虑之而不能知也⑬，望之而不能见也，逐之而不能及也⑭，傥然立于四虚之道⑮，倚于槁梧而吟⑯。目知穷乎所欲见⑰，力屈乎所欲逐⑱，吾既不及已夫！形充空虚⑲，乃至委蛇⑳。汝委蛇，故怠。

【注释】

①烛：照耀。

②齐一：整齐有序，有条有理。

③不主故常：乐声不再像刚才那样变化无常。主，以……为主。故常，指上文描述的变化无常的乐声。

④在谷满谷：乐声充满了山谷。

⑤涂郤（xì）守神：封闭视听，保持精神平和。涂，堵塞，封闭。郤，孔隙。指耳、目、鼻、口等七窍。守神，保持精神平和。

⑥以物为量：以顺应万物为原则。量，度量，原则。

⑦挥绰：悠远嘹亮。

⑧其名高明：乐声可称之为高亢明朗。名，叫，称之为。

⑨守其幽：安居于幽静之处。即不出来作祟。

⑩纪：纲纪，规律。

⑪吾止之于有穷：我让乐声停止在应该停止的地方。穷，尽头。指应该停止之处。

⑫流之于无止：让乐声飘扬在应该飘扬之处。无止，飘动。

⑬虑之：思考这些乐声的含义。之，代指乐声。

⑭逐之：追逐这些乐声。逐，追赶。

⑮傥（tǎng）然立于四虚之道：茫茫然伫立于四通八达的道路上。傥然，茫然的样子。四虚，四处没有阻碍。

⑯倚：靠着。槁梧：枯槁的梧桐树。一说指梧桐木做的几案。

⑰目知穷乎所欲见：用尽视力和智力也看不到自己想看到的东西。知，同"智"。穷，没有，找不到。

⑱力屈乎所欲逐：用尽自己的力量也得不到自己想得到的东西。屈，竭尽。逐，追逐，想得到。

⑲形充空虚：身体结实而内心虚静。充，充实，结实。

⑳委蛇（yí）：顺应外物而变化。

【译文】

　　"我接着又用乐曲来比拟阴阳二气的和谐，描述光明的日月普照大地。这乐声或短促或悠长，或柔和或刚强；乐曲的变化有条有理，不再像刚才那样变化无常；这乐声充满了山谷，飘荡于沟壑；这乐声能够让人忘却自己的视听，保持心神的平和，能够使人顺应万物而行动。这乐声悠扬嘹亮，可以说是既高亢又明朗。这乐声能使鬼神安居于幽静之处而不出来作祟，能使日月星辰按照常规运行。我让乐声停止在应该停止的地方，让乐声飘扬在应该飘扬的时候。你想思考这些乐声的含义却思考不出结果，你眼望着这些乐声却又一无所见，你想追逐这些乐声却总也追逐不到，你只好茫茫然地伫立在四通八达的道路旁，靠着枯槁的梧桐树长吁短叹。用尽视力和智力却看不到自己想看见的东西，用尽力量却得不到自己想得到的事物，咱们既然追逐不到也就不再追逐了！这时你的身体虽然健康而内心却一片虚静，有了虚静的心态就能顺应万物变化。你能做到顺应万物变化，所以心情就逐渐平和下来了。

【研读】

　　本段用音乐描述了天地万物出现之后、一切都井然有序的情形。由于度过了天地始成、变化激烈的阶段，万物都过上了常规生活，所以描述这一时期的音乐也变得相对平和。在平和的音乐声中，北门成的心情自然也变得轻松。

　　"吾又奏之以无怠之声[①]，调之以自然之命[②]，故若混逐丛生[③]，林乐而无形[④]；布挥而不曳[⑤]，幽昏而无声[⑥]。动于无方[⑦]，居于窈冥[⑧]。或谓之死[⑨]，或谓之生[⑩]；或谓之实[⑪]，或谓之荣[⑫]。行流散徙[⑬]，不主常声[⑭]。世疑之[⑮]，稽于圣人[⑯]。圣也者，达于情而遂于命也[⑰]。天机不张而五官皆备[⑱]，此之谓天乐，无言而心说[⑲]。故有焱氏为之颂曰[⑳]：'听之不闻其声，视之不见其形，充满天地，苞裹六极㉑。' 汝欲听之而无接焉㉒, 而故惑也㉓。

【注释】

①无怠之声: 声调不再平缓的乐曲。怠, 平缓。

②调: 协调。自然之命: 自然的节奏。命, 通"令"。节奏。

③混逐丛生: 各种乐声同时出现, 好像在相互追逐。混, 共同, 一起。丛生, 形容各种乐声同时出现。

④林乐: 众多乐声。林, 多。无形: 没有形状, 不可描述。

⑤布挥而不曳: 乐声向远方飘去而无法挽留。布挥, 飘向远方。曳, 牵拉挽留。本句描述乐章结束时余音袅袅的情形。

⑥幽昏: 沉寂。指乐声消失。

⑦动于无方: 乐声启奏于无法预测之处。无方, 不可预测之处。

⑧居于窈冥: 消失于深远幽静之处。居, 归居, 消失。窈冥, 深远幽静。

⑨或谓之死: 有人说乐声已经消失。或, 有人。死, 消失。

⑩生: 存在。

⑪实: 朴实无华。

⑫荣: 荣华, 华美。

⑬行流散徙: 乐声飘扬变化。行流, 飘扬。散, 传播。徙, 变化。

⑭常声: 老调。

⑮世疑之: 世人难以理解。疑, 疑惑, 不理解。

⑯稽: 探究, 请教。

⑰遂: 顺应。

⑱天机不张而五官皆备: 不使用各种器官而各种器官功能都自然具备。比喻乐曲结束后的无声境界虽没有乐声却具有感人力量, 也即"此时无声胜有声"。

天机，天生的器官。张，安排，使用。

⑲说（yuè）：同"悦"。愉悦。

⑳有焱氏：即神农氏。传说中的帝王。焱，一作炎。

㉑苞裹六极：囊括了上下四方。六极，上下四方。

㉒接：接触。指接触、听到乐声。

㉓而：你。

【译文】

　　"而这时我又演奏起不太平缓的乐曲，用大自然的节奏加以协调，各种音乐声同时出现，就好像它们在共同追逐什么，这些乐声众多得无法描述；这乐声悠悠忽忽地向远方飘去而不可挽留，最终归于一片寂静。这首乐曲启奏于意料不到的地方，最后消失于深远幽静之处。有人说乐声已经消失，有人说它余音犹存；有人说它朴实无华，有人说它华美无比。这首乐曲飘逸悠扬、变化多端，不同于旧曲老调。世人难以理解这首乐曲，于是便向圣人请教。所谓圣人，就是能够通达人情而顺应天命的人。演奏结束后虽然没有任何乐声却具备了音乐的感人力量，这就叫天然的音乐，它寂静无声却使人满心愉悦。所以神农氏赞扬这一无声境界说：'虽然听不到它的声音，看不到它的形迹，然而它却充满了天地之间，环绕着上下四方。'你这时还想继续听《咸池》之乐却什么也没有听到，所以你有点迷惑了。

【研读】

　　在平缓的音乐声中，北门成的心情虽然变得轻松了，但一直对这首乐曲所要表达的内容却感到困惑，这种困惑一直持续到音乐结束。

本段是解释北门成"卒闻之而惑"的原因。

"乐也者，始于惧，惧故祟①；吾又次之以怠，怠故遁②；卒之于惑，惑故愚；愚故道③，道可载而与之俱也④。"

【注释】

①祟：祸患，灾难。

②遁：退却。指惊惧之心消退。

③愚故道：知道自己愚昧才能去修习大道。

④与之俱：与大道融为一体。

【译文】

"《咸池》这首乐曲，刚开始的乐声让人感到惊惧不安，感到惊惧不安就会认为这是一种祸患；于是我接着就演奏平缓的曲调，因为曲调平缓而使惊惧心理逐渐消退；最后乐声在你的迷惑不解中慢慢结束，因为迷惑不解而深感自己愚昧无知；因为深感自己愚昧无知而去修习大道，这样就能够获取大道并与大道融为一体了。"

【研读】

本段主要说明演奏《咸池》的目的，那就是通过万物的产生、繁荣，一步步去诱导人们学习大道。"帝张《咸池》之乐于洞庭之野"这一故事可以说是详细描写具体乐章的最早文字，在中国文学史和音乐史上，都应该占有重要地位。

四

孔子西游于卫①，颜渊问师金曰②："以夫子之行为奚如③？"师金曰："惜乎，而夫子其穷哉④！"颜渊曰："何也？"师金曰："夫刍狗之未陈也⑤，盛以箧衍⑥，巾以文绣⑦，尸祝齐戒以将之⑧。及其已陈也，行者践其首脊⑨，苏者取而爨之而已⑩。将复取而盛以箧衍，巾以文绣，游居寝卧其下⑪，彼不得梦⑫，必且数眯焉⑬。今而夫子⑭，亦取先王已陈刍狗⑮，聚弟子游居寝卧其下，故伐树于宋⑯，削迹于卫⑰，穷于商、周⑱，是非其梦邪⑲？围于陈、蔡之间⑳，七日不火食㉑，死生相与邻㉒，是非其眯邪？

【注释】

①卫：诸侯国名。在今河北省南部与河南省北部一带。

②颜渊：人名。即颜回。孔子弟子。师金：名金，为鲁国太师，故称"师金"。

③以：认为。夫子：先生。指孔子。奚如：如何。

④穷：困窘，不顺利。

⑤夫刍（chú）狗之未陈也：用草扎成的狗还没用作祭祀之前。刍狗，用草扎成的狗，用作祭品。陈，陈列。指摆在祭坛上祭神。

⑥箧（qiè）衍：竹筐。

⑦巾以文绣：用绣花布巾覆盖着。巾，用作动词，用巾覆盖。文，同"纹"。花纹。

⑧尸：古代祭祀的时候代表死者受祭的人。祝：祭祀时主持祷告的人。齐（zhāi）戒以将之：在斋戒之后才能用手拿它。齐，同"斋"。将，拿。本句描述祭祀之前刍狗的神圣性。

⑨行者：行路的人。践：踩踏。

⑩苏者：打柴人。苏，拾草。爨（cuàn）：烧火做饭。

⑪游居：游历和闲居。表示时时刻刻。寝卧：躺在。这里指守护。

⑫梦：根据下一句，这里的"梦"指噩梦。

⑬数眯（shuò mì）：经常感到梦魇一般的难受。数，多次，经常。眯，梦魇。

⑭而：你。

⑮先王：从前的圣王。已陈刍狗：已经用过的草狗。比喻已经使用过的礼乐
　　制度。

⑯伐树于宋：在宋国的一棵大树下讲习礼法而大树被人砍掉。孔子旅居宋国
　　时，在一棵大树下带领弟子研习礼仪，宋国司马桓魋派人把大树砍倒，还
　　扬言要杀掉孔子，孔子师徒只得离开宋国。

⑰削迹于卫：不敢在卫国停留。迹，足迹。孔子在卫国时，因有人说孔子坏
　　话，卫灵公便派公孙余假前去监视，孔子只好离开卫国。削迹，不留踪迹。
　　一说卫国人讨厌孔子，连他留在卫国的足迹也被铲除干净。

⑱穷于商、周：在宋国和东周陷于困境。穷，困窘。商，指宋国。宋国君主为
　　商天子后裔，故称宋为"商"。周，指东周。在今河南洛阳一带。

⑲是：代指"伐树于宋，削迹于卫，穷于商、周"的遭遇。

⑳围于陈、蔡之间：被围困于陈国和蔡国之间。孔子应楚王之邀前去楚国，
　　陈、蔡两国大夫认为孔子如果到楚国做官，将不利于自己，便派兵把孔子
　　师徒围困起来，后经楚国救援才得以脱险。陈，诸侯国名。在今河南周口
　　淮阳区一带。蔡，诸侯国名，在今河南上蔡与新蔡一带。

㉑火食：生火做饭。

㉒死生相与邻：与死亡相邻，差点儿死去。

【译文】

孔子到西边的卫国游历。颜渊问师金："您认为我的老师这次卫国之行如何？"师金说："可惜呀，你的老师大概会陷入困境吧！"颜渊问："为什么呢？"师金说："用草扎的狗还没用于祭祀之前，人们恭敬地把它放在竹筐里，用绣花的丝巾覆盖着它，祭祀的人必须在斋戒之后才能用手拿它。等到它用于祭祀之后，路人可以任意践踏它的脑袋与脊梁，拾柴人也可以把它捡回去烧火做饭。如果此时还有人恭敬地把它拿来放在竹筐里，给它披上绣花的丝巾，时时刻刻都守护在它的身边，那么这个人即使不做噩梦，也会经常感受到噩梦一般的难受。如今你的老师把先王已经用过的'草狗（比喻已经过时的治国方法）'拾起来，带着一群弟子，时时刻刻都守在它的身边，因此他在宋国大树下讲习礼法时而大树被人砍掉，不敢在卫国停留，受困于宋国和东周国，这难道不就是他的噩梦吗？他在陈国和蔡国之间遭到围困，七天没有吃到一顿热饭，辗转于生死之间，这不就是梦魔般的难受吗？

【研读】

"孔子西游于卫"这一故事的主旨是批评孔子因循守旧的治国理念。孔子虽然对周礼有所增减，如《论语·子罕》记载："子曰：'麻冕，礼也；今也纯，俭，吾从众。'"麻冕是指用麻布制作的礼帽，据说要用两千四百条经线才能织成，非常费工费时，不如用丝绸（纯）制作礼帽节省。因此孔子说："用麻布制作礼帽，这是传统的礼制；现在人们都使用丝绸制作礼帽，这样更节俭一些，我遵从大众的做法。"但从总体看，孔子周游天下的目的是为了恢复周初的礼制，带有复古性质，因此本段对孔子的批评是合理的。

"夫水行莫如用舟，而陆行莫如用车。以舟之可行于水也而求推之于陆，则没世不行寻常①。古今非水陆与②？周鲁非舟车与？今蕲行周于鲁③，是犹推舟于陆也，劳而无功，身必有殃。彼未知夫无方之传④，应物而不穷者也。

【注释】

①没世：终身。寻常：古代两种长度单位。八尺为"寻"，两寻为"常"。

②古今非水陆与：古今差异不就像水陆差异吗？与，同"欤"。句末疑问语气词。

③今蕲（qí）行周于鲁：如今他想用周朝的治国办法来治理鲁国。蕲，希望，想要。

④无方之传：古人传下来的不守定规、随机应变的原则。方，常，定规。

【译文】

"在水面上行走最好用船，在陆地上行走最好用车。如果因为船可以在水上行走，于是就把船推到陆地上行走，那么一辈子也走不了多远。古今的差异难道不就像水面和陆地的差异一样吗？周朝和鲁国的差异难道不就像船和车的差异一样吗？如今你的老师希望用古时周朝的治国方法来治理如今的鲁国，这就好像在陆地上行船一样，不仅劳而无功，而且自身还会遇到灾祸。你的老师不懂得古人传授下来的不守定规、随时应变的治国原则，也不懂得只有顺物而变才不会陷入困境的道理。

"且子独不见夫桔槔者乎①？引之则俯②，舍之则仰③。彼④，人之所引，非引人也，故俯仰而不得罪于人[5]。故夫三皇五帝之礼义法度[6]，不矜于同而矜于治[7]。故譬三皇五帝之礼义法度[8]，其犹柤、梨、橘、柚邪[9]，其味相反而皆可于口。

【注释】

①独：难道。

②引：向下拉。

③舍：放开手。

④彼：指桔槔。

⑤故俯仰而不得罪于人：所以它或俯或仰都不会得罪于人。比喻顺应民众，就不会得罪于民众。

⑥三皇五帝：传说中的远古帝王。三皇，指燧人氏、伏羲氏、神农氏。五帝，指黄帝、颛顼、帝喾、尧、舜。三皇五帝究竟指谁，还有其他说法。

⑦矜：注重。

⑧譬：比喻，比如。

④柤（zhā）、梨、橘、柚：四种味道不同的水果。柤，同"楂"。即山楂。

【译文】

"再说你难道没有见过桔槔吗？人们牵拉它，它就低下去；人们放开手，它就仰起来。桔槔，是被人牵拉的，而不去牵拉人，因此它无论是低下去还是仰起来，从来不会得罪于人。因此三皇五帝在制定礼义法度时，注重的不是它们是否相同，而是它们是否有利于治国。打个比方，三皇五帝制定的礼义制度，就像楂、梨、橘、柚这些水果一样，味道虽然各不相同，但吃起来都很可口。

　　"故礼义法度者，应时而变者也。今取猿狙而衣以周公之服①，彼必龁啮挽裂②，尽去而后慊③。观古今之异，犹猿狙之异乎周公也。故西施病心而矉其里④，其里之丑人见之而美之，归亦捧心而矉其里，其里之富人见之，坚闭门而不出⑤；贫人见之，挈妻子而去走⑥。彼知矉美而不知矉之所以美。惜乎，而夫子其穷哉！"

【注释】

①猿狙（jū）：猿猴。衣：穿上。周公：姓姬名旦。周文王之子，周武王之弟。他辅佐周武王伐纣，建立周朝，是周朝礼乐制度的制定者。

②龁（hé）啮：咬，咬碎。挽裂：撕裂。

③尽去而后慊（qiè）：全部脱光衣服才会心满意足。去，去掉。慊，心满意足。

④西施病心而矉（pín）其里：西施因为心口疼痛而皱着眉头在乡亲们面前走过。西施，著名美女。病心，心口疼痛。类似今天所说的胃疼。矉，通"颦"。皱眉头。里，乡里，乡亲。

⑤坚：紧紧地。

⑥挈（qiè）：拉着，带着。妻子：妻子与儿女。去走：跑开。走，跑。成语"东施效颦"即出于此。

【译文】

　　"所以礼义法度，应该顺时而变。如今捉来一只猴子，硬要给它穿上周公的衣服，它肯定会又咬又撕，直到全部脱去这些衣服方才心满意足。观察古今的差异，就好像猴子与周公的差异一样。从前西施因为心口疼痛而皱着眉头在乡亲们面前走过，同乡里有一个丑女看到了，觉得皱眉头的样子很美，回去后也在乡亲们面前捂着胸口皱着眉头，结果邻居的富人看到她这副模样，关紧了家门不肯出来；贫穷的人看到她这副模样，赶忙拉着妻子儿女远远地跑开了。那个丑女只知道西施皱眉头好看却不知道皱眉头好看的原因。可惜呀，你的老师这次去卫国大概会陷入困境吧！"

【研读】

关于随时而变的道理，古人的比喻性说明很多，如守株待兔、刻舟求剑等等。《吕氏春秋·察今》对此讲得非常好：

> 夫不敢议法者，众庶也；以死守者，有司也；因时变法者，贤主也。是故有天下七十一圣，其法皆不同，非务相反也，时势异也。故曰良剑期乎断，不期乎镆铘；良马期乎千里，不期乎骥骜。夫成功名者，此先王之千里也。楚人有涉江者，其剑自舟中坠于水，遽契其舟曰："是吾剑之所从坠。"舟止，从其所契者入水求之。舟已行矣，而剑不行，求剑若此，不亦惑乎？以此故法为其国与此同。时已徙矣，而法不徙，以此为治，岂不难哉？

《吕氏春秋》用刻舟求剑的故事说明应该因时变法的道理，而且特别强调："先王之法，经乎上世而来者也，人或益之，人或损之，胡可得而法？……虽可得，犹若不可法。凡先王之法，有要于时也，时不与法俱至。法虽今而至，犹若不可法。故择先王之成法，而法其所以为法。"不要去效法先王的成文法，而是去效法先王因时制法的原则。这话讲得十分到位。

五

　　孔子行年五十有一而不闻道①，乃南之沛见老聃②。老聃曰："子来乎。吾闻子，北方之贤者也，子亦得道乎？"孔子曰："未得也。"老子曰："子恶乎求之哉③？"曰："吾求之于度数④，五年而未得也。"老子曰："子又恶乎求之哉？"曰："吾求之于阴阳，十有二年而未得。"

【注释】

①行：将近。

②南之沛：到了南边的沛地。之，往。沛，地名。在今江苏沛县。

③恶（wū）：什么，哪里。

④度数：指各种礼法制度。

【译文】

　　孔子将近五十一岁了还没有领悟大道，于是便到南边的沛地去拜访老聃。老聃说："先生您来了。我听说，您是北方的贤人，您大概已经领悟大道了吧？"孔子说："还没有领悟啊。"老子问："您是从哪里寻求大道？"孔子说："我是从礼法制度方面去寻求大道，用了五年的时间也没有得到。"老聃又问："那么您后来又是从哪里寻求大道呢？"孔子说："我又从阴阳二气方面寻求大道，结果用了十二年的时间还是没能得到。"

【研读】

本段说老子居住在沛地，这是一个很值得注意的历史事实。《庄子·寓言》也说："阳子居南之沛，老聃西游于秦。邀于郊，至于梁而遇老子。"这些记载说明老子辞官之后，曾在沛地居住过。沛在今江苏徐州一带，与老子的出生地（在今河南鹿邑）很近。因为《庄子》多次谈到老子居沛，所以有学者就说老子是沛人。钱穆根据以上材料得出结论：这是说老子是"南方沛县人"（《庄老通辨》）。孔子到沛去见老子，只能说明老子当时住在沛，并不能证明他就是沛人，正如孔子到周朝向老子问礼，并不能据此就说老子是周人一样。张松辉《老子研究》（人民出版社 2006 年 8 月出版）依据大量的史料，认为老子辞官离开周朝之后，先回到自己的故国——陈国。在老子晚年时，陈国被楚国吞并，可能因为这一原因，老子被迫北迁至沛。在沛地居住一段时间后，为了躲避战乱，又西出函谷，到了秦国，最后在秦国去世。

老子曰："然。使道而可献，则人莫不献之于其君；使道而可进，则人莫不进之于其亲①；使道而可以告人，则人莫不告其兄弟；使道而可以与人，则人莫不与其子孙。然而不可者，无佗也②，中无主而不止③，外无正而不行④。由中出者⑤，不受于外，圣人不出；由外入者⑥，无主于中⑦，圣人不隐⑧。名，公器也⑨，不可多取。仁义，先王之蘧庐也⑩，止可以一宿而不可久处⑪，觏而多责⑫。古之至人，假道于仁⑬，托宿于义，以游逍遥之虚⑭，食于苟简之田⑮，立于不贷之圃⑯。逍遥，无为也；苟简，易养也；不贷，无出也。古者谓是采真之游⑰。

【注释】

①亲：父母。

②佗：同"他"。其他原因。

③中无主而不止：心中如果没有接受大道的良好状态，大道就不会留在他的心中。主，接待宾客的主人，比喻接受大道的良好素质。

④外无正而不行：社会上如果没有良好的政治环境，大道也就无法推行。外，指身外的社会。正，同"政"。政治环境。

⑤由中出者：心中想出了好办法。

⑥由外入者：外部社会的事物要想影响圣人。

⑦无主于中：如果心里认为不好就不会接受。

⑧隐：收藏，接受。

⑨公器：人人都想使用的工具。

⑩蘧（qú）庐：旅馆，临时住处。

⑪止：只，仅仅。一宿：一个晚上。比喻时间短暂。

⑫觏（gòu）而多责：看见的人将会索取很多东西。觏，看见。责，索取。以上四句是说，短暂地利用一下"仁义"还可以，如果长期推行仁义，人们就会不停地向你索取，一旦无法满足，就会出现矛盾与纷争。详见"研读"。

⑬假道于仁：借用一下仁。假道，借路。

⑭逍遥之虚：自由自在的境界。虚，同"墟"。地方，境界。

⑮食于苟简之田：过一种简单的生活。食，食用，生活。苟简，简单。

⑯立于不贷之圃：坚持不费力劳神的原则。立，坚持。贷，付出。以上三句中的"墟""田""圃"都是比喻生活境界或原则。

⑰采真之游：学道的生活。采，获取，学习。真，指真实的道。游，生活。

【译文】

老聃说:"你应该是这样啊。如果大道能够拿来进献,那么人人都会把它进献给自己的君主;如果大道能够拿来奉送,那么人人都会把它奉送给自己的父母;如果大道能够转告给他人,那么人人都会把它转告给自己的兄弟;如果大道能够拿来赠送给别人,那么人人都会把它赠送给自己的子孙。然而无法做到这些的原因,没有别的,是因为心中没有接受大道的良好素质,所以大道就不会留在他心中;社会上没有接受大道的良好环境,所以大道就无法在社会上得到推行。心中想出了好方法,如果社会难以接受,那么圣人也不会把这些好方法说出来;社会想影响圣人,如果心里认为这些影响不好,那么圣人也不会把这些影响放入心中。美名,是人人都想使用的工具,所以不可过多去获取。仁义,就好比先王的临时旅店,只可住一个晚上而不可久居,因为人们看到有人推行仁义就会前来不停地索取。古代的至人,把推行仁爱看作一条暂时借用的道路,把提倡道义看作是旅途上的旅店,他们的最终目的是要达到自由自在的生活境界,他们的生活简单朴素,他们的原则是不要费力劳神。要想自由自在,就要做到清静无为;生活简单朴素,衣食就容易得到满足;不费力劳神,就不用付出精力。古人把这种生活叫修道生活。

【研读】

在本段中,老子告诫孔子不要多取名利,不可久谈仁义,要做到一切从简,清静无为。其中"仁义,先王之蘧庐也,止可以一宿而不可久处,觏而多责"数句,说明了庄子反对提倡仁义的另一个原因:提倡仁义的主观目的虽然是好的,但客观上却会引起人们欲望的不断提升，从而导致争夺与动乱。《呻吟语·治道》记载了这么一件事情：

> 汉始兴，郡守某者御州兵，常操之内免操二月；继之者罢操；又继之者常给之外，冬加酒银人五钱；又继之者加肉银人五钱；又继之者加花布银人一两。仓库不足，括税给之，犹不足，履亩加赋给之。兵不见德也，而民怨。又继之者曰："加，吾不能；而损，吾不敢。"竟无加。兵相与鼓噪曰："郡长无恩。"率怨民以叛，肆行攻掠。元帝命刺史按之，报曰："郡守不职，不能抚镇军民，而致之叛。"竟弃市。

西汉初年，有一位郡守统领郡内军队，他为了获取将士欢心，便施行仁义，每年减免将士两个月的操练时间；第二位郡守来了，也要施行仁义，于是就减免了所有的操练；第三位郡守来了，为了显示自己的仁义，便在正常的军饷之外，每位士兵另加五钱银子的酒钱；第四位郡守来了，不得不继承这种仁义的做法，每位士兵又加五钱银子的肉钱；第五位郡守来了，必须继续提高仁义的标准，于是每位士兵又加了一两银子的花布钱。此时的公库里已经空了，就只好多收赋税，结果是既没有满足士兵的欲望，又弄得民怨沸腾。第六位郡守来了，看到这种情况，说："我不敢减少士兵待遇，可是我也没有能力再为士兵们增加什么了。"这位郡守没有继承前几任的"仁义"行为，导致期盼恩典的士兵哗变："新郡守没有给我们一点恩惠。"于是这些士兵率领怨民叛乱，肆意烧杀抢掠。汉元帝命刺史前去调查处理，最后以"郡守无能，不能安抚军民，而导致叛乱"的罪名处死郡守。

这些郡守长期使用仁义手段去笼络军心，结果出现了"觊而多责"的局面，特别是由于每位继任郡守不断提高施仁标准，使这种"多责"

的欲望不断膨胀，最终导致了安定局面的崩溃，使包括郡守、叛军、怨民在内的所有人都成为"施仁"的最终受害者。

　　"以富为是者①，不能让禄②；以显为是者③，不能让名；亲权者④，不能与人柄⑤。操之则慄⑥，舍之则悲，而一无所鉴⑦，以窥其所不休者⑧，是天之戮民也⑨。怨、恩、取、与、谏、教、生、杀八者，正之器也⑩，唯循大变无所湮者为能用之⑪。故曰：正者，正也⑫。其心以为不然者，天门弗开矣⑬。"

【注释】

①以富为是者：把追求财富的行为视为正确行为的人。是，正确。

②禄：俸禄。这里泛指财富。

③显：显赫，著名。

④亲权：喜爱权势。亲，喜爱。

⑤柄：权柄，权力。

⑥操之则慄（lì）：得到财富、名声和权势，则会因为担心别人前来争夺而恐惧不安。操，拿到。慄，恐惧。

⑦鉴：鉴识，认识。

⑧以窥其所不休者：去反省一下他们无休无止追求的这些东西给自己带来的利弊。窥，窥视，反省。

⑨天之戮民：受到上天惩罚的人。戮，惩罚。这些人为了名利而陷入恐惧之中，故称之为"戮民"。

⑩正之器：行政工具。正，同"政"。

⑪唯循大变无所湮（yān）者为能用之：只有顺应万物变化而无所固执的人能

够正确使用它们。循，顺应。大变，泛指各种变化。湮，滞碍，固执。

⑫正者，正也：政治，就是使人端正。第一个"正"，同"政"，政治。《论语·颜渊》："季康子问政于孔子，孔子对曰：'政者，正也。子帅以正，孰敢不正？'"

⑬天门：天然的智慧之门。

【译文】

　　"把追求财富的行为视为正确行为的人，就不会让出财富；把追求显荣的行为视为正确行为的人，就不会让出美名；喜爱权势的人，就不会让出权柄。他们获取财富、名声和权势后又因为担心别人前来争夺而惶恐不安，放弃这些又会悲痛万分，他们根本没有认识到应该去反省一下无休无止追求的这些东西给自己带来的利弊，他们是受到上天惩罚的人。怨恨、恩赐、夺取、施与、谏诤、教化、生存、杀戮，这八种做法，是政治的工具，只有那些能够顺应万物变化而无所固执的人才能够正确地使用它们。所以说：所谓的'政'，就是使人端正。如果有人心里不同意这种看法，那么天然智慧之门就无法为他们打开。"

【研读】

　　本段说，世人获取财富、名声和权势后因担心他人争夺而整天恐惧不安，放弃这些又会悲痛万分，这就使我们想到孔子的一段话：

　　　　子曰："君子坦荡荡，小人长戚戚。"（《论语·述而》）

　　孔子说："君子的胸怀是那样的坦坦荡荡，而小人总是那样的满腹忧愁。"君子为什么能够"坦荡荡"呢？《孟子·尽心上》说：

　　孟子曰："君子有三乐，而王天下不与存焉。父母俱存，兄弟无故，一乐也。仰不愧于天，俯不怍于人，二乐也。得天下英才而教育之，三乐也。君子有三乐，而王天下不与存焉。"

　　君子连当天子这样的大事都不放在心上，更何况其他蜗角虚名、蝇头微利！他们仰望苍天的时候，无愧于天；他们面对世人的时候，不怍于人，因此他们能够做到"坦荡荡"。小人为什么总是"长戚戚"呢?《论语·阳货》中有一段话可以作为解释：

　　子曰："鄙夫！可与事君也与哉？其未得之也，患得之；既得之，患失之。苟患失之，无所不至矣。"

　　那些小人，在没有得到名利富贵时，他们整天在那里忧愁，一心想得到名利富贵；在得到名利富贵之后，他们还是整天在那里忧愁，因为他们担心会失去这些名利富贵；为了获得或保住这些名利富贵，小人可以不择手段，干尽坏事，然而他们又会因为担心东窗事发而倍受煎熬。因此，小人整天在患得患失、提心吊胆，过不上一天的舒心日子。

　　君子常乐，小人常忧，对此孔子也有一个综合性的评论。《荀子·子道》记载：

　　子路问于孔子曰："君子亦有忧乎？"孔子曰："君子，其未得（得到职位）也，则乐其意；既已得之，又乐其治。是以有终生之乐，无一日之忧。小人者，其未得也，则忧不得；既已得之，又恐失之。是以有终身之忧，无一日之乐也。"

　　君子没有政治地位时，为自己抱有远大的政治志向而快乐；有了地位之后，又为自己的美好治理而快乐。因此君子常乐。而小人患得患失，于是整天发愁。

六

孔子见老聃而语仁义。老聃曰:"夫播糠眯目^①,则天、地、四方易位矣;蚊虻噆肤^②,则通昔不寐矣^③。夫仁义憯然乃愤吾心^④,乱莫大焉。吾子使天下无失其朴,吾子亦放风而动^⑤,总德而立矣^⑥,又奚杰然若负建鼓而求亡子者邪^⑦!夫鹄不日浴而白^⑧,乌不日黔而黑^⑨,黑白之朴,不足以为辩^⑩;名誉之观^⑪,不足以为广^⑫。泉涸^⑬,鱼相与处于陆,相呴以湿^⑭,相濡以沫^⑮,不若相忘于江湖。"

【注释】

①眯(mǐ)目:杂物进入眼中而不能睁开。

②噆(zàn):叮咬。

③通昔不寐:整夜无法入睡。通,整个。昔,通"夕"。夜晚。

④夫仁义憯(cǎn)然乃愤吾心:提倡仁义害人更惨,使人心动荡不安。憯,通"惨"。愤,激动不安。

⑤放风:放任,自由自在。

⑥总德而立:坚守天性而生活于世。总,执,守。德,天性。立,生活于世间。

⑦又奚杰然若负建鼓而求亡子者邪:又何必竭尽全力去追求仁义,就像敲着背上的鼓去寻找走失的儿子呢!杰然,用力的样子。负,背。建,敲击。

⑧鹄(hú):天鹅。天鹅多为白色。

⑨黔:黑,染黑。

⑩辩:辩论。指辩论究竟是白色好还是黑色好。

⑪观：外观，供人观赏。

⑫广：广泛博取。

⑬泉涸（hé）：水干了。

⑭相呴（xū）以湿：用口中湿气相互涂抹。呴，吐气。比喻人们在困境中相互帮助。

⑮相濡（rú）以沫：用口水相互湿润。濡，沾湿。沫，口水。以上数句是要求人们忘却人世间的是是非非，在万物一齐的境界中获取精神上的自由。

【译文】

　　孔子去见老聃讨论仁义的问题。老聃说："簸扬米糠进入眼中，天、地、四方看起来似乎就改变了方位；蚊虻之类的小虫子叮咬皮肤，人就会通宵难眠。提倡仁义的行为害人更惨，将使人心动荡不安，这是最大的祸乱。您只要能够使天下人不丧失原有的纯朴天性，就可以放任人们自由生活，各自坚守着天性生活于人间即可，又何必竭尽全力去寻求仁义，就像敲着背上的鼓去寻找走失的儿子呢！白色的天鹅不需要天天沐浴而毛色自然洁白，黑色的乌鸦不需要天天渍染而毛色自然乌黑，乌鸦的黑和天鹅的白都是出于本色，不值得去争辩它们颜色的优劣；名誉是属于供人观赏的东西，也不值得去广泛博取。水干了，被困在陆地上的鱼相互依偎着，它们用口中湿气相互湿润，用口中吐沫相互涂抹，还不如它们游荡于江湖之中而相互忘却。"

　　孔子见老聃归，三日不谈。弟子问曰："夫子见老聃，亦将何规哉①？"孔子曰："吾乃今于是乎见龙②！龙，合而成体，散而成章③，乘云气而养乎阴阳④。予口张而不能嗋⑤，予又何规老聃哉！"

【注释】

①规：规劝，教诲。

②于是：在那里。是，代词，代指老子住所。龙：比喻老子。

③合而成体，散而成章：无论是卷缩起来，还是伸展开去，其体态都是那样的
优美而富于文采。合，卷缩。体，优美的体态。散，伸展开去。章，文采。
这两句应为"互文见义"，合在一起理解。

④养乎阴阳：生活于阴阳二气之中。

⑤嗋（xié）：闭。

【译文】

孔子拜访老聃回来后，整整三天一言不发。弟子问道："老师这次
去见老聃，给他一些什么样的教诲呢？"孔子说："我如今在老聃那里
见到了飞龙一般的人物啊！龙，无论是卷缩起来，还是伸展开去，它
的体态都是那样的优美而富于文采，它乘云驾雾生活在阴阳二气之中。
我吃惊得张大了嘴巴无法合拢，我哪里还能够教诲老聃啊！"

【研读】

关于本段故事，《史记·老子韩非列传》也有类似记载，录以备考：

孔子适周，将问礼于老子。……（孔子）谓弟子曰："鸟，吾
知其能飞；鱼，吾知其能游；兽，吾知其能走。走者可以为罔，
游者可以为纶，飞者可以为矰。至于龙，吾不能知，其乘风云而
上天。吾今日见老子，其犹龙邪？"

孔子到东周见了老子之后，对自己的弟子说："鸟，我知道它能飞
翔；鱼，我知道它能游水；兽，我知道它能奔跑。会奔跑的可以用兽网

去捕获它，会游水的可以用鱼钩去钓它，会飞翔的可以用弓箭去射它。至于龙，我就不知道该怎么办了，它能够驾着风云飞腾升天。我今天见到的老子，他就像一条龙啊！"正是由于孔子的赞扬，老子又被后人称为"犹龙"。

子贡曰①："然则人固有尸居而龙见②，雷声而渊默③，发动如天地者乎④？赐亦可得而观乎？"遂以孔子声见老聃⑤。

【注释】

①子贡：孔子弟子。姓端木，名赐，字子贡。

②尸居而龙见（xiàn）：安居不动而事业成功。尸，祭祀时代表死者受祭的人，尸在整个祭祀过程中安坐不动。龙见，飞龙腾空出现。形容事业成功。见，同"现"。

③雷声而渊默：即《在宥》篇讲的"渊默而雷声"。像深渊那样沉静无语，却像霹雳那样震撼人心。形容得道之人一语不发却感人至深。

④发动：活动。

⑤以孔子声：借助孔子的名义。以，借助。

【译文】

子贡说："那么真的有人能够做到安居不动而事业成功、沉默无语而震撼人心、一言一行如同天地运行吗？我也可以去见见他吗？"于是子贡便借助孔子的名义前去拜访老聃。

老聃方将倨堂而应①，微曰②："予年运而往矣③，子将何以戒我乎④?"子贡曰:"夫三王五帝之治天下不同⑤,其系声名一也⑥。而先生独以为非圣人,如何哉?"老聃曰:"小子少进⑦。子何以谓不同?"对曰:"尧授舜,舜授禹,禹用力而汤用兵,文王顺纣而不敢逆,武王逆纣而不肯顺,故曰不同。"

【注释】

①倨(jù)堂而应:坐在堂上接待他。倨,通"踞"。伸腿而坐。应,接待。

②微:声音很小。

③年运而往:年纪大了。运,逝去。

④戒:告诫,教诲。这是客气语。

⑤三王五帝:即三皇五帝。传说中的远古帝王。一说三皇指燧人氏、伏羲氏、神农氏,五帝指黄帝、颛顼、帝喾、尧、舜。

⑥系:获取。

⑦小子:年轻人。少进:稍微向前走点。少,通"稍"。

【译文】

老聃坐在堂上接待子贡。他低声对子贡说:"我已经老了,您对我还有一些什么指教吗?"子贡说:"三皇五帝治理天下的办法各不相同,但他们都获得了同样的好名声。而唯独先生您认为他们都算不上圣人,这是为什么呢?"老聃说:"年轻人,稍微走近点。您凭什么说他们治理天下的办法各不相同?"子贡回答说:"尧把帝位禅让给舜,舜把帝位禅让给禹,禹使用民力治水而商汤王使用武力征战,周文王服从商纣王而不敢反抗,周武王反抗商纣王而不肯服从,所以说他们的治国方法各不相同。"

【研读】

老子是孔子的师辈，是子贡老师的老师，但他在子贡面前仍然以谦虚的口气相互交流，这使我们想到相传是老子弟子关尹所撰写的《关尹子·釜篇》中的一段话：

> 人之少也，当佩乎父兄之教；人之壮也，当达乎朋友之箴；人之老也，当警乎少壮之说。万化虽移，不能厄我。

年轻的时候应当听从父兄的教诲，壮年的时候应当听取朋友的劝诫，这是人生常谈，但作者同时指出，到了老年的时候，应当反过来多听听年轻人的意见以提醒自己。这一观点，在古代还是比较少见的。关尹特别指出，如果能够做到这些，那么即使世界千变万化，自己也不会陷入困境之中。

老聃曰："小子少进。余语汝三皇五帝之治天下。黄帝之治天下，使民心一①，民有其亲死不哭而民不非也②。尧之治天下，使民心亲，民有为其亲杀其杀而民不非也③。舜之治天下，使民心竞④，民孕妇十月生子，子生五月而能言，不至乎孩而始谁⑤，则人始有夭矣⑥。禹之治天下，使民心变⑦，人有心而兵有顺⑧，杀盗非杀人，自为种而天下耳⑨，是以天下大骇，儒、墨皆起。其作始有伦⑩，而今乎妇女⑪，何言哉！余语汝：三皇五帝之治天下，名曰治之，而乱莫甚焉。三皇之知，上悖日月之明⑫，下睽山川之精⑬，中堕四时之施⑭，其知憯于蛎虿之尾⑮，鲜规之兽⑯，莫得安其性命之情者，而犹自以为圣人，不可耻乎？其无耻也。"子贡蹴蹴然立不安⑰。

【注释】

①一：单纯，纯一而无杂念。

②民：人。亲：父母。非：非议，批评。本句说明当时没有约束人的礼制。

③杀（shài）其杀（shài）：降低了一些他认为应该降低的礼节。杀，降低。

④竞：竞争，争斗。

⑤不至乎孩而始谁：还不会笑的时候，就开始教育他识别事物。孩，小儿笑。

谁，用作动词，识别人和事。关于以上三句，详见"研读"。

⑥夭：夭折。

⑦变：狡诈多变。

⑧心：狡诈多变之心。兵有顺：用武力强迫别人顺从自己。

⑨自为种：各自都在划分人的好坏种类。天下：用作动词，争夺天下。

⑩作始有伦：刚开始时做得还算有条理。伦，条理。

⑪妇女：把处女说成是已婚妇女。比喻黑白颠倒。妇，已婚女子。用作动词，

把……说成是已婚女子。女，处女。

⑫悖：违背，搞乱。

⑬睽（kuí）：违背。引申为搞乱。

⑭中堕（huī）四时之施：中间搞乱了四季运行。堕，通"隳"。毁坏。施，推

移，运行。

⑮其知憯（cǎn）于蛎虿（lì chài）之尾：他们的智巧比蝎子尾巴还要惨毒。知，

同"智"。憯，同"惨"。蛎虿，蝎子之类的毒虫。

⑯鲜规：很小的样子。

⑰蹴蹴（cù）然：惶恐不安的样子。

【译文】

老聃说："年轻人你再稍微走近点。我为你谈谈三皇五帝治理天下的情况。黄帝治理天下时，能够使人们的思想单纯，有人死了父母而不哭泣，人们也不会去批评他。尧治理天下时，能够使人们真心孝敬父母，有人对父母降低了他认为应该降低的礼节，人们也不会去责备他。舜治理天下时，使人们产生了竞争思想，妇女怀孕十个月就生下孩子，孩子生下五个月就要他开口说话，孩子还不会笑就教他识别事物，于是人们的寿命开始变短了。禹治理天下时，使人心狡诈多变，人们有了狡诈多变之心，就会使用武力迫使别人服从自己，从而出现了杀盗贼不算杀人的说法，人们开始划分好坏种类并争夺天下，因此天下大受惊扰，儒、墨各家也纷纷而起。开始时这些事情做得还算有条有理，而如今已经是把处女说成已婚妇女那样是非不分、黑白颠倒了，我还有何话可说！我告诉你，三皇五帝治理天下，名义上叫治理，实际上是最大程度地搞乱了天下。三皇五帝使用的那些智巧，上面毁坏了日月的光明，下面破坏了山川的精华，中间还搞乱了四季的运行。他们的智巧比蝎子的尾巴还要惨毒，就连小小的兽类，也无法保护自己的天性与生命，然而三皇五帝还自以为是圣人，难道不感到可耻吗？他们已经没有羞耻之心了。"子贡听后惶恐得站立不安。

【研读】

本段记载："舜之治天下，使民心竞，民孕妇十月生子，子生五月而能言，不至乎孩而始谁，则人始有夭矣。"这些话令人十分诧异，按照这一记载，在舜之前，怀孕的时间应该不止十个月，后来由于人们产生了竞争意识，所以孩子仅仅在母亲腹中待十个月就急急忙忙地来到世上。更令人诧异的是，两千多年后的以色列人尤瓦尔·赫拉利也讲到同样的情况：

> 这点（指直立行走）对妇女来说造成的负担更大。直立的步行方式需要让臀部变窄，于是产道宽度受限，而且别忘了胎儿的头还越来越大。于是，分娩死亡成了女性的一大风险。而如果早点儿生产，胎儿的大脑和头部都还比较小，也比较柔软，这样母亲就更有机会渡过难关，未来也可能再生下更多孩子。于是，自然选择（natural selection，又译"天择"或"自然淘汰"）就让生产开始提前。与其他动物相较，人类可说都是早产儿，许多重要器官的发育都还不够完善。（《人类简史·"思考"的代价》）

庄子与尤瓦尔·赫拉利一致认为，早期的人类怀孕的时间更长，只因生存竞争的需要，所以人类缩短了怀孕的时间。古今两位学者竟然得出如此一致的惊人结论！虽然我们不知道他们这一结论的证据何在，但在古代正史中类似的记载还是有的。《史记·周本纪》记载姜原怀孕十二个月生后稷："姜原出野，见巨人迹，心忻然说，欲践之；践之而身动如孕者。居期而生子，以为不祥，弃之隘巷，马牛过者皆辟不践……姜原以为神，遂收养长之。初欲弃之，因名曰弃。"文中说的"期"就是一整年的意思。秦始皇也是如此："吕不韦取邯郸诸姬绝好善舞者与居，知有身。子楚从不韦饮，见而说之，因起为寿，请之。……乃遂献其姬。姬自匿有身，至大期时，生子政。"（《史记·吕不韦列传》）庄子、司马迁、尤瓦尔·赫拉利的记载是否真实，还有待考证。

七

孔子谓老聃曰：“丘治《诗》《书》《礼》《乐》《易》《春秋》六经，自以为久矣，孰知其故矣^①，以奸者七十二君^②，论先王之道而明周、召之迹^③，一君无所钩用^④。甚矣夫！人之难说也，道之难明邪？”

【注释】

①孰：同“熟”。熟悉。故：掌故。指六经记载的历史故事、典章制度。

②以奸（gān）者七十二君：我用从六经学到的知识游说了七十二位君主。以，用。后面省略“六经”。奸，求取。指求取官位以推行自己的政治主张。七十二君，应视为带有夸张的约数。《史记·儒林列传》所说的“仲尼干七十余君无所遇”似出于此。详见“研读”。

③周、召（shào）之迹：周公和召公的政绩。周公，姓姬名旦。周武王之弟，辅佐周武王灭商建周。召公，姓姬名奭，周武王之弟，被封于召。

④钩用：使用，任用。钩，取。

【译文】

孔子对老聃说：“我研习《诗经》《尚书》《礼记》《乐经》《周易》《春秋》六部经书，自认为很久了，熟知其中各种历史故事与典章制度，我用六经去游说了七十二位君主，对他们讲解先王的治国方略，阐明周公和召公的治国业绩，然而没有一位君主任用我。真是太难了，究竟是因为君主太难以说服呢，还是因为大道太难以阐明呢？”

【研读】

在本段中，孔子说自己"奸者七十二君，论先王之道而明周、召之迹，一君无所钩用"，似为夸张之词。司马迁把此事作为信史写入《史记·儒林列传》：

> 太史公曰：……孔子闵王路废而邪道兴，于是论次《诗》《书》，修起礼乐，适齐闻《韶》，三月不知肉味。自卫返鲁，然后乐正，《雅》《颂》各得其所。世以混浊莫能用，是以仲尼干七十余君无所遇，曰"苟有用我者，期月而已矣"。

我们怀疑司马迁的"仲尼干七十余君无所遇"就是取自《庄子》的这段话。善于使用寓言说理的庄子，对史实有所夸张，尚可谅解；作为史书，如此夸张则似不应该。所以《史记索隐》纠正说："案：后之记者失辞也。案《家语》等说，云孔子历聘诸国，莫能用，谓周、郑、齐、宋、曹、卫、陈、楚、杞、莒、匡等。纵历小国，亦无七十余国也。"实际上，《索隐》所统计的这十一个国家，也只是孔子到过的国家，并非全是孔子求仕的国家，比如孔子到周国去的原因，是向老子求学，而并非想到周国任职。《孟子·尽心下》记载：

> 孟子曰："尽信书，则不如无书。吾于《武成》，取二三策而已矣。仁人无敌于天下。以至仁伐至不仁，而何其血之流杵也？"

《尚书·武成》记载周武王讨伐商纣王的情况，说是双方战斗非常激烈，以至于"血流漂杵"，战场上流的血把春米用的木棒都漂浮起来了。孟子认为这一记载是不可信的，因为仁义之师无敌于天下，以最为仁义的军队去讨伐最不仁义的暴君，怎么会流那么多的血呢！对待《史记》《庄子》，我们也应该持这种态度。

老子曰："幸矣，子之不遇治世之君也^①！夫六经，先王之陈迹也^②，岂其所以迹哉^③！今子之所言，犹迹也^④。夫迹，履之所出^⑤，而迹岂履哉？夫白鶂之相视^⑥，眸子不运而风化^⑦；虫，雄鸣于上风^⑧，雌应于下风而风化^⑨；类自为雌雄^⑩，故风化。性不可易^⑪，命不可变^⑫，时不可止，道不可壅^⑬。苟得于道^⑭，无自而不可^⑮；失焉者^⑯，无自而可。"

【注释】

①幸矣，子之不遇治世之君也：真是幸运啊，您没有遇到愿意治理国家的君主啊！意思是，如果您遇到一位重用您的君主，那么整个国家都将受到危害。

②陈迹：遗留下来的陈旧足迹。

③所以迹：遗迹的本源。也即印出足迹的鞋子。

④犹迹：就好像足迹一样。

⑤履之所出：是鞋踩出来的。履，鞋。

⑥白鶂（yì）：水鸟名。

⑦眸（móu）子不运而风化：眼珠一动不动就能交配生子。眸子，眼珠。不运，不动。风化，交配生子。

⑧上风：上方。

⑨下风：下方。

⑩类：传说中的动物。自为雌雄：自身就具备了雌雄两性。

⑪性不可易：天性不可改变。易，改变。

⑫命：天命。指自然规律。

⑬壅：阻塞。

⑭苟：如果。

⑮无自而不可：无论做什么都能成功。自，由，往。

⑯焉：代指大道。

【译文】

　　老子说："真是幸运啊，您没有遇到愿意治理国家的君主啊。那六部经书，不过是先王留下的陈旧足迹而已，哪里是这些足迹的真正根本！如今您所谈论的六经内容，就好像足迹一样。足迹，是用鞋子踩出来的，而足迹难道就是鞋子吗？白鹓鸟雌雄相互对视，眼珠一动不动便可交配生子；有些虫子，雄性的在上方鸣叫，雌性的在下方回应就可交配生子；一种名叫'类'的动物自身就具备了雌雄两性，所以只靠自身就可生子。本性难以改变，天命无法更易，时光不会停留，大道不可阻塞。如果掌握了道，无论做什么都会成功；如果失去了道，无论做什么都将失败。"

　　孔子不出三月，复见曰："丘得之矣。乌鹊孺①，鱼傅沫②，细要者化③，有弟而兄啼④。久矣，夫丘不与化为人⑤！不与化为人，安能化人！"老子曰："可。丘得之矣！"

【注释】

①乌鹊：乌鸦与喜鹊。孺：孵卵而生。

②傅沫：涂泡沫而生子。傅，涂抹。沫，泡沫。实际是指泡沫状的鱼卵。

③细要者化：蜂类由其他虫子变化而生。细要，即细腰。指蜂类。古人认为蜂取桑虫回巢，使它变化为自己的孩子。《诗经·小雅·小宛》："螟蛉有子，蜾蠃负之。"螟蛉即桑虫，蜾蠃是一种寄生蜂，也即本段说的"细要"。蜾蠃经

常捕捉螟蛉存放在自己的窝里，把卵产在它们的身体内，卵孵化后就以螟蛉
为食物。古人误以为蜾蠃不产子，喂养螟蛉为子，因此称义子为"螟蛉"。

④有弟而兄啼：有了弟弟，兄长因失去父母之爱而啼哭。

⑤与化为人：与自然变化为友。即顺应自然变化。为人，为友，交朋友。

【译文】

孔子整整三个月闭门不出，然后又一次去见老聃，说："我得道
了。乌鸦与喜鹊孵化而生，鱼涂泡沫而生，蜂是由他物变化而生，有
了弟弟而哥哥就会因失去父母之爱而啼哭。很久很久了，我都没能做
到顺应万物变化！不能顺应万物变化，又怎么能够去教化别人！"老子
说："好。孔丘终于得道了！"

【研读】

本篇内容较为突出的一点就是针对儒家的保守思想提出了因时而变
的政治主张。庄子认为古今的不同，犹如水陆的不同，如果看到船在水
上行走起来非常便利，便盲目地把船推到陆地上来，那就大错特错了。

本篇在阐述这一道理的时候，使用的文字非常生动，使用的比喻
非常恰切，如上文提到的水陆舟车之喻，还有楂、梨、橘、柚之喻等
等。特别是丑女效颦（后演变为"东施效颦"一词）这一故事，更是
惟妙惟肖地刻画出不顾实际盲目仿效他人的不良后果。

最后还要提到的一点是，这一主张对法家的代表人物韩非、杂家
的代表人物吕不韦等人有很大影响，韩非、吕不韦的历史变革思想与
庄子基本一致，他们讽刺保守派的行为是"守株待兔""刻舟求剑"，
其讽刺效果与"东施效颦"异曲同工。

刻　意

刻意，取篇首二字为篇名。"刻意"的意思是磨砺意志。本篇主要讲了两层意思：第一，作者首先介绍了生活态度各偏一端的五种人，认为"不刻意而高，无仁义而修"的第六种人才算是圣人。第二，作者接着阐述了养神的重要性，要求人们勘破生死、淡泊名利，无思无虑，无忧无喜，永远保持心态平和，如此才算是真人。

一

刻意尚行①，离世异俗②，高论怨诽③，为亢而已矣④；此山谷之士⑤，非世之人⑥，枯槁赴渊者之所好也⑦。

【注释】

①刻意：磨砺意志。刻，磨砺。尚行：崇尚品行。本段文字描述的是满腹牢骚的山林隐士。

②离世异俗：远离社会，超凡脱俗。

③怨诽：抱怨。

④亢：孤高傲世。

⑤山谷之士：隐居于深山老林之人。

⑥非世：批评社会，愤世嫉俗。

⑦枯槁赴渊者：指能够以身殉道的隐士。枯槁，身如枯木。赴渊，投水而死。
　　如鲍焦、申徒狄之类的隐士。《庄子·盗跖》："鲍焦饰行非世，抱木而死。
　　申徒狄谏而不听，负石自投于河，为鱼鳖所食。"

【译文】

　　磨砺意志而崇尚品行，远离社会而不同流俗，高谈阔论而满腹牢
骚，这只能算是孤高傲世的行为而已；这些人是居住在山谷里的隐士，
是愤世嫉俗的士人，这是那些能够为理想而甘愿使自己骨瘦如柴、甚
至付出生命的人所一心追求的。

【研读】

　　《庄子》全书描述了大量隐士，庄子本人也是隐士之一，本段还专
门介绍了隐士生活。我们就在此简单地介绍一下古代隐士的隐居方式。

　　由于所处的主、客观环境不同，隐士选择的隐居方式也各不相同。
清人沈复在《浮生六记》卷六《养生记逍》中说："留侯、邺侯之隐于
白云乡，刘、阮、陶、李之隐于醉乡，司马长卿以温柔乡隐，希夷先
生以睡乡隐，殆有所托而逃焉者也。"沈复的概括未必完全正确，也未
必全面，但这说明古人已经注意到了隐居方式的多样化。

一、小隐隐陵薮，大隐隐朝市

晋人王康琚《反招隐诗》说："小隐隐陵薮，大隐隐朝市。"意思

是说，那些隐居于深山老林的人还算不上精神境界真正高妙的隐士，因为他们在思想上还无法抗拒世俗社会中名利的诱惑，所以要逃入深山之中，以此来维护自己心境的清静。而那些思想境界真正高尚的人，能够做到"出污泥而不染"，什么名利富贵、灯红酒绿，都无法使他们心动，所以他们也就不必避开世俗而进入深山。第一个明确提出隐于朝市的是西汉的东方朔，《史记·滑稽列传》记载：

> （东方）朔行殿中，郎谓之曰："人皆以先生为狂。"朔曰："如朔等，所谓避世于朝廷间者也。古之人，乃避世于深山中。"时坐席中，酒酣，据地歌曰："陆沈于俗，避世金马门。宫殿中可以避世全身，何必深山之中、蒿庐之下？"金马门者，宦者署门也，门旁有铜马，故谓之曰"金马门"。

把隐居的地点选在皇帝的宫殿之上，实在是高明。从此以后，自称隐于朝市的所谓"大隐"就代不绝人。宋代的诗人邓深先后任太府丞、朝散大夫等职，但他把自己看作"大隐"，因此自号"大隐居士"，把自己的诗集命名为《大隐居士诗集》。

实际上，那些所谓的隐于朝市的"大隐"，大多是自欺欺人，他们不过是想用"大隐"之名去扫清自己追逐名利时所留下的足迹而已。

二、中隐隐于吏

大隐隐于朝市，小隐隐于山林，在大、小隐之间还有一个层次，那就是中隐。白居易专门写了一首《中隐》诗，描写自己当一个闲散官员时既不"穷"也不"通"、既不"丰"也不"约"、吃喝不愁、出处自由的悠闲日子。关于《中隐》诗，可参见《庄子·达生》篇"田开之见周威公"章的"研读"。

此后，吏隐之人就渐渐多了起来。宋代陈恺就自称"吏隐二十五年，自期老于江湖而止耳"（《谢张尚书举自代书》），司马光也提倡"既知吏可隐，何必遗轩冕"（《登封庞国博年三十八自云欲弃官隐嵩山作吏隐庵于县寺俾光赋诗勉率塞命》），就连和尚也羡慕吏隐生活，惠洪写道："禄隐太平真乐事，莫思神武挂冠缨。"（《次韵刘韦孟主簿湖上》）"吏隐"把官员和隐士两种身份合而为一，虽也说出了几分道理，总觉有欺人之嫌。

三、隐于宗教

在中国古代，佛、道二教十分兴盛，他们的教理教义吸引了大批文人，一旦这些文人在世俗社会中受到挫折，他们很容易就投向宗教的怀抱。还有一些文人并不信仰宗教，但佛、道二教的部分理论和宗教组织能够为他们提供精神上或肉体上的避难所，所以，他们也会在宗教中消磨掉自己的余生。

历史上有不少著名的宗教家，初期并不真正崇拜神鬼，只是由于种种原因才走近了宗教，如陶弘景、王喆等等。下面我们以陶弘景为例，看看这些宗教领袖是如何隐于宗教的。

陶弘景博学多才，"读书万余卷，一事不知，以为深耻"（《南史·陶弘景列传》），一生著述达八十多种，是典型的文人。他原本并不愿意当道士，而是想在政治上干一番事业。陶翊《华阳隐居先生本起录》说：陶弘景"方除奉朝请，拜竟怏怏，与从兄书曰：'昔仕宦……必期四十左右作尚书郎，出为浙东一好名县……今年三十六矣，方作奉朝请！……不如早去，无自劳辱。'"这说明他弃官入道的主要原因是仕途的不得意。当然，他当了道士之后，发生了戏剧性的变化，隐居山中的他反而由一个无名的闲曹变成了名噪一时的"山中宰相"。

四、隐于酒

号称江南才子的唐伯虎就曾自称"余也隐于酒"(《菊隐记》)。魏晋时的刘伶曾写了一篇有名的《酒德颂》，其中有一段描写醉后的奇妙感觉：

> 无思无虑，其乐陶陶。兀然而醉，恍尔而醒。静听不闻雷霆之声，熟视不睹泰山之形。不觉寒暑之切肌，利欲之感情。俯观万物，扰扰焉如江汉之载浮萍。二豪侍侧焉，如螺蠃之与蟆蛉。

后人只知道陶渊明是著名的隐士，还不知道他的"隐中之隐"，这个所谓的"隐中之隐"就是指他在归隐后以酒解愁。辞官回家以逃避社会是"隐"，回家后靠饮酒以逃避隐居所面临的现实难题就是"隐中之隐"。陶渊明一生有两大思想矛盾无法解决，那就是希望建功立业而又不得不退隐田园的出处矛盾和希望长生久视而又不得不走向死亡的生死矛盾。这两大矛盾时时刻刻在煎熬着他的心灵，给他带来了巨大的痛苦，而解决这一矛盾的唯一办法就是借酒解愁，以期在醉乡中进入一种物我两忘的境界。我们看他的两首诗：

> 欲言无予和，挥杯劝孤影。日月掷人去，有志不获骋。(《杂诗》)

> 运生会归尽，终古谓之然。世间有松乔，于今定何间？故老赠余酒，乃言饮得仙。试酌百情远，重觞忽忘天。……云鹤有奇翼，八表须臾还。(《连雨独饮》)

第一首是说自己举杯独酌的目的是为了消解日月不再、功名难成的苦闷。第二首讲自己饮酒可以消除无法成仙长生的苦恼。这些诗歌明确地说明了诗人在归隐美丽的田园之后还没有完全获得隐士的那种闲暇的心情，而这种心情只能于酒醉之后才能找到：第一杯酒下去，生死之忧就无影无踪了；待到第二杯酒入腹，诗人已经感觉不到天地的存在；在醉意朦胧之中，诗人飘飘然如驾云鹤，游遍八表也只在须臾之间。醒时是那样的痛苦，醉后是那样的逍遥，陶渊明焉能不饮！

元代有一首无名氏的散曲，用通俗的语言把醉后的美妙感觉描写得十分生动，题目是《双调蟾宫曲·酒》：

> 酒能消闷海愁山。酒到心头，春满人间。这酒痛饮忘形，微饮忘忧，好饮忘餐。一个烦恼人乞惆似阿难，才吃了两三杯可戏如潘安。止渴消烦，透节通关，注血和颜，解暑温寒。这酒则是汉钟离的葫芦，葫芦儿里救命的灵丹。

饮酒有这么多无法用语言形容的好处，怪不得百无聊赖的隐士们喜欢到酒的世界里去寻找欢乐。明末著名隐士王冕有一首《大醉歌》，把饮酒的目的讲得也很清楚：

> 明月珠，不可襦；连城璧，不可哺；世间所有皆虚无。百年光景驹过隙，功名富贵将焉如？君不见北邙山，石羊石牛排无数？旧时多有帝王坟，今日累累蛰狐兔，残碑断碣为行路。又不见秦汉都，百二山河能险固？旧时宫阙亘云霄，今日原田但禾黍，古恨新愁迷草树。不如且买葡萄醅，携壶挈榼闲往来。日月大醉春风台，何用感慨生悲哀！

在王冕看来，人生在世，除了饮酒还有一点消闷解忧的作用外，其他一切行为都是毫无意义的。

五、隐于诗书

读诗书，原本是为了一举成名，做修齐治平的大事情，至少也是为了提高自己的思想修养。而隐士们却把诗书看作一处适合于隐居的"绿水青山"。元代的顾德润就把自己的诗集命名为《诗隐》。当然，他还算不上真正隐于诗的隐士，据说他把自己的诗集刻印出来以后，亲自到市场上去兜售，可见他还是想要出人头地的。真正隐于诗书的人，其读书作文的态度就不是如此了。我们看陶渊明的两段话：

> 好读书，不求甚解，每有会意，便欣然忘食。（《五柳先生传》）

> 余闲居寡欢，兼比夜已长，偶有名酒，无夕不饮。顾影独尽，忽焉复醉。既醉之后，辄题数句自娱，纸墨遂多。辞无诠次，辄命故人书之，以为欢笑尔。（《饮酒二十首·序》）

第一段讲的是读书态度，第二段讲的是写作态度，其共同点就是：不是为了名利，而是为了娱乐。为名利读书是被别人牵着鼻子走，所以是"苦"；为隐居消遣读书是随心所欲地牵着诗书的鼻子走，所以是"乐"。元代白朴有一首歌唱隐居于诗书的散曲《中吕阳春雪·知几》：

> 知荣知辱牢缄口，谁是谁非暗点头。诗书丛里且淹留。闲袖手，贫煞也风流。

白朴要当一个淹留于诗书之中的、"闲袖手"的风流隐士。明代的李子髯是著名诗人袁宏道的妻弟，袁宏道曾给他写过一封信，信的一开始就说：

> 髯公近日作诗否？若不作诗，何以过活这寂寞日子也？人情必有所寄，然后能乐。故有弈棋为寄，有以色为寄，有以技为寄，有以文为寄。古之达人，高人一层，只是他情有所寄，不肯浮泛

虚度光景。每见无寄之人，终日忙忙，如有所失，无事而忧，对景不乐，即自家亦不知是何缘故，这便是一座活地狱，更说甚么铁床、铜柱、刀山、剑树也。可怜！可怜！（《李子髯》）

用写诗作文来打发"寂寞日子"，这就是那些饱食终日、无所事事的隐士生活，他们写诗不是为了某种物质的目的，而是为了消磨无聊的时光。特别是文中说的人人必须"情有所寄"，确实道出了人生的一个真谛。

对于隐士来说，读书的好处还有很多。清沈复在《浮生六记》卷六《养生记逍》中说：

图翁曰："人心至灵至动，不可过劳，亦不可过逸，惟读书可以养之。"闲适无事之人，镇日不观书，则起居出入，身心无所栖泊，耳目无所安顿，势必心意颠倒，妄想生嗔，处逆境不乐，处顺境亦不乐也。……且从来拂意之事，自不读书者见之，似为我所独遭，极其难堪。不知古人拂意之事，有百倍于此者，特不细心体验耳。即如东坡先生，殁后遭逢高孝，文字始出，而当时之忧谗畏讥，困顿转徙潮、惠之间，且遇跣足涉水，居近牛栏，是何如境界！又如白香山之无嗣，陆放翁之忍饥，皆载在书卷。彼独非千载闻人？而所遇皆如此，诚一平心静观，则人间拂意之事，可以涣然冰释。若不读书，则但见我所遭甚苦，而无穷怨尤嗔忿之心，烧灼不静，其苦为何如耶！故读书为颐养第一事也。

这段文字告诉我们，读书至少有两个好处：一是可以使自己的"心"有一个栖泊处，不让它在无所事事的情况下四处漂泊。二是通过读书，多了解一些古代名人的不幸遭遇，人我对照，便可消去自己心中的许多不平之气。

最后我们用清人徐瘦生的一副对联作结："志不求荣，满架图书成小隐；身难近俗，一庭风月伴孤吟。"（陆以湉《冷庐杂识》卷二）

六、隐于色

在上文中，袁宏道已经提出了"有以色为寄"的问题。在中国古代，"好色"这个字眼一直不是一个太悦目的字眼。孔子就曾说过："吾未见好色如好德者也。"（《论语·子罕》）他虽然没有明确批判好色的行为，但字里行间所流露出的不满情绪却是显而易见的。

后来，人们对好色的批评一日紧似一日：在政治上，好色可以丧国；在个人修养上，好色可以丧志；在养生上，好色可以丧命。总之，好色一无是处。然而到了明末，卫泳对这一观点大加挞伐，先批好色误国论，再批好色妨德论，三批好色伤身论，认为好色不但无害，反而有益，好色"可以保身，可以乐天，可以忘忧，可以尽年"（《悦容编》）。他的这些论点不能说毫无道理，但无疑是矫枉过正。

在这一理论基础之上，卫泳还写了一篇《招隐》，为隐士们开辟了另一广阔而温柔的隐居之乡，那就是隐于色。"招隐"一词在古代有两种截然不同的意思，一是招隐士出山为国出力，二是招士人归隐。卫泳的意思当然是要召唤士人归隐了。他认为，温柔的色乡是最适宜于归隐的地方，一般人一见到美色，就能够名利两忘。有些人之所以汲汲于名利，就是因为他们缺乏这种美好、高尚的好色情趣，因而也就缺乏一种精神寄托。而英雄豪杰，只要有一位红粉佳人，便可相携出世，安心归隐。同归隐于色的行为相比，那些禁欲窒性、避世深山的行为显得又蠢又笨。在卫泳眼中，好色之癖成了一种美德，好色之人成了英雄豪杰，成了情趣高尚的肥遁者。明代的钱受之和袁中道也持这种观点，袁中道在《答钱受之》中说：

> 兄书中道及嘲胡仲修语，将谓世间人游山水者，乃不得粉黛
> 而逃之耳，非真本色道人也。此真觑破世人伎俩也。弟则谓不得
> 繁华粉黛，而能逃于山水以自适者，亦是世间有力健儿。因伛为
> 恭，遂成真恭者，多有之。

钱、袁二人都认为，那些没有当官的隐士首选的隐居方式应是隐
于色，只有那些没有条件隐于色的人，才会跑到深山老林里去过苦行
僧式的清贫生活。这可以说是代表了很大一部分士人的心态。明代有
一位姓殷的读书人，一生仕途不畅，于是便沉溺于绿巾红袖之中，袁
中道对此评论说："殷生负美才，其落魄甚予，宜其情无所束，而大畅
于簪裙之间。"并说："饮酒者有出于醉之外者也，征妓者有出于欲之
外者也。"(《殷生当歌集序》) 总之，好色不能仅仅看作是好色，而只
是失意文人隐居的一种方式。

　　语仁义忠信，恭俭推让，为修而已矣①；此平世之士②，教诲
之人，游居学者之所好也。

【注释】

①修：修身。本段描述的是周游天下、上说下教的学者。

②平世：治理天下。平，治理。

【译文】

　　宣扬仁爱道义、忠诚信实，讲究恭敬节俭、辞让谦虚，这只能算
是注重修身的行为而已；这些人是想治理天下之士，是想教化百姓之

人，这是那些四处游说、博学多识的人所一心追求的。

【研读】

本段描述的人，是指还处于世俗圣人层次的孔子这类人，另外还有墨子、孟子等等，都属于此类之人。

语大功，立大名，礼君臣①，正上下②，为治而已矣；此朝廷之士，尊主强国之人，致功并兼者之所好也③。

【注释】

①礼君臣：为君臣制定礼节。本段描述的是一心建功立业的官员。

②正上下：匡正上下关系。

③并兼：兼并敌国。

【译文】

谈论大的功劳，建立大的名声，制定君臣礼节，匡正上下关系，这只能算是重视治国的行为而已；这些人是身居朝堂之士，是能使君主尊贵、国家富强之人，这是那些想建功立业、开疆拓土的人所一心追求的。

【研读】

本段描述的人，是指像管仲、晏子、吴起一类的官员。

就薮泽①，处闲旷②，钓鱼闲处，无为而已矣；此江海之士，避世之人③，闲暇者之所好也。

【注释】

①就：接近，走进。薮（sǒu）泽：大泽。类似今天说的湿地。薮，长有很多
　草木的湖泽。本段描述的是避世闲居的闲适之人。

②处闲旷：生活在清净偏僻的旷野之中。

③避世：逃避社会。

【译文】

　　走进大泽深林，居住在幽静之处，以钓鱼消遣时光，这只能算是
清闲自在的行为而已；这些人是江湖闲散之士，是逃避社会之人，这
是那些爱好悠闲生活的人所一心追求的。

【研读】

　　本段描述的人物，类似于隐士，但又不完全相同。按照庄子的说
法，"隐，故不自隐。古之所谓隐士者，非伏其身而弗见也，非闭其
言而不出也，非藏其知而不发也，时命大谬也"（《庄子·缮性》），隐
士是胸怀治国大志而生不逢时的人，而本段描述的人是甘心情愿闲居
于山水之间的悠闲之士。换句话说，隐士是被迫隐居者，而本段说的
"闲暇者"则是主动隐居者。

　　吹呴呼吸①，吐故纳新②，熊经鸟申③，为寿而已矣④；此道引
之士⑤，养形之人，彭祖寿考者之所好也⑥。

【注释】

①吹呴（xù）呼吸：吐气呼吸。呴，吐气。本段描述的是养生之人。

②吐故纳新：吐出胸中浊气，吸入新鲜空气。故，体中原有的浊气。

③熊经：像熊那样攀援直立。经，攀援直立。鸟申：像鸟飞翔那样伸展腿脚。申，通"伸"。伸展。

④为寿：追求长寿。为，追求。

⑤道引：又写作"导引"。道，疏通。指舒筋活络。引，伸展。导引是古代的一种养生术，通过呼吸吐纳、伸展手足使血气流通，促进身体健康。

⑥彭祖：传说中的长寿之人，相传他活了八百岁。考，老，长寿。

【译文】

深吸浅呼，吐故纳新，像熊那样攀援直立，像鸟那样伸展手脚，这只能算是善于延年益寿的行为而已；这些人是喜欢导引运动之士，是注重健身之人，这是彭祖之类希望长寿的人所一心追求的。

【研读】

本段描述的是热衷于养生的人，如《庄子》中提到的彭祖、广成子等人。

若夫不刻意而高，无仁义而修，无功名而治，无江海而闲，不道引而寿，无不忘也，无不有也，澹然无极①，而众美从之②，此天地之道，圣人之德也。

【注释】

①澹然无极：无比的宁静恬淡。澹然，淡泊。无极，无穷，无比。本段描述的是圣人的生活状况。

②众美从之：所有的美好事物都集中在他身上。

【译文】

还有一些圣贤不需磨砺意志而自然高尚，不需谈论仁义而自有修养，不需建功立名而天下自然安定，不需隐居江湖而自然悠闲自得，不需呼吸导引而自能长寿，他们无所不忘，而又无所不有，他们宁静恬淡得无与伦比，而所有的美好事物都会集中在他们身上，这才算是符合了自然的大道，具备了圣人的品德。

【研读】

本段描述的是道家心目中的圣王，如《庄子·胠箧》中提到的容成氏、大庭氏、伯皇氏、中央氏、栗陆氏、骊畜氏、轩辕氏、赫胥氏、尊卢氏等等。

本章描述了六种生活行为各不相同的人，前五种都属于世俗之人，只有第六种“不刻意而高，无仁义而修”的人才是庄子心目中的圣人。

二

故曰：夫恬惔寂寞①，虚无无为②，此天地之平③，而道德之质也。

【注释】

①恬惔（dàn）寂寞：恬淡宁静。惔，通"淡"。寂寞，宁静，平和。

②虚无：内心清净而无杂念。

③平：基准，准则。

【译文】

所以说：恬淡宁静，清净无为，这是天地的原则，是大道的本质。

故曰：圣人休休焉则平易矣①，平易则恬惔矣。平易恬惔，则忧患不能入②，邪气不能袭，故其德全而神不亏。

【注释】

①休休焉：平静安详的样子。平易：平静。

②入：指入于心中。

【译文】

所以说：圣人的心境非常平静，心境平静了就能够做到精神恬淡。做到了平静恬淡，那么各种忧患就不会放在心上，邪恶之气也就无法侵害他们的身体，因此他们就能够保护好自己的美好天性，精神也不会受到任何损害。

故曰：圣人之生也天行①，其死也物化②；静而与阴同德③，动而与阳同波；不为福先④，不为祸始；感而后应⑤，迫而后动⑥，不得已而后起；去知与故⑦，循天之理。故无天灾，无物累，无人

非⑧，无鬼责；其生若浮⑨，其死若休⑩；不思虑，不豫谋⑪；光矣
而不耀⑫，信矣而不期⑬；其寝不梦，其觉无忧，其神纯粹，其魂不
罢⑭。虚无恬惔，乃合天德。

【注释】

①天行：顺应自然规律而行动。天，自然。

②物化：变为其他事物。

③与阴同德：与阴气一样宁静。古人认为阴主静而阳主动。

④不为福先：不抢先去追求幸福。

⑤感而后应：外界事物对自己有所触动，然后才去响应。感，触动。

⑥迫而后动：受到迫使之后才有所行动。也即去做必须做的事情，不去没事
　找事。

⑦知：同"智"。指世俗智慧。故：原有的成见。

⑧非：非议，批评。

⑨其生若浮：活在世上就像在水面漂浮那样随遇而安。"浮生"一词即出自这
　里。详见"研读"。

⑩休：休息。

⑪豫谋：预谋。豫，通"预"。

⑫光矣而不耀：有光芒但不刺眼。比喻有优点、本领但不咄咄逼人。耀，刺
　眼。《道德经》五十八章："是以圣人方而不割，廉而不刿，直而不肆，光而
　不耀。"

⑬期：期待。

⑭罢（pí）：同"疲"。疲惫不堪。

【译文】

所以说：圣人生前顺应自然而行动，死后就听任自然而变为其他事物；他们安静时像阴气一样沉寂，活动时像阳气一样活跃。他们不抢先追求幸福，也不带头招惹祸端；他们受到外物触动之后才有所回应，受到外界的驱使之后才有所行动，迫不得已才去起身做事。他们消除了心中的智巧和成见，一切行为都遵循自然之理。所以大自然不会伤害他们，名利等身外之物不会牵累他们，人们也不会批评他们，鬼神也不会责难他们。他们活在世上就像漂浮在水面上那样随遇而安，他们死后就像休息时那样安闲适意。他们不思考，不预谋；他们有优点但不会显得咄咄逼人，诚实不欺但从不期求什么。他们睡眠时从不做梦，醒来后无忧无虑，他们的心灵是那样的纯净，他们的精神从来不会感到疲惫。他们虚静恬淡，符合自然赋予的天性。

【研读】

自从庄子提出"其生若浮"之后，"浮生"就成为一个极为活跃的词，陆游写过两首《浮生》与一首《浮世》，沈复写过《浮生六记》，直到今天还有一首《浮生》歌曲广为流传。人生不仅短暂，而且是向死而生，充满了悲剧色彩。正因为如此，庄子的人生如梦、人生如白驹过隙、人生如浮等思想被世人普遍接受。如何面对这样的人生，我们看两首诗词：

　　浮生真是寄邮亭，短鬓匆匆失故青。睡少始知愁有力，病增方叹药无灵。谋生懒似逢秋燕，访旧疏于欲旦星。自笑若为销此恨，浊醪聊复倒余瓶。（陆游《浮生》）

　　林断山明竹隐墙，乱蝉衰草小池塘。翻空白鸟时时见，照水

红藁细细香。　　村舍外，古城旁，杖藜徐步转斜阳。殷勤昨夜三更雨，又得浮生一日凉。(苏东坡《鹧鸪天》)

陆游还是一位较为旷达的诗人，然而当他面对短暂人生、白发病身时，他的解决方法就是与陶渊明一样以酒解愁。苏东坡的这首词创作于贬谪黄州期间，他不仅要面对人类的共同愁苦——人生苦短，而且还要面对自己所遭受的不公待遇，然而他却能够在灰暗的人生底色中，找到聊以宽慰的人生亮点——"又得浮生一日凉"。人生在世，"不如意事，十常八九"(辛弃疾《贺新郎·肘后俄生柳》)。作为芸芸众生的我们，应该效法苏东坡，多看看我们人生中的一二得意之事，少想想十常八九的不如意事，在"炎热"的人生旅途中找到一丝凉意。

故曰：悲乐者，德之邪[①]；喜怒者，道之过[②]；好恶者，德之失。故心不忧乐，德之至也；一而不变[③]，静之至也；无所于忤[④]，虚之至也[⑤]；不与物交，惔之至也；无所于逆，粹之至也[⑥]。

【注释】

①德之邪：对于天性来说是一种错误。庄子认为人的天性是虚净平和。

②道之过：对于大道来说是一种过错。

③一而不变：精神专一而无波动。

④忤（wǔ）：抵触。

⑤虚：虚净。指内心毫无成见。

⑥粹：纯粹，纯净。

【译文】

　　所以说：有了悲哀和欢乐的情感，那是违背天性后的错误；有了喜悦和愤怒的情绪，那是违背大道后的罪过；有了喜好和厌恶的感觉，那是失去天性后的过失。因此心中无忧无乐，才是天性完美的最高境界；精神专一而无任何波动，才是心情宁静的最高境界；不与任何事物发生抵触，才是心无成见的最高境界；不与任何外物纠缠，才是精神淡泊的最高境界；不与任何事物产生冲突，才是心境纯净的最高境界。

　　故曰：形劳而不休则弊，精用而不已则劳[1]，劳则竭[2]。水之性，不杂则清，莫动则平，郁闭而不流[3]，亦不能清，天德之象也。

【注释】

①精：精神。与上一句的"形"相对。

②竭：精力枯竭。

③郁闭：闭塞不通。

【译文】

　　所以说：形体劳累而不休息就会疲惫，精神使用而不歇息就会困顿，无休止地疲惫困顿就会使精力枯竭。水的天性，没有杂质就会清澈，不去搅动就会平静，但如果完全堵塞而不让它流动，水也不会保持清澈，这是水的天性的一种表现。

　　故曰：纯粹而不杂[1]，静一而不变，惔而无为，动而以天行，此养神之道也。

【注释】

①不杂：不掺入杂念。

【译文】

所以说：内心纯净而无杂念，平静专一而不波动，淡泊名利而清静无为，所有行为都顺应自然，这就是养神的原则。

三

夫有干越之剑者①，柙而藏之②，不敢用也，宝之至也。精神四达并流③，无所不极④，上际于天⑤，下蟠于地⑥，化育万物，不可为象⑦，其名为同帝⑧。纯素之道⑨，唯神是守⑩；守而勿失，与神为一；一之精通⑪，合于天伦⑫。野语有之曰⑬："众人重利，廉士重名，贤人尚志⑭，圣人贵精。"故素也者，谓其无所与杂也；纯也者，谓其不亏其神也。能体纯素⑮，谓之真人。

【注释】

①干越之剑：吴越出产的宝剑。干，国名。后来被吴国所兼并，这里即代指吴国。越，国名。即越国。吴国和越国均以出名剑而闻名。

②柙（xiá）：通"匣"。用作动词，装进匣子。这几句是说，人们知道爱惜宝剑，更应该知道爱护自己的精神，因为精神比宝剑更为珍贵。

③四达并流：四处游荡。流，流动，遨游。

④极：尽头。到达尽头。

⑤际：接近，到达。

⑥蟠（pán）：遍及。

⑦为象：描述其模样。为，描述。象，模样。

⑧同帝：与天帝一样。指精神功能神奇得如同天帝。

⑨纯素：纯净素朴。

⑩唯神是守：即"唯守神"。守护自己精神。

⑪精通：精神通畅无阻。

⑫天伦：天理。

⑬野语：俗语，谚语。

⑭贤人尚志：贤人崇尚志气。

⑮体：体会，领悟。

【译文】

　　拥有吴越宝剑的人，将会把它收藏在匣子里，不敢轻易使用，珍爱到了极点。精神可以四处游荡，到达任何地方的尽头，它上可以遨游苍天，下可以遍及大地，还可以化育万物，然而却无法描述它的模样，可以称之为"同帝（神奇如天帝）"。纯净素朴的做人原则，就是要求守护好自己的精神；守护好精神而不丧失，就能与精神融为一体；融为一体就能使精神畅通无阻，做事就能符合天理。俗话说："普通民众看重钱财，廉洁之人看重名声，贤良之人崇尚志气，圣哲之人重视精神。"所谓的素朴，说的是没有杂物混入；所谓的纯净，说的是精神没有受到亏损。能够领悟纯净素朴的道理，可以称之为"真人"。

缮　性

缮性，取篇首二字为篇名。缮性，修心养性。缮，修养。本篇主要阐述以下几个问题：第一，提出了以恬养智、以智养恬、恬智相养的修养方法。第二，描述了世风日下、社会日衰的状况。第三，阐述圣人在当今混乱社会中如何存身的问题，勉励人们做到富贵也乐、穷困也乐，达到这种境界才算是真正的"得志"。

一

缮性于俗①，俗学以求复其初②；滑欲于俗③，思以求致其明④，谓之蔽蒙之民⑤。

【注释】

①缮性于俗：用世俗学问来修养品性。缮，修缮，修养。

②初：原有的天性。

③滑（gǔ）欲：搞乱了意念。滑，乱。欲，意念。

④致其明：获得真正的智慧。致，获得。明，明智，智慧。

⑤蔽蒙：蒙蔽。指被世俗学问所蒙蔽。民：人。

【译文】

　　用世俗学问来修心养性，还想用世俗学问去恢复自己的原有天性；世俗学问已经搞乱了心中意念，却还想用世俗学问去获取真正的智慧，这些人可以叫深受世俗学问蒙蔽的人。

　　古之治道者，以恬养知①；知生而无以知为也②，谓之以知养恬③。知与恬交相养④，而和理出其性⑤。夫德，和也；道，理也。德无不容，仁也；道无不理，义也；义明而物亲，忠也；中纯实而反乎情⑥，乐也⑦；信行容体而顺乎文⑧，礼也。礼乐遍行，则天下乱矣⑨。彼正而蒙己德⑩，德则不冒⑪，冒则物必失其性也。

【注释】

①以恬养知：保持恬静的心境以培养真正的智慧。知，同"智"。

②知生而无以知为也：有了真正的智慧但不使用这些智慧去做违道之事。为，做不符合大道的事。

③以知养恬：用智慧培养恬静的心境。

④交相养：相互培养，相辅相成。

⑤和：平和的心态。理：道理。

⑥中纯实而反乎情：心中淳厚朴实就能恢复自己的天性。反，同"返"。恢复。情，真情，天性。

⑦乐：包含了音乐与欢乐双重意思。

⑧信行：行为诚实。信，诚实。容体：仪容得体。顺乎文：符合礼仪。文，文

饰。指礼仪。

⑨礼乐偏行，则天下乱矣：如果偏重于礼乐，天下就会混乱。遍，全部，都。
　　一说"遍"为"偏"之误。偏，偏重。

⑩彼正而蒙己德：圣人品行端正但不炫耀自己的美德。彼，指圣人。蒙，
　　敛藏。

⑪冒：假冒，虚假。

【译文】

　　古代那些学道之人，用恬静的心境去培养真正的智慧；有了真正
的智慧却又不使用这些智慧去多为多事，这可以说是再用真正的智慧
反过来去培养恬静的心境。真正的智慧和恬静的心境相辅相成，那么
平和的心境和各种道理自然而然就会进入他的天性之中。所谓的天性，
就是要心态安宁平和；所谓的大道，就是用来治理万物的道理。具备
了能够包容一切的天性，这就是仁爱；懂得了能够治理一切的大道，
这就是义理；义理阐明了，万物就会相亲相爱，这就是忠诚；心中淳
厚朴实而能恢复自己的天性，这就是快乐；行为诚实、仪态得体而且
加以适当修饰，这就是礼仪。然而无论做什么都去使用礼乐，天下也
会混乱。圣人品行端正但不炫耀个人美德，这才是真正的美德，如果
出现虚假的美德，万物都将失去自己的美好天性。

【研读】

　　本段反对世俗的学问，提出了以恬淡的心境培养智慧、以智慧
培养淡泊心境的"知与恬交相养"的修身方法，这一方法与后世佛教
的"定慧双开""定慧双修"极为相似。"定慧"又称"止观"，所谓的

"定""止"，就是消除内心的一切妄想杂念，让心处于宁静平和的状态，这类似于庄子说的"恬"；"定""止"的目的是要专心思考，以获取佛家的智慧，这类似于庄子说的"知"。这种"知与恬交相养"的修身方法，就是要让我们的智慧与恬淡的心境进行反复的互助，从而形成一种良性循环。应该说，这是一种非常有效的修心养性的方法，对今人生活具有极大的借鉴意义。

二

古之人在混芒之中①，与一世而得澹漠焉②。当是时也③，阴阳和静，鬼神不扰，四时得节④，万物不伤，群生不夭，人虽有知，无所用之，此之谓至一⑤。当是时也，莫之为而常自然。

【注释】

①混芒：混沌纯朴。

②一世：整个社会。一，整个。澹（dàn）漠：恬淡宁静。

③是时：这个时候。是，这。

④得节：合乎时节。

⑤至一：最为纯粹而无杂念的时代。一说是"最符合大道的时代"，一，指独一无二的大道。

【译文】

古人生活于混沌纯朴的环境之中，整个社会都是那样的恬淡宁静。在那个时代，阴阳二气和谐相处，鬼神从不扰害百姓，四季交替合乎时节，万物都不会受到伤害，各种有生命的事物都不会半途夭折，人们即使有了智巧，也无处可用，这种时代是最为纯净而无杂念的时代。在那个时代，无须人去治理而社会自然而然如此。

逮德下衰①，及燧人、伏羲始为天下②，是故顺而不一③。德又下衰，及神农、黄帝始为天下，是故安而不顺④。德又下衰，及唐、虞始为天下⑤，兴治化之流⑥，澆淳散朴⑦，离道以善⑧，险德以行⑨，然后去性而从于心⑩。心与心识知⑪，而不足以定天下。然后附之以文⑫，益之以博⑬。文灭质⑭，博溺心⑮，然后民始惑乱，无以反其性情而复其初⑯。由是观之，世丧道矣⑰，道丧世矣，世与道交相丧也。

【注释】

①逮：及，等到。下衰：衰败。

②为：治理。

③顺而不一：指人心虽然顺从君主的政令但已经不太单纯一致了。

④唐、虞：指尧、舜。尧的国号为唐，舜的国号为虞。

⑤兴治化之流：发起了治国与教民的事情。兴，发起。教，教化，教民。

⑦澆（jiāo，一说读xiāo）淳散朴：破坏了淳朴之风。澆，变薄，削弱。散，毁坏。

⑧离道以善：违背大道而去做所谓的善事。如提倡仁义等。一说，"善"应是"为"字之误。为，做事。

⑨险：危害，背离。

⑩去性：失去了美好天性。从于心：顺从各自的私心行事。心，指受到污染后

的人心。详见"研读"。

⑪心与心识知：彼此相互了解对方的私心之后。

⑫附之以文：对自己的自私行为加以文饰。附，加。之，指自私行为。

⑬益之以博：添加很多的世俗学问。益，增加。博，博学。

⑭文灭质：文饰行为毁灭了质朴的天性。

⑮博溺心：广博的世俗学问使人心更加沉溺于私欲。

⑯反：同"返"。性情：真实天性。初：初心，天性。

⑰世丧道：社会已经丧失了大道。

【译文】

　　到了人类品德衰败的时代，也即燧人氏、伏羲氏开始治理天下的时候，人们虽然服从君主的政令而思想已经不太单纯一致了。人类品德继续衰败，到了神农、黄帝治理天下的时候，百姓生活虽然安定但他们心中已经不太愿意服从政令了。人类品德仍然不停地衰败，到了唐尧、虞舜治理天下的时候，开始发起人为治国和教化百姓之类的事情，这进一步破坏了淳朴的民风，于是人们便违背大道去做所谓的善事，抛弃天性而生活，接着就完全丧失了自己淳朴的天性而放纵自己的私心。当彼此都了解对方的私心之后，天下就再也无法保持安定祥和的局面了。于是人们又对自己的自私行为加以文饰，并为满足自己的私欲去博求众多的学问。这种文饰行为进一步毁掉了人们质朴的天性，众多的世俗学问使人们更加沉溺于私欲之中，然后民众就变得更加迷惑和混乱，再也无法恢复他们最初具有的原始天性了。从这里可以看出，如今的社会已经丧失了大道，而大道也已经远离了这个社会，社会和大道相互脱节了。

【研读】

庄子把人性分两个层次，一是先天的天性，二是后天的染性。所谓的天性，就是指大自然赋予人的本性，按照庄子的观点，就是来自大道的天性；所谓的染性，就是指人进入社会后、经过社会染色后的人心，为了更好地与天性相比照，我们姑且给它起一个名字叫"染性"。

古人在讨论人性善恶的时候，往往把人的天性与进入社会之后所形成的染性（实际即常说的人心）混为一谈，以至于一直在性善性恶的问题上纠缠不清。庄子特别强调天性与染性的不同，本段说世人"去性而从于心"，批评世人放弃了自己美好的"性（天性）"而放纵自己的"心（染性）"。用庄子本人的比喻，就是"鉴明则尘垢不止，止则不明也"（《庄子·德充符》），镜子明亮是因为灰尘没有落在上面，一旦落上了就不会明亮。

本段说的"性"就是没有落上灰尘的镜子，非常明亮；"心"就是指落上灰尘的镜子，变得昏暗不明。因此，《庄子》一书反复强调要保护好自己的天性（又称之为"德"），顺应自己的天性，要求人们改变自己的染性，因为在庄子的理论中，天性是美好的，染性（人心）是不够美好的。把人性分为"天性"与"染性"、也即分为"性"与"心"两个层次，是庄子对心性思想的一个贡献。

三

道之人何由兴乎世^①？世亦何由兴乎道哉？道无以兴乎世^②，世无以兴乎道。虽圣人不在山林之中，其德隐矣^③。隐，故不自隐④。古之所谓隐士者，非伏其身而弗见也⑤，非闭其言而不出也，非藏其知而不发也⑥，时命大谬也⑦。当时命而大行乎天下，则反一无迹⑧；不当时命而大穷乎天下⑨，则深根宁极而待⑩，此存身之道也。古之行身者⑪，不以辩饰知⑫，不以知穷天下，不以知穷德⑬，危然处其所而反其性已⑭，又何为哉！道固不小行⑮，德固不小识⑯。小识伤德，小行伤道。故曰：正己而已矣。

【注释】

①道之人：有道之人。兴：兴起，干一番事业。

②无以：没有办法。

③其德隐：其美德也会隐没无闻。

④故不自隐：本来就不是因为圣人自己要隐藏美德。意思是说，世人对圣人的美德视而不见。

⑤伏：隐藏。见（xiàn）：同"现"。出现。

⑥知：同"智"。智慧。发：讲出来。

⑦时命大谬（miù）：太生不逢时了。时命，时遇命运。谬，乖背。

⑧反一无迹：圣人能够让天下人重新按照大道行事而不露痕迹。一，独一无二的道。

⑨穷：走投无路，困窘。

⑩深根：比喻站稳脚跟。宁极：保持极度的宁静沉默。待：等待时机。

⑪行身：存身。"行"为"存"之误。一本即作"存"。

⑫以辩饰知：用花言巧语文饰自己的智慧。

⑬穷德：破坏人的天性。穷，使困窘。引申为破坏。

⑭危然：傲然独立的样子。已：通"矣"。

⑮小行：小成就。

⑯小识：肤浅知识。

【译文】

　　有道的圣人如何能够在这个社会建功立业呢？社会又如何能够恢复大道而得以振兴呢？大道已经无法在这个社会恢复了，社会也无法通过恢复大道而得以振兴了。圣人即使没有隐居在深山老林之中，其美德也会隐没无闻。其美德之所以会隐没无闻，不是圣人有意隐藏个人美德。古代所说的隐士，并非指他们隐藏起来不再露面，也并非指他们闭嘴不再讲话，更不是指他们藏起才智不去发挥作用，而是指他们生不逢时啊。当遇到好的时运而能使自己的主张大行于天下的时候，他们便让天下民众重新按照大道生活而不露痕迹；当时运不济而在社会上陷入困境的时候，他们则站稳脚跟、心情平静地等待时机，这就是他们用来保全自我的办法。古代那些善于保全自我的人，不用花言巧语去文饰自己的智慧，也不用自己的智慧使天下人陷入困境，更不用自己的智慧去损害人们的天性，他们独自生活在适合自己的环境之中而保全个人天性，又何必一定要做些什么呢！大道本来就不是那些小有所成的人所能遵循的，天性本来就不是那些小有所知的人所能保全的。小有所知会损害天性，小有所成会损害大道。所以说，端正自我就可以了。

【研读】

　　本段明确指出，所谓的隐居，其实是一种无可奈何的行为，从中不难体会庄子作为隐士的无奈心情。另外，本段所表达的处世态度与孔子的"用之则行，舍之则藏"（《论语·述而》）以及孟子的"穷则独善其身，达则兼善天下"（《孟子·尽心上》）完全一致。

四

　　乐全之谓得志①。古之所谓得志者，非轩冕之谓也②，谓其无以益其乐而已矣③。今之所谓得志者，轩冕之谓也。轩冕在身，非性命也④，物之傥来⑤，寄者也。寄之，其来不可圉⑥，其去不可止。故不为轩冕肆志⑦，不为穷约趋俗⑧，其乐彼与此同⑨，故无忧而已矣。今寄去则不乐⑩，由是观之，虽乐，未尝不荒也⑪。故曰：丧己于物⑫，失性于俗者，谓之倒置之民。

【注释】

①乐全：完美的快乐。得志：得意，实现自己志向。

②轩冕：高官厚禄。大夫以上乘坐的车叫"轩"，大夫以上所戴的礼帽叫"冕"。

③无以：没有办法。益：增加。

④非性命：不是自己生命中原来就有的。

⑤物：身外之物。指名利富贵。傥（tǎng）来：偶然而来。傥，偶然。

⑥圉（yù）：通"御"。抵御，拒绝。

⑦肆志：恣意放纵。

⑧穷约：困窘。趋俗：讨好世俗。趋，走向。引申为迎合、讨好。

⑨其乐彼与此同：无论是身处荣华富贵还是身处困境之中，都同样快乐。彼，指"轩冕"。此，指"穷约"。

⑩寄：暂时寄存之物。指名利富贵。

⑪荒：荒废。指快乐消失。

⑫丧己于物：因名利富贵这些身外之物而丧失自我。

【译文】

　　完美的快乐叫得志。古人说的得志，指的不是获得高官厚禄，而是指无以复加的快乐而已。今人所说的得志，指的就是获得高官厚禄。自身获得了高官厚禄，但高官厚禄并非生命中所固有的，而是偶然到来的身外之物，是暂时寄存的东西。这些暂时寄存的东西，当它们到来时难以推辞，当它们离去时也无法挽留。所以不要因为有了高官厚禄就为所欲为，也不能因为处境困窘就去讨好世俗，无论是获得高官厚禄还是身处困境，都同样快乐，因而也就从无忧愁。如今人们一旦失去临时寄存的高官厚禄就会不高兴，由此来看，虽然高官厚禄能够给人带来快乐，但这种快乐总会消失的。所以说：为了名利富贵这些身外之物而丧失自我，接受世俗的熏染而失去天性，这种人可以叫本末倒置的人。

【研读】

　　本段认为，心情愉悦才是"乐"，而这种"乐"与高官厚禄、富贵荣华无关。如果一个人把自己的"乐"建立在高官厚禄的基础之上，那么这种"乐"不仅受到了外物的控制，而且不能持久，因为"轩冕……其去不可止"。统观《庄子》全书，庄子的"乐"是建立在得道基础之上的，正如《庄子·让王》中说的那样："古之得道者，穷亦乐，通亦乐。所乐非穷通也，道德于此，则穷通为寒暑风雨之序矣！故许由娱于颍阳，而共伯得乎丘首。"这种"乐"不仅是内在的，是个人可控的，同时也是持久的。

秋 水

秋水，取篇首二字为篇名。本篇是《庄子》名篇之一。宋真宗甚至把身边侍女命名为"秋水"："真庙（宋真宗）宴近臣，语及《庄子》，急命呼'秋水'至，则翠环绿衣，小女童也，诵《秋水》一篇，闻者莫不竦异。"（《宋人轶事汇编》卷一）本篇分两大部分。第一部分从开始至"是谓反其真"。在这一部分里，通过河伯与北海若的一问一答，用抽象思维的形式阐述事物大小贵贱的相对性和多变性、时空的无限性、自然与人为的差异性等哲学问题。第二部分讲述了六个故事，用形象思维的形式对庄子的一些抽象概念做进一步的解释。

一

秋水时至①，百川灌河②，泾流之大③，两涘渚崖之间不辩牛马④。于是焉河伯欣然自喜⑤，以天下之美为尽在己。顺流而东行，至于北海，东面而视，不见水端。于是焉河伯始旋其面目⑥，望洋向若而叹曰⑦："野语有之曰⑧：'闻道百⑨，以为莫己若者⑩。'我之谓也⑪。且夫我尝闻少仲尼之闻而轻伯夷之义者⑫，始吾弗信。今我睹子之难穷也，吾非至于子之门，则殆矣⑬，吾长见笑于大方之家⑭。"

【注释】

①时至：按照时令来了。

②河：指黄河。

③泾流：水流。

④两涘（sì）渚崖之间不辩牛马：黄河两岸和水中沙洲之间无法分辨牛马。因
　河面宽阔，所以分不清对面是牛是马。涘，河岸。渚，小洲。崖，水边。
　辩，通"辨"。分辨清楚。

⑤河伯：黄河之神。相传姓冯名夷。

⑥旋：掉转。

⑦望洋：仰望的样子。向：面对着。若：海神名。即下文说的北海若。"望洋
　兴叹"一词即出于此。

⑧野语：俗语。

⑨闻道百：学到上百条道理。

⑩莫己若：即"莫若己"。没人能比上自己。

⑪我之谓：即"谓吾"。说的就是我啊。

⑫少仲尼之闻：认为孔子的学问少。闻，学问。轻伯夷之义：轻视伯夷的道义。
　伯夷，商朝诸侯孤竹国君的长子，为辞让君位，与其弟叔齐一起逃到了周；
　周武王灭商后，伯夷与叔齐认为周武王以臣弑君是不义的，于是坚决不食
　周粟，一起隐于首阳山，最终饿死于此地。

⑬殆：危险，糟糕。

⑭见笑：被耻笑。见，被。大方之家：领悟大道、学识极高的人。方，道。成
　语"见笑于大方之家"即出于此。举例见"研读"。

【译文】

　　秋天的洪水按照时节汹涌而至，众多的河流一起灌入黄河，河面变得十分宽阔，以至于两岸之间和小岛之间连牛马都无法分辨。于是河伯得意扬扬，以为天下所有美好的东西都聚集在自己这里了。他顺着河水向东巡视，一直来到北海岸边，向东望去，竟然看不到大海的边际。于是河伯掉转头来，仰望着北海神若感叹道："俗语说：'学到上百条道理，便以为再也没人比得上自己了。'这说的就是我啊！而且我还曾听说有人小看孔子的学问而蔑视伯夷的道义，开始我还不太相信。如今我看到您的大海是如此辽阔无际，如果我没有来到您的门前，那就太糟糕了，我将永远受到学识修养极高者的耻笑。"

【研读】

　　河伯面对北海若，做了深刻的自我批判："野语有之曰：'闻道百，以为莫己若者。'我之谓也。"学得些微知识就妄自尊大，这种人可以说是屡见不鲜。明末张岱的《夜航船·序》中记载了这么一件事情：

　　　　昔有一僧人，与一士子同宿夜航船。士子高谈阔论，僧畏慑，拳足而寝。僧人听其语有破绽，乃曰："请问相公，澹台灭明是一个人、两个人？"士子曰："是两个人。"僧曰："这等尧舜是一个人、两个人？"士子曰："自然是一个人！"僧乃笑曰："这等说起来，且待小僧伸伸脚。"

　　所谓"夜航船"，是指古时江南地区在夜晚运载旅客、货物的船只。人们夜间乘船，正是"卧谈会"的绝佳时机，学士村夫，三教九流，无不参与其中。有一次，一位僧人与一位读书人同坐一条夜航船。这位读书人高谈阔论，口若悬河，僧人对读书人十分敬畏，战战兢兢，缩着身子睡在一边，连脚都不敢伸开。但是慢慢地，僧人听出了读书人谈话的破绽，于是就试探着问道："请问相公，澹台灭明是一个人，还是两个人？"读书人答道："当然是两个人。"其实，澹台灭明是一个人，他是孔子的弟子，复姓澹台，名灭明。于是僧人又问："那么尧、舜是一个人，还是两个人呢？"读书人答道："尧舜自然是一个人！"僧人于是轻蔑地笑着说："如此说起来，也该让我伸伸脚啦。"

这位读书人还未能做到"闻道百"，却已经"以为莫己若者"，于是高谈阔论，旁若无人。从"僧畏慑，拳足而寝"来看，这位僧人充其量只能属于"小方之人"。然而这位"以为莫己若者"的读书人不仅"长见笑于小方之家"，而且一直见笑到今天。河伯的这些话也提醒我们每一个人：天外有天，人外有人。谦虚谨慎，不仅是一种美好的品德，同时也是一种准确的自我评价。

北海若曰："井蛙不可以语于海者，拘于虚也①；夏虫不可以语于冰者，笃于时也②；曲士不可以语于道者③，束于教也④。今尔出于崖涘⑤，观于大海，乃知尔丑⑥，尔将可与语大理矣。天下之水，莫大于海；万川归之，不知何时止而不盈；尾闾泄之⑦，不知何时已而不虚；春秋不变，水旱不知⑧。此其过江河之流，不可为量数⑨。而吾未尝以此自多者⑩，自以比形于天地而受气于阴阳⑪，吾在于天地之间，犹小石、小木之在大山也。方存乎见少⑫，又奚以自多⑬！

【注释】

①拘于虚：受到生活环境的局限。拘，局限。虚，同"墟"。地方，环境。

②笃：固定，局限。

③曲士：见识有限的人。

④束于教：受到教育内容的束缚。

⑤尔：你。出于崖涘：走出了黄河两岸。

⑥丑：鄙陋，浅薄。

⑦尾闾：传说中海底泄漏海水的地方。

⑧不知：指不受任何影响。

⑨为量数：用一般数字来计量。

⑩自多：自以为优越，自傲。

⑪自以：自以为。比形：寄托自己的形体。比，通"庇"。寄托。受气于阴阳：禀受阴阳二气。古人认为包括大海在内的一切事物都是阴阳二气形成的。

⑫方存乎见少：心里一直存有被人小瞧的感觉。方，正在，一直。见少，被认为很少，被小瞧。

⑬奚以：即"以奚"。凭什么。

【译文】

　　北海若说："水井里的青蛙，无法和它们谈论辽阔的大海，因为它们受到居住空间的局限；夏天里的虫子，无法和它们谈论寒冷的冰雪，因为它们受到生存时间的限制；知识有限的书生，无法和他们谈论大道，因为他们受到教育内容的约束。如今你终于走出了黄河两岸，看到了大海，认识到你自己的见识浅薄，这样就可以和你谈论一些大道理了。天下的水，没有比大海更大的，千万条河流汇入大海，不知道何时才会停止而大海却从不会盈满；海底的尾闾泄漏海水，不知道何时才会停止而大海却从不会干涸；无论是春天还是秋天，海水都毫无变化；无论是水涝还是干旱，海水从不受影响。大海多于江河的水量，无法用一般的数字来计算。然而我从不曾因此而自傲的原因，是因为我认识到自己寄身于天地之间，禀受于阴阳二气，我在天地之间，就好像一块小石头、一棵小树苗存在于大山上一样。我心中一直存有被人小瞧的感觉，又如何会自傲呢！

"计四海之在天地之间也，不似礨空之在大泽乎①？计中国之在海内②，不似稊米之在大仓乎③？号物之数谓之万，人处一焉；人卒九州④，谷食之所生，舟车之所通，人处一焉⑤，此其比万物也，不似豪末之在于马体乎⑥？五帝之所连⑦，三王之所争⑧，仁人之所忧，任士之所劳⑨，尽此矣⑩。伯夷辞之以为名⑪，仲尼语之以为博。此其自多也，不似尔向之自多于水乎⑫！"

【注释】

①礨（lěi）空：蚂蚁洞。礨，通"垒"。土块。指蚁穴周围的土。空，孔。

②中国：指中原一带。

③稊（tí）：一种类似稗子的草，其米粒细小。大仓：大粮仓。

④人卒：人们，人类。九州：古人把中国分为九个行政区，后代指中国。

⑤人：指个人。

⑥豪末：即毫末。豪，通"毫"。动物身上的毫毛。末，末端。

⑦连：连续。指连续禅让之事。

⑧三王：指夏、商、周三代帝王。

⑨任士之所劳：任劳任怨的贤人所操劳的。

⑩尽此：全是这个天下。此，指天下。

⑪之：指天下。实际上伯夷辞去的只是一个诸侯国。

⑫向：刚才。

【译文】

"想一想四海存在于天地之间，不就像一个小小的蚂蚁洞存在于大泽之中吗？想一想中国存在于四海之内，不就像一粒小米存在于大粮仓里吗？人们用'万'来形容物类的众多，而人类只是万物中的一种；人们住满了九州，住满了所有可以生长粮食的地方，住满了所有舟车可以到达的地方，而我们个人又只是人类的一员，拿个人与万物相比，不就像马身上的一根毫毛之末吗？五帝所连续禅让的，夏、商、周三朝帝王所拼命争夺的，仁人所担忧的，贤人所操劳的，全都是这个小小的天下啊！伯夷因为辞让天下而为自己赢得美名，孔子因为能够谈论天下之事而被视为学识渊博。如果他们为此而自满，不正像你刚才为黄河之水而自满吗！"

河伯曰："然则吾大天地而小豪末，可乎？"北海若曰："否。夫物，量无穷①，时无止②，分无常③，终始无故④。是故大知观于远近⑤，故小而不寡⑥，大而不多，知量无穷；证曏今故⑦，故遥而不闷⑧，掇而不跂⑨，知时无止；察乎盈虚⑩，故得而不喜，失而不忧，知分之无常也；明乎坦涂⑪，故生而不说⑫，死而不祸，知终始之不可故也。计人之所知，不若其所不知；其生之时，不若未生之时；以其至小⑬，求穷其至大之域，是故迷乱而不能自得也。由此观之，又何以知豪末之足以定至细之倪⑭？又何以知天地之足以穷至大之域？"

【注释】

①量无穷：物体的大小是无穷无尽的。量，体积。本句意思是说，我们之所以不能认为天地就是最大的物体，是因为有更大、甚至无穷大的物体存在；之所以不能认为毫末就是最小的物体，是因为有更小、甚至无穷小的物体存在。关于时空的问题，详见"研读"。

②时无止：时间的延续没有穷尽。

③分：指人事的得失名分。常：常态，固定不变。

④终始无故：事物结束时与开始时不同。指事物是永远循环变化而不守常态的。故，原有的模样。

⑤知：同"智"。智慧。观于远近：能够看到远近大小各种事物。

⑥小而不寡：看到细小事物并不认为它就细小。寡，少，小。

⑦证曏（xiàng）今故：明白古今时间推移的情况。证曏，证明，明白。故，过去，古代。

⑧遥而不闷：不因长寿而厌倦人生。遥，长远，长寿。闷，厌倦。

⑨掇（duō）而不跂（qì）：不因短命而企求长寿。掇，拾取。指伸手即可拾取的短距离。比喻短命。跂，通"企"。企求。

⑩盈虚：盛衰。

⑪坦涂：平坦的道路。比喻从生到死没有阻隔的人生，也即《大宗师》篇的"死生存亡之一体"。涂，同"途"。

⑫说（yuè）：同"悦"。喜悦。

⑬至小：最为渺小的人生。

⑭倪（ní）：界线，标准。

【译文】

河伯说:"那么我视天地为大、视毫毛之末为小,可以吗?"北海若说:"不可以。事物,在体积大小方面是无法穷尽的,在存在时间方面是没有止境的,在盛衰得失方面不是固定不变的,它们永远循环变化而不守常态。所以那些大智之人能够高瞻远瞩、兼顾远近大小各种事物,因此看到小事物并不认为它就最小,看到大事物并不认为它就最大,因为他知道物体的大小是无法穷尽的;大智之人明白古今时间推移的道理,所以当他长寿时不会厌倦人生,短命时也不会祈求长寿,因为他知道时间的推移是没有止境的;大智之人明白事物的发展有盛有衰,所以有所得时而不会感到喜悦,有所失时也不会感到忧伤,因为他知道盛衰得失不会固定不变;大智之人知道人生就好像一条生死之间没有阻隔的平坦大道,所以他不会为生存而喜悦,也不会觉得死亡就是灾难,因为他知道事物是永远循环变化而不守常态的。算一算人们所掌握的知识,远远没有他们所未掌握的知识多;人的生存时间,远远没有他们未生存的时间长;以极为有限的人生,去寻求无穷无尽的知识,因此他们会深感迷茫而怅然若失。由此看来,又怎能知道毫毛之末就可以确定为最小的标准呢?又怎能知道天地就可以视为最大的领域呢?"

【研读】

关于空间与时间是否有限,古今中外的人都在猜想,庄子在这里明确提出了时空是无限的这一设想。但这毕竟只是一种设想,至今也无法得到确证。正是因为人们无法确证这一问题,所以这一问题一直困扰着人们。朱熹就为此深感苦恼:

　　某自五六岁，便烦恼道："天地四边之外，是什么物事？"见人说四方无边，某思量也须有个尽处。如这壁相似，壁后也须有什么物事。其时思量得几乎成病，到而今也未知那壁后（池本作"天外"）是何物。（《朱子语类》卷九十四）

许多人都认为时空是无限的，如果说时间无限，还稍好理解；如果说空间也是无限的，似乎难以服人。因为空间是指物质存在的空间，只要是具体的物质，从理论上讲，就是有限的，那么有限的物质所占有的空间也应该是有限的，一个永无边际的空间的存在，是很难想象的。难题在于，如果空间有限，那么有限的空间之外又有什么呢？朱熹所遇到的苦恼，至今也没能得到令人满意的回答。

　　河伯曰："世之议者皆曰：'至精无形，至大不可围①。'是信情乎②？"北海若曰："夫自细视大者不尽③，自大视细者不明。夫精，小之微也；垺④，大之殷也⑤。故异便⑥，此势之有也⑦。夫精粗者，期于有形者也⑧；无形者，数之所不能分也⑨；不可围者，数之所不能穷也⑩。可以言论者，物之粗也⑪；可以意致者⑫，物之精也。言之所不能论，意之所不能察致者，不期精粗焉⑬。是故大人之行⑭，不出乎害人，不多仁恩⑮；动不为利，不贱门隶⑯；货财弗争，不多辞让⑰；事焉不借人⑱，不多食乎力⑲，不贱贪污⑳；行殊乎俗，不多辟异㉑；为在从众㉒，不贱佞谄㉓；世之爵禄不足以为劝㉔，戮耻不足以为辱；知是非之不可为分㉕，细大之不可为倪。闻曰：'道人不闻㉖，至德不得㉗，大人无己。'约分之至也㉘。"

【注释】

①至精无形，至大不可围：最细小的事物看不到它的形体，最巨大的事物无法限定它的外围。至精，最细小的事物。不可围，无法限定它的外围。

②信情：实情。信，真实。

③不尽：看不到全貌。尽，全部。

④垺（fú）：巨大。

⑤殷：盛大。

⑥异便：具有不同的适宜之处。便，适宜。

⑦势之有：固有的情势。势，情势。

⑧期：限定于。

⑨数之所不能分也：不能用数字来进行计量与剖析。分，剖析。

⑩穷：穷尽，完全计算出来。

⑪物之粗：事物中的粗浅部分。

⑫意致：体会，意会。

⑬不期精粗焉：不是用"精"或"粗"这些概念所能描述的。期，限制，描述。

⑭大人：有道之人，圣人。

⑮不多仁恩：不赞美行仁施恩之事。多，赞扬。

⑯不贱门隶：不轻视守门的奴隶。门隶，看门奴隶。泛指低贱的人。

⑰不多辞让：不赞美谦让行为。

⑱不借人：不凭借他人之力。

⑲不多食乎力：不赞扬自食其力。

⑳贪污：贪婪污秽。

㉑辟异：标新立异。

㉒为在从众：行为从众。

㉓佞谄：巧言献媚。

㉔劝：劝勉，鼓励。

㉕分：划分，分辨清楚。

㉖道人不闻：有道的圣人不求闻名于世。

㉗不得：不去求取名利。

㉘约分：守分。安守本分，也即安守自己的天性。

【译文】

河伯说："社会上喜欢议论的人们都说：'最细小的事物看不到它的形体，最巨大的事物无法限定它的外围。'这些话真实可信吗？"北海若说："从细小事物的角度去观察巨大的事物，就看不到它的整体；从巨大事物的角度去观察细小的事物，就看不清楚它的细节。所谓细小，是指小中之小；所谓巨大，是指大中之大。它们各有适宜之处，这是万物固有的情况。'精细'和'粗大'这些概念，是仅仅限于有形的物体而言；至于无形的事物，是无法用数字来进行计量与剖析的；那些不可限定外围的事物，也是不能用数字去完整计算的。能够用语言描述的，是事物的粗浅部分；可以用思维意会的，是事物的精细部分。语言所无法描述的，思维所无法意会的，也就无法用'精细''粗浅'这些概念去概括。因此伟大的圣人在为人处世方面，既不去伤害别人，也不去赞美行仁施恩的行为；做事从不追求私利，也不轻视守门奴隶之类的低贱人；他们从不争夺财物，也不主张辞让谦退；他们做事从不借助于人，也不提倡自食其力，不鄙视贪婪污秽行为；他们的言行不同于世俗，但也不提倡标新立异；他们的行为随顺大众，也不鄙夷巧言献媚之人；社会上的高官厚禄无法使他们变得更加勤奋，刑戮和侮辱也无法使他们感到这些就是一种羞耻；他们知道是与非的界线无法分辨清楚，大与小的标准也难以界定明白。我听别人说：'有道之人不求闻名于世，德美之人不去获取名利，伟大之人能够忘却自我。'这是安守天性的最高境界。"

河伯曰："若物之外，若物之内，恶至而倪贵贱①？恶至而倪小大？"北海若曰："以道观之，物无贵贱；以物观之，自贵而相贱；以俗观之，贵贱不在己②。以差观之，因其所大而大之③，则万物莫不大；因其所小而小之，则万物莫不小。知天地之为稊米也，知豪末之为丘山也，则差数睹矣④。以功观之，因其所有而有之⑤，则万物莫不有；因其所无而无之，则万物莫不无；知东西之相反而不可以相无⑥，则功分定矣⑦。以趣观之⑧，因其所然而然之⑨，则万物莫不然；因其所非而非之，则万物莫不非；知尧、桀之自然而相非⑩，则趣操睹矣⑪。

【注释】

①恶（wū）至而倪（ní）贵贱：如何才能判定事物的贵贱。恶至，到哪里，如何。倪，区分。

②贵贱不在己：自己的贵贱不能由自己决定。

③因其所大而大之：就其大的一面去审视就会认为它大。如稊米虽小，但与更小的事物相比，稊米就是大的。

④差数：相对差别。睹：看清楚了，明白。

⑤因其所有而有之：就事物有用的一面去审视，就会认为它有用。

⑥东西：东方和西方。东与西相反，但又相互依存，无东即无西，无西也无

东，故本句说"不可以相无"。

⑦则功分定矣：那么事物的功用就明确了。功分，功用。定，确定，明确。

⑧趣：通"趋"。指价值趋向。

⑨然：正确。

⑩自然：自以为正确。然，正确。相非：相互批评对方。非，非议。

⑪趣操：价值观和操守。

【译文】

　　河伯说："无论事物表象，还是事物内部，如何去判定其贵贱？又如何区别其大小？"北海若说："从大道的角度来看，万物没有贵贱的分别；从万物的角度来看，它们都是自以为高贵而以他物为低贱；从社会的角度来看，贵贱不能由自己决定。从事物差别这一角度来看，就某种事物大的一面去观察就会认为它大，因此万物都是大的；就某种事物小的一面去观察就会认为它小，因此万物也都是小的。如果知道天地虽大但在更大的事物面前也小如米粒，毫末虽小但在更小的事物面前也大如山丘，那么就明白了事物之间差别的相对性。从事物功用的角度来看，就某种事物有用的一面去观察就会认为它有用，因此万物都是有用的；就某种事物无用的一面去观察就会认为它无用，因此万物都是无用的；懂得了东边和西边方向相反但又缺一不可，也就明白了事物都有用处的道理。从人们的价值取向看，就某种事物正确的一面去观察就会认为它正确，因此万物都是正确的；就某种事物错误的一面去观察就会认为它错误，因此万物都是错误的；知道唐尧和夏桀都自以为正确而相互批评对方，也就明白了价值取向各不相同的道理。

"昔者尧、舜让而帝①，之、哙让而绝②；汤、武争而王，白公争而灭③。由此观之，争让之礼，尧、桀之行，贵贱有时，未可以为常也。梁丽可以冲城④，而不可以窒穴⑤，言殊器也⑥。骐骥骅骝一日而驰千里⑦，捕鼠不如狸狌⑧，言殊技也。鸱鸺夜撮蚤⑨，察豪末，昼出瞋目而不见丘山⑩，言殊性也⑪。故曰：盖师是而无非、师治而无乱乎⑫？是未明天地之理、万物之情者也，是犹师天而无地，师阴而无阳，其不可行明矣。然且语而不舍，非愚则诬也⑬。帝王殊禅⑭，三代殊继⑮。差其时、逆其俗者⑯，谓之篡夫⑰；当其时、顺其俗者，谓之义之徒。默默乎河伯⑱！女恶知贵贱之门、小大之家⑲！"

【注释】

①让而帝：因禅让而称帝。

②之、哙（kuài）让而绝：燕王哙把王位禅让给大臣子之，导致燕国差点灭亡。之，指燕相子之。哙，指燕王哙。燕王哙把王位禅让给子之，燕人不服而造成内乱，齐国乘机出兵攻燕，杀死子之和燕王哙。燕王哙与子之的禅让，是战国时代的一件大事，导致天下动荡，详见"研读"。

③白公：名胜。楚平王之孙。因封于白邑，故号"白公"。后因起兵争夺王位被杀。

④梁丽：大木梁。丽，通"欐"。屋栋。

⑤窒（zhì）穴：堵塞洞穴。窒，堵塞。

⑥殊器：器用不同。

⑦骐骥骅骝（huá liú）：泛指骏马。

⑧狸：野猫。狌（shēng）：黄鼠狼。

⑨鸱鸺（chī xiū）：鸟名。即猫头鹰。夜撮蚤：夜里能捕捉小小的跳蚤。

⑩瞋（chēn）目：睁大眼睛。

⑪殊性：生性不同。

⑫盖（hé）师是而无非、师治而无乱乎：为何只效法正确的一面而忽略错误的一面、只效法安定的局面而忽略混乱的局面呢？盖，通"盍"。为何。师，效法。是，正确。无，忽略掉。

⑬诖：欺骗。

⑭帝王殊禅：远古帝王的禅让方式各不相同。

⑮继：继承王位。

⑯差：不符合。

⑰篡夫：篡逆之徒。

⑱默默：沉默。意思是要求河伯不要再讲话了。

⑲恶（wū）知：怎么知道。恶，怎么。

【译文】

　　"从前唐尧、虞舜用禅让的方式称帝，子之、燕王哙用禅让的方式却几乎亡国；商汤王、周武王通过武力争夺登上了王位，白公胜却因为武力争夺而遭杀身之祸。由此看来，争夺与禅让礼制，唐尧和夏桀的行为，是受到尊重还是受到鄙夷都会因时而异，不可以视为一成不变的常规。大木梁能够用来冲撞敌人的城门，但无法用来堵塞洞穴，这是因为器物的作用不同。骐骥、骅骝日行千里，但捕鼠却不如野猫和黄鼠狼，这是因为它们的技能不同。猫头鹰夜间可以捕捉跳蚤，能够看清毫毛的末端，而白天睁大双眼却无法看见山丘，这是因为它的禀性不同。因此说：我们为何只效法正确的一面而忽略错误的一面、只效法安定的局面而忽略混乱的局面呢？这样做是因为不明白自然规律，不清楚万物实情，这样做就如同效法上天而忽略大地、效法阴气而忽略阳气一样，这种做法难以推行是非常清楚的。然而人们还在谈论这种做法而不舍得放弃，如果不是因为愚蠢就一定是在有意欺骗！远古帝王的禅让方法各不一样，夏、商、周三代继承王位的方式也各不相同。不符合时代需求，违背当时的习俗，人们就称之为篡逆之徒；符合时代需求，顺应当时的习俗，人们就称之为高义之士。你不必再说了，河伯！你哪里懂得贵贱的差别、大小的区分呢！"

【研读】

尧、舜、禹禅让是中国古代的一个美好的政治传说，到了战国时期，燕王哙实践了这一传说，结果却导致燕国几乎灭亡。《史记·燕召公世家》记载：

易王立十二年卒，子燕哙立。燕哙既立，齐人杀苏秦。苏秦之在燕，与其相子之为婚，而苏代与子之交。及苏秦死，而齐宣王复用苏代。燕哙三年，与楚、三晋攻秦，不胜而还。子之相燕，贵重，主断。苏代为齐使于燕，燕王问曰："齐王奚如？"对曰："必不霸。"燕王曰："何也？"对曰："不信其臣。"苏代欲以激燕王以尊子之也。于是燕王大信子之。子之因遗苏代百金，而听其所使。

鹿毛寿谓燕王："不如以国让相子之。人之谓尧贤者，以其让天下于许由，许由不受，有让天下之名而实不失天下。今王以国让于子之，子之必不敢受，是王与尧同行也。"燕王因属国于子之，子之大重。或曰："禹荐益，已而以启人为吏。及老，而以启人为不足任乎天下，传之于益。已而启与交党攻益，夺之。天下谓禹名传天下于益，已而实令启自取之。今王言属国于子之，而吏无非太子人者，是名属子之而实太子用事也。"王因收印自三百石吏已上而效之子之。子之南面行王事，而哙老不听政，顾为臣，国事皆决于子之。

三年，国大乱，百姓恫怨。将军市被与太子平谋，将攻子之。诸将谓齐湣王曰："因而赴之，破燕必矣。"齐王因令人谓燕太子平曰："寡人闻太子之义，将废私而立公，饬君臣之义，明父子之位。寡人之国小，不足以为先后。虽然，则唯太子所以令之。"太子因要党聚众，将军市被围公宫，攻子之，不克。将军市被及百姓反攻太子平，将军市被死，以徇。因构难数月，死者数万，众人恫恐，百姓离志。孟轲谓齐王曰："今伐燕，此文、武之时，不可失也。"王因令章子将五都之兵，以因北地之众以伐燕。士卒不战，城门不闭，燕君哙死，齐大胜。燕子之亡二年，而燕人共立太子平，是为燕昭王。

燕易王在位十二年去世，他的儿子燕王哙即位。燕王哙即位之后，齐国人刺杀了苏秦。苏秦在燕国时，与燕相子之结为姻亲，因而苏秦的弟弟苏代与子之也有密切交往。苏秦死后，齐宣王又重用苏代。燕王哙即位第三年（前318年），燕国和楚、韩、赵、魏一起攻打秦国，没能取胜，只得收兵。当时子之在燕国做宰相，位高权重，决断国事。苏代为齐国出使燕国时，燕王哙问他："齐王为人如何？"苏代回答说："他肯定无法称霸。"燕王哙问："这是为什么？"苏代回答："他不信任自己的大臣。"苏代的目的是要用这样的办法去督促燕王哙进一步倚重子之。燕王哙听后果然更加信任子之。子之为此赠送给苏代一百镒黄金，任凭他使用。

大臣鹿毛寿又对燕王哙说："不如将燕国禅让给丞相子之吧。人们之所以都说尧是圣贤之人，就是因为他把天下禅让给许由，而许由没有接受，尧获得了禅让天下的美名，实际上却没有失掉天下。如今大王把燕国禅让给子之，子之一定不敢接受，这样您也能拥有与尧相同的品行了。"于是燕王哙就将国家托付给子之，子之的地位更加尊贵。有人又蛊惑燕王哙说："大禹举荐益作为自己的继承人，然后却让自己的儿子启的亲信担任各级官吏。大禹年老时，认为启与他的臣下没有能力担当治理天下的重任，于是将君位传给了益。后来启和他的党徒攻打益，夺得了天子之位。天下人都说大禹名义上是把天子的位置传给益，而实际上是让启自己去夺取天下。如今大王说是将国家托付给子之，而官吏却都是太子的亲信，这就是名义上把国家托付给子之，而实际让太子掌握权力。"燕王哙于是就把俸禄在三百石以上的官吏的印信全部收缴上来，然后交给子之。于是子之面向南坐在君位上，行使君主的权力，而燕王哙到了老年，不再过问国事，反而成了臣下，国事完全由子之决断。

三年以后，燕国大乱，百姓都很恐慌。将军市被和太子平一起谋划，将要进攻子之。齐国的将领们对齐湣王说："我们现在趁燕国发生内乱，派军队前去攻打，燕国一定会被攻破。"齐湣王就派使者对燕太子平说："我听说太子将有义举，打算废除私情，创建公义，整顿君臣原则，辨明父子关系。我们齐国非常狭小，不配跟随在您的左右为您服务。虽然如此，我也愿意听从太子的命令而行事。"太子平于是召集同党，聚合众人，派将军市被包围了王宫，攻打子之，却没能攻克。将军市被和百姓反过来攻打太子平，后来将军市被战死，尸体示众。

这次燕国内乱持续了几个月，死亡数万人，民众非常惊恐，百姓离心离德。孟子对齐湣王说："如今我们讨伐燕国，就像周文王、周武王那样遇到了成就事业的好机遇，不可错失啊。"齐湣王派章子率领五都的士兵，借助北部边境的军队前去攻打燕国。燕国士兵不出来作战，城门也不关闭，燕王哙与子之死于乱军之中，齐国军队大获全胜。燕国子之死后第二年，燕国人共同拥立了太子平，他就是燕昭王。

燕王哙禅让造成的动乱并未到此结束。燕昭王继位之后，招揽贤人，励精图治，于前284年，燕国联合秦、韩、赵、魏等国一起征伐齐国，齐国几乎灭亡。此是后话，不再赘述。

河伯曰："然则我何为乎？何不为乎？吾辞受趣舍^①，吾终奈何？"北海若曰："以道观之，何贵何贱，是谓反衍^②，无拘而志^③，与道大蹇^④；何少何多，是谓谢施^⑤，无一而行^⑥，与道参差^⑦。严乎若国之有君，其无私德^⑧；繇繇乎若祭之有社^⑨，其无私福；泛泛乎其若四方之无穷^⑩，其无所畛域^⑪，兼怀万物，其孰承翼^⑫！是谓无方^⑬。万物一齐，孰短孰长？道无终始，物有死生，不恃其成；一虚一满，不位乎其形^⑭。年不可举^⑮，时不可止；消息盈虚^⑯，终则有始。是所以语大义之方^⑰，论万物之理也。物之生也，若骤若驰，无动而不变^⑱，无时而不移。何为乎？何不为乎？夫固将自化^⑲。"

【注释】

①趣舍：获取和舍弃。趣，通"趋"。获取。

②反衍：反复变化。

③无拘而志：不要约束你的思想。而，你。志，思想。

④蹇（jiǎn）：妨碍，不符合。

⑤谢施：交替发展。谢，相互代谢。施，发展。

⑥无一而行：你的行为不要一成不变。一，固执一端。而，你。

⑦参差（cēn cī）：不相吻合。

⑧私德：偏私之心，偏爱。德，施恩德。

⑨繇繇（yóu）乎：即"悠悠乎"。悠闲自得的样子。社，土神。

⑩泛泛乎：心胸宽广的样子。

⑪畛（zhěn）域：界限，区别。

⑫承翼：接受庇护。承，接受。翼，庇护。

⑬无方：不偏袒某一事物。

⑭不位乎其形：不固执于某一种形体。位，定位，固执。

⑮年：岁月。举：握在手中不让它流失。

⑯消息：生灭。消，灭。息，生。

⑰大义之方：大道原则。

⑱无动而不变：没有任何行动不是在变化着。

⑲夫固将自化：本来就会自然而然地化育发展。

【译文】

　　河伯问："那么我该干些什么？又不该干些什么呢？我在对事物拒绝、接受、获取与放弃方面，究竟该怎么办？"北海若说："从大道角度看，什么是高贵什么是低贱，这可以说是反复变化的，你莫让自己的思想固执于一端，以免违背了大道。什么是少什么是多，这可以说是相互交替的，你不要让自己的行为一成不变，以免背逆了大道。你要端庄严肃得就像是一国之君，不赐给任何人以私恩；你要悠然自得就像是接受祭祀的土神，不赠予任何人以私福；你心胸宽广得就像无穷无尽的宇宙空间，对事物不做任何区分，包容万事万物，怎么能只庇护某一种事物呢！这可以说是不偏袒任何事物。万物是相同的，谁优谁劣呢？大道没有终结和起始，而万物却有生有死，所以你不可依仗一时的成功；万物有盛有衰，因此你不要固执于某一种形态。岁月无法挽留，时光不会停止；万物有生有灭、有盛有衰，终结之后便会重新开始。这就是我要告诉你的大道原则，是我要讲给你听的万物之理。万物一旦出生，就像骏马飞奔一样，没有哪一个动作不在变化，没有哪一个时刻不在发展。你该干些什么呢？又不该干些什么呢？万物本来就不需要你做什么而自然而然地会化育发展。"

河伯曰："然则何贵于道邪？"北海若曰："知道者必达于理①，达于理者必明于权②，明于权者不以物害己③。至德者，火弗能热，水弗能溺，寒暑弗能害，禽兽弗能贼④。非谓其薄之也⑤，言察乎安危，宁于祸福⑥，谨于去就⑦，莫之能害也。故曰：天在内⑧，人在外⑨，德在乎天⑩。知天人之行⑪，本乎天，位乎得⑫，踯躅而屈伸⑬，反要而语极⑭。"

【注释】

①知道：懂得大道。

②权：权变。在不违背基本原则的前提下进行灵活变通。举例见"研读"。

③以物害己：因为名利而伤害了自身。物，指名利等身外之物。

④贼：伤害。

⑤薄之：触犯它们。薄，迫近，触犯。之，代指水火、寒暑、禽兽等灾害。

⑥宁于祸福：无论是处于困难境地还是顺利之时，都能安全度过。

⑦去就：取舍。去，舍弃。就，接近。

⑧天在内：自然规律蕴含在内心。也即懂得自然规律。

⑨人在外：外部行为要遵守人为原则。"天在内，人在外"也即人们常说的"内方外圆"。

⑩德在乎天：美德在于顺应自然规律。

⑪知天人之行：明白自然规律和人们的行事原则。

⑫位乎得：安守自己应得的东西。位，安居，安守。

⑬踯躅（zhí zhú）而屈伸：或进或退，或屈或伸。踯躅，进退徘徊。

⑭反要：返归大道。反，同"返"。要，重要的。指大道。语极：谈论至理。极，极致。指最高道理。

【译文】

河伯说："那么大道的可贵之处在哪里呢？"北海若说："懂得大道的人必定明白一般事理，明白一般事理的人必定知道权变，知道权变的人就不会让名利等外物伤害自身。那些精神修养最高的人，烈火不能烧灼他们，大水不能溺毙他们，严寒酷暑不能侵袭他们，飞禽走兽不能伤害他们。这并非说他们触犯水火、寒暑和禽兽而不会受到侵害，而是说他们明白安全与危险的所在之处，无论是困境还是顺境都能平安度过，他们能够谨慎地选择取舍，因此没有什么事物可以伤害他们。所以说：'内心要懂得自然规律，外表要遵守人为原则，美德的本质在于顺应自然规律。'懂得了自然规律和人为原则，就能够立足于自然规律，安守着自己应得的东西，顺应着环境去进退屈伸，返归大道而研讨至理。"

【研读】

权变，古人称之为"权"。"权"的思想可以说源远流长。所谓"权"，就是在不违背基本原则的前提下所进行的灵活变通。中国古代有四位影响最为深远的思想家，他们是孔子、孟子、老子、庄子，而这四位思想家，都很重视"权"。

《道德经》一书虽然没有提到"权"，但据《文子·道德》记载，老子已经谈论过"权"的问题：

老子曰："上言者，下用也。下言者，上用也。上言者，常用也，下言者，权用也。唯圣人为能知权。言而必信，期而必当，天下之高行。直而证父，信而死女，孰能贵之？故圣人论事之曲直，与之曲伸，无常仪表，祝则名君，溺则捽父，势使然也。夫权者，圣人所以独见。夫先迕而后合者之谓权，先合而后迕者不知权。不知权者，善反丑矣。"

老子认为：下级服从上级，这是常法；而上级服从下级，这是特定情况下的一时权变。讲究正直和信用，这是高尚行为，但儿子站出来证明父亲有罪，尾生为了等候一个女子而宁愿淹死在桥下（尾生与一位女子相约在桥下见面，女子未来时，洪水来了，尾生为了不失信，坚决不离开桥下，抱着桥墩淹死了），这样的正直和信用又怎么值得提倡呢？所以圣人是根据不同情况进行相应变化，比如在祭祀神灵时可以直呼君主的姓名，当父亲落入水中时可以揪住他的头发把他拉上来。

孔子也把权变放在一个很高的地位。《论语·子罕》记载：

子曰："可与共学，未可与适道；可与适道，未可与立；可与立，未可与权。"

孔子说："可以与他一起学习，未必就能够与他一起掌握真理；可以与他一起掌握真理，未必就能够与他一起按照真理做事；可以与他一起按照真理做事，未必就能够与他一起做到灵活变通。"孔子把学习、修养分为四个阶段——学习真理，掌握真理，按照真理做事，懂得灵活变通。由此可见，孔子把"权"看作学习的最高境界。

孔子对"权"没有做详细的解释，而孟子对此有一个生动说明。《孟子·离娄上》载：

淳于髡曰："男女授受不亲，礼与？"孟子曰："礼也。"曰："嫂溺，则援之以手乎？"曰："嫂溺不援，是豺狼也。男女授受不亲，礼也；嫂溺，援之以手者，权也。"

淳于髡问孟子："男女不亲手交接东西，这是礼制规定吗？"孟子说："是的。"淳于髡又问："嫂子快要淹死了，弟弟可以用手把她拉起来吗？"孟子说："嫂子快要淹死了而弟弟不去把她拉起来，这样的弟弟是豺狼。男女不亲手交接东西，这是在一般情况下所遵守的礼节；嫂子掉在水中而弟弟把她拉起来，这是权变。""男女授受不亲"是大的原则，能够坚持这一原则叫"立"；但在一些特殊情况下，男女又必须"亲"，这就是"权"。这种权变行为在人们的生活中十分重要，大的原则是必须的，但社会生活是那样的丰富，几条大的原则根本无法应付复杂的现实生活，因此在不违背大原则的情况下，对所遇事件进行灵活处理，就显得非常重要。

关于如何具体运用"权"这一原则，我们举孔子的两件事情：

第一件事情是关于子女如何对待父母的责打。"孝"是儒家十分重视的大原则，根据这一原则，后人进一步提出了"父叫子死，子不敢不死"的规则。应该说，后人的这一提法不符合孔子思想。在"权"的思想指导下，孔子认为子女面对父母暴怒时，应坚持"大杖逃，小杖受"的权变原则。《说苑·建本》记载：孔子弟子曾参和父亲曾皙一起在瓜田锄草时，不小心把一棵瓜苗锄掉了，脾气暴躁的父亲就用一根大杖把曾参击昏在地。曾参苏醒后做的第一件事情就是去慰问父亲："刚才大人用这么大力气教训我，没有累坏身体吧！"接着又在父亲听得到的地方弹琴唱歌，目的是想让父亲听到自己的歌声，知道自己虽然挨了打，依然心平气和。孔子听到此事后，很生曾参的气，告诉弟子："你们把门看好，不许曾参进来！"曾参自以为没有做错，就请别人询问孔子为何生气，孔子说：

> 小棰则待，大棰则走，以逃暴怒也。今子委身以待暴怒，立体而不去，杀身以陷父，不义不孝，孰是大乎？汝非天子之民邪？杀天子之民罪奚如？（《说苑·建本》）

孔子教训说：父亲拿细小的荆条来抽打自己，那就接受；如果看到父亲气势汹汹地抡起大杖朝自己打来，那就应该逃走。不然，自己被打死以后，将使父亲落下不仁不义的恶名，甚至会因杀人而被判刑。在坚持孝的原则下，逃与不逃，那就要根据实际情况灵活掌握了。孔子的这一思想实际就是说，在不应该死的时候，即使父要子死，子也不敢死。这种极具弹性的行为自然有利于社会的和谐。

第二件是关于孔子背盟的事情。《史记·孔子世家》记载，孔子带着弟子去卫国，路过蒲地（在今河南长垣），而此时的蒲地人正与卫国处于将要发生战争的状态，蒲地人认为如果孔子去了卫国，将会增强卫国的势力，于是就把孔子一行扣押起来。蒲地人对孔子说："如果你不去卫国，我们就放了你。"孔子不仅答应了蒲人的要求，而且还与蒲人在神的面前签订了盟约。然而孔子一出蒲城的东门，就带着弟子直接去了卫国。弟子子贡问："我们可以背盟吗？"孔子说："我是在对方要挟下签订的盟约，这样的盟约神是不管的。"孔子的背盟行为近似于"无赖"，蒲人看到刚才还信誓旦旦保证不去卫国的孔子一出东门就直奔卫国，一定会瞠目结舌，哭笑不得。但孔子认为自己发的誓言是一种"要盟"，而"要盟"是不能作数的。细想起来，这样的"权"还是非常可爱的。

关于不知"权"的事例，我们也举一例。清代人姚元之《竹叶亭杂记》载：

> 道光十一年辛卯，海口潮涌，江水因之泛滥，自江西以下，沿江州县被灾。……大水时，一女子避未及，水几没腰。有一人急援手救之，女子乃呼号大哭曰："吾乃数十年贞节，何男子污我左臂！"遂将同被灾者菜刀自断其臂，仍赴水而死。

仅仅因为有男子用手把这女子从洪水中救出来，女子就砍断手臂，赴水而死。作者是以赞扬的口气叙述这个故事的。此女子与作者皆不知"权"，与孟子"嫂溺，援之以手者，权也"的主张大相径庭，可叹可悲！

曰："何谓天？何谓人？"北海若曰："牛马四足，是谓天；落马首①，穿牛鼻，是谓人。故曰：无以人灭天，无以故灭命②，无以得殉名③。谨守而勿失，是谓反其真。"

【注释】

①落：通"络"。套住。

②以故灭命：用人为之事去改变各自的天命。故，事，人事。命，包括常说的
自然禀赋与命运双重含义。

③以得殉名：为了名声而牺牲自己的自然天性。得，通"德"。得于大道的
天性。

【译文】

河伯说："什么是自然？什么是人为？"北海若说："牛马生来就有
四只脚，这就叫自然；用笼头套住马头，用绳索穿过牛鼻，这就叫人
为。所以说：不要用人为的原则去毁伤自然规律，不要用人为的事情
去改变各自的天命，不要为了美名而去湮灭自己的自然天性。谨慎地
守护好自己的天性而不要丧失，这就叫返璞归真。"

【研读】

本段是《庄子》中最长的一段对话。河伯与北海若一问一答，一
气呵成，这段谈话主要讨论了以下几个哲学问题：第一，提出事物大
小多少的相对性。人们常以自身为标准去判断事物的大小多少，比如
天地大而毫毛小。而本篇认为宇宙中有无穷大的事物，也有无穷小的
事物，天地在更大的事物面前就小如毫毛，而毫毛在更小的事物面前
又大如丘山。这一思想显然超出了以人为本位的局限性。第二，提出
事物的多变性。认为万物从出生时就时刻处于变化之中，因此人要顺
应变化，不可固执一端。第三，提出了时空的无限性。时空是否有限，
人们多有争论，本篇明确指出时空是无限的。

本篇的写作目的主要是为了促成人的精神修养，而不是为了探索自然科学知识。比如指出事物的相对性，能使人消除盲目的傲慢；提出事物的多变性，是为了提醒人们要顺其变化，不必为一时得失而烦恼；指出时空的无限性，是为了让人意识到自身的渺小。总之，本篇的总体写作目的是要求人们"出于崖涘"，突破居住空间、生存时间、教育内容等客观局限和由此形成的主观成见，以一种开放、顺应的态度对待自然万物。

二

夔怜蚿①，蚿怜蛇，蛇怜风，风怜目，目怜心。

【注释】

①夔（kuí）怜蚿（xián）：独脚的夔羡慕多脚的蚿。夔，传说中只有一只脚的动物。怜，怜爱，羡慕。蚿，长有很多脚的一种虫子。

【译文】

独脚的夔羡慕多脚的蚿，多脚的蚿羡慕无脚的蛇，无脚的蛇羡慕无形而快速的风，无形而快速的风羡慕一睁开就能看得很远的眼睛，眼睛羡慕瞬间可赴万里之外的心灵。

夔谓蚿曰："吾以一足趻踔而行①，予无如矣②！今子之使万足，独奈何③？"蚿曰："不然。子不见夫唾者乎④？喷则大者如珠，小者如雾，杂而下者不可胜数也。今予动吾天机⑤，而不知其所以然⑥。"

【注释】

①趻踔（chěn chuō）：跳跃，蹦着走。

②予无如：我无可奈何啊。无如，即"无奈"。没有办法。

③独：究竟。

④唾：吐吐沫。根据下文，这里指打喷嚏。

⑤天机：天生的机能，本能。

⑥所以然：为什么这样的原因。

【译文】

　　夔对蚿说："我用一只脚跳着走，我无可奈何只能如此，而您竟然能够使用上万只脚走路，您究竟是怎么做到的？"蚿说："您说的不太正确。您没有看见过打喷嚏的情形吗？喷出的口水大的像珠子，小的像雾水，它们自然而然地混杂而下不可数计。如今我自然而然地顺应着自己的本能行走，而我自己也不知道为什么能够这样。"

　　蚿谓蛇曰："吾以众足而行，而不及子之无足，何也？"蛇曰："夫天机之所动，何可易邪^①？吾安用足哉^②！"

【注释】

①易：改变。

②安：怎么。

【译文】

　　蚿对蛇说："我使用那么多的脚走路，然而还比不上没有脚的您走得快，这是为什么呢？"蛇回答说："我们都是顺应着各自的本能而行走，本能怎么能够改变呢？我哪里用得上脚呢！"

蛇谓风曰："予动吾脊胁而行①，而有似也②。今子蓬蓬然起于北海③，蓬蓬然入于南海，而似无有④，何也？"风曰："然。予蓬蓬然起于北海而入于南海也，然而指我则胜我⑤，鰌我亦胜我⑥。虽然，夫折大木、蜚大屋者⑦，唯我能也，故以众小不胜为大胜也。为大胜者，唯圣人能之。"

【注释】

①脊：脊骨。胁：从两腋到腰上的部分。

②有似：即"似有"。像有脚一样。

③蓬蓬然：象声词，形容风声。

④似无有：好像没有脚。

⑤指我：用手指阻拦我。

⑥鰌（qiū）：通"蹂"。用脚踢。

⑦蜚（fēi）：同"飞"。刮翻，吹走。

【译文】

蛇对风说："我是通过脊背和腰部的运动而行走的，这与有脚也很相似了。如今您呼呼地从北海起身，呼呼地来到南海，而您好像没有脚啊，您如何做到这一点的？"风说："是这样。我呼呼地从北海起身，呼呼地来到南海，然而人们用手指阻挡就能胜过我，用脚踢也能胜过我。虽然如此，刮断粗大的树木，掀翻高大的房屋，只有我能做到，这是因为我能够放弃众多的小胜利而去获取大胜利。获取大的胜利，只有圣人能够做到。"

【研读】

　　这一故事主要是阐述上文北海若讲的"无以人灭天"的道理。庄子认为万物对自己的本能都无法弄清，也就不必纠结，只管顺应各自的本能行事即可，不必彼此羡慕，更不可、也无法人为地去改变这些本能。另外，本段似乎还少了对"风怜目，目怜心"的阐述，也可能因为这一道理容易理解，所以作者不再赘述。

三

　　孔子游于匡①，宋人围之数匝②，而弦歌不惙③。

【注释】

①匡：地名。在今河南长垣。

②宋：国名。在今河南商丘一带。数匝（zā）：重重包围。匝，层。

③弦：弹琴。不惙（chuò）：不停。惙，通"辍"。停止。

【译文】

　　孔子到匡地游历，宋国人把他重重围住，而孔子依旧不停地弹琴唱歌。

　　子路入见①，曰："何夫子之娱也？"孔子曰："来，吾语女②。

我讳穷久矣③，而不免，命也；求通久矣④，而不得，时也。当尧、舜而天下无穷人⑤，非知得也⑥；当桀、纣而天下无通人⑦，非知失也，时势适然⑧。夫水行不避蛟龙者，渔父之勇也；陆行不避兕虎者⑨，猎夫之勇也；白刃交于前，视死若生者，烈士之勇也⑩；知穷之有命，知通之有时，临大难而不惧者，圣人之勇也。由，处矣⑪！吾命有所制矣⑫！"

【注释】

①子路：孔子弟子。姓仲名由，字子路。

②女（rǔ）：通"汝"。你。

③讳：憎恶，讨厌。穷：困窘。

④通：顺利的处境。

⑤穷人：处境困窘的人。

⑥非知得：不是因为他们都有高超的智慧。知，同"智"。得，恰当，高明。

⑦通人：生活顺利的人。

⑧时势适然：时运使他们如此。适，达到，造成。然，这样。

⑨兕（sì）：犀牛一类的野兽。

⑩烈士：壮士，勇士。

⑪处：安居，安静。

⑫命有所制：命运有所注定。制，制定，注定。

【译文】

　　子路进来见孔子，说："老师您为什么还这样快乐呢？"孔子说："你过来，我告诉你。我讨厌困窘的生活已经很久了，却一直摆脱不了这种生活，这是命中注定的啊；我祈求顺利的处境也很久了，然而始终都没有得到这种处境，这是时运造成的啊。唐尧、虞舜的时代，天下没有一个生活困窘的人，这并非因为他们的才智都很高超；夏桀、商纣的时代，天下没有一个处境顺利的人，这并非因为他们的能力都很低下，这都是时运造成的。在水里活动而不害怕蛟龙，这是渔夫的勇敢；在陆地活动而不畏惧兕虎，这是猎人的勇敢；白晃晃的刀剑交错于面前，视死亡如生存的，这是壮士的勇敢；知道生活困窘是命中注定，知道处境顺利是时运造成，面对着巨大灾难而毫不恐惧，这是圣人的勇敢。子路啊，你安下心吧！我的命运是有所注定的！"

无几何①，将甲者进②，辞曰③："以为阳虎也④，故围之。今非也，请辞而退。"

【注释】

①无几何：没过多久。

②将：率领。甲者：穿甲衣的士卒。

③辞：谢罪，道歉。也可理解为告辞。

④阳虎：阳虎是鲁国贵族季氏的家臣，曾伤害过匡地民众，孔子相貌与阳虎相似，匡人误以为孔子是阳虎，故出兵围之。

【译文】

没过多久，统领士卒包围孔子的军官走了进来，向孔子道歉说："我们误以为您是阳虎，所以把您包围起来。现在知道您不是阳虎，请让我向您表示歉意并撤走军队。"

【研读】

这一故事主要是说明上文北海若讲的"无以故灭命"的道理，这里说的"命"主要指天命、命运。同时也赞扬了知命不忧、临大难不惧的圣人之勇。关于这一故事，还有其他许多类似版本，我仅录两则于下，以供参考：

将适陈，过匡。颜刻为仆，以其策指之曰："昔吾入此，由彼缺也。"匡人闻之，以为鲁之阳虎。阳虎尝暴匡人，匡人于是遂止孔子。孔子状类阳虎，拘焉五日。颜渊后，子曰："吾以汝为死矣。"颜渊曰："子在，回何敢死！"匡人拘孔子益急，弟子惧。孔子曰："文王既没，文不在兹乎？天之将丧斯文也，后死者（指孔子自己）不得与于斯文也。天之未丧斯文也，匡人其如予何！"孔子使从者为宁武子臣于卫，然后得去。（《史记·孔子世家》）

孔子之宋，匡简子将杀阳虎，孔子似之，甲士以围孔子之舍。子路怒，奋戟将下斗。孔子止之曰："何仁义之不免俗也！夫《诗》《书》之不习，礼乐之不修也，是丘之过也。若似阳虎，则非丘之罪也。命也夫！由，歌，予和汝。"子路歌，孔子和之，三终而甲罢。（《说苑·杂言》）

对比史书与子书的记载，子书中的孔子要比史书的孔子从容得多，而且哲理性的语言也多一些，从中我们不难发现后人对孔子形象塑造的痕迹。

四

公孙龙问于魏牟曰[①]："龙少学先王之道[②]，长而明仁义之行；

合同异③，离坚白④；然不然⑤，可不可；困百家之知⑥，穷众口之辩⑦；吾自以为至达已⑧。今吾闻庄子之言，汒焉异之⑨。不知论之不及与？知之弗若与？今吾无所开吾喙⑩，敢问其方⑪。"

【注释】

①公孙龙：战国名家的代表人物，赵国人。关于公孙龙的故事与评价，详见"研读"。魏牟：魏国公子，故下文称之为"公子牟"。

②少（shào）：少年，年轻。

③合同异：无论事物是同是异，都能把它们说成一样。

④离坚白：认为白石头的坚硬质地和白颜色这两种属性是相互分离的。

⑤然不然：把不正确的说成正确。然，正确。

⑥困百家之知：能够使聪明的各派学者陷入辩论困境。困，使受困。知，同"智"。

⑦穷：理屈词穷。

⑧至达：最通达。已，通"矣"。

⑨汒（máng）焉：即"茫然"。困惑的样子。

⑩喙（huì）：嘴巴。

⑪方：道理，原因。

【译文】

　　公孙龙问魏牟："我公孙龙年少时学习古代圣王学说，长大后懂得仁义的言行；提出'合同异'的主张，研究'离坚白'的道理；我能够把不正确的说成正确，把不可以的说成可以；我能够在辩论时击败各派聪明学者，把众多的辩论家说得无言以对，我自以为是最为通达聪慧之人。如今我听了庄子言论，感到十分困惑和惊异。不知道是因为我的论辩能力比不上他呢？还是因为我的智慧不如他呢？如今我已经没办法开口讲话了，请问这是什么原因。"

【研读】

公孙龙是名家的代表人物之一。《庄子》的这一故事为了突出庄子思想的高妙深奥，因此尽力贬低公孙龙的思想与才华，后人也大多认为公孙龙的思想无用："公孙龙著《坚白》之论，析言剖辞，务折曲之言，无道理之较，无益于治。"（《论衡·案书篇》）这种评价对公孙龙是不够公允的。我们举两例以分别说明公孙龙思维的严密及其实际作用。

因为所举例子涉及公孙龙的一个非常著名的命题——白马非马，所以有必要先对这一命题作一解读。一般人认为，白马就是马，而公孙龙则认为白马非马。《公孙龙子·白马论》说："马者，所以命形也；白者，所以命色也。命色形非命形也（一本作'命色者非命形也'），故曰：白马非马。"公孙龙认为："马"这个概念是对"形"的规定，"白"这个概念是对"色"的规定，"白马"是"命色+命形"，而"马"仅仅只是"命形"，因此"命色+命形"不等于"命形"。公孙龙进一步论证说，如果"白马=马"，那么就可以得出"白马=马=黄马"这一推理结果。这样一来，同样可以推理出"白马=黄马"的结论，而这一结论肯定是不正确的。公孙龙的这一观点是合理的，用今天的话表达，那就是，"马"与"白马"是包含与被包含的关系，是"马"包含"白马"，而不是"马"等于"白马"。

明白了"白马非马"的含义，我们来看公孙龙与孔子后代孔穿辩论时的逻辑推理。《公孙龙子·迹府》记载：

龙与孔穿会赵平原君家。穿曰："素闻先生高谊，愿为弟子久，但不取先生以白马为非马耳。请去此术，则穿请为弟子。"龙曰："先生之言悖！龙之所以为名者，乃以白马之论尔。今使龙去之，则无以教焉。且欲师之者，以智与学不如也。今使龙去之，此先教而后师之也。先教而后师之者，悖。且白马非马，乃仲尼之所取。龙闻楚王张繁弱之弓，载忘归之矢，以射蛟、兕于云梦之圃，而丧其弓，左右请求之，王曰：'止。楚人遗弓，楚人得之，又何求乎？'仲尼闻之曰：'楚王仁义而未遂也。亦曰人亡弓、人得之而已，何必楚！'若此，仲尼异楚人于所谓人。夫是仲尼异楚人于所谓人，而非龙异白马于所谓马，悖。先生修儒术而非仲尼之所取，欲学而使龙去所教，则虽百龙，固不能当前矣。"孔穿无以应焉。

公孙龙和孔穿在赵国贵族平原君的家里相遇。孔穿对公孙龙说："一向听说先生的学问高深，早就想做先生的弟子，只是不能赞同先生的白马不是马的说法。请您放弃这个说法，我就请求做您的弟子。"公孙龙说："先生的话违背常理了。我之所以能够出名，就是因为我提出了白马非马这一学说。如果现在要我放弃它，我就没有什么可以用来教育别人的了。况且一个想拜别人为师的人，总归是因为自己的智力和学问不如别人，现在你要我放弃自己的白马非马学说，你这是先施教于我，而后再拜我为师。先施教于我，而后再拜我为师，这是违背常理的。况且白马非马的说法，也是你的先祖孔子所赞同的。我听说当年楚王曾经拉开繁弱弓，扣上忘归箭，在云梦的场圃里猎射蛟龙、兕虎，不小心把弓弄丢了。随从们请求去寻找，楚王说：'不用找了。楚人丢了弓，楚人拾了去，又何必再去寻找呢？'孔子听到此话后说:'楚王的确很仁义,但做得还不够。他如果说"人丢了弓、人拾了去"就更好了,何必要局限于楚国人呢!'照这样说来,孔子是把'楚人'和'人'区别开来的。如果肯定孔子把'楚人'和'人'区别开来的说法,却否定我把'白马'与'马'区别开来的说法,这是自相矛盾的。先生您遵奉儒家的学问,却反对孔子所赞同的观点;想跟我学习,又要让我放弃我用来教育别人的知识。这样即使有一位才华百倍于我的人,也根本无法满足你当前的需求啊!"孔穿听后无言以对。

公孙龙子的回答不仅逻辑严密,而且十分机智,可以说是"以子之矛陷子之盾",使孔穿陷于被动。正是由于他的机智,所以能够在现实生活中为己、为人排忧解难。首先我们看他是怎样为自己解决困难的:"(公孙龙)尝度关。关司禁曰:'马不得过。'龙曰:'我马白,非马。'遂过。"(《公孙龙子悬解》)在古代,马匹是一个国家的重要战略物资,不少国家规定不许把自己国家的马匹带到其他国家,所以公孙龙在出关时,所骑的白马被扣了下来。公孙龙竟然用"白马非马"的道理,说服守关官员,使自己顺利骑马过关。公孙龙不仅凭借出色的思维能力为自己解决难题,也为赵国解决了一次外交难题:

> 空雄之遇,秦、赵相与约,约曰:"自今以来,秦之所欲为,赵助之;赵之所欲为,秦助之。"居无几何,秦兴兵攻魏,赵欲救之。秦王不说,使人让赵王曰:"约曰:'秦之所欲为,赵助之;赵之所欲为,秦助之。'今秦欲攻魏,而赵因欲救之,此非约也。"赵王以告平原君。平原君以告公孙龙,公孙龙曰:"亦可以发使而让秦王曰:'赵欲救之,今秦王独不助赵,此非约也。'"(《吕氏春秋·淫辞》)

　　秦国与赵国在空雄（疑为"空洛"）签订了一份友好盟约，盟约写明："从今以后，秦国想要做什么，赵国就帮助秦国；赵国想要做什么，秦国就帮助赵国。"盟约签订不久，秦国起兵进攻魏国，而赵国担心唇亡齿寒，便出兵援救魏国。秦王自然很不高兴，就派使者去责备赵王："盟约规定'秦国想要做什么，赵国就应该帮助秦国'，现在秦国准备进攻魏国，而赵国却去救援魏国，你们赵国违背了盟约。"赵王对于这一外交难题很是挠头，只得向平原君求助。平原君也想不出应对这一外交责难的办法，转而又向公孙龙求助，公孙龙回答说："赵国也可以派使者去责备秦王，说：'赵国想救援魏国，而秦王不仅不帮助赵国去救助魏国，反而还想进攻魏国，这不符合盟约上说的'赵国想要做什么，秦国就应该帮助赵国'。"由于公孙龙平时爱动脑子，研究一些弯弯绕绕的哲学问题，客观上锻炼了他的抽象思维能力，所以一旦遇到现实难题，就能够轻而易举地予以解决。

　　这些事例提醒我们，平时学点哲学，看似远离现实，没有实际作用，但它能够锻炼我们的思辨能力，保持我们的思维活力，使我们面对现实时，能够更好更快地解决问题。

　　公子牟隐机大息①，仰天而笑，曰："子独不闻夫坎井之蛙乎②？谓东海之鳖曰：'吾乐与③！出跳梁乎井干之上④，入休乎缺甃之崖⑤；赴水则接腋持颐⑥，蹶泥则没足灭跗⑦，还虷、蟹与科斗⑧，莫吾能若也⑨！且夫擅一壑之水⑩，而跨跱坎井之乐⑪，此亦至矣。夫子奚不时来入观乎⑫？'东海之鳖左足未入，而右膝已絷矣⑬，于是逡巡而却⑭。告之海曰：'夫千里之远，不足以举其大⑮；千仞之高⑯，不足以极其深⑰。禹之时，十年九潦⑱，而水弗为加益⑲；汤之时，八年七旱，而崖不为加损㉑。夫不为顷久推移㉑，不以多少进退者㉒，此亦东海之大乐也。'于是坎井之蛙闻之，适适然惊㉓，规规然自失也㉔。且夫知不知是非之竟㉕，而犹欲观于庄子之言，是犹使蚊负山、商蚷驰河也㉖，必不胜任矣！且夫知不知论极妙之言，而自适一时之利者㉗，是非坎井之蛙与？

【注释】

①隐：靠着。机：通"几"。几案。大（tài）息：即"太息"。叹息。

②坎井：浅井。成语"井底之蛙"即出于本段故事。

③与：同"欤"。句末语气词。

④跳梁：跳跃。井干：井岸边。干，水边。一说指井栏。

⑤缺甃（zhòu）之崖：井中的破砖口边。甃，井中砖壁。崖，边。

⑥接腋持颐：井水架着我的腋窝，托着我的下巴。腋，腋下。持，托着。颐，面颊，下巴。

⑦蹶（jué）泥：跳入泥中。蹶，跳跃。没足：泥水埋住我的脚掌。灭跗（fū）：漫过我的脚背。灭，遮盖。跗，脚背。

⑧还：回头，回头看看。虷（hán）：一种赤色小虫。蟹：螃蟹。科斗：即蝌蚪。

⑨莫吾能若：即"莫能若吾"。没有哪个能够比得上我。

⑩擅：独自占有。

⑪跨跱（zhì）：占据。

⑫奚不时来入观：何不趁这个机会进入井内参观一下呢？奚不，何不。时，时机，机会。

⑬絷（zhí）：绊住，卡住。

⑭逡（qūn）巡：后退的样子。却：退出。

⑮举：称举，描述。

⑯千仞之高：七八千尺的高度。仞，古代长度单位。七尺或八尺为一仞。

⑰极：完全描述、形容。

⑱潦（lào）：水涝。

⑲加益：增加。益，增加。

⑳崖：海边。这里指海边的水位。

㉑顷久：时间的长短。顷，短暂。

㉒进退：增减。

㉓适适（tì）然：吃惊的样子。

㉔规规然：怅然若失的样子。自失：自己怅然若失。

㉕知不知是非之竟：才智不足以明白是与非的界线。第一个"知"同"智"。

　　智慧。竟，通"境"。界线。

㉖商蚷（jù）驰河：让商蚷虫在黄河里奔驰。商蚷，小虫名。即马蚿虫。河，

　　黄河。

㉗而自适一时之利者：却为一时得势而沾沾自喜。适，得意。利，得利，

　　得势。

【译文】

　　魏牟靠着几案发出一声叹息，接着又仰面朝天笑着说："您难道没有听说过浅井里的青蛙吗？它对从东海来的大海鳖说：'我真是快乐呀！我时而在水井的岸边跳来跳去，时而在井里的破砖壁口休息休息；在水上畅游时，井水架着我的腋窝，托着我的下巴；在泥里散步时，泥水埋住我的脚掌，漫过我的脚背。回头看看那些小虫子、小螃蟹和小蝌蚪，没有一个比得上我！再说我独自占据了整个井水，把持

住了井水生活的所有快乐，这也是最高幸福了。先生您何不趁这个机会下来参观参观、长长见识呢？'接受邀请的东海之鳖的左脚还没有伸进去，而右膝已经被井口卡住了，于是东海之鳖只好退了出来。接着东海之鳖就把大海的情景告诉了井蛙：'用一千里那么遥远的里程，也无法形容大海的辽阔；用七八千尺那么长的长度，也无法形容大海的深邃。大禹在位时，十年之中有九年发生水灾，而海水却没有因此而上涨；商汤王在位时，八年之中有七年发生旱灾，而海水也没有因此而变浅。大海不会因为时间的长短而发生变化，也不会因为旱涝而有所涨落。这大概算是生活在大海中的快乐吧！'井蛙听了之后，大吃一惊，茫茫然若有所失。再说你公孙龙的才智不足以明白是与非的界线，却还想去理解庄子的言论，这就好比让蚊子背起大山、让商蚷虫到黄河里奔驰一样，肯定无法胜任！再说你的才智根本无法懂得和参与讨论最为玄妙的道理，却为一时占据上风而沾沾自喜，这不就像那只可怜的浅井之蛙一样吗？

"且彼方跐黄泉而登大皇①，无南无北，奭然四解②，沦于不测③；无东无西，始于玄冥④，反于大通⑤。子乃规规然而求之以察⑥，索之以辩⑦，是直用管窥天，用锥指地也⑧，不亦小乎！子往矣！且子独不闻夫寿陵余子之学行于邯郸与⑨？未得国能⑩，又失其故行矣⑪，直匍匐而归耳⑫。今子不去，将忘子之故⑬，失子之业⑭。"

【注释】

①且彼方跐（cǐ）黄泉而登大（tài）皇：再说庄子思想下至黄泉、上登云天。彼，指庄子思想。跐，踏。黄泉，地下。大皇，上天。大，同"太"。本句

　　形容庄子思想极为丰富，无所不包。

②奭（shì）然四解：四通八达。奭然，四散的样子。

③沦于不测：进入深不可测的境界。沦，进入。

④玄冥：玄妙幽深的境界。

⑤反于大通：返归无所不通、自由自在的精神境界。反，同"返"。大通，无
　　所不通的精神境界。

⑥规规然：琐碎拘泥的样子。

⑦索之以辩：用诡辩的方式去探索庄子思想的奥妙。

⑧指：插入。引申为测量。

⑨独：难道。寿陵：地名。燕国城邑。余子：少年。邯郸：赵国都城。在今河
　　北邯郸。成语"邯郸学步"即出于此。

⑩国能：赵国都城人的本领。指赵国都城人的走路姿势。国，国都，指赵国都
　　城邯郸。

⑪故行：原来的走路本领。

⑫直：只，只好。匍匐：爬行。

⑬故：原有的知识。

⑭业：学业，学问。

【译文】

　　"再说庄子思想下至黄泉而上登云天，不分南北，四通八达，进
入了深不可测的境界；庄子思想无论东西，起始于幽深玄妙之处，返
归于无所不通、自由自在的精神世界。而你却用琐碎而拘泥的世俗观
察方法去寻求庄子思想的奥秘，用诡辩的方式去探索庄子思想的真谛，
这简直就是在用竹管去观测苍天，用锥子去测量大地，这不是也太渺

小了吗！你还是赶快走吧！你难道没有听说过寿陵有个年轻人到赵国的邯郸学习走路姿势的事情吗？这位年轻人不仅没有学会邯郸人的优雅走路姿态，而且还忘掉了自己原有的走路本领，最后只好爬着回去了。现在你如果还不赶快离开，将会忘掉你原有的知识，失去你原有的学问。"

公孙龙口呿而不合①，舌举而不下，乃逸而走②。

【注释】

①口呿（qū）：嘴巴张开。这是描述公孙龙吃惊的样子。

②逸而走：飞快地逃跑了。逸，奔。走，跑。

【译文】

公孙龙听后吃惊得张大了嘴巴无法合拢，舌头高高翘起放不下来，于是只好赶快逃走了。

【研读】

这一故事仍然是说明上文北海若讲的"无以故灭命"的道理，只是这里说的"命"侧重于自然禀赋。庄子认为，每个人、每种物的本性和才能都是由上天注定的，不可用人的标准去要求鸟兽，也不可用圣人的标准去要求世俗人。公孙龙难以理解庄子，就像坎井之蛙难以理解东海之鳖一样，如果硬要公孙龙去学习庄子，结果就如同邯郸学步的余子一样，"未得国能，又失其故行矣，直匍匐而归耳"。

五

　　庄子钓于濮水^①，楚王使大夫二人往先焉^②，曰："愿以境内累矣^③。"庄子持竿不顾^④，曰："吾闻楚有神龟^⑤，死已三千岁矣，王巾笥而藏之庙堂之上^⑥。此龟者，宁其死为留骨而贵乎？宁其生而曳尾于涂中乎^⑦？"二大夫曰："宁生而曳尾于涂中。"庄子曰："往矣，吾将曳尾于涂中。"

【注释】

①濮（pú）水：水名。在今河南境内，今已不存。

②往先：先去致意。楚王先派大夫前去致意，如果庄子同意，楚王将亲自前来迎请。

③愿：希望。境内：指楚国国内的政务。累：受累，操劳。

④顾：回头看。

⑤神龟：神灵的龟。古人认为用龟甲占卜可以预测吉凶，故称之为神龟。

⑥巾：这里用作动词，用巾包好。笥（sì）：竹器，竹箱。这里用作动词，放在竹箱里。庙堂：宗庙大堂。国君祭祖和议事的地方。

⑦曳尾：拖着尾巴。庄子用"曳尾于涂中"比喻自由自在地生活于民间，用"死为留骨而贵"比喻受困于官场。

【译文】

　　庄子正在濮水边钓鱼，楚王委派两位大夫先来致意，说："我们希望把楚国的政务托付给先生操劳。"庄子手持钓竿头也没回，说："我听说楚国有一只神龟，已经死了三千年，楚王用丝巾把它的甲骨包好，收藏在竹箱里，然后珍藏在宗庙的大堂上。这只神龟，是愿意死去留下一把骨头让人珍惜呢？还是愿意拖着尾巴生活在泥水之中呢？"两位大夫说："当然是愿意拖着尾巴生活在泥水之中啦！"庄子说："那么就请你们回去吧，我也要拖着尾巴生活在泥水之中啊。"

【研读】

这个故事是说明上文北海若讲的"无以得殉名"的道理。"得"通"德"，即人的美好天性。名，代指名利。"无以得殉名"，就是不要为了名利而丧失自己的天性。当宰相，是一件名利双收的事情，但庄子认为，追求人世间的名利，会破坏人的自然天性，甚至会使自己丧失生命，因此他拒绝出仕。

六

惠子相梁①，庄子往见之。或谓惠子曰②："庄子来，欲代子相。"于是惠子恐，搜于国中③，三日三夜。

【注释】

①惠子：即惠施。庄子的好友，名家代表人物。相：官名。相当于后世的宰相。这里用作动词，当宰相。梁：国名。即魏国。魏国迁都大梁（在今河南开封），故又称梁国。

②或：有人。

③国：都城。

【译文】

　　惠子在梁国当宰相时，庄子前去看望他。有人对惠子说："庄子这次来梁国，目的是想取代您当宰相的。"于是惠子恐慌起来，马上派人在都城里四处搜寻庄子，整整搜寻了三天三夜。

　　庄子往见之，曰："南方有鸟，其名为鹓鶵①，子知之乎？夫鹓鶵，发于南海，而飞于北海，非梧桐不止，非练实不食②，非醴泉不饮③。于是鸱得腐鼠④，鹓鶵过之，仰而视之曰：'吓⑤！'今子欲以子之梁国而'吓'我邪？"

【注释】

①鹓鶵（yuān chú）：传说中的与凤凰相似的鸟。

②练实：竹子果实。

③醴（lǐ）泉：甘甜的泉水。醴，甜酒。形容泉水甜如醴酒。

④于是：正在此时。于，在。是，代指这个时候。鸱（chī）：猫头鹰。

⑤吓（hè）：恐吓之声。猫头鹰误以为鹓鶵来抢夺自己的烂老鼠，故大声呵斥。

【译文】

　　庄子主动去见惠子，说："南方有一只鸟，名字叫鹓鶵，您知道这只鸟吗？鹓鶵从南海出发，飞往北海，一路上除了梧桐树就不落下休息，除了竹子果实就不进食，除了甜美的泉水就不饮用。就在这时候，有一只猫头鹰刚刚找到一只腐烂发臭的死老鼠，却突然看见鹓鶵正朝自己飞来，于是猫头鹰仰头盯住鹓鶵，怒吼道：'吓！'如今您是否也想拿您的梁国来'吓'我啊？"

【研读】

这个故事也是用来说明"无以得殉名"的道理。庄子把那些重名利、贪富贵的世俗官员比作猫头鹰，把自己比作鹓鶵，表现了庄子视富贵如腐鼠的高洁品质。本段有几个问题值得说明：

第一，本段说明庄子与惠施关系亲密。不少学者根据这段文字，认为庄子与惠施关系不睦，甚至相互敌视。而我们的看法不同。只要我们换一个角度来审视这段对话，就能够看出惠施与庄子是极为相知的朋友，因为只有关系极为密切、极为熟络的人之间才会用这样的语言相互调侃。我们看看古代类似的场面：

> 王文度、范荣期俱为简文所要，范年大而位小，王年小而位大。将前，更相推在前，既移久，王遂在范后。王因谓曰："簸之扬之，糠秕在前。"范曰："洮之汰之，沙砾在后。"(《世说新语·排调》)

东晋简文皇帝司马昱邀请王文度和范荣期前去议事，范荣期年龄大而官位小，王文度年龄小而官位大。他们两人互相谦让，要让对方走在前头。谦让许久，范荣期还是走在前面，而跟在后面的王文度就开玩笑说："咱们俩的前后位置就好像用簸箕簸扬谷物一样，没有用处的糠秕都在前面。"范荣期听后反唇相讥："咱们俩的前后位置就好像用水淘米一样，无用的沙砾都落在后面。"王文度把范荣期比作糠秕，范荣期把王文度比作沙砾，能够这样开对方玩笑，充分证明了彼此关系极为亲密，不会因玩笑而造成彼此之间的嫌隙。

第二，关于梧桐与凤凰的关系。中国很早就有"凤凰非梧桐不栖"之说，据我们所掌握的史料，首先把梧桐与凤凰联系在一起的是《诗经·大雅·卷阿》："凤皇鸣矣，于彼高冈。梧桐生矣，于彼朝阳。菶

棽棽，雝雝喈喈。"意思是："鸣叫的凤凰，就站在高高的山岗。生
机盎然的梧桐树，就长在朝阳的山上。梧桐树枝繁叶茂，凤凰叫声和
谐悠扬。"而第一个明确指出凤凰非梧桐不栖的则是庄子。

第三，补充一则相关资料。《太平御览》卷四百六十六引《庄子》佚文：

> 《庄子》曰：惠子始与庄子相见，而问乎庄子曰："今日自以
> 为见凤凰，而徒遭燕雀耳。"坐者俱笑。

我们怀疑这段文字紧接在"今子欲以子之梁国而'吓'我邪"之后，
与"惠子相梁……"一起构成一个完整的故事。庄子自比凤凰（鹓鶵），
把惠施比作猫头鹰；而惠施当即反击："我本以为今天真的能够看到一
只凤凰，没想到原来只是一只小燕雀而已。"庄子把惠子比作猫头鹰，
惠施把庄子比作小燕雀，相互调侃，趣味盎然。可能是庄子后学在整
理《庄子》时，觉得后一段文字有损庄子形象，于是被删除了。

七

庄子与惠子游于濠梁之上①。庄子曰："儵鱼出游从容②，是鱼
之乐也。"惠子曰："子非鱼，安知鱼之乐③?"庄子曰："子非我，安
知我不知鱼之乐?"惠子曰："我非子，固不知子矣；子固非鱼也，
子之不知鱼之乐。全矣④。"庄子曰："请循其本⑤。子曰'汝安知鱼
乐'云者，既已知吾知之而问我，我知之濠上也。"

【注释】

①濠（háo）梁：濠水上的桥。濠，水名。在今安徽境内。梁，桥。一说指翻
　水坝。据《读史方舆纪要·凤阳府》记载，庄子与惠子观鱼的濠梁在凤阳

旧府治所东十五里左右。

②儵（tiáo）鱼：即鲦鱼。一种银白色的小鱼。儵，通"鲦"。

③安知：怎么知道。安，怎么。

④全：全部，都。这里指两个人的说法都正确。

⑤循其本：回到你最初讲的话上。

【译文】

庄子和惠子在濠水的桥上游玩。庄子说："儵鱼在水中自由自在地游来游去，这大概就是鱼的快乐吧！"惠子说："您又不是鱼，怎么知道这就是鱼的快乐呢？"庄子说："您又不是我，怎么知道我不知道鱼的快乐呢？"惠子说："我不是您，确实不知道你；但您也不是鱼，当然也不知道鱼的快乐。这个结论算是全面吧！"庄子说："请回到您最初讲的话上。您刚才问我'您是怎么知道鱼的快乐'这句话，说明您已经承认我知道鱼的快乐，然后才问我是怎么知道的。我是站在濠水桥上通过观察知道的。"

【研读】

本段为庄子的著名故事，有三个问题值得探讨：一是本段与上文的联系，二是本段的辩论技巧，三是庄子与惠子同游濠梁的原因。

第一，本段与上文的联系。这个故事主要说明上文北海若讲的"反其真"的道理。即远离官场，回归自然。庄子认为，只有返璞归真，才能保全自己的真性。

第二，本段的辩论技巧。本段体现的辩论技巧也值得我们借鉴。庄子在辩论中，有过两次"狡辩"。第一次，惠子质疑庄子"您又不是鱼，怎么知道这就是鱼的快乐"，也许鱼游来游去，正在辛勤地劳作——寻找食物。应该说这一质疑是有力的，因为惠子与庄子属于同类，惠子可以依据自己不理解鱼的感受，去推知庄子也不可能理解鱼的感受。而庄子反驳说："您又不是我，怎么知道我不知道鱼的快乐呢？"这种反驳明显是一种"狡辩"，但从理论上，又不太容易被驳倒，因为惠子的确不是庄子，二者之间存在差异。于是惠子退让一步，既承认自己不理解庄子，同时也咬定庄子不理解鱼，因此庄子不可否定惠子"您怎么知道这就是鱼的快乐"的结论。于是庄子偷换概念，开始第二次"狡辩"。在日常交流中，我们会使用多义字或者多义词，还有多意的句子。这些多义字词、多意句的使用，就会产生模糊不清、可以向两个甚至多个方向的理解。惠子的"安知鱼之乐"，客观上可以有两种理解，一是用反问句表示肯定，即认定庄子不是鱼，不可能理解鱼的快乐；二是在承认庄子知道鱼的快乐的前提下，好奇地询问庄子是如何知道鱼的快乐的。毫无疑问，惠子是第一种意思，而庄子硬是把这句话扯向第二种意思："您已经承认我知道鱼的快乐，然后才问我是怎么知道的。我告诉您，我是站在濠水桥上通过观察知道的。"

　　狡辩是不值得提倡的，不过这种狡辩只是两人在开玩笑。虽然如此，这种辩论方式依然有值得我们借鉴的地方。当我们在辩论中无言以对的时候，就要想办法把对方提出的问题，换一个角度，变成另一个问题，踢给对方回答，使自己变被动为主动。

　　第三，对于庄、惠同游濠梁缘由的推测。庄子长期在宋国隐居，惠子长期在魏国为官，二人为什么会一起出现在第三国——楚国的濠水观鱼，这是一个至今没有充分探讨的问题。我们认为二人之所以能够同游濠梁，源自一场政治风波。惠子相梁期间，庄子前去拜访，以亦友亦客的身份在魏国逗留了一段较长的时间。在此期间，主张合纵的惠子败于主张连横、在魏国掌权的张仪，惠子在生命受到威胁的情况下被迫逃离魏国，作为惠子之友的庄子为了逃避池鱼之灾，只能陪同惠子一起逃往楚国。濠梁之游，就发生在他们脱离险境、刚刚进入楚地的时候。

快乐离我们有多远

至 乐

　　至乐，取篇首二字为篇名。至乐，最大的快乐。本篇认为人生最大的快乐不是世人所追求的富贵与长寿，而是一种没有强烈快乐感的、由清静无为带来的平和心态。另外，本篇还揭示了人生在世的种种苦难，想象死后的愉悦生活，同时指出生死如昼夜交替，是无法更改的自然规律。最后一段描述了物种的进化与演变，其中虽多为臆测，但也颇多启发意义。

一

　　天下有至乐无有哉？有可以活身者无有哉①？今奚为奚据？奚避奚处②？奚就奚去③？奚乐奚恶？

【注释】

①活身者：保护生命的办法。

②处：处守，接受。

③就：接近，争取。

【译文】

天下有没有最大的快乐呢？有没有可以保护生命的办法呢？如今应该做些什么、依据什么？应该回避什么、接受什么？应该获取什么、舍弃什么？应该喜欢什么、讨厌什么？

【研读】

本段提出什么是"至乐"这一普遍受人关注的问题，然后在下文给出了不同的答案。世俗人认为最大的快乐就是身体的安适、丰盛的美味、华丽的衣服、绚丽的色彩和优美的音乐，对此庄子一一予以否定。庄子认为最大的快乐就是做到清静无为，保持平和心态，并提出"至乐无乐"这一辩证观点，的确发人深省。

夫天下之所尊者，富贵寿善也①；所乐者，身安、厚味、美服、好色、音声也②；所下者③，贫贱夭恶也④；所苦者，身不得安逸，口不得厚味，形不得美服，目不得好色，耳不得音声。若不得者，则大忧以惧。其为形也⑤，亦愚哉！

【注释】

①善：美，美名。

②厚味：美味。音声：音乐。

③下：认为低下，讨厌。

④恶：恶名。

⑤为形：保养形体。

【译文】

世人所看重的，是富有、高贵、长寿和美名；所喜爱的，是身体的安适、丰盛的美味、华丽的衣服、绚丽的色彩和优美的音乐。所厌恶的，是贫穷、低贱、短命和恶名；所苦恼的，是身体得不到安逸，嘴巴吃不上美味，身上没有华丽的衣服，眼睛看不到绚丽的色彩，耳朵听不到优美的音乐。如果得不到这些东西，就会感到忧愁和恐慌。他们用这些东西养护自身，也太愚蠢了！

夫富者，苦身疾作^①，多积财而不得尽用，其为形也亦外矣^②。夫贵者，夜以继日，思虑善否^③，其为形也亦疏矣^④。人之生也，与忧俱生，寿者惛惛^⑤，久忧不死，何苦也！其为形也亦远矣。烈士为天下见善矣^⑥，未足以活身。吾未知善之诚善邪？诚不善邪？若以为善矣，不足活身；以为不善矣，足以活人。故曰："忠谏不听，蹲循弗争^⑦。"故夫子胥争之^⑧，以残其形；不争，名亦不成。诚有善无有哉？

【注释】

①疾：辛苦。

②外：疏远。指远离正确的养生方法。以上四句是对"富"的否定。

③否（pǐ）：恶，不善。

④疏：疏远。与"外"同义。"夫贵者……其为形也亦疏矣"是对"贵"的否定。

⑤惛惛（hūn）：糊里糊涂的样子。"人之生也……其为形也亦远矣"是对"寿"的否定。

⑥烈士：壮士，有志之士。见善：被赞扬。见，被。从本句至本段末"诚有善

无有哉"是对"善（美名）"的否定。

⑦蹲循：退却。

⑧子胥：姓伍名员，字子胥。因进谏吴王夫差而被杀。

【译文】

那些富裕的人，辛辛苦苦劳作一生，积累大量财富却又不能全部享用，他们用来保养身体的方法不也是太不正确了吗！那些高贵的人，不分昼夜绞尽脑汁，思考着人事的善恶是非，他们用来保养身体的方法不也是大错特错了吗！人从出生的那一天起，便与忧愁为伴，那些长寿之人整天活得糊里糊涂，长期处于忧愁之中而不死去，这是何等的痛苦啊！他们用来保养身体的方法不也是太荒谬了吗！有志之士受到整个天下人的赞扬，却无法保全他们自己的生命。我不知道获取美名真的是一件好事呢？还是实在算不上一件好事呢？如果说获取美名是一件好事，却不能保全自己的生命；如果说不是一件好事，却又能帮助别人存活下来。所以说："如果忠诚的进谏不被接受，就应退居一旁不再谏诤。"伍子胥进谏君主，为此招来杀身之祸；如果不去谏诤，也无法成就他的美名。那么这真的是一件好事还是一件坏事呢？

今俗之所为与其所乐，吾又未知乐之果乐邪？果不乐邪？吾观夫俗之所乐，举群趣者①，誙誙然如将不得已②。而皆曰乐者，吾未之乐也③，亦未之不乐也。果有乐无有哉？吾以无为诚乐矣，又俗之所大苦也。故曰："至乐无乐④，至誉无誉。"

【注释】

①举群趣者：成群结队地去追逐。趣，通"趋"。追逐。

②诇诇（kēng）然：拼命追逐的样子。

③未之乐：即"未乐之"。没有觉得那是一种快乐。

④至乐无乐：最大的快乐就是没有快乐。庄子认为，有乐必有苦，因此最大的
　快乐就是保持无乐也无苦的平静心态。

【译文】

　　如今世人所追逐的和所感到快乐的事情，我也不知道他们的快乐
是一种真正的快乐呢？还是算不上真正的快乐？我观察世人对于那些
能为他们带来快乐的事物，成群结队地前去追逐，那种拼命争夺的样
子就好像迫不得已似的。然而对于人人都认为快乐的事物，我并不感
到那就是快乐，当然也不认为那就不是快乐。那么世上有没有真正的
快乐呢？我认为做到清静无为就是一种真正的快乐，然而这又是世人
深感痛苦的事情。因此说："最大的快乐就是没有快乐，最大的荣誉就
是没有荣誉。"

　　天下是非果未可定也。虽然，无为可以定是非。至乐活身，唯
无为几存①。请尝试言之：天无为以之清②，地无为以之宁，故两无
为相合，万物皆化③。芒乎芴乎④，而无从出乎⑤；芴乎芒乎，而无
有象乎⑥。万物职职⑦，皆从无为殖⑧。故曰："天地无为也而无不为
也。"人也孰能得无为哉！

【注释】

①几存：基本可以存身。几，几乎，可能。

②以之：因此。之，代指无为。

③化：化育，生长。

④芒乎芴（hū）乎：恍恍惚惚的样子。

⑤而无从出乎：而无法知道万物是从哪里产生出来的。

⑥象：迹象。

⑦职职：众多的样子。

⑧殖：生殖，产生。

【译文】

　　人世间的是非对错的确很难界定。虽说如此，清静无为可以用来作为是非对错的界定标准。最大的快乐是保全生命，而只有清静无为才最有可能保全生命。请让我试着谈谈这一道理：上天因为清静无为而能够保持自己的清虚状态，大地因为清静无为而能够保持自己的安宁状态，清静无为的天和地相互结合，从而化育出万物。恍恍惚惚的，也不知道万物是从哪里产生出来的；迷迷蒙蒙的，天地化育万物竟然没留下一点痕迹。繁荣众多的万物，都是因为清静无为才得以产生。所以说："天地清静无为，却成就了一切。"可又有哪个人能够做到清静无为呢！

【研读】

　　本段反对世俗人所追求的快乐，认为最大的快乐就是"无乐"，即清静无为，保持平和心态；而只有无为，才能做到无不为。庄子提出的"至乐无乐"看似一个矛盾的命题，然而其中蕴涵了很深的哲理："凡味之本，水最为始。"（《吕氏春秋·本味》）清水无味，然而也只有清水的味道最为悠长，水不仅是"味"之始，而且还能够调和五味。

二

庄子妻死，惠子吊之，庄子则方箕踞鼓盆而歌①。惠子曰："与人居②，长子、老身③，死不哭亦足矣，又鼓盆而歌，不亦甚乎!"庄子曰："不然。是其始死也④，我独何能无概然⑤！察其始而本无生，非徒无生也⑥，而本无形；非徒无形也，而本无气⑦。杂乎芒芴之间⑧，变而有气，气变而有形，形变而有生，今又变而之死⑨，是相与为春秋冬夏四时行也⑩。人且偃然寝于巨室⑪，而我噭噭然随而哭之⑫，自以为不通乎命⑬，故止也。"

【注释】

①则：却。方：正在。箕（jī）踞：分开两腿像簸箕一样坐着，这是一种不拘礼仪的坐姿。鼓盆：敲击着盆子。

②人：指庄子的妻子。居：生活。

③长子：养育子女。长，抚养。

④是其：代指妻子。

⑤独：副词，表示反问，相当于"难道"。概（kǎi）然：感慨，伤心。概，通"慨"。

⑥非徒：不仅。

⑦气：阴阳二气。古人认为包括人在内的万物都是由阴阳二气和合而成。

⑧芒芴（hū）：恍恍惚惚、似有似无的样子。

⑨之：走向，回归。

⑩是：代指生与死。相与：相互交替。

⑪人且偃然寝于巨室：她将安安静静地躺卧在天地之间。偃然，安静休息的样子。巨室，指天地之间犹如一间大房子。

⑫嗷嗷（jiào）然：象声词，形容痛哭的声音。

⑬不通乎命：不懂得自然规律。通，通晓。命，天命，自然规律。

【译文】

　　庄子妻子去世了，惠子前去吊唁，看见庄子正伸着两腿像簸箕一样坐在地上，一边敲着盆子一边唱歌。惠子责备他说："你与你妻子相伴一生，生儿育女，白头到老，她死后你不为她痛哭流涕就已经够无情了，现在又敲着盆子唱歌，这岂不是太过分了吗！"庄子说："你说得不对。她刚刚去世时，我怎能不伤感万分呢！可仔细一想，在最初的时候，本来就没有她的生命；不仅没有她的生命，而且连她的形体也没有；不仅没有她的形体，而且连形成她形体的阴阳二气也没有。飘荡在恍恍惚惚的境域之中，慢慢变化为阴阳二气，阴阳二气又慢慢变化为形体，形体慢慢变化成了我那个有生命的妻子，如今她又慢慢变化回归死亡，生生死死就好像春夏秋冬四季循环运行一样。她现在安然地躺卧在天地之间这座巨大的房屋里，而我却还要为她嚎啕大哭，我认为这样做就太不懂得自然规律了，所以就不再哭啦！"

【研读】

　　学界都认为这一故事表现了庄子旷达的生死观，而我们认为这一故事表现了庄子面对死亡时的那种无奈情绪。当面对死后的妻子鼓盆而歌、遭到惠子责备时，庄子讲了一句十分凄凉的话："不然。是其始死也，我独何能无概然！"可见妻子的去世，对庄子的打击是非常大的。然而亲人去世，无论生者如何悲伤，亲人都不可能复生，唯一的明智做法，就是安慰生者，让生者少一点徒劳的悲伤，这也是今人安慰死者家属"节哀顺变"的目的。庄子是位哲学家，所以他就用生死循环的理论来减轻妻子去世给他带来的悲哀。鼓盆而歌，不过是悲歌当哭而已。为了更好地说明庄子的这种悲伤而无奈的情绪，我们看下面两条记载：

> 魏人有东门吴者，其子死而不忧。其相室曰："公之爱子，天下无有。今子死不忧，何也？"东门吴曰："吾常无子，无子之时不忧。今子死，乃与向无子同，臣奚忧焉？"（《列子·力命》）

> （魏舒）子混，字延广。清惠有才行，为太子舍人。年二十七，先舒卒，朝野咸为舒悲惜。舒每哀恸，退而叹曰："吾不及庄生远矣，岂以无益自损乎！"于是终服不复哭。（《晋书·魏舒列传》）

东门吴极爱自己的儿子，儿子去世后，他万分悲痛；但悲痛也无法挽回儿子的生命，那么就只能用"吾常（尝）无子"的话来自我安慰。魏混是晋朝魏舒的独生子，魏舒身为三公，在极为重视后嗣的古代，独子去世对魏舒的打击之大可想而知。在极度悲伤的情况下，魏舒首先想到的就是庄子，他要向庄子鼓盆而歌的行为学习，不再去"无益自损"了。从东门吴和魏舒的言行中，我们不难体会庄子丧妻之后的伤感和无奈。

庄子鼓盆而歌这一故事对后世影响极大，明人把它改编为小说

《庄子休鼓盆成大道》，后来又改编为戏剧《大劈棺》。《庄子休鼓盆成大道》这篇小说收录于明末冯梦龙编著的《警世通言》，我们把其情节稍作改动，简单介绍如下：

　　庄子（字子休）跟随道教之祖老子学道修仙，但由于无法舍弃貌美情深的夫人，所以一直生活于人间。一天庄子出游山下，忽见路边有座新坟，坟边有一少妇，手拿扇子不停地扇坟。庄子很是奇怪，问她为何如此。少妇回答："坟中埋葬的是我的丈夫。丈夫生前与我恩爱无比，我曾向他承诺，如果他先去世，我自己即使改嫁，也一定要等到他坟头的土干了再改嫁。他刚死我就急于改嫁，可这坟头的土干得太慢，我等不及了，故而前来扇坟。"庄子听后顿起同情之心，便助她扇坟。庄子为半仙之体，很快扇干了坟土。少妇便从头上拔下一根银钗，连同那把扇子，一起送给庄子以表酬谢。庄子接受了扇子，没要银钗。少妇千恩万谢，然后欣然而去。

　　庄夫人看到扇子，询问扇子从何而来，庄子便如实相告。庄夫人听罢，义愤填膺，把那少妇"千不贤，万不贤"地骂了一顿，对庄子说："'忠臣不事二君，烈女不更二夫。'哪里见过好人家妇女吃两家茶，睡两家床！若不幸轮到我身上，我一定为你终身守节，决不改嫁。"庄子听得迷迷糊糊，也不知此话是真是假。

　　过了几日，庄生忽然得病，不久就去世了。去世后第七天，忽有一位俊俏无双的少年秀士，带着一个老仆人来到庄夫人门前。少年自称楚国王孙，过去曾与庄子有约，欲跟随庄子学习，今日特来拜师。王孙得知庄子已经去世，便请求为庄子守丧百日，庄夫人自然同意。

　　然而没过几天，庄夫人就爱上王孙，王孙对庄夫人也甚有好感，男欢女爱，的确是一桩好姻缘。然而老仆人提出了几个难题。一是庄子刚刚去世，马上再婚，影响不好。庄夫人说，我们隐居在此，地处偏僻，悄悄结婚，也就没有什么影响了。二是王孙与庄子是师徒关系，庄夫人自然是师母，二人结婚，乱了辈分。庄夫人回答，王孙并没有与庄子正式拜为师徒，自己也不是什么师母。三是庄子的棺木放在大堂上，在庄子棺木旁边拜堂成亲，成何体统？庄夫人说，我家后院还有几间烂草房，把棺木搬过去即可。

拜堂之后刚刚进入洞房，王孙突然昏迷。庄夫人急忙询问老仆人，方知这是王孙的老毛病。在楚国时，太医传一奇方，必得生人脑髓，热酒吞之，其病立愈。平日犯了此病，楚王便拨一名死囚来，取其脑髓。在楚国自然方便，如今离开楚国，如何能够找到一个死囚？庄夫人思索片刻，问道："生人脑髓，必不可得。不知死人的脑髓是否管用？"老仆人说："太医说，凡死未满四十九日者，其脑髓尚未干枯，也可取用。"庄夫人说："我丈夫才死二十余日，何不取其脑髓？"老仆人说："那是你的丈夫，你下得了手？"庄夫人说："为了新人，就顾不得旧人了。"

于是庄夫人右手提斧，左手携灯，前往后院，劈开棺材，正要取庄子脑髓之时，只见庄子叹口气，推开棺盖，挺身坐起。庄子告诉夫人，王孙与老仆人都是自己幻化出来的，目的是想看看夫人所讲的要终身守节之言是真是假。庄夫人听后羞愧难当，随即悬梁自尽。

夫人去世，庄子对尘世的一切都已绝望，于是便敲着瓦盆唱了一首歌，然后烧掉草堂，云游四方，终生不娶。后遇老子于函谷关，相随而去，最终得道成仙。

很明显，《庄子休鼓盆成大道》改编于"庄子妻死，惠子吊之"这一故事，但二者情调已大不相同。原故事表现的是庄子面对妻子死亡的无奈情绪，而改编后的故事则表达了道教关于修仙必须断绝尘情的主旨，蕴含着真正的无情倾向。

三

支离叔与滑介叔观于冥伯之丘、昆仑之虚①，黄帝之所休。俄而柳生其左肘②，其意蹶蹶然恶之③。支离叔曰："子恶之乎？"滑介叔曰："亡④，予何恶！生者，假借也⑤；假之而生生者⑥，尘垢也。死生为昼夜。且吾与子观化而化及我⑦，我又何恶焉！"

【注释】

①支离叔、滑介叔：两个人名。冥伯之丘、昆仑：两座山名。虚：同"墟"。地方。

②俄：顷刻，一会儿。柳：通"瘤"。肿瘤。

④其意蹶蹶（guì）然恶（wù）之：他心里感到十分吃惊并且厌恶这个肿瘤。蹶蹶然，吃惊的样子。

⑤亡（wú）：通"无"。不。

⑥假借：指身体是假借各种物质凑合而成。

⑦生生：产生生命体。第一个"生"是产生的意思，第二个"生"指生命体。

⑧观化：观察万物的生死变化。

【译文】

支离叔和滑介叔一起到冥伯山和昆仑山的原野里游览，这里是黄帝曾经休息过的地方。不大一会儿，滑介叔的左肘上长了一个肿瘤，他十分吃惊而且很讨厌这个肿瘤。支离叔问："您讨厌它吗？"滑介叔说："不，我为什么讨厌它！有生命的身体，是假借各种物质凑合而成的；假借各种物质凑合而成的生命体，不过就是一堆尘土而已。生死交替就像昼夜交替一样。再说我与您正在观察万物的生死变化，如今生死变化降临到了我的身上，我又为何讨厌它呢！"

【研读】

这个故事告诉人们，人的形体由其他物质杂凑而成，这与佛教的"因缘和合"思想极为相似。本段还认为人的生死就像昼夜交替一样，是不可违抗的自然规律，因而应顺其自然，不必厌恶死亡。当然，这依然是在利用物化理论以减轻死亡给自己造成的心理压力。当滑介叔的左肘长出肿瘤时，"其意蹶蹶然恶之"；而当支离叔询问他是否讨厌这个肿瘤时，他的回答却是："亡，予何恶！""恶之"是真情，"予何恶"是假意，是一种自我心理安慰，是一种面对死亡时的无奈哀叹。

四

庄子之楚①，见空髑髅②，髐然有形③。撽以马捶④，因而问之曰："夫子贪生失理而为此乎⑤？将子有亡国之事、斧钺之诛而为此乎⑥？将子有不善之行、愧遗父母妻子之丑而为此乎⑦？将子有冻馁之患而为此乎⑧？将子之春秋故及此乎⑨？"于是语卒⑩，援髑髅⑪，枕而卧。

【注释】

①之：到。

②髑髅（dú lóu）：死人头骨。

③髐（xiāo）然：枯骨暴露在外的样子。

④撽（qiào）：敲击。马捶（chuí）：马鞭子。捶，通"棰"或"箠"。鞭子。

⑤失理：没能找到正确的养生方法。理，指养生方法。为此：到此地步。

⑥将：还是。钺（yuè）：武器名。形似大斧，长柄。

⑦丑：丑事。这里指因自己的丑事而使亲人蒙羞。

⑧馁（něi）：饥饿。

⑨春秋：年岁，寿命。

⑩语卒：话讲完之后。卒，结束，终了。

⑪援：拿。

【译文】

　　庄子到楚国去，半道上看见一个里面空空的髑髅，暴露在地面的髑髅还保持着原有的头形。庄子便用马鞭敲着髑髅，接着问它："先生是因为贪恋生命却又没能找到正确的养生方法而死去的呢？还是在亡国之后被斧钺砍杀而死去的呢？还是因为您做了坏事担心父母妻儿跟着出丑蒙羞而自杀的呢？还是因为挨饿受冻而死的呢？还是因为年纪大了而自然老死的呢？"说完之后，庄子拿起髑髅，用作枕头而睡。

【研读】

　　本段说："庄子之楚。"一个简单的"之"字，成为我们判断庄子国属的一个关键字。

《史记·老子韩非列传》只说庄子是"蒙人"，没有记载其国属，于是后来就有庄子为宋人和楚人两种主要观点（其他还有鲁人、齐人、梁人等说法，因这些说法没有得到学界响应，不再讨论）。从宋代开始，就有人把庄子视为楚国人，如苏轼的《庄子祠堂记》、王安石的《蒙城清燕堂诗》，朱熹也说："庄子自是楚人……大抵楚地便多有此样差异底人物学问。"（《朱子语类》卷一百二十五）现代的学者，如孙以楷（《庄子楚人考》）、蔡靖泉（《楚人庄周说》）、菲铭（《庄周故里辨》）、熊铁基（《中国庄学史》）等，都认定或倾向于认定庄子为楚国的蒙人，这个"蒙"具体就是指今天安徽蒙城。

张松辉在《庄子考辨》《庄子研究》中分别从先秦两汉的典籍记载、庄子的人事交往与活动范围、地名沿革等事实为证，力主庄子为宋国蒙人，这个"蒙"在今天的河南商丘附近。其实，《庄子》书中有一个字的使用，更能够证明庄子并非楚国人，而《庄子》书中的这一内证却被一直被学界忽略了。这个字就是"庄子之楚"的"之"字。

从某个地方到另一个地方，古人用"之"，或"适""往"等；从某个地方返回自己的故国或故乡，则用"反"。这在庄子时代，几乎没有例外。《至乐》为庄子的后学所作，从称呼庄周为"庄子"也可以看出这一点，《至乐》的作者对庄子的国属应该是非常清楚的。如果庄子是楚国人，那么他到楚国去，就是返回故国，应该说是"庄子反于楚"，而不应该说是"庄子之楚"。孔子不是楚国人，所以当他去楚国时，《庄子》总是说"孔子之楚"，如《庄子·徐无鬼》说："仲尼之楚，楚王觞之。"《庄子·则阳》说："孔子之楚，舍于蚁丘之浆。"而当某人从他国返回故国时，则用"反于"或"反"，如《庄子》书中记载：

> 宋人有曹商者，为宋王使秦。……反于宋，见庄子。（《列御

寇》）

　　子贡南游于楚……反于鲁。(《天地》）

　　阳子居南之沛……其反也，舍者与之争席矣!(《寓言》)

　　列御寇之齐，中道而反。(《列御寇》)

曹商是宋国人，当他出使回宋国，就是"反于宋"，特别是"反于宋，见庄子"一句，更有力地说明了庄子生活在宋国；子贡虽是卫人，但他一直跟随孔子在鲁国学习，所以他从楚国回鲁国就是"反于鲁"；阳子居即杨朱，是魏国人，他"之沛"后返回时，是"反也"；列子是郑国人，在"之齐"中途而返时，也用的是"反"字。可以说，由外地回故国或故里用"反"或"反于"表示，是包括《庄子》在内的先秦古籍中的通例。

如果是一位楚国人，当他从外地返回自己的楚国时，《庄子》是怎么表述的呢？我们看以下两例：

　　温伯雪子适齐，舍于鲁。鲁人有请见之者，温伯雪子曰："不可。吾闻中国之君子，明乎礼义而陋于知人心。吾不欲见也。"……至于齐，反，舍于鲁。(《田子方》)

　　楚昭王失国，屠羊说走而从于昭王。昭王反国，将赏从者。(《让王》)

关于温伯雪子，成玄英疏云："姓温，名伯，字雪子，楚之怀道人也。中国，鲁国也。陋，拙也。自楚往齐，途经于鲁，止于主人之舍。"(《庄子集释》卷七)温伯雪子是楚国人，当他从齐国返回楚国时，《庄子》用了"反"字。楚昭王的父亲楚平王杀害了伍奢，伍奢之子伍子胥逃到吴国，后率领吴兵伐楚，攻破郢都，楚昭王逃往随国。当楚昭王从随国返回楚国时，《庄子》也用了"反"字。

在《庄子》书中，庄子从外地返回自己的家中，用的也是"反"字：

> 庄周游于雕陵之樊……怵然曰："噫！物固相累，二类相召也！"捐弹而反走，虞人逐而谇之。庄周反入，三月不庭。(《山木》)

庄子在雕陵一带游玩时，擅闯了山林，结果被虞人（负责管理山林的官员）羞辱了一场。庄子带着悔恨的心情回到家中，一个人关在室内反省了整整三个月。当谈到庄子回家时，《庄子》用的也是"反"。

孟子与庄子基本同时，他书中同时使用"之"和"反"两字，与楚国有关的两段文字更能够说明问题：

> 滕文公为世子，将之楚，过宋而见孟子。孟子道性善，言必称尧舜。世子自楚反，复见孟子。(《孟子·滕文公上》)

> 孟子谓齐宣王曰："王之臣有托其妻子于其友，而之楚游者。比其反也，则冻馁其妻子，则如之何？"(《孟子·滕文公上》)

滕文公是滕国人，当他到楚国去的时候，孟子用"之"；当他返回滕国时，孟子用"反"。谈到齐国大臣到楚国去的时候，孟子用"之"，谈到他返回齐国时，孟子用"反"。

根据《庄子》书中"庄子之楚"的"之"字的使用，我们就可以断定庄子不是楚人；如果他是楚人，那么他就是返回自己的故国，那就应该使用"反"，而不是"之"。这条《庄子》书中的内证，有力地说明了庄子并非楚国人。

夜半，髑髅见梦曰[①]："子之谈者，似辩士[②]。视子所言，皆生人之累也[③]，死则无此矣。子欲闻死之说乎[④]？"庄子曰："然。"髑髅曰："死，无君于上，无臣于下；亦无四时之事，从然以天地为春秋⑤。虽南面王乐⑥，不能过也。"庄子不信，曰："吾使司命复生子形⑦，为子骨肉肌肤⑧，反子父母、妻子、闾里、知识⑨，子欲之乎？"髑髅深矉蹙頞⑩，曰："吾安能弃南面王乐，而复为人间之劳乎？"

【注释】

①见（xiàn）梦：托梦。见，同"现"。

②辩士：善于言谈的人。

③累：拖累，麻烦。

④说（yuè）：同"悦"。快乐。

⑤从（zòng）然：即"纵然"。自由自在的样子。春秋：代指寿命。

⑥南面王乐：南面称王的快乐。

⑦司命：掌管生命之神。

⑧骨肉肌肤：四个字都用作动词，长出骨肉肌肤。

⑨反子父母妻子闾里知识：把您的父母、妻子、儿女、乡亲和朋友都交还给您。反，同"返"。返还。闾里，乡里，乡亲。知识，熟识的朋友。

⑩深矉（pín）蹙頞（cù é）：紧紧皱着眉头。矉，通"颦"。皱眉头。蹙，皱。頞，疑为"额"的误字。

【译文】

　　半夜时分，髑髅给庄子托梦说："听您的言谈，您似乎是一位能言善辩之人。然而想想您说的那些事情，都是活人的麻烦，死后就没有这些麻烦了。您想不想听听死后的快乐呢？"庄子说："想听。"髑髅说："死了以后，上面没有统治我们的君主，下面也没有需要治理的臣民；

也没有一年四季的劳作，自由自在地与天地同寿。即便是南面称王的快乐，也比不上死后的快乐。"庄子不相信，说："我让司命之神恢复您的形体，为您重新长出骨肉肌肤，把您的父母、妻子、儿女、乡亲和朋友都送还给您，您愿意吗？"髑髅听后发愁得紧皱着眉头，说："我怎么能够抛弃南面称王一样的快乐，再去遭受人间劳苦呢？"

【研读】

　　这一故事通过庄子与髑髅的对话，揭示了人生在世的种种苦难，从而得出了生不如死的结论。后来传入中国的佛教，其整个信仰、行为都是建立在"活受罪"这一人生观的基础之上。早期佛教的基本教义是"四谛"说，而四谛中的第一谛就是"苦谛"：

　　　　彼云何名为苦谛？所谓苦谛者，生苦、老苦、病苦、死苦、忧悲恼苦、怨憎会苦、恩爱别离苦、所欲不得苦，取要言之，五盛阴苦。是谓名为苦谛。(《增一阿含经·四谛品》)

　　生老病死苦，忧愁悲伤苦，不得不和自己讨厌的人生活在一起是苦，不得不和自己喜欢的人分别是苦，想得到的东西又得不到当然也是苦。总之，生活在人间，触目之处皆是苦。由于这种片面的引导，使早期的佛教徒产生了极度的厌世情绪，他们往往用自戕、自杀和互杀的办法来解脱自己。据说，早期佛教制定戒杀的条文就是为了阻止僧人的自杀行为。后来，佛教又进一步完善了这一理论，认为人身难得，要求佛教徒要好好利用自己的一生，修道积福，早日成佛。

　　中国文人视人间为苦海的也不少，王梵志是一位传奇性的人物，他写了多首诗歌来表达生不如死的看法：

　　　　我昔未生时，冥冥无所知。天公强生我，生我复何为？无

衣使我寒，无食使我饥。还你天公我，还我未生时。(《我昔未生时》)

　　你道生胜死，我道死胜生。生即苦战死，死即无人征。十六作夫役，二十充府兵。碛里向前走，衣甲困须擎。白日趁食地，每夜悉知更。铁钵淹干饭，同伙共分诤。长头饥欲死，肚似破穷坑。遣儿我受罪，慈母不须生。(《你道生胜死》)

读王梵志的这些诗歌，实在让人痛心。他的厌生同佛教并不完全相同。佛教否定了人世的一切，甚至连幸福的事情，佛教都能从中看出无限痛苦。而王梵志所说的痛苦是所有贫贱百姓都感受得到的痛苦，因而具有更为感人的力量。清代王韬在他的《〈淞滨琐话〉自序》中说：

　　人生堕地即哭，盖知所入非快活世界，而有生亦非乐趣也。人生于世，不过数十寒暑耳，有生则必有死。此数十寒暑中，自孩提无知，以迄乎龙钟待尽，其间或疾苦，或颠连，或忧愁，备人世诸苦恼而一身受之。

王韬认为小孩出生即哭，是因为他们已经预见到进入人间就意味着受苦受难。这一见解也够新颖了。

从总体来看，庄子是珍惜生命的，不然他也不会撰写《养生主》。因此，庄子美化死亡，不过是希望用这种办法来减轻死亡给自己造成的心理压力。但同时我们也不能否认，黑暗的现实，也会为庄子带来某种程度的厌生情绪。

五

颜渊东之齐[①]，孔子有忧色。子贡下席而问曰[②]："小子敢问[③]，回东之齐，夫子有忧色，何邪?"孔子曰:"善哉汝问! 昔者管子有言④，丘甚善之，曰:'褚小者不可以怀大⑤，绠短者不可以汲深⑥。'夫若是者，以为命有所成而形有所适也⑦，夫不可损益⑧。吾恐回与齐侯言尧、舜、黄帝之道，而重以燧人、神农之言。彼将内求于己而不得⑨，不得则惑，人惑则死。

【注释】

①颜渊:孔子弟子。姓颜名回，字子渊。之:到。

②子贡:孔子弟子。姓端木，名赐，字子贡。下席:走下坐席。

③小子:年轻人，弟子。这里是子贡自称。

④管子:即管仲。春秋时期著名政治家，辅佐齐桓公建立霸业。

⑤褚 (zhǔ):口袋。怀:装。

⑥绠 (gěng):井绳。

⑦以为命有所成而形有所适也:认为事物的性能是自然规律注定的，其形体也有不同的适用之处。命，天命，自然规律。适，适用。

⑧损益:改变。损，减少。益，增加。

⑨彼:指齐侯。将内求于己而不得:在自己的内心苦苦思索而又无法理解。

【译文】

　　颜回到东边的齐国去了以后，孔子一直满面愁容。子贡走下坐席向孔子问道:"弟子请问，颜回去了东边的齐国以后，先生一直面带愁容，这是为什么呢?"孔子说:"你问得好啊。从前管子有句话，我认为说得非常好，他说:'小口袋装不下大物件，短绳索汲不起深井水。'如此说来，就是认为事物的性能是自然规律注定的，它们的形体也有着各不相同的适用之处，这是无法改变的。我担心颜渊对齐国君主谈了尧、舜、黄帝的治国原则之后，又去介绍燧人氏、神农氏的一些言论。齐国君主听后一定会在自己的内心苦苦思索却又无法理解，无法理解就会感到迷惑，人一旦迷惑了就会衰亡。

"且女独不闻邪①？昔者海鸟止于鲁郊，鲁侯御而觞之于庙②，奏《九韶》以为乐③，具太牢以为膳④。鸟乃眩视忧悲⑤，不敢食一脔⑥，不敢饮一杯，三日而死。此以己养养鸟也⑦，非以鸟养养鸟也。夫以鸟养养鸟者，宜栖之深林⑧，游之坛陆⑨，浮之江湖，食之鳅鲦⑩，随行列而止⑪，委虵而处⑫。彼唯人言之恶闻⑬，奚以夫诺诺为乎⑭！《咸池》《九韶》之乐⑮，张之洞庭之野⑯，鸟闻之而飞，兽闻之而走⑰，鱼闻之而下入，人卒闻之⑱，相与还而观之⑲。鱼处水而生，人处水而死，彼必相与异，其好恶故异也。故先圣不一其能⑳，不同其事。名止于实㉑，义设于适㉒，是之谓条达而福持㉓。"

【注释】

①女（rǔ）：通"汝"。你。独：难道。

②鲁侯御（yà）而觞（shāng）之于庙：鲁君把它接到宗庙里劝它饮酒。御，通"迓"。迎接。觞，一种酒器。用作动词，劝酒。

③《九韶》：乐曲名。

④太牢：宴会或祭祀时并用牛、羊、猪三牲，这样的规格叫"太牢"。

⑤眩视：眼花缭乱。

⑥脔（luán）：肉块。

⑦此以己养养鸟也：这是用供养自己的办法去供养海鸟。

⑧栖之深林：让它生活在深深的树林里。

⑨坛陆：水中沙洲。

⑩鳅：泥鳅。鲦（tiáo）：小白鱼。

⑪行列：指鸟群的行列。

⑫委蛇（yí）：从容自得的样子。

⑬唯人言之恶（wù）闻：即"唯恶闻人言"。就是讨厌人声。恶，讨厌。

⑭诔诔（náo）：喧闹嘈杂的样子。

⑮《咸池》：乐曲名。

⑯张：演奏。洞庭：广阔。

⑰走：跑，跑开。

⑱人卒：人群。

⑲相与：一起。还：通"环"。围着。

⑳一其能：要求能力一样。

㉑名止于实：名称要符合实际。止，停留。引申为符合。

㉒义设于适：道义的制定要切合适用。

㉓条达：条理顺畅。福持：保有幸福。

【译文】

"再说你难道没有听说过吗？从前有一只海鸟落在鲁国都城的郊外，鲁君便把它迎接到宗庙里向它献酒，为它演奏《九韶》之乐，还为它准备牛肉、羊肉、猪肉作为膳食。然而海鸟却被搞得头晕眼花、痛苦不堪，不敢吃一块肉，不敢饮一杯酒，三天之后就被折腾死了。鲁君这是用供养自己的方法去供养海鸟，而不是用供养海鸟的方法去供养海鸟。用供养海鸟的方法去供养海鸟，就应该让它栖息于深林之中，游荡于沙洲之间，漂游于江湖之上，啄食泥鳅和鲦鱼，随着鸟群一起活动，过着自由自在的生活。海鸟最讨厌听到人声，而鲁君为什么偏要搞得人声鼎沸呢!《咸池》《九韶》这些乐曲，安排在广阔的原野里演奏，鸟听见了会远远飞走，野兽听见了会快速逃跑，鱼听见了会潜入水底，而人们听见了，都会围过来观赏。鱼在水中可以生存，人在水中便会死亡，人与鱼之间必定有不同之处，所以他们的好恶才会不同。因此从前的圣王不要求人们有一样的能力，也不要求人们能够做同样的事情。名称的确定要符合实际，道义的制定要切于适用，这就叫有条有理而永保幸福。"

【研读】

本段认为，由于人们具有不同的性格、爱好和修养，所以应该对他们有不同的要求。

《庄子》中有许多虚构故事，但也有不少看似虚构的故事却有着真实的事实依据。本段这一看似虚构的海鸟故事，就见于《国语·鲁语上》：

> 海鸟曰"爰居"，止于鲁东门之外三日，臧文仲（鲁国执政大臣）使国人祭之。展禽（柳下惠）曰："越哉（迂腐啊），臧孙之为政也! 夫祀，国之大节（大典）也……今海鸟至，己不知而祀之，以为国典，难以为仁且知矣。夫仁者讲功，而知者处物。无功而祀之，非仁也；不知而不能问，非知也。今兹海其有灾乎? 夫广川之鸟兽，恒知避其灾也。"是岁也，海多大风，冬暖。

有一只名叫"爰居"的海鸟落在鲁国都城东门之外，在那里停留了三天，鲁国执政大臣臧文仲便命令人们祭祀这只海鸟。展禽批评说：

"真是迂腐啊，臧文仲竟然如此执政！祭祀，是国家大典……如今飞来一只海鸟，臧文仲什么都不知道就去祭祀它，还视之为国家大典，这样做很难称之为仁义与明智。仁义之人可以为人们论功行赏，明智之人可以去处理具体政务。海鸟没有任何功劳而去祭祀它，这不是仁义的表现；不懂得海鸟的来历又不去请教别人，这不是明智的做法。如今大海大概出现了什么灾情吧？辽阔的原野与大海里的鸟兽，都知道躲避灾难啊。"当年，大海的风特别大，冬天也特别暖和。

六

　　列子行，食于道从①，见百岁髑髅②，攓蓬而指之曰③："唯予与汝知而未尝死、未尝生也④。汝果养乎⑤？予果欢乎？"

【注释】

①道从：道路旁边。从，旁边。

②髑髅（dú lóu）：死人头骨。

③攓（qiān）蓬：拔去野草。攓，拔。蓬，一种野草名。

④唯予与汝知而未尝死未尝生也：只有我和你懂得你未曾死、未曾生的道理。而，你。髑髅无知，不知分辨生与死；列子视万物齐同，因此生与死在列子心中也就没有差别。

⑤养：通"恙"。烦闷痛苦。

【译文】

　　列子出行，在路边吃饭时，看见一具死了百年左右的头骨，列子便拔掉周围的野草指着头骨说："只有我和你才懂得你未曾死也未曾生的道理。你死后真的就很痛苦吗？而我活着真的就很快乐吗？"

【研读】

《庄子》书中多次探索生死问题。对于生死问题，我们非常赞成孔子的态度。《论语·先进》记载：

> 季路问事鬼神，子曰："未能事人，焉能事鬼？"曰："敢问死？"曰："未知生，焉知死？"

季路即孔子的弟子子路。有一次，子路请教如何侍奉鬼神，孔子说："还不会侍奉活人，又怎么能够侍奉鬼神呢？"季路又问："请问死后的情况？"孔子说："还没有学会如何生存，又怎么能够了解死后的情况呢？"

子路请教的问题，的确让孔子有点为难。因为鬼神的问题，不仅虚无缥缈，难以把握，而且如何回答，还涉及"神道设教"的问题。类似的情况，在孔子与子贡之间也发生过一次。《孔子集语·楚伐陈》记载：

> 子贡问："死人有知乎？"孔子曰："吾欲言死者有知也，恐孝子顺孙妨生以送死也；吾欲言死者无知也，恐不孝子孙弃而不葬也。赐，尔欲知死人有知将无知也，死徐知之，犹未晚也。"

当弟子子贡请教人死后有没有知觉、也即有没有灵魂时，孔子坦率地回答："我如果说人死后有知觉，就担心孝顺的子孙为了死去的长辈花钱过多而妨碍了活人的生活；我如果说人死后没有知觉，又担心不孝的子孙连父母的尸体都不肯埋葬。子贡啊，死人有没有知觉，等你死后就慢慢知道了，那时知道也不算晚啊。"人死后有知还是无知，也即有没有灵魂，孔子没有办法、也并不在意弄清其真相，而是立足于现实生活，怎么讲对教育民众有利就怎么讲。

我们特别赞成孔子的"未知生，焉知死""欲知死人有知将无知也，死徐知之，犹未晚也"的观念。我们活着，就先努力好好学习如何活着的道理；至于死后的道理，我们现在想学也学不到，待死后慢慢学也不为迟。

七

种有几①，得水则为㡭②，得水土之际则为蛙蟆之衣③，生于陵屯则为陵舄④，陵舄得郁栖则为乌足⑤，乌足之根为蛴螬⑥，其叶为胡蝶，胡蝶胥也化而为虫⑦，生于灶下，其状若脱⑧，其名为鸲掇⑨。鸲掇千日为鸟，其名为乾余骨⑩。乾余骨之沫为斯弥⑪，斯弥为食醯⑫。颐辂生乎食醯⑬，黄軦生乎九猷⑭，瞀芮生乎腐蠸⑮。羊奚比乎不箰⑯，久竹生青宁⑰，青宁生程⑱，程生马，马生人，人又反入于机⑲。万物皆出于机，皆入于机。

【注释】

①种有几：物种变化具有极为微妙之处。几，微妙。

②㡭（jì）：同"继"。水草名。即水绵。一说"㡭"同"继"，继续。本句意思是：得到水的滋润后，物种会相继而生。成玄英《庄子疏》："润气生物，从无生有，故更相继续也。"

③得水土之际：水土相接之处。即水边。蛙蟆（bīn）之衣：青苔。

④陵屯：丘陵。陵舄（xì）：车前草。

⑤郁栖：肥沃的土地。乌足：草名。

⑥蛴螬（qí cáo）：金龟子的幼虫。

⑦胥：不久。

⑧脱（tuì）：同"蜕"。蜕皮。

⑨鸲掇（qú duō）：虫名。灶马虫。

⑩乾余骨：鸟名。

⑪沫：唾沫。斯弥：虫名。

⑫食醯（xī）：酒瓮里的小虫。又叫蠛蠓。

⑬颐辂（lù）：虫名。

⑭黄軦（kuàng）：虫名。九猷：虫名。

⑮瞀芮（mào ruì）：虫名。腐蠸（quán）：萤火虫。

⑯羊奚：植物名。比：连接，生长于。不箰（sǔn）：竹名。

⑰久竹：竹名。青宁：虫名。

⑱程：豹子。

⑲反入于机：返回微妙变化之中。反，同"返"。机，通"几"。微妙变化。

　　本句是说人是逐渐演化而成，死后又返归自然，开始新一轮的演化。

【译文】

　　物种变化非常微妙，有水的地方就会生出水绵草，在水土交接处就会生出青苔，到了山陵上就会成为车前草，车前草得到肥沃土地的滋养就会变为乌足，乌足的根演化为金龟子的幼虫，乌足的叶子演化为蝴蝶，蝴蝶不久又会变为虫子，这些虫子生长在灶台的下面，样子好像蜕了皮一样，它们的名字叫鸲掇。鸲掇千日之后变为鸟，名字叫乾余骨。乾余骨的唾沫变为斯弥虫，斯弥虫变为食醯虫。颐辂虫由食醯虫演化而来，黄轵虫由九猷虫演化而来，瞀芮虫由萤火虫演化而来，羊奚草生于不箰竹，久竹演变为青宁虫，青宁虫演变为豹子，豹子演变为马，马演变为人，而人死后又返回到微妙的变化之中。万物都是在微妙的变化中产生，死后又回到微妙的变化之中。

【研读】

　　本段列举了许多物种的演变情况，其中不少内容纯属作者的想象，不符合事实，但也有一定的启发意义，因为这段文字大致描述了物种由水中到陆地、由低级到高级的发展历程，具有原始的进化论思想。

达 生

达生，取篇首二字为篇名。达，明白。生，人生的真实情况。本篇主旨是阐述养生原则，要求养生者应从两个方面入手：一是养形，除避免身体过度劳累外，还要注意避开外物的伤害。二是养神，保证自己的精神永远处于安静平和的状态。在本篇的后半部，作者列举许多事例，以说明心无旁骛、纯净无我的精神状态不仅有利于健康，而且还有利于做事。

一

达生之情者①，不务生之所无以为②；达命之情者，不务知之所无奈何③。养形必先之以物，物有余而形不养者有之矣；有生必先无离形，形不离而生亡者有之矣。生之来不能却④，其去不能止。悲夫！世之人以为养形足以存生，而养形果不足以存生，则世奚足为哉⑤！虽不足为而不可不为者，其为不免矣⑥。

【注释】

①达：明白。生之情：人生实情。情，实情。

②不务生之所无以为：不去追求人生所无法做到的事情。务，努力追求。无以，没有办法。为，做。

③知：同"智"。智慧。

④却：拒绝。

⑤则世奚足为哉：那么世上还有什么事情值得去做的呢！奚，什么。

⑥不免：躲避不了。

【译文】

　　懂得人生实情的人，就不再去努力追求人生所没办法做到的事情；明白命运实情的人，就不再去努力追求个人智慧所无可奈何的事情。养护身体必须先有衣食等物资，这些物资绰绰有余而身体没能养护好的大有人在；要想保有生命必须先不要失去肉体，肉体没有失去而生命已经结束的也大有人在。生命到来时无法拒绝，生命离去时也无法挽留。真是可悲呀！世人都认为只要保养形体就足以保全生命，然而事实上仅仅保养形体并不足以保全生命，那么世上还有什么事情值得我们去做呢！虽然不值得去做而又不得不做，这是因为许多事情无法躲避。

【研读】

　　本段值得我们特别注意的是"有生必先无离形"一句，因为包括不少学者在内，都强调庄子蔑视肉体，重视精神，这本来也符合庄子思想，但一些学者夸大了庄子轻形重神的程度，甚至认为庄子养生就是养神，至于形体则置之度外。关于这一点，我们在《养生主》中已有论述。本段明确说："养形必先之以物……有生必先无离形"，要想保有生命，要想有神可养，首先必须保有身体，这实际就是强调保有形体是养神之基础，养神必先养形，这也是庄子担心自己会像牺牛一样被宰杀而拒绝出任楚相、在雕陵为保命而仓惶逃走的原因——他十分爱惜自己的身体。

夫欲免为形者①，莫如弃世②。弃世则无累，无累则正平③，正平则与彼更生④，更生则几矣⑤。事奚足弃？而生奚足遗⑥？弃事则形不劳，遗生则精不亏⑦。夫形全精复⑧，与天为一⑨。天地者，万物之父母也，合则成体⑩，散则成始⑪。形精不亏，是谓能移⑫。精而又精⑬，反以相天⑭。

【注释】

①为形者：为保养形体受到的劳苦。

②弃世：抛弃世事，远离世间。

③正平：心平气和。

④与彼更生：与自然万物一起获得新生。彼，指万物。一旦有了美好心态，就会感到自己获得了新生，天地万物在他心里也会焕然一新。

⑤几：差不多就可以了。

⑥生奚足遗：生命为什么应该被忘却呢？遗，遗忘。忘却生命的目的是为了更好地养护生命，详见"研读"。

⑦精不亏：精神不受损害。

⑧复：恢复。

⑨天：大自然。为一：融为一体。

⑩合则成体：各种物质凑合在一起就形成了人的形体。

⑪散则成始：这些物质离散后就成为另一种物体生命的开始。

⑫能移：能顺应自然而变化。移，变化。

⑬精而又精：不断提升自己的精神境界。精，精神境界。这里用作动词，提升精神境界。

⑭相天：辅助大自然。相，帮助。

【译文】

　　要想摆脱为养护形体而带来的麻烦，最好的办法就是远离世间。远离世间就不会感到疲惫，不感到疲惫就会心平气和，心平气和就会感到自己与万物如同重获新生一样，有了重获新生的感觉就可以了。世间为什么应该远离？生命为什么应该被忘却？远离世间形体就不会感到疲惫，忘却了生命精神就不会受到损伤。形体得以保全而精神能够恢复，就可以与大自然融为一体。天地，是生养万物的父母，它们把各种物质合在一起就形成了人的形体，这些物质离散后就成为另一种物体生命的开始。形体和精神都没有受到损伤，这可以说就能够顺应大自然的变化。不断提升自己的精神境界，还能够反过来辅助大自然化育万物。

【研读】

　　本段认为最好的养生方法就是放弃世事，忘却生命，保持心平气和的状态。关于忘却生命的目的，《道德经》七章有一个很好的说明：

　　　　天长地久。天地所以能长且久者，以其不自生，故能长生。

是以圣人后其身而身先，外其身而身存。非以其无私邪？故能成其私。

《道德经》说："天地能够长久存在。天地之所以能够长久存在，原因就在于它们不是为了自我而生存，所以能够长久存在。因此圣人先把自己放在别人的最后，反而能够站到别人的前面；把自身置之度外，反而有利于自己的生存。不正是因为圣人不自私吗？所以反而能够成就他们的私利。""外其身而身存"就是要忘却生命的目的，我们也举例说明。

老子认为，爱惜生命是对的，正是为了爱惜生命，有时又要把自己的生命置之度外，这样反而更有利于自己的生存。反过来，如果把自己的生命看得过重，反而不利于自己的生存。事实的确如此。有位四十来岁的高校体育教师，前一天下午还在参加篮球比赛，第二天参加学校例行体检，结果查出他患上癌症。当他得知这一消息后，精神崩溃，身体瘫软，连路也走不动了，当即住院，在医院里仅仅住了一个多月就去世了。这位老师去世后，人们议论纷纷，都说这位老师的去世是与疾病有关，但主要不是病死的，而是因为心理压力太大，自己把自己吓死了。所以大家议论说，如果没有这次体检，或者体检出癌症以后，把自己的生命看得淡一点，凭着那么好的体质，熬上三五年是完全可能的。这位老师太看重生命，结果反而伤害了自己的生命。关于这一点，可参阅下文中的"夫醉者之坠车，虽疾不死。骨节与人同而犯害与人异，其神全也，乘亦不知也，坠亦不知也，死生惊惧不入乎其胸中，是故遻物而不慑"一段文字。

二

子列子问关尹曰^①:"至人潜行不窒^②,蹈火不热,行乎万物之上而不慄^③。请问何以至于此?"关尹曰:"是纯气之守也^④,非知巧、果敢之列^⑤。居^⑥,予语女^⑦。凡有貌象声色者,皆物也,物与物何以相远^⑧? 夫奚足以至乎先^⑨? 是色而已^⑩。则物之造乎不形而止乎无所化^⑪,夫得是而穷之者^⑫,物焉得而止焉^⑬! 彼将处乎不淫之度^⑭,而藏乎无端之纪^⑮,游乎万物之所终始^⑯,壹其性^⑰,养其气,合其德^⑱,以通乎物之所造^⑲。夫若是者,其天守全^⑳,其神无郤^㉑,物奚自入焉^㉒!

【注释】

①子列子:即列子。在列子前加"子",表示格外尊敬。关尹:即尹喜。因当过守关官员,故称"关尹"。

②潜行不窒:潜入水中不会窒息。

③慄(lì):恐惧。

④纯气之守:持守纯和之气。即通过精神修炼,保持不受任何干扰的平和心态。

⑤知:同"智"。列:类。指某一类事情。

⑥居:坐下。

⑦女(rǔ):通"汝"。你。

⑧相远:相差很远。

⑨夫奚足以至乎先:某种有形事物怎么能够处于其他有形事物之先呢?

⑩色:颜色。郭庆藩《庄子集释》:"校:《阙误》引江南《古藏》本色上有形字。"

⑪则物之造乎不形而止乎无所化：那么精神这种事物可以做到没有形体而且永无变化。物，指精神。造，达到，做到。庄子认为肉体会改变，但圣人的精神可以不变。比如可以砍掉圣人的脚，却改变不了圣人的平和心态。

⑫夫得是而穷之者：那些能够获取这种精神并把它推向最高境界的人。是，指上句提到的精神。穷，穷尽。

⑬焉得：怎能。止：阻止，约束。

⑭不淫之度：恰如其分的程度。淫，过分。

⑮藏：藏身，立身。无端之纪：没有尽头的丝线。比喻无穷的精神境界。端，头。纪，丝线。

⑯终始：循环变化。

⑰壹其性：天性专一。

⑱合其德：合于天性。德，美好天性。

⑲以通乎物之所造：以便与大道融为一体。通，相通。融为一体。物之所造，即造物者。指大道。

⑳其天守全：他的天性完备。守全，保持完整。

㉑无郤（xì）：没有亏损。郤，同"隙"。缝隙，亏损。

㉒物奚自入焉：外物又能从哪里进来影响他呢？自，从哪里。入，入于心中。引申为影响。

【译文】

　　列子问关尹："思想境界最高的圣人置身于水中而不会窒息，进入烈火之中而不会感到灼热，行走于万物之上而不会感到恐惧。请问他们是如何做到这一点的？"关尹说："这是因为他们能够持守住平和的精神状态，与智巧、果敢之类的品质无关。你坐下，我告诉你。所有具有相貌、声音和颜色的东西，都属于有形物体，有形物体与其他有形物体之间的差距又怎么会太大呢？又有什么有形物体能够处于其他有形物体之前呢？因为它们都不过是一些形体和颜色而已。然而精神这种事物却可以做到没有形体而且永无变化，那些能够获取这种精神并把它推向最高境界的人，其他事物又如何能够约束他呢！这样的人行为恰如其分，立身于无限的精神境界之中，与万物一起循环变化，他们天性专一，涵养纯和之气，一切行为都符合天性，而与造物的大道融为一体。像这样的人，他们的天性完美，精神完备，外物如何能进入他们心中而影响他们呢！

　　"夫醉者之坠车，虽疾不死①。骨节与人同而犯害与人异②，其神全也，乘亦不知也，坠亦不知也，死生惊惧不入乎其胸中，是故遻物而不慑③。彼得全于酒而犹若是④，而况得全于天乎⑤！圣人藏于天⑥，故莫之能伤也。复仇者不折镆干⑦，虽有忮心者不怨飘瓦⑧，是以天下平均⑨。故无攻战之乱，无杀戮之刑者，由此道也。不开人之天⑩，而开天之天⑪，开天者德生，开人者贼生⑫。不厌其天⑬，不忽于人⑭，民几乎以其真⑮。"

【注释】

①疾：受伤。

②犯害：受到的伤害。

③遻（wù）物：与外物发生冲突。遻，遇到，引申为发生冲突。慑：害怕。

④得全于酒：因醉酒而使精神得以保全。指醉酒之人能够置生死于度外，在精神上不受外界影响。若是：如此。

⑤得全于天：通过修养天道而使精神得以保全。

⑥藏于天：立身于天道。

⑦镆干：两把宝剑名，即镆邪和干将。

⑧虽有忮（zhì）心者不怨飘瓦：即使具有凶狠报复之心的人也不会去仇恨落下来伤害到他的瓦片。因为瓦片伤人是无心的。忮心，狠毒之心。飘，飘落下来。

⑨平均：太平安定。

⑩不开人之天：不要去培养人为的最高智巧。开，开启，培养。天，最高智巧。

⑪开天之天：培养符合天道的最高智慧。道家把智慧分为两种，一是世俗的智慧，如人们所提倡的仁义礼仪；一是真正的智慧，如清静无为等等。道家提倡真正的最高智慧，也即"天之天"；反对世俗所谓的最高智慧，也即"人之天"。

⑫贼：残害。

⑬不厌其天：不要厌弃天道

⑭不忽于人：不忽视人事作用。

⑮民：人。以其真：因此而恢复真实天性。以其，以之，因此。

【译文】

"醉酒之人从车上摔下来，虽然也会受伤却不会摔死。醉酒之人的骨骼身体与别人相同而受害程度却比别人轻微，这是因为他们的精神状态比较完好，乘坐在车上时一无所知，摔下来时也一无所知，生生死死这些令人恐惧的事情不会放在他的心上，所以遇到外物伤害时一点也不会感到害怕。那些因醉酒而使精神变得完好的人尚且能够做到这一点，更何况修习天道而使精神完好的人呢！圣人与天道融而为一，所以没有任何事物能够伤害他们。复仇的人不去折断曾经伤害过自己的镆邪、干将，即使具有凶狠报复之心的人也不会去仇恨落下来砸伤自己的瓦片，如此一来天下就太平安定了。要想天下没有战乱，没有杀戮刑罚，都要通过这一途径才能做到。不要去培养人为的最高智慧，而要培养符合天道的最高智慧，培养天道智慧就会产生美德，培养人为智慧就会产生害人之心。不抛弃天道，不忽略人事，人们基本就能变得纯真了。"

【研读】

　　本段主要讲精神的作用，认为如能在精神上像醉酒之人那样保持不受外界影响，同时也要像飘瓦那样不存在主观害人之心，那么他就不会受到外物的伤害。

三

　　仲尼适楚，出于林中^①，见痀偻者承蜩^②，犹掇之也^③。仲尼曰："子巧乎！有道邪?"曰："我有道也。五六月累丸二而不坠^④，则失者锱铢^⑤；累三而不坠，则失者十一^⑥；累五而不坠，犹掇之也。吾处身也^⑦，若厥株拘^⑧；吾执臂也，若槁木之枝。虽天地之大，万物之多，而唯蜩翼之知。吾不反不侧，不以万物易蜩之翼^⑨，何为而不得?"孔子顾谓弟子曰："'用志不分，乃凝于神^⑩。'其痀偻丈人之谓乎^⑪！"

【注释】

①出于：出现于，来到。

②痀偻（gōu lóu）：即佝偻，驼背。承蜩（tiáo）：在竹竿一端涂上胶状物去粘住知了。蜩，蝉，知了。

③掇（duō）：拾取。

④累丸：泥丸叠放起来。

⑤锱铢（zī zhū）：很小的重量单位，六铢为一锱，四锱为一两。比喻数量很少。

⑥十一：十分之一。

⑦处身：立身。

⑧若厥（jué）株拘：像一根枯树桩。厥，通"橛"。树墩。株拘，断树桩。

⑨易蜩之翼：改变我对知了翅膀的注意力。易，改变。

⑩凝于神：达到神奇境界。凝，通"拟"。像似。

⑪其痀偻丈人之谓乎：即"其谓痀偻丈人乎"。这句话大概说的就是驼背老人吧！丈人，对男性老人的尊称。

【译文】

　　孔子到楚国去，路过一片树林时，看见一位驼背老人正在用竹竿粘取知了，他粘取知了就好像在地上拾东西一样容易。孔子问："您真是太巧啦！您粘取知了有什么方法吗？"老人回答说："我有方法。经过五六个月的练习，我能在竹竿顶端叠放两颗泥丸而不坠落，那么能够逃脱的知了就很少；如果叠放三颗泥丸而不坠落，那么能够逃脱的知了就只有十分之一了；如果叠放五颗泥丸而不坠落，那么粘取知了时就好像在地上拾东西一样容易。我站在那里，就像一根枯树桩；我伸出的手臂，就像枯树桩上伸出的一根枯树枝。虽然天地广大，万物众多，但我只关注知了的翅膀。我一动不动，不会因为众多的万物而改变我对知了翅膀的关注，哪里还会捉不到知了呢？"孔子回头对弟子们说："'用心专一，就能取得神奇的效果。'这话大概说的就是这位驼背老人吧！"

【研读】

这个故事再次告诉人们，事业成功源自用心专一。《北齐书·方伎列传》记载：

> 信都芳，河间人。少明算术，为州里所称。有巧思，每精研究，忘寝与食，或坠坑坎。尝语人云："算之妙，机巧精微，我每一沉思，不闻雷霆之声也。"其用心如此。

北齐科学家信都芳是河间（今河北河间）人。他年轻时就很精通数学，受到家乡人的称赞。信都芳思维巧妙，每当他深入思考问题时，就会废寝忘食，有时走路甚至会一头栽进土坑里。他曾经对别人说："数学太微妙了，这门学科巧妙精微，每当我沉思其中时，连打雷的声音都没有听到。"信都芳用心专一竟然达到如此地步。

承蜩老人在粘取知了时，弃万事万物而不见；信都芳在思考数学问题时，置雷霆之声而不闻。如果我们在学习、做事时，能够达到如此专注程度，还用担心做不成吗？

四

颜渊问仲尼曰："吾尝济乎觞深之渊①，津人操舟若神②。吾问焉，曰：'操舟可学邪？'曰：'可。善游者数能③，若乃夫没人④，则未尝见舟而便操之也⑤。'吾问焉，而不吾告⑥。敢问何谓也?"仲尼曰:"善游者数能，忘水也⑦;若乃夫没人之未尝见舟而便操之也，彼视渊若陵，视舟之覆犹其车却也⑧。覆却万方陈乎前而不得入其舍⑨，恶往而不暇⑩?以瓦注者巧⑪，以钩注者惮⑫，以黄金注者殙⑬。其巧一也，而有所矜⑭，则重外也⑮。凡外重者内拙。"

【注释】

①济:渡河。觞(shāng)深之渊:渡口名。

②津人:摆渡的船夫。津，渡口。操舟:驾船。

③数(sù):通"速"。迅速。

④若乃:至于像。没(mò)人:善于潜水的人。没，潜水。

⑤便:马上，立即。

⑥不吾告:即"不告吾"。

⑦忘水:忘掉了水的危险。

⑧却:后退。

⑨覆却万方:各种倾覆翻转的危险情况。万方，万端，各种各样。舍:心中。

⑩恶(wū)往:到哪里去。引申为怎么做。暇:悠闲自如。

⑪以瓦注者巧:用瓦器做赌注的人，赌技就能发挥出色。瓦，不值钱的瓦片或瓦器。注，赌注。

⑫钩:衣带钩。一般用金属制成，比瓦器值钱。

⑬殙(hūn):昏乱糊涂。

⑭矜(jīn):顾忌。

⑮重外:看重名利等外物。

【译文】

颜渊问孔子：“我曾经在一个名叫觞深之渊的地方渡河，摆渡船夫驾船的技巧出神入化。我问他：‘驾船的技术可以学吗？’他说：‘可以学。善于游泳的人很快就能学会，至于像那些善于潜水的人，即使从来没有见过船，但马上就能驾驭它。’我请教其中原因，他不肯告诉我。请问老师，他说的是什么意思呢？”孔子说：“善于游泳的人很快就能学会驾船，是因为他能够忘掉河水的危险；至于像那些善于潜水的人，从未见过船马上就能驾驭它，是因为他们能够视深渊如土坡，把渡船的倾覆看得如同车子后退一般。如果各种倾覆翻转的危险状况出现在一个人的面前，而这个人丝毫不把它们放在心上，那么他做什么会不从容自如呢？用不值钱的瓦器做赌注的人，他的赌技一定能发挥出色；用稍微值钱点的衣带钩做赌注，他就会因为担心失手而发挥不好；用黄金做赌注的人，他就会紧张得稀里糊涂。赌博技巧本来一样，而有时却顾虑重重，这是因为他太看重名利这些外物了。凡是太看重名利外物的人，内心就会变得笨拙。”

【研读】

这个故事说明只有看轻外物，放下精神负担，才能取得成功。这一原则，也可以移植到人际交往之中。《孟子·尽心下》记载：

孟子曰：“说大人，则藐之，勿视其巍巍然。”

孟子说：“在游说地位显贵的人时，一定要在内心里藐视他的显贵地位，不要把他的地位和权势放在眼里。”为什么呢？朱熹《四书集注》解释说：“藐焉而不畏之，则志意舒展，言语得尽也。”如果一个人太看重权势，被对方的权势所吓倒，那么他就会思维不清，表达不准，他游说的目的自然也无法达到。

五

田开之见周威公①。威公曰："吾闻祝肾学生②，吾子与祝肾游③，亦何闻焉?"田开之曰："开之操拔篲以侍门庭④，亦何闻于夫子?"威公曰："田子无让，寡人愿闻之。"开之曰："闻之夫子曰：'善养生者，若牧羊然⑤，视其后者而鞭之⑥。'"

【注释】

①田开之：生平不详。周威公：周考王之孙，战国时期小西周的第二任国君，封地在河南（今河南洛阳），号"周威公"。

②祝肾：生平不详。学生：学习、研究养生术。

③吾子：对对方的尊称。游：交往。实际是田开之跟随祝肾学习养生。

④开之操拔篲（huì）以侍门庭：我在那里不过是整天拿着扫帚打扫门庭而已。古代师徒生活在一起，弟子要做一些杂务。因此，本句既是写实，也带有谦虚之意。侍，侍奉，服务。拔篲，扫帚。

⑤然：代词，那样。

⑥鞭之：用鞭子把落后的羊赶上去。

【译文】

田开之拜见周威公。周威公问："我听说祝肾在研究养生术，您拜祝肾为师与他有交往，从他那里学到一些什么养生方法呢?"田开之说："我在那里不过是整天拿着扫帚为老师打扫门庭而已，又能从老师那里学到什么呢?"周威公说:"田先生就不必谦虚了,我确实想听听有关养生的方法。"田开之说:"我听我的老师说:'善于养生的人,就像牧羊那样,看到哪只羊落后了就用鞭子把它赶上去。'"

威公曰:"何谓也?"田开之曰:"鲁有单豹者①,岩居而水饮②,不与民共利③,行年七十而犹有婴儿之色④;不幸遇饿虎,饿虎杀而食之。有张毅者⑤,高门县薄⑥,无不走也⑦,行年四十而有内热之病以死⑧。豹养其内而虎食其外⑨,毅养其外而病攻其内,此二子者,皆不鞭其后者也⑩。"

【注释】

①单(shàn)豹:鲁国隐士,生平不详。

②岩居而水饮:在岩穴里居住,在山泉边饮水。描写其隐居生活的俭朴。

③共利:一起争名夺利。

④行年:年龄将近。行,将近。色:面容。

⑤张毅:生平不详。

⑥高门县(xuán)薄:代指富贵人家和贫苦人家。高门,指富贵人家。县,同"悬"。挂。薄,帘子。"县薄"指以帘代门的贫苦人家。

⑦无不走:无不前去投机钻营。走,奔跑,奔走。

⑧内热:因焦虑不安而内心发烧。

⑨内:内心,精神。外:指肉体。

⑩皆不鞭其后者也:都不能像鞭赶落后的羊那样去弥补自己的不足之处。

【译文】

周威公问："这话是什么意思呢？"田开之说："鲁国有一位名叫单豹的人，他住的是山洞，喝的是泉水，从来不与别人争名夺利，年近七十岁了却还保持着婴儿一样的润泽面容；然而不幸遇上了饿虎，饿虎把他吃掉了。还有一位名叫张毅的人，无论是富贵之门还是贫贱之家，他无不前去投机钻营，将近四十岁时就因内热病而死去。单豹善于保养自己的内心精神而老虎却吃掉了他的肉体，张毅善于保养自己的肉体而疾病却侵害了他的内心精神，这两位先生，都没有能够像鞭赶落后的羊那样去弥补自己不足的一面。"

【研读】

本段非常明确地指出，养生要做到形神兼养，不可偏执一端。因此，认为庄子重养神、轻养形甚至不用养形的观点可以抛掉了。

仲尼曰："无入而藏①，无出而阳②，柴立其中央③。三者若得④，其名必极⑤。夫畏涂者⑥，十杀一人，则父子兄弟相戒也，必盛卒徒而后敢出焉⑦，不亦知乎⑧！人之所取畏者⑨，衽席之上⑩，饮食之间，而不知为之戒者，过也⑪！"

【注释】

①无入而藏：不要进入深山老林隐藏起来。

②无出而阳：不要在社会上过分张扬。阳，显现，张扬。

③柴立其中央：像枯木一样生活在二者之间。柴，枯木。比喻内心虚净，没有任何杂念。中央，指"藏"与"阳"之间。既不隐居于深山，也不张扬于

社会。

④三者若得：如果做到了这三句话。

⑤其名必极：一定能够获取最高名声。也即被人称为"圣人"。

⑥畏涂：充满危险使人恐惧的道路。这里指有强盗横行或野兽出没的道路。涂，同"途"。

⑦盛卒徒：多结一些伙伴。盛，多。出焉：出现在这条路上。

⑧知：同"智"。智慧。

⑨取畏：最应该畏惧的。取，一本作"最"。"取"应是"最"的坏字。

⑩衽（rèn）席之上：卧席之上。指男女房事。衽，席子。

⑪过：过错，错误。

【译文】

　　孔子说："既不要进入深山隐居起来，也不要在社会上过分张扬，要像枯木一样无思无虑地生活于这二者之间。如果能够做到以上这三句话，他一定能够获得最高的名声。在充满危险的道路上，如果十位行人中有一位被杀害的话，那么父子兄弟之间就会相互告诫，一定要多聚集一些伙伴然后再上路，这种做法不是也很明智吗！然而最值得人们畏惧的，还在于枕席上的纵欲，以及饮食间的不当，人们却不知道对此多加小心，这真是一个过错啊！"

【研读】

　　本段主要讲养生方法，告诫人们既要注意保养精神，也要注意保养形体。作者特别指出：房事和饮食应格外小心，因为不当的房事和饮食比强盗更加危害健康。

　　关于处世方法，本段提出"无入而藏，无出而阳，柴立其中央"的原则。古人常说，大隐隐于朝市，小隐隐于山林，在大隐与小隐之间还有一个层次，那就是中隐。所谓"中隐"，就类似于"柴立其中央"的处世方式。这一处世方式得到白居易的欣赏，他专门写了一首《中隐》：

　　　　大隐住朝市，小隐入丘樊。丘樊太冷落，朝市太嚣喧。不如作中隐，隐在留司官。似出复似处，非忙亦非闲。不劳心与力，又免饥与寒。终岁无公事，随月有俸钱。君若好登临，城南有秋山。君若爱游荡，城东有春园。君若欲一醉，时出赴宾宴。洛中多君子，可以恣欢言。君若欲高卧，但自深掩关。亦无车马客，造次到门前。人生处一世，其道难两全：贱即苦冻馁，贵则多忧患。唯此中隐士，致身吉且安。穷通与丰约，正在四者间。

　　唐代建都长安，洛阳则为东都，相当于陪都的性质。朝廷在东都也设置了一套中央官员，人数少于长安。在东都任职的中央官员称"分司"，即诗中所说的"留司官"。除少数官员外，大多数分司官员的政务不多，属于闲职。白居易先后两次任留司官，本诗就是写于留司官的任上。在诗人看来，在朝市中隐居，不仅事务太多，而且权力大了还会招来灾难；在山林里隐居，不仅过分冷清寂寞，甚至还有挨冻受饿之虑。当一个闲散的留司官员，既不"穷"，也不"通"；既不"丰"，也不"约"，吃喝不愁，出处自由。这首诗把中隐的逍遥闲适生活刻画得悠然自在，令人神往。

六

　　祝宗人玄端以临牢策①，说彘曰②："汝奚恶死？吾将三月豢汝③，十日戒④，三日齐⑤，藉白茅⑥，加汝肩尻乎雕俎之上⑦，则汝为之乎？"为彘谋，曰："不如食以糠糟而错之牢策之中⑧。"自为谋，则苟生有轩冕之尊⑨，死得于腞楯之上、聚偻之中⑩，则为之。为彘谋则去之⑪，自为谋则取之，所异彘者，何也？

【注释】

①祝宗人玄端以临牢策：祝宗人穿上黑色礼服来到猪圈边。祝宗人，官名，负责祭祀礼仪。玄端，一种黑色的礼服。临，来到。牢策，猪圈。

②说（shuì）：劝说。彘（zhì）：猪。这里指将要被用作祭品的猪。

③豢（huàn）：同"豢"。喂养。

④戒：斋戒。祭祀前整洁心身，以示虔诚。

⑤齐（zhāi）：同"斋"。斋戒。

⑥藉白茅：把死后的你放在白茅上。藉，铺垫。白茅，草名。古人认为白茅为洁净之物，故常用白茅包裹祭品。

⑦加汝肩尻（kāo）乎雕俎（zǔ）之上：把你的肩胛和臀部放在雕花的祭器上。加，放置。尻，臀部。雕，雕刻。俎，装祭肉的祭器。

⑧错：通"措"。放在。

⑨苟：如果。轩冕：大夫以上使用的车子和礼帽。代指高贵地位。

⑩腞楯（zhuàn shǔn）：华美的灵车。聚偻（lóu）：华贵的棺椁。

⑪为彘谋则去之：替猪着想时就会舍弃的东西。

【译文】

祝宗人穿上黑色的礼服来到猪圈前，劝告猪说："你为什么不愿意死去呢？我将要精心喂养你三个月，十天为你斋戒一次，甚至三天就要为你斋戒一次，你死后会把你放在白茅之上，把你的肩胛和臀部放在雕刻精美的祭器之中，你应该愿意这样做吧？"如果替猪着想，就会说："还是不如被关在猪圈里吃点糠糟活下去的好。"可人们在为自己着想时，就会做出这样的决定：如果生前具有尊贵地位，死后能够被放在华美的灵车之上、躺在华贵的棺椁之中，那就愿意接受。替猪着想时就会舍弃的东西，而替自己着想时却又想获取这些东西，这与为猪着想时大不相同，为什么呢？

【研读】

本段认为人们为了生前的富贵和死后的荣耀，宁肯放弃自由甚至生命，这是一种愚蠢的行为。苏东坡有一首《薄薄酒》表达了类似的观点。诗前有一序："胶西先生赵明叔，家贫好饮，不择酒而醉。常云薄薄酒，胜茶汤；丑丑妇，胜空房。其言虽俚而近乎达，故推而广之，以补东州之乐府。"诗说：

> 薄薄酒，胜茶汤；粗粗布，胜无裳；丑妻恶妾胜空房。五更待漏靴满霜，不如三伏日高睡足北窗凉。珠襦玉匣万人祖送归北邙，不如悬鹑百结独坐负朝阳。生前富贵，死后文章。百年瞬息万世忙，夷齐盗跖俱亡羊。不如眼前一醉，是非忧乐都两忘。

薄酒胜过喝茶汤，粗布胜过无衣裳，丑妻胜过守空房。五更即起、霜满朝靴、等待进朝的官员，不如在凉爽的窗下睡足睡够的普通百姓；死后穿上缀满珠玉的衣服、躺在玉棺中被万人簇拥着送往北邙山墓地，不如穿得破破烂烂活着在那里晒太阳。

七

桓公田于泽[①]，管仲御[②]，见鬼焉。公抚管仲之手曰[③]："仲父[④]，何见？"对曰："臣无所见。"公反[⑤]，诶诒为病[⑥]，数日不出。

【注释】

①桓公：齐桓公。春秋五霸之一。田：打猎。

②管仲：齐桓公的相，著名政治家。御：驾车。

③抚：抓住。

④仲父：对管仲的尊称。

⑤反：同"返"。返回。

⑥诶诒（xī yí）：因惊吓而失魂落魄的样子。一说为呻吟声。

【译文】

齐桓公在大泽里打猎，管仲为他驾车，突然桓公看见了一个鬼。齐桓公紧张地抓住管仲的手，问："仲父，您看见什么吗？"管仲回答说："我什么也没有看见。"齐桓公回去以后，因惊吓而生了病，接连几天都没有出门。

齐士有皇子告敖者[①]，曰："公则自伤，鬼恶能伤公！夫忿滀之气[②]，散而不反[③]，则为不足[④]；上而不下[⑤]，则使人善怒[⑥]；下而不上，则使人善忘；不上不下，中身当心[⑦]，则为病。"

【注释】

①皇子告敖：复姓皇子，字告敖。生平不详。

②忿滀（xù）之气：郁积之邪气。忿，郁闷。滀，聚积。

③散而不反：使精魄离散而不能返回体内。

④不足：精力不足，身体不舒服。

⑤上而不下：指郁积的邪气向上行而不向下行。

⑥善怒：喜欢发怒。

⑦中身当心：指郁积的邪气处于身体中间，结于心中。

【译文】

　　齐国有一位士人名叫皇子告敖，他对桓公说："您是自己伤害了自己，鬼怎么能够伤害您呢！人体内如果有了郁积的邪气，精魄就会离散而无法返回体内，这样就会使人感到身体不舒服；这些郁积的邪气如果向上行而不向下行，就会使人容易发怒；如果向下行而不向上行，就会使人健忘；如果既不上行也不下行，而是处于身体中间，集结在人的心中，那就会生病了。"

　　桓公曰："然则有鬼乎？"曰："有。沈有履①，灶有髻②。户内之烦壤③，雷霆处之④。东北方之下者⑤，倍阿鲑蠪跃之⑥。西北方之下者，则泆阳处之⑦。水有罔象⑧，丘有峷⑨，山有夔⑩，野有彷徨⑪，泽有委蛇⑫。"公曰："请问委蛇之状何如？"皇子曰："委蛇，其大如毂⑬，其长如辕，紫衣而朱冠。其为物也，恶闻雷车之声⑭，则捧其首而立。见之者殆乎霸⑮。"

【注释】

①沈（chén）：同"沉"。水底污泥。履：鬼名。

②髻（jì）：灶神名。传说状如美女。

③户：门。烦壤：即"粪壤"。这里泛指不干净的地方。

④雷霆：鬼名。

⑤下者：低洼之处。

⑥倍阿鲑蠪（wā lóng）跃之：倍阿鲑蠪在那里活动。倍阿鲑蠪，鬼名。跃，跳跃，活动。

⑦泆（yì）阳：鬼名。

⑧罔象：鬼名。

⑨丘：山丘。峷（shēn）：鬼名。

⑩夔（kuí）：鬼名。

⑪彷徨：鬼名。

⑫委蛇（yí）：鬼名。

⑬毂（gǔ）：车轮中心供插车轴的部分。

⑭恶（wù）：讨厌。雷车：如雷鸣般的行车声。

⑮殆：大概。

【译文】

　　齐桓公问："那么有鬼吗？"皇子告敖说："有的。水底污泥中有名叫履的鬼，灶台里有名叫髻的鬼。门户内不干净的地方，住着名叫雷霆的鬼。东北方的低下之处，有名叫倍阿鲑蠪的鬼在那里活动。西北方的低下之处，有名叫泆阳的鬼在那里居住。水里有鬼名叫罔象，丘陵有鬼名叫峷，大山有鬼名叫夔，原野有鬼名叫彷徨，大泽有鬼名叫委蛇。"齐桓公问："请问委蛇的形状是什么样？"皇子告敖说："委蛇有车毂那么粗，有车辕条那么高，穿着紫色衣服，戴着红色帽子。委蛇这种鬼，最讨厌听到像雷鸣般的车轮声，一旦听到就会抱着头站在那里。看到它的人大概能够成为霸主。"

　　桓公辴然而笑曰①："此寡人之所见者也。"于是正衣冠与之坐，不终日而不知病之去也②。

【注释】

①辴（zhěn）然：欢笑的样子。

②不终日：不到一天的时间。去：消除。

【译文】

　　齐桓公一听便高兴得笑了起来，说："我看到的就是这种鬼呀！"于是齐桓公整理好衣帽，与皇子告敖继续坐在那里交谈，不到一天的时间，桓公的病就不知不觉地好了。

【研读】

　　齐桓公见鬼而生病、听人解释鬼而病愈的故事，充分说明了精神作用对人体健康的重要性。这一故事虽然还没有完全否认鬼的存在，但已极大地降低了鬼对人的影响力。关于"鬼"使人生病乃至死亡的故事，我们再讲一例，以相互印证：

　　　　越巫自诡（骗人）善驱鬼物。人病，立坛场，鸣角振铃，跳掷叫呼，为胡旋舞禳之。病幸已，馔酒食，持其赀去。死则诿以他故，终不自信其术之妄。恒夸人曰："我善治鬼，鬼莫敢我抗。"恶少年愠其诞，瞷其夜归，分五六人栖道旁木上，相去各里所，候巫过，下砂石击之。巫以为真鬼也，即旋其角，且角且走，心大骇，首岑岑加重，行不知足所在。稍前，骇颇定，木间砂乱下如初。……手慄气慑，不能角，角坠；振其铃，既而铃坠，惟大叫以行，行闻履声，及叶鸣谷响，亦皆以为鬼号，求救于人甚哀。夜半抵家，大哭叩门，其妻问故，舌缩不能言，惟指床曰："亟扶我寝，我遇鬼，今死矣。"扶至床，胆裂死，肤色如蓝。巫至死，不知其非鬼。（方孝孺《越巫》）

"鬼神"就像一种玄虚的学说、一种观念、一种原则那样存在于人的心中，一旦人相信了它，它就会对人的思想行为产生影响。不存在的鬼神以一种"虚假的存在"形式把这位越巫给吓死了。

八

纪渻子为王养斗鸡[①]。十日而问："鸡已乎[②]？"曰："未也。方虚憍而恃气[③]。"十日又问，曰："未也。犹应向景[④]。"十日又问，曰："未也。犹疾视而盛气[⑤]。"十日又问，曰："几矣[⑥]！鸡虽有鸣者，已无变矣。望之似木鸡矣，其德全矣[⑦]。异鸡无敢应者，反走矣[⑧]。"

【注释】

①纪渻（shěng）子：人名。生平不详。王：指西周晚期的周宣王。

②鸡已乎：鸡已经可以用来打斗了吗？

③方虚恬（jiāo）而恃气：还在虚张声势而凭意气行事。方，正。恬，通"骄"。

　恃气，凭意气行事。

④犹应向景（yǐng）：对其他鸡的叫声和身影还有反应。这说明这只鸡还没有

　达到置外物于度外的境界。向，通"响"。景，同"影"。

⑤疾视：怒目而视。疾，恨，怒。

⑥几：差不多可以了。

⑦德全：品性完美。即达到置生死于度外的境界。

⑧反走：反身就逃。走，逃跑。

【译文】

　　纪渻子为周宣王训练斗鸡。十天以后，周宣王问："鸡可以参加打斗了吗？"纪渻子回答说："不行。它还在虚张声势、凭意气行事。"又过了十天，周宣王再次问起此事，纪渻子说："还不行。它对其他鸡的叫声与身影还有反应。"十日之后，周宣王又问起此事，纪渻子说："仍然不行。它眼中还有怒气，盛气十足。"又过了十天，周宣王再来打听，纪渻子说："差不多可以了！即使听到其他鸡的鸣叫，它也毫无反应。看上去就好像一只木鸡，它的品性已经达到完美状态。其他鸡不敢同它应战，一见到它反身就逃了。"

九

　　孔子观于吕梁①，县水三十仞②，流沫四十里③，鼋、鼍、鱼、鳖之所不能游也④。见一丈夫游之，以为有苦而欲死也，使弟子并流而拯之⑤。数百步而出，被发行歌而游于塘下⑥。

【注释】

①吕梁：地名。

②县（xuán）水：瀑布。县，同"悬"。仞（rèn）：长度单位。七尺或八尺为一仞。

③流沫：飞溅的水花。

④鼋（yuán）：鳖的一种，形体稍大。鼍（tuó）：鳄鱼的一种。

⑤并流：顺着水流。并，沿着。

⑥被（pī）发：披散着头发。被，同"披"。行歌：边走边唱。而游于塘下：在堤岸下行走。也可理解为在堤岸边游泳。塘，堤岸。

【译文】

　　孔子在吕梁游览，看到一个高达二十多丈的瀑布，飞溅的水花冲出了四十余里，即便是鼋、鼍、鱼、鳖也无法在那里游动。这时却看见一个男子在那里游泳，孔子以为他遇到什么痛苦之事而想自杀，就赶忙派弟子们沿着流水跑去救援他。那个男子游了数百步之后上了岸，披着头发在堤下边走边唱。

　　孔子从而问焉①，曰："吾以子为鬼，察子则人也②。请问蹈水有道乎③？"曰："亡④，吾无道。吾始乎故⑤，长乎性⑥，成乎命⑦，与齐俱入⑧，与汩偕出⑨，从水之道而不为私焉⑩，此吾所以蹈之也⑪。"孔子曰："何谓始乎故、长乎性、成乎命？"曰："吾生于陵而安于陵⑫，故也；长于水而安于水，性也；不知吾所以然而然⑬，命也。"

【注释】

①从：跟着，追着。

②察：仔细观察。

③蹈水：跳水，游泳。

④亡（wú）：通"无"。

⑤故：习惯。

⑥性：习性。

⑦命：天命，自然规律。这里具体指水流的规律。

⑧齐：同"脐"。肚脐。这里指圆转如肚脐状的漩涡。

⑨汩（gǔ）：向上喷涌的水流。

⑩从水之道：遵循水流的规律。私：个人的想法。

⑪所以蹈之：游泳的方法。所以，……的方法。

⑫陵：山陵。这里指水边高地。

⑬所以然：为何这样游泳的原因。所以，……的原因。然，这样。代指游泳。

【译文】

孔子紧跟在这个男子的后面问道："我原以为您是个鬼魂，仔细一看，您还是个人啊。请问游泳有什么学问吗？"那男子回答说："没有，我没有什么游泳学问。我开始学游泳是出于习惯，长大后游泳就成了我的习性，游泳技巧成熟是因为顺应了水流的规律。我顺着漩涡一同沉下去，又随着涌流一起冲出来，我顺应着水流的规律而不掺进一点个人的想法，这就是我能够在这里游泳的原因。"孔子又问："什么叫'开始学游泳是出于习惯''长大后游泳就成了我的习性''游泳技巧成熟是因为顺应水流的规律'呢？"那男子回答说："我出生于河边就习惯了河边生活，这就是我说的'习惯'；我成长于水里就养成了熟悉于水的习性，这就是我说的'习性'；我不知道为何要那样游泳却自然而然地那样游泳了，这就是我说的'顺应规律'。"

十

　　梓庆削木为镶①，镶成，见者惊犹鬼神②。鲁侯见而问焉，曰："子何术以为焉？"对曰："臣，工人，何术之有？虽然，有一焉。臣将为镶，未尝敢以耗气也③，必齐以静心④。齐三日，而不敢怀庆赏爵禄；齐五日，不敢怀非誉巧拙；齐七日，辄然忘吾有四枝形体也⑤。当是时也⑥，无公朝⑦，其巧专而外骨消⑧。然后入山林，观天性⑨，形躯至矣⑩，然后成见镶⑪，然后加手焉⑫。不然则已。则以天合天⑬，器之所以疑神者⑭，其是与⑮！"

【注释】

①梓（zǐ）庆：人名。梓，制作木器的工匠。因该工匠名庆，故称"梓庆"。为：雕刻。镶（jù）：乐器名。类似夹钟。

②犹鬼神：就像是鬼神制作的一样。也即鬼斧神工。

③耗气：消耗自己的精气神。

④齐（zhāi）：同"斋"。斋戒。

⑤辄然：一下子，突然之间。四枝：四肢。枝，通"肢"。

⑥是时：此时。是，此。

⑦无公朝：忘却了朝廷。公朝，公室。先秦诸侯多称"公"。"公朝"类似后世说的朝廷。

⑧外骨消：外界干扰被排除。骨，通"滑"。乱，干扰。

⑨观天性：考察树木的天然质地和模样。

⑩形躯至：树木的模样最接近镶的模样。

⑪成见（xiàn）镶：眼前呈现出一个成形的镶。见，同"现"。

⑫加手：出手加工制作。

⑬以天合天：把我自己的美好天性与木料的美好天性相互配合起来。自己的美
　　好天性指排除了各种名利之心的清净本性，木料的美好天性指它的天生模
　　样与镶非常相似。

⑭器：器物。具体指镶。疑神：好像鬼斧神工。疑，通"拟"。像。

⑮其是与：大概就是这个原因吧。其，大概。

【译文】

　　梓庆用木头雕刻镶，镶刻成以后，看见的人都惊叹为鬼斧神工。鲁君看见后就问他："先生是用什么样的技术刻成了这样的镶呢？"梓庆回答说："我是个普通工匠，哪里有什么好技术呢？虽说如此，还是有一点体会的。每当我准备刻镶的时候，从来不敢再去耗费自己的精气神，一定要斋戒清心。斋戒三天之后，心里就不再存有刻镶后能否获取庆贺、赏赐、爵位和俸禄的想法；斋戒五天之后，心里就不再存有非议、赞誉、巧妙和笨拙等念头；斋戒七天之后，我一下子就连自己的四肢和身体都忘掉了。这个时候，我忘却朝廷的存在，智巧专一而外界各种干扰全部消除。然后才进入山林，观察各种树木的天然质地，选出外形与镶形最为接近的木料，这时一个已经成形的镶的形象便宛然呈现在我的眼前，然后我才开始出手加工。如果做不到这些，我就停止刻镶。我把自己排除杂念后的清净天性与木料极为像镶的自

然天性相互配合起来了，制成的镶之所以被视为鬼斧神工，大概就是
这个原因吧!"

【研读】

　　结合"梓庆削木为镶"这一故事，我们简单谈谈道家对"忘我"
的提倡。《道德经》十三章中已经提出了"忘我"的问题，他说：

　　　　宠辱若惊，贵大患如身。……吾所以有大患者，为吾有身，
　　及吾无身，吾有何患?

　　老子说："受宠惊喜而受辱惊恐，这是把大的灾难（名利之心）看
得像生命一样重要。……我们之所以有这些大的灾难，是因为我们太
看重自我了，如果我们能够达到无我的境界，我们还会有什么灾难
呢?"《庄子·逍遥游》也重点提出"圣人无己"的观念，认为只有做
到"无己"，才能事业成功。

　　梓庆的故事就是运用具体的实例，来证明"忘我"的重要性。在
削木为镶之前，先要进行斋戒净心，使自己逐步忘记利禄、毁誉等等，
最后连自身的存在也忘掉了，全身心地投入到艺术创作之中，这就是
他成功的原因。《庄子·人间世》中对此还做了理论上的概括："唯道集
虚。虚者，心斋也。"还说："瞻彼阙处，虚室生白，吉祥止止。"所谓
的"心斋"和"虚"，就是通过精神修养，把心灵打扫干净，忘却世界
上的一切，静候大道入主。如果满脑子的私心杂念，没有给"道"留
下一点位置，又如何去体道呢? 学道是如此，做事更是如此，可以说，
"忘我"是一切事业成功的基础。

十一

东野稷以御见庄公①，进退中绳②，左右旋中规③。庄公以为文弗过也④，使之钩百而反⑤。颜阖遇之⑥，入见曰："稷之马将败⑦。"公密而不应⑧。少焉⑨，果败而反。公曰："子何以知之？"曰："其马力竭矣，而犹求焉，故曰败。"

【注释】

①东野稷：姓东野，名稷。以：因为，凭借。御：驾车技能。庄公：春秋时期鲁庄公。

②中绳：笔直得合乎墨线。绳，墨线。

③左右旋中规：车子向左右旋转时，车迹符合圆规画的圆形。规，画圆的工具。

④文：同"纹"。图案。一说"文"为"父"之误，前面脱一"造"字。造父是周代善于驾车的人。《吕氏春秋·适威》即作"以为造父不过也"。

⑤钩百而反：转一百个圈回来。钩，圈，转圈。反，同"返"。

⑥颜阖（hé）：鲁国的贤人。

⑦败：失败，垮掉。

⑧密：默不作声。

⑨少焉：不一会儿。

【译文】

东野稷因为善于驾车而见到了鲁庄公，他驾车进退时笔直得就像一条墨线，左右旋转时就像圆规画得那样圆。鲁庄公认为即使是图画的整齐度也难比上，于是就命令东野稷再去驾车转一百个圈回来。颜阖看见东野稷驾车的情况后，便进宫对鲁庄公说："东野稷的马将会垮掉的。"庄公没有作声。没有多大一会儿，东野稷的马果真垮掉回来了。庄公问颜阖："您怎么知道他的马会垮掉呢?"颜阖说："他的马已经精疲力竭了，而他还在那里逼着马转圈，所以我知道他的马会垮掉的。"

十二

　　工倕旋而盖规矩①，指与物化而不以心稽②，故其灵台一而不桎③。忘足，屦之适也④；忘要⑤，带之适也⑥；知忘是非，心之适也；不内变⑦，不外从⑧，事会之适也⑨。始乎适而未尝不适者⑩，忘适之适也。

【注释】

①工倕（chuí）旋而盖规矩：工倕随手画出的圆形和方形都会超过圆规和矩尺画出的圆形和方形。工倕，尧时的著名工匠。旋，旋转。指用手画图。盖，超过。规，圆规。矩，用来画方形的曲尺。

②指与物化：画图时手指顺着物体形状而变化。稽：计量，考虑。

③灵台：心灵，内心。一：专一。不桎（zhì）：不受任何拘束。桎，拘束。

④忘足，屦（jù）之适也：忘掉自己的脚，鞋子自然而然就合适了。当鞋子不合脚时，最好的办法就是忘掉自己的脚，一旦忘掉了脚的存在，鞋自然就合脚了。

⑤要：同"腰"。

⑥带：腰带。

⑦不内变：不改变内心的平和状态。

⑧不外从：不受外界影响。从，受影响。

⑨事会之适：是处理事务时的安适。事会，遇事。会，遇上。

⑩始乎适：开始时就感到舒适。

【译文】

　　工倕随手画出的圆形和方形都会超过用圆规和矩尺画出的圆形和方形，他的手指随着物体的形状变化而不必用心去思索，所以他的心灵清净专一而不受任何约束。忘掉自己的脚，鞋子自然就合脚了；忘掉自己的腰，腰带自然就合腰了；智慧达到了忘掉是非的境界，心情自然就舒适了；不改变内心的平和状态，不接受外物的任何影响，处理事务时自然也会感到舒适了。开始就舒适而从未感到不舒适，这是一种忘掉了舒适的舒适。

【研读】

　　记忆力是造物主赐予人类的珍贵礼物，一旦失去记忆力，将是一件十分苦恼的事情。然而在现实生活中，确实还应该学会选择性遗忘，记住那些应该记住的事情，忘却那些应该忘却的事情，这是一门生活艺术，而庄子是最早提出要善于忘却的"生活艺术家"。

　　在《大宗师》篇，庄子就提出了"坐忘"命题，要求人们"堕肢体，黜聪明，离形去知"，也就是要忘却一切，达到一种无思无虑的精神状态。无思无虑了，自然也就无忧无愁。要求人们忘掉一切，就连庄子本人大概也无法做到，但我们尝试着忘掉那些给我们带来烦恼的事情，并非完全不可能。在本段中，庄子又一次提出要善于淡忘是非的问题。一个人心情不佳，主要是是非对错在作怪：别人错了，我们会抱怨别人；自己错了，我们会抱怨自己，心情因而无法安适。一旦忘却了是非，那么他怎么还会有烦恼呢？白居易在庄子思想的基础上，写了一首《三适赠道友》：

> 褐绫袍厚暖，卧盖行坐披。紫毡履宽稳，蹇步颇相宜。足适已忘履，身适已忘衣。况我心又适，兼忘是与非。三适今为一，怡怡复熙熙。

诗人比庄子更进一步，他不仅调整好了自己的心态，而且调整好了自己的生活环境——鞋和衣，于是他心物兼适，彼此两忘，日子过得无比惬意。多忘却一分烦恼，我们的生活就多一分轻松，这就是庄子为我们提供的生活经验。

十三

有孙休者①，踵门而诧子扁庆子曰②："休居乡不见谓不修③，临难不见谓不勇。然而田原不遇岁④，事君不遇世⑤，宾于乡里⑥，逐于州部⑦，则胡罪乎天哉⑧？休恶遇此命也⑨？"扁子曰："子独不闻夫至人之自行邪？忘其肝胆⑩，遗其耳目，芒然彷徨乎尘垢之外⑪，逍遥乎无事之业，是谓为而不恃⑫，长而不宰⑬。今汝饰知以惊愚⑭，修身以明污⑮，昭昭乎若揭日月而行也⑯。汝得全而形躯⑰，具而九窍⑱，无中道夭于聋盲跛蹇而比于人数⑲，亦幸矣，又何暇乎天之怨哉⑳！子往矣！"

【注释】

①孙休：生平不详。

②踵门而诧（chà）子扁庆子曰：走到扁庆子门前感叹万分道。踵门，走到门口。踵，脚跟，脚。这里用作动词，行走。诧，感叹。扁庆子，生平不详。"扁庆子"前加"子"，是表示极为尊敬。

③休居乡：我生活在家乡时。不见谓：没有被人说成是。见，被。谓，说。不修：品德修养不好。

④田原：田地。用作动词，种田地。岁：好年成。

⑤世：好时代。

⑥宾：通"摈"。排斥。乡里：乡亲。

⑦逐于州部：被官府排斥。州，地方行政单位。部，官署。

⑧胡罪乎天：如何得罪于上天呢？胡，如何。

⑨恶（wū）：怎么。

⑩忘其肝胆：忘却自己的形体。肝胆，代指身体。

⑪芒然彷徨乎尘垢之外：无思无虑地生活于尘世之外。芒然，通"茫然"。茫茫然无思无虑的样子。彷徨，游荡，生活。尘垢，尘世。

⑫为而不恃：帮助别人但不求回报。为，帮助。恃，依赖。这里指要求回报。

⑬长而不宰：化育万物而不做它们的主宰者。长，使万物生长。《道德经》十章："生之畜之，生而不有，为而不恃，长而不宰，是谓玄德。"

⑭饰知以惊愚：假装成很有智慧的模样去吓唬愚笨之人。知，同"智"。

⑮明污：显示别人的错误。污，污点。

⑯昭昭乎：光明的样子。揭：高举。

⑰全而形躯：保全你的身体。而，你。

⑱九窍：指人身上眼、鼻、口等九个孔窍。代指身体与生命。

⑲跛蹇（bǒ jiǎn）：瘸腿。比于人数：当一个人。比，并列。引申为和……一样。

⑳天之怨：即"怨天"。怨天尤人。

【译文】

有一个名叫孙休的人，走到扁庆子门前感慨万分道："我住在家乡时，没听到人们说我品行修养不好；面对危难时，也没听到人们说我缺乏勇气。然而我种地从未遇到好年成，当官从未遇到好时代；乡亲抛弃我，官府排斥我；我究竟是哪里得罪了上天呢？我为何会遇上如此噩运呢？"扁庆子说："您难道没有听说过那些思想境界最高的圣人是如何为人处世的吗？他们忘却自己的形体，闭塞自己的视听，无思无虑地生活于尘世之外，自由自在地游荡于清静无为的境界之中，他们可以说是施惠于别人而不求回报，化育了万物而不去当他们的主宰者。而你如今假装成很有智慧的模样去吓唬那些愚笨之人，把个人品德修养得十分高尚去反衬出别人的缺点错误，你光明正大得就好像高举着日月行路一样。你能够保全你的身体，维护你的生命，没有中途夭折于聋盲、跛瘸等疾病，还能够像个人一样活着，这已经是万幸了，哪里还有工夫去抱怨上天呢！您还是离开这里吧！"

孙子出①，扁子入，坐有间②，仰天而叹。弟子问曰："先生何为叹乎？"扁子曰："向者休来③，吾告之以至人之德，吾恐其惊而遂至于惑也。"弟子曰："不然。孙子之所言是邪④，先生之所言非邪，非固不能惑是；孙子所言非邪，先生所言是邪，彼固惑而来矣，又奚罪焉⑤？"

【注释】

①孙子：孙先生。即孙休。

②有间：过了一会儿。

③向者：刚才。

④是：正确。

⑤罪：怪罪。指自我怪罪。

【译文】

　　孙休先生走后，扁庆子回到屋里，坐了一会儿，仰天长叹。弟子问："老师您为什么叹气呢？"扁庆子说："刚才孙休到这里来，我把思想境界最高的圣人美德告诉了他，我担心他听了会惊恐不安以至于陷入迷惑之中。"弟子说："不会这样吧！如果孙先生说的是正确的，而您说的是错误的，那么错误的根本无法使正确的人迷惑；如果孙先生说的是错误的，而您说的是正确的，那么他本来就是带着迷惑来向您请教，您又何必自责呢？"

　　扁子曰："不然。昔者有鸟止于鲁郊，鲁君说之①，为具太牢以飨之②，奏《九韶》以乐之③，鸟乃始忧悲眩视④，不敢饮食，此之谓以己养养鸟也。若夫以鸟养养鸟者，宜栖之深林⑤，浮之江湖，食之以委蛇⑥，则平陆而已矣⑦。今休，款启寡闻之民也⑧，吾告以至人之德，譬之若载鼷以车马⑨，乐鹦以钟鼓也⑩，彼又恶能无惊乎哉！"

【注释】

①说（yuè）：同"悦"。喜欢。

②具：提供。太牢：宴会或祭祀时并用牛、羊、猪三牲。飨（xiǎng）：宴请，
　喂养。

③《九韶》：乐曲名。

④眩视：眼花缭乱。

⑤栖之深林：让它栖息在深深的树林里。

⑥食之以委蛇（yí）：本句有误。根据《至乐》篇，应为"食之鳅鲦，随行列
　而止，委蛇而处"。

⑦平陆：平坦的原野。

⑧款启：只开了一个小孔。比喻见识很少。款，孔。启，开。

⑨鼷（xī）：一种小鼠。

⑩乐：使……快乐。鹖（yàn）：一种小鸟。

【译文】

　　扁庆子说："你说得不对。从前有一只鸟落在鲁国都城的郊外，鲁
君很喜欢它，便宰杀了牛羊猪来喂养它，演奏《九韶》讨它欢心，而
这只鸟开始悲伤忧愁，头晕眼花，不敢吃喝，这叫用供养自己的办法
去供养鸟。如果用供养鸟的办法去供养鸟，就要让它栖息于深林之中，
漂浮于江湖之上，啄食泥鳅和鲦鱼，自由自在地生活，也就是要把它
放回到原野里去。如今这个孙休，是一个孤陋寡闻的人，而我却把圣
人的美德告诉他，这就好比让小老鼠乘坐马车、让小鸟雀欣赏音乐一
样，他怎会不惊恐万分呢！"

山　木

　　山木，山中大树。因为本篇的开头二字"庄子"已是书名，所以取首二句中的"山"和"木"为篇名。本篇主要描述社会生活的险恶，以及如何在这个险恶的社会里为人处世。作者认为，在如此险恶的社会里，一定不要被名利等身外之物所役使，做事既不为人先，也不处人后，甚至要"一龙一蛇，与时俱化"。本篇提出的诸如"物物而不物于物""处乎材与不材之间""虚船""直木先伐，甘井先竭""君子之交淡若水"等命题，对后人产生了巨大影响。本篇对鲁国现实与建德之国的对比描述，给阅读者的凄凉情绪注入一线缥缈的希望。

一

　　庄子行于山中，见大木枝叶盛茂，伐木者止其旁而不取也。问其故，曰："无所可用。"庄子曰："此木以不材得终其天年①。"夫子出于山②，舍于故人之家③。故人喜，命竖子杀雁而烹之④。竖子请曰："其一能鸣⑤，其一不能鸣，请奚杀⑥？"主人曰："杀不能鸣者。"

【注释】

①不材：无用。天年：自然寿命。

②夫子：先生。指庄子。

③舍：住。故人：老朋友。

④竖子：童仆。雁：鹅。古代的鹅又称雁、舒雁。《尔雅·释鸟》："舒雁：鹅。"

⑤其一能鸣：其中一只鹅会鸣叫。鹅见到陌生人就鸣叫，能够像狗一样看家，而不会鸣叫的鹅就没有这个作用。

⑥奚杀：杀哪一只？

【译文】

　　庄子在山里行走时，看见一棵枝繁叶茂的大树，伐木工人就在这棵大树旁休息却不去砍伐它。庄子询问原因，伐木工人说："这棵树没有什么用处。"庄子感慨道："这棵大树就是因为没用而得以享尽天年啊！"庄子下山后，住在一位老朋友家里。老朋友很高兴，就吩咐童仆杀鹅煮肉招待庄子。童仆请示说："咱家有只鹅会叫，有只鹅不会叫，请问杀哪一只呢？"老朋友说："当然杀那只不会叫的。"

　　明日，弟子问于庄子曰："昨日山中之木，以不材得终其天年；今主人之雁，以不材死。先生将何处①？"庄子笑曰："周将处乎材与不材之间。材与不材之间，似之而非也②，故未免乎累。若夫乘道德而浮游则不然③，无誉无訾④，一龙一蛇⑤，与时俱化⑥，而无肯专为⑦；一上一下，以和为量⑧；浮游乎万物之祖⑨，物物而不物于物⑩，则胡可得而累邪⑪！此神农、黄帝之法则也。若夫万物之情，人伦之传⑫，则不然。合则离⑬，成则毁，廉则挫⑭，尊则议⑮，有为则亏⑯，贤则谋⑰，不肖则欺，胡可得而必乎哉⑱？悲夫！弟子志之⑲，其唯道德之乡乎⑳！"

【注释】

①何处：如何处世。意思是做个无用之人呢，还是做个有用之人。

②似之而非：似是而非。

③乘道德：顺应大道与天性。乘，顺应。浮游：游荡，生活。

④訾（zǐ）：诋毁，批评。

⑤一龙一蛇：该做飞龙时就做飞龙，该做小蛇时就做小蛇。意思是该有用时就有用，该无用时就无用。庄子用龙比喻有用，用蛇比喻无用。

⑥与时俱化：与时代一起变化。仔细观察社会环境，该当龙时就当龙，该当蛇时就当蛇。

⑦专为：固执于一端。

⑧以和为量：以与环境和谐相处为标准。量，标准。

⑨万物之祖：万物的缔造者。指大道。

⑩物物而不物于物：役使外物而不被外物所役使。即支配名利等身外之物而不被身外之物所支配。第一个"物"是动词，主宰外物。第二、第四个"物"是名词，外物。第三个"物"也是动词，被外物所主宰。于，表被动。

⑪胡可得：怎么能够。胡，怎么。

⑫人伦之传：人们的习惯。人伦，人类，人们。伦，类。传，传习，习惯。

⑬合则离：你想团结，别人偏要挑拨离间。合，团结。

⑭廉则挫：你贫穷了就会受人欺负。廉，贫穷。挫，挫伤，欺负。

⑮尊则议：地位尊贵了就会遭人非议。

⑯有为则亏：你想有所作为，别人偏要让你亏损。

⑰贤则谋：有了才能就会遭人算计。贤，有才能。

⑱胡可得而必：怎样能够保证成功呢？胡，怎么。必，必定成功。

⑲志：记住。

⑳乡：地方。这里指思想境界。

【译文】

　　第二天，弟子问庄子："昨天山里那棵大树，因为没用而得以享尽天年；后来主人家的那只鹅，因为没用被提前杀掉。老师您今后是处身于无用还是有用呢？"庄子笑着说："我就处身于有用与无用之间吧。处身于有用与无用之间，也是一种似是而非的处世原则，所以仍然难免会遇到灾祸。如果能够顺应大道生活就不会有灾祸了，既不会得到赞扬，也不会受到责难，该做飞龙时就做一条飞龙，该做小蛇时就做一条小蛇，顺应着时代而变化，而不要固执于一端；该上时就上，该下时就下，完全以能够与环境和谐相处为标准；生活于大道境界之中，役使外物而不被外物所役使，这样怎么还会遇到灾祸呢！这就是神农、黄帝的处世原则啊。至于万物的情况，人们的习惯，就不是这样。你想团结，有人偏偏要挑拨离间；你想成功，有人偏偏要让你失败；你贫穷了，有人就会伤害你；你富贵了，有人就会非议你；你想有所作为，有人偏偏要损害你；你有才能了，别人就会算计你；你没有才能，别人又会欺负你，你怎么能够保证自己做事一定会成功呢？人生真是可悲啊！弟子们一定要记住，唯一的选择大概还是生活于大道境界里吧！"

【研读】

　　统观《庄子》全书，庄子对一个人是该有用还是无用的问题，提出了三个层次的主张。

第一个层次：无用。庄子在《人间世》篇就反复强调过："山木，自寇也；膏火，自煎也。桂可食，故伐之；漆可用，故割之。"并举出大量例子以证明无用的好处。本篇的庄子看到无用的大树得以保全生命时，依然是持这种观点。

第二个层次：处于有用与无用之间。在一些特定的情况下，无用确实能够得到益处。如《人间世》篇的支离疏。然而无用的鹅被杀这件事，对庄子无用就可以保命的主张提出了严峻的挑战，使他不得不修正"无用之用"的主张，提出了"处乎材与不材之间"的新主张。

第三个层次：一龙一蛇，与时俱化。正像庄子自己讲的那样，"处乎材与不材之间"是一种似是而非的处世方法，因为当有用之人遭殃时，"半有用"的人可能就会被划入有用人之列；反过来当无用之人遭殃时，"半无用"的人也可能会被划入无用人之列。非鸟非兽的蝙蝠很可能既被认作鸟又被认作兽。因此庄子最终提出"一龙一蛇，与时俱化"的观点。一切根据具体情况而定，需要有用时，自己就像飞龙那样当有用之人；需要无用时，自己就变作小蛇当无用之人。从理论上看，这一保命方法臻于完美了。但在实际运用时，也难免会出问题，因为究竟什么时候该有用，什么时候该无用，要想把握准确，也并非一件易事。

另外，我们还要强调庄子所说的"无用"实际上分为两个层次：低层次的"无用"——世人的"无用"，即愚昧无知的无用，如支离疏，这种无用之人就只能当蛇；高层次的"无用"——圣人的"无用"，即经过无用——有用——无用这一否定之否定过程之后的"无用"。这种"无用"不是蒙昧无知的无用，而是洞悉世务、深谙"有用""无用"

利弊后的一种灵活机动、顺时就势的处世艺术。只有达到了高层次的"无用"境界，才能够做到"一龙一蛇，与时俱化"，才能够在人间左右逢源，进退自如。

司马懿就是个善于"一龙一蛇"的权谋家。据《晋书·宣帝纪》记载，他"少有奇节，聪明多大略，博学洽闻，伏膺儒教。汉末大乱，常慨然有忧天下心"，年轻的司马懿意气风发，出类拔萃，犹如一条龙；建安六年（201），政局不明，司马懿为拒曹操征召，"辞以风痹，不能起居。魏武使人夜往密刺之，帝坚卧不动"，他变成了一条蛇；入仕后，他征孙权，拒诸葛，千里奔袭孟达，万里讨伐辽东，又变成了一条龙；曹爽执政后，司马懿为麻痹曹爽，"诈疾笃，使两婢侍，持衣衣落，指口言渴，婢进粥，帝不持杯饮，粥皆流出沾胸"，以至于被认为是"尸居余气，形神已离，不足虑矣"，司马懿又变成了一条蛇；一待时机成熟，他跨马据鞍，指挥将士灭掉自己的政敌曹爽集团，又变成了一条龙。司马懿就这样一龙一蛇、婉转曲折地度过了一生。如果司马懿只能做蛇，他就无法奠定两晋的基业；如果他只能做龙，他就无法逃脱政敌的戕害。司马懿的权诈不足为训，但他的龙蛇互变却生动形象地阐释了庄子"一龙一蛇"的处世原则。

二

市南宜僚见鲁侯①，鲁侯有忧色。市南子曰："君有忧色，何也？"鲁侯曰："吾学先王之道，修先君之业②，吾敬鬼尊贤，亲而行之，无须臾离居③，然不免于患，吾是以忧。"

【注释】

①市南宜僚：春秋楚国人。姓熊，名宜僚。因居住在集市的南边，故称"市南宜僚"。鲁侯：鲁国君主。

②修先君之业：继承先祖基业。修，修整，继承。

③须臾：片刻。离：放弃。指放弃政务。居：休息。

【译文】

　　市南宜僚去觐见鲁君，鲁君满面愁容。市南宜僚问道："您面带愁容，这是为什么呢？"鲁君说："我学习先王的治国原则，继承祖先留下的基业；我敬仰鬼神而尊重贤人，身体力行，不敢片刻放弃政务去休息，然而还是避免不了灾祸的发生，我为此而忧愁。"

　　市南子曰："君之除患之术浅矣！夫丰狐文豹①，栖于山林，伏于岩穴，静也；夜行昼居，戒也②；虽饥渴隐约③，犹且胥疏于江湖之上而求食焉④，定也⑤。然且不免于罔罗机辟之患⑥。是何罪之有哉⑦？其皮为之灾也⑧。今鲁国独非君之皮邪⑨？吾愿君刳形去皮⑩，洒心去欲⑪，而游于无人之野。南越有邑焉⑫，名为建德之国⑬。其民愚而朴，少私而寡欲；知作而不知藏⑭，与而不求其报⑮；不知义之所适⑯，不知礼之所将⑰；猖狂妄行⑱，乃蹈乎大方⑲；其生可乐，其死可葬⑳。吾愿君去国捐俗㉑，与道相辅而行㉒。"

【注释】

①丰狐：肥大的狐狸。丰，肥大。文豹：皮毛华丽的豹子。文，同"纹"。花纹。

②戒：警惕，谨慎。

③隐约：穷困。指没有食物。

④胥疏：疏远，相距遥远。

⑤定：稳妥。

⑥罔罗：捕兽的网。罔，同"网"。机辟：捕兽的机关。

⑦是：代指丰狐文豹。

⑧其皮为之灾也：它们的皮毛给自己带来了灾难。

⑨独：难道。

⑩刳（kū）形：忘却自我。刳，挖空。引申为忘却。形，指自身。去皮：抛弃
　　你的华美皮毛。比喻舍弃你的鲁国。去，舍弃。皮毛给丰狐文豹带来拖累，
　　鲁国给鲁君带来拖累，故有此喻。

⑪洒心：洗净心灵。

⑫南越：遥远的南方。邑：城镇。

⑬建德之国：虚构的国名。

⑭作：劳作。

⑮与：给与，帮助。

⑯义之所适：道义的用处。适，适用。

⑰礼之所将：礼仪的作用。将，用。因为人们的行为处处美好，故无须道义与
　　礼仪去约束他们。

⑱猖狂妄行：随心所欲地去做事。猖狂，随心所欲。妄，随意，随便。

⑲蹈乎大方：符合大道。蹈，遵循，符合。

⑳可葬：容易安葬。

㉑捐：放弃。俗：世俗杂务。

㉒相辅：相助，相伴。

【译文】

市南宜僚说："您用来消除忧患的方法太浅陋了！那些皮质上乘的狐狸和毛色华丽的豹子，它们栖息在深山老林里，隐藏于岩穴山洞中，可以说是很安静了；它们白天潜藏起来，晚上才出来活动，可以说是很谨慎了；它们即使饥渴难耐，也一定要到远离人烟的江湖边去寻觅食物，可以说是很稳妥了。然而它们依然避免不了罗网、陷阱带来的灾难。它们又有什么罪过呢？就是因为它们那华美贵重的皮毛给自己带来了灾难啊！如今的鲁国难道不就是为您带来忧患的'华美贵重的皮毛'吗？我希望您能够忘却自我而舍弃鲁国，洗净心灵而消除欲望，自由自在地生活于没有人事干扰的地方。在遥远的南方有一座城邑，名叫建德之国。那里的人们憨厚而纯朴，很少私心和欲望；他们只知劳作而不知收藏私财，帮助别人却从不要求别人回报；他们不知道提倡道义有什么意义，也不知道制定礼仪有什么作用；他们随心所欲，任意行事，却处处符合大道；他们生前其乐融融，死后也容易安葬。我希望您能够离开自己的国家，忘却世俗的事务，与大道相伴一同前往。"

君曰："彼其道远而险，又有江山，我无舟车，奈何？"市南子曰："君无形倨^①，无留居^②，以为君车^③。"

【注释】

①倨（jù）：倨傲，傲慢。

②留居：固执。指固执个人成见。

③以为君车：这就可以作为您的车辆。

【译文】

　　鲁君说："到那里去的道路遥远而又艰险，还有大江高山的阻隔，我无车无船，该怎么办呢？"市南宜僚说："只要您行为不傲慢，内心不固执，这就可以作为您的车辆。"

　　君曰："彼其道幽远而无人，吾谁与为邻？吾无粮，我无食，安得而至焉？"市南子曰："少君之费，寡君之欲，虽无粮而乃足。君其涉于江而浮于海，望之而不见其崖①，愈往而不知其所穷②。送君者皆自崖而反，君自此远矣！故有人者累③，见有于人者忧④，故尧非有人，非见有于人也。吾愿去君之累，除君之忧，而独与道游于大莫之国⑤。方舟而济于河⑥，有虚船来触舟⑦，虽有偏心之人不怒⑧；有一人在其上，则呼张歙之⑨，一呼而不闻，再呼而不闻，于是三呼邪，则必以恶声随之⑩。向也不怒而今也怒⑪，向也虚而今也实⑫。人能虚己以游世⑬，其孰能害之！"

【注释】

①崖：边际，海边。

②穷：尽头。

③有人者累：拥有百姓的人就会费心劳神。本句指统治百姓的君主。

④见有于人者忧：被别人所拥有的人就会感到悲哀。见有于人，被别人所拥有。即受别人统治。见，被。本句指被统治的百姓。

⑤而：您。大莫之国：虚构的国名。比喻无穷无尽的精神境界。莫，通"漠"。辽阔。

⑥方舟而济于河：两船合并起来渡过黄河。方舟，把两条船合并在一起。河

水湍急时，古人往往两船合并而行，以增强稳固性和安全性。济，渡。河，
黄河。

⑦虚船：空船。

⑧惼（biǎn）心：心胸狭隘暴躁。

⑨则呼张歙（xì）之：就会呼叫对方要求把船撑开或退回去。张，撑开。歙，
收缩，退回。

⑩恶声：骂声。

⑪向：刚才。

⑫实：指有人，有心。

⑬虚：无心。无主观成见，更无害人之心。

【译文】

　　鲁君说："到那里去的道路十分遥远而沿途又杳无人烟，谁来陪伴
我呢？我没有粮食，没有食物，我怎能到达那里呢？"市南宜僚说："缩
减您的开支，节制您的欲望，即使没有粮食也足够了。您渡过大江而
漂浮于大海，大海一望无际，越往前走便越发感觉不到它的尽头。为
您送行的人到了海边就返回了，而您从此也就越来越远离尘世了。统
治别人的人就会劳心费神，被别人统治的人就会忧愁悲伤，因此尧既
不去统治别人，也不去受人统治。我希望能够消除您的劳累，排解您
的忧患，您就独自一人与大道相伴遨游于广阔无际的精神境界之中。
合并起两条船渡河时，如果看到一只空船向自己的船只撞来，即使心
胸狭隘暴躁的人也不会生气；如果看到撞来的船上有一个人，就会大
声呼喊要求那人把船撑开避让；喊一次没有反应，喊两次也没有反应，
那么第三次呼喊时就会破口大骂。刚才不发怒而现在发怒的原因，就

是因为刚才是空船而现在船上有人。一个人如果能够以无心状态生活于世，谁又会去伤害他呢！"

【研读】

本段最值得我们关注的是"虚船"这一比喻。《道德经》三章很早就要求人们"虚其心"，也就是把心中的各种欲望和杂念（如害人之心）清除掉，使心处于一种虚净的状态。有了这种虚净的心态，不仅有利于我们与人相处，而且即使一人独处，这种心态也是非常有益的。

道潜是北宋诗僧，俗姓何，字参寥，赐号妙总大师。他比苏东坡小七岁，是东坡好友，两人之间留下许多佳话："东坡守彭城，参寥往见之。坡遣官奴马盼盼索诗，参寥作绝句，有'（多谢尊前窈窕娘，好将幽梦恼襄王。）禅心已作沾泥絮，不逐东风上下狂'之语，东坡曰：'予尝见柳絮落泥，私谓可入诗，偶未收拾，遂为此老所先。'"（《宋人轶事汇编》卷二十）苏东坡在《东坡志林》卷二中记载了道潜的为人：

> 妙总师参寥子，予友二十余年矣，世所知独其诗文，所不知者，盖多于诗文也。独好面折人过失，然人知其无心，如虚舟之触物，盖未尝有怒者。

苏东坡说，参寥子的诗文闻名于世，然而参寥子还有远远超过诗文的美德，这个美德就是他的"虚舟"心态。正因为他具有"虚舟"心态，所以即使他喜欢当面批评别人，别人也不生气，因为大家都知道他无害人之心。这自然有利于人际关系的和谐。

"虚舟"心态不仅有利于我们与别人相处，即使一个人生活，这种心态也是非常有益的，能使自己无论在何种境遇下，都能保持一种良好的心境。蔡絛《铁围山丛谈》卷三记载：

伯父君谟，号"美须髯"。仁宗一日属清闲之燕，偶顾问曰："卿髯甚美长，夜覆之于衾下乎？将置之于外乎？"君谟无以对。归舍，暮就寝，思圣语，以髯置之内外悉不安，遂一夕不能寝。盖无心与有意，相去适有间。凡事如此。

蔡君谟有一把又长又多的胡须，一次宴会，宋仁宗看到他的胡须后问道："您的胡须这么美，这么长，晚上睡觉时，您是把它放在被子里面呢？还是放在被子外面？"蔡君谟不知该如何回答，因为他过去根本没有关注这一问题。宴会结束回家，晚上就寝时，他突然想到皇上提的这个问题，于是就留意胡须放置的位置，结果无论是放在被子外面，还是放在被子里面，他都睡不踏实，折腾了一宿没有睡好。蔡君谟过去"虚心"时，无论把胡须放在哪里，他睡得都很安稳；一旦留心放置胡须的位置，竟觉处处不妥，以至于彻夜难眠。因此，许多文人对"虚心"表示了极大的欢迎。白居易有四句诗：

> 我无奈命何，委顺以待终。命无奈我何，方寸如虚空。(《达理二首》其一)

一个人无法违背命运的安排，只能按照命运的指令过完自己的一生。但命运把一个"方寸（心）如虚空"的人同样无可奈何，因为"虚心"之人，随遇而安，无可无不可，高官厚禄无法使他欣喜，穷困潦倒无法使他悲伤，命运无法给他带来丝毫的痛苦。从这个角度讲，命运也拿他无可奈何！

三

北宫奢为卫灵公赋敛以为钟[①]，为坛乎郭门之外[②]，三月而成上下之县③。王子庆忌见而问焉④，曰："子何术之设⑤？"奢曰："一之间⑥，无敢设也。奢闻之：'既雕既琢⑦，复归于朴⑧。'侗乎其无识⑨，傥乎其怠疑⑩，萃乎芒乎⑪；其送往而迎来，来者勿禁⑫，往者勿止；从其强梁⑬，随其曲傅⑭，因其自穷⑮。故朝夕赋敛而毫毛不挫⑯，而况有大涂者乎⑰！"

【注释】

①北宫奢：姓北宫，名奢。一说"北宫"为其居住地。卫灵公：春秋卫国君主。赋敛：募捐。

②为坛乎郭门之外：在外城的城门外筑起一座土台作为募捐地点。为，修筑。郭，古代重要城市一般有两道城墙，里面的叫"城"，外面的叫"郭"。

③上下之县（xuán）：上下两层编钟。县，同"悬"。悬挂编钟的架子。

④王子庆忌：周朝大夫。是周王之子，故称"王子"。

⑤何术之设：设计的什么方法。

⑥一之间：一心募捐期间。一，专心。

⑦既雕既琢：本指雕刻、琢磨器物，比喻修身养性。

⑧朴：纯朴天性。以上两句是说自己募捐时没有使用任何心机，完全以纯朴真诚的态度对待捐款之人。

⑨侗（tóng）乎：纯朴无知的样子。

⑩傥（tǎng）乎其怠疑：忘却心智而从容不疑。傥乎，忘却的样子。怠，从容、忘却的样子。

⑪萃：聚集。指募集到的钱物。芒乎：即"茫然"。不太在意的样子。

⑫来者：来捐款的人。

⑬从其强梁：不勉强蛮横之人捐款。从，顺从，不强迫。强梁，蛮横。

⑭随其曲傅：捐钱少的也随其自便。曲，少量。指少量捐款。傅，帮助，捐助。

⑮因：顺应，听从。穷：竭力帮助。

⑯毫毛不挫：自身健康没有受到丝毫伤害。挫，伤害。

⑰大涂：大道。涂，同"途"。道。

【译文】

北宫奢为了替卫灵公募捐铸造编钟，于是就在外城的城门外筑起一座土台子作为募捐地点，仅仅用了三个月的时间就铸成了上下两层编钟。王子庆忌看到后，便询问北宫奢："您募捐时设计了一套什么办法？"北宫奢说："一心募捐期间，我根本没有想到要去设计什么办法。我听说过这样的话：'反复修养品行，恢复纯朴天性。'我募捐时纯朴憨厚而无思无虑，忘却智巧而从容不疑，对于募集到的钱财也不太放在心上；我送往迎来，对于前来捐款的人我从不拒绝，对于不愿捐款而要离去的人我也从不阻止；不勉强蛮横之人交钱，捐钱少的也随其自便，竭力帮助的也很欢迎。所以我从早到晚虽然一直忙于募捐，而身心健康没有受到丝毫伤害，更何况那些已经掌握大道的人呢！"

【研读】

本段说明即便是较为难办的事情，只要内心平和，顺其自然，都会在不伤害个人健康的前提下把事情办好。这也是《天下》篇所说的"内圣外王"。

四

　　孔子围于陈、蔡之间①，七日不火食②，大公任往吊之③，曰：
"子几死乎④？"曰："然。""子恶死乎？"曰："然。"

【注释】

①孔子围于陈、蔡之间：孔子被围困在陈国、蔡国之间。孔子应楚王之邀前
　　去楚国，陈、蔡两国认为孔子到楚国后对自己不利，便出兵把他围困起来，
　　后经楚国营救才得以脱险。陈，诸侯国名。在今河南周口淮阳区一带。蔡，
　　诸侯国名，在今河南上蔡与新蔡一带。

②火食：生火做饭吃。

③大（tài）公任：一位名叫任的老人。大公，即"太公"，对老人的尊称。吊：
　　慰问，看望。

④几：差一点儿。

【译文】

　　孔子被围困在陈、蔡两国之间，整整七天没有生火做饭。大公任
去看望他，问道："您是否差一点儿就没命了？"孔子说："是啊。""您
讨厌死亡吗？"孔子说："当然讨厌。"

　　任曰："予尝言不死之道。东海有鸟焉，其名曰意怠。其为鸟
也，翂翂翐翐①，而似无能；引援而飞②，迫胁而栖③；进不敢为前，
退不敢为后；食不敢先尝，必取其绪④。是故其行列不斥⑤，而外
人卒不得害⑥，是以免于患。直木先伐，甘井先竭。子其意者饰知

以惊愚⑦，修身以明污⑧，昭昭乎如揭日月而行⑨，故不免也。昔吾闻之大成之人曰⑩：'自伐者无功⑪，功成者堕⑫，名成者亏。'孰能去功与名而还与众人⑬！道流而不明居⑭，得行而不名处⑮；纯纯常常⑯，乃比于狂⑰；削迹捐势⑱，不为功名。是故无责于人⑲，人亦无责焉。至人不闻⑳，子何喜哉?"

【注释】

①翂翂（fēn）翐翐（zhì）：飞得又低又慢的样子。

②引援而飞：被其他鸟引导着飞翔。也即别的鸟先飞，它才跟着飞。

③迫胁而栖：必须落下时才肯落下栖息。迫胁，即胁迫，被迫。一说"迫胁而栖"的意思是身子挨着其他鸟的身子栖息。迫，接近，紧挨着。胁，胸部两侧。代指身体。

④绪：剩余食物。

⑤不斥：不受其他鸟的排斥。

⑥卒：最终，始终。

⑦意者：想法，用心。饰知以惊愚：假装成很有智慧的样子以吓唬愚笨之人。

⑧明污：反衬出别人的错误。

⑨昭昭乎：光明的样子。揭：高举。

⑩大成之人：极为成功者，得道之人。一说指老子。《道德经》二十四章："自伐者无功，自矜者不长。"

⑪自伐：自我夸耀。伐，夸耀。

⑫堕（huī）：通"隳"。失败。

⑬还与众人：回过头来与普通人一样。

⑭道流而不明居：推行了大道而自己韬光养晦。流，流布开去。不明居，不占

据显赫地位。

⑮得行而不名处：广施美德而自己不求名声。得，通"德"。美德。

⑯纯纯常常：纯朴而又平常的样子。

⑰比于狂：与憨愚人一样。即大智若愚。比，相同。狂，心智不正常，愚笨。

⑱削迹捐势：消除形迹，放弃权势。捐，放弃。

⑲责于人：责求别人。责，求。

⑳不闻：不求闻名。

【译文】

大公任说："我就试着谈谈避免死亡的办法吧！东海有一种鸟，名叫意怠。意怠这种鸟，飞得又低又慢，看似非常无能；它们总是跟在其他鸟的后面起飞，必须栖息时才落下栖息；前进时不敢飞在前面，后退时也不敢落在后头；有了食物不敢先吃，总是吃其他鸟剩下的食物。所以其他鸟不会排斥它们，外人也始终无法伤害它们，它们因此也就免除了各种灾祸。笔直的树木先被砍伐，甘甜的井水先被汲干。而您的想法是要装扮成很有智慧的样子以吓唬愚笨之人，修养好自己的品德以反衬出别人的错误，您光明正大的样子就像是高举着日月行路一样，所以您难免遇到灾祸。从前我听到极为成功的人说：'自我夸功者反而没有功劳，功成不退者必将失败，名声太大就会受到伤害。'谁能放弃功名回头去当一名普通民众呢！推行大道而自己韬光养晦，广施美德而自己不求名声，纯朴憨厚，平平常常，就像一个愚人那样；消除自己的形迹，放弃个人权势，不求任何功名。这样您就不会去责求别人，别人也不会去责求您。圣人不求闻名于世，而您为何偏偏喜欢名声呢？"

【研读】

大公任认为孔子之所以处处碰壁，是因为他"饰知以惊愚，修身以明污，昭昭乎如揭日月而行"。在《庄子·达生》篇，扁庆子用同样的话去解释孙休处处不受欢迎的原因。这就是说，孔子、孙休生活困窘的原因就在于他们把自己的世俗性品德修养得过于高尚，从而引起人们的反感。这一思想与墨家的认识是一致的。《墨子·亲士》说：

> 今有五锥，此其铦，铦者必先挫；有五刀，此其错，错者必先靡。是以甘井近竭，招木近伐，灵龟近灼，神蛇近暴。是故比干之殪，其抗也；孟贲之杀，其勇也；西施之沈，其美也；吴起之裂，其事也。故彼人者，寡不死其所长。故曰：太盛难守也。

这段话的意思是："现有五把锥子，其中有一把最为尖锐，那么这一把必定会先被用断；有五把刀，其中有一把磨得最为锋利，那么这一把必定会先被用坏。因此甘甜的水井最先被汲干，高大的树木最先被砍伐，灵验的宝龟最先被拿来烧灼占卜，神异的蛇最先被拿来曝晒求雨。所以说，比干被剖心而死，是因为他太耿直了；孟贲被杀，是因为他太悍勇了；西施被沉江，是因为她长得太美了；吴起被车裂，是因为他的功劳太大了。这些人很少不是死于各自的长处。所以说：太鼎盛了就难以持久。"这段话中还有一些典故需要进一步详细解释：

灵龟近灼：古人认为，龟的寿命极长，故有灵气，可预知未来，因此烧烤龟甲，然后根据龟甲受热后的裂纹就可以预测吉凶。因龟甲太厚，不易形成裂纹，于是在灼龟之前，还要钻龟，就是在龟甲上钻洞，但这些洞并未穿透龟甲，只是使钻洞处的龟甲变得薄一些。接着是祈祷神灵，祈祷后就是灼龟，用点燃一端的干木枝插入洞中，龟甲受热后，即出现裂纹。占卜师就是依据这些裂纹来预测吉凶的。

神蛇近暴（同"曝"，晒）：古人认为天旱的原因是龙的失职，而人又无法直接找龙追责，于是就把龙的近亲蛇拿来在太阳下暴晒，以示惩罚，同时也是为了激起龙对蛇的同情心，促使龙尽快下雨。

比干之殪（死亡），其抗也：《史记·殷本纪》记载："纣愈淫乱不止。微子数谏，不听，乃与太师、少师谋，遂去。比干曰：'为人臣者，不得不以死争。'乃强谏纣。纣怒曰：'吾闻圣人心有七窍。'剖比干，观其心。"比干就是因为性格耿直，敢于强谏，结果被商纣王杀害了。

孟贲之杀，其勇也：孟贲是战国时期的勇士。《史记·秦本纪》记载："武王有力好戏，力士任鄙、乌获、孟说皆至大官。王与孟说举鼎，绝膑。八月，武王死。族孟说。"秦武王力气大，喜欢竞技，大力士任鄙、乌获、孟说（即孟贲）都在秦国做了大官。公元前307年的一天，武王与孟说比赛举鼎，结果砸断了自己的膝盖骨。这年八月，武王因此而死。秦国认为孟说应该为此负责，于是灭了孟说全族。

西施之沈（沉），其美也：《吴越春秋》逸篇记载："吴亡后，越浮西施于江，令随鸱夷以终。"西施本来是越人送给吴王的美女，吴国灭亡后，西施回到越人手中，越人感觉西施长得实在太美，担心越王见了她也会疏于国政，于是干脆把她沉江了。这里顺便要讲的是，就我们所看到的古籍，西施的最终结局大致有四种说法：一是不知去向；二是如《墨子》所说，被沉江而死；三是有情人终成眷属，与范蠡一起隐居去了；四是自缢而死。后两种说法为小说家言。

吴起之裂，其事也：吴起原在魏国做官，因魏武侯猜疑而转投楚国。吴起打击、限制楚国旧贵族势力，加强军队力量，进行大刀阔斧的改革，增强了楚国国力。公元前381年，支持吴起变法的楚悼王去世，吴起因厉行变法而得罪旧贵族，惨遭杀害："吴起走之王尸而伏之。击起之徒因射刺吴起，并中悼王。悼王既葬，太子立，乃使令尹尽诛射吴起而并中王尸者。坐射起而夷宗死者七十余家。"(《史记·孙子吴起列传》) 关于吴起之死，《吕氏春秋·贵卒》描述得更为详细明确：

> 吴起谓荆王（即楚王）曰："荆所有余者地也，所不足者民也。今君王以所不足益所有余，臣不得而为也。"于是令贵人往实广虚之地，皆甚苦之。荆王死，贵人皆来，尸在堂上，贵人相与射吴起。吴起号呼曰："吾示子吾用兵也。"拔矢而走，伏尸插矢而疾言曰："群臣乱王，吴起死矣!"且荆国之法，丽兵于王尸者，尽加重罪，逮三族。吴起之智，可谓捷矣。

根据这些记载，可以明确两点。第一，吴起并非被车裂，被车裂的是商鞅，可能《墨子》记载有误。第二，吴起十分机智，临死前为自己复仇做好了铺垫。他利用伤害楚王尸体要处重罚的法律，把仇人射向自己的箭插在楚王尸体上。以此罪名，楚国灭了吴起的七十余家仇人。

孔子曰："善哉!"辞其交游，去其弟子，逃于大泽，衣裘褐^①，食杼栗^②，入兽不乱群，入鸟不乱行。鸟兽不恶，而况人乎!

【注释】

①衣：穿。裘：皮衣。指粗糙的兽皮衣。褐（hè）：粗布衣。

②杼（shù）栗：指杼树和栗树的果实。

【译文】

孔子说:"您说得太好啦!"于是孔子辞别新朋旧友,离开众多弟子,一个人隐居到大泽之中,穿的是兽皮粗衣,吃的是杼栗野果,进入兽群而野兽不会受惊乱跑,进入鸟群而鸟不会受惊飞散。连鸟兽都不讨厌他,更何况人呢!

【研读】

本段说孔子"辞其交游,去其弟子,逃于大泽,衣裘褐,食杼栗,入兽不乱群,入鸟不乱行",这当然只能说是作者的个人想象,因为孔子的生活态度刚好与此相反。据《史记·孔子世家》与《论语·微子》记载,有一次,孔子从叶(今河南叶县)到蔡(在今河南上蔡与新蔡一带)的途中,刚好看到长沮、桀溺二人在地里并肩耕作,就让子路前去询问渡口在哪里。长沮问:"那个手握缰绳的人是谁?"子路说:"是孔丘。"长沮又问:"他是鲁国的孔丘吗?"子路说:"是的。"长沮说:"他应该知道渡口在哪里啊。"这是在讽刺孔子周游列国,熟知道路,不用再去询问别人。子路只好又去问桀溺,桀溺说:"您是谁?"子路说:"我是仲由。"桀溺问:"你是鲁国孔丘的弟子吧?"子路回答说:"是的。"桀溺说:"天下到处都如同滔滔洪水一般的混乱,你又能和谁一起去改变这种状况呢? 再说你与其追随躲避坏人的孔子,哪里比得上跟着我们这些躲避整个社会的人呢?"二人继续整理土地忙于播种,一刻也未停下。子路回来就把此事告诉孔子,孔子怅然若失地说:

鸟兽不可与同群,吾非斯人之徒与而谁与? 天下有道,丘不与易也。

孔子说:"我们是不可以与鸟兽生活在一起的,那么我不和这些世人生活在一起，又能和谁生活在一起呢？如果天下太平安定，我孔丘也就不用参与改变社会的事情了。"在现存的史书中，也没有关于孔子隐居大泽的记载。顺便要说的是，孔子询问渡口的故事为后人留下"问津"一词，问津的地方在今河南叶县附近，《史记正义》引《括地志》说："黄城山俗名菜山，在许州叶县西南二十五里。《圣贤冢墓记》云黄城山即长沮、桀溺所耕处。下有东流，则子路问津处也。"孔子时年六十二岁。

五

　　孔子问子桑雽曰①："吾再逐于鲁②，伐树于宋③，削迹于卫④，穷于商、周⑤，围于陈、蔡之间。吾犯此数患⑥，亲交益疏⑦，徒友益散⑧，何与⑨？"

【注释】

①子桑雽（hù）：姓桑名雽。"子"是对他的尊称。

②再逐于鲁：两次被鲁国驱逐。再，二。孔子多次离开鲁国，第一次是在鲁昭公时，昭公与贵族季氏发生矛盾，失败后出奔国外，孔子也被迫离开鲁国。第二次是指孔子五十六岁时，出任鲁国大司寇并代理相事，齐国离间孔子与鲁君的关系，孔子愤然离开鲁国。

③伐树于宋：在宋国受到伐树的惊吓和羞辱。孔子在宋国一棵大树下与弟子讲习礼乐，受孔子批评的宋国司马桓魋派人把大树砍倒，还扬言要杀害孔子，孔子只得离开宋国。

④削迹于卫：在卫国无法立足。孔子在卫国时受到卫君怀疑，只好离开卫国。

⑤穷于商、周：在宋国和东周陷入困境。穷，困窘。商，指宋国。宋君是商天

子后裔，故又称宋为"商"。

⑥犯：遇到，遭遇。

⑦益疏：更加疏远。益，更加。

⑧徒：弟子。

⑨与：同"欤"。语气词。

【译文】

　　孔子问子桑雽："我被鲁国驱逐了两次，在宋国受到伐树的惊吓与羞辱，在卫国无法立足，在宋国和东周陷入困境，在陈国与蔡国之间被人围困。我遭遇这几次灾难之后，亲戚故交越来越疏远我了，弟子朋友离我而去的也越来越多了，这是为什么呢？"

　　子桑雽曰："子独不闻假人之亡与①？林回弃千金之璧②，负赤子而趋③。或曰④：'为其布与⑤？赤子之布寡矣；为其累与？赤子之累多矣。弃千金之璧，负赤子而趋，何也？'林回曰：'彼以利合⑥，此以天属也⑦。'夫以利合者，迫穷祸患害相弃也⑧；以天属者，迫穷祸患害相收也⑨。夫相收之与相弃亦远矣。且君子之交淡若水，小人之交甘若醴⑩；君子淡以亲，小人甘以绝⑪。彼无故以合者⑫，则无故以离。"

【注释】

①独：难道。假：诸侯国名。亡：逃亡，逃难。

②林回：假国的一位难民。金：先秦二十两或二十四两黄金叫一金。璧：玉璧。

③负：背着。赤子：幼儿。趋：小步快走。这里指逃亡。

④或：有人。

⑤布：古代的一种货币。

⑥彼以利合：玉璧与我是一种利益结合。彼，指玉璧。

⑦天属：天然的血缘关系。属，连接，关系。

⑧迫：迫于。

⑨相收：相互收留，相互帮助。

⑩醴：甜酒。"君子之交淡若水，小人之交甘若醴"是千古名句，详细解释见"研读"。

⑪甘以绝：虽然甘如甜酒，但容易情断义绝。

⑫无故以合：不是因为利益之事而结合。指天然的血缘关系。无，不。故，事。这里指利益之事。

【译文】

　　子桑雽说："您难道没有听说过假国人逃难的情况吗？有一位名叫林回的难民抛弃了价值千金的玉璧，背起自己的幼子逃命。有人问他：'你这样做是为了金钱吗？可幼儿又能值几个钱！是为了摆脱拖累吗？可幼儿对你的拖累太大了！你抛弃价值千金的玉璧，背着幼儿逃命，究竟是为了什么呢？'林回说：'我和玉璧的结合只是一种利益的结合，而这个幼儿和我是一种天然的血缘联系啊！'因为利益关系而结合在一起的，一旦遇到困难灾害就会相互抛弃；因为天然的血缘关系结合在一起的，一旦遇到困难灾害就会相互救助。相互救助与相互抛弃的差别也太大了。再说君子之间的交往清淡得如清水一样，小人之间的交往甜蜜得像甜酒一般。君子之间的交往虽然清淡却亲密无间，小人之间的交往虽然甜蜜却绝少情谊。不因为利益之事结合在一起的人，也不会因为利益之事而分手。"

【研读】

本段中"君子之交淡若水，小人之交甘若醴"是千古名言。据说这一比喻最早是孔子提出来的，《礼记·表记》记载：

> 子曰："故君子之接如水，小人之接如醴。君子淡以成，小人甘以坏。"

为什么用水与醴来形容君子与小人的关系呢？孙希旦有一个很好的解释："君子与人以实，一时若无可悦，而其后不至于相负，如水之淡而可久。小人悦人以言，一时虽可以结人之欢，而其后至于相怨，如醴之甘而必败。"（《礼记集解》卷五十一）水淡乎寡味，却能够持久不变。君子与人交往不会甜言蜜语，但他们不会有负于人。古代醴酒的酒精含量不高，不能长久存放，很容易坏掉。小人与人交往甜言蜜语，一旦有利害冲突，很快就会反目成仇。

孔子曰："敬闻命矣①！"徐行翔佯而归②，绝学捐书，弟子无挹于前③，其爱益加进。

【注释】

①敬：认真，由衷。闻命：接受您的教诲。

②徐行翔佯：悠闲自得地缓步走了。徐，慢。翔佯，悠闲自得的样子。

③挹（yī）：通"揖"。作揖行礼。

【译文】

　　孔子说:"我真诚地接受您的教诲。"于是孔子悠然自得地慢慢走了回去,他终止了学业,扔掉了书简,弟子们也不用在他面前作揖行礼了,然而弟子们对他却更加地爱戴。

　　异日①,桑雽又曰:"舜之将死,真泠禹曰②:'汝戒之哉! 形莫若缘③,情莫若率④。缘则不离,率则不劳;不离不劳,则不求文以待形⑤,不求文以待形,固不待物⑥。'"

【注释】

①异日:他日。

②真泠禹:以真正的大道教诲禹。真,真道。泠,通"令"。教诲。一说"真泠"可能是"乃命"或"其命"之误。

③形:身体。代指行为。缘:顺应。

④率:真率,真诚。

⑤文以待形:文饰自己的行为。文,文饰。

⑥待物:依赖外物。

【译文】

　　他日,子桑雽又对孔子说:"舜在去世之前,用真正的大道教导禹说:'你要谨慎小心啊,行为上最好要顺应万物,情感上最好要真诚坦率。顺应万物,万物就不会离你而去;真诚坦率,心理上就不会感到疲惫;万物不离你而去,心里不感到疲惫,那么也就不需要去文饰自己的言行;不需要文饰自己的言行,自然也就不须要依赖外物了。'"

六

　　庄子衣大布而补之①，正緳系履而过魏王②。魏王曰："何先生之惫邪？"庄子曰："贫也，非惫也。士有道德不能行，惫也；衣弊履穿，贫也，非惫也。此所谓非遭时也③。王独不见夫腾猿乎④？其得楠、梓、豫章也⑤，揽蔓其枝⑥，而王长其间⑦，虽羿、蓬蒙不能眄睨也⑧。及其得柘、棘、枳、枸之间也⑨，危行侧视⑩，振动悼慄⑪，此筋骨非有加急而不柔也⑫，处势不便⑬，未足以逞其能也。今处昏上乱相之间⑭，而欲无惫，奚可得邪！此比干之见剖心征也夫⑮！"

【注释】

①衣：穿。大布：粗布。

②正緳（xié）系履：用麻绳绑着破鞋。正，通"整"。整理。緳，麻绳。系，捆绑。履，鞋。过：拜访，拜见。

③非遭时：生不逢时。

④独：难道。腾：跳跃。

⑤楠、梓、豫章：三种高大的树木。梓，楸树。豫章，樟树。

⑥揽蔓其枝：抓住藤蔓般的小树枝。

⑦王长：当君长，称王。

⑧羿（yì）、蓬蒙：两位神箭手。蓬蒙，一作逢蒙，据说为羿的弟子。眄睨（miàn nì）：斜视，轻视。

⑨柘（zhè）、棘、枳、枸（gōu）：四种长刺的小灌木。也即荆棘丛。

⑩危行侧视：小心行走，左顾右盼。

⑪振动：害怕得颤抖。悼慄（lì）：恐惧。

⑫加急：紧缩，僵硬。

⑬处势不便：所处的环境不利。

⑭昏上乱相：昏君乱臣。上，君主。相，代指大臣。

⑮此：这种情况。比干：商末贤臣，因进谏商纣王而被剖心。见：被。征：
　　征兆。

【译文】

　　庄子穿着打满补丁的粗布衣服，用麻绳把破烂的鞋子绑好，然后去拜见魏王。魏王问："先生为什么如此疲惫不堪呢？"庄子说："您看到的这种情形叫贫穷，不是疲惫不堪。士人胸怀道德而无法推行，这才叫疲惫不堪；衣服烂了鞋子破了，这叫贫穷，而不叫疲惫不堪。我现在这种情况就是所谓的生不逢时啊。您难道没见过那些善于跳跃的猿猴吗？当它们生活在楠树、楸树、樟树这些大树林里时，抓住藤蔓般的树枝自由跳跃，能够在其中称王称霸，即使神箭手羿和蓬蒙也不敢小视它们。当它们生活在柘、棘、枳、枸等荆棘丛中时，行动时就会战战兢兢，左顾右盼，就会恐惧得浑身颤抖。这不是因为它们的筋骨变得僵硬而不柔软灵活了，而是所处环境不利，无法施展自己的才能。如今我生活于昏君乱臣当权的时代，想不疲惫，怎么可能呢！如今的情况是比干一类的贤人又要被剖心的征兆啊！"

七

　　孔子穷于陈、蔡之间①，七日不火食②，左据槁木③，右击槁枝，而歌猋氏之风④，有其具而无其数⑤，有其声而无宫角⑥，木声与人声，犁然有当于人之心⑦。

【注释】

①穷：困窘。这里指被围困。

②火食：生火做饭。

③据：靠着，扶着。

④猋氏之风：神农时的歌谣。猋，当为"焱（yán）"的误字。焱氏，即神农氏。风，民歌。

⑤具：乐器。这里指用来敲击音乐节奏的枯树枝。数：指音乐节奏。

⑥宫角：音律，音调。以上两句描写孔子有气无力的样子。

⑦犁然有当于人之心：深深地打动了人心。犁然，深受感动的样子。当，恰当。引申为感动。

【译文】

　　孔子被包围在陈国和蔡国之间，七天没能生火做饭。他左手扶着枯树，右手敲着枯树枝，唱起神农时代的歌谣。他虽有敲击器具却没有力气敲击出应有的音乐节奏，虽然唱出了声音却没有力气唱出应有的声调，然而那敲击声和唱歌声，却深深地打动了人心。

　　颜回端拱还目而窥之①。仲尼恐其广己而造大也②，爱己而造哀也③，曰："回，无受天损易④，无受人益难⑤。无始而非卒也⑥。人与天一也，夫今之歌者其谁乎⑦?"

【注释】

①端拱：拱着手端正地站在那里。窥，窥视，偷偷地看。

②恐：担心。广己：认为自己胸怀宽广。造大：达到伟大程度。造，达到。

③造哀：以至于伤心。

④无受天损易：在天命面前，内心不受伤害还容易做到。意思是说只要懂得生死有命的道理，就会心平气和地对待困境。

⑤受人益：接受别人的利禄。益，利益。人，这里主要指君主。

⑥无始而非卒也：没有任何一种事物的开始不是另一种事物的结束。比如白天的开始是夜晚的结束，春天的开始是冬天的结束。即循环论。卒，结束。

⑦人与天一也，夫今之歌者其谁乎：人与大自然本为一体，现在唱歌的人究竟是谁呢？意思是孔子在精神上与自然已融为一体，忘却了自我，那么唱歌的人可以说已经不是孔子，而是大自然的一部分。

【译文】

　　颜回恭敬地拱着双手端端正正地站在旁边，回头偷偷地看着孔子。孔子担心他认为自己心胸宽广达到伟大的程度，还担心他因为太爱自己以至于内心悲伤，于是说："颜回啊，一个人要想做到知命不忧还比较容易，而不接受君主的利禄就比较困难。任何一种事物的开始都是另外一种事物的结束。人和自然本为一体，那么现在这个唱歌的人究竟又是谁呢？"

　　回曰："敢问无受天损易。"仲尼曰："饥渴寒暑，穷桎不行①，天地之行也，运物之泄也②，言与之偕逝之谓也③。为人臣者，不敢去之④。执臣之道犹若是，而况乎所以待天乎⑤！"

【注释】

①穷桎（zhì）不行：陷入困境无路可走。桎，束缚。

②运物之泄：万物运动变化。泄，流动，变化。

③言与之偕逝之谓也：说的就是与天地万物一起变化。逝，变化。

④去之：背弃君主。去，背弃。之，指君主。

⑤所以待天：对待天命的态度。即要做到顺从天命与知命不忧。

【译文】

　　颜回说："请问'要想做到知命不忧还比较容易'是什么意思？"孔子说："饥渴寒热，困窘难行，这都是天地运行、万物变化的结果，那句话的意思就是听任命运的安排而与天地万物一同变化。做臣下的，不敢背弃君主。坚守为臣原则的人尚且能够这样对待君主，更何况对待天命呢！"

　　"何谓无受人益难？"仲尼曰："始用四达①，爵禄并至而不穷②，物之所利，乃非己也，吾命其在外者也③。君子不为盗，贤人不为窃。吾若取之④，何哉！故曰：鸟莫知于鹢鸸⑤，目之所不宜处⑥，不给视⑦，虽落其实⑧，弃之而走⑨。其畏人也，而袭诸人间⑩，社稷存焉尔⑪！"

【注释】

①始用四达：一旦被君主信用便处处顺利。达，通达，顺利。

②爵禄：爵位与俸禄。

③命：命名，叫。在外者：身外之物。

④吾若取之：我如果去窃取这些身外之物。孔子的意思是，自己虽然不应该接受这些身外之物，但为了活命，又不得不接受，就像下文讲到的燕子一样，虽然知道人间充满了危险，但又不得不生活于人间。

⑤鸟莫知于鹢鸸(yì ér)：鸟类最聪明的是燕子。知，同"智"。鹢鸸，即燕子。

⑥目：看到。不宜处：不宜停留的地方。也即危险之处。

⑦不给视：不再多看一眼。

⑧虽落其实：即使口中食物掉在那里。实，果实，食物。

⑨走：跑，逃跑。

⑩袭：入，居住在。

⑪社稷存焉尔：这是因为它们的生活必需品在人间。社稷，土神和谷神。土和谷是生存必不可少的，故代指生活必需品。焉，代指人间。孔子以燕子自喻，说明自己虽然讨厌尘世，但因生活所迫而又不得不生活于尘世。

【译文】

　　颜回问："什么叫'不接受君主的利禄就比较困难'呢？"孔子说："一旦被君主信用，就会处处顺利，爵位和俸禄一齐到来而没有穷尽，这些东西虽然带来很多益处，却并非自己原来就有的，所以我把它们叫身外之物。君子不去抢劫，贤人不去偷窃。我如果去窃取这些身外之物，又是为什么呢！因此说：最聪明的鸟是燕子，只要它看到不宜停留的地方，就绝不会再去多看一眼，即使口中食物掉在那里，也将弃之不顾而飞走。燕子害怕人，但又不得不住在人间，这是因为它们的生活必需品都在人间啊！"

　　"何谓无始而非卒？"仲尼曰："化其万物而不知其禅之者^①，焉知其所终^②？焉知其所始？正而待之而已耳^③。"

【注释】

①化其万物：变化无穷的万物。禅：替代，变作。

②焉：怎么。

③正而待之：坚守正道以等待变化的到来。庄子认为事物的生生死死是一个没
　有穷尽的循环过程，如人死后，其身体会变为其他事物而生存；这些事物
　生存一段时间后会再次死亡，再变为某种事物而生存。

【译文】

　　颜回问："什么叫'任何一种事物的开始都是另外一种事物的结束'
呢？"孔子说："变化无穷的万物并不知道自己未来会变作什么，那么
又怎能知道自己的最终结果呢？又怎能知道自己是如何开始的呢？我
们只能坚守正道，以等待那不可知的变化而已。"

　　"何谓人与天一邪？"仲尼曰："有人^①，天也；有天，亦天也。
人之不能有天，性也。圣人晏然体逝而终矣^②！"

【注释】

①有：出现，产生。

②晏然体逝：安然地听任自己的身体变化。晏然，安然。逝，逝去，变化。

【译文】

　　颜回问："什么叫'人和自然本为一体'呢？"孔子说："产生人的，

是大自然；产生大自然的，也是大自然。人无法产生大自然，这是人与大自然的天性决定的。圣人十分安然地听任自身变化而走向人生终点。"

八

　　庄周游于雕陵之樊①，睹一异鹊自南方来者，翼广七尺②，目大运寸③，感周之颡而集于栗林④。庄周曰："此何鸟哉！翼殷不逝⑤，目大不睹。"褰裳躩步⑥，执弹而留之⑦。睹一蝉，方得美荫而忘其身，螳螂执翳而搏之⑧，见得而忘其形⑨；异鹊从而利之⑩，见利而忘其真⑪。庄周怵然曰⑫："噫！物固相累⑬，二类相召也⑭！"捐弹而反走⑮，虞人逐而谇之⑯。

【注释】

①雕陵：山名。在今河南扶沟。樊，樊篱。引申为范围、周围。据说与本段类似的一个故事还阻止了一场战争，详见"研读一"。

②广：宽。

③运寸：直径一寸。

④感：触碰。颡（sǎng）：额头。集：落在。

⑤翼殷不逝：翅膀这么大却不远飞。殷，大。逝，飞走。

⑥褰（qiān）裳：提起下衣。褰，提起。裳，下衣。躩（jué）步：快步上前。

⑦留之：等待射鸟机会。留，等候。

⑧执翳（yì）：手臂攀着树叶作隐蔽。翳，隐蔽。古人传说，螳螂用来隐蔽自我的树叶具有隐身作用，见"研读二"。

⑨得：所得之利。指蝉。形：身体。指自身的安危。

⑩从而利之：紧紧跟在螳螂身后，把螳螂当作可得之利。

⑪真：身体。指自身安危。陆德明《经典释文》："司马云：真，身也。"一说"忘其真"是指忘记了自身的真性。异鹊翅膀大而不远飞，眼睛大而看不清楚，是因利益使它忘记了自己的这些天性。

⑫怵（chù）然：惊恐的样子。

⑬相累：互相牵累。

⑭相召：相互诱惑。

⑮捐弹而反走：扔掉弹弓回头就跑。捐，扔掉。反，同"返"。走，跑。

⑯虞人：看守山林的官员。谇（suì）：骂。

【译文】

庄周在雕陵一带游览时，看见一只奇异的大鸟从南边飞了过来，它的翅膀有七尺宽，眼睛有一寸大，触碰着庄周的额头飞了过去，最后落在栗树林里。庄周心想："这是只什么鸟呀！翅膀这么大却不远飞，眼睛这么大却看不清楚。"于是就提起下衣快步走上前去，拿着弹弓等待射鸟的好时机。这时又看到一只知了，正躺在浓荫下享受清凉而忘了自身安全；一只螳螂用树叶隐蔽自己准备捕捉这只知了，螳螂只顾捕捉知了而忘记了自身安危；那只奇异的大鸟紧随螳螂之后打算捕捉它当美餐，大鸟只管捕捉美餐而忘记了自身危险。庄周见此情景吃惊地感叹说："哎呀！物与物之间真是相互牵累啊，两种事物之间原来就是这样相互诱惑的啊！"于是庄周赶忙扔掉弹弓回头就跑，结果发现看管山林的官员正在后面追赶他，大骂他不该擅入山林。

【研读】

一

　　还有一个与此类似的故事"螳螂捕蝉，黄雀在后"，据说有人使用这个典故阻止了一场战争。《说苑·正谏》记载：

　　　　吴王欲伐荆，告其左右曰："敢有谏者，死！"舍人有少孺子者，欲谏不敢，则怀丸操弹，游于后园，露沾其衣，如是者三旦。吴王曰："子来，何苦沾衣如此？"对曰："园中有树，其上有蝉，蝉高居悲鸣饮露，不知螳螂在其后也！螳螂委身曲附欲取蝉，而不知黄雀在其傍也！黄雀延颈欲啄螳螂，而不知弹丸在其下也！此三者，皆务欲得其前利，而不顾其后之有患也。"吴王曰："善哉！"乃罢其兵。

　　吴王准备讨伐楚国，对身边大臣们说："谁敢劝谏，就处死谁！"有一位名叫少孺子的门客，想劝谏而又不敢，于是就拿着弹弓怀揣弹丸，清晨时分游走于后花园里，露水打湿了他的衣服，连续三个早晨都是如此。吴王问："先生您过来，您何苦天天都把衣服打湿成这样呢？"少孺子回答说："花园里有棵树，树上有一只知了，知了落在高高的树枝上，一边鸣叫一边喝着露水，不知道有只螳螂躲在它的身后。螳螂弯曲着身子，想搏杀知了，却不知道有只黄雀藏在它的旁边。黄雀伸着脖子想去啄食这只螳螂，又不知道我拿着弹丸站在它的身下，正要射击它！这三只小动物都只想着获取眼前的利益，而没有考虑到自己身后的危险。"吴王听后说："您讲得太好了！"于是取消了进攻楚国的计划。

二

古人传说，把螳螂用来隐蔽自我的树叶拿来带在自己身上，具有隐身作用。这一传说还引发了一段趣闻。《晋书·文苑列传》记载：

> 桓玄尝以一柳叶，绐之（指顾恺之）曰："此蝉所翳叶也，取以自蔽，人不见己。"恺之喜，引叶自蔽，玄就溺焉，恺之信其不见己也，甚以珍之……故俗传恺之有三绝：才绝，画绝，痴绝。

桓玄是东晋权臣，还曾一度称帝，顾恺之是东晋著名画家。有一次，桓玄拿出一片柳叶，欺骗顾恺之说："这是知了用来遮蔽自身用的树叶，带上它可以隐身，别人都无法看见你。"顾恺之听后极为高兴，就拿着这片柳叶隐藏自己，桓玄假装看不见他，就走向前来朝他身上小便，于是顾恺之更加相信桓玄确实无法看见自己了，所以很是珍惜这片柳叶。为此世人传说顾恺之有三绝：才绝，画绝，痴绝。

庄周反入，三月不庭①。蔺且从而问之②："夫子何为顷间甚不庭乎③？"庄周曰："吾守形而忘身④，观于浊水而迷于清渊⑤。且吾闻诸夫子曰⑥：'入其俗，从其令。'今吾游于雕陵而忘吾身，异鹊感吾颡，游于栗林而忘真，栗林虞人以吾为戮⑦，吾所以不庭也。"

【注释】

①三月：陆德明《经典释文》："一本作三日。"不庭：不到庭院，不出门。指庄子在闭门反思。一说"庭"读为"逞"。快乐。郭庆藩《庄子集释》卷七上："王念孙云：'……今案庭当读为逞。不逞，不快也。'"

②蔺且（lìn jū）：庄子弟子。

③顷间：近期，近来。

④守形：养生。身：指自身安危。

⑤观于浊水而迷于清渊：在浊水边照身影而不知到清水边照身影。比喻把事情搞颠倒了。

⑥夫子：老师。旧注指老子。

⑦戮：羞辱。

【译文】

庄周回到家中，整整三个月都没有出门。蔺且跟随在一旁，问："先生为何近期一直特别不愿出门呢？"庄周说："我本想养护好自己的形体却忘记了自身的安全，这就好像到浊水边去照身影而不知到清水边去照身影一样。而且我听老师说过：'到某个地方，就要服从那个地方的风俗和政令。'近日我去雕陵游玩而忘掉了自身的安全，就像那只奇异的大鸟触碰我的额头飞到栗树林里时也忘掉了自身安危一样，看管栗树林的官员把我羞辱一番，这就是我最近不愿出门的原因。"

【研读】

本段讲的"入其俗，从其令"，可以说是中华民族遵守了数千年的一条行事原则。我们看大禹与墨子的行为：

> 禹之裸国，裸入衣出，因也。墨子见荆王，锦衣吹笙，因也。

（《吕氏春秋·贵因》）

大禹是重视冠带礼仪的君主，但到了人人皆不穿衣服的国家，于是大禹也与大家一起赤裸裸地不穿衣服，这是从其俗；墨子提倡节俭，反对音乐，但在见到楚王时，竟然也穿上锦绣服装，吹笙奏乐，这是从其令。直到今天，这一原则仍未过时：我们若是出国旅游，到了其他国家之后，一定要遵守当地的法规制度，一定要尊重当地的风俗习惯。

九

　　阳子之宋①，宿于逆旅②。逆旅人有妾二人③，其一人美，其一人恶④，恶者贵而美者贱。阳子问其故，逆旅小子对曰⑤："其美者自美⑥，吾不知其美也；其恶者自恶，吾不知其恶也。"阳子曰："弟子记之！行贤而去自贤之行⑦，安往而不爱哉⑧？"

【注释】

①阳子：即战国初年的思想家杨朱。之，到。

②逆旅：旅店。

③逆旅人：旅店的主人。

④恶：丑陋。

⑤逆旅小子：旅店的年轻主人。小子，年轻人。即上文提到的"逆旅人"。

⑥自美：自认为漂亮。

⑦自贤：自认为贤能。

⑧安往：到哪里去。安，哪里。

【译文】

　　阳子前往宋国，住在一家旅店里。旅店主人有两位妻妾，一位容貌美丽，一位长相丑陋，然而丑女的家庭地位尊贵，而美女的地位却低贱。阳子询问原因，旅店的年轻主人回答说："那个容貌美丽的总是认为自己很美，而我感觉不到她的美；那个长相丑陋的总是认为自己很丑，而我感觉不到她的丑。"阳子对弟子们说："你们一定要记住此事！做了贤良之事，但一定要去掉自认为贤良的言行，这样到哪里会不受爱戴呢？"

【研读】

这个故事说明自夸会被轻贱、谦恭才能受到爱戴的道理。《道德经》二十四章说："自伐者无功。"关于自我夸功的害处，我们举《三国演义》的故事为例。官渡之战，曹操以少胜多，奠定了王业基础，其中许攸立了大功。许攸由袁绍投曹操，劝曹操偷袭袁绍的乌巢粮仓，后来又出计策引漳河水灌注冀州，使曹操对袁绍集团的作战取得了决定性胜利。我们看《三国演义》三十三回对许攸在胜利后的表现描写：

却说曹操统领众将入冀州城，将入城门，许攸纵马近前，以鞭指城门而呼操曰："阿瞒，汝不得我，安得入此门？"操大笑。众将闻言，俱怀不平……

一日，许褚走马入东门，正迎许攸，攸唤褚曰："汝等无我，安能出入此门乎？"褚怒曰："吾等千生万死，身冒血战，夺得城池，汝安敢夸口！"攸骂曰："汝等皆匹夫耳，何足道哉！"褚大怒，拔剑杀攸，提头来见曹操，说"许攸如此无礼，某杀之矣。"操曰："子远（许攸字子远）与吾旧交，故相戏耳，何故杀之！"深责许褚，令厚葬许攸。

许攸无疑是曹操的一大功臣，然而由于他不停地自我夸耀，自我表功，不仅自己的功劳没有了，连性命也给"夸"没有了。

田子方

外篇和杂篇多取篇首二字为篇名，但人名不便破开，故取"田子方"三字为篇名。田子方是魏国人，姓田名无择，字子方。相传他是子贡的弟子，魏文侯的老师。全篇依然是在阐述顺应自然、清静无为思想，强调要摆脱生死名利的束缚，只有做到这些才能保证心态平和与事业成功。

一

田子方侍坐于魏文侯①，数称谿工②。文侯曰："谿工，子之师邪？"子方曰："非也。无择之里人也③。称道数当④，故无择称之。"文侯曰："然则子无师邪？"子方曰："有。"曰："子之师谁邪？"子方曰："东郭顺子⑤。"文侯曰："然则夫子何故未尝称之？"子方曰："其为人也真，人貌而天虚⑥，缘而葆真⑦，清而容物。物无道⑧，正容以悟之⑨，使人之意也消⑩。无择何足以称之？"

【注释】

①田子方：魏国人。姓田名无择，字子方。侍坐：陪坐。魏文侯：战国早期魏国贤君。

②数（shuò）：多次。谿工：魏国人。姓谿名工。

③无择：即田子方。里人：同乡之人。

④称道：言谈。数当：总是很恰当。

⑤东郭顺子：名叫顺子，因居住在东郭，故称"东郭顺子"。

⑥人貌而天虚：具有人的容貌而内心天然虚净。

⑦缘而葆真：顺应万物而保有真性。缘，顺应。葆，通"保"。

⑧物无道：别人的行为不符合大道。物，主要指人。

⑨悟之：使他醒悟。

⑩意：指不符合大道的心意。

【译文】

　　田子方在魏文侯身边陪坐时，多次称赞谿工。魏文侯问："谿工是您的老师吗？"田子方说："不是。他是我的同乡。他的言谈总是很恰当，所以我称赞他。"魏文侯问："那么您就没有老师吗？"田子方说："有。"魏文侯问："您的老师是谁呢？"田子方说："是东郭顺子。"魏文侯问："那么您为何从未称赞他呢？"田子方说："他为人十分真朴，相貌与常人一样而内心天然虚净，能顺应万物而保有真性，心地纯洁而能包容万物。如果有人言行不符合大道，他便会严肃地指出让他们醒悟，使他们不符合大道的心意自然消除。我哪有资格去称赞他呢？"

【研读】

关于田子方与魏文侯的关系，我们有必要进一步了解，因为这涉及一个很重要的治国理念。《史记·魏世家》说"文侯之师田子方"，成玄英《庄子疏》也说："姓田，名无择，字子方，魏之贤人也，文侯师也。"由此可知，魏文侯把田子方视为自己的老师。《战国策·燕策一》记载了郭隗对燕昭王讲过的一段话：

> 帝者与师处，王者与友处，霸者与臣处，亡国与役处。

郭隗说："能够成就帝业的君主，把贤者视为老师；能够成就王业的君主，把贤者视为朋友；能够成就霸业的君主，把贤者视为大臣；那些行将灭亡的君主，则把贤者视为仆役。"

魏文侯以田子方为师，虽然没有最终成就王业，却也成为战国首强之国。魏文侯在位期间，招贤纳士，以卜子夏、田子方为师，先后重用翟璜、吴起、西门豹、乐羊、李悝等人，致力于社会改革。对内实行"食有劳而禄有功，使有能而赏必行，罚必当"（《说苑·政理》）的政策，外败秦国，占有西河；东越赵境，攻取中山，使魏国成为战国初期最为强大的国家。魏文侯四十三年（前403年），周威烈王承认魏、赵、韩为诸侯。换言之，魏文侯是战国时期魏国的开国君主。

一国君主尚且还要俯身拜贤人为师，更何况普通百姓？孔子说："三人行，必有我师焉：择其善者而从之，其不善者而改之。"（《论语·述而》）只要有心，处处皆有老师。

子方出，文侯傥然终日不言[1]，召前立臣而语之曰："远矣，全德之君子！始吾以圣知之言、仁义之行为至矣[2]，吾闻子方之师，吾形解而不欲动[3]，口钳而不欲言[4]。吾所学者，直土梗耳[5]。夫魏真为我累耳!"

【注释】

①傥（tǎng）然：怅然若失的样子。

②知：同"智"。智慧。

③形解（xiè）：身体放松。解，通"懈"。放松。

④钳：钳住，闭住。

⑤直：简直。土梗：泥人。比喻不真实的学问。

【译文】

　　田子方走了以后，魏文侯怅然若失，一整天没有说话，他把面前侍立的大臣召到跟前说："境界真是高远了，那些德行完美的君子！当初我认为圣智的言论和仁义的行为最为高尚，我听说了田子方之师的言行，使我感到身体放松而不想再做什么，嘴巴闭上也不想再说什么。我过去所学的那些知识，简直就像泥人一样虚假而毫无价值。这个魏国真成了我的累赘啊！"

【研读】

　　本段赞美了真朴、虚净、宽容等美德。关于田子方的为人，我们补充一例史料以加深对他的了解。《韩诗外传》卷九：

　　　　田子方之魏，魏太子从车百乘而迎之郊。太子再拜，谒田子方，田子方不下车。太子不说，曰："敢问何如则可以骄人矣?"田子方曰："吾闻以天下骄人而亡者有矣，以一国骄人而亡者有矣。由此观之，则贫贱可以骄人矣。夫志不得，则授履而适秦、楚耳，安往而不得贫贱乎？"

田子方到魏国，魏太子击（即魏文侯之子，后来的魏武侯）带着上百辆车子在魏国都城郊外迎接。太子击去见田子方，连拜两拜，而田子方却不下车。太子击心中不悦，问道："请问怎么样才有资格在别人面前傲慢？"田子方回答说："我听说过拥有天下的人因傲慢而失去天下的事，拥有一个诸侯国的人因傲慢而亡国的事。由此可见，只有贫贱之人可以在别人面前傲慢。贫贱者一旦不如意，就可以穿上鞋子跑到秦国、楚国去，到哪里会找不到贫贱呢？"一句"安往而不得贫贱乎"，的确令人感慨万千！

二

温伯雪子适齐①，舍于鲁②。鲁人有请见之者，温伯雪子曰："不可。吾闻中国之君子③，明乎礼义，而陋于知人心④，吾不欲见也。"

【注释】

①温伯雪子：楚国贤人。姓温名伯，字雪子。适：到。

②舍：居住。指温伯雪子途经鲁国时，暂时住在鲁国。

③中国：中原一带的国家。这里主要指鲁国。

④陋：浅陋，不善于。

【译文】

温伯雪子前往齐国，途中住在鲁国。鲁国有个人请求拜访他，温伯雪子说："不见。我听说中原的君子，懂得礼义，却不善于理解人心，我不想见他。"

　　至于齐，反舍于鲁，是人也又请见①。温伯雪子曰："往也蕲见我②，今也又蕲见我，是必有以振我也③。"出而见客，入而叹。明日见客，又入而叹。其仆曰："每见之客也④，必入而叹，何耶？"曰："吾固告子矣：'中国之民，明乎礼义而陋乎知人心。'昔之见我者，进退一成规，一成矩⑤，从容一若龙，一若虎⑥，其谏我也似子，其道我也似父⑦，是以叹也。"

【注释】

①是人：这个鲁国人。

②往：指到齐国去的时候。蕲（qí）：求。

③振：帮助，启发。

④之：这个。

⑤进退一成规，一成矩：进退出入全都循规蹈矩。一，完全。规、矩，用来画圆和画方的工具，比喻规范行为的礼仪。

⑥从容一若龙，一若虎：行动容貌全都如龙似虎。从容，行动与容貌。龙、虎，比喻仪容肃穆威严。

⑦道：同"导"。开导，教诲。

【译文】

　　到了齐国之后，返回途中又住在鲁国，那个鲁国人又请求拜访他。温伯雪子说："过去要见我，现在又要见我，此人必定有些想法要启发我。"于是便出来接见此人，回到室内就感叹不已。第二天又会见了此人，回到室内又一次感叹不已。他的仆人问："每次会见客人，回到室内就感叹，这是为何呢？"温伯雪子说："我本来已经告诉过你：'中原国家的人，懂得礼义却不善于理解人心。'这些天来见我的那人，进退出入全都那么循规蹈矩，举止容貌肃穆威严得如龙似虎，他像儿子对待父亲那样劝谏我，像父亲对待儿子那样教诲我，我为此而感叹。"

仲尼见之而不言。子路曰："吾子欲见温伯雪子久矣①，见之而不言，何邪？"仲尼曰："若夫人者②，目击而道存矣③，亦不可以容声矣④。"

【注释】

①吾子：对孔子的尊称。

②夫人：那个人。指温伯雪子。

③目击而道存矣：用眼神交流彼此的思想原则。击，投向。成语"目击道存"即出于此。关于"目击道存"的含义，可参见《齐物论》篇第七节对"夫大道不称"的"研读"。

④容：容纳。引申为使用。

【译文】

孔子拜访温伯雪子时，两人一言未发。子路问孔子："老师您很久就想见到温伯雪子，见到后你们却又不说一句话，这是为什么呢？"孔子说："面对他那样的人，我们是用眼神交流彼此的思想原则，也就用不上语言了。"

三

颜渊问于仲尼曰:"夫子步亦步,夫子趋亦趋①,夫子驰亦驰,夫子奔逸绝尘②,而回瞠若乎后矣③!"夫子曰:"回,何谓邪?"曰:"夫子步,亦步也,夫子言,亦言也;夫子趋,亦趋也,夫子辩,亦辩也;夫子驰,亦驰也,夫子言道,回亦言道也;及奔逸绝尘而回瞠若乎后者,夫子不言而信④,不比而周⑤,无器而民滔乎前⑥,而不知所以然而已矣。"

【注释】

①趋:小步快走。成语"亦步亦趋"即出于此。

②奔逸绝尘:脚不挨地飞速奔跑。奔逸,快速奔跑。绝尘,跑得极快,好像脚掌与地面分开了一样。

③瞠(chēng)若:瞪大眼睛的样子。表示无法赶上的无奈。

④信:取信于人。

⑤比:亲近。周:全部。这里指团结所有的人。

⑥器:指爵位利禄。滔(dǎo):通"蹈"。来到,聚集。

【译文】

颜渊问孔子:"老师行走我也能跟着您行走,老师快步行走我也能跟着您快步行走,老师奔跑我也能跟着您奔跑,可当老师脚不挨地快速飞奔时,我就只能干瞠着眼睛无奈地落在后面了。"孔子问:"颜回,你说的是什么意思啊?"颜回说:"老师行走,我也能跟着您行走,意思是说老师谈话,我也能跟着您谈话;老师快步行走,我也能跟着您快步行走，意思是说老师论辩事理，我也能跟着您论辩事理；老师奔跑，我也能跟着您奔跑，意思是说老师谈论大道，我也能跟着您谈论大道；等到老师脚不挨地快速飞奔时，而我就只好干瞪着眼睛无奈地落在后面，意思是说老师不用说话就能取信于人，不用表示亲近就能团结所有的人，没有爵位权利而民众都愿意聚集在您的身边，而我却弄不明白老师为什么能够做到这些。"

　　仲尼曰："恶^①，可不察与！夫哀莫大于心死，而人死亦次之。日出东方而入于西极^②，万物莫不比方^③。有目有趾者^④，待是而后成功^⑤，是出则存，是入则亡^⑥。万物亦然^⑦，有待也而死^⑧，有待也而生。吾一受其成形^⑨，而不化以待尽^⑩，效物而动^⑪，日夜无隙^⑫，而不知其所终，薰然其成形^⑬。知命不能规乎其前^⑭，丘以是日徂^⑮。吾终身与汝交一臂而失之^⑯，可不哀与！女殆著乎吾所以著也^⑰，彼已尽矣^⑱，而女求之以为有^⑲，是求马于唐肆也^⑳。吾服^㉑，女也甚忘^㉒；女服，吾也亦甚忘。虽然，女奚患焉^㉓！虽忘乎故吾^㉔，吾有不忘者存^㉕。"

【注释】

①恶（wū）：不。表示不赞成颜回的话。

②西极：西边。极，边际。

③比方：顺应太阳运行的规律去生活。比，遵照，顺应。方，方法，规律。

④有目有趾者：有眼有脚的人。

⑤待是：依靠它。是，代指太阳。

⑥是出则存，是入则亡：日出而作，日入而息。亡，消失，看不见了。指回家

休息。一说这两句意思是有了太阳就能生存，没有太阳就会死亡。

⑦亦然：也是如此。然，这样。

⑧有待：有的事物依赖它。

⑨形：指人的形体。

⑩化：变化为他物。指死亡。尽：死亡。

⑪效物而动：顺应外物而行动。效，效法，顺应。

⑫无隙：一刻也不间断。

⑬薰然：自然而然的样子。

⑭规（kuī）：通"窥"。探测，预知。

⑮以是：因此。日徂（cú）：每天都在向前运动。徂，往，行进。

⑯交一臂而失之：非常亲密却并不了解我。交一臂，臂挽着臂。比喻交往十分
密切。之，代指孔子自己。本句意思是，人时刻都在变化，而颜回所知道
的孔子言行已经成为过去，他了解的只是过去的孔子，而不是当下的孔子。
成语"失之交臂"即出于此。详见"研读"。

⑰女（rǔ）殆著乎吾所以著也：你了解的大概只是我的外在言行。女，通
"汝"。殆，大概。著，第一个"著"是明白、了解的意思；第二个"著"
是显示在外的意思。

⑱彼：代指孔子的言行。尽：消失。

⑲而女（rǔ）求之以为有：而你还在寻求它们并把它们视为现存。

⑳唐肆：空荡荡的市场。市场上本来有卖马的，但市罢人散之后，市场上就什
么也没有了。比喻不要执着于过去存在过的事情。唐，空。肆，市场。

㉑服：做事，言行。

㉒甚：尽快。

㉓奚患：担心什么。奚，说明。患，担心。

㉔故吾：过去的我。

㉕吾有不忘者存：我还有一些不应被忘掉的东西存于你心中。

【译文】

孔子说："你说得不对，这件事不能不弄清楚！最大的悲哀是心死，而肉体死亡是次要的。太阳从东方升起而落入西方，万物都顺应着太阳的运行规律而生活。长有眼睛和腿脚的人，依靠太阳才能做事成功，人们日出而作，日入而息。万物皆是如此。有些事物因为太阳而死亡，有些事物则依靠太阳而生存。从我禀受大自然赋予我的形体时开始，虽然还没有死亡也不过是等待着死亡的到来而已，我顺应外物运动，日夜没有片刻停息，但无法知道自己的生命如何终结，那时我将会自然而然地变化为另一种形体。我知道命运无法预知，因此只能每天不停地向前行走。我终身与你交往密切而你却无法真正了解我，能不悲哀吗！你大概只了解我那些外在言行，那些言行已经成为过去而消失了，可是你还在寻求它们并把它们当作一种现实存在，这就好像到散市后的空荡荡的市场上去寻找马一样。我过去的言行，你应该尽快忘掉；你过去的言行，我也应该尽快忘掉。虽说如此，你又有什么值得担心的呢？你虽然忘掉了过去的我，但我总还有一些不应被忘掉的东西存于你心中。"

【研读】

对于庄子的"吾终身与汝交一臂而失之"一句，学术界的解释分歧很大，有的认为是指失去短暂的生命，有的认为是指失去大道，有的认为是指失去好的机会，还有的认为是指没能把握住孔子的"所以然"的思想精髓。而我们认为这些解释都似是而非，庄子这句话的意思是说人的思想变化极快，当你认识某人的思想之后，而此人的思想已经发生了变化，你的认识与认识对象的思想变化相比，总是慢了半拍，因此你认识的只是过去的某人思想，而不是当下此人的思想，所以本句的意思是"我终身与你关系密切而你却一直无法真正了解我当下的思想"。我们对比一下庄子与西方以弗所弟子们的思想：

> 夫知有所待而后当，其所待者特未定也，庸讵知吾所谓天之非人乎？所谓人之非天乎？（《庄子·大宗师》）

> 我们不能说"这是白的"，因为如果在我们开始说这话的时候，它是白的，但在我们说完这句话之前，它已经就不会再是白的了。说我们正在看见一个物体的这种说法是不对的，因为看见正在不断地变为看不见。（罗素《西方哲学史·古代哲学》）

总之，本段中孔子讲的失之交臂，目的是提醒颜回：天地万物时刻都处于流动变化之中，因此不可执着于已经过去了的事情，而应该顺应这些变化，不断地更新自己的认识。当然，这一思想的欠缺与以弗所弟子们的思想一样，就是否定了事物的相对稳定性，过分夸大事物变化的速度，从而否认了人对客观事物认识的可能性，这是其不合理之处。

四

孔子见老聃，老聃新沐①，方将被发而干②，慹然似非人③，孔子便而待之④。少焉见⑤，曰："丘也眩与⑥？其信然与⑦？向者先生形体掘若槁木⑧，似遗物离人而立于独也⑨。"老聃曰："吾游心于物之初⑩。"

【注释】

①沐：洗头。

②被（pī）发而干：披散着头发让它晾干。被，同"披"。

③慹（zhé）然：一动不动的样子。似非人：像一个木偶。非人，不像个活人。

④便：这里指屏蔽，躲开。待之：等待老子晾干头发。

⑤少焉：一会儿。

⑥眩：眼花。

⑦信然：真的如此。信，真实。

⑧向者：刚才。掘：通"崛"。直立的样子。

⑨遗物：忘却万物。遗，遗忘。

⑩物之初：万物初创时期的混沌境界。

【译文】

　　孔子去拜访老子时，老子刚刚洗完头，正披散着头发让它晾干，一动也不动的样子就像是一个木偶，孔子就退避在一旁等待着。过了一会儿见到老聃，说："是我眼花看错了呢？还是真的这样呢？刚才先生的身体就像是一根直立的枯树桩，好像是忘却万物、离开人间而独自存在。"老聃说："刚才我的心正在万物初创的混沌境界里遨游啊！"

　　孔子曰："何谓邪？"曰："心困焉而不能知，口辟焉而不能言①，尝为汝议乎其将②。至阴肃肃③，至阳赫赫④，肃肃出乎天⑤，赫赫发乎地⑥，两者交通成和而物生焉⑦，或为之纪而莫见其形⑧。消息满虚⑨，一晦一明⑩，日改月化，日有所为，而莫见其功⑪。生有所乎萌⑫，死有所乎归，始终相反乎无端⑬，而莫知乎其所穷⑭。非是也⑮，且孰为之宗⑯！"

【注释】

①辟：张开。

②将：大略，大概。

③至阴肃肃：最纯粹的阴气是寒冷的。肃肃，寒冷的样子。

④赫赫：炎热的样子。

⑤肃肃出乎天：寒冷的阴气升上天空。出，出现于，上升到。古人认为，阴气又叫地气，阴气产生于大地，上升到天上，与阳气（又叫天气）相互融合，从而产生万物。

⑥赫赫发乎地：炎热的阳气发散到大地。

⑦交通成和：相互交汇融合。

⑧或：有一种东西。指大道。纪：纲纪，主宰。

⑨消息：死亡和生长。息，生长。满虚：盈虚，盛衰。

⑩晦：隐蔽不见。

⑪功：工作，做事。

⑫有所乎萌：有一个萌发之处。

⑬相反：相互交替循环。反，同"返"。无端：没有尽头，无穷无尽。

⑭穷：尽头。

⑮是：代指大道。

⑯宗：主，主宰者。

【译文】

孔子问："您说的是什么意思？"老聃说："你心中困惑却难以理解，嘴巴张着又无法表述，我就试着为你谈谈大概情况吧。最纯粹的阴气十分寒冷，最纯粹的阳气十分炎热，阴气上升至天空，阳气发散到大地，阴阳二气相互交汇融合，于是就产生了万物，肯定有一种事物在主宰着万物生成的过程，然而没有人能够看到它的模样。万物生死盛衰，或隐或现，日迁月移，这种事物每天都在其中发挥着作用，然而没有人能够看到它是如何工作的。万物产生要有一个萌生之处，死亡也要有一个归依之所，生生死死互为循环而无穷无尽，没有人能够知道它们的终点。除了大道这种事物，谁还能成为万物的主宰者呢！"

【研读】

庄子认为，万物在大道的支配下，其发展呈无限循环状态。除了本段"始终相反乎无端，而莫知乎其所穷"之外，在《庄子》其他篇章中，阐述循环论的言论比比皆是：

> 年不可举，时不可止；消息盈虚，终则有始。是所以语大义之方、论万物之理也。(《秋水》)

> 万物皆种也，以不同形相禅，始卒若环。(《寓言》)

第一段引文是说，时间是无限的，有形的万物就在这一无限的时间里，不停地"消息盈虚，终则有始"，只有明白万物是在无限地循环，才能懂得"万物之理"。第二段引文是说，万物都是起源于道和气，是同"种"关系，只是万物的形状、功能不同而已，彼此之间可以相互转化，而这种转化始则有终，终则有始，呈环状循环。也就是说，某种具体事物从起点（气的状态）出发，经过一个发展过程，最后又回到起点，再开始新的一轮循环。《庄子》中类似的说法还有很多，如《大宗师》说："特犯人之形而犹喜之。若人之形者，万化而未始有极也，其为乐可胜计邪！""假于异物，托于同体，忘其肝胆，遗其耳目。反复终始，不知端倪。"

庄子的循环论思想与老子完全一致。《道德经》认为，在大道的支配下，万物是运动的，其运动方式是呈环状的循环。万物的循环路线是"大（大道）曰逝，逝曰远，远曰反"，是"周行而不殆"（二十五章）。

循环论和递进论是一对对立的哲学范畴，一般认为递进论正确，循环论错误。而老庄在认同递进论的基础上，更强调循环论。其实这两种观点并不矛盾，我们的看法是：在一个相对短的时间内进行观察，事物的发展是递进式的；在一个相对长的时间内进行观察，事物的发展是循环式的。

比如一个人，从短时间内去观察他的前半生，他的发展可以说是波浪式前进，或者叫螺旋形上升；如果从长时间内去观察他，他就构成了一个"不存在——存在——不存在"的循环过程。不仅每个人如此，整个人类也是如此；不仅整个人类如此，宇宙也是如此。因此，老庄的循环论不能被轻易否定。

既然是环状循环，自然没有始点，也没有终点。因此老庄认为当事物完成一轮循环、归于死亡之后，会重新获得生命，以新的形态，开始第二轮循环，如此周而复始，以至于无穷。《孙子兵法·势篇》也接受这一思想："终而复始，日月是也；死而复生，四时是也。"日月的落而复升，四季的循环交替，草木的秋枯春荣，社会的盛衰兴亡，是古人循环论的基础。

庄子在此基础上，提出了"物化"思想。所谓"物化"，类似今人讲的"物质不灭"。庄子认为，人的身体是由各种物质（如阴阳二气、五行）和合而成，这些物质聚在一起就是人的出生，这些物质散开就是人的死亡。但这些散开后的物质并不会消失，它们继续存在于天地之间这个大熔炉里，在大道的支配下，继续演变，用庄子的话说，可能会"浸假而化予之左臂以为鸡"，"浸假而化予之尻以为轮"（《庄子·大宗师》）。总之，人的这块肉体作为物质，是不会消失的，它会演化为其他东西。当演化为其他某种东西之后，这种东西经过一段时间的发展，也会死亡，死亡之后又再次演化为另外的东西。如此循环往返，永无休歇。

道家不仅认为生生死死是一种循环，富贵、贫贱也是一种循环，也即俗话说的"三十年河东，三十年河西"。懂得这一循环规律，我们不仅能够正确对待生存、富贵，也能够正确对待死亡、贫贱。当死亡与贫贱到来时，我们就能够心平气和地接受了。

孔子曰："请问游是①。"老聃曰："夫得是，至美至乐也，得至美而游乎至乐，谓之至人。"孔子曰："愿闻其方②。"曰："草食之兽，不疾易薮③；水生之虫，不疾易水。行小变而不失其大常也④，喜怒哀乐不入于胸次⑤。夫天下也者，万物之所一也⑥。得其所一而同焉，则四支百体将为尘垢⑦，而死生终始将为昼夜，而莫之能滑⑧，而况得丧祸福之所介乎⑨！弃隶者若弃泥涂⑩，知身贵于隶也，贵在于我而不失于变⑪，且万化而未始有极也，夫孰足以患心⑫！已为道者解乎此⑬。"

【注释】

①是：代指生活于大道的境界。

②方：方法，途径。

③不疾易薮（sǒu）：不担心更换生活的草泽。疾，厌恶，担心。易，改变。薮，长满草木的湿地。

④大常：习以为常的大环境。

⑤胸次：胸中，心里。

⑥所一：所共同生活的地方。一，一起，共同。

⑦四支百体：四肢百骸。指肉体。支，同"肢"。

⑧滑（gǔ）：乱。指扰乱平和的心态。

⑨介：介意。

⑩隶者：附属的东西。指上文提到的得失祸福。隶，附属。

⑪不失于变：不会在变化中丧失。庄子认为人的灵魂与肉体都不会消失。详见"研读"。

⑫患心：伤心。

⑬为道者：学习大道的人。为，修习。

【译文】

　　孔子说："请问生活于大道境界里的情况。"老聃说："获得这种生活境界，是最为完美、最为快乐的了。能够获得最为完美的境界并能在最为快乐的境界中生活的人，可以叫至人。"孔子说："我想知道如何能够生活于这种境界。"老聃说："食草的兽类，不担心改变生活的草泽；水生的虫类，不害怕更换生活的水域，这是因为只做了一些小小的改变而没有失去它们习惯了的大环境，所以喜怒哀乐不会进入它们心中。天地之间，是万物共同生活的地方。这个共同生活的天地之间基本上是相同的，虽然人的肉体将会化为尘土，但是生死存亡却会像昼夜交替那样循环不已，因此人的肉体死亡无法扰乱至人内心的平和，更何况去介意那些得失祸福呢！至人抛弃得失祸福之类的身外附属品就像遗弃泥土一样，他们明白自身比这些附属品更为可贵，可贵的东西在于自身，而自身又不会在变化中丧失。既然人的灵魂与肉体在天地间能够千变万化无穷无尽，又怎么会为生死而伤心呢！那些已经掌握大道的人明白这个道理。”

【研读】

　　庄子认为，人的灵魂与肉体永远不会消失，死后的灵魂与肉体将变化为其他事物，但无论如何变化，依然是生活于天地之间，只不过是改变了一下稍有差异的生活环境和生活方式而已，就像食草之兽换了一个草泽、水生之虫换了一个水域那样，因而人不必为死亡而伤感。唐寅的《伯虎绝笔》表达了同样的看法：

　　　　人在阳间有散场，死归地府也何妨？阳间地府俱相似，只当飘流在异乡。

　　唐伯虎认为，离开阳间，来到地府，也不过是换了个生活环境而已。当然，唐伯虎的观点在理性思维方面还无法与庄子相比。

　　孔子曰：“夫子德配天地，而犹假至言以修心^①，古之君子，孰能脱焉^②？”老聃曰：“不然。夫水之于汋也^③，无为而才自然矣^④。至人之于德也，不修而物不能离焉^⑤，若天之自高、地之自厚、日月之自明，夫何修焉！”

【注释】

①假：借助。至言：至理名言。

②脱焉：摆脱这些做法。脱，摆脱。焉，代指"假至言以修心"。

③水：指泉水。汋（zhuó）：从地下涌出。

④无为：不是有意而为。才自然：它的才能使它自然而然如此。

⑤物不能离：人们不愿离开他。指受到人们的拥戴和爱恋。物，主要指人。

【译文】

　　孔子说："您的品德可以与天地相媲美，然而还要借用至理名言来修养心性，古代的君子，谁又能够摆脱这种做法呢？"老聃说："你说得不对。泉水从地下涌出，它并未有意如此而天然的才能使它自然而然如此。至人在品德方面，不用有意修养心性而自然而然就能受到人们拥戴，这就好像上天自然而然的高远、大地自然而然的厚重、日月自然而然的光明一样，又哪里用得着修养呢？"

　　孔子出，以告颜回曰："丘之于道也，其犹醯鸡与①！微夫子之发吾覆也②，吾不知天地之大全也③。"

【注释】

①醯（xī）鸡：又叫蠛蠓。酒缸里的一种小飞虫。

②微：没有，不是。夫子：先生。指老聃。发：揭开。覆：酒缸盖子。

③大全：广大而全面。

【译文】

孔子出来后，把这一切都告诉了颜回，说："我对大道的了解，就好像一只酒缸里的蠛蠓虫，如果不是先生为我揭开了酒缸上的盖子，我就无法看到广大天地的全貌啊！"

五

庄子见鲁哀公①。哀公曰："鲁多儒士，少为先生方者②。"庄子曰："鲁少儒。"哀公曰："举鲁国而儒服③，何谓少乎？"庄子曰："周闻之：儒者冠圜冠者④，知天时；履句屦者⑤，知地形；缓佩玦者⑥，事至而断⑦。君子有其道者，未必为其服也⑧；为其服者，未必知其道也。公固以为不然⑨。何不号于国中曰：'无此道而为此服者，其罪死！'"

【注释】

①鲁哀公：春秋末期鲁国君主。庄子比鲁哀公晚一百多年，二人不可能见面，这个故事只能视为虚构，或者人名记载有误。

②方：学说。

③举：整个。儒服：穿着儒生的服装。

④冠（guàn）：戴帽子。圜（yuán）冠：圆形的帽子。圜，圆形。

⑤履：穿。句屦（jù）：方形的鞋子。句，方形。屦，鞋子。

⑥缓：五色丝绳。用来系玉玦。佩：佩戴。玦（jué）：一种有缺口的环形佩玉。

⑦断：决断。

⑧为其服：穿那样的服装。为，穿。

⑨固：坚持，一定。

【译文】

庄子去拜见鲁哀公。鲁哀公说："我们鲁国的儒生很多，但很少有人研习先生的那种学说。"庄子说："鲁国的儒生很少。"鲁哀公说："所有鲁国人都穿着儒生的服装，怎么能说儒生很少呢？"庄子说："我听说：头戴圆形帽子的儒生，懂得天时；脚穿方形鞋子的儒生，懂得地理；佩带彩绳系着玉玦的儒生，遇事能够决断。然而有这种学问的君子，未必就穿这样的服装；穿这种服装的人，未必就有这样的学问。如果您坚持认为不是这样的话，何不在国内发布命令：'没有儒生的学问而穿儒生服装的人，处以死罪！'"

【研读】

这里需要说明一下庄子的身份。从本段鲁哀公"鲁多儒士，少为先生方者"来看，鲁哀公把庄子视为儒生。在《说剑》篇里，赵国太子悝对庄子说："今夫子必儒服而见王，事必大逆。"太子悝也认为庄子是儒生，而庄子也以儒生自居。荀子同样认为庄子是儒生："荀卿嫉浊世之政，亡国乱君相属，不遂大道而营于巫祝，信禨祥，鄙儒小拘，如庄周等又猾稽乱俗。"（《史记·孟子荀卿列传》）到了后来，认同庄子为儒生的学者也很多，韩愈就把庄子视为儒家：

　　吾常以为孔子之道，大而能博，门弟子不能遍观而尽识也，故学焉而皆得其性之所近。其后离散，分处诸侯之国，又各以所能授弟子，原远而末益分。盖子夏之学，其后有田子方；子方之后，流而为庄周，故周之书，喜称子方之为人。（《送王埙秀才

序》)

韩愈明确断定庄子是子夏的后学，韩愈这样讲的证据不知是否可靠，但也不会是空穴来风，至少可以代表韩愈本人的意见。章学诚接受了这一观点，同样认为"荀、庄皆出子夏门人"(《文史通义·经解上》)。章太炎虽然认为韩愈、章学诚的结论不太可靠，因为"章实斋以庄子为子夏门人，盖袭唐人率尔之辞，未尝订实。以庄生称田子方，遂谓子方是庄子师，斯则《让王》亦举曾、原，而则阳、无鬼、庚桑诸子，名在篇目，将一一皆是庄师矣"(《与人论国学书》)，但章太炎并没有把庄子从孔子的后学行列中剔出，而是把庄子从子夏的门下转移到了颜回的门下。郭沫若《十批判书》说：

> 我怀疑他本是"颜氏之儒"(郭沫若自注：章太炎曾有此说，曾于坊间所传《章太炎先生白话文》一书中见之)，书中征引颜回与孔子的对话很多，而且差不多都是很关紧要的话。

韩愈、章学诚、章太炎、郭沫若之间虽有小小争执，但都一致认为庄子应出自孔门。

古今这么多人都认为庄子为儒生，那么为什么又被人们视为道家学者呢？我们的看法是，在先秦时期，人们并没有区分老庄与孔孟的派别，老子与孔子是师生关系，庄子更是把自己打扮成儒生的模样，他们在思想上虽有不同，但只是学派内部的不同而已，犹如"儒分为八，墨离为三"(《韩非子·显学》)一样。

至迟在汉初，人们慢慢开始把老庄与孔孟区分开来，有了儒、道之别，如司马谈在"论六家之要指"(《史记·太史公自序》)时就明确把儒、道分为两家，《汉书·艺文志》更是明确地把"《庄子》五十二篇"列入道家。

依据以上资料，我们对先秦时期庄子被视为儒生的现象就不会感到疑惑了，因为当时是儒、道不分的，把儒、道分为两个学派，是后来的事情。

　　于是哀公号之五日，而鲁国无敢儒服者，独有一丈夫^①，儒服而立乎公门。公即召而问以国事，千转万变而不穷^②。庄子曰："以鲁国而儒者一人耳，可谓多乎？"

【注释】

①一丈夫：一位成年男子。一说指的是孔子。

②千转万变：千变万化。形容所提问题多而复杂。

【译文】

　　于是在哀公发布命令五天之后，鲁国没人再敢穿儒生服装了，只有一位男子，穿着儒生服装站在鲁哀公的宫门外。鲁哀公立即召他进来，向他咨询国家事务，提了那么多复杂的问题，他都能应答自如。庄子说："鲁国这么大只有一位儒生而已，怎么能说很多呢？"

【研读】

　　这个故事告诉人们，外表与实质往往不相符合，因而不可为外表所迷惑。然而就是这些"金玉其外，败絮其中"的伪装者，在社会上生活得最为得意。我们看刘基的名篇《卖柑者言》：

　　　　杭（杭州）有卖果者，善藏柑，涉寒暑不溃。出之烨然（颜色鲜美），玉质而金色。置于市，贾十倍，人争鬻之。予贸得其一，剖之，如有烟扑口鼻，视其中，则干若败絮。予怪而问之曰："若所市于人者，将以实笾豆（两种礼器），奉祭祀，供宾客乎？将炫外以惑愚瞽也？甚矣哉，为欺也！"

卖者笑曰："吾业是有年矣，吾赖是以食吾躯。吾售之，人取之，未尝有言，而独不足子所乎？世之为欺者不寡矣，而独我也乎？吾子未之思也。今夫佩虎符、坐皋比（虎皮）者，洸洸乎干城之具（保护国家的将才）也，果能授孙、吴之略耶？峨大冠、拖长绅者，昂昂乎庙堂之器也，果能建伊、皋之业耶？盗起而不知御，民困而不知救，吏奸而不知禁，法斁（败坏）而不知理，坐糜廪粟而不知耻。观其坐高堂，骑大马，醉醇醴而饫（吃饱）肥鲜者，孰不巍巍乎可畏，赫赫乎可象也？又何往而不金玉其外、败絮其中也哉？今子是之不察，而以察吾柑！"

予默默无以应。退而思其言，类东方生（东方朔）滑稽之流。岂其愤世疾邪者耶？而托于柑以讽耶？

《卖柑者言》与庄子的这段话讲的道理一致。在庄子的文字中，欺世盗名者似乎得逞者还不多，而在刘基的笔下，欺世盗名者已经窃取高位，开始祸国殃民了。

六

百里奚爵禄不入于心[①]，故饭牛而牛肥[②]，使秦穆公忘其贱[③]，与之政也。有虞氏死生不入于心[④]，故足以动人。

【注释】

①百里奚：复姓百里，名奚，号五羖（gǔ）大夫。春秋时期著名政治家。本是虞国大夫。虞国灭亡后，他曾为人养牛。后来百里奚入秦，辅佐秦穆公成就霸业。

②饭：饲养。

③秦穆公：春秋时秦国的贤君。

④有虞氏：即舜。

【译文】

　　百里奚从来不把官爵与俸禄放在心上，所以养牛时把牛养得十分肥壮，使秦穆公忘记了他的卑贱地位，把国政交给了他。有虞氏从来不把生死放在心上，所以能够感动人心。

七

　　宋元君将画图①，众史皆至②，受揖而立③，舐笔和墨④，在外者半⑤。有一史后至者，儃儃然不趋⑥，受揖不立，因之舍⑦。公使人视之，则解衣般礴裸⑧。君曰："可矣，是真画者也。"

【注释】

①宋元君：春秋时期宋国君主宋元公。

②史：画工。

③受揖：接受了命令、向宋元君作揖行礼。

④舐（shì）笔：用舌头舐着笔尖。舐，舐。

⑤在外者半：还有一半的画工站在门外。形容来的画工很多。

⑥僵僵（tǎn）然：轻松安闲的样子。不趋：缓步走来。趋，小步快走。按照
　礼节，臣下见君主应该"趋"。

⑦因：接着，随即。之：到，回到。

⑧般礴（pán bó）：盘腿而坐的样子。

【译文】

　　宋元君想画一些图画，于是众多画师都来了，他们接受命令、向元君作揖行礼之后，便恭敬地站在那里，舔着笔，调着墨，还有半数画师只能站在门外。最后来了一位画师，他神情轻松悠闲，缓步走来，接受命令、行礼之后也不在那里站立，随即回到了自己的住所。宋元君派人前去探视，发现他脱掉了衣服，裸露着身体，盘着两腿坐在那里。宋元君知道后说："好啊！这才是一位真正的画师啊！"

【研读】

　　宋元君之所以看重最后来的这位画师，是因为这位画师能够彻底放松自我，只有放松自我的人，才能够充分发挥自己的画技。这位画师凭借心态的放松赢得了君主的青睐，而王羲之凭借心态的放松赢得了精选女婿的太尉郗鉴的青睐，并为后人留下"东床""东床快婿"这些词：

　　　　太尉郗鉴使门生求女婿于导，导令就东厢遍观子弟。门生归，谓鉴曰："王氏诸少并佳，然闻信至，咸自矜持。惟一人在东床坦腹食，独若不闻。"鉴曰："正此佳婿邪！"访之，乃羲之也，遂以女妻之。（《晋书·王羲之列传》）

　　太傅郗鉴派门客到丞相王导那里为自己选择一位女婿，王导就要这个门客到东厢房里去观察自己的各位子侄，任其选择。门客到东厢房看过之后，赶回郗府，对郗鉴说："王家的各位子侄都非常优秀，然而听说我来为您选女婿，他们都显得有些拘谨。只有一个年轻人，祖露着衣襟坐在东边床上吃饭，就好像没有听说过这回事似的。"郗鉴说："这就是一位好女婿。"后来一打听，原来是王羲之，于是就把女儿嫁给了他。王羲之不仅凭借心态的放松为自己赢得一位夫人，而且还凭此创作出天下第一行书《兰亭集序》。据说《兰亭集序》是王羲之在微醉的状态下一气呵成的，正是因为微醉，自然、人文环境又极佳，所以他是在心情极度放松的状态下书写的，书写时甚至不在乎文字书写的错误，更遑论爵位名利。据说此后王羲之刻意再去书写，再也没有写出如此奇妙的书法。

【研读】

　　这个故事说明要想做好一件事情，就要抛弃一切干扰，彻底放松自我。据说天下第一行书《兰亭集序》是王羲之在微醉的状态下一气呵成，正是因为微醉，自然、人文环境又极佳，所以他是在心情极度放松的状态下书写的，书写时甚至不在乎文字书写的错误，更遑论爵位名利。据说此后王羲之刻意再去书写，再也没有写出如此奇妙的书法。

<h1 style="text-align:center">八</h1>

　　文王观于臧①，见一丈夫钓②，而其钓莫钓③，非持其钓有钓者

也④，常钓也。

【注释】

①文王：周文王。臧：地名。

②丈夫：应为"丈人"。全文皆称"丈人"，这是对老人的尊称。一说这位老人即姜子牙。

③其钓莫钓：他钓鱼可什么也没有钓到。

④有钓：有心钓鱼。

【译文】

　　周文王到臧地去巡视，看见一位老人在那里钓鱼，可他什么也没有钓到，他虽然手持钓竿似乎并非有心在钓鱼，而他又经常在那里钓鱼。

　　文王欲举而授之政①，而恐大臣父兄之弗安也；欲终而释之②，而不忍百姓之无天也③。于是旦而属之大夫曰④："昔者寡人梦见良人⑤，黑色而頯⑥，乘驳马而偏朱蹄⑦，号曰⑧：'寓而政于臧丈人⑨，庶几乎民有瘳乎⑩！'"诸大夫蹴然曰⑪："先君王也⑫。"文王曰："然则卜之⑬。"诸大夫曰："先君之命，王其无它⑭，又何卜焉！"

【注释】

①举：举荐，重用。

②释之：放弃他。即不再重用他。释，放。

③无天：失去庇护。天可以庇护万物。

④旦：清晨。属（zhǔ）：同“嘱”。嘱咐，告知。

⑤昔：通“夕”。夜晚。良人：贤人。

⑥髯（rán）：同“髯”。胡须。

⑦驳马：杂色马。驳，杂色。偏朱蹄：半边马蹄为红色。偏，半边。朱，红。

⑧号：命令。

⑨寓：委托，交付。而：你，你的。

⑩庶几：差不多。瘳（chōu）：病愈，消除痛苦。

⑪蹴（cù）然：吃惊的样子。

⑫先君王：指周文王的父亲季历。

⑬卜之：为此事占卜一下。

⑭无它：没有其他想法。

【译文】

周文王想重用这位老人，想把政务托付给他，然而又担心大臣和自己父辈、兄弟们不会同意；最终想放弃他，又不忍心百姓失去一位庇护者。于是一天清晨，周文王告诉大臣们说：“昨晚我梦见一位贤人，他黑黑的肤色，长长的胡须，骑着一匹杂色骏马，骏马的半边蹄子是红色的。这位贤人命令我：‘把你的政务交给臧地的那位老人，基本上就能够解除百姓的苦难！’”大臣们吃惊地说：“那位梦中贤人就是君王的父亲啊！”周文王说：“那么我们还是占卜一下看是否可以重用那位老人吧！”大臣们说：“这是先王之命，您如果没有其他想法，又何必占卜呢！”

遂迎臧丈人而授之政，典法无更[①]，偏令无出[②]。三年，文

王观于国，则列士坏植散群^③，长官者不成德^④，鈇斛不敢入于四竟^⑤。列士坏植散群，则尚同也^⑥；长官者不成德，则同务也^⑦；鈇斛不敢入于四竟，则诸侯无二心也。文王于是焉以为大师^⑧，北面而问曰^⑨："政可以及天下乎^⑩？"臧丈人昧然而不应^⑪，泛然而辞^⑫，朝令而夜遁^⑬，终身无闻。

【注释】

①更：更替，改变。

②偏令无出：没有颁布一条新政令。偏，半。泛指很少。

③则列士坏植散群：士人不再结为朋党。列士，地位较低的贵族官员。坏，推倒，不要。植，将领，首领。指朋党的首领。

④成德：树立私人功德。

⑤鈇斛（yǔ hú）不敢入于四竟：其他诸侯国的各种量器不敢带入周国使用。鈇斛，两种计量粮食的量器。这里泛指度量衡。竟，同"境"。国界。

⑥尚同：尊尚统一。同，统一。

⑦同务：统一政务。

⑧大（tài）师：官名。即"太师"。君主的老师。

⑨北面：面向北。古人以面向南为尊，文王面向北，表示行尊师之礼。

⑩及天下：推广到整个天下。当时周文王只是诸侯王，不是天子，他询问是否可以把自己的政令推广到整个天下，说明他已有吞并天下之心，这就违背了道家所主张的清静无为原则，所以下文讲这位丈人听到后，很快就不辞而别了。

⑪昧然：默不作声的样子。

⑫泛然：漫不经心的样子。辞：推辞，拒绝。

⑬朝令而夜遁：早上文王向他征询意见，晚上他就不辞而别了。令，征求意见。遁，逃避。

【译文】

　　于是就把臧地老人迎接回来，把政务托付给他，而他没有改变原来的典章法规，也没有颁布任何新的政令。三年之后，周文王到全国视察，发现贵族士人不再结为朋党，各地长官也不再宣扬个人功德，其他诸侯国的各种量器也不敢带入周国使用。贵族士人不再结为朋党，这是尊重了国家统一；各地长官不再宣扬个人功德，这就做到了政务统一；其他诸侯国的量器不敢带入周国使用，这说明其他各国对周国不再怀有二心。于是周文王就拜老人为太师，面向北请教说："这样的政治措施是否可以推广到整个天下呢？"臧地老人默不作声，随后漫不经心地表示拒绝回答。文王早上向他征询意见，而老人晚上就不辞而别，此后再也没有老人的任何音讯。

　　颜渊问于仲尼曰："文王其犹未邪①？又何以梦为乎②？"仲尼曰："默③，汝无言！夫文王尽之也④，而又何论刺焉⑤！彼直以循斯须也⑥。"

【注释】

①犹未：还未能取信于人。

②何以梦为：何必假托做梦去做这件事情呢？以，假借。

③默：沉默，不要讲了。

④尽之：尽善尽美。指在任用丈人时做得很好。

⑤而：你。论刺：指责。

⑥彼直以循斯须也：只不过他遵循无为而治这一原则的时间太短了。彼，指文王。直，仅仅，不过。循，顺应无为而治的原则。斯须，时间短暂。文王重用丈人，推行无为而治，把周国治理得很好，孔子认为他在这一点上做得尽善尽美。然而周国强大后，文王欲望膨胀，想进一步推翻商朝政权，一统天下，这就违背了无为原则，所以丈人不辞而别。

【译文】

颜渊问孔子：“周文王大概还无法取信于人吧？不然又何必假托做梦去做此事呢？”孔子说：“别说了，你不要再这样讲了！文王在这件事上已经做得尽善尽美了，你又何必再去指责他呢！只不过他遵循无为而治这一原则的时间太短了一点。”

【研读】

庄子明确指出文王假借先王托梦是为了获取大臣的支持，客观上揭示了“神道设教”这一政治手段。类似的事情，历史上确实发生过。《史记·殷本纪》记载：

帝武丁即位，思复兴殷，而未得其佐。……武丁夜梦得圣人，名曰说。以梦所见视群臣百吏，皆非也。于是乃使百工营求之野，得说于傅险中。是时说为胥靡，筑于傅险。见于武丁，武丁曰：“是也。”得而与之语，果圣人，举以为相，殷国大治。故遂以傅险姓之，号曰傅说。

商王武丁即位后，想重新振兴商朝，却没有找到合适的辅佐大臣。一天夜里，武丁梦见一位圣人，名叫说。他根据梦中看到的模样去观察群臣，都不是那位梦中人。于是他就派百官到民间去寻找，终于在傅险找到了说。当时说是个服劳役的奴隶，正在傅险筑城。说被带去见武丁，武丁说："就是这位。"武丁与说商讨国政，发现他果然是位圣人，于是就任用他为相，商朝被说治理得非常安定祥和。于是就以傅险的"傅"为他的姓氏，称他为"傅说"。

九

列御寇为伯昏无人射^①，引之盈贯^②，措杯水其肘上^③。发之，适矢复沓^④，方矢复寓^⑤。当是时，犹象人也^⑥。伯昏无人曰："是射之射，非不射之射也^⑦。尝与汝登高山，履危石^⑧，临百仞之渊^⑨，若能射乎^⑩？"

【注释】

①列御寇：即著名的思想家列子。伯昏无人：相传为列子之师。

②引之盈贯：拉满弓。引，拉弓。盈贯，把弓拉满。

③措：放置。射箭时肘上能放置一杯水而不溢出，说明列子射箭时心态镇定、身体平稳。

④适（dí）矢复沓（tà）：箭一支接一支地连续射出。适，通"镝"。箭。矢，箭。复沓，连续不断。

⑤方矢复寓：箭箭射中目标。方，并，全部。寓，射中箭靶。

⑥象人：雕塑的人。形容列御寇射箭时一动不动的样子。

⑦是射之射也，非不射之射也：这种射法是局限于普通射箭范畴内的射法，而不是超越具体射箭的更高层次的射法。意思是说，列子虽然射得很准，但

仅仅是一种射箭，还局限于"术"的层面。所谓"不射之射"，是指在射箭时，心神超然于万物、生死、当然也包括射箭本身之上，却又能射无不中。

⑧履：踏上。危：高。

⑨仞（rèn）：七尺或八尺为一仞。

⑩若：你。

【译文】

　　列御寇为伯昏无人表演射箭，他把弓拉满，在自己的胳膊肘上放置一杯水而不溢出。他开始射箭，一支接着一支，箭箭都能射中目标。当射箭的时候，列御寇就像一尊雕像那样纹丝不动。伯昏无人说："这种射法还是局限于普通射箭的射法，而不是超然于万物之上的更高层次的射法。我想试着与你一起登上高山，站在高耸的石崖上，面临百丈深渊，你还能射箭吗？"

　　于是无人遂登高山①，履危石，临百仞之渊，背逡巡②，足二分垂在外，揖御寇而进之③。御寇伏地，汗流至踵④。伯昏无人曰："夫至人者，上窥青天，下潜黄泉，挥斥八极⑤，神气不变。今汝怵然有恂目之志⑥，尔于中也殆矣夫⑦！"

【注释】

①无人：即伯昏无人。

②背逡（qūn）巡：背对着深渊向后退着走。逡巡，后退。

③揖：拱手相邀。

④踵：脚后跟。

⑤挥斥八极：自由自在地遨游于四面八方。挥斥，奔驰，遨游。八极，八方极
　远之处。

⑥怵（chù）然：害怕的样子。恂（xún）目：恐惧得直眨眼睛。恂，通"眴"。
　眨眼睛。

⑦尔：你。殆：困难。

【译文】

　　于是伯昏无人就登上高山，站在高耸的石崖上，面对着百丈深渊，然后他背对着深渊向后退行，双脚有一半悬空在石崖之外，他向列御寇拱了拱手，邀请列御寇也如此站立再表演射箭。列御寇已经吓得趴在地上，冷汗一直流到脚跟。伯昏无人说："那些至人，上可以遨游于苍天，下可以潜行于黄泉，他们自由自在地游荡于四面八方，而神情不变。而你现在却恐惧得直眨眼睛，你在这种情况下要想射中目标，恐怕太困难了吧！"

【研读】

　　这个故事以射箭为例，说明一个人如果对自己的生死、得失顾虑重重，即便他有高超的技能，也很难施展。关于这一故事所表达的含义，我们举荆轲刺秦王时的副使秦舞阳为例予以说明。《史记·刺客列传》记载：

　　　燕国有勇士秦舞阳，年十三，杀人，人不敢忤视。乃令秦舞阳为副。荆轲有所待，欲与俱。其人居远未来，而为治行。顷之，未发，太子迟之，疑其改悔，乃复请曰："日已尽矣，荆卿岂有意哉？丹请得先遣秦舞阳。"荆轲怒，叱太子曰："何太子之遣！往

而不反者，竖子也。且提一匕首入不测之强秦，仆所以留者，待吾客与俱。今太子迟之，请辞决矣！"遂发。……秦王闻之，大喜。乃朝服，设九宾，见燕使者咸阳宫。荆轲奉樊於期头函，而秦舞阳奉地图柙，以次进。至陛，秦舞阳色变振恐。群臣怪之。荆轲顾笑舞阳，前谢曰："北蕃蛮夷之鄙人，未尝见天子，故振慑。愿大王少假借之，使得毕使于前。"秦王谓轲曰："取舞阳所持地图。"轲既取图奏之。秦王发图，图穷而匕首见。

荆轲刺秦王的故事，可以说是家喻户晓，所以我们仅仅截取有关秦舞阳的文字。在一般的环境中，秦舞阳就像列子在正常情况下射箭一样，技能、勇气发挥得淋漓尽致，十三岁时就敢杀人，剽悍得使人不敢对视。当他来到威严无比的咸阳宫时，就像列子站到了悬崖边缘一样，已经吓得趴在地上，冷汗一直流到脚跟。处于此时此景之中，哪里还顾得上什么射技、剑术？这就是荆轲、秦舞阳失败的重要原因之一。因此，列子射箭这一故事对我们具有极为重要的启示意义：我们不仅要有精湛的"术"，更要尽心修习"道"，提高我们的思想境界，以保证在任何情况下，都能够把自己的"术"完美地表现出来。

十

肩吾问于孙叔敖曰①："子三为令尹而不荣华②，三去之而无忧色③。吾始也疑子，今视子之鼻间栩栩然④，子之用心独奈何⑤？"孙叔敖曰："吾何以过人哉！吾以其来不可却也⑥，其去不可止也，吾以为得失之非我也，而无忧色而已矣。我何以过人哉！且不知其在彼乎？其在我乎⑦？其在彼邪，亡乎我⑧；在我邪，亡乎彼⑨。方将踌躇⑩，方将四顾⑪，何暇至乎人贵人贱哉⑫！"

【注释】

①肩吾：人名。孙叔敖：春秋时期楚国贤相。

②令尹：官名。相当于宰相。荣华：荣耀。

③去：免职。

④鼻间：指面部表情。栩栩（xǔ）然：愉悦的样子。指孙叔敖被免职后，依然满面愉悦的表情。

⑤独：究竟。

⑥其：代指令尹这个官职。却：推辞。

⑦且不知其在彼乎？其在我乎：还不知令尹职位是落在别人头上呢？还是落在我的头上？其，指令尹职位。彼，别人。

⑧亡乎我：我失去这一职位。亡，失去。

⑨亡乎彼：别人就失去这一职位。以上数句是说，这一令尹职位不会消失，彼得我失，彼失我得，按照齐物原则，彼我为一，因而对于谁当令尹，不必介意。

⑩踌躇（chóu chú）：悠然自得的样子。

⑪四顾：眺望四方。也即神游四方。

⑫至：顾及，考虑。

【译文】

肩吾问孙叔敖："您三次出任令尹而不感到荣耀，三次被罢免也没有忧伤的表情。我原来还怀疑您是否真能做到这一点，如今看到您的容颜确实是如此愉悦，您心里究竟是怎么想的？"孙叔敖说："我哪有什么过人之处呢！我认为令尹之职到来时不可推却，令尹之职离开时也无法挽留，我认为令尹之职的得失不是我个人所能把握得了的，因而也就不再为此而忧伤。我哪有什么过人之处呢！再说也不知令尹之职最终是落在别人身上？还是落在我的身上？如果落在别人身上，我就必须失去它；如果落在我的身上，别人就必须失去它。我如今悠然自得，正想要神游四方，哪里还有闲暇时间去考虑人间的尊卑贵贱！"

仲尼闻之，曰："古之真人，知者不得说^①，美人不得滥^②，盗人不得劫，伏戏、黄帝不得友^③。死生亦大矣，而无变乎己，况爵禄乎！若然者，其神经乎大山而无介^④，入乎渊泉而不濡^⑤，处卑细而不惫^⑥，充满天地，既以与人^⑦，己愈有。"

【注释】

①知者：有智慧的人。知，同"智"。说（shuì）：游说，说服。

②滥：淫乱，勾引。

③伏戏：即伏羲氏。传说中的圣王。

④介：阻碍。

⑤濡（rú）：沾湿。

⑥卑细：卑贱，贫贱。惫：困乏。

⑦既以与人：把自己所有的东西全部奉献给别人。既，全部。与，给。《道德经》八十一章："圣人不积，既以为人，己愈有；既以与人，己愈多。"

【译文】

孔子听说了此事，说："古时的得道真人，智者无法游说他，美女不能诱惑他，强盗难以劫持他，就连伏羲和黄帝也无法与他结为朋友。生死是大事，也不能使他们的平和心态有任何改变，更何况这些爵位俸禄！像这样的人，他们的精神穿越大山而不受阻碍，潜入深渊而不被沾湿，处境贫贱而不感到困乏，他们的崇高精神充满天地之间，他们把自己所有的东西全部奉献给别人，而自己变得越发富有。"

【研读】

本段赞扬了不把名利富贵放在心上的孙叔敖，认为只有摆脱了名利、生死的束缚，才算是得道之人。关于孙叔敖的故事很多，《史记·滑稽列传》记载：

楚相孙叔敖知其（指楚国乐人优孟）贤人也，善待之。病且死，属其子曰："我死，汝必贫困。若往见优孟，言我孙叔敖之子也。"居数年，其子穷困负薪，逢优孟，与言曰："我，孙叔敖子也。父且死时，属我贫困往见优孟。"优孟曰："若无远有所之。"即为孙叔敖衣冠，抵掌谈语。岁余，像孙叔敖，楚王及左右不能别也。庄王置酒，优孟前为寿。庄王大惊，以为孙叔敖复生也，欲以为相。优孟曰："请归与妇计之，三日而为相。"庄王许之。

三日后，优孟复来。王曰："妇言谓何？"孟曰："妇言慎无为，楚相不足为也。如孙叔敖之为楚相，尽忠为廉以治楚，楚王得以霸。今死，其子无立锥之地，贫困负薪以自饮食。必如孙叔敖，不如自杀。"……于是庄王谢优孟，乃召孙叔敖子，封之寝丘四百户，以奉其祀。

这一故事不仅有利于我们对孙叔敖的为人进一步了解，还为我们留下了"优孟衣冠"这个词语。这个词语有两种用法，第一，比喻一味地模仿别人。第二，指登台演戏。

十一

　　楚王与凡君坐[1]，少焉[2]，楚王左右曰"凡亡"者三[3]。凡君曰："凡之亡也，不足以丧吾存[4]。夫凡之亡不足以丧吾存，则楚之存不足以存存[5]。由是观之，则凡未始亡而楚未始存也。"

【注释】

①楚王：指春秋时期楚文王。凡君：指凡国君主凡僖侯。凡，国名。在今河南辉县北。此时凡国已灭，凡僖侯逃亡至楚国。

②少焉：不大一会儿。

③左右：指楚王身边近臣。三：泛指多次。

④丧吾存：消除凡国在我心中的存在。意思是，凡国虽然灭亡了，但它在我心中永存。丧，消除。一般译本把这三字译为"丧失我的存在"，似不确。

⑤存存：以楚国的存在为存在。意思是，虽然楚国还存在，但它在我心中已经灭亡。

【译文】

　　楚王与凡君坐在一起，没有多大一会儿，楚王身边近臣就多次提到凡国已经灭亡这件事。凡君说："凡国虽然灭亡了，但不足以消除它在我心中的存在。既然凡国的灭亡不足以消除它在我心中的存在，那么楚国虽然还存在，但它的存在也无法保证它在我心中没有灭亡。由此看来，凡国没有灭亡，而楚国也不再存在。"

【研读】

这一故事意味深长。凡君认为，凡国虽已灭亡，但它却存在于我的心中；楚国虽然存在，但它在我心中已经灭亡。从这个意义上看，凡国并未灭亡，而楚国也不再存在。这与庄子重视个人精神状态的主张是一致的。凡君（实为庄子）这一思想对后世产生两方面的影响。

首先是在道德领域里的影响。凡君热爱自己的祖国，讨厌傲慢的楚国，于是在他看来，自己的国家虽亡犹存，而楚国虽存犹亡。这一观念不仅适合于国家，更适合于个人。东汉末年的赵壹在《刺世疾邪赋》中写道：

乘理虽死而非亡，违义虽生而非存。

意思是：按照正理做事的人虽死犹生，违背正义的人虽生犹死。这两句话与凡君的话基本一样，不同的是，一个是在讲国家，一个是在讲个人。现代诗人臧克家写了一首诗，题目是《有的人》，其中有这样几句：

有的人活着，他已经死了；有的人死了，他还活着。

这几句话实际上就是凡君、赵壹作品的翻版。凡君的一段话能够被数千年的人们反复吟咏，足见其说出了人们的共同心声，也足见其生命力之强。

这一观念对我们普通人也有启发意义。在日常生活中，一些目光远大、思想明睿的人，能够居安思危，把有利的"存在"也视为不存在。陈录《善诱文·司马温公训俭》记载，北宋人张知白担任宰相时，生活依然像从前一样简朴，有人劝他从众，以免被讥为虚伪，张知白回答说：

> 吾今日之奉，虽举家锦衣玉食，何患不能？顾人之常情，由俭入奢易，由奢入俭难。吾今日之奉，岂能常有？身岂能常存？一旦异于今日，家人习奢已久，不能顿俭，必至失所，岂若吾居位去位、身存身亡，常如一日乎？

"居位去位、身存身亡"的意思是：虽然我高居相位，但我思想上把自己视为没有任何地位的平民；虽然我还活在世上，但我思想上把自己看作已经死亡的人。作者把现实中真实存在的"相位"和"活着"视为不存在，目的是为将来可能出现的困窘生活以及必将出现的死亡做物质上和精神上的准备。一个人如果能够真正做到"居位去位、身存身亡"，那么他在精神上就可以永远立于不败之地。应该说，张知白的思想境界比其他人要高一个层次。

其次体现在对精神生活的影响。白居易被贬到九江时曾写诗："此地何妨便终老，譬如元是九江人。"（《九江春望》）祖籍太原的白居易为了在精神上自我安慰，便把自己说成是九江人。苏东坡本是蜀人，可当他被贬到海南时，他在诗文中硬把海南说成是自己的家乡，只是阴差阳错地生于蜀地而已："我本海南民，寄生西蜀州。"（《别海南黎民表》）左宗棠赴京赶考途中，睡梦中误以为同伴是强盗，醒来后便在家书中毫无愧色地炫耀自己"舟中遇盗，谈笑却之"（《水窗梦呓》卷上）。清人张潮在《幽梦影》中写道：

> 有地上之山水，有画上之山水，有梦中之山水，有胸中之山水。地上者妙在丘壑深邃，画上者妙在笔墨淋漓，梦中者妙在景

象变幻，胸中者妙在位置自如。

胸中本来没有山水，但他硬在自己的胸中安置了一片山水。以上数人都是把不存在视为存在，白、苏二人是为了缓解思乡之苦，左宗棠是为了满足自己的虚荣之心，而后者则完全是为了获取艺术享受。这几人的做法与凡君以灭亡为存在、以存在为灭亡可谓是异曲同工。

知北游

知北游，取篇首三字为篇名。知，同"智"，是虚构的人名；北游，向北游历。本篇主要阐述两大内容：一是描述大道的特征。作者反复强调，大道无法用语言描述清楚，只能用心体悟；大道无处不在，即使在极为卑贱的事物身上，也能体现出大道；大道无形无象，无体无声，却主宰着万物的生死盛衰。二是在介绍大道特征的基础上，要求人们效法大道，顺应自然；淡泊名利，勘破生死；做到无为而无不为，外化而内不化。

一

知北游于玄水之上①，登隐弅之丘②，而适遭无为谓焉③。知谓无为谓曰："予欲有问乎若④：何思何虑则知道⑤？何处何服则安道⑥？何从何道则得道⑦？"三问而无为谓不答也，非不答，不知答也。

【注释】

①知：虚构人名。玄水：虚构的水名。上：旁边，岸边。

②隐弅（fén）：虚构的山名。

③适遭：刚好遇上。无为谓：虚构人名。

④若：你。

⑤知道：了解大道。

⑥服：事，做事。安道：符合大道。

⑦从：通过……途径。道：方法。

【译文】

　　知到北边的玄水游览，登上了隐弅山，正巧在那里遇到了无为谓。知向无为谓请教说："我想向你请教：如何思索、如何考虑才能懂得大道？怎么处世、怎么行事才能符合大道？通过什么途径、采取什么方法才能获得大道？"连续问了几次无为谓都没回答，不是他不想回答，而是他不知该如何回答。

　　知不得问，反于白水之南①，登狐阕之上②，而睹狂屈焉③。知以之言也问乎狂屈④。狂屈曰："唉！予知之，将语若。"中欲言而忘其所欲言。知不得问，反于帝宫，见黄帝而问焉。黄帝曰："无思无虑始知道，无处无服始安道，无从无道始得道。"

【注释】

①反：同"返"。白水：虚构的水名。

②狐阕（què）：虚构的山名。

③狂屈：虚构的人名。

④之言：那些问题。指知向无为谓提出的三个问题。之，那。

【译文】

　　知没有得到回答，只好返回到白水南岸，登上狐阕山，在那里看到了狂屈。知便拿同样的问题向狂屈咨询，狂屈说："哦，我知道答案，马上就告诉你。"狂屈心里正想要告诉知，却又不知道该如何去表达。知在狂屈那里也没有得到回答，便回到黄帝的住所，见到黄帝后又向黄帝请教这些问题。黄帝说："无思无虑才能懂得大道，不要有意地去讲究处世原则和做事方式才能符合大道，不要费心地去寻找途径和方法才能获得大道。"

　　知问黄帝曰："我与若知之，彼与彼不知也①。其孰是邪②？"黄帝曰："彼无为谓真是也，狂屈似之③，我与汝终不近也。夫知者不言，言者不知，故圣人行不言之教。道不可致④，德不可至，仁可为也⑤，义可亏也⑥，礼相伪也⑦。故曰：'失道而后德，失德而后仁，失仁而后义，失义而后礼。礼者，道之华而乱之首也⑧。'故曰：'为道者日损⑨，损之又损之，以至于无为，无为而无不为也。'

【注释】

①彼与彼：指无为谓与狂屈。

②是：正确。

③似之：近似于正确。

④道不可致：大道无法通过语言去获得。

⑤仁可为：仁爱之事还是可以做一些。老庄认为仁比不上道和德，但比义和礼的境界要高。

⑥义可亏：人为的原则可以少一些。义，指人为制定的原则。

⑦礼相伪：而礼仪则是相互作假的表现。

⑧礼者，道之华而乱之首也：礼仪制度，对道来说属于华而不实的东西，是动乱的开始。以上这段话见于《道德经》三十八章："故失道而后德，失德而后仁，失仁而后义，失义而后礼。夫礼者，忠信之薄而乱之首。"

⑨日损：欲望每天都在减少。以下这段话见于《道德经》四十八章："为学日益，为道日损，损之又损，以至于无为。无为而无不为。"

【译文】

　　知问黄帝说："我和您知道答案，无为谓和狂屈不知道答案。那么谁是正确的呢？"黄帝说："那位无为谓是真正的正确，狂屈近似于正确，而我和你则远离大道。真正懂得大道的人不去谈论大道，而谈论大道的人并不懂得大道，因此圣人推行不用语言的教育。大道无法通过语言获取，美德难以通过语言修成，仁爱之事可以做一些，人为原则可以少一些，而礼仪则是相互作假的表现。所以说：'失去大道之后才去提倡德，失去德之后才去提倡仁，失去仁之后才去提倡义，失去义之后才去提倡礼，礼这种东西，对大道来说是华而不实的东西，是社会动乱的开始。'所以说：'修习大道的人，欲望一天天减少，减少了再减少，以至于能够做到清静无为，清静无为反而能够做成一切事情。'

　　"今已为物也①，欲复归根②，不亦难乎！其易也，其唯大人乎③！生也死之徒④，死也生之始，孰知其纪⑤！人之生，气之聚也⑥；聚则为生，散则为死。若死生为徒⑦，吾又何患！故万物一也⑧，是其所美者为神奇，其所恶者为臭腐；臭腐复化为神奇，神奇复化为臭腐。故曰：'通天下一气耳⑨。'圣人故贵一⑩。"

【注释】

①为物：变为人。物，指人。

②根：根源。指大道。

③大人：伟人。指素质高、能够得道之人。

④徒：同类。

⑤纪：纲纪，规律。

⑥气之聚：是由阴阳二气聚集形成的。气，指形成万物的最细微物质颗粒。

⑦为徒：是同类的，是一样的。

⑧一：一样。万物皆由阴阳二气合成，所以说万物的本质是一样的。

⑨通：整个。

⑩贵一：重视万物的同一性。

【译文】

　　"如今我们已经变成人了，要想回归根源性的大道境界，不也很难吗！能够轻易回归大道的，大概只有那些素质极高的伟人了！生存与死亡是同类事情，死亡是另一种新事物生存的开始，谁又能懂得其中规律！人的诞生，是阴阳二气聚合的结果；阴阳二气聚合在一起就形成生命，阴阳二气离散开去就意味着死亡。如果明白了生死是一样的道理，我们又何必为死亡而忧伤呢！万物的本质是一样的，而人们把自己认为美好的东西视为神奇之物，把自己所讨厌的东西视为臭腐之物；然而臭腐之物可以转化为神奇之物，神奇之物也可以转化为臭腐之物。所以说：'整个天下万物都是相同的气形成的。'因此圣人重视万物的同一性。"

【研读】

　　本段认为天地万物皆阴阳二气所形成，强调万物齐同的思想。其中"其所美者为神奇，其所恶者为臭腐；臭腐复化为神奇，神奇复化为臭腐"数句值得我们玩味。这种奇腐互变的现象举目皆是：从事物性质的变化来看，美食可以化为粪土，粪土可以化为美食；从事物所处的位置来看，美食置于杯盘则为"神奇"，置于被褥则为"臭腐"；从不同的价值观来看，钞票在人的眼中是"神奇"，在鸡鸭眼里则为"臭腐"。当然，庄子的目的不是在区分"神奇"与"臭腐"的差异，恰恰相反，他是在用万物齐同的观点，抹杀二者之间的差异。

　　知谓黄帝曰："吾问无为谓，无为谓不应我，非不我应，不知应我也。吾问狂屈，狂屈中欲告我而不我告①，非不我告，中欲告而忘之也②。今予问乎若，若知之，奚故不近？"黄帝曰："彼其真是也③，以其不知也；此其似之也④，以其忘之也；予与若终不近也，以其知之也。"狂屈闻之，以黄帝为知言⑤。

【注释】

①中：心中。不我告：即"不告我"。

②之：代指语言。

③彼：指无为谓。

④此：指狂屈。

⑤知言：懂得语言的局限性。

【译文】

　　知对黄帝说："我向无为谓请教，无为谓没有回答我，他不是不愿意回答我，而是不知道该如何回答我。我向狂屈请教，狂屈心里想告诉我却又没有告诉我，他不是不愿意告诉我，而是心里想告诉我而不知该如何表达。如今我向你请教，而你知道如何回答，可为何说这远离大道呢？"黄帝说："无为谓是真正的正确，因为他什么也不知道；狂屈近似于正确，因为他不知道如何用语言表达；我和你始终都远离大道，因为我们知道如何用语言来回答这些问题。"狂屈听说此事后，认为黄帝懂得语言的局限性。

二

　　天地有大美而不言，四时有明法而不议①，万物有成理而不说②。圣人者，原天地之美而达万物之理③，是故至人无为，大圣不作④，观于天地之谓也。

【注释】

①明法：正确的运行规律。明，圣明，正确。

②成理：成功的理由、缘由。

③原：探索，研究。达：通晓，明白。

④作：创作，创新。圣人的一切言行都是效法大自然，因此不去创新。

【译文】

天地具备最大的美德却从不宣扬自己的美德，四季具有正确的运行规律却从不谈论自己的规律，万物都有自己的成功缘由却从不言说自己的缘由。那些圣人，探索天地的美德而明白万物的规律，因此得道的至人坚持清静无为，伟大的圣人从不刻意创新，这是因为他们的一切言行都是效法天地自然的缘故。

【研读】

效法大自然是道家的一贯主张，《道德经》二十五章说："人法地，地法天，天法道，道法自然。"老子的许多主张，如功成身退、柔弱胜刚强、损有余以补不足等等，都是通过观察自然而得出的结论。本段再次强调："天地有大美而不言，四时有明法而不议……是故至人无为，大圣不作，观于天地之谓也。"本篇下文还提出了大道无处不在的看法，大道"在蝼蚁""在稊稗""在瓦甓"，甚至"在屎溺"，我们只要有心，就能够在任何事物中领略大道。

道家的这一思想对后世产生了极为深刻而广泛的影响，后人就认为伏羲效法天地万物而发明八卦，怀素从"夏云之奇峰"中学习草书（《艺概·书概》），高启在泉水那里悟得大道（《碧泉铭》）等等。禅宗在庄子的大道无处不在这一思想基础之上，提出了一个颇富诗意的著名命题：

> 青青翠竹，尽是真如；郁郁黄花，无非般若。（《祖堂集》卷三）

　　大自然中的一草一木，一山一水，无不蕴含着佛家真理，因此有不少高僧信士都曾通过观察大自然而获益匪浅，苏东坡就是其中的一位。据《五灯会元》卷十七记载，苏东坡夜宿东林寺，于水声山色中领悟了佛法，于是第二天就写了一首偈：

　　　　溪声便是广长舌，山色岂非清静身？夜来八万四千偈，他日如何举似人？（《赠东林总长老》）

　　苏东坡认为潺潺的溪水声就是佛祖的说法声，起伏的山峦就是佛祖的清静身，他从中获得了无限启示和心得，这些心得是如此玄妙，以至于他无法用语言表述给别人。

　　效法自然，尊重自然，是庄子的思想精华之一。在如今人类与自然越来越疏远的情况下，重温庄子的这一思想，不仅使人能够获得一种空灵的艺术享受，而且也具有重大的实践意义。

　　今彼神明至精①，与彼百化②。物已死生方圆③，莫知其根也，扁然而万物自古以固存④。六合为巨⑤，未离其内⑥；秋豪为小⑦，待之成体⑧。天下莫不沈浮⑨，终身不故⑩；阴阳四时运行，各得其序。惛然若亡而存⑪，油然不形而神⑫，万物畜而不知⑬。此之谓本根，可以观于天矣。

【注释】

①彼：指大道。

②与彼百化：顺应着大道而千变万化。

③方圆：指万物的形状或方或圆。

④扁然：自然而然的样子。

⑤六合：上下四方。指整个宇宙空间。

⑥其内：大道的范围内。

⑦豪：通"毫"。毫毛。

⑧待之：依靠大道。之，代指大道。

⑨沈（chén）浮：或沉或浮，运动不息。沈，同"沉"。

⑩终身不故：终身都不会保持原有的模样。故，原样。

⑪惛（hūn）然若亡（wú）而存：恍恍惚惚似乎不存在而实际存在。惛然，恍恍惚惚而看不清楚的样子。亡，通"无"。不存在。本句描述大道，道即规律，规律看不见、摸不着，又确实存在。

⑫油然不形而神：它无形无象却又神妙无比。油然，无形无象的样子。

⑬畜：养育。这里指被养育。

【译文】

　　大道神奇精妙，因此要顺应着大道去千变万化。万物业已或死、或生、或方、或圆，却没有人能够知道万物生死方圆这些变化的根源，自古以来万物就这样自然而然地存在着。整个宇宙空间是巨大的，但也没能超出大道的规划范围；秋天的兽毛是细小的，但也必须依赖大道才能形成自己的形体。天下万物都是在大道的支配下不停地运动，终身变化无常；阴阳二气和四季也都是在大道的支配下不停运行，各自具备了自己的秩序。大道恍恍惚惚似乎不存在而实际存在，它无形无象却又神奇无比，万物都得到它的养育却又感觉不到它的存在。它可以说就是万物的根源，可以通过它来观察天地自然的状况。

三

　　啮缺问道乎被衣①，被衣曰："若正汝形②，一汝视③，天和将至④；摄汝知⑤，一汝度⑥，神将来舍⑦。德将为汝美⑧，道将为汝居⑨，汝瞳焉如新生之犊而无求其故⑩。"

【注释】

①啮缺：虚构人名。被衣：虚构人名。

②若：你。

③一：专一，专注。

④天和：天然的平和之气。

⑤摄汝知：收敛你的世俗智慧。摄，收敛。含有排除的意思。知，同"智"。

⑥度（duó）：思忖，思想。

⑦神将来舍：神奇的智慧就会停留在你的心中。舍，居住，停留。

⑧德将为汝美：你的品德将会变得美好。

⑨道将为汝居：你将会获得大道。

⑩瞳焉：瞪着眼睛、无知无识的样子。无求其故：不去留恋过去的事情。表示能够顺物而变。故，过去的事情。

【译文】

　　啮缺向被衣请教关于大道的问题，被衣说："你要端正你的形体，专注你的视听，天然的平和之气就会降临；收敛你的俗智，专一你的思虑，神奇的智慧就会具备。你的品德将会变得美好，大道将会来到你的心中，你就会像一头瞪着两眼、无知无识的初生小牛犊那样，不再去留恋过去的事情。"

言未卒①，啮缺睡寐②。被衣大说③，行歌而去之，曰："形若槁骸④，心若死灰，真其实知⑤，不以故自持⑥，媒媒晦晦⑦，无心而不可与谋。彼何人哉⑧!"

【注释】

①卒：结束，说完。

②睡寐：睡着了。

③说（yuè）：同"悦"。高兴。

④槁骸：枯干的骨骸。

⑤真其实知：真实的智慧。

⑥不以故自持：不再因为过去的事情而固执己见。自持，固守自我。

⑦媒媒晦晦：混混沌沌、糊里糊涂的样子。

⑧彼何人哉：他是一位什么样的人啊！本句是对啮缺的赞美，赞美他得道之迅速。

【译文】

被衣的话还没说完，啮缺已酣然入睡。被衣极为高兴，唱着歌走了，他唱道："身体犹如枯干的骨骸，内心就像熄灭的灰烬，他已具备真正的智慧，不再因往事而固执己见，混混沌沌，糊里糊涂，他已无思无虑而无法再与他一起谈论。他是一位什么样的人啊！"

四

　　舜问乎丞曰①:"道可得而有乎?"曰:"汝身非汝有也，汝何得有夫道?"舜曰:"吾身非吾有也，孰有之哉?"曰:"是天地之委形也②。生非汝有，是天地之委和也③;性命非汝有，是天地之委顺也④;孙子非汝有⑤，是天地之委蜕也⑥。故行不知所往，处不知所持⑦，食不知所味，天地之强阳气也⑧，又胡可得而有邪⑨?"

【注释】

①丞:相传是舜的老师。一说"丞"为官名。

②委形:委托给你的一个形体。

③委和:委托给你的阴阳中和之气。古人认为，阴阳二气相互融合而成万物。

④委顺:给予的和顺之气。顺，与"和"同义。

⑤孙子:子孙。

⑥委蜕:委托你生育的。蜕，蜕变，演化。即生育。

⑦处:在家。

⑧强阳:强有力的运动。阳主动，阴主静。

⑨胡可:怎么可以。

【译文】

　　舜问丞:"大道可以获取并据为己有吗?"丞说:"你的身体都不归你所有，你又如何能够把大道据为己有呢?"舜问:"我的身体不归我所有，又归谁所有呢?"丞说:"你的身体不过是大自然寄托给你的一个形体而已。生命并非你所有，那是大自然所赋予的阴阳中和之气形成的;

性情也非你所有，那也是大自然给予的阴阳和顺之气形成的；你的子孙也非你所有，那是大自然委托你生育的。因此圣人出门不知该去哪里，在家不知该做什么，吃饭也不知什么滋味，人的一切都是自然阴阳之气强有力的运动形成的，你又怎么能够把自身据为己有呢？"

五

孔子问于老聃曰："今日晏闲①，敢问至道。"老聃曰："汝齐戒②，疏瀹而心③，澡雪而精神④，掊击而知⑤。夫道，窅然难言哉⑥！将为汝言其崖略⑦。

【注释】

①晏闲：闲暇，空闲。

②齐（zhāi）：同"斋"。斋戒。

③疏瀹（yuè）：清洗，洗干净。而：你，你的。

④澡雪：洗涤，清洗。

⑤掊（pǒu）击而知：消除你的世俗智慧。掊击，打破，排除。而，你。知，同"智"。指俗智。

⑥窅（yǎo）然：深奥微妙、难以认识的样子。

⑦崖略：大概情况。

【译文】

孔子对老聃说："今天有点闲暇时间，我想向您请教什么是最高的道。"老聃说："你先要斋戒一番，打扫你的心灵，清洗你的精神，消除你的俗智。大道这种事物，深奥微妙得难以用语言表述啊！我只能为你谈谈大道的大概情况。

　　"夫昭昭生于冥冥①，有伦生于无形②，精神生于道，形本生于精③，而万物以形相生④，故九窍者胎生⑤，八窍者卵生⑥。其来无迹，其往无崖⑦，无门无房⑧，四达之皇皇也⑨。邀于此者⑩，四枝强⑪，思虑恂达⑫，耳目聪明⑬，其用心不劳，其应物无方⑭。天不得不高⑮，地不得不广，日月不得不行，万物不得不昌，此其道与！

【注释】

①昭昭：明显，看得清。指看得见的事物。冥冥：昏暗，看不清。指看不见的地方。

②有伦：有形。指有形体的事物。伦，形。

③精：精微之气。也即阴阳二气。

④以形相生：用自己的身体依次相生。

⑤九窍者：指人和各种兽类。九窍，指身体上眼、鼻、口等九个孔窍。

⑥八窍者：指身上有八个孔窍的禽鸟。

⑦其往无崖：它们死亡后不知去向。往，离去。指死亡。无崖，无边，不知去向。

⑧无门无房：找不到它们的往来门路，也不知它们的归依之处。房，归依之处。

⑨四达之皇皇：四面八方好像都是宽广通畅的大路。达，通畅。皇皇，宽广的样子。本句是描述万物生生死死、来来往往的现象无处不在。

⑩邀于此：懂得这一道理。邀，遇见。引申为懂得。一说"邀"是顺应的意思。

⑪四枝强：身体强健。枝，通"肢"。

⑫恂（xún）达：通达，明白。

⑬聪：听得清。明：看得清。

⑭应物无方：处理事务时能随机应变。无方，不固执一端，能随机应变。

⑮天不得不高：天得不到大道就不能变得高远。不得，指得不到大道。

【译文】

"看得见的万物产生于看不见的地方，有形的事物产生于无形的事物，精神产生于大道，形体产生于精微之气，而万物则是从一个形体产生另一个形体，所以具有九个孔窍的人类和兽类是从有形的胎里生出，具有八个孔窍的鸟类是从有形的卵中生出。万物产生时不留痕迹，死亡后也不知去向，既找不到它们来去的门路，也不知道它们的归依之处，四面八方似乎都是它们往来通行的宽广通畅之路。懂得这一道理的人，身体强健，思维通达，耳聪目明，运用心思不会感到疲劳，处理事务能够随机应变。上天不遵循大道就不会高远，大地不遵循大道就不会阔大，日月不遵循大道就不会运行，万物不遵循大道就不会昌盛，这就是大道的作用啊！

"且夫博之不必知①，辩之不必慧，圣人以断之矣②。若夫益之而不加益③，损之而不加损者④，圣人之所保也⑤。渊渊乎其若海⑥，巍巍乎其终则复始也⑦，运量万物而不匮⑧，则君子之道⑨，彼其外与⑩！万物皆往资焉而不匮⑪，此其道与！

【注释】

①博之不必知：博学之人不一定就有真正的智慧。知，同"智"。

②以断之：因此而放弃这些做法。以，因，因此。断，断绝，抛弃。之，代指博学和善辩。

③益：增多。

④损：减少。以上两句指的是大道，人们对大道无法增加什么，也无法减损什么。

⑤所保：所要保有的。

⑥渊渊乎：深邃难识的样子。

⑦巍巍乎：高大的样子。根据上句，"巍巍乎"下应缺"其若山"三字。

⑧运量：主宰。运，运载。量，容纳。匮：匮乏。

⑨君子：指世人所认为的君子。

⑩彼其外：是大道的外表皮毛。彼其，代指大道。

⑪资：资助，帮助。焉：代指大道。

【译文】

"再说那些博学之人未必就具有真正的智慧，善辩之人未必就具有真正的才华，圣人因此而放弃这些做法。想为它添加点儿什么也添加不了，想为它减少点儿什么也减少不了的大道，才是圣人所要保有的。大道深邃难测如大海一般，高大巍峨如大山一样，它引导万物终始循环，主宰万物而从不匮乏，而世俗君子所谓的道，都不过是它的外表皮毛而已！万物都获得了它的帮助而它从不会枯竭，这大概就是大道吧！

"中国有人焉①，非阴非阳②，处于天地之间，直且为人③，将反于宗④。自本观之⑤，生者，喑醷物也⑥，虽有寿夭，相去几何？须臾之说也⑦，奚足以为尧、桀之是非⑧！果蓏有理⑨，人伦虽难⑩，所以相齿⑪。圣人遭之而不违，过之而不守⑫。调而应之⑬，德也；偶而应之⑭，道也。帝之所兴⑮，王之所起也。

【注释】

①中国：指中原地区。

②非阴非阳：既不偏于阴也不偏于阳。指人是由阴阳中和之气所生。

③直：仅仅，只是。且：暂且，暂时。

④反于宗：返归本来面目。反，同"返"。宗，本原。指气的状态。道家认为，在大道的支配下，万物来自阴阳二气，又返归阴阳二气。这里所谓的"反于宗"，即指死亡。

⑤本：本源。指大道。

⑥喑醷（yīn yì）：阴阳二气聚合的样子。

⑦须臾：顷刻，短暂。

⑧为：判定，判断。

⑨果蓏（luǒ）：瓜果。蓏，瓜类植物的果实。

⑩人伦：人际关系。

⑪相齿：按照年龄大小安排秩序。齿，年龄。

⑫过之而不守：事情过去后也不放在心上。守，放在心中。

⑬调：协调，和谐。

⑭偶：木偶。指像木偶那样无思无虑。详见"研读"。

⑮所兴：兴起原因。

【译文】

　　"住在中原一带的人们，既不偏于阴也不偏于阳，他们生活在天地之间，也只是暂时当人而已，最终也将返归于阴阳二气。从大道的角度来看，活着的人，不过是阴阳二气聚合而成的一种物体而已，即便有长寿与短命的差异，这种差异又有多大一点儿呢？说起来都不过是片刻之间而已，他们又怎么能够去判定尧与桀孰是孰非呢！瓜果都有各自的生长规律，而人际关系却难以理清，于是就按照年龄大小来安排秩序。圣人遇到这类情况从不去违背人伦秩序，事情过去之后也不再放在心上。以一种和谐顺应的原则去处理外部事务，这是一种美德；能够像木偶那样以无心的态度去处理外部事务，这就符合大道。这也是帝业得以昌盛、王侯得以兴起的原因啊！

【研读】

　　"偶而应之"是庄子处世的重要原则之一，这一原则也即禅宗讲的不执着。《庄子·大宗师》已经说过：

　　　　至人之用心若镜，不将不迎，应而不藏，故能胜物而不伤。

　　圣人的心态犹如一面镜子，既不主动地去送走外物，也不主动地去迎接外物，事情出现了有所映照，事情过去了心中也就不留下任何痕迹，所以他们能够超然于万物之上而不受外物的伤害。这就是说，圣人的思想已经超然于万物之上，因此对万物既不执着于占有，也不有意地去排斥。

　　我们常人面对客观事物时，有爱有憎，因而会受到心理伤害；而圣人面对客观事物时，就像镜子照人一样，无爱无憎，以一种平和心态来对待万物，因而不会受到伤害。这与《金刚经》的"应无所住而

生其心"异曲同工。中国有一个著名的成语"逢场作戏",讲的也是这个道理。《五灯会元》卷三记载:

> 邓隐峰辞师,师(马祖道一)曰:"甚么处去?"曰:"石头去。"师曰:"石头路滑。"曰:"竿木随身,逢场作戏。"便去。

"竿木随身,逢场作戏"本指江湖艺人随时选择场地,用随身竿木,蒙布幔成台,为大众表演。在禅学中的意义,就是指一些禅师标榜自己已经达到了活泼泼自由解脱的境界,表面上与世俗人一样吃喝拉撒,而内心里却平静如水,就好像演戏人一样,表面上嬉笑怒骂,心里面却平静如常。庄子说的"偶而应之"指的就是这种状态。

"人生天地之间,若白驹之过郤①,忽然而已②。注然勃然③,莫不出焉④;油然漻然⑤,莫不入焉。已化而生,又化而死,生物哀之,人类悲之。解其天弢⑥,堕其天帙⑦,纷乎宛乎⑧,魂魄将往,乃身从之,乃大归乎⑨!不形之形,形之不形⑩,是人之所同知也,非将至之所务也⑪,此众人之所同论也⑫。彼至则不论⑬,论则不至。明见无值⑭,辩不若默。道不可闻,闻不若塞⑮,此之谓大得⑯。"

【注释】

①若白驹之过郤(xì):就像白色骏马跃过缝隙那样。白驹,一说指阳光。郤,隙缝。

②忽然:形容时间短暂。

③注然勃然:自然产生的样子。

④焉:代指阴阳二气。

⑤油然漻（liáo）然：自然消失的样子。

⑥天弢（tāo）：天然约束。指肉体。弢，弓袋。比喻肉体。庄子认为肉体束缚
　了灵魂自由。

⑦堕（huī）其天帙（zhì）：毁掉天然束缚。堕，通"隳"。毁坏。帙，箭袋。
　比喻肉体。

⑧纷乎宛乎：形容灵魂自由飘荡的样子。

⑨大归：指死亡。

⑩不形之形，形之不形：从没有形体到有形体，再从有形体到没有形体。这两
　　句描写的是人从无到有、从生到死的过程。之，到。

⑪将至：就要获取大道的人。务：寻求，留心。

⑫论：谈论。含有重视之义。

⑬至：指得道的至人。

⑭明见无值：说得明白的见解不符合大道。值，遇，符合。

⑮塞：塞住耳朵。

⑯大得：最大的收获。指获得了大道。

【译文】

　　"人在天地之间的生存时间，就像白色骏马跃过细小缝隙一样，不
过是短短的一瞬间而已。自然而然地，万物都从阴阳二气生出；自然
而然地，万物又都回归于阴阳二气。通过不断变化而生存于世间，又
通过不断变化而走向死亡，生存者为死亡而悲哀，人们为死亡而伤心。
而实际上死亡是摆脱了天然的肉体约束，是毁掉了天然的形体束缚，
飘飘荡荡地，灵魂将逝向远方，而肉体也随之消亡，这才是最终的回
归啊！人们从没有形体到有形体，再从有形体到没有形体这一生死过

程，是人人都知道的事实，那些修习大道的人对生死并不在意，而众人对此却十分重视。那些得道之人不谈论生死问题，谈论生死问题的人并未真正得道。说得清楚的理论不符合大道，因此巧言善辩不如闭口不言。大道是无法用语言表达清楚的，因此听到有人谈论大道时不如赶快塞住自己的耳朵，这可以说是真正懂得了大道。"

【研读】

本段用"白驹之过郤"来形容人生的短暂，《庄子·盗跖》也说："人上寿百岁，中寿八十，下寿六十，除病瘦死丧忧患，其中开口而笑者，一月之中不过四五日而已矣。天与地无穷，人死者有时，操有时之具而托于无穷之间，忽然无异骐骥之驰过隙也。"对于这种人生的短暂与苦恼，后人的感受越来越深：

> 百年三万日，老病常居半。其间互忧乐，歌笑杂悲叹。……
> 自从识此理，久谢少年伴。逝将游无何，岂暇读城旦？（苏轼《乔
> 太傅见和复次韵答之》）

在诗人中间，苏东坡算是比较旷达的一位，然而一想起短暂的人生与苦恼，他连书都看不进去了。更为可悲的是，有关人生在世的境况越算越细，人的生命也就越算越短。唐伯虎是一位有名的风流才子，对人生的短暂异常敏感，他先后写过两首内容相似的诗歌，以倾诉对人生短暂的无奈。其中《七十词》写道：

> 人年七十古稀，我年七十为奇。前十年幼小，后十年衰老；
> 中间只有五十年，一半又在夜里过了。算来止有二十五年在世，
> 受尽多少奔波烦恼。

唐伯虎只活了五十三、四岁，按照他的算法，去掉一头一尾，他

只有三十三年的实际寿命，再除去"又在夜里过了"的一半寿命，他也就只活了十多年。而就在这十多年里，还不知受过多少痛苦烦恼的折磨。

古今不知有多少人感叹人生的短暂，但这种感叹又无法感动造物主为我们增添些许寿命，怎么办？孔子有一个较好的间接答案：

> 叶公问孔子于子路，子路不对。子曰："女奚不曰：其为人也，发愤忘食，乐以忘忧，不知老之将至云尔。"（《论语·述而》）

叶公向子路询问孔子的情况，子路没有回答。孔子对子路说："你为什么不这样回答呢：他这个人啊，勤奋学习而忘记了吃饭，快乐无比而忘记了忧愁，没有感觉到衰老就要落在自己的头上了。"我们真应该像孔子那样，"躲进书里成一统，管他烦恼与寿命"，做到庄子说的"忘年忘义，振于无竟，故寓诸无竟"。

六

东郭子问于庄子曰①："所谓道，恶乎在②？"庄子曰："无所不在。"东郭子曰："期而后可③。"庄子曰："在蝼蚁④。"曰："何其下邪？"曰："在稊稗⑤。"曰："何其愈下邪？"曰："在瓦甓⑥。"曰："何其愈甚邪？"曰："在屎溺⑦。"东郭子不应。

【注释】

①东郭子：因住在东郭而得名。生平不详。郭，外城。

②恶（wū）乎在：在哪里。恶，哪里。

③期：务必。要求庄子务必指出一个具体地方。

④蝼（lóu）蚁：两种小虫子。即蝼蛄和蚂蚁。

⑤稊稗（tí bài）：两种野草名。

⑥甓（pì）：砖。

⑦溺（niào）：尿。

【译文】

东郭子问庄子："您所说的大道，究竟存在于哪里呢？"庄子说："大道无处不在。"东郭子说："您一定要指出具体地方才行啊！"庄子说："存在于蝼蛄和蚂蚁身上。"东郭子问："怎么会存在于如此卑下的地方呢？"庄子说："存在于稊草和稗草身上。"东郭子问："怎么越说越卑下了？"庄子说："存在于砖瓦之中。"东郭子问："怎么说得更卑下了？"庄子说："还存在于屎尿里。"东郭子听后没再吭声。

庄子曰："夫子之问也①，固不及质②。正获之问于监市履狶也③，每下愈况④。汝唯莫必⑤，无乎逃物⑥。至道若是，大言亦然⑦。'周''遍''咸'三者⑧，异名同实⑨，其指一也⑩。

【注释】

①夫子：先生。对东郭子的尊称。

②质：实质，本质。

③正获：一位名叫获的官员。正，官长。监市：市场管理人员。履狶（xī）：用脚踩猪以测肥瘦。履，踩。狶，猪。

④每下愈况：越往猪的腿部下边踩越清楚它的肥瘦状况。况，状况。猪的腿部最难长肥，所以用脚踩猪的腿部，更容易辨别猪的肥瘦。庄子用"每下愈

况"比喻越用低级的事物，越能说明大道无处不在的道理。成语"每况愈

下"即出于此，只不过文字与意思都有所改变而已。详见"研读"。

⑤莫必：不要固执在某个特定事物上寻找大道。必，固执。

⑥无乎逃物：没有任何事物能够逃脱大道的主宰。也即大道体现在每个事

物中。

⑦大言：符合大道的言论。

⑧周、遍、咸：这三个字都是"全部"义，用来说明道无处不在。

⑨异名同实：以上三个字名称不同而内容一样。

⑩指：主旨，内容。

【译文】

　　庄子说："先生提出的问题，本来就没有触及大道的实质。正获向

监市询问如何踩猪才能判断猪的肥瘦，监市回答说，越往猪腿的下部

踩越能明白猪的肥瘦情况。你不要固执于到某种事物身上去寻求大道，

因为大道可以体现在任何事物身上。至高无上的大道是如此，符合大

道的言论也是如此。'处处存在''普遍存在'和'到处存在'这三句话，

文字不同而内容相同，它们要说明的主旨一样。

【研读】

　　在中国词汇发展史上，有一个十分有趣的现象，那就是一些词语

本来是用错了，结果却得到大家承认，于是约定俗成，将错就错，错

了也就对了。本段中的"每下愈况"变为"每况愈下"就是典型一例。

宋胡仔《苕溪渔隐丛话》（后集）卷二十六："子瞻（苏东坡）自言平生

不善唱曲，故间有不入腔处。非尽如此，后山（陈师道）乃比之教坊

使雷大师舞，是何每况愈下，盖其谬矣!"这就是说，至迟在宋代，"每下愈况"已经被人们改为"每况愈下"，慢慢地，"每下愈况"一词反而被遗忘了。再举一例：

> 孙子荆年少时欲隐，语王武子"当枕石漱流"，误曰"漱石枕流"。王曰："流可枕、石可漱乎?"孙曰："所以枕流，欲洗其耳；所以漱石，欲砺其齿。"(《世说新语·排调》)

孙子荆年轻时想要隐居，就对王武子说："我将来要过一种枕山石、饮溪流的隐居生活。"结果他把"枕石漱流"错说成了"漱石枕流"。王济就反问："溪流能枕吗? 山石能饮吗?"孙子荆回答说："枕溪流的目的是想把耳朵洗干净（典故见《逍遥游》"尧让天下于许由"章的"研读"），饮山石的目的是想把牙齿磨砺好。"由于孙子荆的这一故事，后人无论是使用"枕石漱流"，还是使用"漱石枕流"，都不算错。

"尝相与游乎无何有之宫①，同合而论②，无所终穷乎! 尝相与无为乎，澹而静乎③，漠而清乎④，调而闲乎⑤。寥已吾志⑥，无往焉而不知其所至，去而来而不知其所止⑦，吾已往来焉而不知其所终，彷徨乎冯闳⑧，大知入焉而不知其所穷⑨。物物者与物无际⑩，而物有际者，所谓物际者也⑪，不际之际，际之不际者也。谓盈虚衰杀，彼为盈虚非盈虚⑫，彼为衰杀非衰杀，彼为本末非本末，彼为积散非积散也。"

【注释】

①相与：一起。无何有之宫：没有任何事物的空旷清净之处。宫，房舍。泛指

地方。这里指精神境界。

②同合而论：以万物齐同的观点讨论问题。同合，齐同，同一。

③澹：淡泊。

④漠：恬淡。

⑤调：和谐，平和。

⑥寥已吾志：即"吾志已寥"。我的心境已经空净。志，心境。寥，空净。

⑦去而来：到了那种精神境界后再返回现实。

⑧彷徨：徘徊，游荡。冯闳（hóng）：空旷的样子。

⑨大知：指大智之人。知，同"智"。入焉：进入那种境界。焉，代指空旷的境界。

⑩物物者与物无际：主宰万物的大道与万物之间并没有任何界线。大道是指万物的规律，而规律就体现在万物之中，所以说大道与万物之间没有界线。物物者，主宰万物的大道。第一个"物"是主宰万物的意思。际，界线。

⑪所谓：所说的，所认为的。主语是世人。

⑫彼：指人们。

【译文】

"我们可以尝试着一起到没有任何事物的空旷之处遨游，用万物齐同的观点去讨论问题，那么我们就会进入一种无穷无尽的精神境界啊！我们还可以尝试着做到清静无为，心里是那样的恬淡而又安宁，淡泊而又清净，平和而又安闲。我的心早已经空净了，我不会有目的地到任何地方去，也不知该到哪里去，离开那种精神境界返回现实后也不知该在何处停留，我往来于那种精神境界却不知道它的尽头，只是在那无限的空旷之中徘徊游荡，即使大智之人进入那种境界，也无法找到它的边际。主宰万物的大道与万物之间没有任何界线，而事物之间的界线，只是一种人为的所谓界线，不是一种真实的界线，即便划了界线也不能算是真实界线。人们经常谈论盈虚衰亡，而人们所认为的盈虚并非真正的盈虚，人们所认为的衰亡并非真正的衰亡，人们所认为的本末并非真正的本末，人们所认为的聚散也并非真正的聚散。"

七

妸荷甘与神农同学于老龙吉[①]。神农隐几阖户昼瞑[②]，妸荷甘日中奓户而入[③]，曰："老龙死矣!"神农隐几拥杖而起[④]，㗊然放杖而笑[⑤]，曰："天知予僻陋慢訑[⑥]，故弃予而死。已矣夫子! 无所发予之狂言而死矣夫[⑦]!"

【注释】

①妸（ē）荷甘：虚构人名。老龙吉：虚构人名。

②隐几：靠着几案。隐，靠。阖（hé）户：关着门。阖，关闭。户，门。昼瞑：白天睡觉。瞑，睡觉。

③奓（zhà）：打开。

④拥杖：抱着拐杖。

⑤㗊（bó）然：象声词，形容放下拐杖的声音。

⑥天：指老龙吉。神农认为老龙吉是思想境界最高的人，故称之为"天"。僻陋：见识浅薄。慢訑（dàn）：散漫。

⑦狂言：指世俗人难以理解的至理名言。

【译文】

　　妸荷甘与神农一起在老龙吉那里学习。神农大白天靠着几案、关着门睡觉。中午时分，妸荷甘推开门进来，说："老龙吉死了！"神农靠着几案，双手抱着拐杖站了起来，接着"啪"的一声丢下拐杖笑了起来，说："老龙吉知道我见识浅陋、生性懒散，所以他丢下我自个死了。我们的老师没了，他还没有用高谈阔论启发我们就这样死了！"

　　弇堈吊闻之①，曰："夫体道者，天下之君子所系焉②。今于道，秋豪之端万分未得处一焉③，而犹知藏其狂言而死，又况夫体道者乎！视之无形④，听之无声，于人之论者，谓之冥冥⑤。所以论道，而非道也。"

【注释】

①弇堈（yǎn gāng）吊：虚构人名。

②系：依归，依靠。

③秋豪：秋天刚刚长出的兽毛。豪，通"毫"。毫毛。万分未得处一：万分里未能得到一分。

④之：指大道。

⑤冥冥：深奥难懂的样子。

【译文】

　　弇堈吊听到此事，说："那些得道之人，是天下君子的依靠。如今老龙吉对于大道，连一根秋毫末端的万分之一都还未能得到，尚且知道藏起自己的高谈阔论而死去，更何况那些得道之人呢！看不见大道的形体，听不到大道的声音，大道对于人们来说，可以称之为深奥难懂。所以说人们所谈论的道，并非真正的大道。"

于是泰清问乎无穷曰①："子知道乎？"无穷曰："吾不知。"又问乎无为②，无为曰："吾知道。"曰："子之知道，亦有数乎③？"曰："有。"曰："其数若何？"无为曰："吾知道之可以贵，可以贱，可以约④，可以散。此吾所以知道之数也。"泰清以之言也问乎无始⑤，曰："若是，则无穷之弗知与无为之知，孰是而孰非乎？"无始曰："不知深矣，知之浅矣；弗知内矣⑥，知之外矣。"于是泰清中而叹曰⑦："弗知乃知乎！知乃不知乎！孰知不知之知！"无始曰："道不可闻，闻而非也；道不可见，见而非也；道不可言，言而非也。知形形之不形乎⑧！道不当名⑨。"

【注释】

①泰清：虚构人名。无穷：虚构人名。

②无为：虚构人名。

③数：名目，内容。

④约：收缩，聚合。

⑤之言：那些话。之，那些。指无穷与无为两人的话。无始：虚构人名。

⑥内：内涵，本质。

⑦中：指在谈话之时插话。

⑧形形：产生有形的事物。即产生万物的大道。第一个"形"为动词，使……有形体。

⑨不当名：无法描述。名，称述，描述。

【译文】

于是泰清问无穷："您懂得大道吗？"无穷说："我不懂得。"泰清又去问无为，无为说："我懂得大道。"泰清又问："您既然懂得大道，那么大道有具体内容吗？"无为说："有的。"泰清问："具体内容是什么？"无为说："我知道大道可以体现在尊贵的事物中，也可以体现在卑贱的事物中；它可以聚合在一起，也可以分散开去。这就是我所知道的有关大道的内容。"泰清拿无穷与无为两人的话去请教无始，说："他们两人这么回答我，那么无穷的不知道和无为的知道，究竟谁正确谁错误呢？"无始说："说不知道的人深奥难测，说知道的人则显得浅薄；说不知道的人真正了解大道的内涵，而说知道的人只是了解了大道的外表。"于是泰清打断无始的话感叹道："自称不知道的才是真正的知道啊！自称知道的并非真正的知道，谁又能懂得这种不知道的知道呢！"无始说："道无法听到，能听到的就不是道；道无法看见，能看见的就不是道；道无法言传，能言传的就不是道。要知道产生有形之物的大道是没有形体的，大道无法用语言描述。"

无始曰："有问道而应之者，不知道也；虽问道者，亦未闻道。道无问，问无应。无问问之①，是问穷也②；无应应之，是无内也③。以无内待问穷，若是者，外不观乎宇宙，内不知乎大初④，是以不过乎昆仑⑤，不游乎太虚⑥。"

【注释】

①无问问之：不可以询问的问题却要去询问。

②问穷：空洞的提问，没有意义的提问。穷，空。

③内：内容，内涵。

④大（tài）初：即"太初"。指最初的事物，也即大道。

⑤过：经过，来到。昆仑：山名。象征高大遥远的精神境界。

⑥太虚：清虚宁寂的得道境界。

【译文】

　　无始又说："有人前来询问大道就给予回答的，其实并不懂得大道；那个前来询问大道的人，也无法从他那里听到大道。大道是无法询问的，询问了也无法回答。无法询问的问题却一定要去询问，这种询问就是一种毫无意义的询问；无法回答的问题却还要勉强去回答，这种回答就是一种毫无内容的回答。拿毫无内容的回答去应对毫无意义的询问，这样做的人，对外不能观察广阔的宇宙，内心无法了解大道的内涵，因此他们也就无法生活于高远的精神世界之内，不能遨游于清虚宁寂的大道境界之中。"

八

　　光曜问乎无有曰①："夫子有乎②？其无有乎？"光曜不得问③，而孰视其状貌④，窅然空然⑤，终日视之而不见，听之而不闻，搏之而不得也⑥。光曜曰："至矣，其孰能至此乎！予能有无矣⑦，而未能无无也⑧，及为无⑨，有矣。何从至此哉！"

【注释】

①光曜：虚构人名。也可理解为光明。象征显明。无有：虚构人名。即今天所说的空间。象征虚无。

②有：存在。

③不得问：提问没有得到回应。

④孰：同"熟"。反复，仔细。

⑤窅（yǎo）然：深邃的样子。空然：空无的样子。

⑥搏：触摸。

⑦有无：达到虚无的思想境界。有，存有，达到。

⑧无无：连"虚无"也被打扫干净的思想境界。

⑨为无：修习虚无思想境界。为，修习。

【译文】

　　光曜问无有："您是存在呢？还是不存在呢？"光曜没有听到回答，便仔细观察无有的容貌，发现他是那样的深邃与空净，整天看他也看不见他的形状，整天听他也听不到他的声音，整天触摸他也触摸不到他的形体。光曜说："这是最高境界啊，谁还能达到这一境界呢！我能够达到空净的思想境界，却无法达到连'空净'都被打扫干净的思想境界。在我修习空净境界时，仍然是以我本身存在为基础的。我如何才能达到他那样的思想境界啊！"

【研读】

　　本段赞美了极为空净虚寂的思想境界。所谓的"无无"，类似佛学提出的"空空"与"不执着于'不执着'"。所谓"空空"，佛教认为万法皆空，然而如果一个人总是念念不忘"万法皆空"，依然属于较低层次，高层次的应该是连同"万法皆空"这一概念也被打扫干净，心里完全空净。所谓"不执着于'不执着'"，意思是一个人如果念念不忘地告诫自己：我不要执着于名利！我不要执着于名利！在禅宗看来，此人的功夫还远远不够。一个思想境界真正高妙的人，他不仅忘记了"名利"，而且还忘记了"我不要执着于名利"这条准则本身。需要时刻提醒自己远离名利的人，他实际上还没有摆脱名利的束缚。如果把这种双遣的"无心"状态运用到学佛方面，就是：

> 若起精进心，是妄非精进，若能心不妄，精进无有涯。(《五灯会元》卷二)

这四句偈语的意思是：如果一个人时刻不忘记努力学佛，这是错误的；只有当他努力学佛的时候而又忘记了自己是在努力学佛，他才能不断进步，前途无量。

庄子所谓的"无无"，就是不仅要达到"虚无空净"的心境，而且还要达到连这种"虚无空净的心境"也被打扫干净的境界。这就使我们想到《坛经·行由》中与此相似的两则禅宗偈：

> 身是菩提树，心如明镜台。时时勤拂拭，勿使惹尘埃。(神秀偈)

> 菩提本无树，明镜亦非台。本来无一物，何处惹尘埃？(惠能偈)

光耀的境界类似神秀偈，虽然也在不停地打扫，但打扫的前提是打扫者与被打扫者的存在；无有的境界类似于惠能偈，打扫者与被打扫者本身都已经被打扫干净了，心中了无纤尘。

九

大马之捶钩者①，年八十矣，而不失豪芒②。大马曰：“子巧与③，有道与？”曰：“臣有守也④。臣之年二十而好捶钩，于物无视也，非钩无察也。”是用之者⑤，假不用者也⑥，以长得其用⑦。而况乎无不用者乎⑧，物孰不资焉⑨！

【注释】

①大马：官名。即大司马。捶钩：锻造衣带钩。一说“钩”指一种兵器。

②豪：通“毫”。毫毛。芒：禾穗上的细刺。

③与：同“欤”。疑问语气词。

④有守：有所坚守。即长期坚持专心于造钩。

⑤是用之者：这就说明能够如此运用造钩能力的原因。

⑥假：凭借。

⑦长得其用：长期保持着造钩的能力。用，作用，能力。

⑧无不用者：在不把精力用到别的事情时，又忘却了自己没有把精力用到别的事情。这里讲的是上文“无无”理论。无，忘却。一说本句的意思是处处能起作用的事物。指大道。

⑨物孰不资焉：哪个人不是依靠这一点获取成功的呢！物，指人。资，获取帮助。焉，代指用心专一。

【译文】

大司马家有一位锻造衣带钩的老人，已经八十岁了，但他锻造的衣带钩没有丝毫误差。大司马问：“您是有什么技巧呢，还是有什么道术呢？"老人回答说："我一直坚持专心造钩。我二十岁时就喜欢锻造衣带钩，对其他事物连看也不想看，除了衣带钩我什么都不关心。"这就说明，不把精力运用到别的事情上，才能够长期保持住造钩能力。更何况在不把精力用到别的事情时，又忘记自己没有把精力用到别的事情上，哪个人的成功不是依靠这种专注心呢！

【研读】

捶钩老人的故事告诉人们，要想事业成功，一是要持之以恒，二是要用心专注。荀子在《劝学》篇中对于这两点有集中论述：

> 故不积跬步，无以致千里；不积小流，无以成江海。骐骥一跃，不能十步；驽马十驾，功在不舍。锲而舍之，朽木不折；锲而不舍，金石可镂。蚓无爪牙之利、筋骨之强，上食埃土，下饮黄泉，用心一也。蟹六跪而二螯，非蛇、蟺之穴，无可寄托者，用心躁也。……行衢道者不至，事两君者不容。目不能两视而明，耳不能两听而聪。螣蛇无足而飞，梧鼠五技而穷。《诗》曰："尸鸠在桑，其子七兮。淑人君子，其仪一兮。其仪一兮，心如结兮。"故君子结于一也。

荀子说："如果不去积累半步一步的行程，就无法达到千里之遥；不去积累细小的流水，就无法汇成江河大海。骏马一跃，也不足十步远；劣马走上十天也能到达很远的地方，其成功就来自不停地行走。雕刻几下就停下来，那么连朽木也雕刻不了；如果不停地雕刻下去，那么即便是金石也能雕刻成功。蚯蚓没有锐利的爪子和牙齿，也没有强健的筋骨，却能向上吃到泥土，向下喝到深深的泉水，这是由于它用心专一；螃蟹有六条腿与两个蟹钳，但是如果没有蛇、鳝的洞穴它就无处存身，这是因为它用心浮躁啊。……在歧路上来回徘徊的人，就无法到达目的地；同时事奉两个君主的人，双方都不会容忍他。眼睛不能同时看清楚两样东西，耳朵不能同时听明白两种声音。腾蛇没有脚但能飞翔，鼫鼠有五种本领（据说鼫鼠能飞但飞不上屋顶，能爬树但爬不到树梢，能游泳但游不过河流，能挖洞但挖的洞太浅而无法藏身，能走路但没有人走得快）却生活艰难。《诗经》说：'尸鸠鸟在桑树上筑巢，它的幼鸟有七只。善良的君子们，他们的行为非常专一；正因为行为专一，所以他们的心才会如磐石一样坚守于一处。'所以君子的意志坚定而专一。"

　　荀子的这段话，从开始至"锲而不舍，金石可镂"讲的是持之以恒，从"蟹无爪牙之利"到最后，讲的是用心专一。这一成功秘诀不仅为中国人所采用，西方人对此也明确表示赞成："一个志在有大成就的人，他必须，如歌德所说，知道限制自己。反之，那些什么事都想做的人，其实什么事都不能做，而终归于失败。……一个人在特定的环境内，如欲有所成就，他必须专注于一事，而不可分散他的精力于多方面。"（黑格尔《小逻辑·逻辑学概念的初步规定》）

十

　　冉求问于仲尼曰①："未有天地可知邪？"仲尼曰："可。古犹今也。"冉求失问而退②。明日复见，曰："昔者吾问：'未有天地可知乎？'夫子曰：'可。古犹今也。'昔日吾昭然③，今日吾昧然④。敢问何谓也⑤？"仲尼曰："昔之昭然也，神者先受之⑥；今之昧然也，且又为不神者求邪⑦！无古无今，无始无终，未有子孙而有子孙⑧，可乎?"冉求未对。

【注释】

①冉求:孔子的弟子。姓冉名求,字子有。

②失问:不知应该再提问什么。

③昭然:明白的样子。

④昧然:糊涂的样子。

⑤何谓:为何,为什么。

⑥神:心神。

⑦不神者:非心神的东西。即具体事物。求:寻找。即寻求古今具体事物的相同处。古今原则相同,但古今的具体事物并不完全一样,所以当冉求在比较古今具体事物时就产生了迷惑。

⑧未有子孙而有子孙:如果说古人没有子孙而现代人才有子孙。意思是说,通过现代人有子孙,就可以推知古人也有子孙。进一步证明古今是一样的。

【译文】

　　冉求问孔子:"天地产生之前的情况可以知道吗?"孔子说:"可以知道。古代与今天是一样的。"冉求不知道应该再问什么,于是就走了。第二天,冉求又去见孔子,问道:"昨天我问您:'天地产生之前的情况可以知道吗?'先生说:'可以。古代和今天是一样的。'昨天我刚刚听后还明白,今天又糊涂了。请问这是为什么呢?"孔子说:"昨天你明白,是因为你的心神先领悟到了这一点;今天你又糊涂了,是因为你在具体事物上寻找古今的相同点。没有古代就不会有今天,没有开始就不会有结束,说古人没有子孙而现代人才有子孙,这可以吗?"

冉求没有回答。

仲尼曰:"已矣^①,未应矣^②! 不以生生死^③,不以死死生^④。死生有待邪^⑤? 皆有所一体^⑥。有先天地生者物邪? 物物者非物^⑦,物出不得先物也^⑧,犹其有物也^⑨。犹其有物也,无已^⑩。圣人之爱人也终无已者,亦乃取于是者也^⑪。"

【注释】

①已:算了。

②未应:不必回答。

③不以生生死:不要因为自己活着就希望死去的人们都复活。生死,使死者复活。意思是不能要求别人的理解力与自己一样。

④死生:让活着的人死去。

⑤有待:互相依赖。有生才有死,有死才有生,因此说生与死是相互依赖而存在。

⑥皆有所一体:它们都发生在同一事物上。

⑦物物者:产生万物的东西。指大道。非物:不是某种具体有形事物。

⑧物出不得先物也:在万物出现之前不可能还有某种具体有形事物。

⑨犹其有物:但还是有一个抽象的事物。这个事物指大道,大道出现于万物之先,万物产生于大道。

⑩无已:不停。指万物生生不息。

⑪取于是:效法于大道。取,取法。是,代指大道。

【译文】

孔子说："算了吧，你不用回答了。我们不要因为自己活着就希望死去的人也都复活，也不要因为自己死了就希望活着的人也都死去。死亡与生存大概是相互依赖而存在的吧？但它们又都发生在同一个事物身上。天地产生之前大概也存在万物吧？可产生万物的不可能是某种具体有形的事物，因而在万物出现之前不可能还有具体有形的事物，然而那时还有一种名叫大道的抽象事物。正是因为有了大道，万物才得以生生不息。圣人爱人之心永无休止，就是取法于大道。"

【研读】

庄子虽然喜欢假借孔子及其他名人的嘴巴讲自己的思想，但孔子的确有"古犹今"的观点。《论语·为政》记载：

子张问："十世可知也？"子曰："殷因于夏礼，所损益，可知也；周因于殷礼，所损益，可知也；其或继周者，虽百世可知也。"

子张问道："十代王朝之后的礼仪制度可以预先知道吗？"孔子说："商朝沿袭了夏朝的礼仪制度，他们所废除和增加的，是可以知道的；周朝沿袭了商朝的礼仪制度，他们所废除和增加的，也是可以知道的；如果将来有人继承了周朝，即使一百个王朝以后的情况，也是可以预知的。"

十一

颜渊问乎仲尼曰："回尝闻诸夫子曰：'无有所将①，无有所迎。'回敢问其游②？"仲尼曰："古之人外化而内不化③，今之人内化而外不化。与物化者，一不化者也④。安化安不化⑤，安与之相靡⑥，必与之莫多⑦。狶韦氏之囿⑧，黄帝之圃⑨，有虞氏之宫⑩，汤、武之室⑪。君子之人，若儒、墨者师，故以是非相赍也⑫，而况今之人乎！

【注释】

①将：送走。

②游：游世，处世。

③外化：外表言行要顺应万物而变化。内不化：内心的平和安宁永远不会改变。

④一不化：内心专一于平和安宁而没有改变。

⑤安化安不化：都能安然地听任事物的变化或不变化。

⑥之：代指万物。靡：顺应。

⑦莫多：不去增加什么。即不去主观地改变万物。

⑧狶（xī）韦氏之囿（yòu）：狶韦氏可以在广阔的精神苑林中遨游。狶韦氏，传说中的圣君。囿，古代帝王放养禽兽的园林。这里的"囿"用来比喻广阔的精神境界。以下数句从囿到圃、到宫、到室，可供活动的范围越来越小，比喻人们的精神世界越来越狭窄。

⑨圃：种植蔬菜瓜果的园子。

⑩有虞氏：即舜。

⑪汤、武：指商朝开国君主商汤王与周朝开国君主周武王。

⑫相赍：相互攻击。赍，捣碎，攻击。

【译文】

颜渊问孔子："我曾经听老师说过：'不要主动去送走什么，也不要有意去迎接什么。'那么我想请教该如何处世呢?"孔子说:"古时候的人们外表言行顺应着万物而变化,而内心的安宁平和状态永远不变;如今的人们内心的喜怒哀乐情感变化无常,而外表言行却不能顺应万物而变。能够与万物一同变化的人,其内心却一直保持着安宁平和的状态而毫无改变。他们既能够安然地接受万物变化,也能够安然地接受万物不变化,这样的人就能够安心地顺应着万物,而一定不会对万物加以改变。狶韦氏能够在广阔的精神苑林中遨游,黄帝也还能够在相对开阔的精神园圃中游荡,有虞氏就只能在空间有限的精神宫殿里徘徊,而商汤王、周武王的精神世界狭小得就像一间小住室一样。后来所谓的君子,像儒家、墨家的老师们,就开始用是非对错的问题相互攻击,更何况如今的这些人呢!

　　"圣人处物不伤物,不伤物者,物亦不能伤也。唯无所伤者,为能与人相将迎①。山林与,皋壤与②,使我欣欣然而乐与! 乐未毕也,哀又继之。哀乐之来,吾不能御③,其去弗能止。悲夫,世人直为物逆旅耳④! 夫知遇而不知所不遇,知能能而不能所不能⑤。无知无能者,固人之所不免也。夫务免乎人之所不免者⑥,岂不亦悲哉! 至言去言⑦,至为去为,齐知之,所知则浅矣⑧。"

【注释】

①将迎:送迎。指与人交往。

②皋壤:水边的高地。

③御:抵挡,拒绝。

④世人直为物逆旅:世人只不过是喜怒哀乐等各种情绪的临时客店而已。物,

指喜怒哀乐等各种情感。逆旅，旅馆。

⑤知：衍文。应删去。能能：能够做到自己所能做到的。

⑥务：一心追求。

⑦至言去言：最高境界的言论就是沉默无语。

⑧齐知之，所知则浅矣：如果想获取所有的知识，那么所获取的知识就非常浅
　　薄了。齐，全部。

【译文】

　　"圣人与万物相处时不去伤害外物，不去伤害万物的人，万物也不会去伤害他。正因为圣人对万物没有任何伤害，所以才能与人们和谐相处。茂密的山林啊，水边的美景啊，使我欣欣然快乐无比！然而快乐的情绪还没消失，悲哀的情绪又接踵而来。悲哀与快乐的到来，我无法拒绝；悲哀与快乐的离去，我也无法挽留。可悲呀，世人简直就成了喜怒哀乐各种情绪来来往往的临时旅店了！人们了解自己遇到的事物而无法了解自己没有遇到的事物，能够做到自己所能做到的事情而不能够做到自己所不能做到的事情。有所不知，有所不能，这本来是人们在所难免的事情。如果硬要去免除人们所难以免除的事情，这岂不也是一种悲哀吗！最高境界的言论就是默然无语，最高境界的行为就是清静无为，如果想获取所有的知识，那么他所获取的知识就非常浅薄了。"

张 景 评注

你真能
读明白的

庄子

下
杂篇

中华书局

杂　篇

庚桑楚

庚桑楚，姓庚桑，名楚，老子的弟子。本篇重点阐述了养生问题。为了保证生命安全与身体健康，要求人们清静无为，远离功名，深藏不露，还要像婴儿那样无知无欲、无思无虑、遗忘生死、淡泊得失，永保内心的平和与清净。本篇还特别告诫人们不可为非作歹，否则，将会受到人事的制裁或鬼神的责罚。

到了唐玄宗时，庚桑楚受到了特别的重视："天宝元年……诏:《古今人表》，玄元皇帝升入上圣，庄子号南华真人，文子号通玄真人，列子号冲虚真人，庚桑子号洞虚真人。改《庄子》为《南华真经》,《文子》为《通玄真经》,《列子》为《冲虚真经》,《庚桑子》为《洞虚真经》。"(《旧唐书·礼仪志四》)庚桑楚被封为洞虚真人,《庚桑子》(即本文《庚桑楚》，后或有增改)被唐朝廷升格为"经"，与《老子》《庄子》《文子》《列子》并列，可见本篇在道教史上的重要地位。

一

老聃之役有庚桑楚者①，偏得老聃之道②，以北居畏垒之山③，其臣之画然知者去之④，其妾之挈然仁者远之⑤，拥肿之与居⑥，鞅掌之为使⑦。居三年，畏垒大壤⑧。畏垒之民相与言曰："庚桑子之始来，吾洒然异之⑨。今吾日计之而不足⑩，岁计之而有余⑪，庶几其圣人乎⑫！子胡不相与尸而祝之⑬，社而稷之乎⑭？"

【注释】

①役：弟子。古代弟子要为老师做一些杂务，故称"役"。庚桑楚：姓庚桑，名楚。

②偏得：独得。

③畏垒：山名。

④臣：男仆。画然知者：头脑灵活的聪明人。画然，聪明的样子。知，同"智"。去之：让他们离开。

⑤妾：女仆。挈（qiè）然仁者：努力显示仁慈的人。挈然，用力的样子。

⑥拥肿之与居：即"与拥肿居"。只与朴实的人生活在一起。拥肿，朴实的样子。这里指朴实的人。

⑦鞅掌之为使：即"使鞅掌"。只使唤那些敦厚而不修礼仪的人。鞅掌，敦厚而不修礼仪的样子。这里指敦厚不修礼仪的人。

⑧大壤：大丰收。壤，通"穰"。丰收。

⑨洒（xǐ）然：稍感吃惊的样子。

⑩日计之而不足：在短时间内观察他，似乎有许多不足之处。日，指较短的时期。

⑪有余：功德很大。

⑫庶几：差不多，几乎是。

⑬尸而祝之：立他为君主而为他祝福。尸，主。用作动词，立为君主。

⑭社而稷之：建立一个国家。社，土神。稷，谷神。古代帝王都要祭祀社稷，
　　于是后来就用"社稷"代指国家。

【译文】

　　老聃有一位弟子叫庚桑楚，他独自获取老聃的大道之后，就居住在北方的畏垒山中。他辞退那些显得非常聪明的男仆，远离那些显得十分仁慈的女仆，只与纯朴的人生活在一起，也只使唤那些敦厚而不修礼仪之人。三年之后，畏垒山一带获得大丰收。畏垒山百姓就在一起商议说："庚桑子刚来的时候，我们就有些吃惊地感到他与常人不同。在短时间内观察他，觉得他有许多不足之处；但通过长时间的观察，就会发现他的功德很大，他差不多算是一位圣人吧，大家为何不立他为君主而为他祝福，为何不拥戴他建立一个国家呢？"

【研读】

　　本段文字记载庚桑楚北居畏垒山时，赶走那些足智多仁的男女仆从，只与朴实敦厚而不修礼仪之人相处，三年之后畏垒山区物丰民和，其乐融融。千年之后的明代名将戚继光同样依照这一原则招募将士：

　　　　第一切忌不可用城市油滑之人，但见面目光白、形动伶便者
　　　　是也。……第一可用，只是乡野老实之人。……最勿使伶俐油滑，
　　　　宁用乡野愚钝之人。（《纪效新书·束伍篇》）

　　黄仁宇解释说："戚继光订立了一条甄别应募者的奇特标准，凡属脸色白皙、眼神轻灵、动作轻快的人一概摈诸门外，因为这种人几乎全是来自城市的无业游民，实属害群之马，一旦交锋，不仅自己会临阵脱逃，还会唆使周围的人一起逃跑，以便一旦受到审判时可以嫁祸

于这些言辞钝拙的伙伴。在这个标准下招收来的兵员，都属于淳朴可靠的青年农民。"(《万历十五年》)曾国藩的用人标准也与此相同，咸丰十年六月中旬，曾国藩在给李元度的信中说：

> 心窍太多，离朴散淳，真意荡然。湘勇之兴，凡官气重、心窍多者，在所必斥。(《复李元度》)

心窍多者聪明伶俐，乡野之人愚笨憨拙，庚桑楚与戚继光、曾国藩宁用愚笨者而不用伶俐人。如果说庚桑楚的故事存有庄子臆造之嫌，而戚继光与曾国藩的用人标准则来自实战经验。由此可见，道家愚人主义虽有很大局限性，却并非全无道理。

　　庚桑子闻之，南面而不释然①，弟子异之，庚桑子曰："弟子何异于予？夫春气发而百草生，正得秋而万宝成②。夫春与秋，岂无得而然哉③？天道已行矣。吾闻至人，尸居环堵之室④，而百姓猖狂⑤，不知所如往⑥。今以畏垒之细民⑦，而窃窃焉欲俎豆予于贤人之间⑧，我其杓之人邪⑨！吾是以不释于老聃之言。"

【注释】

①释然：愉悦的样子。

②万宝：指各种庄稼。成：成熟。

③无得而然：不能如此。然，这样。

④尸居环堵之室：安静地居住在小小的室内。尸居，静居。代表死者接受祭祀的人叫尸，在整个祭祀过程中，尸安坐在主位而不用做任何事情。堵，长高各一丈的土墙为一堵。

⑤猖狂：随心所欲，任性而为。

⑥所如往：所去之处。引申为应该干些什么。如，到……去。

⑦细民：小民，百姓。细，小。

⑧窃窃焉：私下，私自。俎（zǔ）豆：两种祭器。这里用作动词，祭祀、供奉。

⑨杓（dí）之人：众人关注的人。杓，目标。

【译文】

　　庚桑楚听到这件事情以后，面向南坐着而心情郁闷，弟子们感到很奇怪，庚桑楚说："你们对我的郁闷情绪有什么感到奇怪的呢？春天阳气发生而各种植物生长，到了秋天各种庄稼自然成熟。春天和秋天，难道能够不这样做吗？这是自然规律运行的必然结果啊。我听说思想境界最高的圣君，他们安静地坐在小小的室内，而百姓们随心所欲、任性而为，也不知道自己应该干些什么。如今畏垒山一带的百姓，却私下里想把我放置在圣贤之列而加以供奉，我岂不成了大家关注的人物吗！我想到了老聃的一些教诲，因此心里有些不愉快。"

【研读】

　　本段说，庚桑楚知道百姓要推其为君，于是就想到了老子的一些话，便深感郁闷。对庚桑楚触动较大的大概是老子的两个治国、处世理念。一个是"太上，不知有之"，第二个是"功成身退"。

　　《道德经》五章说："天地不仁，以万物为刍狗；圣人不仁，以百姓为刍狗。"这一命题集中地体现了老子"不干涉"的治国理念。老子认为，对于百姓，既不要去伤害他们，也不要去爱护他们，让他们自由自在地去发展生产，调节生计。老子深信，在不受干涉的情况下，百姓完全能够过上美满的生活。国家一旦干涉百姓生活——无论是盘剥百姓还是爱护百姓，都将产生负面效应。所以《庄子·徐无鬼》说：
"爱民，害民之始也。"正是因为圣君对百姓执行不干涉政策，所以当
百姓生活美满时，还感觉不到圣君的存在："太上，不知有之。"（《道
德经》十七章）庚桑楚感到自己还没能做到这一点。当畏垒之山的百
姓生活富足之后，把功劳归之于庚桑楚。这是庚桑楚感到郁闷的第一
个原因。

　　《道德经》九章说："功遂身退，天之道。"老子认为，功成身退，
是大自然的运行规律，人应该效法自然。老子之所以认为功成身退符
合自然规律，是因为古人通过观察"日中则移，月满则亏"这一自然
现象，从而得出"物盛则衰"（《文子·九守》）的结论。不仅日月如此，
四季也是如此，春天完成自己的任务后，就主动地让位于夏天，而夏
天、秋天和冬天也是如此。既然功成身退是自然规律，那么主张效法
自然的老子理所当然地提醒人们，应该在自己成功后的鼎盛时期急流
勇退，以免遭受衰落为自己带来的痛苦。然而庚桑楚在治理畏垒山地
区成功之后，不但不能身退，反而要被百姓推举为君主，而且这一动
议还得到自己弟子的支持，这是庚桑楚感到郁闷的第二个原因。

　　"圣人不仁，以百姓为刍狗"属于治国理念，"功成身退"属于个
人处世原则，在公、私两个方面，自己做的都有欠缺，所以使庚桑楚
"南面而不释然"。

　　弟子曰："不然。夫寻常之沟①，巨鱼无所还其体②，而鲵鳅为
之制③；步仞之丘陵④，巨兽无所隐其躯，而孽狐为之祥⑤。且夫尊
贤授能，先善与利⑥，自古尧、舜以然⑦，而况畏垒之民乎！夫子
亦听矣⑧！"

【注释】

①寻常：两种长度单位。八尺为一寻，一丈六尺为一常。

②还（xuán）：通"旋"。回转。

③鲵鳅：小鱼和泥鳅。鲵，一种小鱼。鳅，泥鳅。制：折，转身。这里指回旋
　自如。一说"制"是统治、主宰的意思。

④步仞（rèn）：两种长度单位。六尺为步，七尺或八尺为仞。

⑤孽（niè）狐：妖孽的狐狸。祥：美好，适宜。

⑥先善与利：重用善人，给予利禄。先善，以善为先。也即重用善人。

⑦以然：已经如此。以，通"已"。已经。

⑧听：听从，接受。

【译文】

　　弟子说："不该是您说的那样吧。在狭小的水沟里，大鱼无法转动自己的身体，而鲵鱼、泥鳅一类的小鱼却回旋自如；在低矮的小山丘中，巨兽无法隐藏自己的身体，而妖狐在那里居住却非常舒适。再说尊敬贤良而起用能人，重视善人给予利禄，从古代尧、舜时期已经是这么做的，更何况畏垒山的百姓呢！先生您还是接受百姓的意见吧！"

　　庚桑子曰："小子来①！夫函车之兽②，介而离山③，则不免于罔罟之患④；吞舟之鱼，砀而失水⑤，则蚁能苦之。故鸟兽不厌高⑥，鱼鳖不厌深。夫全其形生之人⑦，藏其身也，不厌深眇而已矣⑧。且夫二子者⑨，又何足以称扬哉！是其于辩也⑩，将妄凿垣墙而殖蓬蒿也⑪。简发而栉⑫，数米而炊，窃窃乎又何足以济世哉⑬！举贤则民相轧⑭，任知则民相盗⑮。之数物者⑯，不足以厚民⑰。民之

于利甚勤^⑱，子有杀父，臣有杀君，正昼为盗，日中穴阫^⑲。吾语女^⑳，大乱之本，必生于尧、舜之间，其末存乎千世之后^㉑。千世之后，其必有人与人相食者也！"

【注释】

①小子：年轻人。指弟子。来：走过来，走近些。理解为句末语气词也可。

②函：口含，吞掉。

③介：独自，一个。

④罔罟（wǎng gǔ）：捕兽的大网。

⑤砀（dàng）：通"荡"。游荡。

⑥厌：满足。

⑦形生：形体与生命。

⑧深眇：深远。这里指远离尘世的幽僻之处。

⑨二子：两位先生。指上文提到的尧和舜。

⑩辩：通"辨"。指分辨事物、是非。

⑪将妄凿垣墙而殖蓬蒿也：将会错误地毁掉有用的垣墙，而去种植野草作屏障。比喻毁坏有用的事物，培植无用的东西，是非不分，黑白颠倒。妄，错误。凿，毁坏。垣，墙。蓬蒿，两种野草名。泛指野草。

⑫简发而栉（zhì）：挑选着头发来梳理。比喻斤斤计较于小事。简，选择。栉，梳头。

⑬窃窃乎：斤斤计较的样子。济世：救世，治理好国家。

⑭轧：倾轧，伤害。

⑮知：同"智"。这里指有智慧的人。盗：抢劫，争夺。

⑯之数物者：这几种做法。指举贤、任智等。之，此。物，事物。这里指

行为。

⑰厚民：有利于百姓。

⑱勤：勤劳，迫切地追求。

⑲日中：中午。这里泛指大白天。穴阫（péi）：在墙上打洞。目的是钻进去偷东西。穴，用作动词，打洞。阫，墙。

⑳女（rǔ）：通"汝"。你。

㉑末：指流毒、遗祸。世：古代三十年为一世，一代人也叫一世。

【译文】

庚桑子说："年轻人，走近一点儿！那些能够吞下车辆的巨兽，如果独自离开深山，就难免会遇到被罗网捕获的灾难；那些能够吞下船只的大鱼，游荡时一旦失去了水，就连小小的蚂蚁也能够任意宰割它。因此对于鸟兽来说，山越高越好；对于鱼鳖来说，水越深越妙。那些重视保护自我生命的人，就是要藏起自己的身体，而且是藏得越深越好。再说尧和舜那两位先生，又怎么值得称赞呢！他们在分辨善恶对错的时候，犹如错误地毁坏有用的垣墙而去种植无用的野草一样颠倒了是非。他们的行为就好像挑着头发去梳理、数着米粒去煮饭一样，如此斤斤计较于小事又怎能治理好国家呢！举荐贤良的人就会引起人们相互倾轧，重用有智慧的人就会起人们相互争斗。以上这几种做法，都无法使百姓得到益处。人们追逐利益的心情十分迫切，为了利益有儿子杀死父亲的，有臣子杀死君主的，有大白天公然抢劫的，也有正中午凿墙挖洞入室盗窃的。我告诉你们，天下大乱的根源，肯定就发生于尧、舜时代，其流毒将影响到千万年之后。千万年以后，肯定会出现人吃人的现象啊！"

【研读】

本段主张治国要清静无为，顺其自然，认为尧、舜重贤使能的做法贻害无穷，发展下去将会出现人吃人的社会。人吃人，这是多么可怕的景象！然而可惜的是，庄子不幸言中！根据我们所掌握的史料，第一次出现大规模人吃人现象的是在汉王刘邦二年（前205），距离庄子不到一百年的时间，远远未到庄子所说的"千世之后"。此后人吃人的事情就不绝于史书了。

二

南荣趎蹴然正坐曰①："若趎之年者已长矣，将恶乎托业以及此言邪②？"庚桑子曰："全汝形，抱汝生③，无使汝思虑营营④。若此三年，则可以及此言矣。"南荣趎曰："目之与形⑤，吾不知其异也，而盲者不能自见；耳之与形，吾不知其异也，而聋者不能自闻；心之与形，吾不知其异也，而狂者不能自得⑥。形之与形亦辟矣⑦，而物或间之邪⑧！欲相求而不能相得。今谓趎曰：'全汝形，抱汝生，勿使汝思虑营营。'趎勉闻道达耳矣⑨！"庚桑子曰："辞尽矣⑩。曰奔蜂不能化藿蠋⑪，越鸡不能伏鹄卵⑫，鲁鸡固能矣⑬。鸡之与鸡，其德非不同也，有能与不能者，其才固有巨小也。今吾才小，不足以化子，子胡不南见老子⑭？"

【注释】

①南荣趎（chú）：姓南荣，名趎，庚桑楚的弟子。蹴（zú）然：吃惊的样子。

②恶（wū）：怎么，什么。托业：托身于学业。即学习、修养。

③抱：保护。

④营营：整天胡思乱想的样子。

⑤目之与形：眼睛的形状。与，通"于"。

⑥狂：疯。自得：自己考虑问题恰当。得，恰当。

⑦辟：通"譬"。类似，相同。

⑧物或间之：或许有一种事物使它们的作用有所不同。间，区别。之，代指形体的功能。

⑨趎勉闻道达耳矣：我只不过勉强把您的话听到了耳朵里而已。意思是说，虽然听到了您的教诲，但心里还是没有弄懂其中的道理。

⑩辞尽：话已经讲完了。

⑪奔蜂：虫名。即小土蜂，个子很小。藿蠋（huò zhú）：虫名。即豆叶虫，个子较大。古人认为蜂取桑虫回巢，使它变化为自己的孩子。《诗经·小雅·小宛》："螟蛉有子，蜾蠃负之。"螟蛉是一种绿色的小虫子，蜾蠃是一种寄生蜂。蜾蠃经常捕捉螟蛉存放在自己的巢里，把卵产在它们的身体里，卵孵化后就以螟蛉为食物。古人误以为蜾蠃不产子，喂养螟蛉为子，因此称义子为"螟蛉"。奔蜂个子太小，藿蠋个子太大。奔蜂无法把藿蠋带到自己的巢里把它变为自己的孩子。庚桑楚以此为喻，说明自己能力太小，无法教化南荣趎。

⑫越鸡：一种体型较小的鸡。鹄（hú）卵：天鹅蛋。鹄，天鹅。

⑬鲁鸡：一种体型较大的鸡。

⑭胡：为什么。南见：到南方去拜访。

【译文】

南荣趎听后非常吃惊，正襟危坐在那里，请教说："像我这样的人年纪已经很大了，如何修养才能达到您说的那种境界呢？"庚桑子说："保全你的形体，养护你的生命，不要让自己整天不停地胡思乱想。这样坚持三年，就可以达到我说的那种思想境界了。"南荣趎说："眼睛的形状，我看不出彼此有什么不同，然而盲人的眼睛却看不见东西；耳朵的形状，我看不出彼此有什么不同，然而聋人的耳朵却听不到声音；心的形状，我看不出彼此有什么不同，然而疯子却无法进行正常思维。彼此的形体是相同的，然而也许有一种东西使这些形体的功能有所不同吧！我很想弄明白您讲的道理却无法做到。今天先生对我说：'保全你的形体，养护你的生命，不要让自己整天不停地胡思乱想。'我不过只是勉强把这些话听到了耳朵里而已。"庚桑子说："我要说的话已经说完了。人们常说小土蜂化育不了豆叶虫，小越鸡孵化不了天鹅蛋，而鲁鸡却能够做到。越鸡与鲁鸡，其本性没有什么差异，然而有的能够做到，有的却不能做到，这是因为它们的才能确实有大小区别。如今我的才能太小，无法点化你，你何不到南方去拜访老子呢？"

南荣趎赢粮①，七日七夜至老子之所。老子曰："子自楚之所来乎②？"南荣趎曰："唯③。"老子曰："子何与人偕来之众也④？"南荣趎惧然顾其后⑤。

【注释】

①赢（yíng）：担负，背着。

②楚：指庚桑楚。所：地方，住所。

③唯：表示肯定的应答声。

④子何与人偕来之众也：你为什么带了这么多人一起来呢。南荣趎只是一人前

来，而老子却说他带了许多人来，意思是讽刺南荣趎带了那么多世俗问题而来，圣人是没有疑问的，只有俗人的疑问才多。关于本句对禅宗的影响，详见"研读"。

⑤惧然：恐惧、吃惊的样子。顾其后：回头看自己的身后。顾，回头。

【译文】

　　南荣趎背着干粮，走了七天七夜来到老子的住所。老子问："你是从庚桑楚那里来的吧？"南荣趎说："是的。"老子又问："你怎么带了那么多人一起来呢？"南荣趎听后大吃一惊，赶紧回头看自己的身后。

【研读】

　　道家的思想与概念不仅对初入华夏的佛教有接引之劳，而且对此后的佛教发展也起到一定的辅助作用。我们对比一下《庄子·庚桑楚》和禅宗的《古尊宿语录》卷一中的两段文字：

　　　　南荣趎赢粮，七日七夜至老子之所。老子曰："子自楚之所来乎？"南荣趎曰："唯。"老子曰："子何与人偕来之众也？"南荣趎惧然顾其后。

　　　　时同学坦然知师（怀让大师）志气高迈，劝师同谒嵩山安禅师。安启发之，乃直诣曹溪礼六祖。六祖问："什么处来？"师云："嵩山安和尚处来。"祖云："什么物与么来？"师无语。

　　庄子说，南荣趎先跟着庚桑楚学习，由于庚桑楚自感学力不足以教化南荣趎，于是就让南荣趎去向老子求教，而老子一见到南荣趎，第一句就问："你怎么带了这么多人来了？"《古尊宿语录》记载，怀让禅师先跟着嵩山安禅师学习，嵩山安禅师自感学力不足以教化怀让禅师，于是就让怀让禅师向惠能求教，而惠能一见到怀让禅师，第一句就问："你怎么带了这么多东西来了？"这种故事情节和语言的极度相似，我们不能把它仅仅视为一种巧合。

　　老子曰："子不知吾所谓乎？"南荣趎俯而惭，仰而叹曰："今者吾忘吾答，因失吾问①。"老子曰："何谓也？"南荣趎曰："不知乎②，人谓我朱愚③；知乎，反愁我躯④。不仁则害人，仁则反愁我身；不义则伤彼⑤，义则反愁我己。我安逃此而可⑥？此三言者，趎之所患也，愿因楚而问之⑦。"老子曰："向吾见若眉睫之间⑧，吾因以得汝矣⑨，今汝又言而信之⑩。若规规然若丧父母⑪，揭竿而求诸海也⑫。女亡人哉⑬！惘惘乎⑭！汝欲反汝情性而无由入⑮，可怜哉！"

【注释】

①失吾问：我不知道该如何提问。

②知：同"智"。聪明。

③朱愚：愚蠢，愚笨。

④反愁我躯：反而给我自己带来许多烦恼。

⑤彼：指别人。

⑥安逃此而可：怎么可以摆脱这种进退维谷的困境？安，怎么。

⑦因楚：假借庚桑楚的名义。

⑧眉睫之间：指面部表情。

⑨得汝：知道你的想法。得，得到，知道。

⑩信之：证实了我的推测。信，实，证实。

⑪若规规然若丧父母：你失魂落魄的样子就好像找不到自己的父母一样。比喻

南荣趎找不到自己的精神归宿。第一个"若"字是"你"义。规规然，失

魂落魄的样子。丧，丧失，找不到。

⑫揭竿而求诸海也：就像举着竹竿到茫茫大海里去打捞父母一样。比喻南荣趎

寻找精神归宿时的盲目性。揭，举。

⑬女（rǔ）亡人哉：你是一个精神上的流浪者啊。女，通"汝"。你。亡，

流亡。

⑭惘惘（wǎng）乎：迷茫的样子。

⑮情性：美好的天性。无由入：不知从哪里入门。

【译文】

老子说："你难道没有明白我说的意思吗？"南荣趎弯下身体，感

到非常惭愧，然后又抬起头来，叹息说："现在我不知道该如何回答，

也不知道该如何提问。"老子说："你说的是什么意思呢？"南荣趎说：

"不聪明吧，人们都会说我愚蠢无比；聪明了吧，反而会给自己带来许

多烦恼；不仁慈就会去伤害别人，仁慈了反而会给自己带来诸多麻烦；

不讲道义就会侵害别人，讲道义了反而会给自己带来很多愁苦。我怎

么才能走出这种进退维谷的困境呢？这几句话所说的情况，就是我所

担忧的事情，希望能够通过庚桑楚这次的引荐而向您求教。"老子说：

"我刚才通过观察你的表情，就已经推测出你的心思，现在你讲的这番

话又进一步证实了我的推测。你失魂落魄的样子就好像找不到自己的

父母、正举着竹竿到茫茫大海里去打捞一样。你是一个精神上的流浪

者啊，你是多么的茫然无措啊！你一心想恢复自己的美好天性，却又

不知道从哪里做起，实在是可怜啊！"

【研读】

　　南荣趎曰："不知乎，人谓我朱愚；知乎，反愁我躯。"是聪明好呢？还是不聪明好呢？人们因角度不同而见仁见智。陶渊明是一位著名的文学家，但他的几个儿子却都不争气，于是他写了一首《责子》诗：

> 白发被两鬓，肌肤不复实。虽有五男儿，总不好纸笔。阿舒已二八，懒惰故无匹。阿宣行志学，而不爱文术。雍端年十三，不识六与七。通子垂九龄，但觅梨与栗。天运苟如此，且进杯中物。

　　可以说，陶渊明对自己几个儿子的无才无能是痛心疾首的。他在《命子》诗中绝望地写道："夙兴夜寐，愿尔斯才。尔之不才，亦已焉哉！"陶渊明说："我早起晚睡，一心希望你们几个孩子能够成才。可如今你们没有一个人能够做到，我也无可奈何，只能作罢了！"苏东坡的看法却与陶渊明大不一样，他有一首《洗儿诗》：

> 人家养子爱聪明，我为聪明误一生。但愿生儿愚且鲁，无灾无害到公卿。

　　苏东坡的这首诗歌充满了自嘲意味及对公卿的嘲讽。明代的杨廉和明清之交的钱谦益不同意苏东坡的这一看法，他们写道：

> 东坡但愿生儿愚，只为聪明自占多。愧我平生愚且蠢，生儿何怕过东坡？（杨廉诗，见《尧山堂外纪》卷五十二）

> 坡公养子怕聪明，我为痴呆误一生。还愿生儿猥且巧，钻天蓦地到公卿。（钱谦益《反东坡洗儿诗己巳九月九日》）

　　但苏东坡在后世并不缺少同调，明代初年的瞿宗吉就很赞同他的观点：

> 自古文章厄命穷，聪明未必胜愚蒙。笔端花语胸中锦，赚得

相如四壁空。(见《尧山堂外纪》卷五十二)

苏东坡和瞿宗吉的诗当然可以理解为激愤之辞，但其中并非没有一点真实的情感。这些诗歌完全可以说明，同一个客体的是非，在不同的主体那里，却会得出不同的、甚至是相反的结论。

南荣趎请入就舍，召其所好，去其所恶，十日自愁，复见老子。老子曰："汝自洒濯①，熟哉郁郁乎②？然而其中津津乎犹有恶也③。夫外韄者不可繁而捉④，将内揵⑤；内韄者不可缪而捉⑥，将外揵。外内韄者，道德不能持，而况放道而行者乎⑦！"

【注释】

①洒濯(zhuó)：清洗。指清洗自己的内心杂念。

②熟哉郁郁乎：为什么还如此郁闷忧愁呢？熟，同"孰"。为什么。郁郁，郁闷的样子。

③津津乎：充满的样子。

④外韄(hù)：受外物的束缚。韄，束缚。繁而捉：繁多而执着。捉，执着。

⑤揵(jiàn)：闭塞不通。

⑥缪(miù)：错乱。

⑦放：通"仿"。效法，顺应。

【译文】

南荣趎请求留在老子馆舍里学习，他寻求自己所喜爱的事物，排除自己所讨厌的事物，十天之后依然烦恼郁闷，于是又去拜见老子。老子说："你已经清洗了自己的内心，为什么还这么闷闷不乐呢？这说明你心中还装满了你所讨厌的东西。受身外之物的束缚不可太多、太执着，否则内心将会闭塞不通；受内心思想的束缚不可错得太远、太执着，否则外部感官将会闭塞不通。内外都受到束缚的人，连原有的那一点儿道德也无法持守，更何况去顺应大道行事呢！"

　　南荣趎曰："里人有病①，里人问之②，病者能言其病，然其病病者③，犹未病也。若趎之闻大道，譬犹饮药以加病也，趎愿闻卫生之经而已矣④。"老子曰："卫生之经，能抱一乎⑤？能勿失乎⑥？能无卜筮而知吉凶乎⑦？能止乎⑧？能已乎⑨？能舍诸人而求诸己乎？能翛然乎⑩？能侗然乎⑪？能儿子乎⑫？儿子终日嗥而嗌不嗄⑬，和之至也⑭；终日握而手不掜⑮，共其德也⑯；终日视而目不瞚⑰，偏不在外也⑱。行不知所之⑲，居不知所为，与物委蛇⑳，而同其波㉑。是卫生之经已。"

【注释】

①里人：乡里之人。里，古代的一种居民组织，先秦时期二十五家为一里。这
　　里泛指乡里。

②里人：乡亲。问：看望。

③病病：把疾病当作疾病看待。第一个"病"为意动用法。认为……是疾病。

④卫生之经：养生原则。经，常规，原则。

⑤抱一：把肉体和精神结为一体。古人认为精神与肉体一旦分离，就意味着
　　死亡。

⑥失：指失去精神与肉体合一的状态。一说指失去天性。

⑦卜筮：占卜。古代用龟甲占卜叫"卜"，用蓍草占卜叫"筮"。这里泛指占卜。

⑧止：停止。指知足。

⑨已：停止，适可而止。一说指不再留恋以往的事情。

⑩翛（xiāo）然：自由自在的样子。

⑪侗（dòng）然：无思无虑的样子。

⑫儿子：婴儿。

⑬嗥（háo）：大声哭。嗌（yì）不嗄（shà）：喉咙不会嘶哑。嗌，喉咙。嗄，嘶哑。详见"研读"。

⑭和之至：内心平和到了极点。幼儿很少矛盾心理，故而平和。

⑮掜（nì）：僵直，僵硬。

⑯共其德：顺应了自己的天性。意思是，幼儿握拳出于自然，而非有意。共，通"拱"。拱卫。引申为顺应。

⑰瞋（shùn）：眨眼。

⑱偏不在外：不偏滞于外物。即不关注外物。

⑲之：到。

⑳委蛇（yí）：顺应的样子。

㉑同其波：顺应外物变化。波，波动，变化。

【译文】

　　南荣趎说："乡里有人生病了，乡亲们前去看望他，生病的人能够说清楚自己的病情，而且还能够把自己的疾病当作疾病认真对待的人，还算不上是严重疾病。而像我现在这样学习了大道，就好像服药之后反而加重了病情一样，因此我就只想请教一些有关养生的原则而已。"老子说："有关养生的原则啊，你能够把自己的肉体与精神结为一体吗？能够不丧失这种结为一体的状态吗？能够不用占卜就知道吉凶吗？能够知足吗？能够适可而止吗？能够不求助于他人而求助于自我吗？能够做到自由自在吗？能够做到无思无虑吗？能够像婴儿一样吗？初生的婴儿整天啼哭而喉咙却不会嘶哑，因为他内心平和到了极点；婴儿整天握着拳头而手指不会变得僵直，因为他握拳是顺应了自然天性；婴儿整天睁着眼睛眨也不眨，因为他并未关注外物。出门不知该往哪里去，在家不知该做些什么，顺应着万物，与万物一同变化。这就是养生的原则。"

【研读】

　　本段对婴儿的描述，很明显是来自《道德经》五十五章：

　　　　含德之厚，比于赤子。蜂虿虺蛇不螫，猛兽不据，攫鸟不搏。骨弱筋柔而握固。未知牝牡之合而全作，精之至也。终日号而不嗄，和之至也。知和曰常，知常曰明，益生曰祥，心使气曰强。

　　老子认为，品德高尚的人，看起来就像婴儿一样，各种毒虫不去蜇咬他，猛兽不去扑抓他，凶鸟也不去搏击他。他们的身体虽然柔弱无力然而自我保护得却很好。婴儿连一般的生活常识都没有，却能安全成长，这是因为他们精诚专一到了极点。整天号哭而声音却不嘶哑，这是因为他们心态平和到了极点。懂得保持平和无欲的心态可以说懂得了大道，懂得了大道叫明智，这样做有益于生命就叫吉祥，理智能够控制自己的肉体欲望就叫强大。

　　南荣趎曰："然则是至人之德已乎？"曰："非也。是乃所谓冰解冻释者①，能乎？夫至人者，相与交食乎地而交乐乎天②，不以人物利害相撄③，不相与为怪④，不相与为谋，不相与为事，翛然而

往⑤，侗然而来。是谓卫生之经已。"曰："然则是至乎⑥？"曰："未
也。吾固告汝曰：'能儿子乎？'儿子动不知所为，行不知所之，身
若槁木之枝而心若死灰。若是者，祸亦不至，福亦不来。祸福无
有，恶有人灾也⑦！"

【注释】

①冰解冻释：形容不固执个人成见的样子。释，消融，融化。

②相与交食乎地：一起在大地上寻求食物。交乐乎天：一起在大自然中寻求快
乐。相与，一起。

③人物：人事与外物。撄：扰乱。

④为怪：做怪异之事。为，做。

⑤往：死去。也可理解为往来之"往"。

⑥是至：这是最高境界。是，代指以上所说的情况。

⑦恶（wū）：怎么。

【译文】

　　南荣趎问："那么这样做是否就是至人的美德呢？"老子说："还不
是。这样的人只能算是所谓的能够顺应外物而不固执己见的人，你能
够做到这一点吗？那些至人，与人们一起在大地上寻求食物，一起在
大自然之中寻求快乐，他们不会因为人事、外物、利益、灾害等事情
而扰乱自己的平和心境，他们不参与怪异之事，不参与商讨具体事情，
不参与世俗事务，他们自由自在地离开人世，无思无虑地来到人间。
这就是养生的原则。"南荣趎问："那么这是最高境界吗？"老子说："还
不是。我已经告诉过你：'能够像婴儿那样吗？'婴儿活动时不知该干

些什么，出门时不知该到哪里去，他们的身体像枯槁的树枝，内心像熄灭的灰烬。像这样的人，灾祸不会降临，幸福也不会到来。没有祸福，哪里还会有人为的灾难呢！"

【研读】

"南荣趎蹴然正坐曰"这一章节紧承上一章节，因这一章节还具有相对独立性，为阅读方便，所以单列开来。这个故事主要讲养生的原则，那就是要像婴儿一样，没有思虑，无所追求，身如槁木，心如死灰。如果做到这一点，就能够保证自身的安全。

三

宇泰定者①，发乎天光②。发乎天光者，人见其人③，物见其物。人有修者，乃今有恒④；有恒者，人舍之⑤，天助之。人之所舍，谓之天民⑥；天之所助，谓之天子。

【注释】

①宇泰定者：内心平和安定的人。宇，器宇，气度。这里指心境。泰，安定。

②天光：天然的光辉。

③人见其人：人们看到他都把他视为自己的同类朋友。内心平和的人具有极强的亲和力，人见人爱，物见物恋。

④乃今有恒：至今都能够一直保持平和的心境。乃今，至今。恒，常，一直。

⑤舍：居住，归依。

⑥天民：天人。思想境界最高的人。

【译文】

内心平和安定的人，就能够发出天然的道德光辉。能够发出天然道德光辉的人，人们见了他就会把他视为朋友，万物见了他也会把他视为自己的同类。重视内心修养的人，自始至终都能够一直保持这种平和安定的心态；能够一直保持这种平和安定心态的人，人们就会归依于他，上天也会帮助他。人们所归依的人，可以称之为思想境界最高的人；上天所帮助的人，可以称之为上天所养育的人。

四

学者，学其所不能学也；行者，行其所不能行也；辩者，辩其所不能辩也。知止乎其所不能知，至矣；若有不即是者①，天钧败之②。备物以将形③，藏不虞以生心④，敬中以达彼⑤，若是而万恶至者⑥，皆天也⑦，而非人也，不足以滑成⑧，不可内于灵台⑨。灵台者有持，而不知其所持而不可持者也⑩。不见其诚己而发⑪，每发而不当，业入而不舍⑫，每更为失。为不善乎显明之中者⑬，人得而诛之；为不善乎幽间之中者⑭，鬼得而诛之。明乎人、明乎鬼者，然后能独行⑮。

【注释】

①即是：是这样。即，是。是，这样。

②天钧：天道。

③备物以将形：准备了各种物品以养护自己的身体。将，养护。

④藏不虞以生心：保持无思无虑的状态以养心。藏，收藏，保持。不虞，无思

无虑。虞，思虑。生，养。

⑤敬中以达彼：心中充满了恭敬之情，并把这种恭敬之情表达给别人。中，
　　心中。

⑥若是：如此。万恶：各种灾祸。

⑦天：天命，命运。

⑧滑（gǔ）成：扰乱原有的平和心境。滑，扰乱。成，原有的平和心境。

⑨内（nà）：同"纳"。纳入，进入。灵台：内心。

⑩而不知其所持而不可持者也：而世人不知道他们所持守的却是一些所不应该
　　持守的。意思是说，人们不应该把诸如富贵名利、贫贱祸福等等放在心上。

⑪不见（xiàn）其诚己而发：不能表现出自己的真诚就去抒发自己的情感。见，
　　同"现"。

⑫业入而不舍：外物进入心中就不会离去。指人们不能忘怀名利富贵等外物。
　　业，事物。指名利等事物。舍，离去。

⑬显明之中：公开的场合里。

⑭幽间之中：隐蔽之处。

⑮独行：指独自一人的时候也不会作恶。

【译文】

　　社会上那些学习的人，是想学到他们所无法学到的知识；那些做
事的人，是想做到他们所不能做到的事情；那些辩论的人，是想辩论
清楚他们无法辩论清楚的道理。人们的智慧应该停止去追寻他们所无
法认知的领域，这才是最为明智的做法；如果有人不愿意这样做，那
么天道就一定会让他们失败。备齐衣食等各种物品以养身，保持无思
无虑的状态以养心，内心充满恭敬之情并以此待人接物，如果做到了

这一切而各种灾祸仍然接连降临，那么这就是命中注定，而不是自身行为造成的，因而也就没有必要让这些灾祸扰乱自己原有的平和心境，也无须把这些灾祸放在自己的心里。人们的内心总是要有所持守，而世人不知道他们所持守的却是一些自己不应该持守的东西。没有表现出自己的真诚就去抒发自己的情感，那么每次情感的抒发都不会恰当；名利等外物进入心中而不会被忘却，每次出现这种情况就会加重对自己的伤害。在公开的场合做坏事的人，人们便会惩罚他；在隐蔽之处做坏事的人，鬼神便会惩罚他。既明白人们的惩罚、又知道鬼神的惩罚的人，才能够做到独自一人生活时也不会为非作歹。

券内者^①，行乎无名^②；券外者^③，志乎期费^④。行乎无名者，唯庸有光^⑤；志乎期费者，唯贾人也^⑥，人见其跂^⑦，犹之魁然^⑧。与物穷者^⑨，物入焉^⑩；与物且者^⑪，其身之不能容，焉能容人！不能容人者无亲，无亲者尽人^⑫。兵莫憯于志^⑬，镆铘为下^⑭；寇莫大于阴阳^⑮，无所逃于天地之间。非阴阳贼之^⑯，心则使之也。

【注释】

①券内：重视内心修养。券，签订契约。引申为重视内心修养。

②行乎无名：做人做事不求名声。

③券外：重视身外之物。

④志乎期费：一心想占有全部钱财。志，志向，期望。期，通"綦"。穷尽，全部。费，财富。

⑤唯庸有光：做平常事也显得很有光彩。庸，平常。

⑥贾（gǔ）人：商人。

⑦跂（qǐ）：踮起脚后跟。

⑧犹之魁然：他们身材似乎很高大。犹，似乎。魁然，高大的样子。

⑨与物穷者：能够与万物始终和谐相处的人。穷，始终。

⑩物入焉：万物归依他。入，归依。

⑪且（zǔ）：通"阻"。阻隔，矛盾。

⑫尽人：全部是陌生的他人。意思是没有一个亲人、朋友。

⑬兵莫憯（cǎn）于志：任何兵器的伤害都比不上忧伤的情绪对人的伤害。憯，毒，伤害。志，心意。这里专指忧伤的情绪。

⑭镆铘（mò yé）：宝剑名。

⑮寇：敌人。

⑯贼：伤害。

【译文】

　　重视内心修养的人，做人做事不求名声；重视身外之物的人，一心想获取所有的钱财。做人做事不求名声的人，即使做平常的事情也会显示出道德的光辉；一心想获取所有钱财的人，不过是个商人而已，人们见他踮起脚后跟站着，还误以为他真的身材高大。能够与万物始终和谐相处的人，万物都将归依于他；与万物相互矛盾冲突的人，他自身都将不被容纳，又如何能够去容纳别人！不能容纳别人的人，就不会有亲近的人；没有亲近的人，那么所有的人都会成为陌路人。任何兵器的伤害都比不上忧伤的情绪对人的伤害，而与悲伤的情绪相比镆铘的伤人程度只能算是最轻微的；最大的敌人就是阴阳不调，生活于天地之间的人们无处逃避。实际上并非阴阳不调在伤害人，而是自己的不良情绪在伤害自己。

五

道通其分也①，其成也毁也②。所恶乎分者③，其分也以备④；所以恶乎备者⑤，其有以备⑥。故出而不反⑦，见其鬼⑧；出而得，是谓得死⑨。灭而有实⑩，鬼之一也⑪。以有形者象无形者而定矣⑫。

【注释】

①道通其分也：大道赋予所有事物的本分。庄子认为，所有事物的本性与能力，都是由大道赋予的。通，所有的，普遍的。其，代指万物。分，本分，本能。

②其成也毁：一个事物形成时也就意味着它开始走向死亡。也即今人讲的"向死而生"。一说本句意思是一个事物的形成就意味着另一个事物的毁灭。

③所恶乎分：讨厌自己本分的原因。也即对大道赋予自己的本能不满意。恶，讨厌。引申为不满。

④其分也以备：即"以备其分"。想使自己所得到的能力更多、更完备一些。

⑤恶乎备：不满足于自己所获得的已经比较完备的本分。

⑥其有以备：他有自己的完备标准。这两句意思是说，有的人不满足于自己所得到的东西，是因为他有自己的完备标准。比如秦皇、汉武身为帝王，掌控了天下，然而他们并不满足，还想长生不死。

⑦出：向外追逐名利。反：同"返"。返回，收敛。

⑧见其鬼：将看到他走向死亡。鬼，指死亡。

⑨出而得，是谓得死：向外追逐名利而且得到了名利，那也只能说是获取了死亡。道家认为，追逐名利的人，不仅操心费神，而且名利越多越危险，所以说捞取名利就等于捞取死亡。

⑩灭而有实：丧失了天性，仅保留肉体。灭，指丧失美好天性。实，指肉体。

⑪鬼之一：与死亡是一样的。

⑫以有形者象无形者而定矣：有形象的万物效法无形象的大道才能安定无事。象，效法。无形者，指大道。

【译文】

　　大道赋予万物应有的本分，一个事物一旦形成就意味着它开始走向死亡。有的人之所以不满足于大道赋予自己的本分，是因为他想得到更多更完备的东西；有的人之所以不满足于已经得到的比较完备的东西，是因为他对"完备"有着自己的标准。所以这些人就向外追逐名利而不知收敛，我们将会看到这些人一步步走向死亡；这些人向外追逐即使获取了名利，也只能说是获取了死亡而已。他们丧失了美好天性，即便肉体还在也是行尸走肉，那同样也是死亡啊。有形体的人应该效法没有形体的大道，这样才能安定无事。

六

　　出无本①，入无窍②；有实而无乎处③，有长而无乎本剽④，有所出而无窍者有实⑤。有实而无乎处者，宇也⑥。有长而无本剽者，宙也⑦。有乎生，有乎死，有乎出，有乎入，入出而无见其形，是谓天门⑧。天门者，无有也⑨，万物出乎无有，有不能以有为有⑩，必出乎无有，而无有一无有⑪。圣人藏乎是⑫。

【注释】

①出无本：无法找到它产生的根源。本，根源。本句描写空间。

②入无窍：无法知道它从哪个孔洞里流逝了。窍，孔洞。本句描写时间。

③有实而无乎处：它确实存在却又无法确定它的所在之处。本句描写空间。

④有长而无乎本剽（biǎo）：它确实有长度却又找不到它的开端和终结。长，长度。本，开端。剽，末端，终结。本句描写时间。

⑤有所出而无窍者有实：它们都有自己的产生之处却无法找到它们消失在哪个孔洞里，它们是真实存在的。一说本句为衍文，应删去。

⑥宇：上下四方叫"宇"。即空间。

⑦宙：古往今来叫"宙"。即时间。

⑧天门：天然的门户。

⑨无有：虚无，没有具体事物。这个"无有"应指大道，大道没有具体形象。有，指有形体的事物。

⑩有不能以有为有：任何一个具体事物都不可能主宰别的事物去产生事物。比如，即使非常聪明的人，也只能生育人，而不可能生育出其他物种。

⑪而无有一无有：而虚无就是什么都没有。一，一切，全部。

⑫藏：藏身，立身。

【译文】

　　无法知道空间产生的本源，也无法知道时间从哪个孔洞里流失；空间确实存在却又无法确定它的所在之处，时间确实有长度却又找不到它的开端与终点，它们都有自己的产生之处却无法知道它们消失在哪个孔洞里，它们是确实存在的。确实存在却又无法确定它的所在之处，这是空间的特性；确实有长度却又找不到它的开端与终点，这是时间的特性。有的事物在这个地方产生，有的事物在这个地方死亡，有的事物在这个地方出现，有的事物在这个地方消失，无论消失还是出现都无从寻觅其形迹，这个地方就叫天然的门户。所谓的天然门户，就是虚无的大道，万物都产生于虚无的大道，因为任何一种具体事物都不可能主使别的事物去产生事物，所以万物必定是产生于虚无的大道，而虚无的大道就是没有具体形象。圣人就是要立身于这种虚无的大道境界之中。

七

古之人，其知有所至矣①。恶乎至②？有以为未始有物者，至矣，尽矣，弗可以加矣。其次以为有物矣，将以生为丧也③，以死为反也④，是以分已⑤。其次曰始无有⑥，既而有生，生俄而死⑦；以无有为首，以生为体，以死为尻⑧。孰知有无死生之一守者⑨，吾与之为友。是三者虽异⑩，公族也⑪。昭景也⑫，著戴也⑬，甲氏也⑭，著封也⑮，非一也⑯。

【注释】

①知：同“智”。智慧。

②恶（wū）：怎么，什么。

③以生为丧：把一种事物的出生看作另一种事物的死亡。比如挖山填海，当海中一块平地出现时，意味着山的消亡。

④以死为反：把死亡视为返归自然。反，同“返”。庄子认为大自然才是人们的故乡。

⑤是以分已：因此对事物有所区分。已，通"矣"。

⑥始无有：开始时什么也不存在。

⑦俄而：不久，很快。

⑧尻（kāo）：臀部。

⑨一守：即"守一"。处于一体。

⑩是三者：指上文介绍的古人的三种看法。是，此。

⑪公族：都属于同一个高贵的家族。公，周代的最高爵位。本句比喻以上三种
　　看法虽有小的差异，但本质一样，都属于很高的思想境界。

⑫昭景：楚国王族中的两个姓氏。楚国王族又分出昭、景、屈三个姓氏，虽姓
　　氏不同，但同一个祖先，都属于贵族。

⑬著戴：受人拥戴的著名贵族。著，著名。

⑭甲氏：最尊贵的姓氏。甲，第一等的，最尊贵的。

⑮著封：最显贵的封号。

⑯非一：指相同处不是一点，而是很多。比喻古人三种看法的相同点很多。

【译文】

　　古时候的人们，其智慧达到了最高境界。达到了什么样的最高境界呢？他们有的人心中从来不曾存在过万物，这是最高境界，尽善尽美，已经无以复加了。其次承认事物的存在，他们认为一种事物的产生就意味着另一种事物的死亡，把死亡视为回归大自然，所以说这种看法就对事物做了区分。再次一等的认为开始时宇宙间一片虚无，后来就出现了有生命的事物，有生命的事物很快又走向死亡；于是他们把虚无视为头部，把生存视为躯干，把死亡视为臀部。谁能懂得存在与虚无、死亡与生存本来就是一体，我就愿意与之为友。以上三种看

法虽然有些微差异，但本质一样。这就好比楚国王族中的昭、景二姓，他们都是受人拥戴的贵族，都是高贵的姓氏，都有显赫的封号，他们之间的相同点很多啊。

八

有生，虒也①。披然曰移是②。尝言移是，非所言也③。虽然，不可知者也④。腊者之有脆胲⑤，可散而不可散也⑥。观室者周于寝庙⑦，又适其偃焉⑧。为是举移是⑨。

【注释】

①虒（yǎn）：黑色的斑点。形容人体是各种物质凑合而成的一点尘土。

②披然曰移是：人们的看法有分歧，于是有了漂移不定的是非标准。披然，意见分歧的样子。移是，漂移不定的是非标准。

③非所言：不必再说了。

④不可知：是非标准难以弄清楚。

⑤腊（là）：年终时的大祭。脆胲（pí gāi）：用来祭祀的牛。脆，牛胃。这里泛指牛的内脏。胲，牛蹄。这里泛指牛的四肢。

⑥可散而不可散也：祭祀之后把牛肉分散送给大家是可以的，而祭祀时不把牛肉分散开也是正确的。是分散正确还是不分散正确，不可一概而论，应因时而定。

⑦周于寝庙：在殿堂里举行祭祀、宴饮。周，周旋。指祭祀、宴饮活动。寝庙，宗庙的前殿称作"庙"，为祭祀之处；后殿称作"寝"，为收藏先人衣冠之处。

⑧又适其偃：又要上厕所。适，到。偃，厕所。这两句是说，祭祀、宴饮与上厕所这些行为有雅俗之分，在寝庙里活动是正确的，但到了该进厕所时，进厕所也是正确的。可见是非是难以确定的。

⑨为是举移是：对此我们可以举是非漂移不定的理论加以说明。

【译文】

　　人的身体，不过是由各种物质凑合而成的一点尘埃而已。然而人们却有各种不同的观念，于是就出现了各种漂移不定的是非标准。我曾经讨论过这些漂移不定的是非标准。这里就不必多说了。虽然已经讨论过，但这些是非标准仍然无法弄明白。比如年终腊祭时有整头的祭牛，祭祀之后把祭牛分割开来送给大家是正确的，但祭祀时不把它分割开也是正确的。再比如在庙堂里举行祭祀、宴饮是正确的，然而到厕所去方便也是正确的。对于这些现象就可以用是非漂移不定的观点予以说明。

　　请常言移是①。是以生为本，以知为师，因以乘是非②，果有名实③，因以己为质④，使人以为己节⑤，因以死偿节⑥。若然者，以用为知⑦，以不用为愚，以彻为名⑧，以穷为辱⑨。移是，今之人也，是蜩与学鸠同于同也⑩。

【注释】

①常：通"尝"。试着。

②乘：驾驭，左右着。

③名实：次要的和主要的。名为次，实为主。

④质：主体，核心。

⑤使人以为己节：让别人为自己守节操。也即要求别人忠于自己。

⑥以死偿节：以死守节。

⑦以用为知：把受到重用的人看作聪明人。知，同"智"。

⑧以彻为名：以生活得意为荣耀。彻，通达，生活得意。名，美名，荣耀。

⑨穷：困窘，生活不得意。

⑩是蜩与学鸠同于同也：这些人与蜩和学鸠的见识一样。蜩，蝉，知了。学鸠，小鸟名。《逍遥游》篇的蜩与学鸠自以为是，不相信大鹏的存在。同于同，蜩与学鸠的见识相同，这些人又与蜩、学鸠的见识相同，故言"同于同"。

【译文】

请让我再尝试着谈谈是非标准漂移不定的问题。这是因为人们把生存看作根本，把才智视为老师，于是人们就依据这一观念来左右是非标准，结果就产生了次要事物和主要事物的区别，就有人以自我为核心，要求别人为他坚守节操，甚至要求别人为坚守这个节操而献出生命。像这样的人，就把受到重用的人视为聪明人，把未受到重用的人看作愚笨人，把生活顺利视为荣耀，把生活困窘视为耻辱。是非标准漂移不定，这就是如今人们的认识，这种认识与蜩和学鸠的见识一样。

九

蹍市人之足①，则辞以放骜②，兄则以妪③，大亲则已矣④。故曰：至礼有不人⑤，至义不物⑥，至知不谋，至仁无亲⑦，至信辟金⑧。

【注释】

①蹍（zhǎn，又读niǎn）：踩，踏。

②辞：道歉。放骜（ào）：放肆，不小心。

③妪（yù）：表示爱抚的声音。

④大亲：父母。已：停止。指不再需要以上所有的道歉言行。

⑤不人：不分人我，视人若己。

⑥不物：不分物我。

⑦无亲：没有偏爱。亲，偏爱。

⑧至信辟（bì）金：最高的诚信不需用金钱作质押。辟，除去，不需要。

【译文】

　　如果在市场上踩到了陌生人的脚，就要赶快道歉说自己不小心；如果踩到了兄长的脚，只需表示一下爱抚之意就可以了；如果踩到了父母的脚，那么任何表示都不需要。所以说：最高的礼就是视人若己，最高的义就是不分物我，最高的智慧就是不使用计谋，最高的仁爱就是没有偏爱，最高的诚信无需用金钱作质押。

【研读】

　　本段用生动的事例，使我们对"礼"有一个更加清醒和深刻的认识。中国号称礼仪之邦，无礼者受到最严厉的诅咒："相鼠有体，人而无礼。人而无礼，胡不遄死！"（《诗经·相鼠》）应该说，在人欲横流的社会里，如果没有一些法制、礼仪来约束民众的行为，就无法维持一个良好的社会秩序。

　　道家对礼制持反对态度，认为"失道而后德，失德而后仁，失仁而后礼。夫礼者，忠信之薄，而乱之首也"（《道德经》三十八章）。老子把"礼"视为忠信淡薄的标志、社会混乱的开始。庄子继承了这一主张，他认为两人关系密切，是用不上"礼"的，而讲"礼"，正好是人与人关系疏远的标志。如果人与人之间的关系都能够像父母与子女之间的关系一样，还用得着讲究繁文缛节吗？这一思想对后来的儒家和佛教影响都很大。《孔氏谈苑》记载：

> 司马温公有一仆，每呼君实"秀才"。苏子瞻教之称君实"相公"。公闻，讯之，曰："苏学士教我。"公叹曰："我有一仆，被苏子瞻教坏了。"

司马光（司马光字君实，死后追封温国公）当了宰相，他的一位老仆人依旧像司马光幼时那样叫他"秀才"，而苏东坡认为这样称呼不妥，应尊称"相公"才符合礼节。苏东坡的一番好意，却使又一个人开始失去自己的纯朴本性，司马光对此大为不满。可见身为儒家的司马光对礼制的作用也颇有微词。抛弃繁文缛节，恢复人与人之间纯朴关系这一观念也被佛教所接受，《五灯会元》卷六记载：

> 昔有老宿，畜一童子，并不知轨则。有一行脚僧到，乃教童子礼仪。晚间见老宿外归，遂去问讯。老宿怪讶，遂问童子曰："阿谁教你？"童曰："堂中某上座。"老僧唤其僧来，问："上座傍家行脚，是甚么心行？这童子养来二三年了，幸自可怜生，谁教上座教坏伊？快束装起去！"黄昏雨淋淋地，被趁出。

童子从小生活在相对封闭的寺庙中，不懂得社会上的礼仪制度，一切按照自己的纯朴本性行事，深得老僧喜爱。没想到前来暂住的一位行脚僧为讨好老僧，巴巴地教导童子学习礼仪，让他表现出对老僧的尊重。结果童子的纯朴本性被破坏掉了，开始变成一个虚伪的人。

那位一心讨好老僧的行脚僧反被老僧在黄昏的大雨之中赶出了庙门。五代时的赵州从谂禅师更是以"讲礼"与"不讲礼"来区分人的等次高低：

> 大王礼拜师，师不下床。侍者问："大王来，师为什摹不下地？"师云："汝等不会。上等人来，上绳床接；中等人来，下绳床接；下等人来，三门外接。"（《祖堂集》卷十八）

"大王"指五代十国时的赵王王镕。在从谂禅师看来，上等人看破了世俗虚礼，所以同他们交往时，可以不讲究任何礼仪，躺在床上接待他们即可。思想境界越低的人，越要对他们讲礼，越要对他们表示恭敬。有一次，苏东坡想去金山寺游玩，便提前给金山寺的佛印了元禅师写了一封信，请他"不必出山，当学赵州上等接人"，这就是说，彼此都是思想境界很高的上等人，不必讲究虚礼。谁知佛印还是出山远迎了，东坡笑问何故，佛印以偈答道：

> 赵州当日少谦光，不出三门见赵王。争似金山无量相，大千都是一禅床。（胡仔《苕溪渔隐丛话前集》卷五十七）

佛印认为，按照禅宗的不分别和万物为一的思想，大千世界和自己的小小禅床并无二致，因此，自己虽然离开了禅床，实际上同躺在禅床上是一样的。这一辩解是异常巧妙的，使自己的行为既不失世俗社会所提倡的热情周到，又不至于落入庸俗的虚礼之中，从理论上把自然的"朴"和人工的"礼"十分圆融地结合在一起，连苏东坡听了也极力赞赏。

儒家重视礼仪，道家反对礼仪。不讲礼仪显得粗鄙，太讲礼仪显得虚伪，这就要求我们把握好适中的"度"，做到文质彬彬。

十

彻志之勃①，解心之谬②，去德之累，达道之塞③。贵、富、显、严、名、利六者，勃志也；容、动、色、理、气、意六者④，谬心也；恶、欲、喜、怒、哀、乐六者，累德也；去、就、取、与、知、能六者⑤，塞道也。此四六者不荡胸中⑥，则正⑦，正则静，静则明，明则虚⑧，虚则无为而无不为也。

【注释】

①彻志之勃（bèi）：消除错误的心愿。彻，消除。勃，通"悖"。错误。

②谬（móu）：通"缪"。束缚。

③达道之塞：疏通自己与大道之间的阻塞。达，疏通。塞，阻塞。

④容：姿容，容貌。色：表情。

⑤就：接近，追求。与：给予。知：同"智"。智巧。

⑥四六：指上述四个方面、每个方面各六种情况。荡：扰乱。

⑦正：平正，平和。

⑧虚：指内心虚净而无杂念。

【译文】

　　消除错误的意愿，解脱心灵的束缚，清除天性的累赘，疏通自己与大道之间的阻塞。高贵、富有、显赫、威严、美名、利禄这六种事物，都属于错误的意愿；姿容、举止、表情、辞理、气度、情意这六种情况，全是心灵的束缚；憎恶、欲望、欢喜、愤怒、悲哀、快乐这六种情绪，都是天性的累赘；抛弃、追求、贪取、给予、智巧、才能这六种情况，都是自己与大道之间的阻塞。这四个方面、每个方面各六种事物都不能扰乱内心的话，内心就会变得平和，内心平和就能安静下来，内心安静就会变得明智，明智了就能够让内心处于一种虚净无欲的状态，有了这种虚净无欲的状态就能做到清静无为而又能做好一切事情。

十一

　　道者，德之钦也①；生者，德之光也；性者，生之质也②。性之动，谓之为；为之伪，谓之失。知者③，接也④；知者，谟也⑤。知者之所不知，犹睨也⑥。动以不得已之谓德，动无非我之谓治⑦，名相反而实相顺也⑧。

【注释】

①德之钦：是德所尊崇的。钦，尊崇。德指各类事物的天性与本能，道家认
　　为，德来自大道，所以德尊崇道。

②质：根本，基础。

③知：知觉，感受。下一个"知"同"智"。智慧。

④接：接触，感知。

⑤谟：谋划。

⑥睨（nì）：斜视。斜视一方所见有限，比喻世俗智慧所知甚少。

⑦动无非我之谓治：出于自我天性的行为都是合理的。无非我，无不是出自自
　　我天性。治，有条理，合理。

⑧名相反而实相顺也："德"和"治"名字相反而实质是相同的。"德"指内在

天性，"治"是外部表现，故曰"名相反"。

【译文】

　　大道，是德所尊崇的；生命，体现了德的光辉；天性，是生命的基础。顺应天性而活动，叫行为；行为中出现了虚伪欺诈，就叫失去天性。知觉，是用来感知外物的；智慧，是用来谋划事情的。但即使有智慧的人也还是有很多东西无法了解，他们的智慧就像斜视一方所见有限一样。出于不得已的行为可以说是符合德，发自天性的行为可以说是合理的，"德"与"合理"的名字不同，但它们的本质一样。

十二

　　羿工乎中微而拙乎使人无己誉①，圣人工乎天而拙乎人②。夫工乎天而倎乎人者③，唯全人能之④。唯虫能虫⑤，唯虫能天⑥。全人恶天⑦，恶人之天⑧，而况吾天乎人乎⑨！

【注释】

①羿（yì）：古代的神箭手。工乎：善于。中微：射中微小的目标。己誉：即"誉己"。赞美自己。

②工乎天：善于顺应天道。

③倎（liáng）：善于，精通。

④全人：全德全能之人。在本段文字中，全人的境界高于圣人。

⑤能虫：能完全保持原始的鸟兽本性。虫，泛指鸟兽。

⑥唯虫能天：只有鸟兽的生活才能完全体现天道。以上两句意思是说，缺乏智

慧的鸟兽只能按照天道赋予自己的本性生活，而多智的人类能够主动地去改造自我和环境，所以人的言行已经掺入了许多人为因素，并非纯粹顺应天道。

⑦恶：讨厌。

⑧人之天：人们所说的天道。非真正的天道。

⑨而况吾天乎人乎：而更何况只是某人所说的天道和人事呢！吾，泛指某个人。

【译文】

　　羿善于射中微小目标而拙于使人们不称赞自己，圣人善于顺应天道而拙于处理人事。既善于顺应天道又善于处理人事，只有全人才能够做到。只有鸟兽才能保持着原始的本性，唯有鸟兽的行为才能体现天道。全人之所以讨厌天道，是因为他讨厌的是人们所谓的"天道"，更何况只是某人所说的天道和人事呢！

十三

　　一雀适羿①，羿必得之，或也②；以天下为之笼，则雀无所逃。是故汤以庖人笼伊尹③，秦穆公以五羊之皮笼百里奚④。是故非以其所好笼之而可得者，无有也。

【注释】

①适：来到，飞到。

②或：通"惑"。迷惑人，欺骗人。《韩非子·难三》引本文为："一雀过羿，

羿必得之，则羿诬矣。"以上三句意思是说，任何一只小鸟朝羿飞来，羿都保证能够把它射中，这肯定是在骗人。意思是告诫人们：即使一个人的才智再高超，也不能保证事事成功。一本"或"作"威"，"威"应为"或"之误。陆德明《经典释文》："威也，崔本作或也。"

③汤：商汤王。商朝第一位君主。庖人：厨师。笼：笼络。伊尹：善于烹调，后被举荐为相。

④秦穆公：春秋时期秦国君主。百里奚：姓百里名奚。原为虞国大夫，虞亡后，百里奚逃到宛，被楚人捉住，秦穆公闻其贤，以五张羊皮赎回，后委以国政，号"五羖大夫"。本句是说秦穆公为百里奚挣得自由。

【译文】

　　任何一只小鸟朝着羿飞来，羿都保证自己一定能射中它，这肯定是在骗人；如果把整个天地之间看作一个鸟笼子，那么就没有一只鸟雀能够逃脱。因此商汤王用聘请伊尹为厨师的办法来笼络伊尹，秦穆公用五张羊皮换取百里奚自由的方法来笼络百里奚。所以说不用投其所好的办法去笼络人心而能够成功的，从来没有过。

十四

　　介者拸画①，外非誉也②；胥靡登高而不惧③，遗死生也。夫复谓不馈而忘人④，忘人，因以为天人矣⑤。故敬之而不喜，侮之而不怒者，唯同乎天和者为然⑥。出怒不怒⑦，则怒出于不怒矣；出为无为⑧，则为出于无为矣。欲静则平气，欲神则顺心⑨。有为也欲当⑩，则缘于不得已⑪。不得已之类，圣人之道。

【注释】

①介者：被砍掉一只脚的人。拸（chǐ）：不重视。画：修饰容貌。因为容貌修饰对于残疾人来说已经没有意义了。

②外非誉：把批评和赞美全置之度外。非，非议，批评。

③胥靡：服苦役的囚犯。服苦役的囚犯生不如死，所以他们也就不惧怕死亡。

④复谓（xí）：反复受到别人的语言威吓。复，反复。谓，用语言恐吓。馈：赠给。引申为反击。

⑤天人：思想境界最高的人。

⑥天和：最高的心态平和的状态。为然：做到这一点。为，做。然，这样。

⑦出怒不怒：表面发怒而内心并未发怒。即表面发怒而内心平静。

⑧出为无为：表面上忙忙碌碌地做事而内心却平和清净。

⑨神：用作动词，养神。

⑩欲当：想做得恰当。

⑪缘于：出于。

【译文】

　　被砍去一只脚的人不会再注重自己的容貌修饰，因为他们已经把外界的批评和赞美全置之度外了；服苦役的囚犯登上高处也不再感到恐惧，因为他们已经不再顾及生死了。反复受到别人的语言威胁而不去反击，并且还忘掉了那个威胁自己的人，能够忘掉威胁自己的人，可以算是天人。尊敬天人而天人不会感到高兴，侮辱天人而天人也不会感到生气，只有具备最高平和心态的人才能做到这一点。天人表面发怒而内心平和，那么他们的发怒是出于平和的心境；天人表面上忙忙碌碌做事而内心安宁清净，那么他们的忙忙碌碌是出于安宁清净的心态。要想安宁下来就要心平气和，要想养护精神就要心情顺畅。想有所作为而且还想做得恰当，那么做事就应该是出于不得已。不得已而行动，这种做法符合圣人的原则。

【研读】

　　本段认为思想境界高的人，无论他们受到什么待遇，也无论他们有什么言行，他们的内心都是平和安宁的。这与《天下》篇提出的"内圣外王"思想一致，可参阅该章的"研读"。

不恰当的爱，本质是伤害

徐无鬼

徐无鬼，魏国的著名隐士。姓徐，字无鬼。本篇由十多个较为散杂的故事组成，故事与故事之间没有密切的内在联系。本篇主要论述清静无为的治国、处世原则，还阐述了知音的重要性、自我炫耀的危害性、不言之言、福祸有命、万物各有所适等问题。

一

徐无鬼因女商见魏武侯①，武侯劳之曰②："先生病矣③！苦于山林之劳，故乃肯见于寡人。"徐无鬼曰："我则劳于君，君有何劳于我！君将盈耆欲④，长好恶⑤，则性命之情病矣⑥；君将黜耆欲⑦，掔好恶⑧，则耳目病矣⑨。我将劳君，君有何劳于我！"武侯超然不对⑩。

【注释】

①徐无鬼：相传是战国时期魏国隐士。因：依靠，通过。女商：魏国大夫。魏武侯：魏国君主。

②劳：慰劳。

③病：困顿，困窘。

④盈耆（shì）欲：满足自己的嗜好和欲望。盈，满足。耆，同"嗜"。嗜好。

⑤长好恶：不断增添自己的好恶之情。长，增长。

⑥性命之情：指美好天性。

⑦黜：废除，消除。

⑧擎（qiān）：退却，放弃。

⑨耳目：泛指身体。

⑩超然不对：怅然若失而没有回应。超然，怅然若失的样子。对，回答。

【译文】

　　徐无鬼通过女商的引荐见到了魏武侯。魏武侯慰劳他说："先生辛苦了，可能是山林里的隐居生活太苦太累，所以您才肯前来见我吧！"徐无鬼说："我是来慰劳您的，您有什么必要慰劳我呢！您想要满足自己的各种欲望，就会不断增添自己的好恶之情，这样一来您的美好天性就会受到伤害；您如果想放弃自己的各种欲望，消除自己的好恶之情，那么您的身体就会感到不舒服。我正打算来慰劳您，您又有什么必要慰劳我呢！"武侯听后怅然若失而不知该如何回应。

　　少焉①，徐无鬼曰："尝语君，吾相狗也②。下之质，执饱而止③，是狸德也④；中之质，若视日⑤；上之质，若亡其一⑥。吾相狗，又不若吾相马也。吾相马，直者中绳⑦，曲者中钩⑧，方者中矩，圆者中规，是国马也⑨，而未若天下马也⑩。天下马有成材⑪，若恤若失⑫，若丧其一⑬，若是者，超轶绝尘⑭，不知其所⑮。"武侯大悦而笑。

【注释】

①少焉：过了一会儿。

②相（xiàng）狗：通过观察狗的形态以判断其优劣。相，观察。

③执饱而止：只求填饱肚子就可以了。

④狸德：野猫一样的禀性。狸，野猫。

⑤视日：眼望着天空。形容高傲的样子。

⑥若亡其一：好像忘却了自己的一切。也即"忘我"。亡，通"忘"。忘却。一，全部，一切。

⑦直者中绳：跑直线时合乎墨线。中，符合。绳，木工画直线用的墨绳。

⑧钩：用来画弧形的曲尺。

⑨国马：某个诸侯国最好的马。国，诸侯国。

⑩天下马：天下最好的马。天子统领的整个中国叫"天下"。

⑪成材：天生的好材质、好素质。

⑫若恤若失（yì）：无论是缓步慢行还是快速奔驰。恤，犹豫顾惜。形容慢行的样子。失，通"佚"。快速奔跑。

⑬丧其一：与上文"亡其一"同义。忘却自己的一切。

⑭超轶（yì）绝尘：脚不沾地飞速超越其他马匹。轶，超越。绝尘，跑得极快，好像脚掌与地面分开了一样。

⑮所：代词，代指原因。

【译文】

过了一会儿，徐无鬼说："我告诉您，我善于相狗。下等品质的狗只知道填饱肚子而已，这与野猫的禀性是一样的；中等品质的狗仰望着天空、一副傲慢的模样；上等品质的狗看起来好像忘却了自己的存在。我的相狗技能，还比不上我的相马技能。我所选中的马，跑直线时合乎墨线，跑曲线时合乎钩尺，跑方形时合乎曲尺，跑圆形时合乎圆规，这样的马算得上是一个诸侯国中最好的马，但还比不上天下最好的马。天下最好的马，具备了天生的好素质，无论是缓步慢行还是快速奔跑，它都好像忘却了自己的存在。像这样的好马，脚不沾地飞速奔驰时能超越所有的骏马，而人们却不知道其中的原因。"武侯听后非常高兴地笑了起来。

徐无鬼出，女商曰："先生独何以说吾君乎①？吾所以说吾君者，横说之则以《诗》《书》《礼》《乐》②，从说之则以《金板》《六弢》③，奉事而大有功者不可为数④，而吾君未尝启齿⑤。今先生何以说吾君，使吾君说若此乎⑥？"

【注释】

①独：究竟。说（shuì）：游说。一说"说"同"悦"。取悦于。

②横：横向的。指与自己年代较近的时代。

③从（zòng）：通"纵"。纵向的。指时代较远的。《金板》《六弢（tāo）》：相
　传为姜太公所著的两部兵书。一说是《周书》中的篇名。

④奉事：奉命办事。不可为数：多得不可计数。

⑤启齿：开口而笑。启，开。

⑥说（yuè）：同"悦"。高兴。

【译文】

徐无鬼从王宫中出来之后，女商问他："先生究竟对我们的君主说了些什么呢？我与我们君主谈论的内容是：近代的主要谈论《诗》《书》《礼》《乐》，古代的主要谈论《金板》《六弢》，我奉命办事并取得巨大成功的次数多得无法计算，然而我们君主从来没有开口笑过。今天先生对我们君主究竟说了一些什么话，竟然使我们君主如此欢喜呢？"

徐无鬼曰："吾直告之吾相狗马耳①。"女商曰："若是乎②？"曰："子不闻夫越之流人乎③？去国数日④，见其所知而喜⑤；去国旬月，见所尝见于国中者喜⑥；及期年也⑦，见似人者而喜矣⑧。不亦去人滋久⑨，思人滋深乎？夫逃虚空者⑩，藜藋柱乎鼪鼬之迳⑪，踉位其空⑫，闻人足音跫然而喜矣⑬，又况乎昆弟亲戚之謦欬其侧者乎⑭！久矣夫，莫以真人之言謦欬吾君之侧乎⑮！"

【注释】

①直：仅仅，只不过。

②若是：如此。是，此。

③越之流人：被流放到远处的人。越，偏远。一说是地名。即越国一带。

④去国：离开都城。国，都城。理解为"国家"也可。

⑤所知：所认识的人。

⑥尝：曾经。

⑦期（jī）年：一整年。

⑧似人者：这里指任何一个人。

⑨去：离开。滋久：越久。滋，越。

⑩虚空者：空无人烟的地方。

⑪藜藋（lí diào）柱乎鼪鼬（shēng yòu）之迳：丛生的野草长满了野兽出没的小路。藜藋，两种野草。这里泛指野草。柱，堵塞，长满。鼪鼬，即黄鼠狼。这里泛指各种野兽。迳，同"径"。小路。

⑫踉（liàng）位其空：艰难地生活在无人地区。踉，踉跄，走路不稳。形容生活艰难的样子。位，处于，生活于。空，无人之地。

⑬跫（qióng）然：形容脚步声。一说高兴的样子。成语"空谷足音"即出于此。

⑭昆弟：兄弟。謦欬（qǐng kài）：形容谈笑声。

⑮莫：没有人。真人之言：指纯朴真诚、符合天性的语言。徐无鬼认为，女商所谈论的那些治国言论既不符合人的天性，而且还充满了谎言，所以难得君主欢心。

【译文】

徐无鬼说："我只不过告诉君主有关我善于相狗、相马的事情而已。"女商问："您仅仅就说了这些内容吗？"徐无鬼说："您难道没有听说过那些被流放到远方的人吗？当他们离开国都几天之后，看到故交老友就会十分高兴；离开国都十天、一月之后，看到在国都中曾经见到过的人便大喜过望；等到一年之后，看到任何一个人便欣喜异常，这不就是因为离开人群越久，对人的思念越深吗？那些逃亡于空无人烟地区的人，满眼都是丛生的野草覆盖着野兽出没的小路，他们艰难而孤独地生活在这种无人之地，一旦听到人的脚步声就会高兴起来，更何况是兄弟亲人在身边谈论欢笑呢！很久很久了，没有人用纯朴真诚的语言在我们君主身边谈论欢笑了啊！"

【研读】

本段用魏武侯听到相狗、相马之术而高兴无比的故事，说明世俗社会中的许多理论、事情都非人的天性所需，讽刺《诗》《书》《礼》《乐》等儒家经典及其他一些世俗书籍都是一些无助于修心养性的虚假之言。

二

徐无鬼见武侯，武侯曰："先生居山林，食芧栗①，厌葱韭②，以宾寡人③，久矣夫！今老邪？其欲干酒肉之味邪④？其寡人亦有社稷之福邪？"徐无鬼曰："无鬼生于贫贱，未尝敢饮食君之酒肉，将来劳君也⑤。"君曰："何哉？奚劳寡人？"曰："劳君之神与形。"武侯曰："何谓邪？"徐无鬼曰："天地之养也一⑥，登高不可以为长⑦，居下不可以为短。君独为万乘之主⑧，以苦一国之民，以养耳目鼻口，夫神者不自许也⑨。夫神者，好和而恶奸⑩，夫奸，病也，故劳之。唯君所病之⑪，何也？"

【注释】

①芧（xù）栗：两种野果名。芧，橡树果。栗，栗树果。

②厌葱韭：满肚子装的都是青菜。厌，吃饱。葱韭，两种蔬菜名。

③宾：通"摈"。抛弃，远离。

④干：求。

⑤劳君：慰劳您。

⑥养也一：对人们的养育是同样的。也即上天对君主、民众一视同仁。

⑦登高不可以为长：登上高山并不意味着就比别人身材高大一些。比喻占据高位的人不可以认为就高人一等。详见"研读"。

⑧万乘（shèng）之主：大国君主。万乘，万辆战车。大国才能拥有万辆战车，因称大国为"万乘"。

⑨神：指自身的心神、天性。不自许：不愿意如此。许，允许，愿意。

⑩和：和谐。奸：邪恶。

⑪所病：患上这种毛病的原因。所，原因。

【译文】

　　徐无鬼去见魏武侯，武侯问道："先生隐居在深山老林之中，啃的是野果，满肚子装的全是青菜，却不愿与我交往，时间已经很久很久了！如今您是因为年纪大了呢？还是想到我这里吃点儿酒肉之类的美味呢？还是有什么治国良策想来造福于我的国家呢？"徐无鬼说："我一直生活在贫贱之中，从来就不敢奢望能够享用君主的酒肉，我是来慰劳您的。"武侯说："为什么要慰劳我呢？我有什么需要你慰劳的呢？"徐无鬼说："我要慰劳您的心神和形体。"武侯说："您说的是什么意思啊？"徐无鬼说："大自然对于人们的养育是同样的，身居高位的人不应该自认为高人一等，身处下位的不可以就认为是低人一头。您作为大国的一位君主，让全国的民众受苦受累，以满足自己的肉体享受，而您的心神对此并不认可。心神喜欢与民众和谐相处，讨厌奸邪之事，做了奸邪之事，就是患上了严重疾病，所以我特地前来慰劳你。您患上这一严重疾病的原因，究竟是什么呢？"

【研读】

徐无鬼对魏武侯说:"大自然对于人们的养育是同样的,身居高位的人不应该自认为高人一等,身处下位的不可以就认为是低人一头。"再考虑到《庄子·人间世》说的:"与天为徒者,知天子之与己,皆天之所子,而独以己言薪乎而人善之,薪乎而人不善之邪?"庄子假借颜回之口说:"以大自然为师的人,知道天子和我都是大自然所养育的,那么我又何必一定要求别人赞成我的言论呢?或计较别人不赞成我的言论呢?"根据这些言论,我们是否可以说,庄子已经具备了初步的"人人生而平等"的思想呢?

武侯曰:"欲见先生久矣。吾欲爱民而为义偃兵①,其可乎?"徐无鬼曰:"不可。爱民,害民之始也;为义偃兵,造兵之本也②。君自此为之③,则殆不成④。凡成美⑤,恶器也。君虽为仁义,几且伪哉⑥!形固造形⑦,成固有伐⑧,变固外战⑨。君亦必无盛鹤列于丽谯之间⑩,无徒骥于锱坛之宫⑪,无藏逆于得⑫,无以巧胜人,无以谋胜人,无以战胜人。夫杀人之士民,兼人之土地,以养吾私与吾神者,其战不知孰善?胜之恶乎在⑬?君若勿已矣⑭,修胸中之诚,以应天地之情而勿撄⑮。夫民死已脱矣⑯,君将恶乎用夫偃兵哉!"

【注释】

①偃兵:停止打仗。偃,平息,停止。

②造兵之本:引起战争的根源。

③自此为之:从这里着手去平息战争。为,平息。之,代指战争。

④殆：大概，恐怕。

⑤成美：已经形成的美名。

⑥几且：差不多，接近于。

⑦形固造形：有了仁义的行为，就必定会有人伪造仁义的行为。形，行迹，行为。意思是说一旦推行仁义，就会有人用假仁假义的行为去谋取私利，如《庄子·胠箧》中提到的田成子。

⑧成固有伐：一旦成功了就必定会自我夸耀。伐，夸耀。

⑨变固外战：一旦有了变故必定会发动对外战争。意思是，武侯是为了某种道义而偃兵，一旦有人改变、违背了这种道义，战争就会发生。

⑩鹤列：鹤鸟的队列。比喻整齐的军阵。丽谯（qiáo）：壮丽的城楼。一说为魏国城楼名。

⑪无徒骥于锱（zī）坛之宫：不要在锱坛宫前陈列步卒骑兵。徒，步兵。骥，骏马。代指骑兵。锱坛，魏国宫殿名。

⑫无藏逆于得：在德性中不可包藏逆理之心。逆，逆理，不合正道。得，通"德"。品德。

⑬恶（wū）乎在：体现在哪里？恶，哪里。

⑭勿已：不得已。指必须做事。

⑮情：真实情感。即本性。撄：扰乱。

⑯死已脱：已经消除了死亡威胁。

【译文】

　　武侯说："我很久之前就希望能够见到先生啊。我想爱护我的百姓，想为了坚持道义而消除战争，这样做可以吗？"徐无鬼说："不行。有意地去爱护百姓，实际上是祸害百姓的开始；为了坚持某种道义而去消除战争，这刚好是引起战争的根源。您如果想从这里着手消除战争，大概很难成功。大凡已经获取的美名，往往又会成为作恶的工具；您虽然想推行仁义，但这种做法有点儿近似于作伪啊！一旦出现推行仁义的行为，就必定会有人利用假仁假义以谋取私利；一旦获取成功，就必定会自我夸耀；一旦出现什么变故，就必定会发动对外战争。您一定不要在高大的城楼下摆开强盛、整齐的军阵，不要在锱坛宫前陈列步卒和骑兵，不要在自己的品性中暗藏着逆理之心，不要使用智巧去战胜别人，不要使用谋略去打败别人，更不要使用战争的手段去征服别人。屠杀别人的民众，兼并别人的土地，以此来满足自己的私欲和精神需要的人，他们的争战不知道哪里能够体现出正义？也不知道他们的胜利有什么意义？您如果出于不得已必须做事的话，倒不如修养内心的真诚，以顺应天地万物的本性而不要去扰乱这些本性。这样一来民众就已经摆脱了死亡威胁，您哪里还用得着再去消除战争呢！"

【研读】

　　本段抨击统治者残民自养的做法以及他们发动的不义战争，要求他们减嗜欲，修诚心，顺应自然，无为而治。其中"爱民，害民之始也"这一命题，特别发人深思。

　　儒家提倡爱民，庄子反对带着某种目的去爱民，为什么呢？《道德经》五章说："天地不仁，以万物为刍狗；圣人不仁，以百姓为刍狗。"天地没有主观意识，它们把万物看得如同草狗一样，虽然它们客观上养育了万物，但不是出于爱心，因此说"天地不仁"。圣明的君主要效法天地，因此对百姓也无所仁爱，而是把百姓视同草狗一样。可以说，老庄的政治核心思想之一就是不干涉主义。"圣人不仁，以百姓为刍狗"这一命题集中地体现了"不干涉"这一治国理念。老庄认为，对于百姓，既不要去伤害他们，也不要去爱护他们，让他们自由自在地去发展生产，自我调节生计。老庄深信，在不受干涉的情况下，百姓完全能够过上美满的生活。国家一旦干涉百姓生活——无论是伤害百姓还是爱护百姓，都将产生负面效应。

伤害百姓的坏处很好理解，那么带着某种目的去爱护百姓的弊端在哪里呢？庄子认为，一个国家推行爱民政策，从短时间来看，百姓的确能够得到一定的好处，但从长期来看，百姓还是最终受害者。其原因是：

第一，庄子认为，一个国家推行仁政，不可能仅仅停留在空洞的口号上，必须落实在物质利益方面。这样做客观上引导全国民众关注利益的多少，时间久了就会败坏社会风气，从而引起人性的堕落。

第二，既然一个国家的仁政要落实在物质利益上，国家很可能无法长期支撑这种基于仁政基础之上的财政开支。一旦削减这种开支，减少百姓的福利，就会造成国家与百姓之间的矛盾。关于这一点，我们在《庄子·天运》第五章节的"研读"中，就曾引用《呻吟语·治道》中的"汉始兴，郡守某者御州兵，常操之内免操二月"的故事说明了这一点。撒切尔夫人的经历也印证了庄子的这一观念。当保守党在1970年的大选胜出之后，撒切尔夫人出任教育及科学大臣的第一个月，就决定取消已经施行多年的向全国学校提供免费牛奶的政策，这一政策仅仅只是取消原有的、免费的福利而已，结果引发了一连串的民众示威，其中《太阳报》更因此而称撒切尔夫人为"玛姬·撒切尔，牛奶掠夺者"。

基于以上原因，庄子主张政府既不可伤害百姓，也不可有意地去爱护百姓，而是放手让百姓去自由地发展生产，当百姓生活美满时，依然感觉不到政府的存在，这就是《道德经》十七章说的"太上，不知有之。……功成事遂，百姓皆谓'我自然'"。从这里不难看出，庄子反对爱民的主张背后，却隐含着更高层次的爱民思想。

三

黄帝将见大隗乎具茨之山[①]，方明为御[②]，昌寓骖乘[③]，张若、谐朋前马[④]，昆阍、滑稽后车[⑤]。至于襄城之野[⑥]，七圣皆迷[⑦]，无所问涂[⑧]。

【注释】

①大隗（tài wěi）：虚构人名。喻指大道。乎：于，在。具茨（cí）：山名。

②方明：虚构的人名。为御：为黄帝驾车。

③昌寓（yǔ）：虚构人名。骖（cān）乘：陪乘。古代乘车时，驾车者居中，尊者居左，陪乘者居右。陪乘者的作用，一是保证车辆左右载重量的平衡，以防车辆倾覆，二是保护尊者安全。

④张若、谐（xí）朋：两个虚构人名。前马：走在马车前作引导。

⑤昆阍（hūn）、滑稽：两个虚构人名。后车：在车后跟随。

⑥襄城：地名。

⑦七圣：指黄帝一行七人。

⑧无所问涂：无处问路。涂，同"途"。

【译文】

黄帝去具茨山拜访大隗，方明为他驾车，昌寓当陪乘，张若、谢朋在车前引导，昆阍、滑稽在车后跟随。走到襄城的野外时，这七位圣人都迷了路，而且连个问路的人也无法找到。

适遇牧马童子①，问涂焉，曰："若知具茨之山乎②？"曰："然。""若知大隗之所存乎③？"曰："然。"黄帝曰："异哉小童！非徒知具茨之山④，又知大隗之所存。请问为天下⑤。"小童曰："夫为天下者，亦若此而已矣⑥，又奚事焉！予少而自游于六合之内⑦，予适有瞀病⑧，有长者教予曰：'若乘日之车而游于襄城之野⑨。'今予病少痊⑩，予又且复游于六合之外⑪。夫为天下，亦若此而已。予又奚事焉！"

【注释】

①适遇：刚好遇到。

②若：你。

③所存：所居住的地方。

④非徒：不仅。

⑤为：治理。

⑥若此：像牧马一样。此，代指牧马。

⑦六合之内：人世间。六合，天、地、四方。

⑧瞀（mào）：头晕目眩。

⑨若：你。日之车：太阳之车。指白天。

⑩少痊：稍有好转，稍稍痊愈。少，稍微。

⑪且：将。

【译文】

此时刚好遇到一位牧马少年，便向这位少年问路："你知道去具茨山的道路吗？"少年说："知道。""你知道大隗住在什么地方吗？"少年说："知道。"黄帝说："这位少年真是非同寻常啊！不仅知道去具茨山的道路，而且还知道大隗居住的地方。请问如何治理天下。"少年说："治理天下的方法，也不过与我牧马的方法一样而已。又何须多事呢！我从小就独自生活于人世间，患上了头晕目眩的疾病，有一位德高望重的长者告诉我说：'你每天白天都到襄城的原野里去走一走吧！'如今我的病已经有所好转了，我还想神游于人间之外呢！治理天下，也不过如此而已。再说这与我又有什么关系呢！"

黄帝曰："夫为天下者，则诚非吾子之事。虽然，请问为天下。"小童辞。黄帝又问，小童曰："夫为天下者，亦奚以异乎牧马者哉！亦去其害马者而已矣！"黄帝再拜稽首①，称天师而退②。

【注释】

①再：两次。稽（qǐ）首：叩头至地。古代的一种大礼。

②天师：懂得天道的老师。"天师"一词即出于此。

【译文】

黄帝说："治理天下，确实不是您的事情。虽说如此，我还是想请教您该如何治理天下。"少年没有回应。黄帝坚持请教，少年说："治理天下，与牧马的道理又有什么不同呢！也不过就是消除对马有害的事情而已！"黄帝听后连拜两拜，叩头至地，尊称少年为"天师"，然后告辞而去。

四

知士无思虑之变则不乐①，辩士无谈说之序则不乐②，察士无凌谇之事则不乐③，皆囿于物者也④。招世之士兴朝⑤，中民之士荣官⑥，筋力之士矜难⑦，勇敢之士奋患⑧，兵革之士乐战⑨，枯槁之士宿名⑩，法律之士广治⑪，礼教之士敬容⑫，仁义之士贵际⑬，农夫无草莱之事则不比⑭，商贾无市井之事则不比⑮，庶人有旦暮之业则劝⑯，百工有器械之巧则壮⑰。钱财不积则贪者忧，权势不尤则夸者悲⑱。势物之徒乐变⑲，遭时有所用⑳，不能无为也。此皆顺比于岁㉑，不物于易者也㉒。驰其形性㉓，潜之万物㉔，终身不反㉕，悲夫！

【注释】

①知士：即"智士"。有智慧的人。知，同"智"。

②序：条理。

③察士：善于明察的人。凌谇（suì）：凌辱和责问。凌，凌辱。谇，责问。明察之人熟知他人隐私，故常凌辱、苛责他人。

④囿（yòu）于物：受各自的才能和爱好的局限。囿，拘限。物，指各自的才能和爱好。

⑤招世之士：善于招揽社会人才的人。世，指世人中有才能的人。兴朝：能在

朝中得势。兴，兴盛，得势。

⑥中民之士：善于治理百姓的人。中，不偏不倚，恰如其分。这里指善于治理。荣官：获得高官厚禄。荣，荣耀，高贵。

⑦筋力之士：身体强健有力的人。矜难：希望能在国难中有骄人表现。矜，骄傲。指骄人表现。

⑧奋患：在患难中表现个人勇气。

⑨兵革之士：将士。兵，兵器。革，这里指皮制的战衣。

⑩枯槁之士：指隐士。隐士生活艰苦，形如枯木，故称"枯槁之士"。宿名：追求名声。宿，归宿。引申为留意、追求。

⑪广治：推广法治。

⑫敬容：注重仪态外貌。敬，认真，注重。

⑬贵际：看重人际关系。

⑭草莱（lái）之事：除草耕耘之事。莱，草名。比：和乐，愉快。

⑮市井之事：集市上的买卖之事。

⑯庶人有旦暮之业则劝：百姓每天都有事情可做才会变得勤奋。庶人，百姓。旦暮，从早到晚。代指一天。劝，勤奋。

⑰百工：指各类工匠。壮：盛。指工效高。

⑱尤：突出，高贵。夸者：喜欢炫耀的人。

⑲势物之徒：追求权势名利之徒。物，指权势名利。

⑳遭时：遇上了好机会。遭，遇上。

㉑顺比于岁：依靠的是时机。即需要好的时机才能成功。比，依附。岁，时，时机。

㉒不物于易：不能主宰外物于变化之中。即不能摆脱外物的牵累。物，主宰万物。易，改变，变化。

㉓驰其形性：他们的身心一直处于奔波不安的状态。性，心，精神。

㉔潜之万物：沉溺于追求外物。

㉕不反：不能恢复美好天性。也即不能醒悟。

【译文】

有点智慧的人如果不让他进行变化多端的思考他就会感到不快乐，善于辩论的人如果不让他进行有条有理的论辩他就会感到不快乐，有明察能力的人如果不让他对别人进行凌辱和责难他就会感到不快乐，这些人都受到了各自才能和爱好的局限。善于招揽人才的人希望自己能够在朝中得势，善于治理百姓的人希望自己能够获取高官厚禄，强健有力的人希望自己能够在国难中有骄人表现，勇敢的人希望自己能够在患难中表现自己的勇气，手持武器身披甲衣的人盼望自己能够参与战争，隐居山林的人追求美好的名声，研究法律的人一心要推广法治，重视礼仪的人注重仪容外貌，崇尚仁义的人看重人际关系。农夫如果没有除草耕耘的农活可干心里就感到不安，商人如果没有集市上的买卖可做心里就不高兴，庶民百姓每天都有事情可做就会变得勤奋，各类工匠有了巧妙的工具就会提高自己的功效。钱财积累得不多那么贪财的人就会感到伤心，权势不大那么喜欢自我炫耀的人就会感到悲哀。追求权势名利的人盼望多生变故，这样他们就容易找到可供自己利用的时机，他们根本无法做到清静无为。这些人都需要依靠有利于自己的时机，而不能在变化之中去主宰外物。他们使自己的身心一直处于奔波不安的状态，沉溺于外物而无法自拔，他们终其一生也不会醒悟，真是可悲啊！

五

庄子曰："射者非前期而中①，谓之善射，天下皆羿也②。可乎？"惠子曰："可。"庄子曰："天下非有公是也③，而各是其所是，天下皆尧也。可乎？"惠子曰："可。"庄子曰："然则儒、墨、杨、秉四④，与夫子为五，果孰是邪？或者若鲁遽者邪⑤？其弟子曰：'我得夫子之道矣，吾能冬爨鼎而夏造冰矣⑥。'鲁遽曰：'是直以阳召阳、以阴召阴⑦，非吾所谓道也。吾示子乎吾道。'于是为之调瑟⑧，废一于堂⑨，废一于室，鼓宫宫动⑩，鼓角角动，音律同矣。夫或改调一弦⑪，于五音无当也⑫，鼓之，二十五弦皆动，未始异于声⑬，而音之君已⑭。且若是者邪⑮？"

【注释】

①非前期而中：不事先设定一个目标，无论射到任何地方都算射中了。前期，事先设定目标。

②羿（yì）：古代神箭手。

③公是：公认的正确标准。是，正确。

④儒：姓郑名缓，字儒，儒家人物。一说"儒"泛指儒家。墨：指墨翟。墨家的创始人。杨：指杨朱。道家人物之一。秉：指公孙龙。复姓公孙，名龙，字子秉。名家代表人物。

⑤鲁遽：周初人。生平不详。

⑥吾能冬爨（cuàn）鼎而夏造冰矣：我能在寒冷的冬天用千年灰烬生火烧鼎做饭，而在炎热的夏天造出冰块。据说鲁遽在冬季能够使保存千年的灰烬生出火来，此火还可以用来烧鼎煮饭；还能够在夏季制冰，具体办法是把

水放入瓦器，再在开水中加热，然后把瓦器放入深井之中，据说很快就会结为冰块。这些只能视为传说。

⑦是直以阳召阳、以阴召阴：这不过是用具有阳气的事物引出具有阳气的事物、用具有阴气的事物引出具有阴气的事物而已。千年灰烬和火都属阳，所以灰烬能够招来火；水、井和冰都属阴，所以水、井能够招来冰。是，代指上文讲的现象。直，仅仅。

⑧瑟：类似琴的一种乐器，一般为二十五根弦。

⑨废：放置。

⑩鼓宫宫动：弹奏一张瑟的宫音，另一张瑟的宫音也随之响起。鼓，弹奏。宫，古代以宫、商、角、徵、羽为五音，宫为五音之一。

⑪改调一弦：改动其中一根弦的音调。

⑫无当：不合。指不符合五音中的任何一音。

⑬未始异于声：不会发出不同的声调。即二十五根弦发出的音调相同。

⑭音之君：这根被改动过的弦成了音调的君主。这根弦发出某种声音，其他弦也发出某种声音，故称之为"音之君"。庄子用冬烧鼎、夏造冰、鼓宫而宫动这些事比喻世俗学派只能做到同声相应、同气相求，而得不到其他学派的认同。用"音之君"比喻能够得到所有人支持的学说，那就是大道。

⑮且若是者邪：你的思想能够像"音之君"那样吗？是，代指鲁遽弹奏的"音之君"。本句的意思是，惠子的思想依然是自以为是的学派之一，而不是人们公认的大道。

【译文】

　　庄子说："射箭的人，事先没有设定一个目标，无论射到什么地方都算射中了，并且还称赞这样的人善于射箭，那么天下的人都成了羿一样的神箭手了。这样做可以吗?"惠子说:"可以。"庄子说:"如果天下没有一个公认的正确标准,而人人都把自以为正确的思想拿来作为正确标准,那么天下的人都成了尧一样的圣人了。这样做可以吗?"惠子说:"可以。"庄子说:"那么郑缓、墨翟、杨朱、公孙龙四位先生,再加上您一共五位,你们的思想究竟谁是正确的呢?还是都能够像鲁遽一样呢?鲁遽的弟子对鲁遽说:'我已经学到老师您的学问了,我也能够在冬天用灰烬生火烧鼎做饭而在夏天造出冰块来。'鲁遽说:'这些做法只不过是用具有阳气的事物招引具有阳气的事物、用具有阴气的事物招引具有阴气的事物而已,还算不上我的真正学问。现在我把我的真正学问展示给你们看看。'于是鲁遽就调整好瑟弦,然后放置一张瑟在堂上,放置另一张瑟在内室,弹奏其中一张瑟的宫调而另一张瑟的宫调也随之响应,弹奏一张瑟的角调而另一张瑟的角调也随之响应,这是因为它们音调相同的缘故啊。鲁遽又改动其中一根弦的音调,这个音调与五音都不一样,然后去弹奏这根弦,所有二十五根弦全都颤动起来,发出了同样的声音,而这根弦的音调可算是音调之王了。你的思想能够像鲁遽所说的'音调之王'吗?"

惠子曰:"今夫儒、墨、杨、秉,且方与我以辩,相拂以辞[①],相镇以声[②],而未始吾非也[③],则奚若矣[④]?"庄子曰:"齐人蹢子于宋者[⑤],其命阍也不以完[⑥];其求钘钟也以束缚[⑦],其求唐子也而未始出域[⑧],有遗类矣夫[⑨]?楚人寄而蹢阍者[⑩],夜半于无人之时而与舟人斗,未始离于岑而足以造于怨也[⑪]。"

【注释】

①拂：辩驳，驳斥。

②镇：压倒。

③未始吾非：即"未始非吾"。不曾把我驳倒。非，非议，驳倒。

④奚若：如何，怎么样。

⑤蹢（zhí）子：把儿子放置在。蹢，通"摘"。投，放在。

⑥其命阍（hūn）也不以完：儿子成了一个身体残缺不全的看门人。命，被任命为。阍，守门人。不以完，即"不完"。身体残废而不完整。

⑦其求钘（xíng）钟也以束缚：那个齐国人求得一口小钟却仔细包裹起来唯恐破损。钘钟，一种长颈的小钟。

⑧唐子：流落在外的儿子。唐，亡失。

⑨遗类：留下后代。遗，留下。类，同类之人。指后代。以上数句是说这个齐人轻儿子，重小钟，颠倒了轻重还自以为正确。以此讽刺惠子颠倒了是非，还自以为正确。

⑩楚人寄而蹢阍者：有一位楚国人寄居在外地却赶走为他守门的人。蹢，通"摘"。放弃，赶走。阍，守门人。本句用楚人赶走为自己好心守门的人这一事实，讽刺惠子不辨好坏，是非颠倒。

⑪岑（cén）：岸。造于怨：与人结怨。以上两句是说，不到开船的时间就登船，并为此与舟人打斗，船没离岸就与舟人结怨。用来讽刺惠子还没做出实际业绩，就因口舌之争与人结怨。

【译文】

　　惠子说："如今郑缓、墨翟、杨朱、公孙龙，他们与我辩论，想用言辞驳斥我，想用声音压倒我，而从来也没有能够辩赢我，我做到这一点可以吗?"庄子说:"齐国有个人的儿子流落在宋国,他的儿子在宋国成了一个残疾的看门人;而这个齐国人找到一口小钟,却小心翼翼地包裹起来生怕受到损坏,他寻找流落在外的儿子时,却从未走出过国门,这么做他还会有后代吗?有一个楚国人寄居在外地,却赶走了为自己好心看门的人,深更半夜跑到船上要求开船,结果与船夫打了起来,船还没离岸就与船夫结下了怨恨。"

六

庄子送葬,过惠子之墓①,顾谓从者曰②:"郢人垩漫其鼻端③,若蝇翼,使匠石斫之④。匠石运斤成风⑤,听而斫之⑥,尽垩而鼻不伤,郢人立不失容⑦。宋元君闻之⑧,召匠石曰:'尝试为寡人为之⑨。'匠石曰:'臣则尝能斫之。虽然,臣之质死久矣⑩。'自夫子之死也⑪,吾无以为质矣⑫!吾无与言之矣!"

【注释】

①过:路过。另外,"过"还有拜访、看望的意思。

②顾:回头。

③郢(yǐng)人垩(è)漫其鼻端:有一位郢都人不小心把一小块白泥巴弄到了自己的鼻尖上。郢,楚国都城,在今湖北江陵一带。垩,白色泥巴,可用来涂墙。漫,沾到。

④匠石:此人名石,职业为木匠,故称"匠石"。斫(zhuó):用斧头砍削。

⑤运斤成风:挥起斧头带着呼呼的风声。运,挥动。斤,斧头。成语"运斤成风"即出于此。

⑥听：随意，随手。

⑦不失容：没有失去平日面容。即毫无害怕的表情。

⑧宋元君：春秋时期宋国的一位君主。

⑨为之：表演一下。

⑩质：对，对象。指自己的表演对象郢人。

⑪夫子：指惠子。

⑫质：指谈话的对象。

【译文】

　　庄子送葬，路过惠子的坟墓时，他回头对跟随的人说："有一位郢都人不小心把一块白泥巴弄到了自己的鼻尖上，这块白泥巴薄得就像苍蝇的翅膀一样，这位郢都人就请匠石用斧头把这块泥巴砍掉。于是匠石就抡起大斧头，呼呼地带着风声随手砍去，白泥巴被砍削得干干净净，而鼻子没有受到丝毫伤害，那位郢都人站在那里没有任何恐惧的表情。宋元君听说了这件事，就把匠石召来，说：'请你也尝试着为我表演一下。'匠石说：'我从前确实能够砍削鼻尖上的白泥巴点。虽然我能够砍削，可那位与我配合默契的郢都人早已去世了。'自从惠先生去世以后，我也失去了一位配合默契的朋友，我再也找不到一位可以同他谈玄说理的人了。"

【研读】

　　这个故事不仅为我们留下了"运斤成风"这一成语，而且还饱含着人生哲理，那就是它生动地说明了人生在世寻觅知音的重要性。

　　匠石之所以能够做出如此精彩的表演，是因为有一位极其信赖他、且异常镇静的郢人在配合他。试想，如果换作他人，当一把明晃晃的大斧头带着呼呼的风声朝自己迎面劈来时，有几个人能不下意识地转头躲避呢？而这一躲，结果肯定是头破血流。失去了这位知音，匠石便"孤掌难鸣"，他的绝技就再也无法施展了。庄子讲这个故事的目的，主要是说明自己与惠施是思想上能够相互理解的知音。

为了能够更清楚地说明这个故事蕴含的普遍人生哲理，我们先看苏东坡的《题沈君琴》：

> 若言琴上有琴声，放在匣中何不鸣？若言声在指头上，何不于君指上听？

《楞严经》说："譬如琴瑟琵琶，虽有妙音，若无妙指，终不能发。"意思是说，琴瑟琵琶虽然能够发出美妙的声音，但还必须要有懂得音乐的"妙指"去弹奏。没有这样的妙指，琴瑟琵琶最终也无法发出优美的乐章。换言之，美妙的琴声既不在琴上，也不在手指上，而在于琴与手指的配合上。

人生也是如此。我们每一个正常的人都好比一把音质优美的琴，然而这把琴能否发出美妙的声音，就看你能否找到一双能够弹奏它的妙手。人们常说：每一位伟大的男人背后，都站着一位伟大的女人。我们可以把这种关系理解得更为宽泛一些，父子、师生、朋友、同学等等，都可能是妙琴与妙指的关系。由于心灵的相通、性格的契合、理想的一致等原因，于是就在一颦一笑、一举一动之间，彼此拨动了对方的心弦，从而相互配合，演奏出人间最美妙的乐章。反过来，有的人素质很好，就像一把音质很好的琴一样，但是由于终身没有遇到妙指，结果这把琴一生默默无闻。

我们生活在人世间，要想成功，其重要任务之一，就是寻找适合弹奏自己这把琴的妙手。当然，人比琴要复杂得多，一位好琴手可以弹奏所有的琴，但能够拨动某个心弦的人，未必就能够拨动其他心弦。正因为寻找能够拨动人生心弦的"妙指"很困难，我们就更应该多下功夫，只要能够坚持"众里寻他千百度"，总有一天，当我们"蓦然回首"时，一定会发现"那人却在，灯火阑珊处"（辛弃疾《青玉案·元夕》）。一旦找到这位能够拨动自己心弦的人，我们的人生立刻就会改观，就会像郢人和匠石那样，相互配合，演奏出命运的最强音。

七

管仲有病①，桓公问之②，曰："仲父之病病矣③，可不讳云④，至于大病，则寡人恶乎属国而可⑤？"管仲曰："公谁欲与？"公曰："鲍叔牙⑥。"曰："不可。其为人絜廉⑦，善士也，其于不己若者不比之⑧，又一闻人之过，终身不忘。使之治国，上且钩乎君⑨，下且逆乎民。其得罪于君也，将弗久矣！"

【注释】

①管仲：姓管名仲，字夷吾。春秋时著名政治家，辅佐齐桓公成就霸业。

②桓公：春秋五霸之一的齐桓公。问：看望。

③仲父：对管仲的尊称。病病：疾病严重了。第二个"病"是疾病严重的意思。

④可不讳云：我讲话可以不用忌讳了。

⑤恶（wū）乎属（zhǔ）国：把国家托付给谁。恶，什么，什么人。属，同"嘱"。托付。

⑥鲍叔牙：齐国大臣，管仲的知心朋友。关于管仲与鲍叔牙的关系，可详见

"研读"。

⑦絜（jié）廉：廉洁。絜，同"洁"。

⑧其于不己若者不比之：他对于那些比不上自己的人，不愿亲近他们。不己若，即"不若己"。比，团结，亲近。

⑨钩：一种兵器。这里用作动词，伤害。指鲍叔牙会因为直谏而伤害到君主。

【译文】

管仲生了病，齐桓公前去看望他，问道："仲父您的病已经很严重了，我讲话也就不用再忌讳什么了。到了您大病不起时，我把国家托付给谁才合适呢？"管仲问："您想托付给谁呢？"齐桓公说："我想托付给鲍叔牙。"管仲说："不行啊。鲍叔牙这个人清廉高洁，真是一位好人啊，然而他对于那些德才比不上自己的人，从来不愿亲近他们；另外他一旦听说某人犯了过错，就会终身不忘。如果让他治理国家，对上将会得罪君主，对下将会违背民意。他一旦得罪了君主，恐怕就无法长久了！"

【研读】

关于管仲与鲍叔牙的关系，堪为交友之典范，值得后人效法。我们依据《史记·管晏列传》的记载，译为白话：

管仲，名夷吾，是颍上（今安徽颍上）人。管仲年轻时，经常与鲍叔牙交往，鲍叔牙知道管仲的贤能。管仲家里贫穷，经常占鲍叔牙的便宜，但鲍叔牙待他始终都很友好，从未有过任何怨言。后来鲍叔牙侍奉齐国公子小白，管仲侍奉齐国公子纠。公子小白即位，也即历史上的齐桓公。桓公逼迫鲁国杀了公子纠，管仲被鲁国囚禁。于是鲍叔牙向齐桓公举荐了管仲。管仲被任用以后，在齐国执政，桓公在管仲的辅助下建立霸业，并以霸主的身份多次召集诸侯，使天下恢复了正常秩序，这都得益于管仲的智谋。

管仲说："我当初贫困的时候，曾经与鲍叔牙合伙经商，分钱时自己常常多拿一些，但鲍叔牙不认为我贪财，知道是因为我生活贫困。我曾经为鲍叔牙出主意，结果使他更加困窘，但鲍叔牙不认为我愚蠢，知道是因为时机不利造成的。我曾经多次做官，而多次被君主免职，但鲍叔牙不认为我没有能力，知道是因为我没有遇到好时机。我曾多次参战，多次战败逃跑，但鲍叔牙不认为我胆怯，知道是因为我还有老母的缘故。公子纠失败，召忽为公子纠而死，而我被关在大牢里受辱，但鲍叔牙不认为我无羞耻之心，知道我不会为小节受辱而感到羞耻，我感到羞耻的是不能建立闻名天下的功绩。生我的人是父母，理解我的人是鲍叔牙啊！"

鲍叔牙举荐管仲以后，自己心甘情愿做管仲的下属。鲍叔牙的子孙世世代代在齐国做官，持续十几代人享有封地，多数子孙都是著名大夫。因此，天下的人不去赞美管仲的才干，而去赞美鲍叔牙能够知人善举。

鲍叔牙可以说是管仲的知音与恩人，然而管仲临死前，并没有举荐鲍叔牙主持齐国政权，可以从中看出两人的友谊并未掺杂个人私情，当然，管仲不举荐鲍叔牙，也可视为管仲对鲍叔牙更高层次的爱护。

公曰："然则孰可？"对曰："勿已①，则隰朋可②。其为人也，上忘而下畔③，愧不若黄帝，而哀不己若者。以德分人谓之圣④，以财分人谓之贤。以贤临人⑤，未有得人者也；以贤下人⑥，未有不得人者也。其于国有不闻也^⑦，其于家有不见也^⑧。勿已，则隰朋可。"

【注释】

①勿已：不得已。意思是一定要让自己举荐的话。

②隰（xí）朋：齐国大夫。

③上忘而下畔：应为"上忘而下不畔"。本句脱一"不"字，应据《列子·力命》补上。畔，通"叛"。意思是：他身处高位时忘怀自己的高位，身处下位时也不会背叛君主。

④以德分人：用自己的美德去教育、感化别人。

⑤以贤临人：凭借自己的贤能而凌驾于别人之上。临，居高临下。

⑥下人：甘居别人之下。

⑦于国有不闻：对于国事不是大小都去过问的。意思是说隰朋知道轻重缓急，不会处处插手。

⑧家：家事。另外，大夫的封地也叫"家"。

【译文】

　　齐桓公问："那么托付给谁可以呢？"管仲回答说："如果一定要让我举荐的话，可以把国政托付给隰朋。隰朋这个人，身处高位时能够忘却自己的高位，身处下位时也不会背叛君主，他总是为自己比不上黄帝的德才而惭愧，并且能够同情那些不如自己的人。用自己的美德去教育感化别人的人叫圣人，用自己的钱财去接济别人的人叫贤人。凭借自己的才能而凌驾于别人之上的人，从来不会得到别人的爱戴；具有贤良的才能而又甘居人下的人，从来不会得不到别人的拥护。隰

朋对于国家政务不是巨细都去插手，对于家庭事务也不是大小都去过

问。如果一定要让我举荐的话，那么可以把国政托付给隰朋。"

八

　　吴王浮于江^①，登乎狙之山^②。众狙见之，恂然弃而走^③，逃于深蓁^④。有一狙焉^⑤，委蛇攫抓^⑥，见巧乎王^⑦。王射之，敏给搏捷矢^⑧。王命相者趋射之^⑨，狙执死^⑩。

【注释】

①浮于江：在长江上乘船巡游。江，长江。

②狙（jū）之山：猴子聚居的山。狙，猕猴。

③恂（xún）然：恐惧的样子。

④蓁（zhēn）：荆棘。

⑤焉：指代词，那里，留在那里。

⑥委蛇（yí）：从容的样子。攫（jué）抓：跳跃攀抓的样子。

⑦见（xiàn）巧：炫耀它的各种技能。见，同"现"。炫耀。

⑧敏给（jǐ）搏捷矢：敏捷地接住飞速射来的利箭。敏给，敏捷。搏，接住。捷，飞快。矢，箭。

⑨相者：协助自己打猎的人。即吴王的随从。相，帮助。趋：快步向前。

⑩执死：抱树而死。执，抱。

【译文】

　　吴王在长江上乘船巡游时，登上一座猴子聚居的山峰。众猴看到

吴王一行人，马上惊慌失措地四散逃走，躲进了深深的树林棘丛之中。只有一只猴子留在原地，它从容不迫地抓着树枝跳来跳去，在吴王面前炫耀自己的各种灵巧。吴王用箭射它，那只猴子竟然能够敏捷地接住飞速射来的利箭。于是吴王命令随从们一起冲向前去向那只猴子发箭，那只猴子无法躲避而抱着树被射死。

王顾谓其友颜不疑曰^①："之狙也^②，伐其巧、恃其便以敖予^③，以至此殛也^④。戒之哉！嗟乎，无以汝色骄人哉^⑤！"颜不疑归而师董梧^⑥，以锄其色^⑦，去乐辞显^⑧，三年而国人称之。

【注释】

①顾：回头。颜不疑：吴国大夫。

②之：那只。

③伐：夸耀，炫耀。恃：依仗。便：敏捷。敖：通"傲"。傲慢。

④殛（jí）：处死。

⑤色：表情。这里指傲慢的表情。

⑥师：拜师。董梧：吴国贤人。

⑦锄：除去，消除。

⑧去乐：弃绝淫靡音乐。辞显：辞去显贵官爵。

【译文】

吴王回头对自己的朋友颜不疑说："那只猴子啊，炫耀自己的灵巧，依仗自己的敏捷，竟敢对我异常傲慢，以至于被乱箭射死。要以此为戒啊！唉，你千万不要在别人面前表现自己的傲慢呀！"颜不疑回去以后，就拜贤人董梧为师，消除自己的傲慢神情，弃绝淫靡的声乐，辞去显贵的官爵，三年之后，他受到了全国民众的赞美。

九

南伯子綦隐几而坐①，仰天而嘘②。颜成子入见③，曰："夫子，物之尤也④。形固可使若槁骸⑤，心固可使若死灰乎？"曰："吾尝居山穴之中矣。当是时也，田禾一睹我⑥，而齐国之众三贺之。我必先之⑦，彼故知之；我必卖之⑧，彼故鬻之⑨。若我而不有之⑩，彼恶得而知之？若我而不卖之，彼恶得而鬻之？嗟乎！我悲人之自丧者⑪，吾又悲夫悲人者⑫，吾又悲夫悲人之悲者，其后而日远矣⑬。"

【注释】

①南伯子綦（qí）：一说即《齐物论》篇的南郭子綦。隐几：靠着几案。隐，靠。

②嘘：慢慢地长出口气。

③颜成子：南伯子綦的弟子。

④物之尤：人类中的出类拔萃者。物。这里主要指人。尤，杰出。

⑤槁骸：枯骨。

⑥田禾：齐国君主。一说即齐太公田和，田氏齐国的建立者。

⑦先之：先获得了美名。

⑧卖之：出卖自己的美名。

⑨鬻（yù）之：把我的美名买去加以利用。鬻，收买。

⑩之：代指美名。

⑪自丧者：丧失自我天性的人。

⑫悲人者：同情别人丧失天性的人。

⑬日远：一天天远离尘世。

【译文】

南伯子綦靠着几案坐着，仰面朝天慢慢地呼出了一口气。颜成子进门后看到这一情景，问道："老师，您是人类中的一位出类拔萃者。形体固然可以使它像枯骨一样，而心灵也真的可以使它像死灰一样吗？"南伯子綦说："我曾经在山洞之中隐居啊。那个时候，齐君田禾曾来山洞见过我一面，于是齐国民众就为此多次向他表示祝贺。我肯定是先获取了名声，然后他才会知道我；我肯定是'出卖'了我的名声，然后他才能'买去'我的名声而加以利用。如果我没有名声，他又怎能知道我呢？如果我不'出卖'自己的名声，他又如何能够'买去'利用我的名声呢？唉，我同情那些丧失自我天性的人，我又同情那些同情别人的人，我还同情那些同情别人的同情者，从此之后我便一天比一天更加远离人世间了。"

【研读】

本段认为得道之人深藏不露，而那些博取名利的人实际上是在自我出卖。关于逃名逃利，古人为我们留下了许多发人深思的故事。

我们先看逃名。

除了本段讲的南伯子綦，古代还有不少逃名者。《后汉书·逸民传》记载了韩康的事迹：

　　韩康字伯休，一名恬休，京兆霸陵人。家世著姓，常采药名山，卖于长安市，口不二价，三十余年。时有女子从康买药，康守价不移，女子怒曰："公是韩伯休那？乃不二价乎！"康叹曰："我本欲避名，今小女子皆知有我，何用药为？"乃遁入霸陵山中。

《五灯会元》卷三也记载了一位逃名的僧人。唐代贞元年间，法常禅师居住在四明的深山之中，有一次，高僧盐官身边的一位僧人进山迷路，走到了法常的庵前，问："和尚在此多少时？"师曰："只见四山青又黄。"又问："出山路向甚么处去？"师曰："随流去。"僧人回去把这一偶遇告诉了盐官，盐官说："我在江西时曾见一僧，自后不知消息，莫是此僧否？"便命令僧人前去邀请。法常就写了一首偈作答：

> 摧残枯木倚寒林，几度逢春不变心。樵客遇之犹不顾，郢人那得苦追寻？一池荷叶衣无尽，数树松花食有余。刚被世人知住处，又移茅舍入深居。

韩康、法常禅师的行为与南伯子綦极为一致，一旦名声被人所知，就赶快逃往深山更深处，希望自己能够在尘世中销声匿迹。

我们再看逃利。

春秋楚国令尹斗子文和东汉的折像就是逃利之人，他们把抛弃财产看作逃避灾难：

> 昔斗子文三舍令尹，无一日之积。……成王每出子文之禄，必逃，王止而后复。人谓子文曰："人生求富，而子逃之，何也？"对曰："夫从政者，以庇民也。民多旷者，而我取富焉，是勤民以自封焉，死无日矣。我逃死，非逃富也。"故庄王之世，灭若敖氏，唯子文之后在，至于今处郧，为楚良臣。(《国语·楚语下》)
>
> (折像之父折国)有赀财二亿，家僮八百人。像幼有仁心，不杀昆虫，不折萌牙。能通《京氏易》，好黄老言。及国卒，感多藏厚亡之义，乃散金帛资产，周施亲疏。或谏像曰："君三男两女，

孙息盈前，当增益产业，何为坐自殚竭乎？"像曰："昔斗子文有
言：'我乃逃祸，非避富也。'吾门户殖财日久，盈满之咎，道家
所忌。今世将衰，子又不才。不仁而富，谓之不幸。墙隙而高，
其崩必疾也。"智者闻之咸服焉。（《后汉书·方术列传》）

财产多了，带给自己的是灾难，而不是幸福，所以两人都不要过
多的财物。因无财而得福的典型例子莫过于西汉的开国功臣陈平，陈
平原是项羽的部下，后投奔了刘邦，投奔途中，发生了这样一件事情：

渡河，船人见其美丈夫独行，疑其亡将，要中当有金玉宝器，
目之，欲杀平。平恐，乃解衣裸而佐刺船。船人知其无有，乃止。
（《史记·陈丞相世家》）

贫穷救了陈平一命。元人姬志真曾写过一首《名利》诗：

仆马车舟历险艰，区区名利两相关。细思本欲图安稳，却使
身心不暂闲。

博取名利的目的本来是为了过上安稳的日子，结果却被名利闹
得一刻也不得清闲。诗中所讲的道理值得人深思。诗人还写了一首
《三宜》：

淡静虚空著此身，宜愚宜拙更宜贫。出尘安稳真消息，不可
寻常说与人。

诗人认为，"宜贫"的道理不是每一个人都能懂得的，所以不可随
便说与人听。关于财富对人的拖累，明代人焦竑《玉堂丛话·识鉴》
记载了这样一件真实的事情：

刘公大夏谪戍时，参戎某遣使馈公，敕使不受亡返。公曰：
"第归语，老惟一仆，日食不过数十钱。苟受汝金，而仆窃以逃，
孤身沙漠，非陷之死地乎？"时同戍钟尚书颇携囊箧，未几，仆果

窃而去，人谓公如神。

刘大夏是明朝政绩卓著的大臣，后因宦官陷害，被流放戍边。有一位同僚派人给他送了一笔金钱，刘大夏无论如何也不接受，说："我只有一个仆人，我们每天吃饭不过只需数十钱。如果接受你的黄金，仆人拿着黄金跑了，我一人身处沙漠，岂不是陷入死地了吗？"当时与他一起戍边的钟尚书就是因为带的金钱多，仆人盗走金钱跑了。不要钱，是因为他看到在某种特殊的环境中，钱会给自己带来灭顶之灾。

中国很早就有"名枷利锁"之说，形象地说明了名利对人的约束。名利如同长钩香饵，逗引得人们跟着它团团乱转。人们的名利之心是无法完全根除的，但如果能够淡泊一分，人就会多一分安全与自由。

十

仲尼之楚①，楚王觞之②，孙叔敖执爵而立③，市南宜僚受酒而祭④，曰："古之人乎⑤，于此言已⑥。"曰："丘也闻不言之言矣⑦，未之尝言⑧，于此乎言之⑨。市南宜僚弄丸而两家之难解⑩，孙叔敖甘寝秉羽而郢人投兵⑪，丘愿有喙三尺⑫！"

【注释】

①之：来到。

②觞（shāng）之：宴请孔子。觞，古代一种酒器。这里用作动词，宴请喝酒。

③孙叔敖：楚国贤相。这则故事只能视为寓言，因为孙叔敖与孔子不是同时代的人。爵：盛酒的器具。

④市南宜僚：姓熊字宜僚，为楚国勇士。因住在市南而称"市南宜僚"。受：

接受，接过。祭：指祭祀古代圣贤。

⑤古之人：古代的圣贤。指市南宜僚祭祀的对象。

⑥于此言：我们今天在这里要好好地谈论一番。已：通"矣"。

⑦不言之言：不用语言的谈论。即道家主张的大辩不言。

⑧未之尝言：即"未尝言之"。之，代指"不言之言"。

⑨之：代指"不言之言"。孔子要讲"不言之言"，实际就是表示不再谈论什么，因为大道无法用语言描述，一些行为的微妙之处也无法用语言表达。

⑩市南宜僚弄丸而两家之难解：市南宜僚从容不迫地玩弄弹丸而使两家的危难得以化解。楚国贵族白公胜想杀掉楚国令尹子西，于是派人请市南宜僚帮助自己，市南宜予以委婉拒绝，面对来人的死亡威胁，他从容不迫地玩耍着弹丸，致使其事不成。

⑪孙叔敖甘寝秉羽而郢（yǐng）人投兵：孙叔敖安寝无忧、悠闲执扇而楚国人太平无事不用征战。甘寝，安然入眠，睡得很香。秉，执，手拿。羽，指羽毛扇。郢，楚国都城，代指楚国。投兵，弃置武器。本句意思是说，孙叔敖善于治国，做到了清静无为，使楚国呈现出太平祥和的气象。

⑫有喙（huì）三尺：有三尺长的嘴巴。喙，嘴。本句是说，孔子想有一个长长的嘴巴去分析市南宜僚和孙叔敖行为的微妙之处，可惜自己没有这种能力，因此就不再说了。这就是"不言之言"。

【译文】

孔子来到楚国，楚王宴请孔子时，孙叔敖拿着酒杯站在一旁，市南宜僚接过酒杯先祭祀古代圣贤，他说："古代的圣贤啊，我们今天在这里要尽情地交谈一番了。"孔子说："我听说有一种不用语言的谈论，我从来还没有从事过这种谈论，今天就在这里用这种方法谈论吧。市南宜僚从容不迫地玩耍弹丸而使两家的危难得以化解，孙叔敖安然入眠、手持羽扇却能使楚国太平无事不用征战。我孔丘真希望有一张三尺长的嘴巴对这些事情的微妙之处分析一下啊！"

　　彼之谓不道之道^①，此之谓不言之辩^②。故德总乎道之所一^③，而言休乎知之所不知^④，至矣。道之所一者，德不能同也^⑤；知之所不能知者，辩不能举也^⑥；名若儒、墨而凶矣。故海不辞东流，大之至也；圣人并包天地，泽及天下，而不知其谁氏。是故生无爵，死无谥^⑦，实不聚^⑧，名不立，此之谓大人。狗不以善吠为良，人不以善言为贤，而况为大乎^⑨！夫为大不足以为大^⑩，而况为德乎^⑪！夫大备矣，莫若天地；然奚求焉^⑫？而大备矣。知大备者，无求，无失，无弃，不以物易己也^⑬。反己而不穷^⑭，循古而不摩^⑮，大人之诚。

【注释】

①彼之谓不道之道：市南宜僚和孙叔敖的做事原则，可以说是一种无法用语言表达的原则。彼，指市南宜僚和孙叔敖的做事原则。道，第一个"道"的意思是道说，第二个"道"的意思是方法、原则。

②此：指孔子的言谈。

③故德总乎道之所一：所以万物的天性都归结于大道，统一于大道。德，万物的天性。

④休：止。知：第一个"知"同"智"。智慧。第二个"知"是知道的意思。

⑤德不能同：万物的天性、本能各不相同。

⑥举：描述，表达。

⑦谥（shì）：古代帝王、名臣或其他有地位的人死后，人们根据其生前行事给予的带有褒贬含义的称号。

⑧实：指财富。

⑨为大：成为伟大的人。

⑩为大：指有意让自己成为伟大的人。

⑪为德：维护自己的天性。

⑫然奚求焉：然而天地又求取什么呢？奚，什么。

⑬易己：改变自己天性。易，改变。

⑭反己而不穷：恢复天性就能进入无穷无尽的境界。反，同"返"。恢复。

⑮摩：摩擦，冲突。

【译文】

　　市南宜僚和孙叔敖的做事原则可以说是妙不可言的原则，孔子的谈论可以说是不用语言的谈论。所以说万物的天性和本能都统一于大道，言论应该停止于智慧所无法知晓的领域，这是最为明智的做法。大道统领着所有的万物天性，而万物天性又各不相同；智慧所不能知道的事物，语言也就不能把它描述清楚；如果获取儒、墨两家那样博学好辩的名声就不好了。因此大海不拒绝接纳所有向东流来的河水，才能使自己成为最为宏大的事物；圣人胸怀天地，恩泽施及天下百姓，而百姓却不知道这位圣人是谁。因此圣人生前没有官爵，死后没有谥号，财富从未积累，名声不曾建立，这才称得上是真正的伟人。狗并不因为它善于吠叫就成了良狗，人并不因为他善于言谈就成了贤人，更何况想成为伟人呢！有心想成为伟人者是无法成为伟人的，又何况还想有意地去维护好自己的天性呢！最为完备的事物，莫过于天地，然而天地又何曾求取过什么呢？可天地却能够无所不有。知道天地无所不备这一道理的人，就不去求取，也没有丧失，也不用舍弃，不因为名利等外物而改变自己天性。恢复自己天性就会进入一种无穷无尽的精神境界，遵循自古以来就已存在的大道就不会与外物发生矛盾，这就是伟人的真实情况。

十一

　　子綦有八子①，陈诸前②，召九方歅曰③："为我相吾子④，孰为祥⑤？"九方歅曰："梱也为祥⑥。"子綦瞿然喜曰⑦："奚若？"曰："梱也将与国君同食以终其身。"子綦索然出涕曰⑧："吾子何为以至于是极也⑨？"九方歅曰："夫与国君同食，泽及三族⑩，而况父母乎！今夫子闻之而泣，是御福也⑪。子则祥矣，父则不祥。"

【注释】

①子綦（qí）：楚国司马子綦，一说是南伯子綦。

②陈：排列，站成排。

③九方歅（yīn）：善于相面术的人。

④相：相面。通过观察人的体形、相貌来判断其一生命运。

⑤祥：吉祥，有福气。

⑥梱（kǔn）：子綦的儿子。

⑦瞿然：欢喜的样子。

⑧索然：伤心落泪的样子。

⑨是极：这种绝境。是，这。极，最坏的处境。

⑩三族：指父族、母族、妻族。

⑪御福：拒绝福气。御，抵御，拒绝。

【译文】

　　子綦有八个儿子，他让八个儿子排列在自己面前，然后把九方歅请来，说："请给我的几个儿子看看相，看看哪个最有福气？"九方歅说："梱最有福气。"子綦高兴地问道："他为何最有福气呢？"九方歅说："梱将来能够终身与国君在一起吃饭。"子綦听后伤心地流下了眼泪，说："我的儿子为何会陷入这样的绝境呢？"九方歅说："能够与国君一起吃饭，其恩泽将会施及三族，更何况你们这些做父母的呢！如今先生听到这样的好事却泣不成声，您这是在拒绝福气呀！看来你儿子有福气，而您这位做父亲的就没有福气。"

　　子綦曰："歅，汝何足以识之？而梱祥邪？尽于酒肉①，入于鼻口矣，而何足以知其所自来②？吾未尝为牧而牂生于奥③，未尝好田而鹑生于宎④，若勿怪⑤，何邪？吾所与吾子游者，游于天地。吾与之邀乐于天⑥，吾与之邀食于地；吾不与之为事⑦，不与之为谋，不与之为怪；吾与之乘天地之诚而不以物与之相撄⑧，吾与之一委蛇而不与之为事所宜⑨。今也然有世俗之偿焉⑩！凡有怪征者⑪，必有怪行，殆乎⑫！非我与吾子之罪，几天与之也⑬！吾是以泣也。"

【注释】

①尽：全部，享尽。

②其所自来：这些酒肉是如何获得的。其，指酒肉。所自来，从哪里来的。

③牂（zāng）：母羊。生：出现。奥：房屋的西南角。

④好田：喜欢打猎。田，打猎。鹑：鸟名。即鹌鹑。宎（yāo）：屋内的东南角。

⑤若：你。

⑥邀乐于天：在大自然中寻求快乐。邀，寻求。

⑦为事：做事。指建功立业。

⑧乘天地之诚：顺应自然规律。乘，顺应。诚，真实的规律。不以物与之相撄：不会因为追求名利而违背自然规律。以，因为。物，指名利。之，指自然规律。撄，触犯，违背。

⑨一委蛇（yí）：完全顺任天性。一，完全。委蛇，因顺而变的样子。为事所宜：做世人所认为的适宜的事。即求取名利，建功立业。

⑩偿：回报。指与国君同食这件事情。

⑪怪征：怪异的征兆。

⑫殆：危险。

⑬几：几乎是，大概是。

【译文】

　　子綦说："九方歅啊，你又怎能明白此事的原委呢？梱真的会有福气吗？他终身有酒肉可吃，而且这些酒肉也确实进入了他的口腹，然而又怎么知道这些酒肉是通过什么方法获得的呢？我从未放牧过羊而羊却出现在我室内的西南角，我从来都不喜欢打猎而鹌鹑却出现在我室内的东南角，你对这些异常之事不感到奇怪，这是为什么呢？我与我的儿子们生活的地方，就在天地之间。我与他们在大自然中寻求快乐，我与他们在大地上寻觅食物；我与他们不去建功立业，我与他们不去筹划世俗事务，我与他们不去标新立异；我与他们顺应自然规律，不会因为追求外在的名利而违背这些规律；我和他们完全顺应自己的天性，而没有和他们一起去做世人所认为的适宜的事情。然而如今却得到了世俗社会的回报！大凡有了怪异的征兆，就一定会有怪异的事情，真是太危险了！但这并非我和我儿子的过错，这大概是上天降下的命运吧！我是为此而伤心哭泣啊！"

　　无几何而使梱之于燕①，盗得之于道，全而鬻之则难②，不若刖之则易③，于是乎刖而鬻之于齐，适当渠公之街④，然身食肉而终。

【注释】

①无几何：没过多久。之：到。燕（yān）：燕国。在今河北北部和辽宁南部一带。

②全：保全身体。鬻（yù）：卖。身体健全则容易逃跑，所以卖他比较困难。

③刖（yuè）：砍掉双脚。

④适当渠公之街：刚好是在齐渠公居住的街上出卖。适，刚好。渠公，齐国的君主。据说是齐康公。

【译文】

　　没过多长时间，派梱到燕国去出使，强盗在半路上劫持了他，强盗想保全他的身体卖掉他，又担心不容易出售，不如砍掉他的双脚更容易卖掉。于是强盗砍掉梱的双脚把他卖到了齐国，出卖的地点刚好是在齐渠公居住的大街，于是他被齐渠公买去而终身可以吃肉。

【研读】

这个故事告诉人们，即便是做到了清静无为，与世无争，有时也难免有意外的灾祸，这就是命运。《列子·说符》记载：

> 牛缺者，上地之大儒也，下之邯郸，遇盗于耦沙之中，尽取其衣装车，牛步而去。视之，欢然无忧吝之色。盗追而问其故，曰："君子不以所养害其所养。"盗曰："嘻！贤矣夫！"既而相谓曰："以彼之贤，往见赵君，使以我为，必困我。不如杀之。"乃相与追而杀之。

牛缺是上地（在今河北境内）一带的大儒，有一次，他南下到邯郸（在今河北邯郸，时为赵国都城）去，途经耦沙（在今河北境内）时，遇上一伙强盗。强盗抢走了他装着衣服、财物的车辆，牛缺只好步行离开。强盗看到此人对被劫之事毫不在意，一点儿忧愁和吝惜的表情都没有，于是便追上去问个究竟。牛缺回答说："君子不会因为用来养身的财物而去损害自己的身心健康。"强盗们听后赞叹道："啊呀，真是一位贤人啊！"然后这伙强盗又商议说："如此贤良之人，前去拜见赵君肯定会受到重用，他如果追究我们的抢劫行为，我们就会大难临头。不如现在就杀了他！"于是这伙强盗再次追上并杀死了牛缺。

牛缺具有道家精神，他说的"君子不以所养害其所养"，就是《庄子·让王》说的"不以所用养害所养"。牛缺不爱财富，视得失如浮云，这本是儒、释、道三家都极为赞扬的美德，然而牛缺却死于这一美德。这就是人们常说的无妄之灾，对于无妄之灾发生的原因，就只能归之于天命。

十二

　　啮缺遇许由①，曰："子将奚之②?"曰："将逃尧。"曰："奚谓邪③?"曰："夫尧畜畜然仁④，吾恐其为天下笑。后世其人与人相食与! 夫民，不难聚也，爱之则亲，利之则至，誉之则劝⑤，致其所恶则散⑥。爱利出乎仁义，捐仁义者寡⑦，利仁义者众⑧。夫仁义之行，唯且无诚⑨，且假乎禽贪者器⑩。是以一人之断制利天下⑪，譬之犹一覕也⑫。夫尧知贤人之利天下也，而不知其贼天下也⑬，夫唯外乎贤者知之矣⑭。"

【注释】

①啮缺：虚构人物。许由：著名的隐士。

②奚之：到哪里去。奚，什么，什么地方。之，到。

③奚谓：即"谓奚"。说的什么意思呢?

④畜畜然：仁慈的样子。

⑤劝：勤勉，努力。

⑥致：送给，施加。

⑦捐：放弃。颜延之《又释何衡阳》："情仁义者寡，利仁义者众，闻之庄书。""捐"作"情"。情，真心实意。

⑧利：利用。

⑨唯且无诚：不仅没有诚意。

⑩且假乎禽贪者器：而且还会被禽兽一样贪婪的人借用为牟利的工具。假，借。禽贪者，像禽兽一样贪婪的人。器，工具。

⑪断制：裁断和决定。

⑫一觌（piē）：短暂的一瞬间。觌，同"瞥"。形容时间短暂。

⑬贼：伤害。

⑭外：置之度外，不重视。

【译文】

　　啮缺遇到了许由，问："您准备到哪里去呀？"许由说："我打算逃避尧。"啮缺问："这话是什么意思？"许由："尧正在竭力地推行仁义，我担心他会受到天下人的耻笑。后世大概会出现人吃人的惨状吧！那些百姓，想召集他们并不困难，爱护他们而他们就会亲近你，给他们利益而他们就会拥戴你，表彰他们而他们就会勤勉努力，如果把他们厌恶的东西施加于他们而他们就会离散。既然受人爱戴与获取利益都是出自推行仁义，那么放弃仁义的人就很少，而利用仁义的人就很多。推行仁义，不仅毫无诚意，而且还会被禽兽一样贪婪的人借用为牟利的工具。因此某个人决定推行仁义并想以此使天下人获取好处，这种获取好处的时间不过犹如短暂的一瞬间而已。尧只知道贤人给天下带来的好处，却不知道贤人给天下带来的伤害，只有那些不重视贤人的人才能懂得其中的道理！"

【研读】

　　庄子认为，既然受人爱戴与获取利益都是出自推行仁义，那么真正推行仁义的人就很少，而利用仁义谋利的人就很多。推行仁义，不仅毫无诚意，而且还会被禽兽一样贪婪的人借用为谋利的工具。庄子的这一观念有一定道理，我们就举一个因为宣扬、奖赏仁义的政策，是如何让品德美好的人变为利用仁义谋取个人利益的虚伪之人的：

西门豹尹河西，以赏劝民。道有遗羊，值五百，一人守而待。失者谢之，不受。豹曰："是义民也。"赏之千。其人喜，他日谓所知曰："汝遗金，我拾之以还。"所知者从之，以告豹曰："小人遗金一两，某拾而还之。"豹曰："义民也。"赏之二两。其人益喜，曰："我贪，每得利而失名，今也名利两得，何惮而不为？"（《呻吟语·治道》）

西门豹在河西（泛指黄河以西地区）主政时，用奖赏的办法去鼓励百姓行善。有人拾到一只价值五百钱的羊，然后他无偿地把这只羊交还给失羊人，这一行为是老、孔所主张的"上仁""安仁"。西门豹为了表彰他，加倍赏给他一千钱。这种奖赏善行的政策吊起了拾羊人的胃口，他便与自己的朋友相互勾结，以拾金不昧的假把戏骗取官府的赏金。这个故事充分说明了一个本具"安仁"之心的诚实人是如何被奖赏善行的政策诱导为借伪善谋真利的巧诈小人的。因为行善能够"名利两得"，于是盗用仁义就由个人行为慢慢发展为集团行为，由个别现象蔓延为普遍现象。特别在政治领域里，把鼓吹仁政作为换取百姓支持的手段，几乎成为当权者无须掩人耳目的"阳谋"，于是"善"由内在美德逐步堕落为外在的谋利工具。《庄子·外物》也讲了一个盗用仁义的故事：

演门有亲死者，以善毁爵为官师，其党人毁而死者半。

演门是战国时期宋国都城的东门，住在这里的一个宋国人的父母去世了，这个宋国人因悲痛欲绝而搞得自己骨瘦如柴。宋君为了奖赏他的孝心，就提拔他当了官师。乡亲们一看孝顺父母还有这么大的好处，便纷纷效仿，在父母去世后就故意损害自己的身体，结果死了一半。

十三

有暖姝者①，有濡需者②，有卷娄者③。

【注释】

①暖姝（shū）：沾沾自喜的样子。

②濡（rú）需：偷安自得的样子。

③卷娄：弯腰驼背。形容劳身自苦的模样。

【译文】

有沾沾自喜的人，有偷安自得的人，有劳身自苦的人。

所谓暖姝者，学一先生之言，则暖暖姝姝而私自说也①，自以为足矣，而未知未始有物也②，是以谓暖姝者也。

【注释】

①暖暖姝姝：与"暖姝"同义。沾沾自喜的样子。私自说（yuè）也：私下里暗自得意。指为自己有一点知识而得意。说，同"悦"。

②未始有物：不曾有什么知识。物。这里指知识。

【译文】

所谓沾沾自喜的人，是指听到某位先生的几句言辞，就沾沾自喜地私下里暗自得意，自以为尽善尽美了，而并不知道自己其实什么知识也没有，因此把这种人叫沾沾自喜的人。

【研读】

古代有些文人，多少有一点儿知识，或者偶然得一佳句，悟一常理，便会手舞足蹈，自以为天下第一，目空一切，结果反而害了自己一生。唐末诗人罗隐就是其中一例：

> 黄寇事平，朝贤议欲召之。韦贻范沮之曰："某曾与之同舟而载，虽未相识，舟人告云：'此有朝官。'罗曰：'是何朝官！我脚夹笔，亦可以敌得数辈。'必若登科通籍，吾徒为粃糠也。"由是不果召。（《北梦琐言》卷六）

黄巢叛军被平息后，朝廷原本打算召罗隐进京为官，结果曾任唐朝宰相的韦贻范给大臣们讲了这么一件事："有一次我与罗隐同舟，彼此虽不认识，但船工告诉他船上有朝廷大臣，罗隐回答：'什么朝廷大臣！我用脚指头夹着笔写文章，也抵得过他们许多人！'"沾沾自喜、目中无人的结果使罗隐失去了一次施展政治抱负的机会，弄得他在妓女云英面前也抬不起头来："我未成名卿未嫁，可见俱是不如人。"（何光远《鉴戒录》卷八）

罗隐沾沾自喜，目中无人，还能寿终正寝，而东汉末年的祢衡为此连性命都丢掉了。根据《后汉书·文苑列传下》记载，祢衡字正平，少有才辩，博闻强识，而尚气刚傲，好矫时慢物。祢衡与孔融交好，孔融便把他举荐给曹操。曹操召为鼓吏，令其改服鼓吏之装，欲辱之，而祢衡于曹操面前裸身更衣，后又坐在曹操营门外以杖捶地大骂。曹操大怒，对孔融说："祢衡竖子，孤杀之犹雀鼠耳。顾此人素有虚名，远近将谓孤不能容之。"于是曹操派人把祢衡送给了荆州牧刘表。刘表因为同样原因，又把祢衡送与江夏太守黄祖。黄祖因不堪祢衡羞辱，杀之：

黄祖在蒙冲船上，大会宾客，而衡言不逊顺，祖惭，乃诃之，衡更熟视曰："死公！云等道？"祖大怒，令五百将出，欲加棰，衡方大骂，祖恚，遂令杀之。祖主簿素疾衡，即时杀焉。（《后汉书·文苑列传下》）

有一次，祢衡当着众多宾客之面，对黄祖出言不逊，黄祖责备他，他便死盯着黄祖说："你这个死老头子，怎么能讲这样的话？"黄祖大怒，命令手下官员把祢衡拖出去杖责，结果祢衡又一次破口大骂，黄祖便下令杀了他。主簿平素就很讨厌祢衡，所以立即杀了祢衡。祢衡死时年仅二十六岁。《说苑·谈丛》有一段发人深省的话：

枭逢鸠，鸠曰："子将安之？"枭曰："我将东徙。"鸠曰："何故？"枭曰："乡人皆恶我鸣，以故东徙。"鸠曰："子能更鸣，可矣；不能更鸣，东徙，犹恶子之声。"

周边的人们都很讨厌猫头鹰的叫声，于是猫头鹰便想离开此处。半道上遇到鸠鸟，鸠鸟问它："您准备到哪里去？"猫头鹰回答："我准备把家搬到东边去。"鸠鸟问："为什么搬家？"猫头鹰说："原住地的人们都讨厌我的叫声。"鸠鸟劝告说："您如果能够改变您的叫声，到哪里都可以；如果不能改变叫声，即便是到了东边，东边的人们照样会讨厌您的叫声。"

祢衡从家乡平原郡般（在今山东乐陵）辗转来到许都（在今河南许昌）曹操那里，再到荆州（在今湖北荆州）刘表那里，最后到了江夏（在今湖北武昌）黄祖门下，因为一直改变不了自己的"叫声"，结果处处不受欢迎，最终死于自己的"叫声"。祢衡目无一切的狂妄性格以及这一性格所导致的个人悲剧，再次提醒人们、特别是有一定才华的人们：温文尔雅，谦虚谨慎，是每一个人都应该遵循的处世原则；

沾沾自喜，恃才傲物，不仅伤害别人，更伤害自己。

濡需者，豕虱是也①。择疏鬣②，自以为广宫大囿③；奎蹄曲
隈④，乳间股脚⑤，自以为安室利处。不知屠者之一旦鼓臂、布草、
操烟火⑥，而己与豕俱焦也。此以域进⑦，此以域退⑧，此其所谓濡
需者也。

【注释】

①豕（shǐ）虱：猪身上的虱子。豕，猪。

②疏鬣（liè）：稀疏的鬣毛。鬣，猪脖子上的鬣毛。

③囿（yòu）：园林。

④奎（kuí）蹄曲隈（wēi）：猪的后腿与蹄子之间的弯曲处。奎，猪后腿。曲隈，
　弯曲处。

⑤股：大腿。

⑥屠者：屠夫，杀猪匠。鼓臂：挥动手臂。

⑦此以域进：这种人因为环境好而生活得意。域，生活环境。进，显荣，生活
　得意。

⑧退：衰亡。

【译文】

　　所谓偷安自得的人，就像寄生在猪身上的虱子一样。它们找到了
一片鬣毛稀疏之处，还自以为是找到了高大的宫殿和广阔的园林；后
腿和蹄子之间的弯曲部位，乳房和腿脚之间的夹缝，都被它们视为安
宁的居室和美好的住所。它们哪里知道一旦屠夫挥起双臂、安排柴草、

生起烟火，自己便会与猪身一起被烧得焦烂。这种人因为生活环境优越而富贵荣耀，也会因为生活环境变坏而走向毁灭，这些人就是所说的偷安自得的人。

【研读】

古代"豕虱"之类的人，实在太多，大部分的贵族人员都是如此。他们依附于贵族政权，养尊处优，自以为找到了安身养命之所。一旦政权崩溃，这些寄生于政权之上的贵族便灰飞烟灭。我们仅举明代福王朱常洵为例。

朱常洵是明神宗朱翊钧的第三子，被封在洛阳。《明史·诸王列传五》记载："封常洵福王，婚费至三十万，营洛阳邸第至二十八万，十倍常制。……下诏赐庄田四万顷。所司力争，常洵亦奏辞，得减半。中州腴土不足，取山东、湖广田益之。又奏乞故大学士张居正所没产，及江都至太平沿江获洲杂税，并四川盐井榷茶银以自益。……又请淮盐千三百引，设店洛阳与民市。"朱常洵在皇家的庇护下，找到了一所"安室利处"，过的生活是："日闭阁饮醇酒，所好惟妇女倡乐。"

明末农民军起兵后，朝廷派往前线的士兵，在路过洛阳时纷纷怒言："王府金钱百万，而令吾辈枵腹（饿着肚子）死贼手。"当时退养在家的南京兵部尚书吕维祺多次劝告朱常洵说，即使为了自己，也应拿出些钱财援饷济民。朱常洵不听。

崇祯十四年（1641年）正月，李自成率军攻陷洛阳。朱常洵躲入城外的迎恩寺，但终为李自成所捕杀。不少野史记载，说福王体肥，重三百斤，农民军把福王的肉与鹿肉掺在一起食用，号"福禄酒"。对此，《明史·流贼列传》记载："十四年正月攻河南，有营卒勾贼，城遂陷，福王常洵遇害。自成兵沴王血，杂鹿醢尝之，名'福禄酒'。"看来，"福禄酒"是确有其事。

《明史·诸王列传五》记载福王"日闭阁饮醇酒，所好惟妇女倡乐"，这就是庄子说的"自以为广宫大囿……自以为安室利处"；该传还记载："贼火王宫，三日不绝。"李自成的军队放火烧了福王宫殿，整整烧了三天三夜，这就是庄子说的"屠者之一旦鼓臂、布草、操烟火，而己与豕俱焦也"；明政权强盛时，福王享有无尽的荣华富贵；明政权衰亡了，福王也就同归于尽了，这就是庄子说的"此以域进，此以域退"。

　　卷娄者，舜也。羊肉不慕蚁①，蚁慕羊肉，羊肉膻也②。舜有膻行③，百姓悦之，故三徙成都④，至邓之墟而十有万家⑤。尧闻舜之贤，举之童土之地⑥，曰："冀得其来之泽⑦。"舜举乎童土之地，年齿长矣⑧，聪明衰矣⑨，而不得休归，所谓卷娄者也。

【注释】

①羊肉不慕蚁：羊肉不会去仰慕蚂蚁。羊肉，比喻舜推行仁义。蚁，比喻百姓。

②膻（shān）：羊肉的气味。

③膻行：带有像膻腥气味一样的仁义行为。

④三徙成都：舜多次搬迁，百姓都追随而至，所居之处很快变成都市。三，泛指多。

⑤邓：地名。墟：地方。

⑥童土之地：不毛之地。此处指荒僻之处。童，秃，没有草木。

⑦冀得其来之泽：希望那里的百姓能够因为他的到来而得到恩泽。冀，希望。

其，代指舜。

⑧年齿长：年龄老了。

⑨聪明：听力和视力。这里泛指体力。

【译文】

所谓劳身自苦的人，是指舜那样的人。羊肉不会去仰慕蚂蚁，而蚂蚁则喜欢羊肉，因为羊肉能够发出膻腥味。舜就是因为有了像膻腥味一样的仁义行为，百姓们才会喜欢他，所以舜多次搬迁，其住地都因为追随的百姓很多而形成都市，当舜到了邓这个地方时，追随的百姓已有十万余家。尧听说舜如此仁义贤能，便提拔他到荒僻地区做官，说："希望那里的百姓也能够因为舜的到来而得到恩泽。"舜被提拔到荒僻地区做官之后，一直到年纪老了，听力和视力也衰退了，仍然不能退休回家，这就是所说的劳身自苦的人。

【研读】

所谓劳身自苦的人，除了本段提到的舜之外，历史上还有一人，他就是墨子。关于墨子与公输般斗智的故事，是历史上非常著名的一个典故。《墨子·公输》记载：

公输般为楚造云梯之械成，将以攻宋。子墨子闻之，起于齐，行十日十夜而至于郢，见公输般。公输般曰："夫子何命焉为？"子墨子曰："北方有侮臣，愿藉子杀之。"公输般不说。子墨子曰："请献十金。"公输般曰："吾义固不杀人。"子墨子起，再拜曰："请说之。吾从北方闻子为梯，将以攻宋。宋何罪之有？荆国有余于地，而不足于民，杀所不足，而争所有余，不可谓智。宋无罪而攻之，不可谓仁。知而不争，不可谓忠。争而不得，不可谓强。义不杀少而杀众，不可谓知类。"公输般服。子墨子曰："然乎不已乎？"公输般曰："不可。吾既已言之王矣。"子墨子曰："胡不见我于王？"……王曰："善哉！虽然，公输般为我为云梯，必取宋。"于是见公输般，子墨子解带为城，以牒为械，公输般九设攻城之机变，子墨子九距之，公输般之攻械尽，子墨子之守圉有余。公输般诎，而曰："吾知所以距子矣，吾不言。"子墨子亦曰："吾知子之所以距我，吾不言。"楚王问其故，子墨子曰："公输子之意，不过欲杀臣。杀臣，宋莫能守，可攻也。然臣之弟子禽滑厘等三百人，已持臣守圉之器，在宋城上而待楚寇矣。虽杀臣，不能绝也。"楚王曰："善哉！吾请无攻宋矣。"

公输般即著名的鲁班。鲁班为楚国制造云梯之类的攻城器械，将要用它攻打宋国。墨子听到这个消息后，从齐国出发，行走了十天十夜，才到达楚国郢都，见到了鲁班。鲁班说："先生有什么见教吗？"墨子说："北方有个人欺侮我，我希望借助您的力量去杀了他。"鲁班很不高兴。墨子说："请让我奉送给您十金。"鲁班说："我的原则是坚决不杀人。"墨子站起来连拜两拜，说："请让我解释一下这件事。我在北方听说你在制造云梯，将要用它攻打宋国。宋国有什么罪呢？楚国多余的是土地，不足的是人口，牺牲不足的人口而去争夺多余的土地，不能算是明智；宋国无罪却去攻打它，不能算是仁义；知道这些道理而不向楚王进谏，不能算是忠君；你如果进谏了而没有成功，不能算是强大；你不肯杀少数人，而去杀多数人，不能算是懂得类推。"鲁班被说服了。墨子说："那么为什么不取消进攻宋国的计划呢？"鲁班说："不行啊。我已经对楚王说了此事。"墨子说："那么您何不向楚王引见我呢？"墨子对楚王讲了不可进攻宋国的道理，楚王说："您讲得很好。虽说如此，鲁班已经为我造了云梯，我一定要攻取宋国。"于是又把鲁班叫来见面。墨子解下腰带，围作一座城的样子，用小木片作为守备的器械。鲁班多次拿出攻城用的机巧多变的器械，墨子多次抵挡住了他的进攻。鲁班的攻城器械用完了，墨子的守御器械还有剩余。鲁班输了，说："我知道用什么办法对付你了，但我不说。"墨子也说："我也知道你用什么办法对付我，但我也不说。"楚王好奇地询问原因，墨子回答说："鲁班的意思，不过是杀了我。杀了我，宋国就没有人能够防守了，楚国就可以攻取宋国。然而我的弟子禽滑厘等三百余人，已经手持我的守城器械，正在宋国的城墙上等待楚国的进攻。即使杀了我，还有其他人守城。"楚王说："您说得好啊。我不攻打宋国了。"

与舜相比，墨子在苦行方面，有过之而无不及，因为墨子为了消除战争，受尽劳苦，《吕氏春秋·爱类》说墨子是"裂裳裹足，日夜不休"。墨子不仅受尽劳苦，而且还冒着生命危险，因为楚国对付他的办法之一就是杀害他。可惜的是，从古至今，像墨子这样的人太少了。墨子的这一行为无疑是正确的，但这只能视为特例。从总体来看，庄子并不赞成极端劳苦的生活原则，《庄子·天下》篇对此有详细论述。

是以神人恶众至[1]，众至则不比[2]，不比则不利也。故无所甚亲，无所甚疏，抱德炀和[3]，以顺天下，此谓真人。于蚁弃知[4]，于鱼得计[5]，于羊弃意[6]；以目视目[7]，以耳听耳，以心复心[8]。若然者，其平也绳[9]，其变也循[10]，古之真人。以天待人，不以人入天[11]，古之真人。

【注释】

①神人：得道之人。恶（wù）：讨厌。

②比：团结，和睦。

③抱德炀（yáng）和：持守天性，心态平和。德，天性。炀和，平和。

④知：同"智"。指蚂蚁知道追慕羊肉膻味的才智。

⑤得计：得意。

⑥于羊弃意：羊不再散发出自己的膻味。意，意愿。引申为发出味道。

⑦以目视目：用眼睛看自己应该看的东西。

⑧以心复心：用心灵去收敛外驰的心神。复，收回，收敛。

⑨其平也绳：他的行为像墨绳一样平正。绳，木匠画直线用的墨线。

⑩其变也循：他有所变化也必定是顺应着外物变化。循，顺应。

⑪以人入天：用人事干扰自然。入，加入，干扰。

【译文】

因此得道之人讨厌众人聚集在自己身边，聚集的人多了就会出现不和睦的现象，出现不和睦现象就会发生不利的事情。因此那些得道之人不会有特别亲近的人，也不会有特别疏远的人。他们持守天性而心态平和，以顺应天下万物，这样的人可以称之为"真人"。真人能够使蚂蚁放弃追求膻味的才智，使鱼自由自在地在水中畅游，使羊消除自己的膻腥气味；能够让人们用眼睛去看眼睛应该看的东西，用耳朵去听耳朵应该听的声音，用心灵去收敛外驰的心神。像这样的人，他的言行像墨绳一样平正，能够顺应着外物而变化，这就是古代真人的做法。遵循自然法则去处理人事，而不用人事去干扰自然法则，这才是古代真人的行为原则。

【研读】

　　本段批判了世俗社会中三种类型的人，即沾沾自喜者、偷安自得者、劳身自苦者，提倡没有亲疏、一切顺应自然的处世态度。其中"濡需者，豕虱是也"一段对世俗人的讽刺尤其辛辣，且意味深长。

十四

　　得之也生①，失之也死；得之也死，失之也生，药也。其实堇也②，桔梗也③，鸡靡也④，豕零也⑤，是时为帝者也⑥，何可胜言⑦！

【注释】

①得：得到，服用。之：代指药物。

②堇（jǐn）：中药名。俗称乌头。主治因风寒湿侵袭而引起的肢节疼痛或麻木的病症。

③桔梗：中药名。主治胸腹血瘀。

④鸡靡（yōng）：中药名。又叫鸡头草。可以健身延年。

⑤豕（shǐ）零：中药名。又叫猪苓。主治渴症。

⑥是时为帝：在适当的时候服用就会显得非常可贵。是，正确，恰当。帝，形容贵重。堇、桔梗、鸡靡、豕零都属于价格便宜的普通药物，但在恰当的时候对症服用，其价值就显得非常可贵。

⑦胜言：说得尽。

【译文】

　　服用它就能活下来，不服用它就会死去；有时服用它就会死去，不服用它反而活了下来，这就是药物。其实像乌头、桔梗、鸡癕、豕零这些普通药物，在适当的时候对症服用就显得异常可贵，这些复杂情况真是一言难尽啊。

【研读】

本段以药物为例，说明"是时为帝"的道理。不仅服药是如此，做一切事情都是如此。《孟子·尽心上》说："杨子取为我，拔一毛而利天下，不为也。墨子兼爱，摩顶放踵利天下，为之。子莫执中，执中为近之，执中无权，犹执一也。"在杨朱眼中，自己的一毛重于天下（关于杨朱"拔一毛利天下而不为"的含义，还有其他解释）；在墨子眼中，自己的生命轻于天下；而子莫取其中。但孟子认为"执中"也不对，为什么？焦循借穿衣比喻说：

> 杨子惟知为我，而不复虑及兼爱；墨子惟知兼爱，而不复虑及为我；子莫但知执中，而不复虑及有当为我、当兼爱之事。杨则冬夏皆葛也，墨则冬夏皆裘也，子莫则参乎裘葛之中，而冬夏皆袷也。不知趋时者裘葛袷皆藏之于箧，各依时而用之。(《孟子正义（下册）》卷二十七)

焦循认为，杨朱只知道"为我"，不考虑"兼爱"；墨子只知道"兼爱"，不考虑"为我"；子莫只知道处于二者之中，而不知道有时应该"为我"，有时应该"兼爱"。打个比方，杨朱无论冬夏都只知道穿单薄的葛衣，墨子无论冬夏都只知道穿厚暖的皮衣，子莫无论冬夏都只知道穿不厚不薄的夹衣。这三位学者的做法都不正确，因为他们不懂得夏天应穿葛衣，冬天应穿皮衣，春秋应穿夹衣，衣服也是"是时为帝"。

无论是以服药为喻，还是以穿衣为喻，讲的都是同一个道理，那就是什么样的时代，要采取什么样的生活方式，如果因为钻木取火、筑巢而居是圣人所制，于是现代有人也去钻木、巢居，他一定会被视为心理病人。袁世凯称帝之所以失败，原因就在于此。

句践也以甲楯三千栖于会稽①，唯种也能知亡之所以存②，唯种也不知其身之所以愁③。故曰：鸱目有所适④，鹤胫有所节⑤，解之也悲⑥。故曰：风之过，河也有损焉；日之过，河也有损焉；请只风与日相与守河⑦，而河以为未始其撄也⑧，恃源而往者也⑨。故水之守土也审⑩，影之守人也审，物之守物也审⑪。

【注释】

①句（gōu）践也以甲楯（dùn）三千栖于会（kuài）稽：句践率领三千将士困守在会稽山上。句践，即勾践，春秋时期越国君主，被吴国击败后困守于会稽山。甲楯，甲衣和盾牌。代指将士。栖，栖息，困守。会稽，山名。在今浙江绍兴东南。

②种：即文种。勾践的主要谋臣，辅佐勾践灭吴后，在勾践逼迫下自杀。所以存：生存下去的办法。

③所以愁：愁苦的原因。指被迫自杀的原因。

④鸱（chī）目有所适：猫头鹰的眼睛只能在适当的时候看清东西。猫头鹰在夜晚才能看清东西。鸱，猫头鹰。

⑤节：适当。

⑥解之：去掉猫头鹰的眼睛与鹤鸟的腿。解，去掉。一说"解"是改变的意思。

⑦请只：纵使，即便。相与：共同。河：黄河。

⑧未始其撄：不曾干扰自己。指没有使自己的水量减少。撄，干扰。

⑨恃源而往：依靠的是水源在不断流来。恃，依赖。详见"研读"。

⑩守：持守，依赖。审：明白，明显。

⑪物之守物：事物与事物之间相互依赖。

【译文】

　　勾践带领三千将士困守在会稽山的时候，只有文种才知道如何使即将灭亡的越国继续生存下去，然而文种却不知道自己后来为什么会遭到杀身之祸。所以说：猫头鹰的眼睛只有在适当的时候才能够看清东西，鹤鸟的长腿只有在适当的环境里才能发挥作用，但如果要去掉猫头鹰的眼睛与鹤鸟的长腿，它们又会感到非常悲哀。所以说：当风吹过黄河时，黄河水就会减少一些；当阳光照射黄河时，黄河水也会减少一些；然而即便风和阳光一起吹拂、曝晒着黄河而黄河却从不会感到自己有什么损失，这是因为黄河依靠地下的水源不断地流来。因此水必须依赖大地这一点是很清楚的，身影必须依赖人体这一点也是很清楚的，这种事物与事物之间相互依赖的关系是非常明确的。

【研读】

　　本段所讲的"风与日相与守河，而河以为未始其撄也，恃源而往者也"，字面意思是讲黄河水，而实际还是在讲做人的道理。朱熹有一首《观书有感》（其一）：

　　　　半亩方塘一鉴开，天光云影共徘徊。问渠那得清如许？为有源头活水来。

　　意思是："半亩大的方形池塘就像一面镜子那样展现在面前，天上的阳光与云彩的影子都在这面镜子里移动徘徊。要问那方塘的水为什么会如此清澈？是因为永不枯竭的源头为它源源不断地把活水送来。"黄河之所以不会感到风和阳光对自己造成什么损失，方塘之所以能够保持自己的清澈与活力，这都是因为它们具有各自的活水源头。庄子的话与这首诗歌都是借景喻理，提醒我们要不断接受新事物，扩展我们的眼界，提升我们的思想境界，才能保持思想的活跃与进步。当然，庄子主要是指提升对大道的认知，而我们可以把这一观念移到我们的日常生活之中，为我们的现实生活服务。

　　故目之于明也殆①，耳之于聪也殆，心之于殉也殆②。凡能其于府也殆③，殆之成也不给改④，祸之长也兹萃⑤，其反也缘功⑥，其果也待久⑦，而人以为己宝，不亦悲乎！故有亡国戮民无已⑧，不知问是也⑨。

【注释】

①故目之于明也殆：所以眼睛一味追求超人的视力就危险了。明，视力好。殆，危险。

②殉：追逐。指追逐身外的名利。

③能其于府：内心里潜藏着智巧才智。能，智巧。府，指内心。

④不给改：来不及悔改。

⑤长：增长，添加。兹萃：越来越多地聚集起来。兹，同"滋"。增多。萃，聚集。

⑥其反也缘功：想恢复自己的天性却又被世俗功名所牵扯。反，同"返"。恢复。缘，缠绕，牵扯。

⑦其果也待久：要想建功立业又要拖很长的时间。果，成功。

⑧戮（lù）民：被杀的人。民，人。无已：不停，无休无止。

⑨问是：探寻其中的原因。问，询问，探求。是，代指国破人亡的原因。

【译文】

眼睛去竭力追求超人的视力就凶险了，耳朵去竭力追求超人的听力就凶险了，心里去竭力追求名利等身外之物就凶险了。凡是在内心隐藏着机巧才智的人就危险，危险一旦形成就来不及悔改，危险不断增多并降临在他的身上，此时想恢复自己的清净天性却又被世俗功名所牵扯，要想建功立业却又须等待很长的时间，而人们都把功名视为自己最值得珍惜的东西，不是也很可悲吗！因此国破人亡的事情就不断发生，而人们却不知道探索一下其中的缘故。

故足之于地也践①，虽践，恃其所不蹍而后善博也②；人之于知也少，虽少，恃其所不知而后知天之所谓也③。知大一④，知大阴⑤，知大目⑥，知大均⑦，知大方⑧，知大信⑨，知大定⑩，至矣。大一通之⑪，大阴解之⑫，大目视之，大均缘之⑬，大方体之⑭，大信稽之⑮，大定持之⑯。

【注释】

①践：踩，踏。这里指所踏地面的面积很小。

②蹍（zhǎn，又读niǎn）：踏。博：遥远。指远处。

③天之所谓：大自然的语言。也即自然规律。

④大（tài）一：即"太一"。至高至极、绝对唯一的大道。一说指上天。

⑤大阴：至柔的原则。古人认为阳为刚，阴为柔。一说"大阴"指大地。

⑥大目：最高的眼光。指能够懂得众人所无法懂得的道理。

⑦大均：万物同等的原则。

⑧大方：最高道理。方，方法，道理。

⑨大信：最高的诚信。

⑩大定：最高的安定、平和。

⑪通之：统领着万物。通，普遍，统领。之，代指万物。

⑫解之：缓解万物之间的纠纷。

⑬缘之：顺应万物的本性。缘，顺应。

⑭体之：体察万物的真实情况。

⑮稽之：考核万物。稽，考核。

⑯持之：保持万物之间和谐相处。

【译文】

　　双脚踏着的地面很小，虽然踏着的地面很小，却要依赖没有踏着的其他地面然后才能到达遥远的地方；人们所掌握的知识很少，虽然掌握的知识很少，却要依赖那些还没有掌握的知识然后才能懂得大自然的规律。懂得了什么是大道，懂得了什么是至柔原则，懂得了什么是最高眼光，懂得了什么是万物同等，懂得了什么是最高道理，懂得了什么是最高诚信，懂得了什么是最高平和，这就达到了最高的思想境界。然后用大道去统领万物，用至柔原则去缓和万物之间的纠纷，用最高眼光去看待万事万物，用万物同等的观点去顺应万物的本性，用最高的道理去体察万事万物，用最高的诚信去考核万事万物，用最平和的心态去引导、保持万物之间的和谐关系。

尽有天①，循有照②，冥有枢③，始有彼④。则其解之也似不解之者⑤，其知之也似不知之也，不知而后知之。其问之也⑥，不可以有崖⑦，而不可以无崖。颉滑有实⑧，古今不代⑨，而不可以亏⑩，则可不谓有大扬摧乎⑪！阖不亦问是已⑫，奚惑然为⑬！以不惑解惑⑭，复于不惑，是尚大不惑⑮。

【注释】

①尽：全部。指所有事物。天：天性。

②循有照：遵循各自的天性就会变得明智。循，遵循。照，明亮，明智。

③冥：深邃而看不清楚。喻指高深的道理。枢：枢要，关键。

④始有彼：万物一开始出现，就有它的对立面。如有生必有死，有上必有下等。

⑤则其解之也似不解之者：那些理解这些道理的人，又似乎并非真正地理解。

⑥问之：探索这些道理。问，询问，探索。

⑦有崖：有边际，有所限制。

⑧颉（xié）滑有实：纷杂的万物都是真实存在。颉滑，万物纷乱繁多的样子。

⑨不代：不能相互替代。

⑩亏：缺少。

⑪扬摧（què）：揭示大概面貌。扬，揭示。摧，大概。

⑫阖（hé）不：何不。阖，通“盍”。怎么。

⑬奚惑然为：为什么会如此迷惑呢？奚，为什么。然，如此。为，句末语气词。

⑭以不惑解惑：让不迷惑的人去教导迷惑的人。

⑮是：代指“以不惑解惑，复于不惑”的做法。尚：崇尚，重视。引申为追求。

大不惑：让所有的人都不迷惑。

【译文】

　　所有的事物都有自己的天性，顺应着各自的天性就会变得明智，深奥的道理都有各自的主旨，任何事物一旦出现就会有它的对立面。那些懂得这些道理的人，似乎并未真正懂得；那些理解这些道理的人，似乎并非真正理解，承认自己不理解然后才能慢慢理解。探索这些奥妙时，不可有什么限制，但也不可漫无边际。万物虽然纷纭杂乱却都是真实存在，它们就像古代与现代一样无法相互替代，任何事物都不可或缺。以上论述可以说只是天地万物的一个大概情况。人们何不认真探索其中奥秘，为什么要如此迷惑呢！让不迷惑的人去教导迷惑的人，使迷惑的人也变得不迷惑，这样做是为了让天下所有人都不再迷惑。

【研读】

　　本章内容较为散杂，先写万物各有所适，同时也都有一定的局限性；再写万物之间相互依存，最后要求人们探索天地万物的奥秘，顺应自万物的天性。本章很多文字佶屈聱牙，难以理解，不排除有文字错讹的情况。

风物长宜放眼量，何必蜗角相争

则　阳

本篇依然是以篇首二字为题。则阳，姓彭名阳，字则阳，他到处游说诸侯，后来到了楚国。本篇的主要内容有：一，提倡清静无为的生活原则和处世态度，认为人世间的开疆拓土、争名夺利的行为不过如蛮触相争，毫无意义。二，抨击了当时的黑暗政治给百姓带来的深重灾难。三，指出人们可以从不同角度对同一事物做出不同的评价。四，本篇最后讨论了整体与个体、大道与万物之间的关系，指出万物的起源与未来的化育情况是人类所无法认知的。

一

则阳游于楚①，夷节言之于王②，王未之见③，夷节归。彭阳见王果曰④："夫子何不谭我于王⑤？"王果曰："我不若公阅休⑥。"彭阳曰："公阅休奚为者邪？"曰："冬则擉鳖于江⑦，夏则休乎山樊⑧。有过而问者，曰：'此予宅也。'夫夷节已不能，而况我乎！吾又不若夷节。夫夷节之为人也，无德而有知，不自许⑨，以之神其交⑩，固颠冥乎富贵之地⑪，非相助以德，相助消也⑫。夫冻者假衣于春⑬，暍者反冬乎冷风⑭。

【注释】

①则阳：姓彭名阳，字则阳。故下文又称他为"彭阳"。

②夷节：姓夷名节。楚国大夫。

③未之见：即"未见之"。没有接见他。

④王果：楚国贤人。

⑤谭我于王：在楚王面前推荐我。谭，通"谈"。引申为推荐。

⑥公阅休：楚国隐士。

⑦擉（chuō）：刺，扎。

⑧山樊：山边。樊，周围，边。

⑨不自许：不自我约束。自许，自我约束。

⑩以之神其交：凭借自己的才智巧妙地与人交往。之，代指上文的"无德而有
　　知，不自许"。神，巧妙。

⑪颠冥：沉迷于。

⑫消：毁损。指毁损自己的美德与天性。

⑬假衣于春：向春天借衣服。即盼望春天的温暖。假，借。

⑭暍（yē）者反冬乎冷风：中暑的人反过来希望能得到冬天的冷风。暍，中
　　暑。以上两句意思是说，要么是具有巧智之人，要么是圣人，才能说服楚
　　王，而自己则处于二者之间，所以没有能力推荐则阳。

【译文】

　　则阳到楚国游宦，于是夷节就把他推荐给楚王，而楚王没有接见
他，夷节只好空手而归。则阳又去见王果，说："先生您为什么不在楚

王面前推荐一下我呢？”王果说：“这方面我不如公阅休啊。”则阳问：“公阅休是做什么的呢？”王果说：“他冬天到江河里以刺鳖为生，夏天就到山脚下憩息。有人经过此地问他为何在此，他回答说：‘这里就是我的住宅啊。’夷节尚且不能把您推荐给楚王，更何况我呢！我也比不上夷节。夷节这个人，缺乏美德却有智巧，从不约束自我，他凭借自己的才智巧妙地与人周旋，确实是沉迷于富贵名利之中，他的这些行为不仅无助于美德的培养，反而会毁掉原有的一点美好天性。受冻的人盼望春天的温暖，中暑的人反而又希望得到冬天的冷风。

“夫楚王之为人也，形尊而严；其于罪也，无赦如虎；非夫佞人正德①，其孰能桡焉②！故圣人，其穷也③，使家人忘其贫；其达也④，使王公忘爵禄而化卑⑤；其于物也，与之为娱矣；其于人也，乐物之通而保己焉⑥。故或不言而饮人以和⑦，与人并立而使人化⑧，父子之宜⑨。彼其乎归居⑩，而一闲其所施⑪。其于人心者，若是其远也。故曰待公阅休⑫。”

【注释】

①佞人：有才智善言谈的人。

②桡（náo）：通“挠”。征服，说服。

③穷：处境困难。

④达：生活得意，地位高贵。

⑤化卑：变得谦恭起来。

⑥乐物之通：乐于与别人沟通。物。这里主要指人。保己：保全个人天性。

⑦饮人以和：把平和的心态传输给别人。

⑧并立：共同生活。化：感化。

⑨宜：适宜，和谐相处。

⑩彼其乎归居：使人们各得其所。归居，各归其所。

⑪而一闲其所施：而自己完全用清静无为的态度对待别人。一，完全。闲，清
　　静。施，施行，行为。

⑫待：依靠。

【译文】

　　"楚王这个人，容貌高贵而又威严；他对于犯错的人，凶猛如虎从不宽恕；除了充满智慧、极有辩才的正人君子，谁又能说服他呢！那些圣人在陷入困境时，能够使家人忘却生活的贫苦；在飞黄腾达时，能够使王公大人忘却自己的爵禄而变得谦卑起来；圣人对于万物，能够与它们和谐相处一起欢娱；圣人对于别人，乐于与他们沟通而又能使他们保全各自的天性。圣人也许一言不发就能够把平和的心态传输给别人，他们与世人一起生活就能够感化世人，让人与人之间如同父子一样和谐相处。圣人能够让世人各得其所，而自己完全是以清静无为的态度去做成这些事情。圣人思想与世人思想，其差距是如此之大啊。所以说，还是要依靠公阅休去向楚王推荐你。"

二

　　圣人达绸缪①，周尽一体矣②，而不知其然，性也。复命摇作而以天为师③，人则从而命之也④。忧乎知⑤，而所行恒无几时⑥，其有止也，若之何？

【注释】

①达：明白。绸缪（móu）：相互纠缠的样子。指纷纭复杂的万事万物。一说
　　是深奥的样子，指深奥的大道。

②周尽一体：视万物为一体。周尽，全部。指所有的万事万物。

③复命：返回本根。也即恢复天性。摇作：活动，做事。

④命之：称他们为"圣人"。命，命名。

⑤忧乎知：忧患出于智巧。即多智多忧。知，同"智"。

⑥恒：常常，经常。

【译文】

　　圣人明白纷纭复杂的万事万物，却又能够视万事万物为一体，而
人们并不清楚圣人为什么能够做到这一点，这大概是出于圣人的天性
吧。圣人能够顺应天性，一切言行都坚持以大自然为师，人们也因此
称这样的人为"圣人"。而世人则多智多忧，其行为也总是无法持之以
恒，总是半途而废，对这样的人又能怎么办呢？

　　生而美者，人与之鉴①，不告则不知其美于人也。若知之，若
不知之；若闻之，若不闻之，其可喜也终无已②，人之好之亦无已，
性也③。圣人之爱人也，人与之名，不告则不知其爱人也。若知之，
若不知之；若闻之，若不闻之，其爱人也终无已，人之安之亦无
已④，性也⑤。

【注释】

①鉴：镜子。

②可喜：可爱。

③性：天生的。指天生的美貌。

④安之：安于圣人的慈爱。

⑤性：天生的。指天生的慈爱。

【译文】

　　天生就美丽的人，别人即使给她一面镜子，如果不告诉她比别人美丽，她也不会知道自己比别人美丽。无论她知道自己比别人美丽，还是不知道自己比别人美丽；无论她听说过自己比别人美丽，还是没有听说过自己比别人美丽，她都是永远可喜可爱的，而人们也永远喜欢她，因为她的美丽是天生的。圣人爱护别人，别人即使给他一个"圣人"称号，如果别人不告诉他在爱护别人，他也不知道自己是在爱护别人。无论他知道自己是在爱护别人，还是不知道自己是在爱护别人；无论他听说过自己是在爱护别人，还是没有听说过自己是在爱护别人，他依然永远爱护别人，而别人也永远安于他的爱护，因为他爱护别人的美德是天生的。

　　旧国旧都①，望之畅然②。虽使丘陵草木之缗③，入之者十九④，犹之畅然⑤。况见见闻闻者也⑥，以十仞之台县众间者也⑦。

【注释】

①旧国旧都：故国与家乡。比喻下文提到的养育民众的圣人。

②畅然：心情舒畅的样子。

③虽：即使。缗（mín）：昏暗不清。

④入：掩没，遮挡。

⑤犹之：仍然，依然。

⑥见见：能够看到自己想看到的一切。闻闻：能够听到自己想听到的一切。

⑦以十仞（rèn）之台县（xuán）众间者也：就像一座数丈高台高耸于众人之间一样。仞，七尺或八尺为一仞。台，高台。比喻出类拔萃的圣人。县，同"悬"。高悬，高耸。

【译文】

　　故国与家乡，一眼望去就心情舒畅。即使是由于山岭草木的遮挡而看不清楚，甚至是遮挡了十分之九，心情依然舒畅。更何况我们在圣人那里能够看到我们想看到的一切，能够听到我们想听到的一切，圣人就像数丈高的高台那样耸立于世人之间啊！

三

　　冉相氏得其环中以随成①，与物无终无始②，无几无时③。日与物化者，一不化者也④，阖尝舍之⑤！夫师天而不得师天，与物皆殉⑥，其以为事也，若之何？夫圣人未始有天⑦，未始有人，未始有始，未始有物，与世偕行而不替⑧，所行之备而不洫⑨，其合之也⑩，若之何？

【注释】

①冉相氏：传说时代的圣王。环中：圆环之中，虚空。喻指虚静的心态。随成：随任万物自由发展成长。

②与物无终无始：与天地万物始终融为一体。

③无几无时：不是一年，更不是一个季节。几，通"期"。一整年。时，一个
　　季节。

④一不化：指空净的心态完全没有变化。一，完全。

⑤阖（hé）尝舍之：何曾改变过虚净心态。阖，通"盍"。何。舍，舍弃，改
　　变。之，代指虚净心态。

⑥与物皆殉：与别人一起去追逐名利。物，指人。殉，追逐。

⑦未始有天：不曾把大自然放在心上。意思是，圣人处处效法天地是出于自然
　　本性，而非有意去效法自然。

⑧偕行：一起发展变化。偕，一起。替：停止。

⑨备：尽善尽美。洫（xù）：败坏，失败。

⑩合之：符合大道。

【译文】

　　冉相氏保持着虚净的心态，随任万物自由自在地发展成长，他与天地万物始终融为一体，这种状态并非仅仅持续短暂的一年，更非只是一个季节。他每天都顺应万物而变化，而虚净的心态却丝毫没有改变，他何曾舍弃过这种虚净的心态啊！那些有意去效法自然的人并不能真正地做到效法自然，他们会与别人一起去追逐名利，并把追逐名利当作自己要做的事业，这样做可以吗？圣人从来不把效法自然放在心上，也从来不把处理人事放在心上，从来没有想过什么是开始，也从来没有想过万物，他们与世人一起变化而从未停止过这种变化，他们做事尽善尽美而从未失败过，他们的一切言行都符合大道，这样做可以吧？

汤得其司御门尹登恒为之傅之^①，从师而不囿^②；得其随成，为之司其名^③；之名嬴法^④，得其两见^⑤。仲尼之尽虑^⑥，为之傅之。容成氏曰^⑦："除日无岁，无内无外^⑧。"

【注释】

①汤得其司御门尹登恒为之傅之：商汤王让司御门尹登恒做自己的老师。汤，即商朝第一代君主商汤王。司御，官名。门尹登恒，人名。为之傅之，做他的老师。

②从师：听从老师的教诲。囿（yòu）：限制。指限制百姓言行。

③为之司其名：所做的事就是占有天子之名。为之，做事。司，主。本句意思是，商汤王名为天子，但从不干涉天下之事。也即执行无为而治的政策。

④之名嬴法：天子的美好名声和正确原则。之，代指天子。嬴，盛美。

⑤得其两见（xiàn）：得到双重成功。两，指"名"和"法"。见，同"现"。显著。指显著成绩。

⑥尽虑：消除所有思虑。

⑦容成氏：传说时代的圣君。

⑧无内无外：忘却内心，也就忘却了外物。无，忘却。

【译文】

　　商汤王请司御门尹登恒做自己的师傅，他听从师傅的教导，从不干涉百姓言行；他能够听任百姓自由生活，而自己所做的事就是保有天子这个名声，结果他既得到了美好的天子名声，又施行了正确的治国原则，获取了双重成功。孔子如果能够消除内心的所有思虑，也可以做天子的老师。容成氏说："没有每一天，也就没有一整年；如果忘却内心，也就忘却了外物。"

四

魏莹与田侯牟约^①，田侯牟背之。魏莹怒，将使人刺之。

【注释】

①魏莹：又作魏䓨，魏国君主魏惠王。田侯牟：旧注指齐威王。

【译文】

魏惠王与齐威王订立了和约，而齐威王却违背了和约。魏惠王十分生气，于是准备派人去刺杀齐威王。

犀首公孙衍闻而耻之^①，曰："君为万乘之君也^②，而以匹夫从仇^③。衍请受甲二十万^④，为君攻之，虏其人民，系其牛马，使其君内热发于背^⑤，然后拔其国^⑥。忌也出走^⑦，然后抶其背^⑧，折其脊^⑨。"

【注释】

①犀首：官名。公孙衍：魏国将军。耻之：为行刺这种做法感到羞耻。

②万乘（shèng）：代指大国。万乘指万辆战车，大国拥有万辆战车。

③以：使用。匹夫：普通百姓。从仇：报仇。

④衍：即公孙衍。甲：战衣。这里指穿战衣的将士。

⑤内热发于背：心急如焚而毒疮发于脊背。内，心里。

⑥拔：攻占。

⑦忌：即田忌。时为齐国主将。走：逃亡。

⑧扶（chì）其背：击打他的脊背。即跟在田忌的后面追击进攻。扶，击打。

⑨折其脊：打断他的脊骨。也即消灭他的主力。

【译文】

　　犀首公孙衍知道此事后，为这种行刺手段感到羞耻，他对魏惠王说：“您身为大国君主，却用普通百姓的手段去报仇。我请求统率二十万大军，为您堂堂正正去讨伐齐国，俘获齐国的民众，牵走齐国的牛马，让齐国君主心急如焚，致使他脊背上长出毒疮来，然后攻占他的整个国家。齐国主将田忌将会望风出逃，我就从背后追击他，彻底消灭他的主力。”

　　季子闻而耻之①，曰：“筑十仞之城，城者既十仞矣，则又坏之，此胥靡之所苦也②。今兵不起七年矣，此王之基也③。衍，乱人，不可听也。”

【注释】

①季子：魏国贤臣。

②胥靡：服役之人。即修筑城墙的苦役。这几句用修筑城墙比喻下文说的建立王业，王业马上就要建成，却因发动战争而被毁掉了，就好像已经修好的城墙被毁掉一样。

③王之基：建立王业的基础。

【译文】

季子听说后，又为公孙衍的建议感到羞耻，他对魏惠王说："想修筑七八丈高的城墙，可当城墙已经修筑到七八丈高的时候，却又把它毁掉了，这是筑城苦役们最感痛苦的事情。如今魏国已经有七年没有战争了，这是您成就王业的基础。公孙衍这个人，是一个挑起祸乱的人，不可听从他的建议。"

华子闻而丑之[①]，曰："善言伐齐者[②]，乱人也；善言勿伐者，亦乱人也；谓'伐之与不伐乱人也'者，又乱人也[③]。"君曰："然则若何？"曰："君求其道而已矣！"

【注释】

①华子：魏国贤臣。

②善言：巧言劝说。

③谓"伐之与不伐乱人也"者，又乱人也：认为"要讨伐齐国的和不要讨伐齐国的都是挑起祸乱之人"的人，他本身也是挑起祸乱的人。这种乱人指华子自己。华子之所以把包括自己在内的三种人（公孙衍、季子、华子）都视为乱人，是因为这些人在考虑问题时，都是从利益出发。

【译文】

华子听说此事以后，又为公孙衍和季子的建议深感羞耻，他对魏惠王说："巧言劝说讨伐齐国的人，是挑起祸乱的人；巧言劝说不要讨伐齐国的人，也是挑起祸乱的人；认为'要讨伐齐国的和不要讨伐齐国的人都是挑起祸乱之人'的人，他本人也是挑起祸乱的人。"魏惠王说："那么我们该怎么办呢？"华子说："您还是求教于大道吧！"

　　惠子闻之，而见戴晋人^①。戴晋人曰："有所谓蜗者^②，君知之乎？"曰："然。""有国于蜗之左角者，曰触氏；有国于蜗之右角者，曰蛮氏。时相与争地而战^③，伏尸数万，逐北旬有五日而后反^④。"君曰："噫！其虚言与！"曰："臣请为君实之^⑤。君以意在四方上下有穷乎^⑥？"君曰："无穷。"曰："知游心于无穷，而反在通达之国^⑦，若存若亡乎^⑧？"君曰："然。"曰："通达之中有魏，于魏中有梁^⑨，于梁中有王。王与蛮氏，有辩乎^⑩？"君曰："无辩。"客出^⑪，而君惝然若有亡也^⑫。

【注释】

①见（xiàn）：引见，推荐。戴晋人：魏国贤人。

②蜗：即蜗牛。

③时：时常，经常。

④逐北旬有五日而后反：追杀战败的一方，追了整整十五天方才撤军而归。逐，追击。北，战败，战败的一方。旬有五日，十五天。有，通"又"。古人往往在整数与零数之间加"有"或"又"。反，同"返"。撤军。

⑤实之：证实它。

⑥以意：以为。

⑦通达之国：人迹所能到的地方。指人间。

⑧亡（wú）：通"无"。

⑨梁：地名。在今河南开封一带。当时为魏国都城。

⑩辩：通"辨"。区别，不同。

⑪客：客人。指戴晋人。

⑫惝（chǎng）然若有亡：怅然若失。惝然，形容怅然若失的样子。

【译文】

　　惠子听说此事以后，就把戴晋人引见给魏惠王。戴晋人对魏惠王说："有一种小虫子叫蜗牛，您知道吗？"魏惠王说："我知道。"戴晋人说："有一个国家建立在蜗牛的左边触角上，名叫触氏国；另一个国家建立在蜗牛的右边触角上，名叫蛮氏国。这两个国家为了争夺地盘而经常发生战争，常常伤亡数万将士，战胜的一方追杀战败的一方长达十五日之久，然后才撤兵返回。"魏惠王说："噫！这大概是编造的虚假故事吧！"戴晋人说："那就请让我为您证实这个故事吧！您认为四方上下有没有穷尽呢？"魏惠王说："没有穷尽。"戴晋人说："您知道可以让自己的思想在这个没有穷尽的空间里遨游，而人的身体却还要生活在人世间，那么这个人世间是否狭小得似有似无呢？"魏惠王说："是这样。"戴晋人说："在这个狭小的人世间有一个更为狭小的魏国，在更为狭小的魏国还有一个叫梁的都城，在这个都城里住着一位您这样的君主。那么您与蛮氏国的君主相比，有什么不同吗？"魏惠王说："没有什么不同。"戴晋人说完就出宫而去，魏惠王心中怅然若有所失。

　　客出，惠子见。君曰："客，大人也①，圣人不足以当之②。"惠子曰："夫吹管也③，犹有嗃也④；吹剑首者⑤，映而已矣⑥。尧、舜，人之所誉也，道尧、舜于戴晋人之前⑦，譬犹一映也。"

【注释】

①大人：得道的伟人。

②圣人：指世俗圣人。当：相比，相提并论。

③管：用竹管制成的管乐器。如笛、箫等。

④嚆（xiāo）：象声词，形容较大的声音。

⑤剑首：指剑柄上的小环孔。

⑥唉（xuè）：象声词，形容细微的声音。

⑦道：谈论。

【译文】

戴晋人出宫之后，惠子进见魏惠王。魏惠王说："刚才那位客人，真是一位伟人啊！圣人也无法与他相提并论啊。"惠子说："吹竹管，能发出较大的'嚆嚆'的声音；吹剑柄上的小环孔，就只能发出'唉唉'的微弱声音。尧和舜，都是世人所赞美的圣人，如果在戴晋人面前谈论尧和舜的美德，就好比一丝'唉唉'的微弱声音而已。"

【研读】

蛮、触两国相互征战是一则发人深省的寓言，任何人读后都会感慨万分。我们可以从这段文字中解读出两层含义。

第一层含义是自然与人的关系问题。许多人信奉"人定胜天"的说法，我们对此一直不敢苟同，因为人是大自然的产物，被产生者不可能成为产生者的主人，就像机器不可能成为人的主人一样。正如庄子说的那样，人在自然面前，渺小得似有似无。《秋水》篇也反复强调这一点："舟车之所通，人处一焉，此其比万物也，不似豪末之在于马体乎?"世人所列举的战胜自然的事例,充其量不过是顺应了自然规律,克服了一些困难而已。《道德经》七十三章说:"天之道,不争而善胜,不言而善应。"人类只有摆正自己在自然界的位置,敬畏自然,尊重自然,爱护自然,才能获得大自然更多的恩赐。

第二层含义是:既然人是如此渺小,那么人们所争夺的名利又有多大意义呢?白居易读了这段文字后,无限感慨地写了一首诗:

蟭螟杀敌蚊巢上,蛮触交争蜗角中。应似诸天观下界,一微尘内斗英雄。(《禽虫十二章·第七》)

白居易认为:极为微小的蟭螟在蚊子的巢穴里斗得不可开交,蛮、触两国在蜗牛角上打得难舍难分,当端坐云端的天神俯视人间时,发现在小小的空间里,密密麻麻地依附着许许多多小虫子(人),这些生命短暂的小小虫子整天在这个小小的空间里为了名利而钩心斗角、明争暗抢,闹得一塌糊涂。此时天神的感受,难道不就像我们看待蟭螟、蛮触相互争斗一样吗!庄子是以天眼俯视着人间!

如果能够以庄子、白居易的眼光看待人生,我们面对各种困苦时自会释然!当然,作为一个渺小的人,要想生活下去,必须去做许多渺小的事务。我们赞成庄子的观点,不过只是想在人们炽热的欲火上泼下些许凉水,以免焚人或自焚而已。

五

孔子之楚①,舍于蚁丘之浆②。其邻有夫妻臣妾登极者③,子路曰④:"是稷稷何为者邪⑤?"仲尼曰:"是圣人仆也。是自埋于民⑥,自藏于畔⑦,其声销⑧,其志无穷,其口虽言,其心未尝言⑨;方且与世违^⑩，而心不屑与之俱。是陆沈者也^⑪，是其市南宜僚邪^⑫？"

【注释】

①之：到。

②舍：住宿，居住。蚁丘：山丘名。浆：泛指饮料。这里指卖饮料的店家。

③臣：男仆。妾：女仆。登极：登上房屋的最高处。一说是登上蚁丘的最高处。

④子路：孔子弟子。

⑤是：代指登上高处的夫妻臣妾。稯稯（zōng）：聚集在一起的样子。

⑥自埋：自愿隐居。

⑦畔：田界，田园。

⑧其声销：他的名声在社会上消失了。销，通"消"。

⑨其心未尝言：心里不曾说过什么。意思是说这位圣人虽然时常与人交谈，但他内心已彻底空净了。

⑩与世违：逃避社会。

⑪陆沈（chén）：无水而自沉。比喻自愿隐藏起来。沈，同"沉"。

⑫是：此，此人。市南宜僚：姓熊，名宜僚。因住在市场南边而称"市南宜僚"。

【译文】

　　孔子到了楚国，住在蚁丘山下一户卖饮料的店铺里。他邻居家的夫妻仆人全都登上屋顶观望。子路问孔子："这些人为什么聚集在一起呢？"孔子说："这些人都是圣人的仆人啊。这位圣人藏于民间，隐于田园。他的名声虽然在社会上消失了，但他的志向却极为远大；他口里虽然还须与人交谈，但他心里已经彻底空净；他正要逃离这个社会，心里不屑与世人为伍。这是一位自愿隐居的人，这位隐士大概就是市南宜僚吧？"

子路请往召之，孔子曰："已矣①！彼知丘之著于己也②，知丘之适楚也③，以丘为必使楚王之召己也，彼且以丘为佞人也④。夫若然者⑤，其于佞人也，羞闻其言，而况亲见其身乎！而何以为存⑥？"子路往视之，其室虚矣⑦。

【注释】

①已：算了。

②丘：孔子名丘，字仲尼。著于己：知道他。著，明了，知道。己，自己。指市南宜僚。

③适：来到。

④佞人：花言巧语之人。

⑤若然者：像他那样的人。然，那样。

⑥而何以为存：你凭什么认为他还会留在家中呢？而，你。存，在家。意思是说，市南宜僚为了逃避孔子，早就走了。

⑦虚：空无一人。

【译文】

子路请求前去邀请市南宜僚，孔子说："算了吧！他知道我了解他，也知道我到了楚国，他认为我一定会劝说楚王召见他，并且认为我是一个花言巧语的人。像他那样的人，对于花言巧语的人，连声音都羞于听到，更何况亲见其人！再说你凭什么认为他还会留在家里呢？"子路前去探视，市南宜僚的家里果然已空无一人了。

六

长梧封人问子牢曰^①："君为政焉勿卤莽^②，治民焉勿灭裂^③。昔予为禾^④，耕而卤莽之，则其实亦卤莽而报予^⑤；芸而灭裂之^⑥，其实亦灭裂而报予。予来年变齐^⑦，深其耕而熟耰之^⑧，其禾蘩以滋^⑨，予终年厌飧^⑩。"

【注释】

①长梧：地名。封人：官名。负责卫守边疆。封，边界。问：问候，看望。子牢：即琴牢。孔子弟子。

②卤莽：粗疏，不用心。

③灭裂：轻率。

④为禾：种庄稼。为，耕种。

⑤实：庄稼的果实、收成。

⑥芸：通"耘"。锄地，除草。

⑦变齐（jì）：改变方法。齐，同"剂"。方式，方法。

⑧耰（yōu）：一种农具。用来捣碎土块、平整土地的大木榔头。这里用作动词，泛指耕种。

⑨蘩（fán）：繁荣。滋：生长茂盛。

⑩厌飧（sūn）：吃饱。厌，同"餍"。吃饱。飧，泛指食物。

【译文】

长梧有一位守卫边疆的官员去看望子牢，说："您处理政务时不要粗疏，治理百姓时不要轻率。从前我种庄稼的时候，耕地很粗疏，而庄稼的收成也以'粗疏'的态度来回报我；锄草很轻率，而庄稼的收成也以'轻率'的态度来报答我。我来年改变了耕种态度，深深地耕地，仔细地种植，结果是庄稼繁茂、果实累累，我一年到头都能够丰衣足食。"

【研读】

这段文字涉及报应的问题：我们如何对待庄稼，庄稼就如何回报我们；官员如何对待百姓，百姓就如何对待官员。"天道无亲，常与善人"（《道德经》七十九章）与"积善之家，必有余庆；积不善之家，必有余殃"（《周易·坤·文言》）是古人经常议论的一个话题，所以我们这里就较为全面、但很简要地梳理一下中国古代的因果报应思想。我们讲三个问题：佛教传入之前的中国宗教报应观、佛教的报应观，以及人事报应。

一、佛教传入前的中国传统宗教报应观

善恶有报，是中国固有的传统观念，而"报"的权利，就掌控在神灵的手中："《周书》曰：'皇天无亲，惟德是辅。'"（《左传·僖公五年》）上天对谁都不亲近，只帮助那些品德美好的人；那么反过来，上天还会对恶人进行惩罚。《周易·坤卦·文言》说：

积善之家，必有余庆；积不善之家，必有余殃。

与后来传入中国的佛教报应观相比，中国的传统报应观有自己的特点。中国人认为，恶有恶报，善有善报，如果这个人的善恶没有得到报应，那么这个报应就会落在他们的子孙身上。中国本土的这种报应观会产生两个"弊端"：一是对极端自私的人缺乏约束力。这些极端

自私的人会心存侥幸，既然自己作恶可能不会得到惩罚，而是由子孙承担，那么自己就可以为所欲为了。二是中国的史学很发达，从先秦开始，对于一些重要的历史人物及其后人的行事，史书都有记载。当人们翻阅史书时，发现某人没有得到应有的报应，于是就去查阅其子孙的经历，结果发现其子孙依然没有得到应有的报应，于是这种报应观就容易受到人们的怀疑。史学家司马迁就是如此。《史记·伯夷列传》说：

> 或曰："天道无亲，常与（帮助）善人。"若伯夷、叔齐，可谓善人者非耶？积仁洁行如此而饿死！且七十子之徒，仲尼独荐颜渊为好学。然回也屡空（贫穷），糟糠不厌（吃不饱糟糠），而卒早夭。天之报施善人，其何如哉？盗跖日杀不辜，肝人之肉，暴戾恣睢（残暴放纵），聚党数千人横行天下，竟以寿终。是遵何德哉！此其尤大彰明较著者也。

> 若至近世，操行不轨（不遵正道），专犯忌讳，而终身逸乐，富厚累世不绝。或择地而蹈之（循规蹈矩），时然后出言，行不由径，非公正不发愤，而遇祸灾者，不可胜数也。余甚惑焉：倘所谓天道是耶？非耶？

司马迁感到非常疑惑：像伯夷、叔齐、颜回这样的好人，要么饿死，要么夭折；像盗跖这样的坏人，日杀不辜，暴戾恣睢，竟以寿终。这些坏人不仅自己"终身逸乐"，而且"富厚累世不绝"，连他们的后代也世世代代享受荣华富贵。于是司马迁就开始怀疑"天道无亲，常与善人"这种中国本土的报应观了。正是因为中国的报应观容易受到怀疑，其结果也就削弱了这一报应思想的约束力。

二、佛教报应观

佛教报应观就非常周密精细，克服了这些弊端。佛教报应观有两点值得注意：

一是善有善报，恶有恶报，而且这种报应必须由本人承担，用通俗的话讲，就是"谁欠债，谁还钱"，包括子孙在内的任何人都无法替他还债。

二是佛教把报应思想与轮回思想联系起来。佛教认为，一个人得到报应的时间可以分为三种情况：一是现报，二是生报，三是后报。所谓"现报"，就是说一个人或行善或作恶，在这个人活着的时候，就能得到报应。所谓"生报"，是指一个人这辈子作的"业"，到他的来生、也即下一辈子时得到报应。所谓"后报"，是指一个人这辈子作的"业"，要等到他的第二生、第三生，甚至百生、千生以后才得到报应。

这样一来，佛教报应思想就克服了中国本土报应观的两个"弊端"：第一，对于那些极端自私的人，具有极强的约束力，他们没有任何办法推卸自己的责任。第二，这种报应思想，我们世俗人无法去验证。别说是下十生、百生，即便是下一生，我们会变成什么东西，生活状况如何，根本无法去验证。人们有一种普遍心理，对于这类没法验证的事情，宁可信其有，不可信其无，更何况这是释迦牟尼佛说的。如地狱问题就是如此。因为佛教的影响，后来的道教也讲地狱，认为一个人做了坏事，死后会下地狱。有一次，有人问他的一位高道好友："你们天天在讲地狱，你实话告诉我，地狱究竟有没有？"道士回答说："究竟有没有地狱，说实话，我也不知道。无论有没有，您就当它有，万一有了怎么办？"也就是说，虽然地狱有无的问题，我们这些活着的人无法弄清楚，但还是多做好事，少做坏事，万一有了地狱，我们也不用担心，死得也比较踏实。苏东坡就是带着这种心情离开人世的。苏东坡的弟弟苏辙在《亡兄子瞻端明墓志铭》中记载，苏东坡临死时对儿子们说：

> 吾生无恶，死必不坠。

苏东坡认为自己生前没有做过任何坏事，死后绝对不会坠入地狱，所以他是带着坦然、安详的心境告别人世的。

我们顺便讲一下佛教报应观的另一个作用：它能够把不合理的社会现象解释得合情合理——今世的贵贱贫富的不同，是各自的"业"造成的。在今世不平等的现象中，又蕴含着平等的因素——各自都要为自己的前世言行负责。

三、人事报应

宗教报应思想神秘幽邃，绝非我们这些凡夫俗子所能探究。但我们还是相信好有好报、恶有恶报，只不过这种报应是体现在人事方面而已。这里就以商鞅等人为例谈谈人事报应。

商鞅本名卫鞅（卫鞅在秦国立功后，被封在商於这个地方，故又称商鞅），是卫国的贵族。由于卫国弱小，商鞅在卫国无法施展自己的政治抱负，于是他就到了魏国。商鞅在魏国结交了一位贵族朋友公子卬，但没有得到魏王的重用，于是他最终又到了秦国。商鞅在秦孝公的支持下，开始变法。他在秦国做了许多事情，我们根据《史记·商君列传》记载，只介绍其中三件受到报应的事情。

第一件事情，惩罚太子："令行于民期年，秦民之国都言初令之不便者以千数。于是太子犯法。卫鞅曰：'法之不行，自上犯之。'将法太子。太子，君嗣也，不可施刑。刑其傅公子虔，黥其师公孙贾。明日，秦人皆趋令。"商鞅刚刚变法时，遇到很大阻力，更棘手的是秦国太子也违反了商鞅的法令。为了顺利推行新法，商鞅虽然无法直接治太子的罪，但惩罚了太子的两位老师——公子虔被割了鼻子（劓刑），公孙贾的脸上被刻了字（黥刑）。

第二件事情，商鞅掌权之后，规定秦人外出住店，必须要有证件："商君之法，舍人无验者坐之。"如无证件而住店，连同店主人一起惩罚。

第三件事情，欺骗好友公子卬："卫鞅将而伐魏，魏使公子卬将而击之。军既相距，卫鞅遗魏将公子卬书曰：'吾始与公子欢，今俱为两国将，不忍相攻，可与公子面相见，盟，乐饮而罢兵，以安秦、魏。'魏公子卬以为然。会盟已，饮，而卫鞅伏甲士而袭虏魏公子卬。因攻其军，尽破之以归秦。魏惠王兵数破于齐、秦，国内空，日以削，恐，乃使使割河西之地献于秦以和。而魏遂去安邑（在今山西运城），徙都大梁（在今河南开封）。""兵不厌诈"这条原则是正确的，作为敌人，欺骗对方，完全可以接受。但商鞅是盗用"友谊"，以朋友的身份去欺骗公子卬，此举的确让人不太容易接受。商鞅在定盟的宴会上扣下公子卬，袭击毫无防备的魏军，使魏国遭受了前所未有的打击，不得不割地迁都。

后来这三件事情一一都得到了报应。

《史记·商君列传》记载："秦孝公卒，太子立。公子虔之徒告商君欲反，发吏捕商君。"被商鞅伤害过的太子（即秦惠王）、公子虔开始联合起来，反过来伤害商鞅了。商鞅得知消息后，就乘车外逃。当他人困马乏、欲住客店时，遇到了自己给自己出的第二个难题：

> 商君亡至关下，欲舍客舍。客人不知其是商君也，曰："商君之法，舍人无验者坐之。"商君喟然叹曰："嗟乎，为法之敝一至此哉！"

商鞅此时深切地感受到已经陷入自己所编织的法网之中。然而更为可悲的是：

> 去之魏，魏人怨其欺公子卬而破魏师，弗受。商君欲之他国，魏人曰："商君，秦之贼。秦强而贼入魏，弗归，不可。"遂内秦。商君既复入秦，走商邑，与其徒属发邑兵北出击郑。秦发兵攻商君，杀之于郑黾池。秦惠王车裂商君以徇，曰："莫如商鞅反者！"遂灭商君之家。

商鞅已经逃到魏国边境，只要魏国人打开关门，商鞅就能安然无恙。然而魏人对这个出卖朋友的人恨之入骨，不仅不让他过关，而且还不许他逃往他国，直接把他赶回秦国。商鞅走投无路，不得不接受车裂的酷刑。苏东坡曾经评论说："秦之所以见疾于民，如豺虎毒药，一夫作难而子孙无遗种，则鞅实使之。"（苏轼《东坡志林》卷五》

在中国历史上，还有一件更为典型的因果报应的实例，这件事情发生在唐朝。《新唐书·酷吏列传》记载：

> 兴（指酷吏周兴），少习法律，自尚书史积迁秋官侍郎，屡决制狱，文深峭，妄杀数千人。……天授中，人告子珣、兴与丘神勣谋反，诏来俊臣鞫状。初，兴未知被告，方对俊臣食，俊臣曰："囚多不服，奈何？"兴曰："易耳，内之大瓮，炽炭周之，何事不承。"俊臣曰："善。"命取瓮且炽火，徐谓兴曰："有诏按君，请尝之。"兴骇汗，叩头服罪。诏诛神勣而宥兴岭表，在道为仇人所杀。

　　周兴是唐朝著名的酷吏，制造了大量冤案，最后有人告发周兴谋反，武则天就派另一个酷吏来俊臣审理，于是就上演了一幕"请君入瓮"的活剧。更具讽刺意味的是，周兴"断死，放流岭南。所破人家流者甚多，为雠家所杀"（《朝野佥载》卷六）。意思是说，周兴掌权之时，制造的冤案很多，其中有不少人被他流放到岭南（今广东一带）。当周兴也被流放到岭南时，岭南的那些仇人便合谋报仇，所以当周兴还在流放岭南的途中，就被仇家派来的刺客杀死了。同样制造大量冤案的来俊臣的下场更为悲惨："有诏斩于西市，年四十七，人皆相庆，曰：'今得背著床瞑矣！'争抉目、摘肝、醢其肉，须臾尽，以马践其骨，无孑余，家属籍没。"（《新唐书·酷吏列传》）来俊臣被杀后，人们争相挖其眼，摘其肝，碎其肉，马踏其骨，连个尸首也没有留下来。

　　历史告诉我们，无论是为人还是为己，都要做一个仁爱、宽容的好人。任何人都可以像司马迁那样，举出许多善未善报、恶未恶报的例子，但相对于整个人口数量看，那还属于个例，不足以推翻善恶有报这一因果定律。

　　庄子闻之曰："今人之治其形，理其心，多有似封人之所谓：遁其天^①，离其性，灭其情，亡其神，以众为^②。故卤莽其性者，欲恶之孽为性^③，萑苇、蒹葭始萌^④，以扶吾形^⑤，寻擢吾性^⑥，并溃漏发^⑦，不择所出^⑧。漂疽疥癕^⑨，内热溲膏是也^⑩。"

【注释】

①遁其天：背离天道。遁，逃避，违背。

②以众为：多为多事。指做各种各样追逐名利的事。以，而。众为，多为。

③欲恶（wù）之孽：好恶这些祸根。欲，欲求，爱好。孽，祸根。

④萑（huán）苇、蒹葭（jiān jiā）：两种芦苇类的植物。比喻各种欲念。萌：
　萌生。

⑤扶：帮助，养护。形：肉体。

⑥寻擢（zhuó）吾性：不久就会毁掉我们的美好天性。寻，不久。擢，拔除，
　毁灭。

⑦并溃漏发：各种毒疮一齐出现。溃漏，泛指各种流出脓血的毒疮。

⑧不择所出：无论身体何处都长出了毒疮。

⑨漂疽（jū）：流脓的毒疮。疥痈（yōng）：脓疮。

⑩内热：心急火燎。溲（sōu）膏：遗精。

【译文】

　　庄子听到此事之后，说："如今的人们用来保养自己形体、修养自己心性的方法，许多都像这位守边人说的那样：他们违背了天道，脱离了天性，泯灭了真情，丧失了精神，而去做许许多多追逐名利的事情。所以那些以粗疏态度对待个人天性的人，把各种好恶情感等祸根植入自己的性情之中，这些祸根就会像萑苇、蒹葭等杂草一样迅速生长起来，用这种方法看似可以保养我们的肉体，但不久就会毁灭我们的美好天性，使我们长出许多毒疮来，这些毒疮遍布身体的各个部位。流脓的毒疮、内心发烧、遗精等等疾病，都是由此而产生的。"

七

　　柏矩学于老聃①，曰："请之天下游②。"老聃曰："已矣！天下

犹是也③。"又请之，老聃曰："汝将何始?"曰："始于齐。"

【注释】

①柏矩：老聃弟子。老聃：老子。

②之：到，前往。

③犹是：和我们这里一样。是，代指老聃师徒所生活的地方。

【译文】

　　柏矩跟着老聃学习，说："请老师允许我到天下各处去游历一番。"老聃说："算了吧! 整个天下都与我们这里一样。"柏矩再次请求，老聃问："你打算先到哪里去?"柏矩说："先到齐国去。"

　　至齐，见辜人焉①，推而强之②，解朝服而幕之③，号天而哭之曰④："子乎⑤! 子乎! 天下有大菑⑥，子独先离之⑦。曰'莫为盗，莫为杀人'。荣辱立，然后睹所病⑧；货财聚，然后睹所争。今立人之所病，聚人之所争，穷困人之身，使无休时，欲无至此，得乎?

【注释】

①辜人：罪人。这里指被杀后陈尸示众的罪人尸体。辜，罪。

②推：挪动。强（jiāng）之：让他躺好。强，通"僵"。躺卧。

③朝服：上朝时穿的礼服。幕：覆盖。

④号天：呼喊着苍天。《史记·屈原贾生列传》："人穷则反本，故劳苦倦极，未尝不呼天也。"

⑤子：先生，您。指被杀的罪人。

⑥菑：同"灾"。灾难。

⑦离：通"罹"。遭遇，遇到。

⑧所病：所忧心的事情。病，忧愁。一旦有了荣辱标准，人们就会为受辱而
忧愁。

【译文】

柏矩到了齐国之后，看到一具示众的罪人尸体，他把尸体摆正躺
下，然后脱下朝服覆盖在尸体上，呼喊着苍天，大哭说："先生啊！先
生啊！天下出现巨大的灾祸，偏偏您先遇上了。人们反复提醒'不要
去盗窃，不要去杀人'。社会一旦有了荣辱的区别，就会出现各种让
人忧心的事情；财富一旦被聚积起来，然后就能看到人们争夺财富的
现象。如今国家建立让人忧心的荣辱标准，聚集人们所争夺的财富，
让民众受尽贫穷困苦、疲于奔命而永无休息之时，想要不出现这种惨
状，怎么可能呢？

"古之君人者①，以得为在民②，以失为在己；以正为在民，以
枉为在己③，故一形有失其形者④，退而自责⑤。今则不然，匿为物
而愚不识⑥，大为难而罪不敢⑦，重为任而罚不胜⑧，远其涂而诛
不至⑨。民知力竭⑩，则以伪继之。日出多伪，士民安取不伪⑪！
夫力不足则伪，知不足则欺，财不足则盗。盗窃之行，于谁责而
可乎？"

【注释】

①君人者：统治者。君，用作动词，当君主。

②得：通"德"。美德。

③枉：错误。

④一形：一个人。失其形：失去生命。

⑤退：反过来。理解为"私下"也可。

⑥匿为物：隐藏事情真相。愚不识：愚弄不知真相的人。一说"愚"应为"过"
　之误。过，怪罪。

⑦大为难：加大做事难度。罪：治罪，惩罚。

⑧重为任：加重任务。

⑨涂：同"途"。道路。

⑩知：同"智"。智慧。

⑪安取不伪：怎么能够不去作假呢？安，怎么。

【译文】

　　"古代那些治理百姓的君主，把美德归于百姓，把过失归于自己；把正确归于百姓，把错误归于自己，因此如果有一个人失去生命，君主就会反身责备自我。现在却不是这样，如今的君主隐瞒事情真相而去愚弄不明真相的人，加大办事难度而去怪罪人们不敢去承担，加重任务分量却去惩罚不能胜任的人，把路途安排得十分遥远却去责罚不能到达目的地的人。百姓在竭尽才智和力量之后，就只能用作假的办法去应对。每天都出现那么多弄虚作假的事情，百姓又怎么能够做到诚实呢？力量不够就只好作假，智慧不足就只好欺诈，财物不够就只好盗窃。出现这么多盗窃行为，究竟谴责谁才是合理的呢？"

八

蘧伯玉行年六十而六十化①，未尝不始于是之而卒诎之以非也②，未知今之所谓是之非五十九非也③。万物有乎生而莫见其根，有乎出而莫见其门。人皆尊其知之所知④，而莫知恃其知之所不知而后知⑤，可不谓大疑乎！已乎！已乎！且无所逃，此所谓然与⑥，然乎？

【注释】

①蘧（qú）伯玉：卫国贤臣。行：将近。六十化：六十年来思想一直处于变化之中。

②未尝不始于是之而卒诎（qū）之以非也：未尝不是开始时认为某件事情正确，最后又认为它错了而加以批评。是，正确，认为正确。卒，最后。诎，弯曲，不正直。即错误。非，批评。

③五十九非：五十九岁时认为是错误的。

④知之所知：智慧所知道的。第一个"知"同"智"。

⑤而莫知恃其知之所不知而后知：而没有人懂得依靠自己的智慧所没掌握的知识去探寻更多的知识。莫，没有人。知之所不知，智慧所不能知道的知识。

⑥然：正确。

【译文】

　　蘧伯玉将近六十岁了，而六十年来他的思想一直处于变化之中，未尝不是开始认为正确的事情，而最终又认为它错了并加以批评，不知道他如今所肯定的事情，就不是他五十九岁时所否定的事情。万物生长却看不到它们的生长根源，万物出现却找不到它们出现时所通过的门径。世俗的人们都看重自己智慧所能掌握的知识，而没人懂得去依靠自己的智慧所没掌握的知识去获得更多的知识，这能不说是很大的迷惑吗！算了！算了！人们没办法逃避这种情况，而且这也是人们认为的正确做法，但这种做法真的正确吗？

九

　　仲尼问于大史大弢、伯常骞、狶韦曰[①]："夫卫灵公饮酒湛乐[②]，不听国家之政[③]，田猎毕弋[④]，不应诸侯之际[⑤]，其所以为灵公者[⑥]，何邪？"

【注释】

①大（tài）史：官名。即太史，负责记载历史的官员。大，同"太"。大弢（tāo）、伯常骞（qiān）、狶（xī）韦：这三位均为史官。

②卫灵公：春秋时期卫国君主。湛（dān）乐：沉迷于玩乐之中。湛，通"耽"，沉溺于。

③听：处理。

④田猎毕弋：张网打猎射击飞鸟。田，打猎。毕，捕兽用的大网。弋，用系有丝绳的箭射击鸟兽。

⑤应：应对，处理。际：交际，关系。

⑥灵：是死后的谥号。这一谥号的含义很多，有褒有贬，如"不勤成名""乱而不损""死见神能""好祭鬼怪""死而志成"等都可谥为"灵"，因此几位史官对卫灵公的谥号含义给出了不同解释。

【译文】

　　孔子请教太史大弢、伯常骞、狶韦三人说："卫灵公沉溺于饮酒作乐，不关心国家政事，经常张网打猎射击飞鸟，也不去处理与其他国家的外交事务，那么他死后被谥为'灵公'的原因，究竟是什么呢？"

　　大弢曰："是因是也①。"

【注释】

①是因是：有这样的谥号就是因为他有您说的这些行为。把"灵"解释为贬义。第一个"是"代指"灵公"这个谥号，第二个"是"代指孔子讲的关于卫灵公的行为。大弢是从"不勤成名"的角度来解释"灵公"这一谥号的。

【译文】

　　大弢说："他有这样的谥号，就是因为他有您说的这些行为。"

　　伯常骞曰："夫灵公有妻三人，同滥而浴①。史鳍奉御而进所②，搏币而扶翼③。其慢若彼之甚也④，见贤人若此其肃也⑤，是其所以为灵公也。"

【注释】

①滥：浴盆，浴池。

②史鳍（qiū）：姓史名鳍，卫国贤臣。奉御：奉命。进所：来到卫灵公的住所。

③搏币而扶翼：卫灵公赐给史鳍礼物，并亲自搀扶史鳍。搏，拿。币，泛指礼物。扶翼，搀扶。

④慢：散漫而不讲礼仪。彼：代指与三位妻子同盆而浴。卫灵公与三位妻子同盆而浴的行为是非常不合礼制的事情。

⑤肃：严肃，恭敬。伯常骞认为"灵公"这一谥号是褒义，褒扬卫灵公尊敬贤人。他是从"乱而不损"的角度来解释"灵公"这一谥号的。

【译文】

伯常骞说："卫灵公有三位妻子，他竟然与三位妻子在同一个大浴盆里一起洗澡。然而每次史鰌奉召来到卫灵公住所时，卫灵公总是赐予他许多礼物，并亲自搀扶他。卫灵公与三位妻子同盆而浴的行为是那样的不合礼制，然而见了贤人却是如此的恭敬，这就是他被谥为'灵公'的原因。"

狶韦曰："夫灵公也死，卜葬于故墓①，不吉，卜葬于沙丘而吉②。掘之数仞③，得石椁焉④，洗而视之，有铭焉⑤，曰：'不冯其子⑥，灵公夺而埋之。'夫灵公之为灵也久矣，之二人何足以识之⑦！"

【注释】

①故墓：原定的墓地。一说指卫国公室的祖坟。

②沙丘：地名。在今河北广宗一带。

③仞（rèn）：七尺或八尺为一仞。

④石椁：石头制成的外棺。

⑤铭：铭文。指刻在石椁上的文字。

⑥不冯（píng）其子：不依靠自己的儿子来埋葬自己。冯，通"凭"。依靠。

⑦之二人：那两个人。指大弢和伯常骞。之，那。狶韦是从"死见神能"的角

度来解释"灵公"这一谥号的。

【译文】

猯韦说:"卫灵公去世之后,占卜是否应该埋葬在原来选定的墓地里,结果是不吉利,占卜说埋葬在沙丘吉利。在沙丘挖掘到数丈深的时候,发现了一具石制外棺,洗去泥土后,发现石棺上还刻着文字,文字说:'不必依靠儿子埋葬,灵公就占有此地而埋葬于此地。'卫灵公被谥为'灵',这是很早就被这种灵异事件确定下来的,大弢和伯常骞那两个人又如何能够知道这些呢!"

【研读】

本段用史官对"灵公"这一谥号的不同解释,说明人世间的是是非非难有定论,是非的判定,将因人而异,因时而异,也会因角度不同而异。

十

少知问于大公调曰①:"何谓丘里之言②?"大公调曰:"丘里者,合十姓百名而以为风俗也③。合异以为同④,散同以为异。今指马之百体而不得马⑤,而马系于前者,立其百体而谓之马也⑥。是故丘山积卑而为高⑦,江河合水而为大⑧,大人合并而为公⑨。是以自外入者,有主而不执⑩;由中出者,有正而不距⑪。四时殊气⑫,天不赐⑬,故岁成⑭;五官殊职⑮,君不私,故国治;文武⑯,大人不赐,故德备;万物殊理⑰,道不私,故无名⑱。无名故无为,无为而无不为。时有终始，世有变化，祸福淳淳⑲，至有所拂者而有所宜⑳；自殉殊面㉑，有所正者有所差。比于大泽，百材皆度㉒；观于大山，木石同坛㉓。此之谓丘里之言。"

【注释】

①少知：虚构人名。喻含知识浅薄的意思。大（tài）公调：虚构人名。喻含博大、公正、和谐的意思。大，同"太"。

②丘里之言：乡里公论。丘里，先秦区划单位。丘，八家为井，四井为邑，四邑为丘。里，五家为邻，五邻为里。

③十姓百名：众多的家族、民众。百名，上百个人。

④合异以为同：聚集不同的家庭、个人形成一个共同的乡村组织。

⑤百体：指马身上的各个部位。

⑥立其百体：让马的各个部位作为一个整体呈现在眼前。

⑦卑：小、少。指体积很小的土块、石头。

⑧江河：长江与黄河。也可理解为泛指大江大河。

⑨大人：伟人。合并而为公：综合各种舆论而形成公论。

⑩有主：心中有主见。不执：不固执个人主见。

⑪有正：自己有正确意见。不距：不与他人相矛盾。距，疏远，矛盾。

⑫四时：四季。殊气：不同的气候。

⑬赐：恩赐。这里指恩赐某一种事物。

⑭岁成：每年庄稼才能丰收。岁，年景，收成。

⑮五官：泛指各种官职。相传商代以司徒、司马、司空、司士、司寇为五官。

⑯文武：文才武略。

⑰殊理：不同的规律、本性。

⑱无名：无法描述。名，形容，描述。

⑲淳淳：祸与福相互转化的样子。

⑳拂：违背，不相适宜。

㉑自殉殊面：各自追逐的事物不一样。殉，追求。殊面，不同的方面，不同的事物。

㉒百材皆度：各种各样的树木都生长在那里。材，树木。度，居，生长。

㉓同坛：同一个地方。

【译文】

　　少知请教大公调说："什么才能叫乡里公论？"大公调说："所谓的乡里公论，就是各种族姓、众多百姓聚居在一起而形成的公认的风俗习惯。乡里就是聚集不同的个人和家庭形成一个共同的团体，而这个共同团体分散开去就又成为不同的个人和家庭。如果单独拿出马体的各个部位，我们就无法认识一个整体的马，如果把一匹马拴在面前，使马的各个部位作为一个整体呈现在我们眼前，这才能认识一匹马啊！因此大山聚积许多很小的土块石头才成就了自己的高峻，江河汇聚许多细小的流水才成就了自己的广大，伟人们兼取各种各样的私论才能够形成公论。因此当外界的众多私论进入伟人心中时，即使伟人有个人主见但也不会固执个人主见；由伟人内心想出来的意见，即使这些意见是正确的，但伟人也不会与外界私论相冲突。春夏秋冬有不同的气候，但上天不会偏私任何一个季节，因此每年的庄稼才能丰收；各种官职有不同的责任，但君主不会偏私任何一种官职，因此国家才能太平安定；文才武略各不一样，但伟人并不偏重于哪一种才能，因此他才能做到文武兼备；万物具有各自不同的生长规律，但大道不会偏重于任何一种规律，因此无法对大道的功德进行具体描述。无法描述的大道是清静无为的，正因为它能够做到清静无为，所以它才能够做成一切事情。季节有终始，时代有变化，灾祸与幸福也在不停地相互转化，任何事情都会产生不利的一面，也会产生有利的一面；由于人所追逐的事物不同，所以这些事物都会产生正面作用，也会产生负面作用。乡里的公论就好比辽阔的大泽，各种各样的树木都在那里生长；还好比我们看到的高峻的大山，不同的树木和石块共处于这座大山里。这就叫乡里公论。"

　　少知曰："然则谓之道，足乎？"大公调曰："不然。今计物之数，不止于万，而期曰'万物'者①，以数之多者号而读之也②。是故天地者，形之大者也；阴阳者，气之大者也；道者为之公③。因其大以号而读之则可也，已有之矣④，乃将得比哉！则若以斯辩⑤，譬犹狗马⑥，其不及远矣！"

【注释】

①期：限于。

②号而读之：称呼它们。"号"与"读"同义，都是称呼的意思。

③为之公：是它们的统领者。公，先秦诸侯王多称"公"。这里比喻万物的统领者。

④有之：有了"大道"这个名称。

⑤若以斯辩：如果去区分乡里公论和大道的不同。斯，代指上文提到的乡里公论与大道。辩，通"辨"。区别，差别。

⑥譬犹狗马：就好像狗与马的差别一样。大道可以主宰万物，而乡里公论仅仅

是一种公众舆论，二者不可同日而语。

【译文】

少知问："那么我们把乡里公论叫大道，它能够满足叫大道的资格吗？"大公调说："不能满足。如今计算一下物种的数量，绝对不止一万种，而只限于用'万物'来称呼所有物种的原因，这只是用较大的数字来概括它们而已。所以说上天和大地，是有形物体中最大的；阴气和阳气，是气体中最大的，而大道就是它们的主宰者。因为它太伟大，所以用'大道'来称呼它还是可以的，既然已经有了大道，那么还有什么事物能够与它相比呢！如果拿乡里公论与大道相比较，就好比拿狗与马相比较一样，它们之间的差别太大了！"

少知曰："四方之内，六合之里①，万物之所生恶起②？"大公调曰："阴阳相照、相盖、相治③，四时相代、相生、相杀④，欲恶去就⑤，于是桥起⑥，雌雄片合⑦，于是庸有⑧。安危相易⑨，祸福相生⑩，缓急相摩⑪，聚散以成⑫。此名实之可纪⑬，精微之可志也⑭。随序之相理⑮，桥运之相使⑯，穷则反⑰，终则始，此物之所有。言之所尽⑱，知之所至，极物而已⑲。睹道之人⑳，不随其所废㉑，不原其所起㉒，此议之所止。"

【注释】

①六合：指天、地、四方。

②恶（wū）起：从哪里产生的。恶，哪里。

③阴阳：阴阳二气。相照：相互照应、配合。阴阳二气相互配合以产生万物。

相盖：相互压倒。如阳气压倒阴气则为春夏，阴气压倒阳气则为秋冬。相

治：相互调治。

④相杀：相互克制。

⑤欲恶（wù）：好恶。欲，爱好。去：排斥。就：接近，追求。

⑥桥起：兴起。桥，隆起，兴起。

⑦片：分开。

⑧庸有：永远存在。庸，常，永远。

⑨易：转变，转化。

⑩相生：相互催生。《道德经》五十八章："祸兮，福之所倚；福兮，祸之所伏。"

即祸中有福，福中有祸。

⑪缓急相摩：缓和与紧急相互交替。摩，接近。引申为交替。

⑫聚散以成：聚集与分散相互促成。有聚则有散，有散则有聚，所以说聚与散

相互促成。

⑬此名实：这些事物的名称和实质。可纪：可以理出头绪来。纪，绪，头绪。

这里做动词，理出头绪。

⑭志：记载。

⑮随序之相理：按照万物的发展秩序交替主导其他事物。理，治理，主导。如

到了夏天，阳气则占据主导地位；到了冬季，阴气则占据主导地位。

⑯桥运：万物兴起后的运动。相使：彼此相互制约。使，主使，制约。

⑰穷则反：到了尽头就会折回。穷，尽头。反，同"返"。

⑱尽：说得清楚。

⑲极物：限于具体的事物。极，限于。

⑳睹道：明白大道。睹，看到，明白。

㉑不随其所废：不去探索万物消亡后的去处与情况。因为万物消亡后的情况是

无法探索清楚的。下文说："鸡鸣狗吠，是人之所知，虽有大知，不能以言读其所自化，又不能以意其所将为。"随，追逐，探索。废，消亡。

㉒原：探源，探索根源。

【译文】

　　少知问："在四方之内，在天地之间，万物究竟是从哪里产生出来的呢？"大公调说："阴阳二气相互照应、相互压制、相互调和，春夏秋冬四季相互交替、相互促生、相互克制，于是欲望、厌恶、离弃、追求等现象，也就开始产生了；雌性、雄性、分开、聚合等情况，也就不断出现了。安全与危险相互替换，灾祸与幸福彼此催生，缓和与紧急相互转化，聚集和分散彼此促成。这些事物与现象的名称和实质都可以理出头绪，它们的精微之处也都可以记载下来。各种事物按照发展秩序交替主导其他事物，这些事物出现后的运动也是相互制约的，事物发展到尽头就会返回，走到终点就会重新开始，这是万物所共有的运动规律。语言所能表达清楚的，智慧所能探索明白的，都不过是局限于现存的具体事物而已。因此那些懂得大道的人，不去探索万物消亡后的情况，也不去研究万物是从哪里产生的，人们也没有必要去讨论万物起源前与消亡后的情况。"

　　少知曰："季真之莫为①，接子之或使②，二家之议，孰正于其情③？孰偏于其理？"大公调曰："鸡鸣狗吠，是人之所知，虽有大知④，不能以言读其所自化⑤，又不能以意其所将为⑥。斯而析之⑦，精至于无伦⑧，大至于不可围。或之使⑨，莫之为⑩，未免于物而终以为过⑪。或使则实⑫，莫为则虚⑬。有名有实，是物之居⑭；无名无实，在物之虚⑮。可言可意，言而愈疏⑯。未生不可忌⑰，已死不可阻，死生非远也，理不可睹。

【注释】

①季真：齐国贤人。莫为：没有一个造物者。为，作为，造物。这一观点认为万物的产生都是出于自然，不存在造物主。

②接子：齐国贤人。或使：有一个主宰者。或，有人，有神灵。使，主使，主宰。也即造物主。

③正于其情：正确而符合真实情况。情，真实情况。

④知：同"智"。

⑤言读：讨论，说清楚。其所自化：它们是从哪里化育出来的。

⑥意其所将为：预测它们未来会演变成什么事物。意，臆猜，预测。

⑦斯而析之：由此可以分析出。斯，此。

⑧无伦：无与伦比。

⑨或之使：即"或使之"。指接子"或使"的主张。

⑩莫之为：即"莫为之"。指季真"莫为"的主张。

⑪未免于物：未免受到身外之物的局限。终以为过：最终都偏执一端。过，过分，偏执一端。本句认为季真、接子二人的观点都不够正确。

⑫实：太实在，太拘泥。

⑬虚：虚幻，玄虚。

⑭居：实有，具体。指有形的具体事物。

⑮在物之虚：属于无形的事物。如大道、空间、思想等。

⑯疏：疏远，远离。

⑰忌：忌讳，禁止。

【译文】

少知问："季真认为没有造物主，接子认为有造物主，这两位先生的观点，哪一位的观点更为正确而符合真实情况？哪一位的观点偏离了客观真理？"大公调说："鸡鸣狗叫，这是人人都所熟知的事情，然而即使具有最大智慧的人，也无法探索清楚鸡狗是从什么地方化育出来的，也不可能预测它们未来将会发展演化成什么样的事物。由此可以推论，精细的事物可以精细到无与伦比的程度，庞大的东西可以庞大到难以围量的地步。一个说有造物主在创造、主宰万物，一个说没有造物主去创造、主宰万物，这两种观点都因为受到外物的局限而最终偏执于一端。有造物主的观点讲得太具体，没有造物主的观点又讲得太玄虚。既有名称又有实体，这属于有形的事物；没有名称没有实体，这属于无形的事物。可以去谈论、推测这些事物，但是越谈论也就越远离这些事物的真实情况。还没有出生的事物，我们无法禁止它们出生；已经死亡的事物，我们无法阻止它们死亡，生生死死这些现象就在我们身边，然而生死的原因我们却无法弄清楚。

"或之使，莫之为，疑之所假^①。吾观之本^②，其往无穷^③；吾求之末^④，其来无止^⑤。无穷无止，言之无也^⑥，与物同理。或使莫为，言之本也^⑦，与物终始。道不可有^⑧，有不可无。道之为名，所假而行^⑨。或使莫为，在物一曲^⑩，夫胡为于大方^⑪？言而足^⑫，则终日言而尽道；言而不足，则终日言而尽物。道物之极^⑭，言默不足以载^⑮；非言非默，议有所极^⑯。"

【注释】

①疑之所假：人们的疑惑因此而产生。假，假借，借此。

②本：本源问题。

③其往无穷：指向前追溯事物的起源，这个起源可以说是无穷无尽的。往，过去，从前。

④末：未来。指事物未来的演化。

⑤无止：无法穷尽。

⑥言之无：要谈论事物的起源与终结，结果是一无所知。即认为万物的源点与终点是无法探索清楚的。

⑦言之本：讨论的就是万物的本源问题。庄子认为万物的起源问题是人类无法认识的，而季真和接子却要去谈论这个人类无法认识的问题，那么他们的观点自然就不会正确。应该说，庄子的这一观点是合理的。

⑧道不可有：大道不可能是一种具体存在的有形事物。有，具体存在。

⑨所假而行：借用一个名称以便表述它。庄子认为大道无法命名，之所以称之为"道"，只不过是为了表述的方便而已。假，假借。行，推行，宣讲。

⑩在物一曲：偏于事理的一端。曲，隅，端。

⑪胡：怎么。大方：大道。

⑫言而足：语言的功能如果是完美的。老子和庄子都认为语言的功能是不完美的，因而无法用语言去描述大道，这也即《道德经》一章讲的"道可道，非常道"。

⑬尽道：能够彻底讲清楚大道。

⑭道物之极：大道与万物的最终情况。极，最终。

⑮言默不足以载：无论是用谈论的方式，还是用沉默的方式，都无法表述它。载，称道，表述。

⑯非言非默，议有所极：非言非默、似言似默的谈论才是一种最高境界的谈论。

【译文】

　　"一个说有造物主在主宰万物，一个说没有造物主在主宰万物，人们的迷惑因此而产生。我们去研究事物的本源，而它们的本源可以一直向上追溯而变得无穷无尽；我们去探索事物的未来，而事物可以一直向前演化而同样是无穷无尽的，提到事物无穷无尽的本源和未来情况，我们可以说是一无所知，万物都是如此。有造物主和没有造物主这两种观点，讲的都是事物的本源问题，而且这个问题与万物的演变终始相伴。大道不可能是一种具体存在的有形事物，如果是一种具体的有形事物就不可能是空无玄虚的。大道之所以被称为'大道'，不过只是假借一个名称以便表述它而已。有造物主和没有造物主这两种观点，都偏执于事理的一端，怎么能够算是大道呢？语言的功能如果是完美的，那么用一整天的时间也许还能说清楚大道的内涵；语言的功能如果不完美，那么即使用一整天的时间也只能谈论一些具体的事物。实际上无论是大道还是万物，它们的极致情况，不管是用谈论的方式，还是用沉默的方式，都无法表述清楚它们，而非言非默、似言似默的方式，才是一种最好的谈论方式。"

心田自耕，求人不如求己

外　物

　　取篇首二字为篇名。外物，指身外的事情。本篇的内容较杂，在第一章节中，主要提醒人们，身外的事情是个人所无法把握与决定的；第二章节介绍了庄子的贫穷生活及其应变的机智；第三章节告诫人们无论做什么事情，都要有远大的志趣；第四章节讥讽一些儒生从正面的典籍里学到的却是负面的经验；第五章节指出，推行仁义虽然能够解民众一时之困，却为后人留下无穷的忧患；第六章节说明任何智慧都有顾及不到之处。第七章节阐述了有用与无用相辅相成的关系；第八章节则讨论了生活自由、清静无为、治国方略、语言与思想的关系等问题。

一

　　外物不可必^①，故龙逢诛^②，比干戮^③，箕子狂^④，恶来死^⑤，桀、纣亡。人主莫不欲其臣之忠，而忠未必信^⑥，故伍员流于江^⑦，苌弘死于蜀^⑧，藏其血，三年而化为碧^⑨。人亲莫不欲其子之孝^⑩，而孝未必爱^⑪，故孝己忧而曾参悲^⑫。

【注释】

①外物：身外的事情。必：肯定，把握得住。

②龙逢（páng）：关龙逢。龙逢，姓关，名龙逢。夏桀时的贤臣，因进谏君主而被杀害。

③比干戮：比干被杀害。比干，即王子比干。商纣王的叔父，一说是庶兄，因进谏君主被剖心而死。戮，杀害。

④箕（jī）子：商纣王的叔父。狂：疯。箕子进谏不听，因担心被害而装疯。

⑤恶来：商纣王时的奸臣，后来与纣王一起被杀。

⑥信：被信任。

⑦伍员（yún）流于江：伍子胥被逼自杀后，尸体被抛入江中。伍员，即伍子胥。因进谏吴王夫差而被赐死。

⑧苌（cháng）弘死于蜀：苌弘死于蜀地。苌弘，周朝贤臣。被流放到蜀地后剖腹而死。蜀，地名。在今四川一带。

⑨碧：碧玉。

⑩人亲：做父母的。

⑪爱：被父母所爱。

⑫孝己：商高宗的儿子。孝己孝敬父母，却受后母虐待忧愁而死。曾参：孔子弟子。生性孝顺，却受到父母虐待。本段列举龙逢、比干、箕子等贤人遭遇迫害，恶来、桀、纣等坏人也死于非命，还有忠臣、孝子未必能够得到君、父认可的这些事实，以证明"外物不可必"的道理。

【译文】

　　身外的事情是自己所无法把握的，因此贤臣关龙逢被杀害，比干被剖心，箕子被迫装疯卖傻，而奸臣恶来也同样死于非命，暴君夏桀和商纣也同样身败国亡。每一位君主都希望臣下能够效忠于自己，然而忠心耿耿的臣下未必就能够得到君主的信任，因此伍子胥被赐死后抛尸江中，苌弘被流放到蜀地后剖腹而死，蜀人把苌弘的血珍藏起来，三年之后这些血化为碧玉。每一位父母都希望子女能够孝顺，然而竭尽孝心的儿女未必就能够得到父母的怜爱，因此孝顺的孝己因后母迫害而忧愁至死，曾参因父母虐待而悲哀终身。

【研读】

关于"外物不可必"的观点，我们十分赞成。宋人许棐《樵谈》说："耕尧田者有水虑，耕汤田者有旱忧，耕心田者无忧无虑，日日丰年。"所谓"耕心田"，无非就是修德、读书而已。对此，曾国藩也深有体会，他在道光二十四年（1844）八月二十九日《致诸弟》的信中说：

> 吾人只有进德、修业两事靠得住。进德，则孝弟仁义是也；修业，则诗文作字是也。此二者由我作主，得尺则我之尺也，得寸则我之寸也。今日进一分德，便算积了一升谷；明日修一分业，又算余了一文钱，德业并增，则家私日起。至于功名富贵，悉由命定，丝毫不能自主。（《曾国藩家书》卷一）

这段话既是经验之谈，更是肺腑之言。我们能够把握的就是提高自身的修养，至于身外之事，一概付诸命运与机遇，不必放在心里。

木与木相摩则然①，金与火相守则流②。阴阳错行③，则天地大绞④，于是乎有雷有霆⑤，水中有火⑥，乃焚大槐⑦。有甚忧两陷而无所逃⑧，螴蜳不得成⑨，心若县于天地之间⑩，慰暋沈屯⑪，利害相摩⑫，生火甚多⑬，众人焚和⑭。月固不胜火⑮，于是乎有僓然而道尽⑯。

【注释】

①摩：摩擦。然：同"燃"。燃烧。

②流：指金属熔化流动。

③错行：运行中发生错乱。

④绞（hài）：通"骇"。惊动，惊扰。

⑤霆：疾雷，霹雳。

⑥水中有火：雨中有闪电。火，指闪电。

⑦大槐：大槐树。这里泛指大树林。

⑧甚（dān）忧两陷：深深陷入欢乐与忧愁的情绪错乱之中。甚，通"媅"。欢乐。

⑨螴蜳（chén dūn）：恐惧不安的样子。

⑩县（xuán）：同"悬"。悬挂，悬浮。

⑪慰暋（mín）：愁苦。沈（chén）屯：郁闷。沈，也作"沉"。沉郁。

⑫相摩：相互冲突。

⑬生火甚多：产生的欲火很多。

⑭焚和：毁掉了平和的心态。焚，焚烧，毁掉。

⑮月：形容清明恬淡的心境。关于"月固不胜火"这句话的理解，详见"研读"。

⑯偾（tuí）然：即"颓然"。精神崩溃的样子。

【译文】

木头与木头相互摩擦就会燃烧起火，金属与火焰相遇就会熔化流动。运行中的阴阳二气一旦发生错乱，天地万物都会受到惊扰，于是就会出现雷霆霹雳，暴雨中就会夹杂着火一样的闪电，以至于烧毁了大树林。人们一旦陷入欢乐与忧愁的情绪错乱之中而无法自拔，就会整天恐惧不安而又一事无成，他们的心就会像悬浮于半空之中那样找不到着落，就会忧愁苦闷，他们心中的利与害相互矛盾、摩擦，于是就产生了很多的欲望之火，很多人的平和心态就会被这些欲火毁掉。由于他们清明恬淡的心境无法战胜欲望之火，于是有人便精神崩溃，完全丧失了大道。

【研读】

关于"月固不胜火"这句话的理解，后人有分歧。洪迈《容斋续笔》卷七对此有一个简单的总结：

> 《庄子·外物篇》："利害相摩，生火甚多，众人焚和，月固不胜火，于是乎有（焚和）[偾然]而道尽。"注云："大而暗则多累，小而明则知分。"东坡所引，乃曰："郭象以为大而暗，不若小而明。陋哉斯言也！为更之曰，月固不胜烛，言明于大者必晦于小，月能烛天地，而不能烛毫厘，此其所以不胜火也，然卒之火胜月邪？月胜火耶？"予记朱元成《萍洲可谈》所载："王荆公在修撰经义局，因见举烛，言：'佛书有日月灯光明佛，灯光岂足以配日月乎？'吕惠卿曰：'日煜乎昼，月煜乎夜，灯煜乎日月所不及，其用无差别也。'公大以为然，盖发言中理，出人意表云。"予妄意《庄子》之旨，谓人心如月，湛然虚静，而为利害所薄，生火炽然，以焚其和，则月不能胜之矣，非论其明暗也。

"月固不胜火"大致可以分为两种理解，一是用月亮虽能照亮天地、但不如烛光可以照亮细小事物来说明"志大而多贪，不如小心守分"（成玄英《庄子疏》）。这一解释显然不合原意，于是有了第二种解释：用月比喻清明恬淡的心境，用火比喻不可按捺的欲望，清明恬淡的心境无法战胜不可按捺的欲望，于是这些人便精神崩溃，完全丧失了大道。

二

庄周家贫，故往贷粟于监河侯①。监河侯曰："诺②。我将得邑金③，将贷子三百金④，可乎？"庄周忿然作色⑤，曰："周昨来，有中道而呼者⑥。周顾视车辙中⑦，有鲋鱼焉⑧。周问之曰：'鲋鱼来⑨！子何为者邪？'对曰：'我，东海之波臣也⑩，君岂有斗升之水而活我哉⑪？'周曰：'诺。我且南游吴、越之王⑫，激西江之水而迎子⑬，可乎？'鲋鱼忿然作色曰：'吾失我常与⑭，我无所处⑮，吾得斗升之水然活耳⑯，君乃言此，曾不如早索我于枯鱼之肆⑰！'"

【注释】

①贷：借。粟：谷子。这里泛指粮食。监河侯：官名。负责黄河水务。一说指魏文侯，但魏文侯与庄子并非同时期的人。

②诺：表示同意的应答词。

③邑金：封地的税金。邑，封地。

④金：先秦以黄金二十两或二十四两为一镒，一镒为一金。

⑤忿然：生气的样子。作色：因生气而改变了面容。

⑥中道：中途，半路。

⑦顾：回头看。车辙：车轮压过后留下的坑凹处。

⑧鲋（fù）鱼：一种小鱼。即鲫鱼。

⑨来：语气词。

⑩波臣：水族中的一员。

⑪活我：救我一命。

⑫游：游说，拜访。

⑬激：引来。西江：即长江。长江的水由西而来，故又称"西江"。

⑭常与：永远在一起的生活环境。这里具体指水。

⑮无所处：没办法生活。处，生活。

⑯然：如此就。

⑰曾：还。索：寻求，寻找。枯鱼之肆：干鱼店。肆，商铺。

【译文】

庄子家境十分贫寒，于是就去向监河侯借一些粮食。监河侯说："好啊。等我将来收取了封地里的税金以后，我就借给你三百金，行吗？"庄子听后生气得改变了面容，说："我昨天来的时候，半路上听到有声音在呼唤我。我回头看见车轮压出的坑凹里面有一条小鲋鱼。我就问它：'鲋鱼啊！你在这里干什么呢？'鲋鱼回答说：'我原是东海水族中的一员，您是否有斗升之水救我一命呢？'我说：'可以啊！我将要到南方去游说吴、越两国的君主，到那里以后，我就把长江的水引来迎接你回东海，可以吗？'鲋鱼听后生气得改变了面容，说：'我失去了我永远都无法离开的水，已经没有办法生存下去，我眼下如果能够得到斗升之水就可以活下去，而您却说出这样的话来，您还不如早一点儿到干鱼店里去找我！'"

【研读】

这个故事描述了庄子生活的贫苦，同时也显示了庄子回答的机智。另外，《说苑·善说》也记载了这一故事，但情节稍异：

> 庄周贫者，往贷粟于魏文侯，文侯曰："待吾邑粟之来而献之。"周曰："乃今者周之来，见道傍牛蹄中有鲋鱼焉，大息谓周曰：'我尚可活也？'周曰：'须我为汝南见楚王，决江、淮以溉汝。'鲋鱼曰：'今吾命在盆瓮之中耳，乃为我见楚王，决江、淮以溉我，汝即求我枯鱼之肆矣。'今周以贫故来贷粟，而曰须我邑粟来也而赐臣，即来，亦求臣佣肆矣。"文侯于是乃发粟百钟，送之庄周之室。

根据《太平御览》卷四百八十六引《符子》的记载，惠施也有类似的故事，录以备考：

> 惠子家穷，饿数日不举火，乃见梁王。王曰："夏麦方熟，请以割，子可乎？"惠子曰："施方来，遇群川之水长，有一人溺，流而下，呼施救之。施应曰：'吾不善游，方将为子告急于东越之王，简其善游者以救子，可乎？'溺人曰：'我得一瓢之力则活矣。子方告急于东越之王，简其善游者以救我，是不如求我于重渊之下、鱼龙之腹矣。'"

惠施与庄子为好友，两人的故事如此雷同，不能说只是一种巧合，很可能是二人相互启发、互为修改的结果。

三

任公子为大钩巨缁①，五十犗以为饵②，蹲乎会稽③，投竿东海，旦旦而钓④，期年不得鱼⑤。已而大鱼食之⑥，牵巨钩，锠没而下⑦，骛扬而奋鬐⑧，白波若山，海水震荡，声侔鬼神⑨，惮赫千里⑩。任公子得若鱼⑪，离而腊之⑫，自制河以东⑬，苍梧已北⑭，莫不厌若鱼者⑮。

【注释】

①任公子：任国国君的一位儿子。任，诸侯国名。在今山东济宁一带。缁（zī）：黑色的钓鱼绳。

②犗（jiè）：阉割过的公牛。阉割过的公牛体型更大一些。

③会（kuài）稽：山名。在今浙江绍兴东南。

④旦旦：天天。

⑤期（jī）年：整整一年。

⑥已而：后来。

⑦锠（xiàn）没：向海水深处潜逃。锠，通"陷"。下潜。

⑧骛（wù）扬：腾身跳起。鬐（qí）：鱼鳍。由刺状的硬骨或软骨支撑薄膜而成，是鱼的运动器官。

⑨声侔（móu）鬼神：声音如同鬼神吼叫。侔，等同，如同。

⑩惮赫：震惊。

⑪若鱼：这样一条鱼。若，此，这个。

⑫离而腊（xī）之：把大鱼剖开制成鱼干。离，分割开来。腊，干肉。这里用作动词，制成干肉。

⑬制河：河名。即浙江，一名渐河。在今浙江境内。由多条支流形成，每个河段名称不同，其下游称钱塘江。

⑭苍梧已北：苍梧山以北。苍梧，山名。又称九嶷山，在今湖南南部。已，通

"以"。

⑮厌：同"餍"。吃饱。

【译文】

　　任公子制作了一个巨大的鱼钩和一条巨大的黑色钓鱼绳，把五十头阉割过的公牛捆在一起做成鱼饵，然后蹲在会稽山上，把钓竿投入东海。他天天都蹲在那里钓鱼，整整一年过去了什么也没有钓到。后来有一条大鱼吞了鱼饵，这条大鱼牵着巨大的鱼钩向海水深处逃去，接着又扬起鱼鳍腾身跳起，掀起的白浪如同山峰，海水发生了剧烈震荡，其声音如同鬼神吼叫，方圆千里的人们都感到震惊。任公子最终钓到了这条大鱼，然后把它剖开制成干鱼肉，从制河以东，苍梧山以北，让这一广大地区的人们都饱饱地吃了一餐鱼肉。

【研读】

　　我们经常说庄子想象力特别丰富，把阉割过的五十头公牛捆在一起做鱼饵，任公子钓鱼的气派之大可想而知。为了说明庄子想象力之宏大，我们不妨与后人的描述做个对比：

　　　任公子为大钩巨缁，五十犗以为饵。（《庄子·外物》）

　　　瞻九犗而深沉，望密蔚而曾逝。（晋人葛洪《抱朴子外篇·知止》）

　　　任公子为钓，用十五犗，蹲于会稽，期年无所得。（唐人李冗《独异志》卷上）

　　　任公子好钓巨鱼，为大纶巨钩，以犗牛为饵，蹲会稽，投东海，期年不得鱼。（宋人李昉等编《太平御览》卷八百三十四）

到了晋人葛洪那里，庄子的"五十犗"就被减少到了"九犗"。如果以"犗"打比方，庄子的想象力有"五十犗"的话，那么葛洪的想象力就只剩"九犗"了。《独异志》与《太平御览》明显是抄录《庄子》，唐人还能抄录到"十五犗"，到了宋人那里，就只剩一头"犗"了。这一现象，是否说明人们的想象力越来越狭小了呢？

已而后世辁才讽说之徒①，皆惊而相告也。夫揭竿累②，趋灌渎③，守鲵鲋④，其于得大鱼难矣。饰小说以干县令⑤，其于大达亦远矣⑥。是以未尝闻任氏之风俗⑦，其不可，与经于世亦远矣⑧。

【注释】

①辁（quán）才：才能很小。讽说：谈论，道听途说。

②揭：高举。累：细小的钓鱼绳。

③趋：小步快走，跑到。灌渎：水渠，小溪。

④鲵（ní）鲋：两种小鱼名。

⑤小说：浅薄琐碎的言论。"小说"一词最早出于此。干：求，求官。县令：县官。庄子时代已有县令一职。《管子·明法解》："制群臣，擅生杀，主之分也；县令仰制，臣之分也。"一说"县"同"悬"。高。令，美。"县令"指高名、美名。

⑥大达：伟大的成功。

⑦任氏：指任公子。风俗：风格，志趣。

⑧经于世：即"经世"。治国理民。

【译文】

　　后来有一些才能浅薄、道听途说之人，都吃惊地四处奔走，相互告知任公子钓鱼的事情。于是他们也举着细小的钓鱼竿和钓绳，跑到渠道、小溪边，守候着鲵鲋这些小鱼，他们这么做要想钓到大鱼实在是太难了。修习一些浅薄琐碎的知识，到小小的县令那里去寻求官职，这么做要想建立大的功业实在是太难太难了。因此那些不了解任公子志向的人，是不行的，他们的行为与善于治理天下的行为相差得太远了。

【研读】

　　本章用任公子与后世轻才讽说之徒的钓鱼行为相比较，主要是告诫人们，虽然是做同样的事情，有的人做出了大事业，有的人却只能做些小事情。这就像《逍遥游》中的大鹏、小鸟一样，同样是飞翔，大鹏一举九万里，而小鸟却只能飞到几丈高。钓鱼、飞翔是如此，读书也是如此。孔子爱读书，读成了至圣先师；孔乙己也爱读书，却一直在"回"有几种写法上面费心思。我们看王阳明十一岁时的一件事：

　　　尝问塾师曰："何为第一等事？"塾师曰："惟读书登第耳。"先生疑曰："登第恐未为第一等事，或读书学圣贤耳。"（《王阳明全集·年谱一》）

　　十一岁的王阳明请教老师："什么事才算是第一等事情？"老师回答："考中科举。"王阳明说："考中科举恐怕算不上是第一等的事情吧，好好读书、学做圣贤才算作第一等事情。"在一般读书人看来，立志金榜题名，已是志向远大，而王阳明对此颇为不屑，立志要做圣贤。王阳明在《教条示龙场诸生》中特别强调立大志的重要性：

立志：志不立，天下无可成之事。虽百工技艺，未有不本于志者。今学者旷废隳惰，玩岁愒时，而百无所成，皆由于志之未立耳。故立志而圣，则圣矣；立志而贤，则贤矣；志不立，如无舵之舟、无衔之马，漂荡奔逸，终亦何所底乎？

王守仁三十七岁时，因得罪宦官刘瑾，廷杖几死，贬为贵州龙场驿丞。时龙场犹穷荒偏僻，王守仁每天与诸生讲学不辍，书此教条以为训示。教条，类似于今天说的"校训"。而校训的第一条就是"立志"："志向不能确立，天下便没有能够做成功的事情。即便是各种工匠、有技能才艺的人，没有不以立志为根本的。现在的读书人，浪费时间，懈怠懒散，贪玩而荒费时日，因此百事无成，这都是由于志向未能确立而已。所以立志做圣人，就可以成为圣人了；立志做贤人，就可以成为贤人了。志向没有确立，就好像没有舵的船，没有缰绳的马，随水漂流，任意奔逃，最终又能到达什么地方呢？"

一个人要想成功，必须立志；不仅要立志，而且要立大志。如果都像轾才讽说之徒那样，修习一些浅薄琐碎的知识，到小小的县令那里去寻求官职，如此要想建立丰功伟绩，实在是太难太难了。

四

儒以《诗》《礼》发冢①。大儒胪传曰②："东方作矣③，事之何若④？"小儒曰⑤："未解裙襦⑥。""口中有珠。《诗》固有之曰：'青青之麦，生于陵陂⑦。生不布施，死何含珠为⑧！'接其鬓⑨，压其颒⑩。"儒以金椎控其颐⑪，徐别其颊⑫，无伤口中珠。

【注释】

①儒以《诗》《礼》发冢（zhǒng）：一群儒生利用《诗经》《礼记》中的知识去盗墓。以，凭借，利用。《诗》《礼》，即《诗经》与《礼记》，儒家的两部经书。发冢，盗墓。冢，坟墓。

②大儒：这群儒生中的老师。胪（lú）传：从上向下传话。这群儒生按照《礼记》中关于礼制的规定，把望风这一最轻松的活儿分配给老师。所以老师在坟墓上面对墓中盗窃的弟子喊话。

③东方：指东方的太阳。作：起。指太阳升起。

④事：指盗墓之事。何若：若何，如何。

⑤小儒：儒家弟子。

⑥襦（rú）：短上衣。

⑦陵陂（bēi）：山坡。"青青之麦，生于陵陂"两句，在文学艺术上叫起兴，即先写一些描述景色的句子，然后引出正文。

⑧含珠：在死人口中放一颗宝珠。这是古代的一种葬礼。据说天子含珠，诸侯含玉，大夫含碧，士人含贝。

⑨接：挤压。其鬓：尸体的两个鬓角。

⑩颏（huì）：胡须。一说指面颊。

⑪儒以金椎（chuí）控其颐：小儒用金属锤轻轻地敲击尸体的面颊。目的是要把死者的僵硬头骨敲松。金椎，金属锤。控，轻轻敲击。颐，面颊。

⑫徐别其颊：慢慢地撬开尸体的面颊。徐，慢慢地。别，撬开。

【译文】

　　一群儒生利用在《诗经》《礼记》中学到的知识去盗墓。在坟墓上面望风的老师对墓坑里的弟子们问道："东边的太阳就要升起来了，下面的事情做得怎么样了?"弟子们回答说:"尸体上的裙子和短上衣还没有扒下来呀。"老师说:"他嘴里还有一颗珠子。《诗经》里面写有这样的诗句:'青青的麦苗,生长在山坡上。富贵之人生前不接济别人,死后为何还要含走一颗珠子!'你们挤压住他的两个鬓角,按住他的胡须。"弟子们就用金属锤轻轻地敲松尸体的面部骨骼,然后慢慢撬开他的面颊,把尸体口中的珠子完整地抠了出来。

【研读】

本段故事有许多细节值得回味:第一,这群儒生根据《礼记》的规定,盗墓时安排老师干轻活,在上面望风;弟子干重活,在下面掘墓。第二,弟子知识浅薄,只能看到表面的东西——未解裙褥;而老师知识渊博,不用进入墓坑,就能够依据《诗经》的记载,知道还有更为重要的东西没有盗走——口中有珠。这群儒生在《礼记》《诗经》知识的帮助下,顺利地完成了盗墓活动。这个故事生动地揭示了一个比较普遍的社会现象:人们往往在正面的典籍中学到的却是反面的经验。对此,历代统治者深有体会。《汉书·宣元六王传》记载:

（东平王刘宇）上疏求诸子及《太史公书》,上以问大将军王凤,对曰:"……《太史公书》有战国从横权谲之谋,汉兴之初谋臣奇策,天官灾异,地形厄塞:皆不宜在诸侯王。不可予。"

东平王刘宇是汉宣帝的儿子。他曾上疏请求朝廷赐予他一部《史记》(即《太史公书》),皇上(汉成帝)向大将军王凤询问是否可以,王凤回答说:"……《史记》中记载了战国时代纵横家的权诈之术,还记载了汉朝刚刚兴起时谋臣们的奇诡计策,以及一些天象灾变,地势险要等情况:这些内容都不适合给诸侯王阅读。不能给他。"史书本来是在歌颂善人，批判坏人，而汉王朝担心的是诸侯王从中学到各种权谋以对付朝廷，故而视《史记》为禁书。

五

老莱子之弟子出薪^①，遇仲尼，反以告^②，曰："有人于彼，修上而趋下^③，末偻而后耳^④，视若营四海^⑤，不知其谁氏之子^⑥。"老莱子曰："是丘也，召而来。"

【注释】

①老莱子：春秋时期楚国隐士。出薪：外出打柴。

②反：同"返"。返回。

③修上而趋（cù）下：上身长而下身短。修，长。趋，通"促"。短。

④末偻：脊背有点儿弯曲的样子。后耳：两耳后贴。

⑤营四海：志在经营整个天下。营，经营，治理。

⑦谁氏之子：姓什么的先生。子，先生。

【译文】

老莱子的弟子外出打柴时，遇到了孔子，回来后告诉老莱子，说："那边有一个人，他的上身长而下身短，有一点儿驼背，两只耳朵后贴，他的目光似乎有平治天下的志向，但不知那位先生姓什么。"老莱子说："此人一定是孔丘，你去把他叫来。"

仲尼至，曰："丘，去汝躬矜与汝容知^①，斯为君子矣^②。"仲尼揖而退，蹙然改容而问曰③："业可得进乎④？"老莱子曰："夫不忍一世之伤而骜万世之患⑤，抑固窭邪⑥？亡其略弗及邪⑦？惠以欢为骜⑧，终身之丑，中民之行进焉耳⑨，相引以名⑩，相结以隐⑪。与其誉尧而非桀⑫，不如两忘而闭其所誉⑬。反无非伤也⑭，动无非邪也⑮。圣人踌躇以兴事⑯，以每成功⑰，奈何哉其载焉终矜尔⑱！"

【注释】

①躬矜：模样显得很傲慢。躬，身体，模样。矜，傲慢。容知：面容显得很聪明。知，同"智"。

②斯：就。

③蹙（cù）然：吃惊的模样。

④业：事业。指孔子推行仁义的事业。

⑤夫不忍一世之伤而骜（ào）万世之患：因为不忍心一代人受到伤害而去推行仁义，却为万世的人们留下了难以消除的祸害。骜，放纵。指仁义思想会干扰后人生活。

⑥抑固窭（jù）邪：是因为你确实浅薄无知呢？抑，连词，表示选择。固，确实。窭，贫乏。这里指缺乏见识。

⑦亡其略弗及邪：还是因为你忽略了此事而没有想到呢？亡其，连词，表示选择。相当于"还是"。略，忽略。不及，没有想到。

⑧惠以欢为骜：竭尽全力地去广施恩惠以博取民众的欢心。骜，奔驰。形容努力的样子。

⑨中民之行进焉耳：这是普通人所追求的。中民，智慧一般的人，普通人。行进，追求。

⑩相引以名：他们相互交往是为了博取名声。引，招引，交往。

⑪相结以隐：他们相互结纳是为了获得私利。隐，私利。

⑫非：批评，非议。

⑬闭其所誉：不要再去赞美、推行什么。

⑭反无非伤：违背大道的人无不受到伤害。反，违背。指违背大道。

⑮动无非邪：扰乱天性就会产生邪念。动，扰乱。指扰乱天性。非，错误，
邪念。

⑯踌躇：从容不迫的样子。

⑰以每成功：因此总是成功。以，因此。每，每次，经常。

⑱奈何哉其载焉终矜尔：你为什么要执意推行仁义并为此而终身感到自豪呢。
奈何，为什么。其，指孔子。载，背负，以此为己任。焉，代指仁义之业。
矜，自豪。尔，此。代指仁义之事。

【译文】

孔子来了以后，老莱子就对他说："孔丘啊，你如果能够消除你那
傲慢的模样和聪明的面容，就可以成为一位君子了。"孔子听后向老莱
子作揖致敬，然后又向后退了几步，吃惊得改变了面容，问道："我倡
导仁义的事情还能够进一步展开吗？"老莱子说："你因为不忍心一代
人受到伤害而去推行仁义，却为万世的后人留下难以消除的祸害，你
是确实因为浅薄无知呢？还是因为你忽略了这件事而没有想到呢？竭
尽全力去广施恩惠以博取民众的欢心，这将会是你一生的耻辱，推行
仁义应该是普通世人所追求的事情，普通人为了获取美名而相互交往，
为了得到私利而相互结纳。与其赞美唐尧而批评夏桀，不如忘掉他俩
的是是非非而什么都不要去称赞、推行。违背了大道就必然会受到伤
害，扰乱了人们的天性就必然会使人们产生邪念。圣人从容不迫地遵

循大道做事，因此他们总是能够获得成功，而你为什么偏要执意推行仁义并为此而终身感到自豪呢！"

六

宋元君夜半而梦人被发窥阿门①，曰："予自宰路之渊②，予为清江使河伯之所③，渔者余且得予④。"元君觉⑤，使人占之，曰："此神龟也。"君曰："渔者有余且乎？"左右曰⑥："有。"君曰："令余且会朝⑦。"明日，余且朝。君曰："渔何得？"对曰："且之网得白龟焉，其圆五尺。"君曰："献若之龟⑧。"龟至，君再欲杀之⑨，再欲活之，心疑，卜之，曰："杀龟以卜吉⑩。"乃刳龟⑪，七十二钻而无遗策⑫。

【注释】

①宋元君：即宋元公。春秋时期宋国君主。被（pī）发：披散着头发。被，同"披"。窥阿门：站在宫殿侧门旁向里面窥视。阿门，宫殿旁边的小门。

②宰路：一个靠近长江的深渊的名字。

③予为清江使河伯之所：我作为清江神的使者出使到河伯那里去。清江，江名。一说即扬子江（长江中下游河段的旧称）。也泛指长江。河伯，黄河之神。

④余且：宋国的一位渔民。

⑤觉：睡醒。

⑥左右：指宋元君身边的人。

⑦会朝：参加朝会。

⑧若：你。

⑨再：两次。

⑩以卜吉：用它的龟甲占卜很吉利。

⑪刳（kū）：剖开后挖空。即剔除龟肉，仅留龟甲以供占卜。

⑫七十二钻而无遗策：用龟甲占卜了七十二次，没有一次出现过失误。钻，指占卜时灼钻龟甲。遗策，失策，失误。

【译文】

　　半夜时分，宋元君梦见一个披头散发的人站在侧门旁边向宫里窥视，此人自我介绍说："我来自一个名叫宰路的深渊里，我是作为清江神的使者出使到河伯那里去的，而一个名叫余且的渔夫却把我逮住了。"宋元君醒来后，就让占卜人为这个梦占卜，占卜人说："那个披头散发的人是一只神龟啊。"宋元君问："有个名叫余且的渔夫吗？"左右侍臣回答说："有这个人。"宋元君说："叫余且入朝来见我。"第二天，余且入宫朝见宋元君。宋元君问他："你打鱼的时候捉到什么了？"余且回答说："我用渔网捉到了一只大白龟，它的周长有五尺。"宋元君说："把你捉的那只白龟献上来吧！"白龟被送来之后，宋元君两次想杀掉它，又两次想把它放生，心里犹豫不决，于是又让人占卜是该杀掉还是该放生，占卜人说："杀掉这只大白龟，用它的甲板占卜，大吉大利。"于是就把白龟剖开剔除龟肉，用它的甲板占卜了七十二次，没有一次出现失误。

　　仲尼曰："神龟能见梦于元君①，而不能避余且之网；知能七十二钻而无遗策，不能避刳肠之患。如是，则知有所困②，神有所不及也。虽有至知，万人谋之③。鱼不畏网而畏鹈鹕④，去小知而大知明⑤，去善而自善矣⑥。婴儿生无石师而能言⑦，与能言者处也。"

【注释】

①见（xiàn）梦：托梦。见，同"现"。

②知：同"智"。智慧。所困：有所困惑，有谋划不到之处。

③谋之：算计他，图谋他。

④鹈鹕（tí hú）：一种以捕鱼为生的水鸟。本句是说鱼只知道鹈鹕可怕，却不知道渔网比鹈鹕更可怕，因此鱼属于小智。另外，本句还用渔网能够四面围捕比喻"万人谋之"。

⑤去：消除。知：本句两个"知"均同"智"。

⑥去善而自善矣：消除自以为美好的想法，才能自然而然地成为真正的美好。

⑦石师：大师。石，通"硕"。大。最后两句是说，只有与大智之人交往，才能获取大智。

【译文】

孔子知道此事后评论说："神龟有能力托梦给宋元君，却没有能力逃脱余且的渔网；它的智慧能够做到占卜七十二次而没有一次失误，却无法逃脱被剖身剔肉的灾难。如此说来，则说明有智之人也有考虑不周的时候，神灵也有谋划不到的地方。即使具有最高的智慧，也无法应对成千上万人的算计。鱼不知道渔网更为可怕，而只知道害怕鹈鹕鸟，由此可见只有丢弃小聪明才能获取大智慧，只有消除自以为美好的想法才能成就真正的美好。婴儿出生后没有语言大师的教育也能学会说话，那是因为他与会说话的人整天生活在一起啊。"

七

　　惠子谓庄子曰："子言无用。"庄子曰："知无用而始可与言用矣。天地非不广且大也，人之所用容足耳①，然则厕足而垫之②，致黄泉③，人尚有用乎？"惠子曰："无用。"庄子曰："然则无用之为用也，亦明矣。"

【注释】

①容足：只能放下双脚的一小块地方。

②厕足：双脚的旁边。厕，通"侧"。旁边。垫：挖掘。之：指土地。

③黄泉：黄土下面的泉水。指极深之处。

【译文】

　　惠子对庄子说："您的言论没有任何用处。"庄子说："知道什么叫没有用处，然后才能够与他讨论什么叫有用处。天地的面积不能说不广阔，而一个人所站立的面积也不过就是能够放下双脚的那一小块地方而已，但是如果把双脚周围的土地全部挖掉，一直挖到极深的地方，那么双脚站立的那一小块地方还会有用吗？"惠子说："当然也没用了。"庄子说："那么无用事物的用处也就非常明白了。"

【研读】

　　本段认为"有用"与"无用"是相辅相成的关系，只因有了看似"无用"的东西，"有用"的东西才会变得有用。而且由于时间、地点的改变，"有用"与"无用"还会相互转换。关于这一点，东汉末年的荀悦在《申鉴·时事》中的一个比喻讲得更为明了：

> 或曰："至德要道约尔（简要），典籍甚富，如何博之以求约
> 也？"语有之曰："有鸟将来，张罗待之，得鸟者一目也。今为一目
> 之罗，无时得鸟矣。"道虽要也，非博无以通矣；博其方，约其说。

人们铺设鸟网捕捉鸟儿，最终逮住鸟儿的只是其中的一个网孔。如果我们因此就认为其他的网孔都是没有用的，只需编制一个网孔就可以了，那么人们将永远也无法捉住鸟儿了。

八

庄子曰："人有能游①，且得不游乎？人而不能游②，且得游乎？夫流遁之志③，决绝之行④，噫，其非至知厚德之任与⑤！覆坠而不反⑥，火驰而不顾⑦，虽相与为君臣，时也，易世而无以相贱⑧。故曰：至人不留行焉⑨。夫尊古而卑今，学者之流也⑩。且以狶韦氏之流观今之世⑪，夫孰能不波⑫？唯至人乃能游于世而不僻⑬，顺人而不失己⑭。彼教不学⑮，承意不彼⑯。

【注释】

①游：游于世。指自由自在地生活于人世间。

②而：如果。

③流遁：逃避。这里指逃避社会，去做隐士。

④决绝：决裂。指与社会决裂，也即离开社会隐居深山老林。

⑤任：作为，行为。与：同"欤"。语气词。

⑥覆坠：覆灭坠落。指失败。

⑦火驰而不顾：心急火燎地去追逐富贵名利而不顾一切。驰，追逐，追求。

⑧相贱：看不起别人。相，表示动作偏指一方。

⑨不留行：自己的行为不固执。至人既不会与社会决裂而隐居于深山老林，也不会在社会上为了名利而四处奔波。

⑩学者：指不能顺势而变、愤世嫉俗的世俗学者。

⑪狶（xī）韦氏之流：研究狶韦氏时代的学派。狶韦氏，传说中的圣王。

⑫波：波动，震惊。研究狶韦氏时代的学者赞美远古时代的纯朴生活，所以会为当今社会的混乱、人心的奸诈而感到震惊和不安。

⑬僻：邪僻，犯错误。

⑭失己：丧失自己的原则。

⑮彼教不学：世俗人想要教育至人，然而至人心中不去接受。

⑯承意不彼：至人表面上接受了世俗人的教育，然而内心想法并不与他们一致。

【译文】

　　庄子说："一个人如果能够过上自由自在的生活，他怎么会不去享受自由自在的生活呢？一个人如果不能过上自由自在的生活，他又怎能去享受自由自在的生活呢？逃避社会的想法，远离人世的行为，唉，这些都不是大智厚德之人应有的行为啊！另外一些人失败了还不知道反省，依旧心急火燎地在社会上追逐名利而不顾一切，虽然他们有的当了君主，有的当了大臣，但这只是因为他们遇上了好的机遇，换个时代他们就没有资格高高在上地去蔑视别人了。所以说那些境界最高的至人不会固执于自己的言行。尊崇古代而鄙视当今，这属于世俗学者的做法。那些研究狶韦氏学说的人，看到当今社会混乱、人心奸诈的情况，怎么会不感到震惊与不安呢？只有至人才能置身于当今社会而不犯错误，他们外表顺应众人而又不丧失自己的原则。世人的教育而至人不去接受，即使表面上接受了世人的教育，而内心也不会同他们一样。

【研读】

本段介绍了四种生活态度不同的人。一是远离社会、隐居深山老林的隐士，这种人类似于《达生》篇的单豹；二是为了富贵整天在社会上四处奔走的名利之徒，这种人类似于《达生》篇的张毅；三是厚古薄今、愤世嫉俗的世俗学者，这种人类似于《刻意》篇所讲的"刻意尚行，离世异俗，高论怨诽，为亢而已矣"的"非世之人"；四是庄子心目中思想境界最高的至人。只有至人才能够顺应这个社会，以"内方外圆"为自己的处世原则，所以只有至人才能够过上自由自在的生活。当然，这种所谓的自由自在的生活，更多是体现于精神领域之中。

"目彻为明①，耳彻为聪，鼻彻为颤②，口彻为甘③，心彻为知④，知彻为德。凡道不欲壅⑤，壅则哽⑥，哽而不止则跈⑦，跈则众害生。物之有知者恃息⑧，其不殷⑨，非天之罪，天之穿之⑩，日夜无降⑪，人则顾塞其窦⑫。胞有重阆⑬，心有天游⑭。室无空虚⑮，则妇姑勃溪⑯；心无天游，则六凿相攘⑰。大林丘山之善于人也⑱，亦神者不胜⑲。

【注释】

①彻：透彻，敏锐。

②颤（shān）：通"膻"。嗅觉灵敏。

③甘：甜美。指吃东西时感到甜美，也即味觉灵敏。

④知：同"智"。

⑤壅（yōng）：堵塞。

⑥哽（gěng）：堵塞，不通畅。

⑦跈（zhěn）：违背。指违背大道。

⑧物之有知者：有知觉、有感受的生物。恃息：依靠呼吸。息，呼吸。

⑨殷：盛多。指呼吸畅通，气息充足。

⑩天之穿之：上天赋予各种生物一个畅通无阻的鼻孔。穿，通畅。

⑪降：减少，缩小。

⑫人则顾塞其窦：是人们自己反而堵塞了自己的鼻孔。顾，反而。窦，鼻孔。
庄子用上天赋予人们一个通畅的鼻孔呼吸，而有人却自己堵塞了自己的鼻
孔，比喻大道无处不在，而人们却自绝于大道。

⑬胞有重阆（làng）：腹中有多重空间。胞，包裹胎儿的囊膜。这里泛指腹内。
重，多重。阆，空间。腹中空间多，五脏六腑才不会相互拥挤、摩擦。

⑭天游：指广阔的精神遨游空间。天，像天空一样广阔。

⑮室：指家庭住室。

⑯妇姑勃溪：婆媳之间就会争吵不休。妇，媳妇。姑，婆婆。勃溪，矛盾，
争吵。

⑰六凿相攘：各种情欲就会产生冲突。六凿，六窍。人体的六种孔窍，代指各
种情欲。攘，侵犯，冲突。

⑱善于人：适宜于人。

⑲亦神者不胜：也是因为人们的精神生活还不够丰富。以上两句是说，如果一
个人的内心精神生活丰富，他根本不需要到外界的山林中去寻求欢乐；需

要到外界山林中寻求欢乐的人，刚好说明他的内心精神生活还不够丰富。

【译文】

"目光灵敏叫'明'，耳朵灵敏叫'聪'，鼻子灵敏叫'颤'，味觉灵敏叫'甘'，心灵明彻叫'智'，智慧明达叫有'德'。人们是不可以去堵塞大道的，大道一旦被堵塞就会梗阻不通，不能排除这种梗阻，人们做事就会违背大道，违背了大道而各种祸害就会发生。有智慧、有感受的生物都要依靠呼吸才能生存，如果呼吸不畅、气息不足，那不是上天的过错，因为上天已经给予各种生物一个通畅的鼻孔，无论白天还是夜晚，上天都没缩小这个鼻孔，而有人是自己堵塞了自己的鼻孔。腹腔内要有多重空间，内心也要有供精神自由遨游的广大空间。家庭的住房如果没有足够的空间，那么媳妇与婆婆就会产生矛盾而争吵不休；内心里如果没有供精神遨游的广大空间，那么七情六欲就会相互冲突。高山密林等自然美景之所以能够使人们感到愉悦，那是因为人们的内心精神生活还不够丰富。

【研读】

庄子认为，如果一个人精神状况极佳，精神生活已使自己十分满足，他根本不用到山林中寻求欢乐；需要到山林中寻求欢乐的人，刚好说明他的精神生活还不够美满。古人把"乐"分为内外两种：

> 或曰："使我纤朱怀金，其乐可量也。"曰："纤朱怀金者之乐，不如颜氏子之乐。颜氏子之乐也，内；纤朱怀金者之乐也，外。"
> （《法言》卷二）

> 不以内乐外，而以外乐内；乐作而喜，曲终而悲。悲喜转而

相生，精神乱营，不得须臾平。(《淮南子·原道训》)

古人认为，以道德学问为基础的内乐不仅是恒久的，而且是无处不乐，无时不乐；靠外部事物刺激带来的欢乐，是短暂的，当这些外部乐事消失之后，那么欢乐也就消失了。我们还要补充的是，以道德、学问为基础的内乐，是个人可以把握的；以富贵名利为基础的外乐，则是个人所无法掌控的。因此，我们应该培植内乐，至于外乐，则付诸天命。

"德溢乎名^①，名溢乎暴^②，谋稽乎誸^③，知出乎争，柴生乎守^④，官事果乎众宜^⑤。春雨日时^⑥，草木怒生^⑦，铫鎒于是乎始修^⑧，草木之到植者过半^⑨，而不知其然。

【注释】

①德溢乎名：世人所谓的美德则来自一个人的美名。溢乎，流出于，产生于。世人往往认为有美名的人就有美德。

②名溢乎暴（pù）：美名则来自一个人的自我宣扬与炫耀。暴，同"曝"。外露，炫耀。

③谋稽乎誸（xián）：计谋产生于危急状态。稽，停留于。引申为产生、出现。誸，危急状态。人们处于危急环境里，往往能够生出许多计谋。

④柴（zhài）生乎守：思想闭塞出于保守。柴，通"砦"。用于防守的栅栏。比喻闭塞。

⑤官事果乎众宜：官府的出现是由于社会上的事情太多。果乎，产生于。宜，事宜，事情。

⑥日时：阳光普照的时候。

⑦怒生：生长茂盛。怒，茂盛。

⑧铫耨（yáo nòu）：两种锄草的农具。

⑨到植：锄掉后又生长起来。到，通"倒"。植，生长。野草被锄掉之后再次生出叫"倒植"。陆德明《经典释文》："锄拔反之更生者曰到植。"这几句是说，由于君主治国方法不正确，社会上的坏人坏事就如同野草一样难以清除。

【译文】

　　"世人所谓的美德是来自一个人的美名，而这个人的美名则来自他的自我炫耀和宣扬，计谋出自危急状态，智略来自相互争斗，闭塞出于思想保守。官府的出现是由于人世间的事情太多。春雨降临、阳光普照的时候，草木勃然而生，于是人们修理农具开始锄草，然而锄过后的田地里依然有一大半的野草在生长，可人们并不知道其中的原因。

　　"静然可以补病①，眦搣可以休老②，宁可以止遽③。虽然，若是劳者之务也④，非佚者之所未尝过而问焉⑤。圣人之所以骇天下⑥，神人未尝过而问焉⑦；贤人所以骇世，圣人未尝过而问焉；君子所以骇国，贤人未尝过而问焉；小人所以合时⑧，君子未尝过而问焉。

【注释】

①静然：内心安静的样子。补病：治病，疗养。

②眦搣（zì miè）：按摩。

③宁可以止遽（jù）：安宁下来可以消除急躁情绪。遽，急躁。

④劳者之务也：操劳者所要做的事情。务，做事。

⑤非：衍文。应删去。佚者：安闲自在的人。佚，通“逸”。安逸。

⑥圣人：这里的圣人指世俗圣人，如尧、舜等。骇（hài）：通“骇”。惊扰，打扰。这里指治理国家。庄子认为世俗圣人治理天下，实际上是惊扰了天下。

⑦神人：得道之人。神人的境界比圣人高一个层次。

⑧合时：媚世，讨好世人。如假借仁义以讨好民众的田成子等。

【译文】

“心静可以养护病体，按摩可以延缓衰老，安宁可以消除急躁。虽然这些行为有如此功效，但这些事情都是操劳者所要做的事情，而那些生活安闲自在的人是从不过问这些事情的。圣人们用来治理天下的那些方法，得道的神人是从来不去过问、使用的；贤人们用来治理社会的那些方法，圣人是从来不去过问、使用的；君子们用来治理国家的那些方法，贤人是从来不去过问、使用的；小人们用来讨好世人的那些方法，君子是从来不去过问、使用的。

“演门有亲死者^①，以善毁^②，爵为官师^③，其党人毁而死者半^④。尧与许由天下，许由逃之；汤与务光^⑤，务光怒之。纪他闻之^⑥，帅弟子而踆于窾水^⑦，诸侯吊之^⑧。三年，申徒狄因以踣河^⑨。

【注释】

①演门：宋国都城的东门。亲：父母。

②善毁：因父母去世悲伤而毁伤了自己的身体。

③爵为官师：封为官师。爵，封赏爵位。官师，官名。

④党人：同乡人。党，先秦五百家为一党。

⑤务光：商代隐士。

⑥纪他：商代隐士。

⑦踆（zūn）于窾（kuǎn）水：隐居于窾水一带。踆，蹲在。引申为隐居。窾水，河名。

⑧吊：慰问，看望。

⑨申徒狄因以踣（bó）河：申徒狄为此而投河自杀。申徒狄，商代隐士。他因担心商汤王让位于自己而投黄河自尽。踣，投入。河，黄河。申徒狄看到纪他因隐居河边而受到诸侯的尊重，因而采取了更为激烈的投河行为。

【译文】

"宋国都城的东门口有一个人的父母去世了，这个人因为悲伤过度而毁伤了自己的健康，宋君因为他孝敬父母便封他当了官师，于是他的乡亲们便纷纷效法他，也去毁伤自己的健康，结果死掉了一半。尧要把天下禅让给许由，许由为此逃走了；商汤王想把天下禅让给务光，务光为此非常生气。纪他听到这件事之后，马上带着弟子跑到窾水一带隐居起来，诸侯们纷纷前去看望。三年之后，申徒狄因担心商汤王禅让天下给自己，干脆投入黄河自杀了。

【研读】

本段文字主要说明，世人为了名利，其行为表现得越来越激烈。在表演如何孝顺父母的问题上，演门人只是健康受到一些伤害，而他的一些同乡却为此付出生命。在表演如何蔑视名利时，许由只是简单地逃避，务光却是发怒，纪他则带着弟子隐藏起来，而申徒狄干脆投河自杀了。这些人的行为，其目的还是为了获取利益或美名。庄子这段话主要是揭示了人们提倡、表彰正面美德所引起的负面作用。

"荃者所以在鱼^①，得鱼而忘荃；蹄者所以在兔^②，得兔而忘蹄；言者所以在意，得意而忘言。吾安得夫忘言之人而与之言哉^③！"

【注释】

①荃（quán）者所以在鱼：编织鱼荃的人是为了捕鱼。荃，通"筌"。用竹子编制的一种捕鱼器具。

②蹄：捕捉野兔的网。

③安得：怎么能够找到。安，怎么。

【译文】

"编织鱼荃的人是为了用它捕鱼，捕到鱼之后就可以忘掉鱼荃；编织兔网的人是为了用它捕捉野兔，捕到野兔之后就可以忘掉兔网；使用语言的人是为了用它表达思想情感，领会思想情感之后就可以忘掉语言。我怎么能够找到一位忘掉语言的人和他一起谈谈呢！"

【研读】

庄子同老子一样，认为语言无法描述清楚大道，然而他们都讲了不少关于大道的情况。关于这一矛盾，可参见《天道》篇第七章"世之所贵道者书也"一段后的"研读"。

寓　言

　　本篇依然是取篇首二字为篇名。寓言，有寓意的言论与故事。本篇内容较杂，第一章节解释了庄子"三言"——"寓言""重言""卮言"的含义和作用；第二章节描述了孔子思想的变化及庄子对孔子的敬仰；第三章节用曾参两次做官心情不同的故事，提醒人们要摆脱一切牵挂；第四章节通过颜成子游与东郭子綦的对话，说明命运与鬼神都是不可知的；第五章节通过罔两与影子的对话，说明无心而动才能获得自由的道理；第六章节在提醒人们不可趾高气扬、傲慢自负的同时，也为我们了解老子与杨朱的关系及老子的生平经历提供了一些有价值的史料。

一

　　寓言十九①，重言十七②，卮言日出③，和以天倪④。

【注释】

①寓言：假借各种故事或别人的谈话来表达个人思想的文字。十九：占了十分
　　之九。

②重（chóng）言：重复、引用先哲的言论。一说"重"应读"zhòng"，"重言"

　　即借重于先哲的言论。十七：占了十分之七。

③卮（zhī）言日出：无心的言论每天都谈论一些。卮，一种酒器。卮中的酒

　　倒满后会自然溢出，比喻无心而自然讲出来的言论。还有一种解释也较为

　　合理，"卮言"指酒后之醉言。

④天倪（ní）：即天道、大道。

【译文】

　　寓言占了十分之九，重言占了十分之七，卮言则每天都要讲一些，目的是要阐述大道以调和万物及个人心态。

【研读】

　　阅读《庄子》，我们会发现，庄子特别喜欢用"寓言"与"重言"讲道理。之所以出现这种情况，主要是为了增强自己言论的可信度与权威性，同时也增强文章的生动性。关于庄子喜欢使用"三言"的原因，可见本章下文"卮言日出，和以天倪，因以曼衍，所以穷年"的"研读"。

　　寓言十九，藉外论之①。亲父不为其子媒，亲父誉之，不若非其父者也；非吾罪也②，人之罪也。与己同则应，不与己同则反；同于己为是之③，异于己为非之④。

【注释】

①藉外论之：借助于外界的故事或外人的言论来阐述自己的思想。藉，借助。

②非吾罪：不是做父亲的过错。吾，指做父亲的人。父亲即使实事求是地夸奖
　儿子，别人也难以相信，这一过错不在于父亲，而在于别人过于猜疑。

③是之：以之为是。认为这些思想是正确的。

④非之：以之为非。认为这些思想是错误的。

【译文】

　　占了十分之九的寓言，就是借助外界的故事或外人的言论来阐述
我自己的观点。亲生父亲不便为自己的儿子做媒人，因为做父亲的去
夸奖自己的儿子，不如请别人来夸奖自己的儿子显得更为可信，这不
是做父亲的过错，而是别人猜疑的过错。与自己的思想相同就去响应，
与自己的思想不同就去反对；与自己的思想一致就去肯定它，与自己
的思想不一致就去批评它。

　　重言十七，所以已言也①，是为耆艾②，年先矣③。而无经纬本
末以期年耆者④，是非先也。人而无以先人⑤，无人道也⑥；人而无
人道，是之谓陈人⑦。

【注释】

①所以：……的言论。已言：前人已经讲过的话。

②耆（qí）艾：六十岁叫"耆"，五十岁叫"艾"。这里泛指德高望重的老年人。

③年先：年长的前辈。

④而无经纬本末以期年耆者：如果没有治国方略与历史经验以与他们的年龄相
　称。而，如果。经纬，本指织物的纵线和横线。这里比喻能够把国家治理
　得有条有理的方略。本末，事情的本末，指历史经验。期，符合，相称。

⑤无以：没有什么能力。先人：超人。

⑥人道：治国、处世的正确原则。

⑦陈人：陈腐之人。

【译文】

　　占了十分之七的重言，是指前人已经讲过的一些话，讲这些话的人都是一些德高望重、年事已高的人，是我们的先辈长者。如果没有治国方略与历史经验以与他们的年龄相称，就不能被称为德高望重的先辈长者。一位老人如果没有任何过人之处，那就说明他不懂得治国、处世的正确原则；一位老人如果不懂得治国、处世的正确原则，那么他就只能被称为陈腐老朽之人。

　　卮言日出，和以天倪，因以曼衍^①，所以穷年^②。不言则齐^③，齐与言不齐^④，言与齐不齐也，故曰无言^⑤。言无言，终身言，未尝言^⑥；终身不言，未尝不言^⑦。有自也而可^⑧，有自也而不可；有自也而然^⑨，有自也而不然。恶乎然^⑩？然于然^⑪；恶乎不然？不然于不然。恶乎可^⑫？可于可；恶乎不可？不可于不可。物固有所然，物固有所可，无物不然，无物不可。非卮言日出，和以天倪，孰得其久^⑬！万物皆种也^⑭，以不同形相禅^⑮，始卒若环^⑯，莫得其伦^⑰，是谓天均^⑱。天均者，天倪也。

【注释】

①因：顺应。曼衍：变化。

②穷年：过完自己的一生。年，寿命。

③不言则齐：闭口不言才能贯彻万物一齐的观点。一旦开口说话表态，就会违
　背万物一齐思想。

④齐与言不齐：万物一齐的观点与发言表态是相互矛盾的。不齐，不同，
　矛盾。

⑤无言：不要讲话。

⑥未尝言：郭庆藩《庄子集释》作"未尝不言"，王先谦《庄子集解》、王夫
　之《庄子解》等无"不"字。以后者为确。

⑦终身不言，未尝不言：有的人终身不说话，但未尝不是在说话。如圣人虽不
　说话，但其行为已说明了一切。这里讲的"不说话"，不是指什么话都不说，
　而是指不去争辩是非对错，不去谈论大道。

⑧有自也而可：事物总是有一定的原因而被认可。自，由来，缘由。

⑨然：正确。

⑩恶（wū）乎然：为什么是正确？恶，为什么。

⑪然于然：认为它正确是因为它有正确的一面。

⑫可：认可，肯定。

⑬久：指长久生存下去。

⑭种：同种，本质相同。庄子认为万物的天性都是来自大道，万物的形体都是
　来自阴阳二气，所以说万物的本质是一样的。

⑮相禅：相互转化。如泥土与陶器的形体虽然不同，但泥土可以转化为陶器，
　陶器也会转化为泥土。即庄子的"物化"思想。

⑯始卒若环：始终往返犹如循环。卒，终。

⑰伦：条理，秩序。

⑱天均：天道。一说指天然的均衡与齐同。

【译文】

　　每天都谈论一些卮言，用大道来调和个人心态及万物关系，以便自己能够顺应万物变化，以这种原则度过一生。不发言表态才能符合万物一齐思想，万物一齐思想与发言表态是相互矛盾的，反过来发言表态与万物一齐思想也是矛盾的，所以说不要发言表态。有的人说了很多话却等于没说，可他一生都在喋喋不休地说话，实际上等于他什么也没说；有的人一生没讲什么话，而实际上他什么都讲得清清楚楚。任何事物总是有被认可的原因，也总是有不被认可的原因；总是有被肯定的一面，也总是有被否定的一面。为什么认为某种事物正确呢？因为它有正确的一面，所以认为它正确；为什么认为某种事物不正确呢？因为它有不正确的一面，所以认为它不正确。为什么要认可它？认可它是因为它有应该被认可的一面；为什么不去认可它呢？不去认可它是因为它有不应该被认可的一面。任何事物都存在正确的一面，任何事物都存在值得认可的一面，因此没有任何事物不是正确的，没有任何事物不是可以被认可的。如果每天不去谈论一下这一类的卮言，如果不用大道去调和个人心态与万物关系，怎么能够长期生活下去呢！万物的本质是相同的，所以它们的形状虽然不一样但可以相互转化，这种转化终则复始，犹如循环而无穷无尽，然而人们却弄不清楚其中的条理和秩序，这种循环的形成可以说是天道在起着作用。所谓的天道，就是天然的大道啊。

【研读】

　　我们在注释中已经对"寓言""重言""卮言"的大致含义作了简单介绍。需要做进一步说明的还有另外三个问题。

　　第一，"三言"在《庄子》书中的具体所指。我们就以《逍遥游》篇为例来说明"三言"究竟指的是什么。从《逍遥游》的开始至"众人匹之，不亦悲乎"就属于寓言，这段文字通过大鹏与小鸟的故事，以说明"大"与"小"的区别。从"汤之问棘也是矣"到"此小大之辩也"就属于重言，即借用德高望重的商汤王与棘的对话，来增强大鹏与小鸟故事的可信度。从"故夫知效一官"至"神人无功，圣人无名"就属于卮言，是庄子本人出于"无心"的议论。由此以下，庄子又使用许多寓言故事，进一步分别说明什么叫无己、无功、无名。《逍遥游》全篇都是由"三言"所构成。

　　第二，庄子使用"三言"的原因。庄子使用"三言"的原因，《庄子》本书讲了两个。第一个原因就是本篇说的"亲父誉之，不若非其父者也"，自己去肯定和赞扬自己提出的观念，很难取信于人，如果引用寓言和重言，就容易使读者信服。第二个原因，是他在《天下》篇讲的："以天下为沈浊，不可与庄语，以卮言为曼衍，以重言为真，以寓言为广。"庄子认为天下人都迷惑糊涂，根本没办法用正面的理论去进行教诲，只能用"三言"来旁敲侧击，希望多少起到一点醒世作用。除了《庄子》讲的两点原因之外，使用"三言"还有一个十分重要的作用，那就是能够使庄子的文章读起来生动活泼、跌宕起伏，具有浓郁的浪漫主义色彩。

　　第三，关于"三言"在全书中所占比重问题。本段说："寓言十九，重言十七，卮言日出。"寓言就占了十分之九，重言如何能再占十分之七？对此可以有两种理解：一是，张默生《庄子新释》说："寓言的成分，已占有全书的十分之九了，剩下的也不过还有十分之一，为什么重言又占有全书的十分之七呢？《庄子》书中，往往寓言里有重言，重言里也有寓言，是交互错综的，因此寓言的成分，即使占了全书的十分之九，仍无伤于重言的占十分之七。"二是，我们不必用精密的数学计算方式去理解"十分之九"和"十分之七"，只把这种说法理解为寓言和重言所占比重很大就行了。这样理解可能更为圆通。

二

　　庄子谓惠子曰："孔子行年六十而六十化，始时所是[1]，卒而非之[2]，未知今之所谓是之非五十九非也。"惠子曰："孔子勤志服知也[3]。"庄子曰："孔子谢之矣[4]，而其未之尝言[5]。孔子云：'夫受才乎大本[6]，复灵以生[7]。鸣而当律[8]，言而当法。利义陈乎前，而好恶是非直服人之口而已矣[9]。使人乃以心服，而不敢蘁立[10]，定天下之定[11]。'已乎！已乎！吾且不得及彼乎[12]！"

【注释】

①所是：所认为正确的事情。是，正确。

②卒：最终。

③勤志服知：辛辛苦苦地追求治国理想，努力地学习世俗知识。勤，辛苦。志，治国理想。服，从事，学习。

④谢之：抛弃了这些做法。谢，谢绝，抛弃。

⑤其：指孔子。未之尝言：即"未尝言之"。他自己没有说过这种情况。

⑥大本：最重要的根本。指大道。

⑦复灵以生：恢复自己的天性以保全自己的生命。灵，灵性，天性。

⑧鸣而当律：发出的声音应该符合乐律。比喻讲出的话应该符合大道。当，

符合。

⑨直：仅仅，只不过。

⑩蘁（wù）立：违背大道去为人处世。蘁，通"牾"。背逆。立，立于人世，为人处世。

⑪定天下之定：确定为天下人的行为准则。定，第一个"定"义为确定，第二个"定"义为定规、准则。

⑫不得及彼：无法比上他。及，比得上。彼，指孔子。从本句可以看出，庄子对孔子是真心佩服与尊敬的。

【译文】

　　庄子对惠子说："孔子活了将近六十年，而六十年来不断地顺应着外物而变化，开始时认为是正确的事情，最后又判定它是错误的，不知道他如今所肯定的事情，就不是他五十九岁时所否定的事情。"惠子说："但是孔子一直是在辛辛苦苦地追求治国理想，努力地学习世俗知识啊！"庄子说："孔子已经放弃了这些行为，只是他自己没有明确讲过这一点而已。孔子说：'人们应该从大道那里获取才智，应该恢复自己的天性以保全自己的生命。发出的声音应该合乎乐律，讲出来的话应该符合法度。当利益与道义摆在人们面前让他们选择时，仅仅进行好恶与是非的说教，不过只能使人们口服而已。关键要使人们能够真正地心悦诚服，而不敢违背大道去做事，这种做法才应该被确定为治理天下的行为准则。'你不要再说了！你不要再说了！我还没办法比上他啊！"

【研读】

关于孔子不断修正自我观念的事例，古籍中的记载很多。我们仅举一例。《史记·仲尼弟子列传》记载：

> 澹台灭明，武城人，字子羽。少孔子三十九岁。状貌甚恶。欲事孔子，孔子以为材薄。既已受业，退而修行，行不由径，非公事不见卿大夫。南游至江，从弟子三百人，设取予去就，名施乎诸侯。孔子闻之，曰："吾以言取人，失之宰予；以貌取人，失之子羽。"

澹台灭明是鲁国武城（在今山东费县西南）人，字子羽。比孔子小三十九岁。他的相貌十分丑陋。澹台灭明想要跟着孔子学习，而孔子认为他的素质低下。跟着孔子学习以后，澹台灭明就努力修身实践，从不做歪门邪道之事，除了公事，从来也不去拜访公卿大夫。当他南游至长江时，追随他的弟子就有三百人之多。他在处理如何获取、给予、离弃、追求等事务时都很恰当，他的声誉传遍了四方诸侯。孔子听到此事后，愧疚地说："我凭言辞去考察人，对宰予的考察就错了；我凭相貌去考察人，对子羽的考察就错了。"弟子宰予言辞温雅，孔子以为他是可造之材，结果宰予的行为使他十分失望；子羽面目丑陋，孔子以为他才能低劣，结果却堪为师表。这段记载完全可以印证庄子说的"孔子行年六十而六十化"：过去他肯定宰予，后来他否定宰予；过去他否定澹台灭明，后来他肯定澹台灭明。

三

曾子再仕而心再化①，曰："吾及亲仕②，三釜而心乐③；后仕④，三千钟而不洎⑤，吾心悲。"弟子问于仲尼曰："若参者，可谓无所县其罪乎⑥？"曰："既已县矣。夫无所县者，可以有哀乎？彼视三釜、三千钟⑦，如观雀蚊虻相过乎前也⑧！"

【注释】

①曾子：即曾参。孔子弟子，以孝闻名。再仕而心再化：两次出来做官，而两次的心情不同。再，两次。化，变化，不同。

②及亲仕：父母在世时出来做官。亲，父母。

③釜（fǔ）：计量谷物的单位。六斗四升为一釜。这是曾子的俸禄。

④后仕：指第二次出仕。此时其父母已去世。

⑤三千钟不洎（jì）：虽然能拿到三千钟的丰厚俸禄，但是无法用它赡养父母了。钟，计量谷物的单位。六斛四斗为一钟。洎，到达，赶上。指赶上赡养父母。

⑥县（xuán）其：因牵挂官爵、俸禄而犯错。县，同"悬"。牵挂。指牵挂爵禄。

⑦彼：泛指不对爵禄有任何挂念的人。

⑧如观雀蚊虻相过乎前也：犹如看待鸟雀、蚊虻从面前飞过一样。比喻丝毫不把爵禄放在心上。

【译文】

　　曾子两次出仕而两次心情大不一样，他说："父母在世时我出仕做官，虽然只有三釜的微薄俸禄，而我心里非常快乐；后来出仕做官时，虽然有三千钟的丰厚俸禄，但是无法用它赡养父母了，为此我心里非常伤感。"孔子弟子就问孔子："像曾参那样的人，可以说是不会为牵挂爵禄而犯错误了吧？"孔子说："他已经在牵挂爵禄了。那些毫无牵挂的人，心里会有哀伤吗？他们无论是看待三釜俸禄，还是看待三千钟俸禄，都不过犹如看待鸟雀、蚊虻从面前飞过一样。"

【研读】

本段要求人们摆脱包括亲情、名利在内的一切世俗情感，做到毫无牵挂。子路有一个与曾参类似的故事，录以备考。《孔子家语·致思》记载：

> 子路见于孔子曰："负重涉远，不择地而休；家贫亲老，不择禄而仕。昔者由也，事二亲之时，常食藜藿之实，为亲负米百里之外。亲殁之后，南游于楚，从车百乘，积粟万钟，累茵而坐，列鼎而食，愿欲食藜藿，为亲负米，不可复得也。枯鱼衔索，几何不蠹，二亲之寿，忽若过隙。"孔子曰："由也事亲，可谓生事尽力，死事尽思者也。"

这就是古人常常感叹的"树欲静而风不止，子欲养而亲不待也。往而不可追者，年也；去而不可得见者，亲也"（《孔子集语·孝本》）。曾子与子路的感叹，代表了人们的普遍感叹。

四

颜成子游谓东郭子綦曰①："自吾闻子之言，一年而野②，二年而从③，三年而通④，四年而物⑤，五年而来⑥，六年而鬼入⑦，七年而天成⑧，八年而不知死、不知生，九年而大妙⑨。"

【注释】

①颜成子游、东郭子綦（qí）：两个人名。颜成子游是弟子，东郭子綦是老师。

②野：质朴无华。

③从：顺从，顺应。指顺应外物。

④通：通达而不固执。成玄英《庄子疏》："不滞境也。"

⑤物：指能够与万物融为一体。

⑥来：民众都来归依。

⑦鬼入：神灵进入心中。形容能够做到神悟。

⑧天成：无需人为而自然成功。天，自然。

⑨大妙：极为微妙的精神境界。

【译文】

　　颜成子游对东郭子綦说："自从我听了您的教导，一年之后我能够做到质朴无华，两年之后我能够顺应万物，三年之后我能够做到通达而不固执，四年之后我能够做到与万物融为一体，五年之后民众就前来归依于我，六年之后我能够做到神悟，七年之后我能够做到无须人为而自然成功，八年之后我能够忘却什么是生存、什么是死亡，九年之后我便获取了极为美妙的精神境界。"

　　"生有为，死也。劝公①，以其死也，有自也②；而生阳也③，无自也。而果然乎④？恶乎其所适⑤？恶乎其所不适？天有历数⑥，地有人据⑦，吾恶乎求之？莫知其所终，若之何其无命也⑧？莫知其所始，若之何其有命也？有以相应也⑨，若之何其无鬼邪？无以相应也，若之何其有鬼邪？"

【注释】

①劝公：劝告世人要大公无私。

②有自：有缘由。自，缘由，原因。这个原因就是人们太过于自私。

③生阳：生命来自阳气的作用。古人认为阳主生，阴主杀。

④而果然乎：你果真能够做到你说的这些吗？而，你。果，真的。然，这些。

⑤恶（wū）乎其所适：你追求什么呢。恶乎，什么。适，趋向，追求。

⑥天有历数：上天有自己的运行规律。历，经历，运行。数，规律。

⑦地有人据：大地有人们赖以生存的环境。据，依赖。

⑧若之何其无命也：怎么能够说没有天命呢？

⑨有以相应：有一种力量在回应着人事。有以，有力量。应，指回应人事。《道德经》七十三章："天之道，不争而善胜，不言而善应。"

【译文】

　　东郭子綦说："人生在世如果多事多为，必然会很快走向衰亡。劝告世人要大公无私，这是因为人们的衰亡原因，往往是由于过于自私引起的；人的出生与活动，是由于阳气的作用，而人们却无法知道阳气是如何发挥作用的。你果真能够做到你说的这些吗？那么你想追求什么？还是不想追求什么呢？上天有自己的运行规律，大地有人们赖以生存的环境，我们还需要去追求什么呢？没有人能够知道自己的生命是如何终结的，怎么能够说没有命运安排呢？也没有人能够知道自己的生命是如何开始的，又怎么能够说一定有命运安排呢？有时候似乎有一种神秘力量在回应着人事，那么怎能说没有鬼神呢？有时候又似乎没有什么力量在回应人事，那么又怎能说一定有鬼神呢？"

五

众罔两问于景曰①："若向也俯而今也仰②，向也括撮而今也被发③，向也坐而今也起，向也行而今也止，何也?"景曰："搜搜也④，奚稍问也⑤! 予有而不知其所以⑥。予，蜩甲也⑦，蛇蜕也⑧，似之而非也⑨。火与日，吾屯也⑩；阴与夜，吾代也⑪。彼，吾所以有待邪⑫，而况乎以无有待者乎⑬! 彼来则我与之来，彼往则我与之往，彼强阳则我与之强阳⑭。强阳者又何以有问乎!"

【注释】

①罔两：影子四周的微影。景（yǐng）：同"影"。影子。

②若：你。向：刚才。

③括撮：指括发。即把头发束成发髻。被（pī）发：披头散发。被，同"披"。

④搜搜：顺应外物、无心而运动的样子。

⑤奚稍问也：何必询问这样的小事情呢? 奚，何必。稍，小。

⑥予有而不知其所以：我有所活动却不知道这样活动的原因。有，指有所活动。

⑦蜩（tiáo）甲：知了蜕下的皮。蜩，知了。甲，壳，皮。

⑧蛇蜕（tuì）：蛇蜕下的皮。

⑨似之而非：与本来事物相似但又不是本来事物。如人影像人，但又不是人；知了的蜕壳像知了，但又不是知了。

⑩屯：聚集在一起。这里指出现。

⑪代：被替代，消失不见。

⑫有待：有所依赖。

⑬而况乎以无有待者乎：而何况不需要任何依赖的精神呢。无有待者，不需任何依赖的事物，指精神。这几句意思是说，必须依赖他物而存在的影子，尚且可以因无心、顺应而获得自由，那么不需要任何依赖的精神更应该获得自由。

⑭强阳：徘徊不定。

【译文】

众多的罔两问影子说："你刚才低着头而现在却又抬起头，你刚才束着发髻而现在却又披头散发，你刚才坐着而现在却又站了起来，你刚才行走而现在却又停了下来，这究竟是为什么呢？"影子回答说："我是在无意识地顺应着人体活动啊！又何必问这样的小问题呢！我有所活动却不知道自己为什么要这样活动。我，就好像知了脱下的壳、蛇蜕下的皮一样，与本来事物相似却又不是本来事物。有了火光和太阳，我就出现了；到了阴天和夜晚，我就消失了。火光与太阳，是我所要依赖的事物，更何况不需要任何依赖的精神呢！火光与太阳出现了，我就随之出现；火光与太阳消失了，我就随之消失；火光与太阳徘徊不定，我就随之徘徊不定。对于那些徘徊不定、变化无常的事物，又有什么值得追问的呢！"

六

阳子居南之沛①，老聃西游于秦。邀于郊②，至于梁而遇老子③。老子中道仰天而叹曰："始以汝为可教，今不可也。"阳子居不答。

【注释】

①阳子居：即杨朱。又作阳朱。战国初年的思想家。之：到。沛：地名。在今江苏沛县。

②邀于郊：就前去半道上迎候。邀，迎候，半路拦截。郊，指野外，半道。

③梁：地名。在今河南开封。

【译文】

阳子居到南方的沛地去，老子到西方的秦国去游历。阳子居就准备在半道上去迎候老子，当阳子居走到梁地的时候，便遇见了老子。老子半路上仰天长叹说："从前我还认为你是值得教诲的，现在看来你不值得我教诲。"阳子居默不作声。

至舍①，进盥漱巾栉②，脱屦户外③，膝行而前④，曰："向者弟子欲请夫子⑤，夫子行不闲⑥，是以不敢。今闲矣，请问其过⑦？"老子曰："而睢睢盱盱⑧，而谁与居⑨？大白若辱⑩，盛德若不足⑪。"阳子居蹴然变容曰⑫："敬闻命矣！"

【注释】

①舍：旅店。

②进：献上。本句主语是阳子居。盥（guàn）：盥洗。这里指洗脸洗手的水。漱：漱口水。栉（zhì）：梳与篦的总称。

③屦（jù）：麻鞋。这里泛指鞋子。户外：门外。户，门。

④膝行：用膝盖行走。也即跪着走，表示极为尊敬。

⑤向者：刚才。请：请教。

⑥夫子：对老子的尊称。行不闲：忙于赶路没有空闲。

⑦其过：我的过错。其，代指阳子居自己。

⑧而：你。睢睢（suī）盱盱（xū）：高视阔步、傲慢自负的样子。

⑨而谁与居：即"谁与而居"。谁还愿意与你交往？而，你。居，相处，交往。

⑩大白若辱：最洁白的颜色看起来好像是黑色的。辱，通"�"。黑色。一说"辱"指污垢。《道德经》四十一章："大白若辱，广德若不足。"憨山德清《老子道德经解》："圣人纯素贞白，一尘不染，而能纳污含垢，示同庸人，故'大白若辱'。"

⑪盛德若不足：品德高尚的人看起来似乎有不少缺点。不足，缺点。

⑫蹴（cù）然：羞愧不安的模样。

【译文】

　　到了旅店，阳子居为老子献上洗漱用的水和手巾、梳篦，把自己的鞋子脱下放在门外，然后双膝跪地前行到老子跟前，请教说："刚才我就想向先生请教，只因先生匆匆忙忙地赶路没有空闲，所以我不敢开口。现在先生您有了空闲，请问我的错误是什么？"老子说："你一副高视阔步、傲慢自负的模样，哪个人还愿意与你交往呢？最洁白的颜色看起来好像是黑色的，道德高尚的人看起来似乎有许多缺点。"阳子居听后羞愧得改变了面容，说："我由衷地接受先生的教诲。"

　　其往也①，舍者迎将②，其家公执席③，妻执巾栉④，舍者避席⑤，炀者避灶⑥。其反也⑦，舍者与之争席矣⑧。

【注释】

①其：指阳子居。往：去。指阳子居见到老子之前。

②舍者迎将：旅店的旅客都恭恭敬敬地迎送他。将，送行。因为阳子居趾高气扬，所以旅客们迫于他的气势，不得不表示对他的尊敬。

③其家公执席：那家旅店的男主人亲自为他铺设坐席。其家，那家旅店。公，男主人。执席，亲自铺设坐席。

④妻：指旅店主人的妻子。

⑤避席：离开坐席站立起来。这是表示敬意的举动。

⑥炀（yáng）者避灶：在灶口烤火的人赶紧开灶头让他取暖。炀，烤火。

⑦反：同"返"。返回。指阳子居见过老子之后返回途中。

⑧舍者与之争席矣：旅客们敢于同他争抢坐席了。这一现象说明阳子居听从了老子的教诲，消除了傲气，看起来与普通旅客一样，所以其他旅客敢于同他争抢坐席了。

【译文】

　　当阳子居来见老子的途中，旅店的旅客都恭恭敬敬地迎送他，旅店的男主人亲自为他铺设坐席，女主人亲手献上手巾、梳篦，旅店的旅客见了他都慌忙起身离开坐席站起身来以示敬意，在灶口烤火的人也赶快让出灶口让他取暖。等他见过老子回去时，旅客们就敢于同他争抢坐席了。

让 王

让王，辞让王位。本篇多以辞让王位与富贵来展开故事和议论，故取此意为篇名。共由十多个关于辞让王位、富贵的故事组成，主要阐述两个内容。第一，前半部分主要讨论生命健康与富贵名利孰轻孰重的问题，明确指出"两臂重于天下"，绝对不能为了富贵名利而丧失自己的生命与健康。第二，还讨论了道义与富贵孰轻孰重的问题，认为当道义与富贵发生冲突时，要毫不犹豫地放弃包括王位在内的一切富贵荣华，甚至可以为此而献出生命。

一

尧以天下让许由①，许由不受。又让于子州支父②，子州支父曰："以我为天子，犹之可也。虽然，我适有幽忧之病③，方且治之，未暇治天下也。"夫天下至重也，而不以害其生④，又况他物乎？唯无以天下为者⑤，可以托天下也。

【注释】

①许由：尧时的隐士。其事迹详见《逍遥游》篇。

②子州支父：姓子名州，字支父。尧时的隐士。

③幽忧之病：让我很是发愁的疾病。幽，深，很。

④不以害其生：不会因为天子之位而损害自己的生命健康。以，因。

⑤唯无以天下为者：只有那些无心占有天下的人。无以，无心。

【译文】

尧要把天下禅让给许由，许由不接受。尧又想禅让给子州支父，子州支父回答说："让我去做天子，这事还是可以的。虽说我可以当天子，但我最近刚刚患上令我很是发愁的疾病，我正准备治疗这个疾病，没有闲工夫去治理天下。"治理天下是最为重要的事情，而子州支父却不愿为了治理天下而损害自己的生命健康，更何况其他事情？只有那些无心去治理天下的人，才可以把天下托付给他们。

【研读】

这一故事通过子州支父的行为，说明下文提到的"两臂重于天下也"的重生主张。这使我们想起流传甚广的一首诗：

　　　生命诚可贵，爱情价更高。若为自由故，二者皆可抛。

在生命、爱情和自由三者之中，这首诗把生命的价值估得最低，爱情的价值要高于生命，而自由的价值又高于爱情。这首诗的境界可谓高尚，但实际上是一笔没有算清楚的糊涂账，因为它搞颠倒了生命与爱情、自由的主次关系。诗人认为，为了爱情和自由，可以抛却自己的生命。我们不禁要问，如果抛弃了生命，我们是否就能够得到爱情和自由呢？如果没有生命，所谓的爱情和自由又能在什么地方体现出来呢？说到底，这首诗是充满理想的诗人在他感情最激越的时候呼出的几句口号，而不是哲人在经过反复思考之后做出的理性结论。我们很赞成中国的一句俗话：

> 留得青山在，不怕没柴烧。

这两句话无论是字面还是含义，都很俚俗化或世俗化，境界似乎也没有上一首诗歌高尚，然而它极为明确地表达了中华民族那种坚韧不拔的可贵品质。我们今天没有得到自由和爱情，不妨奋斗下去，一直到明天；明天我们还没有得到自由和爱情，不妨继续奋斗，奋斗到后天……一直奋斗到得到自由和爱情的那一天。也许到了生命的最后一刻，我们依然是两手空空，既没有自由，也没有爱情，那也可以非常坦然地说："我们奋斗了，虽然什么也没有，但我们奋斗了。"如果在没有获得自由和爱情的今天，轻易听信诗人热情而盲目的鼓动，匆匆放弃自己的生命，那么连一个遗憾和后悔的机会都不会给自己留下。

项羽乌江自刎是中国古代非常有名的一个历史事件。对于项羽的这一行为，人们有不同的评价：

> 胜败兵家事不期，包羞忍耻是男儿。江东子弟多才俊，卷土重来未可知。（杜牧《题乌江亭》）
>
> 生当作人杰，死亦为鬼雄。至今思项羽，不肯过江东。（李清照《夏日绝句》）

杜牧认为项羽在困难的时候不该轻易自杀，而李清照及其他许多人都认为项羽的自杀是英雄之举。我们是绝对赞同杜牧的意见的。如果韩信为了不受胯下之辱而挺剑杀死那个无赖少年的话，历史上就不会有那个名震天下的韩信。韩信失去了一点自由，保住了生命，却换回了更多更大的自由。

《晋书·朱伺传》记载，朱伺是一位常打胜仗的将军，江夏太守杨珉向他讨教："将军前后击贼，何以每得胜邪？"这位将军回答说："两敌共对，惟当忍之。彼不能忍，我能忍，是以胜耳！"朱伺的常胜经验就是"再坚持一下"。两军对垒，在一方感到难以坚持的时候，也是对方最感困难的时候。这时，谁的韧性强，谁就是胜利者。人生也是如此，在生活最艰难的时候，往往也是生活的转机所在。人们不是常说，最黑暗的时候是在黎明之前吗？当一个人在人生长夜最黑暗的时候，不妨告诫自己：只要保护好自己的"青山"，曙光即将降临，一切都不可怕！

我们没有任何理由不爱惜自己的生命。出生之前，漫漫数万年、数十万年没有我们；去世之后，漫漫数万年、数十万年也不再会有我们。上帝只给了我们几十年的时光，我们有什么理由不珍惜呢？

舜让天下于子州支伯①，子州支伯曰："予适有幽忧之病，方且治之，未暇治天下也。"故天下大器也②，而不以易生③，此有道者之所以异乎俗者也。

【注释】

①子州支伯：即子州支父。

②大器：最为重要的事物。

③不以易生：不愿意用整个天下来交换自己的生命健康。易，交换。

【译文】

　　舜想把天下禅给子州支伯，子州支伯说："我刚刚患上令我十分发愁的疾病，正准备认真治疗一下这个疾病，我没有闲暇的时间去治理天下。"天下是最为重大的事物，而子州支伯却不愿用整个天下来交换自己的生命健康，这就是有道之人与世俗之人的不同之处。

　　舜以天下让善卷①，善卷曰："余立于宇宙之中，冬日衣皮毛②，夏日衣葛绤③；春耕种，形足以劳动；秋收敛④，身足以休食；日出而作⑤，日入而息，逍遥于天地之间，而心意自得。吾何以天下为哉⑥！悲夫，子之不知余也！"遂不受。于是去而入深山，莫知其处⑦。

【注释】

①善卷：姓善名卷。舜时的隐士。

②衣（yì）：穿。皮毛：粗糙的兽皮衣。

③葛绤（chī）：葛布衣。葛，植物名。其纤维可以织布。绤，细葛布。

④收敛：收获庄稼。

⑤作：起身劳作。

⑥吾何以天下为哉：我为什么要去治理天下呢？何以，即"以何"。为什么。为，治理。

⑦处：住处，住所。

【译文】

　　舜想把天下禅让给善卷，善卷说："我生活于天地之间，冬天穿着

兽皮袄，夏天穿着葛布衣；到了春季下地耕种，我的身体完全可以从
事这样的劳动；到了秋天收获粮食，我的身体便可以得到休息和食物；
太阳升起时就起身劳作，太阳落山了就回家歇息，我自由自在地生活
于天地之间，已经是心满意足。我为什么还要去治理天下呢！可悲呀，
您一点儿也不了解我啊！"善卷也不接受禅让。接着善卷就离开家乡进
入深山，没有人知道他隐居的地方。

【研读】

　　善卷的这些话把自己的生活描述得如此悠闲自得，使我们自然想
到一首古代民歌——《击壤歌》。据《艺文类聚》引《帝王世纪》说，
尧在位时，天下安定太平，百姓生活幸福美满，有几位老人一边在田
中耕作，一边唱道：

　　　　日出而作，日入而息；凿井而饮，耕田而食；帝力于我何有哉！

　　远古时代的百姓"日出而作，日入而息"，渴了"凿井而饮"，饿
了"耕田而食"，一切都是那样的自然祥和，他们根本感觉不到君主的
存在。清人沈德潜的《古诗源》把这首民歌置于《古逸》第一首的位置，
也就是说，清人认为这首民歌是现存最古老的诗歌。既然能够过上如
此悠闲的日子，谁还愿意去做日夜费心的天子呢？

　　舜以天下让其友石户之农①，石户之农曰："捲捲乎后之为人②，
葆力之士也③！"以舜之德为未至也，于是夫负妻戴④，携子以入于
海⑤，终身不反也⑥。

【注释】

①石户之农：石户的一位农夫。石户，地名。一说"农"是"人"的意思。成
　玄英《庄子疏》："农，人也，今江南唤人作农。"

②捲捲（quán）乎后之为人：舜帝真是一位勤劳辛苦的人啊。捲捲乎，不辞
　辛苦、努力勤奋的样子。后，君主。这里指舜。

③葆（bǎo）力：勤劳努力。

④夫负妻戴：那位农夫背着农具，妻子顶着行囊。夫，丈夫。指石户的农夫。
　负，背着。戴，用头顶着。

⑤海：指海中的岛屿。

⑥反：同"返"。返回。

【译文】

　　舜又想把天下禅让给他的一位住在石户的农夫朋友，这位农夫感
叹说："舜帝这个人真是不辞劳苦，他是一位非常勤苦劳累的人啊！"
这位农夫认为舜帝的品德还没有达到最高境界，于是夫妻二人背着农
具，顶着行囊，带着子女逃到了大海的荒岛上，终身也没有回来。

二

　　大王亶父居邠①，狄人攻之②。事之以皮帛而不受③，事之以
犬马而不受，事之以珠玉而不受，狄人之所求者土地也。大王亶父
曰："与人之兄居而杀其弟④，与人之父居而杀其子，吾不忍也。子
皆勉居矣⑤！为吾臣与为狄人臣，奚以异⑥！且吾闻之，不以所用养
害所养⑦。"因杖策而去之⑧。民相连而从之⑨，遂成国于岐山之下⑩。

【注释】

①大 (tài) 王亶 (dàn) 父：周文王的祖父。原居住在邠地，后迁居于岐山，他注重发展农业，奠定了周王朝的基业。邠 (bīn)：地名。又作"豳"。在今陕西旬邑西南。

②狄 (dí) 人：先秦时期西北地区的一个少数民族。

③事：侍奉，进献。帛 (bó)：泛指丝织品。

④与人之兄居而杀其弟：与别人的兄长生活在一起，却让他们的弟弟上战场送命。意思是，大王亶父不愿意为了争夺土地，而让本国的年轻人去和狄人作战。

⑤子皆勉居矣：你们就在这里努力生活吧。子，指邠地的百姓。勉，努力。居，生活。

⑥奚以异：有什么不同？奚，什么。

⑦所用养：所用来养育人的东西。指土地、衣食等。所养：所养育的。指人。

⑧杖策：拄着拐杖。策，拐杖。去：离开。

⑨相连：一个紧跟着一个。

⑩岐山：山名。在今陕西岐山县东北。

【译文】

大王亶父居住在邠地的时候，狄人经常前来进攻。大王亶父奉送兽皮、丝绸而狄人不肯接受，奉送猎犬、骏马而狄人也不肯接受，奉送珍珠、宝玉而狄人还是不肯接受，狄人所想要的是邠地这块土地。于是大王亶父就对自己的臣民说："和别人的兄长生活在一起，却让他们的弟弟上战场被杀害；和别人的父亲生活在一起，却让他们的儿子上战场去送命，我不忍心做这样的事情。你们就努力地在这里生活吧，当我的臣民与当狄人的臣民，又有什么不同呢！而且我还听说，不要为了争夺养育百姓的土地、衣食，而去伤害被土地、衣食所养育的百姓。"随后大王亶父就拄着拐杖离开了邠地。百姓们一个接着一个地追随着大王亶父，于是他们就在岐山脚下建立了一个新的国家。

　　夫大王亶父可谓能尊生矣①。能尊生者，虽贵富不以养伤身②，虽贫贱不以利累形③。今世之人，居高官尊爵者，皆重失之④，见利轻亡其身，岂不惑哉！

【注释】

①尊生：尊重生命。

②养：指过于丰厚的衣食等。

③以利累形：因为贪图财利而伤害自己的身体。累，牵累，伤害。形，身体。

④重失之：非常担心失去高官厚禄。重，非常看重，非常担心。

【译文】

　　大王亶父可以说是能够尊重生命了。能够尊重生命的人，即使身处富贵地位也不会因为衣食过分丰厚而伤害自己的身体，即使身处贫贱也不会因为贪图财利而损害个人的健康。如今的人们，特别是那些占据了高官厚禄的人，他们都非常担心失去高官厚禄，见到一点利益就轻易地为之拼上自己的性命，这难道不是太糊涂了吗！

【研读】

　　本段用大王亶父迁国的故事，赞扬了重生命、轻财物的生活态度。

关于大王亶父的这段历史，《孟子·梁惠王下》也有类似记载：

> 滕文公问曰："滕，小国也。竭力以事大国，则不得免焉。如
> 之何则可？"孟子对曰："昔者大王居邠，狄人侵之。事之以皮币，
> 不得免焉；事之以犬马，不得免焉；事之以珠玉，不得免焉。乃
> 属其耆老而告之曰：'狄人之所欲者，吾土地也。吾闻之也：君子
> 不以其所以养人者害人。二三子何患乎无君？我将去之。'去邠，
> 逾梁山，邑于岐山之下居焉。邠人曰：'仁人也，不可失也。'从
> 之者如归市。"

孟子与庄子在叙述这一故事时，不仅情节一样，所用语言也几乎
是一模一样，如庄子的"不以所用养害所养"与孟子的"不以其所以
养人者害人"。因此我们怀疑，两人所使用的史料同出一源。我们看
《史记·周本纪》的记载：

> 公叔祖类卒，子古公亶父立。古公亶父复修后稷、公刘之
> 业，积德行义，国人皆戴之。薰育戎狄攻之，欲得财物，予之。
> 已复攻，欲得地与民。民皆怒，欲战。古公曰："有民立君，将以
> 利之。今戎狄所为攻战，以吾地与民。民之在我，与其在彼，何
> 异？民欲以我故战，杀人父子而君之，予不忍为。"乃与私属遂去
> 豳，度漆、沮，逾梁山，止于岐下。豳人举国扶老携弱，尽复归
> 古公于岐下。及他旁国闻古公仁，亦多归之。于是古公乃贬戎狄
> 之俗，而营筑城郭室屋，而邑别居之。作五官有司。民皆歌乐之，
> 颂其德。

《诗经·鲁颂·閟宫》说："后稷之孙实维大王。居岐之阳，实始
翦商。"周民族认为，就是太王亶父这次为了拯救百姓生命做出的带有
退让性的迁徙，奠定了周人灭商建周的基石。

三

越人三世弑其君①，王子搜患之②，逃乎丹穴③。而越国无君，求王子搜不得，从之丹穴④。王子搜不肯出，越人熏之以艾⑤，乘以王舆⑥。王子搜援绥登车⑦，仰天而呼曰："君乎⑧！君乎！独不可以舍我乎⑨！"王子搜非恶为君也，恶为君之患也。若王子搜者，可谓不以国伤生矣，此固越人之所欲得为君也。

【注释】

①越人三世弑（shì）其君：越国人连续杀害了三代君主。春秋时期，越王翳被他的儿子诸咎杀害，越人杀诸咎，立无馀为君，后来无馀又被杀，立无颛为君。弑，子杀父、臣杀君叫"弑"。王先谦《庄子集解》卷八："据《竹书纪年》，翳为其子所弑，越人杀其子，立无馀，又见弑而立无颛。是无颛以前三世皆不善终，则王子搜是无颛之异名无疑矣。"

②王子搜：名搜，一说即无颛，无颛为越王翳之子，故称"王子搜"。

③丹穴：山洞名。

④从之：追踪他，寻找他。从，追踪。

⑤艾：一种多年生草本植物。

⑥王舆：国王乘坐的车。舆，车。

⑦援：拉着。绥（suí）：供人登车时攀拉的绳子。

⑧君：指君主之位。

⑨独：难道。舍：舍弃。

【译文】

　　越国人连续杀害了三代君主，王子搜对于当君主的事情十分恐惧，于是便逃到一个名叫丹穴的山洞里藏了起来。越国没有君主，便四处寻找王子搜却没能找到，最后寻找到了丹穴。王子搜坚决不肯走出丹穴，于是越国人只得点燃艾叶用烟雾熏洞的方法把他逼了出来，然后又让他坐上国王的车子。王子搜迫不得已拉着车上的绳子登上车子，仰天大呼："君主之位啊！君主之位啊！难道就不能舍弃我吗！"王子搜并非讨厌当君主，而是讨厌当君主带来的灾难。像王子搜这样的人，可以说是不会为了当君主而去伤害自己的生命了，然而这也正是越国人希望他当君主的原因所在。

四

　　韩、魏相与争侵地①。子华子见昭僖侯②，昭僖侯有忧色。子华子曰："今使天下书铭于君之前③，书之言曰：'左手攫之则右手废④，右手攫之则左手废，然而攫之者必有天下。'君能攫之乎？"昭僖侯曰："寡人不攫也。"子华子曰："甚善！自是观之，两臂重于天下也，身亦重于两臂。韩之轻于天下亦远矣，今之所争者，其轻于韩又远。君固愁身伤生以忧戚不得也⑤！"僖侯曰："善哉！教寡人者众矣，未尝得闻此言也。"子华子可谓知轻重矣。

【注释】

①相与：彼此，互相。争侵：争夺。

②子华子：即华子。一说名子华。魏国贤人。在人名前加"子"，表示格外尊

敬。昭僖侯：战国时期韩国君主。关于华子，详见"研读"。

③天下书铭：天下人一起与您签订盟约。铭，盟约。

④攫（jué）之：抓取盟约。攫，抓取。之，指盟约。

⑤不得：得不到这块土地。

【译文】

　　韩国和魏国相互争夺边境上的一块土地。华子去拜见韩昭僖侯的时候，看到韩昭僖侯为此事而满面愁容。华子对韩昭僖侯说："如果让天下的人一起在您的面前写下这样的盟约，盟约上说：'用左手去拿这份盟约就废掉他的右手，用右手去拿这份盟约就废掉他的左手，然而拿到这份盟约的人，一定能够拥有整个天下。'您愿意去拿吗？"韩昭僖侯说："我是不会去拿的。"华子说："您讲得太好了！由此可以看出，两只手臂比整个天下更为贵重，而整个身体又比两只手臂贵重。韩国和整个天下相比是微不足道的，如今您想争取到的那块土地，和整个韩国相比更是微不足道了。而您却在为得不到那块土地而忧愁苦恼、伤害自己的身体啊！"韩昭僖侯说："您讲得真好！教诲、劝导我的人很多很多，但从来没有听到过如此高妙的言论。"华子可以说是懂得孰轻孰重的问题了。

【研读】

　　除了本篇，《则阳》篇也提到华子。据说他留下一本《子华子》（十卷本），《宋史·艺文志四》记载："自言程氏名本，字子华，晋国人。《中兴书目》曰：'近世依托。'朱熹曰：'伪书也。'"虽然《子华子》可能是委托，但华子实有其人，《庄子》《晏子春秋》《吕氏春秋》等书都有他的记载。子华子还为我们留下了一个倾盖如故的典故。《韩诗外传》卷二记载：

> 孔子遭齐程本子于郯之间，倾盖而语终日，有间，顾子路曰："由来！取束帛以赠先生。"子路不对。有间，又顾曰："取束帛以赠先生。"子路率尔而对曰："昔者由也闻之于夫子，士不中道相见，女无媒而嫁者，君子不行也。"孔子曰："夫《诗》不云乎：'野有蔓草，零露溥兮。有美一人，清扬宛兮。邂逅相遇，适我愿兮。'且夫齐程本子，天下之贤士也，吾于是而不赠，终身不之见也。大德不逾闲，小德出入可也。"

据《子华子》记载，子华子姓程名本，字子华，一说为晋国人，一说为魏国人，一说为齐国人。他与孔子的这一故事，为后人留下了"倾盖如故，白头如新"的成语。

鲁君闻颜阖得道之人也[①]，使人以币先焉[②]。颜阖守陋闾[③]，苴布之衣[④]，而自饭牛[⑤]。鲁君之使者至，颜阖自对之[⑥]。使者曰："此颜阖之家与？"颜阖对曰："此阖之家也。"使者致币[⑦]，颜阖对曰："恐听者谬而遗使者罪[⑧]，不若审之[⑨]。"使者还，反审之，复来求之，则不得已[⑩]。故若颜阖者，真恶富贵也。

【注释】

①鲁君：鲁哀公。一说指鲁定公。颜阖（hé）：鲁国的隐士。

②以币先焉：带着礼品先去看望颜阖。鲁君先派使者前去致意，如果颜阖接受，鲁君将亲自前来拜访。币，泛指礼品。

③守：居住。陋闾：简陋狭窄的小巷子里。闾，巷口的门。代指小巷子。

④苴（jū）布：麻布。苴，麻。

⑤饭牛：喂牛。

⑥自对之：亲自接待使者。对，回应，接待。

⑦致：送上。

⑧听者谬：听错了。颜阖的意思是，鲁君并非让使者来看望自己，是使者听错了才到了自己的家里。遗：留给，带来。

⑨审之：再次核实此事。

⑩不得：找不到颜阖了。已：通“矣”。

【译文】

　　鲁国君主听说颜阖是一位得道之人，便派使者带着礼品先去表达敬意。颜阖住在一条简陋狭窄的小巷子里，穿着麻布粗衣，亲自动手喂牛。鲁君的使者到了颜阖家，颜阖亲自出面招待使者。使者问他："这里是颜阖的家吗？"颜阖回答说："这里是颜阖的家。"于是使者便拿出礼物献上，颜阖说："我担心您是听错了君主的指示而误送礼物给我，这样您就会受到君主的责罚，您不如回去再核实一下。"于是使者便回去了，等到使者回去核实以后，再次来拜访颜阖时，却找不到颜阖了。像颜阖这样的人，是真正地讨厌富贵名利。

　　故曰：道之真以治身①，其绪余以为国家②，其土苴以治天下③。由此观之，帝王之功，圣人之余事也④，非所以完身养生也。今世俗之君子，多危身弃生以殉物⑤，岂不悲哉！凡圣人之动作也，必察其所以之与其所以为⑥。今且有人于此，以随侯之珠⑦，弹千仞之雀⑧，世必笑之。是何也？则其所用者重而所要者轻也⑨。夫生者，岂特随侯之重哉⑩！

【注释】

①真：精华。治身：修身养性。

②绪余：剩余部分。为国家：治理国家。为，治理。先秦时期，天子统治的整个中国叫"天下"，诸侯的封地叫"国"，大夫的封地叫"家"。

③土苴（jū）：泥土和草芥。比喻糟粕部分。

④余事：业余之事。圣人的主业是修身养性，治理天下只是圣人的副业。

⑤殉物：追逐富贵名利。殉，追逐。物，指权势名利等。

⑥所以之：追求的目标。之，往，追求。所以，……的目标。所以为：行动的原因。所以，……的原因。

⑦随侯之珠：宝珠名。相传一条大蛇受伤，随国的君主随侯为它医治，后来大蛇口衔宝珠回报随侯，这颗宝珠被称为"随侯珠"或"随珠"。随侯珠与和氏璧并称为"春秋二宝""随珠和璧"或"随和"。

⑧千仞（rèn）之雀：飞得极高的小雀鸟。仞，古代的长度单位，七尺或八尺为一仞。

⑨所要者：所想获取的。

⑩岂特：岂止。随侯：指随侯珠。

【译文】

　　所以说，圣人用大道的精华部分来修身养性，用大道的剩余部分去治理诸侯封地或大夫封地，用大道的糟粕部分去治理整个天下。由此看来，所谓的帝王功业，只不过是圣人的业余之事而已，这些功业是不可以用来保全身体、养护生命的。如今社会上的那些所谓君子，大多都是冒着生命危险去追逐名利富贵，这难道不是一种悲哀吗！大凡圣人有所行动时，一定会弄清楚自己的追求目标和行动原因。如果有这样一个人，他用非常珍贵的随侯之珠做弹丸去射击飞得极高的小雀鸟，世人一定会嘲笑他。为什么会嘲笑他呢？这是因为他所花费掉的代价实在太珍贵，而他所希望得到的东西又是如此的微不足道。至于说到生命，难道它只有随侯之珠那样珍贵吗！

五

子列子穷，容貌有饥色^①，客有言之于郑子阳者^②，曰："列御寇，盖有道之士也，居君之国而穷，君无乃为不好士乎^③？"郑子阳即令官遗之粟^④。子列子见使者，再拜而辞^⑤。使者去，子列子入，其妻望之而拊心曰^⑥："妾闻为有道者之妻子，皆得佚乐^⑦，今有饥色，君过而遗先生食^⑧，先生不受，岂不命邪！"子列子笑谓之曰："君非自知我也^⑨，以人之言而遗我粟；至其罪我也^⑩，又且以人之言^⑪，此吾所以不受也。"其卒^⑫，民果作难而杀子阳^⑬。

【注释】

①饥色：挨饿的样子。即面黄肌瘦。

②子阳：郑国的相。

③无乃：大概是，岂不是。

④遗（wèi）：赠送，赐给。

⑤再拜：连拜两拜。再，二。辞：婉言拒绝。

⑥望：埋怨，抱怨。拊（fǔ）心：拍打着胸口。表示生气、痛心。拊，拍打。

心，胸膛。

⑦佚乐：生活安逸幸福。佚，通"逸"。安逸。

⑧君：是对子阳的尊称。过：看望。这里指派人来看望。

⑨自知我：他本人了解我。

⑩罪我：加罪于我，惩罚我。

⑪且：将会。

⑫其卒：其后，最后。

⑬民果作难而杀子阳：民众果然发难杀死了子阳。据《吕氏春秋·适威》记载，子阳因执政严酷而不得民心，因此民众便趁追杀疯狗的机会杀死了子阳。

【译文】

　　列子穷困潦倒，饿得面黄肌瘦。于是有人就对郑国的相国子阳说："列御寇是一位有道之士，他如今居住在您的国家而如此穷困，您岂不是要落下一个不重视士人的坏名声吗？"子阳听后马上命令有关官员给列子送去了粮食。列子见到来送粮食的使者，连拜两拜以示谢意，但婉言拒绝接受粮食。使者离开以后，列子回到室内，他的妻子生气地拍打着自己的胸口，抱怨说："我听说当有道之士的妻子儿女，都能过上幸福安逸的生活，而现在我们却都饿得面黄肌瘦。子阳君派使者来看望并送给你一些粮食，而你却不接受，这岂不是命中注定要挨饿吗？"列子笑着对妻子说："子阳君并非本人了解我，他是因为听信了别人的话才送粮食给我；到了将来他加罪于我的时候，同样也会是因为听信了别人的话。这就是我不愿意接受粮食的原因啊。"后来，民众果然发难杀死了子阳。

六

楚昭王失国^①，屠羊说走而从于昭王^②。昭王反国^③，将赏从者。

【注释】

①楚昭王失国：楚昭王丧失了自己的国家。楚昭王为楚平王之子，楚平王杀害
　大臣伍奢，伍奢之子伍子胥逃到吴国。楚平王死后，楚昭王即位，伍子胥
　率领吴兵伐楚，攻破郢都，楚昭王逃往随国。

②屠羊说（yuè）：此人名说，职业为宰羊，故称“屠羊说”。走：跑，逃亡。

③反国：返回楚国。反，同“返”。

【译文】

　　楚昭王丧失了自己的国家，屠羊说便跑去跟随楚昭王流亡在外。
楚昭王返回楚国后，准备奖赏跟随自己一起逃亡的人。

　　及屠羊说^①，屠羊说曰：“大王失国，说失屠羊^②；大王反国，
说亦反屠羊。臣之爵禄已复矣^③，又何赏之有！”王曰：“强之^④。”
屠羊说曰：“大王失国，非臣之罪，故不敢伏其诛^⑤；大王反国，非
臣之功，故不敢当其赏^⑥。”王曰：“见之。”屠羊说曰：“楚国之法，
必有重赏大功而后得见，今臣之知不足以存国，而勇不足以死寇^⑦。
吴军入郢^⑧，说畏难而避寇，非故随大王也^⑨。今大王欲废法毁约
而见说，此非臣之所以闻于天下也。”

【注释】

①及：至。这里指赏赐到。

②失屠羊：失去了屠羊的职业。

③爵禄：实际指宰羊的职业和宰羊赚的钱。爵喻指宰羊的职业，禄喻指宰羊赚的钱。

④强之：强迫他接受赏赐。

⑤不敢伏其诛：不愿意伏法受诛。

⑥当：承担，接受。

⑦死寇：战死于疆场。

⑧郢（yǐng）：楚国都城。在今湖北江陵一带。

⑨故：故意，有意地。

【译文】

　　当赏赐到屠羊说的时候，屠羊说婉言拒绝说："大王丢失了楚国，而我也丢失了宰羊的职业；如今大王返回了楚国，我也恢复了我的宰羊职业。我的'爵禄'都已经恢复了，还要什么奖赏呢！"楚昭王说："强迫他接受奖赏！"屠羊说依然拒绝说："大王失去了楚国，那不是我的过错，所以我不愿意伏法受诛；如今大王返回楚国，这也不是我的功劳，所以我也不愿意接受赏赐。"楚昭王说："我想见见他。"屠羊说又一次拒绝说："按照楚国的制度规定，一定是那些建立大功、受到重赏的人才能够得到国王接见的礼遇，如今我的才智不足以保全楚国，我的勇气也不能够让自己战死疆场。吴国军队攻入郢都时，我是因为害怕灾难而躲避敌寇的，并非有意地追随大王去逃亡，如今大王要违反制度规定来接见我，而我不愿意因为这种不合制度规定的事情而名闻天下。"

　　王谓司马子綦曰[①]："屠羊说居处卑贱而陈义甚高[②]，子綦为我延之以三旌之位[③]。"屠羊说曰："夫三旌之位，吾知其贵于屠羊之肆也[④]；万钟之禄[⑤]，吾知其富于屠羊之利也。然岂可以贪爵禄而使吾君有妄施之名乎[⑥]！说不敢当，愿复反吾屠羊之肆。"遂不受也。

【注释】

①司马子綦（qí）：此人名子綦，官居司马，故称"司马子綦"。

②陈义：陈述的道义。

③延之以三旌之位：用三卿之位来延请他。延，请。三旌，一本又作"三圭"。

　　陆德明《经典释文》："司马本作三圭。云：谓诸侯之三卿皆执圭也。"故"三旌"指三卿。三卿指司徒、司马、司空。

④肆：商店。这里指宰羊铺子。

⑤钟：计量粮食的单位。六斛四斗为一钟。

⑥妄施：不符合制度的恩赐。

【译文】

　　楚昭王对司马子綦说："屠羊说身处的地位如此卑贱，而陈述的道义却如此高尚，你还是替我去把他请来担任三卿之位吧！"屠羊说说："三卿的地位，我知道比在店子里宰羊卖肉的职业要高贵得多；万钟的俸禄，我也知道比宰羊卖肉赚的钱要丰厚得多。然而我怎么能够因为贪图高官厚禄，而使国君蒙受胡乱恩赐的坏名声呢？我不愿意接受三卿之位，只希望回到我的店子里继续去宰羊卖肉。"屠羊说最终没有接受任何赏赐。

七

　　原宪居鲁①，环堵之室②，茨以生草③，蓬户不完④，桑以为枢⑤，而瓮牖二室⑥，褐以为塞⑦，上漏下湿，匡坐而弦⑧。

【注释】

①原宪：孔子弟子。姓原名宪，字子思。

②环堵之室：一丈见方的小房子。堵，古代筑墙单位，长高各一丈的土墙为一堵。环堵，周围各一堵的房间。

③茨（cí）：用草盖房子。生草：刚刚割下的青草。

④蓬户不完：用蓬草编织的门破烂不堪。蓬，草名。户，门。

⑤桑以为枢：即"以桑为枢"。用桑树条做门上的转轴。枢，转轴。

⑥瓮牖（wèng yǒu）：用破瓦罐子做窗户。瓮，瓦罐。牖，窗子。二室：小房子被隔成两个房间。

⑦褐（hè）以为塞：用粗布破衣堵住破瓦罐做成的窗口。塞住窗口的目的是为了堵住寒风。褐，粗布衣。

⑧匡坐而弦：端端正正地坐在那里弹琴。匡，端正。弦，琴弦。这里用作动词，弹琴。

【译文】

　　原宪生活在鲁国时，住的是一丈见方的小房子，屋顶上盖着刚刚割下来的青草，用蓬草编织的门破烂不堪，门上的转轴是用桑树条做成的，窗户是用破瓦罐做成的，小房子被隔成两个房间，粗布破衣塞着破瓦罐做成的窗口，屋顶上漏着雨，室内地面十分潮湿，而原宪端端正正地坐在那里弹琴。

子贡乘大马①，中绀而表素②，轩车不容巷③，往见原宪。原宪华冠縰履④，杖藜而应门⑤。子贡曰："嘻！先生何病？"原宪应之曰："宪闻之，无财谓之贫，学而不能行谓之病。今宪，贫也，非病也。"子贡逡巡而有愧色⑥。原宪笑曰："夫希世而行⑦，比周而友⑧，学以为人⑨，教以为己⑩，仁义之慝⑪，舆马之饰，宪不忍为也。"

【注释】

①子贡：孔子弟子。姓端木，名赐，字子贡。大马：这里指高头大马拉的车子。

②中绀（gàn）：穿着暗红色的内衣。中，内衣。绀，深青而又带红的颜色。表素：罩着白色的外衣。表，外衣。素，白色。一说"中绀而表素"描述的是车盖情况。

③轩车不容巷：高大宽敞的马车无法进入狭窄的小巷子。轩车，贵族乘坐的高大马车。不容，进不去。

④华冠：桦树皮做的帽子。华，通"桦"。一说"华冠"是指破烂的帽子。縰（xǐ）履：烂掉后跟的鞋子。

⑤杖：拄着。藜（lí）：植物名。这里指藜茎做的拐杖。应门：应声而去开门。

⑥逡（qūn）巡：后退的样子。

⑦希世：迎合世俗社会。

⑧比周：相互勾结。

⑨为人：为了在别人面前炫耀自己的学问。

⑩为己：为自己谋取私利。

⑪仁义之慝（tè）：打着仁义的旗号去做罪恶的勾当。慝，奸邪。

【译文】

　　子贡乘坐着高头大马拉的车子，穿着暗红色的内衣，上面罩着雪白的外衣，他乘坐的马车因为太高大而无法进入原宪居住的狭窄巷子，于是子贡只好徒步去看望原宪。原宪戴着桦树皮做的帽子，穿着烂掉后跟的鞋子，拄着藜木拐杖出门迎接。子贡问道："哎呀！先生您有什么毛病吧？"原宪回答说："我听别人说，没有钱财叫贫穷，学习之后不能按照学到的道德原则去做事才叫有毛病。如今我原宪，是贫穷啊，而不是有什么毛病。"子贡听了不由自主地后退了几步，满面的羞愧表情。原宪笑着说："迎合着世俗去做事，把相互勾结视为结交朋友，学习是为了在别人面前炫耀自己的知识，收徒讲学是为了谋取个人的私利，甚至打着仁义的幌子去干罪恶的勾当，还把自己的车马装饰得如此华丽漂亮，这些都是我所不忍心做的事情啊。"

八

　　曾子居卫①，缊袍无表②，颜色肿哙③，手足胼胝④，三日不举火⑤，十年不制衣，正冠而缨绝⑥，捉衿而肘见⑦，纳屦而踵决⑧。曳纵而歌《商颂》⑨，声满天地，若出金石⑩。天子不得臣⑪，诸侯不得友。故养志者忘形，养形者忘利，致道者忘心矣⑫。

【注释】

①曾子：即曾参。孔子弟子。

②缊（yùn）袍：用乱麻丝做絮里的袍子。无表：缊袍的衣面已经全部烂掉了。表，衣面。

③颜色：面色，面容。肿哙（kuài）：浮肿。

④胼胝（pián zhī）：手脚上的老茧。

⑤举火：生火做饭。

⑥正冠而缨绝：想把帽子扶正一下，而帽带子就断了。正，扶正。缨，帽带。绝，断掉。

⑦捉衿而肘见（xiàn）：拉一拉衣襟想遮住露在外面的胸肚，而胳膊肘又露了出来。衿，衣襟。见，同"现"。露出来。成语"捉襟见肘"即出于此。

⑧纳屦（jù）而踵决：穿鞋时稍一用力，鞋跟就被蹬掉了。纳，穿。屦，鞋。踵，鞋后跟。决，裂开。

⑨曳縰（xǐ）：拖着烂掉后跟的鞋子。曳，拖着。縰，烂掉后跟的鞋子。《商颂》：《诗经》中的一部分，是商朝及周朝时期宋国的诗歌，内容主要为赞颂先哲和神灵。

⑩若出金石：就像从金石乐器中发出的一样。形容歌声铿锵有力、宏大嘹亮。金石，指用金属和石料做成的乐器，如钟、磬等。

⑪天子不得臣：天子无法让他成为自己的臣子。

⑫忘心：指忘却一切，心中空净。

【译文】

　　曾子居住在卫国的时候，穿着乱麻絮做成的袍子，袍子的衣面已经全部烂掉了，他面目浮肿，手脚都长满了厚厚的老茧。他三天都未能生火做一次热饭，十年也没能添置一件新衣，他想把帽子扶正一下而帽带就断掉了，拉一拉衣襟想遮住胸口而胳膊肘又露了出来，穿鞋时稍一用力而鞋跟就被蹭掉了。然而当他拖着烂掉后跟的鞋子高歌《商颂》时，宏大嘹亮、铿锵有力的歌声充满天地之间，这歌声就好像是从金石乐器中发出的一样。天子无法让他成为自己的臣下，诸侯也不能与他结为朋友。所以说修养心性的人能够忘却自己的形体，养护形体的人能够忘却外界的名利，修习大道的人能够做到内心空净。

九

孔子谓颜回曰："回来①，家贫居卑②，胡不仕乎③？"颜回对曰："不愿仕。回有郭外之田五十亩④，足以给钌粥⑤；郭内之田十亩，足以为丝麻；鼓琴足以自娱⑥，所学夫子之道者足以自乐也。回不愿仕。"孔子愀然变容曰⑦："善哉，回之意！丘闻之：'知足者，不以利自累也；审自得者⑧，失之而不惧；行修于内者，无位而不怍⑨。'丘诵之久矣，今于回而后见之，是丘之得也⑩。"

【注释】

①回：即颜回。孔子最得意的弟子。来：句末语气词。也可理解为"走过来"。

②居卑：社会地位卑微。

③胡：为什么。仕：出仕做官。

④郭：外城墙。古代重要城市一般有两道城墙，里面的一道城墙叫"城"，外面的一道城墙叫"郭"。

⑤钌（zhān）粥：泛指食物。钌，稠粥。

⑥鼓：弹奏。

⑦愀（qiǎo）然：深受感动的样子。

⑧审自得者：真正能够做到安闲自得的人。审，确实，真正。

⑨无位而不怍（zuò）：没有高贵的地位也不会感到羞愧。怍，羞愧。

⑩得：心得，收获。

【译文】

　　孔子对颜回说："颜回啊，你家境贫寒，地位卑微，为什么不出仕做官呢？"颜回回答说："我不愿意做官。我在城郭之外有五十亩土地，完全可以供给我食粮；我在城郭之内有十亩土地，足够用来种麻养蚕；弹琴唱歌，足以使我感到愉悦；从先生那里学到的知识，足以使我获取快乐。我不愿意出仕做官。"孔子听了之后非常感动，以至于改变了面容，赞叹说："真是太好啦，颜回的志愿！我听人说：'懂得满足的人，不会为了追求名利而使自己受到牵累；真正能够做到安闲自得的人，即使失去了一些名利富贵也不会感到忧惧；注重内心修养的人，即使没有高贵的地位也不会为此而感到羞愧。'我过去长期吟诵这些话，如今在你颜回身上才算真正看到了这种品质，这也是我今天的收获啊！"

十

　　中山公子牟谓瞻子曰①："身在江海之上②，心居乎魏阙之下③，奈何？"瞻子曰："重生。重生则利轻。"中山公子牟曰："虽知之，未能自胜也④。"瞻子曰："不能自胜则从⑤，神无恶乎⑥！不能自胜

而强不从者，此之谓重伤⑦，重伤之人，无寿类矣。"魏牟，万乘之
公子也⑧，其隐岩穴也，难为于布衣之士⑨，虽未至乎道，可谓有
其意矣⑩。

【注释】

①中山公子牟：魏国君主之子，名牟，因封于中山，故称"中山公子牟"。瞻
　子：魏国贤人。

②江海：泛指偏僻的隐居之处。

③心居乎魏阙之下：心里总是惦记着王宫里的荣华富贵。居，留在，惦记着。
　魏阙，古代宫门外的高大阙门。这里代指王宫。

④未能自胜也：自己不能战胜名利富贵的诱惑。

⑤从：从心所欲。也即去做自己想做的事情。

⑥神无恶：精神就不会受到伤害。恶，糟糕，受到伤害。

⑦重（chóng）伤：双重的伤害。追求名利的欲望强烈，这是对身心的一重伤
　害；在此情况下却去强制自己不去追逐名利，则又是一重伤害。

⑧万乘（shèng）之公子：大国君主的儿子。万乘，万辆战车。这里指拥有万
　辆战车的大国君主。

⑨难为于布衣之士：比起平民隐士来更加难以做到。难为，更难做到。布衣。
　这里指普通隐士。

⑩意：指修习大道的意愿。

【译文】

　　中山公子牟向瞻子请教说："我如今虽然隐居在江海之上，但心里
总惦记着王宫里的荣华富贵，我该怎么办呢？"瞻子说："你要看重自

己的生命！把自己的生命看重了，自然就会看轻荣华富贵。"中山公子牟说："我虽然也知道这个道理，可就是抵御不住荣华富贵对自己的诱惑。"瞻子说："如果实在抵御不住荣华富贵的诱惑，那你就去做自己想做的事情，这样一来你的精神就不会受到伤害了。抵御不住荣华富贵的诱惑却还要勉强去抵御，这可以说是身心受到了双重伤害，身心受到双重伤害的人，就无法成为长寿之人。"魏牟，是大国君主的儿子，他能够隐居在深山洞穴之中，这比起普通隐士来说更为困难，他虽然还没有获取大道的境界，但可以说他已经有了修习大道的志向了。

【研读】

　　本篇主旨是在阐述重生轻利思想，然而值得注意的是，本段文字在重生思想的指导下，非常轻易地从禁欲走向了纵欲。

　　庄子认为，为了自身的安全与健康，一定要做到禁欲或少欲。因为纵欲之人，对外则要与他人钩心斗角，内心也会因喜怒无常而导致阴阳失调，这种内外交攻局面自然不利于自身的安全和健康。

　　然而人们面临的问题是，虽然懂得无欲或少欲对自身生命健康的重要性，可就是无法克制自己的欲望，这又该怎么办呢？公子牟就遇到了这一难题。他的身体虽然隐居到了江湖山野，但内心总惦记着王宫里的荣华富贵，一直生活在矛盾之中。当他为此向瞻子讨教时，瞻子告诫他要"重生"，因为"重生则轻利"。如果实在做不到这一点，就不妨"不能自胜则从"，想做什么就去做什么。"重生则轻利"和"不能自胜则从"实际就是淡泊名利和追逐名利两种完全不同的生活原则，然而庄子却用一个主干理论把这两种不同的行为扭结在一起，这个主干理论就是"重生"。真正能够做到重生的人自然轻利，求利使人既伤神又伤身。但名利的诱惑实在太大，即使懂得"重生则轻利"的人仍然抵御不住名利的诱惑，在这种情况下，为了健康就不妨去纵欲。因为抵御不住名利诱惑而强制自己去抵御，将会受到双重伤害，受到双重伤害的人自然会"无寿"。如果把"重生"比作一座房屋的话，那么"禁欲"和"纵欲"就好比这座房屋里紧紧相邻的两间住室，它们之间只有一道很低的门槛，只要你愿意，就可以十分轻松地从此一住室踏入彼一住室。

出现这种情况并不使人感到意外，因为任何人的行为目的都是为了追求幸福。纵欲主义者是如此，禁欲主义者又何尝不是如此呢？禁欲不过是"钓鱼的艺术"。当一个钓鱼人舍弃米粒大小的鱼饵时，他想换回的是满钵的美味佳肴。庄子主张放弃名利，为的是保护自身安全与健康，而自身的安全与健康则是一种更大的"利"。各家各派无不如此，儒家淡泊名利是为了成圣，道教放弃名利是为了成仙，佛教放弃名利是为了成佛。在禁欲主义背后，都隐藏着比一般欲望要大得多的"大欲"，禁欲的目的是舍小欲而得大欲。因此可以说，从本质上讲，禁欲主义者与纵欲主义者没有太大差异。正是基于这一原因，我们说禁欲主义和纵欲主义是两家近邻，由此入彼或由彼入此都非常方便。关于以上观念，可参阅张松辉《三维人生·禁欲与纵欲》（海南出版社，2002年版）。

据此我们认为，从禁欲到纵欲，不过是一次"轻松"的跳跃。我们从公子牟和瞻子的对话中，能够深切地感受到这一点。

十一

　　孔子穷于陈、蔡之间^①，七日不火食^②，藜羹不糁^③，颜色甚惫，而弦歌于室。颜回择菜^④。子路、子贡相与言，曰："夫子再逐于鲁^⑤，削迹于卫^⑥，伐树于宋^⑦，穷于商、周^⑧，围于陈、蔡，杀夫子者无罪，藉夫子者无禁^⑨。弦歌鼓琴，未尝绝音^⑩，君子之无耻也若此乎？"颜回无以应^⑪，入告孔子。孔子推琴，喟然而叹曰^⑫："由与赐^⑬，细人也^⑭。召而来，吾语之。"

【注释】

①孔子穷于陈、蔡之间：孔子被围困于陈、蔡两国之间。孔子应楚王之邀前去楚国，陈、蔡两国大夫认为孔子到楚国后对自己不利，便出兵把他围困起来，后经楚国营救才得以脱险。陈，诸侯国名。在今河南周口淮阳区一带。蔡，诸侯国名，在今河南上蔡与新蔡一带。

②火食：生火做饭。

③藜（lí）羹不糁（shēn）：喝的野菜汤里没有一粒粮食屑。藜，野菜名。糁，粮食屑。

④择（zhái）菜：整理野菜。

⑤再逐于鲁：两次被鲁国驱逐出境。再，二。

⑥削迹于卫：在卫国无法立足。孔子在卫国时受到卫君怀疑，只好离开卫国。一说"削迹"的意思是卫国人讨厌孔子，连他留在卫国的足迹也被铲除干净。

⑦伐树于宋：在宋国受到伐树的惊吓和羞辱。孔子曾在宋国的一棵大树下率领弟子演习礼乐，宋国司马桓魋派人把大树砍倒，还扬言要杀害孔子，孔子

师徒只得离开宋国。

⑧穷于商、周：在宋国和东周穷困潦倒。穷，困窘。商，指宋国。宋国君主是商天子后裔，故宋国又被称为"商"。

⑨藉：践踏，欺辱。

⑩绝：停歇。

⑪无以应：不知该如何反驳。无以，没办法。

⑫喟（kuì）然：形容叹气的样子。

⑬由与赐：指子路和子贡。子路姓仲，名由，字子路。子贡姓端木，名赐，字子贡。

⑭细人：小人，见识浅薄之人。

【译文】

　　孔子被围困在陈、蔡两国之间的时候，整整七天没能烧火做饭，喝的野菜汤里没有一粒粮食屑，面容疲惫不堪，然而孔子还在室内一刻不停地弹琴唱歌。颜回在外面整理野菜，子路和子贡在一旁议论说："我们的老师两次被赶出鲁国，在卫国无法立足，在宋国受到伐树的惊吓和羞辱，在宋国和东周混得穷困潦倒，如今又被围困在陈、蔡两国之间，想杀害老师的人没有被治罪，欺辱老师的行为没有被禁止，然而老师还在那里弹琴唱歌，一刻也不停歇。老师作为一名君子，难道不知羞耻到了如此地步吗？"颜回不知该如何反驳二人，便进入室内把此事告诉孔子。孔子把琴推开，长长地叹了一口气，说："子路和子贡，真是见识浅薄的小人啊！把他俩叫进来，我有话要对他们讲。"

　　子路、子贡入。子路曰："如此者，可谓穷矣①！"孔子曰："是何言也！君子通于道之谓通②，穷于道之谓穷③。今丘抱仁义之道以遭乱世之患，其何穷之为④！故内省而不穷于道⑤，临难而不失其德，天寒既至，霜雪既降，吾是以知松柏之茂也。陈、蔡之隘⑥，于丘其幸乎！”孔子削然反琴而弦歌⑦，子路扢然执干而舞⑧。子贡曰：“吾不知天之高也⑨，地之下也⑩。”

【注释】

①穷：困窘，走投无路。

②通：第一个“通”是通晓、懂得的意思。第二个“通”是生活通达顺畅的意思。

③穷：不通，不懂得。

④何穷之为：这怎么能说是走投无路呢！为，通“谓”。说。

⑤内省（xǐng）：自我反省。

⑥隘：险境，困厄。

⑦削然：安详的样子。一说是象声词，形容取琴的声音。

⑧扢（xì）然：勇武的样子。干：盾牌。在孔子的激励下，子路不再消沉抱怨，变得振奋起来。

⑨天之高：指孔子的精神境界如天一样崇高。

⑩地之下：形容自己的品德如地一样低下。

【译文】

　　子路和子贡走进室内。子路对孔子说：“我们目前的处境，真可以说是走投无路了！”孔子说：“你说的这是什么话！君子通晓大道叫通达顺畅，不懂得大道才叫走投无路。如今我孔丘不过是怀抱着仁义之道而遭遇到了乱世带来的灾难而已，这怎么就能说是走投无路呢！我认真自我反省并不是不通晓大道，面临着危难也没有丧失自己的美德。寒冷的季节到了，霜雪降临大地，我这才知道只有松柏依然是那样的郁郁葱葱。这次在陈、蔡之间被围困起来，对于我孔丘来说真是一件十分幸运的事情啊！"孔子说完又安详地拿过琴来，一边弹奏一边歌唱，子路兴奋而又勇武地拿着盾牌踏着歌声跳起舞来。子贡感叹说："我真不知道老师的精神境界像天那样崇高，我也不知道自己的品德像地一样低下啊！"

　　古之得道者，穷亦乐，通亦乐^①。所乐非穷通也，道德于此，则穷通为寒暑风雨之序矣！故许由娱于颍阳^②，而共伯得乎丘首^③。

【注释】

①通：通达，生活得意。

②许由：尧时的隐士。其事迹可参见《逍遥游》篇。颍阳：颍水的北岸。为许由隐居处。颍，河名。发源于今河南。阳，古代山南、水北为阳。

③共伯得乎丘首：共伯悠闲自得地生活在丘首山上。共伯，即周王之子共伯和。残暴的周厉王被民众驱逐后，共伯和联合其他大臣一起执政。周厉王的儿子姬静长大后，共伯和把政权移交给姬静，姬静就是历史上的周宣王。共伯和退位后隐居于丘首山。丘首，一本作"共首"。山名。

【译文】

　　古时候那些得道之人，处境困窘时快乐，生活顺利时也快乐。他们的快乐原因不在于处境困窘或者生活顺利，而在于他们具备了大道和美德，那么处境的困窘和生活的顺利，在他们的眼中就像寒冷与暑热、刮风与下雨相互交替出现一样平常。因此许由能够在颍水北岸的隐居生活中获取快乐，而共伯和也能够在丘首山上过着悠闲自得的日子。

【研读】

关于孔子师生被围陈、蔡之事，《史记·孔子世家》有详细记载，我们只看其中有关弟子对此事的不同态度：

子路愠见曰："君子亦有穷乎？"孔子曰："君子固穷，小人穷斯滥矣。"

子贡曰："夫子之道至大也，故天下莫能容夫子。夫子盖少贬焉？"

颜回曰："夫子之道至大，故天下莫能容。虽然，夫子推而行之，不容何病？不容然后见君子！夫道之不修也，是吾丑也。夫道既已大修而不用，是有国者之丑也。不容何病？不容然后见君子！"孔子欣然而笑曰："有是哉，颜氏之子！使尔多财，吾为尔宰。"

在挫折面前，子路沉不住气，有点生老师的气了。子贡虽然没有生气，但对老师的信仰产生了怀疑，要求老师降低自己的治国标准，以便能够被社会所容纳。只有颜回，把挫折视为表现自己的一次大好机会。"不容何病，不容然后见君子！"这是何等的自信和气概！怪不得老师听了，竟然高兴得想去给他当管家。这三位弟子在困难面前的态度可以分为两种，子路和子贡可作为一种，把困难看作困难，于是怨天尤人；而颜回属于另一种，他把困难看作一种机会，一种难得的自我表现的机会。孔子对这次被困的评价更高，据《孔子集语·孔子先》记载，在解围后的第二天，孔子对弟子讲了这么一段话：

> 三折肱而成良医。夫陈、蔡之间，丘之幸也。二三子从丘者，皆幸人也。吾闻人君不困不成王，列士不困不成行。昔者，汤困于莒，文王困于羑里，秦穆公困于崤，齐桓公困于长勺，勾践困于会稽，晋文困于骊姬。夫困之道，从寒之及暖……唯贤者独知其难而言之也。《易》曰："困，亨贞，大人吉。"

在孔子看来，九死一生的陈、蔡绝粮经历，是自己的一次幸遇，弟子们应该为一起经历此事而庆幸才对，因为这次遭遇不仅是一次难得的磨炼机会，也是自己成功的开始。孟子也有一段类似的千古名言：

> 故天将降大任于是人也，必先苦其心志，劳其筋骨，饿其体肤，空乏其身，行拂乱其所为，所以动心忍性，曾益其所不能。人恒过，然后能改；困于心，衡于虑，而后作；征于色，发于声，而后喻。入则无法家拂士，出则无敌国外患者，国恒亡。然后知生于忧患，而死于安乐也。（《孟子·告子下》）

清代陈遇夫在《迂言百则》中也说："居逆境中，周身皆针砭药石，砥节励行而不觉；处顺境内，满前尽兵刃戈矛，销膏靡骨而不知。"逆境对成才的作用，我们可以举苏秦为例。《战国策·秦策一》记载，苏秦游说秦王失败后，只好穿着草鞋，担着行囊，满面羞愧地回到家中。看到他的一副狼狈相，妻子不理睬他，嫂子不为他做饭，父母不愿意与他讲一句话。后来，苏秦游说成功，身挂六国相印，当他再次回到家乡的时候，父母为他打扫道路与住室，安排了欢迎乐队与宴席，还跑到三十里之外去迎接。妻子在他面前恭恭敬敬，嫂子更是匍匐在地，反复道歉。苏秦见此情景后，感叹道：

> 且使我有洛阳负郭田二顷，吾岂能佩六国相印乎！（《史

记·苏秦列传》）

苏秦感叹："假如我在洛阳城外有两顷田地，我怎么还能佩戴六国相印呢！"正是因为贫苦的生活，才促使苏秦穷则思变，发愤图强，从而改变了自己的生活境遇。

对于孔子提出的"三折肱而成良医"，佛教也很认同，他们提出了与此类似的"烦恼即菩提"这一观念。《五灯会元》卷十六记载，处州灵泉山宗一禅师曾讲过这样一首偈语：

> 美玉藏顽石，莲花出淤泥。须知烦恼处，悟得即菩提。

菩提（比喻佛教智慧）好比美玉和莲花，烦恼好比顽石和淤泥，没有顽石和淤泥，就不会有美玉和莲花，没有烦恼，就不会促使人悟得佛法。宗一禅师同样认为，困境与烦恼对人来说，是一次难得的磨炼机会。

对于道、儒、释这种视困苦为磨炼机遇的思想境界，罗素曾经有一个带有否定性的评论："实际上，斯多葛主义里有着一种酸葡萄的成分。我们不能够有福，但是我们却可以有善；所以只要我们有善，就让我们装成是对于不幸不加计较吧！这种学说是英勇的，并且在一个恶劣的世界里是有用的；但是它却既不是真实的，而且从一种根本的意义上来说，也不是真诚的。"（《西方哲学史·古代哲学》）对于多数人来说，罗素的评论可能是正确的；但对于圣人来说，就未必正确。

十二

舜以天下让其友北人无择①，北人无择曰："异哉，后之为人也②！居于畎亩之中而游尧之门③，不若是而已④，又欲以其辱行漫我⑤。吾羞见之。"因自投清泠之渊⑥。

【注释】

①北人无择：舜时隐士。姓北人名无择。

②后：君主。指舜。

③居于畎（quǎn）亩：本来在农村生活。舜帝接受禅让前，曾在历山从事农业生产。畎，田间小沟。这里代指农村。游尧之门：指与尧交往并接受尧禅让的帝位。

④不若是而已：还不仅如此而已。若是，如此。

⑤辱行：丑行。北人无择认为舜热衷于名利富贵，故称之为丑行。漫：玷污。

⑥清泠：深渊名。一说在江南，一说在南阳（今河南南阳）。

【译文】

　　舜帝想把天下禅让给他的朋友北人无择，北人无择拒绝说："真是奇怪呀，舜帝这个人！他本来住在农村种地过日子，却偏偏要跑到尧那里去接受禅让的帝位。不仅如此，他还想拿他的丑行来玷污我。我羞于与他见面。"于是就跳入清泠渊自杀。

十三

　　汤将伐桀，因卞随而谋①，卞随曰："非吾事也。"汤曰："孰可②？"曰："吾不知也。"汤又因务光而谋③，务光曰："非吾事也。"汤曰："孰可？"曰："吾不知也。"汤曰："伊尹何如④？"曰："强力忍垢⑤，吾不知其他也。"汤遂与伊尹谋伐桀。

【注释】

①因：于是，就。卞随：夏末商初的隐士。

②孰可：哪位可以谋划此事呢？

③务光：一本作"瞀光"。夏末商初的隐士。

④伊尹：夏末商初的贤人，辅佐商汤王建立了商朝。

⑤强力忍垢：具有坚强毅力，能够忍辱负重。

【译文】

　　商汤王准备讨伐夏桀王，于是便去和卞随商议此事，卞随回绝说："这不关我的事。"商汤问："那么我该找谁商议此事呢？"卞随说："我不知道。"于是商汤王又去和务光商议此事，务光也回绝说："这不关我的事。"商汤问："那么我该找谁商议此事呢？"务光说："我不知道。"商汤王又问："伊尹这个人怎么样？"务光说："他具有坚强的毅力，还能够忍辱负重，至于其他情况我就不太清楚了。"于是商汤王就去与伊尹商议讨伐夏桀王的事情。

　　克之①，以让卞随②，卞随辞③。曰："后之伐桀也谋乎我④，必以我为贼也⑤；胜桀而让我，必以我为贪也。吾生乎乱世，而无道之人再来漫我以其辱行⑥，吾不忍数闻也⑦。"乃自投椆水而死⑧。

【注释】

①克之：战胜夏桀王。克，战胜。

②以让卞随：要把天下让给卞随。

③辞：拒绝，婉言谢绝。

④后：君主。指商汤王。

⑤贼：伤害别人。

⑥无道之人：指商汤王。再：两次。漫：玷污。

⑦数（shuò）闻：多次听到他来饶舌。数，多次。

⑧椆（zhōu）水：河名。据说在颍川（在今河南中部及南部一带）境内。

【译文】

　　战胜夏桀王之后，商汤王想把天下让给卞随，卞随婉言谢绝。卞随说："商汤王准备讨伐夏桀王的时候找我商议，他一定认为我是一个喜欢伤害别人的人；战胜夏桀王之后又要把天下让给我，他一定认为我是一个贪恋权力的人。我生活在这个天下大乱的年代，而无道之人先后两次用他的丑行来玷污我，我实在忍受不了多次听他来饶舌。"于是就自投椆水而死。

　　汤又让务光，曰："知者谋之，武者遂之①，仁者居之，古之道也。吾子胡不立乎②？"务光辞。曰："废上③，非义也；杀民④，非仁也；人犯其难，我享其利，非廉也。吾闻之曰：'非其义者，不受其禄；无道之世，不践其土。'况尊我乎⑤！吾不忍久见也。"乃负石而自沈于庐水⑥。

【注释】

①遂之：完成夺取天下的任务。遂，成功，完成。之，指夺取天下的事。

②吾子：对对方的尊称。胡：为什么。立：立为天子。

③废上：废除自己的君主。商汤王原是夏桀王的臣子，所以说商汤王推翻夏桀

王的统治是"废上"。

④杀民：杀害百姓。指灭夏之战伤害了民众生命。

⑤尊我：尊我为君主。

⑥自沈（chén）于庐水：自沉入庐水而死。沈，同"沉"。庐水，河名。据说
　在今河北境内。

【译文】

　　商汤王接着又想把天下让给务光，他对务光说："有智慧的人去谋划如何夺取天下，勇武的人去完成夺取天下的任务，而有仁德的人则应该当天子去治理天下，这是自古以来的原则。您为什么不去当天子呢？"务光婉言拒绝。说："废除自己的君主，这不符合道义；伤害民众的生命，这不符合仁爱原则；别人冒着生命危险去夺取天下，而我却坐享其利，这不符合廉洁原则。我听别人说：'批评某个人的行为不符合道义，就不应该去接受此人赐给的俸禄；对于政治混乱的国家，就不应该踏上它的领土。'更何况他还要尊我为天子！我实在不忍心长期看到这个混乱的社会。"于是就背着石块跳入庐水而死。

十四

　　昔周之兴，有士二人处于孤竹①，曰伯夷、叔齐②。二人相谓曰："吾闻西方有人③，似有道者，试往观焉。"至于岐阳④，武王闻之，使叔旦往见之⑤，与盟曰："加富二等⑥，就官一列⑦。"血牲而埋之⑧。

【注释】

①孤竹：诸侯国名。相传在今河北迁安一带。

②伯夷、叔齐：孤竹国君的两位儿子，著名的高尚之士。关于伯夷与叔齐的身世，详见本章节最后的"研读"。

③西方：指周国。周国处于孤竹国西南方向。有人：有一个人。指周文王。文王以仁义闻名，但当伯夷、叔齐到了周国时，文王已去世，在位的是周武王。

④岐阳：岐山的南面。岐，山名。在今陕西岐山县。

⑤叔旦：姓姬名旦，为周武王之弟，故称"叔旦"，也即著名的周公。叔旦辅佐武王伐纣，后又辅佐周成王治理天下。

⑥加富：增加俸禄。

⑦就官一列：授予一等官爵。就，就任。一列，第一等，最高级。

⑧血牲而埋之：杀牲祭祀，然后用牲口的血涂于盟书，再把盟书埋于祭坛之下。这是古代盟誓的仪式，以示信守不渝。

【译文】

　　从前周国刚刚兴起的时候，孤竹国有两位贤士，名叫伯夷和叔齐。他们两人在一起商议说："我们听说西方周国有一位君主，好像是位有道之人，我们何不前去看看？"当他们走到岐山南面时，周武王知道了此事，就委派弟弟叔旦前去迎接，并与他们签下了盟约，盟约上写道："为你们增加两级俸禄，授予一等官爵。"然后用牲口血涂抹在盟书上，埋入祭坛下以示诚信。

　　二人相视而笑，曰："嘻，异哉！此非吾所谓道也。昔者神农之有天下也，时祀尽敬而不祈喜^①；其于人也，忠信尽治而无求焉。乐与政为政^②，乐与治为治，不以人之坏自成也^③，不以人之卑自高也，不以遭时自利也^④。今周见殷之乱而遽为政^⑤，上谋而下行货^⑥，阻兵而保威^⑦，割牲而盟以为信^⑧，扬行以说众^⑨，杀伐以要利^⑩，是推乱以易暴也^⑪。吾闻古之士，遭治世不避其任，遇乱世不为苟存^⑫。今天下暗^⑬，周德衰，其并乎周以涂吾身也^⑭，不如避之以絜吾行^⑮。"二子北至于首阳之山^⑯，遂饿而死焉。

【注释】

①时祀：按时祭祀神灵。时，按时。尽敬：竭尽虔诚与敬意。不祈喜：不祈求神灵赐福。祈，求。喜，福气。

②与政：参与政务。

③坏：失败，衰落。

④遭时：遇到好时机。遭，遇到。

⑤殷：商朝。后来商朝迁都于殷（在今河南安阳西北），故商朝又称殷。遽（jù）为政：马上就去夺取商朝政权。遽，急速。为，夺取。一说"为政"是整顿好自己的政务以谋取商朝政权。

⑥上谋：算计自己的君主。上，君主。当时商纣王为君主，周武王为臣下。下行货：对下用财物收买人心。

⑦阻兵而保威：依靠武力维护自己的权威。阻，依靠。

⑧割牲：宰杀牛、羊、猪等做祭品。

⑨扬行以说（yuè）众：宣扬自己的德行以取悦民众。扬，宣扬。说，同"悦"。

⑩要：寻求，追逐。

⑪是推乱以易暴：这些做法是推行混乱的政治以替代残暴的政治。是，代指以

　　上行为。易，替代。

⑫苟存：苟且偷生。

⑬暗：黑暗，动乱。

⑭并乎周：投靠周国。并，依附，投靠。涂：污渍，玷污。

⑮絜（jié）：通"洁"。高洁。

⑯首阳：山名。一说在今山西永济南，一说在今河南偃师西北。一般认为应指
　　前者。另外，叫首阳山的还有其他数处。

【译文】

　　伯夷、叔齐二人相互对视了一下，笑着说："唉，真是奇怪呀！这些做法并不符合我们所向往的大道啊。从前神农氏治理天下的时候，他尽心尽意、恭恭敬敬地按时祭祀神灵，却不祈求神灵赐福；他对于民众，诚心诚意、尽心尽力去治理而从不向他们索取什么。乐于参与政事的民众就让他们参与政事，乐于从事治理的民众就让他们从事治理。神农氏不会趁着别人衰败的机会而去获取自己的成功，不会因为别人地位低下而去炫耀自己地位的高贵，更不会因为遇上了好时机而去谋取个人利益。如今周国人一看见商朝政治混乱就马上想去谋取天下政权，他们对上算计自己的君主，对下使用钱财收买民心，依仗武力来维护自己的权威，宰杀牺牲签订盟约以显示自己的诚信，宣扬自己的德行以取悦民众，征伐杀戮以追逐利益，他们的这些行为实际上是在用混乱的政治去替代残暴的政治。我们听说古时候的贤士，遇到政治清明的社会不去逃避自己的社会责任，遇到政治混乱的社会也不去苟且偷生。如今天下的政治是如此黑暗，周国人的品德是如此衰败，与其投靠周国人而使自身受到玷污，还不如离开他们以保持我们品行

的高洁。"于是两人向北走到了首阳山，最后饿死在那里。

若伯夷、叔齐者，其于富贵也，苟可得已①，则必不赖②。高节戾行③，独乐其志，不事于世，此二士之节也。

【注释】

①苟：如果，即使。已：通"矣"。

②赖：获取。

③戾行：与众不同的行为。戾，不同。

【译文】

像伯夷、叔齐这样的人，他们对于名利富贵，即使能够得到，也决不会去获取。他们具有高尚的节操和不同流俗的行为，为自己的志趣而愉悦，不从事世俗事务，这就是两位贤士的气节啊！

【研读】

伯夷与叔齐的故事是中国历史上非常著名的故事。关于伯夷、叔齐的生平，《史记·伯夷列传》也有记载，可以作为庄子这段文字的补充：

> 伯夷、叔齐，孤竹君之二子也。父欲立叔齐，及父卒，叔齐让伯夷。伯夷曰："父命也。"遂逃去。叔齐亦不肯立而逃之。国人立其中子。于是伯夷、叔齐闻西伯昌善养老，盍往归焉。及至，西伯卒，武王载木主，号为文王，东伐纣。伯夷、叔齐叩马而谏曰："父死不葬，爰及干戈，可谓孝乎？以臣弑君，可谓仁乎？"

左右欲兵之。太公曰："此义人也。"扶而去之。武王已平殷乱，天下宗周，而伯夷、叔齐耻之，义不食周粟，隐于首阳山，采薇而食之。及饿且死，作歌。其辞曰："登彼西山兮，采其薇矣。以暴易暴兮，不知其非矣。神农、虞、夏忽焉没兮，我安适归矣？于嗟徂兮，命之衰矣！"遂饿死于首阳山。

《史记》记载：伯夷、叔齐，是孤竹国君的两个儿子。父亲生前想让小儿子叔齐继承君位，等到父亲去世后，叔齐却要让位给长兄伯夷。伯夷说："让你当君主是咱们父亲的意愿。"于是就逃走了。叔齐也不肯继承君位，也跟着逃走了。孤竹国的大臣们只好拥立老国君的第二个儿子为君主。此时伯夷、叔齐听说西伯姬昌（即周文王）敬养老人，于是就去前去投靠姬昌。等他们到了周国的时候，西伯姬昌已经去世，他的儿子周武王便用车载着姬昌的灵牌，尊他为周文王，然后率军向东讨伐商纣王。伯夷、叔齐拉住武王的战马，劝阻说："父亲刚刚去世还未安葬，就动起干戈来，这能说是孝吗？以臣子的身份去杀害自己的君主，这能说是仁吗？"武王身边的人想杀死他俩，姜太公说："这是两位义士啊！"于是就把他俩搀扶开去。武王灭掉混乱的商朝之后，天下都拥戴周朝，而伯夷、叔齐却以此为耻，坚持大义不吃周朝的粮食，隐居于首阳山上，靠采野菜充饥。在他俩快要饿死的时候，作了一首歌，歌辞说："登上了首阳山啊，采集野菜充饥。以一个暴政替代另一个暴政啊，却不知道自己的过失？神农、虞舜、夏朝大禹都已去世了，我们到哪里去寻找归宿！唉，我们也将要离开人世啊，我俩的生命已经衰微！"于是伯夷与叔齐就这样饿死在首阳山上。

"盗亦有道"之"道"

盗 跖

盗跖，相传为春秋末年人，一说为黄帝时人。其人名跖，身份为强盗首领，故被称为"盗跖"。本篇共讲述了三个虚构故事。第一个故事假借孔子与盗跖相互批判的言辞，表达了庄子学派既反对世俗盗贼又反对世俗圣贤的一贯态度。第二、第三个故事则是对第一个故事的进一步发挥，其中第二个故事在批判坏人与世俗圣贤的同时，把批判重点指向世俗圣贤，认为他们提倡的所谓美德不仅是虚伪的，而且是害人的。第三个故事则把批判的重点指向追求财富权势的贪婪之徒，认为这样做不仅伤害了别人，也伤害了自己的身心健康。

一

孔子与柳下季为友①，柳下季之弟名曰盗跖②。盗跖从卒九千人，横行天下，侵暴诸侯，穴室枢户③，驱人牛马，取人妇女，贪得忘亲④，不顾父母兄弟，不祭先祖。所过之邑，大国守城，小国入保⑤，万民苦之⑥。

【注释】

①柳下季：春秋时期鲁国贤人。姓展名禽，字季。封于柳下，故名"柳下季"。死后谥为"惠"，故又称"柳下惠"。这个故事只能视为虚构，因为孔子与柳下季不是同时代的人。

②盗跖（zhí）：名跖，身份为强盗，故称"盗跖"。一说盗跖为春秋时大盗，一说为黄帝时大盗，与孔子、柳下惠均不同时。

③穴室：挖墙洞入室抢劫。穴，用作动词，挖洞。枢户：撬开门户。枢，通"抠"。挖，撬。户，门。

④亲：父母。也可理解为泛指亲人、亲情。

⑤保：通"堡"。城堡。

⑥苦之：因为盗跖的行为而痛苦不堪。

【译文】

　　孔子与柳下季是朋友，柳下季有个弟弟名叫盗跖。盗跖率领九千匪徒，横行于天下，侵扰各国诸侯，挖墙抢劫，撬门盗窃，抢夺别人的牛马，掠走别人的妻女，贪得无厌，不要亲情，甚至连父母兄弟也不顾及，更不去祭祀自己的先祖。凡是他们经过的地方，大国避守于城池，小国躲入城堡，成千上万的民众因为盗跖的行为而痛苦万分。

【研读】

　　本篇认为柳下惠与盗跖是兄弟，《淮南子·说林训》也认为柳下惠与盗跖是兄弟，至少是同时代的人。该书通过一件小事，刻画出二人本性的差异：

　　　　柳下惠见饴，曰："可以养老。"盗跖见饴，曰："可以黏牡。"

见物同，而用之异。

柳下惠与盗跖看到了一盆饴糖，柳下惠说："这种饴糖可以用来供养牙口不好的老人。"而盗跖则说："撬门偷东西时，把这种饴糖涂抹在门闩上，撬起来一定又光滑又没有声响。"同样一件东西，在品性不同的人眼中，就会具有不同的作用。

孔子谓柳下季曰："夫为人父者，必能诏其子[1]；为人兄者，必能教其弟。若父不能诏其子，兄不能教其弟，则无贵父子兄弟之亲矣。今先生，世之才士也，弟为盗跖，为天下害，而弗能教也，丘窃为先生羞之[2]。丘请为先生往说之[3]。"柳下季曰："先生言为人父者必能诏其子，为人兄者必能教其弟，若子不听父之诏，弟不受兄之教，虽今先生之辩[4]，将奈之何哉！且跖之为人也，心如涌泉[5]，意如飘风[6]，强足以距敌[7]，辩足以饰非[8]，顺其心则喜，逆其心则怒，易辱人以言。先生必无往。"

【注释】

[1]诏：训导，教育。

[2]窃：谦辞。私下，个人。

[3]说（shuì）：劝说，劝导。

[4]虽：即使。辩：能言善辩。

[5]心如涌泉：心中计谋充足得如同喷涌的泉水。

[6]意如飘风：情绪变化之快犹如飘忽的暴风。飘风，暴风。

[7]距：通"拒"。抗击，对抗。

[8]饰非：为自己的错误辩护。

【译文】

孔子对柳下季说："大凡做父亲的，一定要能够训导好自己的子女；做兄长的，一定要能够教育好自己的弟弟。如果做父亲的无法训导好自己的子女，做兄长的无法教育好自己的弟弟，那么大家也就没有必要再去看重父亲、兄长这些亲人了。如今的您，是社会上的著名贤士，而您的弟弟却被民众呼做'盗跖'，成为祸害天下之人，您却没有能力对他加以管教，我私下在这件事情上为先生感到羞愧。请让我孔丘替先生前去劝导一下他。"柳下季回答说："先生认为做父亲的一定要能够训导好自己的子女，做兄长的一定要能够教育好自己的弟弟，如果做子女的不接受父亲的训导，做弟弟的不听从兄长的教育，即便像先生今天这样能言善辩，又能拿他怎么办呢？况且跖这个人，心中的计谋充足得犹如喷涌而出的泉水，情绪变化得就像飘忽不定的暴风，他的强悍勇武足以对抗自己的敌手，巧言善辩足以文饰自己的过错，顺从他的意愿他就高兴，违背他的意愿他就发怒，还喜欢轻易地用语言去羞辱别人。先生务必不要前去劝导他。"

【研读】

盗跖之所以能够横行天下，危害民众，就是因为他能够"心如涌泉，意如飘风，强足以距敌，辩足以饰非"，具有为非作歹的能力。这就再次提醒人们要关注德与才孰重孰轻的问题。

绝大多数的古代思想家以仁爱为最高的修养境界，在德与才的关系上，明确以仁德为主，以才能为辅。我们也认同这一看法。对于每个人的要求，自然应是德才兼备，如果熊掌与鱼不可兼得的话，宁可要一个有德无才之士，也不愿要一个有才无德之人。有德无才，即使对社会没有多大贡献，至少不会祸害社会；而一个有才无德的人就不同了，这样的人比无德无才的人更可怕。无德无才，想祸害社会，也没有太大的祸害能力；有才无德的人，既有祸害社会之心，又有祸害社会之力。元代的赵天麟在奏章中对此有一个很好的总结："臣以为选用之法，莫贵于德，莫急于才。才德兼全者，大丈夫也；德胜才者，君子也；才胜德者，豪英也；有德无才者，淳士也；有才无德者，小人也；才德兼无者，愚人也。"（《历代名臣奏议》卷一百九十八）德才兼备固然最好，如果必须去其一，那么我们宁肯要"有德无才"的"淳士"，也不要"有才无德"的"小人"。

有才无德的小人一旦掌握政权，戕害的不仅是百姓，而且也会为自己带来灭顶之灾，可以说是害人害己。商纣王就是此类典型。《史记·殷本纪》记载：

> 帝纣资辨捷疾，闻见甚敏；材力过人，手格猛兽；知足以距谏，言足以饰非；矜人臣以能，高天下以声，以为皆出己之下。

《史记》对商纣王的描写，几乎与《庄子》对盗跖的描写一模一样。商纣王这个有智有力而缺德的天子，以酒池肉林、炮格剖心等各种方式残害臣民，最后也导致自己国破身亡；盗跖这个有智有力而缺德的大盗，也"横行天下，侵暴诸侯，穴室枢户，驱人牛马，取人妇女"，让人不解的是这个作恶多端的凶徒"竟以寿终"《史记·伯夷列传》，至今让人愤然不平。像纣王、盗跖这些多才之人，正如《周书》所说："为虎傅翼，将飞入邑，择人而食之。"（《韩非子·难势》引《周书》佚文》）这些历史事实告诫后人，选人用人，必须把道德品质放在第一位。

孔子不听，颜回为驭①，子贡为右②，往见盗跖。

【注释】

①颜回：孔子最得意的弟子。驭：驾车。

②子贡：孔子弟子，特别善于外交。右：即车右，又叫骖乘。古时驾车者坐在
　　中间，尊贵者坐在左边，另一人坐在右边，此人即称"车右"，其任务一是
　　为了保持车子两边的轻重平衡，二是为了保护尊者的安全。

【译文】

　　孔子没有接受柳下季的劝阻，于是就让颜回为自己驾车，让子贡
当车右，一起去见盗跖。

　　盗跖乃方休卒徒大山之阳①，脍人肝而餔之②。孔子下车而前，
见谒者曰③："鲁人孔丘，闻将军高义，敬再拜谒者④。"谒者入通⑤，
盗跖闻之大怒，目如明星，发上指冠，曰："此夫鲁国之巧伪人孔
丘非邪？为我告之：'尔作言造语⑥，妄称文、武⑦，冠枝木之冠⑧，
带死牛之胁⑨，多辞缪说⑩，不耕而食，不织而衣，摇唇鼓舌，擅
生是非，以迷天下之主，使天下学士不反其本⑪，妄作孝悌⑫，而
侥幸于封侯富贵者也。子之罪大极重⑬，疾走归⑭！不然，我将以
子肝益昼餔之膳⑮！'"

【注释】

①方：正在。休卒徒：休整队伍。大（tài）山之阳：泰山的南边。大山，即
　　泰山。大，同"泰"。

②脍（kuài）：切细的肉。这里用作动词，切细。铺（bǔ）：吃。

③谒者：负责通报的人。

④敬再拜谒者：我由衷地向您致敬、叩拜。这是委婉地请通报之人向盗跖禀报。再拜，连拜两拜。再，二。

⑤入通：进去向盗跖通报。

⑥尔：你。指孔子。

⑦妄称文武：谎称是周文王和周武王的言论。

⑧冠（guàn）：头戴。枝木之冠：装饰繁复的帽子。枝木，形容帽子上的华丽装饰犹如繁茂的树枝。

⑨带：腰带。用作动词，腰里扎着。死牛之胁：牛皮带。胁。这里指用牛体腋下到肋骨尽处的皮子做成的皮带。

⑩缪（miù）说：胡言乱语。缪，同"谬"。错误。

⑪本：天性。

⑫孝悌（tì）：孝敬父母叫"孝"，敬重兄长叫"悌"。

⑬极重：罪重。极，通"殛"。诛杀。引申为罪过。

⑭疾走归：赶快逃回去。疾，快速。走，跑，逃走。

⑮益昼铺之膳：为我的午餐增添一点儿膳食。益，增添。昼铺，午餐。

【译文】

　　盗跖正在泰山的南边休整他的队伍，嘴里正吃着切细的人肝。孔子下车后走上前去，见到了负责通报的人，说："我是鲁国人孔丘，久仰你们将军的高义大名，敬请您去向将军通报一声。"负责通报的人进去向盗跖禀告了孔子求见之事，盗跖听后便勃然大怒，两眼闪闪发光犹如闪亮的星星，头发竖起直冲帽顶，说："这个人不就是鲁国那个巧诈虚伪的孔丘吗？你替我去警告他：'你编造了许许多多的言辞，谎称是周文王和周武王的言论，你头上戴着装饰繁复、犹如繁茂树枝的帽子，腰里扎着宽宽的死牛皮带，满嘴的胡言乱语，你不用种地却能够吃饱喝足，不用纺织而能够穿戴讲究，整天摇唇鼓舌，擅自制造是非，以此来迷惑天下的君主，使天下的读书人无法恢复自己的天性，还胡乱编造了什么孝顺父母、敬重兄长的人伦原则，想借此侥幸地获取封侯的赏赐而成为富贵之人。你实在是罪大恶极啊，赶快滚回去！不然的话，我将挖出你的心肝，为我的午餐增添一点儿膳食！'"

孔子复通曰①："丘得幸于季②，愿望履幕下③。"谒者复通，盗跖曰："使来前！"孔子趋而进④，避席反走⑤，再拜盗跖。盗跖大怒，两展其足，案剑瞋目⑥，声如乳虎⑦，曰："丘来前！若所言⑧，顺吾意则生，逆吾心则死。"

【注释】

①复通：再次请求通报人进去禀告。

②得幸于季：得到柳下季的宠幸、眷顾。即能够荣幸地与柳下季结为好友。

③愿望履幕下：希望能进帐拜望足下。愿，希望。望履，是一种非常谦恭的辞令，表示自己不敢正视对方，只敢看着对方的鞋子，犹后世讲的"拜望足下"。履，鞋子。

④趋：小步快走。这是古人表示尊敬的一种步态。

⑤避席反走：离开坐席向后跑了几步。这是表示尊敬对方的一种礼仪。反，同"返"。走，跑。

⑥案剑：握着剑柄。表示随时可能拔剑杀人，以此来威吓对方。案，通"按"。

握着。瞋（chēn）目：因愤怒而睁大眼睛。

⑦乳虎：处于哺乳期的母老虎。

⑧若：你。

【译文】

孔子再次请求通报人进去禀报，说："我十分荣幸地能够与柳下季结为好友，真心希望能进入大帐拜见足下。"负责通报的人再次向盗跖禀报，盗跖说："把他叫进来！"孔子恭恭敬敬地小步快走进入大帐，又离开坐席向后快跑了几步，然后向盗跖连续拜了两拜。盗跖非常愤怒，伸开两条腿坐着，手握着剑柄，怒睁着双眼，吼声犹如哺乳的母老虎在咆哮，他吼道："孔丘，你走上前来！你今天说的话，合乎我的心意就放你一条生路，不合我的心意就要了你的性命！"

孔子曰："丘闻之，凡天下有三德：生而长大①，美好无双②，少长贵贱见而皆说之③，此上德也；知维天地④，能辩诸物⑤，此中德也；勇悍果敢，聚众率兵，此下德也。凡人有此一德者，足以南面称孤矣⑥。今将军兼此三者，身长八尺二寸，面目有光，唇如激丹⑦，齿如齐贝⑧，音中黄钟⑨，而名曰盗跖，丘窃为将军耻不取焉⑩。将军有意听臣⑪，臣请南使吴、越，北使齐、鲁，东使宋、卫，西使晋、楚，使为将军造大城数百里，立数十万户之邑⑫，尊将军为诸侯，与天下更始⑬。罢兵休卒，收养昆弟⑭，共祭先祖⑮，此圣人才士之行，而天下之愿也。"

【注释】

①生而长大：天生得身材魁梧高大。

②美好：指面容英俊美好。

③说（yuè）：同"悦"。喜欢。

④知维天地：才智包罗了天文地理。知，同"智"。维，包罗。

⑤辩：通"辨"。分辨，明白。

⑥南面称孤：南面称王。古代君主面向南而坐，自称"孤"。

⑦激丹：鲜亮的朱砂。激，鲜亮。丹，朱砂。一种红色矿物。

⑧齐贝：编排整齐的贝壳。远古人以贝壳为饰品或做货币使用，用绳子穿贝成
串，称为"齐贝"或"编贝"。因其整齐洁白，形如牙齿，所以常用来形容
整齐洁白的牙齿。

⑨音中黄钟：你的声音洪亮犹如黄钟。中，符合。黄钟，古乐十二律之一，音
调最为洪亮。

⑩不取焉：不愿获取这样的坏名声。

⑪臣：奴仆。孔子的自谦之称。男奴为臣，女奴为妾。

⑫邑：封地。

⑬更始：重新开始。

⑭昆弟：兄弟。昆，兄长。

⑮共：同"供"。供奉。

【译文】

孔子劝道："我听人们说，大凡天下有三种天赋美德：生得魁梧高
大，长得英俊无双，无论老少贵贱见了他都十分喜欢，这是上等的天
赋美德；才智能够包罗天文地理，能力可以分辨万事万物，这是中等

的天赋美德；具有英勇强悍、果断雄武的品质，能够召集众人统率军队，这是下等的天赋美德。大凡人们只要能够具备其中一种天赋美德，就完全可以南面称王了。而如今将军同时具备了这三种天赋美德，您身高八尺二寸，满面红光而两眼有神，嘴唇鲜亮红润好像朱砂，牙齿洁白整齐犹如编贝，声音洪大响亮合于黄钟，然而却被人们称为'盗跖'，我个人为将军深感羞耻，并且认为将军不该有此恶名。将军如果愿意听从我的劝告，请让我向南出使吴国和越国，向北出使齐国和鲁国，向东出使宋国和卫国，向西出使晋国和楚国，让他们为将军修造方圆数百里的大城池，为将军建立一块拥有数十万户人家的封地，册封将军为诸侯，与整个天下民众一起重新开始新的生活。您放下武器，遣散士卒，收养兄弟姊妹，供奉祭祀自己的祖先，这才是圣人贤士应有的行为，也是天下民众的共同心愿啊。"

盗跖大怒曰："丘来前！夫可规以利而可谏以言者[1]，皆愚陋恒民之谓耳[2]！今长大美好，人见而悦之者，此吾父母之遗德也。丘虽不吾誉[3]，吾独不自知邪[4]？且吾闻之，好面誉人者[5]，亦好背而毁之。今丘告我以大城众民，是欲规我以利而恒民畜我也[6]，安可久长也！城之大者，莫大乎天下矣。尧、舜有天下，子孙无置锥之地[7]；汤、武立为天子，而后世绝灭[8]，非以其利大故邪？

【注释】

①规：规劝，说服。

②愚陋恒民：愚昧浅薄的普通人。陋，浅薄。恒，普通。

③不吾誉：即"不誉吾"。不来赞美我。

④独：难道。

⑤面誉：当面夸奖、赞美。

⑥恒民畜我：把我当作愚昧浅薄的普通人一样看待了。畜，畜养。引申为看待。

⑦置锥之地：立锥之地。置，立。

⑧而后世绝灭：后代灭绝了。说商汤王与周武王的后代灭绝了，不符合历史事实，只能视为小说家言。

【译文】

盗跖听后十分恼怒，说："你孔丘再向前走近些！那些可以用财利来诱惑、可以用言辞来说服的人，都只能说是一些愚昧浅薄的普通人而已！如今我身材魁梧，长相英俊，人人见了都很喜欢，这是我的父母遗留给我的美好天赋，你孔丘即使不夸奖我，我自己难道就不知道吗？何况我还听说过，喜欢当面夸奖别人的人，也喜欢在背后诋毁别人。如今你孔丘告诉我，要为我修造庞大城池，让我统理众多民众，这就是想用财利来诱惑我，是把我当作愚昧浅薄的普通人看待了，再说我又怎么能够长久地享有这一切呢！给我修造的城池再大，也不可能比整个天下更大。尧、舜曾经占有整个天下，而他们的子孙却没有立锥之地；商汤王与周武王贵为天子，而他们的后代却都灭绝了，这不正是因为他们占有的财利太多的缘故吗？

"且吾闻之，古者禽兽多而人少，于是民皆巢居以避之①，昼拾橡栗②，暮栖木上③，故命之曰'有巢氏之民'④。古者民不知衣服，夏多积薪，冬则炀之⑤，故命之曰'知生之民'⑥。神农之世，卧则居居⑦，起则于于⑧，民知其母，不知其父，与麋鹿共处，耕而食，织而衣，无有相害之心，此至德之隆也⑨。然而黄帝不能致德⑩，与蚩尤战于涿鹿之野⑪，流血百里。尧、舜作⑫，立群臣。汤放其主⑬，武王杀纣⑭。自是之后，以强陵弱，以众暴寡⑮。汤、武以来，皆乱人之徒也。

【注释】

①巢居：在树上筑巢而居。巢，鸟窝。

②橡栗：橡树和栗树的果实。这里泛指各种野果。

③暮栖木上：夜晚住在树上。木，树。

④有巢氏：传说中的圣君。因发明在树上筑巢居住而得名。

⑤炀（yáng）：烤火取暖。

⑥知生：懂得如何生存。

⑦居居：安静的样子。

⑧于于：安闲自得的样子。

⑨至德之隆：道德最盛美。隆，盛。

⑩致德：具备美德。致，获取，具备。

⑪蚩（chī）尤：传说中的部落首领，曾与黄帝争夺天下，战败被杀。涿（zhuō）鹿：在今河北涿州一带。

⑫作：兴起。这里指即位称帝。

⑬汤放其主：商汤王以臣下的身份流放了他的君主夏桀。商汤王击败夏桀后，把夏桀流放到南巢。

⑭武王杀纣：周武王杀掉商纣王。纣王兵败后自焚而死。

⑮暴：侵害，欺压。

【译文】

"而且我还听说，远古时代禽兽很多而人很少，于是人们就在树上筑巢而居以躲避野兽的侵害，他们白天采集橡栗等各种野果，晚上就住在树上，所以他们被称为'有巢氏时代的百姓'。远古时代的人们不知道制作衣服，于是夏天就多多积累一些柴草，到了冬天就用它们烤火取暖，所以他们被称为'懂得如何生存的人'。到了神农在位的时候，人们睡觉时是那样的安静无忧，起床后是那样的悠闲自得，人们只知道自己的母亲是谁，而不知道自己的父亲是谁，他们与麋鹿等鸟兽生活在一起，自己种地自己吃，自己织布自己穿，没有任何伤害别人的念头，这是一个道德最盛美的时代啊！然而到了黄帝在位的时候，因为黄帝没能具备这样的美德，于是就在涿鹿的原野里与蚩尤打了一仗，血流百里。尧、舜在位的时候，开始设置各种官职。后来的商汤王流放了他的君主夏桀王，周武王杀了他的君主商纣王。从此以后，人们便以强凌弱，以众欺少。自商汤王、周武王以后，所谓的君主都是一些祸国殃民之徒啊！

"今子修文、武之道，掌天下之辩①，以教后世。缝衣浅带②，矫言伪行③，以迷惑天下之主，而欲求富贵焉。盗莫大于子，天下何故不谓子为'盗丘'，而乃谓我为'盗跖'？子以甘辞说子路而使从之④，使子路去其危冠⑤，解其长剑，而受教于子，天下皆曰'孔丘能止暴禁非'。其卒之也⑥，子路欲杀卫君而事不成⑦，身菹于卫东门之上⑧，是子教之不至也⑨。子自谓才士圣人邪？则再逐于鲁⑩，削迹于卫⑪，穷于齐⑫，围于陈、蔡⑬，不容身于天下，子教子路菹此患⑭，上无以为身⑮，下无以为人，子之道岂足贵邪！

【注释】

①掌天下之辩：掌控了天下舆论。辩，舆论。

②缝衣：宽大的衣服。缝，宽大。浅带：宽大的腰带。浅，宽大。

③矫言：谎言。矫，虚假。

④甘辞：甜言蜜语。

⑤去其危冠：取掉自己高高的帽子。危，高。子路在拜孔子为师之前，刚勇好斗，戴着雄鸡状的高帽子，以示勇武。

⑥卒：最后。

⑦子路欲杀卫君而事不成：子路想杀掉卫国国君主蒉聩而没能成功。

⑧菹（zū）：剁成肉酱。关于子路的死，详见"研读"。

⑨不至：不成功。

⑩再逐于鲁：两次被鲁国驱逐。再，二。

⑪削迹于卫：在卫国无法立足。孔子在卫国时，曾受到卫君的怀疑，只得离开卫国。

⑫穷于齐：在齐国穷困潦倒。穷，困窘。

⑬围于陈、蔡：被围困在陈、蔡两国之间。孔子应楚王之邀前去楚国，陈、蔡两国认为孔子到楚国后对自己不利，便出兵把他围困起来，后经楚国营救才得以脱险。

⑭菹（zū）此患：遭遇到被剁成肉酱的灾难。

⑮上无以为身：上不能用它为自身谋取幸福。无以，没有办法，不能。

【译文】

"如今你修习周文王和周武王的治国原则，掌控着天下的舆论，一心想用这些内容来教育后世民众。你穿着宽大的衣服，扎着宽大的腰带，说的是胡言乱语，干的是虚伪之事，以此来迷惑天下君主，想凭此来获取荣华富贵。你可以说是最大的盗贼了，然而天下的人们为什么不把你叫'盗丘'，反而把我叫'盗跖'呢？你用甜言蜜语说服子路让他死心塌地地拜你为师，诱骗子路取掉头上高高的帽子，解下腰间长长的佩剑，而来接受你的教诲，于是天下人都称赞你孔丘能够制止暴力、消除罪恶。然而最后呢，子路想杀掉卫君蒯聩而没能成功，自己却在卫国都城的东门上被剁为肉酱，这证明你的教育是失败的。你不是自诩为贤士和圣人吗？然而你两次被鲁国驱逐，在卫国无法立足，在齐国穷困潦倒，在陈、蔡两国之间被人围困，你本人都无法立足于天下，你教育出来的子路又遭受到被剁成肉酱的惨祸，你的学问，上不能为自己获取幸福，下不能为别人谋得利益，你的那些学问难道还有丝毫值得人们看重的地方吗！

【研读】

"子路欲杀卫君而事不成，身菹于卫东门之上"的事件发生于鲁哀公十五年（前480）。要想讲清楚子路被杀的历史背景，还要从卫灵公的时候说起。

卫灵公娶南子为夫人，南子本为宋国女子，婚前与宋国公子宋朝有私情。南子嫁到卫国后，依然思念宋朝，于是卫灵公便于鲁定公十四年（前496）把宋朝召到了卫国。就在这一年，卫灵公的太子蒯聩出使路过宋国的时候，宋国人便用歌谣嘲弄蒯聩："既定尔娄猪，盍归吾艾豭？"意思是："你们的母猪（比喻南子）已经有了安定的家庭，为什么还不放回我们的漂亮公猪（比喻宋朝）？"蒯聩听后十分羞愧，就与自己的家臣戏阳速商议杀掉南子以雪耻。谋杀失败后，蒯聩逃往国外。

鲁哀公二年（前493）夏天，卫灵公去世。因蒯聩逃亡在外，就由蒯聩的儿子姬辄继承了君位，是为卫出公。哀公十五年（前480），蒯聩得到其姐姐伯姬的支持，潜回卫国，迫使执政大臣、伯姬之子、也即蒯聩之外甥孔悝逐出卫出公，立自己为君，是为卫庄公。关于子路的死，《史记·卫康叔世家》记载：

> 栾宁（卫国大夫）将饮酒，炙（烤肉）未熟，闻乱（指蒯聩暴乱），使告仲由（即子路）。召护（卫国大夫）驾乘车，行爵食炙，奉出公辄奔鲁（护送卫出公姬辄逃亡鲁国）。

> 仲由将入，遇子羔（孔子弟子，卫国大夫）将出，曰："门已闭矣。"子路曰："吾姑至矣。"子羔曰："不及，莫践其难。"子路曰："食焉不辟其难（拿别人的俸禄就不能躲避别人的灾难）。"子羔遂出。子路入，及门，公孙敢（卫国大夫）阖门，曰："毋入为也！"子路曰："是公孙也？求利而逃其难。由不然，利其禄，必救其患。"有使者出，子路乃得入。曰："太子焉用孔悝？虽杀之，必或继之（一定有人继续起来反对蒯聩）。"且曰："太子（蒯聩）无勇。若燔台（放火烧蒯聩所在的高台），必舍孔叔（指被劫持的孔悝）。"太子闻之，惧，下石乞、盂黡敌子路，以戈击之，割缨。子路曰："君子死，冠不免。"结缨而死。孔子闻卫乱，曰："嗟乎！柴（子羔）也其来乎？由（子路）也其死矣！"孔悝竟立太子蒯聩，是为庄公。

两年后，蒯聩死于卫国内乱。次年，卫出公回国，因为政暴虐，又与大夫结怨，再次被逐出国，最终死于越国。

"世之所高①，莫若黄帝，黄帝尚不能全德，而战涿鹿之野，流血百里。尧不慈②，舜不孝③，禹偏枯④，汤放其主，武王伐纣，文王拘羑里⑤。此六子者⑥，世之所高也，孰论之⑦，皆以利惑其真而强反其情性⑧，其行乃甚可羞也！

【注释】

①所高：所认为高尚的，所崇拜的。本段主要批判世人崇拜的君主。

②尧不慈：尧不爱护儿子。尧没有把天下传给自己的儿子丹朱，所以盗跖批评他"不慈"。

③舜不孝：舜不孝敬父母。舜虽然很孝敬父母，但依然为父亲、后母所憎恶，所以盗跖说他"不孝"。

④禹偏枯：大禹患了半身不遂病。相传禹因治水辛苦，身患偏枯之症，行走十分艰难，后人称大禹行走困难的步态为"禹步"。

⑤文王拘羑（yǒu）里：周文王被关押在羑里监狱。周文王因不满商纣王的暴行，口出怨言，被纣王关入羑里监狱。羑里，在今河南汤阴附近。按照时间顺序，本句应在"武王伐纣"之前。

⑥六子：六位先生。一本作"七子"。指黄帝、尧、舜、禹、商汤、周文王、周武王。

⑦孰论之：仔细想想这些人。孰，同"熟"。仔细，反复。论，讨论，思考。

⑧真：真性，本性。强：强大，为了强大。反其情性：违背了自己的天性。

【译文】

　　"世人所最为崇拜的人，莫过于黄帝，然而黄帝尚且还不能具备完美的品德，他只得在涿鹿的原野与蚩尤打了一大仗，鲜血流淌了上百里。唐尧不怜爱他的儿子，虞舜不孝敬自己的父母，大禹落了个半身不遂，商汤王流放了自己的君主，周武王讨伐了商纣王，文王被囚禁在羑里。以上这六位先生，都是世人所崇拜的人，然而仔细想一想，这些人都是为了追求利益而迷失了自己的真性，为了追求强大而悖逆了自己的天性，他们的行为都是极为可耻的。

"世之所谓贤士，伯夷、叔齐①。伯夷、叔齐辞孤竹之君②，而饿死于首阳之山③，骨肉不葬。鲍焦饰行非世④，抱木而死。申徒狄谏而不听⑤，负石自投于河⑥，为鱼鳖所食。介子推至忠也⑦，自割其股以食文公⑧，文公后背之，子推怒而去，抱木而燔死⑨。尾生与女子期于梁下⑩，女子不来，水至不去，抱梁柱而死⑪。此六子者，无异于磔犬、流豕、操瓢而乞者⑫，皆离名轻死⑬，不念本养寿命者也⑭。

【注释】

①伯夷、叔齐：两位贤士。具体生平见上篇"研读"。本段主要批判世人所尊崇的贤人。

②辞孤竹之君：辞让了孤竹国的君位。伯夷与叔齐为孤竹国君的儿子，其父生前希望幼子叔齐继承君位，父亲去世后，叔齐与伯夷都不肯继承君位，一起离开孤竹而前往周国。

③首阳之山：首阳山。山名。一说在今山西永济南，一说在今河南偃师西北。

④鲍焦饰行非世：鲍焦修养好自己的言行而批评当时的社会政治。据成玄英《庄子疏》记载，鲍焦是春秋时期的隐士，相传他品行高洁，不满时政，以打柴拾野果为生。子贡对他说："批评当政者就不该脚踏他们的土地。"于是鲍焦便抱着树不肯下地而死。

⑤申徒狄：商代隐士。复姓申徒，名狄。

⑥河：黄河。

⑦介子推：春秋时晋国人。介子推曾随晋文公重耳流亡在外，绝粮时，割下自己大腿上的肉供重耳食用。重耳返国即位后，行赏时却遗漏了介子推，介子推怒而进入介山（原称绵山，因介子推隐于此山，后改名为介山）隐居，重耳为逼他出来而放火烧山，介子推抱着大树而被烧死。

⑧股：大腿。食（sì）：给别人吃。

⑨燔（fán）：烧。

⑩尾生：即尾生高。鲁国人。期于梁下：相约在一座桥下见面。期，约会。梁，桥。

⑪梁柱：桥柱，桥墩。

⑫磔（zhé）犬：被宰杀肢解的狗。磔，肢解。流豕（shǐ）：漂在水上的死猪。豕，猪。操瓢而乞者：拿着破瓢四处乞讨的乞丐。

⑬离名：重视美名，贪图名声。离，通"利"。贪图。一本即作"利"。郭庆藩《庄子集释》校："'《阙误》引张君房本离作利.'"

⑭本：指身体。

【译文】

　　"世人所最为称赞的贤士，大概要算是伯夷和叔齐了。然而伯夷和叔齐辞让了孤竹国的君位之后，却饿死在首阳山上，尸骨都未能安葬。鲍焦修养自己的德行，批评当时的政治，最后只得抱树而死。申徒狄进谏君主而未被接受，便背着石块跳入黄河，尸首被鱼鳖啃食。介子推是一位最为忠诚于君主的大臣，曾经割下自己大腿上的肉供晋文公食用，而晋文公返国即位后却背弃了他，介子推一怒之下便离开文公隐入山林，最后抱住大树被火烧死。尾生与一位女子相约在一座桥下见面，当这位女子还没有到的时候，而洪水却来了，尾生为了守约不肯离去，竟然抱住桥柱而被淹死。以上这六位先生，与那些被肢解了的狗、抛入流水中的死猪、拿着破瓢四处乞讨的乞丐没有什么不同，他们都是一些重名声轻生命、不顾惜自己的身体和寿命的人。

"世之所谓忠臣者，莫若王子比干、伍子胥①。子胥沉江，比干剖心，此二子者，世谓忠臣也，然卒为天下笑②。自上观之③，至于子胥、比干，皆不足贵也。

【注释】

①王子比干：比干为国王之子，故名"王子比干"。王子比干是商纣王的叔父，一说是庶兄，因强谏纣王，被剖心而死。伍子胥：春秋时期吴国贤臣，因进谏吴王夫差而被赐死，尸体被抛入江中。本段主要是批判世俗所谓的忠臣。

②卒：最终。

③上：指上述事实。

【译文】

"世人所称道的忠臣，没有谁还能超过王子比干和伍子胥的。而伍子胥被赐死后尸体被沉入江中，王子比干被剖心而死。这两位先生，都是世人所称道的忠臣，然而最终都被天下人所嘲笑。从上述事实可以看出，像伍子胥、王子比干这一类的人，都不值得人们推崇。

"丘之所以说我者，若告我以鬼事，则我不能知也；若告我以人事者，不过此矣，皆吾所闻知也。今吾告子以人之情：目欲视色，耳欲听声，口欲察味，志气欲盈①。人上寿百岁，中寿八十，下寿六十，除病瘦死丧忧患②，其中开口而笑者，一月之中不过四五日而已矣。天与地无穷，人死者有时，操有时之具而托于无穷之间③，忽然无异骐骥之驰过隙也④。不能说其志意、养其寿命者⑤，皆非通道者也。丘之所言，皆吾之所弃也，亟去走归⑥，无复言之！子之道，狂狂汲汲⑦，诈巧虚伪事也，非可以全真也⑧，奚足论哉！"

【注释】

①欲盈：想要得到满足。欲，想要。盈，满。

②病瘦：疾病。陆德明《经典释文》："案瘦当为痩，字之误也。痩，亦病也。"

③有时之具：有限的生命。具，身体，生命。托：寄托，生活于。

④忽然：快速的样子。骐骥：骏马。

⑤说（yuè）：同"悦"。愉悦。志意：心情。

⑥亟（jí）：赶快。

⑦狂狂：癫狂失理的样子。汲汲：投机钻营的样子。

⑧全真：保全真性。

【译文】

　　"你孔丘用来劝说我的内容，如果讲的是一些鬼魂之事，对此我确实不太清楚；如果讲的是一些人间的事情，也不过如我所述而已，这些都是我所听说过的事情。现在让我来告诉你什么是人之常情：人们的眼睛都想看到华丽的色彩，耳朵都想听到优美的声音，嘴巴都想吃到甜美的食物，心愿都想得到最大的满足。人生在世高寿为一百岁，中寿为八十岁，下寿为六十岁，再除去生病、死亡、忧愁的时间，其余能够让人开口欢笑的日子，一月之中也不过只有四五天而已。天和地是无穷无尽的永恒存在，而人的死亡却是有时限的，以有限的生命生活于无限的天地之间，人生犹如骏马瞬间跃过缝隙一样短暂。凡是不能使自己身心快乐、不能养护自己寿命的人，都算不上是通晓大道的人。你孔丘说的那些事情，都是我要抛弃的，你还是快点离开回去吧，不要再说了！你所说的那些道理，都是一些癫狂失理、投机钻营的歪理，都是一些巧诈虚伪的事情，不可以用来保全人的真性，你还有什么值得再讲的呢！"

孔子再拜趋走①，出门上车，执辔三失②，目芒然无见③，色若死灰④，据轼低头⑤，不能出气。

【注释】

①趋走：小步快跑。走，跑。

②执辔（pèi）三失：三次拿起缰绳三次都掉了下来。形容孔子恐惧的样子。辔，马缰绳。

③芒然：即"茫然"。看不清楚的样子。

④色：面色。

⑤据：靠在。轼（shì）：车前用作扶手的横木。

【译文】

孔子向盗跖连拜两拜，然后快步跑了出来，出门登上车子后，拿起缰绳时三次都掉了下来，两眼茫茫然什么也看不清楚，面色犹如死灰一般，靠在车前的横木上低着头，连呼吸都很困难了。

归到鲁东门外，适遇柳下季①。柳下季曰："今者阙然数日不见②，车马有行色③，得微往见跖邪④?"孔子仰天而叹曰："然。"柳下季曰："跖得无逆汝意若前乎⑤?"孔子曰："然。丘所谓无病而自灸也⑥，疾走料虎头、编虎须⑦，几不免虎口哉⑧!"

【注释】

①适：刚巧，刚好。

②阙然：空缺的样子。指多日没见到孔子。

③行色：出过门的模样。

④得微：即"得无"。莫不是，是否。

⑤得无：莫不是。逆：违背，不听从。若前：像我以前说的那样。

⑥无病而自灸：没有生病而自己跑去针灸。比喻自找麻烦。灸，用艾叶等烧灼身体某一部位以治疗疾病。成语"无病自灸"即出于此。

⑦料虎头：整理老虎头。料，料理，整理。一说"料"通"撩"。撩拨，拨弄。编虎须：编理虎须。用"料虎头、编虎须"比喻孔子想对盗跖进行不切实际而且危及自我的思想改造。

⑧几：差一点儿。

【译文】

孔子回来走到鲁国都城东门外时，刚好遇到柳下季。柳下季问道："近来多日没有见到先生，看看您的车马好像是出过远门的样子，您莫不是去见跖了吧？"孔子仰天长叹说："是啊。"柳下季说："跖大概像我先前说的那样没有听从您的劝告吧？"孔子说："是啊。我干的这件事真可以说是没有生病而自己跑去针灸啊，我急急忙忙地跑去整理虎头、编理虎须，结果我差一点儿被老虎吃了啊！"

【研读】

我们需要进一步讨论两个问题，一是《盗跖》篇与庄子学派的关系，二是庄子对中国小说的贡献。

一、《盗跖》与庄子学派的关系。从苏轼开始，包括王夫之在内的一大批学者都认为《盗跖》内容与庄子思想相抵牾，因此断定该篇非庄子学派作品。而我们则认为《盗跖》与庄子的思想完全一致。统观《庄子》全书，庄子不仅反对为非作歹的坏人，也批评主观愿望美好的世俗圣人，认为坏人与世俗圣人虽然各自的品行不同，动机各异，但他们的行为都破坏了人的美好天性，从而搅乱了整个天下。《盗跖》篇的孔子就是世俗圣人的代表，盗跖则是坏人的代表，庄子通过二人的争辩，说明了"夷齐盗跖俱亡羊"、宣扬仁义无法挽救动乱社会的道理。这一故事先批判了横行天下、驱人牛马、取人妇女、贪得忘亲的盗跖，接着又借盗跖之口批评了不耕而食、不织而衣、摇唇鼓舌、擅生是非的儒家。反对杀人越货的盗贼和反对宣扬仁义礼乐的儒家，都符合庄子学派的一贯主张，因此不能轻率地把本篇排斥于庄子学派的作品之外。关于这一观点，我在《夷齐盗跖俱亡羊——论〈盗跖〉与庄派思想的一致性》（发表于《光明日报》2015年10月19日"国学·国学博士论坛"）一文中有详细论述。

二、庄子对中国小说的贡献。"小说"一词最早即出自《庄子·外物》："饰小说以干县令，其于大达亦远矣。"虽然庄子的"小说"与今天的"小说"概念并不完全相同，但也并非完全不同。庄子的"小说"概念大于今天的"小说"概念，它们是包含与被包含的关系。

庄子不仅创造了"小说"一词，而且庄子本人及其后学就是杰出的小说家。一般的文学史谈到小说时，大多从魏晋谈起，而事实上，无论是在故事的虚构方面，还是情节的曲折生动方面，《庄子》的不少篇章已经是当之无愧的小说。孔子与盗跖的故事就是如此。孔子、柳下惠、盗跖三人并非同时代的人，把三人放在一起，这本身就是虚构，而孔子去游说盗跖的故事更是子虚乌有。另外，细节描写上也非常生动。比如用"目如明星，发上指冠""两展其足，案剑瞋目，声如乳虎"来形容盗跖的发怒模样，用"执辔三失，目芒然无见，色若死灰，据轼低头，不能出气"来描写孔子受到盗跖呵斥后的狼狈状态。我们完全可以说，这些细节描写的生动性完全超过了《搜神记》一类的小说作品。除本篇外，其他许多故事，如《应帝王》篇的季咸看相、《山木》篇的庄周游雕陵、《说剑》《渔父》等篇，都可以视为此类作品。

可以毫不夸张地说，庄子是中国小说史上的第一大功臣：他不仅创造了中国人使用两千多年、并将继续使用的"小说"一词，更重要的是，他还创作了相当数量的小说作品，为小说发展奠定了坚实的基础。

二

子张问于满苟得曰①："盍不为行②？无行则不信，不信则不任③，不任则不利。故观之名④，计之利⑤，而义真是也⑥。若弃名利，反之于心⑦，则夫士之为行，不可一日不为乎！”满苟得曰："无耻者富，多信者显⑧。夫名利之大者，几在无耻而信⑨。故观之名，计之利，而信真是也。若弃名利，反之于心，则夫士之为行，抱其天乎⑩！”

【注释】

①子张：孔子弟子。姓颛孙，名师，字子张。满苟得：虚构人名。含有苟且、贪得以满足个人欲望之义。

②盍不为行：为什么不修养好自己的德行呢？盍，何。为行，修养德行。

③任：任用。指得到权贵任用。

④观之名：从名声的角度来观察。

⑤计之利：从利益的角度来考虑。

⑥而义真是也：而修行仁义才是真正的正确行为。是，正确。

⑦反之于心：在心里自我反省一下。

⑧多信：非常受权贵的信任。一说"多信"即"多言"，指善于自我炫耀。成玄英《庄子疏》："多信，犹多言也。"

⑨几：几乎，全部。

⑩抱其天：持守自己的天性。抱，持守。

【译文】

　　子张问满苟得："你为何不修养好自己的德行呢？没有好的德行就不能取得别人的信任，不能取得别人的信任就得不到别人的任用，得不到别人的任用就无法获取名利。因此无论是从名声的角度来观察，还是从财利的角度来考虑，修行仁义都是正确的行为。即使抛开名利不谈，自己在心里仔细反思一下，作为一个士人在为人处世时，也不可以一天不修行仁义美德啊！"满苟得回答说："没有羞耻的人才会富有，善于取得权贵信任的人才能显贵。那些最大的美名和财富，几乎都被那些没有羞耻而善于取信于权贵的人所占有。因此无论是从名声的角度来观察，还是从财利的角度来考虑，善于取得权贵的信任才是最为重要的事情。如果抛开名利不谈，自己心里仔细反思一下，士人在为人处世时，还是要持守好自己的天性啊！"

子张曰："昔者桀、纣贵为天子，富有天下，今谓臧聚曰^①：'汝行如桀、纣。'则有怍色^②，有不服之心者，小人所贱也^③。仲尼、墨翟穷为匹夫^④，今谓宰相曰：'子行如仲尼、墨翟。'则变容易色称不足者^⑤，士诚贵也。故势为天子，未必贵也；穷为匹夫，未必贱也；贵贱之分，在行之美恶。"

【注释】

①臧聚：泛指奴仆。男奴隶叫"臧"，为别人当马夫叫"聚"。

②怍（zuò）色：羞愧的表情。怍，羞愧。色，表情。

③小人所贱：连奴仆都瞧不起他们。小人，地位低贱的人。贱，瞧不起。

④墨翟（dí）：战国时期著名思想家，墨家学派的创始人。穷为匹夫：是穷困潦倒的普通百姓。穷，困窘。匹夫，平民。

⑥变容易色：改变了面部表情。指变得谦恭起来。易，变。

【译文】

子张说："从前夏桀王和商纣王贵为天子，占有整个天下的财富，如今即使对地位卑贱的男奴、马夫说：'你的品德就像夏桀王、商纣王一样。'那么他就会露出羞愧的表情，甚至还会产生不服气的想法，这是因为连低贱的奴仆也瞧不起夏桀王与商纣王。孔子和墨子身为穷困潦倒的普通百姓，如今要是对贵为宰相的人说：'您的品德就像孔子和墨子一样。'那么他马上就会露出谦恭的表情，连说自己配不上，这是因为士人们由衷地敬重孔子和墨子。所以有权有势的天子，未必就一定高贵；穷困潦倒的平民，未必就一定低贱；高贵与低贱的差异，取决于品德的好坏。"

满苟得曰："小盗者拘①，大盗者为诸侯，诸侯之门，义士存焉②。昔者桓公小白杀兄入嫂③，而管仲为臣④；田成子常杀君窃国⑤，而孔子受币⑥。论则贱之⑦，行则下之⑧，则是言行之情悖战于胸中也⑨，不亦拂乎⑩！故《书》曰⑪：'孰恶孰美⑫？成者为首⑬，不成者为尾⑭。'"

【注释】

①拘：逮捕。

②诸侯之门，义士存焉：只有在诸侯的门下，才存在正义之士。意思是说，当权者控制了舆论，把自己打扮成正义的化身。

③桓公小白：即齐桓公。齐桓公名叫小白。杀兄：杀死自己的兄长公子纠。入嫂：娶嫂子为妻。

④管仲：春秋时期著名的政治家。他先为公子纠的谋臣，公子纠死后，他辅佐齐桓公，建立霸业。

⑤田成子常：即田常。田常为齐国大夫，后杀齐简公，立齐平公，齐国政权尽

归田氏，田常死后谥"成子"。

⑥受币：接受他赠与的礼物。币，泛指礼物。

⑦论则贱之：理论上瞧不起齐桓公与田常。

⑧行则下之：行为上却又尊崇他们。下之，处于他们之下。

⑨悖战：矛盾斗争。悖，矛盾。

⑩拂：违背。指违背常理。

⑪《书》：即《尚书》。今本无此引语。一说泛指古书。

⑫恶：丑。

⑬首：首脑。比喻尊贵的地位。

⑭尾：尾巴。比喻卑贱的地位。以上两句也即后人说的"成王败寇"。

【译文】

　　满苟得说："偷偷摸摸的小盗贼被逮捕起来，而烧杀抢掠的大强盗却当了诸侯，只有在诸侯的门下，才存在所谓的正义之士。从前齐桓公小白杀了自己的兄长、娶了自己的嫂子，而管仲却做了他的臣下；田成子常杀了自己的君主、窃取了齐国的政权，而孔子却接受了他赠与的礼品。在理论上瞧不起齐桓公和田成子的人，在行为上却又尊崇服从他们，这种言行不一的情况在他们心中相互矛盾相互斗争，这种做法岂不是太违背常理了吗！因此《书》中说：'谁坏谁好？成功者就居于尊贵之位，失败者就沦为卑贱之人。'"

　　子张曰："子不为行，即将疏戚无伦①，贵贱无义，长幼无序，五纪六位②，将何以为别乎？"满苟得曰："尧杀长子③，舜流母弟④，疏戚有伦乎？汤放桀，武王杀纣，贵贱有义乎？王季为适⑤，周公杀兄⑥，长幼有序乎？儒者伪辞，墨者兼爱⑦，五纪六位将有别乎？且子正为名⑧，我正为利，名利之实，不顺于理，不监于道⑨。吾日与子讼于无约⑩，曰：'小人殉财⑪，君子殉名，其所以变其情、易其性⑫，则异矣，乃至于弃其所为而殉其所不为⑬，则一也⑭。'"

【注释】

①疏戚无伦：亲疏之间失去了正常秩序。戚，亲近。伦，人与人之间的正常关系。

②五纪：又称"五伦"。指君臣、父子、兄弟、夫妇、朋友五种人际关系。一说指岁、日、月、星辰、历数。六位：指君、臣、父、子、夫、妇。一说指诸父、兄弟、族人、诸舅、师长、朋友。

③长子：指丹朱。按照《史记·五帝本纪》记载，尧只是没有让丹朱继承帝位，并未杀之。

④舜流母弟：舜流放了同母弟弟。舜的弟弟名叫象，因品行不修而被流放。按照《史记·五帝本纪》记载，象是舜的异母弟，而非同母弟。

⑤王季为适（dí）：立王季为王位继承人。适（適），通"嫡"。指嫡子、太子。王季是周国古公亶父的幼子，是周文王姬昌的父亲。本应由王季的长兄太伯当太子，因古公亶父认为姬昌贤能，故立王季为太子，希望能够依次传位给姬昌。

⑥周公杀兄：周公杀死自己的兄长。周公的兄长管叔、弟弟蔡叔起兵反叛，战败后，蔡叔被流放，管叔被周公诛杀。

⑦兼爱：不分亲疏，爱他人就像爱自己的亲人一样。这是墨家的重要主张之一。

⑧正：正是，只是。

⑨监：通"鉴"。照见。引申为明白、清楚。

⑩日：往日。讼：争论，辩论。无约：虚构人名。含有不受名利约束之义。

⑪殉财：为财利而献身。

⑫所以：代指原因。易其性：改变了自己的美好天性。易，改变。

⑬所为：所应该做的。指保护好天性、顺应大道做事。所不为：所不应该做的。

指世俗圣人对仁义、美名的宣扬，以及坏人的为非作歹等等。

⑭一：同样。

【译文】

　　子张说："您如果不修养好自己的品德，将会使疏远者与亲近者之间失去正常的关系，使尊贵者与卑贱者之间失去正常的准则，使年长者与年幼者之间失去正常的秩序，这样一来五纪与六位，又拿什么来加以分别呢？"满苟得说："尧杀死了他的长子，舜流放了他的同母弟弟，亲疏之间还有什么正常的关系吗？商汤王流放了他的君主夏桀王，周武王杀死了他的君主商纣王，贵贱之间还有什么正常的原则吗？作为幼弟的王季被立为太子，周公杀了他的兄长管叔，长幼之间还有什么正常的秩序吗？儒家讲了许多谎言假话，墨家主张不分亲疏贵贱同样相亲相爱，那么所谓的五纪、六位还有什么分别吗？再说您一心为了求得美名，我一心为了获取财利，而追求美名、财利这些行为的实质，既不合于情理，也不符合大道。往日我曾经与您在无约面前争论孰是孰非的问题，无约说：'小人为了财利而献身，君子为了美名而献身，虽然导致他们背离真情、改变天性的原因不同，但在放弃他们该做的事情而去献身于他们不该做的事情这一点上，却是相同的。'"

　　故曰：无为小人，反殉而天①；无为君子，从天之理。若枉若直②，相而天极③；面观四方，与时消息④。若是若非，执而圆机⑤；独成而意⑥，与道徘徊⑦。无转而行⑧，无成而义⑨，将失而所为⑩。无赴而富⑪，无殉而成，将弃而天⑫。比干剖心，子胥抉眼⑬，忠之祸也；直躬证父⑭，尾生溺死，信之患也⑮；鲍子立干⑯，申子不自理⑰，廉之害也；孔子不见母⑱，匡子不见父⑲，义之失也。此上世之所传，下世之所语，以为士者正其言⑳，必其行㉑，故服其殃、离其患也㉒。

【注释】

①反殉而天：应该反过来追寻你自己的美好天性。殉，追求。而，你。

②若枉若直：或曲或直。代指一切言行。若，或。枉，曲。

③相而天极：顺其自然原则。相，视。即视……而行事。也即顺应。天极，自然原则。

④消息：消长变化。息，生长。

⑤执而圆机：持守圆通权变的原则。执，持守。

⑥独成而意：独立成就自己的心愿。

⑦与道徘徊：与大道保持一致。徘徊，行动。

⑧无转而行：不要固执你的行为。转，通"专"。专一，固执。而，你。

⑨无成而义：不要推行你的个人原则。而，你。义，人为原则。

⑩失而所为：败坏你所想做的事情。失，失败，败坏。

⑪赴：追求。

⑫将弃而天：将会丧失你的天性。

⑬子胥抉（jué）眼：伍子胥被挖出双眼。伍子胥被吴王夫差逼迫自杀，自杀

前说："我死后，把我的眼睛挖出来悬挂在吴国都城的东门上，我将会看到越国部队从这里攻入灭吴啊！"夫差听后大怒，便挖掉了伍子胥双眼。

⑭直躬证父：直躬出面证明自己父亲盗窃别人的羊。直躬，人名。直躬证父是一个较为著名的典故，详见"研读"。

⑮信：诚信。

⑯鲍子立干：鲍焦抱着大树站立而死。立，站立。一说是立即、很快的意思。干，枯干，指死亡。

⑰申子不自理：申生不去申辩自己的冤枉。申子，即申生。春秋时期晋献公的太子。遭后母骊姬陷害而不愿申辩，最后自缢而死。

⑱不见母：未能见到临终的母亲。孔子之母去世时，孔子正在周游列国推行仁义，故母子未能见面。此事未见史书记载。

⑲匡子不见父：匡章没有见到父亲。匡子，即匡章。齐国人。匡章之父行为不端，匡章劝谏，反被父亲赶出家门，此后没能再见过父亲。

⑳正其言：以其言为正。即把这些事情当作正确的行为规范。

㉑必其行：一定要去做这样的事情。

㉒服：受，遭遇。离：通"罹"。遭受。

【译文】

所以说，不要去当为非作歹的小人，要恢复自己的美好天性；也不要去当世俗君子，一切言行遵循天理。无论是曲是直，都要顺应自然；观察一下各处生长的万物，都是随着四季的变化而生息消长。无论是面对正确之事还是错误之事，都要持守圆通权变的原则；要独自去实现自己的心愿，与大道保持一致。不要固执你的个人行为，不要推行你的个人原则，否则你的所作所为都将会一败涂地。不要去追求你的个人财富，不要去追求你的个人成功，否则将会失去你的天性。比干被剖心，子胥被挖眼，这都是提倡忠君思想招来的灾难；直躬证明自己的父亲偷羊，尾生被大水淹死，这都是提倡诚信原则惹下的祸患；鲍子抱着大树站立而死，申子不申辩自己的冤情，这都是提倡高洁品质造成的危害；孔子未能见到临死的母亲，匡子后来无法再见到父亲，这都是四处推行仁义的过错。以上这些都是前人流传下来的历史事实，成为后世人们热议的话题，大家都认为士人要以这些人为效法榜样，一定要像这些人那样去身体力行，因此后人深受其害，还会遭遇到类似的灾难。

【研读】

　　本段文字是对孔子见盗跖这一故事的进一步补充，既批判了追逐财利的小人，也批判了追求美名的世俗贤人，但批判重心是在后者。

　　本段提到的直躬证父是个较为著名的典故，其中所涉及的情与法的矛盾问题，至今还在困扰着人们。直躬证父的故事分别见于《论语》和《吕氏春秋》：

　　　　叶公语孔子曰："吾党有直躬者，其父攘羊（偷羊），而子证之（揭发父亲）。"孔子曰："吾党之直者异于是。父为子隐，子为父隐，直在其中矣。"（《论语·子路》）

　　　　楚有直躬者，其父窃羊而谒之上，上执而将诛之。直躬请代之。将诛矣，告吏曰："父窃羊而谒之，不亦信乎？父诛而代之，不亦孝乎？信且孝而诛之，国将有不诛者乎？"荆王闻之，乃不诛也。……故直躬之信，不若无信。（《吕氏春秋·当务》）

　　《吕氏春秋》讲的故事比《论语》更生动曲折。"父为子隐，子为父隐"这一说法，受到今人的一致批判，认为这是情大于法的表现。

　　我们在回顾古人对这一问题的看法的同时，也应该对"父为子隐，子为父隐"思想做出自己的评判。据《文子·道德》记载，首先批评"证父"的是老子：

　　　　老子曰："……唯圣人为能知权。言而必信，期而必当，天下
　　之高行。直而证父，信而死女，孰能贵之？故圣人论事之曲直，
　　与之曲伸，无常仪表，祝则名君，溺则捽父，势使然也。夫权者，
　　圣人所以独见。夫先迕而后合者之谓权，先合而后迕者不知权。
　　不知权者，善反丑矣。"

　　老子认为，说实话、讲信用，这是对的，但站出来证明父亲有罪，为信守约会地点而溺死于桥下，这样的实话和信用是不值得提倡的。《文子》中的记载不仅明确说明了老子对此事的看法，而且也说明"攘羊"这一故事在当时流传之广。《盗跖》对"直而证父，信而死女"的行为也提出了批评：

　　　　直躬证父，尾生溺死，信之患也。

　　人们进行道德教育，提倡讲信用，所以才出现"直躬证父，尾生溺死"这一类的人间悲剧。汉代的《淮南子·氾论训》对这种行为同样不赞成：

　　　　言而必信，期而必当，天下之高行也。直躬其父攘羊而子证
　　之，尾生与妇人期而死之。直而证父，信而溺死，虽有直信，孰
　　能贵之？

　　可以说，在中国古代，"父为子隐，子为父隐"的行为，基本上受到了人们的普遍赞扬。

　　"直而证父，信而死女"两个例子都是因小失大，为了小信用而遭

受了大损失，一个是损害了父子亲情，一个是丢掉了自己的生命。该如何处理这类矛盾，古人的态度比较明确。特别是在遇到大的是非事件、情与法出现尖锐矛盾时，古人的处理方式有许多值得借鉴之处。《史记·循吏列传》记载了春秋时发生的一件事：

> 石奢者，楚昭王相也。坚直廉正，无所阿避。行县，道有杀人者，相追之，乃其父也。纵其父而还自系焉。使人言之王曰："杀人者，臣之父也。夫以父立政，不孝也；废法纵罪，非忠也：臣罪当死。"王曰："追而不及，不当伏罪，子其治事矣。"石奢曰："不私其父，非孝子也；不奉主法，非忠臣也。王赦其罪，上惠也；伏诛而死，臣职也。"遂不受令，自刎而死。

惩罚父亲，违背了亲情；放走父亲，触犯了法律。在情与法的尖锐冲突中，可怜的石奢无法找到更好的解决办法，就只好用自己的生命去为父亲赎罪。

如何处理情与法的矛盾，与石奢基本同时的孔子和叶公的这次对话，实际上也是一次委婉的争论。在叶公看来，父亲偷了羊，儿子去告发，那么这个儿子就是一个正直的人。而孔子认为，父为子隐，子为父隐，在这种看似不正直的行为中，却包含着真正的正直。孔子的这一主张是建立在他的"孝""慈"思想基础之上的。

叶公和孔子的主张都有不妥之处，不过两相比较，我们更支持孔子的看法，因为孔子的看法更符合人性，更有利于维护人类所固有的温厚真情。生活在世上，如果只讲法律而不讲亲情，人们的痛苦将难以言表。每当我们看到如今的父子、母女、兄弟姐妹对簿公堂时，总让人有一种极为难受的感觉。

但如果一切事情都按照孔子的主张去办，确实也会给社会带来一定的弊病，所以，到了孟子的时候，他对孔子的这些说法做了一些修改。据《孟子·尽心上》记载，有一次，弟子桃应给孟子出了一个类似的难题：

> 桃应问曰："舜为天子，皋陶为士，瞽瞍杀人，则如之何？"孟子曰："执之而已矣。""然则舜不禁与？"曰："夫舜恶得而禁之？夫有所受之也。""然则舜如之何？"曰："舜视弃天下犹弃敝屣也。窃负而逃，遵海滨而处，终身欣然，乐而忘天下。"

瞽瞍是舜的父亲。父亲犯了法，法官皋陶有权逮捕他。作为天子的舜此时不能干涉法官的行为，但事后应该辞去帝位，把父亲从监狱中偷出来，然后背着父亲逃亡到没有人烟的地方隐藏起来。孟子的这一处理方法比石奢的方法要缓和一些，虽然不能说是尽善尽美，但可以说也是兼顾了情与理——舜以帝位为代价换取了父亲的生命。

孟子讲的只是一种假设，而在汉代的确发生了一件类似的事情。汉景帝刘启与梁孝王刘武是同胞兄弟，我们看当时人是如何处理他们之间的情理矛盾的：

> 梁孝王使人杀汉议臣爰盎，景帝召叔（田叔）案梁，具得其事。还报，上曰："梁有之乎？"对曰："有之。""事安在？"叔曰："上无以梁事为问也。今梁王不伏诛，是废汉法也；如其伏诛，太后食不甘味，卧不安席，此忧在陛下。"于是上大贤之，以为鲁相。（《汉书·田叔传》）

《史记·梁孝王世家》还说，梁孝王杀大臣事发后，其母窦太后日夜哭泣，拒绝进食，景帝也忧郁万分，最后决定让通儒经的田叔去查办。田叔回京后，把所有的供词全部烧掉，空手去见景帝，而把全部责任推给梁孝王的部下羊胜和公孙诡（后二人自杀）。此事汇报给朝廷后，景帝欢喜异常，太后"立起坐餐，气平复"。弟弟擅杀朝臣，犯了大罪，不杀弟弟就破坏了朝廷法律，杀了他又无法向母亲交代，何况自己也不忍心。景帝没有像孟子讲的那样放弃皇权，背起弟弟逃往海边，而是装起了糊涂，使这件事情不了了之。

如何处理情与法之间的矛盾，的确是一个棘手的问题。东汉时期，朝廷就为此发生过较大的争论。汉章帝建初年间，有一个人的父亲受到了羞辱，这个人就把羞辱他父亲的人给杀掉了。这个人虽然杀了人，但他的行为又是一种"孝"的表现，符合《春秋》大义，于是皇上就赦免了杀人者的死罪。后来，朝廷又据此出台了《轻侮法》，把这种赦免为父复仇者的行为定为法律。到了汉和帝的时候，大臣张敏对此提出疑义，认为这部法律的实施，为一般百姓打开了杀人的方便之门，不利于社会的安定。他反复多次上奏章，最终使朝廷修改了这部法律。

从以上数例可以看出，当一个人处于情与法的矛盾之中时，往往把情放在第一位。如果事情重大，当事人则以牺牲自己利益为代价去保护亲人。我赞同孔子的意见：在这种看似不正直的行为背后，却隐藏着十分难得的品质。因此，我们不能简单地完全否定"父为子隐，子为父隐"这一主张。

三

无足问于知和曰①："人卒未有不兴名就利者②。彼富则人归之，归则下之③，下则贵之④。夫见下贵者⑤，所以长生、安体、乐意之道也。今子独无意焉⑥，知不足邪？意知而力不能行邪⑦？故推正不忘邪⑧？"

【注释】

①无足：虚构人名。含有贪得无厌之义。知和：虚构人名。含有懂得中和之义。

②人卒：人们，众人。一说"人卒"是"人们最终"的意思。卒，最终，终究。

　兴名：追求名声。就利：追求财利。就，接近，追逐。

③下之：处于其下。

④贵之：尊崇他。

⑤见下贵者：受到属下的尊崇。见，被，受到。下，属下。

⑥焉：代指财富。

⑦意知：心里知道。

⑧故推正不忘邪：还是念念不忘要去推行正确思想呢？故，通"顾"。转折连词，还是。

【译文】

　　无足问知和："人们没有哪一个不想树立美名并获取财利的。一个人一旦富有了，人们都会去依附于他，依附于他就会处于其下，处于其下就会尊崇他。受到下属的尊崇，这是一种寿命延长、身体安乐、心情愉悦的好办法。如今只有您一个人对此不太在意，这是因为您的智慧太浅薄而想不到这些呢？还是因为您心里虽然知道这些而力量不足呢？还是因为您念念不忘地一心一意想推行正确原则呢？"

【研读】

　　本段的"无足"是虚构人名，含有贪得无厌之义。针对贪得无厌之人，道家提出知足常乐的命题。"满足"是人幸福的基点，然而这个基点，我们在物质世界里很难找到，因为如果不进行适当的心理调整，人的物质欲望永远也无法得到满足。因此，这个幸福的基点，只能到精神世界中去寻找。老子说：

祸莫大于不知足，咎莫大于欲得。故知足之足，常足矣！

（《道德经》四十六章）

老子认为，最大的灾祸就是不知足，就是贪得无厌，懂得满足的"满足"，才是一种真正的满足。

《高士传》记载了一个知足、不知足与贫富关系的故事。说是在汉代的时候，蜀地成都有一位高士，名叫严君平，才高德厚，名声极大。他平时以占卜为职业，每当挣的钱够自己花销之后，就关门读书著述。家中除了一床书之外一无所有。当地有个名叫罗冲的大富翁，对严君平很钦佩，同时也希望严君平能够通过自己的资助去取得一官半职，以便自己将来也好有个靠山。于是他就向严君平提出，愿意出一笔钱帮助严君平出门游仕求官。没想到严君平却说："我比你富有，怎能让钱不够用的你来资助钱用不完的我呢？"罗冲说："我家有万金，而你家没有一石粮食，却说你比我有钱，你说错了吧？"严君平说："你说得不对。我有一天留宿在你家，夜深人静了，成都所有的人都休息了，而你们全家人还在忙忙碌碌地商量如何赚钱，这不说明你家特别缺钱吗？我以占卜为业，不出门而钱自至，现在还剩余了数百钱，上面落满了一寸厚的尘埃，我都不知该如何花出去。这不是说明了我有余钱而你的金钱不足吗？"罗冲听后十分惭愧。这个故事说明，是贫是富，既有客观标准，也有主观标准。大富翁可能会整天受着"贫穷"的煎熬，而穷人可能会过着自感非常富有的生活。

一般说来，人的欲望不仅是与生俱来的，而且是无止境的，"欲壑难填"这个词可能适用于每一个人。《殷芸小说》记载了这样一个小故事："有客相从（几个人聚会），各言所志：或愿为扬州刺史，或愿多资财，或愿骑鹤上升（骑仙鹤升天成仙）。其一人曰：'腰缠十万贯，骑鹤上扬州。'欲兼三者。"明代朱载堉有一首小曲，题目叫《山坡羊·十不足》：

> 逐日奔忙只为饥，才得有食又思衣。置下绫罗身上穿，抬头又嫌房屋低。盖下高楼并大厦，床前缺少美貌妻。娇妻美妾都娶下，又虑出门没马骑。将钱买下高头马，马前马后少跟随。家人招下十数个，有钱没势被人欺。一铨铨到知县位，又说官小势位卑。一攀攀到阁老位，每日思想要登基。一日南面坐天下，又想神仙下象棋。洞宾与他把棋下，又问哪是上天梯？上天梯子未做下，阎王发牌鬼来催。若非此人大限到，上到天上还嫌低。

这首通俗易懂的小曲生动准确地揭示出一般人的共同心理状态，具有极大的警世作用。如果不对这种心态进行适当的调整，那么无论物质生活状况如何优越，我们也都将在欲望的煎熬中度过一生。

明代人陈继儒《岩栖幽事》中有一首关于知足的通俗诗歌：

> 莫言婚嫁早，婚嫁后，事不少；莫言僧道好，僧道后，心不了。唯有知足人，鼾鼾直到晓；惟有偷闲人，憨憨直到老。

可以说，古人几乎都认为知足是幸福快乐的前提，对于一个贪得无厌的人来说，他永远会处于一种四处奔走经营的生活之中，根本没有闲暇的时间和心情去享受生活。

知和曰："今夫此人①，以为与己同时而生、同乡而处者，以为夫绝俗过世之士焉②，是专无主正③，所以览古今之时，是非之分也，与俗化世④。去至重⑤，弃至尊⑥，以为其所为也⑦，此其所以论长生、安体、乐意之道，不亦远乎！惨怛之疾[8]，恬愉之安，不监于体[9]；怵惕之恐[10]，欣欢之喜，不监于心。知为为而不知所以为[11]，是以贵为天子，富有天下，而不免于患也。"

【注释】

①此人：指富人。

②绝俗过世：超越了世俗人。

③是专无主正：这说明你全无正确的主见。是，这。专，完全。主正，正确的主见。

④与俗化世：与世俗人一样了。

⑤至重：最重要的事物。指身体健康。

⑥至尊：最尊贵的事物。指大道。

⑦为其所为：追逐自己所想追逐的财富。为，追求。

⑧惨怛（dá）之疾：悲伤引起的痛苦。惨怛，悲伤。疾，痛苦。

⑨不监于体：不影响自己的身体健康。监，掌管，影响。

⑩怵惕：惊恐不安。

⑪知为为而不知所以为：只知道去做自己想做的事，而不知道为什么要去做这些事。为为，第一个"为"是动词，做。第二个"为"是名词，所做的事情。所以，……的原因。

【译文】

知和回答说："如今那些富人，因为与你出生于同一个时代、生活在同一个地方，于是你就把他们视为出类拔萃的人，这说明你完全没有自己的正确主见，也是你评价古今历史人物、进行是非鉴别的时候，观点与世俗人一样的原因。你忽略了最为重要的身体健康，放弃了最值得尊崇的大道，而去追逐自己一心想要的财富，还把这种做法看作使寿命延长、身体安逸、心情愉快的好办法，这不是错得太远了吗！我们要使悲伤所带来的痛苦，安逸所带来的快乐，不影响自己的身体健康；要使恐惧所造成的惊慌，欢欣所引起的喜悦，不影响自己的心态平和。如果只知道去做自己想做的事而不知道自己为什么要去这样做，那么即使贵为天子、富有天下的人，也难以避免灾难的到来。"

　　无足曰："夫富之于人，无所不利，穷美究执①，至人之所不得逮②，贤人之所不能及。侠人之勇力而以为威强③，秉人之知谋以为明察④，因人之德以为贤良⑤，非享国而严若君父⑥。且夫声色、滋味、权势之于人，心不待学而乐之，体不待象而安之⑦。夫欲恶避就⑧，固不待师，此人之性也。天下虽非我⑨，孰能辞之？"

【注释】

①穷美：享尽所有的美好事物。穷，享尽。究执（shì）：拥有最大的权势。究，穷尽，最大。执，通"势"。权势。

②至人：道德最高尚的人。不得逮：赶不上，做不到。逮，赶上。

③侠（xié）：通"挟"。依仗，凭借。

④秉：把握，依靠。知：同"智"。智慧。

⑤因：凭借，借用。

⑥享国：拥有国家。

⑦象：效仿，学习。

⑧欲恶（wù）避就：欲求、厌恶、避开、追求。

⑨非我：非议我，批评我。

【译文】

　　无足说："财富对于人来说，百利而无一害，享尽所有的美好事物，拥有最大的富贵权势，这是道德最高尚的人也无法做到的，是贤良之人也无法获取的。那些富有之人依仗别人的勇敢以维护自己的权威，凭借别人的智慧而使自己做到明察秋毫，依靠别人的美德而为自己赢得贤良的美名，这样的富人即使没有拥有一个国家，也会像君主、父亲那样具有无比的权威。再说音乐、美色、美食、权势对于每一个人来说，不用学习心里就自然喜爱，不用仿效身体就自然乐于接受。欲望、厌恶、逃避、追求等情感，本来就不需要老师传授，而是发自人的自然天性。即使整个天下的人都来批评我的这一观念，可又有哪个人能够摆脱这些情感呢？"

【研读】

　　无足的这段话，使我们不由得想到晋代的鲁褒写了一篇《钱神论》，我们一起欣赏下这篇奇文：

　　　　钱之为体，有乾坤之象，内则其方，外则其圆。……为世神宝，亲之如兄，字曰"孔方"。失之则贫弱，得之则富昌。无翼而飞，无足而走。解严毅之颜，开难发之口。钱多者处前，钱少者居后；处前者为君长，在后者为臣仆。……京邑衣冠，疲劳讲肆，厌闻清谈，对之睡寐。见我家兄，莫不惊视。钱之所祐，吉无不利，何必读书，然后富贵！……无德而尊，无势而热，排金门而入紫闼。危可使安，死可使活；贵可使贱，生可使杀。是故忿争非钱不胜，幽滞非钱不拔，冤仇非钱不解，令问非钱不发。洛中朱衣，当途之士，爱我家兄，皆无已已。(《晋书·隐逸列传》)

钱币内方外圆，有天地之象；有了钱，危可使安，死可使活；有了钱，贵可使贱，生可使杀。孔方兄的神奇作用几乎可以与上帝相媲美。唐初的民间诗人王梵志用非常通俗、生动的语言描述了一个人在有钱和无钱时的不同遭遇：

吾富有钱时，妇儿看我好。我若脱衣裳，与我叠袍袄。吾出经求（做买卖）去，送吾即上道。将钱入舍来，见吾满面笑。绕吾白鸽旋，恰似鹦鹉鸟。邂逅暂时贫，看吾即貌哨（丑陋）。人有七贫时（佛教把身无分文的极贫时期叫七贫时），七富还相报。从财不顾人，且看来时道。(《吾富有钱时》)

一个人有了钱，连他的丑陋相貌都变得英俊美丽；没了钱，英俊美丽的相貌也变得丑陋不堪了。

知和曰："知者之为①，故动以百姓②，不违其度③，是以足而不争④，无以为⑤，故不求。不足故求之，争四处而不自以为贪⑥；有余故辞之，弃天下而不自以为廉。廉贪之实，非以迫外也⑦，反监之度⑧。势为天子，而不以贵骄人；富有天下，而不以财戏人。计其患，虑其反⑨，以为害于性，故辞而不受也，非以要名誉也⑩。尧、舜为帝而雍⑪，非仁天下也，不以美害生也；善卷、许由得帝而不受，非虚辞让也⑫，不以事害己。此皆就其利，辞其害，而天下称贤焉，则可以有之⑬，彼非以兴名誉也。"

【注释】

①知者：智者。指道家心目中的圣人。知，同"智"。

②动以百姓：顺应百姓意愿而行动。以，因，顺应。

③度：法度。

④足：心里感到十分充实满足。

⑤无以为：不带有任何个人目的去做事。无以，没有个人目的。

⑥争四处：到处争名夺利。

⑦非以迫外：并非受到外界事物的胁迫。意思是说，无论是廉洁知足，还是贪得无厌，都是出于个人意愿，并非外力所致。

⑧反监之度：要回头反省一下自己的思想原则。监，通"鉴"。照视，反省。度，思想原则。

⑨虑其反：考虑争夺名利给自己带来的恶报。反，报应。

⑩要：追求。

⑪雍：和睦，祥和。一说"雍"为"推"之误。推，辞让天下。

⑫虚：虚伪，假惺惺。

⑬有之：获有这样的美名。

【译文】

　　知和说："智者的所有行为，都是顺从了百姓的意愿，从来不去违反法度，因此他们的内心十分充实满足而不会去争名夺利，因为他们的所有行为都不带有任何个人目的，所以也就不会有什么个人的利益追求。有的人因为内心不知满足才去追逐财利，到处争夺却不自以为是贪婪；有的人内心感到自己已经富足，所以才能做到处处谦让，即使舍弃整个天下也不自以为是廉洁。廉洁与贪婪的根本原因，并非来自外界事物的胁迫，而应该回头反省一下自己的思想原则。智者贵为天子，却不会因为自身高贵而蔑视别人；富有天下，却不会因为自身富有而戏侮别人。那些智者想到拥有富贵会给自己带来灾难，考虑到追求名利会给自己带来恶报，明白富贵名利会损害自己的美好天性，所以他们就予以拒绝而不接受，他们这样做并不是想以此来获取美名。尧、舜在位时天下十分祥和安定，这并非因为他们想要推行仁政于天下，而是不想为了追求美好的衣食、宫殿而伤害了自己的生命；善卷、许由能够获取帝位却不愿接受，也不是在虚情假意地拒绝天子之位，而是不想为了处理天下政务而损害了自己的健康。他们这样做的目的依然是为了寻求利益，躲避灾害，而天下的民众都称赞他们是贤人。他们完全可以拥有贤人这一美名，但他们这样做的主观目的绝非为了沽名钓誉。"

　　无足曰："必持其名①，苦体、绝甘、约养以持生②，则亦久病长厄而不死者也③。"

【注释】

①持：保持，维护。

②绝甘：不吃甘美的食物。绝，不要。甘，甜美。约养以持生：节俭衣食以维持生命。约，节俭。养，指衣食等养生物品。

③则亦久病长厄而不死者也：那么也不过是一个长期生病、处境困窘而只是还未死掉的人而已。厄，困窘。

【译文】

　　无足说:"非常固执地去维护自己的好名声,为此而不惜使自己劳苦身心、放弃美食、衣食简朴得仅能维持生命,这样的人不就像是一个长期生病、困苦不堪而只是还没死去的人吗!"

　　知和曰:"平为福①,有余为害者,物莫不然②,而财其甚者也③。今富人,耳营钟鼓管籥之声④,口嗛于刍豢醪醴之味⑤,以感其意⑥,遗忘其业,可谓乱矣!佌溺于冯气⑦,若负重行而上阪⑧,可谓苦矣!贪财而取慰⑨,贪权而取竭⑩,静居则溺⑪,体泽则冯⑫,可谓疾矣!为欲富就利,故满若堵耳而不知避⑬,且冯而不舍⑭,可谓辱矣!财积而无用,服膺而不舍⑮,满心戚醮⑯,求益而不止⑰,可谓忧矣!内则疑劫请之贼⑱,外则畏寇盗之害,内周楼疏⑲,外不敢独行,可谓畏矣!此六者⑳,天下之至害也,皆遗忘而不知察,及其患至,求尽性竭财㉑,单以反一日之无故而不可得也㉒。故观之名则不见㉓,求之利则不得,缭意体而争此㉔,不亦惑乎!"

【注释】

①平:平均。指财富不多不少。

②莫不然:莫不是如此。然,此。

③甚:更是如此,更为突出。

④耳营钟鼓管籥(yuè)之声:耳朵听着钟鼓、箫笛等优美的音乐。营,营求,想听。管籥,指箫笛之类的吹管乐器。

⑤口嗛(qiè)于刍豢(chú huàn)醪(láo)醴之味:嘴巴吃着肉类、美酒等

可口的山珍海味。嗛，吃。刍豢，指用草豢养的牛羊等。刍，草。豢，豢养。醪醴，泛指美酒。

⑥感（hàn）其意：动摇了他的意志。感，通"撼"。动摇。

⑦佪（gāi）溺于冯（píng）气：陷入愤懑的情感之中。佪溺，沉溺，陷入。冯气，愤懑的情感。指因贪婪而不知足所引起的抑郁之情。

⑧阪（bǎn）：山坡。

⑨取慰：招来别人的怨恨。慰，怨恨。

⑩竭：尽，灭亡。

⑪溺：沉溺。指沉溺于享乐。

⑫体泽则冯（píng）：身体强壮时就会盛气凌人。泽，光泽。形容身体强壮。冯，盛满。指盛气凌人。

⑬堵耳：齐耳的高墙。堵，墙。

⑭冯：这里指财富已经非常多了。

⑮服膺：念念不忘，竭力追求。

⑯戚醮（jiāo）：烦恼与焦虑。戚，苦恼。醮，通"焦"。焦虑，忧愁。

⑰求益：追求更多的财富。益，多。

⑱内则疑劫请之贼：住在家里的时候，担心窃贼的伤害。内，家里。劫请，强行索取。贼，伤害。

⑲内周楼疏：房舍四周修筑了布满射孔的碉堡。楼，用来防御强盗抢劫的塔楼。即碉堡。疏，窗。这里指用来射箭的窗口。

⑳此六者：指前文提到的"乱""苦""疾""辱""忧""畏"六种痛苦。

㉑尽性竭财：用尽心思，花尽钱财。

㉒单：仅仅。无故：平安无事。故，事。

㉓观之名则不见：看看这些富人的名声，又看不到他们有什么好名声。

㉔缭意体：困扰自己的身心。缭，缠绕，困扰。

【译文】

知和说："保持平均水平才是幸福，拥有过多的东西就是祸害，万事万物都是如此，而在钱财这一方面尤其突出。如今那些富人，耳朵听着钟鼓、箫笛演奏的优美音乐，嘴巴吃着肉食、美酒之类的山珍海味，这种奢靡生活摇了他们的意志，使他们放弃了自己的事业，这可以说是迷惑极了！他们整天陷入愤懑抑郁的情绪之中，生活如同背着沉重的行李爬山一般，这可以说是痛苦极了！贪取钱财以招来怨恨，贪图权势以自取衰亡，在家闲居时就沉溺于纵欲享乐，身体强壮时就会盛气凌人，这可以说是疾病严重极了！因为太贪恋财富，所以即使金钱堆积得如同齐耳高墙一样也不知道满足，而且是财富越多越发贪求，这可以说是耻辱极了！囤积财富而不舍得花费，整天放在心里不忍割舍，为此而满腹烦恼与忧愁，而且还在费尽心思地追求财富的增加，这可以说是忧愁极了！在家时担心窃贼的伤害，出门在外害怕强盗的劫杀，房舍四周都修建起布满射箭孔洞的碉楼，从来不敢独自一人外出，可以说是恐惧极了！迷乱、痛苦、重病、耻辱、忧愁、恐惧这六种状况，是人世间的最大祸害，然而人们却忘掉了这些祸害而不知道认真去反思，等到灾难降临的时候，即使绞尽脑汁、倾家荡产，只求能够过上一天的安宁日子也不可能了。所以要想看看这些富人的名声，却又看不到他们有什么好的名声；要想看看他们获得的益处，却又看不到他们获得了什么益处，如此劳神费力地去争夺名利富贵，难道不是一种糊涂行为吗！"

【研读】

本段文字同样是对孔子见盗跖这一故事的进一步补充，如果说"子张问于满苟得"的故事主要是批判追求美名的世俗贤人，而本段文字则主要批判追逐财富的贪婪之人。

本段有一句特别值得关注的话："平为福，有余为害者，物莫不然，而财其甚者也。"

老子也一再提醒人们，财富积累太多，会为自己带来意想不到的灾难。《道德经》九章说：

> 金玉满堂，莫之能守。富贵而骄，自遗其咎。

老子说，家里藏满了金银财宝，没有一个人能够守得住，富贵而傲慢，是自取灾难。在中国古代，因为家里太富有，为自己带来灭顶之灾的事例，数不胜数。我们仅举一个正史记载的例子。

西晋时期，有一位国家重臣，名叫石苞。石苞临死之前，把自己的家产平均地分给了几个儿子，就是没有给小儿子石崇分财。做母亲的就去问石苞："你在分家产的时候，是否把小儿子给忘记了？"石苞回答说："我怎么可能忘了小儿子呢？我之所以没有给他分家产，是因为他太聪明，他长大后自己会挣钱，根本不需要我给他分的这点家产。"石崇长大之后，真的很会挣钱，成为国家首富。我们在介绍石崇挣钱的方法之前，需要先介绍清楚古代的南北交通要道。

现在的南北交通要道，是北起北京，南至广州。古代的交通要道不在这条线上，南方的终点是广州，这与今天一样，但北方的起点就不在北京了。交通要道的确立，往往与首都的地理位置密切联系在一起。唐以前，我国最喜欢建都的地方，一个是长安，一个是洛阳。如果建都在长安，由于秦岭的阻拦，从长安到广州去，如果带有行李、家眷，人们是不会去翻越秦岭的。他们一般是向东走，先到洛阳，再从洛阳向南走。

在古代，从洛阳出发向南走，第一座名城是河南南阳，第二座名城是湖北襄阳，第三座名城是湖北荆州，然后到长沙，再到广州。西晋时期，没有科举制，还是贵族世袭。石崇出身贵族，长大后自然就当了官。朝廷派他到荆州当刺史，成了当地的最高军政长官。他就是在荆州当官期间发的横财。他发财的手段是什么呢？《晋书·石苞列传》有记载：

> 在荆州，劫远使商客，致富不赀。

也就是说，石崇在荆州时，白天当刺史，晚上让他的军队假扮成土匪强盗，抢劫远方的客商。因此，他很快就成为国家首富，当时的皇帝晋武帝的舅舅王恺在武帝的帮助下，与他斗富，竟然败下阵来。

后来石崇回到京城洛阳当了京官（西晋的都城在洛阳），在洛阳的附近，修了一个豪华的私家花园，叫金谷园，金谷园后来成了私家豪华花园的代名词。石崇生活极为奢侈，挥金如土。在古代，贵族家里的歌姬美女也属于贵族的财富，他对这些财富，不爱惜到什么程度呢？《世说新语·汰侈》有记载：

> 石崇每要客燕集，常令美人行酒。客饮酒不尽者，使黄门交斩美人。王丞相（王导）与大将军（王敦）尝共诣崇。丞相素不能饮，辄自勉强，至于沉醉。每至大将军，固不饮，以观其变。已斩三人，颜色如故，尚不肯饮。丞相让之，大将军曰："自杀伊家人，何预卿事？"

石崇每次邀请客人饮酒，就让家里的美人出来劝酒，如果劝到哪位客人那里，客人没有把酒饮干，石崇就杀掉这位美人，认为这位美人没有尽职尽责。王敦和王导是堂兄弟，两人一起到石崇家里喝酒，王导不善饮酒，但为了不杀美人，就强自喝酒。而王敦故意不喝酒，有一次，为他不喝酒已经杀了三个美女，他依然不喝。王导责备他，他却说："人家石崇杀自家的人，与你何干？"从这件事情可以看出，石崇对财富不爱惜到了什么程度。

史书没有记载石崇家的卧室情况，但记载了他家厕所的豪华程度。在他家的厕所里，放着大床，挂着华丽的帷帐，整天用许多种香料熏香；厕所里还站着十几位婢女专门伺候上厕所的客人。大贵族刘寔当过宰相，也是见过世面的人。有一次刘寔在石崇家里做客，要上厕所，别人就告诉他厕所在哪里，结果他进去一看，反身就跑，到石崇那里道歉说："我本来是想去您家厕所，结果摸错了路，走到您家卧室里了。"石崇回答说："那就是厕所，不是卧室。"由此可想而知他家的卧室豪华到什么程度。

西晋灭于八王之乱，自己的八个诸侯王相互争斗，他们交替掌权。当赵王司马伦掌权的时候，因为司马伦弱智，所以真正掌权的是他的谋臣孙秀。孙秀掌权以后，看中了石崇家的歌女绿珠。据说绿珠是石崇用三斛（十斗为一斛）珍珠换回来的，可见其身价之高。孙秀想要绿珠，石崇舍不得，说："我家养的美女如云，任您挑选，但绿珠不能给。"而孙秀则说："美女再多，除了绿珠，我一个不要。"石崇错误地判断了形势，他以为即使得罪孙秀，充其量把自己流放到岭南而已。最后，孙秀诬陷石崇谋反，逮捕了石崇。我们看《晋书·石苞列传》的记载：

> 崇正宴于楼上，介士到门。崇谓绿珠曰："我今为尔得罪。"绿珠泣曰："当效死于官前。"因自投于楼下而死。崇曰："吾不过流徙交、广耳。"

石崇正在楼上饮酒，看到士兵来逮捕自己，就对绿珠说："我都是因为你，而得罪了人。"绿珠为了报答石崇的情意，当即跳楼自杀。

可悲的是，直到此时，石崇还以为自己不过是被流放而已，后来才发现自己走的这条路是通往刑场的。临刑前，他对行刑官说："这帮人之所以要杀我全家，是看中了我的家产。"行刑官反问："既然你知道是家产惹的祸，为什么不早点把它散给穷人呢？"石崇听后无言以对。这次一起被杀的有他的母亲、兄长、妻子、儿女，还有他的外甥欧阳建，一共十五人。石崇被杀的那一年五十二岁。

石崇用自己及全家人的生命证明了老子"多藏厚亡"、庄子"平为福"这些观点的正确性。

儒家还把这种"平为福"的观点运用到国家治理方面。《论语·季氏》记载，孔子提出了"不患贫而患不均"这一主张，认为一个国家不用担心财富贫乏，而应担心财富分配不均。关于这一点，历史上留下许多美谈：

越王苦会稽之耻，欲深得民心，以致必死于吴。……有酒，流之江，与民同之。（《吕氏春秋·顺民》）

昔者良将之用兵，有馈箪醪者，使投诸河，与士卒同流而饮。夫一箪之醪，不能味一河之水，而三军之士思为致死者，以滋味之及己也。（《黄石公三略》）

史记曰：楚人有馈一箪醪者，楚庄王投之于河，令将士迎流而饮之，三军皆醉。（《太平御览》卷二百八十）

一壶酒能够让三军"皆醉"，自然是文学的夸张和比喻，其真正想表达的是，领导者不独占财富，能够与民众同甘共苦，民众必定会与他同生共死。

轻松玩转"三剑治国"

说　剑

　　说剑，论说剑术。也可理解为庄子游说赵文王放弃对剑术的喜好。篇名概括了全篇的内容。赵文王爱好剑术，整天与剑客为伍而不理国政，致使赵国日益衰落。庄子应赵太子悝之邀，用天子之剑、诸侯之剑、庶人之剑的巨大差异，说服赵文王放弃对斗鸡般的、且与自己身份极不相称的庶人之剑的爱好，提醒他应该运用天子、诸侯之剑以治理好赵国。

　　昔赵文王喜剑①，剑士夹门而客三千余人②，日夜相击于前，死伤者岁百余人，好之不厌③。如是三年，国衰，诸侯谋之④。太子悝患之⑤，募左右曰："孰能说王之意止剑士者，赐之千金⑥。"左右曰："庄子当能。"

【注释】

①赵文王：即战国时期赵惠文王。关于本篇是否庄子学派的著作，见本篇最后的"研读一"。

②夹门而客：居住在赵国宫门两边，寄食于赵文王。客，做门客，寄食于赵

文王。

③不厌：不满足，不停止。

④谋之：谋划进攻赵国。

⑤悝（kuī）：为赵文王的太子。患：担心，忧虑。

⑥金：先秦的黄金重量单位。一说二十两黄金叫一金，一说二十四两黄金叫一金。

【译文】

从前赵文王爱好剑术，居住在赵国宫门两边、寄食于赵文王的剑客就有三千多人，他们日夜不停地在赵文王面前比试剑术，每年都有一百多人死伤，而赵文王依旧乐此不疲。如此过了三年，赵国日益衰败，其他诸侯国便谋划要攻取赵国。太子悝为此事非常担忧，于是便把身边的人召集起来，说："谁如果能够说服大王停止对剑术的爱好，我就赏赐给他千金。"身边的人说："庄子大概能够做到这一点。"

太子乃使人以千金奉庄子①，庄子弗受，与使者俱，往见太子曰："太子何以教周②，赐周千金？"太子曰："闻夫子明圣，谨奉千金以币从者③。夫子弗受，悝尚何敢言！"庄子曰："闻太子所欲用周者，欲绝王之喜好也。使臣上说大王而逆王意④，下不当太子⑤，则身刑而死，周尚安所事金乎⑥？使臣上说大王，下当太子，赵国何求而不得也！"

【注释】

①奉：献上，赠送。

②何以教周：对我庄周有何赐教。这是客气用语，实际是询问对方需要自己做
　　什么。周，庄子名周。

③币从者：赠送给您的随从。这是一种尊敬的说法，表示自己不敢直接送礼物
　　给庄子。币，礼物。用作动词，送礼物。

④使：假使，如果。逆：违背。

⑤当：符合。

⑥安所事金：哪里还能够使用这些金钱呢？安，哪里。事，从事，使用。

【译文】

　　于是太子就派使者带着千金厚礼去献给庄子，庄子不肯接受，但
还是跟随使者一起去见太子，庄子问道："太子对我有何赐教，要赏赐
给我千金厚礼呢？"太子说："听说先生您聪明睿智，因此想敬献千金
给您的随从。既然先生不肯接受，我哪里还敢开口求助呢！"庄子说：
"听说太子想要任用我的原因，目的是想让我说服大王放弃对剑术的爱
好。假如我在劝说大王时，上面违背了大王的意志，下面不符合太子
的心愿，那么我就会遭受刑戮而死，哪里还用得上这些金钱呢？如果
我上面能够说服大王，下面能够符合太子心愿，那么我向赵国要求什
么而得不到满足呢！"

　　太子曰："然。吾王所见，唯剑士也。"庄子曰："诺①。周善为
剑②。"太子曰："然吾王所见剑士，皆蓬头突鬓③，垂冠④，曼胡之
缨⑤，短后之衣⑥，瞋目而语难⑦，王乃说之⑧。今夫子必儒服而见
王，事必大逆⑨。"庄子曰："请治剑服。"治剑服三日，乃见太子，
太子乃与见王，王脱白刃待之⑩。

【注释】

①诺：表示赞同的应答之词。

②善为剑：善于用剑。为，从事，使用。

③突鬓：两鬓的毛发向上翘起。

④垂冠：向下低垂的帽子。一说指能够遮住面部的铁冠。

⑤曼胡之缨：粗大结实的帽带。曼胡，粗大结实。一说"曼胡"是形容粗糙而
　无纹理的样子。缨，帽带。

⑥短后之衣：后身短小的衣服。据说这种衣服便于格斗。

⑦瞋（chēn）目而语难：怒睁着两眼，说话令人恐惧。瞋目，怒睁双目。语难，
　喊着恐吓人的话。难，使人畏难。一说指因愤怒而讲话不流利。

⑧说（yuè）：同"悦"。喜欢。

⑨大逆：很不顺利，无法成功。

⑩脱白刃：抽出明晃晃的利剑。脱，把利剑抽出。

【译文】

　　太子说："您说得很对。我们大王所愿意接见的人，都只是一些剑客。"庄子说："好的。我也善于剑术。"太子说："我们大王所接见的那些剑客，个个都是头发乱蓬蓬的，两鬓的毛发向上翘起，帽子向下低垂，帽带粗大结实，后面衣服短小，愤怒地睁着双眼，喊着恐吓人的话，只有这样的人，大王看见了才会喜欢。现在先生如果一定要穿着儒服去见大王，事情肯定无法办成。"庄子说："那就请给我也准备一身击剑服装吧！"三天以后，剑服制作完毕，庄子穿上后便去见太子，于是太子与庄子一起去觐见赵文王，赵文王抽出明晃晃的利剑等着庄子。

庄子入殿门不趋①，见王不拜。王曰："子欲何以教寡人？使太子先②。"曰："臣闻大王喜剑，故以剑见王。"王曰："子之剑何能禁制③？"曰："臣之剑，十步一人④，千里不留行⑤。"王大悦之，曰："天下无敌矣！"庄子曰："夫为剑者，示之以虚⑥，开之以利⑦，后之以发⑧，先之以至⑨。愿得试之。"王曰："夫子休就舍待命⑩，令设戏请夫子⑪。"

【注释】

①趋：小步快走。这是古人表示恭敬的步态。

②先：事先举荐、通报。

③禁制：制伏对手。

④十步一人：每行十步可杀一人。

⑤留行：被人阻止而无法前行。

⑥示之以虚：故意先卖个破绽给对手。目的是迷惑对手。虚，空虚，破绽。

⑦开之以利：用可乘之机引诱对手。开，引诱。利，可以获利的机会。

⑧后之以发：后于对手发动攻击。也即后发制人。发，发动进攻。

⑨至：击中对手。关于以上四句的解释，详见"研读"。

⑩休就舍：到馆舍休息。

⑪设戏：安排击剑比赛。戏，击剑比赛。夫子：指庄子。

【译文】

庄子不慌不忙地走进殿门，见了赵文王也不行跪拜之礼。赵文王说："你想拿什么事情来指教我？还让太子为你事先引荐。"庄子说："我听说大王爱好剑术，所以我以剑术来拜见大王。"赵文王问道："你是如何用剑术制伏对手的?"庄子说:"我的剑术,能够每走十步杀掉一人,横行千里而无人能够阻拦我。"赵文王听了万分高兴,赞叹说:"你真是天下无敌啊!"庄子说:"懂得击剑的人,要故意先显露一点儿破绽给对手,引诱对手让他感到有机可乘,后于对手发动攻击,却能抢先击中对手。我真希望有机会能够试一试我的剑术。"赵文王说:"请先生先回馆舍休息等待命令,我马上安排有关比剑事宜,然后再去请先生前来比剑。"

【研读】

关于"示之以虚,开之以利,后之以发,先之以至"四句,学界有两种不同的解释:

> 示之句:别人看来不觉踪影。开之句:开剑则显得锋利。后之二句:似未发而已经先至。形容神速。(《庄子浅注》修订本)

> 先示人以虚空,给予可乘之机,发动在后,抢先击至。(《庄子今注今译》)

前一种解释无疑是错误的,后一种译文虽然不够流畅,但很正确。为了更好地理解庄子这段话,我们先看《孙子兵法》的两段话:

> 兵者,诡道也。故能而示之不能,用而示之不用,近而形之远,远而示之近。利而诱之,乱而取之。(《孙子兵法·计篇》)

> 军争之难者,以迂为直,以患为利。故迂其途而诱之以利,后人发,先人至,此知迂直之计者也。(《孙子兵法·军争篇》)

所谓的"示之以虚,开之以利",就是孙子说的"能而示之不能,用而示之不用,近而形之远,远而示之近"。换句话说,就是卖个破绽给对方,给对方一个错觉,让对方误以为有机可乘,然后顺势击败对方。这是古人打斗时惯用的技巧。我们看《三国演义》与《水浒传》中的例子：

> 战不十合，（傅）金卖个破绽，王镇便挺枪来刺；傅金闪过，活捉镇于马上，便回本阵。（《三国演义》第一百十二回）

> 当时两个斗了十数合，那先生被武行者卖个破绽，让那先生两口剑砍将入来，被武行者转过身来，看得亲切，只一戒刀，那先生的头滚落在一边，尸首倒在石上。（《水浒传》第三十二回）

傅金和武松都是先"示之以虚，开之以利"，让对方感到有机可乘，用虚假的"利"来诱导对方，最终出奇制胜，制服对方。

所谓的"后之以发，先之以至"，也就是孙子说的"后人发，先人至"。后动手，却能先击中对手。《三国演义》中有一个情节，可以更好地说明"示之以虚，开之以利，后之以发，先之以至"这四句话：

> 张飞卖个破绽，严颜一刀砍来，张飞闪过，撞将入去，扯住严颜勒甲绦，生擒过来，掷于地下；众军向前，用索绑缚住了。（《三国演义》第六十三回）

张飞"示之以虚，开之以利"，先卖个破绽给对方，诱使对方先动手——"严颜一刀砍来"，然而张飞"闪过，撞将入去，扯住严颜勒甲绦，生擒过来"，张飞虽然是后出手，却生擒对手。因此，我们认为，"开之以利"的"开"是开启、引导的意思，引申为诱导、诱惑。"利"不是指剑刃锋利，而是指有利的机会。

王乃校剑士七日①，死伤者六十余人，得五六人，使奉剑于殿下②，乃召庄子。王曰："今日试使士敦剑③。"庄子曰："望之久矣。"王曰："夫子所御杖④，长短何如？"曰："臣之所奉皆可⑤。然臣有三剑，唯王所用，请先言而后试⑥。”

【注释】

①校（jiào）剑士：让剑客比武。校，通“较”。比赛。

②奉：拿着。

③士：剑士，剑客。敦敛：比赛剑术。敦，治。引申为比赛。

④所御杖：所使用的剑。御，使用。杖，刀戟的总称。这里专指剑。

⑤奉：捧着，使用。

⑥试：比试，比赛剑术。

【译文】

　　赵文王花了整整七天时间，让剑客们较量剑术，先后死伤了六十余人，最后终于挑选出了五六位优秀剑客，于是就让这几位优秀剑客拿着剑在宫殿下面等待，然后去请庄子。赵文王对庄子说：“今天可以让剑客们与先生比试剑术了。”庄子说：“我盼望着这一天很久了啊。”赵文王问：“先生所使用的剑，长短怎么样？”庄子说：“我使用的剑，无论长短都行。不过我有三种剑，任大王选用，请让我先介绍这三种剑，然后再开始比试。”

【研读】

　　庄子在比剑之前，对赵王说：“然臣有三剑，唯王所用，请先言而后试。”实际就是提出了一个悬念，吊起赵王的胃口，一步步把赵王引入自己的彀中。关于这种劝谏方式，我们再举一个更为典型的例子：

　　　　靖郭君将城薛，客多以谏。靖郭君谓谒者，无为客通。齐人有请者曰："臣请三言而已矣！益一言，臣请烹。"靖郭君因见之。客趋而进曰："海大鱼。"因反走。君曰："客有于此。"客曰："鄙臣不敢以死为戏。"君曰："亡，更言之。"对曰："君不闻[海]大鱼乎？网不能止，钩不能牵，荡而失水，则蝼蚁得意焉。今夫齐，亦君之水也。君长有齐阴，奚以薛为？夫（失）齐，虽隆薛之城到于天，犹之无益也。"君曰："善。"乃辍城薛。(《战国策·齐策一》)

靖郭君名叫田婴，是齐国的大贵族，他计划在自己的封地薛邑修筑城墙。因为此举会引起齐王的猜疑，所以不少门客去谏阻他。田婴于是就吩咐传达官员："不要再为那些劝谏的门客通报了。"有一个齐国门客要求接见，说："我只说三个字，多说一个字就请把我给烹煮了。"靖郭君很好奇，于是就召见了他。这位门客快步走向前来，说："海大鱼。"说完转身就跑。靖郭君说："你别走，留下把话说完吧。"门客说："我不敢拿自己的生命来开玩笑。"靖郭君说："别这么说，你继续说下去。"门客说："您没有听说过海里的大鱼吗？用鱼网无法捕捉它，用鱼钩无法钓到它；然而当它游荡时离开了水，就连小小的蚂蚁、蝼蛄也能任意宰割它。如今的齐国，就是您的海水啊。如果您永远拥有齐国的庇护，又何必去为薛邑修城墙呢？如果您失去了齐国的庇护，即使把薛邑的城墙修得像天一样高，又有什么用呢？"靖郭君听后，说："说得好。"于是就放弃了在薛邑修筑城墙的计划。

齐国门客用无头无尾的"海大鱼"三个字勾起靖郭君的兴趣，庄子用无头无尾的"三剑"勾起赵王的兴趣，他们都获得了各自所预期的效果。

王曰："愿闻三剑。"曰："有天子剑，有诸侯剑，有庶人剑。"

王曰："天子之剑何如?"曰："天子之剑,以燕溪、石城为锋^①,齐、岱为锷^②,晋、魏为脊^③,周、宋为镡^④,韩、魏为夹^⑤,包以四夷^⑥,裹以四时^⑦,绕以渤海^⑧,带以常山^⑨,制以五行^⑩,论以刑德^⑪,开以阴阳^⑫,持以春夏^⑬,行以秋冬。此剑,直之无前^⑭,举之无上^⑮,案之无下^⑯,运之无旁^⑰,上决浮云^⑱,下绝地纪^⑲。此剑一用,匡诸侯^⑳,天下服矣。此天子之剑也。"

【注释】

①燕溪:地名。在燕国。石城:山名。在塞外。锋:剑的尖端。燕溪与石城均在北部边疆地带,故以它们为剑锋。

②齐、岱(dài)为锷(è):以齐国、泰山为剑刃。岱,即泰山。锷,剑刃。

③晋、魏为脊:以晋国和魏国为剑背。魏,一本作"卫"。卫国。脊,剑背。

④镡(tán):剑环。

⑤夹:通"铗"。剑柄。

⑥包以四夷:用四方少数民族地区对它进行包裹。夷,泛指异族地区。

⑦裹以四时:用四季对它进行包裹。

⑧渤海:即今之渤海。这里可以理解为泛指大海。

⑨带以常山:以恒山做天子之剑的系带。常山,即今之北岳恒山。

⑩制以五行:用五行来掌握它。制,掌握,控制。五行,指金、木、水、火、土。

⑪论以刑德:以刑罚和恩德为标准来讨论如何使用它。

⑫开以阴阳:顺应着阴阳变化来使用它。开,打开,使用。

⑬持:持守,掌握。

⑭直之无前:向前直刺,前面没有任何事物可以阻挡。

⑮举之无上：向上刺杀，上面没有任何事物能够阻拦。

⑯案之无下：向下砍杀，下面没有任何事物能够挡住。案，通"按"。向下砍杀。

⑰运之无旁：挥动起来，四周没有任何事物能够阻挡。运，挥动。

⑱决：劈开。

⑲绝：割断。地纪：又叫"地维"。维系大地的绳子。古人传说，有九根大柱支撑上天，使天不塌陷；有大绳维系大地的四角，使大地稳定不动。

⑳匡：纠正。

【译文】

　　赵文王说："我愿意听听你的三种宝剑。"庄子说："有天子使用的剑，有诸侯使用的剑，有普通民众使用的剑。"赵文王问："天子使用的剑是什么样的？"庄子说："天子的剑，以燕溪、石城为剑尖，以齐国、泰山为剑刃，以晋国和魏国为剑背，以东周和宋国为剑环，以韩国和魏国为剑柄，用四方夷族地区对它进行包扎，用春夏秋冬四季对它进行围裹，用大海对它进行缠绕，用常山做它的系带，用五行来把握它，用刑罚和恩德为标准来讨论如何掌控它，顺应着阴阳变化来使用它，遵循春夏的时令来保护它，按照秋冬的特点来挥动它。这种剑，向前直刺无物可拦，向上举起无物可挡，向下劈砍无物可阻，挥舞起来四周也没有任何事物可以与它抗衡，这种剑上可以割裂浮云，下可以斩断地维。这种剑一旦使用，可以匡正诸侯，使天下民众全来归服。这就是天子的剑。"

　　文王芒然自失①，曰："诸侯之剑何如？"曰："诸侯之剑，以知勇士为锋②，以清廉士为锷，以贤良士为脊，以忠圣士为镡，以豪杰士为夹。此剑，直之亦无前，举之亦无上，案之亦无下，运之亦无旁。上法圆天③，以顺三光④；下法方地⑤，以顺四时；中和民意，以安四乡⑥。此剑一用，如雷霆之震也，四封之内⑦，无不宾服而听从君命者矣⑧。此诸侯之剑也。"

【注释】

①芒然：即"茫然"。自失：自己怅然若失。

②知：同"智"。

③圆天：圆形的天。古人认为上天是圆形的。

④以顺三光：顺应日、月、星辰的运行。三光，日、月、星。

⑤方地：方形的大地。古人认为大地是方形的。

⑥四乡：四方。指全国各地。

⑦四封：四方边境。封，边境。

⑧宾服：归服。

【译文】

　　赵文王听后茫茫然若有所失，接着问道："诸侯使用的剑又是什么样的？"庄子说："诸侯使用的剑，以智勇之士为剑尖，以清廉之士为剑刃，以贤良之士为剑背，以忠圣之士为剑环，以豪杰之士为剑柄。这种诸侯之剑，向前直刺也无物可阻，向上举起也无物可挡，向下劈去也无物可拦，挥舞起来四周也没有任何事物可以与它抗衡。上面效法圆形的苍天，顺应着日、月、星辰的运行；下面效法方形的大地，顺应着春夏秋冬的变化；居天地之中则顺应民意，以安定全国各地。

诸侯之剑一旦使用，犹如雷霆一样震撼人心，在四境之内，没有不归服于大王的，也没有不服从大王命令的。这就是诸侯的剑。"

王曰："庶人之剑何如^①?"曰："庶人之剑，蓬头突鬓，垂冠，曼胡之缨，短后之衣，瞋目而语难，相击于前，上斩颈领^②，下决肝肺。此庶人之剑，无异于斗鸡，一旦命已绝矣，无所用于国事。今大王有天子之位^③，而好庶人之剑，臣窃为大王薄之^④。"

【注释】

①庶人：普通民众，匹夫。

②颈领：脖子。领，脖子。

③天子之位：赵文王仅仅是位诸侯，并非天子。庄子称他有天子之位，是一种
带有夸饰性的恭维。

④薄：鄙薄，鄙视。

【译文】

赵文王又问道："那么普通民众使用的剑又是什么样的?"庄子说："普通民众在使用自己的剑时，个个都是头发乱蓬蓬的，两鬓毛发向上翘起，帽子向下低垂，帽带粗大结实，后面衣服短小，愤怒地睁着双眼，喊着恐吓人的话，在您的面前相互争斗拼杀，他们上面能够砍断对方的脖子，下面能够刺破对方的肝肺。这种普通民众的剑术，那模样就好像斗鸡一样，眨眼之间就会丢掉性命，这种剑对于国家没有任何用处。如今大王拥有天子之位，却爱好普通民众的剑，我个人认为大王应该蔑视这种剑。"

王乃牵而上殿①，宰人上食②，王三环之③。庄子曰："大王安坐定气④，剑事已毕奏矣。"于是文王不出宫三月，剑士皆服毙其处也⑤。

【注释】

①牵：拉着手。指拉着庄子的手。

②宰人：官名。负责君主的膳食。

③三环之：绕着庄子走了好几圈。三，泛指多。赵文王因羞愧不安，也为了表达对庄子的钦佩，同时也由于心情激动，故绕着庄子走了好几圈。关于"三环之"与佛教的关系，详见"研读二"。

④定气：定心，静下心来。

⑤服毙：又写作"伏毙"。自杀。其处：他们的住处。剑客是因为羞愧而自杀。一说是因为不再受到赵文王的礼遇而自杀。

【译文】

赵文王激动地拉着庄子的手，一起走上大殿，命令负责膳食的官员摆上酒肉，赵文王羞愧不安地绕着庄子走了几圈。庄子说："大王还是坐下来，静下心来，有关剑术的事情我已启奏完毕。"于是赵文王整整三个月没有迈出宫门一步，而那些剑客们都在自己的住所因羞愧难当而自杀了。

【研读】

一

王先谦《庄子集解》卷八说："《让王》下四篇，古今学者多以为伪作。"陈鼓应先生对本篇的真伪问题有一个总结："本篇与庄子思想不相干，一般学者疑是纵横家所作。林希逸、韩愈、王夫之等都认为本篇是战国策士游谈。……《说剑篇》则绝非庄子学派的作品。"(《庄子今注今译》)

我们虽然无法断定《说剑》就一定是庄派学人所作，庄子就一定去赵国游说过赵文王，但否定本篇的人同样拿不出确凿的证据证明本篇就一定不是庄派所作，也拿不出确凿的证据来证明庄子在其漫长的一生中，就没有以策士的形象在当时的政治舞台上出现过。对于这样一个缺乏确凿证据的问题，否定者可以"存疑"，而我们也可以"存信"，但结论最好还是晚一点下为好。关于这一问题的进一步讨论，可参见《渔父》篇最后的"研读"。

<h2 style="text-align:center">二</h2>

赵文王围绕庄子行走数圈，究竟是因为激动不安，还是表达敬意，后人有不同的解释。我们这里要关注的是，有人把这一"三环"行为与佛教礼仪联系在一起。

围绕着自己尊重之人、物行走为古代印度礼节之一，释迦牟尼在世的时候，即使用了这一礼仪，《法华经·妙庄严王本事品第二十七》记载："头面礼足，绕佛三匝。"此后绕佛行走便应用于修持和法会之中。绕佛行走的方法是围着佛祖右绕（顺时针）行走一圈、三圈或者百圈，以表达对佛的恭敬仰慕之意。玄奘《大唐西域记》卷二《印度总述》记载：

> 出家沙门，既受礼敬，惟加善愿，不止跪拜。随所宗事，多有旋绕，或唯一周，或复三匝，宿心别请，数则从欲。

本段意思是：出家的僧人，受到人们的尊敬，再加上心中有许多善良的愿望，因此其礼仪就不止于一般的跪拜。他们对于自己的崇拜者，大多用绕行表达敬意，有的只绕行一圈，有的绕行三圈，如果心里还有别的愿望，绕行的圈数就随各自的意愿。这一礼仪发展到今天，还出现了转山、转湖等宗教仪式。

《说剑》篇的赵王围绕庄子行走三圈，恰好与佛家的礼仪暗合，于是后来的佛教徒便以此为证，说佛教于先秦就传入中国。南朝宋时的袁粲，曾假借僧人通公之口，驳斥顾欢的《夷夏论》说：

> 白日停光，恒星隐照，诞降之应，事在老先，似非入关，方昭斯瑞。又西域之记，佛经之说，俗以膝行为礼，不慕蹲坐为恭。道以三绕为虔，不尚踞傲为肃。岂专戎土，爰亦兹方。裹童谒帝，膝行而进；赵王见周，三环而止。（《南史·隐逸列传上》）

袁粲的意思是说，不仅释迦牟尼出生于老、孔之前，而且先秦的许多礼节都是来自佛教，其中就包括赵王的绕庄子三匝。顾欢又写文章反驳说："案道经之作，著自西周，佛经之来，始乎东汉。年逾八百，代悬数十。若谓黄、老虽久而滥在释前，是吕尚盗陈恒之齐，刘季窃王莽之汉也。"（《南史·隐逸列传上》）顾欢认为，道家经典在周代已经出现，而佛教的传入则在东汉，如果说是道家经典抄袭了佛教经典，这就等于说是吕尚（姜太公，齐国的开国君主）盗窃了陈恒（即田成子，春秋末期人，他篡夺了齐国政权）的齐国，刘邦篡夺了王莽的汉朝。

魏晋南朝时期，道教、佛教屡发争执，道教《玄妙内篇》《化胡经》说老子西游，化身为释迦牟尼，从而创立了佛教；佛教《清净法行经》则说释迦牟尼委派自己的两位弟子到中国来教化华人，摩诃迦叶到中国后化身为老子，光净童子化身为孔子，对中国影响最大的两位思想家都是佛祖的弟子。至于佛教究竟是什么时候传入中国，也是众说纷纭，一说东汉，一说西汉，一说先秦。现在虽然难有定论，但庄子思想与佛教息息相通，其礼仪与佛教暗合，却是不争的事实。庄子思想与佛教思想的关系，特别是二者究竟谁影响了谁，是一个有待进一步研究、探索的课题。

渔 父

渔父，打鱼的老人。父，对老年男子的尊称。因为本篇主要是介绍渔父的思想，因此以"渔父"为篇名。本篇通过渔父与孔子的对话，主张社会各阶层应各司其职，反对不在其位而谋其政；指出了人们常有的八种毛病，以及做事常犯的四种错误；本篇提出的"贵真"思想，对后世影响极大。本篇从始至终都描述了孔子对渔父的敬畏之情，敢于傲视王侯的孔子在真理面前所表现出的谦恭与好学精神，使人肃然起敬。

孔子游乎缁帷之林①，休坐乎杏坛之上②。弟子读书，孔子弦歌鼓琴。奏曲未半，有渔父者③，下船而来，鬚眉交白④，被发揄袂⑤，行原以上⑥，距陆而止⑦。左手据膝⑧，右手持颐以听⑨。曲终而招子贡、子路二人俱对⑩。

【注释】

①缁（zī）帷之林：树林名。缁，黑色。帷，帷幕。"缁帷"是形容此处树林枝繁叶茂，遮天蔽日如同帷幕。

②杏坛：长着许多杏树的高台。详见"研读"。

③渔父：打鱼的老人。父，对年长男子的尊称。旧注认为渔父即归隐后的范
　　蠡，成玄英《庄子疏》："渔父，越相范蠡也；辅佐越王句践，平吴事讫，乃
　　乘扁舟，游三江五湖，变易姓名，号曰渔父。"此说似为臆测。

④交白：全部白了。交，全部。

⑤被（pī）发：披着头发。被，同"披"。揄袂（yú mèi）：卷着袖子。揄，卷
　　起。袂，袖子。

⑥行原以上：从岸边走了上来。原，岸边。以，而。

⑦距陆：到了高处。距，至，到了。陆，指地势较高的地方。

⑧据：放在。

⑨持颐：用手托着下巴。颐，面颊，下巴。

⑩对：对话，谈话。

【译文】

　　孔子到了一个名叫缁帷之林的大树林里游览，坐在长有许多杏树
的高台上休息。弟子们在一旁读书，孔子在那里弹琴唱歌。曲子还未
弹奏到一半的时候，有一位渔父，走下渔船向孔子师生走去，这位渔
父的头发与眉毛全都白了，他披着头发，卷着袖子，沿着河岸走了上
去，当他走到一块高地前便坐了下来，左手放在膝盖上，右手托着下
巴听孔子弹琴唱歌。等到曲子弹奏完毕之后，渔父用手招唤子贡、子
路二人一起过来交谈。

【研读】

　　"杏坛"一词最早即出于此。原本是庄子所讲故事里面的一个地
名，后人借此故事，便在山东曲阜孔庙的大成殿前，开始筑坛、建亭、

树碑、植杏，视此处为孔子讲学之处的杏坛。《日知录》卷三十一对此有一个大概介绍：

> 今夫子庙庭中有坛，石刻曰"杏坛"。《阙里志》："杏坛，在殿前，夫子旧居。"非也。杏坛之名出自《庄子》。《庄子》曰："孔子游乎缁帷之林，休坐乎杏坛之上……"司马彪云："缁帷，黑林名也。杏坛，泽中高处也。"《庄子》书凡述孔子皆是寓言，渔父不必有其人，杏坛不必有其地，即有之，亦在水上苇间，依陂旁渚之地，不在鲁国之中也明矣。今之杏坛，乃宋乾兴间四十五代孙道辅增修祖庙，移大殿于后，因以讲堂旧基甃石为坛，环植以杏，取"杏坛"之名名之耳。

正是由于《庄子》的"杏坛"一词，才为后人留下这一满含诗情画意的杏坛典故。随着历代儒家的不断渲染，"杏坛"就成为教育圣地的代名词。

客指孔子曰①："彼何为者也？"子路对曰："鲁之君子也。"客问其族②，子路对曰："族孔氏。"客曰："孔氏者，何治也③？"子路未应，子贡对曰："孔氏者，性服忠信④，身行仁义，饰礼乐⑤，选人伦⑥，上以忠于世主，下以化于齐民⑦，将以利天下。此孔氏之所治也。"又问曰："有土之君与？"子贡曰："非也。""侯王之佐与？"子贡曰："非也。"客乃笑而还，行言曰⑧："仁则仁矣，恐不免其身⑨，苦心劳形以危其真⑩。呜呼，远哉其分于道也⑪。"

【注释】

①客：外地人。这里具体指渔父。

②族：族姓，姓氏。

③何治：即"治何"。做什么的。治，治理，做。

④性服忠信：生来就持守忠信品德。性，生性，生来。服，持守。

⑤饰：修习，研习。

⑥选：选择，制定。

⑦化于齐民：教化民众。齐民，民众。

⑧行言：一边走一边说。

⑨不免其身：他自身难以免除灾祸。

⑩危其真：损害了自己的真实天性。真，真性，天性。

⑪分：分离，距离。

【译文】

渔父指着远处的孔子，问道："那一位是干什么的？"子路回答说："他是鲁国的一位君子。"渔父又询问孔子的姓氏，子路回答说："他姓孔。"渔父问："姓孔的这位先生，是做什么事情的？"子路还没开口，子贡就回答说："姓孔的这位先生，生来持守忠信，亲身践行仁义，研习礼仪音乐，制定人伦规范，对上忠于君主，对下教化民众，他希望能够用这种办法来造福于天下民众。这就是姓孔的这位先生所要做的事情。"渔父又问："他是拥有国土的君主吗？"子贡说："不是。"渔父又问："他是王侯的辅佐大臣吗？"子贡说："也不是。"渔父于是就笑着转过身去，一边走一边说："姓孔的这位先生的确是非常具有仁爱之心的，不过他自身恐怕就很难避免灾祸，他如此费尽心神，劳苦身体，却损害了自己的真实天性。唉，他实在是太远离大道了。"

【研读】

本段通过渔父与子贡的对话，批评孔子以庶民的身份去推行仁义教化，认为这是不在其位而谋其政，不符合大道。当然这个故事只能视为虚构，因为孔子的主张与渔父一致："子曰：'不在其位，不谋其政。'曾子曰：'君子思不出其位。'"（《论语·宪问》）

子贡还，报孔子，孔子推琴而起，曰："其圣人与！"乃下求之，至于泽畔，方将杖拏而引其船①，顾见孔子②，还乡而立③。孔子反走④，再拜而进⑤。

【注释】

①杖拏（ráo）：手里拿着船篙。杖，手里拿着。拏，通"挐"，与"桡"同义。用竹或木做成的撑船工具。引：引开，撑开。

②顾：回过头来。

③还乡：转过身来面对着。乡，通"向"。面对着。

④反走：反身向后跑几步。这是一种表示尊敬的礼节。

⑤再拜：连拜两拜。再，二。

【译文】

子贡回到孔子身边，把他和渔父的谈话内容告诉了孔子。孔子推开琴站起身来，说："他大概是一位圣人啊！"于是赶忙走下杏坛去寻找渔父。孔子赶到水边，渔父正拿着船篙准备撑船离岸，回头看见了孔子，便转过身来面对着孔子站在船上。孔子反身向后跑了几步，然后向渔父连拜两拜，走向前去。

　　客曰："子将何求?"孔子曰:"曩者先生有绪言而去^①，丘不肖^②，未知所谓^③，窃待于下风^④，幸闻咳唾之音以卒相丘也^⑤。"客曰:"嘻! 甚矣，子之好学也!"孔子再拜而起，曰:"丘少而修学，以至于今，六十九岁矣，无所得闻至教^⑥，敢不虚心!"

【注释】

①曩（nǎng）者:刚才。绪言:刚开始的话。去:离开。"绪言"一词即出于此，
　　后来又引出"绪论""序言"等词。

②不肖:不聪明，无能力。

③所谓:所说的意思。谓，说。

④窃待于下风:我在这里非常恭敬地请教先生。窃，我个人。表谦虚的用语。
　　下风，下方。表示自己处于卑下的位置。

⑤幸闻咳唾之音以卒相丘也:希望能够听到您的教诲，以便最终对我有所
　　帮助。幸，希望。咳唾，咳嗽唾吐。这里指谈话、教诲。卒，最终。相，
　　帮助。

⑥至教:关于最高真理的教诲。

【译文】

　　渔父问:"您跑来找我有什么事情吗?"孔子说:"刚才先生谈话时刚刚开了个头就走了，我实在是不够聪敏，没有明白您说的是什么意思，于是我就非常恭敬地跑到这里来请教先生，希望能够听到您的教诲，以便最终对我有所帮助。"渔父说:"咦! 您实在是太好学了!"孔子又连拜了两拜，然后站起身来，说:"我孔丘从小就努力学习，至今也没有松懈，我已经六十九岁了，却还没有听到过关于最高真理方面

的教诲，我怎敢不虚心请教啊！"

客曰："同类相从，同声相应，固天之理也。吾请释吾之所有而经子之所以①。子之所以者②，人事也。天子、诸侯、大夫、庶人，此四者自正③，治之美也，四者离位而乱莫大焉④。官治其职，人忧其事⑤，乃无所陵⑥。故田荒室露，衣食不足，征赋不属⑦，妻妾不和，长少无序，庶人之忧也；能不胜任，官事不治⑧，行不清白，群下荒怠⑨，功美不有⑩，爵禄不持，大夫之忧也；廷无忠臣，国家昏乱⑪，工技不巧，贡职不美⑫，春秋后伦⑬，不顺天子，诸侯之忧也；阴阳不和，寒暑不时，以伤庶物⑭，诸侯暴乱，擅相攘伐⑮，以残民人，礼乐不节，财用穷匮⑯，人伦不饬⑰，百姓淫乱，天子有司之忧也⑱。

【注释】

①吾请释吾之所有而经子之所以：请让我谈谈我的看法，以分析您所从事的活动。释，解释，谈谈。所有，所具有的看法。经，经营，分析。所以，所作所为。

②所以者：所做的事情。

③自正：各自的位置、权限、义务都能摆正。

④离位：偏离自己的职位、权限、义务。即不守本分。

⑤忧：操心，关注。

⑥陵：欺凌，侵扰。

⑦属：交付，上缴。

⑧官事：自己职分之内的事情。

⑨荒怠：懈怠，玩忽职守。

⑩功美不有：功劳和美名没能建树起来。

⑪国家：诸侯和大夫的封地。古代天子所管辖的地区叫"天下"，天子分封给
　诸侯的封地叫"国"，诸侯分封给大夫的封地叫"家"。

⑫贡职：向天子进贡的事宜。

⑬春秋后伦：春季与秋季两次朝觐天子时，落在其他诸侯的后面。春秋，诸
　侯春天朝见天子叫"朝"，秋天朝见天子叫"觐"。"春秋"即"朝觐"。伦，
　同类。指其他诸侯国家。

⑭庶物：众物，万物。庶，众多。

⑮擅相攘伐：擅自相互攻击、征伐。攘，侵犯。

⑯穷匮：匮乏，贫乏。

⑰饬（chì）：整顿。

⑱有司：有关部门，有关的主管官吏。实际是指天子。

【译文】

　　渔父说："同类的事物就会相互聚集在一起，同类的声音就会相互
产生呼应的关系，这本来就是自然而然的道理。那么就请让我谈谈我
的看法，分析一下您所从事的事业。您所从事的事业，都属于人类社
会方面的事务。天子、诸侯、大夫、百姓，这四种人如果都能够摆正
各自的位置、权限与义务，那就是治理得最美好的社会了；如果偏离
了各自的位置、权限与义务，那就是最大的混乱。官员都能处理好各
自负责的职务，人人都在操心各自从事的职业，这样就不会出现相互
侵扰的混乱局面。所以说，土地荒芜，住房破漏，衣服和食物不够充
足，赋税不能按时交纳，妻妾关系不够和睦，长幼之间失去正常的秩

序，这是普通民众应该操心的事情；能力无法胜任自己的职守，政务没有处理恰当，个人品行不够廉洁，众多的属下消极怠工，无法建立功业和美名，无法保有自己的爵位和俸禄，这是大夫们应该操心的事情；朝堂上没有忠臣，封地内混乱不堪，没有精巧的工匠技人，进贡事宜处理不当，春季与秋季两次朝拜天子时也落在了其他诸侯后面，不能服从天子的命令，这是诸侯应该操心的事情；阴阳二气不够和谐，寒暑变化不合时令，以至于伤害了万事万物，诸侯的行为残暴混乱，擅自彼此侵扰相互征讨，以至于残害了民众生命，礼乐不合制度，财用短缺匮乏，人伦关系没有理顺，百姓的生活荒淫、行为混乱，这是天子和有关部门应该操心的事情。

"今子既上无君侯、有司之势，而下无大臣职事之官，而擅饰礼乐①，选人伦，以化齐民，不泰多事乎②？且人有八疵③，事有四患，不可不察也。非其事而事之，谓之摠④；莫之顾而进之⑤，谓之佞⑥；希意道言⑦，谓之谄⑧；不择是非而言，谓之谀⑨；好言人之恶，谓之谗⑩；析交离亲⑪，谓之贼⑫；称誉诈伪以败恶人⑬，谓之慝⑭；不择善否⑮，两容颊适⑯，偷拔其所欲⑰，谓之险⑱。此八疵者，外以乱人，内以伤身，君子不友，明君不臣。

【注释】

①擅饰：擅自整理、修订。

②泰：同"太"。过度，过分。

③疵：毛病，错误。

④摠（zǒng）：同"总"。总揽，包揽。

⑤莫之顾：即"莫顾之"。没有人理会自己。顾，理会。进之：说个不停。进之，指说给别人听。

⑥佞：花言巧语。引申为喜欢饶舌。

⑦希意道言：迎合着别人的心愿，讲别人爱听的话。希，迎合。道，同"导"。顺着，迎合。

⑧谄：谄媚。

⑨谀：阿谀奉承。

⑩谗：谗言。说别人的坏话。

⑪析交：离间朋友之间的关系。析，分开，离间。离亲：离间亲人之间的关系。

⑫贼：伤害。

⑬称誉诈伪以败恶人：用赞美或欺诈的手段去伤害别人。称誉，赞美。败恶，败坏，毁坏。

⑭慝（tè）：奸邪。

⑮否（pǐ）：坏，邪恶。

⑯两容颊适：两面三刀，左右讨好。两容，希求双方都能接受自己。颊适，讨好的面容。颊，面容，表情。适，舒适，讨好。

⑰偷拔其所欲：暗中攫取自己所想得到的利益。拔，攫取。

⑱险：阴险，险恶。

【译文】

"如今您上面既没有君主、公卿这样的地位，而下面又没有大臣和负责某项事务的官职，却擅自去整理礼乐制度，制定人伦规范，还想以此来教化民众，你这样做岂不是也太多事了吗？再说人们往往会犯下八种错误，办事常常会出现四种过失，对此我们不能没有一个清

醒的认识。不属于自己的事务却硬要前去安排处理，这就叫'喜欢包
揽'；没人理睬自己却还要说个不停，这就叫'多嘴饶舌'；迎合着别
人的心愿去讲别人爱听的话，这就叫'巧言谄媚'；不分是非曲直就去
表示赞成，这就叫'阿谀奉承'；喜欢讲别人的坏话，这就叫'善进
谗言'；挑拨朋友之间的情谊，离间亲人之间的关系，这就叫'伤害别
人'；用赞美或欺诈的手段去伤害别人，这就叫'奸邪不正'；不分善
恶，两面讨好，暗中却趁机攫取自己所想得到的利益，这就叫'奸诈
险恶'。这八种错误，对外搞乱了别人的生活与事业，对内则伤害了
自己的身心健康，道德高尚的君子不会与这些人结为朋友，圣明的君
主也不会选拔这些人做自己的大臣。

【研读】

关于本段说的"不择善否，两容颊适，偷拔其所欲，谓之险"，我
们试举一例。《史记·孙子吴起列传》记载：

> 公叔为相，尚魏公主，而害吴起。公叔之仆曰："起易去也。"
> 公叔曰："奈何?"其仆曰："吴起为人节廉而自喜名也。君因先与
> 武侯言曰：'夫吴起贤人也，而侯之国小，又与强秦壤界，臣窃恐
> 起之无留心也。'武侯即曰：'奈何?'君因谓武侯曰：'试延以公主，
> 起有留心则必受之，无留心则必辞矣。以此卜之。'君因召吴起而
> 与归，即令公主怒而轻君。吴起见公主之贱君也，则必辞。"于是
> 吴起见公主之贱魏相，果辞魏武侯。武侯疑之而弗信也。吴起惧
> 得罪，遂去，即之楚。

公叔出任魏国的相，而且娶了魏君的女儿，却一直担心军功极大
的吴起会威胁到自己的相位。公叔的一个仆人说："要想赶走吴起并不

难。"公叔问："怎么办?"仆人说："吴起为人有骨气而又爱惜自己的名誉。您可以先找个机会对魏武侯说:'吴起是个贤能的人,而您的国土太小了,又和强大的秦国接壤,我很担心吴起没有长期留在魏国的打算。'武侯就会问您:'那该怎么办呢?'您就对武侯说:'请用嫁公主给他的办法来挽留他,如果吴起有长期留在魏国的打算,就会答应娶公主;如果没有长期留下来的打算,就一定会推辞。用这个办法能推断他的心思。'此后您再找个机会请吴起一起到您家里来,故意让公主发怒而当面羞辱您,吴起看到公主如此蔑视您,那他就一定不会答应娶公主了。"吴起看到公主如此羞辱国相,果然婉言谢绝了魏武侯要嫁公主给他的要求。于是武侯开始怀疑吴起的忠诚,也就不再信任他了。吴起怕招来灾祸,便离开魏国,随即就到楚国去了。

公叔就是典型的"两容颊适,偷拔其所欲",表面上为魏国君主着想,同时还拉拢吴起,而实际上却在损害双方利益的同时,趁机暗中攫取自己所想得到的利益。不幸的是,号称贤君的武侯与极善用兵的吴起都落入了公叔的圈套。吴起被赶走之后,不仅削弱了魏国的力量,也使吴起在楚国死于非命。

"所谓四患者:好经大事①,变更易常②,以挂功名③,谓之叨④;专知擅事⑤,侵人自用,谓之贪;见过不更⑥,闻谏愈甚,谓之很⑦;人同于己则可,不同于己,虽善不善,谓之矜⑧。此四患也。能去八疵,无行四患,而始可教已。"

【注释】

①经:经营,做。

②变更易常：改变行之有效的常规。变更，改变。易，修治，恰当。常，常规。

③挂：钓取，获取。

④叨（tāo）：贪得无厌。

⑤专知：自恃聪明。专，独自掌控，自恃。知，同"智"。擅事：独断专行。

⑥过：过错。更：改正。

⑦很：执拗，顽固不化。

⑧矜：骄傲自负，自以为能。

【译文】

　　"所谓的四种过失，就是喜欢好高骛远去做大事，随意改变行之有效的常规，想以此来建功立名，这就叫'贪得无厌'；自恃聪明而独断专行，侵害他人而刚愎自用，这就叫'利欲熏心'；知道自己的过错却不去改正，听到别人的劝谏却更加坚持自己的错误，这就叫'顽固不化'；别人的意见与自己一致就认可，对那些与自己不同的意见，即使正确也硬要说它不正确，这就叫'傲慢自负'。这就是做事时常常出现的四种过失。如果能够改正上述的八种错误，去掉上述的四种过失，这样的人才值得去教诲。"

　　孔子愀然而叹①，再拜而起，曰："丘再逐于鲁②，削迹于卫③，伐树于宋④，围于陈、蔡⑤。丘不知所失，而离此四谤者何也⑥？"客凄然变容曰⑦："甚矣，子之难悟也！人有畏影恶迹而去之走者⑧，举足愈数而迹愈多⑨，走愈疾而影不离身⑩，自以为尚迟⑪，疾走不休，绝力而死。不知处阴以休影⑫，处静以息迹⑬，愚亦甚矣！子审仁义之间⑭，察同异之际⑮，观动静之变，适受与之度⑯，理好恶之情，和喜怒之节，而几于不免矣⑰。谨修而身⑱，慎守其真，还以物与人⑲，则无所累矣！今不修之身而求之人，不亦外乎⑳！"

【注释】

①愀（qiǎo）然：伤心、凄凉的样子。

②丘再逐于鲁：我孔丘两次被鲁国驱逐。再，二。

③削迹于卫：在卫国无法立足。孔子在卫国时，曾受到卫君的怀疑，只得离开卫国。

④伐树于宋：在宋国受到伐树的惊吓和羞辱。孔子曾在宋国的一棵大树下与弟子一起演习礼乐，受过孔子批评的宋国司马桓魋派人把大树砍倒，还扬言要杀害孔子，孔子师徒只得离开宋国。

⑤围于陈、蔡：孔子被围困于陈、蔡两国之间。孔子应楚王之邀前去楚国，陈、蔡两国大夫认为孔子到楚国后对自己不利，便出兵把他围困起来，后经楚国营救才得以脱险。

⑥离此四谤：遭遇到这四次灾难。离，通"罹"。遭遇。谤，讥谤，批判。这里指灾难。

⑦凄然：因同情而伤感的样子。

⑧恶（wù）：讨厌。迹：足迹。去之走：为逃避自己的身影和足迹而跑开。去，离开，逃避。之，代指身影和足迹。走，跑开。

⑨数（shuò）：频繁，多。

⑩疾：快速。

⑪迟：迟缓，缓慢。

⑫处阴：停留在阴暗之处。

⑬处静：处于安静状态。息：消除。

⑭审：研究，考察。

⑮际：分界，区分。

⑯适受与之度：把握好取舍的分寸。适，使……恰当。与，赠送给别人。度，尺度，分寸。

⑰几于不免：几乎没能免于灾祸。

⑱而：你。

⑲还以物与人：把名利等一切身外之物送还给民众。物，指包括名利在内的一切身外之物。本句提醒孔子不要为了功名而四处奔波、

⑳外：疏远。指远离大道。

【译文】

    孔子神情凄凉地长叹了一口气，又连续拜了两拜，然后才站起身来，对渔父说："我两次被鲁国驱逐出去，在卫国无法立足，在宋国受到伐树的惊吓和羞辱，后来又被围困在陈、蔡两国之间。我不知道自己究竟犯了什么样的错误，却遭遇了这四次灾难，这究竟是什么原因呢？"渔父因同情孔子而伤感得改变了面容，说："您实在是太难以醒悟了。有一个人害怕自己的身影，讨厌自己的足迹，为了逃避自己的身影和足迹，他便飞快跑开，然而步子迈得越频繁而留下的足迹就越多，无论跑得多快而影子还是紧随着他的身体，他以为还是因为自己跑得太慢了，于是便加速奔跑而不敢停下，结果因筋疲力尽而不幸死去。他不知道停留在阴暗之处就可以抹去自己的身影，处于安静不动的状态就可以消除自己的足迹，这也实在是愚笨得过分了！您研究仁义的内容，考察同异的区别，观察动静的变化，掌握取舍的分寸，整

理好恶的情感，调和喜怒的程度，然而还是几乎没能避免灾难。你现在应该做的是认真地修养你的身心，仔细地保护你的真情，把包括名利在内的一切身外之物都送还给世人，那么就没有什么事物再去牵累你了。如今你没有注重自身修心养性而去责求别人，这岂不是也太远离大道了吗！"

孔子愀然曰："请问何谓真？"客曰："真者，精诚之至也。不精不诚，不能动人。故强哭者虽悲不哀，强怒者虽严不威，强亲者虽笑不和。真悲无声而哀，真怒未发而威，真亲未笑而和。真在内者，神动于外①，是所以贵真也②。其用于人理也③，事亲则慈孝④，事君则忠贞，饮酒则欢乐，处丧则悲哀。忠贞以功为主，饮酒以乐为主，处丧以哀为主，事亲以适为主⑤。功成之美，无一其迹矣⑥；事亲以适，不论所以矣⑦；饮酒以乐，不选其具矣⑧；处丧以哀，无问其礼矣。礼者，世俗之所为也；真者，所以受于天也，自然不可易也。故圣人法天贵真⑨，不拘于俗。愚者反此，不能法天而恤于人⑩，不知贵真，禄禄而受变于俗⑪，故不足。惜哉，子之蚤湛于人伪而晚闻大道也⑫！"

【注释】

①神动于外：精神能够感动他人。神，精神，情感。外，外人，他人。

②是所以贵真也：这就是真情可贵的原因。是，这。所以，……的原因。

③人理：人伦，人际关系。

④慈：敬爱，尊敬。

⑤适：适意，愉快。这里指让父母感到愉快。

⑥一其迹：一样的行为。

⑦不论所以：无论用什么办法都可以。所以，所为。

⑧具：餐具，酒器。

⑨法天：效法自然。

⑩恤：担心，担忧。指担忧世人的议论。

⑪禄禄：通"碌碌"。平庸凡俗的样子。

⑫蚤湛（chén）于人伪：很早就陷入了人为的各种规范与礼仪。蚤，通"早"。湛，通"沉"。沉溺，陷入。人伪，人为。"人伪"也可理解为人们制定的虚伪礼仪、规范。

【译文】

　　孔子神色凄凉地请教说："请问什么叫真情呢？"渔父说："所谓的真情，就是精诚到了极致。如果做不到精诚，就无法感动别人。因此那些勉强哭泣的人，虽然外表看似悲痛却无法让他人感到哀伤；勉强发怒的人，虽然外表看似严厉却无法使他人感到畏惧；勉强表示亲热的人，虽然满面笑容却无法使他人感到可亲。真正的悲痛，即使没有哭声也会使他人感到哀伤；真正的愤怒，即使没有表现出来也会令他人感到畏惧；真正的亲热，即使没有笑容也会使他人感到可亲。真情存在于内心，他的情感自然就能感动他人，这就是真情的可贵之处啊。如果把真情运用在人际关系方面，那么侍奉父母就会尊敬孝顺，辅佐君主就会竭尽忠诚，饮酒时就会欢乐，居丧时就会悲哀。忠于君主就要以建功为核心目的，饮酒就要以高兴为核心目的，居丧就要以表达哀伤为核心目的，孝敬父母就要以父母感到愉悦为核心目的。忠于君主要以建立美好的功业为核心目的，不必采用同一种方式；孝敬父母要以父母感到愉悦为核心目的，不必考虑使用什么方法；饮酒要以欢乐为核心目的，不必考虑使用什么餐具酒器；居丧要以表达哀伤为核心目的，不必考虑使用什么礼仪。所谓的各种礼仪，是世俗人所制定的；真情，是发自人的天性，是出于自然而无法改变的。因此圣人效法自然、看重真情，不会受到世俗礼仪的约束。而愚昧之人的做法则刚好与此相反，他们不能效法自然而总是担忧世人的指责与议论，不知道重视自己的真情，总是非常平庸地随着世人的看法而改变自己的言行，因此他们有很多不足之处。真是太可惜了，您过早地陷入了人为的各种规范与礼仪，而很晚才接触大道啊！"

孔子又再拜而起曰："今者丘得遇也，若天幸然^①。先生不羞而比之服役^②，而身教之！敢问舍所在^③，请因受业而卒学大道^④。"客曰："吾闻之，可与往者与之^⑤，至于妙道^⑥；不可与往者，不知其道，慎勿与之，身乃无咎^⑦。子勉之！吾去子矣^⑧！吾去子矣！"乃刺船而去^⑨，延缘苇间^⑩。

【注释】

①若天幸然：就好像上天在眷顾我一样。幸，宠幸，眷顾。然，这样，一样。

②比之服役：把我当作您的弟子。比，看作，当作。之，代指孔子自己。服役，奴仆。这里代指弟子。古代师生一起生活时，弟子要为老师做一些杂务，故称"服役"。

③舍所在：您的住所在哪里。

④因：趁此机会。卒：最终。

⑤可与往者与之：可以与他一起去修习大道的人，就与他一起去修习。往，

去。指去修习大道。与，也可理解为"帮助"。那么本句意思是：可以帮助他修习大道的人，就去帮助他。

⑥至于妙道：直至他领悟玄妙的大道。

⑦咎：灾难。

⑧去：离开。指离开孔子。

⑨刺船：撑船，划船。

⑩延缘苇间：沿着芦苇丛向远处划去。延，伸延，远去。缘，顺着，沿着。

【译文】

　　孔子再一次连拜了两拜，然后站起身来，请求说："今天我孔丘能够遇上先生，就好像是上天特别眷顾我一样。如果先生不因收我为弟子而感到羞愧，那就收我为弟子，亲自来教诲我吧！我想冒昧地问问先生您住在哪里，请让我趁此机会到您的门下受业，以便我能够最终学到大道。"渔父说："我听说，可以与他一起修习大道的人，就与他一起修习，直到他领悟到玄妙的大道；不可以与他一起修习大道的人，他最终也无法掌握大道，千万不可和这样的人交往，只有这样自身才不会遇上灾祸。您还是自己努力学习吧！我要和您告辞了！我要和您告辞了！"接着渔父就撑着渔船离开孔子，渔船沿着芦苇丛中的水路划向了远方。

【研读】

　　本段提出的"贵真"思想，对后世影响极大。庄子讲的"真"与儒家讲的"诚"看起来相似，其实它们的含义有很大不同。

　　儒家讲的"诚"，是指诚心诚意地进行自我道德修养，以完成治国平天下的大任，具有十分明确的功利目的，而不仅仅是指抒发自己的真情实感。相反，儒家提倡节情以礼，要把自己的情感纳入礼教范围，也即儒家所说的"发乎情，止乎礼"（《毛诗序》）。换言之，儒家强调的"诚"，其主要内容之一就是要求人们诚心诚意地去改变、压抑自己那些不符合礼教的情感。

而庄子讲的"真"则主张尽情抒发自己的真情实感，摆脱礼教的约束。总之，儒家的"诚"是改变自己以适应社会，用本篇中的话说就是"禄禄而受变于俗"；而庄子提倡的"真"，则是不顾世人褒贬，率性而为，也就是本篇讲的"法天贵真，不拘于俗"。正因为"诚"和"真"在内涵上不同，所以儒家的"诚"主要是对后世正统道德修养和治国理论产生影响，而庄子的"真"则主要是对后世文人的放浪性格和主张抒发真情的文学艺术产生影响。

我们最后要特别强调的是，庄子的"真"是以"善"为基础的，因为庄子是"性善论"者。只有建立在"善"的基础之上的"真"，才是值得我们提倡的。如果没有"善"这一基础，一味去提倡"真"，那么必然会走向另一个可怕的极端。

　　颜渊还车①，子路授绥②，孔子不顾，待水波定，不闻挐音而后敢乘③。

【注释】

①还车：掉转车头。还，回转。

②绥（suí）：供人登车时攀拉的绳索。

③挐声：船桨划水的声音。而后敢乘：然后才敢坐上车子。本句描写了孔子对

渔父的极度敬畏之情。

【译文】

　　颜渊调转好车头，子路把登车时用来攀拉的绳子递给孔子，而孔子望着渔父远去的方向头也没回，一直等到渔船荡起的水波平静下来，划船的声音也听不到时，孔子这才敢登上车子。

　　子路旁车而问曰①："由得为役久矣②，未尝见夫子遇人如此其威也③。万乘之主④，千乘之君⑤，见夫子未尝不分庭伉礼⑥，夫子犹有倨敖之容⑦。今渔父杖拏逆立⑧，而夫子曲要磬折⑨，言拜而应⑩，得无太甚乎⑪？门人皆怪夫子矣⑫，渔人何以得此乎⑬？"

【注释】

①旁（bàng）：通"傍"。依傍，靠着。

②由：子路自称。子路姓仲名由，字子路。为：当。役：徒役。这里指弟子。

③威：通"畏"。敬畏。

④万乘（shèng）之主：大国君主。万乘，万辆战车。大国拥有万辆战车，故以"万乘"代指大国。

⑤千乘：指中等国家。

⑥分庭伉礼：又作"分庭抗礼"。以平等的礼节相见。古代主宾相见的礼节，主人处于东边，客人处于西边，客人与主人相见时，站在庭院的西边，面向东边与主人相互施礼，被称为"分庭抗礼"。

⑦倨敖之容：傲慢的神情。倨，傲慢。敖，通"傲"。

⑧逆立：对面站立。逆，迎面，对面。

⑨曲要磬（qìng）折：像磬那样弯着腰。指鞠躬致敬。要，同"腰"。磬，乐器名。用石、玉或金属做成，形状弯曲如矩尺。折，弯曲，弯下腰。

⑩言拜而应：您先表达敬意他才开口应答。应，回答。"应"的主语是渔父。

⑪得无：莫不是，大概是。

⑫门人：弟子。

⑬何以：即"以何"。凭什么。得此：能够使您如此敬畏。此，代指孔子的敬畏态度。

【译文】

　　子路靠着车子，问道："我当先生的弟子已经很长时间了，从来没有见过先生对人如此地敬畏。无论是大国的王侯，还是小国的君主，见到先生的时候历来都是以平等的礼节相待，而先生常常还流露出傲慢的神情。今天渔父手持船篙站在您的对面，而先生却像石磬那样向他弯腰鞠躬，您先表达敬意他才开口应答，他这样做岂不是太过分了？弟子们对先生今天的表现感到十分奇怪，那位渔父凭什么能够使您如此敬畏呢？"

　　孔子伏轼而叹曰①："甚矣，由之难化也②！湛于礼义有间矣③，而朴鄙之心至今未去④。进，吾语汝：夫遇长不敬，失礼也；见贤不尊，不仁也。彼非至人，不能下人⑤；下人不精⑥，不得其真⑦，故长伤身。惜哉，不仁之于人也，祸莫大焉，而由独擅之⑧。且道者，万物之所由也⑨，庶物失之者死，得之者生；为事逆之则败⑩，顺之则成。故道之所在⑪，圣人尊之。今渔父之于道，可谓有矣，吾敢不敬乎！"

【注释】

①伏轼（shì）：即"俯轼"。手扶着车前的横木，微微地低着头。这是表达敬意的姿势。轼，车前的横木。

②化：教化，教育。

③湛（chén）：沉溺于。这里指埋头学习。有间：有一段时间了。

④朴鄙：粗野，不懂礼制。

⑤下人：使人对他表示谦下。

⑥精：精诚，真诚。

⑦不得其真：不是出于自己的真情。

⑧独：竟然。擅之：具有这些毛病。擅，具有。

⑨所由：所要遵循的。由，遵循。

⑩逆：违背。

⑪所在：所在之处。这里指掌握大道的人。

【译文】

　　孔子双手扶着车前的横木，微微地低着头，叹了一口气说："太难了，要想教化你真是太难了！你埋头学习礼义也有些时日了，而不懂礼义的粗野性格至今也没能改掉。你过来，我告诉你：遇到了年长之人不尊重，这就是失礼；看到了贤良之人不尊敬，这就是不仁。那位渔父如果不是一位道德最为高尚的得道之人，就不可能使别人在他面前表示谦下；对人表示谦下如果不是出于诚心，那就是违背了自己的真情实感，如此虚情假意久了就会伤害自己的身心健康。真是可惜呀！不仁不义这种品质对于人来说，是最大的祸患，而你子路竟然就具有这种毛病。再说大道这种事物，是万物所必须遵循的，万物失去了大道就会死亡，获得了大道就能生存；做事违背了大道就会失败，顺应了大道就能成功。因此无论是谁获得了大道，就连圣人都要尊重他。今天这位渔父对于大道，可以说是已经掌握了，我怎敢不敬畏他呢！"

【研读】

关于本篇的真伪问题。古今许多学者认为《庄子》中的不少篇章，如《让王》《盗跖》《渔父》《说剑》，非庄派作品："《让王》下四篇，古今学者多以为伪作。"（王先谦《庄子集解》卷八）特别是本篇与《盗跖》，学者疾之尤甚："《渔父》《盗跖》则妒妇詈市、痴犬狂吠之恶声，列之篇中，如蜣蜋之与苏和，不辨而自明，故俱不释。"（王夫之《庄子解》）对于这种看法，我们实在不敢苟同。

我们在阅读本篇之后，不仅没有感觉到作者对孔子的谩骂，相反，作者展现出的孔子是一位可敬可爱、值得我们学习的至圣先师。

普通人往往匍匐在权贵面前，而对学问、真理则不屑一顾。而孔子则相反，他在大小王侯面前，不仅敢于与他们分庭抗礼，而且还"有倨敖之容"，可以说是粪土王侯，土芥富贵。而在掌握大道、无权无势的渔父面前，年近七十的孔子却曲要磬折，反复跪拜，体现了孔子"道之所存，师之所存"（韩愈《师说》）的美好品德。孔子在本篇中的表现是一种常人所无法企及的精神境界。作者对孔子形象的塑造可以说是几尽完美，我们在阅读本篇之后，孔子的形象不仅没有被贬低，反而变得更为崇高。我们对孔子的钦佩之情无以言表。

学者之所以随意把《庄子》的一些篇章、段落排除于庄派作品之外，是因为他们忽略了一个最基本的也是非常常见的事实：任何人都是一个矛盾的统一体。这些矛盾不仅表现在这个人不同的人生阶段，甚至就在同一时刻，一个人就可能出现自相矛盾的思想或行为。如果我们把庄子定位为一位隐士的话，那么他当漆园吏的历史就应该被抹掉。然而事实上，出任漆园吏的庄子和拒绝当楚国相的庄子是同一个人。既然行为是如此，他的思想为什么就不可以如此呢？大谈生死一齐、死甚至比生更幸福的庄子与写《养生主》的庄子是同一个人，大谈是非一齐、无是无非的庄子和激烈批评其他各个学派的庄子也是同一个人。类似的情况在《庄子》中比比皆是。

任何一个人的思想行为都是立体的、矛盾的，而不是平面的、单一的，一个人如果没有矛盾，倒是一件不可思议的事情。思想家出现自我矛盾的原因主要有以下几点：

第一，真正的矛盾，即自我否定。《庄子·寓言》说："孔子行年六十而六十化，始时所是，卒而非之，未知今之所谓是之非五十九非也。"随着知识修养和外部环境的变化，一个人的思想观点也会不断变化。成熟的过程，也是不断自我否定的过程，这自然就形成了矛盾。

第二，多重需要和不同角度的观察造成的矛盾。人的需求是多方面的，既需要精神上的满足，也需要物质上的满足；既需要正义，也需要生命，这也是人们常说的鱼与熊掌兼得的心理。正是由于人的需要是多方面的，所以他们会在不同的地方偏重于强调某一个方面。另外，一个人在评价人、事时，不同的环境里会使用不同的尺度。如伯夷、叔齐与周武王在伐商的问题上针锋相对，但这并不妨碍他们都成为古人心目中的圣人贤者。

第三，虚假的矛盾。这种现象最值得我们注意。如庄子反对儒家的仁义，却又提倡大仁大义；主张大辩无言，却又著书立说；既要求人们无思无虑，又要求人们学道得道。其实这些矛盾的言辞背后都有着内在的统一性。比如庄子多次谈到生死一齐、甚至死后的日子比生前更好，但他又写了《养生主》篇，《让王》篇更提出"两臂重于天下"，在这种看似极为矛盾的表象下，我们看到的是庄子对生命的热爱，他歌颂死亡正是他热爱生命的曲折表现，竭力美化死亡只不过是为了减轻死亡对自己造成的心理压力而已。

如果承认任何一个人都是一个矛盾的统一体，那么我们就不会为《庄子》书中的矛盾大惑不解了，更不可随意删除某些篇章与段落。

活出高价值感的人生

列御寇

　　本篇取篇首的人名为篇名。列御寇，即著名道家学者列子。郑国人。生活年代大约在老子之后、庄子之前。现留有《列子》一书。本篇由许多故事组合而成，内容较杂。主要的内容有：一，反对自我炫耀，提倡韬光养晦。二，强调天性的重要性，蔑视人为事物。三，反对追求名利，重视修心养生。四，主张真诚谦虚，反对虚伪傲慢。五，反对以貌取人，强调综合考察。六，最后一段文字则表现了庄子旷达的生死观。

一

　　列御寇之齐①，中道而反②，遇伯昏瞀人③。伯昏瞀人曰："奚方而反④？"曰："吾惊焉。"曰："恶乎惊⑤？"曰："吾尝食于十浆⑥，而五浆先馈。"伯昏瞀人曰："若是，则汝何为惊已？"曰："夫内诚不解⑦，形谍成光⑧，以外镇人心⑨，使人轻乎贵老⑩，而整其所患⑪。夫浆人特为食羹之货⑫，无多余之赢⑬，其为利也薄，其为权也轻，而犹若是，而况于万乘之主乎⑭！身劳于国，而知尽于事，彼将任我以事，而效我以功⑮，吾是以惊。"伯昏瞀人曰："善哉观乎！女处已⑯，人将保汝矣⑰。"

【注释】

①列御寇之齐：列子到齐国去。根据下文，列子到齐国去的目的是要拜见齐国君主。列御寇，即列子。之，到。

②反：同"返"。返回。

③伯昏瞀（mào）人：据说是楚国贤人。一说即列子的老师伯昏无人。

④奚方：什么事。方，事。

⑤恶（wū）乎：为何，为什么。

⑥十浆：十家卖酒浆的店铺。浆。这里指酒。理解为泛指饮料也可。

⑦内诚不解：内心虽然真诚学道，但还没有能够与道融为一体。解，融化。

⑧形谍（xiè）成光：就会在形体上显示出自己的才华与威严。谍，通"渫"。泄漏，显示出来。光，光彩，才华。道家认为，真正得道之人不会显示出自己的才华与威严，而显示出才华与威严的人恰恰是没有得道的人。五家酒店事先声明免费赠送列子酒浆，说明列子的外表显得有才华、有威严，从而威慑到了酒店主人。

⑨以外镇人心：靠外表的才华、威严镇服人心。

⑩贵老：尊重老人。

⑪整（jī）：借为"赍"。导致。

⑫特：仅仅。为：制作。

⑬赢：利益，利润。

⑭万乘（shèng）之主：拥有万辆兵车的大国君主。乘，辆。这里具体指齐国君主。

⑮效我以功：检验我的治国功效。效，检验。

⑯女（rǔ）处已：你就安居在家吧。女，通"汝"。处，安居。已，通"矣"。

⑰保：依附，归依。

【译文】

　　列子计划到齐国去拜见齐国君主，走到半道又返回来了，途中遇到伯昏瞀人。伯昏瞀人问道："遇到什么事情让你又回来了？"列子说："我感到惊恐啊！"伯昏瞀人问："什么事情让你感到惊恐？"列子说："我曾在十家卖酒浆的店铺里喝酒，就有五家事先声明不要我的钱白送酒给我喝。"伯昏瞀人说："像这样的事情，怎么会让你感到惊恐呢？"列子说："内心虽然真诚学道，但还没有达到与道融为一体的时候，就会在外表上显露出自己的才华与威严，靠这种外表才华与威严去镇服人心，使人们不去尊重老人而来尊重我，这样就会招来祸患的。那些卖酒浆的人只不过是做一些食品买卖而已，没有太多的利润，他们赚得的利益如此菲薄，手中的权力如此轻微，尚且这样对待我，更何况那些拥有万辆兵车的大国君主呢！君主整天为国操劳，为政事竭尽了智力，那么他就一定会把国家政事委托给我，而且还要检验我的治国功效。我是为这件事感到惊恐！"伯昏瞀人说："你观察得很正确，你就安居在家吧，然而人们还是会来依附你的。"

【研读】

　　列子一看到"吾尝食于十浆，而五浆先馈"，就预测自己到齐国之后，齐国君主肯定会把国家政事委托给自己，而且还要督查自己的治国功效，那么自己将会处于危险之地，于是"迷途知返"，赶快返回故乡。这一行为就涉及古人所推崇的见微知著、见机而作的智慧。《论语·乡党》记载：

> 色斯举矣，翔而后集。曰："山梁雌雉，时哉！时哉！"子路共之，三嗅而作。

这段话的意思是："有只雌雉一看到人们面色不善就飞了起来，一直飞到很远的地方才落了下来。孔子感慨地说：'山梁上的雌雉，真是懂得时机啊！真是懂得时机啊！'子路便拱手向雌雉致敬，雌雉振动几下翅膀又向更远的地方飞去。"

关于这段话，历来没有得到合理的解释，于是有人说这段话的语序可能有颠倒，有人说可能有缺文，朱熹《论语集注》卷五说："此必有阙文，不可强为之说。姑记所闻，以俟知者。"杨伯峻先生在《论语译注》本条的注释二中总结说："这段文字很费解，自古以来就没有满意的解释，很多人疑它有脱误，我只能取前人的解释之较为平易者翻译出来。"此后又出版了几种关于《论语》译注的版本，所持的看法基本都是如此。

其实，关于这段话的大意，古人早已做出了正确的理解。《韩诗外传》卷二有这样一段记载：

> 楚狂接舆躬耕以食。其妻之市未返。楚王使使者赍金百镒造门，曰："大王使臣奉金百镒，愿请先生治河南。"接舆笑而不应，使者遂不得辞而去。妻从市而来……曰："君使不从，非忠也。从之，是遗义也。不如去之。"乃夫负釜甑，妻戴纴器，变易姓字，莫知其所之。《论语》曰："色斯举矣，翔而后集。"接舆之妻是也。

接舆妻就像《论语》中的雌雉那样，知道再留在原地对自己不利，于是见机而作，远走高飞了。

　　孔子被后人称为"圣之时者"，可仕则仕，可止则止。孔子在鲁国为官时，见执政者好女乐而离开鲁国；在卫国时，见灵公与夫人、宦者同车而离开卫国；欲西见赵简子，听说舜华等人被杀而不渡黄河。只要发现客观环境对自己稍有不利，孔子决不留恋，马上抽身而去。孔子周游列国途中，在雌雉远走高飞以避害的举动中看到了自己一生行事的影子，这就是孔子赞扬山梁雌雉的原因所在。子路听到孔子赞扬雌雉具有见机而动的美德，便向雌雉拱手致敬，这不仅表示他对这种美德的认同，也表达了他对老师教诲的尊重。同时，这一动作与子路尊师重教、稍喜夸张的性格也是相吻合的。

　　关于见机而作的实例，我们举汉初的一例。刘交是刘邦的同父异母弟，被封在楚，号为楚元王。刘交年轻时与鲁穆生、白生、申公一起跟随浮丘伯学习《诗经》，刘交立为楚王后，穆生、白生、申公便在刘交那里做官。我们看刘交的孙子刘戊在位时的情况：

　　　　初，元王敬礼申公等，穆生不耆酒，元王每置酒，常为穆生设醴。及王戊即位，常设，后忘设焉。穆生退曰："可以逝矣！醴酒不设，王之意怠，不去，楚人将钳我于市。"称疾卧。申公、白生强起之曰："独不念先王之德与？今王一旦失小礼，何足至此！"穆生曰："《易》称'知几其神乎！几者动之微，吉凶之先见者也。君子见几而作，不俟终日。'先王之所以礼吾三人者，为道之存故也；今而忽之，是忘道也。忘道之人，胡可与久处！岂为区区之礼哉？"遂谢病去。申公、白生独留。王戊稍淫暴……乃与吴通谋。二人谏，不听，胥靡之，衣之赭衣，使杵臼雅舂于市。（《汉书·楚元王传》）

　　当初，楚元王刘交对申公等三人十分尊敬，穆生不爱喝酒，所以每次宴会时，常为穆生单设酒味淡薄的甜酒。刘戊即位之后，也常设甜酒，后来他慢慢就把这事忘了。穆生说："我们可以离开这里了！不再安排甜酒，说明大王对我们已经懈怠了，如果此时不离开，楚王将会用铁枷夹住我们在市场上示众的。"于是就推辞有病在家休息。申公和白生去劝他起身做事："你难道不念及先王对我们的恩德吗？现在大王只是一时小礼节有失，怎么就能够这样做呢！"穆生回答说："《易经》中说：'通过细微的苗头就能够知道未来的发展结果，这是很神妙的境界！一些细微苗头的发生，就能预示未来要发生的吉凶之事。君子一看到这些细微的苗头就要有所行动，连一天的时间也不会耽搁。'先王之所以尊敬我们三人，是因为他认为我们怀有大道；如今大王轻视我们，是因为他忘记了大道。忘记大道的人，怎么能和他长久相处呢！我哪里会仅仅因为这个小小的礼节而离去呢？"于是穆生称病告老还乡，申公、白生继续留在楚王那里。楚王刘戊越来越荒淫残暴，后来竟然与吴国合谋反叛。申公、白生劝谏，刘戊不仅不听，还惩罚两人服苦役，让他们穿着红褐色的囚衣，在市场上舂米。

《周易·坤卦》说："履霜，坚冰至。"踩到了霜，就知道结冰的日子要来了。雌雉、接舆夫妇、孔子、鲁穆生等都是"知几"之人，列子也是。当列子看到卖浆人的表现，就知道自己应该远离政坛了。

无几何而往[①]，则户外之屦满矣[②]。伯昏瞀人北面而立，敦杖蹙之乎颐[③]，立有间[④]，不言而出。宾者以告列子[⑤]，列子提屦，跣而走[⑥]，暨乎门[⑦]，曰："先生既来，曾不发药乎[⑧]？"

【注释】

①无几何：没过多久。往：去看望列子。本句的主语是伯昏瞀人。

②户外之屦（jù）满：门外摆满了鞋子。古人进入室内之前要脱鞋，列子门前摆满了鞋子，说明前来拜他为师、向他讨教的人很多。屦，鞋子。

③敦：竖起。蹙（cù）之乎颐：撑着下巴。蹙，贴近，撑着。颐，面颊，下巴。

④有间：有一段时间。

⑤宾者：指为列子迎候宾客的人。

⑥跣（xiǎn）而走：赤着脚跑了出来。形容慌忙的样子。跣，赤脚。走，跑。

⑦暨：赶上。

⑧曾：竟然，难道。发药：发药治病。比喻给自己提出批评、指导意见。

【译文】

　　没过多长时间，伯昏瞀人前去看望列子，发现列子的门前摆满了鞋子。伯昏瞀人面朝北站着，竖起拐杖撑着自己的下巴，站了一段时间，一句话没讲就向外走去。迎候宾客的人把此事告诉列子，列子慌忙提着鞋、赤着脚追到大门口，对伯昏瞀人说："先生既然来了，难道就不能留下几句批评、教导我的话吗？"

　　曰："已矣！吾固告汝曰①：'人将保汝。'果保汝矣。非汝能使人保汝，而汝不能使人无保汝也，而焉用之感②？豫出异也③，必且有感，摇而本性④，又无谓也⑤。与汝游者，又莫汝告也⑥。彼所小言⑦，尽人毒也⑧。莫觉莫悟⑨，何相孰也⑩？巧者劳而知者忧⑪，无能者无所求，饱食而敖游⑫，泛若不系之舟⑬，虚而敖游者也⑭。"

【注释】

①固：本来，原来。

②而焉用之感：你哪里用得上去感召别人呢？而，你。焉，何，哪里。之感，即"感之"。感召别人。

③豫出异：预先就表现得与众不同。豫，通"预"。

④摇而本性：损害了你的天性。摇，动摇，损害。而，你。

⑤无谓：没有任何意义。

⑥莫汝告：即"莫告汝"。没有人能够告诉你什么有益的道理。

⑦小言：不符合大道的琐碎之言。

⑧尽人毒：全是害人的内容。

⑨莫觉莫悟：没有觉悟。

⑩相孰：仔细观察。相，观察。孰，同"熟"。仔细，反复。

⑪知：同"智"。忧：担忧，操心。

⑫敖游：自由自在地生活。敖，通"遨"。遨游。

⑬泛：漂浮。

⑭虚：指内心空净。

【译文】

伯昏瞀人说："算了吧！我原来就对你说过：'人们会来依附于你的。'现在果然都来依附于你了。但问题不在于你能够使别人来依附你，而在于你无法做到不让别人来依附你，你哪里用得着去感召别人呢？你事先就表现得与众不同，这样就必定会对别人起到感召的作用，这样做反而会损害你自己的天性，而且还毫无意义。与你交往的那些人，没有谁能够告诉你任何有益的道理。他们所讲的那些不符合大道的琐碎言论，全是毒害人心的内容。如果你到现在还没有醒悟，那么你怎么能够把这些事情观察清楚呢？有技巧的人多受劳，有智慧的人多操心，没有什么能力的人也就没有什么追求，填饱了肚子就可以自由自在地四处遨游，他们飘飘悠悠地就好像没有系住的小船那样，这才是内心虚净而生活自由的人啊。"

二

郑人缓也呻吟裘氏之地①，只三年而缓为儒，河润九里②，泽及三族③，使其弟墨④。儒、墨相与辩，其父助翟⑤，十年而缓自杀。其父梦之曰："使而子为墨者⑥，予也。阖胡尝视其良⑦？既为秋柏之实也⑧。"

【注释】

①缓：郑国儒生。呻吟：吟诵，读书。裘氏：地名。

②河润九里：他的学问就像黄河水滋润沿岸土地一样影响着周围民众。九里，泛指周边地区。

③三族：父族、母族、妻族。

④墨：墨家。这里用作动词，当墨家的弟子。

⑤翟（dí）：即墨翟。墨翟是墨家的创始人。这里用墨翟代指墨家。

⑥而：你。

⑦阖胡尝视其良：为什么不到我的坟墓去看看我呢？阖，通"曷"。何不。胡，为何。一本无"胡"字。其，代指自己。良，通"埌"。坟墓。

⑧既为秋柏之实也：我已经变成了坟墓上秋天柏树的果实了。庄子认为，人死

后，尸体会变化为其他事物。缓的尸体埋在地下，变为植物的营养，然后再慢慢演变为墓地柏树上的果实。

【译文】

郑国有一位名叫缓的人，在裘氏读书学习，只用了三年时间就成了著名儒生，他的思想就像黄河水滋润沿岸的土地一样影响着周围的民众，他的恩惠还施及自己的父、母、妻三族之人，后来他又让自己的弟弟去学习墨家学说。儒家与墨家辩论时，缓的父亲总是帮助墨家讲话。十年之后缓便愤而自杀。他的父亲梦见他说："让你的儿子成为墨家学者，这还是我的功劳。你为什么不到我的坟墓上来看看我呢？我已经变成了墓地上秋天柏树的果实了。"

【研读】

本段说："儒、墨相与辩，其父助翟，十年而缓自杀。"墨家对待孔子的态度，与庄子完全不同。在《庄子》书中，孔子有时以世俗圣人的身份出现，有时以得道圣人的身份出现，是一位由世俗圣人到得道圣人的不断进步的形象。庄子明确承认自己无法与孔子相比："吾且不得及彼乎！"（《庄子·寓言》）即使在批评孔子时，也只是认为孔子没能找到正确的治国方法而已，从未对孔子的善良动机提出过质疑。而墨家不同，墨家是从品德层面对孔子予以否定的：

> 孔丘穷于蔡、陈之间，藜羹不糁。十日，子路为享豚，孔丘不问肉之所由来而食；号人衣以酤酒，孔丘不问酒之所由来而饮。哀公迎孔丘，席不端弗坐，割不正弗食，子路进，请曰："何其与陈、蔡反也？"孔丘曰："来！吾语女，曩与女为苟生，今与女为

苟义。"夫饥约则不辞妄取以活身，赢饱则伪行以自饰，污邪诈伪，孰大于此！(《墨子·非儒下》)

孔子被包围在陈、蔡两国之间时，野菜汤里连一粒粮食也没有。十天之后，子路为孔子煮了一块猪肉，孔子根本不问猪肉的来历就赶紧吃了起来；子路又去抢劫了别人一件衣服拿来换酒，孔子也不问酒的来历就赶紧喝了起来。后来鲁哀公把孔子请去款待，席子没有放端正，孔子就不坐下；肉块没有割整齐，孔子就不吃。子路走向前来，问道："您的表现怎么与在陈、蔡的时候大不一样了呢?"孔子回答说："你过来！我告诉你，那时候我们迫切要做的是保命，现在我们迫切要做的是推行正义。"墨家对此事评论说："孔子在饥饿困窘的时候就不惜偷窃、抢劫以求生，吃饱后就用虚伪的行为来粉饰自我。污邪诈伪的行为，还有比这更严重的吗?"这就是说，墨家从品质层面彻底否定了孔子。

墨家骂孔子"污邪诈伪"，孟子反唇相讥，骂墨家是"禽兽"："墨氏兼爱，是无父也。无父无君，是禽兽也。"(《孟子·滕文公下》)至于儒、墨两家面对面的争论，我们仅举两例：

巫马子谓子墨子曰："子兼爱天下，未云利也；我不爱天下，未云贼也。功皆未至，子何独自是而非我哉?"子墨子曰："今有燎者于此，一人奉水将灌之，一人掺火将益之，功皆未至，子何贵于二人?"巫马子曰："我是彼奉水者之意，而非夫掺火者之意。"子墨子曰："吾亦是吾意，而非子之意也。"(《墨子·耕柱》)

巫马子谓子墨子曰："子之为义也，人不见而助，鬼而不见而富，而子为之，有狂疾！"子墨子曰："今使子有二臣于此，其一人者见子从事，不见子则不从事；其一人者见子亦从事，不见子亦从事，子谁贵于此二人？"巫马子曰："我贵其见我亦从事，不见我亦从事者。"子墨子曰："然则是子亦贵有狂疾者。"（《墨子·耕柱》）

第一段引文：有一次，巫马子（一说巫马子即孔子弟子巫马期）对墨子说："您提倡兼爱天下，没有看到对社会有什么益处；我不提倡兼爱天下，也没有看到对社会有多大害处。效果都没有看到，您为什么只认为自己正确，而认为我不正确呢？"墨子回答说："现在如果失火了，一个人带着水将要浇灭它，另一个人拿着火把想使火烧得更大，效果都还没有看到，您赞成这两个人中的哪一个？"巫马子回答："我认为那个带水救火者的用心是正确的，而那个拿着火把者的用心是错误的。"墨子说："我也认为我提倡兼爱天下的用心是正确的，而您不兼爱天下的用心是错误的。"

第二段引文：巫马子对墨子说："您推行正义，人们没有看见您的行为而去服从您，鬼神也没有看见您的行为而让您富有，然而您仍然这样做，您肯定是患上疯病了吧。"墨子答道："现在假如您有两个奴仆，其中一个看见您就干活，看不见您就不干活；另外一个看见您也干活，看不见您也干活，这两个人之中，您赞成哪一个？"巫马子回答说："我赞成那个看见我干活、看不见我也干活的人。"墨子说："既然这样，那么您也是赞成患有疯病的人啊。"

从这两次面对面的论争来看，每次都是墨家占了上风，当然这只是墨家的记载，但也说明当时儒、墨分歧还是非常严重的。

夫造物者之报人也①，不报其人而报其人之天②，彼故使彼③。夫人以己为有以异于人④，以贱其亲⑤，齐人之井饮者相捽也⑥。故曰今之世皆缓也，自是⑦，有德者以不知也⑧，而况有道者乎！古者谓之遁天之刑⑨。圣人安其所安⑩，不安其所不安⑪；众人安其所不安，不安其所安。

【注释】

①夫造物者之报人也：大自然赋予人们的。造物者，大自然。也可理解为大道。报，赋予。

②不报其人而报其人之天：赋予人们的不是人为的事物，而是人的天性。意思是，缓的弟弟之所以能够成为墨家学者，是由其天性决定的，与人为无关，而缓自以为是自己的教育使弟弟成为墨家学者，这是贪天之功。

③彼故使彼：他具有那样的天性，所以才使他成为那样的人。第一个"彼"代指某种天性，第二个"彼"代指与个人天性相吻合的某种人。

④夫人：那个人。指缓。夫，那。有以异：与他人有所不同。

⑤贱其亲：轻视他的父亲。缓愤而自杀和在梦中指责父亲，都是轻视父亲的表现。

⑥齐人之井饮者相捽（zuó）也：这就好像一个齐国人自以为挖井有功而去扭打前来饮水的人一样。捽，拉扯，扭打。本句意思是，井中有水是出于自然，而挖井的人却把井中有水可饮视为自己挖掘的功劳，所以拒绝、殴打前来饮水的人。比喻缓的弟弟能够成为墨家学者，是其天性使然，而缓却把这些视为自己的功劳。

⑦自是：自以为正确。是，正确。

⑧以：以为。不知：不明智。知，同"智"。

⑨遁天之刑：违背自然法则所受到的惩罚。遁，违背。

⑩安其所安：安于接受他们所应该安于接受的自然天性。

⑪所不安：所不应该安于接受的人为事物。

【译文】

　　大自然赋予每个人的，并非人为的事物，而是这个人的天性，他具备了那样的天性才能够使他成为他那样的人。缓总是认为自己与众不同，因此而去轻视他的父亲，这就好像一个齐国人自以为挖井有功而去扭打前来饮水的人一样。所以说如今的世人都是一些与缓一样的人，他们总是自以为正确，有美德的人认为世人的这种观念是不明智的，更何况那些懂得大道的人呢！古时候的人把缓的这种观念与行为叫违背自然法则所受到的惩罚。圣人安于应该安于接受的自然天性，不安于所不应该安于接受的人为事物；而世人安于不应该安于接受的人为事物，而不安于所应该安于接受的自然天性。

三

　　庄子曰："知道易，勿言难①。知而不言，所以之天也②；知而言之，所以之人也。古之人，天而不人。"

【注释】

①勿言难：不去宣讲大道就很困难。庄子反对宣讲大道的原因有二：一是认为奥妙的大道是无法用语言表达的，二是认为喜欢向世人宣讲大道的人是带有功利目的。

②所以之天：这是走向自然境界之路。之，走向。

【译文】

庄子说："要想了解大道相对还比较容易，而要想做到不去宣讲大道就很困难。了解大道之后而不去宣讲大道，这是走向自然境界之路；了解大道之后就到处去宣讲大道，这是通向人为境界之路。古时候的人，向往自然境界而不追求人为境界。"

朱泙漫学屠龙于支离益①，单千金之家②，三年技成而无所用其巧。

【注释】

①朱泙（pēng）漫、支离益：两个虚构人名。

②单：通"殚"。耗尽。金：先秦的黄金重量单位，二十两或二十四两黄金叫一金。

【译文】

朱泙漫跟随支离益学习宰龙的技术，为此耗尽了千金家产，三年之后终于学会了这门技术，却没有地方去使用这门技术。

圣人以必不必①，故无兵②；众人以不必必之③，故多兵。顺于兵④，故行有求。兵，恃之则亡。

【注释】

①以必不必：对于必然如此的事情也不固执己见。意思是，圣人虽然知道某事必然是如此，但当别人提出反对意见时，圣人也不会固执己见而与对方发

生争论。

②兵：争战，争执。这里指包括战争、论辩等相互对抗的事情。

③以不必必之：对于非必然如此的事情还要固执己见。

④顺于兵：从事于争执。顺，顺从，顺应。引申为从事。

【译文】

　　圣人对于必然如此的事情也不会固执己见，所以他们不会与人发生争执；而普通民众即使对于非必然如此的事情也要固执己见，所以他们总是与人产生争执。普通民众之所以喜欢与人争执，是因为他们这样做可以满足个人的需求。争执这种行为，如果一味地依仗它就会自取灭亡。

　　小夫之知①，不离苞苴、竿牍②，敝精神乎蹇浅③，而欲兼济道物④，太一形虚⑤。若是者，迷惑于宇宙，形累不知太初⑥。彼至人者，归精神乎无始⑦，而甘冥乎无何有之乡⑧。水流乎无形，发泄乎太清⑨。悲哉乎！汝为知在毫毛⑩，而不知大宁⑪。

【注释】

①小夫：小人。见识浅薄的人。

②不离苞苴（bāo jū）、竿牍：离不开互赠礼物、书信酬答这些琐碎小事。苞苴，用来包裹鱼肉等礼物的草袋。这里代指礼物。竿牍，竹简。先秦时的书写工具。这里代指书信。

③蹇（jiǎn）浅：浅薄。这里指浅薄、琐碎的事情。

④道物：引导万物。道，同"导"。引导。

⑤太一形虚：虚净的大道境界。太一，指伟大、独一无二的大道。

⑥太初：天地万物刚开始出现时的混沌状态。

⑦无始：万物还未出现时的空净状态。至人的精神可以回归到没有万物的空净状态，而小夫连万物开始的状态还弄不清楚，说明至人的境界远远高于小夫。

⑧而甘冥乎无何有之乡：而舒畅地生活于一无所有的虚净境界之中。甘，甘心，舒适。冥，通"瞑"。休眠，躺卧。这里泛指生活。无何有，空净。乡，地方。这里指境界。

⑨发泄乎太清：流淌于清虚空净的境界之中。太清，清虚空净。

⑩汝：你。指"小夫"。毫毛：比喻琐碎小事。

⑪大宁：极为安宁。即清静无为的境界。

【译文】

　　见识浅薄之人的所谓才智，大致离不开人际间的互赠礼物和书信酬答，他们总是耗费自己的精力在这类浅薄琐碎的小事之上，却还想以此来兼济天下，引导众生，从而进入虚净的大道境界。像这样的人，迷迷糊糊地生活于天地之间，自身整天搞得疲惫不堪，却连天地万物刚刚开始的状态也无法明白。那些思想境界最高的人，能够让自己的精神回归到万物还没有出现时的虚净状态，他们非常舒畅地生活在一无所有的空寂境界。他们就像没有固定形状的流水一样，自由自在地流淌在清虚空净的境域之中。真是可悲呀！那些见识浅薄的人把才智用在细微如毫毛的琐碎小事上，而根本不懂得什么是清静无为。

四

宋人有曹商者^①，为宋王使秦^②。其往也，得车数乘。王说之^③，益车百乘^④。反于宋，见庄子曰："夫处穷闾厄巷^⑤，困窘织屦^⑥，槁项黄馘者^⑦，商之所短也；一悟万乘之主而从车百乘者^⑧，商之所长也。"庄子曰："秦王有病召医，破痈溃痤者^⑨，得车一乘；舐痔者得车五乘^⑩；所治愈下^⑪，得车愈多。子岂治其痔邪！何得车之多也？子行矣！"

【注释】

①曹商：宋国人，生平不详。

②使：出使。

③王说（yuè）之：秦王赏识他。王，指秦王。说，同"悦"。喜欢，赏识。

④益：增加，赏赐。

⑤穷闾厄巷：狭窄的死胡同。穷，不通。闾，里巷的大门。这里代指巷子。厄，通"隘"。狭窄。

⑥屦（jù）：麻鞋，草鞋。

⑦槁项：脖子饿得枯瘦。槁，干枯。项，脖子。黄馘（xù）：面黄肌瘦。馘，面部。以上三句，一般认为是描写庄子生活状况的，而我们认为这是在描写曹商自己从前的生活状况，以与今天的得意生活形成鲜明对比，目的是在炫耀自己的超人才华。

⑧一悟：一旦说服。悟，使醒悟，说服。

⑨破痈（yōng）溃痤（cuó）：挤破毒疮、疖子。痈，毒疮。溃，挤破。痤，疖子。

⑩舐（shì）痔：用舌头舐痔疮。舐，舔。"舐痔"一词即出于此。

⑪所治愈下：用来治病的手段越低贱。

【译文】

　　有一个名叫曹商的宋国人，他受宋王派遣出使到秦国去。他去秦国的时候，只带了几辆车子。秦王对他十分赏识，于是就又赏赐给他一百辆车子。曹商回到宋国以后，便去见庄子，炫耀说："过去住在狭窄的死胡同里，穷困潦倒得靠织草鞋糊口，饿得脖子干枯，面黄肌瘦，那的确是我曹商的短处；一旦说服了大国君主，出门时身后就能跟随着浩浩荡荡的百辆车队，这是我曹商的长处。"庄子回答说："我听说秦王患病请医生治疗，能够为他挤破毒疮、疖子的人，可以得到一辆车的赏赐；能够为他用舌头舐一舐痔疮的人，可以得到五辆车的赏赐；用来治病的手段越低贱，得到的车辆就越多。您莫不是为秦王舐了痔疮吧！不然您怎么能够得到这么多的车辆呢？您还是走开吧！"

【研读】

　　庄子讽刺曹商为秦王舐痔而得车百辆，为后人留下"舐痔"一词。在中国历史上，真正为君主舐痔的未见记载，但的确发生过为君主吮痈（把毒疮里的脓血吸出来）的事情。

　　据《史记·佞幸列传》记载，有一天晚上，汉文帝梦见自己将要升天，却又上不去，有个黄头郎（善于行船的郎官，戴黄帽）从背后推着他上了天。梦醒后，文帝暗自寻找推他上天的黄头郎，感觉邓通即是此人，于是文帝一天比一天地更加宠爱邓通，赏赐给他许多金钱，官职升到上大夫。有一次，文帝让善于相面的人给邓通相面，那人相面后说:"邓通将来会贫饿而死。"文帝说:"我就能使邓通富有,他怎么会贫困呢?"于是文帝把蜀郡的一座铜山赐给了邓通,并给他铸钱的特权,从此"邓氏钱"流传全国,邓通成为巨富。我们看他为文帝吮痈以及由此为自己带来的灾难:

> 文帝尝病痈,邓通常为帝唶吮之。文帝不乐,从容问通曰:"天下谁最爱我者乎?"通曰:"宜莫如太子。"太子入问病,文帝使唶痈,唶痈而色难之。已而闻邓通常为帝唶吮之,心惭,由此怨通矣。及文帝崩,景帝立,邓通免,家居。居无何,人有告邓通盗出徼外铸钱。下吏验问,颇有之,遂竟案,尽没入邓通家,尚负责数巨万。长公主赐邓通,吏辄随没入之,一簪不得著身。于是长公主乃令假衣食。竟不得名一钱,寄死人家。(《史记·佞幸列传》)

文帝身上长了个毒疮,邓通经常为文帝吮吸毒疮里的脓血。文帝心中闷闷不乐,从容地问邓通说:"天下谁最爱我呢?"邓通说:"应该没有谁比太子更爱您了。"太子前来看望文帝病情,文帝让他为自己吮吸脓血,太子虽然吮吸了脓血,但脸上却露出为难的样子。过后太子听说邓通经常为文帝吮吸脓血,心里感到惭愧,也因此而怨恨邓通。文帝去世后,太子(汉景帝)即位,邓通被免职,在家闲居。不久,有人告发邓通偷偷地在境外铸钱。景帝把这事交给法官审理,查明确有此事,判决的结果是把邓通家的钱财全部没收充公,他还倒欠国家许多钱。景帝的姐姐长公主赏赐给邓通一些钱财,官吏就马上把这些钱财没收顶债,连一只簪子也不让邓通戴在身上。长公主就只好命令手下的人仅仅送给邓通一些衣食。邓通最终落得身无分文,寄居在别人家里,直到死去。邓通可以说是成也吮痈,败也吮痈,庄子笔下的曹商比邓通幸运多了。

五

　　鲁哀公问乎颜阖曰①："吾以仲尼为贞干②，国其有瘳乎③？"曰："殆哉圾乎④！仲尼方且饰羽而画⑤，从事华辞⑥，以支为旨⑦，忍性以视民⑧，而不知不信；受乎心⑨，宰乎神，夫何足以上民⑩！彼宜女与⑪？予颐与⑫？误而可矣⑬。今使民离实学伪，非所以视民也，为后世虑，不若休之⑭。难治也。"

【注释】

①颜阖（hé）：鲁国的隐士、贤人。

②贞干：辅政大臣。贞，通"桢"。"桢"和"干"都是建筑物的支柱，比喻国家的辅政大臣。

③瘳（chōu）：病愈。比喻治理好国家。

④殆哉圾（jí）乎：这恐怕很危险吧！殆，大概，恐怕。圾，通"岌"。危险。

⑤饰羽而画：比喻繁文缛节。羽毛本来就很华美，可以用作外表装饰，如果再对它进行装饰和彩画，说明对外表太过于重视了。本句是批评孔子太重视外表上的繁琐礼仪。

⑥华辞：华丽的辞藻。

⑦以支为旨：把枝节的东西当作主要的东西。支，枝节，次要的。旨，主旨，主要。

⑧忍性：压制人的天性。忍，抑制，扭曲。视民：治理民众。视，办理，治理。

⑨受乎心：让百姓从心里接受他的观念。

⑩上民：处于百姓之上。即当百姓的治理者。

⑪彼宜女（rǔ）与：他适合你吗？彼，指孔子。宜，适合。女，通"汝"。与，同"欤"。句末语气词。

⑫予颐与：能养育百姓吗？予，赐予，施恩惠。颐，养。

⑬误而可：说他的行为错了，是完全可以的。

⑭休之：不要重用他。

【译文】

　　鲁哀公问颜阖说："我想请孔子来当辅政大臣，他能够把国家治理好吗？"颜阖说："这大概是一件很危险的事情吧！孔子一直在研究外表上的繁文缛节，致力于编织华丽的辞藻，把枝节的东西当成了主要的东西，他压抑人们的天性，想以此来治理好民众，却不知道这些做法是不真诚的行为。他要让民众从心里接受他的观念，并以此来控制民众的精神，他怎么能够治理好民众呢！他真的适合于您吗？他真的能够养育百姓吗？说他的做法错了，是完全可以的。他如今让民众放弃真诚而学习虚伪，这不是用来治理民众的正确原则，为后世子孙着想，不如不要重用他。孔子很难把国家治理好啊！"

六

　　施于人而不忘①，非天布也②，商贾不齿③，虽以事齿之④，神者弗齿。为外刑者，金与木也⑤；为内刑者，动与过也⑥。宵人之离外刑者⑦，金木讯之⑧；离内刑者，阴阳食之⑨。夫免乎外内之刑者，唯真人能之。

【注释】

①施：施恩惠于别人，帮助别人。

②天布：大自然的无私恩赐。布，布施。

③商贾（gǔ）：商人。贾，商人。古人有"行商坐贾"的说法，四处流动着做买卖的人叫"商"，在固定商铺做买卖的人叫"贾"，后来泛指经商的人。不齿：不愿与之为伍。表示极度蔑视。

④以事齿之：因为办事必须与他们交往。以，因为。

⑤金与木：用金属和木头制成的刑具。金属制的刑具如刀、斧等，木制的刑具如棍棒、桎梏等。

⑥动与过：烦躁不安与自我责备。动，烦躁不安。过，过错。用作动词，自我责备，内疚。

⑦宵人：小人。离：通"罹"。遭受。

⑧讯：刑讯。

⑨阴阳食之：无法调和的阴阳二气会慢慢地侵害他。古人认为，内心的烦躁不安和自我责备会引起阴阳不调，而阴阳不调会损害身心健康。

【译文】

　　施与别人一点儿恩惠就念念不忘要让别人回报，这不符合大自然无私恩赐万物的原则，就连商人都会瞧不起这种人，即使有什么事情必须与这种人交往，但精神上还是非常蔑视他们的。对肉体进行惩罚的，就是金属和木制的刑具；对内心进行惩罚的，就是烦躁不安和自我责备。小人们所承受的肉体惩罚，就是用金属和木制的刑具拷问他们；所承受的内心惩罚，就是无法调合的阴阳二气慢慢地侵害他们。能够免于肉体和内心惩罚的，只有得道的真人才能做到。

【研读】

本段认为，如果有人施与别人一点儿恩惠就念念不忘要让别人回报，就连商人都会瞧不起这种人，晋代的王戎就是这样的典型。《晋书·王戎列传》记载：

> （王戎）性好兴利，广收八方园田水碓，周遍天下。积实聚钱，不知纪极，每自执牙筹，昼夜算计，恒若不足。而又俭啬，不自奉养，天下人谓之"膏肓之疾"。女适裴頠，贷钱数万，久而未还。女后归宁，戎色不悦，女遽还直，然后乃欢。从子将婚，戎遗其一单衣，婚讫而更责取。家有好李，常出货之，恐人得种，恒钻其核。以此获讥于世。

王戎是西晋重臣，生性好利，大量购买四面八方的田园及水力磨坊，财产遍及天下。他积聚的财物不计其数，经常亲自拿着算筹，夜以继日地计算自己的财富，永不知足。他还很吝啬，自己舍不得吃穿，天下人都说他在这方面是病入膏肓，不可救药。他的女儿嫁给裴頠时，向他借了数万钱，很久没有归还。女儿后来回娘家看望父母，王戎就不给女儿好脸色，女儿赶紧把钱还给他，他才高兴起来。他的一个侄儿要结婚了，王戎忍痛送给侄子一件单衣，结果婚事办完后又要了回来。家里有好李子，常拿出去卖钱，又怕别人得到李子的种子，出售之前总要在果核上钻个孔。王戎因此被世人嘲笑。王戎对女儿、侄子稍施一点儿恩惠，尚且念念不忘收回，可想而知对他人的态度。王戎不仅为时人所"不齿"，也贻笑于后人。

七

孔子曰："凡人心险于山川①，难于知天。天犹有春秋冬夏旦暮之期，人者厚貌深情②。故有貌愿而益③，有长若不肖④，有顺懁而达⑤，有坚而缦⑥，有缓而钎⑦。故其就义若渴者⑧，其去义若热。故君子远使之而观其忠⑨，近使之而观其敬，烦使之而观其能⑩，卒然问焉而观其知⑪，急与之期而观其信⑫，委之以财而观其仁，告之以危而观其节⑬，醉之以酒而观其侧⑭，杂之以处而观其色⑮。九征至⑯，不肖人得矣⑰。"

【注释】

①险：险阻。指因为险阻重重而难以看清楚。多数注本把"险"解释为"险恶"，似不确，因为庄子并不认为人心都是险恶的。这里只是强调人心难知，而不是人心的险恶。

②厚貌深情：面容复杂多变，情感隐藏很深。厚，多，复杂。

③貌愿而益：貌似忠厚老实而内心却骄横放纵。愿，忠厚。益，同"溢"。骄横放纵。

④长若不肖：有的人是忠厚长者，而外貌看似邪恶不善。长，忠厚的长者。不肖，不善。

⑤顺懁（huán）而达：外貌看似没有主见而内心极为通达。顺懁，附和他人而没有主见。懁，通"环"。圆顺，附和别人。

⑥坚而缦（màn）：外貌看似坚定不移而内心却很散漫。缦，散漫。

⑦缓而钎（hàn）：外貌看似舒缓散漫而内心却强悍无比。钎，通"悍"。

⑧就义若渴者：有的人追求道义就像干渴者迫切追求水一样。就，追求。

⑨君子：这里指贵族官员。远使之：派他到远处为自己做事。

⑩烦：频繁，多次。

⑪卒（cù）然：突然。卒，突然。

⑫急与之期：交给他期限紧迫的任务。

⑬节：气节，节操。

⑭侧：应为"则"。原则。郭庆藩《庄子集释》卷十："侧，当为则。"

⑮杂之：让他与女子杂处在一起。色：是否好色。

⑯九征至：这九种情况都考察到了。征，验证，考察。

⑰不肖人：无德无才的人。

【译文】

孔子说："人心比险阻重重的山川还要难以看清楚，要了解人的内心思想比了解天意还难。上天尚且使春夏秋冬和昼夜变化有固定的周期，而人们的表情复杂多变，情感隐藏极深。有的人貌似忠厚老实而内心却骄横放纵，有的人实为忠厚长者而外貌却似邪恶不善，有的人外表似无主见而内心却极为通达，有的人貌似坚定不移而内心却十分散漫，有的人貌似舒缓散漫而内心却强悍无比。因此有的人在追求道义时犹如干渴者追求水一样迫不及待，而抛却正义时又像逃避火灾一般唯恐避之不及。所以作为一个领导者，有时候派此人到远方去为自己办事，以考察他对自己是否忠诚；有时候让此人在身边服务，以考察他时间久了对自己是否恭敬；有时候给此人同时安排许多任务，以考察他的办事能力如何；有时候突然向此人提问，以考察他的知识面与应变能力；有时候交给此人期限紧迫的工作，以考察他答应之后是否能够守信用；有时候把财富托付给此人管理，以考察他是否廉洁；

有时候把自己的危难处境告诉此人，以考察他是否能够坚守节操；有时候把此人灌醉，以考察他醉后能否坚持原则；有时候让此人与女人杂处在一起，以考察他是否贪色。这九种情况如果都能够考察到了，那么无才无德的人也就自然被检验出来了。"

【研读】

人是群居动物，每天都要处理人际关系，可以说，每个人都应具备知人的能力，这对于领导者尤其重要。关于这一点，我们在《应帝王》篇"肩吾见狂接舆"章节后面的"研读"中已有详细介绍。这里再补充一些资料。

《吕氏春秋·季春纪》提出了较为全面的"八观六验"的知人方法：

当一个人生活得意时，观察他尊敬什么人；

当一个人掌握大权时，观察他举荐什么人；

当一个人十分富有时，观察他赡养什么人；

当一个人侃侃而谈时，观察他的实际行为；

当一个人居家生活时，观察他的兴趣爱好；

当一个人读书学习时，观察他的谈论内容；

当一个人穷困潦倒时，观察他不接受什么；

当一个人地位低贱时，观察他不愿做什么；

有时让一个人得意扬扬，以检验他的操守如何；

有时让一个人快乐无比，以检验他的缺点毛病；

有时让一个人怒气冲天，以检验他的节制能力；

有时让一个人恐惧万分，以检验他的胆量大小；

有时让一个人忧伤悲哀，以检验他的仁爱之心；

有时让一个人受苦受难，以检验他的毅力强弱。

实际上，知人的方法还很多，比如观察一个人对待亲人、朋友的态度等等。除了以上所述，古人还特别强调考察人要假以时日，不可过早下结论。白居易有一首《放言》：

> 赠君一法决狐疑，不用钻龟与祝蓍。试玉要烧三日满，辨材须待七年期。周公恐惧流言后，王莽谦恭未篡时。向使当初身便死，一生真伪复谁知？

意思是说，考察一个人的好坏，不用占卜问卦，最好的方法就是拉长一点考察的时间。玉石质量好坏，要烧烤三天；树木能否成材，要观察七年。周公对周成王忠心耿耿，却有人放出流言，说他有篡位之心；王莽在篡夺汉朝政权之前，却被人们赞誉为谦恭仁爱的圣人。如果周公去世于流言四起之时，王莽死亡于篡汉夺权之前，那么他们品质的好坏，又有谁能够分辨得清楚呢？

用今天的话讲，考察人是一个"系统工程"。从横向讲，对人要全方位考察；从纵向讲，对人要长期考察。知人难，是从古至今公认的事情。但要想治理好一个国家和公司，我们又无法回避这一难题，只能知难而进，迎难而上，尽可能地把德才兼备的人选拔出来，重用他们，这是国家昌盛、公司兴旺的唯一途径。

八

正考父一命而伛①，再命而偻②，三命而俯③，循墙而走④，孰敢不轨⑤！如而夫者⑥，一命而吕钜⑦，再命而于车上儛⑧，三命而名诸父⑨，孰协唐、许⑩！

【注释】

①正考父：春秋时期宋国大夫，孔子的远祖。一命而伛（yǔ）：第一次被任命为士的时候，便弯下了脊背。表示恭敬谦虚。命，任命。周代官制，诸侯国的大臣共分三命，一命为士，二命为大夫，三命为卿。伛，脊背弯曲。

②偻（lóu）：弯下了腰。

③俯：俯下了身体。

④循墙而走：沿着墙根快步而行。形容谦恭、谨慎的样子。

⑤孰敢不轨：他怎么还会去做不符合原则的事情！孰，怎么。不轨，干坏事。一说"孰敢不轨"的意思是，虽然正考父如此谦恭，但其正气凛然，所以也没有人敢做坏事。

⑥而夫：你们这些凡夫俗子。而，你，你们。

⑦吕钜：挺直腰板、傲慢自负的模样。

⑧于车上儛（wǔ）：在车上兴奋得跳起舞来。儛，同"舞"。车上非跳舞之处，在车上跳舞，说明已经得意忘形了。"儛"也可理解为手舞足蹈。

⑨名诸父：直呼诸位父辈的名字。名，直呼姓名。表示已经傲慢得六亲不认了。

⑩孰协唐、许：哪个人能够像唐尧、许由那样谦恭、礼让呢！协，符合，像……一样。唐，指尧。尧的国号为"唐"。许，指许由。著名隐士。尧与许由相互谦让天子之位的事情，见《逍遥游》篇。

【译文】

　　正考父第一次被任命为士的时候，就谦恭得弯下了脊背；第二次被任命为大夫的时候，就谦恭得弯下了腰；第三次被任命为卿的时候，就谦恭得弯下了整个身体；平时出门也总是沿着墙根急步快走，态度如此谦恭怎么会去做不轨之事呢！而那些凡夫俗子，第一次被任命为士的时候，就会傲慢地挺直腰板；第二次被任命为大夫的时候，就会得意忘形地在车上手舞足蹈；第三次被任命为卿的时候，就会六亲不认地直呼诸位父辈的姓名了，哪一个能够像唐尧、许由那样谦恭、礼让呢！

【研读】

本段通过正考父与凡夫俗子的行为对比，提倡谦虚，批评傲慢。关于"谦"的好处，《周易·谦卦·彖》有一个哲学化的总结：

> 天道亏盈而益谦，地道变盈而流谦，鬼神害盈而福谦，人道恶盈而好谦。谦，尊而光，卑而不可逾，君子之终也。

《周易》说："上天的运行规律是减少盈满（傲慢）的而去补益谦虚的，大地的运行规律是改变盈满的而去补充谦虚的，鬼神的行事原则是损害盈满的而去赐福谦虚的，人们的行事原则是讨厌盈满的而去喜欢谦虚的。有了谦虚的品德，处于高位会更加昌盛繁荣；处于低下的位置，别人也无法在品质方面超越他，君子应该终身谦虚。"后来，人们把《周易》的这一思想总结为"一谦而四益"（《汉书·艺文志》）。意思是，一个人一旦做到谦虚，天、地、鬼神、人四者都会赐福于他。

那么居功自傲的人结果又如何呢？公元前575年，晋、楚之间爆发了第三次争霸战争——鄢陵之战，晋国大获全胜。战后，晋厉公派参战的大夫郤至去向周天子进献对楚作战的战利品，郤至就在周天子那里不停地夸耀自己的战功，甚至认为自己的功劳第一。单襄公对郤至的行为评论说：

> 温季（即郤至）其亡乎！位于七人之下，而求掩其上。怨之所

聚，乱之本也。多怨而阶乱，何以在位?(《左传·成公十六年》)

　　单襄公的意思是："郤至大概要被杀掉了吧! 他的地位在其他参战的七位晋国大夫之下，却想用自己的功劳去压倒他的这些上级。这样去招来仇怨，这是祸乱的根源。多招仇怨就是自招祸乱，他怎么能够保住自己的职位呢?"郤至的行为类似于本段说的"三命而名诸父"，已经狂妄自大到了目无长上的地步，结果第二年就在政治斗争中被杀。

九

　　贼莫大乎德有心而心有睫①，及其有睫也而内视②，内视而败矣。凶德有五③，中德为首④。何谓中德? 中德也者，有以自好也而吡其所不为者也⑤。穷有八极⑥，达有三必⑦，形有六府⑧。美、髯、长、大、壮、丽、勇、敢⑨，八者俱过人也，因以是穷⑩。缘循、偃佒、困畏不若人⑪，三者俱通达⑫。知慧外通⑬，勇动多怨⑭，仁义多责⑮。达生之情者傀⑯，达于知者肖⑰；达大命者随⑱，达小命者遭⑲。

【注释】

①贼莫大乎德有心而心有睫(jié)：最大的祸患就是有意地去修养德行，而且还长有心眼。贼，伤害，祸患。德有心，有意去修德。也即带着个人目的去修养德行。心有睫，有心眼，有心机。这个心机就是实现个人功利目的。睫，眼睫毛，代指眼睛。

②内视：带着心机去看待万物。内，指内在的心机、心眼。

③凶德有五：招惹凶祸的品德有五种。古人有"美德"与"凶德"之分。五，

指心要思，耳要听，眼要看，舌要说，鼻要嗅。庄子认为这是惹祸的根源。

王先谦《庄子集解》："谓耳、目、口、鼻、心，而心为首。"

④中德：心中的凶德。中，心中。德，即招惹凶灾的思想、念头。

⑤自好：自以为美好。吡（bǐ）：诋毁，诽谤。

⑥穷有八极：使人陷入困境的主要原因有八个。极，屋脊的横梁。比喻主要原因。"八极"指下文说的美、髯、长、大、壮、丽、勇、敢。

⑦三必：三个必要条件。指下文说的缘循、偃佒、困畏不若人。

⑧六府：即"六腑"。指胃、大肠、小肠、三焦、膀胱、胆。

⑨髯（rán）：胡须。古人以胡须多为美。大：粗大，魁梧。敢：果断。

⑩因以是穷：因为有了这些优势而陷入困境。人们有了优势，往往傲人自负，所以会陷入困境。是，代指上述八种优势。详见"研读"。

⑪缘循：顺应万物。循，顺应。偃佒（yǎng）：俯仰。指俯仰随人。偃，俯下。佒，通"仰"。困畏不若人：充满畏惧心理而感到不如别人。也即自卑。

⑫三者俱通达：这三种条件具备了，生活就会顺利。达，生活顺利。

⑬外通：向外炫耀。

⑭勇动多怨：勇猛行为往往会招来很多怨恨。动，行为。

⑮仁义多责：倡导仁义往往会招来他人很多的责求。

⑯傀（guī）：伟大。

⑰知：同"智"。这里指世俗智慧。肖：细微，渺小。

⑱达大命者随：懂得天道的人顺应自然。达，懂得。大命，天命，天道。随，顺应。

⑲达小命者遭：懂得人为原则的全凭机遇。小命，与大命相对，指人为的原则。遭，机遇。

【译文】

　　最大的祸患就是有意地去修养德行，而且还长有心眼，如果长了心眼就会带着心机去看待万物，带着心机去看待万物就会导致失败。招惹凶灾的品德一共有五种，而心中的不良品德是祸害之首。什么是心中的不良品德呢？所谓的心中不良品德，就是自以为美好而去诋毁自己所不愿做或者不能做的事情。陷入困境的原因主要有八种，生活顺利需要三个必要条件，这就好像身体必然会具备六种腑脏一样。貌美、多须、高大、魁梧、强壮、艳丽、勇敢、果断，如果这八个方面都超过了别人，就会因傲慢自负而使自己陷入困境。顺应万物、俯仰随人、充满畏惧心理而总感到自己不如别人，如果这三个必要条件都具备了，生活就会顺利。心中有了世俗智慧就会向外炫耀，勇猛多为往往会引起很多怨恨，倡导仁义常常会招来很多责求。知道生命真正含义的人伟大，懂得世俗智慧的人渺小；懂得自然规律的人顺应自然，懂得人为原则的人全凭机遇。

【研读】

　　本段认为，使人陷入困境的八个主要原因——貌美多须、身体魁梧、勇敢果断等等几乎都属于一个人的优势。这些优势之所以会使人陷入困境，那是因为他错误地使用了自己的优势，把优势当作一种傲人的资本，因而从优势滑入了劣势。优势与劣势、好事与坏事相互转化是道家经常提到的一个命题。《道德经》五十八章说：

　　　　祸兮福之所倚，福兮祸之所伏。

　　老子说："灾祸啊，幸福就紧靠在它的旁边；幸福啊，灾祸就埋伏在它的里面。"关于祸福转化的原因，韩非与庄子一样，主要从主观的角度去寻找：

> 人有祸，则心畏恐；心畏恐，则行端直；行端直，则思虑熟；思虑熟，则得事理。行端直，则无祸害；无祸害，则尽天年。得事理，则必成功。尽天年，则全而寿。必成功，则富与贵。全寿、富贵之谓福。而福本于有祸。故曰："祸兮，福之所倚。"以成其功也。

> 人有福，则富贵至；富贵至，则衣食美；衣食美，则骄心生；骄心生，则行邪僻而动弃理。行邪僻，则身死夭；动弃理，则无成功。夫内有死夭之难而外无成功之名者，大祸也。而祸本生于有福。故曰："福兮，祸之所伏。"（《韩非子·解老》）

韩非这段话的大意是：一个人遇到灾难时，整天就会恐惧不安；恐惧不安就会行为端正，而且做事时就会反复思考，反复思考就能把握住事理；把握了事理做事就能成功，做事成功就能得到富贵，这就是福，而福本是来自祸。一个人有了福，有了富贵，就会产生傲慢之心；有了傲慢之心，就会有放纵的行为，不把事理放在心上；生活放纵就会内生疾病，放弃事理就会外召灾祸；这种内外交困的状况就是祸，而祸本是来自福。韩非完全从主观的角度去解释祸福转化的原因，这与庄子的思想是一致的，也是合情合理的。

实际上，在很多情况下，客观原因也能够使人的祸福转化，最著名的例子就是塞翁失马。《淮南子·人间训》记载：

> 夫祸福之转而相生，其变难见也。近塞上之人有善术者，马无故亡而入胡。人皆吊之，其父曰："此何遽不为福乎？"居数月，其马将胡骏马而归。人皆贺之，其父曰："此何遽不能为祸乎？"家富良马，其子好骑，堕而折其髀。人皆吊之，其父曰："此何遽

不为福乎?"居一年,胡人大入塞,丁壮者引弦而战,近塞之人,死者十九,此独以跛之故,父子相保。故福之为祸,祸之为福,化不可极,深不可测也。

《淮南子》说:祸福转化的原因,的确很难预测。在边境一带住着一位懂得道术的老人。有一次,他家的马竟然无缘无故越过边界,跑到胡人(北方的一个少数民族)那边去了。于是大家都来安慰他,这位老人却说:"怎么知道这件坏事不会变成好事呢?"几个月之后,不仅他家跑掉的马回来了,而且还拐带回来了一匹胡人的骏马。于是大家都前来祝贺他,然而这位老人却说:"怎么知道这件好事不会变成坏事呢?"由于家里添了一匹骏马,老人的儿子又喜欢骑马,结果从马背上掉了下来,摔断了大腿。于是大家又都前来安慰他,这位老人又说:"怎么知道这件坏事不会变成好事呢?"过了一年,胡人大举入侵边境一带,青壮年男子都拿起武器参加战斗,靠近边境一带的青壮年,十有八九都战死于战场。这位老人的儿子由于是个跛子,没有参军作战,父子因此得以相依为命。塞翁就因为失马这件事情,家里的祸福转化了几次,这些转化原因主要是来自客观。

知道祸福转化的道理之后,当我们面临幸福之时,千万不可得意忘形,而应更加小心谨慎,以免幸福转化为灾祸;反过来,当我们面临灾祸之时,不必怨天尤人、气馁沮丧,而要想方设法,因势利导,争取让灾祸转化为幸福。

十

人有见宋王者[①],锡车十乘[②],以其十乘骄稚庄子[③]。庄子曰:

"河上有家贫恃纬萧而食者④，其子没于渊⑤，得千金之珠。其父谓其子曰：'取石来锻之⑥！夫千金之珠，必在九重之渊而骊龙颔下⑦，子能得珠者，必遭其睡也⑧。使骊龙而寤⑨，子尚奚微之有哉⑩？'今宋国之深⑪，非直九重之渊也⑫；宋王之猛，非直骊龙也。子能得车者，必遭其睡也；使宋王而寤，子为齑粉夫⑬！"

【注释】

①宋王：宋国君主。成玄英《庄子疏》说是宋襄王："宋襄王时，有庸琐之人游宋，妄说宋王，锡车十乘，用此骄炫，排庄周于己后，自矜物先也。"

②锡（cì）：通"赐"。赏赐。

③骄稚：傲慢，炫耀。

④河：黄河。恃纬萧而食：靠编织芦苇席子为生。恃，依靠。纬，编织。萧，一本作"苇"。植物名。即芦苇。

⑤没（mò）：潜入。

⑥锻：砸碎。

⑦九重：九层。极言其深。骊（lí）龙：黑龙。骊，黑色的。颔（hàn）下：下巴的下面。颔，下巴。

⑧遭：遇到。

⑨寤：醒来。

⑩子尚奚微之有哉：你的身体还能够残存一点什么呢？意思是你的身体将被黑龙全部吞食掉。子，你。奚，什么。微，微小。指残留的一点身体。

⑪深：水深。比喻宋国政局十分险恶。

⑫非直：不仅。

⑬齑粉：粉末。齑，碎末。

【译文】

有个人去觐见宋王，宋王赏赐给他十辆马车，此人便带着这十辆马车跑到庄子那里去炫耀。庄子说："黄河岸边住着一位家境十分贫寒、依靠编织芦苇席子为生的人，他的儿子潜入深渊之中，捞到了一颗价值千金的宝珠。做父亲的愤怒地对儿子说：'拿石头来砸碎这颗宝珠！价值千金的宝珠，一定是藏在极深极深的深渊中的黑龙下巴底下，你能够从那里捞到这颗宝珠，肯定是赶上黑龙睡着了，假如当时黑龙正醒着，你的身体还能够残存一点吗？'如今宋国政局的凶险程度，远远超过了深渊的凶险；宋王的残暴程度，也远远超过了黑龙的残暴。你能够从宋王那里得到十辆马车的赏赐，也肯定是赶上宋王睡着了；假如宋王当时正醒着，你也就粉身碎骨了！"

十一

或聘于庄子①，庄子应其使曰："子见夫牺牛乎②？衣以文绣③，食以刍叔④，及其牵而入于大庙⑤，虽欲为孤犊⑥，其可得乎？"

【注释】

①或：有人。可能指楚威王。详见"研读"。

②牺牛：用于祭祀的纯色牛。《礼记·曲礼下》："天子以牺牛，诸侯以肥牛，大夫以索牛，士以羊豕。"牺牛指毛色纯一的牛，肥牛指经三月豢养的牛，索牛指临时挑选的牛，而士则用羊与猪祭祀。

③衣以文绣：给它披上绣花的丝绸。衣，用作动词，穿，披着。文，同"纹"。花纹。

④食（sì）：喂养。刍（chú）叔：草料和豆子。刍，草。叔，通"菽"。豆。

⑤大（tài）庙：天子祭祀祖先的地方。大，同"太"。

⑥孤犊：没有父母的小牛。

【译文】

有人想聘请庄子出仕做官，庄子便对派来的使者说："您见过用来做祭品的牛吗？平时给它披着绣花的丝绸，让它吃精美的草料和豆子，等到它被牵入太庙杀掉做祭品时，它即使想当一头没爹没妈、可怜巴巴的小牛，还能做到吗？"

【研读】

这一故事表现了庄子重生命、轻富贵的思想。关于这一故事的雏形，可见于《尸子》佚文：

　　夷逸者，夷诡诸之裔。或劝其仕，曰："吾譬则牛也，宁服轭以耕于野，不忍被绣入庙而为牲。"

夷逸是春秋时期的一位隐士，《论语·微子》曾提到他："逸民：伯夷，叔齐，虞仲，夷逸，朱张，柳下惠，少连。"夷逸是夷诡诸的后代，而夷诡诸是春秋时期周王室的大夫，食邑于夷（在今山东即墨西）。晋武公伐夷，俘虏了夷诡诸。周大夫芮国为他求情，后被释放。夷诡诸没有酬谢芮国，芮国乃劝说晋人再次伐夷，杀了夷诡诸："初，晋武公伐夷，执夷诡诸。芮国请而免之，既而弗报，故子国作乱，谓晋人曰：'与我伐夷而取其地。'遂以晋师伐夷，杀夷诡诸。"（《左传·庄公十六年》）因为夷逸家族有这样惨痛的历史，所以当别人劝他出仕时，他回答说："我就好比一头牛，我宁肯拉着犁在田野里耕地，也不愿意披着绣花毯子被牵到太庙里去做祭品。"关于庄子拒绝做官的故事，见于《史记·老子韩非列传》：

> 楚威王闻庄周贤，使使厚币迎之，许以为相。庄周笑谓楚使者曰："千金，重利；卿相，尊位也。子独不见郊祭之牺牛乎？养食之数岁，衣以文绣，以入大庙。当是之时，虽欲为孤豚，岂可得乎？子亟去，无污我。我宁游戏污渎之中自快，无为有国者所羁，终身不仕，以快吾志焉。"

庄子拒绝出仕的理由非常简单，那就是不愿意为了名利富贵而死于官场政治斗争。

每当看到这段文字时，就不由自主地想到李斯的一生。《史记·李斯列传》记载，秦朝统一中国后，李斯身为宰相，他的儿子皆娶秦公主为妻，女儿也全部嫁给秦皇子，可以说是权倾朝野。后来被赵高诬为谋反，被灭三族，李斯本人受到数种刑罚——鞭打、斩左右趾、割鼻、脸上刻字、腰斩，死后又受菹刑（尸体被砍碎）。我们看《李斯列传》对他临死前的记载：

> 二世二年七月，具斯五刑，论腰斩咸阳市。斯出狱，与其中子俱执，顾谓其中子曰："吾欲与若复牵黄犬俱出上蔡东门逐狡兔，岂可得乎？"遂父子相哭，而夷三族。

《史记》记载：秦二世二年（前208）七月，李斯受到鞭打、斩左右趾等五种刑罚的折磨，最后判处在咸阳街市上腰斩。李斯出狱后，与他的次子（此时李斯的长子李由已经被起义军所杀）一同被押往刑场，走到半道，他回头对次子说："我真想和你一起牵着黄狗，回到咱们老家上蔡（在今河南上蔡），咱俩一起出东门去打猎追逐野兔，可惜办不到了！"于是父子二人相对痛哭，李斯的父、母、妻三族也全被处死了。

李斯身为宰相、权倾朝野时，就是庄子说的"衣以文绣，食以刍叔"；李斯感叹的"吾欲与若复牵黄犬俱出上蔡东门逐狡兔，岂可得乎"，也就是庄子说的"及其牵而入于大庙，虽欲为孤犊，其可得乎"。庄子不愧是先觉者，他很早就觉悟到官场中危机四伏，因此坚决不进官场，虽然一生没有荣华富贵，但平平安安地活到了八十多岁。李斯是后觉者，虽然他也觉悟到官场的险恶，但为时已晚。像李斯这样的悲剧，历史上不知反复重演了多少场。

十二

庄子将死，弟子欲厚葬之。庄子曰："吾以天地为棺椁[①]，以日月为连璧[②]，星辰为珠玑[③]，万物为赍送[④]。吾葬具岂不备邪[⑤]？何以加此？"弟子曰："吾恐乌鸢之食夫子也[⑥]。"庄子曰："在上为乌鸢食，在下为蝼蚁食[⑦]，夺彼与此[⑧]，何其偏也！"

【注释】

①棺椁：古代棺材有两层，里面的叫"棺"，外面的叫"椁"。

②连璧：并联的玉璧。用作陪葬品。璧，平而圆、中间有小孔的玉制品。

③珠玑：宝珠。圆的叫"珠"，不太圆的叫"玑"。

④赍（jī）送：送葬品，陪葬。赍，送。

⑤葬具：丧葬用的物品。

⑥乌鸢（yuān）：乌鸦和老鹰。鸢，鹰的一种。

⑦蝼蚁：蝼蛄和蚂蚁。

⑧夺彼与此：把我的遗体从乌鸦和老鹰口中夺过来，再送给蝼蛄和蚂蚁食用。彼，指乌鸢。此，指蝼蚁。

【译文】

庄子临死之前，弟子们准备厚葬他。庄子婉拒说："我把天地之间当作我的棺椁，把日月当作为我陪葬的一双玉璧，把满天星辰当作为我陪葬的宝珠，万物都是我的陪葬品。给我陪葬的东西难道还不完备吗？你们还能在这些东西之外增加点什么呢？"弟子们说："我们担心乌鸦和老鹰会吃掉先生的遗体呀！"庄子说："把遗体放在地面上会被乌鸦和老鹰吃掉，可埋入地下也会被蝼蛄和蚂蚁吃掉，把我的遗体从乌鸦和老鹰口中夺走，再送给蝼蛄和蚂蚁食用，你们为什么如此偏心呢！"

【研读】

这个故事写庄子反对厚葬，表现了庄子旷达的生死观。对此，苏东坡带着崇敬的心情写道：

> 常怪刘伶死便埋，岂伊忘死未忘骸。乌鸢夺得与蝼蚁，谁信先生无此怀？（《逍遥台》）

要想理解苏东坡的这首诗，我们必须先了解刘伶的一些生平行事。《晋书·刘伶列传》记载：

> 刘伶，字伯伦，沛国人也。身长六尺，容貌甚陋。放情肆志，常以细宇宙、齐万物为心。澹默少言，不妄交游，与阮籍、嵇康相遇，欣然神解，携手入林。初不以家产有无介意。常乘鹿车（用人力推拉的小车），携一壶酒，使人荷锸（扛着铁锹）而随之，

谓曰："死便埋我。"其遗形骸如此。

　　尝渴甚，求酒于其妻。妻捐酒毁器，涕泣谏曰："君酒太过，非摄生之道，必宜断之。"伶曰："善！吾不能自禁，惟当祝鬼神自誓耳。便可具酒肉。"妻从之。伶跪祝曰："天生刘伶，以酒为名。一饮一斛，五斗解酲（醉酒后的不适状态）。妇儿之言，慎不可听。"仍饮酒御肉，隗然复醉。

刘伶是著名的竹林七贤之一，一生爱酒，故后世有叫"刘伶醉"的品牌酒，有叫"伯伦不归"的酒店。好酒的刘伶放浪形骸，对生死也不放在心上，他每次出门，都带着一壶酒和一位仆人，还让仆人带着一把铁锹，告诉仆人说："今天出门，我死在哪里，就把我埋在哪里。"刘伶的生死观已经很是旷达了，但苏东坡认为刘伶的境界还不够高，因为他虽然忘却了生死，却念念不忘要把自己的遗体处理妥当，而庄子不仅忘却了生死，也忘却了自己的遗骸。

十三

　　以不平平①，其平也不平②；以不征征③，其征也不征④。明者唯为之使⑤，神者征之⑥。夫明之不胜神也久矣，而愚者恃其所见入于人⑦，其功外也⑧，不亦悲乎！

【注释】

①以不平平：用不公平的方法去追求公平。

②其平也不平：这样追求到的公平就不是一种真正的公平。以上两句意思是说，世人虽然也追求公平，但由于他们都有各自的偏见与私心，他们用来

追求公平的方法本身就是不公平的，所以他们追求的公平也就不是真正的公平。打一个通俗比喻，我们去市场买菜，总要看看对方的秤给得够不够重量，而庄子告诉我们，不仅要看秤上标出的重量，而且还要注意这杆秤本身是否准确，如果秤本身不准确，那么仅仅看秤上标出的重量是远远不够的。

③以不征征：用没有经过验证的原则去验证其他事物。征，验证。

④其征也不征：这种验证不是一种真正的验证。以上两句意思是说，世人用来衡量事物的一些标准，本身就没有经过是否正确的验证，拿没有验证过的标准去验证其他事物，这样的验证就不是真正的验证。

⑤明者唯为之使：世俗中的聪明人被这些所谓的公平与验证所左右。之，代指不公平的方式和没有经过验证的标准。

⑥神者征之：只有得道之人才能够验证事物的正确与否。神者，神人，得道之人。神者掌握了大道，排除了个人成见，因此只有他们才能正确评价万物。

⑦入于人：让别人接受。即用自己的思想观念去教育别人。

⑧其功外：他们做的事太远离大道了。功，事。外，疏远，远离。

【译文】

用不公平的方法去追求公平，这种公平就不是一种真正的公平；用没有验证过的标准去验证其他事物，这种验证就不是一种真正的验证。世俗社会的聪明人往往被这些所谓的公平与验证所左右，只有那些得道之人才有能力去验证事物的是非对错。世俗社会的聪明人很早就比不上得道之人了，还有一些愚昧的人更是拿自己的思想观念去教导别人，他们做的这些事情太远离大道了，这不是很可悲吗！

【研读】

我们各举一例分别说明什么叫"以不平平，其平也不平"和"以不征征，其征也不征"。

关于"以不平平，其平也不平"的例子。

《孟子·滕文公上》记载，农家代表人物许行为了保证市场买卖公平，主张："布帛长短同，则贾相若；麻缕丝絮轻重同，则贾相若；五谷多寡同，则贾相若；屦大小同，则贾相若。"意思是：布匹长短宽窄相同，就规定价格一样；丝麻重量相同，就规定价格一样；粮食多少相同，就规定价格一样；鞋子大小相同，就规定价格一样，这样的话，"虽使五尺之童适市，莫之或欺"。孟子对此反驳说，各种商品的质量和价格不一样，这是客观事实，有些商品质量相差一倍、五倍，有的相差十倍、百倍，有的甚至相差千倍、万倍。如果一双质量低劣的鞋子与一双质量很高的鞋子因尺码相同而价格完全一样，那么人们就会竞相作假，谁还会去做高质量的鞋子呢！

许行在置商品质量于不顾的前提下去追求交易价格的公平，这种公平就不会是一种真正的公平。这就是庄子说的"以不平平，其平也不平"。

关于"以不征征，其征也不征"的例子。

冯友兰先生认为老子应是孔子之后的人，理由是孔子之前没有私人著作，而《老子》是私人著作，故老子应是孔子之后的战国人。他说：

从清朝的章学诚开始，历史学界都逐渐承认了一个关于先秦的学术发展情况。那就是，在孔丘以前"无私人著作之事"……《老子》书是一部正式的私人著作，他不是问答式的语录，而是作

者以简练的文字直接表述自己的思想。如果说它出在孔丘以前，是不合于上面所说的情况的。(《中国哲学史新编》第二册)

这一立论很让人费解。从没有私人著作到出现私人著作，这是人类历史发展的必然，而且私人著作出现的时间，也会受到经济、文化条件的限制，会有一个大致的时代约束，但私人著作最早出现在哪一年，由哪一个人执笔写出来，历史是不可能有明确规定的。老子和孔子基本上属于同时代的人，为什么第一本私人著作就一定应由孔子写出，而不能由老子写出呢？说孔子是第一位私人著述者，没有任何史料依据，只是后代学者凭主观臆断得出的一个结论，然后又用这个自定的、没有经过检验的结论去否定其前私人著作的存在，这显然很不合适。

换言之，"在孔丘以前'无私人著作之事'"这一结论是没有经过验证的，然后以这种没有经过验证的结论为标准，抹去之前的一切私人著作，这种论证难以服人。冯先生的这一论证就是庄子说的"以不征征，其征也不征"。

天 下

　　天下，取篇首二字为篇名。本篇为《庄子》的最后一篇，因而也带有全书后序或全书总论的性质。本篇的逻辑结构非常清晰，先总论庄子之前的学术发展概况，然后依次介绍了墨子与禽滑厘、宋钘与尹文、彭蒙与慎到、老子与关尹、庄子、惠施等人的思想主张，并对他们思想的是非优劣给予了评说。学界对本篇的评价很高，一是认为本篇是中国最早的一篇学术史论著；二是本篇保存了先秦的一些思想史资料；三是认为本篇结构严谨，文笔简洁，评论比较精当，为后世学术思想史的写作提供了宝贵经验。我们对"评论比较精当"这一看法持保留意见，比如本篇对惠施思想的评价，显然有过度贬低的嫌疑。

一

　　天下之治方术者多矣①，皆以其有为不可加矣②。古之所谓道术者③，果恶乎在④？曰："无乎不在。"曰："神何由降⑤？明何由出⑥？""圣有所生⑦，王有所成，皆原于一⑧。"

【注释】

①治：研究。方术：指关于某一方面的学问，与下文的无所不包的"道术"
　相对。

②以：以为，认为。其有：他们所具有的学问。为：是。不可加：无以复加、
　登峰造极的境界。

③道术：有关大道的学问。"道术"是对万事万物的总体认识，无所不包，所
　以下文说它"无乎不在"；而"方术"只是关于某一方面的知识，内容较为
　狭窄，只是"道术"的一个组成部分。

④恶（wū）乎在：存在于何处？恶乎，哪里。

⑤神何由降：神奇的智慧是如何降临于人的？也即人如何才能获取神奇的
　智慧。

⑥明何由出：人的睿智从哪里产生？明，明智，睿智。

⑦圣有所生：圣人出现的原因。

⑧一：指独一无二的大道。

【译文】

　　天下研究学术的学者很多，他们都认为自己的学问已经达到了登
峰造极、无以复加的地步。古人所说的大道，究竟存在于哪里呢？回
答是："无处不在。"再次问道："人们如何才能获取神奇的智慧？人们
的睿智又是从哪里产生的？"回答是："圣人之所以能够出现，王业之
所以能够成功，都是源自大道。"

【研读】

　　本段是《天下》篇的首段，为了更好地帮助读者理解全文，我们

先要弄清楚全文的结构。

　　《水浒传》是人们所熟知的四大名著之一，其全书结构是先描写每一位好汉的生平来历，再介绍他们聚义梁山后的行为，由分而合，宛如百川汇海。而《天下》篇的结构刚好与《水浒传》相反，《天下》篇先概述大道的全貌，然后指出，后世的学者在修习大道的时候，由于各种原因，各有所偏，都只能获取大道的某一部分，以至于大道"将为天下裂"。这种结构由合而分，好似巨仓放粮。用大家更熟悉的例子做比喻，后世的学者犹如摸象的盲人，都只能认识大象的一部分。庄子在介绍大道全貌之后，又分别对各派学者所能获得的那一部分道做了阐述。《天下》篇的这种结构，我们可以称之为巨仓放粮或"道一分殊"。

　　不离于宗①，谓之天人；不离于精②，谓之神人；不离于真③，谓之至人。以天为宗，以德为本，以道为门④，兆于变化⑤，谓之圣人；以仁为恩，以义为理，以礼为行，以乐为和⑥，薰然慈仁⑦，谓之君子；以法为分⑧，以名为表⑨，以参为验⑩，以稽为决⑪，其数一二三四是也⑫，百官以此相齿⑬；以事为常⑭，以衣食为主，蕃息畜藏⑮，老弱孤寡为意⑯，皆有以养，民之理也⑰。

【注释】

①宗：根本。指大道的最重要内容。根据文义，本段从上至下依次把人分为天人、神人、至人、圣人、君子、百官、普通民众七个等次。

②精：精华。指大道的精华部分。

③真：真谛。

④门：门径，原则。

⑤兆：预兆。用作动词，预知，预判。

⑥以乐（yuè）为和：用音乐来调和民众的情感。

⑦薰然：慈祥温和的样子。

⑧以法为分：依据法规来确定每个人的职分。

⑨以名为表：依照名分来确定做事的标准。表，标准。

⑩以参为验：用考核的办法去验证官员是否称职。参，参校，考核。

⑪以稽为决：用各种考察手段去进行政治决策。稽，稽考，考察。

⑫其数一二三四是也：那些办事就像数一二三四那样清楚明白的人就是这么行
　　事的。是，这样。代指上文说的"以法为分，以名为表，以参为验，以稽
　　为决"。

⑬相齿：相互排列在一起。也即各守其职。

⑭以事为常：把做事当作自己的日常事务。

⑮蕃息：生儿育女。蕃，繁殖。息，生养。畜藏：聚积财物。畜，同"蓄"。

⑯为意：放在心上，关心。

⑰民之理：这是普通民众的生活内容。理，道理，内容。

【译文】

　　能够紧紧把握大道主旨的人，可以称之为天人；能够汲取大道精
华的人，可以称之为神人；能够遵循大道真谛的人，可以称之为至人。
能够把大自然视为万物的本源，把天性视为人的根本，把大道视为做
事的原则，能够预判万事万物的变化，这样的人可以称之为圣人；能
够带着仁慈之心去布恩施惠，把道义作为分辨事理的原则，把礼仪制
度当作行为规范，用音乐去调和民众的情感，待人温和而又慈祥，这

样的人可以称之为君子；依据法规确定每个人的职分，按照名分制定各自的行为标准，用各种考核方式去检验官员是否称职，用各种考察方法来进行政治决策，那些办事就像数一二三四一样清楚明白的人就是这么行事的，各级官员就是用这些办法来各司其职的；把干活做事当作自己的日常事务，把织布穿衣、种粮吃饭当作自己的主要任务，生儿育女，积累财富，细心照料老弱孤寡，让他们都能得到赡养，这是普通民众的生活内容。

　　古之人其备乎①！配神明②，醇天地③，育万物，和天下，泽及百姓。明于本数④，系于末度⑤，六通四辟⑥，小大精粗，其运无乎不在⑦。其明而在数度者⑧，旧法世传之，史尚多有之。其在于《诗》《书》《礼》《乐》者，邹鲁之士、搢绅先生多能明之⑨。《诗》以道志⑩，《书》以道事⑪，《礼》以道行⑫，《乐》以道和⑬，《易》以道阴阳⑭，《春秋》以道名分⑮。其数散于天下而设于中国者⑯，百家之学时或称而道之。

【注释】

①备：完备，全面。指能够全面掌握大道。

②配：符合，相称。神明：神圣明哲。

③醇（zhǔn）：借为"准"。以……准则。也即效仿、顺应的意思。

④本数：根本规律。即大道。

⑤系：联系，关注。这里指熟悉、明白。末度：指诸如礼仪、法律等具体规章制度。大道为本，具体的规章制度为末，故称"末度"。以上两句是说，古代圣人不仅懂得大道，也懂得依据大道所制定的各种具体法度。

⑥六通四辟：天下和睦，四季顺畅。六，指六合，上下四方。泛指天地之间。四，四季。辟，顺畅。

⑦运：行动，作用。

⑧其明而在数度者：他们的思想主张体现在他们所制定的各种规章制度上。明，显明，体现。数度，指具体的规章制度。

⑨邹（zōu）鲁：两个诸侯国名。这一地区是儒学发源、兴盛的地区。邹，在今山东邹县一带。孟子为邹国人。鲁，在今山东南部一带。孔子为鲁国人。搢（jìn）绅先生：指儒家学者、士大夫。搢绅，插笏于腰带间。搢，插。指插笏（上朝时用的手板）。绅，宽大的腰带。"搢绅"是儒家学者、士大夫的装束，故称"搢绅先生"。

⑩《诗》以道志：《诗经》抒发了人们的思想情感。道，述说，抒发。志，思想情感。

⑪《书》以道事：《尚书》记载了古代政事。《书》指儒家经典《尚书》，最早书名为《书》，是一部记述古代政事的著作。

⑫《礼》以道行：《礼》制定了民众的行为规范。与礼相关的儒家经典主要有《周礼》《仪礼》《礼记》，号称"三礼"。我们现在谈到的《礼》，主要指《礼记》。

⑬《乐》以道和：《乐》是用来调和民众情感的。《乐》为儒家经典之一，已经失传。

⑭《易》以道阴阳：《周易》阐述了阴阳变化。《易》即《周易》，儒家经典之一。

⑮《春秋》以道名分：《春秋》讲述人们的尊卑秩序。《春秋》为儒家经典之一，据说为孔子所著。《春秋》记事极为简练，其用词含有对历史人物的褒贬之意，所以说它"道名分"。

⑯设于中国：施行于中原地区。设，施行。中国，指中原地区的各诸侯国。

【译文】

古代的圣哲能够全面地掌握大道啊！他们称得上是神圣明哲之人，他们能够效法天地自然，能够养育万物，能够使天下太平祥和，能够施恩泽于亿万民众。他们不仅懂得大道，也熟悉依据大道所制定的具体典章制度，那时候天下安定，四季顺畅，无论大小精粗的任何事情，他们都能够发挥出自己的作用。他们的思想主张主要体现在他们制定的规章制度上，这些过去的规章制度还有一些流传了下来，史书上也有很多记载。其中有一些保存在《诗经》《尚书》《礼记》《乐经》这些古籍之中，邹国和鲁国一带的学者和士大夫们，大多知道这些书。《诗经》是用来抒发思想情感的，《尚书》是用来记述政事的，《礼记》是用来讲解行为规范的，《乐经》是用来调和民众情感的，《周易》是用来阐述阴阳变化的，《春秋》是用来讲述人们的尊卑秩序的。这些有关古代典章制度的内容散见于整个天下，有的还在中原地区各诸侯国里施行，各家各派的学者还时常在称颂、谈论这些内容。

【研读】

在《庄子·田子方》篇"庄子见鲁哀公"一章的"研读"中，我们就谈到了庄子的儒生身份，认为早期的儒、道是不分的，把儒、道分为两个学派，是后来的事情。通过本段的内容，我们能够进一步看到庄子学派对儒家的推崇，认为《诗》《书》《礼》《乐》蕴含着较为完备的道术，对邹鲁之儒生也倍加赞赏。

那么就要解释清楚庄子为什么在许多地方又批评儒生呢？其实在先秦，最早的"儒"只是一个职业："儒，柔也，术士之称。"（《说文解字·人部》），后来又作为对学者的统称，即使作为一个学派，内部也有许多支派,《韩非子·显学》说:"故孔、墨之后,儒分为八,墨离为三,取舍相反不同,而皆自谓真孔、墨。"儒家大师荀子批评另外两位儒家大师子思、孟子是"略法先王而不知其统,犹然而材剧志大"(《荀子·非十二子》),骂庄子是"鄙儒小拘"(《史记·孟子荀卿列传》),孔子也告诫弟子:"女为君子儒,无为小人儒。"(《论语·雍也》)可见,儒生已经被孔子分为"大""小"两类。庄子批评一些儒生,就像现在的知识分子批评知识分子、同一学派的人批评同一学派的人一样。

简言之,庄子赞美的是真儒、大儒,批判的是假儒、小儒。

天下大乱,贤圣不明①,道德不一②,天下多得一察焉以自好③。譬如耳目鼻口,皆有所明④,不能相通⑤。犹百家众技也,皆有所长,时有所用。虽然,不该不遍⑥,一曲之士也⑦。判天地之美⑧,析万物之理,察古人之全⑨,寡能备于天地之美,称神明之容⑩。是故内圣外王之道⑪,暗而不明⑫,郁而不发⑬,天下之人各为其所欲焉以自为方⑭。悲夫,百家往而不反⑮,必不合矣!后世之学者,不幸不见天地之纯,古人之大体⑯,道术将为天下裂⑰。

【注释】

①贤圣不明:古代圣贤们的思想主张不能为人们所熟知。圣贤,指前文所说的能够"配神明,醇天地,育万物,和天下,泽及百姓"的"古之人"。明,彰明,被人知道。

②道德:指大道的内容与美德的标准。德,美德。也可理解为美好的天性。

③一察:一孔之见,某个方面的知识。自好:自以为完美无缺。

④明：清楚明白。引申为能力、功能。

⑤相通：相互通用。

⑥该：通"赅"。完备。遍：普遍，完整。

⑦一曲之士：只懂得某一方面知识的士人。曲，隅，角。

⑧判：评判。一说为割裂义，那么"判天地之美"的意思就是割裂了大自然所具有的完美道理。

⑨全：整个美德。

⑩称（chèn）神明之容：与圣明睿智的美德相称。称，相称。

⑪内圣外王：内心具备清静平和的圣人品质，对外又能够把天下治理得安定祥和。王，称王，治理天下。详见"研读"。

⑫暗：昏暗，泯灭。

⑬郁而不发：受到压制而得不到发挥施展。郁，压抑。

⑭为其所欲：去研究他们所偏爱的学问。为，做，研究。自为方：自成一家。方，方术，学问。

⑮往而不反：沿着各自的道路一直走下去，而不知道返回去把握大道的全貌。反，同"返"。

⑯大体：整体。指古人学问的全貌。

⑰为天下裂：被天下的各家学者搞得支离破碎。

【译文】

　　如今天下大乱，古代圣贤们的思想全貌无法被人们所了解，大道的内容与美德的标准也无法得到统一，天下的各派学者大多是把自己的一孔之见视为完美无缺的学问。比如耳朵、眼睛、鼻子、嘴巴，它们各有各的功能，却无法相互通用。这就好比各家各派的学问，各有各的长处，也都有适用的时候。虽然各有长处，却都不是全面的学问，因此各家学者都只能算是懂得了某一方面知识的学者。这些学者在评判天地美德、分析万物之理、考察古人思想全貌时，却很少能够使自己全面地去把握天地的美德，也很难与神圣明智这一名号相称。因此内圣外王这一原则，也就模糊不清而得不到阐明，从而也就使这一原则受到了忽略而得不到发挥施行，于是天下的各派学者便根据各自的偏爱，研究并宣扬自己的学问。真是可悲呀！各家学者沿着各自的道路一直走下去，而不知道返回去把握大道的全貌，所以他们的学问肯定不符合大道！后世的学者也是不幸的，因为他们无法看到天地自然的纯粹之美，也看不到古代圣哲们的思想全貌，大道将会被天下的各派学者解释得支离破碎。

【研读】

　　这一章节为本篇的总论，概述庄子之前学术演变的大致过程，指出"道术"与"方术"的不同，认为后世学者各执一端，自以为是，把对万物总体认识的"道术"搞得支离破碎。本段值得我们关注的是对后世影响极大的"内圣外王"这一命题。

　　"内圣外王"这一命题首见于本篇。根据《庄子》全书，所谓的"内圣"，是指养神的艺术，不管这个人在现实社会中正在做什么，只要能够做到"内圣"，他就能够在精神上超越现实中的一切，保持着逍遥自由、清静平和的心态；所谓的"外王"，是指政治领导艺术，虽然这个人主观上无意在社会上立功立名，但在客观现实中，他却能够把国家治理得安定祥和。这实际也就是《应帝王》篇讲的"至人之用心若镜"与佛经《金刚经》中讲的"应无所住而生其心"。这种"内圣外王"

之道，可以说是人的最高生活境界。

后来儒家也非常赞成"内圣外王"这一命题，但儒家对这一命题的理解，与道家已有出入。《辞源》在"内圣外王"条下，先解释了道家的理解，接着说："儒家所标榜的内圣外王是内以圣人的道德为体，外以王者的仁政为用。"换言之，儒家说的"内圣外王"，就是在内心里修养好儒家所提倡的仁义道德，然后把这种仁义道德推广到外部社会，把整个国家治理好。

<h1 style="text-align:center">二</h1>

不侈于后世①，不靡于万物②，不晖于数度③，以绳墨自矫而备世之急④。古之道术有在于是者⑤，墨翟、禽滑厘闻其风而说之⑥。为之大过⑦，已之大循⑧。作为《非乐》⑨，命之曰《节用》⑩，生不歌，死无服⑪。墨子泛爱兼利而非斗⑫，其道不怒⑬，又好学而博，不异⑭，不与先王同⑮。

【注释】

①不侈于后世：不过奢侈生活以影响后人。

②靡（mí）：浪费。

③不晖（huī）于数度：不提倡等级制度。晖，明确，阐明。引申为提倡。数度，礼法等级制度。墨家并未提倡取消各种等级制度，只是主张人们不分亲疏、等级而相互爱护。

④以绳墨自矫：用各种规章制度约束自我。绳墨，木工用来画直线的工具。比喻各种规章制度。矫，矫正，约束。

⑤是：代指以上所讲的内容。

⑥墨翟（dí）：墨家学派的创始人。后人尊称为墨子。他的思想主张主要保存
于《墨子》一书中。禽滑（gǔ）厘：墨子弟子。闻其风而说（yuè）之：听
说了这些内容就非常喜欢。风，风尚，学说。说，同"悦"。以上两句意思
是说，墨家的思想也只是大道的一个部分，而不是全部。

⑦为之大（tài）过：推行这一主张的时候太过分。大，同"太"。

⑧已之大循：对人的情欲限制得太过度。已，节制。之，指人的情欲。循，
大，扩大。"大循"即太激进、太过分。《吕氏春秋·明理》："其残亡死丧，
殄绝无类，流散循饥无日矣。"高诱注："循，大也。"

⑨《非乐》：《墨子》篇名。意思是反对音乐，认为人们制作音乐浪费了大量人
力物力，却无实际作用。

⑩《节用》：《墨子》篇名。主要内容是提倡节省财用。

⑪死无服：不给死者穿戴质量好的衣帽。墨子主张薄葬。

⑫泛爱兼利：博爱互利。墨子提倡"兼相爱，交相利"（《墨子·兼爱中》），
提醒人们，只要大家相互爱护，就能彼此受益。非斗：反对争斗。

⑬道：学问，原则。怒：怨恨。

⑭不异：反对人们有不同的思想观念。《墨子》有《尚同》篇，主张由下而上
统一天下的行为准则和思想观念。

⑮先王：前代的圣王。

【译文】

　　不要因为奢侈生活而影响后人，不浪费万物，不提倡各种等级制
度，用各种规矩严格地约束自我，时刻准备应对社会的紧急需要。古
时候的道术也包含了这方面的内容，墨子、禽滑厘听说了这些内容之

后就非常喜欢。但他们在推行这些主张的时候做得太过分，对人们的情欲压制得太过度。他们写了一篇《非乐》，还写了名叫《节用》的一篇，主张人们生前不要唱歌，死后不要厚葬。墨子主张人们相互爱护、彼此互利，坚决反对相互争斗，他们的学说就是要求民众不要相互仇恨，他们本人又勤奋好学，知识渊博，他们反对人们有思想观念方面的差异，墨家的思想主张与前代圣王也不太相同。

【研读】

以墨子为首的墨家学派，在先秦被视为可以与儒家相抗衡的"显学"（《韩非子·显学》），这里就较为全面而简要地介绍一下墨家思想。后人把墨子思想概括为"十论"，我们把"十论"分为五组予以讨论：

第一，兼爱，非攻。所谓"兼爱"，就是不分等差地彼此相爱，这与儒家提倡的以"亲亲"为基础的"推恩法"是有区别的。既然提倡"兼爱"，自然会主张"非攻"。所谓"非攻"就是反对战争，追求和平。另外要说明的是，墨子反对侵略战争，对于保家卫国战争持支持态度。兼爱、非攻是墨子学派的核心思想。

第二，天志，明鬼。墨子认为天有意志，那就是爱护天下百姓，君主如果违背这一天意就要受到天的惩罚，反之则会得到天的奖赏。所谓"明鬼"，指墨子不仅坚信鬼神存在，而且认为鬼神聪明无比，能够对人们进行赏善罚恶。墨子提倡天志、明鬼，目的是为了制约君权，促使人们避恶向善。天志、明鬼属于墨家的哲学、宗教思想。

第三，尚同，尚贤。尚同是要求百姓逐级上同（统一）于天子，而天子则上同于天志，以便上下一心，施行义政。尚贤就是要求国家任用贤者而废抑不肖者。墨子认为尚贤是政事之本。尚同、尚贤属于墨子的政治思想。

第四，节用，节葬。墨家抨击当权者的奢侈生活，提倡节俭用度，对于社会上的久丧厚葬之俗，墨家尤其反对。节用、节葬属于墨家的经济思想。

第五，非乐，非命。墨家反对音乐，认为音乐对社会没有实际作用，而且还浪费了大量的人力物力。所谓"非命"，就是反对命定论，认为人的寿夭、贫富和国家的安危、治乱都不是由"命"决定的，只要通过人事努力，就可以达到富贵、安定的目的。这与天志、明鬼思想并不矛盾，因为天帝、鬼神本来就是赏善罚恶的。

　　毁古之礼乐。黄帝有《咸池》①，尧有《大章》②，舜有《大韶》③，禹有《大夏》④，汤有《大濩》⑤，文王有《辟雍》之乐⑥，武王、周公作《武》⑦。古之丧礼，贵贱有仪，上下有等，天子棺椁七重⑧，诸侯五重，大夫三重，士再重⑨。

【注释】

①《咸池》：乐曲名。《庄子·天运》对《咸池》有详细描写，可参阅。

②《大章》：乐曲名。

③《大韶》：乐曲名。又称《韶》。《论语·述而》："子在齐闻《韶》，三月不知肉味。曰：'不图为乐之至于斯也！'"

④《大夏》：乐典名。

⑤《大濩（hù）》：乐曲名。

⑥《辟雍》：乐曲名。

⑦《武》: 乐曲名。《论语·八佾》:"子谓《韶》:'尽美矣，又尽善也。'谓《武》:'尽美矣，未尽善也。'"美，主要指音乐形式（曲调和舞蹈）优美。善，主要指内容良善正确。舜的天子之位是通过和平的禅让方式获取的，所以孔子认为其"尽善尽美"。周武王为拯救百姓而讨伐商纣王，虽然属于正义之战，但毕竟属于暴力行为，而且有"以下犯上"的嫌疑，所以孔子认为他的音乐做到了"尽美"，但没有做到"尽善"。

⑧棺椁: 内棺和外棺。

⑨再: 二。本段介绍先王的礼乐制度，以说明墨子主张与先王的不同。

【译文】

墨家反对古时候的礼乐制度。黄帝时有《咸池》之乐，尧时有《大章》之乐，舜时有《大韶》之乐，禹时有《大夏》之乐，商汤王时有《大濩》之乐，周文王时有《辟雍》之乐，周武王和周公创作了《武》之乐。古时候还制定了丧礼，贵贱都有不同的仪式，上下都有不同的等级，天子的内棺和外椁一共有七重，诸侯有五重，大夫有三重，士有两重。

【研读】

本段主要用先代圣王的行为来反驳墨家的非乐、节葬思想，认为墨家的这些主张不符合历代圣君的治国原则。引用圣君的行为作为自己的反驳依据，对于时人来说，应该是比较有说服力的。

今墨子独生不歌，死不服，桐棺三寸而无椁，以为法式。以此教人，恐不爱人；以此自行，固不爱己。未败墨子道①，虽然，歌而非歌②，哭而非哭，乐而非乐，是果类乎③？其生也勤④，其死也薄⑤，其道大觳⑥，使人忧，使人悲，其行难为也⑦，恐其不可以为圣人之道⑧，反天下之心，天下不堪⑨。墨子虽独能任⑩，奈天下何！离于天下⑪，其去王也远矣⑫！

【注释】

①未败：并非有意批评。一说"未败"是说墨子的学说虽然有偏颇之处，但也有道理，可以成立。

②歌而非歌：该唱歌时也不许唱歌。非，非议，不许。

③是：代指墨子的主张。果：果真，真的。类：类似，符合。指符合人情。

④勤：辛苦，勤苦。

⑤薄：薄葬。

⑥觳（què）：薄，刻薄。

⑦其行难为：他提倡的行为原则，人们很难做到。为，做。

⑧为：成为，是。

⑨不堪：无法忍受。

⑩任：承受，做得到。

⑪离于天下：脱离了天下的现实。

⑫去王：距离能够治理好天下的原则。去，距离。王，指把天下治理好的学说，人们又称之为"王道"。

【译文】

如今墨子独自在那里倡导生前不唱歌，死时不厚葬，只能使用三寸厚的桐木棺材，而且还不许使用外椁，并把这些主张立为规章制度。

拿这些主张去教育别人，恐怕不能算是爱护别人；按照这些主张去自我践行，确实也不能算是爱惜自我。我们并非有意要去批评墨子的思想主张，虽然我们并不愿意批评他，但他要求人们该唱歌的时候却不能唱歌，该哭泣的时候却不许哭泣，该演奏音乐的时候却不许演奏音乐，这些主张真的就符合人情吗？他主张人们生前要勤苦，死后要薄葬，墨子的思想学说太过于刻薄，使人们感到忧伤，使人们感到哀愁，他提倡的这些行为准则，人们很难做到，他的学说恐怕算不上是圣人的学说，因为这些学说违背了天下人的情感，天下的民众都难以忍受。即便墨子自己能够施行，可又如何能让天下人都去接受呢！墨子的主张脱离了天下的现实，他的主张距离王道也太远了！

　　墨子称道曰："昔者禹之湮洪水①，决江河而通四夷九州也②，名川三百③，支川三千，小者无数。禹亲自操橐耜而九杂天下之川④，腓无胈⑤，胫无毛⑥，沐甚雨⑦，栉疾风⑧，置万国⑨。禹大圣也，而形劳天下也如此⑩。"使后世之墨者，多以裘褐为衣⑪，以跂蹻为服⑫，日夜不休，以自苦为极⑬，曰："不能如此，非禹之道也，不足谓墨。"

【注释】

①湮（yīn）：通"堙"。堵塞。这里引申为治理，因为大禹治水采取的方法是疏导洪水汇入大海，而不是堵塞洪水。

②决：挖开，疏通。通四夷九州：疏通了四方异族地区及中原九州的各条河流。四夷，四方异族地区。九州，先秦把天下分为冀、兖、青、徐、扬、荆、豫、梁、雍九州。

③名川：大川。名，大。

④橐耜（tuó sì）：两种工具名。橐，装泥土的器具。耜，挖泥土的工具。九杂：汇集。这里指汇集于大海。九，通"鸠"。聚合。杂，汇集。

⑤腓（féi）：小腿后面的肌肉。俗称"腿肚子"。胈（bá）：肌肉。

⑥胫无毛：小腿上没有汗毛。小腿上的汗毛因长年劳作而被磨掉。

⑦沐甚雨：冒着暴雨。沐，本指洗头。这里指淋雨。甚，很大的。

⑧栉（zhì）疾风：顶着狂风。栉，梳子。用作动词，梳头。本句直译为用狂风梳头，也即头顶着狂风。

⑨置万国：安置好了众多的诸侯国，使各国安定下来。

⑩形劳天下：亲自为天下民众操劳。形，指大禹自身。

⑪裘褐（hè）：粗糙的兽衣和粗布衣。裘，粗糙的皮衣。褐，粗布衣服。

⑫以跂屩（jī jué）为服：穿的是木屐和草鞋。跂，通"屐"。木屐。屩，草鞋。服，穿。

⑬极：最高准则。

【译文】

　　墨子称赞大禹说："从前大禹治理洪水的时候，挖通了长江与黄河，疏通了四方异族地区及中原九州的各条河流，他疏通的大河有三百条，支流有三千条，至于小河溪流则多得无法计数。大禹亲自拿着土筐和铲子参加对洪水的治理，最终使天下的所有江河都汇入了大海，他劳累得腿上干瘦无肉，小腿上的汗毛全都被磨掉了，他冒着大雨，顶着狂风，安置好了众多的诸侯国。大禹是一位大圣人，尚且亲自为天下如此操劳。"墨子的这些主张使后世的那些墨家人物，大多都身穿粗糙的兽皮和粗布衣，脚上穿着木屐和草鞋，日夜不停地辛苦劳作，他们把亲自吃苦受劳看作最高的行为准则。他们说："不能做到这一点，就不符合大禹的思想主张，也就没有资格被称为墨家。"

【研读】

大禹是圣人，值得后人效法，但墨子在效法大禹的时候，有胶柱鼓瑟之嫌。我们就以薄葬为例：

> 禹治水，为丧法曰："毁必杖，哀必三年，是则水不救也。"故使死于陵者葬于陵，死于泽者葬于泽，桐棺三寸，制丧三日。（《尸子》卷下）

这段文字的意思是："大禹为了治水，在制定丧礼的时候说：'如果必须因哀伤而身体衰弱不堪，要扶着拐杖才能行走，悲伤的儿女还必须为父母守丧三年，如此就无法去抗击洪水了。'因此就把丧礼改为死于山区的人就葬于山区，死于大泽的人就葬于大泽，桐木做的棺材只有三寸厚，丧礼只需持续三天。"

这一记载清晰地告诉我们，大禹是在极为困难的治水情况下，制定了薄葬之礼。而墨家在相对安定的时代去模仿洪水泛滥时代的大禹的节俭生活，故而难以得到民众的响应。这一史料客观上揭示了墨家思想衰败的原因。

相里勤之弟子①，五侯之徒②，南方之墨者苦获、已齿、邓陵子之属③，俱诵《墨经》④，而倍谲不同⑤，相谓别墨⑥，以坚白、同异之辩相訾⑦，以觭偶不仵之辞相应⑧，以巨子为圣人⑨，皆愿为之尸⑩，冀得为其后世⑪，至今不决⑫。

【注释】

①相里勤：墨子的后学。墨子去世后，墨家分为相里氏、相夫氏、邓陵氏三派。《韩非子·显学》："自墨子之死也，有相里氏之墨，有相夫氏之墨，有邓陵氏之墨。故孔、墨之后，儒分为八，墨离为三。"相里勤为相里氏一派的代表人物。

②五侯：墨子后学。关于以上两句，一说应标点为"相里勤之弟子五侯之徒"，五侯则为相里氏的弟子。

③苦获、已齿、邓陵子：皆为人名。可能是邓陵氏一派的代表人物。

④《墨经》：据说为墨家早期作品，有人认为是墨子本人所撰写。

⑤倍谲（jué）：相互矛盾，相互冲突。倍，通"背"。谲，乖违，矛盾。

⑥别墨：非正统的墨家。

⑦坚白：战国学者所争论的一个命题。争论的焦点是石块的白色和坚硬度是合而为一的，还是相互分离的。同异：战国学者所争论的一个命题。讨论事物之间的相同点和不同点。訾（zǐ）：批评。

⑧觭（jī）偶不仵（wǔ）：就像奇数与偶数那样无法统一。指各派之间意见不合。觭，通"奇"。奇数，单数。偶，双数。仵，相同。一说"觭偶不仵"也是战国时期的一个争论命题。

⑨巨子：墨家学派的首领叫"巨子"。

⑩为之尸：当墨家学派的首领。尸，主人，首领。

⑪冀：希望。为其后世：当墨子的继承人。也即当巨子。其，代指墨子。

⑫不决：没有决出胜负。也即没有一个结论。

【译文】

　　相里勤的弟子们，五侯之类的人，还有南方墨家苦获、已齿、邓陵子这些学者，他们都同样诵读《墨经》，然而他们的观点却相互冲突，都指责对方不是正统的墨家。他们利用"坚白""同异"这些命题相互批判，用像奇数和偶数那样根本无法一致的言辞彼此争论。他们认为墨家的首领巨子就是圣人，都希望自己能够成为这样的首领，希望自己能够成为墨子的继承人，这个问题争论至今也没有一个结果。

【研读】

　　墨子后学之间的矛盾，不仅仅体现在思想分歧方面，而且还掺杂着许多利益的争夺。《吕氏春秋·去宥》记载：

　　　　东方之墨者谢子将西见秦惠王。惠王问秦之墨者唐姑果。唐姑果恐王之亲谢子贤于己也，对曰："谢子，东方之辩士也，其为人甚险，将奋于说以取少主也。"王因藏怒以待之。谢子至，说王，王弗听。谢子不说，遂辞而行。

　　东部地区有一位墨家学者谢先生，他将要到西边去觐见秦惠王。秦惠王就向秦国的墨家学者唐姑果询问有关谢先生的情况。唐姑果担心秦惠王认为谢先生比自己更为贤能，将来会更加亲近谢先生，于是就回答说："谢先生，是东方一位能言善辩的人。他为人非常险恶，他将会竭尽全力，用花言巧语迷惑您未来的年轻继承人。"秦惠王因此满怀愤怒地等待着谢先生。谢先生到了以后，劝谏秦惠王，秦惠王根本不听。谢先生很不高兴，于是就告辞离开了秦国。

　　谢先生与唐姑果的分歧不在于思想观点，而是利益之争。这使我们不由得想到孔子的一次失败：

　　　　子圉见孔子于商太宰。孔子出，子圉入，请问客。太宰曰："吾已见孔子，则视子犹蚤虱之细者也。吾今见之于君。"子圉恐

孔子贵于君也，因谓太宰曰："君已见孔子，亦将视子犹蚤虱也。"太宰因弗复见也。(《韩非子·说林上》)

子圉把孔子引见给宋国的太宰。孔子出去之后，子圉进来，请问太宰对孔子这位客人的印象如何。太宰说："我看到孔子以后，再去看你，就好像看到一只个头最小的跳蚤虱子一样。我马上就把他引见给我们的君主。"子圉担心君主将来会重用孔子，于是就对太宰说："君主看到孔子以后，也会把你看得就像一只个头最小的跳蚤虱子一样。"太宰于是就不再把孔子引见给自己的君主了。

墨翟、禽滑厘之意则是[1]，其行则非也。将使后世之墨者，必自苦以腓无胈，胫无毛，相进而已矣[2]。乱之上也[3]，治之下也[4]。虽然，墨子真天下之好也[5]，将求之不得也[6]，虽枯槁不舍也[7]，才士也夫！

【注释】

①意：主观用意。是：正确，善良。

②相进：相互竞赛，相互超过对方。

③乱之上：这是最严重的搞乱社会的学说。墨家的学说违背人情，所以以此治国就会搞乱国家。

④治之下：治理国家的下策。

⑤好：热爱，博爱。

⑥求之：追求自己的博爱政治理想。

⑦枯槁：指身体干瘦、容貌憔悴如枯木。

【译文】

　　墨子和禽滑厘的主观用心是善良的，但他们的做法却不够正确。这些主张将会使后世的那些墨家学者，一定要亲身去吃苦受累，以至于把自己累得腿肚子消瘦，小腿上没有汗毛，并在这方面相互竞赛、相互压倒才会罢手。墨家的学问是搞乱社会的"上策"，是治理天下的下策。虽说如此，墨子本人的确是一位天下最为博爱的人，他追求的政治理想如果不能实现，即使把自己弄得身体枯槁、容貌憔悴也决不会放弃，他是一位有才学的士人啊！

【研读】

　　这一章节主要介绍墨家的思想主张——兼爱、非功、节用、非乐等，认为提出这些主张的主观用心虽然是好的，但由于太过分了，导致这些主张不合人情，不切实用。

　　墨家弟子依据墨子思想，以"自苦……相进"，在苦行方面展开竞赛，以表示自己是墨家正统。这种逐步拔高本学派思想的竞赛，必然会导致学派脱离现实人情而被世人所抛弃。西方古代的修道僧也曾出现过类似情况："当时在过度苦行方面有过一种不足为训的竞赛。谁愈是极端地实践苦行，谁就愈被认为圣神。"（罗素《西方哲学史·天主教哲学》）这种竞赛后来被修道院长边奈狄克特所制止，宣布超过教规之外的苦行需得修道院长的准许才能实施，这说明边奈狄克特已经清醒地察觉到，这种无休止的竞赛所带来的严重弊端。

三

　　不累于俗①，不饰于物②，不苟于人③，不忮于众④，愿天下之安宁以活民命，人我之养毕足而止⑤，以此白心⑥。古之道术有在于是者，宋钘、尹文闻其风而悦之⑦。

【注释】

①累：连累，牵累。指不连累社会。一说"不累于俗"是不受世俗社会的牵累，似不确，因为下文谈到宋钘与尹文为社会安定而四处奔波，表现出为社会献身的精神。

②不饰于物：不用名利富贵等身外之物来矫饰自我。

③苟：为"苛"之误。苛求。本章下文："（宋钘、尹文）曰：'君子不为苛察，不以身假物。'""不为苛察"即"不苟于人"，"不以身假物"即"不饰于物"。

④忮（zhì）：违背，背逆。

⑤养：指养育人的衣食。毕足：都得到满足。

⑥以此白心：把这种心愿表白给民众。此，代指以上主张。白，表白，阐明。

⑦宋钘（jiān）：战国时期宋国人。思想家。尹文：战国时期齐国人。思想家。

【译文】

　　不愿意连累社会，不用名利等外物进行自我矫饰，不苛求他人，不违背大众意愿，希望天下能够太平安宁，以此来保全民众的生命，他人和自己的衣食都能得到保证也就心满意足了，并把这种心愿表白给民众。古时候的道术也包含了这方面的内容，宋钘、尹文听到这些内容就非常喜欢。

作为华山之冠以自表①，接万物以别宥为始②；语心之容③，命之曰"心之行"④；以聏合欢⑤，以调海内，请欲置之以为主⑥；见侮不辱⑦，救民之斗；禁攻寝兵⑧，救世之战⑨。以此周行天下，上说下教⑩，虽天下不取，强聒而不舍者也⑪，故曰上下见厌而强见也⑫。

【注释】

①作为：制作。华山之冠：华山形状的帽子。一般的山峰上面小下面大，而华山因为陡峭，其上下的大小一样，把帽子做成华山形状，目的是表达自己希望天下均平的愿望。自表：表达自己的这一意愿。

②别宥（yòu）：区别善恶，宽容别人。宥，宽容。一说"别宥"是去除隔阂。别，去除。宥，通"圃"。界限。为始：为基本原则。始，首要，基本。

③语心之容：讨论人们的内心活动。容，内容，活动。

④心之行：内心的行为。

⑤以聏（ér）合欢：用柔和的态度以做到与人们合作愉快。聏，柔和。

⑥请欲置之以为主：希望能够安排具有如此品质的人去当君主。一说是希望民众把这样的品质当作自己的主导思想。

⑦见侮不辱：受到别人欺负并不认为这是一种耻辱。见，被。

⑧寝兵：平息战争。寝，休歇，止息。兵，兵器。代指战争。

⑨救世之战：平息社会上的战争。

⑩上说（shuì）下教：对上劝谏君主，对下教育民众。说，游说，劝谏。

⑪聒（guō）：声音嘈杂而使人厌烦。这里指喋喋不休地四处游说。

⑫见厌：被人们讨厌。见，被。强见（xiàn）：勉强宣扬自己的思想。见，同"现"。表现，宣扬。

【译文】

　　他们制作了华山形状的帽子，以此来表达自己希望天下均平的意愿；他们在待人接物的时候，把区别善恶并宽容别人当作首要原则；他们在讨论人们心理活动的时候，把人们的心理活动叫"内心行为"；他们用柔和的态度以保证与别人合作愉快，并用这种态度去调和天下民众之间的冲突，而且还希望让具有这种品质的人来当君主；他们教育人们在受到别人欺负的时候，不要把这种欺负行为视为一种羞辱，想以此来平息民众之间的争斗；他们主张严禁攻伐，停止军事行为，想以此来平息社会上的战争。他们带着这些主张周游天下，对上劝谏君主，对下教育民众，即使天下所有人都不接受他们的主张，他们依然喋喋不休地说个没完没了。所以说，虽然上上下下都很厌烦他们，而他们还要勉强地宣扬自己的思想主张。

　　虽然，其为人太多①，其自为太少，曰："请欲固置五升之饭足矣②！"先生恐不得饱③，弟子虽饥，不忘天下。日夜不休，曰："我必得活哉！"图傲乎救世之士哉④！曰："君子不为苛察⑤，不以身假物⑥。"以为无益于天下者，明之不如已也⑦。以禁攻寝兵为外，以情欲寡浅为内。其小大精粗⑧，其行适至是而止⑨。

【注释】

①为人太多：为别人利益考虑得太多。

②固：通"姑"。姑且。一说"固"为"确实"意，为加强语气。

③先生：指宋、尹学派中的老师。也可理解为宋钘、尹文两人。

④图傲：伟大的样子。

⑤苛察：苛求。

⑥不以身假物：不假借外物成全自己。假，借助。物，指名利等身外之物。

⑦明之：把它研究清楚。已：停止，不去研究。

⑧小大精粗：泛指各种各样的事情。

⑨适至是而止：只不过达到这种地步而已。适，刚好，只是。是，此。而止，而已。

【译文】

虽然人们厌烦他们，但他们确实替别人的利益考虑得太多，为自己的利益考虑得太少，他们说："只需为我们准备五升米的饭就足够了。"他们的老师恐怕都无法吃饱，弟子们就只能忍饥挨饿了，然而他们依然不能忘怀天下。他们日夜不停地四处奔走，鼓励大家说："我们一定要活下去！"他们是一群伟大的救世之士啊！他们说："君子不应该斤斤计较地去苛求别人，也不会去借助身外之物来成全自我。"他们认为对天下民众无益的事情，与其把它研究清楚，还不如别去研究它。他们对外主张平息战争，对内主张清心寡欲。观察他们所做的大大小小的事情，他们的行为也不过就是如此而已。

【研读】

本章介绍了宋钘、尹文的思想。宋、尹提倡和平，反对暴力，追求平等和谐，希望人们都能够做到清心寡欲，忍辱负重。他们日夜奔波，上说下教，目的是为了天下的安宁和百姓的生存。本篇作者虽然认为宋、尹的主张无人接受，但也承认他们具有崇高的自我牺牲精神。

四

公而不党^①，易而无私^②，决然无主^③，趣物而不两^④，不顾于虑^⑤，不谋于知^⑥，于物无择，与之俱往^⑦。古之道术有在于是者。彭蒙、田骈、慎到闻其风而悦之^⑧。

【注释】

①公而不党：公正而不拉帮结派。党，结党。

②易：公平。与"私"相对。

③决然无主：要坚决、果断地消除个人成见。决然，坚决果断的样子。主，个人成见。庄子与彭蒙都主张去除个人成见，庄子的主要目的是为了顺应万物，而彭蒙等人的主要目的，一是为了顺应万物，二是为了保证办事公正。

④趣物而不两：面对万事万物时，不要使用两种标准。趣，通"趋"。趋向，接近。引申为对待、面对。

⑤不顾于虑：不要顾及个人想法。即办事时不掺入个人成见，以保证处理事情的公正性。

⑥不谋于知：不使用个人智慧。知，同"智"。

⑦与之俱往：与万物一同变化。

⑧彭蒙、田骈（pián）、慎到：皆为战国时期赵国的思想家。慎到著有《慎子》一书。

【译文】

公正而不结党，公平而不偏私，要坚决果断地消除个人成见，面对万事万物的时候不得使用两种标准，不得顾及个人想法，不得依赖个人智慧，对于万物要一视同仁而不可区别对待，与万物一同变化。古时候的道术也包含了这方面的内容。彭蒙、田骈、慎到听到这方面的内容就非常喜欢。

　　齐万物以为首①，曰："天能覆之而不能载之②，地能载之而不能覆之，大道能包之而不能辩之③。"知万物皆有所可④，有所不可，故曰："选则不遍⑤，教则不至⑥，道则无遗者矣。"是故慎到弃知去己⑦，而缘不得已⑧，泠汰于物以为道理⑨，曰："知不知，将薄知而后邻伤之者也⑩。"谋髁无任⑪，而笑天下之尚贤也；纵脱无行⑫，而非天下之大圣⑬。

【注释】

①齐万物：用统一、公正的标准去对待万事万物。首：首要原则。庄子的齐万物是泯灭事物之间大小多少的各种差异，把万物视为相同，属于一种精神修养境界；彭蒙等人的齐万物，是主张用统一、公正的标准去处理事务，不偏不倚，属于一种办事原则。

②之：代指万物。

③包：包含，含容。因为万物都是大道的产物，大道体现在所有的事物之中，所以说大道能够含容万物。辩：通"辨"。区别。

④可：适合，适用。

⑤选则不遍：如果对万物有所选择而舍弃一些事物，就不可能全面获得有用的事物。遍，全面。

⑥教则不至：如果进行教育，就必定会遗漏一些知识。这一观点与《齐物论》篇"有成与亏，故昭氏之鼓琴也"极为相似。

⑦弃知：抛弃个人智慧。知，同"智"。去己：消除个人成见。

⑧缘不得已：出于不得已。

⑨泠汰（líng tài）：放任，随任。

⑩薄知：追求知识。薄，迫近，追求。邻伤之：几乎要伤害自己的身心健康了。

　邻，接近于，几乎。之：代指那些去追求自己无法认知之事物的人。

⑪谡髁（xǐ kē）：不正确的样子。无任：无用，没有什么能力。

⑫纵脱：放纵不羁。无行：没有好的品行。

⑬非：非议，批判。

【译文】

　　他们的首要原则就是要用统一的标准去对待万物，他们说："上天能够覆盖万物却不能托载万物，大地能够托载万物却不能覆盖万物，大道能够含容万物却不能辨别万物。"他们知道万物都有各自的适用之处，也都有各自的不适用之处，因此他们说："如果对万物加以选择与排除的话，就不可能全面获取有用的事物；如果进行教育的话，有些方面的知识就会被遗漏；只有掌握了大道，才有可能不遗漏任何知识。"所以慎到放弃个人的智慧，消除自己的成见，一切行为都是顺应客观事物而出于不得已，把放任万物自由发展作为自己的行事原则，他说："明明知道有一些知识是无法认知的，却还要去追求这些知识，这样就会伤害自己的身心健康。"他们的思想不仅不正确，而且自身也没有什么能力，却去嘲笑天下民众崇尚贤人；他们放荡不羁，而且也没有什么美好的品行，却去批评天下民众所公认的大圣人。

　　椎拍辁断①，与物宛转②，舍是与非，苟可以免③。不师知虑④，不知前后，魏然而已矣⑤。推而后行，曳而后往，若飘风之还⑥，若羽之旋，若磨石之隧⑦，全而无非⑧，动静无过，未尝有罪。是何故？夫无知之物，无建己之患⑨，无用知之累⑩，动静不离于理，是以终身无誉。故曰："至于若无知之物而已，无用贤圣，夫块不失道⑪。"豪桀相与笑之曰⑫："慎到之道，非生人之行，而至死人之理，适得怪焉⑬。"

【注释】

①椎（chuí）拍輐（wàn）断：泛指各种各样的行为。椎，击打。輐，通"刓"。削割。一说这四个字代表各种刑罚，也即击打、鞭笞、砍削、断首，但这种解释与下文意思不合。

②与物宛转：与万物一起变化。宛转，顺物而变化的样子。

③免：指免于祸患。

④不师知虑：不使用个人智谋。师，效法，使用。知，同"智"。

⑤魏然：巍然独立于世的样子。魏，通"巍"。高大。

⑥飘风：大风。一说为旋风。还（xuán）：旋转。

⑦隧：转动。

⑧全而无非：保全自我而不受批评。非，非议，批评。

⑨建己之患：坚持个人成见而带来的灾难。建，建立，坚持。

⑩知：同"智"。

⑪块不失道：做到像土块那样无知无识，就不会失去大道了。块，土块。

⑫豪桀：即"豪杰"。相与：一起，共同。

⑬适：适宜，理所当然。

【译文】

他们的所有举动，都是顺应着万物而辗转变化；他们不对外界的是非加以评判，想以此来免除灾难的发生。他们不使用个人智慧，不分前后左右，巍然独立于人世间而已。别人推一推，他们就向前挪一挪；别人曳一曳，他们就向前走一走，他们就像无知无识的大风在飘荡、风中的羽毛在旋转、磨石在转圈一样。他们想凭借这种做法以保全自我而不受别人的非议，无论是动是静都无过错，更不会犯下大的罪过。这是什么原因呢？因为那些无知无识的事物，根本不会因为坚持个人成见而为自己招来灾难，也不会因为使用个人计谋而受到牵连，无论是动是静都不会违背事理，因此终身也不会得到什么赞誉。所以他们又说："能够达到无知无识之物的境界就完全可以了，也没有必要再去标榜什么贤才圣人，只要能够像土块那样无知无识地生活，就不会失去大道了。"豪杰们都嘲笑他说："慎到的学问，讲的不是有关活人的行为原则，而是死人的道理，他的学说理所当然地被人们视为奇谈怪论。"

田骈亦然[①]，学于彭蒙，得不教焉[②]。彭蒙之师曰："古之道人，至于莫之是、莫之非而已矣[③]。其风窢然[④]，恶可而言[⑤]？"常反人[⑥]，不见观[⑦]，而不免于魭断[⑧]。其所谓道非道，而所言之韪不免于非[⑨]。彭蒙、田骈、慎到不知道。虽然，概乎皆尝有闻者也[⑩]。

【注释】

①亦然：也是如此。然，此，这样。

②得不教焉：从他那里学到了不要对民众进行教化的主张。焉，代指彭蒙。这

一点也与道家相似，他们认为人的天性本来就是美好的，后天的人为教育只会扰乱人的美好天性。

③莫之是、莫之非：即"莫是之、莫非之"。什么也不去肯定，什么也不去否定。这是提倡无知无识的自然结果。是，正确，肯定。

④其风窢（xù）然：他们的思想主张就像迅速刮过的风一样不可捉摸。窢然，迅速的样子。

⑤恶（wū）可而言：怎么能够用语言去描述呢？恶，怎么。

⑥常反人：总是违背人之常情。

⑦不见观：不被民众所关注。见，被。

⑧魭（wǎn）断：即"辁断"。泛指各种行为。

⑨韙（wěi）：正确。

⑩概乎：大概。有闻：有一些学问。

【译文】

　　田骈的思想也是这样，他求学于彭蒙，从彭蒙那里学到了不要对民众进行教育的主张。彭蒙的老师说："古时候的那些得道之人，就是达到了不去肯定任何事物、也不去否定任何事物的境界而已。他们的思想学说如同迅速刮过的风一样不可捉摸，怎么能够用语言去描述清楚呢？"彭蒙、田骈、慎到的主张总是违背人之常情，很难受到民众的关注，然而他们还是难以避免地要做各种各样的世俗事情。他们所说的大道并非真正的大道，他们所认为的正确事物也难免是错误的事物。彭蒙、田骈、慎到并不真正懂得大道。虽说如此，从大体上看，他们都还是有一些学问的人。

【研读】

　　本段介绍彭蒙、田骈、慎到的学说。这三位学者主张公平公正而不结党偏私，要求人们消除个人成见，用统一的标准去对待万事万物。本段批评他们"推而后行""若无知之物"等消极行为，认为他们所提倡的大道不是真正的大道。《史记·孟子荀卿列传》认为田骈、慎到属于道家学者，现代学界一般认为他们为法家的早期人物。从这里可以清晰地看出道家对法家的影响痕迹，难怪司马迁在《史记·老子韩非列传》中把老子、庄子、申不害和韩非四人放入同一个传记之中。

五

　　以本为精①，以物为粗，以有积为不足②，澹然独与神明居③。古之道术有在于是者。关尹、老聃闻其风而悦之④。建之以常无有⑤，主之以太一⑥，以濡弱谦下为表⑦，以空虚不毁万物为实⑧。

【注释】

①以本为精：视大道为精妙事物。本，根本。指大道。

②以有积为不足：认为喜欢积蓄财富的人反而会变得更加贫乏。不足，贫乏。《道德经》四十四章说："甚爱必大费，多藏必厚亡。"八十一章说："圣人不积，既以为人，己愈有；既以与人，己愈多。"

③澹（dàn）然：心情恬淡的样子。神明：神明的事物。指大道。

④关尹：即尹喜。因担任过关令一职，故称"关尹"。关尹是老子的弟子，老子就是在关尹的邀请下，撰写了《道德经》一书。老聃：即老子。二人的关系，详见"研读一"。

⑤建之以常无有：提出了永恒的"虚无"和"存在"的概念。常无有，即永恒的"无"和"有"。见《道德经》一章。对此解释很多：一说"无"与"有"指的都是大道，因为大道无形无象，看不见摸不着，故称其为"无"；大道虽然无形无象，但它确实存在，故又称其为"有"。一说"无"和"有"分别指空间和物质存在。除此，还有其他各种解释。这里不再列举。

⑥太一：指至高无上、独一无二的大道。

⑦濡（rú）弱：柔弱。表：指外在的行为标准。关于老子的"以濡弱谦下为表"思想，详见"研读二"。

⑧空虚：内心空净。《道德经》三章："虚其心，实其腹。"实：内在的思想本质。

【译文】

把大道视为精妙的事物，把万物看作粗糙的事物，认为喜欢积蓄财富的人反而会变得更加困窘贫穷，应该保持恬淡的心境，只与大道为伍。古时候的道术也包含了这方面的内容。关尹、老子听说了这方面的内容就非常喜欢。他们提出了永恒的"虚无"和"存在"的概念，把大道视为自己的思想核心，把柔弱谦下作为自己外在的行为准则，把内心空净无欲和不伤害万物作为自己内在的思想品质。

【研读】

一

老子与庄子属于同一学派，《庄子》书中也多次提到老子与关尹，因此有必要多花些笔墨介绍一下老子与关尹的情况。关于老子与关尹的关系，正史为我们留下的史料十分有限。其中最可信、也是最早的史料出自《史记·老子韩非列传》：

老子修道德，其学以自隐无名为务。居周久之，见周之衰，乃遂去。至关，关令尹喜曰："子将隐矣，强为我著书。"于是老子乃著书上下篇，言道德之意五千余言而去，莫知其所终。

《史记》记载：老子研究大道与天性美德方面的学问，他的学说以隐匿行迹、不求闻达为宗旨。他在东周都城（在今河南洛阳）住了很久，见东周衰落了，于是就离开东周都城。当他走到函谷关的时候，守关官员尹喜对他说："您就要隐居了，勉力为我们写一本书吧。"于是老子就撰写了《道德经》一书，分为"道经"与"德经"上下两篇，阐述了大道与天性美德的含义，一共五千多字，然后离去，没有人知道他的下落。

关于尹喜此后的去向，《汉书·艺文志》记载说："《关尹子》九篇。名喜，为关吏，老子过关，喜去吏而从之。"也就是说，尹喜弃官不做，跟着老子一起走了，自然是追随老子，当了老子的弟子。

关于老子与尹喜，还有一个"紫气东来"的传说。署名刘向的《列仙传》的记载大体与《史记》相同，但增加了许多神秘成分：

关令尹喜者，周大夫也。善内学，常服精华，隐德修行。时人莫知老子西游，喜先见其炁，知有真人当过，物色而遮之。果得老子。老子亦知其奇，为著书授之。后与老子俱游流沙化胡，服苣胜实，莫知其所终。尹喜亦自著书九篇，号曰《关尹子》。

《史记索引》所引《列仙传》还有这样的字样："老子西游，关令尹喜望见有紫气浮关，而老子果乘青牛而过也。"于是就为后人留下了一个"紫气东来""骑青牛过关"的既神秘又美好的传说。

二

《天下》篇说老子处世思想的核心是守柔,《吕氏春秋》也说:"老聃贵柔。"可见贵柔、守柔思想是老子重要原则之一。贵柔思想并非老子的首倡,远在商代,人们就提出"守柔"这一概念。具体到老子,他的守柔思想是来自他的老师常枞。《说苑·敬慎》记载:

> 常枞有疾,老子往问焉,曰:"先生疾甚矣,无遗教可以语诸弟子者乎?"常枞曰:"子虽不问,吾将语子。"常枞曰:"过故乡而下车,子知之乎?"老子曰:"过故乡而下车,非谓其不忘故耶?"常枞曰:"嘻,是已。"常枞曰:"过乔木而趋,子知之乎?"老子曰:"过乔木而趋,非谓其敬老耶?"常枞曰:"嘻,是已。"张其口而示老子曰:"吾舌存乎?"老子曰:"然。""吾齿存乎?"老子曰:"亡。"常枞曰:"子知之乎?"老子曰:"夫舌之存也,岂非以其柔耶?齿之亡也,岂非以其刚耶?"常枞曰:"嘻,是已。天下之事已尽矣,无以复语子哉!"

常枞年龄很大,又得了重病,快要去世了。老子去看望他,希望常枞在去世之前再教育自己一次。于是常枞就在临死之前教育了老子三件事。

第一件事:常枞问老子:"我们路过故乡时,一定要下车步行,你知道这是什么道理吗?"步行路过故乡是尊敬,乘车路过是不尊敬。老子说:"我懂了,路过故乡一定要下车,这是提醒我们一定要'不忘故'。""不忘故"的字面意思是不要忘记故乡,其实它的含义很丰富,比如不要忘记老熟人、老朋友,不要忘记历史等等。我们现在人讲"忘记历史,就意味着背叛",古人早有这一思想。常枞说:"你理解得对。"接着教育了老子第二件事。

第二件事：常枞问老子："我们路过外面的大树、古树时，一定要'趋'，你知道这是什么道理吗？"所谓"趋"，就是小步快走，这是古人规定的最尊重人的一种走法。老子回答说："我懂了，这是提醒我们一定要'敬老'。""敬老"的字面意思是尊重老人，实际还包括尊重旧有习俗、传统文化的含义。常枞说："你理解得对。"接着教育了老子第三件事。

第三件事：常枞把自己的嘴巴张开，让老子看，问道："你看看我的舌头还在没在？"老子说："还在，您的舌头是完好的。"常枞接着问："你再看看我的牙齿还在没在？"老子说："您的牙齿没有了，全部掉光了。"常枞又问："那么你知道这是什么道理吗？"老子说："我懂了，舌头之所以完好存在，是因为它柔；牙齿之所以掉光了，是因为它太刚强。"于是道家就得出这样的结论："柔弱胜刚强。"

《列子·黄帝》也有一段论述"守柔"的话，讲得很有道理，原文是："天下有常胜之道，有不常胜之道。常胜之道曰柔，常不胜之道曰强。二者亦知，而人未之知。故上古之言：强，先不己若者；柔，先出于己者。先不己若者，至于若己，则殆矣。先出于己者，亡所殆矣。"翻译成白话为：

> 天下有常胜的方法，有不常胜的方法。常胜的方法是柔弱，不常胜的方法是刚强。……刚强，可以战胜那些力量不如自己的人；柔弱，则可以战胜那些力量超过自己的人。刚强可以战胜那些力量不如自己的人，但遇上力量同自己一样的人，那就危险了。柔弱可以战胜那些力量超过自己的人，因此就不会遇到任何危险。

我们简单地总结一下列子的思想，就是：

刚强：非常胜之道。

　　柔弱：常胜之道。

　　列子认为，我们与别人竞争也好，斗争也好，一般有两种手段，一是刚强，一是柔弱。他说，用刚强的手段对付对手，非常胜之道。为什么？用刚强的手段对付对手，就是比力量的大小，比拳头的大小。如果你遇到一个力量比你小的，拳头比你小的，那么你赢了，对方输了。如果你遇到一个力量比你大的，拳头比你大的，那么你输了，对方赢了。所以用刚强的手段对付对手，不是"常胜之道"。为什么说用柔弱的手段对付对手是"常胜之道"呢？因为用柔弱的手段，可以战胜力量比自己强大的人。

　　关于守柔、以柔克刚的例子，我们举刘邦的事迹。

　　刘邦首先率领义军进入关中，占领了秦朝都城咸阳。他为了能够在八百里秦川称王，就派兵坚守函谷关。但函谷关很快就被项羽攻破，当项羽来到鸿门后，他要做的第一件事情就是下令："旦日飨士卒，为击破沛公军！"当时项羽军队四十万，刘邦只有十万。在此危急时刻，刘邦开始示弱，他请项羽的叔叔项伯转告项羽说：

　　　　吾入关，秋豪不敢有所近，籍吏民，封府库，而待将军。所
　　　以遣将守关者，备他盗之出入与非常也。日夜望将军至，岂敢反
　　　乎！愿伯具言臣之不敢倍德也。(《史记·项羽本纪》)

　　刘邦请求项伯转告项羽："我进入关中之后，秋毫不敢侵占，我登记了官民的名字，封存了秦朝府库，天天在盼望着将军的到来，之所以派军队把守函谷关，目的是为了防备盗贼出入，是为了社会治安。我永远是忠于您的，绝对不会背叛您。"第二天，刘邦还亲自到鸿门向项羽表示忠心，从而赢得项羽的谅解。后来的结果我们知道，刘邦逐渐壮大自己的势力，最后反制项羽，逼项羽乌江自杀，统一了天下。

就是这位善于"以柔克刚"的开国皇帝，后来又被别人的"示弱"假象所欺骗。刘邦即位后的第七年，发生了一件让汉朝廷痛彻心扉的事情：

> 使人使匈奴。匈奴匿其壮士肥牛马，但见老弱及赢畜。使者十辈来，皆言匈奴可击。……遂往。至平城，匈奴果出奇兵围高帝白登，七日然后得解。(《史记·刘敬列传》)

刘邦即位的第七年，他手下的诸侯王韩王信反叛，并且联合匈奴，共同进攻汉朝。刘邦非常生气，于是亲自率领军队反击。在他出兵之前，就派十几批使者出使匈奴，名义上是为了相互沟通，实际是去探察匈奴人的虚实。

匈奴人也知道刘邦的用意，于是就把自己的精兵强将全部隐藏起来，让使者看到的都是一些老弱病残的将士，是一些瘦弱的战马。结果把使者骗住了。使者回来报告，都认为此时匈奴十分衰弱，可以与匈奴一战。刘邦信以为真，便率领军队，一直向北打到平城（在今山西大同一带）。此时，匈奴的精锐军队出现了，把刘邦团团包围在大同附近的白登山上，时间长达七天七夜。当时是冬天，刘邦军队不少人的手脚都被冻坏了，失去了战斗力。最后是通过外交手段，实际就是贿赂的方法，使匈奴"解围之一角"，刘邦才安全脱险。我们看这两次"示弱"：

刘邦向项羽示弱，是以弱示弱（刘邦是真的弱小，不得不示弱）

匈奴向刘邦示弱，是以强示弱（匈奴是强大，示弱是为了诱骗）

虽然两人示弱的基础不同，但他们都达到了目的，战胜了对方。提倡守柔、示弱的另一面，就是反对强梁。《道德经》四十二章说：

> 人之所教，我亦教之："强梁者不得其死。"吾当以为教父。

所谓"强梁"，就是强悍霸道。老子的意思是，别人用来教育我的那些内容，我也用它去教育别人："强悍霸道的人不得正常死亡。"我将把这一原则当作教育民众的最重要内容。

实际上，儒、释、道三家都是反强梁的。

佛教反对强梁。按照佛教的教义，那些和尚、尼姑，打不能还手，骂不能还口，因为佛教认为，我们要想从此岸达到彼岸，必须做到忍辱。换句话说，能够忍辱是成佛的前提条件之一。据说，释迦牟尼前生就是忍辱仙人。《大般涅槃经》卷二十七说：

> 雪山有草，名为忍辱，牛若食者，则出醍醐（酥乳）。

牛如果以忍辱草为食，就能生出香甜可口的醍醐；人如果具有忍辱精神，自然能够干出一番事业。佛教把忍辱视为僧人最可贵的品质之一：

> 浊劫恶世中，多有诸恐怖。恶鬼入其身，骂詈毁辱我。我等敬信佛，当著忍辱铠。（《法华经·劝持品》）

后来，人们就直接把袈裟叫"忍辱铠"或"忍辱衣"。如梁简文帝《谢赉纳袈裟启》说："蒙赉郁金泥细纳袈裟一缘，忍辱之铠，安施九种。"江总《摄山栖霞寺碑》说："整忍辱之衣，入安禅之室。"

儒家也反对强梁。在孔子的弟子中，最为强悍的是子路。据说，他在当孔子弟子之前，就是一个"流氓地痞"，整天打架斗殴。《论衡·率性》描写子路早年的形象时说：

> 世称子路无恒之庸人，未入孔门时，戴鸡佩豚，勇猛无礼，闻诵读之声，摇鸡奋豚，扬唇吻之音，聒贤圣之耳，恶至甚也。

在当孔子弟子之前，子路戴的帽子是公鸡鸡头的形状。古人还要带装饰品，子路就把公猪的尾巴用刀剁下来，直接挂在腰里当装饰品。

为什么？因为公鸡、公猪好斗，他引为知音。据说在当孔子弟子之前，他连孔子也敢羞辱，孔子带着弟子在室内读书，他就站在窗口或门口，摇着公鸡鸡头状的帽子，摆着公猪的尾巴，"嗷嗷"地叫，叫得他们连书都读不成。

最后孔子循循善诱，引导子路当了自己的弟子。子路成了自己的弟子之后，孔子讲了一句非常幽默的话：

> 自吾得由，恶言不闻于耳。（《史记·孔子弟子列传》）

子路姓仲名由，字子路。孔子说："自从子路当了我的弟子以后，我再也听不到坏话了。"意思是，在子路当我的弟子之前，还有人敢当面说我坏话，自从子路当了我弟子之后，再也没有人敢当面说我的坏话，因为我有一个好斗的弟子，谁敢讲我的坏话，我的弟子就和他拼了！

史书记载，有一次，孔子在那里坐着，弟子们站在旁边，一个个文质彬彬的样子，孔子看了，很是高兴。突然回头看到子路雄赳赳、气昂昂地站在那里，孔子当即就生气了，批评了他一句：

> 若由也，不得其死然。（《论语·先进》）

孔子说："像子路那个样子，将来很难正常死亡！"孔子不幸言中。后来子路到卫国当官，卫国发生了内部动乱，子路搅了进去，最后被杀，子路死后，还受到了菹刑。所谓的"菹"，其最原始意义是指北方人腌制的咸菜。北方人腌制咸菜，是把蔬菜剁碎之后，拌上盐，然后放在坛子里。所谓菹刑，就是人死后，把尸体剁碎。

据说孔子正在家里吃饭，有人带信说，子路在卫国被杀了，而且还受到了菹刑。孔子当即吩咐弟子，把家里的腌咸菜全部倒掉，从此再也不忍心吃腌咸菜了，因为一吃到腌咸菜，就想到了子路。

到了清代，金埴写了《不下带编》一书，他在书中说，他看到一首诗歌，没有题目，也不知道作者是谁，但写得很好，于是他就把这首诗歌记载了下来。这首诗歌也是反强梁的，不仅通俗易懂，而且道理讲得又生动又透彻：

> 倚栏闲看小猪儿，一个强梁把众欺。纵使糟糠独食尽，先肥未必是便宜。（《不下带编》卷五）

有一次，作者闲得没事，就靠在猪圈的栏杆上，看小猪仔是如何在猪圈里生活的。他突然发现其中一个小猪特别强悍霸道，欺负别的小猪仔。人强悍霸道，欺负别人，无非是为了争名夺利；小猪仔强悍霸道，欺负别的小猪仔，无非是为了多吃一口猪食而已。所以作者感叹说，你如此强悍霸道，欺负别的小猪仔，即使所有的猪食你独自吃光了，"先肥未必是便宜"，你吃得多，长得肥，对你未必是件便宜事。人们杀猪时，挑着来，哪个长得肥，就先杀哪个！

关尹曰："在己无居①，形物自著②。其动若水，其静若镜③，其应若响④。芴乎若亡⑤，寂乎若清⑥。同焉者和⑦，得焉者失⑧。未尝先人而常随人。"

【注释】

①在己无居：自己不要固执于一端。居，固执。圣人顺应万物，随时而变，从不固执。

②形物：事物。主要指人。自著（zhuó）：自然而然地归附于圣人。著，附着，归附。

③其静若镜：内心安静得如同明镜那样去观照万物而不留任何痕迹。《大宗师》篇："至人之用心若镜，不将不迎，应而不藏，故能胜物而不伤。"圣人的心

态犹如一面镜子，既不主动去送走外物，也不主动去迎接外物，事情出现了有所映照，事情过去了心中也就不留下任何痕迹，所以他们能够超然于万物之上而不受外物的伤害。

④响：回音。圣人在回应外物时，就像回音一样，有求必应，但也不会多讲。

⑤芴（hū）乎若亡（wú）：茫茫然，他们好像一无所有。芴乎，恍惚，茫茫然。亡，通"无"。一无所有。

⑥寂乎：清净安宁的样子。清：清澈安静的水。

⑦同焉者和：视万物为一体就能与万物和谐相处。

⑧得焉者失：有所得的人就必定有所失。

【译文】

关尹说："自身不要固执于一端，民众自然而然就会前来归附；行动起来要像流水那样顺应外部环境，内心安静得就像明镜那样映照万物而不会留下任何痕迹，回应外物时就像回音一样恰如其分。圣人茫茫然就好像一无所有，寂静清澈得就好像一汪清水。视万物为一体的人就能够与万物和谐相处，有所得的人必定会有所失。从来不要抢占在别人的前面，总是跟随在别人的后面。"

老聃曰："知其雄①，守其雌，为天下谿②；知其白③，守其辱④，为天下谷。"人皆取先，己独取后，曰："受天下之垢⑤。"人皆取实，己独取虚；无藏也故有余⑥，岿然而有余⑦。其行身也，徐而不费⑧，无为也而笑巧⑨。人皆求福，己独曲全，曰："苟免于咎⑩。"以深为根⑪，以约为纪⑫，曰："坚则毁矣，锐则挫矣⑬。"常宽容于物，不削于人⑭，可谓至极⑮。关尹、老聃乎！古之博大真人哉！

【注释】

①雄：雄性。比喻刚强。以下几句出自《道德经》二十八章："知其雄，守其雌，为天下谿。为天下谿，常德不离，复归于婴儿。知其白，守其黑，为天下式。为天下式，常德不忒，复归于无极。知其荣，守其辱，为天下谷。为天下谷，常德乃足，复归于朴。"

②为天下谿：处于天下卑贱的地位。谿，地势低的河沟。比喻卑下的地位。

③白：显明。这里指显荣。

④辱：屈辱。一说通"黩"。晦暗。

⑤垢：屈辱。《道德经》七十八章："受国之垢，是谓社稷主；受国不祥，是为天下王。"意思是，能够为国家忍受屈辱，这才算是天下的君主；能够为国家承担灾难，这才算是天下的君王。

⑥无藏也故有余：没有贪财之心就会感到自己富足有余。藏，指藏财，聚集财富。

⑦岿然：伟大的样子。

⑧徐而不费：从容闲适而不浪费精力。徐，舒缓。

⑨笑巧：嘲笑人们使用各种机巧。

⑩苟：姑且。咎：灾祸。

⑪以深为根：以深藏不露为根本原则。

⑫以约为纪：以简朴节约为生活原则。纪，纲纪，基本原则。

⑬锐则挫：太尖锐了就会被折断。《道德经》九章："持而盈之，不如其已；揣而锐之，不可常保。"

⑭削：刻削，侵害。

⑮至极：最高思想境界。

【译文】

老子说:"知道什么是雄强,却偏偏要安于柔雌的状态,甘心做天下的溪沟;知道什么是荣耀,却偏偏要安于屈辱的位置,甘心做天下的川谷。"人人都争着站在前面,而自己却独自处于后面,说:"甘愿为了天下去承受羞辱。"人人都在追求实惠,而自己却独守清贫;没有攫取财富的贪心,就会感到自己十分富足;他们是那样的伟大,精神是那样的充实和富有。他们在立身行事的时候,是那样从容闲适而不会耗费自己的精力;他们能够做到清静无为,嘲笑使用各种机巧的人们。人人都在追求幸福,他们却总是委曲求全,说:"自己只要能够避免灾难就可以了。"他们把深藏不露视为根本准则,把简朴节约当作生活原则,说:"太坚硬的事物容易毁掉,太尖锐的东西容易折断。"他们总是宽容万物,不伤害别人,可以说是达到了最高思想境界。关尹和老子,是自古以来最博学、最伟大的真人啊!

【研读】

本段介绍了关尹、老子的思想。关尹、老子主张以大道为根本,提倡守柔谦退,不争不抢,知雄守雌,要求人们做到清静无为,顺应万物,宽厚待人,知足常乐。庄子对关尹和老子给予了极高的评价。

六

寂漠无形[①],变化无常,死与生与[②],天地并与[③],神明往与[④]。芒乎何之[⑤]?忽乎何适[⑥]?万物毕罗[⑦],莫足以归[⑧]。古之道术有在于是者。庄周闻其风而悦之。

【注释】

①寂漠无形：空虚宁静而不露任何形迹。寂漠，空净。

②死与生与：无论是死亡，也无论是生存。与，同"欤"。句末语气词。

③天地并与：与天地共存。意思是，无论是生是死，都把自己视为大自然的一

　　个组成部分，于是也就能够与天地同寿了。

④神明往与：即"往神明"。前去与大道交往。神明。这里指大道。

⑤芒乎：恍恍惚惚的样子。何之：该到什么地方去？之，到。

⑥忽乎：恍恍惚惚的样子。何适：该往哪里走？适，往。以上两句主要是形容

　　庄子无往而不可，一切听从大道安排。

⑦万物毕罗：万事万物全部包罗于胸中。毕，全部。这里的"万物"与上文的

　　"神明（大道）"相对。

⑧莫足以归：没有任何事物能够成为自己的精神归宿。以上两句是说，虽然庄

　　子了解万事万物，但这些都不能成为他的追求对象，庄子的归宿是大道。

【译文】

　　空虚宁静而不露任何形迹，千变万化而不拘任何常规，无论是死后还是生前，自己都能够与天地共存，与大道同在。恍恍惚惚的该向哪里去？恍恍惚惚的又该往哪里走？虽然人世间的万事万物全都囊括于自己的胸中，却没有任何事物可以作为自己的精神归宿。古时候的道术也包含了这方面的内容。庄子听到这方面的内容就非常喜欢。

　　以谬悠之说①，荒唐之言②，无端崖之辞③，时恣纵而不傥④，不以觭见之也⑤。以天下为沈浊⑥，不可与庄语⑦，以卮言为曼衍⑧，以重言为真⑨，以寓言为广⑩。独与天地精神往来而不敖倪于万

物^⑪，不谴是非^⑫，以与世俗处。其书虽瑰玮而连犿无伤也^⑬，其辞虽参差而諔诡可观^⑭。彼其充实不可以已^⑮。

【注释】

①谬悠：玄虚而悠远。

②荒唐：荒诞，夸张。唐，大，夸张。

③无端崖：辽阔无际。端崖，边际。

④恣纵：任意，放纵。不傥（dǎng）：不偏执一端。傥，通"党"，一本即作"党"。偏执。

⑤不以觭（qí）见（xiàn）之：不依赖奇谈怪论来标榜自我。觭，通"奇"。指奇谈怪论。见，同"现"。表现，标榜自我。

⑥沈（chén）浊：沉迷而污浊。沈，也作"沉"。沉迷，糊涂。

⑦庄语：庄重而严肃的语言。

⑧以卮（zhī）言为曼衍：用无心的言论自由自在地随便谈谈。卮言，无心的言论。关于"卮言""重言""寓言"的详解见《庄子·寓言》。曼衍，顺物而变化的样子。这里指自由自在。一说"曼衍"是无心的样子。

⑨以重言为真：引用圣人贤哲的言论来证明自己言论的真实性。重言，指先哲的言论。

⑩以寓言为广：用蕴含寓意的言论来阐述发挥自己的学说。广，发挥。

⑪精神：崇高的精神境界。敖倪（nì）：傲视。敖，通"傲"。倪，通"睨"。视。意思是，庄子虽然独自与大自然融为一体，但在世俗中的万事万物面前也不自傲。

⑫谴：谴责。引申为评说、评判。

⑬瑰玮：奇异，奇特。连犿（fān）：连续完整，言辞婉转。

⑭参差（cēn cī）：跌宕起伏。诪（chù）诡：奇异。

⑮彼其充实不可以已：他的学说内容丰富充实，意蕴无穷无尽。彼其，代指庄子学说。已，穷尽。

【译文】

　　庄子使用玄虚悠远的理论，荒诞夸张的言辞，辽阔无际的言论，时常自由任意地发挥自己的思想而不偏执于一端，但也不用一些奇谈怪论来标榜自我。庄子认为天下的人们都处于迷乱污浊的状态，不可能用庄重严肃的语言与他们交流，于是就用一些无心的言词随意发表一些议论，引用一些圣贤的言论以增强自己所讲的真实性，用一些蕴含寓意的言辞来阐述发挥自己的学说。庄子独自与博大的天地和崇高的精神境界交往，但他在世俗中的万事万物面前也从不自傲；他不评判社会上的是是非非，以这种态度与世人和谐相处。他写的书虽然瑰玮奇特，但也连续完整、言辞委婉，而不会伤害他人；他使用的语言虽然跌宕起伏变化很大，但也奇异优美而引人入胜。庄子的学说内容充实，意蕴无穷无尽。

　　上与造物者游①，而下与外死生、无终始者为友②。其于本也③，弘大而辟④，深闳而肆⑤；其于宗也⑥，可谓稠适而上遂矣⑦。虽然，其应于化而解于物也⑧。其理不竭⑨，其来不蜕⑩，芒乎昧乎⑪，未之尽者⑫。

【注释】

①造物者：大自然。也可理解为大道。游，交往。

②外死生：置生死于度外。无终始：无终无始。庄子认为万物的发展呈循环状，
　　故无始无终。

③本：指大道。

④弘大而辟：全面而又通达。弘大，博大，全面。辟，通达。

⑤深闳（hóng）而肆：理解深刻而又不拘泥。闳，通"泓"。深。肆，放任，
　　毫不拘泥。

⑥宗：根本。指大道。

⑦稠（tiáo）适：协调而恰当。稠，通"调"。协调，和谐。适，恰当。上遂：
　　达到了很高的境界。上，高。遂，达到。

⑧应于化：能够顺应万物变化。解于物：能够了解万物真相。

⑨不竭：无穷无尽。

⑩其来不蜕（tuì）：庄子学说的本源没有脱离大道。来，来源，本源。蜕，解
　　开，脱离。

⑪芒乎昧乎：深邃而看不清楚的样子。形容庄子学说深不可测。芒乎，恍恍惚
　　惚看不清楚的样子。昧乎，看不清楚的样子。

⑫未之尽者：无法穷尽其中的奥妙。

【译文】

　　庄子上与大自然交往，而下与置生死于度外、不再分辨开始和终
结的人交友。他对于大道的认识，全面而又通达，深刻而不拘泥；他
对于大道的阐释，可以说是非常合适而恰当，达到了很高的境界。虽
然庄子的思想玄虚悠远，但他也能顺应人世间万事万物的变化，明白
人世间万事万物的真相。庄子学说的意蕴是无穷无尽的，他的学说根
源也从未脱离大道，他的思想是那样的深邃玄远而无法看得清楚，因

此人们也就不可能完全理解庄子学说的奥妙。

【研读】

　　本章介绍了庄子的思想。庄子崇尚大道与天地自然，以此为自己的精神归宿。他坚持清静无为的处世原则，能够顺应外物而变化无常；他主张忘却生死、万物齐同。另外，本章也赞美了庄子文章的雄奇瑰丽等艺术特点。

七

　　惠施多方①，其书五车②，其道舛驳③，其言也不中④。

【注释】

①惠施：战国时期宋国人。姓惠名施，名家主要代表人物之一。他是庄子好　友，曾任魏国的相。多方：多方面的学问。方，学问。

②其书五车：他的书可装满五车。书，一说是指惠施自己撰写的书，一说是指　惠施的藏书。

③其道：他的学问、思想。舛（chuǎn）驳：违背常理，杂乱无章。舛，违背。　驳，杂乱。

④不中：不符合。指不符合大道。中，符合。

【译文】

　　惠施具有多方面的学问，他撰写的书籍可以装满五车，但他的学问不仅违背常理，而且杂乱无章，他的学问不符合大道。

历物之意曰[①]：至大无外，谓之大一[②]；至小无内[③]，谓之小一。

【注释】

①历物之意：分析、研究万物的道理。历，分析，研究。惠施的“历物之意”
　共十个命题，史称“历物十题”“历物十事”或“历物十意”。

②大一：最大的一个物体。

③无内：没有内核。

【译文】

　　他分析研究万物的道理，说：最大的事物没有外围，可以把它称
为最大的一种物体；最小的事物没有内核，可以把它称为最小的一种
物体。

【研读】

　　本段为“历物十题”之一。主要描述最大的事物与最小的事物。

　　惠施的这一看法，用在无形的事物上大概可以自圆其说，如果是
指具体的有形事物，估计很难论证。成玄英《庄子疏》认为这是描述
大道的：“囊括无外，谓之大也；入于无间，谓之小也；虽复大小异名，
理归无二，故曰一也。”大致意思是，大道可以体现在最大的事物之
中，也可以体现在最小的事物之中，虽然有大小之别，但道理却是一
致的——万物皆是来自独一无二的大道。

无厚[①]，不可积也，其大千里[②]。

【注释】

①无厚：没有厚度。

②其大千里：可以有成千上万里那样大。这三句描述的是平面的特征。

【译文】

平面没有任何厚度，无法积累成体积，但可以有成千上万里那么大。

【研读】

本段为"历物十题"之二。解释主要有：

第一，本段文字描述平面的特征。任继愈先生说："晋人鲁胜在《墨辩注叙》里为理解此问题，提供了思路，他说：'名必有分，明分莫如有无，故有无序（厚）之辨。'……所谓'无厚者'，察其体积，可称为无；看其面积，可称为有，有与无的界限是分明的。"（《中国哲学发展史（先秦）》）现代学者多认可这一解释。

第二，是描述大道的。成玄英《庄子疏》："理既精微，搏之不得，妙绝形色，何厚之有！故不可积而累之也。非但不有，亦乃不无，有无相生，故大千里也。"大道作为规律，是无形的，自然没有厚度；但大道又是存在的，且无所不包，所以又可以说是"其大千里"。

天与地卑①，山与泽平②。

【注释】

①天与地卑：天和地是一样的低矮。人们认为天高地卑，但从宇宙的角度看，

天和地都是一样的低矮。

②山与泽平：高山和大泽是一样的平。其理由与上一句相同。

【译文】

上天和大地是一样的低，高山和大泽是一样的平。

【研读】

本段为"历物十题"之三。解释有：

第一，从宇宙的角度看，天和地都是低的。陆德明《经典释文》说："以地比天，则地卑于天，若宇宙之高，则天地皆卑，天地皆卑，则山与泽平矣。"我们的"注释"即采用了这一解释。

第二，从万物一齐的大道境界看，天地、山泽都是一样的。成玄英《庄子疏》："夫物情见者，则天高而地卑，山崇而泽下。今以道观之，则山泽均平，天地一致矣。《齐物》云，莫大于秋豪而泰山为小，即其义也。"

日方中方睨①，物方生方死②。

【注释】

①日方中方睨（nì）：太阳正处于正中，同时也正在偏斜。方，正在。睨，偏斜。

②物方生方死：各种事物正在产生，同时又意味着它正在走向死亡。

【译文】

太阳正处于正中，同时也正在偏斜；事物正在产生，同时又意味着它正在走向死亡。

【研读】

本段为"历物十题"之四。解释有：

第一，庄子的这一命题主要是在阐述事物变化之快的道理。钱穆在解释惠施这一思想时说："凡言变，不能一时，必兼古今。然深言之，方言今而今则既古矣；方思今而今则既古矣；方觉知有今，而今所觉知又古矣。岂惟我之言思觉知？一时之变，方至于今，而所至即已古矣。"（《墨子惠施公孙龙》）我们的译注即采用这一解释。

第二，成玄英《庄子疏》的解释稍有不同："睨，侧视也。居西者呼为中，处东者呼为侧，则无中侧也。犹生死也，生者以死为死，死者以生为死。日既中侧不殊，物亦死生无异也。"这一解释是从观察事物的不同角度入手：西方人觉得太阳处于正中间，而东方人则觉得太阳已经偏斜了。成玄英作为一位宗教人士，对生死也做了类似的解释：在我们活着的人看来，人变成鬼就是死了；而站在鬼的角度看，鬼变成人，也是死了。概言之，由于角度、立场不同，一个事物既可以说是"中"，也可以说是"斜"；既可以说是"生"，也可以说是"死"。

大同而与小同异①，此之谓"小同异"②；万物毕同毕异③，此之谓"大同异"。

【注释】

①大同而与小同异：事物之间有大的共同点和小的共同点这种差异。这里讲的
是类属和种属的关系。如松与柏之间共同点很多，这叫"大同"；松与草相
同点少一些，这叫"小同"。

②小同异：即小同、小异。

③万物毕同毕异：万物之间可说是完全相同，也可说是完全不同。讲的是观察
角度问题。如从相同角度去看，万物都是相同的，这叫"毕同"；如从不同
角度去看，没有任何事物完全一样，这叫"毕异"。详见"研读"。

【译文】

　　万物之间有大的共同点和小的共同点这种差异，这叫"小同"和
"小异"；万物又可以说是完全相同，也可以说是完全不同，这叫"大
同"和"大异"。

【研读】

　　本段为"历物十题"之五。

　　"万物毕同毕异"的意思是：万物之间可以说是完全相同的，也
可以说是完全不同的。这里讲的是观察事物的角度问题。如果从相同
的角度去看，万物都是相同的，如松与人不属同类，但都由天地所生，
都由物质构成，都有生有死，从这一角度看待万物，万物就"毕同"
了。如果从不同的角度去看，没有任何两种事物是完全一样的。如松
与松虽属同类，但有高低大小等差别，世上不存在任何完全相同的两
棵松树，从这一角度看待万物，万物就"毕异"了。这一观点也就是
庄子在《德充符》篇所说的："自其异者视之，肝胆楚越也；自其同者

视之，万物皆一也。"

德国哲学家莱布尼茨曾经在宫廷任职。有一次，他与皇帝讨论哲学问题，说任何事物都有共性，皇帝便让宫女们在御花园里找来一堆树叶，莱布尼茨果然从这些树叶中找到了许多它们的共同点。这时莱布尼茨又说，世界所有的事物又是不同的，天地间没有完全相同的两片树叶。宫女们再次进入御花园，想寻找到两片完全相同的树叶，结果大失所望，她们没有能够找到。这就是事物的统一性与特殊性的问题。用这个故事说明惠施的这一命题含义，也较为恰当。

南方无穷而有穷①。

【注释】

①无穷：没有尽头。

【译文】

南方可以说没有尽头，也可以说有尽头。

【研读】

本段为"历物十题"之六。解释有：

第一，南方是无穷的，如果加以地点界定，南方就有尽头。褚伯秀《南华真经义海纂微》："既定方所便有穷。"这一解释加入"既定方所"，作为"有穷"的前提条件，似乎也不甚合乎惠施原意。

第二种解释：成玄英《庄子疏》："知四方无穷，会有物也。形不尽形，色不尽色，形与色相尽也；知不穷知，物不穷物，穷与物相尽也；只为无厚，故不可积也。独言南方，举一隅，三可知也。"大概意思是，按照一般人的认识，四方是无穷的，那么在无穷的四方中应该是充满了事物，也就是说，事物也应该是无穷的，然而事实上具体的事物应该是有穷的。从这个意义上看，四方似乎无穷，也似乎是有穷。这一问题类似朱熹深感烦恼的一个问题："某自五六岁，便烦恼道：'天地四边之外，是什么物事？'见人说四方无边，某思量也须有个尽处。如这壁相似，壁后也须有什么物事。其时思量得几乎成病，到而今也未知那壁后（池本作'天外'）是何物。"（《朱子语类》卷九十四）

今日适越而昔来①。

【注释】

①适：到。越：诸侯国名。在今浙江一带。

【译文】

今天到越国去，也可以说成是昨天到越国来。

【研读】

本段为"历物十题"之七。解释有：

第一，这一命题讲的是时间的流动性。今天出发，可说是"今日适越"；但数日后到了越国，就可说是"昔来"。"今日"可以变为"昔日"。此解详见冯友兰《中国哲学史新编（第一册）》及郭沫若《十批判书·名辨思想的批判》。

第二，今天我去越国，但我的意识在此之前就到了越国。所谓

"昔来"，指的是意识"昔来"。褚伯秀《南华真经义海纂微》："今适昔来意先到。"这种解释与王阳明的"知行合一"观点相似，"知"就是"行"，"今日适越"讲的是"行"，"而昔来"讲的是"知"，因为"知"就是"行"，所以可以说"今日适越而昔来"。这一解释可备一说。

第三，用今与昔的相对性，去否定今与昔的差别，那么说"今日适越而昔来"自然是可以的。成玄英《庄子疏》："夫以今望昔，所以有今；以昔望今，所以有昔（疑为"今"之误）。而今自非今，何能有昔！昔自非昔，岂有今哉！既其无昔无今，故曰今日适越而昔来可也。"这实际上还是用"万物一齐""不分别"的理论解释这一命题。

连环可解也^①。

【注释】

①连环：一个套着一个的一串环。

【译文】

连环是可以解开的。

【研读】

本段为"历物十题"之八。解释有：

第一，关于"连环可解"，郭象《庄子注》没有解释。成玄英《庄子疏》解释说："夫环之相贯，贯于空处，不贯于环也。是以两环贯空，不相涉入，各自通转，故可解者也。"陆德明《经典释文》赞同这一解释。这一解释的大意是，所谓连环，是把两个环套在一起，而不是把两个环粘连在一起，既然两个环没有粘连在一起，所以说"连环可解"。这种解释是混淆了"解"的概念，人们理解的"连环可解"是把一个环从另一个环的套中拿出来，而成玄英的理解则是两个环互不粘连。

第二，打破连环，连环自然就被解开了。《战国策·齐策六》记载："秦始皇（一作秦昭王）尝使使者遗君王后玉连环，曰：'齐多知，而解此环不?'君王后以示群臣，群臣不知解。君王后引椎椎破之，谢秦使曰：'谨以解矣。'"这一故事本来是要说明君王后的机智与果敢，但也可以用来解释"连环可解"这一命题。君王后是战国时期齐国的一位奇女子。燕、秦、韩、赵、魏五国联合攻齐，齐湣王逃亡，被前来救援的楚国将领淖齿所杀。湣王之子法章隐名埋姓，逃到莒太史敫家当了佣人。太史敫的女儿感到法章非同寻常，与之相爱。后来齐人立法章为王，是为齐襄王。太史敫的女儿被立为王后，是为君王后。君王后贤良多智，既有女子柔和的一面，也有男子刚勇的一面，可算是女中豪杰。从她用锤子击破连环这一举动，可窥见其性格之一斑。

第三，连环本不可解，但当连环毁坏之日，也即可解之时。这一解释与君王后的解法本质一样，只不过一为人为地破坏连环，一为等待其自然坏掉。

第四，以不解解之。《吕氏春秋·君守》记载："鲁鄙人遗宋元王闭，元王号令于国，有巧者皆来解闭。人莫之能解。兒说之弟子请往解之，乃能解其一，不能解其一，且曰：'非可解而我不能解也，固不可解也。'问之鲁鄙人。鄙人曰：'然，固不可解也。我为之而知其不可解也。今不为而知其不可解也，是巧于我。'故如兒说之弟子者，以'不解'解之也。"

所谓"闭"，就是连环结。知道连环不可解，就明确指出它不可解，以此来征服连环的制作者，这就是"以'不解'解之也"。

　　我知天下之中央，燕之北、越之南是也①。

【注释】

①燕（yān）：诸侯国名。在今河北北部和辽宁南部。越：诸侯国名。在今浙江一带。

【译文】

　　我知道天下的中央部位，它可以说是在燕国的北边，也可以说是在越国的南边。

【研读】

　　本段为"历物十题"之九。解释有：

　　第一，古代有一种"浑天说"，认为天地都是圆的，其形状如同鸟卵，天包地就好像蛋白包裹蛋黄一样。既然大地是圆的，那么任何一个地方都可以被确定为大地的中心。

　　第二种解释：认为所谓的"中央"这一地理位置具有相对性，所以任何一处都可以视为"中央"。任继愈说："这一条讲方位的可变性。……他认为宇宙之大是'无外'的，不存在一个不变的中央，平时所谓中央是相对而言，越之南和燕之北都可以成为天下之中央。"（《中国哲学发展史（先秦）》）这一解释有点含糊。

泛爱万物①，天地一体也②。

【注释】

①泛爱：博爱。

②天地一体：包括人在内的天地万物本为一体。

【译文】

要广泛爱护万物，因为包括人在内的天地万物本来就是一体的。

【研读】

本段为"历物十题"之十。解释有：

第一，因为我们与天地万物的本质是一样的，我们与万物的天性都是来自大道，形体都是来自阴阳二气，因此我们要泛爱万物。

第二，因为我们与天地万物本为一体，所以要博爱万物。这一解释是把个人融入天地万物之中，从而与天地万物成为一个统一体。成玄英《庄子疏》："万物与我为一，故泛爱之；二仪与我并生，故同体也。"这一解释与第一种解释的不同之处，我们可以打一个比方予以说明。第一种解释的意思是说，我们与万物都是兄弟姐妹的关系，因此要爱护他们。第二种解释的意思是说，我们与万物就是同一个"人"，既然是同一个"人"，当然要爱护了。可以说，这种解释比第一种解释，在境界方面更进了一步。

第三，"泛爱万物"就是喜欢研究万物，而非爱护万物。杨俊光先生持此观点："因为万物都有相同的方面，是一个相互联系的整体，所以'一体'也就是'统一体'的意思。……至于'泛爱万物'的'爱'，则并不是通常的'仁爱''惠爱'……'泛爱万物'就是普遍地爱好万物即对万物的研究有广泛兴趣的意思。根本不是墨子的'兼爱'甚至'极端的兼爱'。"(《惠施公孙龙子评传》)

惠施的这一命题与庄子的物我为一思想是相通的,对后世影响极大。比如《吕氏春秋·有始》也说:"天地万物,一人之身也,此之谓大同。"张载也是以此为理论基础,写出了著名的《西铭》:"乾称父,坤称母;予兹藐焉,乃混然中处。故天地之塞,吾其体;天地之帅,吾其性。民,吾同胞;物,吾与也。"张载的意思是,上天是我们的父亲,大地是我们的母亲;如此渺小的我,就与天地和谐地生活于它们之间。因此充满天地之间的"气",形成了我的身体;主宰天地万物的"道",赋予了我的天性。人们,都是我的同胞;万物,都是我的朋友。张载文中提出"民胞物与"的思想,是把宇宙万物看作一个大家族。物我一体思想,可以说为博爱思想提供了坚实的哲学基础。

惠施以此为大①,观于天下而晓辩者②,天下之辩者相与乐之③。

【注释】

①大:博大精深。

②观:让别人关注,炫耀。晓:说明,使……明白。辩者:喜欢辩论的人。

③相与:共同,都。乐之:以辩论这些命题为快乐。本段以下为惠施喜欢与别人辩论的二十一个命题,被后人称为"辩者二十一事"。

【译文】

惠施认为自己的学问博大精深,于是便到天下各地去宣扬、炫耀

自己的学问，并解释给那些善于辩论的人听，天下善于辩论的人都很
喜欢与他一起就这些命题进行论辩。

卵有毛^①。

【注释】

①卵：泛指鸟蛋、鸡蛋等。

【译文】

鸟蛋、鸡蛋里面有毛。

【研读】

这一命题是"辩者二十一事"之一。解释有：

第一，鸟是从蛋中孵化出来的，既然鸟有毛，那么就可以推知蛋
中也有毛。陆德明《经典释文》："胎卵之生，必有毛羽。……毛气成
毛，羽气成羽，虽胎卵未生，而毛羽之性已著矣。"这一解释应该说是
较为合理的。

第二，用佛教万物皆空的理论看待万物，"有"与"无"都是一样
的，因此，说"有毛"也可，说"无毛"也可。成玄英《庄子疏》："有
无二名，咸归虚寂，俗情执见，谓卵无毛，名谓既空，有毛可也。"成
玄英深受佛教影响，故有此解。

鸡三足。

【译文】

鸡有三条腿。

【研读】

这一命题是"辩者二十一事"之二。解释有：

第一，鸡本来有两条腿，但这两条腿本身是不会走动的，之所以能够走动，靠的是"精神"。两条物质的足，加上支配它们行走的"足之神"，故曰"鸡三足"。陆德明《经典释文》："鸡两足，所以行而非动也。故行由足发，动由神御。今鸡虽两足，须神而行。故曰三足也。"

第二，"二""三"都是人们所起的虚名，所以"二"也可以叫"三"。成玄英《庄子疏》："数之所起，自虚从无，从无适有，三名斯立。是知二三，竟无实体，故鸡之二足可名为三。鸡足既然，在物可见者也。"这一解释的诡辩性似乎太强了，因为按照这一解释，万物的名称将会是一片混乱。

第三，之所以认为鸡有三条腿，是因为鸡本来有两条腿，加上"鸡腿"这一名称，故有三条腿。《公孙龙子·通变论》："谓鸡足一，数足二；二而一，故三。"此亦为诡辩，但这一解释又是与惠施同时代稍晚的公孙龙做出的，而且公孙龙又同为名家，所以这一解释也值得我们重视。

第四，鸡本来只有两条腿，当我们去数鸡腿时，会这样数："一条，两条"，那么"一条"加上"两条"，自然就是"三条"了。褚伯秀《南华真经义海纂微》："鸡本两足，数曰一二，即成三也。"这一解释的诡辩意味更为浓重。

郢有天下①。

【注释】

①郢（yǐng）：楚国都城，在今湖北江陵一带。

【译文】

郢都城内就有整个天下。

【研读】

这一命题是"辩者二十一事"之三。解释有：

第一，郢是楚国的都城，郢小而天下大，但郢是天下的一部分，从"万物毕同"的观点出发，可以说郢就是天下。

第二，任何处所都可以看作是天下之中，郢都也是如此。既然郢都可以是天下之中，而且楚国有千里之大，那么就可以进一步把郢都视为整个天下。成玄英《庄子疏》："郢，楚都也，在江陵北七十里。夫物之所居，皆有四方，是以燕北越南，可谓天中，故楚都于郢，地方千里，何妨即天下者耶！"这一解释与第一条解释一样，是较为勉强的。

第三，从相对论的角度来看，被人称为"天下"的九州，相对于整个宇宙来看，不到其万分之一，然而还是称其为"天下"。由此可见，被视为"大"的未必就真的是"大"。既然如此，方圆千里的楚国也可以称之为"天下"。陆德明《经典释文》："郢，楚都也，在江陵北七十里。李云：九州之内，于宇宙之中未万中之一分也。故举天下者，以喻尽而名大夫非大。若各指其所有而言其未足，虽郢方千里，亦可有天下也。"

犬可以为羊。

【译文】

狗也可以叫羊。

【研读】

这一命题是"辩者二十一事"之四。只有一种解释：

之所以说狗也可以叫羊，是因为名称是人定的，如人一开始就称犬为羊，犬也就成了羊。王先谦《庄子集解》："犬羊之名，皆人所命，若先名犬为羊，则为羊矣。"这一解释有一定道理，事物的命名，一部分有一定依据，一部分可能出于偶然，因此名称是可以修改的，如指鹿为马的赵高就干过这样的事情："变'白''黑'言'素''青'者，秦二世时，赵高欲作乱，或以青为黑，黑为黄，民言从之，至今语犹存也。"（《礼记·祭礼》）这段话是汉代大儒郑玄讲的，赵高掌权时，把青色改叫黑色，把黑色改叫黄色，这一叫法一直影响到汉代。

马有卵。

【译文】

马可以产卵。

【研读】

这一命题是"辩者二十一事"之五。解释有：

第一，理由依然是：名称是人定的，如果人们一开始就称胎生为卵生，那么就可以说"马有卵"。陆德明《经典释文》："形之所托，名之所寄，皆假耳，非真也。故犬羊无定名，胎卵无定形，故鸟可以有胎，马可以有卵也。"

第二，从万物一齐的角度来解释这一命题。成玄英《庄子疏》："夫胎卵湿化，人情分别，以道观者，未始不同。鸟卵既有毛，兽胎何妨名卵也！"

第三，由于方言不同，有的地方把"胎"叫"卵"。褚伯秀《南华真经义海纂微》："以胎为卵，犹方言也。"

丁子有尾①。

【注释】

①丁子：为楚地方言。即青蛙。

【译文】

青蛙有尾巴。

【研读】

这一命题是"辩者二十一事"之六。解释有：

第一，青蛙本身虽然没有尾巴，但它是从有尾巴的蝌蚪变化而来，所以说"丁子有尾"。任继愈《中国哲学发展史（先秦）》："无尾之蛙是由有尾的蝌蚪发育而成的，蛙是蝌蚪的成年时期，蝌蚪是蛙的幼年时期，在这个意义上也可以说'丁子有尾'。……是从动物发育学的知识中概括出来的，形式上违背常识，事实上比常识深刻，具有发展观点。"

第二，从一般性的常识看来，青蛙是没有尾巴的；但从大道的角度看，"无"可以视为"有"，"有"也可视为"无"。既然如此，说青蛙有尾巴，也未必不可。成玄英《庄子疏》："楚人呼虾蟆为丁子也。夫虾蟆无尾，天下共知，此盖物情，非关至理。以道观之者，无体非无，非无尚得称无，何妨非有，可名尾也。"这实际就是主观唯心论，一切都可以随心高下。为了说明这一点，我们看佛教的一首偈语。南朝傅大士号善慧禅师，婺州（今浙江金华）义乌县人，因为他生于双林乡傅宣慈家，俗姓傅，所以人称"傅大士"。他写过一首极为有名的偈语《法身颂》：

> 空手把锄头，步行骑水牛。人从桥上过，桥流水不流。（《五灯会元》卷十四）

许多人对这四句话十分欣赏，却又觉得十分神秘，难以理解，因为在世俗人看来，这些话就是颠三倒四的狂语。实际上，只要明白了佛教的"一切唯心"，就不难明白这几句话。我们先看惠能的一个典故：

> （惠能）一日思惟："时当弘法，不可终遁。"遂出至广州法性寺，值印宗法师讲《涅槃经》。时有风吹幡动，一僧曰"风动"，一僧曰"幡动"，议论不已。惠能进曰："不是风动，不是幡动，仁者心动。"（《坛经·行由品第一》）

明明是客观的幡在动，或者说风也在动，而惠能偏偏把这些客观存在的"动"归之于观者的心在动,心不动则幡不动。换句话说,佛教认为,一切事物的显现,都不是真实存在,只不过是人心的一种体验而已。既然"一切唯心",那么我们也可以把"水流桥不流"看作是"桥流水不流"。同样的道理,"丁子无尾"也可以视为"丁子有尾"。

第三,因为"丁"和"子"两个字的下面都带钩,所以说"丁子"有尾。陆德明《经典释文》:"夫万物无定形,形无定称,在上为首,在下为尾。世人(为)[谓]右行曲波为尾,今丁子二字,虽左行曲波,亦是尾也。"这实际上是偷换了概念,人们理解的"丁子"指青蛙,而这一解释却把"丁子"仅仅视为文字,笔画向右一撇叫"尾",那么"丁子"两字都向左一撇,也可以叫"尾"。这是在玩弄文字游戏。

　　火不热。

【译文】

火自己不感到热。

【研读】

这一命题是"辩者二十一事"之七。解释有:

第一,热是人的感受,而火自身并无此感觉。成玄英《庄子疏》:"火热水冷,起自物情,据理观之,非冷非热。何者?南方有食火之兽,圣人则入水不濡,以此而言,固非冷热也。又譬杖加于体而痛发于人,人痛杖不痛,亦犹火加体而热发于人,人热火不热也。"

第二,用人们都烧火做饭,来证明火不热。王先谦《庄子集解》:"人皆火食,是不热。"这种解释让人不知所云,因为用"人皆火食",

无法推导出人们感觉不到火的热度这一结论。

第三，顾实《庄子天下篇讲疏》认为，"火不热"的"火"指的是"火"的概念，而不是指现实生活中的火，"火"这一概念不具有热之性质。

山出口。

【译文】

大山长有嘴巴。

【研读】

这一命题是"辩者二十一事"之八。解释有：

第一，人们在山里大声呼喊，山能够发出回声，所以说山有嘴巴。陆德明《经典释文》："呼于一山，一山皆应，一山之声入于耳，形与声并行，是山犹有口也。"

第二，"山"这一名称出自人口，是人们为山起了一个"山"的名称，并从人们的口中讲出来。成玄英《庄子疏》："山本无名，山名出自人口。在山既尔，万法皆然也。"这种解释的想象力非常丰富，出乎常人意料。

第三，山能够吞吐云雾，故曰山有口。王先谦《荀子集解·不苟篇第三》："或曰：山能吐纳云雾，是有口也。"

第四，山里有路口、洞穴、泉眼等，所以说"山出口"。褚伯秀《南华真经义海纂微》："山突出为口，犹云溪口、路口也。"

第五，山中可以发出各种声音，如山无口，声从何来。这一条解释与第一条解释的不同之处，在于第一条讲的是回音，而本条讲的是山中发出的各种声音。

轮不蹍地^①。

【注释】

①蹍（zhǎn，又读niǎn）地：挨着地面，接触地面。

【译文】

车轮没有接触地面。

【研读】

这一命题是"辩者二十一事"之九。解释有：

第一，车轮接触地面的只是车轮的很小一部分，而车轮的绝大部分则没有接触地面，按照人们习惯的"四舍五入"的算法，所以说车轮没有着地。

第二，从车轮不停运动的角度解释"轮不蹍地"。成玄英《庄子疏》："夫车之运动，轮转不停，前迹已过，后涂未至，（徐）〔除〕却前后，更无蹍时。是以轮虽运行，竟不蹍于地也。"用更通俗的话讲："运行之车轮在每一瞬间只一点着地，但此一点不可计量其长度，运行之车轮在每一瞬间又不停留在地上任何一点，故曰轮不蹍地。"（任继愈《中国哲学发展史（先秦）》）这一解释不够合理，因为车轮不仅有运行的时候，也有静止的时候，而且静止的时间远远长于运行的时间，更何况即使仅就运行的车轮来看，这一解释也是说不通的。

第三，车轮蹍的是车迹或车辙，而不是大地。陆德明《经典释文》："地平轮圆，则轮之所行者迹也。"褚伯秀《南华真经义海纂微》："车轮所蹍，谓之辙，则不言地也。"这种解释是偷换概念，用"地上的车辙"换掉"地"。

第四，车轮没有粘连在地上。这是把"蹍"解释为"粘连"。王先谦《庄子集解》："轮转不停，蹍地则何以转？"这不仅是偷换概念，而是根据主观意愿，改变了"蹍"的字义。

目不见。

【译文】

眼睛看不到东西。

【研读】

这一命题是"辩者二十一事"之十。解释有：

第一，如没有光亮，眼睛一无所见。陆德明《经典释文》："目不夜见非暗，昼见非明，有假也，所以见者明也。目不假光而后明，无以见光，故目之于物，未尝有见也。"这是说，眼睛视物需要假借光亮，没有光明，目一无所见。

第二，眼睛作为一种肉体器官，本身没有完全的视觉能力，能够使眼睛看到东西的是精神作用。褚伯秀《南华真经义海纂微》："目非能自见，所以见者神。"这是用"精神大于肉体"或"精神主宰肉体"的理论来解释"目不见"。

第三，综合以上两种说法，认为人能够看东西是由眼睛（肉体）、精神与光明三者合力形成的，仅仅依靠眼睛是无法看见东西的。《公孙龙子·坚白论》："白以目见，目以火见，而火不见。则火与目不见而神见。神不见，而见离。"

第四，万物皆空，所以目无所见。成玄英《庄子疏》："夫目之见物，必待于缘。缘既体空，故知目不能见之者也。"眼睛要想看到东西，必须依赖各种因缘，既然各种因缘都是空无所有，于是眼睛也就一无所见。这是用佛教的万法皆空理论来解释"目不见"。

　　指不至^①，至不绝^②。

【注释】

①至：接触到。

②绝：分离。

【译文】

　　手指不可能完全接触物体，如果是完全接触就不可能再分离。

【研读】

这一命题是"辩者二十一事"之十一。解释有：

第一，手指不可能完全接触物体，因为如果可以完全接触，就不会再分离。《世说新语·文学》："客问乐令'旨不至'者，乐亦不复剖析文句，直以麈尾柄确几曰：'至不？'客曰：'至！'乐因又举麈尾曰：'若至者，那得去？'于是客乃悟服。乐辞约而旨达，皆此类。"意思是说，当手指接触物体的时候，这种接触不是一种绝对的接触，其中已包含了分离的因素。

第二，现代学者一般解释为，指认事物不可能达到事物的本质，即使达到了也不可能完全认清所有的事物本质。

第三，用手指去拾取东西的时候，需要假借工具，比如取火要用火钳，所以说"指不至"；但拾取东西毕竟还需要手指，所以说"不绝"。陆德明《经典释文》："夫指之取物，不能自至，要假物故至也，然假物由指不绝也。一云：指之取火以钳，刺鼠以锥，故假于物，指是不至也。"这一解释的牵强之处在于，我们用手指去拾取东西的时候，有时候的确需要假借工具，比喻取火要用火钳；但在许多时候，我们是直接用手指去拾取东西的。

第四，指认事物时不可能囊括所有的事物，这就叫"指不至"，"至"是极致、完全的意思。"至不绝"则疑为"耳不绝"之误，自己的耳朵有听不到的事物，但不会影响自己听不到的事物流传下去。王先谦《庄子集解》："有所指则有所遗，故曰指不至。下'至'字疑'耳'之误。数语皆就人身言，耳虽有绝响之时，然天下古今，究无不传之事物，是不绝也。'至'字缘上而误，遂不可通矣。"

龟长于蛇。

【译文】

乌龟比蛇长。

【研读】

这一命题是"辩者二十一事"之十二。解释有：

第一，一般情况下，蛇比龟长，然而小蛇却没有大龟长。任继愈《中国哲学发展史（先秦）》："在一般情况下，蛇长龟短；在特殊情况下，大龟长于小蛇。以此说明事物的长短只能相对而言。"

第二，指乌龟的寿命长于蛇。陆德明《经典释文》："蛇形虽长而命不久，龟形虽短而命甚长。"这一解释是依靠添加限定词来完成的，而且这个限定词是解释者主观给予的，在惠施原话中找不到这一限定词的来源，因此不太能够服人。

第三，用相对论来解释"龟长于蛇"。陆德明《经典释文》："俞樾曰：此即莫大于秋豪之末而大山为小之意。"

矩不方①，规不可以为圆②。

【注释】

①矩：曲尺。用来画方形的工具。

②规：用来画圆形的工具。

【译文】

曲尺画不出方形，圆规画不出圆形。

【研读】

这一命题是"辩者二十一事"之十三。解释有：

第一，矩是用来画方形的工具，但用它画出的方形只是相对的方形，而不是绝对的方形，它的某个部位可能会出现细微的弯曲。许多绝对概念只能以理论形式存在，绝对的圆形也是如此，绝对的圆只能存在于理论之中，在现实的物质世界里，我们很难找到绝对的圆形。既然是这样，那么人就不可能制作出绝对的方形与圆形事物，而只能是相对的方形与圆形。

第二，这一解释依然是从名称的不确定性去解释，认为"方"与"圆"的名称是人们随意而定，因而圆的也可以叫方的，方的也可以叫圆的。成玄英《庄子疏》："夫规圆矩方，其来久矣。而名谓不定，方圆无实，故不可也。"

第三，使用矩可以画出方形，但矩本身不是方形；使用规可以画出圆形，但规本身并不是圆形。陆德明《经典释文》："矩虽为方而非方，规虽为圆而非圆，譬绳为直而非直也。"这一解释似乎是没有解释。

第四，方形与圆形本来就是自然界存在的形状，而不是人们用规、矩画出来的。王先谦《庄子集解》："天下自有方，非以矩。……天下自有圆，非以规。"自然界本来就存在方、圆，这本来是正确的，但依据自然界本来就存在方、圆，从而否定人可以用规、矩画出方、圆，其逻辑推理是不严密的。

凿不围枘①。

【注释】

①凿：榫眼。枘（ruì）：榫头。

【译文】

榫眼无法非常严密地包裹着榫头。

【研读】

这一命题是"辩者二十一事"之十四。解释有：

第一，在现实中，榫眼与榫头不可能是完全吻合的。任继愈《中国哲学发展史（先秦）》：《考工记》上说：'调其凿枘而合之。'凿为孔，枘为塞孔之木。从理论上讲，凿与枘可以相合而无缝隙，但事实上，凿与枘不能完全吻合，木材通过加工程序，其成品总有误差，所以说'凿不围枘'。"

第二，是枘自己楔入凿，而不是凿要去围裹枘。王先谦《庄子集解》："枘自入之耳，凿未尝围之。"这一解释非常有意思。意思是说，不是榫眼主动地要去围裹榫头，而是榫头主动地要去插入榫眼，所以说"凿不围枘"。

第三，枘是进入木头的空间处，与凿无关。成玄英《庄子疏》："枘入凿中，木穿空处不关涉，故不能围。"意思是说，榫头插入的是空间（孔洞），而不是榫眼，榫头的插入与榫眼毫无关系，所以说"凿不围枘"。这一解释疏忽了一点，就是"榫眼"这一概念的含义，"榫眼"指的是"榫之眼"，是榫的孔洞，是限定的孔洞，而不是指泛泛的孔洞。

第四，认为凿与枘各为一体，二者互不相干，所以谈不上谁围着谁的问题。陆德明《经典释文》："凿枘异质，合为一形。凿积于枘，则凿枘异围，鉴枘异围，是不相围也。"

飞鸟之景未尝动也[①]。

【注释】

①景：同"影"。

【译文】

飞鸟的影子不曾移动。

【研读】

这一命题是"辩者二十一事"之十五。解释有：

第一，这一观点是把影子移动的整个过程分割成无数个小点（或者叫无数个一瞬间），从每一个小点上看，或者说从每一个一瞬间去看，飞鸟的影子都是不动的。冯友兰《中国哲学史新编（第二册）》："若果把一个运动所经过的时间及空间加以分割，分成许多点，把空间上的点与时间上的点一一相当地配合起来，就可见飞鸟之影在某一时间还是停留在某一空间的点上，所以是'未尝动也'。"

第二，这种解释与第一种解释相似，但强调的是目前的一瞬间。过去的已经过去，未来的还未到来，就目前的一瞬间看，飞鸟之影是不动的。成玄英《庄子疏》："过去已灭，未来未至，过未之外，更无飞时，唯鸟与影，嶷然不动。"

第三，这种解释把"动"解释为改变，飞鸟后一刻的影子与前一刻的影子是不同的，所以说每一时刻的影子都未尝改变。任继愈的《中国哲学发展史（先秦）》依据《经典释文》《墨子间诂》解释说："一物体于此处遮光而成影，物体移于彼处，此处光至影无，彼处物至遮光又成新影，影非独立之物，新影也非旧影的迁移，而是重新构成的（'改为'）。影动是现象，'改为'是本质。"

镞矢之疾[1]，而有不行、不止之时。

【注释】

[1]镞（zú）矢：箭。镞，箭头。矢，箭。疾：快速飞行。

【译文】

飞速的箭，有停止的时候，也有不停止的时候。

【研读】

这一命题是"辩者二十一事"之十六。解释有：

第一，从飞箭的整个运行过程看，它是"不止"的；如果从飞箭运行过程的某一时间点看，它是"不行"的，其道理与上一命题的第一种解释相同。

第二，箭之所以有动有静，都是人为的结果，而箭本身无所谓动静。王先谦《庄子集解》："镞矢行止，人为之也。专以镞矢言，是有不行不止之时矣。"

第三，这一解释是从人的所站角度与主观感觉入手。当人的注意力完全集中在箭本身时，感觉箭飞得慢，甚至是静止状态；如果把注意力放在箭与环境的关系上，就会感觉到箭飞得很快。陆德明《经典释文》："形分止，势分行；形分明者行迟，势分明者行疾。"这里说的"形"指箭本身，"势"指箭与环境及二者之间的关系。

狗非犬。

【译文】

狗不是犬。

【研读】

这一命题是"辩者二十一事"之十七。解释有：

第一，排除实物，仅从名称看，"狗"自然不是"犬"。陆德明《经典释文》："狗犬同实异名。名实合，则彼所谓狗，此所谓犬也；名实离，则彼所谓狗，异于犬也。"意思是，"狗非犬"这一命题是把"名"与"实"分离开以后的一个判断。如果从名实合一的角度看，"狗"与"犬"同指一种动物；如果单从"名"的角度看，那么"狗"与"犬"是不同的。比如，如果让学生默写陶渊明《归园田居》中的"暧暧远人村，依依墟里烟。狗吠深巷中，鸡鸣桑树颠"，而学生把"狗吠深巷中"写作"犬吠深巷中"，老师肯定会酌情扣分的，因为"狗非犬"。

第二，认为狗与犬在外形上是有区别的，长有悬蹄（蹄子上面悬出的类似蹄子的突出物）的狗叫犬。褚伯秀《南华真经义海纂微》："狗有悬蹄谓之犬，则常狗非犬也。"这一解释缺乏哲学意味，似不合惠施原意。

黄马骊牛三①。

【注释】

①骊（lí）牛：黑色的牛。骊，黑色。

【译文】

黄马加黑牛一共是三个。

【研读】

这一命题是"辩者二十一事"之十八。解释有：

第一，黄马加骊牛一共只有两个，再加上"黄马骊牛"这一名称，共三个。这一解释与"鸡三足"的第三种解释的理由相同。

第二，把指示形体的"牛""马"与形容颜色的"黄骊"分开，那么"牛""马"加"黄骊"就是三个了。成玄英《庄子疏》："夫形非色，色乃非形。故一马一牛，以之为二，添马之色而可成三。曰黄马，曰骊牛，曰黄骊，形为三也。"这种解释有点勉强。

第三，这种解释与第二种相似，只是分法不同而已。陆德明《经典释文》："牛马以二为三。曰牛，曰马，曰牛马，形之三也。曰黄，曰骊，曰黄骊，色之三也。曰黄马，曰骊牛，曰黄马骊牛，形与色为三也。"意思是，这一命题可以分为三个"三"：第一个"三"，从形体上可分为牛、马、牛马；第二个"三"，从颜色上可分为黄、骊、黄骊；从形体加颜色的混合体上可分为黄马、骊牛、黄马骊牛。

　　白狗黑。

【译文】

白狗是黑色的。

【研读】

这一命题是"辩者二十一事"之十九。解释有：

第一，之所以称白狗为"白狗"，是就毛色而言，但白狗的眼珠是黑色的，就眼珠的颜色而言，也可称之为"黑狗"。陆德明《经典释文》："狗之目眇，谓之眇狗；狗之目大，不曰大狗；此乃一是一非。然则白狗黑目，亦可为黑狗。"

第二，白狗和黑狗都是狗，取其本质上的大同而略其毛色上的小异，则白狗与黑狗都是一样的。这一解释类似于庄子的万物一齐思想。

第三，根据万法皆空、一切唯心的佛教观点，白的可以说成黑的，黑的也可以说成白的。成玄英《庄子疏》："夫名谓不实，形色皆空，欲反执情，故指白为黑也。"这也即佛教说的"桥流水不流"（傅大士《法身颂》）。

第四，从人类最初命名的随意性来解释本命题，也就是说，人们既可以把黑色叫白色，也可以把白色叫黑色。王先谦《庄子集解》："白黑，人所名，乌知白之不当为黑乎？"

第五，认为晚上观察白狗，看上去也是黑色的，所以也可以说"白狗黑"。任继愈《中国哲学发展史（先秦）》："关于这一条的含义，诸注家似皆未得其要领，实则属于感觉论问题。在日光下，白狗显其白色，而在黑夜中，视白狗便如同黑狗。辩者强调主观感觉会随外在条件的改变而变化，白色与黑色可以相互转化，这是惠施一派的观点。"

孤驹未尝有母①。

【注释】

①孤驹：没有父母的小马。

【译文】

作为孤儿的小马从未有过母亲。

【研读】

这一命题是"辩者二十一事"之二十。唯一的解释是：

既然称之为"孤驹"，就说明它没有母亲；当它有母亲时，就不是"孤驹"。这是用名称含义去否定存在过的事实，这一解释是巧妙的。陆德明《经典释文》："驹生有母，言孤则无母，孤称立则母名去也。母尝为驹之母，故孤驹未尝有母也。"

一尺之捶①，日取其半，万世不竭②。

【注释】

①捶：通"棰"。棍棒一类的东西。

②世：三十年为一世，一代人也叫一世。

【译文】

一尺长的棍棒，每天截去一半，数十万年也分截不完。

【研读】

这一命题是"辩者二十一事"之二十一。解释有：

第一，《容斋随笔》卷九："《庄子》载惠子之语曰：'一尺之棰，日取其半，万世不竭。'虽为寓言，然此理固具。盖但取其半，正碎为微尘，余半犹存，虽至于无穷可也。"任继愈《中国哲学发展史（先秦）》："'一尺之棰，日取其半，万世不竭。'这是我国先秦时期最著名的辩证法命题之一……一尺之棰是长度有限之物体，却包含着无限的成分，每日一分为二，永无分完之时。这是物体无限可分的思想，说明有限之中有无限。两千多年前的人们在探讨无限性问题上能达到如此高度，是十分难能可贵的。"

第二，用物质不灭的理论进行解释。《列子集释·汤问》引："陶鸿庆曰：'惠施所谓'一尺之棰，日取其半，万世不竭'，西儒所谓'物质不灭'也。"清末人陶鸿庆用西方的物质不灭来解释这一命题是不恰当的，这一命题是在阐述物质可以无限分割的道理，而非讲物质不灭。

第三，认为这一命题是比喻大道（规律，真理）使用不尽。褚伯秀《南华真经义海纂微》："方寸之地，朝夕施用，终劫莫尽，尺棰不竭之义，论道不论物也。"大道作为真理、规律，的确是取之不尽的，但这一解释无法圆满解释"日取其半"一句。

第四，如果每天都拿一根一尺长的棍棒，截去一半，万世也截不完。成玄英《庄子疏》："棰，杖也。取，折也。问曰：一尺之杖，今朝折半，逮乎后夕，五寸存焉，两日之间，棰当穷尽。此事显著，岂不竭之义乎？答曰：夫名以应体，体以应名，故以名求物，物不能隐也。是以执名责实，名曰尺棰，每于尺取，何有穷时？若于五寸折之，便亏名理。乃曰半尺，岂是一尺之义耶？"意思是："棰，就是指木杖。取，截取。有人问：'一尺长的木杖，今天折去一半，到了第二天，只有五寸长了，只用两天的时间，就把这根木杖截取完了。这件事情十

分明显，怎么能够说截取不完呢?'回答是:'名称要符合实体，实体
也要符合名称，因此根据名称去验证实物，实物就无法隐瞒自己的真
假。因此要根据名称去验证实物，既然名叫"一尺长的木杖"，那么每
天对一尺长的木杖截取一半，怎么会有截取完的时候呢? 如果说的是
"从五寸长的木杖截取一半"，无论是从名称上看，还是从道理上看都
是不对的。说是只有半尺，岂是一尺的意思呢?'"成玄英的解释也很
巧妙，但明显不符合惠施原义。

　　辩者以此与惠施相应①，终身无穷。

【注释】

①相应：相互辩论、争执。

【译文】

　　喜欢辩论的人们就拿这样一些命题与惠施相互争论，一辈子争得
没完没了。

　　桓团、公孙龙辩者之徒①，饰人之心②，易人之意③，能胜人之
口，不能服人之心，辩者之囿也④。惠施日以其知与人之辩⑤，特
与天下之辩者为怪⑥，此其柢也⑦。

【注释】

①桓团、公孙龙：两个人名。两人都是赵国人，也都是战国时期的名家人物。
②饰：修饰，粉饰。引申为迷惑。

③易：改变，扰乱。

④囿（yòu）：局限。

⑤知：同"智"。之：衍字。一本无"之"。郭庆藩《庄子集释》校："支伟成本无之字。"

⑥特：仅仅，不过是。为怪：制造奇谈怪论。

⑦其：代指惠施。柢（dǐ）：通"抵"。大概，大致情况。

【译文】

　　像桓团、公孙龙等善辩之流，想以此迷惑人们的心意，扰乱人们的思想，然而他们只能使别人口服，却不能使别人心服，这就是善辩之流的局限性。惠施每天都用尽心智与别人相互争论辩驳，也不过只是与天下善辩之流一起制造了许多奇谈怪论而已，这就是惠施思想的大致情况。

　　然惠施之口谈①，自以为最贤，曰："天地其壮乎②！"施存雄而无术③。南方有倚人焉④，曰黄缭⑤，问天地所以不坠不陷⑥，风雨雷霆之故，惠施不辞而应⑦，不虑而对⑧。遍为万物说，说而不休，多而无已，犹以为寡，益之以怪⑨。以反人为实⑩，而欲以胜人为名，是以与众不适也⑪。弱于德，强于物⑫，其涂隩矣⑬。

【注释】

①口谈：善于辩论，有口才。

②天地其壮乎：我就像天地那样伟大啊。壮，壮大，伟大。

③施：惠施。存雄：心存雄心壮志。无术：不懂得道术。

④倚（qí）人：奇异之人。倚，通"奇"。

⑤黄缭：据说为楚国贤人，生平不详。

⑥所以：……的原因。不坠不陷：天不坠，地不陷。

⑦不辞：不谦让。

⑧对：回应，回答。

⑨益之以怪：又添加了许多奇奇怪怪的事情。益，添加。

⑩反人：违背人之常情。为实：当作自己学说的主要内容。实，实质，内容。

⑪不适：不合，不和谐。

⑫强于物：对外物具有强烈的追求欲望。既包括对名利的追求，也包括对万物
　　知识方面的追求。

⑬其涂隩（ào）矣：他所走的这条道路实在是太曲折难行啊。涂，道路。隩，
　　水边深曲处。这里形容道路曲折难行。

【译文】

　　然而惠施确实善于言谈辩论，他自以为最有才华，说："我大概就
像天地那样伟大吧！"惠施心存雄心壮志，却不懂得道术。南方有一位
奇异的人，名字叫黄缭，黄缭向他询问上天为什么不会坠落，大地为
什么不会塌陷，风雨雷霆为什么能够产生，惠施便毫不谦让地予以回
应，不假任何思索就给出了答案。他全面地介绍了有关万物的知识，
说起来就滔滔不绝，话多得无头无了，然而他还认为自己讲得太少了，
于是又添加进去许多奇奇怪怪的事情。惠施把违背人之常情的东西当
作自己学说的主要内容，而且还想凭借这些东西去战胜别人，以获取
美好的名声，因此他总是与民众不能和谐相处。他在修养品德方面十
分薄弱，但在追逐名利与万物知识方面的欲望却非常强烈，他所选择

的这条道路实在是太曲折难行了。

　　由天地之道观惠施之能，其犹一蚊一虻之劳者也①。其于物也何庸②！夫充一尚可，曰愈贵道③，几矣④。惠施不能以此自宁⑤，散于万物而不厌⑥，卒以善辩为名⑦。惜乎！惠施之才，骀荡而不得⑧，逐万物而不反⑨，是穷响以声⑩，形与影竞走也⑪，悲夫！

【注释】

①虻（méng）：小虫名。喜欢吸食动物血液。劳：劳作，徒劳。

②物：万物。这里主要指人。庸：通"用"。作用。

③曰愈贵道：如果说能够进一步重视大道。愈，更加，进一步。

④几矣：差不多了。

⑤以此：在此。指在修习大道方面。自宁：使自己安下心来。

⑥散于万物：把自己的精力分散使用在追求具体事物的知识方面。厌：厌倦。

⑦卒：最终。

⑧骀（dài）荡而不得：散乱无章而无所收获。骀荡，散乱。指不能集中精力修习大道。

⑨反：同"返"。指返归正道。

⑩是穷响以声：他的这种做法是想用声音去遏止回声。比喻徒劳无益。穷，消除。响，回声。

⑪形与影竞走：自己的身体与自己的身影赛跑。比喻徒劳无益。走，跑。

【译文】

　　从天地、大道的角度去观察惠施的才能，他不过就像是一只蚊子一只虻虫那样在那里徒劳而已。他的学问对于人们的生活又有什么实际用处呢！把他的学问当作某一方面的知识还是可以的，如果说他能够进一步地重视大道，那就差不多很好了。然而惠施不能在修习大道方面安下心来用点功夫，却把自己的精力分散使用在追求具体事物的知识方面，而且不知厌倦，最终只能落下一个善于辩论的名声而已。真是可惜呀！惠施很有才气，却因为使用这些才气时散乱无章而无所收获，追逐于外物而不知返归正道，他的这种做法就好像用声音去遏止回声、拿自己的身体与自己的身影赛跑一样徒劳无益，真是可悲啊！

【研读】

　　本章主要介绍了惠施及其他一些名家人物的思想。名家是先秦的一个重要学派，惠施则是其代表人物之一。名家主要研究名与实之间的关系，以善辩著称。本段列举了名家的许多命题，却没有记载名家是如何论证这些命题的，这就为后人留下了不尽的争论与发挥的空间。本章对惠施的态度非常明确，认为他的学问虽然渊博，但这些学问既不符合大道，也无实际作用，因此他的研学行为可以说是徒劳而无益的。